정보통신선진국을 향한 발전사

정보통신 선진화 30년

시리즈 1 : 전 국민 자동전화공급 조기완성

이정욱 지음

정보통신선진국을 향한 발전사

정보통신 선진화 30년

시리즈 1 : 전 국민 자동전화공급 조기완성

인 쇄 : 2024년 5월 10일 초판 1쇄
발 행 : 2024년 5월 16일 초판 1쇄

저 자 : 이정욱
발행인 : 송 준
발행처 : 도서출판 홍릉
주 소 : 01093 서울시 강북구 인수봉로 50길 10
등 록 : 1976년 10월 21일 제5-66호

전 화 : 02-999-2274~5, 903-7037
팩 스 : 02-905-6729
e-mail : hongpub@hongpub.co.kr
http://www.hongpub.co.kr
ISBN : 979-11-5600-195-9(93000)

정 가 : 50,000원

서 문

우리나라 정보통신은 140년의 역사를 가지고 있다. 1885년 9월 한성-제물포 간에 최초의 전신선이 개통됨으로써 이 땅에 정보통신의 역사는 시작되었다. 그 후 우리나라의 정보통신은 근대화 시대, 여명기를 거쳐 1970년대부터 정보통신 선진화 시대를 열어가게 되었다. 저자는 우리나라 정보통신 140년의 역사를 4단계로 구분하였다.

(1) 전신전화를 최초로 개시한 전기통신의 근대화시대(1880년대-1930년대)

(2) 자동전화로의 현대화를 시작한 전기통신의 여명기(1940년대-1960년대)

(3) 전국 기간통신망의 현대화를 달성한 정보통신의 선진화시대(1970년대-1990년대)

(4) 전 국민 스마트폰을 실현한 정보통신의 개인화시대(2000년대 이후)

이 책은 그 중 정보통신 선진화시대 30년의 발전사이다. 우리나라 정보통신 선진화는 1982년 1월 1일 한국전기통신공사가 창립되면서 본격적으로 시작되었다. 이때부터 통신정책부문은 체신부 및 정보통신부가 담당하고, 공중전기통신사업은 한국전기통신공사가 전담하게 되었다. 이러한 통신발전을 위한 정부와 한국통신의 노력으로 1990년대 후반 우리나라는 정보통신 선진화를 완성하여 세계적으로 정보통신 선진국 10위권에 진입하였다.

저자는 한국전기통신공사가 우리나라의 정보통신수준을 선진국 대열로 끌어올린 역사적 과정을 정보통신 선진화 30년(情報通信 先進化 30年)이라는 이름으로 그 발전사를 발간한다. 이 책을 집필함에 있어 기준, 범위 및 근거는 다음과 같다.

첫째, 한국전기통신공사(약칭: 한국통신)는 우리나라 정보통신 선진화 30년 동안 정보통신의 기반시설인 기간통신망을 주도적으로 건설 운용하였다. 정보통신 선진화기간 동안 시내통신망, 장거리통신망, 국제통신망, 인터넷망 등의 기간통신망의 총 확장규모에 대해 정리하였다.

둘째, 정보통신 선진화 30년 동안 방대한 기간통신망의 건설을 위한 정부의 정책결정사항, 한국통신의 통신망 확장계획내용 및 건설과정 등을 정보통신 발전역사 측면에서 기술하였다.

셋째, 정보통신 선진화를 완성하기 까지 정책수립, 계획수립, 통신망 건설공사집행, 통신망운용 등 각 부문별로 이를 주관한 책임자 및 관련자를 가능한 범위에서 확인 기록하였다.

넷째, 본 책자의 주요내용은 당시 한국전기통신공사, 체신부, 정보통신부, 한국정보인증(주), 공공기관 등에서 발행한 결재문서, 보고서, 발간책자, 임직원 명부, 주요내부자료 등 각종 유인물을 근거로 집필되었다.

한편 이 책은 집필범위 및 내용면에서 다음과 같은 한계와 부족함이 있었음을 알려드리며 양해를 구한다.

① 정보통신 선진화 30년 동안 기간통신망의 확장 건설은 체신부, 정보통신부 및 한국전기통신공사의 통신망 건설담당부서가 주도하였다. 그러나 상당부분 여러 관련부서와 협력수행되었으나 저자가 가진 자료에 의존하다 보니 통신망의 공급계획 수립 및 집행부서 중심으로 소개되고 관련 타 부서의 실적을 제대로 담지 못하였다.

② 집필내용의 상당부분이 저자가 보유한 자료를 근거로 기술한 관계로 저자중심으로 표현되었다.

③ 일부 주요 통신망 건설 및 운용에 대해서는 사정상 개략적으로만 표현하고 상세한 내용은 생략하였다.

④ 선진화 30년 기간에 영업, 재무, 조직개편 등 일반관리부문에 대하여는 저자가 보유한 자료가 없는 관계로 내용면에서 부족한 상태에서 마무리 되었다.

한편 1970년대부터 1990년대까지의 정보통신 선진화 기간에 대통령들이 결정한 많은 정보통신정책이 있으나 여기에서는 저자가 보유한 자료에서 확인된 대통령들의 결재문건 및 지시사항에 한하여 소개하였다. 그 중 주요내용을 보면 박정희 대통령은 대한민국의 정보통신현대화를 위한 5차5개년계획을 수립하여 전자교환기의 대량공급을 결정하였으며, 전자교환기의 국산화개발을 지시하는 등 정보통신 선진화의 기반을 마련하였다. 이를 바탕으로 전두환 대통령은 1982년부터 1986년까지 매년 100만회선 규모의 전자교환기를 대량 공급하여 1987년에는 전국전화의 자동화를 완성하고 자동전화 1천만회선의 위업을 달성하였다.

김영삼 대통령은 무궁화위성 1호 발사를 추진하여 위성통신시대로 진입하게 하였으며, 국내기술로 개발한 전자교환기의 공급을 1천만회선으로 확장함으로서 이때부터 우리나라는 정보통신 선진국(세계 9위) 반열에 올라서게 되었다. 김대중 대통령은 전자서명 공인인증기관을 설립하여 전자상거래 시대를 앞당겼다. 이처럼 정보통신발전을 위한 역대대통령들의 선도적 정책결정이 견인차가 되어 우리나라의 정보통신 선진화는 조기에 달성될 수 있었다고 본다.

끝으로 「정보통신 선진화 30년」은 총 3권으로 발간되었으며 각권의 주제는 <제1권> 전국민 자동전화공급 조기완성, <제2권> 초고속정보통신 시대의 실현, <제3권> 21세기를 위한 차세대 정보통신 으로 정하여 집필하였다. 이 책은 2010년 1월에 집필을 시작하여 2024년 5월에 마침으로써 총 집필기간은 14년 5개월이 걸렸다. 이 책이 앞으로 우리나라 정보통신의 선진화를 완성한 정보통신 발전사(情報通信 發展史)로서 역할을 해 주기를 기대한다.

2024년 5월 서울 강북구 KT미아빌딩

KT리더스포럼 사무실에서 이 정 욱

차 례

제1장

전국 도시에 전자교환기 대량공급

1. 신 통신방식으로의 전환추진

1.1 1980년대 초기의 상황

우리나라는 1960년대부터 1970년대 중반까지 기계식 자동교환기를 상당 공급하여 EMD 방식 582,800회선, ST방식 284,900회선 등 총 867,700회선을 운용하고 있었다(1975. 12). 그 후 매년 기계식 자동전화기를 10만회선-30만회선 규모로 확장해 나갔다. 그러나 1980년대 초 우리나라의 전화이용방식을 살펴보면 당시 자동식전화 이용자가 260만2천명(약 86%)으로 늘어났으나, 여전히 공전식과 자석식 등 수동식전화 이용자가 40만8천명(14%)에 달하고 있었다(1981. 9. 30). 이때 자동식, 공전식, 자석식 전화의 지역별 운용상황은 <표 1-1>과 같다.

<표 1-1> 전화방식별 가입자 수(1981. 9. 30)

지역별	자동식	공전식	자석식	계
서울	1,073,121			1,073,121
경기	254,471	1,391	48,740	304,602
부산, 경남	463,018	3,453	57,055	523,526
대구, 경북	290,144	6,607	65,958	362,709
대전, 충청	169,957	12,559	72,109	254,625
광주, 전남, 제주	181,547	13,614	59,622	254,783
전주, 전북	92,722		40,473	133,195
강원	77,296	3,104	23,394	103,794
합계	2,602,276(86.4%)	40,728 (1.4%)	367,351 (12.2%)	3,010,355

이후 우리나라는 1970년대 후반부터 경제사회발전 제4차 5개년계획(1977년-1981년)이

시작되었으며 이 기간 중 지금까지의 재래식 교환시설인 기계식 자동교환기 160만회선, 수동식교환기 23만 2천회선을 계속 확장하였다. 그러나 제4차 5개년계획 기간에도 공급한 주 기종은 기계식 자동교환시설이었으며 이 계획이 끝나는 1981년 말에는 총 전화시설이 3.712,410회선으로 늘어나게 되었으나, 공급율은 73%에 머물러 있었다.

한편 1980년대 초 우리나라는 자동식전화국 250개국, 공전식전화국 25개국, 자석식전화국 1,382개국 등 총 1,657개국을 운용하고 있었다(1981. 9. 30). 이를 지역별로 보면 <표 1-2>와 같다.

<표 1-2> 우리나라 전화국 수(1981. 9. 30)

지역별	자동식	공전식	자석식	계
서울	32			32
경기	37	1	166	204
부산, 경남	41	2	211	254
대구, 경북	39	4	230	273
대전, 충청	31	7	261	299
광주, 전남, 제주	30	9	252	291
전주, 전북	17		156	173
강원	23	2	106	131
합계	250	25	1,382	1,657

이어서 경제개발 5차5개년계획이 계속되고 개시년도인 1982년에는 전화시설 24만회선을 공급하게 되었으며 연도별 공급물량은 <표 1-3>과 같다. 이때 기계식 자동교환기 공급을 위한 회선당 단가는 <표 1-4>에서 보는 바와 같이 EMD방식 15만5천원, ST방식 8만9천원 수준으로 분석되었다.

<표 1-3> 기계식 자동교환기 공급물량

기종별/연도별	1976년	1978년	1980년	1982년
EMD방식	42,600	181,800	210,600	132,600
ST방식	86,400	120,600	149,400	107,400
년도공급량(회선)	129,000	302,400	360,000	240,000
시설누계(회선)	996,700	1,566,700	2,286,700	2,922,700

<표 1-4> 기계식 자동교환기 회선당 단가

기종별/연도별	1976년	1978년	1980년	1981년
EMD방식(원)	99,786	106,154	132,078	155,095
ST방식(원)	61,052	54,755	75,159	89,649

1.2 정보통신선진국의 동향

가. 세계 각국의 전자교환기 도입상황

우리나라 정보통신선진화의 출발시기인 1970년대 전반기 세계 각국의 교환방식은 점차 전자교환방식으로 전환 중이었다. 그리고 1980년대에는 전자교환방식을 채택하는 나라가 많아지면서 교환기술의 개발방향은 디지털화하는 쪽으로 가고 있었다. 이때 우리나라도 미래에 대비하여 전자교환방식으로 전환하고, 전송로는 점차 초다중화 및 디지털화하는 방안을 준비하기 시작하였다. 이때 선진제국의 교환방식 발달과정을 보면 직접제어방식(ST, Rotary 등)에서 공통제어방식((X-bar)을 거쳐 전자교환방식을 채택한 경우가 있었는데, 여기에는 미국(AT&T), 일본, 불란서, 서전 등이 있었다.

또 다른 경우는 직접제어방식(ST, Rotary, EMD 등)에서 전자교환방식을 가고 있는 미국(GTE), 서독, 영국이 있었다. 이러한 전자교환기는 1960년대 말부터 일부 선진국에서 개발하여 실용화되었으며, 미국, 일본 등에서는 그 중 공간분할방식을 채택하였다. 한편 시분할방식은 불란서에서 1974년부터 실용화되었으며, 이태리에서는 1976년에 실용화 예정으로 있고, 미국(AT&T)에서는 1975년 시외중계국용으로 개발하여 실용화하고 있었다. 이때 선진국들의 전자교환방식 운용상황은 <표 1-5>와 같다.

<표 1-5> 선진국의 전자교환방식 도입상황(1973년-1974년)

국명	총 시설수 (1,000회선)	기존방식 (1,000회선)	전자방식 (1,000회선)	전자방식 구성비(%)	비고
미국	114,300	100,900	13,400	11.7	1974년말
영국	16,700	10,950	749	6.4	1973년말
일본	25,764	25,497	시내163/시외8	0.7	1975. 3
서독	12,300	12,297	3	0.1	1974년말
불란서	6,313	6,100	49.5 시분할	0.5	1974년말
벨기이	1,500	1,495	41	2.7	1973년말
화란	3,000	2,996	4	0.1	1973년말
서전	4,300	4,290	10	0.2	1973년말
덴마크	1,600	1,464	136	8.5	1973년말
이태리	8,625	8,625	2	-	시분할
카나다	8,600	8,579	20.6	0.24	1973년말

이 표에서 보는 바와 같이 선진국들의 전자교환기 도입운용상황은 초기에 있었다. 당시 미국은 전국적으로 전자교환방식의 도입이 13백만 회선을 넘어섰고, 일본의 경우 시내전화

16만회선, 시외전화 8천회선을 공급 운용하고 있었다.

나. 전자교환기 개발상황

1970년대 중반 미국, 카나다, 스웨덴, 일본 등 선진국 12개국의 전자교환기 개발내용을 조사하였으며 이 중 공간분할방식의 개발상황은 <표 1-6>과 같다. 이때 시분할방식은 불란서, 이태리, 미국, 화란 등 9개국에서 개발 완료하였거나 연구개발 중에 있는 것으로 확인되었다. 가장 먼저 개발된 시분할 전자교환기는 불란서(CIT사)의 CITEDIS 기종으로 1974년에 개발하여 이미 49,500회선이 운용되고 있었다(1974. 12). 그다음에는 1975년 이태리(ITALTEL)에서 개발한 PROTEO 기종으로 2,000회선을 운용하고 있었다(1975. 9).

그리고 미국의 BELL사는 No.4 ESS를 개발하였으며(1976년), GTE사에서는 No.3 EAX를 개발하였다(1977년). 화란(PHILIPS)에서도 TT300을 개발하였다(1977년). 영국(PO사)은 SYSTEM-X를 개발하고 있고 SYSTEM 250도 불란서와 합작 개발 중에 있었다. 서서(瑞西)의 PTT사는 IFS-1을 개발하기 위해 기술면, 조직면, 경제면 및 이용자의 요구면 등을 연구 검토 중에 있었으며, 서독, 일본, 호주에서도 연구 개발 중이었다.

<표 1-6> 공간분할방식의 개발상황(1976년)

국명	회사명	기종	용도	개발년도	비고
미국	BELL	No.1 ESS	시내외 대용량국	1965	미국 BELL계에만 설치
		No.2 ESS	시내 중용량국	1970	
		No.3 ESS	시내 소용량국	1976	
	GTE	No.1 EAX	시내외 대용량국	1972	
카나다	Northern	SP-1	시내외 대용량국	1971	자국내 설치
스웨덴	Ericsson	AKE-13	중계 대용량국	1971	
		ARE-11	시내외 대용량국	1974	
일본	NTT	D-10	-	1972	
		DEX-A11	중·소용량국	1974	
서독	Siemens	EWS-1	시내외 대용량국	1974	
화란	Philips	PRX-205	시내외 대용량국	1974	설치예정
영국	ITT	TXE-4	시내 대용량국	1975	설치예정
불란서	CNET	E-11	시내 대용량국	1976	설치예정
벨지움	BTM	M10C	시내 대용량국	1967	

이 표에서 보는 바와 같이 공간분할방식의 전자교환기를 전 세계적으로 가장 먼저 개발한 나라는 미국이었다. 1965년 미국 Bell사는 No.1형 전자교환기를 개발하였다. 이어서

1967년 벨지움 BTM사가 M10C기종을 개발하였고, 일본 NTT사도 D-10기종을 1972년에 개발 완료하였다. 이처럼 공간분할방식은 상당한 실용단계에 들어갔고 시분할방식은 이제 실용화 첫 단계에 있으며, 교환기의 개발방향은 시분할방식으로 가고 있음을 알 수 있다.

1.3 우리나라의 전자교환방식 도입검토

가. 전자교환방식의 공동연구 추진

1974년 중반 체신부는 전자교환방식의 세계적인 확대 실용화 추세에 대비하고 장차 도입을 전제로 한 전자교환방식의 기종선정을 위하여 연구용역을 시행한다는 방침을 수립하였다. 이를 위한 전자교환방식의 연구기간은 1974년 5월부터 1976년 6월까지로 정하였으며, 연구방향을 다음과 같이 설정하였다.

첫째, 1980년대에 표준방식으로서 채택할 자동전화시설의 전자교환방식 2종과 동방식의 도입계획을 1976년 6월말까지 장관에게 건의한다.

둘째, 상기 건의하는 2종의 전자교환기는 우리가 필요로 하는 몇 가지 중요한 사항을 충족시킬 수 있는 방식이어야 한다. 중요사항으로는 먼저 국산자재를 최대한 이용할 수 있을 것이며, 국산화율이 높고 빨라야 하고 건설 및 운용 면에서 가장 경제적이며 능률적이라야 한다. 또한 기존방식과의 정합이 용이해야 하고 기존 생산 업체의 시설 및 기술을 최대한으로 활용할 수 있어야 한다.

한편 이일을 담당할 조직을 편성하였으며 임원구성내용을 보면 책임연구관에 체신부 전기통신연구소장, 부책임연구관에 전기통신연구소 개발부장, 간사에 개발부 기기부품과장을 선임하였다. 또한 연구원으로는 개발부 직원 2명, 금성통신전기(주)의 전문가 1명, 동양정밀(주)의 전문가 1명, 학술단체 전문가 1명 등 총 8명으로 구성하게 하였다. 이러한 기본방침을 정하여 당시 체신부 공무국장은 체신부 전기통신연구소장에게 이 사업을 착오없이 시행할 것과 세부시행계획서를 작성하여 제출토록 지시하였다(전자교환방식 공동연구 추진계획, 체공기1620, 1974. 5. 20, 체신부). 이 문서는 당시 공무국 기계시설과 통신기좌(김종삼)이 기안하여 기계시설과장, 공무국장(이순기)의 결재를 받아 시행되었다.

그 후 「전자교환방식의 기종검토를 위한 제 방안」을 대통령(박정희)에게 보고하였으며 대통령은 연구기간을 단축시켜 결론을 내리도록 할 것을 주문하였다(1974. 5. 18). 이에 따라 체신부 전기통신연구소에 전자교환방식연구부(가칭)를 설치하여(1974. 5. 24) 체신부, KIST, 교환기기제작자 합동으로 기 개발 중인 기종의 도입을 신중히 검토하였다. 그러나 아직 선진제국에서도 실용화 시험 중에 있어 개선의 여지가 많은 것으로 판단되었을 뿐 아니라 우리나라가 1960대부터 현재 사용 중인 교환기를 완제품으로 도입하여 사용한 경험에 비추어볼 때 결과적으로 기술의 외국의존은 국산화 촉진을 저해하고 아울러 막대한 외자소요를 수반할 것이라는 결론에 도달하였다.

1975년에 들어서면서 체신부 공무국에서는 이 연구용역이 중단되었다는 전기통신연구소의 문서(전연기 1620-202, 1975. 2. 11)를 접수하였으며, 이 내용을 전무국장에게 통보하게 되었다(체공기 1620-213, 1975. 2. 13). 이 협조문은 당시 공무국 기계시설과장(이양수), 공무국장(오황근)이 결재하였다.

나. 전화교환방식으로의 전환시도

앞으로 우리나라 경제는 계속 발전하고 통신수요도 계속 증가할 것이며, 전자공업은 기반을 구축하여 1980년대에는 많은 전자제품들이 국산화될 것으로 보았다. 이러한 상황에서 체신부는 교환방식의 전환을 검토하였다(교환방식 전환검토, 1976. 2. 17, 체신부). 이 보고서의 주요내용은 다음과 같다.

첫째, 당시 교환방식에 관한 방침을 정한 1972년 교환방식표준화 정부방침(경제장관회의, 의안번호 제27호)에는 기존 ST와 EMD를 표준형으로 결정하고 1976년 이후 1980년초에는 우리나라 실정에 맞고 국산화에 가장 적합한 전자교환기종을 다시 선정토록 되어 있었다. 이와 관련하여 1974년 5월 체신부 전기통신연구소에 전자교환방식 선정을 위한 조사연구부를 설치하였으며, 여기에서 검토하여 대통령에게 이에 관하여 중간보고하였다(1975. 2).

둘째, 체신부는 기존방식(ST, EMD)에 대한 전자교환방식의 신속성, 정확성, 안전도, 서비스 제공면, 경제성 등을 검토하였다. 검토결과 기존방식에 비하여 전자교환방식이 우수하므로 경제성이 합당한 안정된 전자교환방식을 적절한 시기에 선택하여 전환해야할 것으로 정하였다(1976. 2). 한편 우리나라는 KIST에서 GTE와 계약하여 PABX 500회선을 시분할 교환방식으로 1976년에 개발 완성할 예정으로 추진하고 있었고, 본 교환기로 2,000-5,000회선까지는 사용할 수 있다고 보았다. 이 교환기로 2,000회선까지는 사용 가능할 것으로 보았으며 이때 전자부품은 외국에서 공급받게 하였다.

셋째, 전자교환방식으로 전환하는데 소요되는 기간을 검토하였다. 완제품을 도입할 때 X+2년이 걸리고, 합작의 경우 X+3년, 실험국 설치 검토 후 전환하는 방안으로는 X+5년이 소요되는 것으로 보았다. 그리고 국내 개발하여 공급할 때는 2,000회선-5,000회선 규모의 소용량국은 X+5년, 20,000회선 이상 대용량국의 경우는 Y+8년이 걸릴 것으로 판단하였다.

넷째, 이와 같은 조건을 감안하여 우리나라에 전자교환방식을 공급할 시기를 당시 다음과 같이 판단하였다.

① 경제적인 면을 고려할 때 전자교환방식의 가격이 기존 전자기계방식보다 저렴한 경제선에 이를 때 도입한다. 완제품을 도입하는 경우 계약년도는 1979년 이후, 설치운용은 X+2년으로 1981년 이후가 된다. 한편 합작 도입 시에는 계약 1979년 이후, 설치운용은 X+3년이 되어 1982년 이후가 될 것이다.

② 기존교환기의 생산능력 초과분을 도입한다면 완제품 도입의 경우 계약 1980년, 설치운용 1982년 이후가 되고, 합작 도입하는 경우 합작계약(X) 1979년, 설치운용(X+3)은 1982년도가 된다.

다섯째, 전자교환기로의 전환방안을 외국기종을 외국기업과 합작 도입하는 경우와 국내개발하여 공급하는 방안에 대하여 다음과 같이 각각의 장단점을 검토하였다.

① 합작도입의 장점은 성능 및 전환 시기에 대한 예측이 가능하고 조기시설이 가능하다. 그리고 특수서비스의 제공시간을 단축할 수 있으며 원활한 수급계획을 수립할 수 있다. 국내개발 시 보다 초기투자비가 저렴하고 생산기술도 동시에 도입하므로 양산체제의 확립이 용이하다. 또한 국내개발 시 발생하는 모든 문제점이 없을 뿐만 아니라 전자교환기의 조기도입으로 관련 전자산업이 육성될 수 있다는 점을 내 세울 수 있다. 반면 단점으로는 우리나라 실정에 적합하고 장래성이 큰 최적의 기종선정에 어려움이 예상되고, 도입기종을 국제입찰에 의하여 선택할 때 저질의 교환기를 도입할 우려가 있다. 그리고 노하우, 성능보장 등의 이유로 국산화촉진에 장애가 있을 수 있다. 또한 외자가 많이 소요될 것이며 외국제작회사의 기술에 예속에서 벗어나기 어려울 것으로 예측된다.

② 국내 개발하는 경우에는 외국기술을 자유로이 선택 도입할 수 있으며 지속적인 자주발전역량을 축적 배양할 수 있다. 그리고 우리 실정에 맞는 기종을 개발할 수 있으며, 개발과 동시에 기술습득이 가능하므로 인원양성이 도입시보다 용이하다. 따라서 도입시 기기원가 중 상당액수가 인간의 두뇌에 대한 무형물의 대가로 지불되는 것을 최소한도로 막을 수 있다. 또한 전자공업 및 관련 산업의 기술발전에 기여할 수 있고 전송분야 등 타 통신분야의 자주적 기술기반구축에 기여할 수 있으며, 외자소요액은 최소한으로 절감할 수 있다.

한편 국내 개발할 때의 단점도 대두되었다. 먼저 개발 실패에 대한 대책이 필요하고 개발시기가 장기화하는 경우 경제적인 손실 및 공급계획에 차질을 초래한다는 점이다. 그리고 단기적으로 볼 때 많은 개발비가 소요되고, 방식개발이 이루어지더라도 생산기술이 양산체제에 이르기 까지는 시간과 비용이 소요되며, 국산화율 향상에 반하여 품질저하를 초래할 우려가 있다.

이 보고서는 우리나라 전화교환방식의 전환을 위해 다음과 같이 종합결론을 내렸다.

① 교환방식의 전환여부는 기존방식에 비해 전자방식이 우수하므로 경제성이 합당한 전자방식을 선택 전환하여야 한다. 이때 바람직한 교환방식은 전전자시분할방식(全電子時分割方式)이다. 그리고 전환 시기는 국내개발이 이룩될 수 있는 1981년도 이후가 될 것이다.

② 전자교환의 기술은 기계식 자동교환기술과 상이하여 하드웨어로 고정되어 있지 않고 IC화, LSI화 등 집적소형화와 함께 발전 변화하고 있다. 특히 소프트웨어는 더욱 급진적으로 발전되고 있어 노동집약에서 고도의 기술 집약형으로 변화하고 있다. 기술의 집중개발과 변천하는 기술에 대응하기 위하여는 연구소를 설립하여야 한다.

1.4 전화교환방식 전환을 위한 관계관회의

가. 회의개요

1976년에 들어서면서 정부는 통신부문계획 개선방안의 일환으로 교환방식전환에 관한 관계관회의가 경제기획원 주최로 2차(1차 1976. 1. 30/ 2차 1976. 2. 17)에 걸쳐 개최되었다. 특히 2차 회의결과는 다음날 체신부장관(박원근)에게 보고되었는데 주요내용을 정리하면 다음과 같다.

<회의결과보고서> 4차 5개년계획 기간 중 시내전화공급 및 교환방식전환에 관하여 관계부서와의 회의결과를 다음과 같이 보고합니다.

① 회의일시: 1976. 2. 17 14:00-17:00, 회의장소: 경제기획원 회의실

② 참석자 : 청와대 이진설 비서관, 총리실 이봉수 조정관, 기획원 차관(장덕진), 기획차관보, 김 기획관, 예산국장, 경제협력국장, 체신부 차관(최병권), 기획관리실장, 전무기획국장, 시설국장, 예산담당관, 시내계획과장, 과기처 기획관리실장, KIST 소장, 전자계산실장 성기수, 전자공학부장 김종련, 원자력원 경상현

③ 회의내용 : 체신부측에서 시내전화 적정공급의 타당성분석에 관하여 예산담당관이 설명하고, 교환방식 전환검토에 대하여 시내계획과장이 설명하였음. 설명도중 6.5대 시 당기순이익이 기간 중 1,608억 원인데 10대의 경우 661억 원으로 감소되는 이유에 대한 질의가 있었음. 이에 대한 답변은 6.5대 시의 경우 부족액이 597억 원으로 추정되나 10대의 경우 7,084억 원으로 이를 차관 또는 공채발행으로 충당 시에 원리금 상환 2,069억 원 중 경상비의 지급이자가 약 1,000억 원이 소요되고 시설이 늘어나면 전화대당 수익이 점차 체감되기 때문이라고 하였음.

나. 참석자의 의견

체신부 최병권 차관은 교환방식 전환관계는 체신부장관(박원근)께 보고 드린 사항으로서 체신부의 최종안이라고 볼 수 있으므로 이점 감안하고 들어주기 바란다고 하였으며, 이때 참석자의 의견요지는 다음과 같다.

① 기획원 김 기획관 : 미리 준비 배부된 유인물을 가지고 아래와 같이 설명하였다. 수요가 있고 흑자사업인데도 불구하고 수요의 몇%만을 공급하겠다는 체신부 안은 모순이 있는 것 같다. EMD가 X-Bar보다 고가이다(대만의 예를 설명). 현재 X-Bar는 회선당 약 120달러 정도인데 EMD의 경우 우리가 서독에 납부하는 외화만도 약 90달러 정도이다. EMD로 1 Stage 추가 시(7숫자화시) 회선당 약 40달러 정도가 추가 소요된다. 4차 5개년계획기간 중 150만회선-270만회선이 되는데 경제적으로 가장 유리한 것이 어느 방식인지 판단하여야 할 것이다.

② 이때 총리실 이봉수 조정관이 서독에 지불하는 약 90달러에 대하여 관심을 표시하여 김 기획관이 재설명하였다. 또한 기획원 장 차관이 과거에 X-Bar도입에 관하여 논의한 적이 있었는데 그때 채택하지 않은 이유의 설명요청이 있었으며, 당부 장 전무기획국장이 회선당 단가는 구성요소에 따라 달라지므로 직접비교하기는 곤란하다는 답변이 있었으며, 기획원에서 그때 X-Bar 채택보류에 관한 배경설명이 있었다.

③ 기획원 장덕진 차관 : 지금 이 시점이 과거 X-Bar 도입에 관하여 논의할 때의 시점과 같은 중대한 시점이므로 참석자들은 각각 기탄없는 의견을 발표하기 바란다.

④ KIST소장 : KIST에서 관계자 회의를 한 결과 아래와 같은 결론에 도달하였다. 통신기능은 대단히 중대한 사업이므로 시행착오가 있어서는 안 된다. 기존 생산시설의 유지는 계속하고 우리 실정에 맞고 확실히 쓸 수 있는 것을 최단 시일 내에 도입하여야 하며 그렇게 함으로서 기술이 양성되고 국내개발품을 스무스하게 연결시킬 수 있다.

⑤ 과기처 실장 : 도입이든 국내개발이든 기술축적이 필요하므로 개발에 힘을 기울려야 한다. 모든 결정은 신중을 기하여야 한다. 체신부에서는 방향이 나왔는데 MOST에서도 판단하기 위한 검토시간이 필요하다.

⑥ 총리실 이봉수 조정관 : 체신부의 결론을 보면 2, 3항은 국내개발을 전제로 한 것 같다. 개발은 시분할로 되어있으며 문제는 개발소요기간이다. 개발한다는 것은 좋으나 갭을 메우는 방법이 문제다. 경제적이고 효율적인 것으로 메우는 것이 좋다.

⑦ 체신부 최병권 차관 : 개발기간은 일본의 예를 보아서 정하였다. 개발기간을 5년-8년으로 보았는데 소자를 개발하지 않기 때문에 보다 단축할 수 있다고 본다.

⑧ 청와대 이진설 비서관 : 통신에는 시행착오가 있어서는 안 된다. 신중을 기해야 하므로 외국의 기술지도가 필요한 것 같다.

⑨ KIST 성기수 박사 : 중립적인 외국기관에 20년 Master Plan(5년간 실행계획 포함)을 의뢰하여 결과를 믿을 수 있다면 그것을 근거로 국제입찰하면 좋은 결론이 나올 것 같다.

⑩ KIST 김종연 박사 : 시분할 이론은 과거 10년 전부터 유리하다고 나오고 있다. 시분할 기술도 가까운 거리에 도달되었다는 것도 사실이다. 우회기능을 보완할 수 있는 방책이 필요하다.

⑪ 원자력원 경상현 박사 : TD가 장기적으로 보아서 유리하다는데 대하여 이견이 없다. 개발이 장기화할 경우를 감안하면 기술자적 책임감에서 볼 때 기간을 정한다는 것은 위험한 일이다.

⑫ 기획원 장덕진 차관 : 나로서 결론적 대체적 의견은 말하지 않겠다. 가능하면 금주 토요일 또는 늦어도 내주 토요일에는 체신부안과 여기 참석하신 여러분의 발언내용을 공정하게 기록하여 관계 장관회의에 회부하겠다. 체신부안의 사본을 송부하여 주기 바란다.

다. 공간분할교환기의 문제점 검토

이후 체신부에서는 공간분할교환기의 합작시의 문제점을 검토하였다(공간분할식 교환기 합작시의 문제점, 1976. 2. 18). 이 검토보고서는 체신부장관(박원근)에게 보고되었으며 보고서 원본은 장관이 보관하고 해당 실국에서는 복사본을 보관하게 되었다. 당시 보고서의 주요내용을 간추려 보면 아래와 같다.

첫 번째, 국내개발과 합작도입시의 기간을 비교하여 보면 국내개발기간은 5년-8년, 합작도입기간은 3년-4년이 소요된다. 운용시기는 즉시 합작으로 도입할 때는 2년이 걸리고, 가격이 합당하여 합작 도입할 때는 기간의 차이가 없다. 여기에서 가격이 합당할 때는 국제적으로 전자식이 기계식과 가격이 일치하는 1979년이 될 것으로 본다.

두 번째, 국내개발과 합작도입의 기간차로 공백 기간이 생기는 경우에 대비하여 공간분할식 전자교환기를 합작 도입한다면 경제적 기술적 국산화면에서 아래와 같은 문제점이 있다.

① 경제적인 면에서 볼 때, 시설비가 고가로 자원의 낭비를 가져오고 외화가 많이 든다. 그리고 국간이종교환기간 연결 장치비가 많이 들며, 합작공장 건설비가 많아 이중 투자된다.

② 기술적인 측면에서 볼 때, 기종이 증가하여 표준화방침에 위배되고, 시설의 혼용은 불가하므로 공급계획상 설치지역, 시설회선비율 등 큰 문제점이 야기된다. 그리고 기종이 늘어 이기종간 결합상 기술적 애로가 크고, 기종의 다양화로 유지보수 자재확보 및 관리가 곤란하다. 또한 기종의 다양화로 보수요원양성이 어렵고 인사관리가 힘들고, 기종의 증가로 국내개발에 결합장치 등 부하가 증가되어 개발기간이 연장된다.

③ 국산화 정책면에서 볼 때, 생산규모가 적어 비경제적으로 생산단가가 높고 국산화 촉진이 힘들며, 적용 및 생산기간이 단기로 되어 특히 통화로 소자(Reed Relay) 등 기계적인 부분의 국산화를 할 수 없어 국산화율이 저하된다. 한편 단기간의 소요충족을 할 수 있다고 하더라도 일단 공장건설 후 타 기종으로 전환하기에는 현실적으로 장애요인이 많을 것이다.

④ 이외에도 김종련(金鍾鍊) 박사의 보고서에 의하면 전자소자는 연간 3%, 인건비는 연간 7% 비율로 가격이 상승한다고 보고 있다. 그러나 전자교환기의 가격이 점차 저렴하여지는 원인은 기기 부품의 집적소형화, 점차 보급증대로 양산체제화, 연구개발비의 부담감소 등으로 분석하고 있다. 이중에서도 부품의 집적소형화가 가격인하의 가장 큰 요소가 된다고 보며, 부품의 집적소형화에 따라 보수유지와 생산 등 모든 기술은 고도화로 변천하며 부품과 기구도 변화 발전된다고 전망하였다. 여기에 대비하기 위해서는 자주개발만이 가능하며 체신부 주관 하로 해야만 지속성이 있고 관련 분야에 확대 응용될 수 있다고 보고하였다.

1.5 정부의 교환방식 전환검토

가. 기본방향의 정립

체신부는 시내전화 적정공급의 타당성을 분석하여 교환방식의 전환을 검토하였다(교환방식전환에 관한 검토, 1976. 2. 26, 체신부). 이 검토는 1976년 1월 30일과 2월 17일 경제기획원 차관 주재로 개최된 전문가 회의결과를 토대로 작성되었다. 이 전문가 회의에서는 다음과 같은 세 가지 사항에 합의하였다.

첫째, 교환방식 전환여부는 경제성이 합당한 전자방식을 선택 전환한다.

둘째, 전환 시의 선택기종은 시분할 전자교환방식으로 한다.

셋째, 전환 시기 및 전환방안은 국내개발을 추진한다.

당시 이 회의에서는 개발기간 및 개발기간까지의 적용기종을 공간분할방식을 도입할 것인지, 기존 기계식을 계속 설치할 것인지에 대하여 미합의사항으로 남겼다. 그래서 체신부는 미합의 문제를 해결하기 위해 국내개발 시까지의 교환방식은 기존 기계식, 전자교환기 중 공간분할방식, 전자교환기 중 시분할 방식을 대상으로 다음과 같이 검토하였다.

① 당시 시점에서 방식별 기능과 선택상의 문제점을 살펴보면 전자교환기 중 시분할 방식이 가장 우수하고, 공간분할방식은 우수하며, 기존 기계식(EMD, ST)은 낙후되어 있다.

② 시분할 방식은 현재까지 개발기종이 적어 선정범위가 좁다. 개발품은 불란서의 Citedis와 이태리의 Proteo가 있는데, 불란서 제품은 1974년도에 실용화되었고 이태리 제품은 1976년도에 실용화 예정으로 추진되는 등 실용화 기간이 짧아 신뢰성의 보장이 어렵다. 한편 회선 당 가격은 하락추세이나 기술 및 부품의 미개발 영역관계로 회선 당 단가가 고가이다. 특히 1만회선 이상의 대용량 국에서 고가이다.

③ 공간분할방식은 시분할 방식보다는 저렴하나 기계식보다는 고가이다. 장래의 회선당 가격은 기계식보다는 저렴하여질 것이나 시분할 방식보다는 고가로 전망되므로 장기간 채택사용은 비경제적이다.

④ 기존 기계식의 경우는 회선당 가격이 점증추세로 전망되므로 장기간 계속 채택은 비경제적이다. 그리고 각종 기능 특히 가입자 특수서비스 제공 면에서 열세에 있다. 신 방식에 비해 유지보수 및 운용비가 많이 든다. 또한 대도시에서의 국간중계망 구성상 선로비가 많이 들고 국번호 자리수 추가에 따라 별도의 투자비가 소요된다.

나. 전자교환방식의 종합검토

시분할 방식은 장래성은 있으나 현재 경제성 및 신뢰성이 적고, 공간분할방식은 현재 시분할 방식에 비하여 가격은 저렴하나 장기적 장래성이 없으며, 기존방식은 회선당 가격이 현 시점에서는 가장 저렴하나 점차 상승추세이며 각종 특수서비스, 유지보수 및 운용비, 구간중계망 구성 등에서 문제점을 내포하고 있다. 이를 다시 세부적으로 검토하면 다음과 같다.

첫째, 시분할 방식은 전송로의 다중화, 전자부품의 소형화 및 고성능화의 세계적 추세를 감안할 때 장래의 전자교환방식이 될 것이다. 그리고 국내에서도 시분할 방식을 개발하고 있으므로 중간단계에서도 본 방식을 채택하는 것이 가장 바람직하다. 한편 경제성 및 신뢰성은 적으나 머지않은 장래를 대비할 때 우리나라 실정을 감안하여 ① 안정성 ② 구성소자 및 기구를 중심으로 한 경제성, 선로비를 중심으로 한 총합통신망 구성상 경제성, 국산화 추진상의 경제성 등의 경제성 ③ 전송로의 다중화와 경제적인 교환기 보급시기 등 세계적 실용화 및 보급전망 ④ 소요기술 인력의 훈련기간 및 비용 등을 검토하여야 한다.

둘째, 국내개발품이 공급될 때까지의 과도기 동안 공간분할방식을 채택한다면 안정성과 신뢰성 등에 이점이 있으나 도입여부를 결정함에 있어서는 다음과 같은 제반요소를 기존방식과 비교하여 면밀히 검토하여야 한다.

① 경제적 측면에서 회선당 단가의 검토가 필요하다. 자국 및 구간통화량에 따라 회선당 단가의 차이가 있을 것이며, 각종 기능추가에 따라 회선당 단가가 변동될 것이다. 그리고 기존방식과의 국간 정합장치에 따라 회선당 단가가 변동되고, 연간 공급회선수에 반비례하여 회선당 단가가 상승할 것이다. 또한 기타 회선당 단가에 미치는 제요소, 소요외화 및 합작공장건설의 경우 투자의 효율성도 검토하여야 한다.

② 기술적 측면에서는 공급계획상 기종의 다종화 및 초기 투자비의 고가로 지역적 불균형 등 기술적 문제점이 있을 것이다. 그리고 운용 중에 있거나 장차 채택 가능성이 있는 제방식과의 결합상 기술적 문제점이 있을 것이다. 또한 기종이 늘어 유지보수 자재확보, 관리보수요원의 양성 및 인사관리의 곤란성이 있을 것이다.

③ 기타측면에서는 생산규모가 적고 공급기간이 단기일 경우 국산화 향상율이 저조하게 될 것이다. 특히 통화로 소자 등 기계적 부분의 국산화는 기대하기 곤란할 것이다. 그리고 전자소자의 발달로 교환기 소자부품이 변천을 거듭할 것으로 사료되는 바 공급량이 적은 각 소자의 보급에 지장이 우려된다.

셋째, 경제기획원과 체신부의 이견이 있는 부분이다. 공간분할방식(ESS-SD)과 기존 방식(특히 EMD)의 비교에 있어 의견이 일치하지 못한 사항 또는 세부적 검토가 필요한 사항은 <표 1-7>과 같다.

<표 1-7> 전자교환기 회선당 단가

구분	주요의견	예시
경제기획원	ESS-SD가 저렴	미국의 ESS의 경우 신설 366달러, 증설 149달러 세계시장가격은 200-240달러
체신부	미국의 ESS는 국제시장에 판매 않음, ESS-SD가 고가	

다. 경제장관회의

1976년 교환방식전환을 검토하는 경제장관간담회가 경제기획원장관실에서 개최되었다(1976. 2. 26). 이 회의에는 경제기획원장관(남덕우), 차관(장덕진), 기획차관보, 기획관, 재무부차관(남상진), 재정차관보, 상공부차관(심의환), 교통부차관(이재철), 체신부장관(박원근), 전무기획국장, 과학기술처차관(이창석), 청와대 이 비서관, KIST소장과 그 외 KIST, 원자력원, 경제기획원 관계관이 참석하였다. 이 회의에서 체신부 안은 전무기획국장, 경제기획원 안은 기획관이 각각 브리핑하였으며 끝난 후 질의응답이 있었다. 이때 주요내용은 다음과 같다.

<기획원장관> KIST에서는 1981년까지 국내개발이 가능하다고 전에 말한 적이 있는데 KIST소장 의견은?

<KIST소장> 멤버 중에서 그렇게 주장하는 사람도 있으나 의욕은 높게 평가하여야 되나 통신은 매우 중요하므로 시한을 정하여 개발실용에 적용한다는 것은 위험하다는 것이 본인의 소견임.

<기획원장관> 체신부 안에 의하면 국내개발예산, 개발기간과 생산개시 및 운용 시기, 개발품 적용 시까지 과도적으로 채택할 방식 등을 KIST로 위탁하는 것으로 되어 있는데 KIST에서 할 수 있는지?

<KIST소장> 할 수 있음.

<체신부장관> 현재 KIST는 조직, 인력, 종합기술, 시설물, 공구, 경험, 복지시설 등 각 분야가 체신부보다 여건이 좋으므로 위탁하는 것임.

<KIST소장> 속단키는 어려우나 3-4개월 또는 5-6개월이면 판단할 수 있는 자료는 작성 가능하다고 보며 국내관계기관은 물론 외국용역단의 협조도 필요할 것 같음.

<기획원장관> 소요예산은 체신부에서 부담할 없는지?

<체신부장관> 예산형편상 불가능하다고 봄.

<기획원장관> 그러면 6월말까지 보고토록 하고 소요예산은 기획원에서 부담함.

<체신부장관> 개발은 한국의 특수성에 맞는 데이터통신 등도 할 수 있는 우리의 기종이어야 하며 과도적으로 적용할 기종은 경제성과 기술적으로 합당한 기종을 선정하여야 함.

<기획원장관> 그러면 다음과 같이 결정함. ① 장래의 방식은 TD방식이며 77-86까지 10년간을 과도기로 하여 KIST에서 조사 보고한다. ② 기초조사는 KIST에서 외국용역단과 함께 6월말까지 완료하고, 소요예산은 기획원에서 조치한다.

<기획차관보> 체신부안 5항(건의)의 나3과 다2항은 분명히 하여야 할 것 같음.

<체신부장관> 방식결정사항은 체신부장관 소관이므로 내가 한다는 뜻임.

이상의 경제장관간담회 회의결과보고서(회의록)는 「통신부문계획 개선방안」이라는 제목의 문서(체기내1620, 1976. 3. 2, 체신부 전무기획국)에 첨부되어 있으며, 이 문서는 전무기획국 시내계획과장(유택로), 국장(장기익), 차관(최병권), 장관(박원근)이 결재하였다. 이 경제장관간담회에서의 주요합의사항을 요약하면 시분할 전자교환기를 국내 개발하고, 과도기 공급기종(공간분할방식)을 선정하며, 이들 사업은 KIST에 의뢰한다는 것이었다.

이에 따라 1976년 3월에 KIST는 국제입찰을 실시하여 그 타당성을 검토하였으며(1976. 4-1976. 8), 여기에는 GTE, ITT, NEC, Fujitsu, Siemens 등 5개 회사가 응찰하였다. 이어서 체신부에서는 대통령(박정희)의 재가를 받아 공간분할방식의 전자교환기를 채택하는 것으로 결정하였으며, 동시에 전자통신개발추진위원회(위원장 체신부차관)의 설립도 결정하였다(1976. 9. 1).

2. 전자교환방식의 도입시도

2.1 전자교환기의 성능 및 경제성 검토

가. 기존방식과 전자방식의 성능

1970년대 중반 우리나라는 통신수요 및 통신투자의 증대라는 면에서 신 교환방식 도입의 필요성이 대두되었다. 재래의 기계식 자동교환방식의 투자효율 및 경제성이 상대적으로 저하되고 있는 상황에서, 교환기 성능의 신뢰성, 시설 및 운용의 경제성, 유지보수의 간편성, 다양한 서비스 제공 등 높은 신뢰성과 경제성을 갖춘 신 방식을 요구하는 시기에 접어들고 있었다.

또한 교환기 관련 국내공업 특히 전자공업의 괄목한 발전으로 인하여 이를 더욱 촉진하는 효과도 있었다. 한편 전자교환기는 공통제어방식의 일종으로서 공통제어부가 전자계산기로 구성되었으며, 기존방식과 전자방식의 성능을 비교하면 <표 1-8>과 같다.

<표 1-8> 기존방식과 전자방식의 성능비교(1976. 9)

검토사항	주요항목	기존방식 (ST,EMD)	전자방식
신속성	교환접속 소요시분	느림	빠름
정확성	접속안전도	낮음	높음
	통화품질	나쁨	좋음
안전성	고장발생율	높음	낮음
	교환망 구성 및 번호계획	난점있음	용이함
	중요부분 고장시 전체에 미치는 영향	없음	큼
	교환기 구조	단순	복잡
서비스제공	현대식 특수서비스	없음	다양함
경제성	기계가 점유하는 상면적(10,000회선 기준)	많이 소요(100)	적게 소요(50)
	선로경비	많이 소요(100)	적게 소요(50)
	유지보수비	많이 소요	적게 소요

전자교환방식의 도입을 검토하기 시작한 1976년 당시 우리나라는 전국적으로 자동전화교환기는 ST방식 356,900회선과 EMD방식 696,800회선 등 총 1,063,700회선을 운용하고 있었다. 세부내역은 <표 1-9>와 같고 여기에서 단위는 회선이다.

<표 1-9> 우리나라 자동전화교환기 운용상황(1976. 12)

기종별	시설수	연간생산 능력	공급실적	국산화율(%)	최초설치	국산화 개시
ST방식	356,900	150,000	82,800	100	1935년	1963년
EMD방식	696,800	220,000	108,600	75	1959년	1965년
계	1,063,700	370,000	191,400			

나. 전자교환기의 경제성

체신부는 당시 기존교환방식(ST, EMD)과 전자교환방식의 경제성에 대해 다음과 같이 분석하였다.

① 전자교환방식의 경우 교환기 가격은 기계식의 90-120%이며, 전송시설비는 70- 80%, 가입자 시설비는 70-80%, 유지보수비는 30-50%로 절감된다.

② 6숫자 국에서 7숫자 국으로 전환 시 기술적 성능(노임)을 검토하면 기계식은 10,000회선 당 400일/인이고, 전자식의 경우 10,000회선 당 20분/인으로 소요된다.

③ 향후 5년간 교환기 가격추이를 보면 기계식은 10% 상승하고 전자식은 10% 이상 하락할 것으로 보인다. 그리고 기타비용이 기계식은 체증경향으로 가고 있으며 전자식의 경우는 계속 하락하는 추세로 나타나고 있다. 또한 기술적 개량문제도 기계식은 거의 한계에 도달한 반면 전자식은 매년 급속히 개량해 나가고 있다.

이때 전자교환방식 중 공간분할방식(SD: Space Division)과 시분할방식(TD: Time Division)에 대해서도 비교하였다. 공간분할방식은 통화로 소자를 전자기계식 접점으로 구성하고 통화중계선 1회선에 1통화로를 형성하는 방식으로 반전자방식이라고 하였다. 반면 시분할방식은 통화로 소자를 전자소자로 구성하고 통화중계선 1회선을 시간적으로 분할하여 다수의 통화로를 형성하는 것으로 전전자방식이라고도 하였다.

2.2 전자교환기 공급방안

가. 선진국 개발기종 도입과 국내개발방안 검토

이러한 상황에서 우리나라는 정보통신 선진국에서 연구 개발된 방식의 도입방안과 국내개발방안 등을 검토하였다(1974년-1976년). 정부는 KIST에게 전전자교환기의 국내개발, 전전자교환기가 국내 개발되어 실용화될 때까지 사용할 중간기종에 대하여 연구 및 조사 보고토록 위탁하였다(1976. 2). 이에 따라 KIST에서는 국제전문 용역기관을 채용하고 국제입찰을 시행하였다. 이때 입찰조건을 보면 정부는 입찰결과에 구속되지 않으나 응찰회사의 입찰내용은 법적효과가 있는 것으로 하였다.

입찰대상은 미국의 GTE, ITT, WE, 일본의 NEC, Fujitsu, 서독의 Siemens, 그리고 우리나라의 금성통신, 동양정밀로 하였다. 주요검토사항으로는 5년간 공급 규모가 각각 50만, 100만, 150만 회선일 경우, 초기 완제품 공급가격, 국산화 계획(연도별, 부품별), 회선당 가격(연차별, 부품별, 규모별)을 검토하기로 하였다. 또한 연차별, 부문별로 외자 및 내자를 구분한 소요투자액, 소요인력(연차별, 기술수준별), 인력훈련계획을 검토하고, 기술판매 가부 및 판매기술내용, 수출가능성도 검토하는 것으로 정하였다.

이러한 방향에 따라 대상회사에서는 응찰하였으며 회사별 응찰내용 중 회선당 가격을 보면 큰 차이가 있었다. 세부내역은 <표 1-10>과 같으며 여기에서 단위는 달러이다. 이 가격은 5년간 공급규모가 50만 회선을 기준으로 한 것이었으며, 여기에는 기존방식 정합을 위한 장치비도 포함되었다.

<표 1-10> 회사별 회선당 가격(1976년)

구분		대형(20,000회선)	중형(10,000회선)	소형(5,000회선)
기계식 교환기	금성(EMD)	202	203	220
	동양(ST)	146	147	155
전자식 교환기	NEC	161	193	290
	Fujitsu	166	210	308
	GTE(2)	255	313	396
	Siemens	360	366	440
	ITT	369	351	451
	GTE(1)	449	431	552

이번 응찰에서 회선당 가격 이외에 생산시설 투자비, 기술제휴조건, 기술사용료, 최종년도 국산화율 등을 다음과 같이 제시하였다. 이때 시멘스(Siemens)는 회선당 가격 이외에는 제시하지 않았다.

① 회선당 가격은 대형, 중형, 소형으로 구분하여 제시하였다. 대형(20,000회선) 전 자교환기의 회선당 가격은 161-449달러, 소형(5,000회선)의 경우 290-552달러를 제시 하였다. 이때 회선당 가격은 초기 도입가격대비 86%-99% 수준으로 제시하였다.

② 생산시설 투자비는 NEC 1,600만불, Fujitsu 1,000만불, GTE(2) 1,100만불, ITT 1,600만불, GTE(1) 1,100만불을 제시하여 생산시설내용에는 차이가 없었다.

③ 기술제휴조건은 NEC, Fujitsu, ITT는 완전판매합작, GTE(1), GTE(2)는 합작을 제시하였다. 그리고 기술사용료(회선당)는 이미 회선당 가격에 포함되어 있었으나 이를 분리하여보면 NEC 8,60달러, Fujitsu 9.50달러, GTE(2) 24달러, ITT1 8.60달러로 나타났다.

④ 최종년도의 국산화율은 NEC 90%, Fujitsu 92%, GTE(2) 80%, ITT 87%, GTE(1) 80%로 제안하였다.

KIST에서는 이와 같은 연구결과를 중간보고하였으며, 이 보고서는 당시 시점에서 공간분할 전자교환방식의 채택은 기술적 경제적 타당성이 있으므로 전자교환방식을 채택하고자 한다는 결론을 내리면서 앞으로의 해결해야 할 몇 가지 과제를 다음과 같이 제시하였다.

① 기종선정, 도입방식 및 국내생산체제의 검토, ② 교환방식 운용 및 생산기술의 충분한 흡수 능력의 배양과 선진국 수준의 운전, 보수, 유지요원의 양성, ③ 통신망의 최적계획 수립 및 새로운 통신기술의 연구발전.

또한 이 보고서는 사업의 효율적 추진을 위해「전자통신개발추진위원회」를 둘 것을 제안하였다. 이 위원회는 체신부차관을 위원장으로 하여 위원에는 경제기획원 기획차관보, 상공부 중공업차관보, 과기처 종합기획실장, KIST 부소장, 청와대 경제제1비서관, 총리실 행정조정실 등 6명으로 구성하고, 체신부 전무기획국장이 간사를 맡게 하였다.

본 위원회 소속하에 전자통신사업추진본부(본부장: 체신부 차관)를 두며 여기에 전자통신개발부와 운영관리기획부를 운영하도록 정하였다. 전자통신개발부는 기종별 연도별 최적투입량 계산, 초기주문을 위한 사양 등 전자통신망계획을 만들도록 하였다. 그리고 외국기술 제공회사와의 계약준비교섭, 국내민간업체와의 계약준비교섭 등 기술흡수 및 완전국산화계획도 담당하게 하였다. 또한 최적민간기업 계열화 생산 및 하청체제기획, 소프트웨어 준비, 시분할기기 개발 등의 업무를 수행하게 하였다.

그리고 운영관리기획부에서는 도시운영관리 체제기획, 장거리운영관리 체제기획, 국제시설운영관리 체제기획, 유지보수 체제기획, 시설건설투자 체제기획 등을 담당하는 것으로 정하였다. 이상의 전자교환방식 도입검토계획은 체신부에서 작성하여 체신부장관(박원근), 과기처장관(최형섭), 부총리(남덕우), 총리(최규하)를 거쳐 대통령(박정희)에게 보고되었다(1976. 9. 1).

나. 크로스바 교환기의 도입 검토

한편 체신부에서는 또 다른 교환기종인 크로스바(X-bar) 교환기의 도입 타당성도 검토하였다(X-bar 도입타당성 검토, 1977. 4, 체계삼 1620-29, 체신부). 이 교환기의 성능, 효율성 등을 검토한 세부내용은 <표 1-11>과 같다. 이때 X-bar는 EMD/ST와 비교할 때 교환기의 접속시간이 짧고 중계선 대군화로 효율이 높은 것으로 나타났다. 또한 데이터 통신에 적합하고 4선 교환이 가능하여 시외교환이 용이하다는 등 전반적으로 우수하게 평가되었다. 그러나 이미 세계적 추세는 전자교환기 시대로 급속하게 전환되고 있는 시기여서 이 교환기의 도입문제는 더 이상 논의되지 못하고 종결되었다.

<표 1-11> X-Bar방식과 EMD/ST방식의 성능비교

① 교환기의 접속시간 등 신속성

항목	X-bar	EMD/ST
접속시간	짧다(경제적)	길다(비경제적)
Push Button 사용	20IPS사용으로 신속함	10IPS만 사용으로 지연됨
ESS와의 결합	MFC결합으로 접속시간이 짧아 경제적임	다이얼펄스 결합접속시간이 길어 불리함

② 중계선 효율 등 효율성

항목	X-bar	EMD/ST
중계선의 효율	대군화(大群化)로 효율이 높고 우회기능이 있음	소군화(小群化)로 효율이 낮고 우회기능이 없음
데이터통신과의 결합	접속특성이 우수하고 데이터통신에 양호함	접속특성이 불량하여 데이터통신에 부적합함

③ 접속안정성, 과부하내력 등 안정성

항목	X-bar	EMD/ST
접속 안전성	음질 우수하고 안전성이 큼	잡음이 많고 고장이 많음
과부하 내력	설계통화량을 초과하는 과부하에 약함	과부하 내력이 큼
고장의 영향	공통제어부 고장은 전 시스템에 영향을 줌	개별제어방식으로 고장의 영향은 국부적임
보수의 난이	높은 기술수준이 필요하나 무인화가 가능함	기술수준이 낮아 용이함

④ 기타사항

항목	X-bar	EMD/ST
특수서비스	요금, 번호, 고장탐지 등 유리함	특수기능이 적어 불리함
시외교환	4선 교환이 가능하여 시외 교환이 용이함	시외교환에 추가시설이 많이 소요되어 불리함
번호계획과 교환망 구성	번역기능이 있어 양자가 독립적으로 시행가능	양자가 서로 대응되어 융통성이 적음

3. 전자교환기의 도입결정 및 기종선정

3.1 전자교환기 제1기종 선정

가. 정부방침의 확정

앞에서 검토된 전자교환기 도입방침은 경제장관간담회(1976. 12. 18)를 경유하여 대통령의 결재를 받아 전자교환기 도입에 대한 정부방침이 확정되었다(1976. 12. 28). 이때의 주요내용을 보면 단일기종을 채택하고 공급규모는 200만회선(1980년-1984년)으로 정하였다.

이를 위해 생산업체로는 본체조립 1개 업체, 부품생산은 계열화하며, 전담기술도입기구로서 KIST부설로 발족 후 체신부산하에 연구기관을 설립한다는 것이었다. 이에 따라 전자교환기 도입, 개발 및 체신부 신기술지원을 위하여「한국전자통신연구소(KIST부설)」가 설립되었으며 다음과 같은 임무를 수행하게 하였다(1976. 12. 31).

첫째, 공간분할 전자교환기의 설치운영을 위한 일괄기술도입 및 지원, 전자교환기 도입에 따르는 기존시설과의 정합 및 개량을 통해 종합전자통신망으로의 효율극대화.

둘째, 전자교환기 전용부품 및 조립생산업체를 위한 도입기술의 보급조정과 지도 및 지원, 시분할 통신기기를 고유모델로 자체개발한 것을 기술도입 없이 국내생산 가능화.

셋째, 전자교환기기, 새로운 전송기기, 광 전송선로와 가입자기기의 설치 운영 생산 및 개발을 위한 소요인력확보 및 훈련, 체신부의 통신기기 시설 및 운영시스템의 개혁을 위한 기술지원.

또한 전자교환방식 도입에 수반한 수용체제를 완비하기 위하여 전담반을 구성 운용하기 시작하였다(전자교환방식 도입을 위한 추진계획, 체계삼 1620-227, 1977. 1. 7, 체신부 계획국). 이 전담반은 통신기정 정도길 외 13명으로 구성하여 1977년 1월부터 12월까지 운영하는 것으로 정하였으며, 협상단 참여, 수용태세정비(인원훈련, 시설정비, 치국계획), KIST부설연구소 인수준비 등의 임무를 부여하였다. 이 추진계획의 주관부서 및 결재자는 제1장 말미의 참고자료 편에 기록되어 있다.

한편 전자교환기의 생산을 전담할 한국전자통신주식회사(KTC)를 한국산업은행이 주관하여 설립하였다(1977. 2. 15). 이 회사는 전자교환기 본체조립업체로서 당시 자본금은 1천만 원으로 한국산업은행이 전액 출자하여 설립하였음을 한국산업은행총재가 체신부장관에게 보고하였다(전자교환기 생산업체 설립, 산출관 861-283, 1977. 2. 18, 한국산업은행). 이 회사의 본사소재지는 서울특별시 중구 남대문로 2가 140-1로 하고, 임원으로는 대표이사 이만영, 전무이사 김순영, 상무이사 이상윤, 박헌서, 상임감사 임해강으로 선임한 것으로 되었다. 이때 체신부는 전자교환기 도입에 따른 신기술 검토 및 국산화 등에 대한 행정감독을 위해 기술정책관실을 발족시켰다(1977. 7. 16).

나. 전자교환기 제1기종의 선정

1977년 2월에는 지난해 국제입찰에 응한 5개사 중 2개 대상회사(Fujitsu와 ITT)를 선정하여 6개월에 걸쳐 현지조사와 계약조건협상을 하여 그 결과를 제34차 경제장관협의회에 보고하였다(전자교환도입 추진상황보고, 1977. 9. 체신부). 이때 보고내용 중 주요사항은 다음과 같다.

① 후지쓰(Fujitsu)는 일본국 기업이고, ITT는 다국적기업임. 전자교환 해외시장 경력면에서는 후지쓰는 거의없고, ITT는 다양하고 많음(10여국에서 표준형으로 채택 사용 중).

② 교환기의 성능 면에서는 후지쓰는 상대적으로 좀 더 우수하고 발전된 방식의 기종인 반면, ITT는 5-10년 전에 개발된 방식을 부분적으로 개량한 기종임.

③ 국산화 측면에서 보면 후지쓰는 생산기술이 약간 뒤떨어지나 문제시 되지는 않으며, ITT는 상대적으로 좀 더 우수한 생산기술, 생산관리기술을 보유하고 있음.

④ 경제성을 보면 후지쓰는 120.8달러, ITT는 140.3달러로 파악되었음(1984년도 65만회선 생산 시 회선당 평균생산비).

이와 같이 보고한 결과 경제장관협의회에서는 ITT사를 선정하였으며, 이에 따라 ITT/BTM사의 M10CN 기종이 대통령의 재가를 받아 최종 결정되었다(1977. 9. 17). 이의 시행을 위해서는 ITT에서 도입되는 기계시설, 부품 및 수입교환기의 가격을 최종적으로 최대한 인하토록 협상하고, 도입될 반도체 기술내용과 조건 등을 충실화한다는 조건을 제시하였다. 당시 ITT를 선정한 이유는 다음과 같다.

첫째, 성능 및 가격 면에서 후지쓰가 우위에 있으나 이는 현재 기대되는 최저가격이며 국산화계획의 차질 없는 성취로서만 실현 가능한 것임.

둘째, 국산화계획 전망의 측면에서 보면, 후지쓰의 경우 수출과 기술전수 경험이 없으며, 이 기종은 현재까지 표준기종으로 채택된 예가 없을 뿐만 아니라 생산할 전용공장도 건설된 예가 없음을 평가할 때 ITT가 우위에 있음.

셋째, 전자공업발전에 핵심적인 반도체 기술은 후지쓰가 상대적으로 저수준에 있고 반도체 기술만을 별도로 도입하는 데는 어려움이 있다고 판단되므로 전자공업전반에의 파급효과 면에서 ITT가 우위에 있음.

넷째, 좀 더 안전하고 확실성 있는 국산화계획 달성이 가능한 쪽을 선택하는 것이 바람직하며, ITT에서 도입되는 기계시설, 부품 및 수입교환기의 가격은 추가 협상에서 좀 더 인하시킬 수 있을 것으로 보임.

앞으로 전자교환사업의 총괄관리를 위해 중앙행정기관으로 「전자통신개발추진위원회」를 체신부 소속으로 설치 운영하며 사업의 총괄관리는 통신기술연구소가 담당토록 하였다. 또한 한국전자통신(주)의 공장은 총 477억 원의 자금을 투입하여 구미공단 내에 58,000평을 확보하여 1979년 6월까지 건설하는 것으로 계획하였다. 이와 같은 내용이 제34차 경제장관

협의회의에서 결정되자 경제기획원장관은 이 결정사항을 체신부, 상공부, 과기처, 대통령 비서실, 행정조정실, 감사원 등에 통보하였다(제34차 경제장관협의회 결정사항 통보, 기관 100-313, 1977. 9. 28, 경제기획원). 이 통보문서는 체신부에 접수되어 차관(이경식), 장관(박원근)의 결재를 받아 처리되었다(1977. 9. 30).

3.2 전자교환기의 도입 시행

가. 전자통신개발추진위원회

정부에서는 전자교환기 도입을 효과적으로 추진하기 위해 전자통신개발추진위원회(Telecommunication Development Task Force) 설치령을 공포하였다(1977. 11. 15). 이때 TDTF 설치령(대통령령 제8745호)은 대통령 박정희, 국무총리 최규하, 국무위원 총무처장관 심흥선의 명의로 공포되었으며 주요내용은 다음과 같다.

제1조(목적) 전자교환방식도입에 관한 제반사항을 효과적으로 추진하기 위하여 정부조직법 제2조 제2항의 규정에 의한 중앙행정기관의 위원회로서 체신부장관 소속하에 전자통신개발추진위원회(이하 위원회라 한다)를 둔다.

제2조(구성) 위원회는 위원장 1인과 인 이내의 위원으로 구성한다. 위원장은 체신부장관이 되고 위원은 경제기획원차관, 재무부차관, 상공부차관, 과학기술처차관, 조달청장, 관장 업무에 관한 지식과 경험이 있는 자로서 체신부장관이 위촉하는 자가 된다.

제3조(직무) 위원회는 다음 각 호의 사항을 관장한다.① 전자교환방식의 도입 및 개발사업의 종합관리 ② 전자교환방식의 도입 및 제반사업에 대하여 외국기업과의 총괄계약의 체결 ③ 전자교환방식의 도입과 개발사업에 참여한 외국기업의 감독 및 업적의 평가 ④ 전자교환방식의 도입과 개발사업에 대한 관계기관/생산업체의 총괄조정 감독

제4조(위원장의 직무) 위원장은 회무를 통리하며 위원회를 소집하고 이를 주재한다. 위원장이 사고가 있을 때에는 위원장이 지명하는 위원이 그 직무를 대행한다.

제5조(회의) 위원회의 회의는 재적위원 과반수의 출석으로 개의하고 출석위원 과반수의 찬성으로 의결한다. 위원장은 표결권을 가지며 가부동수인 때에는 결정권을 가진다.

제6조(직원) 위원회의 사무를 처리하기 위하여 위원회에 간사 1인과 필요한 공무원을 둔다. 위원회의 간사는 체신부 기술정책관이 되고 위원회의 사무처리를 위하여 필요한 공무원은 체신부 소속 공무원 중에서 파견 근무하게 한다.

제7조(수당) 위원회의 위원 중 공무원이 아닌 위원에 대하여는 예산의 범위 안에서 수당을 지급할 수 있다.

제8조(운영세칙) 이 영의 시행에 관하여 필요한 사항은 체신부령으로 정한다.

<부칙> 이 영은 공포한 날로부터 시행하며 1982년 12월 31까지 효력을 가진다.

나. 최초의 전자교환기의 공급

한편 체신부는 당시 전화수요의 급증으로 인해 전자교환기 공급계획을 수정하였다(전자교환기 도입계획 보완검토, 1978. 6. 27, 체신부). 이 보완계획은 당시 장관(박원근)에게 보고되었으며 그 주요내용은 다음과 같다.

첫째, 현 계획으로는 전자교환기종으로 ITT의 M10CN형을 채택하여, 1979년-1984년까지 약 2백만 회선을 공급하게 되어 있다. 그리고 교환기 본체조립업체는 1개, 부품생산업체는 3개로 되어 있다. 특히 1981년-1982년 생산규모를 약 30만 회선으로 하고 계약계속은 기간의 성과를 검토하여 결정하기로 하였다.

둘째, 그 간의 추진실적을 보면 한국전자통신주식회사(KTC)를 설립하여 공장을 건설하였다. 이를 위한 대지(58,000평)는 기 확보하였으며 건물(11,000평)은 66만 회선까지 생산 가능하게 추진하고 있다. 생산설비(490.7만불)는 1978년도에 발주할 예정이다. 그리고 교관요원 및 간부요원 등의 해외훈련은 39명을 해외파견하여 훈련 중이며, 년내에 42명을 시행하는 등 총 93명을 계획하고 있다.

셋째, 교환기는 1979년 6월부터 1980년 3월까지 시험생산하고 그 후부터 본격 생산하도록 추진하고 있다. 이를 위한 1977년부터 1981년까지의 시설소요자금 183억 원에 대한 조달계획을 수립하였다. <표 1-12>에서 단위는 백만원이며 건설공사비는 이자를 포함한 내자, 개업비는 내자, 기계구입비는 외자로 계획하였다. 한편 외자구입은 당시 외화대부액 56억 원(11,548천불)으로 조치하였다.

<표 1-12> 전자교환기 도입을 위한 시설소요자금 및 조달계획(1978. 6)

구분		1977년	1978년	1979년	1980년	1981년	합계
소요자금	건설공사	500	5,100	2,500	1,000	600	9,700
	개업비	600	1,500	900	-	-	3,000
	기계구입비	-	1,500	1,600	2,500	-	5,600
	계	1,100	8,100	5,000	3,500	600	18.300
조달계획	자본금	1,100	4,100	2,600	900	600	9,300
	국민투자기금		2,500	800	100		3,400
	외화대부		1,500	1,600	2,500		5,600
	계	1,100	8,100	5,000	3,500	600	18,300

넷째, 교환기 공급은 1979년도 소요분 2만 회선은 조달청 계약이 완료되었으며(1978. 6. 10), 다음해(1979. 6. 15) 설치완료를 목표로 추진하고 있다. 그리고 1980년도 소요분 12만 회선에 대하여는 8만 회선은 직수입하고 4만 회선은 일부 국산화하여 KTC가 생산토록 추

진하고 있다. 한편 부품생산 공장의 설립과 생산을 촉진하고 부품가격의 저렴화 및 질을 보장하기 위하여 당초 방침이었던 정부방침을 지양하고 KTC주도하에 부품생산업체를 선정할 것을 1978년 5월 29일 전자통신개발추진위원회에서 결의하였으며 현재 작업 중이다. 본 사업총괄을 위하여 전자통신개발추진위원회를 설치 운용하고 있다.

다섯째, 초기 공급계획 수립 후 수요가 급증하고 가용재원이 증가하며 청약적체가 누증되는 등의 이유로 공급계획을 <표 1-13>와 같이 수정하게 되었다. 이에 따라 교환기의 공급은 기존 기계식(EMD 및 ST), 새로운 기계식(X-Bar), ESS의 추가공급방안에 대하여도 검토하게 되었으며 ESS방식으로 추가 공급함이 바람직한 것으로 확인되었다.

<표 1-13> 전화수요의 급증으로 인한 공급계획의 보완(1978. 6)

구분	1977년	1978년	1979년	1980년	1981년	82-86년	87-91년
최초계획	220	240	259	316	369	3,803	5,850
보완계획	230	340	380	460	570	5,779	8,189
증 가	10	100	121	144	201	1,976	2,339

다만 기간 상 및 기술적으로 ESS의 추가 공급이 곤란할 경우에는 기간이 길고 공급량이 많을 때는 X-Bar 채택이 유리하고, 기간이 짧고 공급량이 적을 때는 기존방식으로 공급하는 것이 오히려 유리한 것으로 보았다. 결론적으로 ESS 공급능력을 증대하여 ESS로 공급해야 할 것이며, 늦어도 1984년부터는 교환기 소요전량을 ESS로 충당하여야 할 것으로 판단하였다. 단지 공급능력 증대 시까지 부득이 기존 기계식으로 충당한다는 방향을 정하였다.

여섯째, 이와 같이 ESS를 공급하는 방안으로는 KTC의 ESS생산능력을 촉진하여야 하였다. 매월 첫 화요일 KTC의 사업진도보고 및 협의를 하는 등 KTC 공장건설을 촉진하고, 부품의 국산화를 촉진하기 위하여 9월 중순까지 부품공장 지정을 완료토록 하였다. 그리고 KTC의 생산원가 절감방안을 강구하였다. 이를 위해 장기저리금융(차관 등)을 지원하며, 선급금을 지급하고 현 실행관세(30%)의 면제 등 세제상의 특혜방안을 강구하였다. 그러나 KTC 생산량과 소요기간 간에는 격심한 차이가 있는 문제를 안고 있었다.

이와 같은 검토결과 당시 체신부에서는 KTC 공장건설을 촉진하고, KTC 공장건설 추진실적에 따라 KTC 생산능력의 확대방안을 검토토록 하였다. 또한 KTC 생산능력을 확대함과 아울러 제2공장 건설방안을 강구하며, ESS로 소요량을 충당 가능할 때까지는 기존방식으로 공급하도록 결정하였다. 그 후 전자교환기의 국내생산을 위하여 금성통신, 동양정밀, 금성전기, 광림전자, 대덕전자, 대한통신, 두일화학, 삼성반도체 등 8개의 부품업체를 선정하여 부품공급계약을 체결하였다(1978. 9. 4).

이러한 과정을 거쳐 체신부(MOC)는 우리나라 최초로 전자교환기 도입을 위하여 MOC,

ITT/ BTM, KTC 간에 총괄계약을 맺었다(1977. 12. 10). 이에 따라 제1기종 2만회선(영동, 당산 각 1만회선)을 해외훈련비를 포함하여 3,587백만 원에 구매계약을 체결하였다(1978. 6. 10). 이 가격은 회선당 347달러에 구매한 셈이었다.

또한 1980년도에 전자교환기 12만 회선을 구매하는 것으로 확정하였다(1978. 12. 16). 여기에서 영동 2만회선, 구로 2만회선, 반포 2만회선, 공릉 1만회선, 대구 1만회선 등 8만회선은 완제품으로 도입하고, 행당 1만회선, 봉천 1만회선, 광장 1만회선 범일 1만회선 등 4만 회선은 KTC에서 일부 국산화하여 구입하는 것으로 결정하였다.

3.3 전자교환기 제2기종의 도입추진

가. 제2기종 채택결정

1978년 하반기에 들어서면서 정부는 기계공업정책조정위원회에서 전자교환기 추가기종의 도입검토를 의결하였다. 이것은 전화수요증가에 대응하고 당시 청약적체를 조기해소하기 위해서는 통신시설을 대량 공급해야 하고, 이를 위하여 기술과 가격의 경쟁체제를 조성할 필요가 있기 때문이라고 밝히고 있다(전자교환기 사업개요, 1981. 4. 16, 체신부 계획국).

이런 방침에 따라 경제기획원 주관으로 기계공업정책조정 실무작업반회의(위원장: 경제기획원 기획차관보)를 운영하였다. 1978년말 제3차 기계공업정책조정 실무작업반회의가 경제기획원 제1회의실에서 열렸으며 전자교환기 공급확대방안(경제기획원)이 논의되었다. 회의결과 이를 위한 추가생산체제 설립에 대한 기본방침은 체신부가 1979년 1월 말까지 결정토록 정하였으며 이 사항은 문서로 체신부장관에게 통보되었다(제3차 기계공업정책조정 실무작업반회의 결정사항 통보, 투이315- 606, 1978. 12. 14, 경제기획원).

이 문서는 체신부 기술정책관실(정도길)로 접수되어 기획관리실장(손승록), 차관(이경식), 장관(박원근)이 결재 처리되었다. 1979년에 들어서면서 체신부는 전자교환기의 생산능력을 확대하는 방안을 검토하여 보고서를 작성하였으며 이 보고서는 체신부장관(이재설), 상공부장관(최각규), 외무부장관(박동진), 부총리(신현확), 국무총리(최규하), 대통령 비서실장(김계원)을 거쳐 대통령(박정희)에게 보고되었다(1979. 5. 15). 이 보고서의 주요내용은 다음과 같다.

첫째, 현재의 전화공급계획으로는 급증하는 전화수요를 감당하기 어려워 <표 1-14>와 같이 계속 공급부족상황이 일어날 수 있다. 이처럼 예상되는 공급부족을 축소하기 위해 자금 면, 인력 면을 고려하여 제5차 경제개발계획 기간 중의 공급량은 확대 조정되어야 한다. 이때 전자교환기의 공급량을 보면 1979년 2만 회선을 시작으로 1980년부터 1985년까지 매년 공급량을 늘여나가 1986년에는 150만 회선을 공급한다.

이러한 상황에서 전자교환기 완제품 수입은 국내생산능력이 확보되는 1982년까지 불가피한 수량만으로 제한한다. 이를 위해 생산능력 추가확보방침을 즉시 확정해야 하며 이는 실제 생산까지의 준비기간이 3년-4년이 걸리기 때문이다. 1980년대 후반 소요생산능력이 년 250만 회선으로서 기 계획분(KTC의 년 66만 회선)을 제외하고도 년 184만 회선의 추가 생산이 필요하다.

<표 1-14> 가입전화수요와 공급계획(1979년)

구분	1979년	1980년	1981년	1982년	1983년	1984년	1985년	1986년
수요(천회선)	3,310	3,890	4,600	5,400	6,300	7,370	8,620	9,900
공급(천회선)	430	760	890	1,010	1,160	1,240	1,350	1,500
부족(천회선)	1,080	1,090	1,200	1,140	1,060	1,100	1,200	1,210

둘째, 제2기종의 검토가 필요하다. 기 채택된 M10CN 단일기종으로는 통신망 구성, 운용, 보수가 간편하다는 장점이 있다. 반면 제2기종을 추가 채택하여 복수기종이 되는 경우에는 기술, 품질, 가격 경쟁에 의한 발전을 촉진할 수 있고, 특정 1개 외국회사에 대한 의존도를 탈피할 수 있으며, 다양한 기술과의 접촉으로 국내기술발전에 기여할 수 있다. 따라서 제2기종의 추가채택이 바람직하다.

나. 제2기종 선정기준 및 검토대상

정부는 전자교환기 제2기종을 선정함에 있어 주요검토사항으로 우수한 성능, 높은 신뢰도, 전자공업발전에의 기여, 교역관계, 외교관계발전에의 기여 등을 전제로 하였다. 그리고 선택기준으로는 ① 기존 교환시설과의 정합이 용이해야하고 이미 지정 부품업체 생산시설의 활용 가능도가 높을 것 ② 원천기술일 것이며 기술제공조건에 제한이 없을 것 ③ 저렴한 가격일 것이며 요원훈련, 차관조건 등이 유리할 것으로 정하였다. 한편 이를 위한 검토기종으로는 No.1A ESS, No.2 EAX, EWS-A, Fetex-100L, ND-10, AXE-10, TCP-36, E-12 등이 있는데 이들에 대한 제작회사 및 관련주요사항을 정리하면 <표 1-15>와 같다.

<표 1-15> 제2기종의 검토대상(1979. 4)

기종명	제작회사	기종명	제작회사
No.1A ESS	Western Electric (미국)	No.2 EAX	General Telephone & EL.
EWS-A	Siemens	Fetex-100L	富士通(일본)
ND-10	일본전기(일본)	AXE-10	L.M. Ericsson(서전)
TCP-36	Philips(화란)	E-12	CIT Alcatel(불란서)

① No.1A ESS 기종은 전자교환기술의 원천이며, Western Electric사는 세계 최대의 통신기기 제작회사임.

② No.2 EAX 기종 제작회사인 General Telephone & Electronics사는 삼성과 합작으로 국

내에서 전자식 구내 교환기를 제작 판매하고 있음. 그리고 EWS-A 기종의 제작사인 Siemens는 금성통신과 합작으로 EMD교환기를 공급해 왔으며 국내통신망에 대한 경험이 많음

③ Fetex-100L과 ND-10 기종은 상당부분이 WECO의 기술이며 무역역조 문제 있으며 AXE-10, TCP-36, E-12 기종은 미개발품으로 신뢰성에 문제 있음

그 외에도 이 보고서는 적정생산규모, 국내생산체계, 부품생산 공급 등 주요사항에 대해 다음과 같이 검토하였다.

첫째, 적정생산규모를 판단하여 보면 생산설비 투자규모와 생산능력 간에 정비례의 관련이 있으며 최적경제단위 문제는 없다. 외부로부터 제공받은 기술로 전자교환기를 생산하는 경우 약 10만회선의 년간 공급량이 확보되면 수익성이 있다. 그리고 자체개발된 기술로 전자교환기를 생산하는 경우 약 35만회선-50만회선의 연간 공급량이 확보되면 수익성이 있다.

둘째, 국내생산체계는 2개 업체로 하는 방안과 4개 업체로 하는 방안이 있다. 2개 업체로 하는 경우에는 외국기술제공회사와의 관계가 간편하다. 그리고 생산업체를 대형화할 수 있고, 생산설비투자를 절감할 수 있다. 한편 4개 업체의 경우에는 기술, 원가, 경영의 경쟁으로 발전이 촉진될 것이다. 그리고 경쟁의 승자가 자연적으로 대형화될 것이므로 강력한 국제시장진출에 훨씬 더 효과적일 것이다. 또한 국내유력전자업체들의 획기적 발전계기가 될 것이다. 따라서 4개 업체 생산체계가 바람직하다.

셋째, 이에 따른 부품산업의 육성을 위하여 부품별 생산업체를 <표 1-16>과 같이 정하여 추진한다. 그리고 전자교환기 확대공급에 소요되는 부품 전량을 생산하며, 일반 전자기기용 부품도 생산 공급한다. 또한 관련 부품을 수출토록하고 기술과 자금을 적극 지원한다.

넷째, 결론적으로 제2기종을 채택하며, KTC는 현 진용의 책임경영 하에 민간투자를 유치하여 민영화한다. 그리고 산업은행의 기 투자분의 회수자금은 타 부분 산업 투자용으로 전환한다. 또한 4개 민간교환기업체 간 효과적인 경쟁체제를 구축하며 부품산업을 적극 육성토록 한다.

<표 1-16> 전자교환기 부품별 생산업체

부품명	생산자	부품명	생산자
Iron Work	금성통신 동양정밀	Connector	금성통신 동양정밀
Metal Piece Parts	금성통신 동양정밀	Plasic Piece Parts	두일화학
Reed & Mercury -Wetted Switch	대한통신	Printed Wiring Board	금성전기 대덕전자
Hybrid Integrated Circuit	금성전기 광림전자	Semiconductor	삼성반도체

다. 제2기종의 채택결정

제2기종 선정의 주요방침을 최종심의결정하기 위한 회의가 청와대 본관에서 개최되었다(1979. 5. 15). 대통령(박정희)이 주재한 이 회의에는 체신부장관(이재설), 상공부장관(최각규), 비서실장(김계원), 남덕우 특별보좌관, 경제 제1수석비서관, 경제 제2수석비서관이 참석하였다. 이 회의의 결정사항은 체신부에서 대통령(박정희) 결재를 받아 조치하였다(1979. 5. 21). 그 주요내용은 다음과 같다.

(1) 제2기종을 채택한다.

(2) 제2기종 생산업체 1개를 추가하여 한국전자통신주식회사와 함께 전자교환기 생산업체를 이원화한다. 제2기종 생산 공장은 구미 제3단지에 건설한다. 차후 필요할 경우 추가기종, 추가업체 또는 추가공장의 타당성을 추후 검토 결정한다.

(3) 한국전자통신주식회사는 현 진용으로 하여금 현 체제하에서 계속 경영토록하고 민영화의 타당성은 1984년 이후에 검토 결정한다. 이에 관련된 토의 내용은 한국전자통신주식회사 사장에게만 통보한다.

(4) 제2기종 및 이의 국내생산업체는 사업 참여를 희망하는 4개회사로 하여금 각각 대상외국회사(Western Electric, GTE, Siemens, Fujitsu, NEC 등)와 교섭하여 사업계획서를 작성제출하도록 하여 정한다. 이때 체신부는 이들 사업계획서 중 교환기 성능, 가격, 부품 및 교환기 국산화, 기술도입, 요원의 교육훈련, 차관 등 종합적으로 조건이 가장 유리한 것으로 택일한다. 그리고 선택된 사업계획서를 제출한 회사가 제2기종 생산업체가 되고 이와 제휴된 외국회사의 기종을 제2기종으로 정한다.

(5) 사업계획을 제출하는 업체는 한국전자통신주식회사로 부터 요원을 스카우트 하지 않겠다는 각서를 제출하도록 하고 이에 대한 위반사실이 있을 경우에는 선정대상에서 제외토록 한다.

(6) 이와 같은 정부방침은 1979년 5월 16일 오후 3시에 개최되는 회의에서 한국전자통신주식회사 사장, 한국전자공업진흥회 회장, 한국통신기술연구소 소장, 금성통신주식회사 사장, 대한통신공업주식회사 사장, 동양정밀공업주식회사 사장, 삼성전자공업주식회사 사장의 참석리에 통고한다.

3.4 제2기종 선정대상 및 선정방침

가. 기종선정 작업의 시동

1978년 체신부 계획국에서는 1980년도에 공급키로 한 전자교환기 26만4천 회선 중 12만 회선은 M10CN기종으로 추진하고 있었으나 나머지 14만4천 회선의 추가분에 대하여는 기종 미선정으로 공급계획을 확정하지 못하고 있었다. 이때 제2기종 선정에 대한 기본방침은 계획국에서 결정하고 그 실무작업은 한국통신기술연구소에서 시행하기로 정하였다.

체신부 계획국에서는 이러한 방침을 당시 전자교환기 기종선정의 창구역할을 하고 있는 기술정책관에게 통보하였다(ESS 제2기종선정, 체계삼 1620-1246, 1978. 12. 20, 체신부 계획국). 이 문서의 주관부서 및 결재자는 제1장 말미의 참고자료 편에 기록되어 있다. 이러한 업무흐름에 따라 체신부 기술정책관은 한국통신기술연구소장에게 제2기종 선정작업을 차질 없이 추진할 것을 통보하였다(전자교환기 공급확대방안, 체기술1620 -35470, 1978. 12. 21, 체신부 기술정책관). 이 문서의 주관부서 및 결재자는 제1장 말미의 참고자료 편에 기록되어 있다.

1979년에 들어서면서 체신부 계획국 계획3과(과장 유택노)에서는 전자교환기 공급확대방안을 수립하였다(체계삼 1620-3243/1979. 1. 30). 이 계획의 주관부서 및 결재자는 제1장 말미의 참고자료 편에 기록되어 있다. 이 계획은 확정된 후 바로 경제기획원장관에게 통보되었으며, 그 주요내용은 다음과 같다.

① 기계공업정책조정위원회의 실부작업반회의(1978. 12. 7)에서 전자교환기 공급확대방안으로서 전자교환기 제2기종을 선정토록 의결하고 이에 대한 당부의 기본방침을 1979년 1월 31일까지 결정토록 한바 있다.

② 전자교환기의 기종은 현재 채택되어 시설중인 M10CN에 이어 가장 성능이 우수하고 경제적이며 국가산업발전에 기여할 수 있는 차선의 기종 1개를 추가하여 복수화 함으로서 선의의 경쟁체제를 갖춘다.

③ 전자교환기의 국내생산체제는 현재 KTC 단일생산체제로부터 공급량의 확대를 위하여 복수생산체제로 생산 공장을 추가 건설하며, 생산 공장 일체를 민영화하여 상호기술과 가격의 경쟁체제를 형성한다.

④ 추가기종의 선정, 생산 공장의 수, 생산업체의 지정 등에 관하여는 악화일로의 전화적체의 조속한 해결을 위하여 종합검토는 체신부장관 주관 하에 별도 위원회를 구성하여 심의하며, 실무 작업은 한국통신기술연구소에서 시행토록 한다.

⑤ 검토방법은 제1기종 선택 시의 경험을 살려 약식검토를 시행할 것이며 검토대상은 가능한 한 광범위하게 하되 1차 검토에서 대상기종을 최소로 축소하여 구체적인 협의를 조속히 추진할 수 있도록 한다. 이 대상기종은 1979년 4월 30일까지 결정한다.

⑥ 1980년도 전자교환기 추가소요(14만4천 회선)시설은 1979년 2월 28일까지 제2기종 검토상황을 보아 유리한 기종을 선택하여 1980년도 내에 개통토록 하며 본 작업에 필요한 소요예산은 별도 조치한다.

이후 체신부는 전자교환기 개통계획을 확정하고 물자구매의사를 확인하는 등 전자교환기 도입에 박차를 가하기 시작하였다. 1979년 중반에는 전자교환시설(M10CN) 공급에 따른 관계자회의를 열어 1980년 및 1981년도 전자교환시설 공급목표량에 대한 개통일정을 확정하였다(1979. 5. 18). 당시 회의는 한국전기통신기술연구소에서 개최되었으며 체신부에서는 계획국 계획3과장(유택로), 시설국 기계시설과 자동1담당(최동휘), 기술정책관실 기술2과장(김영재)이 참석하였다.

그리고 한국전기통신연구소(KTRI)측에서는 제3부소장(경상현), 사업관리실장(J. H. Rhee), BTM에서는 J. De Cleyn과 W. Van Roy, ITT측에서는 부사장(이상진)이 참석하였다. 이 회의에서 1980년에 16만 회선, 1981년에 57만 회선, 1982년에 8만 회선을 개통하는 것으로 결정하였으며 체신부장관(이재설)은 이 내용을 한국전자통신주식회사 사장(이만영), BTM 이사장(Eugene A. Van Dyuk)에게 문서 통보하였다(전자교환기 개통계획 및 구매의사 확인, 체계삼 1620-18140, 1979. 5. 30, 체신부).

나. 제2기종 선정대상 및 선정방침

1979년 중반 정부는 우리나라에 공급할 전자교환기 제2기종 선정작업에 들어가게 되었으며, 기종선정방침은 대통령(박정희)의 재가를 받아 결정되었다(1979. 5. 15). 이에 따라 체신부 계획국에서는 제2기종 선정에 필요한 사항을 검토하기 시작하였으며 선정할 대상기종과 국내생산에 참여할 대상 업체를 파악하고 선정기본방향을 정하였다(전자교환기 제2기종선정에 필요한 사항, 1979. 5. 29. 체신부 계획국). 이때 주요내용은 다음과 같다.

첫째, 제2전자교환기 선정대상은 FETEX-100L(Fujitsu Limited, Japan), No2 EAX (GTE International, USA), ND-10(NEC Ltd, Japan), EWSA(Siemens Aktiengesell schaft, WG), No1A ESS(Western Electronic International, USA) 등 5개 기종이다. 이를 위한 국내생산업체로는 금성통신(주), 대한통신공업(주), 동양정밀공업(주), 삼성GTE통신(주) 등 4개업체가 참여대상이며 이들 대상업체는 위의 5개 외국회사 중에서 임의로 상대를 선택하여 사업계획서를 작성할 수 있게 한다.

둘째, 제2기종을 선택하는 목적은 전자교환기의 조립생산시설을 추가 확보하기 위한 것이나 국내의 전자공업육성에 보다 큰 목적이 있다. 따라서 기술도입내용이 충실해야 하며 도입에 따른 제약조건이 배제되어야 한다. 그리고 전자교환기의 조립은 물론 각종 부품의 국산화가 조기에 달성될 수 있어야하고 국산화된 전자교환기의 부품은 아무런 제약 없이 수출이 가능해야한다. 또한 생산품의 원가는 물론 수입자재비(교환기 포함), 생산시설비, 기술도입에 따른 비용 등이 저렴해야 한다.

셋째, 국내생산업체는 전항의 기본사항에 유의하여 사업계획서를 작성하여 1979년 6월 20일까지 한국통신기술연구소장에게 제출토록 한다. 계획기간은 1979년부터 1984년까지로 하고 생산 공장규모는 연간 30만-50만 회선으로 한다. 그리고 교환기 조립공장은 구미공단 내에 소재해야 하고 부품은 기 지정된 제1기종 부품생산업체가 담당토록 한다.

이러한 방침이 정해지자 체신부 계획국(국장 이응효)에서는 당시 제2기종 선정에 필요한 자료 수집을 수행하는 한국통신기술연구소장에게 선정지침을 통보하였다(전자교환기 제2

기종선정에 필요한 작업지침통보, 체계삼 1620-41, 1979. 5. 29, 체신부 계획국). 이 계획의 주관부서 및 결재자는 제1장 말미의 참고자료 편에 기록되어 있다. 이 지침의 주요내용은 다음과 같다.

① 정부방침에 따라 4개 국내회사가 각각 대상 외국회사와 교섭하여 조기 국산화, 조기 전자공업육성 등 국가에 가장 유익하게 우리 정부가 구속(Binding)되지 않는 사업계획서를 작성하여 1979년 6월 30일까지 KTRI에 제출한다.

② 제1, 2기종의 부품생산업체로서 부품국산화계획에 차질이 없도록 적극 추진하겠다는 각서를 제출한다. 그리고 KTC로부터 요원을 스카우트하지 않겠으며 위반 시는 어떤 체재라도 달게 받겠다는 각서를 제출한다.

③ OPC는 사업계획 작성이 불가능하므로 결국 어느 기종이 선택되더라도 이를 생산할 업체와 협력하여 사업에 참여한다. 한편 제2기종 공장은 구미 제3공단에 건설한다. 또한 제출될 사업계획만이 최종 결정의 요소는 아니다.

이에 따라 체신부장관은 제2전자교환기 제안서 제출예정인 4개회사로부터 다음과 같은 내용의 각서를 접수하였다(1979. 5. 21).

<각서> OOOO주식회사는 이번 제2전자교환기 국산화 사업계획서 제출 적격업체로 지명되었음을 감사하며 본사가 선정한 외국회사와 연대하여 국산화 계획서를 작성 제출하는 기간 및 만일 대한민국 정부가 본사를 국내 생산업체로 지정할 경우 지정된 시점부터 제2전자교환기의 국내생산 계약기간동안 제2전자교환기 사업을 위해 한국전자통신주식회사의 기술진을 유혹 채용하지 않을 것을 약속하며 이를 위반했을 경우 제2전자교환기의 생산자 지명의 취소는 물론 여하한 처분도 받을 것을 약속합니다.

뿐만 아니라 제2전자교환기 생산의 지명여하에 관계없이 현재 추진 중인 M10CN형 전자교환기의 부품생산은 계속 적극적으로 추진하여 본사로 인해 M10CN 국산화에 차질이 발생하지 않도록 적극 노력할 것을 약속하는 뜻에서 이 각서를 제출합니다.

이상 각서는 금성통신주식회사 대표 구두회, 대한통신공업주식회사 대표이사 김계진, 동양정밀공업주식회사 대표이사 회장 박율선, 삼성지티이통신주식회사 대표이사 강진구가 서명하여 한국통신기술연구소를 경유하여 제출되었으며, 체신부차관(이경식), 장관(이재설)이 결재하였다(제2전자교환기 제안서 제출사 각서송부, 교방제8호, 1979. 5. 23, 한국통신기술연구소).

3.5 전자교환기 제2기종(No.1A)의 선정

가. 선정대상기종

체신부는 1979년 5월 5일 결정된 바에 따라 전자교환기 생산능력 확대를 위한 제2기종

선정 및 이를 위한 국내생산업체 선정에 대한 계획을 대통령(박정희)에게 보고하였다(전자교환기 생산능력 확대방안 추진상황보고, 1979. 6. 12, 대통령비서실). 그 주요내용은 다음과 같다.

(1) 작업추진일정은 사업계획서 접수마감(1979. 6. 20), 사업계획서 검토완료(1979. 7. 31), 기종선정확정(1979. 8. 10)하는 것으로 정함. 그리고 5월 15일에 결정된 정부방침은 5월 16일 소집된 관계기관 및 업체대표회의 시 통보되었음.

(2) 작업수행방법은 제출된 사업계획서에 대한 기술적 검토까지의 실무는 체신부의 조정하에 한국통신기술연구소가 주관하되 전자공업 전반에 관련된 사항은 전자공업진흥회 회장 김완희 박사, 계약조건 및 법률적 사항은 전문변호사 김영무(미 Harvard 법과대학, 대외관계전문), 교환기 및 이의 생산에 관한 사항은 통신기술연구소 등 전문분야별로 분담토록 할 것임.

(3) 업체별 제휴현황은 현재 금성통신-Siemens(서독), 대한통신-Fujitsu(일본), 삼성GTE-GTE(미국)이며 이외에 Western Electric(미국)이 미제휴 외국회사로서 사업에 적극적으로 참여할 의사가 있음을 표명하여 왔음(1979. 5. 31자 전문접수). WE는 정부가 지정하는 국내업체와 제휴하겠다는 전제로 사업계획을 스스로 작성 제출할 수 있게 해주기 바라고 있으며, 이와 유사한 상황에 있는 NEC(일본)도 사업 참여의사를 표명하고 있음(1979. 5. 28자 전문접수). 또한 참여의사가 있으면서도 상대국내업체를 찾지 못하는 유수한 외국회사에게도 정부가 추후 지정하는 국내업체와 제휴할 것을 전제로 사업계획을 작성 제출하게 함으로써 국가적으로 유리한 조건을 유도함과 동시에 대상외국회사에게 공평한 기회를 주도록 하겠음.

이 보고서는 대통령 비서실(경제 제1비서관실)의 오휘영(吳輝泳) 비서관, 수석비서관(서석준), 비서실장(김계원)을 경유하여 대통령께 보고하여 결재되었다. 이후 체신부는 제2기종 선정검토결과를 체신부장관(이재설), 상공부장관(최각규)을 경유하여 당시 부총리(신현확)에게 보고하였다(전자교환기 제2기종 선정검토결과, 1979. 10, 체신부). 이때 기종선정대상회사는 Fujltsu(일본), GTE(미국), Siemens(서독), WE(미국)의 4개회사로 압축된 것으로 보고되었으며 그외 주요보고사항은 다음과 같다.

첫째, 전자교환기 제2기종 선정에 대한 관련국 정부의 관심을 보면 먼저 미국의 경우 미국 카트(Carter) 대통령 방한 시 양국 경제장관회담에서 미 재무장관으로부터 미국회사 교환기를 채택해 달라는 요청을 받았다. 그리고 서독의 경우에는 슈미트(Schmiolt) 서독수상이 서독회사 교환기의 채택을 위한 대통령 각하의 배려를 요청한다는 내용의 주서독대사 전문이 외무부를 통하여 접수되었다. 그 외에도 각 관련국 대사로부터 자국회사 교환기의 채택 요청을 체신부장관이 받은바 있었다.

둘째, 선정기준으로는 우선 우수한 성능, 높은 신뢰도, 경제성을 검토하는 것은 물론 충실한 조기 국산화를 통한 전자공업발전에의 기여, 교역관계, 외교관계 발전에의 기여 등을 전제로 하였다.

셋째, 당시 검토결과를 보면 4개회사 공히 전항 선정기준에 비추어 결정적인 하자는 없으며 채택 가능하였다. 후지쓰(Fujitsu), GTE, 시멘스(Siemens)는 종합적으로 대차 없으며 WE(Western Electric)의 차선으로 어느 것이나 채택해도 무방하다고 보았다. 그러나 결론적으로 WE가 종합적으로 가장 우수하고 유리한 기종이라는 평가를 내렸다.

나. 미국 WE사의 No1A기종 결정

미국 WE사가 No1A 기종을 개발한 경위를 살펴보면 1963년에 미국 벨(Bell)연구소에서 세계최초로 전자교환방식을 개발하여 1965년 미국에서 최초로 No.1 ESS라는 전자교환기의 운용을 시작하였다. 그후 1976년 이를 최신기술로 개량하여 No1A ESS로 발전시켜서 이를 WE(Western Electric)사에서 생산하고 ATTI사에서 판매 공급하고 있다. 이 교환기는 시스템당 최대 10만 가입자를 수용할 수 있으며, 운용실적은 1981년 전 세계적으로 약 3,000만 회선을 넘어서고 있었다. 이 보고서는 WE를 선택한 이유를 다음과 같이 밝히고 있다.

① 설계 면에서 후지쓰 교환기가 좀 더 현대적이나 교환기의 성능, 사용경력, 생산기술, 통신망 운영관리기술, 등 종합적인 기술면에서의 우수성이 타의 추종을 불허함. 그리고 수입교환기 가격 면에서 후지쓰, 시멘스에 비해 고가이나 대용량국으로 활용시의 단가하락 및 통신망 구성의 경제성, 환위험부담의 측면, 사용경력 및 안정된 기술에서 오는 운용, 보수의 용이성 등 종합적인 교환시설의 경제성 면에서 가장 유리함.

② 가장 고도의 정밀한 생산기술을 요한다는 점과 대규모생산을 전제로 개발된 교환기라는 점에서 국산화의 성취가능성과 경제성에 의문이 있는 것으로 보이나 이는 정도차이에 불과하여 WE도 타사와 같은 수준의 경제적인 국산화를 제안하고 있고 국내회사의 참여와 협력으로 확인 개선될 수 있을 것이며 이와 같은 고도정밀기술의 습득은 우리의 근본적인 기술수준 향상에 기여될 것임. 그리고 전용부품의 사용이 많다는 점에서 전자산업발전에의 기여도에 대한 의문이 있는 것으로 보이나 이점도 정도의 차이이고 국부적인 것이며 WE선택에 따른 다른 장점으로 충분히 만회될 수 있을 것임.

③ WE의 교환기 생산량 및 생산시설규모(연생산 약 800만회선)로 보아 우리의 교환기 또는 부품소요가 확대되는 경우 공급의 안정을 기하기 용이할 것임. 그리고 WE와 계열인 벨연구소는 대부분의 통신관련 기술과 많은 전자기술의 원천으로 세계제일의 기술개발실적과 능력을 갖고 있으며 앞으로의 신기술의 제공, 기술개발에의 참여 협력의 기회를 제안하고 있음.

④ WE의 모회사인 AT&T는 세계최대이며 최고수준의 통신망을 운영관리하고 있으며 이에 관련된 고도의 운영관리기술의 제공과 협력을 제안하고 있음. 또한 WE의 통신전자분

야에서의 세계적 위치와 공신력, 기술력 및 재력으로 보아 앞으로의 제3국 진출전망은 대단히 밝은 것으로 판단되며 이런 경우 최초로 동 회사와 제휴하여 그 첨단기술을 습득하고 그 제품을 생산하는 입장에서 동사와 협력함으로서 한국의 전자 및 통신 등 두뇌산업의 발전은 물론 세계시장진출에 획기적인 계기가 될 수 있음.

⑤ AT&T의 위치와 영향력으로 보아 수출증대 및 경제외교 개선 등 경제전반의 실리면에서도 가장 유리할 것으로 판단됨. 뿐만 아니라 기술의 원천성, 교환기성능 및 사용경력의 우수성, AT&T와 WE의 기술력량 등의 면에서 WE의 채택이 대외적으로도 물의의 소지가 가장 없을 것임.

이 보고서는 위와 같은 결론을 내리면서 앞으로 몇 가지 사항의 추가 확인이 필요하다는 점을 들어 일단 조건부로 선택하였다. 우선 전자공업진흥회에서 제시한 국산화계획, 전용부품 국산회의 경제성 등에 관한 구체적인 검토 확인이 필요하고 상공부에서 제시한 수출증대에의 효과 등에 관한 확인이 필요하였다. 또한 전문변호사는 국내회사의 참여와 협력 및 협상으로 계약조건, 기술도입내용 및 방법, 국산화방법, 가격 등의 면에서 좀 더 확실하게 하고 유리하도록 조건을 개선할 기회를 가질 필요가 있음을 주장하였다.

이러한 절차를 거쳐 마침내 대통령의 재가를 받아 이 중 WE사의 No1A ESS기종이 선정 결정되었다(1979. 11. 10). 이에 따라 체신부는「전자교환 제2기종선정 및 통신산업 체계정비」라는 발표문을 발표하였다(1979. 12. 14).

4. 전자교환기 대량확장을 위한 차관추진

4.1 제1기종과 제2기종의 차관

가. 차관선 및 차관도입규모

우리나라 통신망 현대화를 위한 핵심적인 사업으로 전자교환기의 대량 공급을 추진하였다. 이 현대화계획은 1970년대 후반기부터 수립 추진하게 되었는데 이때 정부는 이 사업을 추진할 수 있는 재원이 턱없이 부족한 실정이었다. 이 문제를 해결하고자 체신부는 전자교환시설의 대량공급에 필요한 막대한 재원 확보를 위하여 외국으로부터 차관계획을 추진하였다.

차관도입내역을 전자교환기 사업별로 보면 먼저 제1기종(M10CN) 175만 회선을 위해 BBL 차관 509백만 불을 도입하고, 제2기종(No.1A) 145만 회선과 시외용(No.4) 33만3천 회선을 위해 EXIM 차관 855백만 불을 도입하는 것으로 추진하였다. 당시 BBL차관과 EXIM 차관 모두 1979년 말에 국회동의를 얻어 1980년에 차관협정을 체결하였는데, 세부내역 및 추진상황은 <표 1-17> 및 <표 1-18>과 같다.

<표 1-17> M10CN 전자교환기의 차관선

기종별	차관선	차관액 (백만불)	사업기간	사업량 (천회선)	비고
M10CN	BBL(1차)	311	1980-1981	940	1979. 12. 1 국회동의 1980. 1. 18 협정
	BBL(2차)	73	1982	160	1979. 12. 1 국회동의 1981. 5. 27 협정
	BBL(3차)	125	1983	650	1980. 12. 16 국회동의

<표 1-18> No.1A 및 No.4 전자교환기의 차관선

기종별	차관선	차관액 (백만불)	사업기간	사업량 (천회선)	비고
No.1A/ No.4	EXIM(1차)	344	1980-1982	시내550 시외158	1979. 12. 1 국회동의 1980. 7. 10 차관협정
	EXIM(2차)	297	1982-1983	시내400 시외 75	1980. 12. 16 국회동의 1981. 12. 1 차관협정
	EXIM(3차)	214	1984	시내500 시외100	1980. 12. 16 국회동의

나. 차관조건 및 차관 협정체결

제1기종 공급을 위한 BBL차관, 제2기종 공급을 위한 EXIM차관 등 총 차관액은 총 1,364백만 불을 추진하였으며 당시 차관조건은 상환기간 10년, 이자율 7.5-8.375%로 결정되었다. 차관조건의 세부내역은 <표 1-19>와 같다. 여기에서 L은 LIBOR(London Inter Bank Offered Rate)율을 말한다.

일차적으로 전자교환기 제1기종(M10CN) 121만 회선분의 구매를 위한 384백만 불을 국회에 요청하여 당시 국회 상임위원회를 통과 후 본회의 중단으로 보류상태에 있었다(1979. 6). 그 후 103회 정기국회에서 제1기종(M10CN) 121만 회선을 위한 384백만 불(BBL)과 제2기종(No1A) 34만 회선을 위한 140백만 불(EXIM)의 차관계획이 동의 통과되었다(1979. 12. 1). 이에 따라 먼저 BBL차관(311백만 불)에 대한 협정이 체결되었고(1980. 1. 28), 이어서 EXIM차관(200백만 불)에 대한 협정도 체결되었다(1980. 7. 10).

그리고 체신부는 다시 제1기종 40만 회선을 위한 125백만 불, 제2기종 103만 회선과 No.4 기종을 위한 511백만 불 등 추가차관계획을 추진하여 당시 입법회의에서 동의를 받았다(1980. 12. 1). 이에 따라 EXIM 2차 차관(144백만 불)에 관한 협정을 체결하였다(1980. 12. 29).

<표 1-19> BBL 및 EXIM 차관조건

차관선	구분	거치기간	상환기간	이자율
BBL 차관	본차관	2.5년	10년	7.5/7.75%
	착수금	3.5년/3년	7년	L+0.625-0.75% L+0.875%
EXIM 차관	본차관	3년	10년	8.375%
	착수금	4년/3.5년	6년/6.5년	L+0.75% L+0.625%

다. 차관의 집행

한편 체신부는 제1기종(M10CN) 시설확충을 위한 BBL차관 중 1차 차관 311백만불(9,059백만 BF)을 가지고 완제품(FI) 5,320백만 BF, 반제품(DS) 1,338백만 BF, 원자재(INF) 1,591백만 BF을 사용하는 집행계획을 세웠다. 그러나 BBL측에서는 완제품 구매위주의 차관조건을 주장하면서 총 구매가격의 90% 이상은 완제품을 구매할 것을 요구하고 나섰다. 그런데 당시 우리 측의 실정에 맞는 집행계획을 세워 놓고 보니, BBL측의 요구보다 완제품 구매가 16.6% 부족하게 된 문제가 발생하였다. 이 문제를 타결하기 위해 우리측은 2차 차관 전액(2,095백만BF)을 완제품을 구매하는 것으로 협상하였다.

EXIM 차관으로 추진한 첫 번째 사업인 제2기종(No1A) 34만 회선을 위한 140백만 불의 차관계획이 제1기종(M10CN) 121만 회선을 위한 384백만 불(BBL)과 동시에 103회 정기국회에서 동의 통과되었다(1979. 12. 1). 그 후 EXIM 차관은 511백만 불(2차분+3차분)을 1건으로 하여 동시에 처리되었으며 차관협정은 분할하여 추진하였다. 그리고 본 차관의 경우 완제품 직수입은 약정된 총 66만 회선으로 국한하였으며, 차관금을 사용한 원자재의 관급은 1985년까지 지속하는 것으로 추진하였다.

1차 차관(344백만 불)을 가지고 No1A 49만회선, No4 15만8천 회선을 구매하였으며, No1A 전자교환기의 해외훈련비용(61명)으로도 사용하였는데 그 세부내역은 <표 1-20>과 같다.

<표 1-20(1)> 1980-1981년 EXIM 차관(1차분)의 사용실적

사업별	계약일	금액(천불)	사용내역(1,000회선)
80년도 4만회선	1980. 9. 2	23,210	중앙 30, 을지 10 훈련용 교환기 0.1
기술훈련	1980. 11. 11	1,160	
81년/82년도 23만회선	1981. 4. 20	95,336	원효 30, 천호 30, 혜화 30, 대전 20, 유성 10, 간석 20, 전농 20, 을지 20, 성수 30, 서광주 20

<표 1-20(2)> 1982-1983년 EXIM 차관(1차분)의 사용실적

사업별	계약일	금액(천불)	사용내역(1,000회선)
82년도 3만회선	1981. 10.12	10,129	서초 30
No.4 15만8천회선	1981. 12. 31	146,508	
82년도 10만회선	1982. 2, 28	33,705	춘천 10, 안양 20, 불광 30, 북수원 20, 북광주 20
83년도 5만회선	1982. 7. 7	15,043	산곡 30, 과천 20
83년도 4만회선	1982. 9. 1	13,099	서청주 10, 동인천 30
합계		338,190	잔액 5,810

또한 2차 차관(297백만 불)으로는 No1A 83만 회선, No4 6만 회선을 구매하였으며, 그 외 Expatriate, 중계통신망 확장, RSS 구매 등에 총 288,119천 불을 사용하고 잔액은 8,881천불이 되었다. 세부내역은 <표 1-21> 및 <표 1-22>와 같다.

<표 1-21> 1982~1983년 EXIM 차관(2차분)의 사용실적

사업별	계약일	금액(천불)	사용내역(1,000회선)
82/83년도 15만회선	1982. 6. 2	60,923	신사 30, 성남 20, 군포 10, 동대구 20, 노량진 30, 사상 20, 서대전 20
No.4 기술훈련		3,464	
Expatriate(210M/M)	1982. 11. 3	4,786	
83년도 3만회선	1983. 1. 7	15,517	제주 10, 주안 10, 부천 10
Trunk Extension	1983. 1. 7	927	8국 2,901회선
83년도 15만회선	1983. 1, 7	35,102	수영 20, 원효 20, 서대구 20, 태평 10, 서초 20, 동대문 30, 서인천 10, 간석 20
83년도 10만회선		(32,000)	
83년도 RSS		780	

<표 1-22> 1984년 EXIM 차관(2차분)의 사용실적

사업별	계약일	금액(천불)	사용내역(1,000회선)
84년도 15만6천회선		36,504	천호 30, 전농 18, 혜화 10, 성수 8, 광화문 30, 을지 12, 남수원 24, 북광주 24
84년도 7만회선		22,400	성남 6, 군포 8, 부천 6, 용전 14, 대전 10, 유성 6, 서광주 20
84년도 17만4천회선		40,716	신촌 12, 가락 40, 양재 36 성북 20, 의정부 14, 반월 14, 청주 24, 김천 14

라. 차관업무의 공사 이관

1982년 1월 한국전기통신공사가 창립되자 그때까지 체신부에서 수행해온 통신망 건설사업을 공사에서 수행하게 되었다. 이에 따라 이미 협정이 끝난 차관에 대하여는 당시 체신부 경리국에서 원리금 채무조서를 작성하여 그 권리의무를 공사가 승계하였다. 그리고 국회 동의를 받았으나 미협정 차관도 체신부로부터 공사가 승계하여 추진하였다(1982년도 전기통신공사 투자사업예산 설명자료, 1981. 12. 7, 체신부 계획국). 공사의 발족에 따라 이러한 차관의 차주가 정부에서 공사로 바뀌었으며, 사업주도 체신부에서 공사로 변경되었다.

그리고 이들 차관에 대하여 종전에는 국회의 동의가 필요하였다. 그러나 공사체제에서는 공공차관은 마찬가지로 국회동의가 필요하였으나 상업차관의 경우 동의가 필요하지 않게 되었다. 또한 종전에는 차관협정의 대주가 재무부이었으나, 공사가 출범하면서 공사가 대주가 되었다. 이때 공공차관은 재무부장관의 인가가 요구되었고 상업차관은 체신부장관의 인가가 필요하게 되었다. 한편 원리금 상환은 종전에는 체신부에서 재무부로 시행하였으나 이때부터 공사가 직접 재무부로 이행하였다.

4.2 외자확보계획 및 구매절차

가. 외자확보계획

한국통신에서는 외국으로부터의 외자를 확보하여 구매하는 절차를 관련법과 규정에 따라 시행하였다. 외자확보, 물자계약, L/C개설, 자재출하, 운송 등 당시의 절차를 소개한다. 한국통신이 외자를 확보하기 위해서는 먼저 한국통신(KTA) 사업부서에서 체신부(MOC)로 기자재심의를 요청하면 체신부(기자재심의회)의 검토를 거쳐 중앙기자재심의회에 이를 상정하게 되어 있었으며, 심의를 받으면 그 결과를 한국통신으로 통보하는 방식이었다.

기자재심의결과를 통보받으면 한국통신 사업부서는 한국통신 기술개발실과 협의하여 한국통신 자재부로 구매요청을 하였다. 한편 한국통신 기술개발실에서는 사전구매검토(수입품 국산화)를 체신부로 통보하고, 체신부에서는 상공부(MCI)로 요청하여 이에 대한 검토를 받았다. 그러면 기술개발실에서는 그 검토결과를 한국통신 자재부로 통보하여 추진하게 하였다. 이러한 절차를 거쳐 한국통신 자재부는 조달청(OSROK)으로 발주하고 조달청에서는 구매입찰공고를 시행하였다.

나. 물자계약, L/C개설, 자재출하 및 운송

조달청(OSROK)의 입찰공고에 의하여 외국공급자가 응찰하면 조달청에서는 견적서 기술검토를 한국통신 자재부로 요청하였다. 이때 한국통신 자재부는 사업부의 기술검토를 거쳐 다시 조달청으로 보냈다. 그러면 조달청은 공급자와 계약을 하고 그 결과를 한국통신 자재부로 통보하였다. 그리고 L/C개설을 위해서는 먼저 조달청(OSROK)에서 차관선에 계약 승인을 요청하고 조달청지정 은행에 L/C개설을 요청하였다.

이때 한국통신 자재부에서는 이 은행에 수입보증금을 적립하면서 수입허가를 신청하였다. 이렇게 되면 조달청지정 은행에서는 공급자지정 외국은행에 L/C를 송부하고 동시에 한국통신 자재부에 L/C개설 및 수입허가를 알려주었다. 그리고 외국은행에서는 외국공급자에게 L/C개설을 통보하였다. 외국공급자가 물자를 부산항으로 선적하게 되면 선적서류를 조달청(OSROK)으로 송부하게 되고, 조달청에서는 이 선적서류를 한국통신 자재부와 조달청 부산지점으로 송부하였다.

이에 따라 한국통신 자재부는 한국은행에 관세를 불입하고 부산세관에 수입신고를 하였다. 이에 따라 한국은행은 부산세관에 그 영수증을 송부하고 조달청 부산지점으로 운송 및 출하지시를 요청하였다. 그러면 부산세관에서는 보세창고에 장치를 확인하고 동시에 조달청 부산지점에서는 보세창고에 출하를 지시하며 대한통운에 운송을 지시하였다.

5. 전자교환기의 대량생산체제 구축

5.1 국내회사 선정

가. 국내 대형통신기기회사의 참여방안

우리나라가 전자교환기 대량공급체제로 들어서자 이 사업에 참여할 국내회사를 선정하여야 하고 관련 산업체계를 결정할 필요가 있었다. 관련 국내회사에 관한 사항을 정리하여 당시 체신부는 부총리(신현확)에게 다음과 같이 보고하였다(전자교환기 제2기종 선정검토결과, 1979. 10, 체신부).

① 한국전자통신(KTC)은 산업은행의 전액출자회사로서 제1기종(M10CN) 전자교환기의 조립 생산을 하고 있어 제2기종 대상회사는 아니다.

② 금성통신은 럭키그룹으로 서독 시멘스(Siemens)와 합작기업이다. EMD교환기를 생산하고 있으며 시멘스와 공동으로 제2기종을 제안하였다. 그리고 대한통신은 대한전선그룹의 회사로서 크로스바(X-Bar) 구내교환기를 생산하고 있으며 일본 후지스(Fujitsu)와 공동으로 제2기종을 제안하였다. 또한 삼성GTE통신은 삼성그룹과 GTE의 합작기업으로 전자식 구내교환기를 생산하고 있으며 GTE와 공동으로 제2기종을 제안하였다.

③ 동양정밀은 내국인 공개기업으로 스트로져(Strowger) 교환기를 생산하였으며, 제2기종 대상회사로 지정되었으나 불참하였다. 다만 어느 기종이 선정되더라도 참여하도록 관련회사 대표 간에 합의되어 있었다.

한편 통신 산업체계는 획기적으로 정비하는 방향을 설정하였다. 즉 통신산업은 전자산업 및 정보산업의 핵심이며 고도의 기술 및 두뇌집약산업으로 한나라 산업수준의 절대적인 척도가 될 것으로 내다보았다. 그래서 국내전자산업의 발전과 해외진출을 위해 전자통신산업의 획기적인 발전이 필수적이며, 기술 및 원가 면에서 국제경쟁력이 확보되어야 한다는 판단을 하였다. 이러한 목표를 달성하기 위해 먼저 통신시설의 대규모 확장으로 국내시장을 대형화하기로 하였다. 이에 따라 대규모 종합통신기기에 대하여는 생산기업화하고 경쟁체제로 발전시키며 유력관련기업의 참여기회를 확대하기로 하였다. 또한 통신사업의 장기발전계획을 제시하고 구매정책을 합리화하는 등 통신 산업체계의 발전방향을 제시하였다.

이를 뒷받침하기 위해 통신 산업체계의 가능한 유형을 검토한 결과 4개업체형을 채택하였다. 즉 ITT/BTM기종은 KTC와 제2업체에서 생산하고, WE기종은 제3업체와 제4업체에서 생산하는 체제를 말한다. 여기에서 4개업체 공히 모든 주요 통신기기를 생산하는 종합통신회사로 발전을 유도하며 제2, 제3, 제4업체는 각각 상대외국회사(ITT 및 WE)와의 합작회사 또는 순수 내국인업체로 구성할 수 있게 하였다. 검토결과 금성통신, 대한통신, 동양정밀, 삼성GTE통신 등 4개회사가 참여토록 하고 회사별 참여방법은 다음과 같이 정하였다.

첫째, 한국전자통신주식회사(KTC)는 민영화하며 삼성GTE통신은 KTC를 인수한다. 그리고 KTC의 현 경영진은 잔류하며 삼성GTE통신은 산업은행 출자지분을 인수한다. 또한 체신부와 협의하에 생산규모를 적정선으로 조정한다.

둘째, 동양정밀은 ITT/BTM의 제2공장, 금성통신은 WE의 제1공장, 대한통신은 WE의 제2공장으로 한다.

셋째, 신규공장의 생산규모는 년 20만회선 이내로 시작하고, 4개 업체 간의 자율적 경쟁이 되도록 하며 업체별 능력에 따라 점차 확장한다.

나. 통신 산업체계 정비확정

1979년 11월 10일 정부는 삼성이 산업은행으로부터 KTC를 인수토록 방침을 결정하였으며, 그 후 삼성GTE통신과 KTC는 합병되었다(1980. 9. 1). 인수 당시의 KTC 총자산은 26,129백만 원(자본금 10,265백만 원, 부채 15,864백만 원)이었으며 인수금액은 14,043백만 원이었다. 대금지급방법은 인수금액의 10%는 인수 시 지급하고 잔여금액 및 이자는 3년 거치 7년 상환하는 것으로 되어 있었다. 이러한 절차를 거쳐 앞에서 설명한 바와 같이 체신부는 통신 산업체계 정비방안을 발표하였다(전자교환 제2기종선정 및 통신 산업체계 정비, 1979. 12. 14, 체신부). 당시 발표문의 내용을 요약하면 다음과 같다.

<발표문> 정부는 지난 5월 전자교환 제2기종 채택방침을 확정한 후 그간 한국통신기술연구소를 통해 실시한 국제입찰과 이에 따라 접수된 제안서의 면밀하고 상세한 검토를 거쳐 미국의 WEI(Western Electric International)사가 제안한 No1A 전자교환기를 제2기종으로

선택하였다. 이와 동시에 정부는 국내 통신기기 생산체계를 민간주도의 자율경쟁체제로 발전시키기로 결정하고, 이에 따라 전자교환기를 위시한 주요통신기기 생산을 4원화하여 4개의 생산단위를 갖도록 정하였다.

다음에는 기존 산업은행 출자기업인 한국전자통신주식회사를 민영화하는 한편 전자통신산업에 특별한 관심을 갖고 기술역량의 축적과 주요시설에의 투자 등 준비와 요건을 갖춘 유수 관련기업들로 하여금 전자교환기 및 주요통신기기생산에 참여하도록 하였다. 이들 결정은 정부가 기 발표한 바 있는 통신시설 대량확장 및 현대화계획의 성공적 수행에 필요한 구조적 정비의 일환으로 취해진 것이다.

체신부는 이에 따른 후속조치로서 관련기관과 회사에 전자교환기 제2기종 채택과 관련 사업계획을 경제기획원, 재무부, 상공부, 한국산업은행, 한국전자통신(주), 금성 통신(주), 대한통신(주), 동양정밀(주), 삼성GTE(주)에 통보하였다(전자교환기 제2기종채택, 1979. 12. 19, 계일 1602-42576, 체신부). 이 문서의 주관부서 및 결재자는 제1장 말미의 참고자료편에 기록되어 있다.

5.2 정부의 중화학공업 투자조정

가. 정부의 투자조정과 전자교환기 생산체제

1980년대에 들어서면서 당시 정부는 전자교환기를 비롯한 중화학공업 투자조정작업에 들어가게 되었다. 이 시기에 체신부에서는 지금까지 추진해온 전자교환기 4원화 생산체제에 대하여 당시 체신부장관(윤흥정)에게 보고하였다(1980. 7. 3). 그때의 보고내용을 보면 이 생산체제는 고액투자시설 문제가 있으나 공동투자, 공동관리체제로 유도한다는 것이었다. 또한 중간조립 생산단계를 협업화 할 수 있도록 하고, 일부생산체계를 기능별로 분담하도록 유도하여 문제를 해결하겠다고 되어있다.

결론적으로 우리나라의 통신산업은 타 부분에 비해 크게 낙후되어 있는 상황임으로 선진기술을 도입함에 있어 우리나라 측 기술도입주체의 다원화 및 기술도입의 저변확대를 위한 제반 조치가 절실하여 4원화체계가 타당하다고 보고하였다. 이런 와중에 정부는 제1차로 발전설비 및 자동차분야의 투자조정을 시행하였다(1980. 8. 20). 이때 체신부는 전자교환기 생산체제를 재검토하여 신임 체신부장관(김기철)에게 보고하게 되었다(1980. 9. 10).

이때에는 4원화체제, 공동투자에 의한 합작체제, 기종별 단일 업체 단일생산체제, 조립부품 분담체제 등 4개 방안이 보고되었다. 특히 4원화체제의 경우 기술제공 외국1개사에 국내생산업체 2개사가 경쟁함으로서 국내사의 불이익이 있는 문제가 제기되었다. 그러나 당시 보고서에는 결론이 내려져 있지 않다. 이어서 정부는 제2차로 전자교환기, 중전기기, 디젤엔진과 동제련 등 4개 분야에 대한 조정 작업을 하게 되었다(1980. 10. 7). 정부는 이때 조정

작업의 배경을 다음과 같이 설명하고 있다(중화학공업투자조정, 1980. 10. 7, 상공부).

<조정 작업의 배경> 현재의 내외시장현황이나 전망, 기업의 투자능력 그리고 자본의 한계성 등 국내외 경제여건을 감안할 때 만약 중화학공업분야에 대한 과잉투자와 중복투자의 현상을 그대로 방치해 둔다면 이는 기업이나 금융기관 모두가 불실화를 심화시키며 장래에 남는 기업의 경쟁력조차 크게 약화시켜 국가경제 전반에 대하여 많은 어려움을 줄 우려가 있음은 물론, 이 나라 기간산업으로 발전되어야할 중화학공업의 기초가 태아부터 흔들리게 될 것이므로, 1차와 2차로 조정 작업을 하게 된 것임.

이러한 배경에 따라 정부의 중화학공업 투자조정 중 상공부에서 검토한 전자교환기 부분의 조정내용만을 보면 다음과 같다.

① 생산업체 현황을 보면 한국전자통신과 동양정밀에서 제1기종(M10CN)을 생산하고, 금성반도체와 대한통신에서 제2기종(No1A)를 생산한다. 이때 동일기종별 이중시설 투자와 동일기술을 이중 도입하는 등 중복투자의 우려된다. 그리고 특정분야(국설교환기)에 과다 경쟁이 일어날 수 있고 기술력이 분산 낭비되며 대외 경쟁력을 저해할 수 있다는 문제점이 예상된다.

② 전자교환기에 의한 국설교환기 생산업체는 제1기종(M10CN)은 한국전자통신, 제2기종(No1A)은 금성반도체로 한다. 그리고 농어촌 전자교환기 생산업체는 동양정밀로 전문화하며, 대한통신에 출자한 대우실업의 주식지분은 회수시켜 한국중공업의 발전설비에 투자토록 한다. 한편 금성통신 및 동양정밀에서 생산하는 기계식 사설구내교환기의 중단한다.

③ 기 지정된 전자교환기용 부품생산 전문업체의 일부를 조정한다. 즉 제1기종 부품생산업체 중 커넥터(Connector) 및 금속부품류(Metal Piece Parts)의 금성통신과 Hybrid IC 및 PCB부문의 금성전기는 제2기종의 부품전문생산업체로 변경한다. 단 금성계열의 부품생산지정은 제3의 기업이 희망할 경우에는 이를 조정한다.

④ 위와 같은 모든 조정의 집행은 1980년 10월말까지 완결한다. 단 법절차 등을 감안하여 더 많은 시산이 필요할 경우에는 실질적인 통합을 통하여 10월말까지 통 합의 효과가 나도록 한다. 위 통합과정에서 발생하는 필요한 보완계획이 있으면 이를 10월안에 수립 집행한다.

이상의 전자교환기 부문의 투자조정은 대통령의 재가를 받아 상공부장관은 중화학공업(전자교환기, 중전기기) 투자조정이라는 제목의 문서(전기1325.4-1309, 1980. 10. 7, 상공부)로 체신부장관에게 통보하였다. 또한 상공부장관은 동일한 제목과 내용의 문서를 한국전자통신(주), 금성반도체(주), 동양정밀(주), 대한통신(주)에 통보하였다(전기 1325.4-1309, 1980. 10. 7, 상공부).

나. 상공부의 후속보완조치

이때 대한통신공업(주)에서는 상공부장관에게 이 문서에서 기계식 사설교환기의 생산을 중단한다는 부분에 대해 질의하였다. 이에 대해 상공부에서는 1980년 10월 7일부터 기계식 사설교환기(EMD, Strowger)의 신규계약을 일체 중단하는 것이고, 대한통신공업(주)가 생산하는 크로스바(X-Bar) 기종만을 생산 판매하는 것이라고 답변하였다.

상공부의 이 답변내용은 제목이 중화학공업(전자교환기) 투자조정이라는 2개의 문서(전자 1333-1385, 1980. 10. 23, 상공부/전자1333-1406, 1980. 10. 28, 상공부)로 대한통신공업(주)에 통보되었으며, 이 문서는 상공부 전자전기공업국장(이동훈)이 결재하였다. 얼마 후 상공부장관은 전자교환기 투자조정업무와 관련된 후속보완조치를 관련업체에 다음과 같이 통보하였다(전자교환기 투자조정 사후조치통보, 전자1333-1459, 1980. 11. 8, 상공부).

첫째, 금성통신 및 동양정밀에서 생산하는 기계식 사설구내교환기(EMD, Strowger)는 10월 7일부터 생산이 중단된다. 그러나 기 설치된 이들 교환기의 유지보수용과 1981년 6월까지의 증설분은 예외로 한다. 또한 군수용으로 표준화된 기계식 사설구내교환기(EMD 및 Strowger)의 증설 및 유지보수용도 예외로 한다.

둘째, 제1기종 전자교환기 부품생산업체로는 금속부품(Metal Piece Parts), 커넥터(Connector)는 동양정밀, PCB는 대덕전자, 하이브리드 IC는 광림전자, TR 및 IC는 삼성전자, 플라스틱 부품(Plastic Parts)은 두일화학으로 확정한다. 그리고 제2기종 전자교환기 부품생산업체로는 금속부품 및 컨넥터는 금성통신, PCB, 하이브리드 IC, TR 및 IC는 금성전기, 플라스틱 부품은 두일화학으로 확정한다.

이 문서는 금성통신, 동양정밀, 대한통신, 한국전자통신, 금성전기, 금성반도체, 두일화학공업, 대덕전자, 광림전자, 삼성전자로 통보되었다. 이에 따라 상공부에서는 제1기종은 KTC에서, 제2기종은 GSS에서 생산하도록 전자교환기 생산업체를 지정하였으며 GSS와 WE간 합작계약이 체결되었다(1980. 11. 20).

6. 전자교환기의 대량공급 및 확장

6.1 제1기종(M10CN)의 초기공급

가. 우리나라 최초의 전자교환기 공급개통

우리나라에 최초로 전자교환기를 도입하기로 결정하여 추진한 서울시내 2개 전화국(영동 1만회선, 당산 1만회선)의 제1기종(M10CN) 공급사업은 BTM으로부터 완제품을 직도입하여 턴키공사로 시공하기로 계약되었다(1978. 6. 10). 이 사업은 기종선정 시 협상조건상 최초시설 특별감가 34%와 1억원의 감가를 적용하여 총 소요액은 4,126백만 원으로 계약되었다. 이러한 총 구매금액에는 물자비 2,998백만 원, 공사비 408백만 원, 재세(관세, 부가세, 방위세) 702백만 원, 구매수수료 18백만 원이 포함되었으며, 이와는 별도로 교육훈련비(Training Fee) 215백만 원을 지불하였다. 이때 회선당 단가는 206천원으로 구매 계약된 셈이며, 당시 환율을 보면 1BF가 14.99원이었다.

1979년도 첫 사업인 대도시 5국 8만회선 사업도 첫 번째 사업과 동일하게 BTM으로부터 완제품을 직도입(99%)하여 턴키공사로 시공하는 방식으로 총 소요금액이 28,996백만 원에 계약되었다(1979. 12. 7). 이 사업의 경우 가격이 현실화되었으며 회선당 단가는 362천원으로 상승하였는데, 이때 1BF는 17.11원의 환율이 적용되었다. 1979년도 두 번째 사업으로 대도시의 4국 4만회선 사업이 계약되었다(1979. 12. 20). 이 사업을 위해 원자재는 수입하였으며, 이를 사급하여 KTC에서 국내조립(국산화율 5.3%)하는 것으로 결정하였다.

또한 반제품을 직도입(55%)하여 국내공사를 시도하였다. 그러나 사업시행결과를 보면 총 소요금액이 16,125백만 원이 투입되는 바람에 회선당 단가는 403천원으로 늘어나게 되었다. 이 사업의 경우 국내공사로 공사비는 절감했으나 국내조립을 시도한 국산화 초기로서 기술료, 훈련비 등 일반경비가 추가됨으로서 완제품 직도입 턴키공사보다 비용이 상승하였다. 예를 들면 위에서 설명한 12만회선 사업(8만회선 사업과 4만회선 사업)을 위해 총 구매금액과는 별도의 교육훈련비(Training Fee) 727백만 원을 지불하였다.

나. 1980년도 제1차 전자교환기 공급사업

당시 체신부 계획국에서는 1979년말 1980년도 제1차 전자교환기 직도입 공급사업(80-1차-BTM-80K)을 위한 공급계약을 추진하였다(1979. 12. 7). 이 프로젝트에 의해 공릉 1만 회선, 대구 1만 회선, 구로 2만 회선, 반포 2만 회선, 영동 2만 회선 등 대도시 5개 전화국에 제1기종(M10CN) 8만 회선을 공급하였다. 이 사업은 BTM으로부터 완제품을 직도입(99%)하여 턴키공사로 시공되었으며 이를 위해 총 투자비는 28,996백만 원이 소요되었으며, 회선당 단가는 36만2천원이 되었다.

이어서 1980년도 제1차 전자교환기 국내조립 공급사업(80-1차-KTC-40K)이 대도시에 1만회선 기준으로 4만회선(4개국) 공급계약도 체결되었다(1979. 12. 7). 이 사업은 수입원자재를 사급하여 국내조립(국산화율 5.3%)하고, 반제품을 직도입(55%) 하여 국내공사로 시행하였다. 이 계획으로 봉천 1만회선, 광장 1만회선, 범일 1만회선, 행당 1만회선을 공급하였다. 이 사업의 총 투자비는 16,125백만 원이 소요되었으며, 회선당 단가는 40만3천원이 되었다.

이처럼 회선당 단가가 높아진 것은 국내공사로 공사비는 절감되었으나 국내조립 초기로서 기술료, 훈련비 등 일반경비가 추가되었기 때문이었다. 그리고 1980년도 12만회선 사업을 위한 자금조달은 내자 14,488백만 원(31.6%), 외자 31,360백만 원(68.4%)이 조달되었으며, 당시 환율은 1BF이 17.11원이었다. 총 투자비와는 별도로 외자에는 훈련비(Training Fee) 727백만 원이 포함되어 있다.

다. 1980년도 제2차 전자교환기 공급사업

체신부 계획국에서는 1980년도 제2차 전자교환기 직도입사업(80-2차-BTM-60K)으로 6만회선의 공급계약을 집행하였다(1980. 10-1981. 7). 이 사업은 BTM으로부터 완제품을 직도입(89%)하여 국내공사로 추진키로 하여 창동 2만회선, 당산 1만회선, 공릉 1만회선, 동래 1만회선, 봉천 1만회선 등 5개국에 공급하였다. 총 사업비는 25,356백만 원이 투입되었으며, 국내공사로 회선당 단가가 42만3천원으로 하락하였다. 총 사업비의 내용을 보면 물자비 19,722백만 원, 공사비 1,440백만 원, 재세 등 4,194백만 원으로 되어 있다.

한편 1980년도 제2차 전자교환기 국내조립사업(80-2차-KTC-60K)을 추진하여 신정 1만회선, 행당 1만회선, 남포항 1만회선, 월곡1 1만회선, 월곡2 2만회선 등 5개국에 6만 회선을 신증설하였다. 이 공급사업은 원자재와 반제품을 도입하여 관급으로 국내조립(국산화율 13.5%)하였으며, 마찬가지로 국내공사로 계약 시행되었다(1980. 3-1980. 10). 이 사업의 경우 총 사업비는 22,703백만 원이 투입되어 회선당 단가는 다시 378천원으로 낮아졌다. 이것은 국산화율의 증가로 물자비 및 수입물자용 제세가 절감된 효과였다. 이때 차관에 대한 국회동의가 지연되어 차관협정이 늦어짐에 따라 계약이 약 5개월 밀리게 되어 전체사업이 지연되는 상황이 벌어졌다.

라. 1980년도 제3차 전자교환기 공급사업

1980년도 제3차 전자교환기 공급사업은 주로 대도시에 전화공급을 위한 사업이었다. 이 사업은 BTM으로부터 완제품을 직도입(88%)하여 턴키공사방식으로 시행하는 직도입공급사업(80-3차-BTM-190K)으로 계약되었다(1980. 10. 20). 이 계획에 의하여 대방 2만회선, 가좌 2만회선, 잠실 2만회선, 창원 8천회선, 안심 6천회선, 전농 2만회선, 아현1 2만회선, 용산 2만회선, 개봉 1만6천회선, 화곡 2만회선, 아현2 2만회선 등11개 전화국에 총 19만 회선을 신증설하였다.

이 사업은 물자비 60,784백만 원, 공사비 13,329백만 원, 재세 등 12,741백만 원으로 총 86,854백만 원이 소요되었으며, 이에 대한 투자비로는 내자 20,041백만 원(23.1%), 외자 66,813백만 원(76.9%)를 조달하였다. 이때 회선당 단가는 457천원으로 가장 높은 가격으로 구매되었는데, 이것은 당시 1BF의 환율이 21.74원로 적용되었는데 이는 전년도보다 27% 인상된 환율이었다.

이 사업의 경우 신기술 도입 초기인데다가 집행목표량이 과다하여 6개월 이상이 지연되었다. 세부적으로 살펴보면 BTM 생산능력부족으로 일시에 조기 공급이 불가능하였으며, 많은 량의 공사를 일시에 조기 착공하는 것도 불가능한 실정이었다. 그리고 여러 번의 공급계획변경으로 재설계를 하게 됨으로서 발주 및 계약이 지연되었으며, 뿐만 아니라 원가계산 등의 문제도 있어 공사계약이 지연되었다.

마. 1981년도 전자교환기 공급사업

1981년도 제1기종(M10CN) 전자교환기 공급사업에 의해 총 264천 회선을 공급하였다. 이를 위해 소요예산은 213,634백만 원이 투입되었으며, 이 사업의 회선당 단가는 재료비 327,372원, 공사비 63,563원 등 390,935원으로 분석되었다. 그리고 1981년에 들어서면서 외국산 도입 전자교환기의 국산화율(13.5%)을 높여서 국내조립방식으로 공급하는 쪽으로 가닥을 잡아나갔다. 이중 1981년도 전자교환기 국내조립사업(81-KTC- 120K)은 주로 중소도시를 목표로 공급 추진하였다(1980. 6-1981. 7).

이 사업계획에 의해 중부산 1만회선, 울산 1만회선, 신정 1만회선, 연산 1만회선, 범어 1만회선, 마산 1만회선, 북부산 1만회선, 남진주 1만회선, 괴정 1만회선, 월배 1만회선, 아미 1만회선 등 11개 전화국에 전자교환기 제1기종(M10CN)을 공급하였다. 이 사업의 경우 원자재와 반제품을 도입하여 관급으로 공급하였으며(34%), 국내 공사로 시행하였다.

이 사업의 총 투자비는 46,839백만 원이 소요되었으며, 이를 위해 내자 25,351백만 원(54.1%), 외자 21,488백만 원(45.9%)을 조달하였다. 또한 관세, 부가세, 방위세 등 제세는 5,024백만 원(10.7%)을 부담함으로서 회선당 단가는 39만원이 되었다. 그러나 이 사업은 BTM의 생산능력 부족 및 81년도 하반기 KTC 공사능력 확장으로 1개월 정도 지연되었다.

6.2 제2기종(No1A)의 초기공급

가. 제2기종 공급을 위한 합의서

1980년에 들어서면서 체신부는 제2기종 전자교환기를 1980년부터 공급하기 위하여 WEI(Western Electric International)와 예비합의서를 수교하였다(1980. 2. 4). 이 합의서는 체신부 기술정책관(정도길)과 WEI사장(H. T. Ruberg) 간에 이루어졌으며 이 예비합의서의 주요내용은 다음과 같다.

<전문> 체신부가 적절한 전자교환기를 선정하여 상당량의 교환기를 수입, 교환기 및 주요부품의 국산화, 교환기 설계, 생산, 보수 운영기술 습득 등을 포함한 사업의 추진을 위해 WEI로부터의 사업계획 제안서의 제출을 요청한 바 있다. 그리고 WEI는 이에 응해 사업계획 제안서와 기타 부대자료를 제출함으로서 이 사업에 참여할 의사와 능력이 있음을 체신부에게 분명히 한바 있다.

이에 대해 체신부는 WEI의 사업계획 제안서 내용 중 몇 가지 점에 대한 적절한 확인과 각종 계약의 만족스러운 체결을 조건으로 WEI를 기술도입의 대상으로 No1A 전자교환기를 적절한 전자교환기종으로 선정한 바 있다. 이어서 체신부와 WEI가 공히 조기에 사업의 순조로운 추진을 위해 서로의 의사와 약속을 분명히 할 필요가 있는 것으로 생각하므로 아래와 같이 서로의 합의내용과 약속내용을 기록한다.

<본문> ① 제1조 : 체신부는 미국 수출입은행 차관협정이 적시에 체결되는 전제로 약 4만 회선에 달하는 두 개의 No1A 전자교환기를 1980년 중 설치하고, 적절한 수의 훈련생을 WEI에 1980년 중 파견하는 것을 포함하는 1980년 계획을 WEI의 사업계획 제안서에 기재된 조건 또는 앞으로 쌍방의 합의에 의해 변경될 수 있는 조건에 따라 추진할 것을 확실히 약속한다. 그리고 WEI가 이를 위해 필요한 비용을 체신부의 구좌로 발생시키는 것을 동의하며 이를 책임있게 수행할 것을 약속한다.

② 제2조 : 쌍방은 부록으로 첨부된 1980년 2월 4일자 체신부 정도길로부터 WEI의 H. T. Ruberg에게 보낸 서신내용에 따른 계약협상일정에 차질이 없도록 최선을 다할 것에 합의한다.

③ 제3조 : 체신부는 전술한 미국수출입은행 차관협정의 발효와 체신부와 WEI간 각종 계약의 만족스러운 체결을 전제로 1980년부터 1982년까지 기간 중에 WEI로부터 약 66만회선의 No1A 전자교환기 시설을 구입할 의사가 있음을 확인한다.

한편 WEI는 이러한 예비합의서 내용 중 EXIM 차관 협정 미체결 또는 다른 이유로 인하여 체신부와 WEI 간의 계약이 체결되지 않을 경우 1980년 사업추진과정에서 발생하는 비용을 10백만 달러 범위 내에서 체신부에 청구할 수 있도록 제의하였다. 따라서 체신부는 이를 수용하여 예비합의서를 수정하였다. 이 합의서의 주관부서 및 결재자는 제1장 말미의 참고자료 편에 기록되어 있다. 이후 제2기종 공급사업은 <표 1-23> 같이 수립 추진되었다.

<표 1-23> 제2기종의 연도별 공급계획(단위: 1,000회선)

구분	1980	1981	1982	1983	1984	계
직수입분	40	180	110	260	70	660
국내조립분	-	-	130	150	372	652
합계	40	180	240	410	442	1,312

나. 1980-1981년 전자교환기 직수입사업

제2기종의 1980년도 전자교환기 직수입사업(80-ATTI-40K)으로 서울에서도 특히 통화량이 높은 을지전화국(1만회선)과 중앙전화국(3만회선)에 제2기종(No1A)를 공급하기로 결정하여 구매계약을 체결하였다(1980. 9. 2). 이 사업은 ATTI로부터 완제품을 직도입(100%)하여 턴키공사로 추진되어 1981년 2월에 착공하여 각각 그해 10월과 11월에 개통되었다. 이들 두 전화국은 다른 일반 전화국보다 통화량이 30%정도 높아 당시 우리나라에서 가장 통화량이 높은 지역이었다. 이때 사업비는 물자비 9,366백만 원, 공사비 2,909백만 원, 재세 등(로열티, 구매수수료 포함) 2,536백만 원 등 총 14,811백만 원이 소요되었다.

이 사업을 위한 자금은 내자 2,569백만 원(17.4%), 외자 12,242백만 원(82.6%)을 조달하였으며, 제1기종(M10CN)의 구매에서는 없었던 로열티(Royalty)가 305백만 원 지불되었다(당시 1달러는 618.20원이었음). 한편 이 사업은 차관협정 및 총괄 합의 소요기간 상 일정계획을 지나치게 단축한데다가 No1A 기종에 대한 사업경험이 전무한 상황이어서 시설개통이 약 3개월 지연되었다.

1981년에 들어서면서 대도시의 통화량이 높은 전화국 위주로 제2기종을 대량 공급하기 위해 10개 전화국에 총 23만 회선을 구매하는 계약이 이루어졌다(1981. 4. 20). 여기에서 18만회선은 1981년도 사업으로 5만 회선은 1982년도 사업으로 추진되었다. 이 중에서 1981년도 전자교환기 직수입사업(81-ATTI-180K)으로 원효 3만회선, 혜화 3만회선, 천호 3만회선, 전농 2만회선, 간석 2만회선, 대전 2만회선, 유성 1만회선, 서광주 2만회선 등 8개 전화국에 18만 회선을 공급하였다. 이를 위해 총 66,124백만 원의 예산이 소요되었으며, 이때 회선당 가격은 재료비 303,134원, 공사비 83,254원 등 386,388원으로 나타났다.

6.3 초기공급실적 및 소프트웨어센터 운영

가. 제4차 5개년계획기간 중 공급실적

앞에서 설명한 바와 같이 우리나라는 1970년대 후반부터 경제사회발전 제4차 5개년계획(1977년-1981년)이 시작되었으며 이 기간에 우리나라에 처음으로 전자교환기의 공급을 시작하게 되었다. 이 기간 중 전화공급실적을 종합하면 지금까지의 재래식 교환시설인 기계식 자동교환기 160만 회선, 수동식교환기 23만2천 회선을 계속 확장하였으며 1979년부터 처음으로 전자식교환기 81만 회선을 공급하였다.

이와 같이 전자교환시설이 공급됨에 따라 제4차 5개년계획이 끝나는 1981년 말에는 총 전화시설이 3.712,410회선으로 늘어나게 되었으나, 공급율은 73%에 머물러 있었다. 이때 전자식교환기는 1979년에 2만 회선을 공급하기 시작하여 1980년에 33만6천 회선을 확장 추진하였으며, 이어서 1981년에 45만4천 회선을 공급하였다.

<표 1-24> 제4차 5개년계획기간 중 전화공급실적

구분	1977	1978	1979	1980	1981	합계
전자식			20,000	336,000	454,000	810,000
기계식	281,400	288,600	360,000	360,000	310,000	1,600,000
수동식	36,000	36,000	50,000	64,000	46,000	232,000
합계	317,400	324,600	430,000	760,000	810,000	2,642,000

나. 소프트웨어센터의 운영

체신부는 전자교환기의 대량 도입에 따라 과학적 시설계획, 전자교환기의 효율적 운용 및 경영합리화에 기여하고자 소프트웨어센터를 행당전화국에 설치하였다(1980. 9. 1). 이 센터는 2,000회선 모델교환기와 시뮬레이터용 ITT 3200 CPU를 설치 운용하고 있었으며,

이 설비는 약 63,849천 BF(약 13억 원)을 투입하여 BTM사에서 시공하였다. 이 센터가 발족함에 따라 우선 소프트웨어 전문교육이수자 4명을 파견하여 운영하였다(1981. 5. 2).

그 후 한국통신 창립에 맞추어 중앙건설사무소 설계관리부에 소프트웨어과를 만들어 이 업무를 담당하게 하였다(1982. 1. 1). 이때 중안건설사무소에서는 소프트웨어분야의 해외훈련이수자(11명)를 우선적으로 배치해줄 것을 요청하였다. 당시 소프트웨어센터장은 중앙건설사무소의 장건이 담당하였으며 해외 훈련이수자는 <표 1-25>와 같다.

<표 1-25> 소프트웨어 해외훈련이수자

소속	직급	성명	전문분야	교육기간
중앙건설사무소	4급	장건	소프트웨어 전문과정	12개월
연수원	5급	이용순		
동래전신전화국	6급	박광래		
당산전신전화국	6급	김기문		
중앙건설사무소	6급	김시현		
연수원	5급	최광진	소프트웨어 과정	8개월
계획국	6급	김태수		
봉천전신전화국	6급	김양열	시뮬레이션 (Simulation)	5개월
반포전신전화국	6급	전용만		
영업국	5급	박병무	3200CPU	5개월
연수원	6급	김기학		

당시 소프트웨어센터의 기능은 가입자 데이터 및 중계선수, 중계루트, 프리픽스, 신호방식 등 국 데이터 파일을 작성하며, 소프트웨어를 대상으로 프로그램의 시험 및 검증을 실시하는 것이었다. 그리고 변경 데이터에 대한 운용 파일을 수정하고 공급하는 일과운용국의 문제점을 조사 분석하고 조치하는 일을 수행하였다. 또한 전자교환시설에 대한 성능시험을 지원하고 각종 자료의 이력을 관리하며, 교환국의 운용기술을 지원하였다. 뿐만 아니라 소프트웨어기술을 개발하고 각국의 통계를 포함한 자료를 관리하며, 소프트웨어의 작성 공급, 시험, 검사, 관리, 유지 등에 관련된 각종업무를 수행하였다.

그러나 이 센터를 중앙건설사무소 편제로 운용하다 보니 업무내용상 일부만 연관되므로 소속감이 결여되고 업무처리가 비능율적이 되었다. 또한 물자수급이 지연되는가 하면 유관부서와의 업무협조에도 문제가 발생하는 등 운용체계에 불합리한 점이 나타나고 있었다. 그래서 당시 전자교환기(ESS)업무 추진전담반에서는 기술개발, 보전, 계획, 영업업무와 관련된 전반적인 사항을 능율적으로 처리하기 위해 이 조직을 본사 기술개발실에서 직접 관장해 줄 것을 건의하였다.

6.4 도시와 농어촌에 대량공급

가. 5차 5개년계획에 의한 공급추진

1980년대 초 우리나라의 전화공급 상황을 도시지역과 농어촌지역으로 구분하여 살펴본다. 먼저 도시지역을 보면 총인구는 21,510천명인데 비해 전화공급 상황은 100인당 보급률이 13대를 막 넘어서고 있었다. 그리고 수요에 대한 전화공급율은 80%, 자동화율은 100% 달성하였다(1981. 12). 한편 농어촌지역의 경우 총인구는 16,344천명인데 비해 전화공급 상황은 100인당 보급률이 4대에 불과한 실정이었다. 당시 수요에 대한 전화공급율은 68%, 자동화율은 43%에 머물러 있어 도시지역에 비해 상당히 저조하였다(1981. 12).

1981년 말 농어촌지역에는 총 1,481개의 전화국을 운영하고 있었으며, 그 중 자동식전화국이 152개국인데 비해 수동식전화국이 1,329개국으로 대부분이 수동식전화방식으로 운용되고 있었다. 더구나 이들 수동식전화국에 적체된 전화신청건수가 173천 건에 달하였다(1981. 12). 이때 정부는 경제사회개발 제5차 5개년계획(1982년-1986년)을 수립하여 강력히 추진하게 되었다. 이에 발맞추어 체신부는 농어촌통신 현대화계획을 수립하여 5차 5개년계획의 중요부문으로 추진하기 시작하였다.

이 기간에 정부는 총 1조6천5백억 원의 예산을 투입하여 도시지역에 4백50만회선, 농어촌지역에는 144만회선의 전자교환기를 공급하는 통신망 확장계획을 <표 1-26>과 같이 수립 추진하였다. 이 표에서 시설수는 1981년 말 현황을 표시하였다. 이 계획을 체신부장관(최광수)은 대통령(전두환)에게 보고하였다(시분할교환기 종합검토 중간보고, 1981. 8. 28).

<표 1-26> 시내전화공급계획(1982년-1986년, 단위 1,000회선)

구분	도시		농어촌		
	기계식	전자식	기계식	수동식	전자식
시설수	2,490	790	250	430	8
시설공급	180	4,500	120	40	1,440
소요예산		1조3천억			3,500억

나. 전자교환기 공급계획(통신부문계획)

1982년초 동양정밀(OPC)은 농어촌지역 전자교환기 공급과 관련하여 한국전기통신공사 사장에게 다음과 같이 건의하였다(1982. 1. 20).

① 폐사는 정부에서 농어촌지역 전자교환기(Rural-ESS) 전문업체로 지정받은 이래 17개월이 경과된 현재까지 후속 보완조치인 기종선정의 장기화로 인해 기업유지에 일대 위기에 봉착하게 됨. 그리고 OPC에 의한 TD방식의 기술도입은 국가정책에 불리한 영향을 미치지 아니함으로 농어촌용 전자교환기 기종결정(기능결정)은 조속히 이루어질 수 있다고 사료됨.

② 따라서 폐사는 교환기생산 전통기업으로서 현재 당면하고 있는 기업도산의 위기를 타개하고 계속하여 국가통신사업현대화에 기여할 수 있도록 두 가지 방법 중 하나의 선택을 건의함. 그것은 기 시험기종으로 도입되어 설치 운용중인 NT사의 DMS-10 기종과 SC사의 DMO기종 중에서 택일하는 방법(제1안)과 조만간 선정될 중용량 전자교환기 공급회사의 농어촌용 전자교환기(Rural-ESS) 기종을 도입하는 방법(제2안)이 있는바 이 중 제2안을 채택하여 OPC 전담공급회사로 추진을 건의함.

이러한 상황에서 5차 5개년계획 중 통신부문계획이 통신실무계획반에 의해 수립되었다(1981. 3). 특히 5차5개년계획 중 전자교환기 공급사업부문은 당시 체신부 계획국 계획3과장(이정욱)이 총괄 지휘하였다(1981. 8). 이 계획에 따르면 5차 5개년계획 개시년도인 1982년의 100인당 보급률 10대(인구 38,807천명), 공급율 80%, 전자화율 25%로 설정하였으며, 완료년도인 1986년에 가서는 100인당 보급율 19대(인구 42,088천명), 공급율 98%, 전자화율 68%를 달성하는 것으로 결정하였다.

<표 1-27> 5차5개년계획 중 통신부문계획(통신실무계획반)

구분	1982	1983	1984	1985	1986	합계
공급(천회선)	1,220	1,160	1,200	1,300	1,400	6,280
예산(억원)	11,492	10,927	11,304	12,246	13,192	59,161

1년 후 체신부에서는 위의 계획을 토대로 통신부문계획을 조정하여 다시 작성 추진하였다(1982. 2). 이때 소요예산은 1980년도 불변가를 적용하였다. 특히 5개년계획의 시작년도인 1982년에는 전자식 54만8천회선, 기계식 31만6천회선, 수동식 4만회선 등 총 90만4천회선을 공급하고 그 후 1983년부터는 전량 전자식으로 공급하는 계획을 수립하였다. 그리고 이 기간 동안 총 628만회선 공급량 중 도시지역에 486만 회선, 농어촌지역에 142만 회선을 공급 확장하는 것으로 결정하였다.

<표 1-28> 경제사회발전 5차5개년계획(1982. 2)

구분	1982	1983	1984	1985	1986	합계
공급(천회선)	904	1,026	1,300	1,450	1,600	6,280
예산(억원)	6,201	7,038	8,918	9,947	10,977	43,081

6.5 5차 5개년계획의 수정 추진

가. 총 628만회선 공급의 타당성 검토

5차 5개년계획 중 통신부문계획의 주관부서인 체신부 계획국 계획3과(과장 이정욱)에서는 이 기간에 총 628만 회선을 공급하는 경우 재원조달 등 제반여건을 검토하였다. 검토결과는 다음과 같다.

첫째, 당초 계획대로 집행하는 경우 5개년계획의 초년도인 1982년부터 약 4,462억 원 의 적자가 되고, 완료년도인 1986년에 가서도 약 9,097억 원의 적자가 발생하는 등 매년 재원 부족현상이 나타나고 있다.

<표 1-29> 628만회선 공급 시 재원부족(단위 억원)

구분	1982	1983	1984	1985	1986	합계
세입	15,595	16,724	19,191	21,602	24,973	98,085
세출	20,057	21,894	22,211	29,020	34,070	127,252
증감	-4,462	-5,170	-3,020	-7,418	-9,097	-29,167

둘째, 경제기획원(EPB)에서는 당시 외채부담을 16.4억 달러에서 12.5억 달러로 감소하는 방침을 내놓고 있어 이에 따른 5차 5개년계획의 연동화 작업이 불가피하다. 5차 5개년계획의 마지막년도인 1986년 통신수요를 재확인한 결과 당초 8,326천 가입자로 보았으나, 8,263천 가입자 정도인 것으로 확인되었다.

셋째, 범국가적으로 농어촌전화 광역화를 조기에 완성해야 할 필요성이 대두되었다. 따라서 제5차 5개년계획의 가입전화 공급목표량을 당초 628만에서 528만으로 조정하고, 재원규모도 7조7천억 원에서 6조3천억 원으로 감소 조정하였다(1983년).

<표 1-30> 5차5개년계획 통신부문 1차수정계획(단위 1,000회선)

구분	1982	1983	1984	1985	1986	합계
목표량	923	1,026	1,119	1,090	1,122	5,280
도시지역	747	800	856	746	722	3,865
농어촌지역	176	226	263	350	400	1,415

나. 5차 5개년계획의 재수정

그 후 체신부 계획국에서는 5차 5개년 수정계획을 집행하는 과정에서 다음과 같은 몇 가지 주요사항에 대하여 재검토하여 재수정하여 집행하게 되었다. 우선 전자교환기의 가입자 수용율을 조사해본 결과 기본계획을 수립할 당시에는 전자교환기에 대한 운용실적이 미흡한 상태에서 안정수준의 가입자 수용을 고려하여 수용율을 80%로 정하였다. 그러나 면밀한 기술검토결과 95%까지 수용이 가능하다는 자신감을 갖게 되었다.

또한 재원사정을 감안하여 기계식 자동교환기를 철거하고 전자식교환기로 대체하는 기계식교환기 철거물량을 최소화하였다. 당초 기계식 자동교환기는 52만회선 철거할 계획이었으나 이를 29만5천 회선으로 감소할 수 있었다. 결과적으로 <표 1-31>에서 보는 바와 같이 5개년계획 기간 중 약 106만2천회선의 공급물량 축소가 가능하여 공급량을 총 522만 회선으로 조정하였다. 이에 따라 투자비 약 9,579억 원의 예산을 절감할 수 있었다.

<표 1-31> 5차 5개년계획 통신부문 수정계획(2차)

구분	1982	1983	1984	1985	1986	합계
공급(천회선)	923	1,058	1,170	1,017	1,053	5,220
예산(억원)	8,926	9,418	10,409	9,048	9,372	47,173

다만 1983년도 공급까지는 기본계획에 의해 추진하고 전국 수요 및 재원계획을 검토하여 1984 이후에 공급목표량을 이와 같이 조정 시행하기로 정하였다. 이 기간에 가입전화의 현대화를 촉진하기 위해 연간 100만 회선 수준의 전자교환기를 공급하고 기계식교환기 및 수동식은 1983년부터 공급을 중단하며 1988년까지 가입전화의 완전자동화를 달성하는 방침을 세워 추진하였다.

첫째, 빈번한 공사로 인한 손실방지를 위하여 약 2년간 수요를 공급하는 것이 합리적이며, 전국 모든 전화국의 적체를 단기간에 해결하는 것은 불가능하여 단계적으로 해소토록 한다.

둘째, 개발지역의 수요가 급격한 변동되는 현상이 나타났다. 전화공급계획은 시행년도 2년- 3년 전에 결정되고 있으나 그 동안 일부지역은 급격히 개발되어 수요가 급증되는 반면 어떤 지역은 감소되어 차질이 발생하였다. 예를 들면 당초 계획수요에 비해 부천지역 41%, 주안지역 25%, 구로지역은 20%가 각각 증가한 반면, 아현지역 12%, 중앙지역 12%, 청량지역은 11%가 감소하였다.

셋째, 여러 지역에서 국사확보에 어려움이 발생하였다. 그 동안 가입전화의 대량공급으로 많은 전화국의 건물이 충만하였으며 특히 대도시의 경우 건물증축이나 신축이 불가능하여 기계식교환시설을 전자식교환기로 대체하였다. 이때 3년이 소요되므로 이 기간에 전화적체가 발생하였다.

넷째, 신개발지역의 경우 아파트단지는 급속히 조성되나 공공부지확정은 상당 기간 후 확정될 뿐만 아니라 아파트는 1년 내에 입주가 가능하나 전화국은 2년이 소요되어야 통신시설 개통이 가능하였다.

이후 1984년에 들어서면서 전화공급 상 발생한 여러 가지 문제점 때문에 계획을 보완할 필요가 발생하여 <표 1-32>와 같이 재수정(3차)하였다. 이에 따라 5차 5개년계획의 첫해인 1982년에는 전자식 53만회선, 기계식과 수동식 39만3천회선 등 총 92만3천 회선을 공급하였다. 그리고 마지막 해인 1986년에는 전자식 120만9천 회선, 기계식과 수동식 7만8천 회선을 설치하였다. 본 5차 5개년계획을 완료하여 공급율 98%(당시 인구는 41,839천명) 자동화율 99%, 전자화율 62%를 달성하였다.

<표 1-32> 5차 5개년계획 통신부문 3차 수정계획(1984년)

구분	1982	1983	1984	1985	1986	합계
공급(천회선)	923	1,041	1,300	1,249	1,287	5,800
공급율(%)	80.8	84.0	85.8	93.1	98.1	

그리고 이때 기계식 및 수동식 등 재래방식의 통신시설을 마지막으로 공급하고 이 후 그동안 100여년을 사용해온 이들 시설의 공급을 전면 중단하게 되었다. 이 기간에 공급한 전자교환기는 M10CN과 No1A의 2개 기종을 공급하였으며, 당시 공급과정에서 M10CN은 제1기종으로, No1A는 제2기종으로 호칭하였다. 제1기종은 국내조립생산제품(KTC)과 외국도입제품(BTM), 제2기종은 국내조립제품(GSS)과 외국도입제품(ATTI)으로 구분되어 공급되었다. 그런데 초기(1979년-1982년)에는 제1기종은 국내조립품 49만 회선, 직도입제품 39만 회선을 공급하였고, 제2기종의 경우 국내조립품 13만 회선, 직도입제품 37만 회선을 공급하였다.

7. 공사창립 후 3년간 전자교환기 공급

7.1 공사발족 첫해의 도전

가. 시분할방식의 도입 필요성

1979년 하반기부터 1981년 하반기까지 2년간 정부주도로 전자교환기를 공급 추진하던 과정에서 1982년 1월 한국전기통신공사가 발족함에 따라 본 사업의 주관이 체신부로부터 한국통신으로 이관되었다. 이에 따라 한국통신은 장기적인 측면에서 다시 시분할 전자교환기(TDM)의 도입필요성을 검토하였다(시분할교환기 공급방안, 1982. 2, 한국통신 계획국). 그 주요내용은 다음과 같다.

첫째, 운용이 용이하다. 마이크로프로세서(Micro-Processor)화로 소프트웨어가 극소화되어 운용기술이 용이해졌으며, 분산처리방식으로 전체 시스템의 중단우려가 감소하였다. 또한 소부품화로 보수가 용이하고, 고급인력배치가 곤란한 농어촌지역에 최적이라는 평가를 받고 있다.

둘째, 소형이며 전송부와 교환부가 합쳐진 구조가 되어 국사 및 인력절감이 가능해졌으며, 기종을 통일하게 되면 정합비용이 절감된다. 그리고 신뢰도가 높고 집중관리가 가능하여 보수 및 운용비가 절감될 수 있다. 또한 공장 내 완제품화가 가능하여 공사비 및 설치기간도 절감된다.

셋째, 시분할 전자교환기는 시내 및 시외용, 도시 및 농어촌용, 국설 및 구내용, 전화 및 데이터 등 모든 용도의 교환기로 공용이 가능함으로서 기종을 통일할 수 있다.

넷째, 시분할 교환기는 디지털전송로를 이용하여 전화, 텔렉스, 데이터, 팩스, 비디오 등을 통합 교환 전송할 수 있는 기능을 가지고 있다. 그래서 장래 종합정보통신망(ISDN)에 대비할 수 있다.

다섯째, 시분할 교환기는 반도체 부품비율이 자재비의 약 40%를 차지할 정도로 높다. 자국 교환기는 1984년경 상용화될 것으로 예측되며, 1988년경에는 기술이 정착될 것으로 보인다. 특히 VLSI에 의해 소부품화되고 전력소모가 상당 감소할 것으로 기대된다.

또한 우리나라는 단기적으로도 시분할교환기의 도입이 불가피한 입장이었다. 전국 통신망의 광역화를 추진함에 있어 기존의 기계식교환기나 공간분할교환기를 공급하는 것은 다음과 같이 비경제적인 면이 있었다.

① 시분할교환기는 농어촌 광역화에 가장 경제적인 통신방식이다. 그때까지 기계식자동교환기로 증설하는 것은 국사의 건설비 및 운용비가 과다하게 들고, 교환기의 조정 및 고장과다로 무인화가 어려우며 기술요원의 배치도 곤란하다. 또한 광역화를 위해 PCM 트렁크, 선로교환장치의 도입이 불가피한 점 등을 고려할 때 이 방식으로 신설 치국하는 것은 가장 비경제적이다.

② M10CN 전자교환기를 1만회선 미만 전화국에 설치하는 것은 비경제적이며, 운용기술이 복잡하여 농어촌지역에는 부적합할 뿐만 아니라, 광역화를 위해서는 기계식과 동일한 문제점을 가지고 있다. 한편 No.1A 전자교환기의 경우는 DCT, RSS, SLC-96 등 시분할 교환기와 동등한 기능을 보유하고 있어 광역화에 유리하나, 광역화 권내의 총수요가 3만회선 미만 지역에는 비경제적이다. 그리고 RSS, SLC-96의 비용이 시분할 교환기와 대등한 상황이다.

③ 전국 전화자동화를 위해 시외집중국의 전자화가 시급한 실정이다. 기계식 DDD 또는 STD로는 전국 자동화가 불가능한 상황이다. 이 방식은 직통교환기능에 국한되어 있고 시외요금의 상세과금이 불량하기 때문이다. 따라서 광역화 모국의 기존 기계식 자동교환기에는 시분할 교환기의 증설이 국사의 공간 활용, 광역화의 용이성, 시외교환능율 등에서 가장 유리하다.

④ ATT, ITT, LME 등으로부터 선진기술을 도입하여 자체개발능력을 촉진할 수 있다. 이로 인해 생산기술이 축적되고, 운용보전기술이 점진적으로 축적될 수 있다. 또한 생산체제의 합리적 전환을 유도할 수 있으며, 특히 PABX 분야 등을 수출전략산업으로 유도할 수 있다.

⑤ 시분할 교환기로의 전환을 촉진하여 기계식 자동교환기, 공간분할 전자교환기의 비경제성에서 탈피할 수 있을 뿐만 아니라, 수출전략상 선발대의 이점을 확보할 수 있다. 또한 장래 종합정보통신망의 기반도 구축할 수 있다.

나. 1982년도 전자교환기 공급총량

1982년에는 국별 전화수급상황, 차관조건, 물자 생산, 공사의 연 평준화, 재정사정 등을 고려하여 최소한의 공급량인 96만4천 회선을 추진하였다. 그 내역을 보면 전자식 60만8천 회선, 자동식 31만6천 회선, 수동식 4만 회선을 공급하였으며 그 중 전자식교환기 공급계획은 <표 1-33>과 같다. 여기에서 M10CN은 당초 1981년에 11만 회선을 구매할 계획이었으나 여러 사정으로 1983년으로 이월해야 할 처지가 되었다.

<표 1-33> 1982년도 전자교환기 공급계획(단위 1,000회선)

기종별	M10CN	No1A	R-ESS	합계
직수입 물량	40	150	18	208
국내생산 물량	270	130		400
계	310	280	18	608

그러나 2년을 지연하는 경우 BTM으로부터 물자공급 불응이 예상되는데다가 후속차관을 사용할 수 없는 상황이 발생할 뿐만 아니라 차관 약정료도 추가(미 인출액의 0.2%)로 부담하는 문제가 있었다. 그리고 BBL 2차 차관(73백만 불)으로 추진 중인 17만 회선은 인출기간을 고려할 때 1983년 내에 사업이 종결되어야 하였다. 그래서 1982년에 M10CN 기종은 4만 회선을 직도입하는 계획으로 추진하였다.

또한 국내생산을 촉진하기 위해 직수입을 조기에 종결코자 차관사용계획을 수정하였다(1981. 11. 16 장관결재). 당초 계획에는 직도입을 90% 구매하도록 되어 있었으며 1982년까지 33만 회선을 구매하였고 앞으로 17만 회선을 추가로 구매할 예정이었다. 그러나 BBL측은 28만 회선을 추가로 구매해 줄 것을 요구하고 있었다. 그리고 No1A기종은 당초 1982년까지 ATTI로부터 66만 회선을 직도입하도록 되어 있었으나 27만 회선을 구매하는데 그쳤다.

이러한 상황으로 계약 전 생산기피로 사업기간이 6개월 이상 지연될 것으로 보이고 우리 정부에 대한 계획불신 등 향후 구매추진 상 악영향이 예상되고 있었다. 당시 재원조달상황을 보면 기 확보된 차관금을 최대한 활용하였으며 내자소요가 많은 국내조립 분은 일부 하향 조정하여 공급하였다.

한편 5차 5개년계획이 완료되고 6차 5개년계획이 시작되는 1987년은 새로운 전환점이 되는 시기였다. 이러한 필요에 따라 1984년에 들어서면서 그 동안의 축적된 경험과 자신감을 가지고 우리나라 통신망 현대화를 완성하는 1987년 계획을 세웠다. 특히 이때는 코앞에 닥친 86 아시안게임과 88 서울올림픽의 통신지원을 해야 할 주요한 시기이기도 하였다. 이때 수립한 패기 넘치는 사업목표를 보면 다음과 같다.

첫째, 도시지역에는 전량 공간분할방식의 전자교환기(SD-ESS)를 공급하여 1986년까지

전화적체를 완전 해소하며, 1987년까지 가입전화시설의 70%이상을 전자화한다.

둘째, 농어촌지역에는 시분할방식의 전자교환기(TD-ESS)를 공급하여 1987년까지 완전 공급하고 광역자동화를 달성한다. 또한 그때까지 전화시설의 60%이상을 전자화하고, 군단위로 가입구역화하며 면단위로 시설무인화를 추진한다.

셋째, 1987년에는 도시지역에 87만회선, 농어촌지역에 21만8천회선 등 총 108민8천회선의 전자교환기를 공급하여 공급율 100%(당시 인구 43,033천명), 자동화율 100%를 달성한다.

다. 제1기종(M10CN)의 본격공급

제1기종(M10CN)의 본격공급을 위한 첫 번째 사업으로 1982년도 제1기종 전자교환기 국내조립사업(82-KTC-70K)이 추진되었다(1981. 5-1981. 9). 이 M10CN방식 7만회선 공급사업은 수입원자재를 사급하여 국내조립(국산화율 34.5%)하고, 반제품을 직도입(7%)하여 잠실 2만 회선, 대연 2만 회선, 신암 1만 회선, 원주 2만 회선 등 4개 전화국에 국내공사로 시공 개통하였다. 이 사업에는 물자비 21,531백만 원, 공사비 1,610백만 원이 소요되었고, 또한 관세, 부가세, 방위세 등 재세 333백만 원을 지급함으로서 총 23,474백만 원이 투자되었다.

이를 위해 총 투자금액 중 내자 22,058백만 원(94.0%), 외자 1,416백만 원(6.0%)이 조달하였으며, 회선당 단가는 335천원으로 상당 낮아졌다. 이것은 당시 환율이 1BF가 17.9원으로 다소 낮아진 면도 있었으나, 반제품 도입량이 감소하여 제세가 절감되었다. 또한 국산화 증가에 따라 기술료 등 비용이 하락하였으며, 사급물자 관세의 계산수정으로 회선단가가 2만원씩 하락하였다.

이어서 1982년도 제1기종 전자교환기 국내조립사업(82-KTC-180K) 계획을 세워 18만 회선(12개국)을 계약 추진하였다(1981. 4-1981. 11). 이 사업은 주로 중소도시를 대상으로 하여 원자재 및 반제품을 도입하였으며, 이를 관급(30%)하여 국내조립(국산화율 34.5%)으로 공급하였다. 이때 행당 2만 회선, 창동 2만 회선, 금사 2만 회선, 수성 2만 회선, 북전주 1만 회선, 개봉 2만 회선, 범일 1만 회선, 구포 1만 회선, 창원 1만 회선, 남대구 1만 회선, 동목포 2만 회선, 금오 1만 회선 등 12개 전화국에 국내공사로 시공하였다.

이 사업에는 물자비 42,512백만 원, 공사비 4,336백만 원, 재세(관세, 부가세, 방위세) 17백만 원 등 총 49,864백만 원의 투자예산이 투입되었다. 이때 소요자금은 내자 37,031백만 원(74.3%), 외자 12,833백만 원(25.7%)을 조달하였다. 한편 회선당 단가는 277천원으로 상당히 낮아졌는데, 이것은 국산화율 증가에 따른 물자비가 절감되었을 뿐만 아니라, 주로 2만 회선 단위로 공사가 시공됨으로서 물자비가 하락한데서 비롯되었다. 이 사업의 경제성을 미화로 산출하면 물자비 295달러(설계비 포함), 공사비 28달러로 회선당 가격은 323달러였다. 당시 1982년도 전자교환기 제1기종(M10CN)에 대한 회선당 단가는 국내조립분(KTC)의 경우 315천원이고, 직도입분(BTM)은 352천원으로 분석되었다.

라. 제2기종(No1A)의 본격 공급

제2기종(No1A)의 본격 공급을 위한 첫 번째 사업으로 1982년도 제2기종 전자교환기 공급사업(82-ATTI-50K)이 추진되었다. 이 사업으로성수 3만 회선, 을지 2만 회선 등 2개 전화국에 총 5만 회선을 구매 공급하였으며 이 사업은 1981년도에 계약하여 1982년도 사업으로 집행되었다. 이 사업을 위해 물자비 47,555백만 원, 공사비 20,297백만 원, 재세 10,889백만 원, 로열티 1,736백만 원, 구매수수료 144백만 원 등 총 80,621백만 원이 투자되었다. 이 투자 재원은 내자 14,791백만 원(18%)과 외자 65,830백만 원(82%)으로 확보돠었다.

이 사업은 완제품 직도입(98%) 턴키방식으로 시공되었으며, 회선당 단가는 354천원으로 당시 1달러의 환율이 680.50원(환율인상 10%)이었음에도 불구하고 국당 평균 2만회선 이상의 대단위 시설로 물자비가 하락하였다. 그러나 면세, 상환(Reimberse) 등의 계약조건 및 견적가 절충기간이 과다하게 소요되었고 기술검토기간도 너무 많이 걸렸다. 또한 전원 국산화 문제가 발생하여 일부 직수입으로 전환하는 바람에 전체적으로 약 3개월 정도 지연되었다. 특히 이사업은 1981년도 제2기종 전자교환기 직도입사업(81-ATTI-180K)과 동시에 추진하는 상황인데다가 앞에서 설명한 바와 같이 계약조건에 대한 절충기간이 과다하게 소요되는 통에 약 3개월 늦어지게 되었다.

두 번째 사업으로 1982년도 19만회선 공급사업이 진행되었다. 앞에서 설명한 1981년도 제2기종 전자교환기 사업분 23만회선 중 5만회선이 1982년도 사업으로 추진된 반면 1982년도 사업으로 3개 프로젝트가 진행되었다. 그중 첫 프로젝트는 3만회선 국내업체 시공사업(82-GSS-30K)으로서 서초에 3만 회선을 공급하였다. 이 사업은 최초의 국산화 공급(국산화율 4.5%)을 시도하였고 국내업체(GSS)가 시공하였으며 대부분 직수입품으로 공급 추진되었다. 이 과정에서 공급자 무상공여물자에 대한 제세문제가 발생하여 이를 ATTI 부담으로 최종 동의하고 계약하는 바람에 당초계획보다 약 4개월이 뒤로 처지는 상황이 발생하였다.

한편 이 사업을 담당한 금성반도체(주)에서는 한국통신으로 제2기종(No1A) 전자교환기의 장점을 다음과 같이 보고하였다(1982. 8).

① No1A 전자교환기는 증설하면 할수록 회선당 가격이 저렴하므로 매우 경제적이다. 프로세서(Processor) 물자는 5만 회선까지 공동 사용할 수 있으므로 회선증설시 별도 시설이 불필요하다. 또한 프로세서 물자비는 초기 신설시 전체 물자비의 약 20%를 차지하므로 증설 시는 약 20%의 물자비를 절약할 수 있다.

② 타 기종에 비해 설치면적이 적게 소요된다. 예를 들면 No1A기종 2만 회선을 설치하는 경우 소요면적은 278m^{2}이다. 또한 No1A기종 3만회선 공사의 경우 설치공사기간은 11개월이 소요되어 타 기종에 비해 설치공사기간이 짧다. 한편 가입자가 전화기를 MFC방식이던, 펄스방식이던 마음대로 선택하여 사용할 수 있으므로 수용변경 시 전화기를 별도 구입 교체할 필요가 없다.

③ 서초전화국에 3만 회선을 신설하고 다시 2만 회선을 증설하는 경우, 신설할 때는 회선당 가격이 242.5달러가 소요되나 증설 시에는 134.8달러로 하락한다(금성반도체의 경제성 검토 보고서).

세 번째 사업으로 1982년도 제2기종 전자교환기 직도입사업(82-ATTI-60K)을 시행하였으며 이 사업으로 신사 3만 회선, 성남 2만 회선, 군포 1만 회선을 공급 추진하였다. 이 사업의 경우에도 직수입품으로 설치 추진하였으나 직전사업이 순연되어 직수입품의 계약이 늦어지는 바람에 당초계획에 비해 약 6개월 지연되었다.

네 번째는 1982년도 제2기종 전자교환기 국내조립사업(82-GSS-100K)으로 춘천 1만 회선, 안양 2만 회선, 불광 3만 회선, 북수원 2만 회선, 북광주 2만 회선을 공급 추진하였다. 이때 1차 공급에 비해 다소 국산화를 향상시켜 공급하였다(국산화율 8.6%). 한편 1982년/1983년도 5만회선 공급사업으로 산곡 3만 회선, 과천 2만 회선을 신증설 공급하도록 결정하여 국산화(국산화율 8.6%) 사업으로 추진하였다.

마. 경제성 검토

1982년도 사업으로 ATTI로부터 완제품 15만 회선을 직도입하여 국내공사로 시행하였다. 이 사업의 경제성(회선당 가격)을 분석하여보면 물자비 293.3달러, 설계비 24.3달러 그리고 공사비 62달러가 소요되어 379.6달러로 산출되었다. 여기에서 물자비에는 완제품 240.8달러, 공사자재 23,8달러, 기술전수료(SW사용료) 13.1달러, 기술자료비(Document) 4.5달러, 운송비 10.1달러, 보험료 1.0달러가 포함되었다.

한편 국내 조립하여 국내공사로 시공한 금성반도체(GSS)가 담당한 10만 회선 사업에 있어서는 물자비 519.5달러, 설계비 22.6달러 그리고 공사비 62달러 등 총 604.1달러가 소요되었다. 이 경우 물자비 내역을 보면 국내조립 분 205.1달러, 원자재 122.8달러, 직수입부품 214.2달러 이었다. 한편 1982년도 제2기종(No1A) 공급사업에 대한 회선당 단가를 분석해보면 국내조립분(GSS)의 경우 395천원이고, 직도입분(ATTI)은 394천원으로 비슷하게 나타났다.

7.2 공사발족 2년차 전자교환기 공급

가. 1983년도 1기종(M10CN)의 대량공급

경제사회발전 5차 5개년 통신사업계획이 시작되자 한국통신은 1983년도 전자교환기 공급계획을 수립 추진하였다(도시115-2449, 1982. 3. 12, 한국통신). 이때 한국통신 계획국 도시계획부(부장 이정욱)는 제1기종(M10CN)의 공급방침을 다음과 같이 정하여 시행하였다.

첫째, 사업총량 규모는 경제사회발전 5차 5개년 통신사업계획을 근간으로 수요, 재원사정 및 설치능력 등을 감안하여 설정한다.

둘째, 전자교환기 설치지역은 기설 21개 도시 외에 1983년도에 9개 도시에 확대 공급하며, 서울, 부산, 대구는 1기종 및 2기종을 혼용하고 기타 도시는 기종을 통일하여 공급한다. 그리고 국별 공급목표량은 원칙적으로 2년 수요를 공급한다.

이 공급방침에 따라 1983년도 1차 사업으로 구로 1만회선, 동여수 1만회선 등 2개 전화국에 2만 회선을 국내조립(국산화율 34.5%)하여 공급하였다. 그리고 1983년도 2차 사업으로 국내조립(국산화율 34.5%)을 확장하여 공릉 3만회선, 연산 1만회선, 대방 2만회선, 부산진 2만회선, 창원 1만회선, 동마산 1만회선, 신암 2만회선, 월곡 2만회선, 가좌 1만6천회선, 대구 1만회선, 부곡 1만6천회선, 영도 1만회선, 괴정 1만회선, 반여 1만회선, 북전주 1만6천회선, 영동 6천회선, 범어 1만회선 등 17개 전화국에24만4천 회선을 공급하였다.

1983년도 3차 사업으로 국산화율(국산화율 72.6%)을 대폭 향상시켜 전국 46개 전화국에 45만4천 회선을 국내 조립하여 공급하였다. 이 사업군에는 서울지역의 미아 6천회선, 화곡 2만회선, 당산 1만6천회선, 대방 8천회선, 봉천 8천회선, 여의 1만회선, 영동 2만회선, 양서 1만회선을 증설하였으며, 부산 경남지역에 남강 1만회선, 김해 1만2천회선, 구포 8천회선, 마산 8천회선, 동울산 8천회선, 아미 1만회선, 동래 1만회선, 삼천포 6천회선, 영도 6천회선, 연산 1만회선, 괴정 1만회선, 진해 8천회선, 부산진 1만4천회선, 금사 6천회선, 동마산 6천회선, 충무 1만회선, 신정 1만회선을 신증설하였다.

또한 대구 경부지역에는 범어 1만8천회선, 영주 8천회선, 경주 8천회선, 남포항 1만회선, 남대구 1만회선, 안심 8천회선, 영천 1만2천회선, 충청지역에는 제천 8천회선, 충주 1만회선, 천안 8천회선, 송탄 6천회선, 전남북 지역에는 동목포 6천회선, 광주 1만회선,남광주 1만회선, 동여수 8천회선, 남원 1만회선, 정주 1만2천회선, 금성 1만6천회선 그리고 강원지역에는 강릉 1만4천회선, 속초 6천회선, 동해 6천회선을 공급하였다. 이때 영동전화국 2만회선 증설사업은 계약액 5,095백만 원(회선당 단가 25만5천원)으로 추진되었다. 이와 같이 공급한 결과 제1기종(M10CN)은 전국적으로 53개 전화국에 설치되었다.

<표 1-34> 제1기종(M10CN) 설치지역(1983. 12)

지역	전화국	지역	전화국
서울	공릉, 구로, 반포, 영동, 봉천, 광장, 사당, 창동, 당산, 월곡, 대방, 가좌, 잠실, 전농, 개봉, 아현, 용산, 화곡, 시흥, 면목	진주	남강, 진주
		울산	신정, 울산, 북울산
		목포	동목포
부산	동래, 괴정, 아미, 연산 범일, 대연, 반여, 구포, 부곡, 영도, 중부산, 부산진	포항	형산
		구미	금오
대구	대구, 안심, 월배, 신암, 수성, 범어, 남대구	전주	북전주
		원주	원주
마산	창원, 마산, 동마산	여수	진남

나. 1983년도 2기종(No1A)의 대량 공급

첫 번째, 직수입분 15만회선 공급사업을 추진하였다. 1983년도 제2기종(No1A)은 직수입 26만회선, 국내조립 15만회선 등 총 41만 회선을 공급할 계획이었다. 1983년에 들어서면서 1982년도/1983년도 제2기종 전자교환기 직수입사업(82/83-ATTI-150K)을 시행하였다. 이에 따라 신사 3만회선, 성남 2만회선, 군포 1만회선, 서대전 2만회선, 동대구 2만회선, 노량진 3만회선, 사상 2만회선 등 7개전화국 사업을 당초 1981년 말까지 계약을 마치도록 추진되었다. 그러나 직전 사업의 협상관계로 순연되고 있는데다 당시 ATTI 계약협상책임자는 1명뿐 이어서 동시 처리가 불가하여 결국 1982년 6월에 계약됨으로서 전제공정이 약 6개월이 지연되었다.

두 번째, 직수입분 4만회선 공급사업을 추진하였다. 1983년도 제2기종 전자교환기 직수입사업(83-ATTI-40K)으로 서청주 1만회선, 동인천 3만회선을 공급하였다. 그러나 견적서 제출이 지연되고 가격시담 및 물량변동 조정에 따른 협의가 지연되는 통에 약 2개월 뒤로 밀린 1982년 9월에 계약되었다.

세 번째, 국내조립분 3만회선 공급사업을 추진하였다. 1983년도 제2기종 전자교환기 국내조립사업(83-GSS-30K)으로 간석 2만회선, 서인천 1만회선을 공급하였다. 이 사업도 발주지연문제가 발생하였으며, 이것은 기본계획에 의한 세부물량 산출작업이 늦어져서 당초 1982년 4월에 발주할 계획이었으나 약 3개월 늦어진 7월에 발주되었다. 이 사업 중 간석 2만회선 사업을 추진할 당시 한국통신은 금성반도체(주)로부터 이에 대한 경제성검토 보고서를 받았다(1982. 8). 그 보고서에는 간석전화국에 2만 회선을 신설할 때는 회선당 가격이 264달러가 소요되나, 다시 2만 회선을 증설하는 경우에는 99달러로 떨어진다고 되어 있었다.

네 번째, 국내조립 분 7만회선 공급사업을 추진하였다. 원효 2만회선, 서대구 2만회선, 동대문 3만회선을 공급하고 이들 전자교환기는 일부 국산화를 시행하였다(국산화율 약 30%).

다섯 번째, 직수입분 10만회선 공급사업을 추진하였다. 1983년도 제2기종 전자교환기 직수입사업(83-ATTI-100K)으로 서울시내의 천호 3만회선, 중앙 3만회선, 청량 2만회선, 신사 2만회선 등 4개 대용량 전화국에 공급하였다. 이 사업은 신설된 COEES 전담반에서 세부물량 산출작업을 하였으나 늦어지는 바람에 당초 계획보다 약 3개월 지연된 1982년 9월에 발주되었다. 이때 투자예산절감을 위해 직수입분 중 이들 4개국 10만 회선을 국내 조립(국산화율 약 30%)하여 공급하는 방안을 검토하였다.

검토결과 직수입으로 구매하는 경우 외자 33,350천 달러, 내자 3,875백만 원이 필요하여 총 28,287백만 원(회선당 283달러)이 소요되고, 국내 조립의 경우에는 외자 22,010천 달러, 내자 20,139천원(회선당 363달러)이 필요하여 총 36,250백만 원이 소요되는 것으로 확인되었다. 더구나 직수입을 국내조립으로 변경하는 경우 내자가 163억원이 추가로 소요되어 당시 예산형편상 재원확보가 불가능하였다. 또한 국내생산기간이 추가 소요됨으로써 당초계획보다 약 10개월 이상 지연될 것으로 판단되어 당초계획대로 직수입하여 공급하였다.

이와 같이 1983년도 사업으로 제2기종(No.1A)을 대량 공급한 결과 <표 1-35>에서 보는 바와 같이 제2기종은 전국적으로 37개 전화국에 설치되었다.

<표 1-35> 제2기종(No.1A) 설치지역(1983. 12)

지역	전화국	지역	전화국
서울	을지, 중앙, 원효, 혜화, 천호, 전농, 성수, 불광, 신사, 사당, 노량진, 청량, 동대문, 광화문	인천	간석, 동인천, 산곡, 서인천, 부천
		안양	군포, 안양
부산	사상, 수영	수원	북수원, 남수원
대구	동대구, 태평, 서대구	성남	성남
대전	대전, 유성, 서대전, 용전	춘천	춘천
광주	서광주, 북광주	청주	서청주

다. 수입 전자교환기의 국산화 추진

1980년대 전반기 한국통신은 수입 전자교환기의 국산화를 국내통신업계에 강력히 드라이브하였다. 당시 2개 수입 전자교환기의 국산화 실적을 분석하였다. 한국통신은 전자교환기의 국산화율(%)은 (국내조달 부품가격/총 부품가격) × 100으로 산출하는 것으로 정하였으며, 조립율(%)은 (총 시스템가격-완제품 수입가격)/총 시스템가격으로 계산한 백분율로 산출하였다.

우선 제1기종(M10CN)의 국산화율 및 조립율을 확인하였다. 제1기종의 단가는 1977년 8월 15일자 Annex C, 구성품은 1983년도 제1기종 전자교환기 국내조립사업(83-KTC-120K)을 기준으로 하여 산출하였다. 1982년도 국산화 실적은 (951,195.763달러/1,511,129.79달러) × 100 = 62.95%로 산출되었으며 1982년도 조립율 실적은 100%로 확인되었다(1983. 2). 그리고 1983년도 국산화는 (1,096,325.329달러/1.511,129.79달러) × 100 = 72.55%로 계획하였다.

또한 제2기종(No1A)의 국산화율 및 조립율을 분석하였다. 제2기종의 단가는 1982년 1월, 구성품은 대전 20K회선 사업을 기준으로 산출하였다. 1982년도 국산화 실적은 (341,614달러/3,954,351달러) × 100 = 8.64%로 확인되었으며, 1983년도 국산화 계획은 (1,187,092달러/3,954,351달러) × 100 = 30.0%로 산출되었다. 또한 1982년도 조립율 실적은 (5,787,479달러/7,686,508달러) × 100 = 75.3%, 1983년도 조립율 계획은 (7,599,810달러/7,686,508달러) × 100 = 98.87%로 수립되었다(1983. 2).

7.3 공사발족 3년차 전자교환기 공급

가. 국내생산으로 최대한 공급

공사발족 3차년도인 1984년도 전자교환기 확장사업은 총 공급목표량은 5차5개년계획 통신부문 실천계획을 기본으로 재원 능력을 감안하여 설정하였다. 전화국별 공급량은 수요조사를 기초로 하여 공급 익년도말 수요를 원칙적으로 적용하였으며, 전화국별 공급기종은 제반 공급조건을 감안하여 결정하였다. 그리고 이미 공급된 27개 도시 외에 11개 도시에 전자교환기를 공급하였으며, 물자구매는 직수입을 최소화하고 국내생산으로 최대한 공급하게 하였다.

제1기종(M10CN)은 전량 국내 생산하여 공급하고, 제2기종(No.1A)은 차관 조건상 일부 직수입하여 국내조립 생산하였다. 이에 대한 설치공사는 전량 국내 시공하였으며, 시 이상 전화국으로서 수요가 전자교환기 설치에 부적합한 경우에는 철거된 기계식교환기를 활용 공급하였다. 국별 공급량은 수요조사보고서(1982년도판, 기술개발실)를 기준으로 결정하였으며, 수용변경을 감안하여 국별 수요를 재산정하였다. 또한 국사상면, 기존시설대체, 주변지역통합, 시스템용량 등을 참고하여 최종 공급목표량을 확정하였다.

한편 국별 공급기종은 이미 전자교환기가 설치된 국에 증설하는 경우에는 기설치 기종으로 공급하고, 전자교환기 신설국은 제반 공급조건을 검토하여 적정기종으로 결정하였다. 1984년도 전자교환기(ESS) 공급물량은 당초 계획상 1기종 52만 회선과 2기종 49만 회선 등 총 101만 회선으로 하였으나 집행과정에서는 1기종 45만4천 회선, 2기종 44만 회선 등 89만 4천 회선을 조정 시행하였다.

이에 대한 경제성(회선당 가격)을 보면 1기종의 경우 물자비 213,310원, 공사비 20,627원으로 233,937원으로 분석되었다. 여기에서 물자비만을 다시 세분하면 제1그룹 18만6천 회선사업(신설 88천회선, 증설 98천회선)은 217,339원, 제2그룹 18만4천 회선사업(신설 166천회선, 증설 18천회선)은 215,598원, 제3그룹 8만4천 회선사업(신설 72천회선, 증설 12천회선)은 199,381원으로 분석되었다.

한편 2기종은 물자비 240,739원, 공사비 19,972원으로 나타나서 260,711원이 투입되었다. 당시 2기종은 국내조립 국내공사로 금성반도체(GSS)가 시행하였으며 따라서 물자비에는 GSS내자분, INF, SITE분이 포함되었다. 이때 물자비(회선당 가격)만을 들여다보면 제1그룹 7만회선 사업(신설 14천회선, 증설 56천회선)은 162.37달러, 제2그룹 17만4천회선 사업(82천회선, 양재/가락 76천회선, RSS 16천회선)은 379.03달러였다. 그리고 제3그룹 8만회선 사업(신설 54천회선, 증설 26천회선)은 356.52달러, 제4그룹 7만6천회선 사업(신설 42천회선, 증설 34천회선)은 309.24달러, 제5그룹 4만회선 사업(신설 12천회선, 증설 28천회선)은 380.4달러 등 평균 328.65달러로 산출되었다.

나. 1기종(M10CN) 전자교환기 공급

1984년도 1차 사업으로 북울산 1만6천회선, 광장 1만회선, 시흥 2만회선, 대연 1만회선 등 4개 전화국에 5만6천 회선을 국내조립(국산화율 63%)하여 설치하였다.

다. 2기종(No1A) 전자교환기 공급

1984년 2기종(No1A) 전자교환기 7만회선 공급사업을 추진하였다. 이 계획은 1983년/1984년도 사업으로 서광주 2만회선, 성남 6천회선, 군포 8천회선, 부천 6천회선, 용전 1만4천회선,대전 1만회선, 유성 6천회선 등 7개 전화국에 7만 회선을 공급한 프로젝트였다. 이 사업은 1984년 1월/2월에 착공하여 1984년 10월/11월에 준공하였다. 이 사업도 국내조립(국산화율 약 30%)으로 변경하여 공급하는 방안을 시도하였다. 이때 ATTI와 체신부 간의 예비합의서 구매물량(66만회선)보다 부족하나 문제점은 없다고 판단하였으며, 또한 GSS의 국내조립물량이 연도별로 급격히 증가되나 이점도 문제없다고 보았다.

이때 총 투자비 소요액을 따져보니 외자 793만 불(약 58억 원)은 절감되나 내자 114억 원이 추가 증가되어 결과적으로 56억 원이 증가되었다. 따라서 1983년도 내자부족과 56억 원의 투자비 증가로 당초계획대로 직수입방식으로 추진하였다. 이 사업을 위해 내자 16,812백만 원, 외자 38,752천불이 소요되었으며, 정산한 결과 직수입할 때의 회선당 단가는 283달러인 반면, 국내조립의 경우는 363달러가 소요된 것으로 확인되었다.

다음에는 1983년도/1984년도 206K회선 공급사업을 추진하였다. 이 사업에 의해 서초 2만회선, 수영 2만회선, 태평 1만회선, 전농 1만8천회선, 성수 8천회선, 남수원 2만4천회선, 천호 3만회선, 북광주 2만4천회선, 광화문 3만회선, 신촌 1만2천회선, 혜화 1만회선 등 11개 전화국 총 20만6천 회선을 신증설하였다. 당시 이 사업도 국산화(국산화율 약30%) 공급방안을 검토하였다.

이 중에서 남수원전화국 2만4천회선 신설을 위한 비용은 총 8,236백만 원이 소요되었다(회선당 가격 34만3천원). 이 비용에는 내자계약금액 3,763백만 원과 이에 따른 수수료 20,946천원이 들어있다. 그리고 외자는 SITE분 454백만 원(57만 달러), INF분 3,441백만 원(4,418천 달러) 등 총 3,895백만 원(4,988천 달러)이 소요되었으며, 그외 제세(14.3%) 557백만 원이 투입되었다.

그리고 북광주전화국 2만4천회선 증설의 경우는 총 3,354백만 원(회선당 가격 14만원)이 투입되었다. 이때 내자계약금액 1,023백만 원과 이에 따른 수수료는 5,696천원이 소요되었으며, 외자부분은 SITE분 198백만 원(249천달러), INF분 1,836백만 원(2,317천달러) 등 총 2,034백만 원(2,566천달러)이 소요되었으며, 그 외 제세(14.3%) 291백만 원이 투입되었다. 이때 환율은 1달러 778.8원-797.5원을 적용하였다.

이어서 1984년도 21만4천회선 공급사업을 추진하였다. 대도시 수요밀집지역에 전화수요를 해소하기 위해 1984년도 본 사업으로 양재 3만6천회선, 성북 2만회선, 김천 1만4천회선, 의정부 1만4천회선, 반월 1만4천회선, 을지 1만2천회선, 청주 2만4천회선, 가락 4만회선, 서귀포 1만2천회선, 서청주 8천회선, 청량 2만회선 등 11개 전화국에 총 21만4천 회선을 신증설 하였다. 이 사업에 대해 당시 본격적인 국산화 추진(국산화율 약 60%)을 시도하였으나 성공하지 못했다.

8. 전자교환기 공급사업에 대한 평가

8.1 초기 사업추진상황 분석

가. 경험부족에 의한 개통지연

우리나라는 전자교환기 도입 초기인 1981년도 전자교환기 공급 및 개통상황을 보면 경험부족에 의한 문제점이 상당 발생하였다. 당시 체신부 계획국 계획3과(과장 이정욱)에서는 1981년도 전자교환기 사업의 계통계획을 <표 1-36>과 같이 수립하여 추진하였다(1982년도 주요사업계획 및 당면과제, 1981. 11, 체신부 계획국). 1981년 말이 다가옴에 따라 전자교환기 추진상황을 확인한 결과 공사 진척상황이 상당 부진하였다(1981. 11. 9). 먼저 제1기종(M10CN)은 1981년 개통목표가 26만4천 회선이었으나 9만회선 만이 개통되었고, 17만4천회선이 공사 중에 있었다. 그리고 제2기종(No.1A)은 1981년 개통목표인 4만 회선을 개통하고 21만 회선이 공사 중에 있었다.

<표 1-36> 1981년도 전자교환기 개통계획

구분	1981년	1982년 1/4분기	1982년 2/4분기	계
제1기종(M10CN)	186,000	78,000		264,000
제2기종(No.1A)	40,000	150,000	60,000	250,000
원격교환기(R-ESS)	8,000			8,000
계	234,000	228,000	60,000	522,000

전체적으로 사업추진이 늦어지고 있었는데, 주원인은 물자 및 공사계약이 지연되고 있었기 때문이었다. 또한 물자의 통관이 지연되기 때문이기도 하였는데 당초 ATTI 계획은 1주면 충분하다고 보았으나 실제로는 4주-5주가 소요되었다. 이 문제를 해결하기 위해 체신부 계획국 계획3과(과장 이정욱)은 다음과 같이 대책을 수립 시행하였다(1982년도 주요사업계획 및 당면과제, 1981. 11, 체신부 계획국).

① 전자교환기 개통추진위원회를 구성 운영하며 이때 위원장은 체신청 보전과장이 맡는다. 또한 통신시설사무소 시설부장을 위원장으로 하는 종합개통협의회를 구성 운영한다.

② AT&TI는 제2기종 전자교환기의 설치공사기간을 단축하고, AT&TI와 체신부 간 인수시험을 사전에 실시한다. 그리고 체신부는 국간중계의 구성 및 시험을 조기에 완료토록 한다.

나. 개통지연 원인분석

우리나라 초기 전자교환기 공급사업은 당초 세운계획과 비교할 때 상당한 지연이 발생하여 국민들에게 전화공급 차질을 빚고 있었다. 그 사유는 다음과 같다.

첫째, 초기 전자교환기 공급사업은 경제기획원, 상공부, 조달청, BTM, ATTI 등 관련기관이 많고 복잡하여 한국전기통신공사 입장에서는 대외업무 협조체제가 미흡하였다. 이로 인해 차관협정이 지연되고, 기술검토에 장기간 소요되었으며 행정소요일수도 당초계획보다 과다하게 소요되었다.

둘째, 전자교환기는 신기술을 도입하는 사업임에도 불구하고 일정계획을 지나치게 단축 추진하였다. 또한 사업을 위한 소요 내자가 상당 부족하였고, 긴급적체해소를 위한 공급계획변경이 발생하였으며, 목표량이 과다한 점 등이 복합적으로 나타나 지연요인으로 작용하였다.

셋째, 전자교환기에 대한 직도입과 국산화정책 간 이견에 대한 합의가 지연되었고, 지나친 업무분산으로 통제기능이 유약하였으며, 설치공사를 서둘러 조기개통에 집중하는 바람에 개통 후 시스템 안정성이 결여되는 문제도 발생하였다.

<표 1-37> 초기 제1기종 공급사업의 총 소요기간

기종별	사업규모 (회선)	소요기간(계획-준공)		비고
		계획(평균)	실적(평균)	
제1기종 (M10CN)	10,000	29.00	32.25	3개월 이상 지연
	20,000	32.20	38.10	5개월 이상 지연

<표 1-38> 초기 제2기종 공급사업의 총 소요기간

기종별	사업규모 (회선)	소요기간(계획-준공)		비고
		계획(평균)	실적(평균)	
제2기종 (No1A)	10,000	22.15	25.20	3개월 이상 지연
	20,000	23.10	25.00	1개월 이상 지연
	30,000	22.15	26.20	4개월 이상 지연

8.2 전자교환기의 개통관리 및 추진일정

가. 전국적 개통추진위원회의 운영

체신부는 전자교환기 종합추진상황보고회를 개최하여 새로운 통신망의 대대적인 확장을 효율적으로 추진하였다. 이 보고회는 차관(오명)이 주재하고 기획관리실장(배호원), 통신시설사무소장(배동조), 계획국장(이응효), 전무국장(김정열), 보전국장(이희두), 시설부장(강이근), 설계부장(가재남) 등이 참석하였다. 1981년 11월 23일에 개최된 회의에서는 특별대책추진내역(계획국), 전자교환기사업 투자공사추진(통신시설사무소), 가입전화 판매계획(전무국), 전자교환기 요원충원방안(보전국) 등이 보고되었다.

한편 신기술의 통신시설을 단기간에 대량으로 공급 확장하다 보니 예상치 못한 문제들에 직면하였다. 당시 발생한 문제들의 주원인은 물자 및 공사계약지연에 있었다. 당시 물자통관에 1주이면 가능하다고 계획하였으나 실제로는 4주-5주가 소요되어 통관지연문제도 대두되었다. 그리고 막상 전자교환기가 준공되었다 하드라도 전 가입자를 개통하기 위해서는 1개월 이상이 소요되었다. 뿐만 아니라 당시 많은 수용변경이 발생하고 있었는데 이를 위한 선로절체 및 재배치공정이 별도로 필요하여 설비비 납부 후 3-4개월이 소요되어 가입자의 불만이 크게 나타나고 있었다.

이러한 문제들을 해결하기 위해 당시 본부 계획국에서는 체신청별로 개통추진위원회를 운영토록 하였다. 위원장은 보전과장이 되고, 위원은 전무과장, 전화국장, 체신청 기계 및 중계담당계장, 전화국 업무과장, 기계과장, 선로과장, 시설사무소 계장, ATTI 실무자로 구성하였다. 이 위원회에서는 국간중계구성과 시험, 라인 트랜스래이션(Line Translation), 판매 및 개통업무, 기타유관사업 추진 등의 임무를 하도록 정하였다.

또한 통신시설사무소에도 종합개통협의회를 운영하였으며 시설부장(위원장), 시내교환과장, 시설1과장, 시설2과장, 시설3과장, 외자과장, 분야별 관련계장, ATTI 책임자로 구성하였다. 이 협의회의 임무는 교환기 인수시험, 국간중계설치와 시험, 유관사업의 전반적인 주관, 시공회사 관련업무협조 등으로 정하였다.

나. 전자교환기사업 추진일정의 표준화

전자교환기의 공급초기(1981년-1984년)에는 전자교환기 공급계획을 수립한 후 개통하기까지 총 3년(36개월)이 소요되는 것으로 <표 1-39> 및 <표 1-40>과 같이 표준화하여 시행하였다. 여기에서 공급계획은 한국통신 계획국에서 수립하였으며, 통신망의 설계, 물량산출, 구매계약, 공사계약 등의 업무는 한국통신 중앙건설사무소가 담당하여 추진하였다. 이때 연도 공급목표량은「경제사회발전 5개년계획 통신부문 실천계획」을 기본으로 하여 설정하였다. 또한 1984년부터 물자구매는 직수입을 최소화하고 국내생산으로 최대한 공급하며 설치공사는 전량 국내시공 하도록 하였다.

한편 이 사업을 성공적으로 수행하기 위해 한국통신 내 부서별로 관련 업무를 분담 시행하였다. 투자예산을 확보하고 편제 및 인원계획에 대하여는 기획관리실에서 담당하고, 판매 및 가입자 수용계획과 PBX, DID 및 공중전화 소요량 산정, 특수서비스 및 MFC 전화기

판매 확대 등의 일은 영업국에서 담당토록 하였다. 그리고 단말기 시설계획, 개통계획 등은 보전국에서 시행하고 국사건축 및 확보는 계획국(종합계획부)에서 담당하였다.

<표 1-39> 전자교환기 사업 표준추진일정(1단계-5단계)

구분	주요작업내용	소요일수	주관부서	비고
1단계	공급계획 수립	90	한국통신	계획국
2단계	기본망 설계	60	한국통신	중앙건설사무소 설계본부
3단계	국별 SPEC 작성	60	KETRI	전자통신연구소
4단계	물량산출	60	한국통신	중앙건설사무소 설계본부
5단계	구매요구	30	한국통신	중앙건설사무소 자재본부

<표 1-40> 전자교환기 사업 표준추진일정(6단계-10단계)

구분	주요작업내용	소요일수	주관부서	비고
6단계	발주, 견적, 계약	200	조달청	
	수입추천	95	상공부	
	기술검토	50	한국통신	중앙건설사무소 설계본부
7단계	L/C	30	한국통신	중앙건설사무소 자재본부
	수송통관	70	관세청	
8단계	생산납품	90	생산공급사	
	선적	60	생산공급사	
9단계	공사계약	60	한국통신	중앙건설사무소 시설본부
	통관	30	관세청	
10단계	시공	300-400	시공회사	
	준공검사	49	시공회사	

9. 전자교환기의 공급가격

9.1 도입초기 공급량 및 투자규모

가. 교환시설 공급량 및 투자액

우리나라에 전자교환기가 도입 공급되기 전후 과도기(1978년-1982년)에는 기존의 기계식 자동교환기(EMD방식, ST방식)와 신방식의 전자교환기(M10CN기종, No1A기종)가 상당기간 병행 공급될 수밖에 없었다. 이 기간에 재래의 기계식 자동교환기는 166만4,600 회선, 신기술 장비인 전자교환기는 212만 회선을 공급하였다. 이에 대한 연도별 공급실적(1978년-1982년)은 <표 1-41>과 같다.

<표 1-41> 과도기의 교환시설 공급량(회선)

기종별	1978	1979	1980	1981	1982	계
EMD	153,800	210,800	210,600	177,200	181,200	933,600
ST	122,000	149,200	149,400	150,400	160,000	731,000
M10CN	20,000	120,000	430,000	400,000	360,000	1,330,000
No1A	-	-	40,000	360,000	390,000	790,000
계	295,800	480,000	830,000	1,087,600	1,091,200	3,784,600

이때 자동교환기 증설에 약 200,024백만 원, 전자교환기 도입에 약 620,419백만 원 등 총 820,443백만 원의 예산이 투입되었다. 이에 대한 연도별 투자액(1978년-1982년)은 <표 1-42>와 같다. 여기에서 설치전화국의 설치용량(회선수), 교환기 용량(CPU), 통화량(Erl)에 따라 회선당 단가가 서로 다르게 산출되었으며, 또한 설치국이 신설국이냐 증설국이냐에 따라 서로 상이하게 분석되었다.

<표 1-42> 과도기의 교환시설 투자액(백만원)

기종별	1978	1979	1980	1981	1982	계
EMD	26,297	31,158	27,269	27,731	30,510	142,965
ST	8,311	8,224	10,742	14,062	15,720	57,059
M10CN	3,904	40,246	160,607	101,733	76,076	382,566
No1A	-	-	11,559	108,576	117,718	237,853
계	38,512	79,628	210,177	252,102	240,024	820,443

한편 국산화할 경우 초기년도에는 시설투자비, 기술료 등의 추가부담이 있어 직도입 가격보다 국산화 가격이 고가로 나타났으나 연차적으로 부담액이 감소되었다. 이를 종합 분석하면 다음과 같다.

첫째, 설치물량 및 전자교환기 용량에 따라 회선당 가격 차이가 발생하였다. 예를 들면 1979년에 직도입한 제1기종(M10CN)의 경우 영동전화국에 2만회선, 공릉전화국에 1만회선을 공급하였다. 당시 영동전화국의 회선당 단가는 610.30달러, 공릉전화국의 회선당 단가는 676.96달러가 소요되었다. 이때 1기종의 용량(최대수용 수)은 30,720회선이었다. 한편 1980년에 제2기종(No1A)을 직도입하여 중앙전화국에 3만회선, 을지전화국에 1만회선을 설치하였는데, 중앙전화국의 회선당 가격은 429.32달러, 을지전화국은 581.91달러가 소요되어 상당한 가격차이가 나타났었다. 이때 2기종의 교환기용량은 129,024회선이어서 1기종에 비해 대용량 장비로 확인되었다.

둘째, 통화량(ERL)에 따라 상당한 가격 차이가 발생하였다. 1981년 23만회선 사업(No1A 직도입) 중 전농전화국 2만회선과 간석전화국 2만회선 사업을 분석하여 보면 당시 전농전화국의 통화량은 0.0807어랑이고, 간석전화국은 0.0523어랑이었다. 이들 전화국에 동일한 제2기종 2만회선을 공급하였는데 전농전화국의 회선당 단가는 415.49달러인 반면 간석전화국은 368.22달러로 저렴하였다. 또한 1980년 6만회선(M10CN 직도입) 사업에서 아현 2만회선과 화곡 2만회선 사업의 경우 회선당 단가는 아현전화국은 635.75달러인데 비해 통화량이 낮은 화곡전화국의 경우는 511.89달러로 상당히 떨어진 것을 알 수 있다.

셋째, 전자교환기의 공급대상이 신설이냐 증설이냐에 따라 비교적 큰 가격차이가 발생하였다. 1982년 15만회선(No1A 직도입) 사업에서 신사전화국 3만 회선을 신설할 때는 회선당 단가가 338.63달러였는데, 이후 2만 회선을 증설 시에는 회선당 가격이 165.48달러로 크게 하락하였다. 또한 1981년 18만회선(M10CN) 사업에서 창원전화국에 8천 회선을 신설할 때의 회선당 단가는 564.37달러였으나 1만 회선을 증설할 때는 상당 가격이 떨어진 349.15달러로 분석되었다.

넷째, 외국제품을 직도입할 때와 국산화하는 경우 가격차이가 발생하였다. 1982년 15만회선(No1A) 사업을 직도입 공급하였을 때의 회선당 단가는 350.92달러, 국산화하여 설치한 경우에는 452.89달러가 소요되었다. 한편 1981년 11만회선(M10CN)을 직수입사업을 시행하였을 때 회선당 가격은 321.30달러, 18만회선(M10CN)을 국산화사업으로 시행한 경우에는 321.62달러로 큰 차이가 없었다.

<표 1-43> 과도기의 전자교환기 회선당 단가(원/달러)

기종별	1978	1979	1980	1981	1982	평균
M10CN	191,890 (395.65)	335,383 (691.51)	373,504 (579.84)	254,332 (369.53)	211,322 (285.27)	273,286 (464.36)
No1A	-	-	288,975 (467.47)	301,600 (437.21)	301,841 (406.20)	297,472 (436.96)

나. 기계식 자동교환기의 회선당 가격

전자교환기가 도입될 당시까지 우리나라에 공급된 기계식 자동교환기의 회선당 평균가격을 보면 ST방식은 7만7천 원이었으며, EMD방식의 경우 15만4천 원으로 분석되었다. 이 가격은 국간중계 시설은 포함하지 않은 금액이었다. 이 두방식 교환기의 연도별 회선가격(1978년-1982년)은 <표 1-44> 및 <표 1-45>와 같다.

<표 1-44> ST방식의 회선당 가격

구분	1978	1979	1980	1981	1982	평균
회선수	122,000	149,200	149,400	150,400	160,000	
금액(백만원)	8,311	8,224	10,742	14,062	15,720	
회선당(원)	68,123	55,121	71,900	93,497	98,251	77,378

<표 1-45> EMD방식의 회선당 가격

구분	1978	1979	1980	1981	1982	평균
회선수	153,800	210,800	210,600	177,200	181,200	
금액(백만원)	26,297	31,158	27,269	27,731	30,510	
회선당(원)	170,981	147,809	129,482	156,495	168,377	154,629

9.2 초기단계의 전자교환기 장비가격

가. 1기종(M10CN)의 장비가격

제1기종의 회선당 가격은 외국제조회사(BTM)로부터 완제품을 구매하느냐, 한국전자통신주식회사(KTC)의 국내조립품을 공급하느냐에 따라 상당한 차이가 발생하였다. 완제품을 구매할 때의 가격은 환율변동 등의 영향을 받아 143천원-280천원으로 파악되었다. 반면 국내조립의 경우에는 234천원-325천원으로 분석되었다. 이 중 1978년 2만회선분은 제1기종의 최초구매로 1회한 특별 감가된 가격이었으며, 1979년 이후에는 환율상승에 따라 회선당 가격이 상승하였다.

한편 KTC 국내조립생산의 경우 1차 조립분의 회선당 가격은 324,847원으로 분석되었는데, 이 가격에는 BTM분(177,351원)과 KTC분(147,496원)이 포함되어 있다. 그리고 KTC의 2차 조립분의 경우는 BTM분(205,276원)과 KTC분(95,923원)을 합쳐서 회선당 가격은 301,199원으로 나타났다. 마찬가지로 3차 조립분의 회선당 단가는 322,496원(BTM 186,656원+KTC 135,840원)으로 확인되었으며, 이후 4차 조립분의 회선당 가격은 234,047원(BTM 59,838원+KTC 174,209원)으로 분석되었다.

<표 1-46> M10CN 완제품의 회선당 가격

구분	1978	1979	1980	1981	1982
회선수	20,000	80,000	250,000	110,000	110,000
금액(백만원)	2,867	19,073	69,925	22,262	11,118
회선당(원)	143,347	238,418	279,699	202,378	185,300
환율(1BF/원)	14.99	17.11	21.74	18.36	1$:720.90

<표 1-47> M10CN 국내조립품의 회선당 가격

구분	제1차 KTC 조립(1979)	제2차 KTC 조립(1980)	제3차 KTC 조립(1981)	제4차 KTC 조립(1981)
회선수	40,000	60,000	120,000	250,000
금액(백만원)	12,994	18,072	38,700	58,512
회선당(원)	324,847	301,199	322,496	234,047
환율(1BF/원)	17.11	21.74	16.28	17.39/18.97

나. 2기종(No1A)의 장비가격

1980년도 4만회선 사업과 1981년도 23만회선 사업은 ATTI로부터 완제품을 구매하였으며, 1982년도 3만회선 사업은 국내(GSS) 조립생산으로 공급되었다. 이때 국내조립생산 분의 회선당 가격은 410,176원으로 확인되었는데, 여기에는 ATTI분(238,498원)과 GSS분(171,678원)으로 구성되었다. 이때 회선당 가격은 ATTI/GSS와의 계약금액 만을 계상하였다.

<표 1-48> No1A 완제품/국내조립품의 회선당 가격

구분	1980	1981	1982
회선수	40,000(완재품)	230,000(완재품)	30,000(국내조립)
금액(백만원)	9,046	44,526	12,305
회선당(원)	226,147	193,592	410,176
환율(1$/원)	618.20	680.50	687/719.60

9.3 전자교환기의 건설가격

가. 1기종(M10CN)의 건설가격

전자교환기의 건설가격은 장비가격(물자비), 공사비, 제세 등을 포함한 전체비용을 말하며, 이때 외자부분은 계약 당시의 환율을 적용하였다. 제1기종의 공급초기단계인 1978년부터 1981년까지 공급분에 대한 투자비를 분석하면 <표 1-49>와 같다. 이 내용을 분석하여 보면 환율변동(최고 45%)과 국별통화량, 회선규모별 신증설별로 가격차이가 심하였다. 그러나 차관금 상환기간 등을 고려할 때 당시 이 분석가격을 실가격 자료로 그대로 사용하기는 다소 곤란한 점이 있었다.

이 가격분석에서는 최초 직도입하여 턴키방식으로 시공한 2만회선이 가장 저렴하였으나 이는 협상조건상 특별 감가되었고, 환율(당시 1BF 21.74원)이 가장 낮을 때였으므로 정상가격으로 볼 수 없었다. 그리고 1980년 10월 계약가가 가장 높으나 이는 환율(당시 1BF 21.74원)이 가장 높을 때이었다. 한편 직도입보다는 국내조립이 저렴하나 국산화 초기에는 훈련비, 기술료 등 초기투자비가 소요되는 바람에 같은 직도입의 경우보다 고가로 분석되었다. 특히 공사비는 턴키시공보다 국내공사가 약 1/3정도 가격이 저렴하였으며, 국산화율이 높아지고 년간 생산물량이 증가함에 따라 가격은 급히 하락하는 것으로 파악되었다.

<표 1-49> M10CN 건설가격(회선당)

구분	계약물량 (회선)	건설가격(1,000원)				건설방식
		물자비	공사비	제세등	합계	
1978. 6	20,000	150	21	35	206	직수입 턴키공사
1979. 12	80,000	260	43	59	362	직수입 턴키공사
1979. 12	40,000	344	15	44	403	국내조립 국내공사
1980. 10	190,000	320	70	67	457	직수입 턴키공사
1980. 10	60,000	329	24	70	423	직수입 국내공사
1980. 3-10	60,000	310	21	47	378	국내조립 국내공사
80. 6-81. 7	120,000	326	19	45	390	국내조립 국내공사
1981. 5-	60,000	308	23	4	335	국내조립 국내공사
1981. 6-	180,000	236	24	17	277	국내조립 국내공사

이와 같은 경제성분석에 따라 당시 체신부 계획국 계획3과(과장 이정욱)에서는 전자교환기 1기종(M10CN)의 공급사업을 다음과 같이 추진하기로 정하였다(전자교환기 1기종&2기종 가격분석보고, 1981. 8, 체신부 계획국).

첫째, 최저가 구매형태는 국내조립과 국내공사체제로서 국산화율의 제고, 자체설계기술의 향상, 시스템 용량에 최적의 전화국에 설치하는 등의 대책을 실시한다.

둘째, 차관도입조건 상 앞으로도 완제품 직수입이 불가피한 19만회선분은 가능한 한 국내공사에 의하여 투자비를 절감시킨다. 1982년 11만회선 직수입분 중 8만회선은 국내공사로 시행하고, 1983년도 8만회선 직수입분도 전량 국내공사로 시공한다.

셋째, 1983년도 사업부터 국산화율이 60%를 상회하므로 국내조립분은 반제품 직수입을 없애고 최소한의 원자재만을 수입하여 국산자재와 합하여 100% 국내생산토록 한다.

나. 2기종(No1A)의 건설가격

전자교환기 2기종의 건설가격도 1기종의 경우와 마찬가지로 장비가격(물자비), 공사비, 제세 등을 포함한 전체비용으로 분석하였다. 이때 외자부분은 계약 당시의 환율을 적용하였으며 2기종의 공급 초기단계인 1980년부터 1982년까지 공급분에 대한 투자비를 분석하였다. 최초 도입분은 우리나라에서 가장 통화량이 높은 전화국으로 물자소요(Hardware)가 많아 회선단가가 높게 나타났다.

그리고 대용량 시스템을 형성하는 고정비용(초기 투자비)은 거의 일정하므로 1개 시스템에 회선수를 많이 할수록 단가는 하락하였다. 한편 국내조립생산의 경우 물자비와 공사비는 그때까지 계약실적이 없어 정확히 비교 분석되지 않았으나, 최초의 국내조립생산이므로 생산장비, 기술료, 훈련비 등 초기비용이 집중 소요됨에 따라 고가로 나타났었다.

<표 1-50> No1A 건설가격(회선당)

구분	계약물량	건설가격(1,000원)				건설방식
		물자비	공사비	제세등	합계	
1980. 9	40,000	242	73	55	370	직수입 턴키공사
1981. 4	230,000	214	88	49	351	
1981. 9	30,000	424	31	42	497	국내조립 국내공사
81. 11-82. 2	100,000	322	25	34	381	

이와 같은 경제성 분석에 따라 체신부 계획국 계획3과(과장 이정욱)에서는 앞으로 전자교환기 2기종(No1A)의 건설방침을 새롭게 제정하여 추진하였다(전자교환기 1기종&2기종 가격분석보고, 1981. 8, 체신부 계획국). 당시 정한 방침의 주요내용은 다음과 같다.

첫째, 제2기종(No1A)은 시스템 용량이 크므로 고정비용상 초기신설을 위한 회선단가는 높으나 그 후 용량한도까지 증설에 소요되는 회선단가는 하락할 것이다. 따라서 대도시 통화량 밀집전화국에 설치하며 종국용량 3만회선 이상되는 전화국에 공급토록 한다.

둘째, 국내생산-국내공사 체제가 1983년부터 직수입 가격보다 저렴할 것으로 전망된다. 이에 따라 직수입 물량은 기 합의된 66만회선(1980-1983)까지로 국한하며, 능력한 국내공사로 시행한다. 즉 1982년도 직수입분 25만회선 중 9만회선, 1983년도 직수입분 19만회선 중 12만회선 등을 국내공사로 시공토록 한다. 또한 1984년부터 제2기종은 전량(총 40만회선 정도)을 국내공사로 집행토록 결정한다.

셋째, 제2기종(No1A)의 국산화율을 높이는 대책을 수립 추진한다.

다. 1기종과 2기종의 가격비교

제1기종과 제2기종에 대한 가격비교는 환차, 국별 통화량, 회선규모별, 신증설별 등 여러 가지 조건이 일치하지 않은 상태이므로 정확한 기준을 당시 시점에서 나타내기는 어려운 일이었다. 그래서 다음과 같은 일반적인 평가를 내릴 수밖에 없는 입장이었다.

① 양 기종 공히 초기시스템 신설에 의한 회선당 가격은 높으나 최대용량까지 회선 충만시 단가는 현저히 하락한다. 그리고 대도시 3만회선 이상 설치되어야할 대형전화국은 용량이 큰 2기종(No1A)이 유리하다.

② 국내생산 분의 당시가격으로는 국산화율이 높고 어느 정도 기술흡수가 되어 있는 1기

종(M10CN)이 유리하다. 반면 설치장소 소요면적 및 공사기간 면을 검토하여보면 <표 1-51>에서 나타난 바와 같이 2기종(No1A)이 유리하다.

<표 1-51> 소요면적 및 공사기간 비교

<table>
<tr><th>구분</th><th>시설규모(회선)</th><th>M10CN</th><th>No1A</th><th>비고</th></tr>
<tr><td>소요면적(m²)</td><td>20,000</td><td>504</td><td>446</td><td rowspan="4">소요면적의 경우 1기종은 전원실을 제외한 면적이고, 2기종은 전원실을 포함한 면적임</td></tr>
<tr><td rowspan="3">공사기간
(개월)</td><td>10,000</td><td>10</td><td>9</td></tr>
<tr><td>20,000</td><td>13</td><td>10</td></tr>
<tr><td>30,000</td><td>16</td><td>11</td></tr>
</table>

③ 양 기종 공히 수입물자의 경우 통관세가 물자비의 10%, 부가세, 방위세 등이 물자비의 13.5%나 되어 제세 비율이 물자비의 23.5%나 차지함으로서 구매가 상승요인이 되었다.

결론적으로 제1기종 및 제2기종 공히 국내생산, 국내공사체제가 가장 경제적인 건설 방안이기 때문에 직수입은 합의된 최소물량으로 국한하고, 기술배양에 의한 자체설계, 국내공사를 적극 시행하며, 국산화율을 조속히 제고시킬 수 있는 대책을 수립 시행하였다.

9.4 전자교환기 가격의 종합 분석

가. 제1기종(M10CN)의 직수입가격과 국내조립가격

1982년 1월 한국전기통신공사가 창립되면서 전자교환기 확장사업도 체신부로부터 한국전기통신공사(약칭 한국통신)로 이관되어 추진되었다. 한국통신에서는 1979년 제1기종 전자교환기(M10CN 방식)가 도입 설치한 이래 5년간의 전자교환기 가격추세를 종합적으로 다시 분석하였다(전자교환기 가격분석, 1983. 8, 한국전기통신공사 계획국). 먼저 연도별 전자교환기 가격추세(계약년도 기준)를 보면 BTM으로부터 직수입 가격은 회선당 280달러-630달러, SST에 의한 국내조립의 경우는 290달러-778달러로 분석되었다. <표 1-52>에서 회선당 단가는 US 달러이다.

<표 1-52> M10CN의 연도별 가격추세

<table>
<tr><th colspan="2">구분</th><th>1978</th><th>1979-1980</th><th>1980</th><th>1981</th><th>1982</th><th>1983</th></tr>
<tr><td rowspan="2">BTM
직수입</td><td>회선수(1,000)</td><td>20</td><td>80</td><td>250</td><td>110</td><td>60</td><td>-</td></tr>
<tr><td>회선당 단가</td><td>368</td><td>630</td><td>579</td><td>345</td><td>280</td><td>-</td></tr>
<tr><td rowspan="2">SST
국내조립</td><td>회선수(1,000)</td><td>-</td><td>40</td><td>180</td><td>290</td><td>300</td><td>186</td></tr>
<tr><td>회선당 단가</td><td>-</td><td>778</td><td>576</td><td>355</td><td>393</td><td>290</td></tr>
</table>

이때 직수입할 때의 회선당 가격과 국내조립의 경우 회선당 가격을 비교 분석하여 보았다. 먼저 BTM으로부터 직수입하여 추진한 1980년도 제1기종 전자교환기 직수입사업(80-BTM-80K)의 회선당 가격은 630달러로 산출되었다. 여기에는 물자비 492달러(78%), 세금, 관세, 부가세, 조작지 등 부대비 138달러(22%)가 포함되었다. 이 경우 1만회선당 통화량은 1,632어랑을 적용하였다.

다음에는 국내조립으로 생산한 최초사업인 1980년도 제1기종 전자교환기 국내조립사업(80-SST-40K)의 회선당 가격은 778달러로 집계되었다. 여기에는 물자비 589달러(75%), 외자부대비 108달러(14%), 제세 30달러(4%), 기술개발비 48달러(6%), 시설투자비 12달러(1%) 등을 포함하였다. 이 경우 조립율 30%, 국산화율 5.3%, 그리고 1만회선당 통화량은 1,596어랑을 적용하였다. 또한 1981년도 제1기종 전자교환기 직수입사업(81-BTM-110K)의 경우 회선당 가격은 345달러가 투입되었다. 여기에는 직수입 물자비 296달러(86%), 내자물자(철가류) 31달러(9%), 부대비 18달러(5%)가 포함되었다. 이때 1만회선당 통화량은 1,324어랑을 적용하였다.

한편 국내조립으로 시행한 1981년도 제1기종 국내조립사업(81-SST-290K)의 경우에는 물자비 269달러(76%), 외자부 대비 23달러(6.5%), 제세 25달러(7%), 기술개발비 11달러(3%), 시설투자비 21달러 (6%) 그리고 여유시설 6달러(1.5%) 등을 포함하여 회선당 가격은 355달러로 집계되었다. 이 경우 조립율 91%, 국산화율 34.5%로 상당히 높아졌으며, 1만회선당 통화량은 1,179어랑을 적용하였다.

이러한 분석결과를 기초로 하여 국내조립 최초년도의 가격과 국내조립 3차년도의 가격을 다음과 같이 비교 분석하였다.

첫째, 직수입가격은 국내조립 3차년도인 1981년에 345달러로서 국내조립 최초년도인 1979년의 630달러에 비하여 148달러가 낮아졌다. 그리고 1981년의 국내조립가격은 직수입가격과 10달러 정도의 차이로 좁혀졌다.

둘째, 물자비의 경우 국내조립 최초년도에는 생산량(4만회선)이 너무 적은 관계로 단위 회선당 부담이 증가하였다. 또한 국산화 및 조립율이 낮아 고정비 등 원가부담액이 늘어나게 되었으며, 원자재를 생산자가 공급함으로서 세제상 제 비용이 증가하였다.

셋째, 시설투자비는 초년도 조립율이 낮아 감가상각비의 적용이 낮았으며, 기술개발비가 기술축적이 안된 최초년도에 집중 발생하였고, 국내세제상 부가세 10%도 적용되었다. 또한 원자재는 국별 구매사양서 작성 전 추정물량으로 발주하므로 통상 10%내외의 여유물자가 발생하는 경우가 많아 직도입의 경우보다 부담이 늘어나게 되었다.

나. 제1기종(M10CN)의 시설투자비 및 기술개발비

제1기종 국내조립생산의 경우 감가상각비를 적용하기 시작하였으며, 1979년도에는 정액법, 1980년도 이후에는 정율법을 적용하였다. 감가상각비는 국내조립비율이 늘어남에 따라 증가하였으며 1982년 이후에는 감소하였다.

<표 1-53> 제1기종(M10CN) 국내조립에 따른 감가상각비

구분		1979	1980	1981	1982	1983
생산회선수		4만회선	18만회선	29만회선	30만회선	18.6만회선
감가상각비	총액(백만원)	235	2,644	4,812	6,130	3,000
	회선당(천원)	6	14	17	20	16
조립율(%)		30	71	91	100	100

한편 국내조립생산을 하기 위해서 실시권 사용료, 기술지원비, 기술훈련비, 소프트웨어 엔지니어링비 등의 기술개발비를 다음과 같이 지불하였다.

① 실시권 사용료는 총 4,525천 달러 한도 내에서 1980년부터 1984년까지 5년간 분할 지급하였다.

② 기술지원비는 BTM 기술지원요원에 대한 급여, 공과금, 주택임대료, 생활비, 여비 등을 말하며, 청구서 접수일로부터 30일 이내에 지불하였으며, 1984년 이후에는 발생되지 않았다. 기술훈련비는 1979년부터 1980년 사이에 집중적으로 발생하였으며 1982년-1983년에는 급격히 하락하여 1984년 이후에는 발생하지 않았다.

③ 소프트웨어 엔지니어링비는 BTM의 기존 소프트웨어 패키지를 국내전화망에 맞도록 하기 위해 BTM이 생산회사에 제공하는 엔지니어링 용역비였다. 이것은 실제로 수행한 작업내용에 따라 결정하되 2,455,225달러 범위 내에서 지급하였으며 1980년도에 지불 완료하였다.

이외에도 기술자료비 및 업무지원비가 있었으나 1984년 이후에는 발생하지 않았으며, 이와 같은 기술개발비의 연도별 지불내역은 <표 1-54>와 같다.

<표 1-54> 제1기종(M10CN) 기술개발비 연도별 지불실적

구분		1979	1980	1981	1982	1983
생산회선수		4만	18만	29만	30만	18.6만
기술개발비	총액(백만원)	326	4,225	2,364	2,030	1,348
	회선당(천원)	8	23	8	7	7
국산화율(%)		5.3	13.5	34.5	63	72.6

다. 제2기종(No1A)의 직수입가격과 국내조립가격

1980년 제2기종(No1A)이 도입 설치한 이래 이 기종의 4년간 가격추세를 종합적으로 다시 분석하였다(전자교환기 가격분석, 1983. 8, 한국전기통신공사 계획국). 제2기종의 연도별 가격 추세(계약년도 기준)를 보면 ATTI로부터 직수입 가격은 회선당 339달러-458달러, GSS에 의한 국내조립의 경우는 466달러-534달러로 구매되었다.

<표 1-55> 제2기종(No1A)의 연도별 가격추세

구분		1980	1981	1982	1983
ATTI 직수입	회선수	4만	23만	19만	13만
	회선당 단가($)	458	356	339	375
GSS 국내조립	회선수	-	13만	20만	15.6만
	회선당 단가($)	-	534	466	353

제2기종을 직수입할 때의 회선당 가격과 국내조립의 경우 회선당 가격을 비교 분석하였다. ATTI로부터 직수입하여 추진한 1981년도 제2기종 전자교환기 직수입사업(81-ATTI-230K)의 경우 물자비 284달러(80%), 세금, 관세, 부가세, 조작비 등 외자부대비 72달러(20%)를 포함하여 회선당 가격은 356달러로 산출되었다. 이때 1만회선당 통화량은 1,480어랑을 적용하였다.

한편 최초 국내조립으로 생산한 1981년도 제2기종 전자교환기 사업(81-GSS-130K)의 회선당 가격은 534달러로 집계되었다. 여기에는 물자비 327달러(61%), 외자부대비 54달러(10%), 제세 20달러(4%), 기술개발비 96달러(18%), 시설투자비 21달러(4%), 여유물자 16달러(3%) 등을 포함하였다. 이 경우 조립율 46.3%, 국산화율 4.5%, 그리고 1만회선당 통화량은 1,131어랑을 적용하였다.

그리고 제2기종의 국내조립 2차년도(1982년)사업을 집행함에 있어 직수입의 경우와 국내조립생산의 경우 경제성을 비교하였다. 당시 ATTI로부터 직수입하여 추진한 1982년도 제2기종 전자교환기 직수입사업(82-ATTI-190K)의 경우를 분석하여 보면 직수입 물자비 299달러(88%), 부대비 40달러(12%)를 포함하여 회선당 가격은 339달러가 투입되었다. 이때 1만회선당 통화량은 1,250어랑을 적용하였다.

한편 1982년도 제2기종 전자교환기 국내조립사업(82-GSS-200K)의 경우 물자비 315달러(68%), 외자부대비 28달러(6%), 제세 19달러(4%), 기술개발비 43달러(9%), 시설투자비 21달러(5%) 그리고 여유시설 40달러(8%) 등을 포함하여 회선당 가격은 466달러로 집계되었다. 이때 조립율 75.3%, 국산화율 8.6%이었으며, 1만회선당 통화량은 951어랑을 적용하였다.

다음에는 2기종의 국내조립생산방식에 대한 효과를 확인하기 위해 국내조립 최초년도(1981년)의 가격과 국내조립 2차년도(1982년)의 가격을 비교하여 보았다.

① 직수입가격은 1982년(국내조립 2차년도)에 339달러로서 1980년(국내조립 최초년도)의 356달러에 비하여 다소 낮아졌다. 그러나 이 가격은 여전히 직수입가격에 비해 127달러

정도 비싼 가격으로 확인되었다. 그리고 물자비의 경우 국내조립 최초년도에는 생산량(3만회선)이 너무 적은 관계로 단위회선당 부담이 증가하였다. 또한 공급선에서 완제품보다 원자재를 고가로 판매하는 통에 물자비가 증가하였다.

② 시설투자비(회선당 21달러)는 이에 대한 감가상각비를 계상하였으며, 기술개발비는 1기종의 경우와 마찬가지로 기술축적이 안된 최초년도에 집중 발생하였고, 국내세제상 부가세 10%도 적용되었다. 또한 1기종의 경우와 동일하게 원자재는 국별 구매사양서 작성전에 추정물량으로 발주하므로 통상 10%내외의 여유물자가 발생하는 경우가 많아 직도입의 경우보다 부담이 늘어나는 상황이 되었다. 한편 관세, 부가세, 방위세, 조작비 등을 포함한 외자분 부대비는 1981년 54달러에서 1982년 28달러로 낮아졌다.

라. 제2기종(No1A)의 시설투자비 및 기술개발비

제2기종(No1A)의 1981년부터 1983년까지 국내조립시설에 대하여는 정율법을 적용하여 감가상각비를 산출하였으며, 세부내용은 <표 1-56>과 같다.

<표 1-56> No1A 국내조립에 따른 감가상각비

구분		1981	1982(1차)	1982(2차)	1983
생산회선 수		3만	10만	5만	15만
감가상각비	총액(백만원)	362	1,176	895	2,412
	회선당(천원)	12	12	18	16
조립율(%)		46.3	75.3	75.3	98.9

또한 제2기종(No1A)의 경우에도 국내조립생산을 위해서 제조기술사용료, 운용 소프트웨어 사용권, 기술지원비, 기술훈련비 등 기술개발비를 다음과 같이 지불하였다.

① 제조기술사용료는 정부기술도입 인가일로부터 30일 이내에 선급금으로 300만불을 지급하였다. 그리고 운용 소프트웨어 사용권은 직수입 및 국내조립분을 포함하여 시스템 당 225천 달러씩 지불하며 1,500만 달러 한도까지 지급하는 것으로 하였다. 그리고 국산화율이 40% 이상으로 올라설 때는 이를 면제하기로 하였으며, 1982년도 GSS 5만회선 사업(산곡, 과천)까지 지불하였다.

② 기술지원비는 생산초기년도에 각종 지원비가 편중되었으나 국내기술축적으로 점차 감소하였다. 한편 기술훈련은 1980년 하반기에서 1981년 사이에 집중적으로 실시하여 비용이 지불되었으며, 1982년 말부터는 급격히 하락하여 1984년 이후에는 그 비용지불이 극히 적었다.

이외에도 기술자료비 및 기술자문용역비가 있었으나 1984년 이후에는 크게 감소하였으며 제2기종의 연도별 기술개발비 지불실적은 <표 1-57>과 같다.

<표 1-57> 제2기종(No1A)의 기술개발비 연도별 지불실적

구분		1980	1981	1982	1983	1984
생산회선수		-	3만	15만	25만	32만
기술 개발비	총액(백만원)	190	5,089	4,265	2,500	2,055
	회선당(천원)	-	169	28	10	6
국산화율(%)		-	4.5	8.6	30	60.5

마. 제1기종과 제2기종의 경제성비교

제1기종(M10CN)과 제2기종(No1A)의 최초 국내조립생산 분에 대하여 물자비, 외자부대비, 제세, 기술개발비 등을 검토하여 경제성(비용)을 분석하였다(전자교환기 가격분석, 1983. 8, 한국전기통신공사 계획국). 이 경제성 분석을 위해 1980년도 제1기종 전자교환기 사업(국내조립사업, 80-SST-40K)과 1981년도 제2기종 전자교환기 사업(국내조립사업, 81-GSS-30K)을 선택하여 시행하였다.

<표 1-58> 제1기종과 제2기종의 경제성비교(단위: 달러)

구분	물자비	외자 부대비	제세	시설 투자비	기술 개발비	여유 시설	합계
M10CN	580(75%)	108(14%)	30(4%)	12(1%)	48(6%)	-	778
No1A	373(60%)	48(7%)	23(4%)	17(3%)	140(23%)	21(3%)	622

첫째, 물자비에서는 기종별로 국산화율과 조립율이 상이하였다. 국산화율은 제1기종 5.3%, 제2기종 4.5%에 불과하였으며, 조립율의 경우 당시 제1기종은 46.3%인데 비해 제2기종은 4.5%로 미미한 실정이었다. 한편 교환기공급사의 직접공급자재(DSP)는 1기종이 2기종보다 많았으나, 국내공급자재(INF)는 2기종이 1기종보다 많았다. 이때 1기종의 국내공급자재는 생산회사에서 구매하였으며 2기종 국내공급자재는 체신부에서 관급하였다.

둘째, 외자 부대비는 1기종은 관세 10%가 부과되었으나 2기종은 관세가 부과되지 않았으며 1982년 이후 도입분은 관세가 면제되었다. 또한 2개 기종 공히 부가세 10%는 부과되었다. 그리고 시설투자비(감가상각비) 산정을 위해 1기종에서는 정액법, 2기종에서는 정율법을 적용하였다.

셋째, 기술개발비 부문에서는 1기종은 실시권 사용료 4,325천 달러를 지불하였고, 2기종은 제조기술사용료 10,000천 달러, 운용 소프트웨어 사용권 25,000천 달러 등 총 35,000천 달러를 부담하였다. 한편 2기종의 경우 구매사양서 작성 전에 발주한 관계로 상당한 여유물자를 생산하게 되었다.

10. 전자교환기 확장과 주요과제들

10.1 전자교환기 공급방침 결정

가. 제1기종과 제2기종의 공급기준 설정

전자교환기 공급 초기(1982년-1983년)에는 서울, 부산, 대구에는 기종을 혼용하여 공급하고 그외 도시에는 지역별로 단일기종을 공급하였다. 그러나 지역단위로 공급기종을 통일하여 공급하면 유지보수 상의 편의는 있으나 경제성 있는 공급이 곤란하여 국 단위로 기종을 선정하여 공급하기로 정하였다. 그리고 생산업체의 생산 및 공사능력에 따라 공급되는 전화국의 준공계획이 좌우되므로 사업수행실적이 부진한 경우 보완이 필요하였다.

또한 생산업체 간 경쟁의식을 유도하여 원가절감 및 품질향상을 도모할 필요도 있었다. 1984년 이후 전자교환기가 대량 공급하는 시기에 맞추어 최적의 공급방안을 강구하기 위해 전자교환기 공급초기의 기종별 장단점을 분석하였다. 공급초기(1982년- 1983년)의 공급가격을 분석한 결과 제1기종 211천원, 제2기종 353천원으로 파악되었다. 공급회선 규모별로 교환기 가격은 <표 1-59>와 같다.

한편 1982년도 운용보전실적은 제1기종에 비해 제2기종이 우수하였으며, 1982년도 사업추진실적은 제2기종보다 제1기종이 우수한 것으로 분석되었다. 그래서 1984년 이후 전자교환기의 적정공급을 위하여 공급가격면 40%, 운용보전면 40%, 사업추진면 20%로 하는 평가기준을 만들어 적용하였다. 또한 지역단위별로 동일기종 공급방식에서 공급가격기준으로 국별 기종을 결정하였다. 이때부터 향후 전화국별로 3년 수요를 기준으로 3만 회선 이하에는 제1기종(M10CN), 3만 회선 이상에는 제2기종(No1A)을 공급하는 방침을 정하였다.

<표 1-59> 공급회선 규모별 전자교환기 가격비교

회선규모별	제1기종(M10CN)	제2기종(No1A)
30,000회선	247천원	259천원
50,000회선	231천원	228천원

나. 단일 기종공급과 2개 기종공급 검토

한국통신은 1차 공급방침에 따라 1984년에 전자교환기를 공급한 후 이에 대한 경제성 검토를 다시 시행하였다. 1984년도 사업분에 대하여 투자비 및 운용보전 면을 검토하였다.

첫 번째, 투자비 면에서 1984년도 사업분의 계약실례가를 기초로 한 공급규모별 가격을 분석하면 <표 1-60>과 같다. 도시지역의 국별 종국용량은 대부분 5만-10만회선이라는 점을 감안하여 5만회선 공급 시 투자비를 보면 1기종과 2기종 간 약 3억7천만 원의 차이가 발생하였다.

<표 1-60> 전자교환기의 공급규모별 가격

구분	20,000	28,000	30,000	36,000	40,000	50,000
1기종(M10CN) 2기종(No1A)	254.8 343.6	237.9 283.7	230.3 255.2	245.2 236.7	236.6 230.2	225.6 218.2
차이(%)	25.8	16.1	9.8	3.5	2.7	2.6

두 번째, 운용보전 면에서 2개 기종을 공급하는 경우 동일기종 공급할 때보다 전자교환기의 유지보수인력이 <표 1-61>에서 보는 바와 같이 증가하였다. 그리고 시험대가 기종별로 상이하여 운용요원이 별도로 소요되었으며, 동력시설이 기종별로 상이하여 설치 및 운용상 불리할 뿐만 아니라 예비품과 공기구 등 물자도 이원화 관리해야 하는 문제도 발생하였다.

이러한 검토결과에 따라 1985년도 및 1986년도 사업분에 대하여는 신설국은 3만회선 기준으로 공급하고 증설국은 동일기종으로 설치하도록 하였다. 그 후에는 시스템 단위로 공급하는 방안에 대하여는 기종별 국산화율에 따른 투자비 변동, 장기적인 면에서의 운용보전비용 등을 분석하여 종합적으로 평가하여 시행하였다.

<표 1-61> 전자교환기실 유지보수인력

구분	단일기종 공급	단일기종 공급	2개 기종 공급
공급방식	제1기종 4만회선	제2기종 4만회선	제1기종 2만회선 10명 제2기종 2만회선 10명
소요인력	16명	13명	20명

10.2 전자교환기사업을 위한 특별대책 시행

가. 전자교환기사업 정상추진을 위한 특별지시

전자교환기를 대량으로 시공하기 시작한 1981년 체신부 계획국(국장 이응효)에서는현장위주의 특별대책을 수립하여 추진하였다. 1981년도 전자교환기 개통목표는 52만2천 회선이었다. 그런데 그 해 10월말에 13만8천 회선이 개통되고 38만4천 회선의 공사가 지연됨으로써 당초계획보다 상당한 차질이 빚어지고 있었다. 이에 따라 계획국에서는 전 관련기관에 특별지시를 시달하였다(1981. 11. 16). 이 특별지시의 주요내용은 ① 전자교환기 설치공사 기간을 단축하고, 인수시험 및 국간중계시험을 조기에 실시한다, ② 종합개통협의회(통신시설사무소 주관)와 각 체신청에 개통추진위원회를 운영하도록 한 것이었다.

또한 제2기종(No1A) 공급을 위한 ATTI와의 계약이 지연되는 문제도 발생하였다. 당시 천호 3만회선, 전농 2만회선, 원효 3만회선, 혜화 3만회선, 화양 3만회선, 간석 2만회선, 서광주 2만회선, 대전 2만회선, 유성 1만회선 등 9개 사업이 지연되고 있었다. 이러한 사업지연은 전자교환기 직수입분(ATTI 설치공사)에 대해 법인세와 소득세 부과에 이견이 발생하였기 때문이었다. 당시 재무부에서는 세법 적용상 과세되어야 한다고 하였으며 ATTI에서는 홍콩 현지법인이므로 면세를 주장하였다. 이 문제를 해결하기 위해 기획원, 재무부, 조달청과 ATTI간에 협의를 1981년 2월부터 7월까지 반복하였으며, 협의결과 과세하기로 최종 결정되었으며 세금 상당액을 계약가에 포함하게 되었다.

이처럼 계약이 늦어지자 1982년 6월 투자사업 추진현황 보고시 한국통신 사장(이우재)은 제2기종(No1A) 계약 지연에 문제에 대해 ATTI를 문책할 수 있는 방안을 강구할 것을 지시하였다. 그리고 공급사가 계속하여 계약을 지연시키거나 협조하지 않을 경우 공급계획을 변경하는 방안도 강구하라는 지시도 내려졌다. 이후 제2기종이 착공된 전국 전화국에는 ATTI 기술진이 야간에도 교대 근무하였으며, 이미 판매된 가입자가 실질적으로 연내에 개통되도록 총력을 집중하였다.

나. 전자교환기 개통과 전자직 직원의 정원보강

체신부 계획국(국장 이응효)은 신기술의 전자교환기 개통에 따른 정원의 조기 배정이 필요하여 1981년 11월 우선 총 66명(전자직 41명, 통신직 21명, 전송직 4명)을 확보하는 계획을 세웠다. 이 계획은 당시 계획국에서 수립하여 행정관리관실로 통보하였는데 기준정원의 80%를 1981년 11월 중에 배정받는 것이 목표였다. 그리고 1개월 후에는 체신부에서 한국전기통신공사로 전환되는 시기가 되어 잔여정원은 공무원으로 임용하기 보다는 새롭게 출범하는 공사에서 채용하는 것이 용이하다는 판단에 따라 1982년 초에 확보하는 방안으로 추진하였다.

그리고 광장, 봉천, 구로, 반포, 중앙, 을지, 공릉, 대구, 범일 등 9개 전화국에 전자계를 신설하였으며, 여기에는 국내의 전자교환기(ESS) 교육이수자로 우선 충원하고 당시 비전문부서에 근무하고 있는 해외훈련 이수자를 조기에 투입하도록 하였다. 한편 제2기종 전자교환기의 개통업무 중 라인 트랜스래이션(Line Translation)이 어려운 작업으로 떠올라 이를 제대로 시행하기 위해 집합작업방식을 선택 시행하였다.

이를 위해 서울체신청 주관 하에 각 지방체신청에서 전화국 담당자 1명, ATTI 전문가 4명 등 총 18명으로 작업팀을 구성하였다. 차질없는 개통을 위해 이 작업은 1981년 12월부터 1982년 3월까지 전농전화국에서 집중적으로 시행되었다. 뿐만 아니라 서울체신청이 주관하여 현장요원에 대한 시험대 조작, 국간중계시험, 운용실무 등의 훈련도 동시에 시행하였다.

10.3 전자교환기를 위한 주요장비

가. 전자교환기 특성에 맞는 전화기 보급

체신부 계획국 계획3과(과장 이정욱)에서는 전자교환기가 도입됨에 따라 신형전화기(PB방식: Push Botton)를 보급하였다. 제1기종(M10CN)은 도입 첫해인 1979년에 다이얼 전화기

95%, 겸용전화기(PB 및 다이얼) 5%를 공급하였다. 반면 제2기종(No1A)은 도입 첫해인 1980년에는 신형전화기 60%, 겸용전화기 40%를 공급하였다. 이를 위해 1981년 3월에는 신형전화기의 표준규격을 제정하였다. 이에 따라 1981년-1983년에는 <표 1-62>와 같이 신형전화기의 공급비율을 결정하여 보급하였다.

<표 1-62> 신형전화기(PB방식)의 공급비율

구분	1981년	1982년	1983년
신형전화기(PB방식)	60%	75%	90%
겸용전화기(PB+다이얼)	40%	25%	10%

이처럼 신형전화기(MFC방식)의 보급을 확대하고자 한 것은 우리나라에 처음 도입하기 시작한 전자교환기의 특성을 발휘하게 하여 소통을 향상시키고 다양한 기능을 살려내기 위한 방안이었다. 예를 들어보면 다이얼전화기의 홀딩타임이 15.6초인데 비해 신형전화기는 5.3초이어서 1/3로 단축되어 교환시설의 설계통화량을 적정하게 유지할 수 있게 되기 때문이었다. 이러한 신형전화기의 보급을 확대하기 위해 1차적으로 전자교환기 설치국의 신규가입자는 전량 신형전화기를 구입하도록 추진하였다(1981. 7. 28 문서지침).

그리고 기존의 기계식 자동교환기 전화국에서 전자교환기 설치국으로 수용변경이 되는 경우 또는 설치 변경되는 경우에는 신형전화기로 대체하도록 추진하였다. 그러나 이때 신형전화기를 관급으로 대체하느냐, 자급으로 대체하느냐에 대해 고민하지 않을 수 없었다. 관급으로 대체하는 방안의 경우 이에 필요한 예산이 확보되어 있지 않을 뿐만 아니라 관급을 무한정으로 계속한다는 것은 자급가입자와 비교할 때 불공평한 문제가 있었다. 한편 자급으로 대체하는 방안의 경우 가입자에게 이로 인한 비용부담문제가 발생할 뿐만 아니라 가입자 불응 시 관리가 곤란하였다.

이러한 문제를 검토하여 종합적인 대책을 세우고자 1981년 7월과 8월 두 차례에 걸쳐 체신부 관계국 과장회의를 개최하였다. 한편 중앙전화국의 가입자 1,000명(22국과 23국)을 대상으로 이에 대한 이용자 여론조사를 실시하였다(1981. 8. 22). 당시 조사대상은 개인영업자 40%, 법인 30%, 일반 주택 20%, 공공기관 10%로 정하여 시행하였다. 조사 결과 자급희망 74%, 반대 26%로 예상보다는 호응도가 높게 나타났었다. 그 후 간부회의에서 체신부장관은 신규전화 설치 시에는 신형전화기(MFC)를 공급하기 위해 전력을 다하라고 지시하였다(1981. 9. 1).

결국 신형전화기 보급에 대한 적극적인 홍보를 통해 자급방안으로 가닥을 잡고 추진하였으며, 특히 자급으로 대체하는 가입자에게는 일부 특수서비스를 무료로 제공하고 공장도 가격으로 전화기를 구입토록 조치하는 등 일정기간 보상책도 강구하였다. 당시 신형전화기는 금성통신(GST)과 동양정밀(OPC)에서 생산하고 있었으며, 1982년 3월말까지 금성통신에서는 167,000대, 동양정밀에서는 65,000대를 생산할 계획이 확인되었다. 그러나 이때 동양정밀은 부품조달여부에 따라 생산량의 변동이 예상되고, 국제통신은 생산계획을 제시하지 않고 있는 등 회사별 생산계획이 불확실한 문제점이 발견되었다.

당시의 전화기 생산량으로도 월별 소요량은 공급이 가능하나 1982년 3월 개통까지 조기 판매되는 경우 1981년 말에 전화기 구매가 동시에 발생할 수 있어 부족현상이 예상되었다. 그래서 가입자에게 전화기의 확보시기를 안내하여 동시 대량구매에 따른 공급부족을 예방하는데 노력하였으며, 금성통신 이외의 회사에도 전화기를 조기에 생산하여 판매할 것을 권장하였다. 전자교환기의 대량 공급에 맞추어 신형전화기의 보급도 <표 1-63>과 같이 연차적으로 확대하는 계획을 수립 추진하였다.

<표 1-63> 신형전화기(PB방식)의 연차별 보급계획(단위 %)

전자교환기	전화기	1979년	1980년	1981년	1982년
M10CN	PSR	5	5-20	0-40	0-25
	PBR			60-100	75-100
	DPR	95	80-95		
No.1A	PBR		60-100	60-100	60-100
	DPR		0-40	0-40	0-40

여기에서 PSR은 PB 및 다이얼 겸용전화기, PBR은 PB 전용전화기, DPR은 다이얼 전용전화기를 말한다. 우리나라 최초로 1979년에 제1기종(M10CN) 전자교환기를 영동(1만회선)과 당산(1만회선)에 개통하였을 때 PSR 전화기 5%, DPR 전화기 95%를 공급 개통하였다. 한편 1980년 제2기종(No.1A)을 최초로 을지 1만회선, 중앙 3만회선을 개통되었을 때는 PBR 전화기 60%, DPR 전화기 40%를 공급하였다.

나. 특수서비스의 확대

전자교환기가 도입되고 대량 공급되면서 다양한 종류의 특수서비스를 제공하기 위해 노력하였다. 당시 새롭게 추진한 전자교환기의 특수서비스는 다음과 같다.

① 단축다이얼과 착신전화 서비스를 추진하였다. 이때 단축다이얼은 10자리까지의 번호를 2자리로 단축하여 다이얼할 수 있는 서비스로서 이 경우 호출에 따른 전자교환기의 점유시간을 1/3이하로 단축할 수 있는 장점이 있었다. 착신전화서비스는 출타 중에 행선지 전화로 연결시켜주는 새로운 서비스이다.

② 부재중 안내와 통화중 대기 서비스를 시행하였다. 부재중임을 자동 녹음하여 안내함으로서 무응답으로 인한 신호대기의 점유시간을 예방하고 재호를 방지할 수 있다. 그리고 통화중 대기서비스는 통화 중에 제3자의 착신을 일시적으로 대기하게 한 다음 수화할 수 있

는 서비스로서 이때에도 통화중에 따른 재호를 예방할 수 있는 이점을 실현하였다.

③ 기상통지 및 발신번호추적 서비스를 도입하였다. 전화이용자가 희망하는 시간에 벨을 울리게 하는 생활밀착형 서비스의 하나로 도입하였으며, 발신번호 추적서비스는 발신자의 장소를 확인할 수 있어 불필요한 전화를 예방할 수 있을 뿐만 아니라 위급자의 수색을 용이하게 할 수 있는 선진화된 서비스이었다.

④ 우선통화 및 직통전화가 가능한 서비스를 실시하였다. 우선통화란 통화전환 시에 타가입자에 우선하여 접속하는 것으로 긴급통화를 우선 처리함으로서 재호의 악순환을 예방할 수 있었다. 직통전화는 지정된 가입자에게 다이얼 없이 직통으로 연결되고 통화중인 경우에도 강제 연결되는 서비스를 말한다.

그래서 제2기종(No.1A) 전자교환기의 최초도입 분인 서울중앙전화국의 3만회선과 을지전화국의 1만회선 신설시스템의 경우 특수서비스 제공시설을 <표 1-64>와 같이 적정하게 공급하였다. 이때 신형전화기(MFC) 또는 다이얼전화기(DP)는 완전하게 사용가능하게 하였으며, 신호장비 상 신형전화기 60%, 다이얼식 전화기 40%로 설계하였다. 그리고 우선통화장치(Priorty Service)는 전 가입자의 25%까지 가능하게 하였으며, 발신제한(Denied Originating Service) 및 착신제한(Denied Terminating Service)은 필요시 모든 가입자에게 적용이 가능하도록 시설되었다.

<표 1-64> 제2기종(No.1A) 최초개통분의 특수서비스 시설공급

구분	단축다이얼	직통전화	지정시간통보	착신호전환	부재중안내	통화중대기
중앙전화국	3,000	600	600	1,500	600	1,500
을지전화국	1,000	200	200	500	200	500

다. 한국 실정에 맞지 않는 전자교환기용 시험대

전자교환기를 최초로 개통한지 2년이 지나면서 전자교환기용 시험대(DESK) 설치 운용상황에 대해 감사를 실시하였다(1982. 1). 감사결과 그때까지 설치된 전자교환기의 시험대는 부분적 기능결함으로 운용상 불편을 겪고 있었으며 일부는 방치상태에 있었다. 우선 제2기종(No1A)의 시험대(No.16 LTD)는 확성기(Loud Speaker) 기능이 없었으며 야간경보(Night Alarm)가 작동되지 않고 있었다. 그리고 MDF키 기능이 없어 공심선 시험이 불가능하고, 신형다이얼(Push Button)을 사용할 수 없었다.

또한 절연측정을 판독을 할 수 없고 고장접수용 일반번호(1166-1169) 수용도 불가능하였으며 기계식시험대와 LTD간 타합선도 구성할 수 없는 상황이었다. 이 시험대를 설치한 곳은 서울중앙, 을지, 원효, 전농, 대전, 유성, 간석, 천호, 혜화, 서광주 등 10개 전화국이었다. 이들 시험대는 인수전 ATTI측에서 보완하였다. 제1기종(M10CN) 시험대도 고장접수용 일반번호(1166-1169)의 수용이 되지 않고 있었으며 일부 수용된 번호도 홀딩(Holding)기능이 없어 운용상 불편하였다.

그리고 이용자들의 고장신고용 전화번호(110, 111)도 홀딩기능이 없었으며 신형다이얼(PB)의 사용이 불가능하였다. 또한 발신시험과 하울러(Howler) 송출도 불가하였다. 이 문제를 해결하기 위해 전국의 제1기종 설치국을 대상으로 유니트별 기판과 회로를 개조하여 기능을 보완하였다. 또한 시험대 설치기준은 제1기종과 제2기종에 대해 <표 1-65>와 같이 정하여 시행하였다.

<표 1-65> 전자교환기용 시험대 설치기준

기종별	1981년 사업분 까지		1981년 사업분 이후	
	1만회선 신설	1만회선 증설	1만회선 신설	1만회선 증설
No.1A 기종	3대	2대	2대	1대
M10CN 기종	3대	3대	3대	3대

10.4 국내기술진과 국내업체에 의한 공사시도

가. 자동교환기 공사의 공개발주

1980년대에 들어서면서 한국전기통신공사협회에서는 자동교환기 공사의 공개발주를 한국통신에게 건의하였다(1982. 1. 13). 이어서 당시 전기통신공사업체에서도 공개발주를 건의하였다(1982. 1. 25). 이에 발맞추어 한국통신에서는 전문장비분야별로 수급자격제한이 가능하다면 공개한다는 교환기공사의 공개발주방침을 확정하였다(회계411-1538/ 1982. 3. 31). 또한 경제기획원도 한국통신에게 공개발주를 요청하였으며, 관련업계의 청문서를 한국통신으로 이첩하였다(1982. 3. 8).

이러한 상황을 반영하여 전문장비 분야별로 수급자격을 제한할 수 있도록 전기통 신공사업법 시행령을 개정하였다(대통령령 제10779호/ 1982. 3. 31). 이에 따라 체신부로부터 공개발주방침이 통보되었으며(통관1606.5-5066/ 1982. 4. 1), 한국통신은 그 발주방침을 확정하였다(회계411-4628/ 1982. 5. 8). 이 방침에 의해 신설공사는 공개발주하며, 증설공사는 하자담보 책임기간이 만료된 시설의 경우는 제한경쟁입찰, 하자담보 책임기간이 만료되지 않은 시설에 대하여는 수의 계약할 수 있게 되었다.

나. 제2기종(No1A) 전자교환기의 시공

1980년/1981년도 사업분은 전량 턴키로 시공하였으며, 1982년도 직수입분 11만회선의 경우 그 중 10만 회선은 턴키시공하고 1만 회선은 국내 시공하였다. 또한 1983년도 직수입분 26만회선의 경우 예산에는 전량 턴키공사로 반영되어 있었으나 한국통신 입장에서는 조기에 국내시공을 시도하지 않을 수 없었다.

그러나 기술축적이 미흡한데다 고급기술 인력이 부족하여 국내시공능력이 초기단계에 머물러 있는 실정이어서 1983년에는 턴키시공과 국내시공을 병행 추진하였다. 이에 따라 1983년도에는 26만회선 중 17만 회선을 국내시공하고 9만 회선은 턴키시공하였으며 1984년부터는 전량국내 시공하는 방침을 결정하였다. 이와 같이 1983년에는 국별로 시공방법을 검토하여 일부 턴키공사, 일부 국내공사로 추진하였다.

① 제주 1만회선 공급사업(1983. 3-1983. 11)의 국내시공방안을 검토하였다. 먼저 이 사업을 턴키 시공하는 경우 1,118백만 원이 필요하고 국내 시공하면 567백만 원이 소요되는 것으로 확인되었다. 검토결과 국내 시공하는 경우 약 550천원이 절감되나 내자는 약 137천원이 추가 소요되었다.

또한 국내 시공하는 경우 공사 설계서 재작성으로 3개월, 국내공사로 인한 발주 및 계약에 2개월이 소요되어 1983년 1월초부터 설계서를 작성하면 착공은 3개월 지연되고 준공은 4개월 지연될 것으로 파악되었다. 따라서 당초계획대로 턴키 시공으로 추진하는 것으로 결정하였다.

<표 1-66> 국내시공과 턴키공사 비교(제주 1만회선)

구분	국내 시공	턴키 시공	비 고
내자(1,000원) 외자(1,000불)	384,300 250	247,000 1,190	차이 137,300
계	567,300	1,118,000	차이 550,700

② 중앙 3만회선 공급사업(1983. 5-1984. 4)의 국내시공을 검토하였다. 이 사업을 턴키 시공하는 경우 2,229백만 원이 필요하고 국내 시공하면 1,318백만 원이 소요되는 것으로 산출되었다. 검토결과 국내 시공하는 경우 약 911천원이 절감되나 내자는 약 274천원이 추가 소요되었다.

또한 국내 시공하는 경우 공사 설계서 재작성으로 3개월, 국내공사로 인한 변경발주 및 계약에 2개월이 소요되나 시기적으로 여유가 있으므로 착공과 준공이 약 1개월 정도 지연될 것으로 검토되었다. 따라서 국내 시공으로 전환하는 경우 약 1개월 정도 개통 지연이 예상되나 투자비 절감효과가 있으므로 국내공사로 전환 추진하였다.

<표 1-67> 국내시공과 턴키공사 비교(중앙 3만회선)

구분	국내 시공	턴키 시공	비고
내자(1,000원) 외자(1,000불)	768,600 250	494,100 2,370	차이 274,500
계	1,317,600	2,228,900	차이 911,300

이상과 같은 시내통신망에 전자교환기의 대량공급사업은 한국전기통신공사 계획국 도시계획부에서 전담하였으며 공사창립 첫해인 1982년 당시의 책임자는 계획국장 이희두, 도시계획부장 이정욱으로 보직 추진되었다(제2기 고급관리자 특별과정 명단, 1982. 8. 5, 한국전기통신공사 연수원).

11. 1990년대는 선진화 완성과 위기의 시대

11.1 디지털 전자교환기로의 전환

가. 국산제품과 도입제품의 병행공급

1980년대 중반 한국통신은 우리나라 통신망에 디지털 전자교환기인 No.5 교환기와 S1240 교환기의 도입공급을 검토하기 시작하였다. 당시 한국통신 계획국 도시계획부(부장 이정욱)에서는 이 신형 전자교환기의 도입을 위해 1985년도에 상용시험을 거쳐 표준규격을 작성하였다.

또한 1986년도에는 원격교환장치(RSS) 시험, ISDN 시험 등 부가기능시험을 시행하는 계획을 수립하여 추진하였다(통신망현대화계획, 1985. 12. 17, 한국통신 계획국). 이 계획의 주관부서 및 결재자는 제1장 말미의 참고자료 편에 기록되어 있다. 이후 정보통신 선진화 30년의 마무리 시기인 1993년-1994년 전자교환기 공급실적은 <표 1-68>과 같다.

<표 1-68> 국산전자교환기와 도입전자교환기의 공급

기종별	1993년도		1994년도	
	회선수(KL)	금액(천원)	회선수(KL)	금액(천원)
TDX-10	780.22	145,454,398	838.48	146,111,757
TDX-1A	4.52	2,334,125	22.62	4,654,703
TDX-1B	228.28	38,803,667	154.18	25,651,353
5ESS	151.9	25,480,170	144.8	26,337,000
S1240	89.0	17,830,914	52	9,670,120
AXE-10	37.9	9,043,821	27.6	5,130,410
계	1,291.82	238,947,095	1,239.48	217,555,343

나. 교환기종별 운용현황

1990년대 중반 우리나라의 전자교환기는 시내통신용으로 8개 기종, 장거리통신용으로 3개 기종을 운용하였다. 이때 외국산 전자교환기의 국내공급자를 보면 M10CN과 S1240은 삼성전자에서, No.1A는 LG정보통신에서, 그리고 AXE-10은 한화정보통신에서 공급하고 있었다. 그리고 5ESS는 1992년까지 LG정보통신을 통해 국내에 공급하여 왔으나 1993년부터 AT&T가 직접 공급하였다. 한편 대도시의 탄뎀교환기는 TDX-10 기종으로 운용하였으며, 서울의 텐덤전화국은 혜화, 전농, 구로, 잠실, 신촌, 영동, 영등포, 광화문 등 8개국으로 구성 운용하였다.

당시 시내통신용 전자교환기로는 M10CN, NO.1A의 아날로그형 전자교환기, TDX-1A, TDX-1B, TDX-10 등 국내개발 디지털전자교환기 그리고 AXE-10, 5ESS, S1240 등 외국수입 디지털형 전자교환기가 운용되고 있었다. 또한 시외용 전자교환기로는 외국수입품인 AXE-10, No.4 기종과 국내개발품인 TDX-10을 운용하고 있었다. 시내통신용 전자교환기 운용 세부내역은 <표 1-69>와 같고, 시외통신용 전자교환기 세부내역은 <표 1-70>과 같다(1995. 6). 이때 신호중계교환기(SMX-1)는 혜화, 구로, 부산, 마산 등 4개 전화국에 설치되었다.

<표 1-69> 시내통신용 전자교환기 운용현황

교환기종	시설수(천회선)	비율(%)	전화국수	공급지역	제작사
M10CN	4,343	21.0	95	대도시	Alcatel
NO.1A	3,590	17.4	52	대도시	AT&T
AXE-10	1,763	8.4	70	농어촌	Ericsson
TDX-1A	1,038	4.8	89	농어촌	국내4사
TDX-1B	4,607	21.5	223	중소도시	국내4사
TDX-10	2,595	10.9	89	대도시	국내4사
5ESS	1,726	8.2	31	대도시	AT&T
S1240	1,640	7.8	29	대도시	Alcatel
합 계	21,306	100.0	678		7개사

<표 1-70> 시외통신용 전자교환기 운용현황

교환기종	시설수(천회선)	비율(%)	전화국수	제작사	국내공급자
AXE-10	353	14.8	16	Ericsson	한화정보통신
TDX-10	554	18.2	12	국내4사	국내4사
No.4	218	67.0	6	AT&T	직도입
합 계	1,125	100.0	34	6개사	5개사

한편 시내 교환기와 시외 교환기 중에서 M10CN, No.1A, No.4 등 아날로그 교환기는 1991년부터 공급을 중단하였다. 또한 디지털 교환기 중에서도 AXE-10은 1987년부터,

S1240 및 TDX-1A는 1992년부터 신설은 공급 중단하고 증설용으로만 공급하였다. 그래서 1990년 초반부터는 TDX-1B, TDX-10A, 5ESS 기종만을 공급하게 되었다.

11.2 IMF사태와 전자교환기의 공급차질

가. 1998년도 시내교환시설 공급

당초 한국통신은 시내전화수요를 지속적으로 충족하기 위해 적정시설을 확보하고 종합정보통신망(ISDN) 기반을 구축하여 시설현대화를 추진하는 방침을 수립하였다. 이때 공급대상국은 1999년 3월 이전에 적체발생이 예상되는 전화국으로써 국별 공급목표는 개통 후 18개월 수요충족 분을 공급하고자 하였다. 그리고 공급기종은 ISDN 기반구축을 위해 전량 디지털방식으로 공급하고, 신설시스템은 ISDN 및 No.7 신호방식이 가능한 교환기로 공급하기로 정하였다. 이때 한국통신은 시내교환시설의 디지털화는 2006년에 완성하는 목표를 세우고 이를 위한 중기계획을 수립 추진하였으며 그 내역은 <표 1-71>과 같다.

그리고 1998년도 총 공급량은 164만8천 회선으로 정하였으며, 교환기종별 공급계획은 <표 1-72>와 같다. 여기에서 신설시스템은 대형 33개 시스템 58만9천 회선, 소형 8개 시스템 3만8천회선이고, 소요예산은 1,908억 원으로 계획되었다. 이 사업의 추진은 1997년 5월에 공급계획을 확정하고 설계 및 물자는 1997년 6월-1998년 10월에 확보하여 1998년 1월-1998년 12월에 개통하는 것으로 결정하였다. 그러나 당시 예산이 558억 원이 부족한 상황이 발생하였다.

<표 1-71> 시내교환시설 디지털화 중기계획(1998년-2000년)

구분	1997년말	1998년	1999년	2000년
교환시설(1,000회선)	23,841	1,648	984	1,083
디지털화율(%)	66.7	69.7	71.4	76.4

<표 1-72> 1998년도 디지털교환기 공급계획(단위: 1,000회선)

기종별	TDX-1A	TDX-1B	TDX-10A	AXE-10	5ESS	S1240
공급목표	7.9	242.8	1,028.5	73.5	249.8	45.5

나. 1998년도 전자교환기 공급조정

1997년 우리나라에 IMF사태가 터지자 그 영향으로 일반전화의 수요가 지속적으로 감소하기 시작하였다. 이때 한국통신에서는 가입전화의 수요를 재조사한 결과 엄청나게 감소하고 있는 현상을 확인하였다. 이때 시내전화에 대한 수요변동 상황을 보면 <표 1-73>과 같다.

이에 따라 한국통신은 우선 1998년도 시내교환시설 공급계획을 다음과 같은 기본방침을 정하여 조정하였다(1998. 4).

첫째, 기 개통 전화국은 마케팅활동을 통해 판매 추진하고, 1997년 착공 전화국 중 공정진도 50%이상인 전화국은 당초대로 추진한다.

둘째, 1998년 착공 전화국 중 공정진도 50%미만인 전화국은 목표량을 조정 후 재설계, 재계약, 재착공한다. 그리고 미착공 전화국 중 수요 감소국은 목표량을 조정하여 재설계 후 재계약하여 착공하며, 수요가 0인 전화국은 현 상태에서 공사를 중단하고 1999년 사업으로 추진한다.

<표 1-73> IMF 사태로 인한 시내전화수요 변동상황(1998. 3)

연도별	1998년	1999년	2000년
당초수요(1,000회선)	1,256	1,324	1,201
조정수요(1,000회선)	123	220	376
차이(1,000회선)	-1,133	-1,104	-825
감소율(%)	90.2	83.4	68.7

이와 같은 방침에 따라 확인한 결과 이미 개통한 시설은 총 84국 35만회선 이었으며, 이 시설은 이미 1997년에 착공하여 1998년 초 개통 분이었다. 이 개통시설에 대해서는 수요 감소분은 차기년도에 활용토록 하였다. 그리고 당시 공사 중인 시설 중 순증수요가 발생한 곳은 총 34개국 33만7천8백 회선이었으며, 이 공사분은 개통 추진하였다.

그리고 공사 중인 지역 중 수요가 0으로 떨어진 전화국(용산 등 34국 93.4천회선)은 공사를 중단하고 그 상태에서 정산처리하며 시설물자는 차기년도에 사업에 철거 활용토록 하였다. 또한 공사 중이나 수요가 감소한 전화국은 순증수요를 제외한 수요 감소분(영동 등 34국 337.8천회선)은 차기사업에 활용토록 결정하였다. 한편 당시 미착공분 119국 580천 회선에 대해서는 최근 수요를 반영하여 공급목표량을 조정하여 시행하게 하였다. 이러한 조치결과 당초 공급목표량 164만8천 회선에서 47만8천 회선을 감소시켜 117만 회선으로 조정하여 공급 추진하였다.

그러나 이러한 목표량 조정은 물자구매상 상당한 문제를 발생시켰다. 당시 총 구매물량 164만8천 회선의 대부분(99.7%)의 물량이 계약이 완료된 상태였다. 그 내용을 보면 이미 납품된 것이 135만1천 회선(82%), 납품 중단한 것이 29만3천6백 회선, 미발주가 3천4백 회선이었다. 더구나 기 납품외의 잔여물자는 공급사에서 이미 생산 완료되었거나 생산 중에 있다는 것이었다.

이러한 상황에서 한국통신은 통신사업의 중단없는 추진을 위해 다음과 같이 비상 조치하지 않을 수 없었다.

첫째, 납품중단 물자에 대해 계약해지를 하고 납기를 연장하는 협상을 해야만 하였다. 우선 조달본부에서는 사정변경에 의한 계약의 해제 또는 해지를 규정한 물품구매계약 일반조건(제27조)을 들어 업체와 협상을 해야만 하였다. 이들 업체들에게 재원 부족 및 IMF 사태에 따른 수요 감소로 인한 피할 수 없는 물량조정임을 설명하고 고통을 분담해줄 것을 설득하게 하였다. 그리고 네트워크본부에서는 납품중단 전화국의 물자에 대해 활용대책을 강구하였다.

둘째, 납품계약 해지가 불가능한 경우에는 네트워크본부에서 공급목표량을 조정하고 재설계를 시행하며 이에 따라 물자를 증감 조치하고 착공 및 개통시기를 조정하였다. 그리고 조달본부에서는 이러한 재설계에 따라 물자납기를 재조정하는 등 업체와 협의에 전력을 다하였다. 그러나 이때 재설계기간이 과다하게 소요되어 당초계획보다 시설개통이 약 4개월 지연되는 문제가 발생하였다. 또한 미 계약물자에 대해서는 서울통신운용연구단으로 하여금 물자구매를 취소토록 하였다.

이러한 조치에 따라 당초 계획을 조정하여 추진하는 경우 1998년도 사업분 중 50만1천 회선이 감소되었으며 이 잔여물자는 1999년도 사업에 재활용하도록 조정하였다. 그리고 이로 인해 시내교환시설 투자비 1,380억원, 부대설비 투자비 2,803억 원 등 총 4,183억 원의 투자비가 절감되었다. 결국 1998년 시내교환시설 공급계획이 조정되었다(기조 1110-1766, 1998. 3. 19). 이에 따라 1998년 교환기 미납품에 대한 자재구매도 조정하였다(운용단 2611-1134, 1998. 5. 7). 또한 1998년 교환시설 투자사업추진계획이 변경되었으며(네트 2611-2033, 1998. 5. 20), 이와 관련하여 1998년 교환기의 납품보류문제를 공급업체와 협의하였다(조달 2161-1312, 1998. 5. 22).

다. 공급업체의 반발

이와 같은 한국통신의 비상조치에 대해 당시 4개 공급업체에서는 물량의 조정구매 및 납품취소에는 동의할 수 없다는 내용의 문서를 연명으로 작성하여 한국통신 조달본부장에게 제출하였다(98 교환기 납품보류관련, 교환총 제98-3호, 1998. 5. 25). 이 문서의 주요내용은 다음과 같다.

<공급업체문서> 귀사의 무궁한 발전과 번영을 기원합니다. 조달 제2161-000202호(98. 2. 21) 교환기 납품보류, 교환총 재98-2호(98. 4. 29) 교환기 자재 납품보류 해제요청, 조달 제2161-1312호(98. 5. 22) 98교환기 납품보류 관련 사항입니다. 저희 교환기 공급사는 귀사의 어려운 경영상황을 감안하여 4개월간 기 생산된 자재의 재고 및 제반비용을 감수하며 귀사와의 원만한 협의도출을 기대하여 왔으나 귀사는 구체적이고 상호 합리적인 대안 제시없이 공급업체의 고통만을 요구하고 있는바, 이는 어려운 IMF시국 하에서 정보통신 분야의 투자확대를 통한 실업문제, 중소기업 도산문제 등을 해결하려는 정부의 기본방침을 정면으로 배

치되는 행위입니다.

더욱이 상기 관련 한국통신 조달본부의 일방적인 납품요구취소는 계약 특수조건 11조 3항에 위배될 뿐만 아니라 우월적인 지위를 남용한 귀사의 횡포이며 십수년 간 통신사업 발전을 위해 노력해온 교환기 공급업체의 입장을 전면 무시한 처사이므로 귀사의 조정구매 및 납품요구 취소에는 동의할 수 없음을 알려드립니다. 이에 교환기 공급업체의 요청사항을 다음과 같이 통보하오니, 98년 5월 30일까지 귀사의 성실한 답변을 촉구하는 바이며, 요구사항이 수용되지 않을 시 법적대응을 포함한 제반사항을 강구할 예정이오니 이점 감안하시어 기일 내에 회신하여 주시기 바랍니다.

요청사항은 공급업체에서 제출한 교환기 납품해제요청에 대한 재검토, 기 계약자재에 대한 자금비용/환율상승 보상, 제품보관비용 및 기타 계약보류로 인한 제반비용을 포함하는 재계약, 기 계약자재의 조속한 납품을 위한 제반조치 등입니다. 이 건의문서의 서명자는 대우통신(주) 대표이사 사장 유기범, 삼성전자(주) 대표이사 사장 윤종용, 엘지정보통신 대표이사 사장 서평원, (주)한화 대표이사 사장 김용구 이었다.

이에 따라 한국통신은 교환기 공급업체인 LG, 삼성, 대우, 한화 4개사에 대하여 자재의 재고물량을 조사하였다. 이 업체들은 한국통신과의 계약에 의하여 생산 완료하여 납품준비 중인 상당량의 자재를 재고로 가지고 있었는데 세부내용은 <표 1-74>와 같다. 또한 이때 1997년 공급분도 수요 감소로 총 31만7천5백 회선의 여유시설이 발생하고 있었다. 여기에서 여유시설 소진방안을 검토 추진하였다. 특히 TDX-10A 기종은 1999년에 반전자교환기(SD)의 철거를 확대하여 대체물량으로 조기 소진토록하고, 5ESS는 1998년과 1999년에 걸쳐 시내용 및 국간중계시설로 전량 소진하는 방침으로 추진하였다.

<표 1-74> 전자교환기 자재의 업체별 재고현황(1998. 6)

업체별	LG	SS	DW	HH	합계
가용시설(천회선)	39.6	39.8	24	52.6	156
여유시설(천회선)	31.3	47.4	63.5	18	160.2
시설계(천회선)	70.9	87.2	87.5	70.6	316.2
금액(백만원)	11,767	14,709	11,709	11,008	49,193

11.3 반전자교환기 시대의 사양길

가. 반전자교환기의 공급조정 및 철거

한국통신은 우리나라 통신망의 현대화를 위해 초기에 도입된 전자교환기 제1기종(M10CN)과 제2기종(No.1A)의 공급으로부터 새로운 기술의 시분할 교환기(TDM)로 공급하는 방안으로 전환하였다(시분할 교환기 공급방안, 1982. 2, 한국통신 계획국). 제1기종(M10CN) 전자교환기는 용량이 2만-3만회선이 한계이어서 대도시에는 부적합하며, 하드웨어 및 소프트웨어 개발부족으로 시분할 교환기에 대한 경쟁력이 취약한 상황이었다.

이에 따라 한국통신은 가급적 조기에 시분할 교환기로 전환해야할 입장이어서 KTC로 하여금 ITT사의 1240형 시분할 교환기(북미형)의 도입을 촉구하였다. 이를 위해 1984년 이전에 1대를 직도입하여 시험개통하고, 1985년부터 국산화공급을 허용하였다. 한국통신은 점진적인 M10CN 전환계획을 수립하였으며 장기적으로 해외수출조건으로 도입하려고 하였다.

반면 제2기종(No.1A)의 경우는 용량이 4만-6만 이상으로 대도시용으로 적합하였다. 그리고 하드웨어 및 소프트웨어가 발전되어 시분할 교환기와의 경쟁에서도 우위성이 있으며 ISDN에도 활용 가능하므로 이 기종은 점진적으로 전환하기로 판단하였다. 그리고 금성반도체(GSS)로 하여금 ATT사의 No.5형 TDM교환기의 도입을 허용하였다. 1984년에 1대를 직도입하여 시험개통을 추진하고 필요성이 인정되면 1985년부터 국산화 공급을 허용하며, 장기적으로는 해외수출조건으로 도입 추진하였다.

나. 2006년까지 시내교환시설의 전량 디지털화

통신사업환경의 급격한 변화에 따라 한국통신은 반전자교환시설의 대·개체를 통하여 통신망의 멀티미디어 서비스 제공환경을 조속히 구축 추진하였다. 이에 따라 2006년까지 시내교환시설을 전량 디지털화하는 계획을 수립하였으며, 1999년도 반전자교환기의 공급계획을 대폭 조정하여 집행하게 되었다(1999년도 반전자교환기 대체계획, 1998. 6. 11, 네트워크본부 교환팀). 이때 공급량 조정의 세부내역은 <표 1-75>와 같다.

<표 1-75> 1999년 반전자교환기 공급량 조정(단위 1,000회선)

구분	당초	조정	증감
시내교환시설	1,648	1,170	-478
시외교환시설	432	307	-125
계	2,048	1,477	-603

<표 1-76> 1999년 전자교환기 공급계약 상황(단위 1,000회선)

구분	공급계획	계약실적	납품	납품준비	미계약
시내교환시설	1,648	1,631	1,330	301	17
시외교환시설	432	404	140	264	28
계	2,080	2,035	1,470	565	45

이와 같은 공급계획의 조정에 따라 당시 상당량의 납품준비중인 물자에 대한 계약 취소가 불가피한 상황이었다(1999. 6). 이에 따라 시내교환기 30만1천회선, 시외교환기 8만1천회선 등 총 38만2천 회선을 실제 계약취소 조치하게 되었으며, 이렇게 되자 공급사에서 계약취소분에 납품요구를 재기하고 나섰다. 또한 한국통신 입장에서는 시내교환기 16만회선, 시외교환기 1만5천회선 등 총 17만5천회선의 기 납품물자의 재고가 발생한 상황에서 계약취소 대상의 미 납품물자까지 추가로 납품되는 경우에는 많은 재고물자가 발생하는 형편이었다.

11.4 반전자교환기의 철거대상

가. 철거 필요성 및 대상시설

1990년대 중반 반전자교환기가 사양길에 접어들면서 우리나라는 그때까지 운용하고 있던 M10CN, No.1A 등 반전자교환기의 철거를 검토하기 시작하였다(아날로그 교환기 철거 및 재활용방안 검토, 1995, 1. 18, 한국통신 네트워크본부 교환기술국). 당시 우리나라는 대도시의 146개 전화국에 많은 량의 반전자교환기를 운용하고 있었다. 이들 교환기는 1979년에 최초 도입하여 공급을 개시한 아날로그방식으로서 주로 1980년대에 설치된 관계로 시설이 노후되어 통화품질과 서비스수준이 저하된 상태였다.

그리고 부품 생산이 중단되는 등의 문제로 이미 유지보수 비용이 증가하고 있었으며, 첨단서비스 기능의 수용이 불가능하였다. 또한 내용연수(8년) 경과로 감가상각비가 격감하고 교환부문 자산규모가 감소되어 원가율이 하락함으로써 요금인하압력도 예상되었다. 한편 제1기종(M10CN)의 경우 이용자의 사전등록제 시행이 불가한데다가 앞으로의 통신망 요구 성능인 No 7 신호방식, ISDN기능, 지능망 기능 등 신기술을 갖추지 못하고 있었다.

당시 기술기획실(실장 이정욱)에서는 반전자교환기의 철거의 필요성을 재획인하고 반전자교환시설 철거대상 및 재활용방안을 본격적으로 검토하였다(1995. 2). 이때 반전자교환기의 철거 대상시설은 총 793만7천 회선으로 확인되었다(1995. 12). 기종별 내역은 <표 1-77>과 같다. 이들 시설의 경과연수를 보면 8년 이내 288만1천회선(36%), 8년-14년이 471만회선(59%), 15년 이상은 34만6천회선(5%)으로 파악되었다.

<표 1-77> 반전자교환기 철거 대상시설(단위 1,000회선)

기종별	M10CN	No1A	합계	총 보유시설 21,684천 회선의 36.6% 임
대상시설	4,347	3,590	7,937	

한국통신 기술기획실에서는 이들 반전자교환기의 철거 대체 필요성을 다음과 같이 재확인하고 이를 실행하였다.

첫째, 한국통신의 중장기 사업발전계획의 실현을 위해 필요하다. 경영기획실(실장 신동호)에서는 2005년에 교환기의 디지털화를 100% 완성하겠다는 장기전략 경영계획을 수립하였다(1995. 1). 이어서 이용자의 불편해소를 위해 사전등록제를 1997년 8월까지 도입하는 사전등록제추진 기본계획을 확정하였다(1996. 11). 또한 네트워크본부(본부장 이정욱)에서는 전화통신망을 ISDN으로 진화 발전시키는 한국의 정보통신 네트워크 발전전략을 추진하기 시작하였다(1996. 5). 이를 위해 기능개발이 불가능한 M10CN기종은 연차적으로 철거 대체할 수밖에 없다.

둘째, 날로 나빠지는 통신서비스의 품질(QoS)도 해결해야한다. 그런데 반전자교환기의 기술적 경제적 수명 기간(15년 정도)이 도래하고 있어 기종별 PCB, 부품고장 율이 크게 높아지고 있다. 그리고 MTU, DISK, CRT 등 입출력장치의 노후불량이 가속화되고 있었으며, 주요부품도 생산 중단되는 바람에 예비품의 확보가 곤란한 실정이다. 이에 대한 세부내역은 <표 1-78>과 <표 1-79>와 같다.

<표 1-78> 반전자교환기의 주요부품 확보상황

구분		M10CN	No.1A	비 고
HOST	총 PBA수	323	801	- M10CN은 주로 OJC, TJC 부품이 불가능 - No.1A는 주로 T1 Trunk 부품이 불가능
	가능	19	611	
	불가능	304	190	
RSU/RSS	총 PBA수	36	217	
	가능	-	180	
	불가능	36	37	

<표 1-79> 반전자교환기의 부품고장율(1996년 1/4분기)

기종별	M10CN	No.1A	AXE-10	TDX-10	5ESS	S-1240
고장율/100시설	0.036	0.054	0.039	0.022	0.008	0.01

셋째, 공간분할기종은 운용환경 유지에 따른 간접비용도 증가하고 있었다. 즉 상면, 전력비가 상당 부담이 되기 시작하였으며, 시스템 신증설에 따른 반전자교환기-시분할교환기간 국간 중계루트(완전망형구조)도 크게 증가하고 있다. 또한 디지털교환기의 증가에 따라 아날로그/디지털변환(A/D) 전송설비도 소요되는 상황이 되었다.

넷째, 당시 정부는 분야별로 통신사업자를 지정하는 등 본격적인 통신서비스 경쟁에 돌입해야 할 시기가 다가왔었다(1996. 6). 케이블TV 및 무선가입자장치(WLL)를 이용한 시내전화사업의 경쟁이 예상되고 있고, 226개의 특정지역 초고속망사업자들은 기본통신시장에의 진입을 노리고 있다. 또한 상대적으로 기술력과 마케팅능력이 우위에 있는 외국사업자의 국내시장진입도 임박하고 있었다. 이러한 상황에서 한국통신은 사전등록제, IGS, CT-2 접속기능 등 신규서비스 적용을 위한 업그레이드가 제한되어 있었다. 이에 더해 공간분할 교환시설에 의한 서비스제약으로 경쟁력은 한층 약화되고 있다.

다섯째, 반전자교환기 등 노후시설의 철거가 불가피한 시기가 도래할 때 이를 단기간 내 철거는 사실상 불가능한 상황이 발생할 수 있다. 더구나 CT-2, PCS, 초고속통신망 구축 등 신규사업부문에 대한 재원 소요로 대체투자 재원확보는 점점 어려워질 것으로 예상된다. 그리고 내용연수 경과로 시설규모에 비해 자산규모는 축소되어 서비스 원가율이 하락하여 요금인하요인이 발생할 수 있다.

여섯째, 당시 대도시 전화국의 상면 부족이 심각하고, 시간이 지날수록 공간분할 교환시설 대체를 위한 소요상면의 확보도 어려워질 것으로 예상된다. 따라서 신규서비스 제공을 위한 상면을 조기에 확보해야 한다.

나. 반전자교환기의 최적대체방안 연구

한국통신은 이들 공간분할 교환시설을 대체해 나가기 위해서는 최적 대체시기 및 방법을 구체화하고, 단위국별 철거 및 대체를 위한 기술적 방법을 정립하며 실행계획을 수립할 필요가 있었다. 따라서 반전자교환시설 최적대체방안에 관한 연구를 통신망연구소로 하여금 수행토록 하였다. 이 연구는 연구비 12,548천원을 사용하여 2년간(1993. 1-1994. 12)에 걸쳐 수행되었다. 이때 통신망연구소는 반전자 교환시설의 최적대체방안 연구에서 경제성분석(Life Cycle Cost Analysis)에 의한 최적철거 대체방안을 제시하였다.

이때 평가모형은 평가 지표(DIF)에 의한 평가를 실시하였다. DIF(y) = PW(y)-IC(y) = 〔OM1(y)+OM2(y)+BL(y)+TR(y)+RV(y)-IC(y). 여기에서 PW(y)는 y년도 대체에 따른 Life Cycle 동안 기대손실(기회비용)의 현가이고, IC(y)는 y년도 대체투자비의 현가이다. OM1(y)는 인건비, 전력비, 수선유지비 등을 합친 교환운용유지비 절감현가이고 OM2(y)는 전송비, 국사비 등 기타 운용유지비의 절감현가이다. 그리고 BL(y)는 국사절감에 따른 기회비용현가이고, TR(y)는 KD-4, T1/E1변환장치 등 전송로투자비 절감에 따른 기회비용현가이며, RV(y)는 부가서비스 기회비용현가이다.

이러한 분석결과 경제적 대체 시기는 1996년부터 2006년까지이며 대체물량분포는 1999년에 가장 많은 240만회선 규모로 나타났다. 그리고 2000년-2006년에 매년 약 70만회선-100만회선 규모로 철거해야 하였으며, 이에 따른 교환부문 재무구조도 검토하였다. 한편 아날로그 교환기의 철거대체가 이루어지지 않을 경우를 검토하였다. 가입전화 시설규모는 1993년 2,000만 회선에서 2001년에 2,500만 회선으로 약 26%증가하는 것으로 예상하였다. 이에 따라 감가상각비 규모는 1993년도 3,797억 원에서 2001년에 1,275억 원으로 약 66% 감소하고, 자산규모(교환시설)는 1993년도 15,216억 원에서 2001년에 8,122억 원으로 약

46%나 감소되고 있었다.

1998년까지 감가상각이 완료될 것으로 예상하여 전체시설규모는 방대하지만 자산규모는 축소되는 상황이 발생하였다. 이로 인해 원가율이 하락하여 요금인하압력이 가중될 것으로 예상되어 교환부문의 자산규모 및 감가상각이 급락하기 시작하는 1996년부터 대체투자가 이루어져야 한다고 판단하였다. 이를 위해 투자물량규모를 매년 일정량(약 150만회선, 3,500억 원)을 유지하며, 내부현금흐름을 양호하게 하여 재투자 재원이 원활하게 조달될 수 있게 할 필요가 있었다.

한편 대체기종은 아날로그 교환기보다 성능, 기술성, 경제성이 유리해야 하고 철거, 대체시기에 맞추어 공급이 가능해야 하였다. 당시 가능한 기종으로는 국내개발기종인 TDX-10A 기종과 TDX-100 교환기가 있었으며, 특히 TDX-100은 1995년에 개발에 착수하여 1997년 말에 공급이 가능하였다. 반면 ATM은 음성급 가입자 수용기능이 개발된다 하드라도 2008년까지는 경제성 측면에서 불리하였다.

다. 아날로그 전자교환기의 철거 대체 결정

한국통신 네트워크본부는 통신망연구소(소장 이상훈)가 수행한 반전자교환시설 최적대체방안에 관한 연구결과를 근간으로 아날로그 전자교환시설의 철거대체를 실행하였다. 그러면서 반전자교환기 철거대체를 보다 체계적으로 시행하기 위해 반전자교환기 철거대체계획 수립회의를 개최하였다(1996. 7. 8, 한국통신 네트워크본부). 당시 회의는 네트워크본부장(이정욱)이 주관하였으며 네트워크본부 시내교환계획부장(이해동)이 공간분할(SD) 전자교환기 철거대체계획을 보고하였다.

<표 1-80> 반전자교환기 철거대체계획 수립회의

부서별	참석자
네트워크본부	시설운용실장(김기천), 시내교환계획국장(정재진) 시내교환운용국장(송준갑), 시내전송계획국장(김태설)
연구개발본부	통신망연구소장(이상훈) 및 관련실장 교환기술연구소장(박용기) 및 관련실장
서울본부	운용국장(김남수)
서울통신운용연구단	운용관리1국장(윤재희)

특히 이 회의에서는 공간분할(SD) 전자교환기의 철거대체계획을 수립할 때 경제성 근거자료의 보완, 대체 추진 시 실행력을 제고하는 방안 등 보완해야 할 사항을 다음과 같이 검토하였다.

첫째, 대체기종(TDX-10A)의 투자비 감소 반영, 부가서비스 기회비용 현가, 교환 운용유지비 및 국사절감비용 등 각종 경제성분석 기초자료를 현실화한다. 그리고 기초자료 현실화에 따른 대체개시시기 및 연도별 물량을 산출한다.

둘째, ISDN, CT-2, PCS, 초고속통신망 등 신규사업 투자계획을 감안한 재무구조와 연계된 연도별 최적대체물량을 산정한다. 이를 위한 최적대체계획 수립프로그램(SERS) 운용자 매뉴얼을 제시하도록 한다. 여기에는 400여개나 되는 입력변수의 입력기준에 대한 설명과 프로그램 운용방법을 세부적으로 제시한다.

셋째, 대체추진 시 실행력을 제고하기 위해 철거대체 우선순위기준을 설정토록 한다. 이를 위해 각국별 통신시설상황에 대하여 세부적으로 검토한다. 그리고 상면(교환기. MDF)이 부족한 전화국에 대한 대책, 번호변경 없이 대체를 추진하는 방안, 대용량국의 경우 분할철거 수행방안 등 대체추진 시 예상되는 문제점을 도출하고 해결방안을 제시토록 한다. 또한 철거시설에 대한 재활용 또는 용도폐기 등 처분방안을 수립한다.

한국통신은 이 회의에서 보고된 계획(안)을 종합 검토하여 반전자교환기의 철거대체계획을 결정하였다.

11.5 반전자교환기의 철거 및 재활용

가. 철거집행계획

한국통신은 이 과제에 대해 외부에 용역을 주거나 연구과제로 추진하는 것은 당시 용역비 지출억제, 사내정보유출 등의 문제로 곤란하였다. 그리고 경제성 분석과 철거대체실행을 위한 현장여건분석을 동시에 만족시킬 수 있는 단기적 방안이 부재한 면도 있었다. 이에 따라 통신망연구소가 수행한 연구결과를 근간으로 추진하게 되었으며, 1998년도 투자사업계획분부터 반전자교환기의 철거 및 대체가 가능토록 종합계획을 다음과 같이 수립하였다.

첫째, 경제성보완 및 대체논리개발과 철거대체시행을 위한 현장여건분석을 분리하고 역할 분담하여 병행 추진한다.

둘째, 연구개발본부 교환기술연구소는 경제성보완, 최적 철거대체논리 개발 및 대체계획 수립용 툴을 2개월(1996. 7-1996. 8)간 수행한다. 수행방법은 1994년도 연구과제 수행요원을 참여시켜 각종 설비투자비 및 운용비, 수익모형에 사용되는 기초자료를 보완하여 이를 단기간 내 완료토록 한다.

셋째, 네트워크본부 시설운용실은 국별, 시스템별 철거대체 실행방안을 같은 기간에 수립한다. 수행방법은 지역본부별로 기초자료를 조사 분석하고, 국별, 국사여건(상면, MDF, 동도 등)을 현장 조사한다. 그리고 시스템별 운용특성 등을 반영하여 철거 우선순위를 결정한다. 이에 따라 시설운용실에서 반전자교환기 철거대책 종합계획을 수립한다.

위의 반전자교환기 철거대체 종합계획에 따라 경제성 및 대체논리 연구반과 실행계획 수립전담반 등 전담반을 구성하여 운용하였다.

① 경제성 및 대체논리 연구반은 교환기술연구소 교환연구실장 방윤학을 전담반장으로 하여, 연구개발본부 선임연구원 이홍재, 통신망연구소 선임연구원 전윤철, 교환기술연구소 전임연구원 홍원규, 정문조로 편성되었다.

② 실행계획수립 전담반은 시설운용실 시내교환계획국장 정재진이 반장을 맡았으며, 여기에 운용실태분석팀과 대체실행추진팀의 2개팀으로 운용하였다. 운용실태분석팀에는 시설운용실 시내교환계획국의 이해동, 노윤수, 김송희, 김상만, 박재구, 서울본부의 강호준으로 구성하였다. 그리고 대체실행추진팀에는 시설운용실 시내교환계획국의 박용규, 김연왕, 이갑희, 시내전송계획국의 박영식, 시내전송운용국의 이대하, 서울통신운용연구단의 임관홍, 공병렬로 편성되었다.

③ 이 전담반의 운영기간은 2개월(1996. 7-1996. 8)로 하였으며, 소요예산은 경제성분석 및 대체논리연구반의 경우 기달 연구개발비를 활용하고, 실행계획수립 전담반에는 6백20만원을 별도 시달하였다.

나. 반전자교환기의 재활용

한국통신은 철거하는 아날로그 전자교환기에 대한 재활용하는 방안을 찾아보았다. 이를 필리핀을 기준으로 재활용하는 경우 BOT사업을 추진하거나 철거시스템을 수출하는 방안이 가능하여 다음과 같이 검토하였다.

첫째, 아날로그 전자교환기의 철거재활용을 위한 소요일정을 검토하면 No.1A(3만회선 기준)의 경우 대체기종신설, 철거, 재사용 및 시스템 구성, 포장 및 운송, 현지공사 등을 감안할 때 총 20개월이 필요하다.

둘째, 당시 투자비를 분석하면 철거재활용의 경우 TDX-1B의 국내 공급가격보다는 경제성이 있는 것으로 보이나 아날로그 2개 시스템을 철거하여 1개 시스템을 구성하게 되므로 잔존가격 포함시 경제성이 없는 것으로 나타났다. 또한 농어촌용 디지털교환기의 국제회선당 가격이 100달러(8만원)선이어서 국제경쟁력도 없는 것으로 판단되었다. <표 1-81>에서의 투자비는 1만회선을 기준으로 산출한 것이며, Starex-IMS는 농어촌용을 기준으로 하였다. M10CN은 추정치이며, 기타 기종은 실례가를 가지고 산출하였으며 M10CN은 잔존가격이 포함되었으나 No.1A는 포함되지 않았다.

<표 1-81> 공급교환기의 투자비 분석

구분	No.1A	M10CN	TDX-1B	Starex-IMS
투자비(백만원)	1,216	1,500	1,914	820
회선당 단가(천원)	122	150	191	82

셋째, 이를 시행하기 위해 국사를 이원화 운용하고 이설이 필요한 전화국을 우선적으로 대체하는 것으로 방침을 정하였다. 또한 국산교환기의 국제경쟁력을 감안하여 단계적으로 추진하며, 국사상면, 시공능력, 투자재원 등을 고려하여 결정한다.

다. 후진국으로의 수출가능성 검토

한국통신은 시설노후화 등으로 철거 중에 있는 반전자교환기(M10CN, No.1A)를 동남아 등 후진국으로의 수출 가능성을 검토하였다. 우선 기술적인 측면에서 보면 해당 국가적응(Country Adaptation)을 위해 관련 소프트웨어의 보완이 필요하나 원천기술을 가지지 못해 어려웠다. 그리고 장비의 노후화(최소 10년 이상 사용)로 인한 부품생산 중단으로 고장발생시 대처가 곤란하였다.

또한 철거교환기를 재활용할 때 필요한 각종부품은 철거자재 중 선별하여 사용하여야 하나 시스템수명 20년 중 당시 평균 15년을 사용한 관계로 부품이 노후화되어 사용가능여부가 불확실하다. 그리고 수출시 AS요원과 자재가 확보되어야 하나 당시 한국통신도 최소한의 AS요원과 철거자재로 AS하는 상태에 있었다. 다음 경제적인 측면에서는 반전자교환기의 수출비용이 TDX의 해외수출비용에 상응하는 정도로 파악되었다. 이때 TDX 회선단가는 146달러였다. 반전자교환기의 수출을 위해서는 기존시스템의 철거 및 재구성이 필수적인데, 이에 소요되는 비용이 TDX 수출단가에 육박하였다.

또한 과다한 전력소모로 전력사용비용이 늘어났으며, 지나치게 큰 상면으로 공간확보를 위한 비용이 증가하는 문제를 안고 있었다. 당시 M10CN의 소요상면이 1,200m^2인데 비해 TDX-10A기종의 소요상면은 252m^2로 감소되어, 반전자식의 경우 4배 이상의 공간을 필요로 하였다. 그런데 대부분의 개발도상국의 경우 전화국 건물이 작고 협소하여 반전자교환기 설치에 부적합한 것으로 판단되었다. 이와 같은 검토결과에 따라 한국통신은 이 과제의 시행방안에 대해 우리나라의 상황, 세계적인 추세, 기술성과 경제성 등을 종합적으로 검토하여 다음과 같이 정리하였다.

첫째, 우리나라의 운용중인 아날로그 교환기에 대한 기술성, 경제성 등을 종합검토한 결과 1996년부터 2006년까지 11년 동안에 걸쳐 철거, 대체함이 바람직하다.

둘째, 전 세계적으로 교환방식은 디지털화 추세이며 후진국에서도 신설교환기는 디지털방식으로 공급하고 있다. 또한 국내의 아날로그 교환기를 철거 제3국에 재활용할 때는 유지보수방법 및 비용측면이 가장 큰 변수로 작용된다.

셋째, 아날로그 교환기의 국내생산이 국내에서 중단되고 있으며, 내용연수경과 및 진부화된 기술로서 재활용 수명, 유지보수용 예비품, 운용요원의 교육 및 확보에 어려움이 예상된다.

넷째, 기술적으로는 해당국가 적응 등이 불가하고, 경제적으로는 기존시스템의 철거 및 재구성의 소요비용이 과다하여 철거한 반전자교환기의 수출은 현실적으로 어렵다고 판단된다.

11.6 반전자교환기의 본격적 대·개체

가. 반전자교환기 철거, 디지털교환기 도입

1990년 후반에 접어들면서 통신사업환경이 급격하게 변화함에 따라 반전자교환기의 대개체를 통해 시내통신망을 고도화하고 고품질 서비스를 제공하기 위해 디지털화를 추진하게 되었다. 그러나 앞에서 설명한 것처럼 반전자교환기의 철거 재활용의 추진에 어려움이 확인되자 한국통신은 효율적이고 합리적인 추진을 위해 실무전담반을 구성하여 대체비용, 수익분석에 의한 최적방안 등 종합적인 대체논리를 개발하게 하였다(1996. 5).

또한 연간대체물량, 대체방법, 철거시설의 처리, 국별 상면확보, 대체우선순위 등 세부실행방안도 수립하였다(1996. 8). 이에 따라 1998년부터 2006년까지 반전자교환시설 전량(7,937천회선)을 철거한 후 디지털화를 완성하는 계획을 수립하였다(1997. 1). 초기추진단계(1998년-2000년)에서는 1,371천 회선을 철거하고, 본격추진단계(2001년-2006년)에서는 6,566천 회선을 대체하는 목표를 세웠다. 이를 위한 소요예산은 총 1조4,500억 원으로 수립되었다.

이후 한국통신은 반전자교환시설의 효율적인 대개체를 통하여 멀티미디어 서비스 제공환경 구축하고자 하였다(1999년도 반전자교환기 대체계획, 1998. 6. 11, 한국통신 네트워크본부 교환팀). 이를 위해 연도별 재무구조를 감안하여 단계적으로 철거대체하고, 통화량이 많은 대도시지역부터 우선 추진하며, 국사상면이 부족한 전화국 위주로 시행하는 등 현실적인 문제에 당면한 전화국을 우선 추진하는 것으로 방침을 정하였다.

이 계획에 의하면 2006년에 시내교환시설의 100% 디지털화를 완성하고, 이를 위해 공간분할교환기(SD)는 6년간(1998년-2006년)에 걸쳐 총 7,937천 회선을 철거하는 것으로 정하였다. 이때 연도별 철거대체규모는 <표 1-82>과 같이 정하여 시행 추진하였다(반전자교환기 철거기본계획, 1997. 3).

<표 1-82> 반전자교환기의 연도별 철거계획(단위: 천회선)

연도별	철거량	연도별	철거량	연도별	철거량
1998	237	1999	438	2000	696
2001	821	2002	994	2003	1,079
2004	1,147	2005	1,232	2006	1,293

그러나 1998년의 경우 기본계획상 철거량은 23만7천 회선이었으나 실제는 31만2천 회선

을 철거하는 것으로 확정 추진하였다. 또한 시외교환시설은 공통선 신호방식 및 지능망 적용을 1999년에 완성하기 위해 No.4 전자교환기를 1996년-1998년에 철거하는 것으로 결정하였다(철거기본계획, 1995. 7). 이에 따라 1996년 4만3천회선, 1997년 7만회선, 1998년 10만5천 회선을 철거키로 추진하였으며, 1998년의 경우 3만회선(대전)만 철거하는 것으로 확정 추진하였다.

나. 반전자교환기의 본격적 대·개체

한국통신은 반전자교환기 철거계획에 따라 1998년에는 제1기종(M10CN) 146.2천회선, 제2기종(No1A) 166.2천회선 등 총 312.4천회선을 대체하였으며, 전화국별 철거내역은 <표 1-83>과 같다. 그리고 1999년에는 M10CN 기종 415.5천회선, No1A 기종 166천회선 등 총 581.5천 회선을 대체하는 계획을 수립하였으며, 전화국별 철거내역은 <표 1-84>와 같다. 그리고 반전자교환기 대체사업을 위한 기본설계 및 물자확보는 1998년 중반(1998.6-1998. 8)에 집행하고, 시설공사 및 준공은 1998년 8월부터 1999년 12월까지 시행하며, 총 소요예산은 316억8천9백만 원을 투입하는 것으로 계획하였다.

<표 1-83> 1998년 반전자교환기 대체실적

기종별	대체물량(회선)
제1기종(M10CN)	영동 26,000 행당20,000 행당 30,000 전농 20,000 진해 2,500 김해 1,000 영도 6,600 사하 100 금사 9,600 해운대 5,700 서안동 2,500 월배 500 구미3,900 익산 6,000 북전주 4,700 서군산 7,100
제2기종 (No1A)	신사 52,000 성남 85,000 구리 9,100 중앙분 7,400, 송도 6,400 서대전 4,500 청주 1,800

<표 1-84> 1999년 반전자교환기 대체계획

기종별	대체물량(회선)
제1기종(M10CN)	영등포 26,000 반포 30,000 영동 20,000 영동 20,000 구로 30,000 송파 20,000 부산진 20,000 울산 24,700 평택 28,000 목포 30,000 광주 10,000 천안 34,300 익산 30,000 북전주 18,000 제천 30,000 서강릉 38,200 구미공 10,000 남원2,900 남강1,000 진주1,400
제2기종 (No1A)	신촌 68,000 서광주 64,000 양재 11,000 구리 5,000 남인천 8,000 안산 10,000

한편 반전자교환기의 대개체사업의 추진방침은 다음과 같이 정하여 추진하였다. 이외에도 본 사업을 추진함에 있어서는 전반적으로는 시내전자교환기 고도화사업 추진 시행지침

(1997. 3)을 참조토록 하였다.

첫째, 반전자교환기를 대체할 때 가급적 기존에 사용 중인 국번호와 가입자번호와 동일한 번호를 부여하고, 번호가 변경이 되는 경우를 최소화한다. 그리고 중계 및 가입자 회선을 절체할 때는 고객의 편익을 최우선 반영한다.

둘째, 고도화추진위원회를 구성하여 철거자산 처분방침 및 재활용계획을 심의하고, 수용변경, 국번호 및 가입자번호 변경 등 관련사항의 홍보대책을 수립한다. 또한 절체세부작업 및 부서별 업무분장 등에 관한 사항, 기타 반전자교환기 대체계획과 관련사항을 논의한다.

셋째, 안정된 서비스 품질확보를 위해 절체 및 시험방법에 대해 단계별 세부계획을 수립 시행한다. 운용전화국, 시공회사, 시공기관 등 절체 관계자에 대한 사전교육을 시행한다. 그리고 우편, 언론, 현수막, 방문 등의 가입자 홍보를 단계별로 실시한다.

넷째, 철거공사는 예산절감을 최우선 고려하여 시행하고, 운용시설과 연동 등 전문성이 요구되므로 공정한 관련 업체에 도급시행한다. 도급에 관한 철거공사비는 회계규정 자산관리 분야 지침 중 고정자산 관리지침 제13조 1항의 2 또는 3에 의거 처리토록 한다.

참고자료

(1) 전자교환방식 도입을 위한 추진계획(1977. 1. 7).

체신부는 전자교환방식 도입에 수반한 수용체제를 완비하기 위해 전담반을 구성 운용하였다. 이 전담반은 통신기정 정도길 외 13명으로 구성하여 1977년 1월부터 12월까지 운영하였다(전자교환방식 도입을 위한 추진계획, 체계삼 1620-227, 체신부 계획국). 이 추진계획은 계획국 계획3과장(유택로), 국장(장기익), 차관(이경식), 장관(박원근)의 결재로 확정되었다.

(2) 전자교환기 제2기종 선정(1978. 12. 20)

체신부는 우리나라에 도입할 전자교환기 제2기종 선정에 대한 기본방침은 계획국에서 결정하고 그 실무작업은 한국통신기술연구소에서 시행하기로 정하였다. 그리고 이방침을 당시 전자교환기 기종선정의 창구역할을 하고 있는 체신부 기술정책관에게 통보하여 추진하게 하였다(ESS 제2기종선정, 체계삼 1620-1246, 1978. 12. 20, 체신부). 이 문서는 체신부 계획국 1담당(김종삼), 계획3과장(유택로), 국장(정규석)의 결재로 결정되었다.

(3) 전자교환기 공급확대방안(1978. 12. 21)

체신부 기술정책관은 한국통신기술연구소장에게 제2기종의 선정작업을 차질없이 추진할 것을 통보하였다(전자교환기 공급확대방안, 체기술1620 -35470, 체신부). 이 문서는 기술정책관실 제4담당(최동휘)이 기안하여 기술정책관(정도길), 차관(이경식), 장관(박원근)이 결재하여 시행되었다.

(4) 전자교환기 공급확대방안(1979. 1. 30)

1979년 초 체신부는 전자교환기 제2기종을 선정하여 경쟁체제를 구축하며, 국내생산체제는 당시 KTC 단일생산체제로부터 복수생산체제로 전환하고, 1980년도 전자교환기 추가소요분(14만 4천회선)은 1980년도 내에 개통토록 하는 등 전자교환기 공급확대방안을 수립하였다(체계삼 1620-3243/1979. 1. 30). 이 전자교환기 공급확대방안은 체신부 계획국 계획3과장(유택노), 계획국장(정규석), 차관(이경식), 장관(이재설) 결재하여 시행되었다. 당시 협조기관으로 기획관리실장(손승록), 전무국장(신서우), 시설국장(임재황), 보전국장(이응효), 기술정책관(정도길)이 서명하였다.

(5) 1980년도 전자교환기 구매계획(1979. 3. 22, 체신부 시설국)

우리나라는 1980년부터 시내전화를 위해 전자교환기를 본격 공급하기 시작하였다. 1980년도 전자교환기 공급사업 2차분(14만회선)을 위한 구매계획을 수립 추진하였다. 이 계획은 체신부 시설국 기계시설과장(이양수), 시설국장(임재황), 차관(이경식), 장관(이재설)의 결재를 거쳐 확정되었다.

(6) 전자교환기 제2기종 선정에 필요한 작업지침(1979. 5. 29)

체신부 계획국에서는 전자교환기 제2기종 선정함에 있어 4개 국내회사가 각각 대상 외국회사와 교섭하여 조기 국산화, 조기 전자공업육성 등 국가에 가장 유익한 방안으로 추진하는 등 선정지침을 한국통신기술연구소장에게 통보하였다. 이 문서는 체신부 계획국 계획3과장(유택노), 계획국장(이응효), 차관(이경식), 장관(이재설)이 결재하였다(체계삼 1620-41, 체신부 계획국).

(7) 전자교환기 제2기종 채택 결정(1979. 12. 19)

1979년 정부는 한국통신기술연구소를 통해 실시한 전자교환기 국제입찰결과 미국의 WEI(Western Electric International)사가 제안한 No1A 전자교환기를 제2기종으로 선택하였다. 그리고 국내 통신기기 생산체계를 민간주도의 자율경쟁체제로 발전시키기로 결정하고, 전자교환기를 위시한 주요통신기기 생산을 4원화하도록 결정하였다. 체신부는 경제기획원 등 관련기관과 회사에 전자교환기 제2기종 채택과 관련사업계획을 통보하였다(전자교환기 제2기종채택, 계일 1602-42576). 이 문서는 체신부 계획국 계획1과장, 계획국장(이응효), 차관(이경식), 장관(배상욱)이 결재하여 시행되었다.

(8) 제2기종 전자교환기 계약추진계획(1980. 3. 6)

체신부는 제2기종 전자교환기를 1980년부터 공급하기 위하여 WEI(Western Electric

International)와 예비합의서를 수교하였다. 이 예비합의서는 체신부 기술정책관(정도길)과 WEI사장(H. T. Ruberg) 간에 이루어졌으며 이를 일부 수정하여 본 합의서를 완성하였다(제2기종 전자교환기 계약추진계획, 기술 1602, 체신부 기술정책관실). 이 합의서는 당시 체신부 기술정책관실 기술1담당관, 기술정책관(정도길), 차관(정규석), 장관(배상욱)의 결재로 확정 시행되었다.

(9) 통신망현대화계획(1985. 12. 17).

1980년대 중반 한국통신은「통신망현대화계획」을 수립 추진하였다. 이 계획의 주요내용은 다음과 같다.

① 전국 전화국을 단국(125개국), 중심국(49개국), 총괄국(4개국)을 설정하는 등 교환망의 계위(Hierarchy of Toll Switching Network) 확정하였다.

② No.5 전자교환기와 S1240 전자교환기의 도입공급을 위해 1985년도에 상용시험을 거쳐 표준규격을 작성하고, 1986년도에는 원격교환장치(RSS) 시험, ISDN 시험 등 부가기능시험을 시행한다.

이 계획의 주관부서는 계획국 통신망계획부로서 우승술, 장건, 서용희, 한상빈, 손일동, 김승호, 신용균, 최창규, 최황락, 남일성, 김준채, 윤영식, 이상훈, 여홍구, 김경희 등이 추진하였다. 이 계획은 통신망계획부장(이정욱), 계획국장(이응효), 부사장(배동조), 사장(이우재)의 결재로 확정되었다.

제2장
전국 전화국의 상호 연결망 건설

1. 대도시 전화국 상호간 통신망 건설

1.1 전국통신망의 과학적 설계방식 개발

가. 국간중계회선의 증가추세

1970년대 중반에 들어서면서 통신망 현대화 바람이 불기 시작하고 일반전화가 대량 공급되자 도시별로 전화국이 크게 늘어나기 시작하였다. 이에 따라 대도시 자동전화국의 국간중계시설이 급증함에 따라 실제 유통하는 통화량에 적합한 국간회선을 산정하고 설계하여 시설함으로서 경제적인 시설투자는 물론 대도시의 자동전화소통을 향상하는 방안을 찾기 시작하였다.

대도시 자동전화의 소통상태를 보면 자국 통화보다는 타국 중계통화가 점차 증가하여 발생통화량(Originating Traffic)의 약 85%가 타국으로 출입하는 중계통화량으로 나타나고 있었다(1978년 6월말). 앞으로 전화국의 신증설에 따라 급증할 것으로 전망되었는데 그 상황을 보면 <표 2-1>과 같다. 여기에서 단위는 회선이며, 가입전화시설은 자동전화만을 계산하였다.

<표 2-1> 자동전화 국간회선 증가추세(1970년-1974년)

연도별	가입전화시설		국간중계시설	
	증설	누계	증설	누계
1970	42,600	418,100	5,100	64,000
1971	44,400	462,500	6,800	70,800
1972	56,800	519,300	7,600	78,400
1973	87,400	606,700	17,400	95,800
1974	100,600	707,300	20,200	116,000

<표 2-1> 자동전화 국간회선 증가추세(1975년-1991년)

연도별	가입전화시설		국간중계시설	
	증설	누계	증설	누계
1975	160,400	867,700	20,100	136,100
1976	199,000	1,066,700	18,800	154,900
1977	277,400	1,344,100	26,200	181,100
1978	292,600	1,636,700	38,400	219,500
1979	361,600	1,988,300	55,000	274,500
1980	439,700	2,438,000	66,800	341,300
1981	536,000	2,974,000	75,000	416,300
1982-1986	2,726,000	5,700,000	381,700	798,000
1987-1991	4,300,000	10,000,000	602,000	1,400,000

이처럼 점차 전화국 복국지가 늘어나고 통신망 구간수가 급증하면서 실소요에 비해 국간회선의 부족구간이 상당 발생하는가 하면, 어느 구간에는 불필요하게 많은 여유시설을 공급하는 문제가 발생하였다. 이런 문제로 자동전화의 소통이 불량해질 뿐만 아니라 효과적인 투자가 되지 못하였다. 그래서 이 문제를 해결할 적정설계 및 설치를 위한 기술적이고 경제적인 연구검토가 절실하게 요청되고 있었다.

나. 당시 통신망 설계방식의 문제점

자동전화시설이 대폭 증설되어 1개 도시에 2개 이상의 전화국이 설치되면서부터 전화국간 상호간에 소통하는 통화량을 예측하는 기술이 필요하게 되었다. 우리나라는 1970년부터 독일 시멘스(Siemens)사에서 개발한 통화량 예측방법을 사용하고 있었다. 여기에서 특정구간의 통화량은 TAX=TA·TX·fAX/(TAfAA+TBfAB+TCfAC+ · · · ·)의 방식으로 산정하고 있었으며, TAX는 A국에서 X국으로 유통하는 통화량이고, TA, TB는 A국과 B국의 발생통화량이며, fAX는 국간거리계수이다.

한편 국간거리계수 fAX는 위의 통화량 산출공식에서 상관계수(Interest Factor)로는 국간거리를 기준으로 한 계수를 사용하고 있었다. 이것은 국간거리가 가까운 전화국일수록 그 국과 유통하는 통화량은 증가하고 원거리에 있을수록 감소한다는 단순이론에 근거를 두고 있었다. 그러나 이 방식은 다음과 같은 몇 가지 문제점을 가지고 있었다.

첫째, 거리계수적용의 불합리한 점을 들 수 있다. 당시 이 방식은 같은 거리에 있는 전화국 상호간은 같은 설계계수를 사용하도록 되어 있으나 전화국간의 거리가 동일하드라도 산, 강, 하천 등 지형에 따라 실제 유통하는 통화량은 전혀 다르게 나타나고 있었다. 또한 주택지역이냐 상업지역이냐에 따라 다를 뿐만 아니라 서울과 같은 대도시이냐 지방도시이냐에 따라서도 통화량은 큰 차이가 확인되었다.

둘째, 소요회선의 과부족이 발생하는 문제가 있었다. 거리계수를 적용하여 국간회선을 설계하여 공사한 후에는 소요에 비해 과부족구간이 발생하고 있어 자동전화의 소통상태가 불량해지고 효율적인 투자예산의 집행이 곤란하였다.

셋째, 시멘스공식은 설계계수(K-Factor)를 공식의 분자 및 분모항에 이중으로 적용시킴으로서 데이터의 처리 및 계산이 대단히 복잡하였다.

다. 새로운 통신망 설계방식의 개발

당시 체신부 시설국에서는 대도시 복국지의 자동전화시설에 있어 국간통화량을 예측하여 적정한 통신망을 설계하는 방법을 전문보고서를 통하여 조사하였다. 당시 세계적으로 유명한 전기통신분야의 연구기관인 ITT연구소(ITT Laboratories of Spain)에서 발간한 전기통신계획(Telecommunication Planning, 1973. 12)에서 관련내용을 인용하였으며, 다른 하나는 한국통신기술연구소의 보고서인 서울특별시 통화량분포예측에 관한 연구(1977. 12)를 참고하였다.

당시 세계적으로 사용되고 있는 국간통화량 예측방법에는 단일법(Unitary Mrthod), 지수법(Exponential Formula), 막스랑거법(Max Langer), 이중계수적용법(Double Factor Method) 등이 있음을 확인할 수 있었다. 이중에서 미국, 일본, 스웨덴 등 선진국에서 사용하는 실용적인 방법이 막스랑거가 개발한 상관계수(K-Factor)공식이고 동시에 우리나라 실정에 적합하므로 이를 채택하여 앞으로 사용하기로 결정하였다.

이 설계공식에 의하면 A-B국간의 통화량 예측은 TAB=(KAB × TA × TB)/TO 로 산출되었다. 여기에서 TAB는 A국에서 B국으로 유통하는 통화량, TA는 A국의 발생통화량, TB는 B국의 발생통화량, TO는 총 발생통화량이다. 그리고 KAB는 A국과 B국간의 상관계수(Community of Interest Factor)이며 단위는 어랑(Erlang)이다. 그리고 실제통화량 산출시 적용자료 및 방법은 다음과 같이 정하여 시행하였다. 먼저 국별 발생통화량은 자동전화의 가입전화 시설수 × 설계통화량으로 산정하였으며, 이때 가입전화시설은 일반가입전화시설, PBX 및 공중전화시설로 구분하여 각각의 설계통화량으로 산출하였다. 그리고 총 발생통화량은 TA+TB+TC+ ···· 의 방법으로 산출하였다.

체신부 시설국에서는 이를 위해 우선 1977년도 자동전화 구간회선 시설후 통화량을 조사하였으며 이를 분석한 결과 구간별로 실제통화량에 심한 변동이 발생한 사실을 확인하였다(1978. 2). 그래서 당시 전국 전화국간 상호연결통신망 설계방식의 문제점을 분석 검토하여 설계방안을 개선하기로 결정하였다(1978. 3). 이에 따라 서울을 비롯한 전국 10개도시 960구간의 실제 측정한 세부구간별 통화량특성에 의거 상관계수(K-Factor)를 산출하였다(1978. 4-1978. 5).

체신부 시설국은 이와 같이 산출한 설계계수에 대해 1978년 7월에는 정확도를 3차에 걸쳐 검증하고 일부를 보완하여「한국식 통신망 설계방식」을 최종 확정하였다(체시기 1620, 1978. 9. 28, 체신부 시설국). 우리나라 최초로 개발된 이 전화국 상호간 연결통신망의 설계방식 결정의 주관부서 및 결재자는 제2장 말미의 참고자료 편에 기록되어 있다.

1.2 신 설계방식에 의한 통신망 구축

국간상관계수 설계방식은 1978년도 대도시 자동전화 국간회선망 설계부터 적용하기 시작하였다(1978. 7). 실제 측정한 구간별 통화량에서 아래 공식을 이용하여 상관계수(K-Factor)를 각 구간별로 직접 산출하였으며, 산출 시 실측통화량에 계절변동지수(25-30%)를 가산하여 통화량 변동에 따라 적응할 수 있게 안전율을 주었다.

상관계수(K-Factor) 산출공식은 KAB= (TAB × TO)/(TA × TB)로 나타냈다. 여기에서 TAB는 실제 측정한 A-B국간 통화량이며, TA는 가입자당 설계통화량으로서 계산한 A국 발생통화량이다. 그리고 TB는 동일한 방법의 B국 발생통화량이며, TO는 각 도시별 총 발생통화량을 말한다.

이와 같이 실측통화량으로부터 상관계수(K-Factor)를 산출한 결과 0.4-4.0범위의 숫자로 되었으며 각 도시별 구간별 고유통화량계수를 산정하였다. 국간통신망 설계를 위해 산출한 도시별 고유통화량계수 등 세부내용은「자동전화 국간회선망 설계방식개선에 따른 투자예산절감방안」(체신부 시설국 통신기좌 이정욱, 통신기사보 한상빈, 1978)에 정리되어 있다. 이때 우리나라는 처음으로 도시별 국간상관계수 매트릭스(K-Factor Matrix)를 결정하여 사용하기 시작하였다.

서울시내에는 서울중앙전화국을 비롯하여 을지, 신촌, 불광, 광장, 잠실, 천호, 면목, 동대문, 영동, 반포, 당산, 영등포, 양서, 화곡, 개봉, 노량진, 남대문, 원효, 광화문, 혜화, 용산, 여의, 봉천, 구로, 성북, 미아, 청량 등 28개 전화국 간을 연결하는 총 784구간의 상관계수를 결정하였다. 부산시내의 경우 부산중앙, 아미, 북부산, 초량, 중부산, 영도, 동래, 범일, 해운대, 연산, 사상 등 11개 전화국간을 연결하는 총 121구간의 상관계수를 확정하였다.

그리고 대구시내는 대구중앙, 태평, 동대구, 서대구, 남대구, 경산, 신암 등 7개 전화국간의 총 49개구간을 대상으로 만들어졌다. 대전시내의 경우에는 대전(2국), 대전(3국), 대전(6국), 서대전(4국)을 대상으로 총 11개구간의 매트릭스를 작성하였다. 광주시내는 광주(2국), 서광주(3국), 서광주(4국), 북광주(5국)을 대상으로 총 10개구간, 전주시내에는 전주(2국), 전주(6국), 북전주(3국)을 상호 연결하는 6개구간의 상관계수를 정하였다.

한편 인천시내에는 인천(2국), 인천(3국), 부평(5국), 주안(8국), 부천(6국)을 연결하는 총 18개 구간의 고유계수를 결정하였다. 마산시내는 마산(2국), 마산(3국), 동마산(5국)을 대산으로 6개 구간, 수원시내의 경우 복국지중 가장 단순하여 수원(2국), 북수원(5국)의 2개 구간의 상관계수를 만들었다.

이는 종전에 사용한 거리계수(0.5-2.0)와 비교할 때 통화량특성에 따른 발생통화량의 분포도가 크게 향상되었으며, 선진국에서 사용하고 있는 K-Factor(0.25-4.0)에 상당 접근하게 되었다. 그 후 전화국이 신설될 경우 해당구간의 상관계수(K-Factor)는 인접기존국 계수의 평균치를 적용 설계하였으며, 모든 상관계수는 매년 1회 실제통화량을 측정하여 계산된 결과로서 보완되었다.

이 개선방안은 1978년 말까지 EDPS화 준비를 완료하고, 1979년도부터 전산화설계를 시행함으로서 인력을 절감하고 정확하고 경제적인 자동전화시설에 대한 설계를 할 수 있었다. 이처럼 전국의 수많은 전화국과 자동교환기 간을 연결하는 자동전화 국간통신망을 효과적으로 설계하기 위하여 선진국에서 실용화하고 있는 막스랑거 공식을 채택하고 또한 구간별로 우리나라 실정에 적합한 고유 통화량특성계수를 산출하여 설계에 적용함으로서 다음과 같은 효과를 거두었다.

첫째, 장기간 국간회선의 부족이 누적되든 구간에 실 소요회선을 산출하여 설치함으로서 대도시 자동전화소통이 크게 향상되고 자동전화세입을 증대할 수 있었다.

둘째, 실 통화량에 적합하게 소요회선을 설계 및 시설함으로써 시설비가 절감되었으며, 1979년도 자동전화 소요회선을 개선한 방법으로 설계한 결과 기존 설계방식에 비하여 당장 약 51억원이 절감되었다. 당시 국간중계시설의 회선당 단가는 자재비 176,500원, 공사비 9,500원 등 186,000원으로 분석되었다.

2. 전자교환기의 통신망 설계

2.1 한국식 통신망 설계방식의 적용

가. 전자교환기 도입초기의 시행착오

1976년 당시 우리나라의 전국전화 시설규모는 1,066,700회선 정도로 소규모였다. 이러한 상황에서 우리나라 통신망 현대화를 위해 체신부는 박정희 대통령의 재가를 받아 전자교환기를 도입하기로 결정하였다(1976. 12. 27). 그리고 1977년 9월에는 경제장관협의회에서 제1기종으로 미국 ITT 산하의 BTM사의 M10CN형을 선정하여 그해 12월에는 ITT/BTM과 영동전화국과 당산전화국에 공급하기로 계약을 체결하였다. 그러나 전자교환기 도입 초기 우리나라는 이 장비에 대한 설계기술과 운용경험이 전혀 없었다.

특히 기술적인 성능과 특성을 제대로 파악하지 못하고 단순히 전자교환기는 기계식 자동교환기에 비하여 엄청나게 성능이 우수하다는 생각만을 가지고 있었다. 그래서 1981년 체신부 계획국 계획3과(과장 이정욱)는 최초로 도입되는 전자교환기를 서울을 비롯한 대도시부터 공급하기로 결심하였다. 그래서 서울에서는 가장 통화량이 많은 중앙, 을지, 전농, 원효, 혜화국, 광화문 등 대형전화국을 1차 공급대상으로 하여 설계에 들어갔다. 이들 전화국은 상업지역을 관할하고 있어 통화량도 높지만 서울의 주요 중계국의 역할까지 하고 있어 당시에는 전자교환기 공급을 필요로 하고 있어 전자교환기 공급 최적지역으로 판단하였다.

당시 계획국 계획3과에서는 지금까지 사용한 기계식 자동교환방식에서 사용한 착신텐덤형 상관계수(K-Factor)방식을 적용하여 설계하였다. 초기 전자교환기 도입에 따른 4개월간의 어려운 설계를 마치고 물량을 산출해 보니 회선당 가격이 거의 900불에 육박하는 어이없는 일이 벌어지고 말았다. 그러나 당시 전자교환기는 회선당 300불 정도라야 경제성이 있었다. 이러한 상황에 빠지자 작업팀에서는 아무래도 기계식 자동교환기의 설계방식을 그대로 적용한 것이 마음에 걸렸다. 당시 국내에는 전자교환기를 기반으로 하는 전자통신망 설계를 해본 경험이 전혀 없었다.

다급해진 계획국 실무진은 스페인 마드리드에 있는 ITT연구소의 통신망 설계전문가인 까바레로 박사를 초청하였다. 전문가와 같이 분석한 결과 당시 우리 측에서 수행한 설계에 몇 가지 문제가 있었다는 것을 알게 되었다.

첫 번째는 전자교환기를 기반으로 하는 통신망의 경우 직통회선위주로 통신망을 구성해야 하나, 종전의 기계식 자동교환기와 같이 완전 텐덤방식으로 설계함으로서 엄청난 물량이 소요되는 결과를 가져왔다.

두 번째는 전자교환기의 성능을 과신한 나머지 공급지역을 잘못 선정하였다. 당시 도입 전자교환기의 성능을 세밀히 확인한 결과 M10CN 전자교환기는 처리통화량이 6,000어랑이고, 시스템 용량은 2-3만회선 규모였다. 이러한 중용량의 전자교환기를 통화량이 엄청난 서울의 심장부에 공급 운용하는 것으로 계획한 것이 무리였다.

대용량 통화량을 처리하려니 많은 물량이 소요되었고, 결과적으로 회선당 가격이 당초계획의 3배로 껑충 뛰게 만들었던 것이었다. 이러한 사실이 확인됨에 따라 우리는 상대적으로 통화량이 낮은 주택지역을 선정하였다. 결국 제1기종 M10CN의 공급지역을 공릉, 구로, 봉천, 광장, 행당, 창동 월곡, 가좌 등의 전화국으로 변경하게 되었다. 이렇게 변경하여 설계한 결과 당초 계획대로 회선당 가격이 300불-500불 정도를 달성하게 되었다.

이런 과정에서 전자교환기의 공급 개통일정이 전체적으로 4개월 정도 지연되었다. 1979년 11월에는 대도시에 공급할 대용량 전자교환기가 필요하여 제2기종으로 미국의 WE사의 NO.1A 전자교환기를 선정하였다. 이 교환기는 처리용량이 10,000어랑이고, 시스템 용량은 3만-9만회선의 대용량 교환기였다. 그후 전자교환기 공급방침을 정하여 1984년부터는 전화국별 수요가 3만회선 이하에는 제1기종(M10CN)을, 3만회선 이상에는 제2기종(NO1A)을 공급하게 되었다.

나. 전자교환시설의 설계위탁시행

한국통신은 전국적으로 전자교환기가 대량 공급되고 공사량도 급속히 늘어남에 따라 이 부분의 업무를 전문회사에 위탁 시행하는 구상을 하게 되었다. 이때 한국통신은 자회사인 한국통신기술(주)로부터 전자교환시설의 설계 및 공사감리에 대한 위탁을 요청하는 건의서를 접수하였다(1987. 9. 2). 이를 위해 한국통신은 정보통신부로 부터 위탁사업 승인을 받았으며, 한국통신과 한국통신기술(주) 간 위탁협정이 체결되었다(1988. 3. 8). 그 후 이 위탁사업 실적을 분석하여 보면 <표 2-2>와 같다.

여기에서 1996년도 위탁수수료를 보면 기본설계 수수료(1,652개 시스템)는 50억5천만 원, 공사감리 수수료(47만9천회선)는 10억8천만 원으로 시행하였다. 또한 1997년도에는 시내교환, 국간중계, ISDN을 대상으로 하여 1998년 공급계획 중 자체설계 분을 제외한 수량에 대하여 기본설계를 위탁하였다. 설계방법은 PSTN과 ISDN 등을 통합 설계가 가능하도록 소프트웨어를 개발하였으며 시스템당 1건으로 설계하였다.

한편 공사감리는 1997년도 본 사업 분인 TDX-10A 교환기 27국 27만 회선과 1998년도 공급계획 중 자체 공사감독 분을 제외한 선행사업 분을 대상으로 하였다. 이와 같은 1996년도 사업과 1997년도 사업에 대한 위탁 협의는 한국통신 네트워크본부장 이정욱과 한국통신기술(주) 사장 전광선 간에 체결되었다(1996. 12).

<표 2-2> 전자교환시설의 설계위탁실적(단위 시스템)

구분	1992년	1993년	1994년	1995년	1996년
기본설계	1353	1338	1102	1364	1652
공사감리	38	26	22	20	23

다. 하나로통신의 통신망 설계지원

제2 시내전화사업자로 선정된 하나로통신(주)는 1998년 10월 1일부터 서울, 부산, 대구, 인천, 광주, 대전, 제주지역에 시범서비스를 시작하게 되었다. 하나로통신(주)에서는 이 서비스를 제공하기 위한 교환시설의 기본설계, 공사감리에 대한 용역을 한국통신의 자회사인 한국통신기술(KTI)에 의뢰하여 왔다. 한국통신 네트워크본부(본부장 이상복)에서는 이를 수행하기 위한 전반적인 사항을 검토하였다(1997. 11. 27). 당시 하나로통신(주)에서는 시내전화서비스를 <표 2-3>과 같이 단계별로 제공하려고 하였다.

이 표에서 시범서비스 지역인 서울 등 5대도시란 서울, 광역 5대도시, 전주, 제주를 말하고, (　)내 숫자는 서울지역에 설치될 교환시스템의 수를 말한다. 이때 한국통신기술(주)로의 용역업무범위는 하나로통신(주)의 시내교환망 시설투자 사업계획을 검증하고 시범사업과 확장사업에 대한 기본설계, 공사감리를 시행하는 것이었다. 이 용역사업기간은 9개월이 소요되고, 용역예상금액은 약 10억 원으로 계획되었으며, 이를 위해 한국통신기술(KTI)에서는 다음과 같은 일을 시행하기로 정하였다.

(1) 교환국 위치결정을 포함한 치국계획과 국간 중계통신망 계획을 수립한다. 그리고 장단기 국간 중계트래픽 및 소요예산을 수립한다. (2) 국별 기본설계서를 작성한다. 이를 위해 규격서 및 물량산출서를 만들고 구매물자표를 작성하며 통화권별 통신망 설계(Netline)를 수행한다. (3) 시설투자계획에 대한 검토보고서, 기본설계 및 공사감리 결과보고서 등 용역 결과물을 제공한다.

<표 2-3> 하나로통신의 시내전화사업계획

구분	시범단계 1998. 10	1단계 1999. 1	2단계 2000. 1	3단계 2001. 1	4단계 2002. 1	5단계 2003. 1
대상지역	서울 등 5대도시	좌동	주요 대도시	주요 중소도시	시급이상 지역	전국
교환시스템	24(10)	24(10)	40(14)	61(18)	96(20)	181(25)

이에 따라 한국통신기술(사장 전광선)에서는 이 용역을 제공하는 경우 미치는 영향을 분석하였다. 먼저 긍정적인 측면은 KTI의 엔지니어링 시장의 다변화 및 수익을 증대할 수 있으며, 후발업체에 대한 기술지원으로 공정경쟁 명분을 확보할 수 있다는 것이었다. 그리고 경쟁업체에 대한 기술정보를 획득할 수 있는 기회가 될 뿐만 아니라 한국통신 통신망과 원만한 상호접속을 할 수 있도록 하나로통신(주)의 통신망을 설계할 수 있다는 것이다. 반면 부정적인 측면은 축적된 설계 및 감리기술을 경쟁업체에 제공하게 되며, 최적 설계서 작성을 위한 기존 데이터의 유출 우려가 있었다.

한편 한국통신기술(KTI)이 설계용역을 제공하지 않을 경우 후발업체에 대한 공정경쟁 불이행 문제를 제기할 가능성이 있을 뿐만 아니라 정부(정보통신부)가 나서서 기술지원을 요구할 가능성도 배제할 수 없는 상황이었다. 그래서 한국통신 네트워크본부는 한국통신기술(주)에서 설계용역을 수행할 때 정보보호대책을 강구하기로 하였다. 이 용역을 실시하는 과정에서 설계용역 결과물만 제공하고 설계업무에 활용한 기본데이터는 일체 유출을 금지하기로 하였다. 그리고 설계용역 업무수행 시 하나로통신(주) 직원의 업무현장 접근을 방지하기로 하였으며, 활용 데이터는 목록을 작성하여 관리하고 용역수행 후에는 파기하도록 하였다. 또한 설계용역 결과물을 제출하기 전 한국통신 네트워크본부에 사전 확인을 받도록 조치하였다.

2.2 전자교환기의 설계통화량 및 표준규격

가. 초기 전자교환기의 설계통화량

전자교환기의 설계통화량이란 회선당 발착신 통화량을 말한다. 초기 전자교환기의 설계

경험이 부족하고 운용실적이 없는 관계로 설계통화량을 상당한 여유를 가지고 적용하였다. 먼저 M10CN기종 공급 전화국은 0.066-0.163어랑을 적용하였다. 전화국별로 예를 들어보면 영동 0.157어랑, 공릉 0.163어랑, 창동 0.152어랑, 대구 0.132어랑, 서군산 0.093어랑, 봉천 0.159어랑, 신정 0.139어랑, 잠실 0.117어랑, 공릉 0.091어랑, 구포 0.066어랑을 적용하였다.

반면 No.1A 기종은 대부분 대도시 위주로 공급한 관계로 M10CN 기종의 경우보다 적용 설계통화량을 높게 설정하였다. 예를 들면 중앙 0.254어랑, 원효 0.148어랑, 신사 0.125어랑, 제주 0.111어랑, 서초 0.113어랑, 산곡 0.095어랑, 전농 0.089어랑을 적용하였다. 그 후 전자교환기 개통 후 실제 운용통화량을 확인한 결과 설계치보다 상당 낮게 측정되어 시설부족상황은 발생하지 않았으며 여유를 가지고 운용할 수 있었다.

우리나라 전자교환기 도입초기 설계통화량은 <표 2-4>와 같이 적용하였다.

<표 2-4> 초기 전자교환기의 설계통화량(단위 Erl.)

구분	1978년	1979년	1980년	1981년	1982년	1983년
M10CN 직도입	0.157	0.163	0.152	0.132	0.093	
M10CN 국내조립		0.159	0.139	0.117	0.091	0.066
No.1A 직도입			0.254	0.148	0.125	0.111
No.1A 국내조립				0.113	0.095	0.083

나. 전자교환기 표준규격 체계 개선

전자교환기의 대량공급에 따라 장비규격의 표준화가 필요하였다. 당시 전자교환기 도입기종인 M10CN, No.1A 규격과 전전자교환기인 AXE-10, 5ESS, S1240, 5ESS-2000 등 6개 기종규격을 가지고 있었다. 또한 TDX-10, TDX-10 ISDN, TDX-10A 등 3개 국내개발 기종은 교환기 공급 4개사 별로 제품규격을 보유하고 있었다. 한편 전전자교환기(대형)의 경우 ISDN, 패킷, IN, Centrex, No.7 신호방식, CAMA, IDLC 등의 새로운 기능과 IGS, 700 서비스 등을 선택항목으로 분류하고 기술적 요구사항을 반영해야 하였다. 1990년대 중반까지 전자교환기의 표준규격은 <표 2-5>와 같이 사용하였다(1996년 4월).

<표 2-5> 전자교환기 표준규격

기종별	가입자회선	중계선수	처리트래픽
전자교환기(대형)	최대 10만회선	6만회선 이상	25,000 Erl 이상
전자교환기(소형)	10,240-4만회선	2,048-1만회선	1,600-4,000 Erl
전자교환기(A/B형)	30,720/10만회선	15,360/32,768회선	6,000/10,167 Erl

이표에서 전자교환기 A/B형이란 공간분할형 A/B형을 말한다.

또한 당시 표준규격과 각종 기술기준과의 불일치 내용도 정비하여야 하였으며, 19 디지트 처리기능, 사전예약기능(Pre-Assign) 등 향후 국내통신망에 적합한 요구기능도 규격화할 필요가 있었다. 이에 따라 전전자교환기(대형)에 대한 표준규격을 개정할 필요가 발생하였다.

이때 표준규격 개정안은 기획조정실에서 초안을 작성하고 표준연구단, 품질보증단 중심의 심의위원회의 심의를 거쳐 확정되었다(1996. 5). 그리고 표준규격 작성체계를 신기술 및 경쟁서비스 등 통신망의 환경변화 추세를 신속하게 반영할 수 있도록 당시 소형, 대형, 공간분할형으로 구분한 체계에서 기종별 표준규격 체계로 전환하였다.

3. 국간중계시설의 현대화 및 확장

3.1 국간통신망에 PCM 방식 도입

가. 국간통신망의 규모 및 반송장비

1981년 말 당시 우리나라 전화국의 복국지역은 이미 28개 지역이나 되었다. 이때 가입전화 시설량이 308만6천 회선을 넘어서고 있었고 이에 따른 국간중계시설도 49만2천 회선을 운용하고 있었다. 연도별로 살펴보면 1981년에 교환시설 6만8천회선, 선로시설 11만7천회선 및 관련부대시설을 건설하였으며 이를 위해 605억2천7백만 원의 예산을 투입하였다. 이어서 1982년에는 교환시설 8만4천회선, 선로시설 11만1천회선과 관련부대시설을 시설하였으며 여기에 879억5천3백만 원의 예산이 소요되었다.

한편 국간중계전송로 중 원거리구간에 통화품질을 높이기 위해 국간 PCM 설비를 공급하였다. 우리나라는 1980년대 초반까지 PCM 24-B설비 45,360회선을 운용하고 있었다(1981. 12). 그 후 1982년에는 복국지가 31개 지역, 총 가입전화 교환시설은 378만7천 회선으로 확장되었으며, 국간중계통신망도 64만1천 회선으로 늘어나게 되었다.

<표 2-6> 국간PCM장비 공급실적(1982년도)

구분	24-B	KD-4	DE-4	MW	계
공급량(회선)	3,168	5,976	124,848	7,632	141,624
소요예산(백만원)	3,255	3,817	43,467	1,523	52,062
회선당 가격(천원)	1,028	619	348	200	

이때 동일생활권 지역의 시외전화를 시내통화권으로 구성하고 적정한 국간중계회선을 확보하여 전화소통의 저해요인을 제거하도록 노력하였으며, 국간중계루트를 다원화하여 통화량을 평준화하였다. 또한 1982년부터 KD-4방식과 DE-4방식의 PCM설비를 새롭게 공

급하기 시작하였으며, 국간중계전송로가 만공상태로 되어 증설이 불가능한 구간에는 무선방식의 PCM (MW-PCM)을 공급하였다(1982년 전기통신공사 투자사업 예산 설명자료, 1981. 12. 7, 계획국).

나. DE-4 PCM의 도입 추진

1970년대 말 체신부는 국간전송로의 현대화를 위해 DE-4 PCM 반송장비를 도입하기로 결정하였다(1979. 6. 12). 이 장비도입을 위해 캐나다 EDC차관(81백만 달러)을 추진하였다. 이 차관은 1981년-1982년 국간중계시설 확장을 위한 자금으로서 국간중계 DE-4장비 382천회선을 구매하기 위해 추진되었다(1982년도 주요사업계획 및 당면과제, 1981. 11, 체신부 계획국). 이를 위해 국회동의(1979년), 국무회의 의결(1980. 10. 30)를 거쳐 차관협정이 이루어졌다(1980. 12. 8). 이때 차관조건은 거치기간 3년, 상환기간 10년, 이자율 8.625%로 되어 있었다.

한국전기통신공사 계획국 도시계획부(부장 이정욱)에서는 이 차관금을 사용하여 1차로 캐나다 NT(Northern Telecom)로부터 완제품 138,816회선 분을 차관금 49,983천 달러를 사용하여 구매하였다(구매계약 1982. 2. 10). 그리고 잔액(31,017천 달러)을 이용하여 2차 사업으로 1983년-1984년도 사업분을 확보하는 방침을 확정하였다(도시 910.4-133, 1982. 1. 27). 그리고 계획국 도시계획부에서는 이 계획에 대한 집행지시를 중앙건설사무소로 하였다(도시 910.4-1364, 1982. 2. 9). 이 사용방침에 따라 국내에서 개발되지 않은 DPO EMD, DPO ST 및 채널뱅크를 구매하고, DE-4 및 KD-4용 중계기, 그리고 PCM 측정 장비를 확보 추진하였다(1982. 8, 구매계약).

<표 2-7> 국간전송로 PCM장비 공급계획

구분	1981년	1982년	1983년	1984년	계
PCM-24B	26,352	5,520			31,872
KD-4		8,064	60,408	119,064	187,536
DE-4	34,512	104,304	49,032	1,632	189,480
계	60,864	117,888	109,440	120,696	408,888

이때 한국통신 계획국은 금성전기, 광진전자로부터 국내생산품인 KD-4 PCM 장비의 전품목이 1984년에는 대량공급이 가능하다는 통보를 받았다. 이에 따라 한국통신 중앙건설사무소에서는 공공차관물자구매에 대한 국산대체 가능여부확인을 상공부로 신청하였다(전설 971-6388, 1982. 5. 31). 이 신청에 대해 상공부에서 확인하였다(전자 1333-552, 1982. 6. 22). 이에 따라 이들 PCM시설은 국산장비를 구매토록하고 외국제품은 상공부의 수입추천 물량만 구매하는 것으로 조정하게 됨으로서 2차 집행계획을 수정하였다.

결국 본 차관으로 1983년-1984년 소요분까지 구매 예정이었으나 1983년도 소요물량만 집행하고 1984년도 소요분은 국산장비(KD-4)로 충당하는 것으로 변경되었다. 이를 위해 2차 차관금액(31,017천 달러)을 절반이하로 줄인 금액(13,600천 달러)으로 집행하고 잔액은 불용 결정하였다. 따라서 구매물자도 당초 외국산인 DE-4 PCM 단국 109천개에서 23천개로 감량하여 구매하고, 1984년에 소요되는 채널뱅크(DPO EMD/ ST, DPT EMD/ST)와 중계기는 국내생산품으로 공급 추진하였다.

이렇게 국산제품을 구매하는 쪽으로 일부 전환하자 한국통신은 차관잔금에 대한 약정료 87,155달러를 지불하였으며, 국내물량의 증가로 내자가 약 146억 원이 소요되었다. 한편 당시 국내생산 장비에 대한 신뢰도 문제가 대두되었다. 결과적으로 이 차관사업 종료 후에는 국산 KD-4장비 위주로 공급 추진하였으며, 1984년까지 총 PCM 장비 40만회선 이상을 대량 공급하여 국간중계전송로를 현대화하였다.

3.2 전자교환기 도입초기의 국간통신망

가. 국산장비인 KD-4 PCM의 본격공급

종전 사용해온 24-B PCM 장비는 정합중계 장치가 별도로 소요되었으나 신형 개발된 KD-4 PCM 장비는 단국장치와 정합중계기가 통합되고, 부품의 집적회로도 IC화됨으로서 예산을 절약할 수 있었다. 1983년도 사업(PCM장비)의 회선당 단가를 비교하면 24-B PCM 장치는 95만1천원인데 비해 KD-4 PCM 장비의 경우 52만원으로 떨어졌다. 이에 따라 1983년도에만 약 34,692백만 원(81,664회선 × 430천원)이 절약되었다. 한편 1983년도 국간중계시설의 신증설을 위한 당초 예산은 물자비 21,867백만 원, 공사비 3,924백만 원 등 총 25,811백만 원으로 성립되었으나 당해 연도 실소요액은 물자비 9,127백만 원, 공사비 3,924백만 원 등 총 13,051백만 원으로 감소하여 집행하고 잔액은 통신구 건설에 필요한 소요예산에 충당하였다.

나. 과다하게 커진 전화국간 중계통신망

전자교환기 도입 초기에는 상당기간 기존의 기계식 자동교환기와 전자교환기가 병행 운용되었다. 당시 서울시내에 위치한 월곡전화국의 경우 중계시설 및 루트 수의 증가상황을 보면 다음과 같다.

① 당시 월곡전화국은 전자교환기(M10CN) 6만회선 만을 운용하고 있었다. 세부적으로는 시스템1(2만회선, 912국, 913국), 시스템2(2만회선, 914국, 915국), 시스템3(2만회선, 917국, 918국)으로 구성되어 있었다. 이렇다보니 자국 내 시스템 간 중계시설이 1,417회선이나 구성되었다. 이때 월곡전화국의 3개 전자교환기는 서울시내 타 전화국 전자교환기와 직접 연결되었으며, 같은 국번호구역 내의 기계식 자동교환기(성북 EMD, 청량 EMD, 창동 ST, 미아 ST)는 월곡전화국 전자교환기 시스템1과 시스템2에 이원화 연결되었다.

② 서울시내 타 국번호지역의 기계식 자동교환기는 성북(EMD)과 창동(ST)을 경유하여 월곡국과 접속되는 구조로 통신망을 구성하였다. 즉 중앙(분), 을지, 동대문, 신촌, 가좌, 불광, 아현, 잠실, 영동, 반포, 당산, 영등포, 양서, 화곡, 개봉, 여의, 원효, 봉천, 구로, 대방, 시외국 등 21개 전화국과의 루트는 성북전화국을 경유하였다. 나머지 광장, 천호, 면목, 용산, 중앙, 광화문 등 6개 전화국과의 루트는 창동전화국을 경유하여 월곡으로 연결되는 방식이었다.

다음에는 기계식 자동교환기와 전자교환기를 복합적으로 운용하고 있는 잠실전화국의 중계통신망은 다음과 같이 구성 운용되고 있었다.

① 잠실국은 재래식교환기(ST)가 운용되는 있는 상황에서 전자교환기 시스템1(412국, 413국)과 시스템2(414국, 415국)를 운용하게 되었다. 이때 자국 내 시스템 간 중계시설이 무려 1,865회선이나 소요되었다. 이들 2개 전자교환기와 2개 기계식 자동교환기는 서울시내 타 전화국 전자교환기와 직접 연결되었으며, 같은 국번호 구역 내의 기계식 자동교환기(광장 EMD, 천호 ST, 면목 ST)는 잠실국의 3개 시스템에 단일루트로 연결되었다.

② 월곡국의 경우와 마찬가지로 서울시내 타 국번호지역의 기계식 자동교환기는 광장(EMD)과 면목(ST)을 경유하여 잠실전화국 가입자와 접속되는 구조로 통신망이 형성되었다. 즉 중앙(분), 을지, 동대문, 신촌, 가좌, 불광, 아현, 영동, 당산, 영등포, 양서, 화곡, 개봉, 여의, 중앙, 광화문, 혜화, 용산, 원효, 구로, 대방, 노량진, 성북, 시외국 등 24개 전화국과의 루트는 광장전화국을 경유하였다. 나머지 미아, 청량, 창동, 시외 등 4개 전화국과의 루트는 면목전화국을 경유하여 잠실전화국으로 연결하였다.

이러한 국간중계통신망의 구성방안은 자국 내 중계시설이 과다 설치되고 시스템 상호간 중계통화량(Transit Traffic)도 과다하게 발생하는 문제를 가지고 있었다. 이에 따라 통신망의 설계 및 공사설계도 상당한 어려움이 있었으며, 특히 증설공사의 경우 복잡하고 장기간이 걸리는 단점이 있었다.

4. 2000년대에 대비한 대도시통신망 건설

4.1 대도시 전화국 상호간 통신망계획

가. 발전방향 및 기본방침

1980년대 중반에 이르러 우리나라는 대도시의 가입전화시설이 대량 공급되어 시내통신망이 급속히 확장되고 있었으며, 특히 6차 5개년계획 기간에는 대부분의 교환기와 전송로를 디지털방식으로 건설하여 디지털 통신망의 기반을 조성할 계획이었다. 이에 따라 한국통신 계획국 통신망계획부(부장 이정욱)는 전화국 상호간을 연결하는 중계통신망을 효율적으로 확장, 운용하고 장래의 종합정보통신망(ISDN)에 대비하고자 대도시 전화국 상호간 통신망 구축을 위한 기본계획인「2000년대를 향한 대도시 전화국간 통신망계획」(통신426-830, 1987. 2. 23)을 수립 추진하였다. 이 계획의 주관부서 및 결재자는 제2장 말미의 참고자료 편에 기록되어 있다.

첫째, 1980년대 후반기부터 도시지역 시내교환망의 디지털화를 시작하여 1990년대 전반기에 들어서면서는 공간분할방식 전자교환기(SD-ESS)의 공급을 중단하고, 1990년대 후반기에는 기계식 자동교환기를 완전 대체함으로서 시내교환시설의 디지털화를 완성한다.

둘째, 1980년대 후반기부터 국간전송로에 디지털방식을 전면 도입하고, 케이블TV방송을 위한 전송로도 1980년대 후반기에 건설한다. 그리고 1990년대 초반에는 신호 및 동기전송로까지 확보한다.

셋째, 시내요금권을 확장하고 시내 시분할 과금방식을 도입하고, 전화망을 이용한 데이터, 팩스 등 비전화계 통신수요가 급증함으로서 비전화계 통신을 위한 전송품질 향상을 서둘러 추진한다. 당시 데이터통신을 위한 아날로그 통신망과 디지털 통신망의 전송기준은 <표 2-8>과 같이 정하여 시행한다.

<표 2-8> 데이터통신의 전송기준

구분	아날로그 통신망	디지털 통신망
데이터 전송속도	2,400 bps 이하	56,000 bps
비트오율 허용한도	10^{-5}이하	10^{-7}이하

당시 시내전화국 상호간 통신망은 착신텐덤방식으로 운용되고 있었다. 기계식 자동교환기는 착신텐덤방식으로 구성하였고 전자식교환기의 경우에는 통화량에 따라 달리하고 있었다. 즉 구간통화량이 6어랑 이하의 중계통신망은 완전텐덤방식(Full Tandem Route)으로 구성하였다. 그리고 6어랑 이상 35어랑 미만의 구간에는 혼합텐덤방식(High Usage/Tandem Route)을 활용하였으며, 35어랑 이상의 경우에는 직통루트방식(Direct Route)을 채택하였다.

이러한 통신망 구성방식은 중계교환국 수의 과다하고, 회선속은 소군화됨으로써 회선효율이 저하되는 문제에 부딪치게 되었다. 또한 착신텐덤방식에 의해서만 운용되므로 중계루트구성의 융통성이 결여될 뿐만 아니라 전송로의 소군화로 유휴시설이 발생하였다. 한편 대도시 주변지역 간에는 이들 통화량을 시외교환기에 수용하여 소통시켰다.

대도시 1개 시외교환기에 주변지역 시외회선을 집중 수용함으로서 지역에 따라 장거리 전송루트를 형성하였으며, 시외교환기에 집중 수용함으로서 유사시 시외통화소통이 마비될 우려가 있었다. 이를 위해 No.4 전자교환기를 이용하여 통신망을 구성하는 방안과 시분할(TD) 텐덤교환기를 이용하는 경우가 있다. 이를 비교하면 다음과 같다.

(1) No.4 전자교환기를 이용하는 경우 주변지역과 대도시 시내전화국 간 전송로루트는 대체적으로 장거리 전송로의 구성이 불가피하다. 이때 주변지역의 모든 시외통화량은 1개 시스템으로 집중 처리되며, 장기적으로는 No.4 전자교환기의 증설이 필요하다.

(2) 시분할방식의 텐덤교환기를 이용하는 경우에는 주변지역과 대도시 시내전화국 간 전송로루트는 인접지역 텐덤국에 연결하므로 단거리 전송로로 구성할 수 있어 경제적인 투자가 가능하다. 그리고 주변지역에서 대도시로 인입통화량이 여러 시스템으로 분산 처리됨으로서 통신망의 안전성을 확보할 수 있다. 또한 시내/시외 겸용교환기의 운용으로 경제적인 시설투자가 가능하다.

나. 시설방침

대도시 전화국간 상호 연결통신망은 경제성, 안전성, 전송로 등 여건에 따라 발신텐덤방식 또는 착신텐덤방식을 선별 적용하여 구축하기로 결정하였다. 여기에서 텐덤국은 해당지역의 통신망 중심점에 위치한 국으로서 경제성, 안전성, 국사여유, 기존 전송로의 활용 등을 검토하여 결정하였다. 그리고 텐덤교환기는 시내/중계/대도시 주변지역 간 시외용으로 겸용이 가능한 대용량 디지털교환기로 하고 시내교환시설의 디지털화에 맞추어 텐덤기능을 확장하였다.

기존 텐덤루트는 단계별로 시분할교환기로 전환하고 기계식 텐덤국은 철거 시까지 잠정 운용하였다. 또한 루팅방식은 구간거리에 따른 경제성(Cost Ratio)과 통화량에 따라 직통루트와 텐덤루트를 적정하게 구성하였다. 즉 통화량이 많은 구간은 직통루트로 구성하고, 통화량이 적은 구간은 텐덤루트로 설치하였다. 이때 경제성과 전송로 여건 등을 감안하여 발신텐덤방식 또는 착신텐덤방식을 선택하여 적용하였다. 여기에서 일반적인 통화량 구간은 경제성에 따라 직통루트와 텐덤루트로 배합하여 구성하였으며, 구간별 루팅방식은 가입자 수요, 통화량이 변동하는 경우에는 이에 맞추어 조정하였다.

한편 대도시와 주변지역간의 시외통화를 효율적으로 소통시키고 대도시의 기존 시외교환기에 집중된 시외통화루트를 분산하는 등 이들 지역간 통신망 구성방법을 새롭게 수립할 필요가 대두되었다. 대도시 주변지역의 통화량은 인접한 시내 텐덤국에서 처리하도록 통신망을 구성하였으며 이때 기계식 자동교환기의 통화량은 당시 현행대로 처리하였다. 이에 따라 시내 디지털 텐덤교환기의 도입에 맞추어 주변지역의 회선을 단계적으로 전환 수용하였다.

다. 국간중계루트 결정과 전송로 시설

국간중계루트의 판정은 대상구간의 통화량(Ao), 경제성을 고려한 통화량(Ag) 및 안전성을 기준한 통화량(Ap)에 의하여 시행하였다(통신 120-59, 1985. 1. 11, 장거리교환망 기본계획). 이때 구간별 회선군은 다음과 같이 결정하였다.

① 직통회선군 루트(Direct Route)는 Ao가 최소치(Ag, Ap)보다 큰 경우에는 직통루트로 구성한다. ② 직통 및 우회회선군 루트(High Usage and Tandem Route)는 Ao가 최소치(Ag, Ap)보다 적은 경우에는 직통 및 텐덤회선군 루트로 구성하였다. 이때 회선군의 배분을 위하여 직통회선(High Usage Route : NH)의 경우 $-2.24+0.864 \times Ao\sqrt{CR}$, 텐덤회선(Tandem Route)은 직통회선 제외분으로 산정하였다. ③ 텐덤루트(Full Tandem Route)는 Ao가 최대치(Ag, Ap)보다 적은 경우 텐덤루트로 구성하였다.

한편 전송로 시설의 신증설은 원칙적으로 전량 디지털방식으로 공급하였으며, 경제적인 투자 및 전송로의 효율향상을 위해 전송로 집중국을 운용하였다. 그리고 전송로 집중국 간은 디지털방식의 설비를 공급하고 완전 망형(Full Mesh)으로 구성하였다. 또한 통신망의 안전성을 고려하여 루트를 이원화하고 평시에 분산 수용하였으며, 전송로는 15년 수요를 감안하여 경제성 있는 공급단위로 시설하였다.

4.2 주요도시의 전화국 상호간 통신망 건설

1980년대 후반 한국통신은 2000년대 종합정보통신망(ISDN)에 대비하고자 대도시 전화국 상호연결통신망 건설계획을 수립 추진하였다(2000년대를 향한 대도시 전화국간 통신망계획, 1987. 2). 이계획의 주관부서 및 결재자는 제2장 말미의 참고자료 편에 기록되어 있다.

가. 서울시내 상호연결망

1980년대 후반 서울시내 통신망 시설현황을 보면 가입전화시설 3,059,200회선, 전화국수 41개국, 국간중계회선 수 683,800회선을 운용하고 있었다(1986. 12). 당시 한국통신에서는 향후 2001년까지의 서울시내 통신망 수요를 <표 2-9>와 같이 예측하였다.

<표 2-9> 서울시내 통신망 수요예측(단위 1,000회선)

구분	1987년	1991년	1996년	2001년
가입전화시설	3,247	4,083	5,233	5,838
국간교환시설	726	735	942	1,051

이를 살펴보면 2001년에는 국간중계시설이 100만회선 이상으로 늘어나고 있어 경제성 있는 국간중계시설의 투자와 소통향상을 위해 국간통신망의 개선이 필요하였다. 그래서 국번호 지역별로 1개의 텐덤국을 운용하는 「전화국 간 텐덤국 계획」을 수립하였다(통신120-59, 1985. 1. 11, 장거리교환망 기본계획). 이 계획의 주요내용은 다음과 같다.

① 서울주변지역과 서울시내 간의 통화량은 서울시내 텐덤국을 경유하도록 한다. 당시 서울주변지역인 구리, 가평, 원당, 문산, 성남, 경기광주, 여주, 양평, 김포, 인천, 강화, 안양,

안산, 전곡, 포천, 철원, 의정부 등 17개 지역은 서울시내와 통화할 경우 시외통화로를 지정된 서울시내 텐덤전화국으로 연결하였다. 구로국의 경우 주변지역통화량이 과다하므로 안양, 안산지역은 구로전화국으로 수용하고, 김포, 인천, 강화지역은 영등포전화국으로 수용한다.

② 서울시내 지역별 중계교환국을 지정 운용한다. 국번호 2국 지역은 전농전화국, 3국 지역은 신촌전화국, 4국 지역은 잠실전화국을 지정하였으며 세부시행계획은 <표 2-10>과 같다. 그리고 국번호 5국 지역은 영동전화국, 6국 지역은 영등포전화국, 7국 지역은 광화문전화국, 8국 지역은 구로전화국, 9국 지역은 혜화전화국으로 지정하였으며 세부시행계획은 <표 2-11>과 같다.

<표 2-10> 서울시내 국간 텐덤국 계획

지역별	텐덤국	시내전화국 수용	주변지역수용
국번호 2국	전농	전농, 행당, 동대문, 을지	구리, 가평
국번호 3국	신촌	신촌, 가좌, 불광, 아현	원당, 문산
국번호 4국	잠실	잠실, 면목, 성수, 광장, 고덕 천호, 가락	성남, 경기광주, 여주, 양평

<표 2-11> 서울시내 국간 텐덤국 계획

지역별	텐덤국	시내전화국 수용	주변지역수용
국번호 5국	영동	영동, 신사, 반포, 서초, 양재, 과천	-
국번호 6국	영등포	영등포, 개봉, 공항, 화곡, 강서	김포, 인천, 강화
국번호 7국	광화문	광화문, 중앙, 원효, 혜화, 여의도, 용산	-
국번호 8국	구로	구로, 대방, 봉천, 노량진, 시흥	안양, 안산
국번호 9국	혜화	성북, 공릉, 청량, 창동, 월곡, 미아, 상계	전곡, 포천, 철원, 의정부

나. 부산시내 상호연결망

1986년 말 부산시내 통신망 시설현황을 보면 가입전화시설 869천 회선, 전화국수 18국, 국간중계회선 수 156천 회선을 운용하고 있었다. 당시 부산시내 통신망 수요는 <표 2-12>와 같이 예측되었으며 1996년에는 국간중계시설이 20만회선 이상으로 증가하는 것으로 나타났다.

<표 2-12> 부산시내 통신망 수요예측(단위 1,000회선)

구분	1987년	1991년	1996년	2001년
가입전화시설	961	1,255	1,764	2,087
국간교환시설	164	163	229	271

부산시내의 경우 2001년을 목표로 총 22개 전화국, 가입전화시설 2,087천 회선을 대상으로 텐덤교환국 계획은 <표 2-13>과 같이 수립하였다. 이를 위해 사직, 부산진, 사상, 중부산 등 4개의 텐덤교환국을 두는 것으로 결정하였으며, 특히 주변지역 중 울산, 양산은 사직전화국에 수용토록 하였으며, 김해, 밀양은 사상전화국으로 통신망을 구성하였다. 또한 텐덤교환국 계획에 맞추어 4개의 전송로집중국을 설치 운용하였다.

<표 2-13> 부산시내 국간텐덤국 계획

지역별	텐덤국	시내전화국 수용	주변지역수용
북부지역 (국번호 5지역)	사직	사직, 부곡, 금사, 동래, 재송, 금정	울산, 양산
중부지역 (국번호 6, 7, 8지역)	부산진	범일, 대연, 해운대, 수영, 연산 부산진, 가야	
서부지역 (국번호 3, 9지역)	사상	사상, 구포, 대저	김해, 밀양
남부지역 (국번호 2, 4지역)	중부산	부산(아미), 괘정, 명지, 다대포 영도, 중부산(초량)	

다. 대구시내 상호연결망

1986년 말 당시 대구시내 통신망 시설은 가입전화시설 503천회선, 전화국수 13국, 국간중계회선 수 71천 회선을 운용하고 있었다. 당시 대구시내 통신망 수요를 예측한 것을 보면 2000년대 초반에 진입해서야 가입전화시설이 1백만 회선, 국간중계시설이 10만 회선으로 증가하고 있었다.

<표 2-14> 대구시내 통신망 수요예측(단위 1,000회선)

구분	1987년	1991년	1996년	2001년
가입전화시설	555	673	913	1,045
국간교환시설	85	85	82	94

대구시내의 통신망규모를 2001년을 목표로 수요를 예측하면 총 15개 전화국, 가입전화시설 1,045천 회선으로 증가되고 있어 이를 기초로 텐덤교환국 계획을 수립하였다. 세부내용을 보면 동대구, 태평, 남대구 등 3개의 텐덤교환국을 운용하는 것으로 결정하였으며, 주변지역 중 하양, 영천은 동대구전화국에 수용토록 하였으며, 군위, 왜관, 성주는 태평전화국으로 통신망을 구성하였다. 또한 고령, 현풍, 청도지역은 남대구로 연결 수용하였다. 또한 텐덤교환국 계획에 맞추어 3개의 전송로집중국을 설치 운용하였다. 대구시내 국간텐덤방의 세부 구성내역은 (표 2-15>와 같다.

<표 2-15> 대구시내 국간텐덤국 계획

지역별	텐덤국	시내전화국 수용	주변지역수용
동부지역 (국번호 4, 7, 8, 9지역)	동대구	동대구, 범어, 경산, 신암, 안심, 동촌	하양, 영천
서부지역 (국번호 2, 3, 5지역)	태평	대구, 태평, 칠곡, 서대구, 성서	군위, 왜관, 성주
남부지역 (국번호 6, 7지역)	남대구	남대구, 월배, 봉덕, 수성	고령, 현풍, 청도

라. 시내 전화국 상호간 전송로의 디지털화 추진

1984년 한국통신 계획국 통신망계획부(부장 이정욱)는 시내국간 전송로의 디지털화 계획을 수립 시행하였으며 이때 주요내용을 요약하면 다음과 같다(한국전기통신공사 사장결재, 1984. 9. 29).

첫째, 번호권별로 1개의 전송로 집중국을 설치하고, 전송로 집중국 상호간은 광통신방식으로 건설한다. 그리고 전송로의 신뢰성과 안정성을 위해 루트이원화로 구성한다.

둘째, 아시아게임 및 올림픽 수요구간에는 1985년도부터 건설 추진하고 양 대회 수요를 효율적으로 지원하고 광통신 공급으로 이상적인 올림픽통신망을 구성한다.

셋째, 고품질 전송망을 확대하여 전화, TV, 데이터, 텔리텍스 등 복합통신망 구성으로 이상적인 정보서비스를 제공한다. 이와 동시에 지하관로의 이용효율을 증대한다.

이 후 한국통신은 1988년부터 종합정보통신망 발전 기본계획에 의거 통신망의 고도화를 실현하여 전송로의 통신품질을 향상시키고, 이용자의 다양한 통신서비스 욕구를 충족하기 위해 종합정보통신망(ISDN)으로 구축하고자 하였다. 이 계획의 일환으로 그동안 시내국간 전송로시설의 디지털화를 추진하여 왔으며, 이를 1996년 말에 완성하였다. 이를 기념하는 행사가 광화문전화국에서 개최되었으며, 이 기념행사에서 시내 전화국 상호간 전송로의 디지털화 완성 경과보고에 이어 데이터통신, 영상전화 등 기능 시연이 있었으며, 2개 기관의 포상, 10명의 유공직원표창이 있었다. 이 행사에는 네트워크본부장, 시설운용실장, 실본부 관련 국장, 지역본부 담당국장 및 담당부장, 유공직원 등이 참석하였다.

4.3 대도시 통신망의 장기발전전략

가. 장기발전계획 및 통신망구조

1993년 한국통신 기술기획실(실장 이정욱)에서는 대도시지역의 통신망이 대형화함에 따라 기술적 경제적으로 우수한 통신망을 건설하기 위해 장기발전계획을 수립하였다(대도시 통신망 장기발전 기본계획, 1993, 기술기획실 교환망계획부). 이를 위해 수도권을 권역별로 블록화하고, 수도권 내 시외트래픽 만을 처리하는 시외전화국을 신설하며, 수도권과 전국을 연결하는 시외관문전화국을 치국하였다. 또한 대도시지역의 교환망 구조가 복잡해짐에 따라 경제적인 중계망 구성과 통신망관리의 융통성 확보를 위한 전용텐덤망 구조로 개선하였다. 이 계획을 수립 추진하게 된 배경은 다음과 같다.

첫째, 중계루트수의 감소 및 회선 대군화를 통해 교환망과 전송망을 일원화하는 등 국간 중계통신망을 단순화하고 체계화할 필요가 대두되었다. 둘째, 국간중계망을 이원화하고 또한 통신망의 감시와 통화량 통제가 용이한 통신망을 구성하는 등 통신망의 안전성 및 신뢰성의 강화가 요구되었다. 셋째, 시내 경쟁사업자에 대한 시장방어를 위해 탠덤교환기를 이용한 PABX 전용망의 구축이 필요하였다.

그동안 이의 추진을 위한 관련계획으로는 서울시내 전용텐덤망 구축 실행계획(1991. 10. 31), 부산, 대구지역 교환망 중장기 발전계획(1995. 3. 6), 부산, 대구지역 중계교환망 개선계획(1995. 12. 27), 인천, 광주, 대전지역 교환망 중장기 발전계획(1996. 1. 4),인천, 광주, 대전지역 중계교환망 개선추진계획(1997. 6. 27) 등이 수립 추진되었다. 1990년대 전반기의 전용텐덤망 구축상황을 보면 <표 2-16>과 같다. 서울시내의 경우 1997년에 영동 29,000회선, 구로 27,000회선 등 2개 시스템을 증설하였다. 이렇게 함으로서 회선을 대군화하고 접속개소를 감소시켜 통화완료율을 향상하였다.

<표 2-16> 대도시 전용텐덤망 구축실적

지역별	추진기간	시설수(회선)	운용수(회선)	수용율(%)	비 고
서울	1992-1994	399,000(10)	373,000(10)	94	()내는 시스템수
부산	1996-1997	72,000(4)	71,000(4)	97	
대구	1997	62,000(3)	61,000(3)	99	

또한 국간중계시설의 공급규모가 축소되어 연간 약 288억 원의 투자비가 절감되었으며, 지능망 등 새로운 서비스의 수용능력이 증대되었다. 그러나 당시 대도시 국간중계통신망은 다음과 같은 근본적인 문제점을 가지고 있었다.

① 국간중계회선 수용용량이 포화된 시스템(TDX-1B)을 운용하고 있는 광주 등 10개 시스템 구간에는 중계회선의 증설 및 회선구성이 불가능하였으며, 송정 등 6개 시스템의 경우 새로운 신호방식(No. 7)의 적용이 불가능하였다.

② 도입 시분할 교환기의 T1트렁크와 공간분할교환기의 국간중계(17,032회선)를 위한 자재확보가 불가하였으며, 회선부족구간에 대한 신속한 증감 조정이 곤란하였다.

나. 중장기 네트워크 발전계획의 추진

1996년 중반 서울지역에는 혜화, 구로, 영등포, 광화문, 영동, 잠실, 신촌, 전농전화국에 8

개 전화국에 29만7천 회선의 디지털교환기를 운용하였다. 이때 교환기들은 발신텐덤방식으로 운용하였다. 그러나 부산, 대구, 광주, 인천, 대전 등 통화량이 많은 대도시 지역은 종래의 착신텐덤방식으로 운용하였다. 그러다 보니 루트가 과다하고, 중계회선이 소군화되어 회선효율이 저하되어 있었다. 이에 따라 평균루트가 230구간이나 되고 루트당 평균 20회선-60회선으로 소군화되어 회선효율이 67-80%수준이었다.

한편 국간전송망의 실태를 살펴보면 대부분 비동기식 전송방식으로 운용 중이었다. 1995년말 기준으로 회선분포는 광전송로 76%, PCM 22%, 기타 2%로 되어 있었으며, 동기식 전송장치는 1995년부터 공급되었다. PCM 국간중계 장치는 1998년까지 90%이상이 내용연수가 초과되는 상황이고, DS1급 단말 대 단말(End to End)의 유지보수체제의 구축이 곤란하였다. 이처럼 비동기식 다중화 및 광단국 운용으로 전송망의 실시간 품질관리가 어려운 실정이었다.

이러한 문제를 해결하기 위해 한국통신 네트워크본부(본부장 이정욱)에서는 시내통신망의 핵심인 시내교환망과 국간전송망에 대한 중장기 발전계획을 수립 추진하였다(중장기 네트워크 발전계획, 1996. 9, 9, 한국통신). 이 계획의 주관부서 및 결재자는 제2장 말미의 참고자료 편에 기록되어 있다.

첫째, 시내교환망은 전용 텐덤교환기를 설치하여 이중루트 발신방식으로 전환한다. 이에 따라 디지털교환기(TD)의 발신은 소요회선의 50%를 이원화 구성하며, 전용텐덤교환기는 전송로 집중국에 설치한다. 그리고 전용 텐덤교환기로는 국내 개발된 지능망 및 공통선 신호망의 도입이 가능한 대용량교환기를 공급하며, 중계회선을 대군화하고 단순화한다. 이상 기본방침은 대도시를 중심으로 단계적으로 확대 추진한다.

둘째, 루팅방식은 현재의 발신국-착신국, 발신국-텐덤국-착신국 방식으로부터 발신국-텐덤국(A)-착신국, 발신국-텐덤국(B)-착신국 방식으로 개선한다. 이를 위하여 전용텐덤교환기를 <표 2-17>과 같이 공급한다.

<표 2-17> 대도시의 전용텐덤교환기 공급계획

지역	공급목표		설치국명	설치 및 회선수용
	시스템	회선수		
부산	4	64,200	부산, 부산진, 동래, 사상	1996-1997년
대구	3	55,000	태평, 동대구, 남대구	1997-1998년
인천	3	53,000	남인천, 부평, 부천	1997-1998년
대전	2	35,000	대전번호안내국, 진잠	1998-1999년
광주	2	41,000	북광주, 서광주	1997-1998년

셋째, 국간전송시설은 기초시설 확보차원에서 투자재원을 최우선적으로 배분한다. 이를 위하여 음성 및 비음성교환기의 중계회선, 전용회선, 초고속회선 등 한국통신이 제공하는 모든

서비스의 물리적 구성을 전담하고, 도로망에서 지역별 간선도로 기능을 수행토록 한다. 그리고 대용량 동기식 전송장치를 공급하여 초고속 광대역 정보통신망 기반을 조기에 구축하고, 전송운용실의 자동화를 실현하고, DS1급의 단대단(End to End) 회선관리체제를 구축한다. 또한 국간전송망의 동기식으로의 전환은 2005년까지 완료한다.

넷째, 초고속 전송용 광케이블을 본격 공급한다. 1997년 이후에는 기존 광케이블을 최대한 활용하여 10G 전송로를 공급하고, 수십G 이상의 전송로를 공급할 때는 시스템 공급과 병행하여 DSF(Dispersion Shiftd Fiber) 광케이블을 포설한다. 2002년 이후에는 WDM(Wavelength Division Multiplexing) 등 새로운 초고속 전송방식에 적합한 DSF 규격 개정과 연계하되 모든 구간에 DSF 광케이블을 공급한다.

다섯째, 운용보전체제 개선의 일환으로 전송운용실의 자동화를 2005년까지 실현한다. 이를 위해 전송로 집중국은 1998년까지 대용량 DCS(WDCS, BDCS)를 설치하고, 대도시 대용량 단국은 2002년까지 중용량 DCS(WDCS)를 공급하며, 기타 소용량 단국에는 2005년까지 DCS (WDCS) 및 동기식 다중화기를 도입한다. 또한 지역본부별 전송운용센터를 1997년까지 구축한다. 이를 위해 1995년-1999년이 국간전송망 공급계획을 <표 2-18>과 같이 수립 추진하였다.

<표 2-18> 국간전송망 공급계획

연도별	1995년말	1996년	1997년	1998년	1999년
공급목표(회선)	4,671,000	580,000	851,000	850,000	882,000

그 후 1998년에는 인천, 광주, 대전 등 3개 지역에 텐덤교환시설의 신증설하였다. 이때 전용텐덤교환기 설치에 따른 국간중계회선 대군화로 운용중인 국간중계시설로부터 발생하는 잉여자재는 다른 부족구간에 활용토록 하였다. 또한 노후화된 비동기식 국간전송망을 동기식으로 전환하여 전송품질을 향상하고 운용보전체제를 개선하기 위해 「시내 및 시외 국간전송망 발전기본계획」을 수립 추진하였다(1996. 3). 이 계획에 의하면 2005년까지 국간전송망을 동기식으로 전환하고, 수신 Gbps급 광전송로를 2002년까지 구축하게 되어있다.

<표 2-19> 대도시 텐덤교환시설 신증설계획(1998년)

지역별	구분	교환시설(시스템/회선)	전송시설(회선)	전원시설(식)
인천	공급량	3/ 50,000	56,700	3
	소요예산(백만원)	5,808	10,187	285
광주	공급량	2/ 41,000	18,900	2
	소요예산(백만원)	4,644	3,294	188
대전	공급량	2/ 32,000	15,900	2
	소요예산(백만원)	3,248	3,096	190

4.4 시내전화국 상호간 통신망 건설

가. 텐덤교환기 및 공통선 신호방식의 적극적 도입

한국통신 네트워크본부(본부장 이정욱)는 1998년도 시내국간중계 교환시설공급 기본방침과 시행지침을 다음과 같이 수립 추진하였다(1998년 시내통신시설 투자사업계획 수립지침, 1996. 6, 한국통신 네트워크본부).

첫째, 신규서비스 출현 및 각종 서비스 트래픽 증가에 따른 시설을 공급하고, 타 사업자를 위한 상호접속회선을 능동적으로 제공하기 위한 예비회선을 확보한다. 그리고 통신망 고도화를 위하여 시내교환망에 공통선신호방식(No.7신호)을 단계적으로 확대하고, 통신망의 안정성과 소통을 향상시키기 위한 국간중계망을 구성한다.

둘째, 공간분할 전자교환기(SD)의 발신호는 착신텐덤국에서 착신단국으로 중계하고, 디지털 전자교환기(SD) 발신호에 대한 지역별(Area) 착신텐덤교환기를 2개 이하로 제한한다. 그리고 착신텐덤교환기는 대형 디지털교환기 위주로 지정하며, 시내호처리는 원칙적으로 1회한 텐덤교환기를 경유하여 루팅 처리한다.

셋째, 대도시 전용텐덤교환기의 공급기준은 Y+3년 수요를 적용하여 설치하고, 공통선 신호방식의 적용 및 지능망서비스의 제공이 가능한 대용량 디지털교환기로 공급한다. 그리고 전용텐덤교환기의 안전성을 유지하기 위하여 45,000회선 이하 제한적으로 수용한다.

넷째, 114안내 등 서비스 접속장치의 수용가능회선수를 관련부서와 사전 협의하여 설계에 반영하고, 특수번호 39개 개선지역 중 특수번호 텐덤교환기의 중계시설 용량이 초과하여 회선증설이 불가한 지역은 대형 디지털교환기로 특수번호텐덤국을 추가한다.

다섯 번째, 공통선신호방식의 확장을 위하여 신설시스템을 공급할 때는 전량 공통선신호방식(CCS7)을 공급하고, 시내교환기에 공통선 신호방식을 적용해야할 구간의 통화로는 전량 이 신호방식으로 구성한다.

여섯 번째, 서울시내 단국에서 주변지역으로 가는 시외통화는 겸용텐덤교환기를 경유하여 처리하고, 겸용텐덤교환기의 자국 발신호 중에서 주변지역 이외의 시외통화에 한해서 시외전화국으로 루팅한다. 그리고 서울-인천 간은 현재의 직통루트(HUR)를 유지한다.

나. 시내구간 전송시설 확충과 예산부족발생

1998년도 시내국간 수요충족을 위한 전송시설 공급계획을 다음과 같이 수립 추진하였다(1998년도 주요업무계획, 1998. 2, 한국통신 네트워크본부).

(1) 시내국간 전송로의 수요충족을 위한 시설을 확충하고, 중계교환, 통신사업자, 전용회선 등 특수수요 분을 반영한다. 그리고 초고속정보통신망 구축을 위해 동기식 전송장비를 공급한다.

(2) 1998년도 사업목표량, 소요예산과 실행예산은 <표 2-20>과 같다. 이때 1998년 착공 1999년 개통 분 중계교환용 전송시설 3,433 DS1을 위한 약 82억원에 대한 소요예산을 확보하지 못하여 개통에 차질이 예상된다. 이에 대한 대책으로 전송실 이전(32억원), 시외무선시설 대개체(22억원), 전송시설 집중보전시스템(MOST 14억원), 시외반송시설 대개체(8억원) 등 타 사업을 시기 조정하여 총 82억 원을 충당하여 1998년 9월 착공을 추진한다.

<표 2-20> 1998년도 시내국간 전송시설을 위한 소요예산(단위 백만원)

구분	목표량	소요예산	실행예산	과부족
전송시설	44,633 DS1	110,614	102,375	-8,239
광케이블	786 Km	20,900	20,900	

4.5 타 통신사업자 통신망과의 상호접속

가. 기본방침

1996년 한국통신 네트워크본부(본부장 이정욱)는 타 사업자가 보유 운용하고 있는 통신망과의 상호접속을 위한 접속설비 공급에 대한 기본방침과 시설지침을 다음과 같이 수립 시행하였다(1998년 시내통신시설 투자사업계획 수립지침, 1996. 6, 한국통신).

(1) 타 사업자에 대한 접속설비는 시내전화망 중심으로 전환하고, 타 사업자 접속을 가급적 집중화하여 통신망 상호간에 미치는 영향을 최소화한다. 이를 위해 전화망 상호간은 대도시지역을 중심으로 전용집중교환기를 설치하고, 전화망과 데이터망 간은 대도시지역을 중심으로 대용량 ICPS를 설치한다. 그리고 경제성 및 통신망확장 용이성을 감안하여 전송로 집중국소에 시스템을 설치하고, 시스템과 루트를 이원화 구성하여 안정성을 확보한다.

(2) 단국과 집중교환기간은 별도의 직통회선으로 구성한다. 특히 타 사업자 접속설비구간은 공통선 신호방식을 조기에 적용토록 한다.

(3) 상호접속설비는 소요년도 1년전(Y-1년) 사업자별 접속회선수요를 조사하여 투자사업계획에 반영하고, 사업자간 협의를 거쳐 수요를 확정한 후 협정을 체결한다. 그리고 집중교환기, 접속연동장치 설치시 가급적 기초시설과 일정율의 예비회선을 확보하도록 하고, 접속제공교환기 공급은 Y+3년 수요를 공급한다. 또한 상호접속회선에 대하여 지속적인 소통상태 및 품질관리를 시행한다.

나. 상호접속료 기준

1997년에는 타 사업자에 대한 상호접속 전용교환기인 시내집중교환기의 개통에 따라 이에 접속할 경우 접속료 적용기준을 마련하여 시내집중교환기 접속추진방안을 강구하였다(1997. 11. 19). 시내집중교환기 접속 시 시외교환기 접속 시보다 타 사업자의 접속료 부담수준이 높을 것으로 예상되었다. 그래서 타 사업자의 접속을 시내집중교환기로 접속 유도하기 위하여 시외교환기 접속 시 접속료 부담수준으로 조정하고 접속계위 변경에 따른 타 사업자의 부담을 최소화하는 방안이었다. 당시 이 방안은 한국통신 공정대책실 사업협력국(실장 남중수, 국장 안영찬)에서 주관 추진하였다.

다음에는 전용 텐덤교환기와 같은 기능을 하며 동일국사에 설치된 상호접속용 교환기에 텐덤용 소요자재를 활용하여 중계회선을 증설하였다. 당시 인천, 광주, 대전지역에는 IGS 시설 총 111,758회선을 운용하였다(1998. 12). 지역별로 보면 인천지역에는 부천, 부평, 광주지역에는 서광주, 북광주 그리고 대전지역에는 대전, 서대전국에 총 6개 시스템의 상호접속용 교환기를 운용하였다. 이때 기 설치된 IGS 교환기 공급사와 텐덤교환기 공급사가 서로 달라 동일국사에서 물자활용이 곤란한 문제가 있었다. 그러나 대도시 국간중계망의 구조개선과 부족구간에 대한 해소대책의 일환으로 이 계획을 추진하였다. 이에 따라 PCS 사업자 상호접속회선은 <표 2-21>과 같이 운용되었다.

<표 2-21> PCS 사업자 상호접속회선 운용(1997. 10)

상호접속교환기	한국통신 프리텔	한솔PCS	LG텔레콤	계
시외교환기	11,430	9,570	13,950	34,950
시내집중교환기	9,960	-	-	9,960
계	21,390	9,570	13,950	44,910

한편 한국통신 프리텔이 시내집중교환기와 상호접속회선을 개통함에 따라 프리텔은 이에 대한 홍보에 나섰는데, 이 문제와 관련하여 PCS사업자들 간 상호비방전이 발생하였다. 당시 한국통신 프리텔은 우선 시내집중교환기 접속의 장점을 매일경제, 제일경제 등 경제지를 통해 홍보하였다. 홍보내용을 보면 일반전화에서 이동통신 간 2초, 이동통신에서 일반전화 간 1.3초의 통화접속시간(PDD)이 단축된다고 설명하였다.

그리고 시외접속 시 보다 통화완료율이 향상되었으며, 시외접속과 시내집중교환기를 이원화 운용함으로서 통신망의 안전성을 확보할 수 있다는 점을 부각시켰다. 또한 매일경제신문을 통해 한국통신프리텔의 PCS교환기가 타사에 비해 더 안정화 됐기 때문에 시내집중교환기에 접속할 수 있었다고 홍보하였다.

반면 LG텔레콤에서는 전자신문을 통하여 이를 반박하고 나섰다. 한국통신 시내집중교환기와의 접속을 늦추고 있는 것은 LG교환기가 불안정하기 때문이 아니라 한국통신 시내집중교환기가 불안정하기 때문이라고 주장하였다. 또한 타 사업자보다 통화시간이 단축됐다는 주장은 근거가 없으며, 프리텔이 시내집중교환기와 접속한 것은 모기업인 한국통신과의 관계, 프리텔 접속회선의 부족 때문이라고 반박하고 나섰다. 한국통신 공정대책실에서 이 보도내용을 검토한 결과 시내집중교환기와 접속 시 통화접속시간 단축, 통화완료율 향상, 통신망의 안정성 확보 등이 가능하였다.

한국통신프리텔이 통신망의 안정화를 가장 먼저 이루어 시내집중교환기와 접속할 수 있었던 것은 사실확인이 불가하였다. 다만 프리텔이 시내집중교환기와 접속을 원하는 것은 통화접속시간 단축, 통화완료율 향상, 통신망의 이원화 운용 때문인 것으로 판단되었다. 그 후 한솔PCS는 1997년 11월중에 시내집중교환기 접속을 희망하고 있었으며, LG텔레콤은 1997년 12월 중에는 시내집중교환기로의 접속을 할 것으로 예상하고 있었다. 한국통신은 1998년도 통신사업자용 전송시설은 11,947 DS1을 건설하고, 이에 필요한 예산 75500백만원을 배정 추진하였다.

참고자료

(1) 전국 전화국 상호연결통신망의 설계방식 개발(1978. 9. 28).

1970년대 후반 체신부는 우리나라 최초로 전국 전화국의 상호연결통신망 건설을 위한 새로운 설계방식(K-factor방식)을 개발 결정하였다(체시기 1620, 1978. 9. 28, 체신부 시설국). 이 한국식 설계방식은 체신부 시설국 담당자(통신기사보 한상빈), 책임자(통신기좌 이정욱)가 개발 주관하고 기계시설과장(이양수), 시설국장(임재황), 차관(이경식), 장관(이재설)의 결재로 확정 시행되었다.

(2) 2000년대를 향한 전화국 상호연결통신망 건설(1987. 2. 23)

1980년대 후반 한국통신은 전화국 상호간을 연결하는 중계통신망을 효율적으로 확장하고 운용하며 2000년대의 종합정보통신망(ISDN)에 대비하고자 대도시 전화국 상호연결통신망의 건설계획을 수립 추진하였다(2000년대를 향한 대도시 전화국간 통신망계획, 통신426-830, 한국통신). 이 계획은 계획국 시외망과장(서용희), 통신망계획부장(이정욱)이 주관하고 계획국장(황영선), 부사장(이응효), 사장(이우재)의 결재로서 확정 시행되었다. 이 계획은 당시 기획실장, 영업국장, 시설국장, 운용국장, 종합계획부장, 시내계획부장, 장거리계획부장, 감사의 협조를 거쳤다.

(3) 중장기 네트워크 발전계획(1996. 9. 9)

1990년대 중반 한국통신은 우리나라의 정보통신 네트워크를 한 차원 높게 끌어올려 국제적으로 정보통신선진국으로 도약하기 위한 중장기 네트워크 발전계획을 수립하였다(중장기 네트워크 발전계획의 수립, 1996. 9. 9, 한국통신 네트워크본부). 이 계획은 네트워크본부 시설계획부 4급행정(이계춘), 시설계획부장(오경래), 종합기획국장(엄재건)이 주관하고 시설운용실장(김기천), 네트워크본부장(이정욱), 사장(이준)의 결재로 확정 시행되었다.

제3장

전국 농어촌지역 전화의 현대화

1. 농어촌 전화의 현대화 시작

1.1 1980년대 초반의 전화공급

가. 전화공급 상황

1980년대 초 우리나라는 전국적으로 자동식 전화국 152국, 수동식 전화국 1,329국 등 총 1,481개 전화국을 운용하고 있었다(1981. 12). 당시 도시와 농어촌의 통신시설 공급상황을 보면 전화공급율은 도시지역이 80.4%인데 비해 농어촌지역은 68.0%로 저조한 상태였다. 그리고 전화의 자동화율은 도시지역은 이미 100%를 달성하였으나 농어촌지역은 43.2%에 머물러 있었고 100인당 보급률은 도시가 13.2대인데 비해 농어촌은 4.2대에 불과한 실정이었다. 따라서 <표 3-1>에서 보는 바와 같이 도시지역과 농어촌지역 간 전화공급에 큰 차이가 있었다.

<표 3-1> 농어촌지역 전화공급상황(1981. 12)

구분	인구(천명)	통신시설(회선)	가입자(명)	전화수요(명)
농어촌	16,344	776,750	684,750	1,006,420
도시	21,510	2,910,000	2,836564	3,619,580

더구나 수동식 전화를 운용하는 대부분의 지역(1,329개국)은 전화적체를 안고 있었기 때문에 농어촌지역의 전화적체를 완화하기 위해서 자석식교환시설을 증설하지 않을 수 없었다. 1981년 사업으로 교환시설 4만6천회선(소요예산 약 602백만 원)을 증설하였으며, 이를 위해 선로시설 4만6천회선(소요예산 약 6,734백만 원)을 건설하였다. 이때 회선당 단가는 교환시설 13,097원, 선로시설 170,584원으로 나타났다.

이어서 1982년도 사업은 교환시설 4만회선(소요예산 약 635백만 원), 선로시설 4만회선

(소요예산 약 7,822백만 원)을 건설 추진하였다. 이 경우 회선당 가격은 교환설비 15,869원, 선로시설 195,550원으로 분석되어 자석식전화의 경우 선로시설비가 교환시설비에 비해 월등히 높았다(1982년도 전기통신공사 투자사업예산 설명자료, 1981. 12. 7, 체신부 계획국).

그러나 이때 농어촌지역의 전화수요는 급속히 늘어나고, 여러 지역에서 공전식전화와 자석식전화가 가진 시설증설 한계에 부딪치게 되어 수동식전화시설로는 감당하기 어려운 시점에 도달하였다. 1980년대 초 수동식전화 시설확장 한계지역을 보면 공전식전화국 9개 지역, 600회선규모 자석식전화국 90개 지역, 700회선규모 자석식전화국 16개 지역, 800회선규모 자석식전화국 3개 지역 등 총 118개 지역으로 확인되었다(1981. 12).

나. 자연부락 통신지원

자연부락의 통신시설은 그야말로 취약하기 짝이 없었다. 1981년대 초 우리나라에는 법정이동단위 18,633개, 행정이동단위 37,146개 등 총 55,109개의 이동단위가 있었는데, 이를 세부적으로 구분해보면 <표 3-2>와 같다.

<표 3-2> 우리나라 자연부락(1981. 12)

자연부락 규모	20호이상	15-19호	10-14호	10호미만	계
자연부락 수	54,151	176	229	553	55,109

이 중 10,726개 부락에는 전화가 없는 통신고립지역이었다. 여기에서 행정이동의 경우 1979년까지 31,289개, 1980년에 5,552개, 1981년에 305개 등 총 37,146개 이동에 전화를 가설하였다. 이를 지역별로 보면 서울, 부산, 제주에는 1979년에 전화공급을 완료하였으며, 대부분 지역은 1980년-1981년에 전화를 가설하였으며 세부내역은 <표 3-3>과 같다.

이때 1개 행정이동은 2개-3개의 자연부락으로 형성되어 있었으며, 여기에는 특히 주민신고통신망(안보통신망)의 구성이 필요하였다. 당시 체신부에서는 자연부락의 통신지원을 위하여 1981년에 305개 지역에 4억9천만 원의 예산을 투입하여 통신지원을 함으로서 그해 말에는 대상지역 중 43,425개 부락에 전화가 설치되었다. 또한 20호 이상 자연부락 당 이동단위전화 1대를 시설하고, 가능한 한 시내통화권으로 수용하도록 추진하였다. 이를 위해 1982년에 2,000개 부락에 전화를 시설하기 위해 3,656백만 원의 예산을 세워 추진하였다.

이어서 1983년에 3,500개, 1984년에 5226개 부락에 전화를 공급하여 1984년까지 완료하는 계획으로 추진하였다. 이때 이 사업에 소요된 회선당 단가를 보면 시설지역이 광활한 자연부락 지역특성 때문에 1981년에 160만1천원, 1982년에 182만8천원 등으로 도시지역에 비해 상당히 고가로 시설될 수밖에 없었다. 또 하나의 통신취약지역은 도서지역이었다. 1982년 당시 우리나라의 유인도서는 총 544개로서 이들 도서에는 UHF, RRTS, VHF, SR 등의 무선통신방식을 이용하여 대부분 하루에 6시간 정도의 시간제 통신을 하고 있었고 이 중

50여개의 도서에는 전혀 통신수단이 없는 상황에 있었다.

<표 3-3> 지역별 행정이동 전화공급

시도별	1979년까지	1980년	1981년	계
서울	417			417
부산	203			203
경기	3,718	657	183	4,558
강원	1,949	261	2	2,212
충남	3,842	663	79	4,584
충북	2,132	419	2	2,553
경남	4,372	697	27	5,096
경북	5,056	623		5,679
전남	5,391	1,099	12	6,502
전북	4,004	1,133		5,137
제주	205			205
계	31,289	5,552	305	37,146

이러한 상황에서 자석식전화 교환시설은 1982년까지만 신규 공급하고 1983년부터는 자동화지역에서 철거되는 교환기를 활용하여 재배치하는 방향으로 추진하였다. 이와 같이 시행함으로서 농어촌 지역의 적체를 해소하고 도농간 수급균형을 유지하며 가입구역확장으로 전화공급지역을 확대하였다. 당시 자석식전화국은 전국적으로 1980년에 1,375개, 1981년에 1,315개, 1982년에 1,260개를 운용하였다. 이때 지역별 운용상황은 <표 3-4>와 같다.

<표 3-4> 자석식전화 운용국(체신청별)

구분	부산	충청	전남	경기	경북	전북	강원	계
1980년	215	263	254	155	229	153	106	1,375
1981년	200	258	248	137	223	149	100	1,315
1982년	191	240	241	134	217	148	89	1,260

다. 전화미가설 국민학교 통신지원

1980년대 초 전국에는 총 7,219개의 국민학교(현재 초등학교)가 운영되고 있었는데 이 중 1,863개 학교가 전화가 없어 통신이 불가능 하였다(1980. 12). 체신부에서는 아동교육의 효율을 높이고 학교행정의 능율을 향상시키며 도시와 농어촌간의 학교격차를 해소하고자 전화미가설 국민학교 통신지원계획을 수립 추진하였다. 이 계획의 주요내용은 다음과 같다.

첫째, 1981년-1982년의 2개년사업으로 추진하며, 년차별 계획목표량은 문교부계획을 기준으로 한다. 그리고 준가입구역내에 소재하는 학교는 전기통신법 제25조(가입자 설비제공)에 의거 조치하고, 도서지역은 1982년도에 이동단위전화사업으로 조치한다.

둘째, 설치대상학교는 각 체신청별로 당해 교육위원회와 협의하여 연도별로 선정한다. 그리고 설치우선순위는 가입구역 내에 소재한 학교, 시 소재지에 있는 학교, 소요예산이 적게 드는 학교, 시설공사가 용이한 학교, 교육위원회에서 우선 설치를 요청한 학교로 정하여 시행한다.

이와 같은 방침에 따라 연도별 시설계획을 <표 3-5>와 같이 수립 추진하였다. 이를 위해 체신부는 1981년에 815개교(소요예산 1,487백만 원), 1982년에 1,048개교(소요예산 1,915백만 원)에 전화를 공급함으로서 1982년 말에는 전화가 없는 국민학교 문제를 완전 해결하였다. 이 사업에 소요된 회선당 가격은 앞에서 분석한 자연부락의 경우와 동일하였다. 1982년초 한국전기통신공사가 창립됨으로서 1982년도 사업(1,048개교)은 체신부에서 한국통신으로 이관되어 시행하였으며 지사별 시행실적은 <표 3-6>과 같다.

<표 3-5> 전화미가설 국민학교 전화지원계획

구분	1981년도	1982년도	계	비고
시설량(학교수)	815	1,048	1,863	( )안은 문교부 책정예산
예산(백만원)	559(489)	2,011(749)	2,570(1,238)	

<표 3-6> 전화미가설 국민학교 통신지원실적(1982년)

지사별	실적	지사별	실적	지사별	실적	지사별	실적
서울	53	부산	219	대전	120	광주	165
대구	180	전주	83	원주	199	제주	29

이때 전화시설공사는 교환시설이 있는 지역과 교환시설이 없는 지역으로 구분하여 다음과 같이 연차적으로 시행하였다.

① 가입구역 내 또는 시에 소재한 학교는 시설증설 시에 설치토록 하고, 준가입구역내에 소재한 학교에 대하여는 가입구역을 확장하여 시설함을 원칙으로 한다. 다만 예산 및 기타 사정상 구역확장이 곤란할 경우에는 전기통신법 제25조(가입자 설비제공)에 의거 조치한다.

② 준가입구역에 소재한 학교로서 기설 이동단위전화 인근에 위치하거나 또는 이동단위선로가 통과하는 지역에는 소통상 문제점이 없을 경우에 한하여 당부시설로서 공동접속토록 권유한다. 이동단위전화와 공동접속된 학교는 가입구역화 후에 별도 청약하여 대체토록 한다.

③ 1981년도에는 문교부 책정예산(학교당 60만원 기준) 범위 내에서 설치 가능한 학교부터 조치한다. 시설공사는 공사의 편의를 위해 교환국 단위로 일괄 시설한다.

④ 교환시설이 없는 도서지역에는 1981년도 계획으로 시행하고, 도서무선시설이 있는

지역은 이동단위전화로 설치하여 도서무선시설에 수용한다. 그리고 시설공사의 편의를 위하여 도서단위로 일괄 시설한다.

1.2 농어촌전화의 자동화 및 전자화 시도

가. 기본방침

체신부는 1970년대 후반에 들어서면서 농어촌전화의 현대화를 위한 계획을 수립 추진하기 시작하였으며 이때 주요추진일정을 정리하면 <표 3-7>과 같다. 가장 먼저 수립된 농어촌전화 확대계획은 도시와 농어촌 간 통신서비스의 격차를 해소하기 위하여 농어촌전화를 현대화하고, 전국통신망을 자동화하며 이를 위해 시분할 전자교환기를 채택 도입한다는 것이었다. 이어서 IBRD 새마을 차관사업조사단에서는 평가의견으로 자석식 교환시설의 자동화를 권고하였다.

이에 따라 체신부 계획국에서는「농어촌전화의 현대화 기본계획」을 수립하였다(1979. 10. 28). 이 계획의 핵심은 농어촌전화의 자동화를 위해 장래성, 기술성, 경제적 측면에서 시분할 전자교환기를 도입한다는 것이었다. 그리고 전송로를 디지털화하고 가설구역도 면소재지에서 전 지역으로 확대하며 전화요금은 면단위로부터 군단위로 광역화하는 것이었다.

<표 3-7> 초기 농어촌전화 현대화 추진계획

계획명칭	문서번호	시행일자	주요내용
농어촌전화 확대	체계삼 1620-22	1979. 4. 9	도시, 농어촌 간 격차 해소
IBRD 차관사업 조사단 평가	국협 321-213	1979. 10. 2	자석식 교환방식의 자동화 권고
농어촌전화 현대화 기본계획	계일 1644-35840	1979. 10. 28	가입구역의 광역화 시분할 전자교환기의 도입

이 사업을 성공적으로 수행하기 위해 농어촌 전화시설을 선진국의 공급방식을 채택하였다. 이 계획의 주요내용은 ① 자동전화국을 신설하여 광역화하는 지역과 군 단위 모국으로서 광역화되는 지역에는 시분할 전자교환기(TDM)를 공급한다. ② 기존 자동전화국을 주축으로 가입구역을 광역화하는 지역에는 경제성을 고려하여 선로교환장치(Line Concentrator)를 공급하여 자동화한다는 것이었다.

이러한 기본방침에 따라 농어촌 지역에도 전자교환기를 공급하여 농어촌통신망의 선진화를 추진하였다. 이에 따라 1단계(1980년-1981년)에서 시험기종을 도입하고 이에 대한 실용시험을 시행한 후 1982년에 시작하여 1988년에 완성한다는 목표를 세웠다. 또한 1980년대에 들어서면서 교통수단의 발달로 국민 일일생활권이 광역화되고, 통신시설의 발달로 가입구역의 광역화가 용이해짐에 따라 「가입전화 광역화계획」을 수립하였다(1981. 12).

이 계획은 1988년까지 수동식전화를 완전 자동화하여 전 국토의 가입구역화를 완성한다는 청사진이었다. 이를 위해 읍면단위 시내통화권을 시군단위 광역제 시내통화권으로 확대하고 실선전송로를 디지털 전송로로 대체하기 시작하였다. 한편 체신부는 전국 가입전화의 시내통화권을 152개로 확정하였다(1980. 4). 이를 지역별로 보면 서울, 부산, 대구, 인천에 각각 1개 통화권 그리고 경기 21, 강원, 17, 충남, 16, 충북 10, 경남 21, 경북 24, 전남 22, 전북 13, 제주 4개의 통화권이 설정되었다.

나. 농어촌 전자교환기의 시험운용

시내통화권을 군단위로 광역화하기 위해서 모국은 시내 및 시외교환기능이 요구되었으며 동시에 자국기능도 갖추어야 하였다. 이런 목적에서 농어촌형 시분할교환기를 시험적으로 도입하고자 하였다. 이러한 방침에 따라 체신부 기술정책관실에서는 한국전기통신연구소(KETRI)에 시험기종 선정을 의뢰하였다(1979. 10. 31). 이에 따라 KETRI에서는 시험기종을 선정하여 체신부 기술정책관실로 보고하였으며, 기술정책관실에서는 이 기종선정보고서를 계획국으로 통보하였다(기술 1662-769, 1979. 11. 29). 이때 보고된 교환기종은 7개국 12개 기종이었으며 세부내역은 <표 3-8>과 같다.

<표 3-8>농어촌용 전자교환기 선정보고(KETRI)

공급사	국가	공급사	국가	공급사	국가
GTE	미국	ITT-NORTH	미국	SC	미국
TRW-VIDAR	미국	CIT-ALCATEL	불란서	Fujitsu	일본
Hitachi	일본	NEC	일본	LM&E	스웨덴
NT	카나다	PHILIPS	화란	SIEMENS	독일

체신부 계획국에서는 이 보고서를 검토하여 농어촌지역에 적합한 전자교환기 시험기종을 결정하고 대상지역을 선정하였다(계삼 1644-408061979. 12. 4). 이를 위해 고정형으로 캐나다 NT사의 DMS-10, 이동형으로는 미국 Stromberg Carlson사의 DMO을 선정하였다(1979. 12. 4). 그리고 시험운용 대상지역으로는 구리와 원당으로 결정하였다. 당시 국사준비가 미비된 상황에서 임시적으로 전화를 공급할 수 있는 방안으로 DMO를 채택하였다.

이 계획에 따라 체신부 자재국에서는 조달청에 교환기를 구매 요구하였다(시일 1662-1065, 1979. 12. 8). 조달청에서는 DMO는 2,442,453 USD, DMS는 2,374,000 USD에 계약하였다(1980. 10-1980. 12). 이듬해 공사를 착공하여 개통하였고, 이후 1년간 실용시험에 들어갔으며 세부내용은 <표 3-9>와 같다(1981. 7-1982. 6).

이어서 체신부 계획국에서는 1981년도 시험용 농어촌 전자교환기 설치계획을 작성하였다(계삼 1602.4-6089, 1980. 2. 14, 체신부). 이때 설치장소는 일광과 왜관으로 정하고, 일광 4천회선, 왜관 6천회선 총 1만회선을 구매 추진하였으며, 이를 위해 NT사와 SC사에 경쟁입찰을 실시하였다. 이후 통신시설사무소에서는 1981년도 사업분을 조달청에 구매 요구하였다(1981. 1. 29). 이에 따라 NT의 DMS-10은 5,241,864 달러, SC사의 DMO는 6,671,858 달러에 응찰하였다(1981. 4. 3).

이와 동시에 체신부는 시외용으로 중용량 전자교환기의 도입을 검토하게 되었다. 뒤편에서 설명되는 바와 같이 시외용과 농어촌용 전자교환기에 대한 종합검토가 요구되는 바람에 계획국에서는 1981년도 사업분에 대한 구매계약을 보류하도록 조달청에 통보하였다(계삼 1602-20807, 1981. 6. 4, 체신부 계획국). 결과적으로 지금까지 추진해온 1980년도 사업분을 개통하고, 전반적인 운용분석 후 결정을 하는 방향으로 선회하게 되었다. 이에 따라 조달청에서는 입찰서 유효기간을 1981년 8월 말까지로 연기 조치하였다(외이 526.1-28712, 1981. 7. 13, 조달청).

<표 3-9> 농어촌 전자교환기의 시험운용

기 종	회사명	설치지역	회선수	개 통
DMS-10	Northern Telecom (카나다)	경기도 구리	4,000	1981. 6. 5
DMO	Stromberg Carlson(미국)	경기도 원당	4,000	1981. 7. 11

2. 농어촌지역에 신 통신방식 도입

2.1 농어촌지역에 적합한 기종검토

가. 시분할 전자교환기의 도입 시도

1980년대 초반에 들어서면서 농어촌지역의 수동식전화는 당시 증설 한계점에 도달하고 있었다. 이 문제의 해결을 위해 체신부에서는 장기적인 면, 경제적인 면, 기술적인 면에서 시분할 전자교환기의 공급이 최적방법이라는 결론을 내렸다. 또한 신흥개발지역 등 영구국사가 준비되기 이전에 전화수요가 급증하는 지역에는 즉각적인 전화공급을 하기 위해 이동용 시분할교환기의 설치가 바람직하다고 보았다. 이것은 자칫 성급하게 치국을 결정하여 국사를 신축하는 경우나 치국하지 못한 상황에서 수천 가입자를 원거리 전화국에 가입시키는 경우, 과도하게 선로비용을 낭비하게 되는 문제가 있어 이를 방지하기 위한 방안이었다.

또한 연간 소요물량이 당분간 10만회선 미만지역을 위해 차관을 도입하는 것은 불합리하여 국산장비에 의한 공급을 유도해야할 입장이었다. 반면 국산통신장비는 수출전략품목으로 유망하므로 전망 좋은 기종을 조기에 선택하여 단시일 내에 기술을 축적하여 국제경쟁력을 갖출 필요도 있었다. 이때 체신부는 1983년부터 기계식 자동교환기의 신설을 중단하기로 방침을 공표하였고, 상공부는 1980년 중화학공업산업체 정비방침에서 동양정밀공업(주)를 농어촌 전자교환기 생산업체로 지정한 입장이었다.

한편 한국전기통신연구소(KETRI) 및 금성통신공업(주)에서는 시분할교환기의 연구개발에 착수하여 초보시스템을 제작하는 단계에 이르고 있었다. 그리고 도입할 시분할 전자교환기는 <표 3-10>과 같이 군단위용과 면단위용으로 구분하여 초기 구상을 마친 상태였다(시분할교환기 기종선택을 위한 검토, 1981. 5, 체신부 계획국). 여기에서 군단위용은 중심국용 시분할교환기와 동일기종이 유리하고, 면단위용은 군단위 ST국에 증설하거나 시외교환과 적체해소에 병용할 수 있다.

<표 3-10> 농어촌용 시분할교환기의 용량 및 기능

구분	회선수(단자)	용도	원격가입자 수용기능
군단위용	10,000-20,000	시외, 시내탠덤, 시내겸용	분기교환장치 필요
면단위용	5,000	시내전용	분기교환장치 필요

이러한 상황에서 국내개발교환기가 상용화되기 전 농어촌지역에 공급할 외국산 전자교환기를 선정하는 일이 시작되었다. 앞에서 설명한 바와 같이 1980년 12월 체신부는 시외통신용으로 중용량 전자교환기를 도입하기로 결정하였다. 그 이듬해에는 시외용 중용량 전자교환기를 농어촌용으로 공급하기로 하고 이 두 가지 용도에 적합한 시분할 전자교환기를 동시에 선정하기로 결정하였다(1981. 7. 14). 이 과제는 체신부 계획국 계획3과(과장 이정욱)에서 주관하였으며, 당시 체신부차관(오명)의 지시를 받아 체신부에 시분할 교환기 기종선정을 위한 종합심의위원회를 구성하여 본격적으로 검토하기 시작하였다(1981. 8. 18).

나. 시분할 전자교환기의 기종선정

1981년도 농어촌 전자교환기 시험용 사업이 보류되면서 체신부 계획국에서는 그때까지 분리 추진해 오던 농어촌용 전자교환기와 시외용 중용량 전자교환기를 종합 검토하는 방침을 결정하였다(계삼 1602.4-23837, 1981. 7. 14, 체신부 계획국). 이때 시분할 전자교환기 종합검토 작업을 한국전기통신연구소(KETRI)에 의뢰하였는데, 이를 위해 계획국에서는 농어촌용 시분할교환기를 선택함에 있어 몇 가지 중요한 기능을 제시하였다.

첫째, 농어촌용 전자교환기는 모자국 기능이 있고, 분산 설치가 가능해야 하며 주 교환기와 원격교환 장치로 구성되어야 한다. 둘째, PCM, 정합장치 등 부가설비가 필요하지 않아야 하고, 원격제어장치는 무인운용이 가능해야 하며 집중과금, 집중보수, 트래픽 관리 등의 기능이 있어야 한다. 셋째, 시외교환기능을 갖추고 있어 시내 시외 겸용교환기이어야 한다.

체신부 계획국에서는 이러한 제반기능을 확인하고 시험과정을 통해 우수기종을 선정하고 지역특성에 적합한 공급계획을 수립하려고 하였다. 그리고 모자국 기능을 갖는 신세대 시분할 교환기에 대한 채택의 필요성도 확인해야 하였다. 이 임무는 당시 한국전기통신연구소(KETRI)가 수행하였다(1981. 7. 14-8. 17). 이를 위해 시분할 전자교환기(TDM) 기종선정을 위한 종합심의위원회를 <표 3-11>과 같이 구성하였다(계삼 1602.4-27592, 1981. 8. 18, 체신부 계획국).

<표 3-11> 시분할 전자교환기 기종선정 심의위원회

위원장	위원	간사
차관(오명)	기획관리실장(배호원), 통신시설사무소장, 계획국장(이응효), 전무국장(이희두), 보전국장(김정렬), 기술조정관(안희수), 전기통신시험검사소장(정도길), 한국전기통신연구소장(최순달), 한국전기통신연구소(경상현)	계획국 계획3과장 (이정욱)

본 기종선정 심의위원회에서는 3차에 걸쳐 중용량 시외용 전자교환기와 농어촌용 전자교환기의 공급방안, 전자교환기의 국산화방안 등에 대해 필요한 사항을 다음과 같이 중점적으로 검토하였다.

(1) 중소도시의 시외용과 농어촌지역의 단국용으로 동일기종을 공급할 때와 다른 기종으로 공급할 때 교환망 구성, 유지보수 및 국산화면에서 예상되는 문제점.

(2) 전자교환기의 국산화는 외국모델을 활용하여 국산화하는 방안과 우리나라 고유모델을 개발하여 국산화하는 방안을 비교 검토하고, 전자교환기 도입에 따른 기술전수방안.

한편 중용량 시외용 및 농어촌용 시분할 전자교환기의 기종선정심의는 제1차 회의(1981. 8. 20), 제2차 회의(1981. 8. 21), 제3차 회의(1981. 8. 22)가 개최되었으며, 당시 논의된 주요 내용은 전국 장거리통신망의 대대적 확장 편(정보통신 선진화 30년, 제2권 제2장)에 상세하게 기록되어 있으므로 여기에서는 생략한다.

2.2 시분할 전자교환기의 종합검토

가. 전자교환기의 제반조건 및 성능

1980년대 초 체신부 계획국에서는 시내 및 시외전화의 완전자동화 계획에 따라 중소도시에 중용량 시외교환기를 설치하고, 농어촌에 전자교환기 공급을 위한 적정기종의 시분할 전자교환기(TDM)를 선정하는 실무작업에 착수하였다. 이때 교환기 용량기준, 교환기의 기능 및 구조, 시스템 용량 및 성능 등을 면밀히 검토하였다. 이 작업은 당시 체신부 계획국장(이응효)과 계획3과장(이정욱)이 주관하였다. 이를 위해 새롭게 선정하는 기종의 용도는 중심국용 시외전용, 집중국용 시내/시외 겸용, 읍면단위 농어촌용으로 정하였다.

이에 따라 선정할 전자교환기의 용량을 시외전용, 시내/시외 겸용, 농어촌용으로 구분하여 정하였으며, 기술요건 및 경제성에 대해서는 ① 초기 투자비가 적고 증설이 용이하고, 기존시설과 정합이 용이해야 한다. ② 시스템의 신뢰도가 높을 것이며, 차관조건 및 기술전수가 유리하여야 한다는 점을 검토하였다. 또한 그 동안의 실무경험에 비추어 이 전자교환기가 갖추어야 할 호처리 능력, 처리통화량, 수용단자 수 등 용량을 <표 3-12>와 같이 설정하였다(중용량 시외 및 농어촌용 시분할 전자교환기 종합검토, 1981. 8, 체신부 계획국).

<표 3-12> 중용량 시외 및 농어촌용 전자교환기 필요용량

구분	시외전용	시내/시외 겸용	농어촌용
호처리(BHCA)	450,000 이상	75,000-150,000	45,000-90,000
통화량(ERL)	20,000 이상	2,000-4,000	1,000-2,000
단자수(회선)	20,000-60,000	20,000+5,000T	10,000-20,000

당시 우리나라 통신망현대화계획에 참여하기 위해 스웨덴의 LME를 비롯하여 6개의 선진국 회사들이 뛰어들어 경쟁을 하고 있었다. 한국통신 계획국에서는 이들 기종에 대하여 교환기의 기능 및 구조, 시스템용량 및 성능, 원격교환장치, 통화로 부분, 프로그램언어, 신호방식 등을 면밀히 검토하였다. 그 세부내용은 전국 장거리통신망의 대대적 확장 편(정보통신 선진화 30년, 제2권 제2장)에 기록되어 있으므로 여기에서는 생략한다.

나. 국내도입을 위한 조건검토

당시 검토대상 전자교환기 10개 기종의 개발상황은 대부분 상용화직전의 개발완료단계에 있었다. EWSD와 DCO기종은 소용량으로는 개발완료 되었으나 대용량은 개발 중인 것으로 확인되었다.

이때 농어촌용의 가격(회선당)은 기종에 따라 256달러-600달러로 나타났으며, 세부내역은 <표 3-13>과 같다.

<표 3-13> 농어촌 전자교환기 제안가격(1981. 8)

구분	ITT		LME	NEC	NT		Siemens	SC
	1210	1240	AXE 10	NEAX 61	DMS 10	DMS 100	EWSD	DCO
가격($/회선)	325	350	350	340	450	400-600	256	340-380

이중 AXE-10, NEAX-61, DMS-100기종은 대부분 개발이 완료된 상태였다. 따라서 농어촌지역과 시외교환기로 공급 가능한 기종은 이들 3개 기종으로 압축되었다. 이들 기종을 국내에 도입 공급하기 위해 개발상황, 기술전수, 가격, 차관조건, 국내통신망에의 적용성 등을 조사 검토하였다(중용량 시외 및 농어촌용 전자교환기 종합검토, 1981. 8, 체신부 계획국).

다. 농어촌통신망에의 적합성 검토

국내통신망에의 적합성 검토를 위하여 농어촌용으로의 도입하는 경우 각 기종에 대한 적합성을 검토하였으며 그 결과는 <표 3-14>와 같다. 한편 공급 및 운용능력 면에서는 LME사와 NT사가 공급능력이 충분하고, NT사는 운용기술도 보유한 것으로 파악하였다. 이와 같이 교환기 기술발전추세, 국내개발 및 생산 공급의 용이성, 수출목표달성 등을 고려하고 교환기의 기술전수 적합성을 면밀히 검토한 결과 DMS 10, EWSD, DCO는 부적합하고 S1240, AXE 10, NEAX 61은 적합한 것으로 판정하였다. 기종별 세부검토내용은 전국 장거리통신망의 대대적 확장 편(정보통신 선진화 30년, 제2권 제2장)에 상세하게 기록하였으므로 여기에서는 생략한다.

<표 3-14> 농어촌 기종으로서의 적합성

기종별	적합성	기종별	적합성
1210	적합(현재가능)	1240	개발 중
AXE-10	적합(현재가능)	NEAX 61	적합(현재가능)
DMS 10	소형만 가능	DMS 100	적합(현재가능)
EWSD	개발중(소형만 가능)	DCO	개발중(소형만 가능)

2.3 기종선정 추진상황

가. 대통령께 중간보고

1981년 8월 시분할교환기 기종선정심의위원회(위원장 체신부차관 오명)는 농어촌과 중용량 시외용으로 적합한 전자교환기를 선정 검토하는 중간과정에서 선정추진상황을 체신부장관(최광수)에게 보고하였다. 그리고 체신부장관은 대통령(전두환)에게 중간보고하였다(시분할교환기 종합검토 중간보고, 1981. 8. 28). 이 보고서는 심의위원회 간사인 체신부 계획3과장(이정욱)이 작성하고 계획국장(이응효)의 검토를 거쳐 작성되었는데, 세부내용은 제3장 참고자료 편에 기록되어 있다. 당시 보고서는 현황, 시분할 교환기의 특징, 사업개요, 추진경위, 전자교환기 도입현황, 검토내용, 기종선정방안, 건의 순으로 작성되었다. 여기에서는 이중 기종선정방안과 건의내용을 정리 요약한다.

제1안은 중용량 시외용은 LME와 NT사 중에서 택일하고, 농어촌용은 LME, NT, NEC사 중에서 택일하는 방안이다. 이 방안의 장점은 시외용은 2개 회사, 시내용(국산공급)은 3개 회사의 경쟁체제가 구축된다. 그리고 중심국 시외교환기의 조기설치를 할 수 있으며, 동양정밀(주)의 처리가 용이하며, 미국 Western Electric의 No.4 전자교환기 도입에 경쟁을 유도할 수 있다. 그 대신 단점으로는 기종이 많아 정합 및 운용보수가 곤란하고, 시내용 국산회사가 3개사로 되어 공급 및 생산에 문제가 있다.

제2안은 중용량 시외용과 농어촌용을 LME와 NT사 중 택일하는 방안이다. 다만 중용량 시외용은 도입한다. 이 방안의 장점은 제1안과 동일한데, 농어촌용을 조기 추진할 수 있으며, 기 추진 중인 차관의 이용이 가능하다. 그러나 시내용 국산회사가 3개사로 되어 공급 및 생산에 문제가 생기는 단점이 있다.

제3안은 중용량 시외용은 LME와 NT사중 택일하고 농어촌용은 WE와 ITT사 중 택일하는 방안이다. 이 안의 장점은 중심국 시외교환기를 조기에 설치할 수 있고, WE의 No.4 전자교환기 도입에 경쟁을 유도할 수 있다. 또한 경쟁력이 부족한 공간분할전자교환기(SD ESS)의 원활한 대체가 용이하며, 시내용 국산회사가 2개회사 체제로 안정된 공급 및 생산을 할 수 있다. 그러나 기종이 많아 정합 등 운용보수에 문제가 있으며, 동양정밀(주)의 처리 문제가 남게 되는 단점을 가지고 있다.

제4안은 중용량 시외용과 농어촌용을 WE와 ITT사 중에서 택일하는 방안이다. 이 방안으로 시행하는 경우 외국회사의 추가 진출이 불필요하고 공급 및 생산 면에서 유리하다. 또한 정합 및 운용보전 상 가장 유리하며 기 확정된 차관금의 이용이 가능한 장점을 가지고 있다.

반면에 양 기종 운용실적이 없어 사업 지연이 우려되고 동양정밀(주)의 처리문제가 여전히 미해결되며, 기존 공간분할방식으로부터 시분할방식으로의 전환이 지연되는 단점이 있다. 이 방안의 보완대책으로는 중용량 시외용은 No.1A의 2W Toll방식으로 최대한 공급하고, 이 방식이 불합리한 전화국 및 긴급한 농어촌전화국은 타 회사기종을 최소한 직도입한다. 그리고 동양정밀(주)은 농어촌용 생산에 참여토록 조치한다.

나. 시분할 전자교환기 기종선정협상

체신부 계획국 계획3과(과장 이정욱)에서는 시분할교환기 선정을 위한 기종선정심의위원회의 검토결과에 따라 성능, 가격, 기술전수 및 차관조건 등 구체적인 사항을 관계회사와 협상 추진하여 가장 적합한 기종을 최종 확정하기 위한 실시계획을 수립 추진하였다(시분할교환기 기종선정을 위한 협상실시, 계삼 1602.4-34198, 1981. 10. 15, 체신부 계획국). 이 계획의 주관부서 및 결재자는 제3장 말미의 참고자료 편에 기록되어 있다. 이 문서의 주요내용은 다음과 같다.

첫째, 중용량 시외용과 농어촌용을 교환기의 특성 및 도입 측면을 고려하여 분리 검토하고 협상은 병행 추진한다. 그리고 시분할교환기 종합검토 중간보고에 제시된 대상기종을 단계별로 협상 추진한다.

둘째, 한국전기통신연구소에 종합실무검토반을 구성하여 기종선정에 필요한 전반적인 사항을 검토하고 검토지침, 종합보고 및 기종확정 등 본 작업의 총괄은 체신부 계획국 관계부서에서 담당한다.

셋째, 기종선정실무반의 구성은 체신부 계획국장이 총괄하고 계획국 계획3과에서 농어촌용, 계획4과에서 중용량 시외용에 대한 기종선정업무를 종합한다. 그리고 계획국장의 총괄지휘 하에 실무검토는 한국전기통신연구소(KETRI)가 담당한다.

넷째, 체신부 계획국은 검토지침작성, 세부추진계획 수립, 종합보고 및 기종확정을 담당한다. 그리고 한국전기통신연구소에서는 기술전수 및 국산화, 가격 및 공급시기, 설치 및 운용사항, 차관조건 및 직원훈련, 중간보고 및 최종검토보고 사항, 기타 필요한 제반사항 등 실무검토를 담당토록 한다.

다섯째, 시행기간은 1981년 10월 15일부터 11월 20일로 정하고, 이 기간에 기종선정실무반의 구성(10. 15), 협상자료작성(10. 16-10. 20), 1차 협상(10. 20-11. 5), 중간보고(11. 7), 2차 협상(11. 8-11. 15), 최종보고(11. 16), 종합보고 및 기종확정(11. 17-11. 20)을 시행한다.

또한 이의 차질없는 시행을 위해 체신부장관(최광수)은 한국전기통신연구소장(최순달)에게 KETRI의 실무검토 중간보고서를 1981년 11월 7일, 최종보고서는 1981년 11월 16일에 제출토록 지시하였다.

다. 협상중간보고

이후 한국전기통신연구소 소장(최순달)은 체신부장관(최광수)에게 본 기종선정을 위한 협상중간보고를 하였다(시분할교환기 기종선정을 위한 협상작업 중간보고, 시교단 제8호, 1981. 11. 24, 한국전기통신연구소). 이 보고서는 경위, 추진방침, 계약의 주요골자, 계약협상 실무작업 추진내역, 기술조사 실무작업 추진내역, 협상추진상상의 문제점, 앞으로의 계획 순으로 작성되어 있었다.

이중 농어촌 전자교환기종은 지정된 협상대상회사의 기종이 공히 1982년 말까지 국내공급이 불가능한 것으로 판정되어 협상을 중지하고 시외용 중용량 시분할 전자교환기종 선정 업무를 중심으로 추진하였다. 이에 대한 세부내역은 전국 장거리통신망의 대대적 확장 편(정보통신 선진화 30년, 제2권 제2장)에 소개되어 있다.

3. 농어촌통신망 현대화의 본격추진

3.1 자동화의 경제성 및 자동화 방침

가. 농어촌전화 자동화의 경제성 검토

농어촌전화를 자동화하는데 따른 경제성을 사전 검토하였는데 전형적인 모형으로서 논산통화권을 설정하였다. 당시 논산통화권은 면적, 인구, 가구, 자동식 전화회선 수, 수동식 전화회선 수면에서 전국평균치와 가장 비슷한 지역이었기 때문이었다. 이때 논산통화권의 종합상황을 전국 통화권과 비교하면 <표 3-15>와 같고, 이표에서 ( )내 숫자는 당시 가구 수를 말한다.

그래서 논산을 모국, 강경을 분국으로 하여 여기에 각각 시분할 교환기(TDM)를 공급하고, 주변의 부적, 광석, 성동, 세도, 연산, 양촌, 두계, 신도안, 망성을 원격전자교환기(RSS)로 연결하여 자동화하는 방식을 적용하였다. 이를 기존의 기계식 자동교환기를 이용하여 자동화할 경우와 총 경비 현가(시설비, 15년간 자본회수비, 15년간 운영비)를 비교한 결과 시분할 교환기를 공급하는 것이 약 25-35%의 비용이 절감된다는 것을 알게 되었다.

<표 3-15> 논산통화권과 전국통화권의 비교

구분	면적 (Km^2)	인구	자동식 전화		수동식 전화		시외 회선	분국
			국수	회선수	국수	회선수		
전국평균치	600	256천명(51,634)	1-2	4,300	11	4,100	485	3
논산통화권	605	219천명(40,021)	2	6,800	9	4,400	503	3

나. 농어촌전화 자동화의 기본방침

농어촌지역의 전화자동화를 위해서는 한국전기통신연구소(KTERI)에서 개발하고 있는 시분할 교환기를 우선 공급하고, 개발기가 본격 공급될 때 기종을 일원화 한다는 것이 방침이었다. 국내개발교환기의 개발일정을 보면 생산모델을 1982년 초부터 1983년 3월까지 개발하여 1984년 6월까지 실용시험을 마치게 되어 있었다. 그리고 1984년 6월에는 시험 생산하고 1985년 9월에 상용시험을 거쳐 1986년 하반기부터 현장에 공급되도록 추진하였다(농어촌전화 공급계획, 한국통신 계획국).

이러한 상황에서 한국통신은 국산개발품을 시범지역에 설치하여 기능 및 신뢰도 시험을 계속하면서 개발 추진하기로 하였다. 또한 국내개발품의 대량공급이전에 우수한 외국기종이 확인되면 잠정 도입하여 설치하며 시분할 교환기(TDM) 공급이전에는 최소한의 물량을 기계식 자동교환기로 충당하기로 방침을 정하였다. 이때 기계식 자동교환기의 추가공급방침을 다음과 같이 결정 추진하였다.

① 시분할 교환기(TDM)의 대량공급 이전 소용량국에 기계식 자동교환기를 공급하며, 대도시 기계식 자동교환기 철거분을 최대한 활용한다.

② 통화권 모국의 방식변경 시에는 기계식 자동교환기 중 EMD방식을 공급한다. 이는 대도시 철거분 대부분이 EMD방식이므로 이 시설의 설치가 불가피하다. 그리고 통화권 분국에는 모국과 동일기종으로 공급한다.

③ 면단위에 시분할 교환기를 공급할 때 치국이 불필요한 지역은 EMD방식의 MDO를 설치한다. 이것은 EMD방식과 ST방식 양 기종에 정합이 용이하고 성능 및 고장보수 면에서

유리하기 때문이다.

3.2 농어촌통신망 현대화의 과감한 시도

가. 대대적 전화자동화의 시작

1980년대 전반기 (주)금성은 당시 No.1A 전자교환기 사업에 참여하고 있었으므로, 기계식 자동교환기(EMD방식)는 1983년 이후 생산을 중단하게 되어 있었다. 그리고 동양정밀(주)는 시분할 교환기(TDM)의 생산지연을 고려하여 1983년 이후까지 기계식 자동교환기(ST방식)를 최소 필요량을 공급토록 하였다. 한국통신은 정부의 5차 5개년계획에 따라 1982년부터 1986년까지 기계식 자동교환기는 22만6백 회선을 철거하여 그 중 15만2,600회선을 재활용하였다.

반면 1983년에 12만7천 회선, 1984년에 15만3천 회선의 기계식 자동교환기를 추가 공급하였다. 1983년도의 자동화 대상지역은 1982년도 방식변경 보류국, 수동식 600회선 이상국으로 자동화가 시급한 지역, 관광지 등 통신정책 상 자동화가 시급한 지역, 전화수급 상 기계식 자동교환기의 증설이 필요한 지역 등으로 정하였다.

첫째, 1982년도 방식변경 보류국으로는 서천, 장흥, 곡성, 구례, 광양, 연무대, 장항, 정선, 안계 등 9개 공전식전화국이 있었다. 또한 영산, 무극, 연산, 고산, 판교, 청평, 연천, 오천, 건천, 금호, 간성, 대화, 발안, 조암, 진화, 함창, 애월, 표선, 한산, 온수, 남양, 동명 등 22개 자석식전화국이 자동화가 보류되어 넘어와 있었다. 이중 판교는 1982년에 MDO를 공급하여 운용하고 있었다.

둘째, 당시 자동화가 시급한 지역으로는 통도사, 횡계, 부곡 등 3개의 관광지와 감포, 금마, 풍산, 강구, 지족, 옥곡, 장계, 황등, 철원서면 등 자석식 9개국이 대상으로 떠올라 있었다.

위와 같은 상황에서 1983년도 농어촌지역에 기계식 자동교환기는 방식변경 보류국에 49,600회선, 자동화가 시급한 지역에 13,800회선, 기존국 증설에 92,600회선 등 총 15만6천 회선을 공급하여 자동화하였다. 이때 기계식 자동교환기의 회선당 구매가격을 보면 EMD 방식은 217,215원, ST방식은 160,885원이었다.

한편 1980년대 초 수동식을 자동화하기 위한 36개 전화국 건물을 건설 추진하였다. 이중 영산, 진북, 연무대, 연산, 무극, 서천, 애월, 고산, 표선, 곡성, 구례, 광양, 장흥, 판교, 발안, 조암, 청평, 연천, 오천, 건천, 금호, 정선, 간성, 일광 등 24개국의 대지는 1981년도에 확보하였다. 그리고 지족, 장항, 한산, 옥곡, 온수, 남양, 동명, 함창, 안계, 황등, 장계, 철원서면 등 12개국의 대지는 1982년에 확보하였다. 국사규모는 표준국사는 762평, 소형국사는 88평으로 나누어 1982년-1983년에 신축하였는데 국별 내용은 <표 3-16>과 같다. 이때 건축비는 표준

국사 7억8천만 원, 소형국사 1억2천5백만 원이 소요되었다.

이때 1983년도 추진사업목표량 12만7천회선 중 1982년도 조기사업 7만6천 회선은 채무행위예산을 활용하였다. 그리고 선로 및 관로시설 중 물자비는 1983년도 채무예산으로 활용하고 공사비는 1982년 선로 및 관로예산에서 조정 집행하였으며, 설계비는 1982년 예산을 활용하였다. 결국 1983년도 가입전화시설을 위한 선로 및 관로시설예산은 393,333백만 원, 국사시설은 44,530백만 원으로 조정 시행되었다.

<표 3-16> 농어촌전화 자동화를 위한 국사건축

구분	1982년 사업	1983년 사업
표준국사 (15개국)	장성, 서천, 곡성, 구례, 장흥, 광양, 청평, 고산	판교, 장항, 발안, 안계, 연무대, 장계, 정선
소형국사 (22개국)	일광, 영산, 무극, 연산, 연천, 건천, 금호, 간성, 오천	진북, 지족, 한산, 애월, 표선, 조암 온수, 남양, 옥곡, 동명, 함창, 황등 철원, 서면

한편 농어촌전화 번호계획도 모국은 5숫자(2-xxxx), 분국은 4숫자(3xxx-8xxx)로 정하였다. 모국과 분국, 분국과 분국 간에는 9돌린 후 가입자를 호출토록 하였으며, 분국과 모국 간에는 국번을 돌린 후 가입자를 호출하게 하였다. 특수번호는 모국에 시설하여 분국과 공용하게 하였으며, 시외전화의 경우 모국에 시외교환시설을 설치 운용하였다.

나. 농어촌용 전자교환기의 기능보완

1984년에 농어촌에 적합한 소용량 AXE-10 전자교환기를 최초로 도입하였다. 이 후 대도시 주변의 농어촌지역이 급격히 도시화되었을 뿐만 아니라 농어촌에 레저시설이 갖추어지고 농공단지가 입주하는 등 농어촌의 환경변화로 통화량이 급증하게 되었다. 그래서 당초 도입된 농어촌형 전자교환기의 CPU에 과부하가 발생하고 이로 인해 발신음이 지연되는 등 민원이 늘어나고 있었다. 예를 들어 용인의 경우를 보면 <표 3-17>과 같이 트래픽이 현저히 증가하여 기준치를 초과하는 문제가 발생하였으며, 한국통신은 이 문제에 대한 해결방안으로서 다음과 같은 두 가지 방안을 검토하였다.

<제1안> AXE-10의 CPU기능을 보강한다. 이를 위해 교환기의 버전을 APZ 210에서 APZ 211로 상향조정한다. 그리고 CPU를 소용량에서 대용량으로 확장하고, 보조메모리도 기존의 MT방식으로부터 하드디스크(Hard Disk)로 보강한다. 이 방안의 경우 이용자의 번호변경이 없어 사용의 편의를 도모할 수 있다. 그리고 시설 공급측면에서는 용량확장으로 추가회선 증설이 가능하며, 기존 상면활용으로 이용효율을 극대화할 수 있다. 또한 현재 운용인력으로 운용이 가능하여 운용보전측면에서도 장점이 있다. 이 방안의 시행을 위한 총 소요비용은 4억원으로 파악된다.

<제2안> TDX교환기를 신증설하거나 TDX가반형을 설치하여 AXE-10교환기에 수용된 가입자를 수용 변경한다. 제1안과는 달리 이용자의 번호변경이 불가피하여 민원이 발생할 수 있고, 상면이 부족한 국소에는 신증설이 불가하여 별도의 치국이 필요하다. 또한 운용보전을 위해 운용인력의 증원도 필요하다. 이 방안의 시행을 위하여는 총 6억원(부대공사비 제외)의 비용이 소요된다. 이 비용은 5,000회선 수용 변경하는 경우를 기준으로 한 것이었다.

검토결과 번호변경으로 인한 민원, 상면부족, 경제성 등을 감안하여 제1안이 유리한 것으로 판단하여 이 방안으로 추진하였다.

<표 3-17> 농어촌지역의 통화량 증가(예: 용인, 1995. 1)

가입자시설		트래픽(BHCA)			부하율(%)	
시설수	운용수	설계치	최고치	평균치	최고치	평균치
31,112	29,168	106,452	307,800	148,005	94	85

3.3 농어촌통신망 현대화의 본격추진

가. 농어촌전화 광역화기간의 단축추진

한국통신은 1983년도 업무보고에서 농어촌전화 광역화를 당초 1982년-1988년에 자동화하는 계획을 1986년까지 조기 완성하는 것으로 정부에 보고하였다. 한국통신은 먼저 1987년, 1988년에 시행할 자석식 교환시설의 자동화계획 분을 1986년까지 마쳐야하는 실행방안을 찾아야 하였다. 이에 따라 농어촌지역 시분할 전자교환기(TD-ESS)의 대량공급이 불가피하였으며 이를 위한 재원, 생산능력, 시공능력 등을 검토하였다.

1986년 말 수동식교환시설은 15만7천 회선에 달하고 있었는데, 이를 자동화하기 위해서는 전자교환기(TD-ESS) 20만 회선을 추가로 확보해야 하는 문제가 대두되었다. 이에 따라 농어촌전화 자동화의 조기완성에 필요한 소요물량을 확보하기 위한 3가지 방안을 검토하였다.

제1안은 5차 5개년계획의 통신부문 목표량(5280만회선) 범위 내에서 조정하는 방안이었다. 도시지역 공급목표량(386만5천회선)에서 농어촌지역 공급목표량(141만5천회선)으로 전용하는 것이었다. 이 방안에 의하면 결국 도시지역 공급량은 366만5천 회선으로 줄고, 농어촌지역 공급량은 161만5천 회선으로 늘어나게 된다. 그런데 이 방안은 목표량의 관리가 용이하고 추가재원이 불필요하다는 장점은 있으나, 도시지역의 전화공급율이 당초 95.7%에서 92.8%로 저하되는 단점이 있었다. 또한 이로 인해 연간 약 33억 원의 수입이 감소되면서, 설비비 및 채권 약 220억 원의 손실이 예측되었다.

제2안은 아예 전체 통신부문 목표량을 20만회선 늘려서 548만 회선으로 상향 조정하여 농어촌지역에 전량 추가 공급하는 방안이었다. 이 방안에 의하면 농어촌지역 공급목표량이 161만5천 회선으로 증가하게 되어 1988년에 자동화를 효율적으로 달성할 수 있었다. 그러나 당시 5차 5개년계획 목표량을 상향조정하는 것은 현실적으로 불가능하였을 뿐만 아니라, 이에 필요한 추가재원 약 2,000억 원의 확보도 난감한 상황이었다.

제3안의 경우는 1987년과 1988년의 자동화 추진물량을 1985년과 1986년으로 앞당기고, 1985년 이후 재활용물량을 별도 관리하는 방안이 있었다. 당시 한국통신은 5개년계획 목표량 528만회선 외에 재활용 물량을 공급 활용하는 계획을 가지고 있었다. 따라서 전체 공급목표량 528만 회선은 조정하지 않고 자체적으로 계획한 재활용 물량을 가지고 1986년까지 조기 추진한다는 발상이었다. 이 경우 1987년과 1988년 소요자금(약 2,000억 원)을 앞당겨 부담해야하는 문제가 있었다.

검토결과 한국통신은 정부의 5차 5개년 목표량(528만회선)을 변경하지 않고 정부방침대로 농어촌전화 자동화 및 광역화를 1986년으로 앞당길 수 있는 제3안으로 추진하기로 결정하였다.

나. 중단없는 농어촌통신망의 현대화 추진

정부와 한국통신은 6차 5개년계획에서도 농어촌전화의 현대화를 지속적으로 추진하기 위한 계획을 수립하였다(제6차 경제사회발전 5개년계획, 1986. 10, 통신부문계획위원회). 이 계획의 주요내용은 다음과 같다.

첫째, 전국을 147개 통화권으로 광역화하는 목표량 가운데 1986년 말 114개를 완료한다. 1987년에 잔여 33개 통화권 광역화를 시행하여 광역자동화를 완성한다. 그리고 10호 이상 자연마을 총 24,711개 중 가입구역화는 1986년까지 18,607개를 시행하고, 잔여 6,104개는 1987년에 완성한다.

둘째, 섬마을 전화자동화도 1987년에 완성한다. 이를 위해 총 대상 도서 62개 도서 중 25개 도서를 이 기간에 광통신방식으로 유선화하고, 잔여도서는 7차 5개년계획기간 이후 추진한다.

다. 농어촌지역 치국기준

한국통신 계획국 통신망계획부(부장 이정욱)는 일차적으로 농어촌지역 100개 통화권 중 1986년도에 전전자교환기를 공급해야할 대상 통화권인 49개 지역에 대한 치국 및 통신망계획을 수립하였다(1985. 4. 17). 이어서 일차적으로 계획한 지역 외 전 농어촌통화권인 51개 지역을 대상으로 농어촌지역 치국 및 통신망 계획을 수립하였다(1986. 6. 11).

이 계획의 주관부서 및 결재자는 제3장 말미의 참고자료 편에 기록되어 있다. 이 계획은 전전자교환기를 농어촌지역에 공급함에 따른 모국과 분국의 치국내용 및 기준을 정한 것으로서 그 세부내용은 다음과 같다.

① 모국 치국은 수요가 집중되어 있고 행정 및 지리적 중심지로 정하고, 모국은 영업과 유지보수 중심국의 기능을 갖도록 한다. ② 분국은 읍 또는 면단위 행정구역의 수요중심지에 치국하며 수요 증가에 따라 장차 독립교환기를 설치 운용한다. ③ 치국기준은 통화권의 중심지에 1개의 모국을 두고 장기수요를 보아 필요시 치국하는 것으로 정한다. ④ 통화권 모국으로부터 5Km이내의 지역에는 분국을 치국하지 않으며, 실선, 원격교환장치(RSS) 또는 선로집선장치(L/C)를 이용하여 수용한다.

이때 선로교환장치(L/C)는 강화군을 포함하여 6개 지사별로 1개 지역에서 1년간 광역화 실험을 하였다(1980. 10-1981. 9). 이 실험을 통해 장치의 적합성을 확인하고 표준기종을 결정하고자 하였다. 반면 통화권으로부터 5Km이상의 지역으로 치국 예상지역의 수요가 2,000이상으로 연간 수요증가율이 5%이상인 곳에는 전화국 분국을 치국하였다. 또한 상당한 수요가 있는 지역으로서 교통 및 주민생활권을 고려하여 분국을 둘 수 있게 하였다. 이처럼 분국을 설치하는 통화권의 경우에는 국별 수용구역을 설정 운영하였다.

4. 전국 군단위통신의 선진화 완성

4.1 경기도지역 자동화

경기도 농어촌지역은 가평, 강화, 광주, 김포, 둔산, 발안, 안성, 양평, 여주, 용인, 원당, 이천, 전곡, 포천 등 14개의 통화권으로 편성하여 전화자동화를 추진하였다. 이들 통화권별 전화자동화를 위한 수용계획을 통화권별로 소개한다. 여기에서 ( )내의 숫자는 통합수요를 말한다.

가. 가평, 강화, 광주, 김포통화권

통화권별로 가평전화국, 강화전화국, 광주전화국, 김포전화국을 모국으로 하여 전화공급을 하였으며, 세부내용은 <표 3-18> 및 <표 3-19>와 같다. 여기에서 광주통화권은 광주를 모국으로 하여 신장지역을 통합하였으며 이때 국간거리는 17.2Km이고, 김포통화권은 김포를 모국으로 통진지역을 수용하였는데, 이때 국간거리는 13.8Km였다. 한편 모국이하의 주요지역인 청평, 조종, 온수, 신장, 통진에는 전화분국을 운용하는 형태로 통신망을 구성하였다.

이때 모국과 분국간의 거리는 가장 근거리 구간이 가평-조종 간 8.3Km이고, 가장 원거리 구간은 강화-온수 간 23.5Km로 나타났다. 이 중 규모가 가장 큰 강화전화국에는 강화 이외 선원, 교동, 서도 등 8개 지역을 수용하였다.

<표 3-18> 가평, 강화지역 전화자동화

통화권별	모국	분국	거리 (Km)	수요		수용구역
				1987년	2001년	
가평	가평			3,620 (4,200)	6,410 (7,700)	북면, 가평
		청평	14.1	2,500 (4,150)	5,400 (7,800)	외서, 청평, 설악
		조종	8.3	2,750	6,600	상면, 하면
강화	강화			12,100	18,250	강화, 선원, 내가, 하점, 송해, 양사, 삼산, 교동, 서도
		온수	23.5	5,190	8,550	불은, 양도, 화도, 길상

<표 3-19> 광주, 김포지역 전화자동화

통화권별	모국	분국	거리 (Km)	수요		수용구역
				1987년	2001년	
광주	광주			7,600 (10,850)	8,480 (12,280)	광주, 중부, 남종, 퇴촌 오포, 초월, 실촌, 도척
		신장	17.2	11,150	14,820	동부, 서부
김포	김포			9,900	37,980	김포, 고촌, 금단, 계양
		통진	13.8	4,350 (7,500)	11,450 (17,220)	통진, 월곶, 대곶, 설성, 양촌

나. 문산, 발안, 안성, 양평 통화권

통화권별로 문산, 발안, 안성, 양평전화국을 모국으로 하여 전화공급을 하였으며, 모국이하의 주요지역인 금촌, 법원리, 조암, 남양, 오산에는 분국을 운용하는 형태로 통신망을 구성하였다. 세부내용은 <표 3-20>과 같다.

<표 3-20(1)> 문산지역 전화자동화

통화권별	모국	분국	거리 (Km)	수요		수용구역
				1987년	2001년	
문산	문산			7,970	15,440	문산, 파주
		금촌	16.0	11,700	21,080	광탄, 탄현, 조리, 월롱 교하, 금촌
		법원리	8.3	4,530	9,480	적성, 파평, 천현

<표 3-20(2)> 발안, 안성, 양평지역 전화자동화

통화권별	모국	분국	거리 (Km)	수요		수용구역
				1987년	2001년	
발안	발안			6,140	14,880	팔탄, 향남, 양감, 정남
		조암	11.6	4,440	10,070	장안, 우정
		남양	16.6	4,700 (7,850)	10,220 (17,040)	남양, 마도, 송산, 비봉
		오산	15.9	12,900	28,110	오산, 동탄
안성	안성			10,540 (16,800)	19,370 (30,600)	통화권 전역
양평	양평			3,720 (14,500	6,700 (24,500)	통화권 전역

다. 전곡, 포천통화권

통화권별로 전곡, 포천전화국을 모국으로 하여 전화공급을 하였으며, 모국이하의 주요지역인 연천에는 분국을 두는 형태로 통신망을 구성하였다. 자동화 세부내용은 <표 3-21>과 같다.

<표 3-21> 전곡, 포천지역 전화자동화

통화권별	모국	분국	거리 (Km)	수요		수용구역
				1987년	2001년	
전곡	전곡			4,230 (6,300)	7,118 (10,100)	청산, 전곡, 미산, 근남
		연천	9.6	2,840 (3,600)	5,130 (6,500)	연천, 신서
포천	포천			16,200	25,000	통화권 전역

라. 여주, 용인, 원당, 이천통화권

통화권별로 여주전화국, 용인전화국, 원당전화국, 이천전화국을 모국으로 하여 전화공급을 하였으며, 모국이하의 주요지역인 일산, 장호원에는 전화분국을 두는 형태로 통신망을 구성하였다. 이때 이천전화국과 장호원 분국 간 거리는 무려 27.5Km나 떨어져 있었다. 세부내용은 <표 3-22>와 같다.

이때 일산지역은 원당전화국을 모국으로 통신망을 구성하였으며, 일산 분국에는 일산과 송포지역을 통합 수용하였다. 그리고 이천전화국에는 이천을 비롯하여 백사, 신둔, 마장, 부본, 호법, 대월, 모가 등 8개 지역을 통합 수용하였다.

<표 3-22> 여주, 용인, 원당, 이천지역 전화자동화

<table>
<tr><th rowspan="2">통화권별</th><th rowspan="2">모국</th><th rowspan="2">분국</th><th rowspan="2">거리
(Km)</th><th colspan="2">수요</th><th rowspan="2">수용구역</th></tr>
<tr><th>1987년</th><th>2001년</th></tr>
<tr><td>여주</td><td>여주</td><td></td><td></td><td>6,100
(17,300)</td><td>15,400
(30,800)</td><td>통화권 전역</td></tr>
<tr><td>용인</td><td>용인</td><td></td><td></td><td>12,070
(18,100)</td><td>19,340
(30,300)</td><td>통화권 전역</td></tr>
<tr><td rowspan="2">원당</td><td>원당</td><td></td><td></td><td>15,940</td><td>27,160</td><td>벽제, 원당, 지도</td></tr>
<tr><td></td><td>일산</td><td>6.9</td><td>10,460
(13,260)</td><td>21,340
(26,840)</td><td>일산, 송포</td></tr>
<tr><td rowspan="2">이천</td><td>이천</td><td></td><td></td><td>12,630
(19,890)</td><td>29,890
(41,530)</td><td>백사, 신둔, 마장 부본, 이천, 호법, 대월, 모가</td></tr>
<tr><td></td><td>장호원</td><td>27.5</td><td>4,200
(6,310)</td><td>6,680
(9,970)</td><td>장호원, 설성, 울면, 감곡</td></tr>
</table>

4.2 경북지역 농어촌전화 자동화

경북의 농어촌지역은 고령, 군위, 봉화, 상주, 성주, 영덕, 영양, 예천, 왜관, 울릉, 울진, 의성, 점촌, 청도, 청송, 하양, 현풍 등 17개의 통화권으로 편성하여 전화자동화를 추진하였다. 이들 통화권별 전화자동화를 위한 수용계획을 보면 다음과 같다.

가. 고령, 군위, 봉화, 상주, 성주통화권

통화권별로 고령, 군위, 봉화, 상주, 성주전화국을 모국으로 하여 전화공급을 하였으며, 모국이하 주요지역인 함창에는 분국을 두는 형태로 통신망을 구성하였다. 세부내용은 <표 3-23>과 같다. 이때 함창은 상주전화국을 모국으로 하여 통합 수용되었다.

나. 영덕, 영양, 예천, 왜관, 울릉, 울진통화권

통화권별로 영덕전화국, 영양전화국, 예천전화국, 왜관전화국, 울릉전화국, 울진전화국을 모국으로 하여 전화공급을 하였으며, 모국이하 주요지역인 후포에는 전화분국을 두는 형태로 통신망을 구성하였다. 세부내용은 <표 3-24>와 같다.

다. 의성, 점촌, 청도, 청송, 하양, 현동통화권

통화권별로 의성, 점촌, 청도, 청송, 하양, 현동전화국을 모국으로 하여 전화공급을 하였으며, 모국이하 주요지역인 안계, 문경에는 분국을 두는 형태로 통신망을 구성하였다. 이때 의성전화국과 안계분국간은 32.3Km, 점촌전화국과 문경분국간은 25Km나 떨어진 거리에 있었다. 세부내용은 <표 3-25>와 같다.

<표 3-23> 고령, 군위, 봉화, 상주, 성주지역 전화자동화

통화권별	모국	분국	거리 (Km)	수요		수용구역
				1987년	2001년	
고령	고령			2,200 (7,500)	3,750 (11,900)	통화권 전역
군위	군위			1,640 (7,500)	2,770 (14,100)	통화권 전역
봉화	봉화			2,610 (11,000)	4,200 (19,400)	통화권 전역
	상주			8,750 (20,950)	16,000 (42,100)	사범, 중동, 낙동, 옥산, 청리, 외서, 상주, 내서, 외남, 화북, 하동, 모서, 모동, 화서
		함창	18.0	2,100 (4,650)	5,100 (10,100)	이안, 공검, 은척, 함창
성주	성주			2,370 (11,100)	3,470 (17,100)	통화권 전역

<표 3-24> 영덕, 영양, 예천, 왜관, 울릉, 울진지역 전화자동화

통화권별	모국	분국	거리 (Km)	수요		수용구역
				1987년	2001년	
영덕	영덕			4,510 (9,800)	8,130 (18,600)	통화권 전역
영양	영양			2,160 (6,000)	3,370 (11,000)	통화권 전역
예천	예천			4,200 (14,200)	12,500 (30,100)	통화권 전역
왜관	왜관			5,400 (11,300)	8,700 (20,100)	통화권 전역
울릉	울릉			3,250 (4,600)	3,970 (5,700)	통화권 전역
울진	울진			4,100 (9,800)	7,510 (17,700)	원남, 서면, 울진, 북면 근남
		후포	39.7	2,500 (6,800)	5,500 (12,400)	기성, 평해, 온정

<표 3-25> 의성, 점촌, 청도, 청송, 하양, 현동지역 전화자동화

통화권별	모국	분국	거리 (Km)	수요		수용구역
				1987년	2001년	
의성	의성			3,600 (12,240)	11,060 (22,410)	점곡, 단촌, 사곡 안평, 봉양, 옥산 춘산, 금성 가음
		안계	32.3	3,550 (7,660)	4,000 (10,590)	비안, 단밀, 다인 구천, 안제, 단북, 신평
점촌	점촌			8,740 (13,900)	21,180 (32,350)	동로, 호계, 산양 산북, 영순, 점촌
		문경	25.0	4,250 (7,800)	9,000 (16,350)	마성, 농암, 가온 문경
청도	청도			4,740 (12,200)	7,180 (19,200)	통화권 전역
청송	청송			1,300 (8,000)	2,300 (14,600)	통화권 전역
하양	하양			5,300 (10,700)	10,000 (20,400)	통화권 전역
현풍	현풍			5,540 (10,000)	9,670 (15,500)	화권 전역

4.3 경남지역 농어촌지역 전화자동화

경남의 농어촌지역은 거제, 거창, 고성, 남해, 밀양, 산청, 양산, 의령, 창녕, 하동, 함안, 함양, 합천 등 13개의 통화권으로 편성하여 전화자동화를 추진하였다. 이들 통화권별 전화자동화를 위한 수용계획을 보면 다음과 같다.

가. 거제, 거창, 고성, 남해통화권

통화권별로 거제, 거창, 고성, 남해전화국을 모국으로 하여 전화공급을 하였으며, 모국이하의 주요지역인 옥포, 장승포, 지족에는 분국을 두는 형태로 통신망을 구성하였다. 이때 거제와 장승포 간은 17.2Km, 남해와 지족 간은 13.7Km로서 장거리국간으로 설계되었다. 세부내용은 <표 3-26>과 같다.

나. 밀양, 산청, 양산, 의령통화권

통화권별로 밀양, 산청, 양산, 의령전화국을 모국으로 하여 전화공급을 하였으며, 모국이하 주요지역인 수산, 기장, 일광에는 분국을 두는 형태로 통신망을 구성하였다. 세부내용은 <표 3-27> 및 <표 3-28>과 같다.

다. 창녕, 하동, 함안, 함양, 합천통화권

통화권별로 창녕, 하동, 함안, 함양, 합천전화국을 모국으로 하여 전화공급을 하였으며, 모국이하 주요지역인 영산, 칠원에는 분국을 두는 형태로 통신망을 구성하였다. 세부내용은 <표 3-29>와 같다.

<표 3-26> 거제, 거창, 고성, 남해지역 전화자동화

통화권별	모국	분국	거리 (Km)	수요		수용구역
				1987년	2001년	
거제	거제			5,060 (17,080)	18,330 (39,950)	장목, 하청, 연초 사등, 신현, 둔덕 동부, 거제 남부
		옥포	9.3	4,600	17,300	장승포 일부
		장승포	17.2	6,000 (7,770)	20,700 (24,250)	장승포 일부
거창	거창			9,600 (17,500)	18,000 (32,000)	통화권 전역
고성	고성			6,200 (15,000)	14,500 (30,000)	통화권 전역
남해	남해			6,900 (12,650)	13,200 (23,300)	남해, 설천, 고현 서면, 남면, 이동
		지족	13.7	4,450 (5,350)	8,100 (9,700)	삼동, 창선

<표 3-27> 밀양, 산청지역 전화자동화

통화권별	모국	분국	거리 (Km)	수요		수용구역
				1987년	2001년	
밀양	밀양			11,450 (20,640)	29,000 (49,040)	청도, 무안, 부북, 상남, 산외, 상동, 단장, 산내, 밀양, 삼랑진
		수산	19.4	2,540 (3,300)	5,650 (7,000)	하남, 초동
산청	산청			2,500 (11,500)	7,500 (23,000)	통화권 전역

<표 3-28> 양산, 의령지역 전화자동화

통화권별	모국	분국	거리 (Km)	수요		수용구역
				1987년	2001년	
양산	양산			12,460 (16,800)	34,460 (42,500)	양산, 상북, 하북, 원동, 물금, 웅상, 동면, 철마일부, 정관일부
		기장	28.9	7,700 (7,700)	28,000 (28,000)	기장, 철마일부, 일광일부
		일광	28.4	5,200 (5,200)	7,600 (7,600)	장안, 정관일부, 일광일부
의령	의령			3,350 (10,370)	6,380 (20,100)	통화권 전역

당시 기장과 일광지역은 양산전화국을 모국으로 하여 통합되었으며 기장 분국은 기장을 비롯하여 철마와 일광 일부지역을 수용하였다. 이때 양산-기장 간은 28.9km, 양산-일광 간은 28.4km로서 원거리 통합지역으로 나타났다.

<표 3-29> 창녕, 하동 함안, 함양, 합천지역 전화자동화

통화권별	모국	분국	거리 (Km)	수요		수용구역
				1987년	2001년	
창녕	창녕			5,960 (10,400)	13,350 (21,500)	유어, 성산, 대합, 이방 대지, 고암, 창녕일부
		영산	10.8	3,920 (9,780)	7,020 (17,300)	길곡, 계성, 영산, 도천, 부곡, 남지, 장마, 창녕일부
하동	하동			4,100 (15,000)	10,000 (30,000)	통화권 전역
함안	함안			4,910 (10,050)	10,450 (20,200)	범수, 군북, 함안, 대산, 산인, 가야, 여항일부
		칠원	17.4	2,110 (4,380)	3,900 (10,700)	칠원, 칠북, 칠서
함양	함양			3,490 (12,400)	8,350 (24,700)	통화권 전역
합천	합천			3,280 (19,580)	6,190 (38,800)	통화권 전역

4.4 충남지역 농어촌지역 전화자동화

충남의 농어촌지역은 공주, 금산, 논산, 당진, 대천, 부여, 서산, 서천, 예산, 온양, 조치원, 청양, 홍성 등 13개의 통화권으로 편성하여 전화자동화를 추진하였다. 이들 통화권별 전화자동화를 위한 수용계획을 보면 다음과 같다.

가. 공주, 금산, 논산, 대천통화권

통화권별로 공주, 금산, 논산, 대천전화국을 모국으로 하여 전화공급을 하였으며, 모국이하 주요지역인 연무대, 강경에는 분국을 두는 형태로 통신망을 구성하였다. 이때 연무대와 강경지역은 논산전화국을 모국으로 통합되었으며, 장거리 통합구간으로는 공주-유구간 19.6km, 논산-연무대 간 11.3km, 논산-강경 간 9km로 나타났다. 세부내용은 <표 3-30> 및 <표 3-31>과 같다.

<표 3-30> 공주, 금산지역 전화자동화

통화권별	모국	분국	거리 (Km)	수요		수용구역
				1987년	2001년	
공주	공주			11,240 (21,510)	31,020 (47,380)	정안, 의당, 우성, 장지, 공주, 반포, 계룡, 이인, 탄천
		유구	19.6	3,430 (4,790)	5,460 (7,620)	유구, 사곡, 신풍
금산	금산			6,100 (13,900)	14,000 (28,000)	통화권 전역

<표 3-31> 논산, 대천지역 전화자동화

통화권별	모국	분국	거리 (Km)	수요		수용구역
				1987년	2001년	
논산	논산			8,700 (18,870)	15,000 (31,070)	노성, 상월, 광석, 영산, 두마, 성동, 부적, 은진, 채운, 벌곡
		연무대	11.3	5,600 (9,930)	9,800 (16,630)	연무대, 가야곡, 양촌
		강경	9.0	3,700	6,400	강경읍
대천	대천			11,100 (23,400)	20,500 (41,400)	통화권 전역

나. 당진, 부여, 서산, 서천통화권

통화권별로 당진, 부여, 서산, 서천전화국을 모국으로 하여 전화공급을 하였으며, 모국이하 주요지역인 합덕, 태안, 강경, 장항에는 분국을 두는 형태로 통신망을 구성하였다. 세부내용은 <표 3-32>와 같다. 이때 원거리 통합구간으로는 당진-합덕간 17.7km, 서산-태안간 19.5km였다. 그리고 2001년 기준 전화수요가 3만 회선 이상인 지역은 서산과 부여로 나타났다.

<표 3-32> 당진, 부여, 서산, 서천지역 전화자동화

통화권별	모국	분국	거리 (Km)	수요		수용구역
				1987년	2001년	
당진	당진			4,600 (14,400)	12,000 (29,300)	석문, 고대, 면천, 순성 농산, 송악, 정미, 당진 대호지
		합덕	17.7	4,400 (6,200)	8,500 (11,900)	신령, 우강, 합덕
부여	부여			7,760 (23,200)	15,200 (39,400)	통화권 전역
서산	서산			9,700 (22,240)	20,000 (41,500)	대산, 자곡, 서산, 인지 부석, 팔봉, 성연, 웅암 고북, 운산, 해미
		태안	19.5	4,400 (14,160)	10,000 (26,600)	이북, 원북, 소원, 근흥 안면, 태안
		강경	9.0	3,700	6,400	강경읍
서천	서천			5,600 (13,900)	10,000 (22,600)	서천, 비인, 종천, 판교 문산, 시초, 서면, 마산 한산, 기산, 마서, 화양면 일부
		장항	8.7	4,700	8,300	장항, 화양면 일부

다. 예산, 온양, 조치원, 청양, 홍성통화권

통화권별로 예산, 온양, 조치원, 청양, 홍성전화국을 모국으로 하여 전화공급을 하였으며, 모국이하 주요지역인 삽교, 광천에는 분국을 두는 형태로 통신망을 구성하였다. 그 세부내용은 <표 3-33>과 같다. 이때 삽교지역은 예산전화국, 광천지역은 홍성전화국으로 통합자동화되었다. 이때 2001년 기준 전화수요가 3만 회선인 지역은 온양과 조치원으로 확인되었다.

<표 3-33> 예산, 온양, 조치원, 청양, 홍성지역 전화자동화

<table>
<tr><th rowspan="2">통화권별</th><th rowspan="2">모국</th><th rowspan="2">분국</th><th rowspan="2">거리
(Km)</th><th colspan="2">수요</th><th rowspan="2">수용구역</th></tr>
<tr><th>1987년</th><th>2001년</th></tr>
<tr><td rowspan="2">예산</td><td>예산</td><td></td><td></td><td>9,000
(14,720)</td><td>19,000
(28,700)</td><td>대술, 신암, 응봉, 대흥
광시, 신양, 오가, 예산</td></tr>
<tr><td></td><td>삽교</td><td>10.0</td><td>2,560
(7,080)</td><td>4,400
(12,100)</td><td>덕산, 고덕, 봉산, 삽교</td></tr>
<tr><td>온양</td><td>온양</td><td></td><td></td><td>13,300
(28,300)</td><td>24,900
(49,400)</td><td>통화권 전역</td></tr>
<tr><td>조치원</td><td>조치원</td><td></td><td></td><td>8,400
(15,700)</td><td>21,000
(34,000)</td><td>통화권 전역</td></tr>
<tr><td>청양</td><td>청양</td><td></td><td></td><td>3,000
(9,500)</td><td>6,100
(17,000)</td><td>통화권 전역</td></tr>
<tr><td rowspan="2">홍성</td><td>홍성</td><td></td><td></td><td>6,900
(13,350)</td><td>13,000
(23,300)</td><td>길산, 서부, 결성, 구항
홍북, 홍성, 금마, 홍동</td></tr>
<tr><td></td><td>광천</td><td>12.5</td><td>4,300
(9,050)</td><td>7,600
(14,400)</td><td>북천, 은하, 광천, 장곡</td></tr>
</table>

4.5 충북지역 농어촌지역 전화자동화

충북의 농어촌지역은 괴산, 단양, 보은, 영동, 옥천, 음성, 진천 등 7개의 통화권으로 편성하여 전화자동화를 추진하였다. 이들 통화권별 전화자동화를 위한 수용계획은 다음과 같다.

가. 괴산, 단양, 보은, 영동통화권

통화권별로 괴산, 단양, 보은, 영동전화국을 모국으로 하여 전화공급을 하였다. 이때 증평은 괴산을 모국으로 통신망을 구성하였으며, 괴산-증평간 국간거리는 30.2km였다. 세부내용은 <표 3-34>와 같다. 그리고 괴산전화국은 주변의 소수, 칠성, 감물, 연풍 등 10지역을 통합자동화 하였다.

나. 옥천, 음성, 진천통화권

통화권별로 옥천, 음성, 진천전화국을 모국으로 하여 전화공급을 하였으며, 모국이하 주요지역인 무극에는 분국을 두는 형태로 통신망을 구성하였다. 이때 옥천의 2001년 전화수요는 25,000회선으로 나타났으며, 음성-무극간 국간거리는 12.7km였다. 통화권 수용 세부내용은 <표 3-35>와 같다. 그리고 무극분국에는 주변지역인 생극, 대소, 맹동, 삼성 등 총 7개 지역을 통합 자동화하였다.

<표 3-34> 괴산, 단양, 보은, 영동지역 전화자동화

통화권별	모국	분국	거리 (Km)	수요		수용구역
				1987년	2001년	
괴산	괴산			2,800 (9,510)	5,000 (15,830)	소수, 칠성, 장연, 감물 연풍, 청천, 불정, 문광 사리일부, 청안일부, 괴산
		증평	30.2	5,900 (7,590)	12,500 (15,370)	도안, 증평, 사리일부 청안일부
단양	단양			2,650 (9,600)	6,500 (17,300)	통화권 전역
보은	보은			4,000 (10,540)	7,630 (20,830)	통화권 전역
영동	영동			4,700 (12,400)	9,000 (22,300)	통화권 전역

<표 3-35> 옥천, 음성, 진천지역 전화자동화

통화권별	모국	분국	거리 (Km)	수요		수용구역
				1987년	2001년	
옥천	옥천			6,200 (13,500)	13,000 (25,000)	통화권 전역
음성	음성			3,500 (6,300)	6,500 (10,700)	원남, 소이, 음성
		무극	12.7	2,000 (4,900)	3,700 (8,000)	생극, 대소, 맹동, 삼성 금왕, 음성일부
진천	진천			3,390 (8,050)	6,800 (14,750)	통화권 전역

4.6 전남지역 농어촌지역 전화자동화

전남의 농어촌지역은 강진, 고흥, 곡성, 광양, 구례, 담양, 무안, 보성, 영광, 영암, 완도, 장성, 장흥, 진도, 함평, 해남, 화순 등 17개의 통화권으로 편성하여 전화자동화를 추진하였다. 이들 통화권별 전화자동화를 위한 수용계획을 보면 다음과 같다.

가. 장성, 장흥, 진도, 함평, 해남, 화순통화권

통화권별로 장성, 장흥, 진도, 함평, 해남, 화순전화국을 모국으로 하여 전화공급을 하였으며, 모국이하 주요지역인 죽교에는 분국을 두는 형태로 통신망을 구성하였다. 세부내용은

<표 3-36>과 같다.

나. 강진, 고흥, 곡성, 광양, 구례, 담양통화권

통화권별로 강진, 고흥, 곡성, 광양, 구례, 담양전화국을 모국으로 하여 전화공급을 하였으며, 모국이하 주요지역인 옥곡에는 분국을 두는 형태로 통신망을 구성하였다. 세부내용은 <표 3-37>과 같다.

<표 3-36> 장성, 장흥, 진도, 함평, 해남, 화순지역 전화자동화

통화권별	모국	분국	거리 (Km)	수요		수용구역
				1987년	2001년	
장성	장성			4,940 (11,100)	9,740 (25,000)	통화권 전역
장흥	장흥			4,400	10,600	안양, 웅치, 장평, 배산 장동, 부산, 장흥
		죽교	20.3	2,100 (4,050)	3,550 (8,100)	관산, 대덕
진도	진도			3,290 (8,400)	7,660 (19,500)	통화권 전역
함평	함평			3,390 (11,600)	8,300 (23,300)	통화권 전역
해남	해남			22,100	45,000	통화권 전역
화순	화순			13,600	28,500	통화권 전역

<표 3-37(1)> 강진, 고흥, 곡성, 광양지역 전화자동화

통화권별	모국	분국	거리 (Km)	수요		수용구역
				1987년	2001년	
강진	강진			5,310 (12,100)	12,000 (27,000)	통화권 전역
고흥	고흥			3,700 (21,200)	8,700 (47,000)	통화권 전역
곡성	곡성			3,080 (9,200)	7,500 (18,300)	통화권 전역
광양	광양			7,740	29,800	광양, 봉강, 옥룡
		옥곡	14.1	8,560	32,000	옥곡, 다압, 진상 진월, 골약

<표 3-37(2)> 구례, 담양지역 전화자동화

통화권별	모국	분국	거리 (Km)	수요		수용구역
				1987년	2001년	
구례	구례			7,600	14,500	통화권 전역
담양	담양			11,900	25,000	통화권 전역

다. 무안, 보성, 영광, 영암, 완도통화권

통화권별로 무안, 보성, 영광, 영암, 완도전화국을 모국으로 하여 전화공급을 하였으며, 모국이하 주요지역인 벌교, 법성포에는 분국을 두는 형태로 통신망을 구성하였다. 세부내용은 <표 3-38>과 같다.

<표 3-38> 무안, 보성, 영광, 영암, 완도지역 전화자동화

통화권별	모국	분국	거리 (Km)	수요		수용구역
				1987년	2001년	
무안	무안			2,450 (8,900)	4,700 (20,500)	통화권 전역
보성	보성			2,320 (7,340)	5,170 (16,490)	노동, 복래, 결백, 문덕 미력, 웅치, 울어, 보성 득랭
		벌교	30.0	4,550 (6,860)	11,200 (15,510)	조성, 벌교
영광	영광			4,950 (11,350)	11,700 (22,600)	영광, 백수, 염산, 군남 불갑, 대마, 군서, 낙월, 묘량
		법성포	10.9	4,350	10,400	법성, 홍농
영암	영암			14,000	26,500	통화권 전역
완도	완도			13,300	28,400	통화권 전역

4.7 전북지역 농어촌 전화자동화

전북의 농어촌지역은 고창, 김제, 무주, 부안, 순창, 임실, 장구, 진안 등 8개의 통화권으로 편성하여 전화자동화를 추진하였다. 이들 통화권별 전화자동화를 위한 수용계획을 보면 다음과 같다.

가. 고창, 김제, 무주, 부안통화권

통화권별로 고창, 김제, 무주, 부안전화국을 모국으로 하여 전화공급을 하였으며, 세부내용은 <표 3-39>와 같다.

나. 순창, 임실, 장수, 진안통화권

통화권별로 순창, 임실, 장수, 진안전화국을 모국으로 하여 전화공급을 하였으며, 세부내용은 <표 3-40>과 같다.

<표 3-39> 고창, 김제, 무주, 부안지역 전화자동화

통화권별	모국	분국	거리(Km)	수요		수용구역
				1987년	2001년	
고창	고창			3,400 (17,300)	8,000 (35,000)	통화권 전역
김제	김제			10,450 (27,800)	23,120 (56,000)	통화권 전역
무주	무주			1,820 (6,800)	4,520 (14,000)	통화권 전역
부안	부안			1,700	37,400	통화권 전역

<표 3-40> 순창, 임실, 장수, 진안지역 전화자동화

통화권별	모국	분국	거리(Km)	수요		수용구역
				1987년	2001년	
순창	순창			2,970 (8,700)	7,180 (19,500)	통화권 전역
임실	임실			1,650 (9,520)	4,330 (20,410)	통화권 전역
장수	장수			1,690 (6,100)	3,220 (12,000)	통화권 전역
진안	진안			2,150 (12,200)	4,500 (19,200)	통화권 전역

4.8 강원지역 농어촌 전화자동화

강원의 농어촌지역은 삼척, 양구, 영양, 영월, 인제, 정선, 철원, 평창, 홍천, 화천, 횡성 등 11개의 통화권으로 편성하여 전화자동화를 추진하였다. 모국과 분국 간 20Km이상인 구간은 정선-사음 간 28.8Km, 영월-신동 간 22.9Km, 철원-와수 간 20.7Km 등 3개 구간이다. 이때 2001년 기준 전화수요가 2만 회선 이상인 지역은 삼척이고, 1만 회선 이상인 지역은 영양, 영월, 홍천, 횡성, 정선, 사음, 평창 등으로 나타났다. 이들 통화권별 전화자동화를 위한 수용계획을 보면 다음과 같다.

가. 삼척, 양구, 영양, 영월, 인제, 홍천, 화천, 횡성통화권

통화권별로 삼척, 양구, 영양, 영월, 인제, 홍천, 화천, 횡성전화국을 모국으로 하여 전화공급을 하였으며, 모국이하 주요지역인 신동에는 분국을 두는 형태로 통신망을 구성하였다. 이때 영월통화권의 경우 영월(모국)에는 영월 북면 등 7개 지역을 수용하고 신동(분국)에는 신동과 하동지역을 수용하였다. 이때 영월-신동 간은 22.9km나 떨어져 있었다. 세부내용은 <표 3-41>과 같다.

<표 3-41> 삼척, 양구, 영양, 영월, 인제, 홍천, 화천, 횡성지역 전화자동화

통화권별	모국	분국	거리 (Km)	수요		수용구역
				1987년	2001년	
삼척	삼척			6,600 (12,050)	14,000 (24,080)	통화권 전역
양구	양구			2,830 (5,130)	4,380 (8,100)	통화권 전역
영양	영양			3700 (6,400)	6,000 (10,600)	통화권 전역
영월	영월			4,900 (9,650)	7,500 (15,890)	북면, 서면, 영월, 남면 하동, 주천, 수추
		신동	22.9	2,280 (4,430)	4,900 (7,600)	신동, 하동
인제	인제			1,920 (6,400)	2,700 (9,200)	통화권 전역
홍천	홍천			5,300 (11,990)	9,000 (19,950)	통화권 전역
화천	화천			2,100 (5,400)	3,500 (8,420)	통화권 전역
횡성	횡성			2,700 (8,290)	4,500 (13,300)	통화권 전역

나. 정선, 철원, 평창통화권

통화권별로 정선, 철원, 평창전화국을 모국으로 하여 전화공급을 하였으며, 모국이하 주요지역인 사음, 동송, 와수에는 분국을 두는 형태로 통신망을 구성하였다. 이때 철원(모국)에는 갈말을 수용하였다. 그리고 동송(분국)에는 철원, 동송을 수용하고 와수(분국)에는 금화, 근북 등 8개지역을 수용하였다. 이때 모국과 자국 간이 원거리 구간으로는 정선-사음 간 28.8Km, 철원-와수 간 20.7Km로 나타났다. 세부내용은 <표 3-42>와 같다.

<표 3-42> 정선, 철원, 평창지역 전화자동화

통화권별	모국	분국	거리(Km)	수요		수용구역
				1987년	2001년	
정선	정선			2,750 (6,950)	4,500 (12,110)	정선, 북면, 염제면 동면일부
		사음	28.8	5,300 (6,300)	9,500 (11,300)	사북, 남면, 동면 일부
철원	철원			2,150	4,000	갈말
		동송	16.7	3,300	6,600	철원, 동송
		와수	20.7	2,800	5,500	금화, 근북, 근동, 근남 서면, 원남, 원동, 임남
평창	대화			1,600 (11,000)	2,800 (16,660)	통화권 전역

4.9 전국 농어촌지역전화의 자동화완성

체신부 당시 수립한 전국 농어촌지역 통신망의 현대화계획은 한국전기통신공사로 인수인계되었다. 한국통신 계획국 통신망계획부(부장 이정욱)는 이를 조기에 달성하기 위해 「농어촌지역 치국 및 통신망계획」(통신116-287, 1985. 6. 11)을 결정하여 시행하였다.

이 계획의 주관부서 및 결재자는 제3장 말미의 참고자료 편에 기록되어 있다. 이 계획에 의해 농어촌지역의 수요가 2,000이상인 지역까지 전전자교환기를 전면 공급하여 계획된 100개 통화권을 완전 자동화함으로서 당초계획보다 1년 앞당겨진 1987년에 농어촌 전화 광역화를 완성할 수 있었다.

우리나라 농어촌통신망의 현대화와 대량 확장이라는 대변화의 기간인 5차 5개년계획 동안 이 사업의 계획수립 및 추진은 체신부 계획국 계획3과장(이정욱), 한국통신 계획국 통신망계획부장(이정욱)이 주관하였으며, 사업집행은 한국통신 계획국 농어촌계획부장(김덕식)이 담당하였다.

참고자료

(1) 시분할교환기 종합검토 중간보고(1981. 8. 28)

1981년 8월 시분할교환기 기종선정심의위원회(위원장 체신부차관 오명)는 농어촌과 중용량 시외용으로 적합한 전자교환기를 선정하는 과정에서 중간보고서를 작성하였다.

이 보고서는 동 위원회 간사(계획3과장 이정욱)가 작성하고 계획국장(이응효)의 검토를 거쳐 차관(오명), 장관(최광수)에게 보고되었다. 그리고 체신부장관은 본 보고서를 대통령 비서실장(김경원), 국무총리(남덕우)를 거쳐 대통령(전두환)에게 보고하였다(시분할교환기 종합검토 중간보고, 1981. 8. 28).

(2) 시분할교환기 기종선정을 위한 협상실시계획(1981. 10. 15).

1980년대 초 체신부는 우리나라 도시 및 농어촌지역의 정보통신 선진화를 위한 시분할교환기를 선정 추진하였다. 이때 기종선정심의위원회의 검토결과에 따라 성능, 가격, 기술전수 및 차관조건 등 구체적인 사항을 관계회사와 협상하여 가장 적합한 기종을 최종 확정하기 위한 시분할교환기 기종선정을 위한 협상실시계획을 수립 시행하였다(계삼1602.4-34198, 1981. 10. 15, 체신부). 이 계획은 체신부 계획국 계획3과장(이정욱), 계획4과장(김낙성), 계획국장(이응효), 차관(오명)의 결재로 확정되었다.

(3) 농어촌지역 통신망 선진화계획(1차분, 1985. 6. 11)

한국통신은 농어촌지역 통신망 현대화를 조기에 달성하기 위해 농어촌지역 치국 및 통신망계획(통신116-287, 농어촌지역 치국 및 통신망계획/ 1차분, 1985. 6. 11)을 수립하였다. 이 계획의 주요내용은 농어촌지역 100개 통화권 중 1986년도에 전전자교환기를 공급해야할 대상 통화권인 49개 지역에 대한 치국 및 통신망계획을 수립 시행하였다. 이 계획은 한국통신 통신망계획부장(이정욱), 계획국장(이응효), 부사장(배동조), 사장(이우재)이 결재하여 확정되었다.

(4) 농어촌지역 통신망 선진화계획(2차분, 1986. 6. 11)

한국통신은 일차적으로 계획한 농어촌지역 통신망 선진화계획(1985. 6. 11)에 이어 그동안 남아있던 51개 농어촌통화권 지역을 대상으로 농어촌지역의 치국 및 통신망 계획을 수립 추진하였다(농어촌지역의 치국 및 통신망 계획/ 2차분, 1986. 6. 11). 이로서 우리나라 농어촌 전 지역의 통신현대화를 완성하였다. 이 계획은 한국통신 계획국의 시내망과장(조완행)이 기안하여 통신망계획부장(이정욱), 계획국장(이응효), 부사장(배동조), 사장(이우재)의 결재에 의해 확정되었다.

제4장
전국 섬마을 전화의 자동화

1. 섬마을전화의 자동화 착수

1.1 섬마을전화 공급방침

가. 10호이상 도서의 전화자동화

1980년대 중반 우리나라의 도서현황을 보면 유인도서 540개, 무인도서 2,904개를 합하여 총 3,444개가 있었다. 그런데 5차 5개년계획기간 중반의 유인도서 자동화는 28개 도서에 머물렀다(1983년). 한국통신은 이러한 상황에서 섬마을 전화자동화를 촉진하기 위해 10호 이상 도서는 1987년까지 자동화하고 10호 미만 도서(142개)는 1988년 이후에 자동화하는 것으로 추진하였다. 이와 같은 방침에 따라 1982년에는 섬마을전화 자동화를 위한 가입자무선장치(SR)를 도입하기로 기본방침을 확정하였으며, 외자규격을 결정하였다(1982. 6. 12).

이어서 내자규격제정이 추진되어 다음해에는 한국통신 기술개발실에서 이 장비에 대한 표준규격을 제정하였다(1983. 9. 5). 그리고 이 장비의 제작은 한진SR전자주식회사가 맡게 되었다. 이러한 준비과정을 거쳐 우선 1982년에는 목포지역의 늘도, 달리도, 허사도, 고하도 등 4개 섬마을에 가입자무선장치(SR) 1개 시스템을 설치하여 상용시험을 실시하였다. 이 SR 도서통신망은 육지에 모국교환기와 모국장치, 도서에는 자국장치를 설치하여 모국과 자국 간을 무선통신방식으로 연결하였다.

1985년 한국통신 계획국 통신망계획부(부장 이정욱)는 도서지역의 통신 자동화 및 현대화의 시발점이 된「도서통신 유선화계획」을 수립 추진하였다(한국전기통신공사 사장결재, 1985. 4. 20). 이 도서지역 통신 유선화계획의 주요핵심내용은 다음과 같다.

① 제주-육지 간 해저광케이블의 건설경험을 얻은 이후인 1989년부터는 국내기술로 시공하고, 케이블코어 수는 15년 수요를 감안하여 건설한다.

② 전파월북 대상도서 및 군 전략기지, 비축기지 등 국가 안보상 중요도서와 통신수요가

많은 도서, 관광지, 어업전진기지 등 광대역 전송로가 소요되는 도서를 우선 추진한다.

③ 취약도서는 유무선으로 이원화구성하고, 원격교육, 원격진료 등 도서지역 복지향상을 위한 통신을 제공하고, 장차 종합정보통신망의 기반을 구축한다.

이어서 한국통신 통신망계획부(부장 이정욱)는 전국 491개 주요 섬마을에 대한 전화 자동화를 1984년부터 1987년까지 완성하는 계획을 수립 추진하였다(통신망현대화계획, 1985. 12. 17, 한국통신 계획국 통신망계획부). 이 계획의 주관부서 및 결재자는 제4장 말미의 참고자료 편에 기록되어 있다. 그리고 이 계획의 연도별 시행계획은 <표 4-1>과 같으며 이를 시작으로 전국의 모든 섬마을전화의 자동화를 서두르게 되었다.

<표 4-1> 섬마을전화 자동화계획(단위 도서)

사업기간	1984년	1985년	1986-1987년	계
도서전화 자동화목표	121	103	267	491

이 기간 동안 한국통신은 이 사업을 적극적으로 추진하였으며, 마지막 해인 1987년에는 당초 통신망현대화계획에 따른 우리나라 모든 도서통신의 자동화 완성을 위한 집행방침을 다음과 같이 결정하여 마무리하였다.

(1) 50인 이상의 도서는 우선적으로 전화 자동화를 완성하고 50인 미만의 도서라도 신규수요가 발생하는 경우 육지와의 비상연락망을 확보하기 위해 전량 자동전화를 공급한다.

(2) 1988년 말 전화신증설 수요가 30 미만인 도서에는 가입자무선장치(Subscriber Radio)를 공급하고, 해월 또는 수저케이블 설치가 가능한 구간은 원칙적으로 유선케이블로 구성한다. 그리고 1988년 말 수요가 31회선 이상 48회선 미만인 도서는 가입자반송시설, 49회선 이상인 도서는 원격교환장치(RSS) 또는 전송로집선장치(L/C)를 공급한다.

나. 도서통신망 현황 및 문제점

1990년대 중반 우리나라는 무선통신시설 공급도서 400개 도서, 유선통신시설 공급도서 103개 도서 등 총 503개 도서에 전화가 공급되었으며, 전화가입자는 총 77,908명이었다(1994. 12). 지역별 세부내역은 <표 4-2>와 같고, 여기에서 MW는 마이크로웨이브 무선통신방식, U-PCM은 UHF-PCM 방식, SR은 가입자무선장치(Subscriber Radio)를 말한다.

이와 같이 도서통신의 전화자동화 및 선진화를 추진해온 기간에 한국통신은 우리나라 도서통신의 문제점을 다음과 같이 확인하였다.

첫째, 수익구조가 매우 취약한 상태였다. 초기 장치설치비와 건물유지비는 제외하더라도 통신시설의 유지비가 전체 수입의 절반이상을 차지하는 상황이었다. 한편 이 사업이 공익사업 분야이긴 하나 한국통신 입장에서는 전파사용료가 과다한 관계로 만성적인 적자에서 빠져나오질 못하고 있었다.

둘째, 통신망 구조가 복잡하였다. 육지에서 소용량 중계전송장치 및 가입자무선장치를 사용하는 방식이므로 전파사용료가 과다하게 지출되었다. 그리고 단일구간에 2개 이상의 장치를 사용하고, 가입자가 적은 도서에는 소용량 중계전송장치를 사용하고 있었다.

셋째, 통신품질이 열악하였다. 당시 사용하고 있는 장치 중 약 80%는 1984년-1986년에 설치된 것으로 대부분의 장치가 노후되었으며, 특히 염분 및 습기로 시설노후는 촉진되고 있었다. 또한 접속개소 과다로 통화품질이 저하된 상태였다. 교환기에서 가입자까지 중계전송장치 및 가입자무선장치 등을 사용하는 관계로 육지에비해 접속개소가 2개가 더 많은 실정이었다.

넷째, 운용보전기능이 취약하였다. 타 분야에 비해 후생복지의 미흡 등 근무환경 취약으로 도서근무를 기피하는 실정이었다. 그러다보니 빈번한 운용요원이 교체되어 전문성이 떨어지는 문제도 발생하였다. 당시 국내에서 사용 중인 도서통신용 무선장치(MDR-2, SR-100)는 제작회사에서 공급을 중단한 상태였다. 또한 집중운용보전의 미비로 예방보전도 곤란한 상황이었다.

다섯째, 통신보안이 취약하였다. 당시 아날로그방식의 특성상 보안성이 낮고, 도서통신 보안장비를 운용하는 경우 경제적 부담이 과중하였다.

<표 4-2> 우리나라 도서통신망 현황(1994. 12)

지역본부	무선방식				유선방식	가입자수
	MW	U-PCM	SR	소계		
전남	38	55	146	239	57	54,189
전북	1	7	14	22	-	1,819
부산	5	16	31	52	31	8,990
충남	1	7	26	34	1	1,768
제주	1	2	4	7	-	1,838
경기	11	5	30	46	14	9,304
총 도서수	57	92	251	400	103	
총 가입자수	38,857	13,859	4,645	57,361	20,547	77,908

1.2 도서통신망의 재구성 및 첨단기술도입

1990년대 중반 한국통신 기술기획실(실장 이정욱)에서는 ITU-R의 주파수대역의 분배 및 조정에 따라 국내 도서통신망을 재구성하고 차세대 신규서비스를 수용하기 위해 도서통신망 중장기 기본계획을 수립 추진하였다(도서통신망 중장기 기본계획, 기이 1230-보39,

1995. 1. 9). 이 계획의 주관부서 및 결재자는 제4장 말미의 참고자료 편에 기록되어 있다. 이 계획의 주요내용은 다음과 같다.

가. 도서통신망의 재구성

1992년 세계전파주관청회의(WARC)에서는 2005년부터 사용할 미래 육상이동통신용 주파수(FPLMTS)를 1885-2025MHz 및 2110-2200MHz대역으로 결정하였다(1992. 3. 3). 이에 따라 우리 정부(정보통신부)에서도 전파지정기준을 개정하였다(1994. 2. 7). 이때 주요내용은 다음과 같다.

① 가입자무선장치는 1911.25-2045.75MHz대역을 2300-2484MHz대역으로 이전하고, 소용량 중계전송장치는 1953.25-2098.25MHz대역에서 5925-6425MHz대역으로 이전한다.

② 구 기준에 의한 가입자무선장치의 신설, 증설 및 대체는 1996년까지 허용하고 구 기준에 의한 기 설치된 장치는 2004년까지만 사용을 허용한다.

나. 도서통신망 체제개선 및 신형 통신장치의 공급

한국통신은 도서통신서비스의 문제점을 해결하고 도서통신의 중장기 발전계획을 위한 추진방침을 결정하였다. 그 세부내용은 다음과 같다.

(1) 도서통신망 체제를 개선한다. 단순하고 경제적인 도서통신망을 구축하고 통신망 구성장치의 단순화로 품질을 향상시킨다. 다만 가입자가 적은 도서에는 가입자무선장치를 사용한다. 그리고 도서지역에 별도의 전화국번호를 사용토록 한다.

(2) 신형 도서통신장치를 공급한다. 내용연수 만료이후에 신형 장비를 점차적으로 공급하여 2002년까지 완료한다. 단위 중심도서에서 관할지역별로 국제표준기술방식(CEPT방식)으로 일괄 공급한다. 이때 내륙과 중심도서간의 중계전송장치를 포함한다. 그리고 육지에서 원거리 중심도서부터 공급하고, 신형 도서통신장치의 기종은 단일화한다.

(3) 도서통신망의 운용보전기능을 높인다. 도서통신 집중운용보전체제를 구축한다. 무선가입자회선을 감시하기 위해 도서가입자 집중운용보전시스템(ICEMOS)을 설치한다. 또한 무선중계회선을 감시하기 위해 도서통신망 관리시스템을 설치한다.

(4) 도서지역의 다양한 서비스를 공급 추진한다. 도서가입자의 고품질 통신서비스 요구에 부합하도록 노력하고 도서지역 통신의 고도화를 고려하여 충분한 전송용량을 확보토록 한다.

다. 도서통신 현대화의 본격적 시행

1990년대 중반까지 도서무선가입자장치(SR)는 전국 253개 도서에 모국장치 75개 시스템, 자국장치 418개 시스템을 운용하고 있었다. 이때 모자국 간 회선구성을 위한 무선장치로서 SR-100을 공급하였으며 이는 최대 94회선을 제공하였다. 도서무선장치의 지역별 운용상황은 <표 4-3>과 같다.

1990년대 중반에 접어들면서 한국통신은「도서통신망 중장기 기본계획」에 따라 정부로부터 미래 육상이동통신시스템(FPLMTS)용 주파수를 확보하기 위하여 당시 사용 중인 도서통신주파수를 반납하고 새로 배정된 주파수대역에 적합한 장비를 표준화하여 대체하도록 추진하였다. 이때 기존 사용주파수대역은 1,911.25-2,045.75 MHz이고, 신규배정 주파수대역은 2,300-2,483.5 MHz이었다.

한편 이 사업의 시급성을 감안하여 선진국의 상용제품을 최초조달방식으로 구매하는 장비조달방침을 확정하였다(1995. 6). 이때 장비제안평가를 시행한 결과 성미전자(주)가 단독응찰하여 공급업체로 선정되었다(1996. 7). 이에 따라 본 장비를 표준화하고 조달규정 절차에 따라 신장비의 공급계획을 수립 추진하였다. 이를 위해 총 537억 원의 소요예산을 확보하여 1996년-2000년 기간에 총 253개 도서에 모국 38개 시스템, 자국 253개 시스템, 중계국 7개 시스템을 공급하였다. 도서통신용 신형 가입자무선장치의 연도별 공급 세부내역은 <표 4-4>와 같다.

<표 4-3> 도서무선가입자장치(SR) 운용상황(1995. 12)

구분	전남	전북	부산	충남	제주	경기
도서 수	151	14	30	26	4	28
모국시스템	42	6	11	6	2	8
자국시스템	264	21	41	48	5	39

<표 4-4> 도서통신용 가입자무선장치(신형)의 공급계획

구분	1996년	1997년	1998년	1999년	2000년	계
도서수	32	66	65	77	13	253
모국시스템	6	10	10	10	2	38
중계국시스템		1	3	2	1	7
자국시스템	32	66	65	77	13	253
소요예산(억원)	61	234	105	118	19	537

2. 인천지역도서의 전화자동화

2.1 도서통신현황 및 자동화계획

1980년대 초 인천통화권의 도서상황은 50인 이하 도서 9개, 50인-100인 이하 도서 2개, 100인-1,000인 이하 도서 19개, 1,000인-2,000인 이하 도서 4개, 2,000인 이상 도서 5개 등 총

39개 도서가 있었다(내무부, 도서요람기준, 1983). 그리고 이들 중 통신이 가능한 도서가 34개, 아예 통신시설이 없는 도서가 5개로 되어 있었다. 통신이 가능한 도서 중 교환시설을 갖춘 도서 10개, 무교환도서가 24개로 운용하고 있었다(1983. 12). 이때 교환시설을 갖춘 10개 도서는 자석식방식의 전화를 운용하고 있었으며 그 세부내역은 <표 4-5>와 같다.

<표 4-5> 서해 주요도서의 교환시설현황

도서명	자석식 시설수	전원시설	도서명	자석식 시설수	전원시설
덕적도	200	자가발전	연평도	300	자가발전
용유도	400	상전	백령도	800	자가발전
대부도	500	상전	대청도	500	자가발전
북도(시도)	200	상전	소청도	200	자가발전
영종도	700	상전	영흥도	300	상전

그리고 무교환도서는 대이작도, 소이작도를 비롯하여 총 24개의 섬이 있었으며, 당시 도서별 인구는 20명-1,100명 정도이었으며, 통신방식은 RRTS 2개 도서, VHF 14개 도서, 유선방식 8개 도서로 운용하고 있었다(1983. 12). 이때 무교환도서의 통신시설현황은 <표 4-6>과 같다. 이외에 운경도, 팔미도, 선미도, 목덕도, 부도 등 5개 도서에는 아예 통신시설이 없었다.

<표 4-6> 무교환도서의 통신시설현황(인구단위: 명)

도서명	인구	통신시설	전원	도서명	인구	통신시설	전원
대이작도	192	VHF	축전지	소이작도	276	VHF	축전지
승봉도	239	VHF	축전지	백아도	98	VHF	축전지
울도	128	VHF	축전지	문갑도	192	VHF	축전지
자월도	802	RRTS	자가 발전	풍도	161	VHF	축전지
굴업도	42	VHF	축전지	소아도	502	덕적도와 유선	자가 발전
선감도	384	대부도와 유선	상전	탄도	176	선감도와 유선	상전
장봉도	1,158	RRTS	상전	대무의도	603	용유도와 유선	상전
신도	631	시도와 유선	상전	소무의도	185	용유도와 유선	상전
모도	174	시도와 유선	상전	청라도	105	VHF	상전
세어도	72	VHF	상전	선재도	829	대부도와 유선	상전
소연평도	102	VHF	태양 전지	지도	31	VHF	축전지
측도	34	VHF	상전	육도	21	VHF	축전지

이러다 보니 도서 상호간 및 육지와 통화할 때 수동방식으로 운용하고 있었으며, 가용주파수의 제한으로 시간제로 운용하게 되어 이용 상 불편하였다. 또한 통신방식이 FDM 방식으로 통신보안에 상당 취약한 상태에 있었다. 이런 문제 때문에 당시 대통령(전두환)은 도서무선 등 무선시설의 충분한 보안대책을 강구하도록 체신부에 지시하였다(1981. 11. 3). 이에 따라 한국통신에서는 1986년에 덕적도, 용유도, 대부도, 영종도, 연평도 등 29개 도서, 1986년 이후에 청라도, 팔미도, 소연평도, 지도 등 13개 도서의 통신자동화를 위한 도서지역 자동화계획을 <표 4-7>과 같이 세웠다(1983. 9. 3).

<표 4-7> 인천통화권 도서통신 자동화

구분	1986년도 시행	통신방식	1986년 이후 시행
수동식국	덕적도, 용유도, 대부도, 영종도 연평도, 백령도, 대청도, 소청도 영흥도, 북도(10개)	L/C 또는 치국	
무교환도서	대이작도, 소이작도, 승봉도 백아도, 율도, 문갑도(6개)	SR방식	청라도, 세이도, 운검도, 팔비도, 선미도, 목덕도 소연평도, 굴업도, 부도, 지도, 측도, 풍도, 육도(13개)
	자월도, 장봉도(2개)	L/C방식	
	대무의도, 소무의도 신재도, 삼목도, 신불도, 모도, 신도, 소야도, 불도, 탄도, 선감도(11개)	유선방식	

그러나 다음해에 이 도서 자동화계획은 재검토하게 되었다. 그 이유는 서해도서 전송로 구성방식을 결정하지 못하였고, 청라도, 세어도, 소연평도, 풍도 등 20호 이상 도서가 5차 5개년계획에 반영되어 있지 않은 것이 확인되었기 때문이었다. 그리고 수동식 교환도서와 무교환도서에 대한 자동화를 병행 추진하게 되었으며, 연육도서 및 해월 유선도서의 자동화방안도 재검토가 필요하였다. 또한 이들 도서의 육지 모국인 간석전화국의 전자교환기(No.1A) 2만6천회선의 개통이 당초 1986년에서 1985년으로 앞당겨지면서 이 계획과도 맞추어 추진해야 하였다.

2.2 서해도서의 자동화 및 통신망 운용

가. 서해 주요도서 간의 통신망 구성

서해의 연평도, 덕적도, 백령도 등 서해 주요도서 간의 통신전송로는 UHF, VHF 및 마이크로웨이브(MW) 통신방식으로 구성되었다. 각 구간별 세부내역은 <표 4-8>과 같으며 당시 MW는 해군시설이었다. 그리고 주요 도서간 최장구간인 덕적도-대청도 간 143.7km, 인천-연평도간 88km로서 이들 구간에는 UHF 및 마이크로웨이브 통신방식을 채택하였다.

한편 영종도, 대부도, 덕적도 등 주요도서와 인접도서 간에는 유선방식(동복강선)으로 통신망을 건설하는 방안도 병행 추진되었다. 또한 이들 주요도서와 신도, 선재도, 대무의도 등 11개 도서 간은 해월 유선화 되었다. 당시 영종도와 인근도서 간의 해월 유선화 상황은 <표 4-9>, 대부도와 인근도서 간의 해월 유선화 상황은 <표 4-10>, 덕적도, 용유도와 인근도서 간의 해월 유선화 상황은 <표 4-11>과 같다(1983. 12). 이때 해월구간이 가장 긴 곳은 용유도-대무의도 간 1,520m이고, 여타 해월구간은 400-700m로 나타났으며 이들 구간에는 동복강선을 사용하여 유선화하였다.

<표 4-8> 서해 주요도서의 전송로 현황

구간별	거리(Km)	통신방식	구간별	거리(Km)	통신방식
인천-연평도	88	UHF-5채널	인천-덕적도	46.5	UHF-12채널 2GHz MW
연평도-덕적도		UHF-5채널	연평도-대청도	89	UHF-5채널
연평도-소연평도	6	VHF	덕적도-대청도	143.7	UHF-5채널 2GHz MW
대청도-백령도		UHF-12채널 2GHz MW	대청도-소청도	6.7	VHF 2GHz MW

<표 4-9> 영종도 및 시도지역의 해월 유선화

통합도서	유선화도서	해월구간	구성방법	1986수요
영종도	삼목도	-	영종도와 연육	60
	신불도	-	영종도와 연육	34
시도(북도)	신도	630m	목인형주(0.5-15피)	85
	모도	630m	동복강선(2.6mm) 1조	25

<표 4-10> 대부도지역의 해월 유선화

통합도서	유선화도서	해월구간	구성방법	1986수요
대부도	선재도	670m	동복강선(2.6mm) 1조 고무선 1조	94
	선감도	420m	동복강선(2.6mm) 3조	32
	불도	700m	선감도와 해월 동복강선(2.6mm) 2조 고무선 1조	4
	탄도	400m	불도와 연육 동복강선 (2.6mm) 1조	5

<표 4-11> 덕적도 및 용유도지역의 해월 유선화

통합도서	유선화도서	해월구간	구성방법	1986수요
덕적도	소야도	760m	동복강선(2.6mm) 3조	52
용유도	대무의도	1,520m	용유-잔나루섬 670m 잔나루섬-대무의도850m	66
	소무의도	530m	대무의도와 해월 동복 강선(2.6mm) 2조	19

나. 인천통화권으로의 자동화

인천통화권에서 교환시설이 없는 대이작도, 소이작도, 문갑도 등 10개 도서는 가입자무선장치(SR)를 이용하여 덕적도에 연결하여 자동전화를 공급하였다. 그리고 선감도 등 2개 도서는 유선으로 대부도와 통신망을 구성하였으며, 소연평도는 UHF를 이용하여 연평도와 연결하고, 장봉도 등 8개 도서는 가입자무선장치를 설치하여 인천무선국으로 직접 연결하여 자동전화망을 구성하였다. 이들 무교환도서의 전화자동화는 1985년-1986년에 시행되었으며 그 세부내역은 <표 4-12>와 같다.

<표 4-12> 인천통화권 자동화(무교환도서)

모국도서	관내통합 소도서	통합방법	통합년도
덕적도	대이작도, 소이작도, 승봉도, 울도, 백아도, 문갑도, 자월도, 굴업도, 풍도, 소야도,	SR	1986
대부도	선감도, 탄도	유선	1985
연평도	소연평도	UHF	1986
인천무선	장봉도, 대무의도, 신도, 선재도	UHF	1985
	소무의도, 모도, 청라도, 세어도	SR	1985

한편 수동식 교환시설이 있는 덕적도, 영종도, 연평도, 백령도 등 10개 도서는 L/C, RSS, 2GHz PCM, 마이크로웨이브, 스켓타 방식을 이용하여 인천의 간석전화국을 모국으로 하여 통합하였다. 이때 각 섬들과의 무선통신망은 인천무선국으로 연결 구성하였으며, 인천무선국에 집합된 전체 도서통신회선은 간석전화국으로 연결되었다. 실제 사업집행과정에서 거의 1년 조기 통합하여 자동화되었다. 이들 교환도서의 인천통화권으로의 자동화는 1985년-1986년에 시행되었으며 이를 위한 통신망은 <표 4-13>과 같이 구성되었다. 이때 덕적도는 대이작도 등 10개 도서를 관장하였고 백령도는 대청도, 소청도와 통신망을 운용하였다.

<표 4-13> 인천통화권 자동화(교환도서)

통합도서	시행년도	통합방법		관할 소도서
		도서내통합	전송로	
덕적도	1986	L/C	2GHz PCM	대이작도 등 10개 도서
용유도	1985	RSS	2GHz PCM	
대부도	1985	RSS	2GHz PCM	선감도, 탄도,
북도(시도)	1985	L/C	2GHz PCM	
영종도	1985	RSS	2GHz PCM	삼북도, 신불도는 영종도와 연육
연평도	1986	L/C	2GHz PCM	소연평도
백령도	1985	RSS	S/C방식	대청도, 소청도
대청도	1985	L/C	MW	백령도와 전송로
소청도	1985	L/C	MW	대청도와 전송로
영흥도	1985	L/C	2GHz PCM	

다. 대천, 군산지역 도서전화 자동화

대천 인근에 있는 삽시도, 장교도, 고대도, 효자도, 호도 등 5개의 섬마을의 전화는 1983년에 가입자무선장치(SR)를 공급하여 자동화하였다. 이때 군산 인근도서인 개야도, 오식도, 비안도, 선유도, 연도, 비음도, 야미도, 신시도, 방축도, 관리도, 장자도 등 11개 섬마을에도 SR장비를 설치하여 자동화하였다.

2.3 인천–백령도 간 통신망의 보안성 강화

가. 스케타 방식의 무선통신망 운용

1980년대 전반기까지 서해 5개 도서간 통신망은 주로 VHF나 UHF 무선통신방식으로 운용하고 있었다. 우선 백령-육지 간 전송로를 위해 마이크로웨이브 PCM 방식을 검토하였으나, 이 방식의 구간 당 최대 통달거리는 58Km(36Mile)이기 때문에 전송로의 구성이 불가능하였다. 또한 당시 해군이 가지고 있는 FDM 마이크로웨이브회선은 대여가 불가능하다는 통보를 받았다(해군통운 1641-11172, 1983. 9. 8).

이런 상황에서 서해 5도 통신망의 주축인 인천-백령도 간 전송로 구성방안을 검토하였다. 이 구간거리는 191Km이며 소요회선은 240회선으로 산출되었는데, 통신보안을 고려하여 유선 또는 디지털 무선방식을 채택하기로 결정하였다. 따라서 해저케이블방식, 마이크로웨이브 방식, 스케타 무선방식 등 3개 방안에 대하여 중점적으로 검토하였다. 각 방식에 대한 검토결과는 다음과 같다.

(1) 마이크로웨이브 방식이나 스케타 방식의 경우 사용주파수의 확보는 가능하다. (2) 통신보안 면에서는 해저케이블방식이 양호하고, 마이크로웨이브 방식이나 스케타 방식의 경우 FDM보다 TDM이 양호하다. (3) 시공 면에서는 해저케이블의 건설은 장기간이 소요되나, 마이크로웨이브 설비나 스케타 장비는 단기간에 설치가 가능하다. (4) 해저케이블설비의 유지보수는 어려운 반면, 마이크로웨이브 방식 또는 스케타 방식은 비교적 간편하다. (5) 전원공급 면에서는 해저케이블 방식은 중계소 및 중계기 전원확보가 상당히 어려운 과제이나, 마이크로웨이브 방식은 중계소 전원확보가 가능하며, 스케타 방식의 경우는 설치국소에만 전원이 소요되므로 간편하다.

이상과 같이 검토한 내용을 통신방식별로 통달거리, 중계방법, 회선용량 등 통신망 구성면, 유지보수, 보안 등 운용면, 공사기간, 전원시설 등 시공 면으로 구분하여 요약하면 <표 4-14>와 같다.

<표 4-14> 인천-백령도 간 전송로 방안별 기술검토

구분	해저케이블	마이크로웨이브	스케타
사용주파수 대역	5MHz	2GHz	2GHz
변조방식	FDM	TDM	TDM
통달거리	900Km(265Km)	60Km	112-960Km
통달거리/중계구간	15Km	58Km	960Km이내
중계기수	18중계	3중계	직접중계
접속방식	A/D접속	T1접속	T1접속
회선용량	480회선	192회선	192회선
사용실례	한일 간 해저케이블	국내설치운용	FDM: 한일간, TDM: 다수국

이상 해저케이블, 마이크로웨이브, 스케타 방식에 대해 기술적 특성, 건설 및 운용상 장단점을 종합적으로 평가하였다. 검토결과 백령도-육지 간은 구간거리가 190Km나 되는 관계로 시공 및 유지보수를 감안하여 스케타 통신방식으로 구성하는 것이 가장 적합한 것으로 판단하였다. 당시 각 방식에 대한 주요검토내용은 다음과 같다.

(1) 해저케이블 방식은 보안 면에서 유리하나, 군 접적지역으로 시공 상 어려움이 예상되었다. 해저케이블 부설선과 유지보수선박도 확보해야 하며, 수심이 얕아 특수공법으로 시공해야 하였다. 또한 FDM방식으로 A/D변환장치를 추가 확보해야만 하였다.

(2) 마이크로웨이브 방식은 디지털 통신방식으로 FDM 방식보다는 유리한 점이 있으나, 디지털 MW 장비의 통달거리가 58Km이나 본 구간은 89Km로 전송로(Path) 구성이 불가능하였다. 또한 중계소 설치도서가 상전이 확보되지 못해 별도의 전원시설을 설치해야 하였다.

(3) 스케타 방식의 경우 전송로의 구성이 용이하고, 디지털방식이므로 FDM보다 유리한 통신방식이었다.

일본이 한반도를 통치한 36년 동안 일본은 전국을 조직적으로 국토측량을 실시한 것으로 보인다. 이와 관련하여 눈여겨 볼만한 기사가 2013년 9월에 보도되었다(일제 쇠말뚝의 정체, 2013. 9. 28, 김두규 우석대 교수, 조선일보). 보도내용은 아래와 같다.

<기사내용> 19세기 후반 조선을 침략하기 위해 주변 열강들이 가장 먼저 한 것이 측량이다. 1875년 운양호사건(雲揚號事件)도 일본의 조선 연안 측량에서 비롯된다. 1895년에는 일본은 200명 이상의 측량사를 보내 전국을 측량한다. 1912년 일제는 산각측량을 실시하였고 이후 측량 사업은 식민지 건설(도로, 철도, 신도시 등)로 더욱 더 빈번해 졌다.

나. 마이크로웨이브 방식 및 무궁화 위성통신망의 운용

1990년대 후반에 들어서면서 한국통신은 인천-백령도 간 통신망의 개선을 시도하였다. 당시 이 구간은 스켓타통신, 마이크로웨이브, 위성통신 등 3개 통신망을 구성 운용하고 있었다. 이때 통신방식별 운용상황은 <표 4-15>와 같다.

<표 4-15>인천-백령도 간 통신시설 운용

시설명	시설수	시설년도	운용수	가입자수
스켓타	9 T1	1986	-	2,780 (TDX-1A)
마이크로웨이브 시설	2 DS3	1994	22 T1/11 E1	
위성통신	8 E1	1996	6 E1	

당시 이들 3개 통신시설 중 스켓타 시설은 노후로 품질이 불량하고 생산도 중단되어 AS가 불가한 상황이었다. 그리고 마이크로웨이브 시설은 송도전화국에서 덕적해와 대청해를 거쳐 백령전화국으로 연결되었다. 이때 송도전화국-덕적해 구간(50Km), 덕적해-대청해 구간(140Km), 대청해-백령전화국 구간(20Km)에 각각 MDR-4204 장비를 설치하였으며, 통신망 주 루트로 32T1/15E1, 예비루트로 9T1을 운용하였다.

이때 마이크로웨이브 시설은 무선경로 상 장거리구간(140Km)으로 장마전선 및 해무로 인해 회선두절 현상이 1996년 85시간, 1997년 54시간 동안 발생하였다. 당시 마이크로웨이브 주 전송로가 회선 두절되는 경우 무궁화위성을 이용한 위성통신으로 절체 운용하기 위해 인천-백령 간 위성통신망을 다음과 같이 구축하였다.

① 송도전화국(TDX-10)과 백령전화국(TDX-1A) 간 198Km를 연결하는 무궁화위성망을 구성하였다. ② 위성통신망 구축을 위해 공용지구국, 안테나(6m), 회선수 8E1, 위성중계기 36MHz를 구축하였으며 이를 위해 위성시스템은 미국 STS사가 제작하고, 공사는 삼성(주계약자)이 담당하였다. ③ 공사비 1,925백만 원을 투입하고, 공사기간은 1995년 10월 23

일부터 1996년 9월 14일까지 시행하였으며 이때 설치공사는 대유통신이 담당하였다.

그러나 위성통신망 운용과정에서 회선이 부족한 관계로 절체율이 22%에 머물렀다. 이 문제를 해결하기 위해 무궁화위성에 회선분배장치(최대 8배)를 활용하여 위성통신회선을 증설하기로 하고 이를 위한 소요예산 17억 원을 확보하였다. 그리고 품질불량인 스켓타 시설은 철거하고 이 구간에 해저광케이블 건설을 검토하였다. 당시 해저광케이블 건설비는 1.15억원/Km이 소요되고, 인천-백령 간 거리가 255Km이므로 총 293억 원으로 산정되었다.

한편 이 구간의 사업수지를 분석하면 수입은 매출액 840,270천원, 이동전화정산 35,502천원, 영업외수익 11,503천원 등 887,275천원이고, 반면 지출부분은 매출에누리 5,587천원, 매출원가 2,096,856천원, 일반관리비 4,164천원, 영업외비용 5,015천원 등 2111,622천원으로 당기손익은 1,224,347천원의 적자로 나타났다. 이와 같은 검토결과에 따라 무선시설을 보완 사용하는 것으로 결정하였다.

3. 목포지역도서의 전화자동화

3.1 구형 무선전화방식으로 소통

1980년대 초 당시 목포지역의 도서 상황을 살펴보면 20호 미만의 도서 54개, 20호-100호 미만 도서 34개, 100호-1,000호 미만 도서 19개, 1,000호 이상인 도서 10개 등 총 117개 도서가 있었다. 이중에서 통신이 가능한 도서가 98개, 아예 통신시설이 없는 도서가 19개로 되어 있었다. 통신이 가능한 도서 중 교환시설을 갖춘 도서 17개, 무교환도서가 81개로 운용하고 있었다.

그리고 통신이 가능한 도서에서는 UHF, RRTS, VHF 등의 전송로를 이용하여 통신망을 구성 운용하였다. 한편 목포지역 도서 중 교환시설을 운용하고 있는 도서는 17개이고, 교환시설 없이 전화를 운용하는 무교환도서는 100개에 달하고 있었다. 이들 섬마을의 전화시설 운용상황을 보면 <표 4-16>부터 <표 4-22>까지와 같다(1983. 12).

<표 4-16> 비금도 등 5개 교환도서의 통신시설현황

도서명	인구수	자석식 시설수	전원시설	육지간 전송로	1986년 수요
도초도	9,625	300	상전	UHF	900
비금도	11,281	700	상전	UHF	850
사옥도	2,101	100	상전	UHF	350
증도	4,439	300	상전	UHF	600
암자도	8,170	600	상전	유선	1,040

<표 4-17> 압해도 등 7개 교환도서의 통신시설현황

도서명	인구수	자석식 시설수	전원시설	육지간 전송로	1986년 수요
안좌도	8,079	400	상전	UHF	1,100
상태도	4,928	100	상전	UHF	500
압해도	11,354	300	상전	UHF	1,150
암태도	6,056	400	상전	UHF	1,000
지도	-	500	상전	유선	1,050
장산도	6,930	300	상전	UHF	700
팔금도	4,793	200	상전	UHF	470

<표 4-18> 자은도 등 5개 교환도서의 통신시설현황

도서명	인구수	자석식 시설수	전원시설	육지간 전송로	1986년 수요
자은도	7,985	300	상전	UHF	750
하의도	5,608	200	상전	UHF	690
흑산도	4,855	400	자가발전	UHF	1,300
홍도	852	100	자가발전	UHF	100
소흑산도	1,622	100	자가발전	UHF	105

<표 4-19> 반월도 등 12개 무교환도서의 통신시설현황

도서명	인구수	통신시설	전원	도서명	인구수	통신시설	전원
추포도	380	RRTS	상전	외달도	154	VHF	자가발전
소악도	142	VHF	상전	탄도	236	VHF	태양전지
수도	190	VHF	상전	우곳도	128	VHF	상전
가란도	470	RRTS	상전	반월도	492	RRTS	상전
초란도	90	VHF	상전	장좌도	71	VHF	상전
마산도	225	VHF	상전	만재도	252	RRTS	태양전지

<표 4-20> 우이도 등 8개 무교환도서의 통신시설현황

도서명	인구수	통신시설	전원	도서명	인구수	통신시설	전원
신도	243	VHF	자가발전	능산도	345	VHF	상전
막금도	161	VHF	상전	우이도	739	RRTS	자가발전
사치도	208	VHF	상전	평사도	101	VHF	축전지
대야도	81	VHF	상전	장도	315	VHF	자가발전

<표 4-21> 자라도 등 14개 무교환도서의 통신시설현황

도서명	인구수	통신시설	전원	도서명	인구수	통신시설	전원
상수치도	81	VHF	상전	하수치도	520	RRTS	상전
장병도	127	RRTS	축전지	박지도	174	VHF	상전
마진도	255	VHF	상전	부소도	163	VHF	자가발전
옥도	387	RRTS	태양전지	우목도	189	VHF	태양전지
백야도	99	VHF	자가발전	자라도	930	UHF	상전
이어도	328	VHF	태양전지	대기점도	201	VHF	상전
화도	95	VHF	축전지	재원도	359	UHF	상전

<표 4-22> 대둔도 등 6개 무교환도서의 통신시설현황

도서명	인구수	통신시설	전원	도서명	인구수	통신시설	전원
영산도	313	VHF	자가발전	대둔도	963	UHF	자가발전
다물도	569	UHF	자가발전	상태도	321	RRTS	태양전지
중태도	190	RRTS	태양전지	하태도	464	UHF	자가발전

3.2 섬마을에 자동전화 전면공급시도

가. 1988년까지 자동전화 완성

목포지역 도서전화의 자동화를 위한 기본방침은 우선 20호 이상 도서로서 상전이 가능한 도서를 대상으로 하여, 통화권 내 수동식국의 자동화와 병행 추진하였다. 그리고 통신보안을 고려하여 디지털방식으로 공급하며, 육지의 자동전화와 동일한 통신서비스 수준으로 끌어올린다는 목표를 세웠다. 또한 전체 섬마을전화의 자동화는 1988년까지 완성하기로 하였다.

<표 4-23> 목포지역 도서전화 자동화계획

연도별	1982	1983	1984	1985	1986	1987	1988	계
도서수	4	6	25	7	25	31	19	117

이 계획에 의해 1982년에는 고하도, 허사도, 달리도, 늘도 등 4개 도서는 가입자무선장치(SR방식)를 이용하여 자동화하였으며, 1983년에는 신도, 병풍도, 당사도, 고이도, 매화도, 금호도 등 6개 도서도 SR방식에 의하여 자동화를 완료하였다(1983. 12). 1980년대 중반 목포지역 섬마을 중 교환도서 17개, 무교환도서 40개 등 총 57개 섬마을 전화를 자동화하였다(1984년-1986년). 1984년도 사업으로 안좌도 등 교환도서 4개, 추포도 등 무교환도서 21개의 섬마을전화를 자동화하였으며, 1985년도에는 지도 등 교환도서 3개, 어의도 등 무교환도

서 4개를 자동화하였다. 이어서 1986년에 들어서면서 도초도 등 교환도서 10개, 신도 등 무교환도서 15개 전화를 자동화하였다.

한편 육지 모국인 동목포전화국의 자동교환시설 범위 내에서 섬마을전화의 자동화를 추진하였다. 당시 동목포전화국은 기계식 자동교환기(ST방식) 1만회선, 전자식(M10CN) 1만회선 등 2만 회선을 보유하고 있었으며, 목포전화국은 기계식 자동교환기(ST방식) 12천회선, 전자식(M10CN) 1만회선 등 총 22천 회선을 운용하고 있었다(1983. 12). 다음해에는 동목포국에 전자식 6천 회선을 증설함으로서 26천 회선으로 늘어나게 되었다(1984. 12). 우선 이 기간 동안 교환도서 57개 섬마을은 동목포전화국을 모국으로 자동화를 추진하였다(1984년-1986년).

나. 전체도서를 5개 그룹으로 편성

목포지역 섬마을은 도서집중국을 설정하여 5개 그룹으로 나누어 자동화하였다. 전체도서들을 통신망 구성상 적정하게 그룹으로 나누고 여기에 도서집중국을 정한 다음 이들 도서집중국에서 목포무선국(양을산)으로 무선통신망을 구성하였으며, 동목포전화국의 전자교환기와 연결하였다.

첫 번째 그룹은 목포무선국과 직통으로 연결할 수 있는 도서로서 압해도, 암태도 등 2개의 교환도서와 추포도, 외달도, 소의도, 탄도, 수도, 우곳도, 가란도, 반월도, 초란도, 장좌도, 마산도 등 11개의 무교환도서가 있었다. 여기에서 교환도서는 마이크로웨이브 전송로(MW 2GHz)를 이용하여 목포무선국으로 연결하고, 무교환도서는 가입자무선장치(SR)장치를 이용하여 목포무선국으로 직접 무선통신망을 구성하였다.

두 번째 그룹은 지도 중심의 도서로서 지도, 사옥도, 증도, 임자도, 자은도 등 4개 교환도서와 어의도, 대거점도, 화도, 재원도 등 4개의 무교환도서가 위치하고 있었다. 교환도서들은 마이크로웨이브 전송망(2GHz)을 통하여 지도로 연결하고, 무교환 섬마을은 SR장치를 활용하여 지도로 연결하였다. 이때 지도 내의 가입자는 LC를 활용하였다. 다시 지도에서 목포무선국까지 MW 통신망을 구성하였다.

세 번째 그룹은 안좌도 인근도서인 안좌도, 장산도, 상태도, 하의도, 팔금도 등 5개의 교환도서와 상수치도, 부소도, 장병도, 박지도, 마진도, 수치도, 옥도, 우목도, 백야도, 자라도 등 10개의 무교환도서를 말한다. 이때 교환도서는 MW망을 이용하여 안좌도에 접속하였으며, 안좌도 내 가입자는 LC를 활용하였다. 또한 무교환 섬마을의 경우 SR장치를 활용하여 안좌도에 연결하였다. 그리고 안좌도부터 목포무선국까지는 MW 통신망을 구성하였다.

네 번째 그룹은 흑산도 중심의 섬마을로서 흑산도, 홍도, 소흑산도 등 3개의 교환도서와 장도, 영산도, 대문도, 다물도, 상태도, 중태도, 하태도, 만재도 등 8개의 무교환 섬마을이 있다. 동일한 방법으로 흑산도 내 가입자는 LC를 활용하여 접속하였으며, 홍도, 소흑산도는

MW 망을 이용하여 흑산도로 연결하였다. 그리고 무교환 섬마을은 각 섬에서 SR장비를 이용하여 흑산도로 접속하였으며, 다시 흑산도에서 도초도까지 MW전송로에 태워 연결시켰다. 그런 다음 도초도에서 목포무선국까지 MW통신망을 구성하였다.

다섯째 그룹은 도초도 근처에 위치한 도초도를 포함하여 대야도, 비금도 등 3개의 교환도서와 신도, 능산도, 막금도, 우이도, 사치도, 평사도, 대야도 등 7개의 무교환 섬마을을 말한다. 여기에서도 도초도 내 가입자는 LC를 설치하여 수용하였으며, 무교환 섬마을의 경우에는 각 도서별로 SR장비를 설치하여 도초도로 연결하였다. 다시 도초도부터 목포무선국까지는 MW 무선망을 구성하였다.

한편 목포근해에는 인구 100인 미만의 소규모도서가 다수 있었는데 당시 통신현황은 <표 4-24> 및 <표 4-25>와 같다(1983. 12).

<표 4-24> 서소우이도 등 16개 소규모 섬마을 통신현황

도서명	인구수	통신시설	전원	도서명	인구수	통신시설	전원
소포작도	28	VHF	축전지	율도	26	VHF	축전지
도덕도	32	VHF	태양전지	소기점도	45	VHF	상전
만지도	36	VHF	축전지	대태이도	54	VHF	상전
부남도	12	VHF	태양전지	대노륵도	34	VHF	태양전지
소노륵도	12	VHF	태양전지	갈도	30	VHF	태양전지
우세도	18	VHF	태양전지	노대도	17	VHF	축전지
칠발도	6	VHF	자가발전	경치도	9	VHF	태양전지
동소우이도	57	VHF	태양전지	서소우이도	98	VHF	태양전지

<표 4-25> 율도 등 15개 소규모 섬마을 통신현황

도서명	인구수	통신시설	전원	도서명	인구수	통신시설	전원
죽도	46	VHF	태양전지	개도	34	VHF	축전지
문병도	31	VHF	축전지	장재도	58	VHF	자가발전
기도	84	VHF	자가발전	송도	14	VHF	자가발전
고사도	17	VHF	축전지	율도	89	VHF	자가발전
저도	83	VHF	축전지	요력도	21	VHF	축전지
매도	78	VHF	상전	기사도	76	VHF	상전
외안도	12	VHF	태양전지	일정도	42	VHF	상전
황마도	42	VHF	상전				

한국통신에서는 이들 섬마을 중 1986년 수요가 1 가입자라도 있는 경우, 육지의 동목포 전화국 전자교환기로 연결하여 자동화를 추진하였다(1987년-1989년). 1987년에는 20호 미만으로 통신시설이 설치된 도서 31개 도서를 자동화하고, 20호 미만으로 통신시설이 없는 19개 도서는 1988년 이후에 자동화하는 것으로 정하였다. 이에 따라 교환시설이 있는 도서는 주로 전송로집선 장치나 원격전자교환 장치(RSU)를 공급하고, 교환시설이 없는 도서의 경우에는 SR방식과 무선 PCM을 활용하여 자동화하였다.

4. 동해 및 남해지역도서의 전화자동화

4.1 울릉–독도 간 위성통신망 구성

1994년 통신망본부는 울릉도-독도 간 무궁화위성 통신망을 구축추진 하였다(1994. 7). ① 울릉전화국(TDX-1A)과 독도경비대 간 93Km를 연결하는 무궁화 위성망을 구축하고, 울릉도-독도 간에 1 DS1을 공급하였다. 사전준비공사로서 독도 안테나 및 UPS 공사(1995. 1-1995. 5), 독도 단국설치공사(1996. 1-1996. 5)를 시행하였다. ② TSAT, 안테나(2.4m), 회선수 30채널, 위성중계기 3MHz를 구축하였으며 이 위성시스템의 제작사는 미국 Comstream사이고 주계약자는 삼성이 맡았었다. ③ 공사비 291백만 원을 투입하고, 공사기간은 1995년 10월 23일부터 1996년 9월 14일까지이며 설치공사는 대유통신에서 담당하였다.

그러나 울릉-독도 간 에러가 과다 발생함으로써 사용 불가한 상황이 발생하여 위성장비를 수리하였다(1997. 1). 독도를 관할하는 한국통신 대구본부에서는 울릉-독도 간은 위성시설을 주 루트로 활용하여 우선 일반전화 4회선, 경찰청 7회선, 기상청 2회선 등 13회선을 운용 추진하였다.

4.2 충무–진해지역 전화자동화

충무지역 인근 섬마을은 대부분 VHF, UHF, RRTS로 통신망을 구성 운용하였다.또한 진해 인근 섬마을인 천가(가덕도)는 인구는 4,843명의 상전도서로서 육지와는 UHF통신망을 운용하고 있었다. 이외 충무지역 섬마을의 통신시설현황은 <표 4-26> 및 <4-27>과 같다(1983. 12).

그 후 1980년대 중반 충무와 진해에 전자교환기가 공급 개통됨으로서 이들 섬마을전화의 자동화가 추진되었다. 충무전화국에 전자식교환기 1만회선, 진해전화국에 전자식 8천회선을 개통하였다(1985. 2). 이때 매물도, 만지도, 오곡도, 저도, 오비도, 소매물도, 연대도, 죽도, 곤리도, 학림도, 서좌도, 등 11개 도서에는 SR장치를 공급하여 자동화하였다. 그리고 가입자수가 많은 한산도, 사량도, 하도, 용호도, 비전도 등 4개 도서는 MW-PCM(2GHz) 통신망을 구성하였다.

한편 송도는 해월구간(180미터)에 동복강선(2.6mm)을 건설하여 학림도와 유선화하였다. 비선도는 해월구간(350미터)에 케이블 1조(0.4-50p)를 신설하여 한산도와 유선화 하였으며, 추봉도의 경우에도 해월구간(237미터)에 케이블 1조(0.4-200p)를 신설하여 한산도로 유선화를 시행하였다. 또한 천가도서는 MW-PCM(2GHz)통신망을 건설하여 진해전화국으로 자동화하였다.

<표 4-26> 곤리도 등 10개 섬마을의 통신시설현황

도서명	인구수	통신시설	전원	도서명	인구수	통신시설	전원
매물도	372	UHF	자가발전	만지도	132	VHF	상전
오곡도	199	VHF	자가발전	저도	205	VHF	상전
오비도	358	RRTS	상전	소매물도	124	VHF	자가발전
연대도	288	RRTS	상전	죽도	357	VHF	상전
곤리도	844	RRTS	상전	학림도	505	RRTS	상전

<표 4-27> 충무지역 섬마을의 통신시설현황

도서명	인구수	통신시설	전원	도서명	인구수	통신시설	전원
서좌도	531	RRTS	상전	한산도	4,732	UHF	상전
사량도	3,251	UHF	상전	하도	2,607	유선	상전
용호도	1,278	VHF	상전	비전도	758	UHF	상전
송도	62	유선	-	비산도	103	유선	-
추봉도	1,365	유선	상전				

4.3 여수지역 전화자동화

1980년대 초반 여수지역 인근 18개 섬마을도 대부분 VHF, UHF, RRTS로 통신망을 구성운용하였으며 세부내용은 <표 4-28> 및 <표4-29>와 같다(1983. 12). 또한 여수 인근 섬마을 중 당시 인구가 1천명이상인 도서는 대경도, 화정도, 돌산도, 남도 등 4개가 있었으며 나머지는 1천명 미만의 섬마을이었다. 1980년대 중반 여수전화국에 전자교환기 8천회선이 공급 개통됨으로서 이들 섬마을전화의 자동화가 추진되었다(1984. 8). 이때 송도, 자봉도, 제도, 상화도, 소경도, 이자도, 적금도, 둔병도, 소이자도, 사도, 하화도, 조발도 등 12개 도서에는 SR 장치를 공급하여 자동화하였다. 그리고 가입자 수가 많은 대경도, 화정도(백야도), 돌산도, 낭도 등 4개 도서는 MW-PCM(2GHz) 통신망을 구성하였다.

<표 4-28> 송도 등 8개 섬마을의 통신시설현황

도서명	인구수	통신시설	전원	도서명	인구수	통신시설	전원
송도	630	VHF	상전	자봉도	227	VHF	상전
제도	487	RRTS	상전	상화도	350	RRTS	상전
소경도	481	VHF	상전	이자도	598	VHF	상전
적금도	575	RRTS	상전	둔병도	269	VHF	상전

<표 4-29> 돌산도 등 10개 섬마을의 통신시설현황

도서명	인구수	통신시설	전원	도서명	인구수	통신시설	전원
소여자도	83	VHF	상전	사도	167	VHF	상전
하화도	297	RRTS	상전	조발도	346	RRTS	상전
대경도	2,453	RRTS	상전	화정도	1,280	UHF	상전
돌산도	21,937	UHF	상전	낭도	1,461	VHF	상전

5. 도서통신의 지속적인 현대화

5.1 도서무선 전송시설 확장

가. 섬마을통신 현대화의 마무리

한국통신은 도서무선 전송시설의 지속적인 현대화를 위하여 다음과 같이 기본목표, 시설방침 등을 정하여 추진하였다(1998년 시내통신시설 투자사업계획 수립지침, 1996. 6, 한국통신 네트워크본부).

첫째, 정부의 도서통신용 전파지정기준에 따라 2000년까지 의무적으로 주파수를 변경시행하고, 도서지역 기본통신 수요를 충족하기 위한 시설을 확충한다.

둘째, 전파지침기준에 따른 장비보급은 4년 동안 년 평균화하여 추진하고, 신기준 장비공급과 병행하여 단순하고 경제적인 통신망을 구성한다. 이에 따라 원거리 중심도서 단위로 관할지역을 일괄 추진하고, 전송방식 전환계획에 의거하여 CEPT방식 장비를 공급함을 원칙으로 한다. 그리고 지역본부 통화권별 집중운용보전 시스템을 설치한다.

셋째, 1998년도 공급대상은 Y년도 말 소요대비 시설부족구간, 도서무선 전송시설 현대화 중장기 계획구간, 전송방식전환 및 주파수대역 변경계획구간으로 한다. 또한 상호접속, 타 사업자 요청분 등 특수수요 발생구간도 공급대상에 포함한다.

넷째, 가입자 무선시설의 공급회선 수 산출기준은 Y+1년 수요대비 소요량, 중계무선시설의 경우는 Y+2년 수요대비 소요량으로 정하여 시행한다.

나. 새로운 주파수대역의 사용

1992년 세계전파주관청회의(WARC)에서 FPLMTS 주파수대역(1.8G-2.1G)이 결정됨에 따라 도서통신용 주파수를 변경해야 하고 변경기한이 지정되었다. ICO측은 사용주파수를 2000년 1월 1일까지 변경하기를 요구하여 왔다. 정부에서 FPLMTS 및 ICO와 혼선방지를 위해 2000년까지 주파수를 이전토록 지정함에 따라 한국통신은 다음과 같이 결정 추진하였다.

첫째, 주파수 이전 시 집중운용 가능토록 통신망을 단순화하여 적자폭을 감소시킨다. 그리고 2000년까지 주파수 반환을 위해 향후 44,195회선 공급이 필요함에 따라 이에 필요한 투자예산 619억원을 확보한다. 이를 위한 연도별 투자계획은 <표 4-30>과 같다.

<표 4-30> 도서무선 전송시설 공급계획

연도별	1998년	1999년	2000년	계
목표량(회선)	22,619	14,442	7,134	44,195
도서수	141	111	48	300
소요예산(백만원)	34,195	17,722	10,079	61,996

둘째, 이 사업의 문제점은 도서지역의 적자로 투자예산확보에 어려움이 있고, 기간 내 주파수 이전이 불가한 경우 세계주관청에서 사용하기로 한 IMT-2000, ICO와의 주파수 혼신 발생으로 국제적 문제가 발생한다.

셋째, 무선국 허가취소에 따라 도서지역의 기본통신서비스 제공이 불가능하게 됨으로서 한국통신의 이미지 및 대외공신력이 실추되고 집단민원이 발생할 우려도 있다. 따라서 한국통신 입장에서는 도서통신사업을 보편적 서비스제도에 반영하여 손실을 보상하는 쪽으로 추진한다.

이러한 방침에 따라 한국통신은 도서지역 수요를 충족하고, 정부의 전파 지정기준 변경에 따라 주파수를 이전하는 작업을 시행하였다. 도서무선 사용주파수를 기존 사용대역(1.9-2.1GHz)에서 새로운 대역(2.3-2.5GHz)으로 2000년 12월말까지 이전하게 되었으며, 이때 총 이전대상시설은 44,195회선이었다. 1998년 사업으로 대상시설 중 50%인 22,619회선을 1998년 착공 1998년 개통하고, 이때 소요예산은 34,195백만 원으로 계획되었다.

그러나 IMF 사태로 예산이 통째 부족하여 이 사업의 시행이 어렵게 되었다. 그렇게 되면 주파수 문제가 발생하게 되고 IMT-2000. ICO와 주파수 혼선으로 국제적 문제가 발생하게 되었다. 따라서 한국통신은 이 사업을 위하여 채무예산을 확보 추진하였다. 여기에서 IMT란 국제이동통신(International Mobile Telecommunication)을 말하고, ICO는 통신위성 중 중궤도 위성(Intermediate Circular Orbit)을 말한다.

5.2 도서통신용 장비공급

1990년대 중반 한국통신은 도서전화 자동화를 위해 도서통신용 가입자 무선장치를 공급하고 있었다. 이때 가입자 무선장치 공급에 대한 민원이 보도되었다(1996. 9. 16, 전자신문).

<보도내용> KT 도서통신용 가입자 무선장치 공급, 부적합한 장비선정 물의, 성미전자가 제안한 캐나다 SRT사의 SR-500장비를 선정했으나 당초 기술적인 요건으로 제안한 온라인 경보기능 등 유지보수기능과 도서용 소형자국 장비(2회선용)의 주파수 조정기능이 기술심사 과정에서 부적합하였으나 표준규격으로 확정하여 경쟁업체가 반발하고 있다.

이러한 언론보도에 대해 한국통신 네트워크본부 시설운용실(실장 김기천)에서는 기존장비와 주요기능에 대해 비교 검토하였다. 검토결과 ① 기존장치(SR-100)의 회선용량은 모국 최대 94가입자, 자국 최대 6가입자인데 비해 신장치(SR-500)의 회선용량은 모국 최대 1,024가입자, 자국 최대 256가입자이다. ② 내부호 접속기능(Intercall)은 기존장치와 신장치 모두 가지고 있으며, ISDN 서비스는 기존장치는 불가하고 신장치는 가능한 것으로 파악되었다.

그리고 기존장치는 1982년에 설치되었고 신장치는 1996년 공급계획이다. 위에서 설명한 기존장치와 신장치의 장치공급가격 및 회선당 단가 등 경제성을 확인한 결과 회선당 가격은 기존장치(SR-100)는 3,795천원, 신장치(SR-500)는 1,567천원으로 분석되었다. 그 세부내역은 <표 4-31>과 같다.

<표 4-31> 도서통신용 가입자 무선장치 경제성 비교(단위 1,000원)

구분	기존장치(SR-100)	신장치(SR-500)	비 고
모국장치	431,352	192,486	
자국장치	593,385	230,601	270회선 기준
계	1,024,737	423,087	
회선당 단가	3,795	1,567	59% 절감

당시 표준규격에서 도서용 소형자국장비(2회선용)를 삭제한 것은 전국 504개 도서 중 1996년도에는 대상소요가 없으므로 향후 필요시 개량 개선 조달할 수 있는 것으로 확인되었다. 또한 온라인 경보기능 등 유지보수기능 7개 항목은 제품심사항목의 선택항목으로서 규격제정 이후에라도 납품 시에 보완 가능함으로 적합 판정된 것이었다. 본 장비 조달과정에서 경재업체의 반발은 없었다.

이상과 같은 문제와 관련한 국회 질의가 있었으며, 이에 대해 시설운용실에서는 다음과 같이 답변하였다(작성자 : 네트워크본부 시설운용실 시외통신계획국장 김종현).

<질의> 기술적으로 부적합한 도서통신용 가입자무선장치를 선정하여 물의를 일으키고 있는대 장비조달 경위와 특정업체와의 담합사유는?

<답변> 전국의 섬마을통신은 504개 도서에 약 8만회선의 유무선 통신망을 운용하고 있으며, 육지 내 통신과 동일한 수준으로 경제적이고 다양한 서비스를 도서주민에게 제공하기 위한 시설개선계획을 추진하고 있습니다. 1994년도에 정부계획에 따라 현재 사용 중인 도서통신주파수를 반납하고 새로 지정된 주파수로 이전토록 지시되어 1996년부터 새로운 장비로 바꾸어 나갈 계획입니다.

본 장비조달경위를 말씀드리면 1995년 7월 조달 공고한 결과 성미전자가 단독으로 제안하여 관련규정에 의한 제안평가를 시행하고 심사기준에 적합한 업체로 선정되었습니다. 평가작업 시 자국용 장비중 가입자용량이 2회선인 초소형장비(마이크로자국)와 일부 유지보수기능의 보완이 필요한 것으로 지적되었으나, 2회선용은 수요가 없고 경미한 사항은 납품 시 보완하여도 사업추진에 문제가 없으므로 본 규격을 확정하였습니다. 개선되는 도서통신용 가입자 무선장치는 현재보다 약 59% 절감된 장치비와 무선장치는 새로운 서비스를 충족하여 육지내의 통신망과 동일한 수준으로 선진국에서 상용화되고 있는 장비이며 업체와의 담합사실은 없습니다.

참고자료

(1) 도서통신망 현대화계획(1985. 12. 17)

한국통신은 섬마을전화의 자동화 및 현대화를 본격적으로 시행하는 계획을 수립 추진하였다(통신망현대화계획, 1985. 12. 17, 한국통신). 이 계획의 주요내용은 전국 491개 주요 섬마을에 대한 전화 자동화를 1984년부터 1987년까지 완성하는 계획이었다. 이 계획은 한국통신 계획국 통신망계획부가 주관하고 통신망계획부장(이정욱), 계획국장(이응효), 부사장(배동조), 사장(이우재)이 결재하여 확정되었다.

(2) 도서통신망 선진화 기본계획(1995. 1. 9)

국제전기통신연합(ITU-R)의 주파수대역의 분배 및 조정에 따라 국내 도서통신망을 국제기술기준에 맞게 전면 재구성하고 차세대 신규서비스를 수용하기 위해 신 기술방식의 도서통신망을 구축하는 계획을 수립 추진하였다(기이 1230-보39, 도서통신망 중장기 기본계획, 1995. 1. 9, 한국통신). 이 계획은 한국통신 기술기획실 담당자(신동근), 무선망계획부장(장병수)이 주관하고 기술기획실장(이정욱), 부사장(김상국), 사장(조백제)이 결재하여 확정되었다.

제5장

전 국토의 전화자동화 완성

1. 전국 전지역에 자동전화 공급시동

1.1 시급한 전화적체 해소

가. 1970년 중반–1980년 초 전화공급 상황

우리나라는 비약적인 경제개발이 이루어진 1970년대 중반부터 전화적체는 누적되기 시작하였다. 당시 자동식 전화국의 적체상황을 보면 1976년에 14만4천 건, 1977년에 19만6천 건, 1978년에 41만8천 건으로 늘어나더니 급기야 1979년에는 61만9천 건, 1980년에는 60만 4천 건으로 매년 급증하고 있었다. 이때 전화공급에 대한 우리나라 국민들의 민원을 정리하면 다음과 같다.

첫째, 행정이동 내 수개의 자연부락에도 전화를 가설해 달라. 당시 법정이동은 1979년에 완료하고 행정이동은 1980년까지 완성하는 계획으로 추진하였다. 그리고 자석식전화 시설지역의 원거리 가입구역(6-10Km 이상인 지역)을 확장해 달라는 요청이었다. 그러나 당시에는 예산상 확장거리는 4Km범위 내로 협소하였다.

둘째, 대도시 주변지역 전화를 대도시에 편입해 달라. 그러나 시내통화권 광역화에 의거 종국기 수용구역이 확정되어 있어 구역 외 확장은 최대한 억제해야 하는 실정이었다. 또한 가입구역 내 선로미설지역에 대한 선로시설의 확장을 바라는 많은 민원이 쏟아지고 하였다. 당시 선로시설은 교환시설 증설년도에 수요분포에 따라 확장해 나가고 있는 입장이었다.

셋째, 수동식전화를 자동식전화로 바꾸어 달라. 그러나 정부는 국가재정형편상 군청소재지 및 수동식전화 충만국을 선순위로 자동화해 나가고 있었다. 뿐만 아니라 일부 수동식전화 운용지역에서는 자석식 교환대 또는 선로설비 등을 기부채납으로 전화증설을 희망하는 경우도 발생하였다. 그러나 정부입장에서는 교환원 및 보수요원을 증원해야하고, 시외회선을 증설해야 하는 등 운용 및 시설계획상 문제가 있어 승인을 억제할 밖에 없었다.

넷째, 일부지역에서는 주민들이 전화국의 치국위치변경을 요청하는 등 여러지역에서 전화국 유치활동이 발생하였다. 물론 한국통신에서는 전화수요분포로 보아 통신망 중심지에 전화국을 치국하였다.

1980년대에 들어서면서 한국통신은 전화적체 등 이러한 국민들의 민원문제를 해소하고 통신망의 현대화를 실현하기 위한 중장기계획을 수립 추진하기 시작하였다. 특히 기간통신망에 전자교환기를 대량 공급하여 도시지역과 농어촌지역으로 구분하여 균형있게 시행하는 방안으로 추진하였다(1982년도 전기통신공사 투자사업예산 설명자료, 1981. 12. 7, 체신부 계획국). 자동식전화시설 확장사업은 누증하는 전화적체를 완화하고 대량공급체제로 전환하여 양질의 서비스를 제공하겠다는 큰 뜻을 품고 출발하였다. 그래서 대도시지역은 전자식교환기(ESS)를 공급하고 중소도시 및 농어촌 지역에는 기존의 기계식 자동교환기(EMD/ST)를 병행 공급하도록 하였다.

한편 군읍지와 수동식교환기의 한계에 도달한 지역을 우선적으로 자동화하며, 자동식전화국의 인근 수동식 국을 자동식 국에 통합하고 자동전화 가설지역을 확대하였다. <표 5-1>에서 공급량은 실 전화이용자(가입자 누계)를 말한다.

<표 5-1> 1980년대 전화수급계획(단위 1,000회선)

구분	1980	1981	1982	1983	1984	1985	1986
수요	3,996	4,626	5,253	5,957	6,702	7,512	8,386
공급	2,704	3,525	4,228	5,146	6,025	7,046	8,151
부족	1,292	1,101	1,025	811	637	466	235

<표 5-2> 1980년대 100인당 전화보급대수

구분	1980	1981	1982	1983	1984	1985	1986
보급대수	7.1	8.9	10.4	12.8	14.9	17.1	18.3

나. 전화시설의 대량확장 시작

1981년부터 우선 대도시 위주로 전자교환기를 대량 공급하기로 정하여 제1기종(M10CN) 26만4천회선, 제2기종(No1A) 18만회선, 시분할 교환기(TDM) 2만회선 등 전자교환기 46만4천 회선을 공급하기로 하였다. 또한 이와 병행하여 중소도시와 농어촌지역에는 기존의 EMD방식 172.2천회선, ST방식 127.8천회선 등 자동식교환기 30만 회선을 확장 공급하였다. 이를 위해 투입된 예산규모는 <표 5-3>과 같다(1982년도 전기통신공사 투자사업예산 설명자료, 1981. 12. 7, 체신부 계획국).

이때 교환시설의 회선당 단가를 분석하면 전자교환기 1기종(M10CN)은 390,935원이고, 2기종(No1A)의 경우 386,388원으로 나타났다. 그리고 기계식 자동교환기 1기종(ST)의 회선당 가격은 132,383원이었으며, 2기종(EMD)의 경우는 194,875원으로 분석되었으며 세부내역은 <표 5-4>와 같다(1982년도 전기통신공사 투자사업예산 설명자료, 1981. 12. 7, 체신부 계획국).

<표 5-3> 1981년도 교환시설 공급예산(단위 백만원)

구분	M10CN	No1A	TDM	EMD	ST	전원	계
예산	213,634	66,124	8,600	34,128	15,412	7,820	345,718

<표 5-4> 교환시설별 회선당 가격(1981년)

구분	M10CN	No1A	ST	EMD
물자비(원/회선)	327,372	303,134	115,935	182,355
공사비(원/회선)	63,563	83,254	16,448	12,520
계	390,935	386,388	132,383	194,875

한편 교환시설 확장과 동시에 선로시설 91만6천회선(소요예산 144,662백만 원)을 증설하였으며, 관로시설 88만4천회선분(소요예산 62,713백만 원)도 구축하였다. 이와 같은 통신시설의 확장결과 도시지역과 농어촌지역의 전화공급 상황을 보면 <표 5-5>와 같다(5차 5개년계획의 전화교환망계획, 1982, 한국통신 계획국).

그리고 전화국간거리를 보면 도시전화는 평균 4.5Km(1-8Km)인데 비해 농어촌전화의 경우 평균 12.6Km(2-52Km)나 되어 상당히 원거리에 분포되어 있음을 알 수 있다. 또한 지역별로 운용하고 있는 교환기종을 살펴보면 <표 5-6>과 같이 상당한 차이를 나타내고 있다(1981. 12).

<표 5-5> 전화시설 공급규모(1981. 12)

구분	통화권	전화국수	전화시설 (1,000회선)	비 고
도시지역	20	105	2,710(73%)	대도시 및 주요도시
농어촌지역	132	1,516	982(27%)	소도시 및 군단위
계	152	1,621	3,692(100%)	

<표 5-6> 지역별 교환기종(단위 1,000회선)

교환기종	EMD	ST	M10CN	No1A	자석식	공전식	DMO/ DMS
도시전화	1,596 (59%)	610 (22.5%)	284 (10.5%)	220 (8%)	-	-	-
농어촌전화	86 (9%)	452 (46%)	-	-	412 (42%)	24 (2%)	8 (1%)

1.2 5차 5개년계획과 통신망확장

가. 1982년-1983년 통신시설 확장

제5차 5개년계획의 시작된 첫해인 1982년에는 자동식 전화 86만4천회선, 수동식 전화 4만 회선을 확장하였고, 자연부락 3,048개에 전화를 공급하였다. 그래서 자동식 시설의 신증설을 위해 711,508백만 원, 수동식 시설을 확장하기 위해 8,457백만 원, 그리고 자연부락 전화공급에 5,571백만 원 등 총 7,255억3천6백만 원을 투입하였다. 그 중 전자교환기 공급계획은 제1기종 29만회선, 제2기종 24만회선, 시분할 교환기(TDM) 18천회선 등 전자교환기 54만8천 회선을 공급하기로 하였다. 그리고 전년도와 마찬가지로 중소도시와 농어촌지역에는 기존의 EMD 방식 175.2천회선, ST방식 140.8천회선 등 자동식교환기 31만6천 회선을 신·증설하였다.

이와 같이 시내통신망의 확장을 위한 교환기시설 부분(전원시설 포함)에 총 3,647억9천9백만 원이 투입되었으며, 교환기종별 투입예산은 <표 5-7>과 같다. 이때 1982년도 사업예산계획에 반영한 교환시설의 회선당 단가를 보면 전자교환기 1기종(M10CN) 351,372원, 2기종(No1A) 393,155원으로 편성되었다. 또한 기계식 자동교환기 1기종(ST)의 회선당 가격은 170,065원, 2기종(EMD) 228,261원으로 추진되었다. 세부내역은 <표 5-8>과 같다. 한편 이를 위한 관로시설 85만2천회선분(소요예산 93,178백만 원)도 구축하고, 선로시설 85만2천회선(소요예산 221,706백만 원)을 신증설 확장하였다.

<표 5-7> 1982년도 교환시설 공급예산(단위 백만원)

구분	M10CN	No1A	TDM	EMD	ST	전원	계
예산	116,142	159,504	9,814	39,992	23,945	15,321	364,718

<표 5-8> 교환시설별 회선당 가격(1981년, 원/회선)

구분	M10CN	No1A	ST	EMD
물자비	327,372	311,302	146,249	211,161
공사비	24,000	81,853	23,816	17,100
계	351,372	393,155	170,065	228,261

5차 5개년계획의 2차년도인 1983년에는 자동식전화 100만1천회선, 수동식전화 2만5천회선을 확장하고, 자연부락 3,500개에 전화를 공급토록 하였다. 이를 위해 자동식시설 신증설에 732,314백만 원, 수동식시설의 확장에 3,615백만 원, 그리고 자연부락 전화공급을 위한 10,784백만 원 등 총 7,467억1천4백만 원이 투입되었다. 이 중 교환시설부분에는 총 2,099억원이 소요되었는데 이를 세부내역은 <표 5-9>와 같다. 이때 1984년도 전자교환기 준비사업분인 79만 회선에 필요한 예산 108,664백만 원도 확보 추진하였다.

이를 기종별로 구분하여 보면 1기종(M10CN)은 공급량 244천회선, 소요예산 46,313백만 원을 배정하고, 2기종(No1A)의 경우 공급량 226천회선, 소요예산 45,668백만 원을 계상하였으며, 그 외 전자교환시설 32만 회선을 위한 예산 16,683백만 원도 확보하였다. 한편 선로시설의 신증설은 도시지역과 농어촌지역으로 구분하여 추진하였으며, 예산규모는 <표 5-10>과 같다. 이표에서 (   )내는 시설 전화국 수이며, 자연부락의 경우에는 부락수를 말한다. 이때 도시지역 73개 전화국의 선로시설 신증설사업에 258,299백만 원, 농어촌지역 125개 전화국의 선로시설 신증설에 114,532백만 원 등 총 3,728억3천1백만 원을 투자하였다.

<표 5-9> 1983년도 교환시설부분 공급량 및 소요예산

시설별	M10CN	No1A	ST	EMD	전원	자석식	계
공급(천회선)	404	410	130	57		25	1,026
예산(백만원)	55,422	94,867	24,877	21,941	12,750	43	209,900

<표 5-10> 1983년도 가입전화용 선로시설 예산규모(단위 백만원)

구분	케이블	관로	국간중계	기초관로	자석식	자연부락
도시전화	151,912 (73)	65,106 (73)	25,811 (39)	15,470		
농어촌전화	71,474 (125)	21,924 (102)	6,778 (48)		3,572 (250)	10,784 (3,500)

나. 1990년대 후반의 통신망 확장

1990년대 후반 우리나라의 전화시설은 100인당 43.1대로 선진국 수준으로 확장되었다. 이때 통신선진국들의 전화보급율(100인당)을 보면 미국 59.4대, 일본 48.9대, 이탈리아 43.8대, 대만 42.3대 순으로 되어 있었다. 당시 우리나라의 기간통신망의 규모는 <표 5-11>과 같이 확장되었다(네트워크의 고도화 추진계획, 1997. 6, 한국통신). 이때 데이터통신은 전국 읍면까지 통신망이 확장되었다. 전국 221개 전화국에 패킷교환기 26,961포트를 운용하였으며, 40개 주요도시에 인터넷 망을 운용하게 되었다. 또한 전용통신은 시내 및 시외 57만 회선을 운용하고 있었으며, 고속전용회선 이용자는 년 150%이상 증가하는 추세에 있었다.

<표 5-11> 우리나라 통신망 규모(1997년)

구분	시내전화	시외전화	국제통신
전화국 수	398	31	84개국과 직통루트
시설회선(천회선)	22,940	1,760	34
운용회선(천회선)	20,040(87%)	1,410(80%)	28(82%)

2. 통신망 현대화를 위한 차관도입

2.1 1950년대-1960년대의 차관도입

우리나라는 통신망의 현대화 및 선진화를 위한 초기(1950년대-1960년대)에는 주로 미국, 서독, 일본으로 부터 차관을 도입 사용하였다. 이때에는 우리나라의 초기 통신망 현대화를 위해 당시 필수장비였던 EMD, DDD 장비 등 자동식교환기를 위주로 하여 PCM, 마이크로 웨이브, 반송설비 등 주요 전송로시설과 위성지구국 설비를 위한 차관이었다. 1950년-1960년대 차관도입 상황을 종합하면 <표 5-12> 및 <표 5-13>과 같다. 이때 이들 주요통신장비의 도입을 위해 서독, 미국, 일본으로부터의 차관을 이용하였다.

<표 5-12> 미국 차관 도입(연리 단위는 %)

차관선	협정액 (1,000)	협정일	차관조건			사업내용
			연리	거치	상환	
미국 DLF	US $3,491	1959. 4	3.5	2	18	EMD 33,000회선 PCM 56회선
미국 AID	US $8,400	1964. 12	5.75	2	18	MW 1,440회선
미국 EXIM	US $3,680	1968. 7	6	2	8	제1위성지구국
미국 PHILCO	US$ 2,600	1968. 9	6	2	5	제1위성지구국
미국 EXIM	US $2,610	1967. 7	6	2	8	MW 804회선
미국 BOA	US $290	1967. 7	6	2	8	

<표 5-13> 서독 및 일본 차관 도입(연리 단위는 %)

차관선	협정액 (1,000)	협정일	차관조건			사업내용
			연리	거치	상환	
서독 KFW	DM 35,000	1961. 11	3	3.5	16.5	EMD 45,400회선 DDD 288회선 TX 400회선
서독 KFW	DM 19,000	1965. 11	5.75	2.5	13	EMD 75,000회선
일본 ECOP	Y 360,000	1967. 7	5.75	2.5	10	반송 660회선
서독 KFW	DM 18,000	1967. 9	6	0.5	10	EMD 107,300회선 TX 400회선
일본 ECOP	Y 648,000	1968. 10	6	2	8	반송 1,500회선

이중 시내교환기로서 도입한 EMD기종은 서독 Siemens사의 제품으로 그중 우리나라가 도입한 기종은 EMD-M형이었다. 이 기종의 주요구성요소를 당시 독일에서 운용중인 EMD-F형과 비교하면 다음과 같다.

첫째, EMD-M형은 공통제어방식(Common Control)이고 EMD-F형은 직접제어방식(Direct Control)이었다. 공통제어방식이란 가입자의 다이얼 펄스를 일정한 저장장치(DPR)에 저장하였다가 재송출하여 그 펄스로 각 스윗치를 동작시키는 방식을 말한다. 반면 직접제어방식의 경우에는 가입자 전화기에서 스윗치로 다이얼펄스를 직접 송출하여 각 스윗치를 자체적으로 제어한다.

둘째, 랙당 실장 수는 EMD-M형은 100PT 스위치는 30개, 200PT 스위치는 20개이다. EMD-F형의 경우에는 100PT 스위치는 24개, 200PT 스위치는 16개로 되어 있다. 출중계 이용도 면에서는 M형에서는 통화량에 따라 조정이 기능하나 F형의 경우에는 10으로 고정된 방식이었다. 한편 동작전압은 M형은 46-50볼트, F형은 60볼트를 사용하고 있었다.

2.2 1970년대의 차관도입

1970년대에 들어서면서 통신망 현대화에 박차를 가하면서 EMD, DDD 장비 등 자동식교환기와 PCM, 마이크로웨이브, 반송설비 등 주요 전송로시설 그리고 위성지구국 설비를 위하여 우리나라는 일본, 캐나다, 서독, 미국, 영국 등 통신선진국의 차관을 활용하였다. 이때 일본으로 부터는 각종 반송장비를 위한 차관을 도입하였으며, 캐나다로 부터는 마이크로웨이브 전송장비, 서독으로부터는 EMD, DDD 등 자동교환시설, 미국과 영국의 경우는 제2 위성통신지구국 시설을 위한 차관을 도입하였다. 1970년대 전반기 통신장비 도입을 위한 차관 활용 세부내역은 <표 5-14> 및 <표 5-15>와 같다.

1970년대 후반기에 와서는 전국 전화자동화를 위한 농어촌 전화시설의 현대화사업에 일본 IBRD 차관을 이용하였으며 세부내역은 <표 5-16>과 같다. 그리고 1970년대 후반에는 주로 국가기간전송망(MW) 구축을 위해 미국의 EXIM 차관, 미국 UCB 차관 및 영국 LBI 차관을 사용하였으며 세부내용은 <표 5-17>과 같다.

우리나라가 통신망 현대화 기간인 20여년(1950년대 후반-1980년대 초반) 간 미국, 서독, 일본, 캐나다, 영국 등 당시 통신선진국으로부터 통신장비차관을 도입하였다. 이를 통신장비별로 요약하면 다음과 같다.

첫째, 자동식 시내전화교환설비(EMD) 689,145회선에 대하여는 미국 DLF와 서독 KFW 차관을 도입하였다. 그리고 장거리 자동전화교환기(DDD) 3,772회선과 자동전신설비(TX) 2,900회선은 서독 KFW차관을 사용하여 도입하였다.

둘째, 국가기간전송로(MW) 34,380회선 사업의 경우에는 미국 AID, 미국 EXIM, 캐나다

EDC, 미국 FNCB, 미국 UCB, 영국 LBI 등 6개의 차관선을 활용하였다. 또한 각종반송장비 43,611회선 사업은 일본 ECOP 차관을 이용하여 추진하였다.

셋째, 농어촌 전화시설 77,704회선 사업을 위해서는 일본 IBRD 차관을 이용하였다. 한편 제1위성지구국, 제2위성지구국 건설에는 미국 EXIM, 미국 PHILCO, 미국 PEFCO, 미국 BOA 차관선을 활용하여 건설하였다.

넷째, 이 기간동안 우리나라는 정보통신 현대화를 위한 자금으로 미국 81,571US$, 서독 193,320DM, 일본 14,324,960￥, 캐나다 26,644C$의 차관을 이용하였다.

<표 5-14> 서독 차관 도입(연리 단위는 %)

차관선	협정액 (1,000)	협정일	차관조건			사업내용
			연리	거치	상환	
서독 KFW	DM 20,000	1971. 7	5.75	11	12	EMD 78,877회선
서독 KFW	DM 20,400	1971. 7	6	0.5	10	DDD 1,569회선 TX 800회선
서독 KFW	DM 20,000	1973. 3	5.75	4	16	EMD 72,706회선
서독 KFW	DM 20,000	1973. 1	8	5	5	EMD 108,862회선
서독 KFW	DM 9,350	1975. 6	8.25	0.5	6	DDD 1,256회선 TX 900회선
서독 KFW	DM 31,450	1975. 7	8.25	0.5	10	EMD 168,000회선 DDD 659회선 TX 400회선

<표 5-15> 일본, 캐나다, 미국 차관 도입(연리 단위는 %)

차관선	협정액 (1,000)	협정일	차관조건			사업내용
			연리	거치	상환	
일본 ECOP	Y 516,960	1970. 6	5.75	2.5	10	반송 1,260회선
일본 ECOP	Y 6,200,000	1973. 4	5	5	15	반송 20,049회선
캐나다 EDC	C$ 5,794	1971. 1	6	2	10.5	MW 924회선
캐나다 EDC	C$ 5,850	1973. 1	6	2	10	MW 1,164회선
캐나다 EDC	C$ 15,000	1974. 2	6	4	11	MW 3,336회선
미국 EXIM	US$ 1,500	1975. 8	P+0.75	2	7	제2위성지구국
미국 PEFCO	US$ 1,500	1975. 8	L+1.75	2	7	제2위성지구국
미국 BOA	US$ 2,000	1975. 8	9	2	7	제2위성지구국

<표 5-16> 일본 차관의 도입(연리 단위는 %)

차관선	협정액 (1,000)	협정일	차관조건			사업내용
			연리	거치	상환	
일본 ECOP	Y 6,600,000	1976. 11	4.25	5	15	반송 20,142회선
일본 IBRD	US$ 12,300	1978. 3	7.45	4.5	12.5	농어촌전화시설 77,704회선

<표 5-17> 미국 및 영국 차관 도입

차관선	협정액 (1,000)	협정일	차관조건			사업내용
			연리	거치	상환	
미국 EXIM	US$ 12,750	1976. 8	9	4	4.5	MW 3,132회선
미국 FNBC	US$ 2,250	1976. 8	L+2	2	1	
미국 EXIM	US$ 6,750	1978. 3	8.5	5.5	4.5	MW 3,480회선
미국 UCB	US$ 6,000	1978. 3	L+1.785	1.5	4	
미국 UCB	US$ 2,250	1978. 3	L+1.785	1.5	4	
미국 EXIM	US$ 25,500	1980. 7	8.5- L+0.625	3	8	MW 20,100회선
영국 LBI	US$ 4,500	1980. 6	8.5- L+0.625	4	6	

3. 시내전화통화권의 광역화

3.1 가입구역 광역화 추진

1980년대에 들어서면서 우리나라는 농어촌 생활수준이 향상됨으로서 도농간 시내전화 가입구역의 불균형이 발생하기 시작하였다. 그리고 수동교환시설의 한계성이 들어난데다 교통수단의 발달로 국민의 일일생활권이 광역화되고 있었으며 통신시설의 발달로 가입구역 광역화가 용이하게 되었다. 이런 상황에서 체신부는 전국 시내전화통화권을 시(市) 또는 군(郡)단위로 광역화를 추진하였다. 이에 따라 가입전화구역의 광역화를 위해 치국, 번호, 통신망계획 수립의 기본방향을 수립하였다(加入電話廣域化計劃, 1981. 12. 체신부).

이 계획의 주요내용은 가입전화 광역화의 목표연도를 1988년으로 정하여 수동식전화를 완전 자동화하게 하였다. 또한 이 기간에 전국토를 가입구역화하고 읍면단위 시내통화권을 시군단위 광역제로 확장하며 실선전송로를 디지털전송로로 전환하는 것이었다. 체신부는 주민의 생활권, 주거분포상태, 도시계획, 지세, 전송로 및 그 구성의 용이성 등을 기준으로 하여 전국 가입전화의 시내통화권을 152개 구역으로 획정하였으며, 세부내역은 <표 5-18>과 같다(1980. 4. 7). 그 후 1980년대 중반에는 전국 광역자동화지역을 147개로 조정하여 1984년에 29개 지역, 1985년에는 39개 지역, 1986년-1987년에는 79개 지역을 연차적으로 시행 추진하였다(통신망 현대화계획, 1985. 12. 17, 한국통신 계획국 통신망계획부).

<표 5-18> 전국 시내통화권 설정

시도별	구역수	시도별	구역수	시도별	구역수
서울	1	부산	1	대구	1
인천	1	경기	21	강원	17
충남	16	충북	10	경남	21
경북	24	전남	22	전북	13
제주	4			계	152

3.2 도시전화의 광역화 추진

가. 치국기준 및 공급기종

한국통신 계획국 도시계획부(부장 이정욱)에서 정한 도시전화의 치국기준에 의하면 종국용량은 10만회선, 국간거리 5-10Km로 하였다, 그리고 대도시 및 통화량이 많은 주요도시 위주로 공급하고, 1982년까지 공급계획이 확정된 도시에는 공간분할전자교환기(SDM방식)로 공급하고, 시외용은 시분할 교환기(TDM)를 설치하는 것으로 결정하였다. 이때 전국 주요도시별 공급할 전자교환기 기종은 <표 5-19>와 같다.

<표 5-19> 전국 주요도시 공급기종

구분	총괄국(4)	중심국(18)	집중국(130)	계(152)
No.1A 교환기	서울, 대구 광주, 대전	부산, 수원, 청주, 춘천	인천, 안양, 성남	11
M10CN 교환기		마산, 포항, 진주, 구미 전주, 목포, 원주	울산, 여수	9
TDM 교환기		충주, 천안, 강릉, 안동 홍성, 순천, 제주	군산 외 124국	132

또한 공급기종은 M10CN과 No.1A로 하여 서울, 부산, 대구지역에는 혼용하고 증설국은 기설치 기종으로 증설하며 신설국의 경우는 No.1A로 공급하는 것을 원칙으로 하였다. 그리

고 기타도시에는 현재 설치기종으로 신설 및 증설토록 하여 기종단일화를 추진하였다. 이때 치국계획으로는 1981년 말 당시 106국을 운용하고 있었으며, 17국을 신설하고 6국을 폐국하는 계획을 세워 추진하였다(1981. 12). 그 세부내역은 <표 5-20>과 같다.

앞으로의 통신망은 기계식 전화국간 통신망과 전자식 전화국간 통신망으로 구분하여 구성하도록 결정하였다. 기계식 전화국간 회선망에서는 우회기능의 부여가 불가하여 자국지역(Area)통화는 직통회선, 타국 지역통화는 기계식 착신텐덤국을 경유하게 하였다. 그리고 전자식 전화국간 통신망의 경우는 우회기능을 부여하여 자국 지역통화는 직통회선, 타국지역통화는 통화량에 따라 구성토록 하였다. 즉 6어랑 이하는 우회회선, 6어랑-35어랑에서는 직통회선과 약 10%의 우회회선, 35어랑 이상인 경우에는 직통회선으로 구성하게 하였다.

<표 5-20> 전국 자동전화국 신설 및 폐국계획

구분	전화국 명	국수
신설국	가락, 신사, 양재, 서초, 시흥, 화양, 수성, 구포, 대연 수영, 군포, 금오, 반여, 남수원, 북울산, 동여수	16
폐국	중앙분국, 영등포, 인천, 부평, 수원, 원주	6

나. 가입자선로 및 전화국간 전송로

가입자선로는 5Km이상인 경우에는 PCM장비를 공급하였다. 이를 위해 No.1A교환국은 RSS(1,024회선)를 도입하고, M10CN교환국이나 기계식교환국의 경우에는 선로교환장치(128회선)를 공급하였다. 또한 배선케이블의 다대화를 실현하고자 케이블의 페어수를 <표 5-21>과 같이 개선하였다. 그리고 전화국간 전송로에는 대량으로 PCM장비를 설치하는 방침을 세우고 다음과 같이 추진하였다.

<표 5-21> 배선케이블의 다대화

구분	케이블의 종류	현 재	개 선
시내용 케이블	0.4mm	2,400P	3,000P
	0.5mm	1,800P	2,000P
국간중계용 케이블	0.65mm	900P	1,200P
	0.9mm	400P	600P

첫째, 시내국과 시내국 상호간, 디지털과 디지털 상호간, 디지털과 아날로그 상호간, DCT를 사용한 No.1A 전자교환기 상호간은 전량 PCM장비를 공급한다.

둘째, 8Km 이상 아날로그 교환기 상호간은 실선과 PCM을 혼용하고, 1983년 이후에는 5Km까지 확대하고 TIC방식을 도입한다.

셋째, 대용량 국간중계기, 지하공간의 확보가 어려운 구간, 전력유도가 예상되는 지역에는 광통신방식(Fiber Optical)을 1984년부터 도입 시행한다.

다. 대도시 전송로 개선 및 회선망 설계관리의 전산화

서울, 부산, 대구, 광주, 인천 등 대도시의 전송로를 개선하기 위하여 선로집중센터(Wire Center)를 설치 추진하였다. 이를 위해 서울지역은 1982년, 기타지역은 년차별로 시행하였다. 이때 서울시내 선로집중센터(Wire Center) 상호간은 직통회선, 선로집중센터와 각 전화국(단국)간은 성형으로 구성하였다. 그 세부내역은 <표 5-22>와 같다. 또한 1982년 부산시내의 경우에는 부산진, 동래, 중부산 등 3개 중심전화국 간 국간전송로에 MW PCM장치를 설치하였다. 이들 3개 전화국을 중심으로 하여 부산시내 전화국의 국간전송로를 <표 5-23>과 같이 구성하였다.

<표 5-22> 서울시내 선로집중센터 구성

선로집중센터	광화문	전농	영동	당산
수용전화국	신촌 외 8국	청량 외 11국	잠실 외 4국	노량진 외 9국
통신망 구성	성형	성형	성형	성형

<표 5-23> 부산시내 마이크로웨이브 PCM 국간전송로 구성

<table>
<tr><th>MW 집중센터</th><th>부산진</th><th>동래</th><th>중부산</th><td rowspan="3">부산진, 중부산, 동래 간은 MW PCM으로 구성</td></tr>
<tr><td>수용전화국</td><td>사상 외 3국</td><td>구포 외 3국</td><td>초량 외 5국</td></tr>
<tr><td>통신망 구성</td><td>실선성형</td><td>실선성형</td><td>실선성형</td></tr>
</table>

한편 한국전기통신연구소(KETRI)의 컴퓨터(DCT-172/4)를 이용하여 각 전화국간 통화량의 산정, 최적 국간루트의 결정, 구간별 회선수의 산정, 구간별 소요물량 등 통신망을 설계하였다. 그리고 구간별 사용회선 및 유휴회선의 관리, 최적 선로접속루트의 결정, 현 국간중계에 있어 다국 접속의 해소 등 국간회선운용에도 활용하게 하였다. 이를 위해 1981년-1982년에 프로그램을 개발하고, 1983년부터 시행하는 계획을 수립 시행하였다.

라. 대도시의 전자교환기 공급물량 및 공급전략

대도시에는 1982년부터 1988년까지 M10CN 2,460천회선, No.1A 2,410천회선 등 총 4,870천회선의 전자교환기를 공급 추진하였다. 연도별 공급물량은 <표 5-24>와 같다. 당시 체신부는 이와 같이 많은 물량의 전자교환기를 공급함에 있어 국내생산과 국내공사를 확대하는 방안으로 다음과 같이 시행하였다.

첫째, 반제품을 직수입하여 국산자재와 합하여 국내생산을 적극 추진한다. 이를 위해 직수입 물량을 M10CN은 248만회선 중 19만회선, No.1A는 245만회선 중 44만회선으로 한정하였다. 이것은 차관 제공시 합의된 물량으로 직수입은 1984년까지로 제한하였다. 또한 국산화를 제고하고 자체설계기술을 향상시키고자 하였다.

둘째, 국내공사를 확대한다. M10CN은 1982년에 31만회선 전량, 1983년에는 43만회선 전량을 국내시공 추진하였다. No.1A의 경우에는 1982년에 28만회선 중 16만회선(57%), 1983년에는 43만회선 중 35만회선(81%)을 국내시공하며 1984년부터는 전량 국내공사로 시행토록 추진하였다.

셋째, 전자교환기는 기종별로 경제적인 설치용량을 정하여 공급한다. 기종별 적정용량을 M10CN은 2만-3만회선, No.1A는 3만-5만 회선으로 결정하였다.

<표 5-24> 대도시 전자교환기 공급물량(단위 1,000회선)

구분	1982	1983	1984	1985	1986	1987	1988	계
M10CN	290	430	340	320	320	330	380	2,460
No.1A	240	430	340	320	320	380	380	2.410
계	530	860	680	640	640	760	760	4,870

3.3 농어촌전화의 광역화 추진방향

가. 치국기준 및 공급기종

농어촌 지역의 치국기준은 종국용량 1만-3만회선, 국간거리는 2-21.9Km로 정하였다. 그리고 통화권내 집중국에는 시분할 교환기(TDM)를 설치하고, 읍면단위에는 원격교환장치(Remote Unit)를 설치하며, 기계식 자동교환기(EMD)는 재배치하였다. 대상지역은 중심국 7개 지역, 집중국 125개 지역 등 총 132개 지역으로 정하였으며, 여기에 시내 및 시외겸용 시분할 교환기(TDM)를 설치하는 것을 원칙으로 정하였다.

또한 기계식 자동교환기 공급이 시급한 국은 철거물량으로 기계식을 공급토록 하였으며, 읍면단위에는 가급적 치국을 억제하였다. 농어촌 지역은 1981년 말 당시 176개 전화국을 운용하고 있었으며, 계획기간 동안 341개국을 신설함으로써 전화국은 총 516개국으로 늘어나게 되었다. 그 내역을 보면 서천, 곡성, 광양, 구례, 장흥, 고흥, 발안, 청평, 왜관, 정선, 동해(북평), 원양, 제주고산, 장성 등 14개 전화국이 신설되었으며, 그 외 327개국은 통화권내 분국으로 신설되었다.

나. 농어촌지역 공급물량

농어촌지역의 자동화를 위해 시분할 교환기(TDM)를 공급 추진하였으며, 연도별 공급물량은 <표 5-25>와 같이 추진하였다. 여기에서 PL은 Party Line이다. 이때 TDM의 공급단위는 모국에는 독립교환기 6천-2만 회선, 분국에는 종속교환기 1천-6천 회선, 자국에는 1천회선 이하의 원격교환장치를 공급하였다. 농어촌지역 시분할 교환기(TDM)의 국산화계획은 <표 5-26>과 같이 수립 시행하였다.

<표 5-25> 농어촌지역 전자교환기 공급물량

구분	1982	1983	1984	1985	1986	1987	1988	계
TDM	18	124	300	350	400	440	440	1,992
PL	-	12	30	35	40	40	40	197
계	18	136	330	385	440	440	440	2,189

<표 5-26> 시분할교환기(TDM)의 국산화계획

구분	1982	1983	1984	1985	1986	1987	1988	계
직수입	18	124	200	180	100	50	-	672
국내조립	-	-	100	170	300	350	400	1,320
국산화	-	-	20%	40%	60%	75%	100%	

한편 기계식 자동교환기의 철거는 가급적 억제하고 철거하는 경우 재배치 사용을 고려하여 EMD방식보다는 ST방식을 철거하는 원칙을 정하였다. 그래서 철거기준은 전화수요가 누적되어 이의 해소가 불가피한 국사 충만국, 국사설비의 노후로 개축이 필요한 국, 교환시설의 노후로 대체가 불가피한 국, 장기치국계획상 폐국 등으로 결정하였다. 그리고 철거시설은 정비 후 익년도에 재활용하며 철거시설의 70%정도를 재활용하는 원칙을 세웠으며, 철거시설의 재활용기준은 현재 기계식 자동교환기 설치지역으로 국사여유가 있는 국의 증설, 통화권내 모국으로 방식변경이 시급한 지역, 통화권내 자국으로 수요밀집지역(자석식 700회선 이상국) 등으로 정하여 추진하였다.

다. 광역화 세부계획

준 가입구역은 선로시설확장에 의거 점진적으로 가입구역화 하고, 통화권 내 핵심부분부터 우선 시행하였다. 또한 다구역을 동시에 착수하되 전화국간 중계통신망(Junction Cable)에 의거 부분 내지 전 지역을 광역화하게 하였다. 그리고 광역화는 대도시 주변지역, 구역 내 자동전화국이 많아 광역화가 용이한 지역, 관광지, 탄광지, 공단 등 시외통화가 많은 지역, 국가정책상 통신지원이 필요한 지역 등을 우선적으로 시행하였다. 전국 152개 통화권에 대한 연도별 광역화 시행계획은 <표 5-27>과 같이 수립 추진하였다(가입전화광역화계획, 1981. 2, 체신부).

<표 5-27> 연도별 광역화 시행계획(1981. 12)

연도별	1981말	1982	1983	1984	1985	1986	1987
구역수	10	4	5	14	28	39	27

특히 한국통신 계획국 통신망계획부(부장 이정욱)에서는 1988년까지의 장기수요가 2천 미만인 지역, 통합이 경제적인 전화국, 교통, 학교, 상업중심지 등 동일행정권으로 통합이 불가피한 지역, 통화교류 상태 등을 고려하여 전국적으로 1천 여국에 대한 구역통합을 시행하였다. 연도별 구역통합계획은 <표 5-28>과 같다. 이때 우선순위는 자석식으로는 증설이 불가능한 국, 통합 후 급지가 상승되는 국, 관광지, 탄광지, 공단 등 특정지역의 국으로 정하였다. 그리고 10호 이상의 자연마을에 대한 가입구역화는 1984년에 5,429개 마을, 1985년에 6,991개 마을, 1986년-1987년에는 12,291개 마을 등 총 24,711개 마을을 추진하였다(통신망현대화계획, 1985. 12. 17, 한국통신 계획국 통신망계획부).

통화권 구역 통합방침으로는 통화권 모국이 시분할 교환기를 설치한 후 원격교환장치로 통합하며, 통화권 모국이 공간분할 전자교환기(SDM)인 경우에는 선로교환장치(L/C)로 통합하였다. 이때 선로교환장치는 통신지원구역의 가입자분포 및 수전시설의 인입을 고려하여 가입자배선에 경제성이 있도록 옥외에 분산설치토록 하였다.

<표 5-28> 농어촌지역 연도별 구역통합계획

연도별	1982	1983	1984	1985	1986	1987	1988	계
통합국수	41	106	274	258	205	84	32	1,000

<표 5-29> 전국 자동화 대상지역(1981. 12)

시도별	자동국	수동식국			합계
		공전식국	자석식국	소계	
서울	35				35
부산	15				15
대구	11				11
인천	7				7
경기	34		137	137	171
강원	27	1	100	101	128
충남	26	4	164	168	194
충북	12		94	94	106
경남	34		200	200	234
경북	34	2	223	225	259
전남	24	7	229	236	260
전북	18		149	149	167
제주	9		19	19	28
계	286	14	1,315	1,329	1,615

한편 수동식전화의 자동화 우선순위는 공전식 전화국, 군단위 수동식 전화국, 장거리 자동화 대상국, 일정규모이상의 자석식 전화국(600회선 이상), 수요 1천회선 이상국으로 교환기가 노후되어 개체를 요하는 전화국, 기타 자동화가 필요한 전화국 등으로 정하였다. 당시 시도별 자동화 대상지역은 <표 5-29>와 같이 확인되었다(가입전화광역화계획, 1981. 2, 체신부). 또한 통화권 광역화를 위해 광역제 시내통화권내의 모·자국 상호간의 복국화를 추진하였다. 이를 위하여 통화권내 기존 자동전화국 상호간, 모국에 시외교환시설이 설치 운용되어 복국화가 용이한 지역을 우선적으로 복국화하였다. 뿐만 아니라 관광지, 탄광지, 공단 등 시외통화량이 많은 지역도 타 지역에 우선하여 추진하였다.

3.4 치국계획 및 번호계획

가. 전국 광역자동화에 따른 전화국 치국

전국전화의 광역화를 위한 치국의 기본방침은 전화국 수는 최소화하고 전화국 용량은 대용량화하는 것으로 정하였다. 이에 따라 영업국은 수 개의 전화국을 통합하여 관할하되 국수를 최소화하며, 요금국은 시설 및 행정구역을 고려하여 전국에 3-4개 두는 것으로 하였다. 그리고 군단위의 경우 통화권 내에 1개의 유인교환국을 모국으로 정하고, 읍면단위로 유인 또는 무인교환국의 자국을 운영하게 하였다. 이때 연도별 치국계획은 <표 5-30>과 같고, 시도별 치국계획은 <표 5-31>과 같이 수립 추진하였다(가입전화광역화계획, 1981. 2, 체신부).

<표 5-30> 전국 광역자동화를 위한 연도별 치국계획

연도별	1981말	1982	1983	1984	1985	1986	1987	1988	계
국수	286	18	29	48	60	81	63	54	639

<표 5-31> 시도별 전화국 치국계획(1988년말)

시도별	도시 지역	농어촌 지역	총국수	시도별	도시 지역	농어촌 지역	총국수
서울	41	-	41	충북	2	28	30
부산	18	-	18	경남	11	72	83
대구	12	-	12	경북	4	66	70
인천	8	-	8	전남	10	113	123
경기	8	74	82	전북	2	47	49
강원	2	40	42	제주	-	17	17
충남	5	59	64	계	123	516	639

이때 치국기준으로 신설 전화국의 대지면적과 건물기준을 정하였다. 종국용량 5천-1만 회선 규모의 전화국은 대지면적 300-500평 내외, 1만-3만회선의 경우에는 대지면적을 800-1,000평으로 정하였다. 또한 종국용량 1만-3만회선 규모의 모국은 철근콘크리트구조로 3층의 대용량국사기준을 적용하고, 5천-1만회선의 자국의 경우에는 조립식 건물을 짓는 것으로 방침을 정하였다.

나. 전국광역자동화 번호계획

전국 광역화를 위한 번호방식은 기본적으로 시외식별번호+지역번호+국번호+가입자번호로 구성되는 개방식(Uniform Numbering)을 채택하였다. 번호계위는 시내통화에는 국번+가입자번호를 이용하고, 시외통화의 경우에는 시외식별 접두번호(0)+지역번호를 사용하게 하였다(가입전화광역화계획, 1981. 2, 체신부). 그리고 번호의 디지트 수는 지역번호 2자리수, 국번호 3자리 수, 가입자번호 4자리 수 등 총 9자리 수로 운용토록 하였다. 또한 특수번호는 3자리 수(1xx)로 정하였으며, 특수서비스의 식별번호는 # 와 *를 사용하게 하였다. 이와 같은 번호체계구성을 정리하여 보면 <표 5-32>와 같으며 여기에서 N은 2-9의 숫자이고, x는 0-9의 숫자를 사용하였다.

<표 5-32> 전국 전화광역화를 위한 전화번호체계

구분	국제 접두번호	국제 지역번호	시외 식별번호	지역 번호	전화국 번호	가입자 번호
국제전화(발신)						
국제전화(착신)	00	82		Nx	Nxx	xxxx
시외전화			0	Nx	Nxx	xxxx
시내전화					Nxx	xxxx
특수번호	1xx					

당시 이러한 새로운 번호체계로의 전환은 1982년부터 1988년까지 시행하게 하였다. 다만 전자교환시설 설치 전화국은 바로 신 번호체제를 사용하고 기존 기계식 자동교환시설국은 점진적으로 신 번호체제로 전환토록 하였다. 한편 당시 152개 통화권의 전화시설상황을 정리하면 <표 5-33>과 같다.

<표 5-33> 152개 통화권의 전화시설상황(1981. 12)

방식별	자동식	공전식	자석식	계
전화국 수	284	14	1,329	1,627
시설수(회선)	3,529,100	24,200	43,980	3,597,280

앞으로 우리나라 통신망의 골격은 전국에 4개의 총괄국, 18개의 중심국, 130개의 집중국을 구축하여 전국을 152개 통화권으로 광역화하고, 네트워크의 디지털화를 완성하는 것으로 틀이 짜여졌다. 이를 위해 총괄국에는 No.4 전자교환기, 중심국에는 중용량 시분할 교환기(TDM) 또는 공간분할교환기(SDM), 집중국에는 농어촌 시분할 교환기(TDM) 또는 기계식 자동교환기를 공급 추진하였다.

4. 전국 전 지역의 전화자동화 완성

4.1 농어촌전화의 완전자동화 실현

가. 1,149개 수동식전화국을 자동화 완성

1980년대에 들어서면서 정부의 경제사회개발 5개년계획의 중요부문으로 한국통신에서는 농어촌지역 수동식전화를 자동화하는 계획을 수립 추진하였다. 5차 5개년계획기간(1982년-1986년)에 우리나라 중소도시와 농어촌지역의 1,149개의 수동식전화국을 인근의 자동식전화국으로 통합하거나 자동식으로 방식 변경하여 자동화하였다. 연도별 자동화 계획은 <표 5-34>와 같고, 이표에서 ( )내는 수동식 전화국 수를 말한다.

<표 5-34> 5차 5개년계획 기간의 수동식전화의 자동화(단위 회선)

구분	1982	1983	1984	1985	1986	합계
도시국으로 통합	1,500 (4)	3,360 (10)	17,910 (52)	9,900 (34)	4,780 (18)	37,450 (118)
방식변경및 통합	21,800 (44)	43,320 (96)	104,460 (270)	84,680 (273)	97,420 (348)	351,680 (1,031)
합계	23,300 (48)	46,680 (106)	122,370 (322)	94,580 (307)	102,200 (366)	389,130 (1,149)

정부의 5차 5개년계획이 중반기에 들어서면서 한국통신은 전국광역자동화를 조기 완성하는 쪽으로 힘을 모아가고 있었다. 전국광역자동화의 완성목표는 당초 1988년으로 정해져 있었으나 이를 1986년까지 조기 완성하는 쪽으로 앞당겨 졌다. 이를 위해 도시주변 수동국은 전자교환기를 공급하여 도시통화권으로 자동화하고, 읍면단위 가입구역을 군단위로 광역화하기 시작하였다. 그래서 도·농간의 통신서비스의 격차를 해소하며 국토의 균형적 발전을 유도하였다. 1983년 말 우리나라는 도시통화권 46개, 농어촌통화권 106개 등 총 152개 통화권을 운용하였다. 그리고 총 1,087개의 수동식전화국 전부를 1986년까지 자동화하는 계획을 세워 추진하였다(전기통신주요사업계획, 1984, 한국전기통신공사).

나. 농어촌지역에 최첨단 전자교환기 공급

한국통신은 전국적으로 시내전화를 1982년부터 1986년까지 총 628만 회선을 대량 공급하였다. 이때 도시지역에는 주로 공간분할 전자교환기(SDM)를, 농어촌지역에는 시분할교환기(TDM)를 공급하였다. 이러한 목표를 달성하기 위해 「농어촌지역 치국 및 통신망계획」을 수립하였다(통신116-287, 1985. 6. 11). 이때 투자예산은 총 54,131억원으로 편성되었으며 연도별 집행예산은 <표 5-35>와 같이 수립되었다(통신망현대화계획, 1985. 12. 17, 한국통신 계획국 통신망계획부). 이상 2개 계획의 주관부서 및 결재자는 제5장 말미의 참고자료 편에 기록되어 있다.

<표 5-35> 5차5개년계획의 통신사업예산규모(단위 억원)

구분	1982년	1983년	1984년	1985년	1986년	총계
투자비	10,338	10,150	10,342	12,201	11,100	54,131

이 계획에 의해 농어촌지역에는 AXE-10이나 TDX와 같은 시분할 전자교환기 739천 회선을 공급하였다. 또한 농어촌지역의 수요가 2,000이상인 지역까지 전전자교환기를 전면 공급하여 계획된 100개 통화권을 완전 자동화함으로서 당초계획보다 1년 앞당겨진 1987년에 농어촌전화 광역화를 완성할 수 있었다. 한편 10호이상의 전국의 자연마을에 대한 가입구역화도 추진하여 1984년에 5,429개 마을, 1985년에 6,691개 마을, 1986년-1987년에 12.291개 마을 등 총 24,711개 마을을 시행하였다.

이와 같이 도시지역과 농어촌지역의 전화가 완전자동화 되자 정부와 한국통신은 1987년 7월 1일 세종문화회관에서 전두환대통령 참석 하에 「전국 전화자동화 및 1000만 회선 개통기념식」을 개최하였다. 이 기념식에서 한국전기통신공사 사장(이우재)은 국민훈장 모란장을 수상하였다. 그리고 영업본부장(조병일) 국민훈장 동백장, 장거리통신본부장(노을환) 국민훈장 석류장, 전남지사장(이민강) 국민훈장 석류장, 관리급 임원(이정욱) 국민포장, 계획국 시설계획부장(김영도) 국민포장, 농어촌계획부장(김덕식) 국민포장을 각각 수상하였다.

> <포 장 증> 한국전기통신공사 1급 이정욱
> 귀하는 우리나라 전기통신분야 발전에 이바지 한 바 크므로 대한민국 헌법의 규정에 의하여 다음 포장을 수여함. 국민포장 1987년 7월 1일 대통령 전 두 환

또한 체신부 차관(오명)은 황조근정훈장, 통신업무과장(이인표) 녹조근정훈장을 수상하였으며, 한국전기통신공사협회 회장(이창)은 국민훈장 목련장을 수상하였다. 이때 한국전기통신공사 관리급임원(이정욱)의 수상은 우리나라 통신망의 현대화와 대량 확장이라는 대변화의 기간인 5차 5개년계획 동안 체신부 계획3과장, 한국통신 도시계획부장과 통신망계획부장의 직책을 맡아 이 사업을 성공적으로 수행하였다는 점이 평가되었다. 당시 국방대학원에 교육파견 중이었다.

4.2 전국 전화자동화 완성이후의 후속조치

가. 행정구역과 통화권 상이지역

한국통신은 1987년 우리나라 전국전화의 자동화 완성이라는 역사적인 이정표를 세웠다. 한국통신은 1982년부터 1990년까지 통화권과 행정구역이 일치하지 않은 58개 지역을 당해 행정구역으로 환원 조정하였다. 그러나 1990년대 초 일부지역에서 자동화 당시 설정하였던 통화권과 행정구역이 일치하지 않아 해당 지역민들의 불편함이 나타났다. 당시 전국적으로 행정구역과 통화권 상이한 곳으로는 대도시 주변의 고양 일부지역 등 14개 지역과 다른 도(道)로 편입된 음성 일부지역 등 11개 지역이 있었다. 그 세부내역은 <표 5-36> 및 <표 5-37>과 같다(1993. 10).

<표 5-36> 행정구역과 통화권 상이지역(대도시 주변지역)

구분	해당지역	구역수
10,000가입자 이상	고양 동산외 12개 동	1
1,000가입자 이상	하남 강일외 5개동, 논산 두마, 경산 남천 압량	3
500가입자 이상	부천 옥길 역곡, 시흥 과림	2
100가입자 이상	구리 아천, 안양 석수, 성남 창곡, 청원 현도, 공주 반포, 나주 산포, 칠곡 지천, 양산 철마	8

<표 5-37> 행정구역과 통화권 상이지역(타도 편입지역)

구분	해당지역	구역수
1,000가입자 이상	음성 감곡, 창원 강외	2
100가입자 미만	옹진 목덕, 평택 노성, 춘천 남이, 제천 송학 금산 부리, 연기 동면, 영광 대마, 문경 가은, 영월 후탄	9

나. 행정구역과 통화권 상이지역(인접시군 편입지역)

또한 행정구역과 통화권이 서로 틀리는 인접시군 편입지역도 전국적으로 여전히 여러 지역이 남아있음이 확인되었다(1993. 10). 그 세부내역은 <표 5-38>과 같다. 한국통신에서는 이러한 통화권에 대해 주민여론조사를 시행하였다. 즉 동일 행정구역대로 통화권 변경을 희망하는 지역, 현 통화권대로 행정구역 변경을 희망하는 지역으로 나누어 조사하였다.

이때 수원, 광주, 구미, 이천 등 8개 지역에 대하여 조사한 결과 성남, 칠곡, 음성의 해당지역 주민은 통화권 조정을 희망하였고, 나주, 완도, 영광, 아산, 홍천의 해당지역 주민은 통화권에 맞게 행정구역의 변경을 희망하고 있었다. 이 조사결과에 대한 세부내역은 <표 5-39>와 같다(1993. 8. 30).

이러한 결과에 따라 동일 행정구역대로 통화권 변경을 희망하는 지역의 경우 주민여론이 80%이상인 지역은 당해 지방의회나 행정기관에서 의결사항으로 결정하여 공식 요청 시 이를 조정하기로 정하였다. 한편 한국통신에서 설정한 현 통화권대로 행정구역 변경을 희망하는 지역의 경우에는 한국통신 당해 사업본부에서 관할 행정기관에 건의 조치하기로 결정하였다. 이러한 통화권 조정방침에 따라 시행하였다.

<표 5-38> 행정구역과 통화권 상이지역

구분	해당지역	구역수
10,000가입자 이상	용인 기흥 구성 수지, 화성 태안 매송, 시흥, 군자 수암	3
5,000가입자 이상	삼척 도계 하장, 정선 신동, 무안 일로 삼향	3
1,000가입자 이상	화성 반월, 광주 오포 중부, 안성 원곡 공덕, 명주 오계, 보령 천북, 익산 왕궁, 고성 하이	7
500가입자 이상	남양주 별내, 평택 진위, 진천 초평, 연기 전의, 완도 금당, 울산 삼남	6
100가입자 이상	여주 홍천, 옥천 청성, 음성 대소, 정읍 감곡, 승주 황전, 해남 금호, 선산 옥성, 거제 둔덕, 공주 장기	9
100가입자 미만	성남 구미, 용인 원삼, 영월 중동, 화천 수하, 홍천 북방, 단양 매포, 보은 회남, 제천 청풍, 청원 문의, 중원 산척, 부여 세도, 아산 음봉, 옥구 임피, 김제 용지, 임실 운악, 완주 삼계, 구례 논곡, 승주 해룡, 영암 삼호, 완도 군의, 진도 조도, 문경 농암, 밀양 성덕, 통영 사량, 함양 휴천, 부산 대저, 울산 서생	27

<표 5-39> 통화권 조정 및 행정구역 변경 조사결과

통화권	대상지역	가입자	통화권 조정	행정구역 변경
수원	성남시 구미동 일부	1	1	
광주	나주군 산포면 덕례리	264		152
고흥	완도군 금당면	633		468
고창	영광군 대마면 홍교리(시등부락)	7		7
구미	칠곡군 가산면 심곡리	57	52	
천안	아산군 음봉면 의식리	90		90
춘천	홍천군 북방면 역전평리, 본궁리	80		59
경기 이천	음성군 감곡면 일원	3,268	628	
계		4,400	681	776

참고자료

(1) 농어촌지역 치국 및 통신망계획(1985. 6. 11)

1985년 한국통신은 전국 농어촌지역에 최신형 전자교환기(시분할 방식)를 공급하여 1986년까지 완전자동화 추진계획을 수립 추진하였다(농어촌지역 치국 및 통신망계획, 통신116-287, 1985. 6. 11, 한국통신 계획국). 이 계획의 주요내용은 농어촌지역에는 AXE-10기종이나 TDX기종의 시분할 전자교환기 73만9천 회선을 공급하여 1986년까지 자동화를 조기 완성하는 것이었다. 이 계획은 한국통신 계획국이 주관하여 통신망계획부장(이정욱), 계획국장(이응효), 부사장(배동조), 사장(이우재)이 결재하여 확정되었다.

(2) 통신망현대화계획(1985. 12. 17)

한국통신은 우리나라 농어촌지역의 전화 자동화 및 현대화를 본격적으로 시행하는 계획을 수립 추진하였다(통신망현대화계획, 1985. 12. 17, 한국통신). 이 계획의 주요내용은 ① 농어촌지역의 수요가 2,000이상인 지역까지 전전자교환기를 전면 공급하여 100개 통화권을 완전 자동화한다. ② 10호이상의 전국의 총 24,711개 자연마을에도 1984년-1987년에 자동전화 공급을 완료한다는 것이었다. 이 계획은 한국통신 계획국이 주관하여 통신망계획부장(이정욱), 계획국장(이응효), 부사장(배동조), 사장(이우재)이 결재하여 확정 시행되었다.

제6장

케이블 TV를 위한 전송망 건설

1. 정보통신과 케이블TV

1.1 케이블TV의 급속한 확산

가. 한국통신의 케이블TV사업 참여

1980년대 초반까지 우리나라의 전기통신서비스는 전신과 전화가 주종을 이루어 오고 있었다. 그러나 사회구조가 농업사회에서 산업사회와 정보사회로 변천되고 이용자의 통신서비스 욕구도 다양화됨에 따라 정보통신의 필요성이 크게 늘어나고 있었다. 이에 한국통신은 데이터통신 및 영상통신이 중심이 되는 정보통신시대에 대비하여 정보통신계획을 수립 시행하였다(정보통신 기본계획, 1984. 10. 4, 한국통신). 이 계획의 주관부서 및 결재자는 제6장 말미의 참고자료 편에 기록되어 있다.

이 계획의 주요내용은 한국통신은 케이블TV 사업에 참여하며, 케이블 TV를 통해 전화가입자에게 교육, 오락 등 다양한 프로그램을 전송하고 이용자는 원하는 프로그램을 선택 시청할 수 있게 한다는 것이었다. 이를 위해 일반가정까지 동축케이블 또는 광케이블을 확대 공급하는 계획을 다음과 같이 추진하였다.

(1) 하나의 케이블에 다양한 프로그램을 전송하고, 도시의 국제화에 따라 외국인도 즐길 수 있는 외국어 프로그램을 전송토록 한다. 이용자는 시청한 시간에 따라 요금을 부담하는 TV(Pay TV) 서비스를 제공하고 기술의 발달에 따라 쌍방향 정보전달 및 검색이 가능하게 추진한다.

(2) 이 서비스를 위한 추진체로는 문공부(방송정책)과 체신부(통신정책) 간 협의를 거쳐 추진토록 하고, 프로그램은 방송사업자가 제공하고, 케이블TV전송로는 통신공사가 담당한다.

(3) 이 서비스를 위해 기술검토 및 기본구상은 1985년 1/4분기에 시행하고, 세부추진계획

은 1985년 2/4분기에 추진하며, 전담회사는 1986년에 설립한다. 그리고 서울지역의 시설 및 서비스는 1987년, 지방 주요도시는 1988년에 개시한다.

이후 1986년 정부는 유선방송의 합리적인 관리를 통하여 유선방송의 건전한 발전과 이용의 효율화를 기하고 공공복리를 증진하고자 유선방송관리법을 추진하였다. 이 법안은 국무회의 의결(1986. 3. 21), 정기국회통과로 제정되었다(1986. 12. 18). 이어서 1987년 7월 1일부터 유선방송관리법이 시행되었다.

나. 우리나라 유선방송사업 실태

1980년대 중반 우리나라 유선방송국은 총 859개 시설이 운용되고 있었고 가입자는 75만6천 명이었다. 당시 TV보유대수가 820만대이었으므로 유선방송은 이의 약 9%를 차지하였다(1986. 6). 이때 유선방송사업을 내용별로 구분하면 <표 6-1>과 같다. 한편 유선방송시설 관련제품의 생산실태를 보면 먼저 동축용 케이블TV관련제품으로 선로중계증폭기는 삼창전자에서 생산하고 있었다.

그 외 분기기는 대성전자, 분배기는 이행전기, 변복조기는 한국미디어에서 생산하고 있었으며, 컨버터는 생산업체가 확인되지 않았다. 그리고 광 화상전송장치 중 OVID는 삼성반도체통신, DTLS는 금성전기, DVOS는 대우통신에서 생산하였다. 한편 광케이블은 금성통신, 삼성반체통신, 대한전선이 생산하고, 케이블TV용 동축케이블은 대우통신, 동광전선에서 생산하고 있었다(유선방송사업을 위한 통신설비 기본계획, 1987. 2. 3, 한국통신).

<표 6-1> 우리나라 유선방송사업 상황(1986. 6)

구분	허가업체	무허가업체	계
시설수	399	460	859
가입자수	532,000	224,000	756,000

다. 유선방송사업의 발전방향 설정

1980년대 후반 한국통신은 우리나라의 유선방송사업에 참여하고 이를 위한 발전방향을 단계별로 정하였다(유선방송사업을 위한 통신설비 기본계획, 1987. 2. 3, 한국통신). 이 계획의 주관부서 및 결재자는 제6장 말미의 참고자료 편에 기록되어 있다. 이 계획의 주요내용은 다음과 같다.

① 제1단계는 무선방송의 난시청해소를 위해 재송신 위주의 유선방송을 시행한다.

② 제2단계에서는 자주방송을 시행한다. 이때 무선방송의 재송신과 자체 제작프로그램을 동시에 전송하는 다채널 유선방송을 실시한다.

③ 제3단계에 가서는 쌍방향 유선방송을 제공하며, 가입자로부터 유선방송국으로 정보전송이 가능하며 프로그램의 선택이 가능하다.

④ 제4단계에 가서는 유선방송의 종합서비스를 제공한다. 이때에는 데이터검색, 컴퓨터 통신, 방범, 화재탐지, 상품주문, 은행거래 등 종합정보통신 서비스를 제공한다.

당시 제정된 유선방송관리법에 의하면 유선방송사업의 종류는 중계유선방송, 음악유선 방송, 자가유선방송으로 구분하고 있다. 중계유선 방송사업은 전파관리법에 의하여 허가된 방송(정부 또는 정부투자기관이 5%이상 출자한 방송국)을 수신하여 중계 송신하는 사업을 말하고, 음악유선 방송사업은 음반에 관한 법률에 의하여 판매, 배포되는 음반의 음악을 송신하는 사업을 말한다.

그리고 자가유선 방송사업은 일정한 건물 내에서 당해시설의 이용자에게 음반 또는 자체 제작한 프로그램(영상 및 음악)을 송신하는 경우이다. 당시 현행 유선방송사업자는 새로 제정되는 기술기준에 의해 1987년 말까지 재허가를 받아야 하였다. 한편 정부는 본 유선방송 사업을 위한 부처별 담당업무는 다음과 같이 정하였다(유선방송사업을 위한 통신설비 기본 계획, 1987. 2. 3, 한국통신).

① 문화공보부는 사업의 허가, 임시허가, 재허가, 변경허가, 지위승계, 휴업, 폐업, 허가취소 등 허가에 관한 업무(법 제3조, 7조, 11조, 12조, 21조, 22조)를 담당한다. 또한 유선방송 이용약관의 승인(법 제13조), 유선방송 내용에 관한 검사(법 제19조), 허가 및 준공검사 등 각종 수수료의 결정(법 제25조)에 관한 업무도 담당한다.

② 체신부는 유선방송시설의 설치 및 유지에 관한 기술기준의 제정(법 제6조), 유선방송 시설에 대한 기술기준의 적합성 여부검사(법 제6조)업무를 담당한다. 이때 시설의 보수, 개수, 이전, 사용정지를 명할 수 있다.

③ 한국전기통신공사는 통신설비의 제공(법 제20조), 준공검사의 위탁시행(법 제26조)에 관한 업무를 담당한다.

그 후 1990년대 중반 케이블TV 사업자는 프로그램공급자(PP: Program Provider), 종합유선방송국(SO: System Operator), 전송망사업자(NO: Network Operater)로 구분하여 케이블 TV 사업을 추진하기 시작하였다. 당시 프로그램사업자와 방송국사업자의 허가기관은 공보처이고, 전송망사업자는 정보통신부에서 허가하였다.

1.2 한국통신의 유선방송사업 방향

1980년대 후반 유선방송관리법이 시행됨에 따라 한국통신 계획국에서는 유선방송사업을 수행하기 위한 관련 통신설비 기본계획을 수립 시행하였다(유선방송사업을 위한 통신설비 기본계획, 1987. 2. 3, 한국통신). 이 계획의 주관부서 및 결재자는 제6장 말미의 참고자료 편에 기록되어 있다. 이 계획의 주요내용은 우선 무선방송의 난시청 해소를 위해 재송신 위주로 유선방송을 시행하고 다음 단계에서 자주방송을 하는 것이었다. 세부 내용은 다음과 같다.

가. 기본방향

첫째, 경제성과 기술발전을 감안하여 통신망을 건설한다. 유선방송용 통신망은 향후 종합정보통신망으로의 발전성을 감안하여 건설하고 초기단계에는 일방향 방송서비스 위주의 통신망을 건설하되 향후 쌍방향 서비스로의 전환이 가능한 시설로 추진한다. 해드엔드-지역센터 간의 주간선 전송설비는 광케이블 또는 마이크로웨이브를 사용하고 가입자 분배망은 동축케이블을 사용하되 향후 경제성 및 기술성이 확립되면 광케이블 방식으로 전환한다.

둘째, 양질의 방송서비스를 제공하고 관련 산업을 육성하기 위해 기술발전수준에 적합한 기술기준을 정립하여 양질의 유선방송서비스를 제공한다. 또한 기술기준에 적합한 물품규격을 제정하여 관련제품의 품질을 향상시켜 대외수출이 가능토록 관련 산업을 육성한다.

셋째, 본 사업의 효율적 추진을 위해 주요사업별로 주관담당부서를 다음과 같이 정하여 시행한다.

① 체신부 기술국에서는 기술기준을 제정한다. 유선방송시설의 설치와 유지에 관한 기술기준을 제정하고, 쌍방향 서비스에 대비한 주파수대역을 설정하며 채널별로 주파수를 할당한다.

② 한국통신 운용국은 준공검사요령을 제정한다. 유선방송시설이 기술기준에 적합한지 여부를 검사하기 위한 요령을 제정하고, 준공검사의 위탁시행을 위한 업무처리지침을 작성 시달한다. 영업국은 설비제공에 따른 요금 정산, 설비대여에 따른 영업활동지침 작성, 수요조사 및 판매계획의 수립 등 영업계획을 수립한다. 기술국에서는 물품규격 및 각종 기준을 제정하고 유선방송용 동축케이블, 선로중계기, 분기기, 탭오프, 변조기, 복조기 등의 규격을 제정한다. 또한 표준품셈, 설계기준, 공법 등을 제정한다. 그리고 계획국에서는 통신설비의 공급과 유지보수의 책임한계를 설정하고, 설비공급계획을 수립한다.

이후 1987년 7월 1일자로 유선방송관리법이 발효됨에 따라 한국통신은 이 사업을 위한 기술기준은 1987년 2/4분기 말까지 제정하고, 준공검사요령 및 업무지침은 1987년 2/4분기 내에 끝내는 것으로 추진하였다. 이에 따라 1987년 3/4분기부터는 준공검사가 시행될 수 있도록 조치하고, 또한 요금제도, 수요조사, 판매계획 등의 영업계획과 물품규격 제정, 설비계획 수립, 운용대책 수립 등도 1987년 2/4분기 말까지 완료하도록 추진하였다.

나. 종합유선방송사업의 수행구조

우리나라 종합유선방송 사업은 프로그램공급자(PP), 방송국운영자(SO), 전송망사업자(NO) 등으로 구분되어 수행하는 구조였으며, 이들의 담당업무는 다음과 같이 정하고 있었다(CATV 전송망 구축방침, 1996, 한국통신).

① 프로그램공급자(PP)는 프로그램의 제작, 공급, 광고 등을 담당하고 이 사업자는 공보처에서 선정 허가하며 사업자수는 전국에 다수가 있다.

② 방송국운영자(SO)는 유선방송구역 내 유선방송국을 독점운영하고, 방송송출, 지역채널 운영, 마케팅, 가입자 관리 등의 업무를 담당한다. 이 사업자는 공보처에서 선정 허가하고 사업자수는 1지역 1인으로 한다.

③ 전송망사업자(NO)는 프로그램공급자와 방송국운영자 간, 방송국운영자에서 가입자까지 전송시설을 운영 관리한다. 이 사업자는 정보통신부에서 지정하고 사업자수는 2인 이상으로 한다.

1.3 초기 케이블TV사업의 추진상황

가. 사업자 허가 및 사업준비

1993년 정부는 케이블TV 사업을 위한 프로그램공급자 20개사를 허가하였다(1993. 8. 31). 이어서 전송망사업자 6개사를 지정하였다(1993. 12. 30). 그러나 당시 한국통신과 한국전력 만 지정서를 교부하였고, 데이콤은 참여가 불확실하였으며, 금성통신, 금양통신 등은 사업포기가 확실시 되었다. 다음해에는 방송국운영자 51개사도 허가되었다(1994. 1. 14). 당초 54개 구역에 허가 예정이었으나 부산 1개 구역, 대구 2개 구역이 신청하지 않았다. 그리고 수원 권선구는 국산장비 시범국으로 지정되었다(CATV전송망 사업구역 확보대책, 1994. 3. 21, 한국통신 기업통신지원단).

한편 케이블TV 선진국인 영국은 1991년 3월, 미국은 1992년 8월에 전화사업을 허용하는 등 케이블TV사업자에게 전화사업을 허용하는 추세로 가고 있었다. 국내에서도 1997년경에는 허용될 전망인데 이와 관련된 국내 상황은 다음과 같다(CATV사업현황 및 추진전략, 1996. 7. 10, 한국통신 전략영업본부).

① 정부는 1996년 하반기에 지역초고속망사업자를 허가할 계획으로 있다. 이들에게 T1급 이상 정보통신서비스 사업권을 부여하고 케이블TV전송망 사업권을 부여하는 혜택을 주려하고 있다. 이는 초고속정보통신망의 조기구축을 위한 케이블TV사업자에 대한 유인책으로 보인다.

② 1996년 하반기에는 통합방송법이 재추진될 전망이다. 주요내용에는 3분할 사업자간 상호 겸영을 허용하고, MSO를 허용하며 대기업과 언론사 참여도 허용하는 것으로 되어있다. 이렇게 되면 매수합병에 의하여 거대 사업자가 출현할 수 있다.

③ 프로그램공급자(PP)의 경우 유료수신자 확보부진으로 수익성이 저조한 실정이다. 1995년도 프로그램공급자 당 평균적자폭이 70억원이 이르고 있는데다가 지역민방에 이어 위성방송 출현으로 위기감이 고조되고 있다. 이렇게 되자 일부 프로그램공급자는 중계유선방송사업자에 프로그램을 공급할 움직임이 확인되고 있다. 당시 전국 유선방송시청자는 650만에 이르고 있어 시청자확보를 통한 광고수입을 기대하고 있다. 한편 YTN의 경우 위성

분배망을 이용하여 DTH(Direct to Home)수신자를 확보할 의중도 보이고 있다.

④ 방송사업자(SO)는 운용비용이 적어 조만간 손익분기점을 돌파할 것으로 예상된다. 1995년도 사업자 당 평균적자폭은 10억 원 정도였다. 그러나 사업자 당 평균 가구수가 10만 정도로 사업구역이 협소하고 자본이 영세하여 적극적으로 사업을 추진할 의지가 부족한 상황이다. 더구나 정부의 MSO 허용에 대비하여 현대, 삼성, 대우 등 대기업에서 이들을 매수하고 있다. 한편 활동적인 방송사업자(SO)는 인근지역의 MSO를 확보하고자 노력하고 있다. 예를 들면 구로는 광명, 강남은 성남, 서초는 과천을 확보 추진하고 있다.

⑤ 전송망사업자(NO)의 경우는 사업영역확보를 위해 출혈경쟁이 불가피하고, 전송망요금이 월 가입자당 요금 2,250원으로 너무 낮아 수익성을 확보하기가 어렵다. 더구나 전송망 시설의 유지보수를 위탁하다보니 수입보다 지출이 더 많은 상태이다. 또한 프로그램 분배망도 파격적 요금에다 예비회선까지 제공하고 있는 관계로 실속이 전혀없다. 그러나 한국전력의 경우 케이블TV사업을 이용하여 회선임대사업(지분 9%), 국제전화사업(지분 4.7%)에 참여하는 등 성공적으로 통신사업에 진출하였다.

⑥ 무선 케이블TV 방식의 출현으로 유선방식과의 경쟁이 불가피한 입장이다. 특히 농어촌, 도서지역에서는 무선방식을 사용하는 것이 경제적이어서 무선방식의 경쟁력이 월등하다. 또한 케이블TV와 위성 간의 경합도 치열하게 될 전망이다. 특히 디지털 위성방송기술이 출현하여 100채널 이상 제공이 가능해지고, 홍콩 STAR TV나 일본 퍼팩 TV처럼 통신용중계기를 이용한 DTH 서비스가 활성화되고 있다. 또한 방송, VoD, 초고속 멀티미디어 서비스 등을 하나의 네트워크로 제공하는 FSN으로 기술이 전환되고 있다. 한국통신도 디지털 케이블TV의 기술개발 및 실용화를 추진하고 있다.

나. 한국통신의 개선방향

한국통신은 향후 케이블TV사업을 효율적으로 전개해 나가기 위해 현재의 문제점을 분석하였다. 당시 케이블TV전송망의 대역폭은 54-450MHz을 사용하고 2개 채널 여유밖에 없는 등 대역폭이 협소하여 채널수용능력에 한계가 있었다. 또한 인터넷 접속 등 부가서비스를 제공하기에 곤란하고, 잡음이 과다하여 실용화에 어려움이 있었다. 다음 문제로는 수익성이 저조하여 손익분기점이 2003년 정도로 예상되고, 수명기간까지 자본회수율은 72% 정도로 확인되었다.

그리고 ONU이후 탭오프까지의 구간은 한국통신진흥(주)에 위탁하여 유지보수를 하고 있으나 유지보수비용이 연간 82억 원으로 과다하였으며, 여유코어 활용도 어려운 것으로 확인되었다. 한국통신은 이와 같은 문제점을 해소하고 기존 전송망의 이용효율을 향상하고자 개선방향을 다음과 같이 수립 추진하였다(CATV사업현황 및 추진전략, 1996. 7. 10, 한국통신 전략영업본부).

(1) 전송망 시설의 대역폭을 기존의 54-450MHz로 부터 54-550MHz로 확대하여 17개 채널을 추가 수용할 수 있도록 조치하며, 소요예산 330억 원을 확보한다.

(2) 케이블TV전송망의 속도를 전화망 전송속도보다 높은 최대 30Mbp까지 끌어올려서 고속서비스를 제공할 수 있게 인터넷 접속을 위한 기술을 개발한다. 인터넷을 접속하는 경우 2000년경에는 투자비회수가 가능해진다. 또한 케이블TV전송망을 고도화하여 새로운 수입원을 창출한다. 이를 위해 목동에서 210가입자를 대상으로 1996년 7월부터 시범서비스를 실시한다.

(3) 케이블TV 전송망의 간선시설은 5년 수요를 예상하여 설치하고 있다. 분기증폭기, 탭오프(Tap Off) 등 종단시설을 확장하여 수신자의 수용능력을 확대한다. 이를 위해 매년 종단시설 확장공사만 추진하고 있으며, 1996년에는 570억 원의 예산을 투입하여 62만 회선을 확장하고 있다.

(4) 광케이블의 여유코어 활용도를 높이도록 한다. 특히 대형건물의 광케이블화를 강화하고 이를 1997년 이후 디지털 케이블TV전송망으로 활용토록 한다. 그리고 케이블TV사업을 수주하여 케이블TV망 구축과 병행하여 광가입자망을 확보토록 한다. 또한 셀당 케이블TV전송로 및 예비용 광코어를 병행 포설하여 초기단계의 광가입자 수요에 대비하게 한다. 또한 시내경쟁 요충지역 위주로 수주하여 간접적인 시장 방어효과를 거두도록 추진한다.

2. 정부의 종합유선방송사업자 허가

2.1 서울 및 5대도시의 종합유선방송국 허가법인

1990년대 중반 서울지역은 한강이북에 동대문연합방송, 서서울종합유선방송, 용산케이블TV, 삼호케이블비젼 등 11개, 한강 이남에 유경종합유선방송, 관악종합유선방송, 서초종합유선방송 등 10개가 있어 총 21개의 종합유선방송국이 허가 운영되고 있었다. 당시 각 방송국별 허가법인명, 대표자. 최대주주, 방송국 설치장소 등을 보면 다음과 같다(종합유선방송국 허가법인 및 전송망사업 지정현황, 1994. 2, 한국통신 CATV사업국).

1990년대 중반 부산 7개, 대구 4개, 인천 5개, 대전 2개, 광주 2개 등 총 20개의 종합유선방송국이 허가 운영되었다. 당시 각 방송국별 허가법인명, 대표자. 최대주주, 방송국 설치장소 등을 보면 다음과 같다(종합유선방송국 허가법인 및 전송망사업 지정현황, 1994. 2, 한국통신 CATV사업국).

이때 종합유선방송사업의 최대 주주에는 건설업자, 토건업자, 주택업자 등이 상당수 포함되어 있다. 서울의 경우 행정구역(구) 단위로종합유선방송국이 운영되었으며 한국전기통신공사에서도 양천구에 한국통신 CATV(주)를 운영하였다.

그리고 지역별 종합유선방송국의 구역 표시 중 부산지역에서 중구 등이라 함은 중구와 동구, 영도구를 말하고 서구 등은 서구, 사하구, 북구 등은 북구, 강서구를 포함하였다. 그리고 인천지역에서 중구 등은 중구와 동구를 포함하고, 대전지역에서 중구 등은 중구, 서구, 유성구를 포함하였다. 광주에서 동구 등은 동구, 북구를 말하고, 서구 등은 서구와 광산구를 포함하였다.

(1) 강북지역

구역	허가법인	대표자	최대주주	방송국 설치장소
노원구	노원종합유선방송국	한진유	미도파	노원구 상계동 713
도봉구	미래종합유선방송	원재현	경원세기	서초구 반포동 59-4
동대문구	동대문연합방송국	김무중	이규수	동대문구 장안3동 465-8
마포구	마포종합유선방송	이범경	한국컴퓨터	마포구 대흥동 433-2
서대문구	서서울종합유선방송	심상기	심상기	서대문구 북아현동 147-7
성동구	성동종합유선방송	이주혁	수국	성동구 성수2가 276-9
성북구	북부종합유선방송	최영수	최영수	성북구 동선동 4가 11
용산구	용산케이블TV	배승남	배승남	용산구 후암동 244
은평구	은평종합유선방송	정하용	신동아건설	은평구 대조동 179-12
종로 중구	삼호케이블비젼	김연호	삼호제지	중구 소공동 112-44
중랑구	중랑종합유선방송	권오웅	지영컴퓨터	중랑구 면목2동 147-45

(2) 강남지역

구역	허가법인	대표자	최대주주	방송국 설치장소
강남구	유경종합유선방송국	한상호	유경산업	강남구 논현동 239-1
강동구	강동종합유선방송	최상현	인풍	강동구 천호동 338-23
강서구	강서제일종합유선방송	김영수	백광소재	강서구 등촌동 652-12
관악구	관악종합유선방송	권태혁	세일철강	관악구 신림본동 1638-32
구로구	구로종합유선방송	박기병	대륭정밀	강남구 논현동 236-11
동작구	동작종합유선방송국	박미정	신안	강남구 역삼동 705-5
송파구	우리종합유선방송	김태문	대한제당	강남구 삼성동 162-2
서초구	서초종합유선방송국	박근숙	대호건설	서초구 서초동 1462-7
양천구	한국전기통신공사	조백제	한국통신	양천구 목동 918-1
영등포구	한강종합유선방송	황영선	경방	영등포구 영등포4가 441-10

(3) 부산지역

구역	허가법인	대표자	최대주주	방송국 설치장소
중구 등	한성종합유선방송	홍의연	한성기업	영도구 대교동 1가 71
서구 등	서부산종합유선방송	이종원	청산	사하구 신평동 52
부산진구	범진케이블네트워크	변현규	건설화학공업	부산진구 가야2동 588
동래구	부산종합유선방송	김대상	조영수	동래구 온천1동 178-18
남구	동남종합유선방송	정철진	고려산업	동구 범일동 825-3
북구 등	낙동종합유선방송	백봉도	백봉도	북구 구포1동 599-1
해운대구	해운대종합유선방송	서병수	김진희	해운대구 우일동 761-12

(4) 대구지역

구역	허가법인	대표자	최대주주	방송국 설치장소
중구 남구	대구케이블텔레비전	남종길	일신토건	남구 대명2동 1824-2
북구	금호방송	이재인	신화주택	북구 대현동 229-1
수성구	수성종합유선방송	최완식	삼진건설	수성구 황금동 756-3
달서구	홍진종합유선방송국	조강래	조강래	달서구 강삼동 667-3

(5) 인천지역

구역	허가법인	대표자	최대주주	방송국 설치장소
중구 등	중동종합유선방송국	정순현	정순현	동구 송림2동 175
남구	주안종합유선방송국	김인태	김인태	남구 숭의2동 209-3
서구	서인천종합유선방송	이교은	경인실업	서구 석남동 518-16
남동구	남동종합유선방송	홍성필	홍성필	남동구 간석2동 186-10
북구	북부종합유선방송국	호평호	최만립	북구 십정2동 362-72

(6) 대전지역

구역	허가법인	대표자	최대주주	방송국 설치장소
중구 등	한밭종합유선방송국	이기현	이태희	중구 중촌동 210
동구 등	동대전종합유선방송	박종민	씨니상사	동구 용전동 13-25

(7) 광주지역

구역	허가법인	대표자	최대주주	방송국 설치장소
동구 등	광주종합유선방송국	김기천	남화토건	북구 누문동 134-1
서구 등	광주CATV네트워크	김우진	심능건설	서구 월산동 900-3

2.2 각도별 종합유선방송국 허가법인

가. 1차 허가대상지역

1990년대 중반 경기 2개, 강원 1개, 충북 1개, 충남 1개, 경북 1개, 경남 1개, 전북 1개, 전남 1개, 제주 1개 등 총 10개의 종합유선방송국이 허가 운영되었다. 당시 각 방송국별 허가법인명, 대표자. 최대주주, 방송국 설치장소 등을 보면 다음과 같다(종합유선방송국 허가법인 및 전송망사업 지정현황, 1994. 2, 한국통신 CATV사업국).

이때 구역별 세부관할지역을 보면 경기1은 수원시 장안구, 팔달구, 경기2는 수원시 권선구를 포함하였다. 그리고 강원지역은 춘천, 홍천, 철원, 화천, 양구군, 충북은 청주, 청원지역, 충남은 천안시 및 군을 포함하였다. 또한 경북은 포항, 영일, 울릉지역, 경남은 창원, 진해, 창원군 B지역, 전북은 전주시, 완주군, 전남은 목포시, 신안군, 무안군, 제주는 제주시, 북제주군을 관장하였다.

<표 6-2> 케이블TV 1차허가 대상

구역	허가법인	대표자	최대주주	방송국 설치장소
경기1	수원종합유선방송국	이완선	서영	수원시 장안구 정자동 80-21
경기2	수원종합유선방송국	이석봉	박세준	수원시 권선구 권선동 941-3
강원	강원케이블TV	김정용	춘천향토기업	춘천시 문교동 179-7
충북	청주텔레비젼유선방송국	박성규	자화전자	청주시 북문로2가 113-29
충남	천안종합유선방송국	강이호	강이호	천안시 문화동 2-108
경북	포항종합유선방송	김규만	김상도	포항시 죽도동 113-14
경남	창원종합유선방송	윤희윤	고권수	창원시 중앙동 106-6
전북	전주종합유선방송국	김용균	호남식품	전주시 덕진구 금암동 768-10
전남	고려종합유선방송국	오완교	보해양조	목포시 대안동 15
제주	제주종합유선방송국	송봉규	동남종합건설	제주시 이도2동 1178-53

나. 2차 허가대상지역

종합유선방송국 2차 허가대상지역은 전국적으로 24개 지역으로 지정되었으며 세부내용은 다음과 같다. 여기에서 (　)내는 가구 수를 말한다(1994년).

① 경기지역은 성남(278,974), 고양·파주(238,320), 안양·과천·의왕·군포(326,265), 부천·김포(282,014), 광명·안산·시흥(327,414), 의정부·양주·동두천·포천·연천(197,985), 구리·남양주·가평·양평·하남·광주·여주(261,588), 이천·용인·안성·평택(265,695) 등 8개 지역. 강원지역은 강릉·동해·삼척·속초·양양·고성·태백(189,059), 원주·횡성·영월·정선·평창(134,763) 등 2개 지역

② 충북지역은 충주·제천·단양·괴산·진천·음성(186,201) 등 1개 지역. 충남지역은 예산·당진·서산·태안·홍성·청양(171,671), 공주·부여·논산·금산·보령·서천(204,194) 등 2개 지역

③ 경북지역은 구미·군위·김천·칠곡·성주·상주·고령(254,377), 안동·예천·의성·청송·영양·영주·봉화·문경(211,519), 경주·영천·경산·청도(196,260) 등 3개 지역. 경남지역은 울산(287,991), 양산·김해·밀양·창녕·합천·거창(238,820), 마산·통영·거제·고성(235,118), 진주·사천·남해·하동·산청·함양(204,512) 등 4개 지역

④ 전북지역은 익산·군산(172,788), 김제·정읍·고창·부안·남원·임실·순창(196,758) 등 2개 지역. 전남지역은 여수·여천시·여천군·광양·순천·고흥(237,805), 화순·보성·담양·장성·영광·함평·나주·구례·곡성(187,278) 등 2개 지역

3. 한국통신의 케이블TV사업 참여

3.1 케이블TV사업 추진방향

가. 케이블TV전송망 사업의 시동

한국통신은 케이블TV전송망 사업을 추진하면서 한국통신 이미지를 높이고, 영업활동을 강화하기 위한 대책회의를 개최하였다(1994. 3. 5). 이 회의는 기술기획실(실장 이정욱)이 주관하였으며, 전화본부장, 통신망본부장, 정보통신본부장, 국제통신본부장, 홍보실장이 참석하였다. 이 회의에서의 주요결정사항은 다음과 같다.

첫째, 한국통신 이미지를 높이는 홍보를 시행한다. 무궁화위성, 초고속정보통신망, ISDN망 등 첨단기술에 의한 CATV 전송서비스를 제공하게 됨을 5대 일간지의 사설, 기고, 광고 등을 통하여 홍보하여 경쟁에서 상대적 우위를 과시한다. 또한 한국통신과 한국전력이 세대마다 광케이블이 중복 포설되는 문제도 제시하여 이를 지양하도록 홍보한다.

둘째, 영업활동을 강화한다. 간부급(관리급 이상)을 대상으로 케이블TV방송국을 할당하여 영업활동을 전개하고, 전화국장을 통한 활동도 강화한다. 전화국장에게 활동비를 지원하고 지역기관장 회의 및 협의회를 최대한 활용하게 한다.

셋째, 전광판, 홍보자료, 방문 등을 통하여 홍보활동을 수행하고, 상대방에 대한 비판적 홍보는 지양하고, 공사의 기술적 우위성과 전문성을 강조한다.

이와 같은 회의결정에 따라 부사장이 서울 중랑구를 담당하는 등 다음과 같이 간부들을 방송구역별 책임자로 정하였다(1994년).

① 경영기획실장→ 서울 동작구, 기술기획실장→ 서울 종로구, 중구, 대구 북구, 광대역 ISDN 개발단장→ 부산 부산진구, 인력개발실장→ 서울 강동구, 대전 동구와 대덕구, 재무관

리실장→ 대구 수성구, 한태희 국장→ 서울 강남구, 서울 강서구, 서울 은평구.

② 전화본부장→ 서울 동대문구, 대구 중구, 남구, 통신망본부장→ 서울 서초구, 유두종 국장→ 인천 중구, 동구, 정보통신본부장→ 부산 중구, 동구, 영도구, 남구, 국제통신본부장→ 서울 구로구, 인천 북구, 해외협력단장→ 부산 강서, 북구, 대구 달서구, 김준 국장→ 서울 도봉구, 가재모 국장→ 경남 창원, 진해시, 부산 해운대구, 오영진 부장→ 서울 성북구.

③ 서울사업본부장→ 서울 서대문구, 운용보전실장→ 충북 청주시, 청원군, 감사실장→ 서울 용산구, 사업개발센터소장→ 서울 송파구, 관악구, 김석조 국장→ 서울 성동구, 중앙연수원장→ 대전 중구, 서구, 유성구, 품질보증단장→ 서울 마포구, 부산 동래구, 전산사업단장→ 전북 전주시, 완주군,

④ 통신시설사업단장→ 부산 서구, 사하구, 건설사업단장→ 광주 서구, 광산구, 동구, 북구, 보급사업단장→ 충남 천안시 및 군, 강원 춘천시 및 인근 4개군, 기업통신지원단장→ 서울 구로구, 마포구, 인천 서구, 남구, 남동구, 경북 포항시, 영일군, 이병동 국장→ 광주 서구 광산구, 전남 목포시, 무안군 그리고 통신망관리단장→ 제주시, 북제주군, 전자교환운용연구단장→ 서울 영등포구, 수원시 장안구, 팔달구, 종합유선방송사업추진반장→서울 노원구

나. 종합유선방송국 운영전담회사 명칭

한국통신은 종합유선방송국 운영 전담회사를 설립하였으며 이때 제안된 회사의 명칭은 <표 6-3>과 같다. 제안된 회사명칭의 선정기준은 한국통신 이미지를 부각하고 사업목적에 부합하며, 타 사업자의 명칭과 차별화를 중요시 하였다. 또한 공보처에서 지역명을 사용할 것을 권고한 점을 감안하고, 향후 방송국의 복수운영 등 사업 확장성도 고려하였다.

특허청에는 한국통신유선방송(KYN)으로 등록하고, 허가신청은 양천종합유선방송국(KTN)으로 하였다. 한편 명칭검토 시 우선 간단명료하고 부르기 쉬워야하며 고객에게 친근감이 있어야 하는 점을 고려하여 한국통신 시장개발심의위원회에서는 ㈜양천종합유선방송으로 정하였다.

<표 6-3> 종합유선방송국 운영 전담회사 명칭(1)

구분	명 칭	장단점
제1안	㈜한국통신 유선방송(KTN)	단점은 현행법과 상이함
제2안	㈜한국통신 양천 종합유선방송(KTYC)	장점은 지역주민에 친근감이 있고 한국통신 대표성을 부각함. 단점은 명칭으로서 자구수가 과다하고 향후 복수운영 시 명칭의 재검토가 필요함
제3안	㈜양천종합유선방송(YCTV)	장점은 지역주민에 친근감이 있음. 단점은 한국통신 대표성이 부각되지 못하고 향후 복수운영 시 명칭 재검토가 필요함

<표 6-3> 종합유선방송국 운영 전담회사 명칭(2)

구분	명 칭	장단점
제4안	㈜한국통신 종합 유선방송(KTN)	장점은 한국통신 대표성이 부각되고 향후 복수운영시 사용가능함. 단점은 지역주민에 친근감이 부족함
제5안	㈜한국통신 케이블TV(KTTV)	장점은 한국통신 대표성이 부각되고 향후 복수운영 시 사용가능하며 케이블TV가 종합유선방송보다 간결하고 부르기 쉬움
제6안	㈜한국케이블 비젼(KCV)	장점은 장래성이 있음
제7안	㈜한국통신 케이블비젼(KTV)	장점은 한국통신 대표성이 부각됨

3.2 케이블TV전송망 사업경쟁의 초반전

가. 케이블TV전송망 사업수주상황

1994년 중반 한국통신과 한국전력의 케이블TV 전송망사업 수주상황을 보면 한국통신 14개 방송국, 한국전력 16개 방송국 등 총 30개 방송국과 전송망 수주계약이 추진되었다(1994. 5. 11). 당시 수주상황을 정리하면 다음과 같다(CATV전송망사업 긴급대책보고, 1994. 5, 한국통신 기업통신지원단).

① 한국통신과 계약을 체결한 SO는 서울지역의 구로, 강남, 강동, 송파, 노원, 부산지역 해운대, 전남지역 목포방송국임. 그리고 계약합의가 완료된 SO는 서울지역 관악, 은평, 부산지역 서구·사하구, 경기지역 장안·팔달구, 강원지역 춘천·홍천 방송국임. 그 외 서울지역 동대문, 경남지역 창원방송국은 이중계약 상태임.

② 한국전력과 계약을 체결한 SO는 서울지역 용산, 강서, 성동, 경북지역 포항방송국임. 그리고 계약합의가 완료된 SO는 서울지역 영등포, 부산지역 동래, 부산진구, 인천지역 중구·동구, 남구, 남동구, 북구, 대구지역 수성구, 대전지역 중구·서구, 제주지역 제주·북제주 방송국임. 그 외 서울지역 동대문, 경남지역 창원방송국은 이중계약 상태임.

이때 케이블TV전송망의 수주계약체결은 5월말까지 완료되기 어려울 것으로 보이고, 유선방송국측은 케이블TV전송망 사업자로부터 더 많은 이익을 얻어내려 하고 있었다. 그리고 당시 서울 은평, 부산 서구·사하구, 경북 포항, 충남 천안방송국 등이 허가장을 받지 못하고 있었다.

한편 한국전력은 계속 한국통신보다 유리한 조건을 제시하면서 막후로비를 하고 있어 상당수 업체(50%이상)가 한국전력을 선택할 것으로 예상되고 있었다. 한국전력은 통신시장 진출을 위하여 수단과 방법을 가리지 않고 수주활동을 전개하고 있었다.

나. 한국전력의 수주활동과 정부정책

1994년 전반기 한국전력은 국회의원 및 방송사업자(SO) 이사진을 동원하는 등 막후 로비 위주의 수주를 전개하였다. 그리고 30% 요금할인, 금융지원, 발전기 무상설치 등 선심성 공약을 내걸었으며, 향후 통신사업 참여시 지분배정을 약속하기까지 하였다. 당시 한국전력이 케이블TV전송망사업을 수주하기 위해 벌린 무차별 영업활동을 종합하면 다음과 같다(CATV전송망사업 경쟁상황 보고, 1994. 5, 한국통신 기업통신지원단).

① 전송망사업자 선정 의사결정자에 대한 로비활동, ② 정부 및 국회의원 등 지원공세, ③ 전송망사업 진입으로 통신사업 참여시 지분제공 약속, ④ 한국통신 요금의 80%, 연말정산 30% 감면 등 요금덤핑안 제시, ⑤ 초기에 방송국내 전 지역 전송망 공급(75,000회선) 약속, ⑥ 저리금융지원 및 장비 무상임대 제안, ⑦ 통신공사업체를 동원 수주 시 수의계약 보장, ⑧ 한전 전주에 첨가된 기존 중계유선방송국 선로의 절단 위협.

케이블TV전송망 수주활동과정에서 이상과 같은 어이없는 상황이 벌어지게 된 것은 우리나라의 대표적 전력전담회사인 한국전력을 통신산업 분야인 케이블TV전송망 사업에 불러들여 한국통신과 경쟁을 하게 만든 불합리한 정부정책의 탓이 컸었다. 이때 한국통신은 부득이 하게 경쟁을 하더라도 이용약관에서 정한 요금을 원칙으로 하고 기술력과 서비스품질에 의한 경쟁을 주장하였다.

그러나 당시 정부는 국가주요산업을 추진함에 있어 누구든지 무엇이든지 경쟁만 하면 좋다는 식의 치킨게임 증세에 빠져 이러한 상황을 불러오게 하였다. 이처럼 무제한 경쟁분위기로 빠져들다 보니 두 회사는 정부투자기관으로써 이행할 수 없는 위법사항까지도 감행할 수밖에 없는 상황으로 내몰리고 말았다. 이와 같은 돌발사태가 발생하자 한국통신은 다음과 같은 두 가지 대응방안을 검토 추진하였다(CATV전송망사업 긴급대책보고, 1994. 5, 한국통신 기업통신지원단).

① 제1안은 불법사례를 배제한 경쟁에 참여한다. 양사 사장 간 의견교환이 있었음에도 현실적으로는 불법사례가 다발로 발생하고 있어 정부의 엄격한 지도 감독 하에 선의의 경쟁이 가능하다면 수용한다.

② 제2안으로 케이블TV 전송망사업에 불참을 선언한다. 불법사례가 시정되지 않는 상태에서 경쟁은 수용하기 어렵다. 따라서 한국통신은 전송망사업의 불참을 선언하고 정부차원(관계부처, 감사원 등)에서 문제를 해결할 것을 요청한다.

이상 케이블TV전송망사업 수주상황을 종합해 볼 때 이는 정상적인 경쟁으로 볼 수 없을 뿐만 아니라 국가적 손실을 가져올 수밖에 없는 일이 국가공기업 간에 벌어지고 있었다. 더구나 한국통신은 우리나라의 통신사업을 전담하고, 한국전력은 우리나라의 전력사업을 전담하는 공기업으로 발전해 왔다. 2000년대 우리나라 전력사업을 책임지고 발전시켜야 할 대표적 기업인 한국전력이 본연의 임무를 벗어난 통신사업분야에 뛰어들게 한 정부정책은 졸작임에 틀림없었다. 이후 다행히 정부의 조직개편으로 주무부서가 변동되는 진통을 겪으면서 결국 한국전력의 통신사업진출이라는 산업구도는 일시적 태풍으로 사라지고 말았다.

다. 정부 및 경쟁사업자 동향

공보처는 케이블TV전송망 사업을 추진하기 위해 1994년 5월 7일까지 전송망사업자를 선정하도록 지시하고 공보처, 협회, 위원회 요원으로 이를 위한 추진실태 합동점검을 실시하였다(1994. 5. 10-5. 14). 그리고 케이블TV전송망 이용요금은 사업자 간 비율배분원칙을 적용하는 것으로 하였다. 그리고 체신부는 이용약관을 1994년 5월 13일까지 제출토록 종용하고, 요금은 원가를 기초로 산출하며, 사업자 간 요금을 비교하여 최소요금과 최대요금 범위를 승인하는 것으로 정하였다. 이때 데이콤은 케이블TV전송망사업자 지정을 받았으나 강남, 송파 등 4개 구역이 모두 한국통신으로 결정됨에 따라 사실상 참여가 무의미하게 되었다.

한편 방송국사업자(SO)는 양대 전송망사업자의 경쟁관계를 이용하여 무리한 요구를 하고 나섰다. 구내설비의 설치를 원가이하로 수탁 요구하는가 하면, 현장 중계용회선은 무상으로 제공해 줄 것을 요구하였다. 그리고 멀티TV 이동중계용 차량을 무상으로 제공해 달라는 가하면, 전화 10회선을 무상으로 설치해주고 이용료 면제도 요구하였다. 또한 분배센터를 방송국 내에 설치해 주기를 요구하였다.

이와 같은 방송사업자(SO)들의 무리한 요구를 놓고 흥정하는 와중에 창원방송국과 동대문방송국은 한국통신과 먼저 계약을 했으나 한국전력과도 계약하는 등 이중계약을 서슴치 않고 한국통신과의 계약을 파기하는 사태까지 벌어졌다. 당시 한국통신도 국영기업체이고, 한국전력도 주식회사 형태의 공기업이었다. 이들 공기업이 국가정책에 의하여 무리한 경쟁의 파도에 밀려 민간업체 사업을 위해 이와 같은 엄청난 예산을 부담해야할 처지에 놓였다. 공기업의 예산은 국민부담의 세금이고 요금으로부터 나온 것이다. 당시 정부정책이 공기업을 이런 방향으로 끌고 가도 되는 것인지 묻고 싶었다.

3.3 케이블TV전송망 사업의 경쟁체계

가. 초기의 사업수주 활동상황

한국통신 기업통신지원단(단장 우승술)은 케이블TV전송망 사업의 효율적인 수주를 위해 수주활동 체계를 정하였다(CATV전송망 사업구역 확보대책, 1994. 3. 21, 한국통신 기업통신지원단). 주요내용은 다음과 같다.

① 기업통신지원단은 방송국 요구사항 및 경쟁사에 대한 정보를 수집하여 대응방안을 강구하고, 6대 도시 순회설명회를 개최한다. 그리고 지역사업본부는 관할 전화국을 중심으로 지속적으로 수주활동을 한다. ② 한국통신진흥(주)는 방송장비 및 컨버터의 렌탈영업을 안내하고, 한국통신기술(주)는 전송망의 설계를 담당한다. ③ 목동시범방송국은 방송국설비,

편성 및 운용을 컨설팅하고 방송국 요원에 대한 교육을 지원한다. 또한 각 실·본부장은 연고권 중심으로 막후 지원토록 한다.

이와 관련하여 1994년 한국통신은 케이블TV전송망 사업의 수주활동을 적극적으로 시행하였다(CATV전송망 사업구역 확보대책, 1994. 3. 21, 한국통신 기업통신지원단). 먼저 전송망사업을 위한 지역별 초청설명회를 2개월간(1994. 1-1994. 2) 개최하였으며, 이때 경쟁사인 한국전력도 2개월간(1994. 2-1994. 3) 실시하였다. 또한 대도시를 중심으로 서울(3. 14), 인천(3. 15), 대구(3. 23), 대전(3. 23), 부산(일정미정), 광주(일정미정)에서 2차 설명회를 시행하였다.

그리고 목동시범방송국, 한국통신진흥(주), 한국통신기술(주)의 전문가들을 4개조로 편성하여 방송장비 선정, 국사배치도, 프로그램 제작, 편성, 운용 등에 대한 컨설팅을 수행하였다(1994. 3. 10-3. 25). 이 팀은 방송장비 및 컨버터의 렌탈 영업을 안내하고 전송망 설계계획, 교육훈련계획에 대해서도 컨설팅하였다. 또한 경쟁사의 정보 및 방송사업자(SO)의 요구사항을 분석하고 대응방안을 매일 전 지역사업본부로 통보하였다. 이때 이용약관이 제정되지 않은 상태이어서 우선 경남 창원, 부산 해운대와 합의각서체결로서 설계에 착수하였다.

나. 한국통신과 한국전력의 사업수행능력

1994년 한국통신은 케이블TV전송망 사업자로서 한국전력과의 사업경쟁력을 분석하였다. 한국전력은 케이블TV전송망 이용요금을 당초 4,700원에서 중도에 3,000원까지 저렴하게 제시하고, 사내외 전 인맥을 동원하여 수주활동 로비에 나서고 있었다. 그리고 한국전력은 케이블TV전송로를 가공으로 설치하는 방식이어서 공사시간을 단축할 수 있어 공사비가 저렴하고 고장수리도 용이한 장점을 가지고 있었다. 또한 이미 중계유선 컨소시엄 26개 업체를 가지고 있었다.

한편 한국통신의 경쟁력 우위분야를 검토하여 보면 다음과 같다(CATV전송망 사업구역 확보대책, 1994. 3. 21, 한국통신 기업통신지원단).

① 한국통신의 케이블TV전송망은 기존관로를 사용하여 지하매설방식으로 시공한다. 이 방식은 공사기간을 단축하고 안정된 시설품질을 유지할 수 있으며 도시미관 면에서도 우수하다.

② 한국통신은 많은 정보통신 분야 전문기술 인력을 보유하여 기술력 면에서 우위에 있고 평시 전국적 전송망 유지보수체계를 갖추고 있다. 한국전력의 전문기술 인력은 1,500명에 불과하나 한국통신은 45,000명의 전문기술 인력을 보유하고 있다.

③ 구내시설 위탁이 가능하고, 전화요금 고지서를 활용하여 요금수납대행이 가능하다. 반면 한국전력은 통합공과로 수용가 관리기능이 없다. 전화가입자 DB를 제공하여 가입자 모집지원을 할 수 있고, 전화요금고지서에 가입권장 안내를 할 수 있으며, 전화수리요원 방문시 안내문 전달도 가능하다.

④ 한국통신진흥(주)를 활용하여 컨버터를 임대할 수 있다. 이 방법으로 대량구매에 따른 가격을 인하할 수 있고 주문자 상표표시를 함으로써 이미지 향상이 가능하다. 뿐만 아니라 전문 설계능력을 보유하고 있으며, 방송사업자(SO) 컨설팅 및 교육훈련도 지원할 수 있다.

다. 방송국사업자 동향 및 이용약관 처리전망

당시 방송국사업자(SO)들은 전송망사업자(NO) 간의 치열한 경쟁을 이용하여 유리한 조건을 제시하면서 전송망사업자 선정을 유보하는 상황이 벌어지고 있었다. 이때 방송국사업자들의 요구조건은 전송망 이용요금의 인하, 구내시설의 무상설치, 기존 중계유선선로에 대한 대책 등을 들 수 있다. 또한 기술력에 있어서는 한국통신을 절대 우위로 인정하나 차후 요금인상의 견제를 위해서 한국전력을 일정 비율 선택해야 한다는 목소리도 나오고 있었다. 대체로 실무자급은 한국통신을 선호하나 결정권자의 입장은 다를 수 있었다. 특히 서울의 경우 영향력있는 방송사업자(SO)로는 구로(박기병), 마포(이범경), 서초(박근숙) 등이 있었는데 이들의 결정에 따라 전체가 무더기로 기울 가능성도 있었다.

한편 체신부는 케이블TV전송망 사업자들에게 케이블TV전송망 이용약관을 제출토록 요청하였다(1994. 2. 8). 이에 따라 한국통신은 한국전력과 요금수준 합의를 위해 의견을 교환하였으나 합의에 실패하였다. 이때 한국전력은 무조건 저렴하게 하겠다는 입장을 고수하고 있었고, 더구나 체신부는 이를 조정할 의사가 없음을 분명히 밝히고 있었다. 한국통신은 최고요금과 최저요금 간의 다단계 요금수준을 마련하였으며 체신부가 지정하는 일시에 한국전력과 동시에 제출하게 되었다. 이때 상식 이하의 요금수준이 제출되는 경우, 전송망사업자의 수지는 악화되고, 공기업의 덤핑행위로 국민의 비판여론을 피할수 없게 되며, 감사원 등에서 개입이 불가피해질 것으로 예상되었다.

라. 종합유선방송국에 국사 임대

1994년 케이블TV전송망 사업권 확보를 위해 경쟁사와의 수주전이 치열해지고 있을 때, 국사 확보가 곤란한 일부 종합유선방송국은 전화국의 여유상면을 임대하는 조건으로 전송망 계약을 체결하겠다고 요청하여 왔다. 한국통신 입장에서는 케이블TV전송망 사업권 확보 차원에서 이의 수용이 불가피한 실정이었다. 한국통신 기업통신지원단(단장 우승술)은 전송망사업권의 확보 차원에서 국사임대를 결정하였다(CATV전송망 사업권 확보를 위한 국사임대, 1994. 4. 29, 한국통신 기업통신지원단). 이 계획의 주관부서 및 결재자는 제6장 말미의 참고자료 편에 기록되어 있다.

이때 임대조건 협의과정에서 당 공사의 관련 규정 등에 의거하여 산출한 임대료가 인근 시세보다 비싸게 산출되는 경우 임대가 곤란해지지 않을까 염려되었다. 그러나 케이블TV 전송망 사업권을 확보하기 위해 국사임대 및 임대료의 감면이 불가피할 경우에는 회계규정 세칙 제140조(임대료 면제) 제1항 제3호를 적용하여 대처토록 하고, 또한 회계규정시행세칙 제140조 제2항의 규정에 의거하여 사장승인을 얻어 시행토록 하였다.

한편 치열한 경쟁하에서 케이블TV전송망의 사업권 확보를 위해서는 임대료 감면조치의 필요성은 인정되나, 방송시설을 설치하는 경우 임대기간이 장기화할 것으로 예상됨에 따라 이를 재고할 필요가 있었다. 이런 문제로 당시 한국통신 감사의견에 따라 여유상면 임대는 반드시 한시적인 구역에 한해 임대하고 임대승인권은 당초 지역본부장에게 위임하려던 방식을 사장승인으로 정하였다. 1994년 1차로 당시 서울사업본부 아현전화국, 부산사업본부 해운대전화국, 경기사업본부 수원전화국이 임대요청을 받고 있었다.

3.4 종합유선방송국 업무대행 추진

가. 케이블TV수신료 수납대행

한국통신이 케이블TV전송망 사업권 확보를 위하여 종합유선방송국 사업자와의 협의과정에서 각 방송국은 한국통신의 케이블TV전송망을 이용하는 조건으로 종합유선방송국 사업자는 케이블TV수신료의 청구, 수납 및 구내전송설비(댁내) 설치업무를 한국통신이 대행하여 줄 것을 요청하고 나섰다. 특히 이 업무는 유선방송국이 직접 수행하기 곤란하고 투자가 필요한 부분이었다. 이와 같이 방송국 업무를 대행하는 경우 요금수납 대행업무는 기존의 음성정보서비스(700) 이용요금 수납대행과 유사하여 어려움이 없으나 구내전송선로 설치는 어려움이 많아 신중한 의사결정이 필요하였다.

한편 이러한 방송국사업자의 요구사항에 대해서 경쟁사는 이를 적극 수용하여 사업권 확보에 이용하고 나섰다. 당시 한국통신이 요금수납대행 업무를 수용하지 못할 경우 전송망사업권 확보가 거의 불가능한 상황이었다. 결국 한국통신 기업통신지원단(단장 우승술)은 이를 수용하는 종합유선방송국 업무대행계획을 수립하였다(CATV전송망 사업권 확보를 위한 종합유선방송국 업무대행 추진, 1994. 7. 7, 한국통신 기업통신지원단). 이 계획의 주관부서 및 결재자는 제6장 말미의 참고자료 편에 기록되어 있다.

당시 종합유선방송국(SO)은 케이블TV수신자에게 역무를 제공하고 그 대가로 수신료를 받아야 하나 이들은 자체적으로 수신료 수납이 극히 곤란한 상황이었다. 그래서 방송국사업자는 한국통신 전송망을 이용하고, 전화요금 납입청구서에 CATV수신료를 통합 고지하여 수납대행하여 줄 것을 희망하였다. 한국통신은 경쟁사에 대한 우위 확보를 위해 수신료 수납대행을 하기로 하였다.

한편 한국전력은 당시 전기요금을 내무부에 통합공과금 제도로 수납 위탁하고 있으나 TV시청료와 전기요금을 자체에서 분리 고지하는 방안으로 추진하고 있었다. 이러한 상황에서 한국통신은 요금수납대행을 다음과 같이 시행하기로 하였다.

① 수납대행수수료 수준은 건당 171원을 제시하고 경쟁사가 이보다 낮게 책정할 경우 동

일하게 적용하여 사업권을 확보한다. 이 수수료의 원가산출 내역을 살펴보면 고지서 송달비 16원, 전산처리비 137원, 수납처리비 7월, 일반관리비 11원으로 구성된다. 이때 고지서 송달비는 전화요금고지서 발송비로 우편엽서요금 80원의 20%인 16원을 적용한다. 그리고 전산처리비는 업무처리건당 평균 전산처리비 137원을 적용하고, 수납처리비는 전화요금 수납처리비 35원의 20%인 7원을 적용한다. 또한 일반관리비는 고지서 송달비, 전산처리비, 수납처리비의 7%인 11원을 적용한다.

② 수납대행방법은 방송국에서 수신자별 과금자료를 매월초 한국통신에 송부하고, 케이블TV수신료의 통합고지를 위한 전산프로그램을 개발한다. 그리고 전화요금 납입청구서에 케이블TV수신료를 통합고지하고, 전화국 및 금융기관을 통하여 전화요금과 동시 수납한다.

③ 전화요금과 통합고지를 할 경우 케이블TV수신료를 체납하는 경우 전화요금도 자동체납하게 되므로 미수금으로 관리할 수 있다. 그리고 케이블TV수신료 수납대행의 체납액에 대해서는 전화요금 관리기간인 1년 동안은 망사용료를 유예하고, 최종적으로 수납이 불가능할 경우 방송국과 협의 처리한다.

④ 요금체납자에 대해서는 독촉장을 발부하고, 전화국 영업부 수납과 요원이 전화독려한다. 케이블TV수신료 체납에 따른 가산금 부과는 CATV 수신약관에 따르고 체납자의 조기체납을 위한 통화정지도 시행한다.

나. 케이블TV 수신요금

케이블TV 수신요금에는 수신료, 컨버터사용료, 컨버터보증금, 설치비 등이며 그 내역은 다음과 같다(1997. 12).

① 단수 가입수신료는 기본채널 월 1만5천원, 유료채널 월 7,800원이고, 복수가입 수신료는 2대-9대 추가는 대당 7,500원, 10대 이상 추가하는 경우에는 대당 4,500원이다. 이들 수신료에 대한 부가세 부담은 없다. ② 컨버터사용료는 방송국으로부터 대여 받은 경우 월 2천원이고, 컨버터의 반환, 훼손, 분실에 대한 보증금은 가입시 1회 단자당 3만원이며 부가세는 없다. ③ 설치비는 수신설비 설치에 소요된 실경비로서 단독주택 4만원, 공동주택 6만원으로 정하고 부가세 부담은 없다.

다. 구내전송설비의 설치대행

종합유선방송법상 전송망사업자와 수신자의 분계점은 가입자댁내 보안기 전단계까지이다. 즉 전송선로 분계점 이후의 구내전송설비(댁내)는 종합유선방송국이 설치하도록 되어 있었다. 그러나 케이블TV 수신을 위해서는 쌍방향 구내전송선로 설비가 필요하나 당시 대부분 이러한 시설을 갖추지 못하였다. 아파트 등 공동주택에는 단방향 수신설비 만 설치되어 있고, 단독주택은 단방향 수신설비로 설치되어 있거나 단방향 설비도 갖추지 못하고 있었다.

이때 개별가입자가 구내선로설비를 신설하거나 개체하기에는 부담이 크기 때문에 방송국에서 수신자에게 설치료를 받고 설치를 대행하고 있었다. 그러다 보니 방송국은 자체적으로 구내전송설비를 설치할 능력이 없고, 설치하는 경우 막대한 투자비가 소요되는 관계로 이를 전송망사업자에게 위탁하고자 하였다. 그래서 종합유선방송국 측은 한국통신의 전송망을 이용하는 조건으로 이 설비의 설치대행을 요구하였다.

한국통신은 케이블TV전송망 사업을 경쟁하고 있는 형편이라 방송국이 원할 경우 이 설비의 설치대행을 하지 않을 수 없는 입장이었다. 그러나 한국통신이 이 설치업무를 대행하는 경우 상당 문제가 있었다. 첫 번째는 구내전송선로 설치를 관련법에서 정하고 있는 설비 및 조건(종합유선방송국 시설 등의 기술기준에 관한 규칙 제13조)에 적합하게 설치하려면 회선당 약 3만5천 원 정도 소요된다는 점이었다. 그러나 당시 경쟁사인 한국전력은 1만5천원-2만원 선에서 이를 대행하겠다고 약속하고 다녔다.

또 다른 문제는 한국통신이 구내전송 선로설비를 법에서 정한 기술기준에 적합한 설비로 공급하면서 한국전력과 동일 조건으로 대행할 경우, 투자비의 50% 정도로 결손이 불가피고 공동주택의 경우 투자비는 장기간(1999년까지)이 경과되어야 회수가 가능할 것으로 분석되었다. 한편 한국통신은 경쟁사와 동등한 조건으로 구내전송선로의 설치를 대행하지 않을 경우 이미 확보한 사업권 구역마저도 한국전력에 빼앗길 수밖에 없는 상황이었다.

이 사업권을 잃을 경우 한국통신은 상당한 문제에 직면하고 경쟁력은 크게 약화될 것이 분명하였다. 이 경우 B-ISDN 구축을 위하여 이중투자가 불가피하기 때문이었다. 그리고 방송국 허가지역은 도청소재지 이상의 주요도시가 대부분이기 때문에 이 지역에 한국전력이 전송망을 구축하게 되면 통신사업의 크림스키밍을 초래하는 것이 명약관화하였다. 이와 같은 입장 때문에 구내전송선로 설치대행할 경우 단기적으로는 손실을 보나 장기적인 경쟁력 확보차원에서 불가피한 선택이었다.

한국통신은 이러한 상황을 종합 검토하여 구내전송설비 설치대행을 위한 세부방침을 다음과 같이 정하여 시행하였다.

첫째, 설치비는 2만 원선으로 하되, 협회가 제정한 표준수신약관 상의 설치비 수준으로 한다. 다만 경쟁사의 제시요금이 이보다 낮을 경우 동일 금액으로 조정한다.

둘째, 방송국은 수신자의 가입신청 내역을 한국통신에 통보하고, 한국통신은 가입 희망자가 수신이 가능하도록 거주하는 건물에 댁내시설을 설치한다. 그리고 방송국은 수신자가 가입 시 납부하는 설치비를 받아 매월말 전송망 사용료와 함께 정산하여 한국통신에 납부한다. 설치 후 미가입된 단자에 대하여는 수신자 가입 시까지 납부를 유예하고, 무료방영기간 동안에는 수신료만 무료로 하고 구내전송설비 설치비용은 부담하는 조건으로 한다.

셋째, 구내전송선로 설치공사는 한국통신진흥(주)에 위탁 시행하거나 도급 시공한다. 그리고 구내전송 선로설비가 구비된 건물은 가입신청 접수 후 익일에 설치 완료하고, 구내전송 선로설비가 구비되지 않은 건물은 다음과 같이 시공한다.

① 공동주택(아파트) 및 빌딩은 해당주택 내 전세대가 시청할 수 있도록 60일 이내에 일괄 설치한다. 이를 위한 소요자재는 동축케이블, 레벨조정기, 증폭기, 분배기, 방향성 결합기 등이다. 한편 기존 공동주택이 TV 공동시청안테나 시설 등의 설치기준에 만족하지 않은 시설은 새로이 설치한다.

② 단독주택의 경우는 가입을 희망하는 주택별로 수신자 인입선과 병행하여 7일 이내에 설치하며 이를 위한 소요자재는 보안기, 접지시설, 동축케이블 등이다.

③ 구역내 구내전송 선로설비의 공급대상건물이 일괄 확정된 경우와 공급대상건물의 미확정으로 수시로 발생되는 공사는 방송구역 내 해당 전화국에서 집행한다.

4. 케이블TV 1차 전송망 건설사업

4.1 한국통신과 한국전력의 경쟁구도

가. 1995년-1996년 전송망 공급상황

1990년대 중반 정부는 프로그램사업자(PP) 29개 업체, 방송국사업자(SO) 53개 업체, 전송망사업자(NO) 2개 업체를 허가하였다. 이때 전송망사업자로는 한국통신과 한국전력이 허가업체로서 케이블TV 전송망을 공급하기 시작하였다. 당시 추진상황을 보면 한국통신 21개 지역, 한국전력 32개 지역 등 총 53개 지역에 케이블TV 전송망을 건설하였다. 한국통신과 한국전력의 케이블TV전송망 시설공급 상황은 <표 6-4>와 같다

<표 6-4> 케이블TV 전송망 공급상황(1995. 12)

구분	사업구역	세대수	시설공급단자	홈패스율(%)
한국통신	21	3,107,903	1,559,827	50.1
한국전력	32	5,194,370	2,262,031	43.6
계	53	8,302,273	3,821,858	46

케이블TV전송망 사업은 사업개시 2년 만에 대부분의 방송구역에 전송망이 공급되었다. 1995년 말 당시 한국통신의 사업추진상황을 분석하면 아래와 같다(CATV전송망 구축방침, 1996, 한국통신).

① 1995년 말 21개 지역에 156만 단자(홈패스율 50.1%)를 운용하고 있었고, 이때 유료가입자는 11만2천 가입자였다. 한편 한국전력은 32개 지역에 226만2천 단자(홈패스율은 43.6%)를 운용하였다.

② 1994년-1995년 CATV전송망 확장을 위한 투자비는 2,375억 원, 1996년 507억 원이 투

입하였다. 반면 수입액은 1995년도 17.8억 원으로 수익률은 0.75%에 불과하였고, 1996년도 목표는 68.1억 원, 수익률 2.4%로 하여 추진하였다.

③ 1995년-1996년에 시설공사비 4,976억 원, 운용보전비 310억 원 등 총 투자비 5,286억 원을 투입하였으며, 수입은 87.7억 원으로 나타났다. 이 수입은 총 투자비의 금융비용(528.6억 원, 연리 10%) 뿐만 아니라 운용보전비용에도 못 미칠 정도로 저조하였고, 연간 700억 원-800억 원의 적자가 예상되었다.

나. 1996년도 케이블TV전송로 시설확장

한국통신은 1996년도 케이블TV전송로 확장사업으로 21개 지역에 67만 단자를 증설하는 것으로 추진하였다. 이 사업규모에서 건설국은 전송망 미설치지역인 13개 지역 316천 단자의 확장공사를 시공하고, 전화국은 전송망 기 설치지역으로서 소규모 단자증설이 필요한 8개 지역 303천 단자를 각각 시공하였다. 이 확장공사를 위해 총 1,309억 원의 예산을 편성 집행하였다. 이때 케이블TV전송망 구축사업은 정부의 통합방송법이 제정되지 못하여 2단계 사업허가가 연기되고 있었다(1996년도 통신망건설 및 통신시설 운용대책, 1996. 9. 한국통신 네트워크본부).

당시 한국통신이 전송로시설을 시공한 방송구역은 서울지역에는 강남, 강동, 관악, 구로, 노원, 동대문, 마포, 송파, 양천, 은평이었다. 그리고 부산지역 해운대, 대구지역 동구, 서구, 경기지역 수원, 서인천, 충남지역 대전, 충북지역 청주, 전남지역 목포, 전북지역 전주, 강원지역 춘천, 제주 등 21개 지역이었다. 이에 따라 1996년 중반 한국통신의 케이블TV 전송망 시설 단자 수는 1,562,654이고, 시청자는 470,893가구로 확인되었다(1996. 6. 25). 이 중 컨버터를 설치한 시청자는 242,915가구이고, 컨버터 미설치 시청자는 227,978가구였으며, 유료수신자는 111,576가구로 확인되었다(1996. 5. 31).

이때 공보처 및 협회는 한국통신의 1996년도 사업분 중 부진지역인 동대문, 은평, 전주지역의 케이블TV전송망 증설공사를 조속히 추진해 주기를 요망하였다(CATV사업추진 현황보고, 1996. 6. 26, 한국통신 전략영업본부). 또한 한국통신은 케이블TV전송망 사업자(SO)로서 한국전력과 경쟁하면서 전송망을 확장해 나갔는데, 1996년 중반까지의 사업실적을 종합하면 다음과 같다(CATV사업현황 및 추진전략, 1996. 7. 10, 한국통신 전략영업본부).

① 한국통신과 한국전력은 전국 53개 지역에 총 4,126,025단자의 전송망을 공급하였으며, 당시 시청자는 1,063,662가구였다(1996. 7. 7).

② 한국통신은 21개 지역에 전송망 1,562,654단자를 공급하고, 시청자는 486,104가구였다. 이때 컨버터를 설치한 시청자는 258,790가구, 미설치는 227,314가구였다.

③ 한국전력은 32개 지역에 전송망 2,563,371단자를 공급하고, 시청자는 577,558가구였다. 이때 컨버터를 설치한 시청자는 459,608가구, 미설치는 117,950가구였다.

4.2 케이블TV 전송망 건설사업의 평가

가. 수주경쟁상황 및 사업실적

케이블TV전송망 건설을 위한 1차 전송망사업 수주경쟁 상황을 보면 한국통신은 21개 지역, 한국전력은 32개 지역을 분담하여 추진해 왔다. 한국통신 입장에서의 수주부진 요인, 투자상황, 수지상황 등을 분석하면 <표 6-5>와 같다(CATV전송망 사업참여 검토, 1997. 5, 한국통신 전략영업본부).

<표 6-5> 케이블TV전송망 수주상황(1997년)

구분	방송사업자 (SO)구역	시설수 (1,000단자)	유료가입자 (1,000명)	유료가입율 (%)
한국통신	21	2,190	250	7.9
한국전력	32	3,700	350	6.6

당시 한국통신의 사업수주실적이 부진한 것은 기술우위만 믿고 소극적으로 대응하고, 전화국장에게 책임은 부과하였으나 지원은 제대로 하지 못한 점 등 적극적 수주전략의 부재로 인한 결과였다. 반면 경쟁사에서는 자기 고객들에게 통신사업 진출 시 지분배정을 약속하는가 하면 전송망공사 수의계약 권을 부여하는 등의 혜택을 제시하였다. 또한 방송사업자(SO)의 수익을 보장하겠다면서 유인하고, 이들에게 정치적으로 영향력 있는 인사를 통한 무제한적 활동을 벌였다.

이러한 상황에서 1차 전송망 수주사업이 진행되다 보니 한국전력은 사업성이 우수한 6대 도시를 거의 석권하였다. 이때 여러 불공정 행위를 하면서까지 다수지역 전송망사업을 확보하는데 주력하였으며, 이를 발판으로 통신사업에 참여하려고 끈질기게 시도하였다. 이렇게 되자 한국전력이 전화, 전용회선, 인터넷 등 부가통신사업 분야에서 한국통신의 최대경쟁사로 부상할 수 있는 예상 밖의 사태가 발생하였다. 따라서 한국통신이 2차사업 수주활동에 소극적으로 대응할 경우 대기업을 포함한 많은 기업군이 한국전력의 주변 세력화할 우려도 현실로 다가오고 있었다.

나. 케이블TV전송망 건설투자실적

한국통신은 케이블TV전송망 건설을 위해 1994년부터 1997년까지 총 3,280억 원을 투입하였으며, 연도별 투자실적을 보면 <표 6-6>과 같다(CATV전송망 사업참여 검토, 1997. 5, 한국통신 전략영업본부). 1997년 한국통신은 케이블TV전송망 수주구역의 주 간선구간에 광케이블 2,008Km, ONU에서 가입자 간에는 동축케이블 26,407Km를 건설하였다(1997. 12). 그리고 1996년 말 2,180단자, 1997년 256단자 등 총 2,436단자를 설치하였다.

케이블TV전송망 사업의 특성상 초기단계(1년-2년)에 전체투자비의 86%가 집중 투자되고 있었으나 방송가입율은 낮아 적자가 누적되고 있었다. 실제 방송구역 당 초기투자비(Y+2년)는 123억 원으로 나타났다. 1997년 전반기에는 전체가구대비 70%이상 전송망 시설공사가 완료되어 앞으로 투자는 댁내 증설수준으로 미미하게 되었다. 한편 농어촌지역 투자비는 대도시지역의 2.4배이나 수익성은 떨어지므로 2차 수주지역에의 전송망 투자를 쉽게 결정할 수 없게 되었다. 케이블TV전송망 투자비는 대도시 120억 원, 농어촌 227억 원으로 분석되었다. 당시 한국통신 입장에서 종합수지전망을 한 결과 2002년에야 손익분기에 도달하는 것으로 전망되었다.

<표 6-6> 한국통신의 케이블TV전송망 건설투자실적

연도별	1994년	1995년	1996년	1997년	계
투자비(백만원)	96,100	162,100	42,500	27,300	328,000

다. 사업실적분석 및 대응방향

1997년 하반기 우리나라의 케이블TV 가입자는 한국통신 852,917 가입자, 한국전력 1,138,341 가입자 등 총 1,991,258 가입자로 늘어났으며, 세부내역은 <표 6-7>과 같다.

<표 6-7> 1997년 케이블TV 가입자 현황(1997. 10. 30)

구분	한국통신	한국전력	계
유료시청자	287,953	378,101	666,054
무료시청자	564,964	760,240	1,325.204
계	852,917	1,138,341	1,991.258

한국통신은 그동안의 케이블TV전송망 건설사업의 사업성과를 분석하고 문제점을 파악하여 앞으로의 대응방향을 다음과 같이 정하였다.

첫째, 케이블TV전송망 사업의 적자폭이 누증되고 있다. 영세 케이블TV방송국(SO)은 적자상태에서 벗어나지 못하고 있는 관계로 망 이용료 인상이 곤란하다. 따라서 2차 케이블TV전송밍 사업에 참여하는 경우 적자폭이 연간 1,000억 원 이상으로 대폭 누증될 것으로 예상된다.

둘째, 한국전력의 통신사업참여에 대한 시각을 교정할 필요가 있다. 케이블TV전송망은 방송신호를 단방향으로 전송하는 네트워크이므로 광대역 망이 아니며 통신 및 양방향 멀티미디어 전송에 부적합하다. 통신서비스를 제공하기 위해서는 전면적으로 재설비해야 가능하며, 서비스를 제공하는 경우에도 품질저하문제로 경쟁력이 없다. 또한 특정지역 초고속통신사업에도 케이블TV전송망을 이용할 때도 마찬가지로 경쟁력이 없다.

셋째, 디지털TV 방식(SWAN II)을 추진하는 경우, 한국통신의 광대역통신망 구축계획이 공보처의 방송망구역에 종속될 우려가 있다. 그리고 케이블TV전송망으로 광대역서비스를 제공하는 경우 초고속통신망의 제공서비스와의 차별화가 불가하여 광대역 통신서비스에 대한 적정요금을 부과하는 것이 곤란하다. 또한 광대역 통신서비스를 제공할 때 방송국사업자(SO)의 기득권 주장에 종속될 우려가 있다.

넷째, 케이블TV전송망 구축사업의 경쟁을 지양해야 한다. 이 사업적자의 주요원인은 한국전력이 통신시장진입을 위하여 무리한 경쟁을 강행하고 있기 때문이다.

다섯째, 장비조달절차 및 효율적 네트워크 설계, 운용관리기법을 개선하여 네트워크 구축비용에 대한 절감책을 강구해야 한다. 2차 케이블TV전송망 사업지역은 기존 CATV전송망(450-750MHz)으로 구축토록 하고, 방송국사업자(SO)가 채널증설을 요구할 때는 망 이용료를 인상하고 대역폭 확장을 연계 추진하도록 한다.

4.3 향후 케이블TV 전송망의 건설방향

가. 전화망과 케이블TV망의 병행건설

한국통신은 초고속인프라를 활용한 케이블TV망의 구축방안을 검토하였다. 새롭게 건설하려는 케이블TV망과 기존 전화망의 기술적 특성을 비교하면 다음과 같다.

① 전화망의 전송능력은 PSTN 28.8Kbps, ISDN 128Kbps, ADSL 1.5Mbps, B-ISDN 155Mbps이다. 이에 비해 케이블TV망은 수백 MHz이다. ② 전화망은 교환기능과 쌍방향통신이 완벽하나, 케이블TV망은 교환기능이 없고, 쌍방향통신 기능은 극히 제한적이다.

이러한 전송특성을 고려할 때, 전화사업자는 기존 가입자선로에 ADSL기술을 이용하여 영상서비스를 제공하고, 초고속정보통신망을 구축하여 155Mbps급의 정보를 전송하려고 시도하고 있었다. 반면 케이블TV 사업자는 교환기능과 쌍방향통신 기능을 갖추기 위한 노력을 계속하면서 디지털방식을 도입하여 채널수를 대폭 확대하고자 노력하고 있었다. 또한 전화 및 주문형 비디오 서비스 등을 추가하려고 시도하였다. 실제 미국, 영국 등 선진국의 경우에는 케이블TV와 전화사업자 간 상호진출을 허용하여 초고속통신망 구축경쟁을 유도하고 있다.

한국통신은 전화망과 케이블TV망을 동시에 보유하고 있는 입장에서 앞으로 케이블TV전송망을 조기에 대량 확보하는 쪽으로 가고 있었다. 이때 케이블TV전송망 확장에 대하여 다음과 같은 의견이 대두되기도 하였다(CATV사업현황 및 추진전략, 1996. 7. 10, 한국통신 전략영업본부).

① 최종목표는 가입자선로를 광케이블망인 FTTH로 구축하여 155Mbps급의 정보전송을 실현하는 것이다. 그러나 가입자선로 부문에 35조원이 투입되어야 하고, 15년 이상의 장기

간 소요된다는 점에서 실현 가능성이 미지수이다. ② 가입자 무선방식(WLL), HFC(Hybrid Fiber Coaxial) 등의 기술을 이용하는 방안이 있으므로 모든 가정까지 광케이블을 포설할 필요성이 없다는 의견도 있다.

위와 같은 의견을 감안할 때 한국통신은 FTTH의 전단계로서 FTTC(Fiber to the Curb) 구조의 광케이블망을 구축하고, 가입자 인입은 동축케이블 및 기존의 전화선을 이용하여 케이블TV와 각종 정보통신 서비스를 동시에 제공하는 것이 현실적인 방안이라고 판단하였다. 이 방안으로 가면 디지털 비디오 교환방식(Switched Digital Video)이 가능하고, 기존 가입자 인입선로를 그대로 활용하므로 구내 배선문제를 해결할 수 있다. 또한 케이블TV, VoD, 인터넷, 전화 등을 동시에 제공 가능하다.

나. 케이블TV전송망의 확장방향

앞으로 케이블TV망은 통신사업의 강력한 경쟁상대가 될 수 있다. 현재는 아날로그망으로서 방송 외 다른 서비스가 극히 제한적이나 대역폭이 확장되고 디지털 CATV망이 완성되면 이는 초고속정보통신의 하나의 기반구조가 될 것이 틀림없다. 따라서 한국통신은 케이블TV전송망 사업을 방관할 수 없었다. 한국통신 일부에서는 케이블TV전송망 사업에 불참하자는 의견도 있으나 경쟁사를 견제하고 방송통신 융합추세에 대비해야 한다는 측면에서는 적극적인 대처가 불가피하였다. 이러한 상황에서 한국통신 전략영업본부(본부장 우승술)은 케이블TV전송망사업의 사업성을 검토하고 추진방향을 다음과 같이 정립하였다(CATV사업현황 및 추진전략, 1996. 7. 10, 한국통신 전략영업본부).

첫째, 기존 케이블TV구역은 아날로그 케이블TV망을 최대한 활용하여 경제성을 높이고, 1999년부터는 점진적으로 디지털 케이블TV방식을 공급하여 멀티미디어 서비스를 제공토록 한다.

둘째, 1단계 전송망 수주구역에서의 경제성을 확보한다. 현재는 유료수신가입자 확보가 극히 부진하여 경제성이 매우 취약하나, 1999년까지는 한국통신 수주구역에 100만 수신자가 될 것으로 예측된다. 따라서 전송망 사용료를 3천원으로 인상하고 인터넷 등 부가서비스를 제공하면 2,000년에 손익분기점에 도달할 수 있다.

셋째, 2단계 전송망구역 62개 중 중소도시 이상으로 경제성이 우수한 20개 지역의 전송망을 수주하도록 한다. 2차 허가구역 중 도시지역은 디지털 케이블TV방식을 공급하기 위해 1996년 하반기 현장시험을 실시하고 그 결과를 평가하여 적용여부를 확정한다. 반면 농어촌 및 도서지역은 무선 및 위성을 이용한 DTH(Direct To Home)방식으로 공급하고, 목동방송국(SO)은 일산, 부천 등 주변지역과 MSO를 추진한다.

넷째, 한국전력 점유지역은 초고속망 하부구조의 확충을 위해 광케이블을 조기에 포설한다. 이는 경쟁사의 고속전용회선에 대한 시장잠식을 막고, 시외전화 및 국제전화의 유출

(BY PASS)을 방어하기 위한 것이다. 그리고 중계유선사업자에게 ONU시설 임대사업을 추진하고, I-VISION으로 영상서비스 경쟁을 시작한다.

다. 1998년도 케이블TV 전송로시설 공급방침

한국통신 네트워크본부(본부장 이정욱)에서는 1998년도 케이블TV전송로시설 확장을 위한 기본방침과 공급방침을 다음과 같이 결정하여 추진하였다(1998년 시내통신시설 투자사업계획 수립지침, 1996. 6, 한국통신 네트워크본부).

첫째, 적정시설을 적기에 확보하여 경쟁력을 높이고 수요에 능동적으로 대처한다. 그리고 기존시설을 최대한 활용하고 경제적 효율적 케이블TV전송망을 구축하고, 방송구역의 추가허가일정, 수주결과 및 관련 기술개발 등을 고려하여 탄력적으로 사업을 추진한다.

둘째, 케이블TV전송망 사업계획을 수립할 때는 케이블TV 수요조사보고서, 광섬유케이블, 선로, 관로 등 관련 설계기준, 표준공법 등을 적용한다. 또한 가입자 광케이블 종합기간망 구축(1994. 10), 광가입자망 중장기 발전기본계획(1996. 3), 종합유선방송 관련 법령 및 기술기준 등의 관련자료도 적용토록 한다.

셋째, 전송시스템 공급방침으로는 방송사업자(SO)의 증설요구량, 수요조사보고서, 홈패스율 등을 고려하여 적정규모의 단자수를 공급한다. 그리고 분배센터별 중장기 수요를 고려하여 수신자군(CELL) 단위로 공급계획을 검토하고, 케이블TV 광케이블 공급은 가입자 광케이블화 사업과 연계하여 추진한다. 또한 2차 전송망사업 허가지역은 정부의 허가일정 등을 고려하여 추후 공급지침을 별도 시달토록 한다.

넷째, 케이블TV전송로 시설의 공급기준은 셀(Cell)별 홈 패스율이 해당분배센터 평균치보다 현저히 낮은 수신자 군은 탭오프(Tap-off) 단자를 증설 공급한다. 그리고 기존 셀에 수요수(세대수)가 급증하여 ONU를 분리 또는 증설이 필요한 곳에 공급한다. 또한 아파트 신축, 신개발지 등 특수수요 발생국소와 방송구역확장 등 기타 공급이 필요한 국소에 공급토록 한다.

다섯째, 케이블TV 전송로시설의 공급기준은 간선시설은 Y+5년 수요, 분기시설(분배)은 Y+4년 수요를 공급한다. 그리고 인입단자 수는 Y+3년 수요×1.32로 산출한다.

이러한 공급방침에 따라 1998년도에는 총예산 2,284백만 원을 투입하여 케이블TV 분배망을 9개 국소에 건설 추진하였다.

4.4 케이블TV전송망의 유지보수

가. 한국통신의 분장업무

한국통신은 케이블TV전송망의 유지보수에 관한 업무분장을 보면 다음과 같이 정하고 있었다(CATV 전송망 유지보수에 관한 분장업무, 1995, 한국통신).

① 본사 운용보전실 전송운용국 선로운용부는 시·내외 선로시설의 운용보전계획,

CATV, 가입자 광전송시설 운용보전계획, 유선방송사업자 시설운용 및 관리에 관한 사항, 소관시설의 대개체 기준 및 조정을 담당한다.

② 직할기관인 사업개발단 CATV사업국 CATV계획부는 케이블TV 사업기본계획, 설비투자계획 및 공통지침 작성, 케이블TV방송국 관리에 관한 사항을 담당한다. 그리고 CATV시설1부 및 2부에서는 케이블TV전송망 시설계획 및 집행, 소요상면확보에 관한 사항, 시설공사 공정 및 시설품질관리에 관한 사항, 유선방송사업자 시설검사에 관한 사항을 관장한다.

③ 지역본부 전송계획부는 케이블TV 가입자 전송로시설 공급계획을 담당하고, 전송부는 케이블TV 가입자 전송로시설 공사계획 및 집행관리, 소관시설의 운용보전계획 및 운용성과 관리를 수행한다.

나. 케이블TV전송로의 유지보수방안

당시 케이블TV시설은 케이블TV방송국에서 광전송로를 거쳐 분배센터로 연결되고, 여기에서 다시 광전송로, ONU, 동축케이블로 연결되어 가입자댁내로 연결 구성되고 있었다. 이와 같은 케이블TV망 구조에서 한국통신은 케이블TV시설의 유지보수 위탁범위를 다음과 같이 정하여 시행하였다.

제1안은 케이블TV방송국, 분배센터, ONU와 가입자 댁내시설 간의 전송로, 가입자구내설비는 한국통신진흥(KITI)에 위탁한다. 그리고 케이블TV방송국과 분배센터 간 광전송로와 분배센터와 ONU 간 광전송로는 한국통신이 직접 관리한다.

제2안은 케이블TV 방송국에서 분배센터를 거쳐 ONU까지의 모든 시설은 한국통신이 직접 관리하고, ONU부터 가입자댁내까지의 전 시설은 한국통신진흥(주)에 위탁 관리한다.

이때 유지보수 대상시설은 케이블TV방송국에는 광 송신기, 분배센터에는 광 CATV 전송장치, 변복조기 등이 있다. 그리고 ONU와 가입자댁내시설 간의 전송로시설은 동축케이블, 중계기, 전원공급장치 등이 있고, 가입자구내설비로는 구내증폭기, 분배기, 망감시기, 선로 등이 있다. 이상 2개 방안에 대하여 장단점을 다음과 같이 검토한 결과 제2안으로 추진하였다.

제1안의 장점은 유지보수 전문인력의 확보가 불필요하고, 단대단(End-to-End)의 유지보수위탁으로 업무의 효율성은 향상된다는 것이었다. 반면 단점으로는 SO와 수신자에 대한 대외공신력 면에서 불리하고, 케이블TV시설이 기간망인 가입자광전송로로 전환하는 경우 유지보수 기술확보가 곤란하였다. 또한 향후 케이블TV시설이 발전함에 따라 적응이 어렵고, 업무의 기능적 분할에 대한 노동조합의 반발이 예상되었다. 뿐만 아니라 한국통신진흥의 분배센터 유지보수에 따른 본사 직원의 위화감도 발생할 수 있었다.

제2안의 장점은 대외공신력 면에서 유리하고 기간망인 가입자망이 광 방식으로 전환할 때 유지보수 능력의 확보라는 면에서 유리하였다. 반면 단점은 분배센터 유지보수 전문인력을 추가로 확보해야 하고, 케이블TV전송망 시설을 부분 위탁하게 되므로 유지보수의 효율성이 저하되는 문제가 있었다. 제2안의 경우 유지보수 전문인력을 확보해야 하는 부담이 있고, 부분위탁으로 유지보수의 효율성이 다소 저하되는 면이 있었다. 그러나 SO와 가입자 등에게 대외공신력을 확보하고 향후 케이블TV시설이 가입자 광전송로로 전환할 때 유리하였다.

이에 따라 한국통신은 1995년 4월 1일부터 케이블TV 전송로시설의 유지보수를 한국통신진흥(주)에 위탁하기로 하고 다음과 같이 결정하였다.

① 위탁대상지역은 1994년에 수주한 20개 구역으로 하고 1995년도 수주 방송구역은 공사 준공 후 위탁한다. ② 위탁업무범위는 케이블TV 동축 선로시설의 유지보수, 가입자 인입 및 구내선로 가설공사 및 유지보수, 예방점검 및 정비업무, 기타 부대업무로 한다. ③ 유지보수 위탁시설은 동축케이블 14,154Km, 증폭기 35,151대, 전력공급기 4,523대, 분배기 27,853대, 방향성 결합기 26,323대, 분기기 102,814개, 수신단자 수 538,166개 등이다.

이상 케이블TV전송로 시설업무위탁을 위해 한국통신과 한국통신진흥(주)는 업무협정을 체결하였다. 이 협정서는 한국전기통신공사 사장 명에 의하여 운용보전실장(김계열)과 한국통신진흥주식회사 사장(김옥수)이 서명하였다(한국전기통신공사와 한국통신진흥주식회사 간의 CATV 전송선로 유지보수업무의 위탁에 관한 협정서, 1995. 3. 2).

5. 케이블TV 2차 전송망 건설사업

5.1 2차 전송망건설을 위한 사업방향

가. 정부의 기본방침 및 업계동향

1996년 2차 케이블TV전송망 구축사업은 정부의 통합방송법이 제정되지 못하여 사업허가가 연기되고 있었다(1996년도 통신망건설 및 통신시설 운용대책, 1996. 9, 한국통신 네트워크본부). 이러한 상황에서 정부는 케이블TV망을 초고속인프라로 활용하고자 하는 그림을 그리고 있었다. 반면 한국통신은 이에 부응하고 쌍방향 멀티미디어 통신이 가능한 초고속망을 구축함으로써 투자낭비요인을 미연에 방지하고자 노력하였다. 또한 이 기회를 통해 케이블TV사업에 대한 추진방향을 재정립하고 관련기술 발전을 위한 합리적 방안을 모색하고 있었다. 이때 정부는 2차 전송망사업자를 지정하기 위한 기본방침과 사업자 지정방법을 다음과 같이 제시하고 나섰다.

첫째, 쌍방향 멀티미디어 통신이 가능한 초고속정보전송망을 설치하고, 과다투자를 방지하며 기술발전성을 고려하여 무선전송방식도 도입한다.

둘째, 기존유선망은 최대한 활용하며 사업자간 과열경쟁 및 방송사업자의 영향력을 최소화한다.

셋째, 2차 사업구역은 24개 구역(118개 시·군)이며 1개 구역당 2개 사업자(유선 1, 무선 1)를 지정한다. 그리고 종합유선방송사업자(SO, PP, NO)간 상호 겸영을 금지하며, 전송망사업자는 1997년 7월 10일자로 지정한다.

한편 2차 케이블TV전송망 사업에 참여가 예상되는 한국전력, 데이콤, SK텔레콤, 중계유선사업자, 한국무선케이블 등 관련 사업자들의 동향은 다음과 같이 확인되었다.

① 한국전력은 1996년까지 정보통신사업분야에 총 1조6천억 원을 투자하였으며, 전 방송구역에 케이블TV전송망 구축신청이 확실하고, 이 전송망을 활용하여 인터넷, VoD, 케이블TV전화 등 부가서비스를 개발 시연하고 있다. 한편 회선임대용 광케이블을 포설하여 데이콤, 온세통신, SK텔레콤, 두루넷 등에 회선임대 중에 있으며, 이러한 시설을 확보하는 것은 케이블TV전송망 수주와도 관련되어 있다. 또한 케이블TV망에 CMI장비를 장착하여 PCS기지국을 제공할 계획도 가지고 있다. 뿐만 아니라 1차 사업구역 중 8개 방송사업자(SO)와 일부 프로그램공급자(PP)의 지분인수를 통해 방송사업자 및 프로그램 공급자의 지분참여를 통한 방송사업에의 진출도 예상된다.

② 중계유선사업자의 경우 성남, 구미 등에서 중계유선 단일컨소시엄 방송사업자(SO) 신청을 하고 있다. 그리고 기존망 활용이 가능한 일부지역 사업자의 전송망사업 신청도 예상됨으로써 간접방식의 전송망사업과 방송사업(NO/SO)의 겸영사업자의 등장도 가능할 것으로 보인다.

③ 데이콤은 시내전화 컨소시엄에 참여한 한국전력과 협력 체제를 구축하여 한국통신의 시내통신망 의존도를 최소화하는 방향으로 노력하고 있다. 그리고 기륭전자와 공동으로 디지털 LMDS를 개발하고 데이콤 본사에 송신시설을 설치하여 실험방송 중에 있다.

④ SK텔레콤은 1996년 9월부터 과천에서 100가구를 대상으로 LMDS방식을 시험운용 중이다. 그러나 강우감쇄가 심하고 통달거리가 짧아 농어촌지역 설치가 곤란하고, 장비가격도 형성되지 못하고 있어 실용화는 불투명한 상태이다.

⑤ 한국무선케이블(주)는 1996년 5월부터 강남지역에서 20가구를 대상으로 MMDS를 시험운용 중에 있다. 이 장비는 채널수가 20개로 제한되는 문제가 있어 방송사업자(SO)측의 수용여부가 불투명하다. 그러나 농어촌 지역에는 제한된 채널수 만으로 차별적 가격으로 서비스가 가능할 것으로 예상된다. 이 회사에는 한국통신이 지분참여(3.2억원, 20%)를 하고 있다.

나. 케이블TV전송망 사업의 환경진단

한국통신은 1차 수주 당시의 교훈과 현안문제점을 확인하고 2차 사업구역에 대한 종합적 사업성과 전망을 분석하였다. 그리고 사업구역별 적용 가능한 전송방식과 참여방안, 투자비 최소화 방안 등을 중점 검토한 후 추진키로 하였다. 또한 정부의 2차 전송망사업자 지정계획을 기본으로 하여 2차 사업에의 참여를 위한 환경을 다음과 같이 진단하였다(CATV전송망사업참여 검토, 1997. 5, 한국통신 전략영업본부).

① 케이블TV사업은 아직 방송초기로 유료시청자 가구가 7.1% 정도에 머물고 있으나, 무료시청가구를 포함하면 총 200만 가구로 28%를 육박하고 있고, 정부에서 추진중인 프로그램 패키지화가 도입되면 유료가입자가 대폭 증가할 것으로 예상된다.

② 1차 사업지역의 전송망 투자는 거의 완료된 상태(홈 패스율 70%)로 추가 투자비용없이 지속적인 수익증대가 예상된다. 그리고 감가상각비를 제외한 단순수지는 1999년 하반기부터 흑자로 전환될 것으로 예측된다.

③ 수지개선을 위한 긍정적 환경으로의 변화가 예상된다. 정보통신부는 현재 3분할 구조하의 수신료 배분구조에서 전송망 이용료를 현실화하는 방향으로 개선 추진하고 있다. 그리고 이용약관상 전송망이용료(2,250원-3,000원) 중 상한요금인 3천원으로 1998년에 우선 인상한다. 또한 1997년 8월부터 무궁화위성을 통한 DBS 실시와 인터넷 등 부가서비스를 보급하게 되면 획기적으로 수신자가 증대할 것으로 예상된다.

④ 2차 사업구역은 대체로 1차 사업구역에 비해 사업성이 떨어지는 구역이 많으나 서울 인근 및 대도시의 경우 사업구역이 넓고 가구밀도가 높아 오히려 1차 사업구역에 비해 사업성이 우수하다.

한편 한국통신이 2차 전송망사업 구역에 불참하는 경우, 경쟁사에게 전국망을 구축하는 빌미를 제공하여 기간통신사업자로 발돋움하는데 기회를 주게 되고, 한국통신은 초고속통신망 구축의 주도권을 상실할 수 있는 염려가 대두되었다. 또한 케이블TV망을 이용하여 다양한 서비스가 가능하므로 한국전력이 제2의 종합통신사업자로 등장할 가능성도 간과할 수 없었다. 뿐만 아니라 경쟁사에서 각종 서비스의 저가공세 등 무차별적 판매활동을 시도하는 경우 한국통신 상품(전용회선)에 대한 방어가 곤란하여 시장잠식이 가속화될 우려도 있었다.

다. 한국통신의 케이블TV 사업방향

한국통신은 케이블TV망을 초고속인프라로 활용하고자 하는 정부정책에 부응하고 초고속망과 연계투자로 향후 중복투자의 낭비요인을 줄일 수 있도록 원칙적으로 디지털방식을 공급토록 방침을 정하였다. 그리고 기술적 조건을 충족할 때까지 기능을 보완하고 장비가격의 하락으로 경제성이 확보될 때까지 계속 보완 발전시켜 나가기로 하였다. 그러나 디지털방식이 2차 구역 공급시점에도 기술성이나 경제성이 없을 때에는 부득이 다른 방식으로 공급하기로 하였다.

향후 통신사업의 최대경쟁자로 부상할 경쟁사의 통신시장 진입을 억제하고 방어하기 위해 유선 또는 무선방식을 선택하여 효과적인 신청방법을 강구하는 것으로 하였다. 전송망 수주이후에는 통신망의 장래성과 사업의 경제성 등을 고려하여 최소한의 구역에만 참여 투자하고 최대한 경제적 투자방법을 강구하며, 초기년도 투자는 1개 방송구역당 최대 100억원을 초과하지 않는 범위에서 시행하는 방법으로 정하였다.

그리고 유선방식은 아파트 밀집지역과 가구밀도가 높아 사업성이 우수한 지역, 경쟁사의 서울인근 대도시 지역, 부가서비스 창출이 가능한 구역, 초기투자비를 최소화할 수 있는 지역 등에 공급하는 것으로 하였다. 반면 무선방식은 유선방식 신청지역을 제외한 사업성 및 경제적 망구축이 용이한 지역에 공급하고, 산악지역으로 사업성이 열악한 지역은 참여를 포기하는 방침을 정하였다.

라. 케이블TV 전송망 공급대상지역

앞에서 설명한 한국통신의 케이블TV 전송망 사업추진방향에 따라 2차 케이블TV전송망 사업을 위한 공급대상지역을 검토하였다. 검토결과 그 대상지역 및 사업규모는 24개 구역에 총 5,487,369 가구이며, 방송사업자의 방송구역별 내역은 <표 6-8>과 같다(CATV전송망 사업참여 검토, 1997. 5, 한국통신 전략영업본부). 이때 유선방식 공급대상구역은 안양, 성남, 부천, 고양, 용인, 구리, 울산, 익산 등 8개 지역으로 결정되었고, 무선방식 공급대상구역은 광명, 마산, 구미, 서산, 의정부, 진주, 김해, 경주, 여수, 강릉 등 9개 구역으로 정해졌다. 한편 안동, 충주, 나주, 원주 등 4개 구역은 참여 제외지역으로 검토되었다.

<표 6-8> 2차 케이블TV전송망 공급대상지역

허가 구역	총가구수	허가 구역	총가구수	허가 구역	총가구수	허가 구역	총가구수
안양	326,265	광명	327,414	성남	278,974	부천	282,014
울산	287,991	고양	238,320	용인	265,695	마산	235,118
구리	261,588	익산	172,788	여수	237,805	김해	238,820
구미	254,377	의정부	197,985	진주	204,512	공주	204,194
경주	196,260	서산	171,671	정읍	196,758	안동	211,519
충주	186,201	나주	187,278	강릉	189,059	원주	134,763

5.2 참여냐 불참이냐의 갈림길

가. 케이블TV전송망사업의 중간평가

1996년 당시 2차 케이블TV전송망 구축사업은 정부의 통합방송법이 제정되지 못하여 사업허가가 연기되고 있었다(1996년도 통신망건설 및 통신시설 운용대책, 1996. 9, 한국통신 네트워크본부). 이때 한국통신이 2차 허가대상 62개 구역 중 31개 구역을 수주하는 경우 300여만 가구로서 초기공급시설은 1,533,780가구(예상가구의 50%)가 된다. 시설방식별 투자소요액을 예상하면 <표 6-9>와 같다.

<표 6-9> 케이블TV방식별 총 투자비 예상액

구분	450MHz	550MHz	750MHz	디지털CATV
단가	188,000	189,000	210,000	1,180,000
총소요액(억원)	2,886억원	2,891억원	3,210억원	1조 8,178억원

한국통신은 2차 케이블TV전송망 사업에 계속 참여하기에 앞서 사장주재 실본부장 회의를 개최하고, 이어서 기업전략국장 등 관련부서 국장회의를 거쳐 전송망사업에 대해 다음과 같은 중간평가를 내렸다(1996. 7. 9).

① 한국통신이 케이블TV 사업에 참여하게 되면 네트워크본부 주관으로 광가입자망 진화계획과 연계하여 네트워크를 구축하고 방식을 결정토록 한다. 그리고 전략영업본부에서 디지털 케이블TV 방식을 추진함은 업무편제 상 잘못된 것으로 네트워크본부가 업무를 이관 받아 추진함이 타당하다.

② 앞으로 2차 케이블TV전송망 사업은 참여하는 경우 적자가 계속되어 타 사업에서 적자보전을 해야 할 전망으로 사업타당성이 없다. 더구나 매체경쟁시대에서 통신망진화에 더 많은 투자가 요구되는 시기에 케이블TV사업에 막대한 재원을 투입하는 것은 바람직하지 않다.

③ 한국전력 단독으로 전체 케이블TV전송망을 구축한다는 것은 무리이고, 한국전력 측 케이블TV가입자가 한국전력 측 통신가입자로 전환된다는 논리는 타당하지 않다. 그리고 N-ISDN 가입자에게 영상회의 및 케이블TV서비스의 제공이 가능해지는 등 기술발전에 따라 현재 케이블TV전송망만으로 줄 수 있는 방송서비스도 통신망에서 흡수 가능하다.

나. 사업수주불참 시 문제점

우리나라는 1996년 통합방송법이 제정되고 2차 허가지역에 대한 구역이 조정되어 고시를 앞두고 있었다(1996. 7-1996. 10). 그리고 1996년 말에는 신규 유선종합방송국(SO)도 허가될 예정이었다. 그러나 2차 허가지역은 마산, 울산 등 20개 도시지역을 제외하면 대부분 농어촌 지역으로 1차 허가지역에 비하여 사업성이 없는 것으로 평가되었다. 그러나 한국통신이 2차 전송망사업 수주에 불참할 경우 다음과 같은 문제가 예상되었다.

① 경쟁사에 전국망을 구축할 수 있는 절호의 기회를 제공하여 기간통신사업자로 발돋움하는데 결정적 기회가 될 수 있다. 또한 한국통신은 초고속통신망 구축의 주도권을 상실하게 되어 멀티미디어 서비스 개발추진도 곤란해질 수 있다.

② 경쟁사가 케이블TV망을 이용하여 다양한 서비스를 제공할 수 있어 제2의 종합통신사업자로 대두될 가능성이 있고, 강력한 경쟁사업자로 등장할 가능성이 높다.

③ 경쟁사의 저가공세 등 무차별적 판매활동이 시작되는 경우, 한국통신의 전용회선 상품 등에 대한 시장방어가 곤란하여 통신시장 잠식이 가속화될 우려가 있다. 그리고 경쟁사가 케이블TV망을 이용한 부가서비스를 개발 보급할 경우 한국통신의 유사상품은 경쟁력을 잃을 것으로 예상된다.

④ 한국통신의 신뢰도가 저하하여 방송국사업자(SO)의 불만이 가중되고 이탈함으로서 통화상품의 점유율 하락도 예측된다. 이렇게 되면 향후 마케팅활동에 지장을 초래하게 될 수밖에 없다.

5.3 2차 전송망사업에 참여하는 쪽으로 결정

가. 2차 전송망사업 참여기본방침

위와 같은 상황을 감안하여 한국통신은 2차 케이블TV전송망 사업에 참여하는 쪽으로 가닥을 잡고 그 기본방침은 다음과 같이 정하여 시행키로 하였다.

첫째, 케이블TV망을 초고속인프라로 활용하고자 하는 정부정책에 부응하고, 초고속망과 연계투자로 향후 중복투자의 낭비요인을 줄일 수 있도록 하기 위해 원칙적으로 디지털방식을 공급한다. 이를 위해 기술적 조건을 충족할 때까지 기능을 보완하고 장비가격의 하락을 유도하여 경제성이 확보될 때까지 계속 보완 발전시킨다. 그러나 디지털방식이 2차 사업을 위한 장비공급시점에도 기술성이나 경제성이 없을 때는 부득이 다른 방식으로 공급 검토한다.

둘째, 향후 통신사업의 최대경쟁자로 부상할 경쟁사의 진입을 억제하고 방어하기 위해 유선방식 또는 무선방식의 효과적인 신청방법을 강구한다. 그리고 수주 이후의 투자는 통신망의 장래성과 사업의 경제성 등을 고려하여 최소한의 구역으로 참여하고 최대한 경제적 투자방법을 강구한다. 한편 초기년도 투자는 1개 방송구역 당 최대 100억 원을 초과하지 않는 범위에서 시행한다.

셋째, 아파트 밀집지역, 가구밀도가 높아 사업성이 우수한 지역, 경쟁사의 서울 인근 대도시 진입을 저지하고 부가서비스 창출이 가능한 구역, 초기투자비를 최소화할 수 있는 구역 등에는 유선방식을 적용한다. 반면 유선방식 신청지역을 제외하고, 사업성 및 경제적 네트워크 구성이 용이한 지역에는 무선방식을 적용한다. 한편 산악지역으로 사업성이 열악한 지역은 참여를 포기한다.

이와 같은 기본방침에 따라 한국통신 전략영업본부(본부장 우승술)는 2차 허가지역에 대한 사업수주를 다음과 같이 추진하였다(CATV사업추진 현황보고, 1996. 6. 26, 한국통신 전략영업본부).

① 경제성이 우수한 지역 위주로 수주활동을 전개하고, 우선 주요기관, 기업체 빌딩에 광케이블을 선점 공급한다. 전송망 수주에 실패할 경우에도 마산, 울산 등 주요도시에는 가입자 광케이블망을 조기에 건설한다. ② 2차 허가지역 62개 지역 중 중소도시 이상 경제성이 우수한 20개 지역을 중점 공략한다. 그리고 신규지역 중 도시지역은 디지털 케이블TV(SWAN-II)를 공급하고, 변두리지역은 무선 케이블TV 방식을 도입한다.

나. 2차 허가지역의 선별적 수주

한국통신 1차 허가지역 사업의 진행상황을 분석하고, 정부의 2차 케이블TV사업 지역에 대한 수주방향을 다음과 같이 재확인하였다(CATV사업 현황 및 추진전략, 1996. 7. 10, 한국통신 전략영업본부).

① 연간 6,600억 원 규모의 전용회선 시장을 방어하기 위해 한국통신은 주요기관, 기업체 빌딩에 광케이블을 선점 공급이 필요하다. 한국통신이 광단국을 먼저 설치하고 나면 후발주자가 이를 중복 설치하는 것이 어렵기 때문이다. 데이콤도 이 설비의 선점투자를 서두르고 있다.

② 1994년 한국통신이 수주한 1차 방송구역은 이미 포설된 케이블TV전송망의 여유 광코어를 이용하여 대형건물의 광케이블화를 적극 추진한다. 그리고 1차 한국전력 수주구역에 대해서도 광케이블 투자사업을 조속히 추진한다. 이는 전용회선 및 중계유선전송망으로 우선 활용하고 멀티미디어 서비스를 수용한다.

③ 1996년 2차 허가대상지역에서는 수익성이 우수한 20개 도시지역을 중심으로 수주활동을 전개한다. 전송망 수주에 실패할 경우 주요도시는 가입자 광케이블망을 조기에 투자한다.

다. MSO 허용에 따른 대응전략

당시 정부에서는 사업성이 우수한 지역과 열악한 지역을 혼합하여 MSO허가를 할 것으로 예상되었다. 여기에는 지분참여 등을 포함하여 4개-5개 지역 정도일 것이며, 실적이 우수한 방송국은 인근지역의 MSO로 허가될 것으로 예상되었다. 이에 따라 한국통신 전략영업본부에서는 대응전략을 다음과 같이 정하였다(CATV 사업추진 현황보고, 1996. 6. 26, 한국통신 전략영업본부/ CATV사업현황 및 추진전략, 1996. 7. 10, 한국통신 전략영업본부).

① 주요거점지역인 성남, 일산 등 12개 지역을 선정 추진하고, 울산, 안양, 마산 등의 지역은 중계유선사업자와 연대하여 참여한다.

② 1차 허가지역의 유선종합방송국(SO)의 매입방안도 검토 추진한다. 대상 방송국으로는 강서, 용산, 서인천, 북인천, 천안, 대구(푸른) 등이고, 소요예산은 350억 원으로 추정된다.

5.4 2차 전송망사업의 수주준비

가. 2차 사업수주의 주관부서 결정

케이블TV전송망 사업은 종합유선방송국이 송출하는 종합유선방송을 수신자까지 전송하는데 필요한 전송선로설비를 설치 유지보수하는 사업이었다. 한국통신은 종합유선방송국에서 ONU까지의 선로는 광케이블화 하고 ONU로부터 가입자까지는 동축케이블을 사용하도록 계획하였다. 한국통신 입장에서는 케이블TV전송망을 초고속정보통신망 구축의 기반조성을 위한 투자로 보고, 가입자 선로의 광케이블화 및 종합기간망 구축계획과 연계 추진하였다.

또한 차기 허가예정구역에 광케이블 전송선로를 선투자하여 시장을 선점하는 방안도 검토되었다. 따라서 시내사업본부에서 추진하고 있는 가입자 광케이블 구축계획과 연계 추진해야할 차세대통신망 구축사업의 일환으로 판단하였다. 당시 한국통신 내 케이블TV 전송망사업 관련부서는 다음과 같다.

① 시내사업본부(전송계획국) ⇨시내선로 광 케이블화 실행계획 수립, 시내전송로 설비투자계획 수립 및 조정, 시내전송로 시설공급 및 시설계획의 수립 및 조정.

② 사업개발단(CATV사업국 CATV시설1부, CATV시설2부) ⇨케이블TV전송망 시설계획 및 집행, 시설공사 공정 및 시설품질관리에 관한 사항.

이러한 상황에서 한국통신은 케이블TV전송망 사업을 효율적으로 추진하기 위하여 앞으로 이 사업의 주관부서를 다음과 같이 검토하였다.

제1안은 시내사업본부에서 수행한다. 이 방안은 가입자선로 광케이블화와 병행 추진할 수 있고, 시내사업본부의 가입자 선로구축업무의 일환으로 수행할 수 있다는 장점을 가지고 있다. 그러나 시내사업본부는 전화사업의 비중이 크고 대국민 서비스를 제공하는 등의 업무가 과중하여 케이블TV전송망 수주업무에 전담하기에는 어려움이 있다.

제2안은 시외사업본부에서 수행한다. 이 방안의 경우 케이블TV분배망 사업과 연계하여 추진하고, 사업본부 간 부하의 균등화라는 면에서 장점이 있다. 그러나 시외사업본부가 시내전송로를 투자하는 모순이 발생하고, 시외경쟁 대응업무로 인해 케이블TV 수주활동에 전념하기가 곤란하다. 또한 시외사업본부는 본사의 사업부서로 독립기관이 아니라서 케이블TV 수주에 필요한 경비지출에 어려움이 있으며, 1차 수주경쟁의 경험이 없다는 약점도 있다.

제3안은 사업개발단에서 수행한다. 이 방안은 케이블TV전송로 수주사업에 전담할 수 있고, 1차 수주경쟁의 경험을 활용할 수 있으며, 직할기관으로 되어 있어 경비지출 등이 비교적 용이하다. 그리고 VoD 등 영상사업과 연계한 업무로 추진할 수 있다. 반면 사업개발단의 업무성격과는 다소 괴리되고, 신사업본부 영역을 침범하는 문제가 있다.

이상과 같은 검토결과, 업무의 성격은 시내사업본부에서 수행하는 것이 타당하나 시내전화사업의 비중 및 대국민 서비스 부담으로 시내사업본부가 케이블TV전송로 수주업무를 전담하기에는 무리가 있다고 판단하였다. 따라서 1차 전송망 수주경쟁에서 얻은 경험을 살려 2차 방송사업의 전송망 수주경쟁에 효율적으로 대처하기 위해 사업개발단에서 이를 수행하도록 정하고, 향후 수주활동이 완료된 후 재검토하는 것으로 결정하였다.

나. 2차 전송망사업의 부서별 추진상황

1996년 하반기 한국통신은 케이블TV 전송망사업의 경제성, 기술성, 사업의 전략성 등을 고려하여 새로운 시각에 의하여 2차 케이블TV전송망 사업을 수주하고자 이에 대한 검토회의를 개최하였다(1996. 10. 31). 이 회의에서는 2차 사업에 대한 참여범위 및 참여시 기술방식 등을 어떻게 할 것인가를 논의 하였으며, 이에 대한 객관적 결론을 내기 위해 실무검토반을 구성 운영하기로 하였다. 이 실무검토반은 기획조정실, 전략영업본부, 네트워크본부, 시설운용실, 조달본부, 전송기술연구소의 부장급 직원 각 1명으로 구성하였다. 이때 부서별로 검토한 사항을 종합하면 다음과 같다.

① 기획조정실은 케이블TV 사업을 위한 소요예산 총 2,721억 원을 확보한다. 세부내역을 보면 경상비 부문에는 수선유지비 111억 원, 지급수수료(위탁) 134억 원이고, 투자비로는 1차 수주지역 전송로 증설 273억 원, 중계유선사업자 ONU 102억 원, 2차 CATV허가지역 2,101억 원 등이다.

② 전략영업본부는 2차 케이블TV전송로 사업의 수주를 담당한다. 현재 디지털 CATV장비(SWAN II)는 은평, 송파지역에서 시험 운용 중에 있으며, 여기에는 삼성, 삼우(미BBT), 대우·대영·KNC(미 INC)가 참여하고 있다. 한편 SWAN II 시스템 개발추진계획은 사업개발단에서 이미 수립된바 있다(1995. 7).

③ 네트워크본부는 2차 수주지역의 시설공사 및 운용보전을 담당한다. 이때 사업개발단에서는 2차 수주시 아날로그방식 케이블TV장비의 납품을 희망하는 의견을 접수하였다(1996. 2). 15개 대상 업체 중 일부업체는 2차 수주에 대비하여 아날로그방식 케이블TV장비(750MHz)의 개발이 거의 완료단계였다.

④ 조달본부에서는 아날로그방식 케이블TV장비(450MHz)에 대해 후속조달 신규참여방식으로의 조달을 검토하고 이를 위해 희망업체(대영)의 제안을 평가하고 있다.

⑤ 연구개발본부 전송기술연구소는 광 가입자전송장비(FLC-C)를 개발을 담당하고 있으며, 이 개발에는 LG, 삼성, 대우·대영, 한화, 삼우 등이 참여하고 있다. 연구개발본부는 경쟁개발업체와 개발협약을 준비하고 있다.

다. 2차 전송망사업 수주전략

당초 2차 케이블TV 전송망사업은 1997년 3월에 통합방송법이 제정되면 이어서 케이블TV방송국(SO) 신청 및 선정(1997. 6), 수주활동(1997. 8-1997. 10), 케이블TV방송국(SO)과의 계약(1997. 11), 설계(1997. 12), 공사발주(1998. 1/4분기)의 순으로 진행되어 1998년 하반기에 개통하는 것으로 되어 있었다. 이때 전체 방송구역의 75%는 1차 전송망사업으로 사업이 끝난 상태이고, 2차 전송망사업은 대도시 및 위성도시 12개, 중소도시 및 농어촌 50개 지역이 수주대상이 되고 있었다.

이는 통신사업의 수익분배 면에서 전국 수익의 15%에 불과하고, 인터넷 이용자의 95%는 1차 수주지역에 밀집되어 있었다. 따라서 2차 수주구역은 기회측면에서 열악한 지역일 뿐만 아니라 주로 농어촌지역이 많아 단위 가구당 투자비는 1차 수주지역에 비해 훨씬 많이 소요될 전망이었다. 이에 따라 한국통신 기획조정실(실장 김부중)에서는 2차 케이블TV전송망 사업의 수주전략을 다음과 같이 정하여 추진하였다(CATV 추진전략, 1996. 11. 21, 한국통신 기획조정실).

첫째, 초고속정보통신망 구축의 일환으로 케이블TV전송망을 건설한다는 방향을 정하고, 전체 수주지역을 대상으로 적극적 수주활동을 전개하되 지역별로 전략적으로 추진한다.

둘째, 케이블TV방송국과 협약을 체결할 때 한국통신과 방송국 간에 합리적이고 동반자적 협력관계가 구축될 수 있도록 명시하고, 거시적이고 장기적 안목에서 프로그램공급자(PP)와 종합유선방송국(SO)의 육성책을 강구토록 한다. 또한 방송국(SO)을 통해 마케팅을 활성화하고 1998년 이후에는 M&A를 고려한다.

한편 1996년말 정부는 2차 허가지역의 사업추진을 위한 관계기관회의를 소집하여 대책을 논의하였다(1996. 12. 5). 이 회의는 공보처 주관으로 공보처 신문방송국에서 열렸으며 주요내용은 다음과 같다.

① 이 회의에는 공보처의 신문방송국장, 방송행정과장, CATV추진기획단장이 참석하고, 한국통신은 시설운용실 시내전송계획1부장(김영현), 전략영업본부 CATV계획부장(정규일)이 참석하였다. 한국전력에서는 정보통신사업실 통신사업팀장, CATV사업팀 부장이 참석하였다.

② 정부의 케이블TV 전송망사업 2차 허가지역을 위해 1996년 12월 중 사업자 허가공고를 하고, 1997년 3월에 사업자를 허가한다. 사업구역은 현재 62개 구역을 25개- 27개 구역으로 광역화하여 사업을 허가한다.

③ 정부는 한국통신과 한국전력의 전송망 사업계획을 검토한 후 전 지역을 일괄적으로 추진할 것인지, 단계적으로 추진할 것인지 등의 방침을 결정한다. 이 회의에서 한국전력은 전 지역 일괄사업 추진방안을 제안하였다.

④ 공보처는 전송망사업자에게 2차 허가지역의 전송망 사업전략을 1996년 12월 7일까지 제출하기를 요구하였다. 제출하는 사업전략에는 전송망구축 가능지역 수, 확보가능재원, 설계, 시공, 전송망구축 소요기간 등을 포함할 것을 요구하였다.

5.5 사업 환경변화 및 대응방안

가. 어려운 사업환경

1996년 중반 케이블TV 전송망 1차 사업이 마무리된 후 전송망의 구성내용을 살펴보았다. 전송방식은 450MHz의 아날로그 방식이고, 광케이블 및 동축케이블로 구성되었으며 60채널을 제공하고 있었다. 이때 케이블TV방송국과 ONU 간은 광케이블을 공급하여 성형(Star) 구조로 구성되었으며, ONU와 가입자댁내 간은 동축케이블을 사용하고 나뭇가지형(Tree & Branch) 구조로 구성되었다. 또한 ONU당 약 2,500가입자를 수용하였으며 한국전력의 경우는 8,000가입자를 연결하였다.

당시 우리나라 케이블TV전송망 사업은 근본적으로 사업성이 빈약함에도 불구하고 정부에서는 사업자수 만 풍선처럼 늘려나가는 바람에 케이블TV 전송망사업 뿐만 아니라 초고속통신사업 전반에 걸쳐 다음과 같은 방향으로 가고 있었다. 이로 인해 케이블TV 전송망 사업자는 큰 어려움에 직면하였다.

첫째, 당시 케이블TV 사업은 방송국사업자(SO), 전송망사업자(NO), 프로그램공급자(PP)의 3분할 체제로 운영되고 있었다. 수익은 전송망사업자는 월 수신료의 15%, 프로그램공급자는 32.5%, 방송국사업자는 52.5%로 배분되었다. 이때 한국통신은 전송망사업자로 참여하였으며, 중계유선사업자의 총 가입자 수는 약 600만이었다.

둘째, 정부는 통합방송법 개정 시 방송구역을 광역화하고 MSO를 허용하고자 하였다. 방송구역은 당시 구역당 10만 가구에서 30만-50만 가구로 확대되는 상황이었다. 또한 단일구역에 단일 방송국사업자(SO) 운영방식을 앞으로 단일 방송국사업자에게 복수구역을 허용하는 쪽으로 가고 있었다.

셋째, 정부는 226개 공단 및 항만지역에 초고속망사업자를 지정하고 이들에게 방송사업자(SO)로서의 지위와 당해지역 통신사업권을 부여하는 방안을 추진하고 있었다.

넷째, 정부는 초고속 정보통신망의 기반구조의 조기구축을 위해 민간자본을 유치하기 위한 노력의 일환으로 지역별, 서비스별 사업자를 지정하여 기간통신사업자의 통신사업권을 부여하는 방안도 추진되고 있었다.

이런 와중에 한국통신이 케이블TV 전송망사업을 지속한다면 본연의 임무인 정보통신사업 전반에 상당한 어려움을 초래할 것으로 판단되었다. 무엇보다 당시 한국통신이 담당하고 있는 케이블TV 전송망구역의 사업적자폭이 누증되고 있었고, 2차 케이블TV 전송망사업에 참여할 경우 적자폭은 대폭 누증될 것이 뻔히 보이는 상황이었다. 이때 많은 영세한 방송국사업자(SO)들도 적자상태를 벗어나지 못하고 있어 대폭적으로 네트워크 이용료를 인상한다는 것도 곤란하였다.

한편으로는 한국전력의 통신사업 참여에 대한 시각을 교정해줄 필요가 있었다. 앞에서 여러 차례 언급한 내용이지만 케이블TV전송망은 방송신호를 단방향으로 분배하는 망으로서 광대역전송망이 아니며 통신 및 양방향 멀티미디어 서비스를 전송하기에는 부적합하였다. 전면적 재설비후에나 통신서비스의 제공 가능하나 이때에도 품질저하 등의 문제로 경쟁력은 없었다.

또한 특정지역 초고속통신사업을 위해 케이블TV전송망을 이용하는 방안도 경쟁력이 없었다. 따라서 한국전력은 일반가입자의 직접 접속보다는 시외전화사업자를 대상으로 우회회선을 제공하고 회선임대사업 등에 주력할 것으로 예상되었다. 한편 케이블TV전송망 사업의 추진과정에서 한국통신의 광대역통신망 구축계획이 공보처의 방송망구역에 종속되는 문제도 발생할 수 있었다.

케이블TV 사업구역과 전화수용구역이 서로 달라지고 유지보수체계도 상이하게 되는 등의 문제가 예상되었다. 그리고 광대역 통신서비스를 제공할 때 기존통신망의 제공서비스와 케이블TV전송망의 제공서비스 간 차별화가 불가능해져서 광대역 통신서비스에 대한 적정요금 부과가 곤란한 해질 것으로 보였다. 이런 문제의 일부라도 해결하기 위해 디지털 CATV방식(SWAN-II)의 추진이 필요하였다.

나. 2차 케이블TV전송망 사업의 대응방안

앞에서 설명한 바와 같은 케이블TV전송망 사업여건 및 환경이 어려워짐에 따라 한국통신 네트워크본부(본부장 이정욱)는 이 사업시행을 위한 대응방안을 경쟁중심에서 벗어나 당초의 한국통신 통신망발전계획에 따라 추진하는 방향으로 변경하였다(CATV 전송망 발전계획, 1996. 6. 26, 한국통신 네트워크본부). 이 계획의 주요내용은 다음과 같다.

첫째, 케이블TV전송망 구축사업이 적자가 될 수밖에 없는 주요원인은 한국전력과의 무리한 경쟁에 기인함으로 앞으로 경쟁을 지양한다. 한편 장비조달절차, 효율적인 네트워크 설계, 운용관리 기법개선 등으로 네트워크 구축비용 및 유지비용 절감책을 강구한다.

둘째, 2차 케이블TV 전송망사업 지역은 기존 전송망(450-750MHz)구조로 구축하고, 방송국사업자(SO)가 채널증설을 요구하는 경우 네트워크 이용료를 인상하고 대역폭 확장을 연계 추진한다.

셋째, 사업경쟁은 물론 21세기 초고속정보통신시대에 대비하여 광가입자망 구축계획을 활성화한다. 우회회선 제공(CAP) 영역의 본격적 경쟁에 대비하여 대도시 상업지역의 광케이블 수용구역(FTTO)을 조기에 대폭 확장한다, 그리고 수요밀집지역의 광가입자망(FTTC)을 구축하고 장치개발 및 설계, 운용기술을 확보한다.

넷째, 2차 케이블TV전송망 구축사업은 AM광통신방식과 동축케이블방식(550MHz-750MHz) 전송로를 구축하고, 가입자선로의 광케이블화와 연계한 케이블TV 광휘더망을 건설한다. 그리고 1차 케이블TV전송망 사업지역의 광휘더 사용효율을 높이고, 2차 사업지역에 대하여는 최적 망설계를 시행하고 건설체제를 구축한다. 그리고 효율적인 네트워크 구축 및 유지보수체제를 구축한다.

다섯째, 2차 케이블TV 사업지역은 광가입자망(FTTC)과 통합 추진한다. 이를 위해 서비스 통합제공 추진방향을 정립하고 가입자선로 광케이블화와 연계추진하며 광대역 멀티미디어 서비스 제공망(FTTC)에 통합 추진한다.

다. 대정부 건의 및 정부의 동향

1996년 후반 한국통신은 향후 케이블TV 전송망사업의 발전을 위한 몇 가지 과제를 공보처와 정보통신부에 건의하였다(CATV 추진전략, 1996. 11. 21, 한국통신 기획조정실). 이때 주요 건의내용은 다음과 같다.

첫째, 홈 패스율(Home Pass)의 폐지를 요청한다. 현행 홈 패스율은 수요와 유리될 뿐만 아니라 초기에 막대한 투자비가 수반된다. 따라서 방송사업자(SO)가 제시하는 수요에 의해 적정투자를 하도록 한다.

둘째, 방송사업자(SO) 및 프로그램공급자(PP)의 육성 지원측면과 원가개념을 고려하여 합리적 수익배분구조를 재설정해야 한다. 즉 네트워크공급자(NO), 방송국사업자(SO), 프로그램공급자(PP) 간 수익배분구조를 개선해야 한다.

셋째, 한국통신은 광가입자망 중장기발전계획에 따라 초고속정보통신 사업지역에 케이블TV서비스를 제공토록 되어 있다. 따라서 한국통신의 경우 케이블TV 수주지역과 상관없이 한국전력 사업지역 내 방송사업자(SO)와도 별도 협약체결이 필요하다. 또한 무선 케이블TV 방식을 채택하는 경우 이에 필요한 주파수를 배정해야 한다.

1996년 하반기 케이블TV관련 정부의 정책방향을 종합해보면 정보통신부는 초고속정보통신망 인프라구축을 위한 기술방식에 케이블TV전송망, 위성체, 무선망(WLL 등)을 추가하기 위한 관련법 개정을 검토하고 있었다. 또한 국가경쟁력 강화의 일환으로 추진 중인 정보통신산업 종합발전대책의 11개 과제 중에도 케이블TV전송망, 무선망 등을 디지털화하여 초고속 정보통신망으로 활용한다는 방침을 정하였다. 그리고 공보처는 홈 패스율에 대한 합리적 개선의견에 긍정적인 반응을 보였다.

그동안 선진국 케이블TV는 중계유선방송으로 시작하여 종합유선방송으로 발전하여 왔다. 우리나라 중계유선방송에 대한 정보통신부의 정책동향은 다음과 같다(CATV 추진전략, 1996. 11. 21, 한국통신 기획조정실).

① 중계유선방송에 대한 규제를 완화하여 중계유선방송과 종합유선방송 간 시장경제원리에 따라 자연적으로 통합되도록 하여 유선방송의 일원화를 추진한다. 또한 중계유선방송을 컨텐츠, 방송기기산업 등의 방송산업의 육성자원으로 활용한다. 여기에서 자원이라함은 660만 가구의 시청자 및 방송설비를 뜻한다.

② 통신과 방송의 융합화와 초고속정보통신망의 조기구축을 위해 중계유선망을 질적 개선하여 초고속 인프라로 활용한다. 이를 위해 중계유선사업자와 기간통신사업자가 협력하여 종합시범방송 및 부가통신사업을 추진하며, 부가통신사업자를 육성 검토한다.

③ 전국 우수중계유선사업자 10개 지역을 선정하여 1997년에 시범방송을 추진하고, 초고속망 사업의 우선 서비스는 케이블TV 프로그램으로 정하여 우수모델을 정부의 초고속망 사업자로 지정한다. 예를 들어 1차로 성남 중계유선방송사업자(10만 가구 시청)를 추진한다.

그러나 이와 같은 정책부분은 정부의 과도한 의욕만이 앞선 탓으로 후일 실행이 되지 못하고 흐지부지 되었다.

6. 종합유선방송 전송망사업자로의 지정

6.1 정부의 사업자 지정계획

가. 정책방향 및 추진경위

정부는 케이블TV 2차 전송망사업 추진에 따라 이 사업을 수행할 종합유선방송 전송망사업자의 지정계획을 발표하였으며, 이때 제시된 정책방향은 다음과 같다.

첫째, 통신과 방송의 융합추세에 따라 디지털 쌍방향서비스를 제공하고, 광케이블을 가입자 입구까지 최다설치에 가점을 부여한다. 그리고 농어촌지역과 같이 방송망설치가 비경제적인 지역은 중계유선망을 활용하고 무선망의 설치를 유도한다. 또한 2차 사업지역 약 550만가구의 경우 유선망사업자는 중계유선망을 우선사용 후 광케이블화를 시행한다.

둘째, 방송구역 당 2개 이상의 전송망사업자(유선망사업자, 무선망사업자 또는 유무선복합망사업자 등)를 지정한다. 이때 무선 케이블TV전송방식은 MMDS, LMDS로 하고, LMDS의 경우 국내개발 및 기술확보능력에 따라 가점을 부여한다.

셋째, 사업방침은 정보통신정책심의위원회의 심의를 거쳐 전송망사업설명회 개최(1997. 3. 27), 전송망사업제안서 접수(1997. 5. 30)를 마치고 1997년 6월-7월에 전송망사업자를 지정한다.

정부는 이와 같은 추진계획에 의해 정보통신정책심의위원회를 개최 심의하였다(1997. 3. 24). 당시 이 심의위원회 위원장은 서울대 곽수일 교수가 선임되었으며, 간사는 정부통신부 정책심의관이 담당하였다. 위원은 정부 4명, 학계 4명, 연구계 4명, 산업계 4명, 시민단체, 언론 및 법조인 3명 등 총 19명으로 구성 운영되었다.

① 정부: 안병우(재정경제원 제1차관보), 김정덕(과학기술처 연구개발조정실장), 추준석

(통상산업부 차관보), 정홍식(정보통신부 정보통신정책실장)

② 학계: 이기호(이화여자대학교 공과대학장), 박한규(연세대학교 기계전자공학부 교수, 통신학회회장), 정재영(성균관대학교 경영학부 교수), 이문호(전북대학교 정보통신공학과 교수), 연구계: 이진주(한국생산기술연구원장), 양승택(한국전자통신연구원장), 이천표(통신개발연구원장), 홍재희(정보통신연구관리단장)

③ 산업계: 이정욱(한국통신 부사장), 박성규(대우통신 회장), 안영경(핸디소프트 대표이사), 김택호(현대정보기술 사장), 시민단체, 언론 및 법조인: 고홍애(서울YWCA 사회문제부장), 강응선(매일경제신문사 논설위원), 황찬현(서울고등법원 판사)

나. 신청요건 및 사업자 선정

정부는 케이블TV전송망 사업자 신청요건을 다음과 같이 정하였다(CATV전송망 사업자 지정계획, 1997. 4. 11, 한국통신).

① 중계유선사업자는 현재 설치된 시설에 한하여 신청하고, 신규 전송망사업자는 2차 사업지역 24개 모든 지역에 신청가능하다. 또한 방송구역 내에 복수로 전송망사업자를 선정할 수 있다.

② 케이블TV 방송구역 내 중계유선방송사업자 신청 시 유선, 무선 구분없이 최고득점자를 선정한다. 방송구역 내 중계유선방송사업자가 있을 경우 우선 선정하되 방송구역 내에서 제외된 지역은 차점자를 선정한다. 이 경우 기 설치된 시설의 50%이상이 기술기준에 적합해야 한다. 중계유선방송사업자가 없을 경우 최고득점자와 차점자로 지정한다.

③ 1개의 법인이 12개 이상의 사업구역을 초과하여 신청 시 무선방식의 경우 12개까지로 제한하되 초과 시에는 신청법인이 선택한다. 이때 경합구역이 없는 경우 우선 지정하고, 초과된 지역은 무선방식의 차점자를 지정대상으로 선정한다. 한편 유선방식의 경우 100% 인정한다. 그리고 심사절차는 1단계 자격심사, 2단계 사업계획 및 시설설치계획 심사로 시행하고 1997년 7월 10일 선정결과를 발표한다.

6.2 정부의 종합유선방송 전송망사업자 지정

가. 한국통신의 전송망사업자 지정내용

정부는 케이블TV전송망 사업자를 유선방식, 무선방식, 중계유선 등 3개 분야로 구분하여 <표 6-10>과 같이 종합유선방송 전송망사업자를 지정하였다(전송망사업자 지정결과보고, 1997. 7. 16. 한국통신 전략영업본부). 이를 위한 심사위원으로는 사업계획 심사부분에 홍익대 황두헌 교수, 한양대 김성민 교수, 숙명여대 박천일 교수, 원광대 송하룡 교수, 통신개발원 이명호 박사, 최선규 박사, 강병민 박사 등 7명이 참여하였다. 그리고 시설설치계획 심사부분에는 연세대 윤영중 교수, 순천향대 염홍렬 교수, 한국전자통신연구원 이만섭 박사, 정해원 박사, 최준균 박사, 채종석 박사, 전자부품종합기술연구소 장성진 연구원 등 7명으로 구성되었다.

<표 6-10> 종합유선방송 전송망사업자 지정

구분	유선방식	무선방식	중계유선
전송망사업자	한국전력(22)	한국전력(1) SK텔레콤(12) 데이콤(4) 삼양텔레콤(3) 한국무선CATV(3) 한국통신(1) 하나넷(고합)(1)	경기지역(4) 충남지역(2) 충북지역(1) 전남지역(3) 경남지역(1) 경북지역(2)

종합심사 분위기 면에서는 한국전력 및 SK텔레콤 등은 적극적인 사업 참여의지를 가지고 치밀한 사업계획서를 작성하였으나, 한국통신은 신청구역을 축소하는 등 사업의지가 없는 것으로 평가되었다. 당시 한국통신과 한국전력의 지정신청서의 주요내용을 비교하면 다음과 같다(전송망사업자 지정결과보고, 1997. 7. 16. 한국통신 전략영업본부).

① 전송망 공급계획을 보면 한국통신은 초기투자를 최소화하고 기존시설의 활용도를 높이며, 홈 패스율은 13.8-15%로 정하였다. 반면 한국전력은 통신망 활용을 위해 초기에 집중적으로 투자하고, 홈 패스율은 40-50%로 제시하였다.

② 네트워크 고도화계획에서는 한국통신은 케이블TV전용망으로 한정하고, 초고속망의 활용은 곤란하며 디지털 케이블TV시스템의 공급은 포기하는 내용으로 제출하였다. 반면 한국전력은 이를 초고속망으로 활용하고, 전화, 인터넷 등 부가사업을 조기에 구현하겠다는 강한 의지를 보여주었다.

③ 사업의 적극성을 나타내는 부분에서는 한국통신은 5개 구역만 신청하고, 한국전력은 24개 전 구역에 신청하였다. 당시 한국통신은 내부적으로 케이블TV사업에 대한 수익구조상 부정적 시각이 팽배해 있어 소극적이었으나, 한국전력의 경우 정보통신부 등 정부부처와 심사위원을 대상으로 거사적으로 로비를 전개할 정도로 적극적이었다.

이러다 보니 이번 심사에서는 한국전력이 한국통신을 제치고 무선사업자로서 최고득점을 받는 등 의외의 평가결과가 나오기도 하였다. 앞으로 한국전력의 중계유선사업자에 대한 선로절단 위협 및 고사전략이 강화될 우려가 커지게 되었다.

나. 한국통신의 종합유선방송 전송망사업자 지정

1997년 7월 정보통신부장관은 종합유선방송법 제17조 동법시행령 제16조의 규정에 의해 한국통신을 전송망사업자로 지정하였다(1997. 7. 26). 이 전송망사업자 지정서의 주요내용을 보면 법인명 한국전기통신공사, 대표자 이계철, 소재지 서울특별시 종로구 세종로 100번지로 기재되어 있고, 제공역무는 종합유선방송 전송선로시설 제공으로 되어 있다. 또한 이 지정서에는 공보처고시 제1997-1호(1997. 2. 19) 관련 종합유선방송구역 중 다음의 방송구역을 한국통신의 제공지역으로 지정하였다.

① 서울특별시 21개 전 구역, 부산광역시 8개 전 구역, 대구광역시 6개 전 구역, 인천광역시 5개 전 구역, 광주광역시 2개 전 구역, 대전광역시 2개 전 구역을 지정하고 이 구역에는 유선방식으로 제공한다.

② 경기도의 수원시, 오산시, 화성군, 강원도의 춘천시, 홍천군, 철원군, 화천군, 양구군, 인제군, 충청북도의 청주시, 청원군, 영동군, 옥천군, 보은군, 충청남도의 천안시, 아산시, 연기군을 지정하고 이 구역에는 유선방식으로 공급한다.

③ 전라북도의 전주시, 완주군, 무주군, 진안군, 장수군, 전라남도의 목포시, 신안군, 무안군, 당진군, 완도군, 해남군, 진도군, 영암군, 장흥군, 제주도의 1개 전 구역을 지정하고 이 구역에 유선방식으로 제공한다.

④ 경상북도의 포항시, 울릉군, 영덕군, 울진군, 구미시, 김천시, 칠곡군, 성주군, 상주시, 고령군, 군위군을 지정하고 이 구역에는 유선방식 또는 무선보완방식으로 공급한다. 그리고 경상남도의 창원시, 진해시, 함안군, 의령군을 지정하고 이 구역에는 유선방식으로 제공한다.

다. 종합유선방송 전송망사업자 지정에 대한 한국통신의 입장

한국통신이 이번 종합유선방송 전송망사업자 지정에서 소극적으로 사업신청을 하게 된 것은 케이블TV전송망을 초고속통신망으로 활용가능성이 상당 미흡하다는 점에 있었다. 그리고 케이블TV전송망 사업이 아니더라도 기존의 광케이블 구축계획 등에 의해 정보인프라를 구축하는 임무는 충분히 수행할 수 있기 때문이었다. 한편 1997년 한국통신 입장에서는 계속되는 요금인하 및 심한 사업경쟁 등으로 이미 전반적인 통신사업의 재무구조가 악화되어 수익성이 없는 대규모 신규사업에 대한 투자는 곤란한 상황이었다.

이에 따라 한국통신 전략영업본부(본부장 송용팔)는 향후 케이블TV 전송망사업 추진방안을 다음과 같이 정하였다(전송망사업자 지정결과보고, 1997. 7. 16. 한국통신 전략영업본부).

첫째, 무선 케이블TV사업권도 참여포기를 검토한다. 앞에서 본 바와 같이 한국통신은 케이블TV전송망 사업자로서 무선방식 1개 지역을 지정받았다. 그러나 당초 참여를 희망했던 마산지역을 지정받지 못하고 구미권을 지정받았다. 구미권은 산악지역이 많아 네트워크 구성비용이 많이 소요되는 반면 구미시 등 일부지역을 제외하고는 사업성이 취약한 것으로 파악되었다. 더구나 이 지역은 유선사업자로 한국전력이 지정되므로서 방송사업자(SO)에 대한 수주 경쟁력도 없어진 상태였다. 이 사업을 포기하기 위해서는 방송사업자 수주 시 소극적으로 대응하거나 사업자 지정에 필요한 사항을 불이행하는 쪽으로 검토하는 방법이 있었다.

둘째, 한국통신은 무선지정사업자에게 통신망을 공급하는 방안을 선택한다. SK텔레콤, 한국무선CATV(주), 하나넷, 삼양텔레콤 등 무선사업자에게는 현행 전용회선 공급방식을 적용하되 구체적인 사항은 별도 협의한다. 또한 중계유선사업자에게는 ONU 공급을 확대하고, 한국전력의 중계유선망 절단위협을 역이용하여 초고속망 구축와 연계 추진한다.

7. 케이블TV전송망의 기술방식결정

7.1 기술방식 선정원칙

가. 기술방식 선정을 위한 고려사항

우리나라에 케이블TV가 전면 도래하는 시기에 대비하여 한국통신은 케이블TV전송망의 기술성과 경제성을 검토하여 가장 적합한 기술방식을 선정하였다. 이를 위하여 초고속정보통신망 구축방침에 부합되게 선정하고, 경쟁기업보다 기술성 및 서비스 제공면에서 우위의 방식을 확보하고자 하였다. 또한 기존방식보다 가격 경쟁력이 있어야 한다는 원칙도 정하였으며 이때 고려해야할 사항은 다음과 같다(CATV 추진전략, 1996. 11. 21, 한국통신 기획조정실).

① 케이블TV전송망은 초고속정보통신망의 일부로 수용하여 시행함이 바람직하다.

② FLC-C와 SWAN II 시스템은 구현기술이 같은 것으로 파악된다. FLC-C는 초고속정보통신망 구축에 활용하기 위해 개발협약을 체결 준비 중이고, SWAN II는 2차 케이블TV전송망 수주지역에 공급할 목적으로 시스템을 개발하여 현장시험 중에 있다.

③ 디지털 케이블TV방식을 전면적으로 공급하고자 하는 경우, 현재 SWAN II 시스템은 현장시험 중에 있어 사업에 적용하기에는 확인내용이 미흡하고, 상용화하는 것은 시기적으로 이르다.

④ 케이블TV전송망 기술방식의 도입에 있어 디지털방식은 아파트, 공장 등 수요밀집지역 중에서 일부지역에 시설하고 그 외 지역은 아날로그방식 또는 무선방식으로 공급한다. 그리고 디지털방식은 FLC-C 개발과 연계하여 기존망의 디지털화를 위한 주력기종으로 활용토록 한다.

나. 유선방식과 무선방식

1997년 중반 케이블TV전송망을 위한 유선전송기술은 아날로그방식(HFC)과 디지털방식(SWAN-II)이 있었다. 이 두 가지 방식에 대한 전송로 구성, 채널수용용량, 문제점 등 세부내역은 다음과 같다(CATV전송망 사업참여 검토, 1997. 5, 한국통신 전략영업본부).

첫째, 아날로그방식은 전송로로 광케이블과 동축케이블을 혼합사용하고, 네트워크는 나뭇가지형(Tree & Branch)이다. 채널수용용량을 보면 450MHz방식은 60채널이하 이고 750MHz방식은 110채널이하 이다. 이 방식의 문제점은 상향신호의 잡음, 병목현상 등으로 보편적인 양방향서비스를 제공하기에 한계가 있고, 더구나 동축케이블은 초고속통신망으로의 이용이 불가하다는 것이다. 한편 이를 디지털망으로 전환하는 경우 5년이내 전체시설의 70%를 교체해야 한다.

둘째, 디지털방식은 전송망시설이 광케이블로 구성되고, 네트워크는 원형(Ring)과 성형(Star)의 혼합형이며 채널수용용량은 300채널 이상이다. 이 방식의 문제점은 1997년 7월까지 케이블TV기능만 개발되었고 기술적 보완사항이 남아있다는 것이다. 그리고 개발 중인 제품이기 때문에 장치가격이 고가이다. 그러나 앞으로 본격 공급 시에는 대폭 하락이 예상된다.

1990년대 후반 무선방식 케이블TV의 전송망 구축방안에는 MMDS방식(Multichannel Multipoint Distribution Service), LMDS방식(Local Multipoint Distribution Service), LMCS방식(Local Multipoint Communication Service), WLL방식(Wireless Local Loop) 등이 상용공급되고 있었다. 이에 대한 사용주파수, 사용가능채널 수, 서비스반경, 용도 등을 비교하면 다음과 같다(CATV전송망 사업참여 검토, 1997. 5, 한국통신 전략영업본부/ 무선방식 CATV전송망 구축방안 검토, 1997. 4. 18, 한국통신 무선사업본부).

첫째, MMDS방식은 사용주파수 대역이 2,535-2,655MHz(120MHz)이고 사용가능 채널수는 50채널이며 서비스 반경은 40-50Km이다. 그리고 송신기지국수는 방송구역 당 1개소-3개소이고 양방향 서비스가 가능하다. 이 방식의 문제점은 수신장비가 고가(51만원)라는 점이며, 방송구역 당 예상투자비는 2,142백만 원으로 산정되고 있다.

둘째, LMDS방식은 26.7-27.5GHz(800MHz) 대역의 주파수를 사용하고 있으며 사용가능채널은 40채널이다. 그리고 서비스반경은 2-5Km이고 양방향서비스가 가능하다. 이 방식의 문제점은 서비스반경이 작아 투자비가 과다하게 소요되고 강우감쇄의 영향이 크고 2년-3년후 상용화가 가능하다는 점이다. 한편 방송구역 당 예상투자비는 5,236백만 원으로 산정되고 있다.

셋째, LMCS방식은 사용주파수 대역이 하향대역 25.5-27.5GHz(2GHz), 상향대역 24.25-24.75GHz(500MHz)이고 가입자 초고속망으로 사용하며 양방향 및 광대역통신이 가능하다. 디지털 LMDS기술을 발전시켜 멀티미디어 통신용의 LMCS를 구현하고자하고 TI, HP, BNI 등에서 장비를 개발하고 있다.

넷째, WLL방식은 세계적으로 1.5-2.5GHz대역을 사용하여 전화급 가입자회선으로 사용하고 있다. 인구밀도가 낮은 지역이나 후진국에서 추진 중이며 선진장비업체에서 TDMA, CDMA 기술로 상용제품이 나와 있다. 그리고 160Kbps 이하 속도로 전화용 및 N-ISDN용으로 사용되며, 국내에서는 한국통신, ETRI, 데이콤이 공동으로 WLL장비를 개발하고 있다.

7.2 2차 사업지역의 전송방식 선택

가. 유선방식과 무선방식의 적정배치

1997년 당시 아날로그 MMDS방식은 이미 상용화하여 미국 등 65개국에서 서비스 중이나 채널부족(20개)으로 케이블TV에 적용은 불가하였다. 한편 정보통신부는 무선방식으로의 발전을 유도하는 입장이어서 SK텔레콤에서는 LMDS(아날로그/디지털)를 국책연구과제로 개발 중에 있고, 한국통신에서도 WLL과 LMCS 연구과제를 수행하고 있었다.

한국통신은 유선방식의 초기투자비를 최소화하기 위해 한국무선CATV(주)와 협력체제를 구축하였다. 한국통신은 수요밀집지역에는 유선방식을 공급하고 변두리지역은 한국무선CATV에서 무선방식을 공급하는 협력체제였다. 이때 한국통신 무선사업본부(본부장 서용희)는 MMDS방식과 LMDS방식의 적용대상지역은 다음과 같이 정하였다(무선방식 CATV전송망 구축방안 검토, 1997. 4. 18, 한국통신 무선사업본부).

① MMDS방식은 마산, 통영, 거제, 고성, 진주, 사천, 남해, 하동, 산청, 함양, 예산, 당진, 서산, 태안, 홍성, 청양, 강릉, 동해, 삼척, 속초, 양양, 고성, 태백, 여수, 여천, 광양, 순천, 고흥 등 28개 지역에 공급한다. ② LMDS방식은 과천, 의왕, 군포, 안양, 광명, 안산, 시흥, 성남 등 8개 지역에 공급한다.

나. 2차 수주지역의 공급방식 검토

케이블TV전송망 사업은 1차 수주지역에서 이미 전체 시장의 75%를 끝낸 상태이고, 전송망사업의 수익배분 면에서 2차 지역은 1차 지역의 15%에 불과하였다. 더구나 인터넷 이용자의 95%가 1차 수주지역에 밀집되어 있는 상태에서 2차 수주지역 중 일부에만 디지털 CATV 방식을 공급한다는 것은 사업여건이 되지 못하였다. 또한 2차 사업지역은 대부분 농어촌지역으로서 단위가구 당 투자비용은 1차 사업지역에 비해 열악하기 짝이 없었다.

또한 2차 전송망사업은 공보처의 입장에 종속되어 단기간에 추진될 것으로 보여 전송망사업자가 희망하는 인하된 투자비용 수준으로의 추진이 어려워 보였다. 이런 여건에서 일시에 집중투자를 하게 되면 재원부담이 발생할 수 있고, 방송사업자(SO)와 전송망사업자(NO) 간 역할이 제대로 정립되지 못한 상태라서 부가서비스 활성화도 어려워 투자비 회수 전망도 불투명하였다.

결론적으로 한국통신은 총 116개 유선방송지역 중 전략적으로 중요한 1차 사업지역을 제외하고 2차 사업지역 일부 10여개 지역에 국한하여 디지털 케이블TV방식을 공급한다는 것은 초고속정보통신망 발전전략상 의미가 없다고 판단하였다. 따라서 2차 수주지역에는 개량된 아날로그방식(750MHz급)을 공급하기로 하였다. 한편 디지털 케이블TV방식은 분당과 일산지역을 중심으로 시범공급을 해본 후 기존망의 FTTC화 전략의 주력기종으로 활용하기로 결정하였다.

8. 케이블TV 프로그램 분배망 구축

8.1 프로그램 공급자 및 분배망 확장

가. 프로그램 분배망 공급자

1993년 정부는 프로그램 공급자 20개사를 허가하였다(1993. 8. 31). 다음해 한국통신은 케이블TV 프로그램 분배망의 이용을 희망하는 연합TV뉴스, 매일경제TV, 평화방송, 불교방송동아TV 등 총 20개의 케이블TV 운영업체를 정하여 프로그램 분배망을 제공하기 시작하였다. 이때 스튜디오가 결정된 이용희망업체는 연합뉴스 등 15개 업체이고, 스튜디오가 미정인 이용희망업체는 동아출판사 등 5개 업체였다(CATV 프로그램 분배망 이용희망업체, 1994. 3. 21, 한국통신). 세부내역은 <표 6-11>, <표 6-12> 및 <표 6-13>과 같다.

<표 6-11> CATV프로그램 분배망 이용희망업체(스튜디오 결정)

사업자명	대표자	지정분야	주소	스튜디오 위치
연합TV뉴스	현소환	뉴스	종로구 수송동	종로구 수송동
삼성물산(주)	신세길	영화	중구 태평로2가	서초구 서초동
제일기획(주)	윤기선	교양	중구 을지로2가	서초구 서초동
다솜방송(주)	차종호	교육	마포구 서교동	마포구 서교동
대교방송	이승우	어린이	서초구 방배동	서초구 방배동
대우전자(주)	배순훈	영화	마포구 아현동	중구 남대문로5가
현대음향(주)	서연식	음악	강남구 삼성동	강남구, 용인
Music Network	정순일	음악	강남구 청담동	강남구 청담동
㈜매일경제TV	장대환	보도	중구 필동	중구 필동

<표 6-12> CATV프로그램 분배망 이용희망업체(스튜디오 결정)

사업자명	대표자	지정분야	주소	스튜디오 위치
새그린	갈천분	여성채널	중구 정동	중구 정동
㈜센츄리TV	배학철	교양	영등포구여의도동	영등포구 여의도동
제일방송(주)	심현우	드라마	마포구 도화동	강남구 암사동
㈜금강기획	홍일해	오락	종로구 평동	종로구 평동
평화방송	김옥균	종교	중구 저동	중구 저동
불교유선TV	서황용	종교	마포구 마포동	마포구 마포동

<표 6-13> CATV프로그램 분배망 이용희망업체(스튜디오 미정)

사업자명	대표자	지정분야	주소	스튜디오 위치
동아출판사	김현식	교육	구로구 독산동	미정
(주)동아TV	신현일	여성저널	영등포구여의도동	미정
한국스포츠TV	배효진	스포츠	송파구 방이동	미정
미래교육방송(주)	정용호	교육	구로구 신도림동	미정
교통안전진흥공단	강동석	교통관광	구로구 궁동	미정

나. 프로그램 분배망 확장(1996년)

한국통신은 케이블TV의 전송망사업자(SO)로서 한국전력과 경쟁하면서 케이블TV 프로그램 분배망을 확장해 나갔는데, 1996년 사업현황의 주요내용은 다음과 같다(CATV사업현황 및 추진전략, 1996. 7. 10, 한국통신 전략영업본부).

① 한국통신과 한국전력은 전국 28개 지역에 프로그램 분배망을 시설하였다. 당시 한국통신은 17개 회사에 대하여 주 분배망은 무궁화위성, 예비 분배망은 광 전송로로 구성하였다. 한국전력은 11개 회사에 주·부 분배망을 동일하게 광 전송로로 구성하였다(1996. 6. 12).

② 한국통신의 프로그램 분배내용은 교육3, 종교3, 음악2, 문화1, 경제1, 기타1이고, 한국전력은 여성채널1, 영화2, 뉴스1, 오락1, 만화1, 드라마1, 기타 4개 회사였다.

③ 수입상황을 보면 1996년도 요금을 완납한 회사는 1개사(국립영화제작소) 4.7억 원에 불과하고, 15개 회사 65.4억 원이 미납상태였다(1996. 6). 당시 이 문제에 대하여 프로그램 공급자(PP)와 사업자 간 의견을 조정하였다.

이후 한국통신 네트워크본부(본부장 이정욱)는 1997년도 사업으로 케이블TV 프로그램 분배망을 광 전송로로 구성하고 분배망의 이원화를 추진하였다. 주요내용은 다음과 같다(1997년도 시외전송로 투자사업계획, 1996. 12, 한국통신).

첫째, 경제적인 시설을 위해 기존 케이블TV 분배망을 활용하고 22.5M 코덱장치를 도입한다. 그리고 TV신호의 집중감시가 가능한 광 TV전송장치를 공급하고, 서울위성국과 지역중심국 간은 위성과 광 전송로로 이원화한다. 또한 광 전송로 단일구간의 지역중심국과 방송국 간에도 위성과 광 전송로로 이원화 구성한다.

둘째, 1996년도에는 프로그램 공급사 4개사, 종합유선방송국 4개국의 프로그램 분배망을 이원화하였다. 1997년도에는 프로그램 공급사 2개사, 종합유선방송국 25개국의 프로그램 분배망을 이원화 추진하며 소요예산 91억원을 확보한다. 이 사업의 설계 및 물자확보는 1996. 10-1997. 10에 시행하고, 시설공사는 1996. 12-1997. 12에 집행한다.

셋째, 방송국사업자가 추가로 허가되면 프로그램 분배용 광전송로를 이원화하고, 프로그램 공급사(P.P)가 증가하는 경우 서울위성국과 지역방송국 간의 광 전송로를 증설한다. 그리고 지역방송국이 증가할 때는 인근 분배망 중계소와 지역방송국 간에 광 전송로를 신설토록 한다.

다. 프로그램 분배망 확장(1997년)

1997년 12월 당시 한국통신 프로그램 분배망은 한국영상(KTV), 매일경제(MBN), 불교방송(BTN), 평화방송(PBC) 등 18개 지역에 공급되었다. 이때 한국통신의 프로그램공급 사업자 세부내역은 <표 6-14>와 같다. 또한 한국통신은 한국방송통신대학에도 프로그램 분배망 시설공사를 추진하였다. 이를 위해 방송국(SO)에 위성수신 장치를 설치하고, 시내 광전송로를 구축하였다(1997. 7).

<표 6-14>한국통신의 프로그램공급 사업자(1997. 12)

채널	프로그램공급자	지정분야	채널	프로그램공급자	지정분야
14	한국영상(KTV)	공공채널	17	어린이TV(dbc)	어린이
20	매일경제TV(MBN)	경제뉴스	23	두산수퍼네트워크(DSN)	교육
25	Q채널	교양	26	다솜방송(TCN)	교육
27	뮤직네트워크(m-net)	음악	28	교통관광텔레비젼(TTN)	교통관광
32	불교텔레비젼(btn)	종교	33	평화방송TV(PBC-TV)	종교
37	에이엔씨코롱(A&C)	문화예술	38	투니버스	만화
43	코리아음악방송(KMTV)	음악	44	마이TV(MYV)	교육
45	하이쇼핑	홈쇼핑	46	한국바둑텔레비젼(BTV)	바둑채널
47	한국방송통신대학(OUN)	교육	50	국제방송교류재단(아리랑)	문화예술

이후 시험방송(1997. 8. 1)을 거쳐 1996년 9월초부터 본 방송을 개시하게 하였으며 이 분배망의 예비전송로도 구성하였다(1996. 12). 이때 한국통신은 프로그램 분배망을 위해 위성통신 170억 원, 광통신 196억 원 등 총 366억 원을 투자하였다(1997. 12). 한편 한국전력 프로그램분배망은 YTN, 동아텔레비젼(DTV), 한국기독교TV, 홈쇼핑 텔레비젼(HSTV) 등 11개 지역 등 총 29개 지역에 공급되었으며 그 세부내역은 <표 6-15>와 같다.

<표 6-15>한국전력의 프로그램공급 사업자(1997. 12)

채널	프로그램공급자	지정분야	채널	프로그램공급자	지정분야
19	현대방송(HBS)	오락	22	대우시네마네트워크(DCN)	영화
24	연합TV뉴스(YTN)	뉴스	29	센추리TV(CTN)	교양
30	스포츠피아(KSTV)	스포츠	31	캐치원(CATCH ONE)	유료영화
34	동아텔레비젼(DTV)	여성채널	35	GTV(GTV)	여성채널
36	제일방송(JBS)	드라마	39	홈쇼핑텔레비젼(HSTV)	홈쇼핑
42	한국기독교TV 유선방송	종교			

라. YTN과 프로그램 분배망 논란

YTN은 1994년 7월에 설립되어 1995년 1월 방송을 개시하였고, 주주는 연합통신 30%, 민간기업 70%로 구성되었으며, 주요사업은 CATV 뉴스프로그램을 제작 공급하는 것이었다. 당시 대표이사(현소환)는 연합통신 및 YTN 사장을 겸직하고 있었으며 이때 YTN은 한국전력의 프로그램 분배망을 이용하고 있었다. 그 배경을 보면 한국전력 측은 파격적인 요금(약 2천만 원)을 약속하고 현장에서 YTN 본사로 프로그램을 전송하는 지방취재 네트워크를 저렴하게 제공하겠다는 조건을 제시하였다.

한편 YTN은 한국통신의 위성망을 희망하고 있었다. 그 사유는 케이블TV망 구축지연으로 광고주, 김포공항 청사, 언론사, 기업체 등 주요고객 설치가 불가능하고, 1996년 7월 DBS 시험방송 개시에 따른 위기감도 작동하였다. 그리고 앞으로 케이블TV와 위성방송 간 경쟁이 불가피하고 위성 프로그램 분배망을 사용함으로써 준위성방송(DTH) 효과를 기대하는 측면도 있었다. 한편 한국전력은 당초 약속과는 달리 원만한 회선지원을 못하고 있었고 국내 취재망, 외국과의 프로그램 전송 등을 위해서는 주도적 통신사업자인 한국통신과의 협력이 절대적으로 필요하였다.

이러한 상황에서 YTN은 정보통신부, 공보처 등과 사전조율을 통한 마찰요인을 해소하고 위성수신설비 설치에 따른 시비요인을 제거한다는 전략을 제시하였다. 그리고 한국전력과의 마찰을 최소화하려고 하였다. 취재망을 한국전력시설에 의존하고 있어 단기간 내 해약이 곤란하여 당분간 양사 회선을 사용하고 일정기간 후 해약하고자 시도하고 있었다. 이때 YTN은 한국통신에 대하여 회선요금과 광고료의 상계 조건을 제시하였다. 아직 채산성이 열악한 관계로 회선비를 이중 부담하는 것은 곤란함으로 회선료를 광고비로 상계할 것를 희망하였다.

이와 같은 YTN의 추진방안 제시에 대하여 한국통신은 다음과 같이 대응하였다(YTN분배망 수용방안 협의, 1995, 한국통신).

첫째, YTN은 케이블TV 26개 프로그램공급자(PP) 중 가장 영향력 있는 채널이고 전체 프로그램 공급사에 대한 영향력도 크기 때문에 YTN 수용 시 타 프로그램공급사도 넘어올 가능성이 높다. 이런 점에서 YTN의 제안을 원칙적으로 수용한다.

둘째, 전용회선, 국제전화, 시외전화의 시장방어에 유리하다. 당시 연합통신, YTN의 월간통신비는 약 1억 원 정도이다.

셋째, YTN과 광고료로 상계하는 경우 타 프로그램공급사도 동일조건의 요구가 쇄도할 것이어서 YTN의 요구조건을 100% 수용할 수는 없다.

이후 외무부 대변인, 한국국제협력단 총재를 지낸 새로운 대표이사(정주년)로 바뀌었다. YTN은 당초 이용 중이던 한국전력 분배망과는 별도로 한국통신 위성분배망을 이용하여 전광판, 해외교포 모국뉴스 등을 공급하였다. 이때 분배망 이용료와 광고를 교환하는 조건으로 시행하고, 한국통신에서는 프로그램 제작협찬 등을 지원토록 하였다. 그리고 1996년 말까지 무료시험방송을 하고, 1997년부터 유료화하는 방안으로 내부방침을 정하였다(1996. 7).

그런데 1997년 중반기 한국통신 프로그램 분배망을 이용하려던 YTN이 이용계약해지를 요청해왔다(1997. 6. 12). 당시 YTN이 내민 해지사유는 한국통신의 광고 협찬지원이 부족하고, 한국전력에서 YTN의 경영권을 인수하기 때문이라는 것이었다. 이후 한국통신은 YTN과 위성분배망 이용계약을 체결하였고 1997년 4월 1일부터 방송을 개시하는 일정으로 추진하였다. 이어서 한국통신은 1997년 중 광고발주(6,000만원)를 제의하였으나 YTN은 이를 거절하면서 일이 틀어지기 시작하였다.

한국통신은 이용약관 제14조에 따라 계약을 해지하고 위약금을 징수하기로 하였다. 이 계약이 해지되는 경우, 전국 850개 중계유선사업자는 YTN 수신이 불가능하기 때문에 YTN에서는 중계유선사업자들에게 대릉정밀의 위성수신장치를 사용하도록 하였다. 당시 해외 수출용 위성수신기로는 YTN 채널 시청이 불가능하였다.

8.2 프로그램 분배망의 이용요금

가. 이용요금 인가

1994년 한국통신은 프로그램 분배망 이용요금(안)을 정부에 제출하였다. 제1안(경쟁요금)으로 이용료 2천898만원, 추가요금 15만원을 제시하였고, 제2안(원가계산요금)으로 이용료 4천590만원, 추가요금 15만원을 제안하였다. 1995년 3월 3일 정부는 이를 조정하여 <표 6-16>과 같이 인가하였다(케이블TV프로그램 전송망 이용요금 관리현황, 1996. 9. 3, 한국통신 전략영업본부). 여기에서 추가요금은 54개 방송국사업자(SO)외 추가로 허가할 때 방송국사업자 당 월 요금이며, 당시 정보통신부는 한국소비자보호원의 검토의견을 제출받아 최저요금, 최고요금으로 요금의 범위를 정하여 인가하였다.

<표 6-16> 케이블TV 프로그램 분배망 이용요금

구분	최저요금		최고요금	
	이용료	추가요금	이용료	추가요금
요금(1,000원)	42,150	177	46,150	237

나. 이용요금의 감면요구

1995년 중반 케이블TV 프로그램공급자(PP) 협의회는 사업초기 제안한 단가로 환원해 주고 시청가구가 50만이 될 때까지는 면제해줄 것을 건의하였다(1995. 5. 8). 이 건의에 대해 전송망사업자(NO)는 반대하였으나 공보처는 유료가입자 30만 가구 도달시점까지 요금을 유예하고 도달시점부터 1월씩 상환하는 조정안을 제시하였다(1995. 7. 4).

이어서 전송망사업자는 프로그램공급자로부터 유료 30만 가구까지 이용요금 지불을 유예하여 주고, 30만 도달시점부터 1개월씩 분납하게 해달라는 요구사항을 접수하였다(1995. 11. 13). 이에 대해 전송망사업자는 프로그램공급사의 의견을 받아드리지 않고 이용요금을 부과함으로서 실무자간 협상이 결렬되었다(1996. 1. 6). 이렇게 되자 프로그램공급자협의회는 1995년 이용료 9개월분(1995. 5-1995. 12)을 전액 감면해주고, 1996년 이용료는 단가를 재조정해달라고 정보통신부와 공보처에 건의하였다(1996. 1. 18).

이에 대해 공보처는 전송망사업자의 의견대로 프로그램공급자협의회 건의는 불가함을 협의회에 통보하였다. 한편 정보통신부는 이용요금의 상향인가는 사실무근이고 요구수준을 인가하며 전송망사업자 요구 시 재조정할 것이라는 내용을 프로그램공급자협의회에 회신하였다(1996. 2. 8). 이후 1996년 중반 케이블TV 프로그램공급자(PP) 협의회와 한국통신 실무자 간 협의가 다시 시작되었다.

이때 한국통신은 유료수신자가 30만 가구가 될 때까지 징수를 유예하고, 회원사의 요구사항을 조정한 후 재협의하는 것으로 협의하였다(1996. 6. 28). 이어서 한국통신은 프로그램공급자협의회 대표와 2차 협의를 진행하였다(1996. 7. 16). 이때 협의된 내용을 요약하면 다음과 같다(케이블TV 프로그램전송망 이용요금 관리현황, 1996. 9. 3, 한국통신 전략영업본부).

① 1995년도 이용료를 1년 징수 유예하고, 1996년 9월부터 8월분과 미납요금 1개월분은 병과 납부하는데 합의한다. ② PCS 지분배정은 아직 신청되지 않은 상태이나 합의하고, 년간 광고발주에 대하여는 각각 5,000만원을 요구하고 있으나 프로그램공급자별 연간 광고발주는 합의사항이 없다.

이상 협의내용을 프로그램공급사 사장단 조찬모임에 상정하도록 되어 있었으나, 일부회사의 요구로 프로그램공급사 사장단 대표들이 한국통신 부사장을 면담 후 결정하는 것으로 하였다. 이때 한국통신은 인가요금의 조정은 불가하고, 1996년 이용료는 9월부터 당월요금과 미납요금을 병과 징수하는 것으로 하였다. 또한 프로그램공급사에 대한 광고협찬은 불공정행위에 해당되어 시행이 불가하고, 수주당시 제안한 광고협찬은 사업상 필요한 경우에만 시행하는 것으로 방침을 정하였다.

다. 심각한 이용요금의 미납발생

한국통신의 프로그램 분배망 이용료는 약관상 매월 6시간 이용에 월 34,590천원이고, 매월 18시간의 경우는 월 42,150천원으로 정해져 있었다. 이때 한국통신의 기본계약서에 의하면 이용료는 이용약관에 따르되 경쟁사보다 높지 않도록 한다고 되어있고, 한국전력은 정부로부터 승인받은 기준에 따른다고 하고 있었다.

1996년 중반 전송망사업자별 수주상황을 보면 허가된 프로그램공급사는 총 29개사이며, 이중 한국통신 18개 회사, 한국전력 11개 회사와 공급계약을 추진하고 있었다. 당시 한국통신이 수주한 18개 회사 중 한국영상, 방송통신대, 국제방송교류재단 등 3개 프로그램공급사는 이용약관에 의해 계약을 체결하였고, 15개 프로그램공급사는 기본계약 체결후 이용요금 불만으로 이용약관에 의한 본 계약 체결을 지연하고 있었다.

1996년 중반 한국통신 이용요금징수는 1995년도 11개사 3,485백만 원, 1996년도 16개사 4,288백만 원 등 총 7,773백만 원이 미납된 상황이었는데 세부내역은 <표 6-17>과 같다(케이블TV 프로그램 전송망 이용요금 관리현황, 1996. 9. 3, 한국통신 전략영업본부).

<표 6-17> 프로그램전송망 이용요금 징수상황(단위: 백만원)

이용기간	이용PP사	이용요금	납부요금	미납요금
1995. 5 - 12	12	3,779	294	3,485
1996. 1 - 7	16	4,549	261	4,288
계	16	8,328	555	7,773

이때 요금을 제대로 납부한 곳은 한국영상(KTV)이고, 케이블TV의 전국 유료수신자는 1995년 중반 101,308가구(1995. 5. 30), 1995년 말 190,027가구(1995. 12. 30), 1996년 중반 306,841가구(1996. 6. 30)로 증가되고 있었다. 한편 초기 이 사업을 수주할 때 한국통신과 한국전력의 제안조건 및 협의내용을 보면 다음과 같다(케이블TV 프로그램 전송망 이용요금 관리현황, 1996. 9. 3, 한국통신 전략영업본부).

① 한국통신은 제일기획(Q채널)에 협상카드로 11시간 이용 시 월 2천8백만 원을 제안 하고, 이용요금수준은 타 사업자보다 높지 않도록 조정한다. 그리고 광고는 연간 5천만 원 이내로 한다.

② 한국전력은 스포츠TV에 일 14시간 이용 시 2천4백만 원을 제안하고, 삼성물산과 기본계약에서 주 105시간 이용 시 월 27천백만원으로 한다. 이 내용은 서명한 날로부터 본 계약 체결 시까지 유효하였다.

9. 디지털 케이블TV방식의 도입

9.1 케이블TV전송망의 발전전략

가. 케이블TV전송망의 추진전략

1993년 한국통신은 케이블TV전송망의 단계별 추진전략 및 추진체계 등 케이블TV전송망 기술발전전략을 다음과 같이 수립하였다(1993. 1).

① 1단계(1993년-1995년)에서는 전송망사업의 경쟁상황을 고려하여 동축시스템으로 사

업을 개시하고, 광 케이블TV시스템(PON, SWAN, FLC)의 시범사업을 추진한다. 그리고 광가입자망 및 광 케이블TV망의 1세대 표준을 개발하여 케이블TV, 비디오텍스, POTS/ISDN, 전용회선을 공급한다.

② 2단계(1996년-2001년)에는 표준화된 1세대 시스템의 광가입자망을 점진적으로 공급하고, 동축 케이블TV시스템의 공급은 축소 중단한다. 이때 광가입자망/ 광케이블TV망의 2세대 표준을 개발하여 1세대서비스에 추가하여 VoD, HDTV, 동화상 홈쇼핑을 제공한다.

③ 3단계(2002년-2015년)에 가서는 2세대 표준가입자망으로 B-ISDN 가입자망을 확산한다.

④ 이 추진전략을 위해 동축시스템에 의한 사업은 기업통신사업본부에서 추진하고, 광가입자망 개발관리는 사업개발단, 광가입자망 진화연구는 통신망연구소, 광가입자망 시스템개발은 통신시스템개발센터가 전담한다.

한편 1994년 한국통신은 전화비디오(VDT) 사업을 추진하였다. 이를 위해 26억원의 예산을 투입하여 전화비디오 시험서비스를 반포전화국 관내 100가입자를 선정하여 시행하였다(1994. 11-1995. 12). 이때 교육, 교양, 드라마, 스포츠, 여행정보, 영화, 영상반주 등의 서비스를 제공하였으며, 기술적 가능성과 시스템 운용능력 등을 확인하였다. 이어서 서울 등 6대 도시 1,500가입자를 선정하여 시범서비스를 진행하였다(1995. 12- 1997. 6). 이를 위해 총 202억원의 예산을 투입하였으며, 홈쇼핑, 전자신문, 게임, 대화형 교육 등 다양한 서비스를 개발하여 선보였다.

당시 이 사업에 대한 정부 및 국내반응을 보면 정보통신부는 초고속정보통신망의 핵심서비스라고 보아 긍정적이고, 공보처는 케이블TV와의 경쟁관계라는 측면에서 부정적이었으며, 문체부는 묵시적이었다. 한편 언론계, 학계 및 업계에서는 멀티미디어시대를 선도할 서비스이고 미래의 주도적 사업이라는 인식을 가지고 적극적이었다.

1995년 당시 전화비디오(VDT) 사업에 대한 국내업계의 동향을 보면 우선 삼성전자는 멀티미디어추진본부와 멀티미디어연구소 주도하에 사업기반을 구축하고 있었고, LG전자는 세계적인 전문운영회사와 연합하여 국내 VDT사업에 대규모 투자를 준비 중이었다. 또한 현대산전에서는 VDT 장비를 개발하고 도입하여 사업을 준비하고 있었으며 한국전력도 케이블TV전송망 사업으로 통신사업으로의 진입기회를 엿보고 있었다.

나. SWAN-I 시스템의 개발

1988년 한국통신은 한국전자통신연구소(ETRI)로부터 SWAN-I 시스템을 출연연구과제로 결정해줄 것을 제안받았다(1988. 8. 16). 한국통신은 이를 받아들여 1989년 연구과제로 선정하고, 이 연구과제는 ETRI에서 수행하고 개발기간은 1989년-1994년(6년간)으로 정하였으며 이를 위한 소요예산 169.8억 원을 확보하였다(1988. 12. 21). 그리고 이 시스템의 개발에 따라 1993년에는 대영전자, 대한전선, 한화전자, 현대전자, LG전선 등에 기술전수를 살시하였다.

이때 각사의 개발 시제품을 평가한 결과 현대전자의 개발품이 시제품으로 선정되었으며 다른 업체는 시제품 미비로 제외되었다. 이 시제품은 개발확인시험을 실시한 후 1995년에는 한국통신은 ETRI로부터 개발완료보고를 접수하였다(1995. 7. 24). 이 장치는 케이블TV 서비스 이외에 POTS, N-ISDN서비스까지 제공할 수 있는 일종의 FTTH장치이나 종합유선방송법에 의한 사업영역 및 구내인입문제 등 주변여건이 미흡할 뿐 아니라 경제성 및 기술성이 충분히 검증되지 않은 상태이므로 제반 여건이 성숙될 때까지 사업적용을 보류하였다(1996. 1. 9).

다. SWAN-II 시스템의 개발

SWAN-I 시스템의 사업적용이 보류되자 1994년 한국통신 사업개발단은 SWAN-II 시스템개발 과제를 제안하고 나섰다(1994. 7). SWAN-II는 케이블TV전송망 사업 및 전화비디오사업(VDT)과 연계하여 향후 대화형 멀티미디어 제공을 위한 FTTC구조의 광 CATV시스템으로 대두되었다. 당시 이 시스템은 ATM방식을 적용하여 FTTC 가입자망에 MPEG 및 VoD를 수용하려고 ETRI주도로 연구 개발되고 있었다. 한편 한국통신 연구개발원은 개량형 광케이블TV시스템 개발이라는 과제명으로 이를 연구과제로 선정하였다(1994. 12). 이어서 1995년 한국통신 사업개발단(단장 우승술)은 SWAN-II 시스템개발 추진계획을 다음과 같이 확정하였다(1995. 7. 8).

① SWAN-II 시스템은 ETRI주도 개발에서 업체경쟁 개발로 전환하고, 개발제품은 1996년 2차 케이블TV전송망 수주지역에 공급한다.

② 이를 위해 ETRI에서는 시스템의 사용자 요구사항 작성, 시스템 엔지니어링 및 기반기술지원, 개발제품 평가, 표준형 영상서비스(MPEG2) 기술연구 등을 담당한다.

③ 1996년에는 2차 케이블TV전송망 수주지역에 시범 공급하고, 케이블TV위주로 공급하며 VDT사업에도 시범적용한다. 그리고 1997년에는 케이블TV, VDT, ISDN등 FTTC를 구축하고 응용서비스를 개발한다.

위와 같은 SWAN-II 시스템 개발계획에 따라 기획조정실에서는 연구개발원이 시행중인 FLC과제는 계획대로 추진하고, SWAN-II 개발과제는 중지하고, ETRI는 영상압축기술만 연구하도록 연구개발원과 사업개발단에 각각 통보하였다(1995. 8. 25). 그리고 한국통신 전략영업본부에서는 이를 위한 개발방식, 개발일정 등을 다음과 같이 구체화하였다(CATV사업추진 현황보고, 1996. 6. 26, 한국통신 전략영업본부).

첫째, 디지털 케이블TV시스템은 업체 경쟁개발방식으로 개발한다(1995년-1996년). 이 시스템의 개발에는 대우, 대영, 고합(이상 미국 INC주도형), 삼성, 삼우(이상 미국 BBT주도형) 등이 참여한다.

둘째, 본 시스템은 1단계(1996년 8월)에서는 CATV, DBS를 개발하고, 2단계(1996년 12월)에는 인터넷과 VoD를 추가 개발하고, 3단계(1998년)에 가서는 FSN으로의 개발을 완성하는 등 단계별로 개발한다..

셋째, 이 개발시스템의 현장시험은 은평지역과 송파지역의 각 250가입자를 대상으로 1996년 8월부터 실시하고, 1996년도 신규허가구역부터 상용 공급한다. 또한 케이블TV망을 이용한 인터넷 시범사업을 양천구의 210가입자(학교 110, 일반 100)를 대상으로 1996년 10월에 실시한다.

1996년 8월 한국통신 네트워크본부장(이정욱)은 차세대교환기(ATM) 및 ISDN의 발전 방향을 파악하고자 루슨트 테크놀로지스(Lucent Technologies)와 인디언 힐(Indian Hill)에 있는 벨 연구소를 방문하였다(1996. 8. 25-9. 2). 이때 뉴저지에 있는 INC(Integrated Network Inc.)를 방문하여 미국 내의 디지털 케이블TV 시스템의 개발상황을 파악하였다. 또한 벨 아트랜틱(Bell Atlantic)사와 공동으로 케이블TV사업을 하고 있는 Future Vision을 방문하여 또 다른 방식의 디지털 CATV시스템을 볼 수 있었다.

라. 디지털 CATV시스템의 표준화

앞에서 언급한바와 같이 SWAN-II 시스템은 2차 케이블TV전송망 수주지역에 적용하기 위하여 그간 사업개발단, 전략영업본부에서 개발관리업무를 수행하여 왔으나 FLC-C시스템과의 중복개발 문제, 광가입자망 추진전략과의 연계성 문제 등이 있었다. 이와 관련하여 SWAN-II 시스템의 개발 및 표준화는 한국통신 내부의 케이블TV사업추진전략회의에서 검토한 결과 네트워크본부가 담당하기로 조정되었다. 이에 따라 관련업무가 전략영업본부에서 네트워크본부로 이관되었다(1997. 2. 4).

① 네트워크본부는 디지털 케이블TV의 기술개발 및 조달관련 절차적용을 관리한다. 그리고 신기종 선정, 표준공법, 규격채택 업무를 담당하고 수주시점에서의 경제성과 기술성을 최종 확인하며 시설공급계획을 수립 추진한다. ② 전략영업본부는 사업계획을 수립하고 영업을 전담하고, 개발확인시험은 연구개발본부가 주관한다.

이때까지의 SWAN-II 시스템의 개발상황을 종합 검토한 결과 전기통신제품의 표준화 및 조달규정의 개발조달절차에서 정하고 있는 기술요구서 확정절차가 생략되고, 개발협약이 체결되지 아니한 미비점이 있었다. 이와 같은 개발진행상황을 감안하여 네트워크본부(본부장 이정욱)는 먼저 디지털 광 케이블TV시스템 표준화를 다음과 같이 추진하였다(1997. 2).

첫째, 디지털 광 케이블TV시스템의 개발 및 공급은 전기통신제품의 표준화 및 조달규정의 개발조달절차를 적용한다. 이에 따라 그간의 디지털 광 케이블TV시스템 개발경위를 인정한다. 즉 사용자 요구사항의 확정 및 공포(1995. 9)를 기술요구서 확정으로 평가하고,

SWAN-II 시스템 개발추진계획(1995. 7)을 표준화 및 조달계획 수립으로 인정한다. 그리고 현장운용시험 참여계획 접수(1996. 12)를 업체선정 및 개발협약체결로 보고 업체경쟁개발, 현장시험망 구축운용(1996. 9-)을 연구 및 상용시제품 개발로 인정한다.

둘째, 정부의 2차 전송망사업 허가계획이 1997년 4월-5월로 예정됨에 따라 사업추진 일정이 촉박하고 경쟁사업임을 고려하여 상용시제품의 성능시험은 개발확인시험으로 갈음한다. 또한 사업적용여부 결정은 상용시제품 현장시험과 병행하여 추진될 수 있도록 관련규정의 개발조달절차를 준용한다.

셋째, 효율적인 업무추진을 위해 개발주관부서장으로 시설운용실장으로 지정한다. 그리고 사업일정이 촉박함에 따라 네트워크본부, 시설운용실, 전략영업본부, 조달본부, 연구개발본부(전송기술연구소, 선로기술연구소)가 참여하는 전사적 사업추진전담반을 구성 운영한다. 이때 표준규격의 작성주관은 네트워크본부에서 담당하고, 경제성, 기술성 등의 사업타당성 검토는 연구개발본부의 전송기술연구소가 주관한다.

넷째, SWAN-II 시스템의 표준화를 위해 네트워크본부는 표준화 기본계획 수립하고 표준규격 작성업무를 수행한다(1997. 2). 조달본부에서는 표준규격을 확정하고 상용시제품을 시험한다(1997. 2-1997. 4). 시설운용실에서는 상용시제품 시험 및 사업타당성 검토 결과를 통신망기획심의위원회에 상정하고 동위원회의 의결로서 사업적용여부 및 공급기종을 확정한다(1997. 4). 이어서 표준규격을 네트워크본부에서 확정하고 조달본부는 제품규격을 제정하며 공급자격을 부여한다(1997. 5).

9.2 SWAN-II 시스템의 사업성 검증

가. 1차 사업성 검토

1990년대 중반까지 우리나라는 가입자망의 광대역화를 위해 앞으로 채택할 기술방식과 시설방식에 대한 종합적 의견이 채 정립되지 못하고 있었다. 이때 한국통신 네트워크본부(본부장 이정욱)는 SWAN-II 시스템을 전면적으로 공급하기 위해 다음과 같이 1차 사업성 검토에 들어갔다(SWAN-II 프로젝트 검토, 1996. 9. 23, 한국통신 네트워크본부).

첫째, 기술발전 추세에 부응하여 미리 FTTC시스템을 구축하자는 방안이 있으나, 이는 홈패스율이 준수 때문에 사업초기에 시설투자가 과다한 반면 상대적으로 투자회수기간은 너무 길다. 이 분야의 설비는 감가상각이 년 18%에 이르며 능동소자 위주로 구성되어 있어 5년 후부터는 운용비용이 급격히 상승할 것으로 보인다.

둘째, 신규사업지역에는 SWAN-II 시스템을 전면 공급해야 한다는 의견의 경우, HFC방식을 구축한 후 향후 FTTC로 변경하더라도 케이블 부문의 비용부담은 약한 편이다. 이는 케이블 대 장치의 투자비율이 10 : 90이기 때문이다. 그리고 운용실적이 없는 최초개발모델은 곧이어 보완되어 다음 모델로 대체되는 경우가 많다.

셋째, SWAN-II 시스템을 턴키방식의 일괄구매방식을 채택하더라도 시설공사 부문은 사실상 한국통신의 참여가 불가피하다. 그것은 관로의 이용, 가입자 선로와의 접속, 설비공간의 확보, 전력공급원의 확보, 운용보전시스템(SLMOS)과의 연동 등의 문제 때문이다. 따라서 개발장비의 특성과 운용 및 공법에 관한 기술의 공개검증 및 표준화가 필요하고, 어떤 형태로든 한국통신의 인증을 위한 충분한 현장시험 및 결과분석과정이 필요하다.

넷째, SWAN-II 시스템을 FSN(Full Service Network)로의 활용 의지에 대해서는 현재 VoD사업의 문제점 해소가 선결과제이고, 영상급 사업은 프로그램 등 소프트웨어 부문의 사업여건에 종속될 수밖에 없다. 또한 인터넷접속은 가입자액세스 속도문제보다는 고속라우팅 및 통신처리기능의 개발이 더 시급한 과제이다. 한편 개발공급업체의 그간 투자금액 보상염려에 대해서는 한국통신의 일부지역 시범규모의 납품실적만으로도 상당한 보상이 되었다고 보며, 충분한 시범운용에 따른 기능보완 후 납품이 가능하다.

나. 2차 사업성 검토

한국통신은 디지털 케이블TV(SWAN-II)에 대한 한국통신의 부담내용, 부가서비스 제공비용 등 2차 사업성을 다음과 같이 검토하였다.

첫째, 미래의 케이블TV는 디지털방식으로 가고 있다. 당시 통신망의 디지털화는 완성단계로 이미 광통신화가 완성되어 가고 있었으나 방송망의 디지털화는 아직 미성숙단계로 모든 장비가 아날로그 방식이다. 그러나 한국통신은 외국의 경우와 같이 방송사업자(SO)와 전송망사업자(NO)의 통합사업자가 아님에 따라 케이블TV전송망 사업은 단지 신호전송에 국한된 문제를 가지고 있었다. 그래서 케이블TV전송망을 디지털화함에 따른 부가비용은 다음과 같이 한국통신이 부담해야 한다.

① 현재 각 방송국(SO)은 33채널-42채널을 운용하고 있는 상황에서 각 채널별로 A/D 변환장치(Real Time Encoder)를 설치하는 비용(대당 5천만원 예상). ② 댁내에 설치하는 D/A 변환장치인 STB 비용(대당 100만원 이상).

둘째, 디지털 TV로 부가서비스를 제공하는 과제는 선진국에서도 마땅한 부가서비스가 개발되지 않은 상태이다. 유력한 부가서비스로 각광받던 VoD 사업은 이미 미국에서 사업성이 없음이 판명되어 시범사업을 축소하고 사업을 중지하고 있는 상태이다. 이러한 현실에서 서비스 사업자로서 막대한 비용을 들여 국내에 부가서비스를 서둘러 제공해야 할 타당성은 전혀 없다. 더구나 서비스가 활성화되지 못함에 따른 기술 및 장비가격이 고가이고 표준화도 지연되고 있다. 이러한 부가서비스는 서비스가 활성화되어 장비 가격이 하락하고 수요발생으로 사업성이 확실할 때 제공하는 것이 타당하다. 이때 동선을 이용한 ADSL 방식으로 VoD 서비스를 시범제공 시 가입자당 1,200만원이 소요되는 것으로 나타났다.

셋째, 디지털 CATV전송망으로 통신 및 부가서비스를 제공할 경우, 한국통신은 전송망 운용자(NO)로서 막대한 비용부담에 비해 신규수익창출은 희박하다. 반면 부가사업에 따른 비용은 한국통신이 부담해야하고 사업수익은 방송사업자(SO)와 공유해야 한다. 한국통신 입장에서는 통신망의 고도화로 케이블TV 및 부가서비스를 제공하는 것이 사업권을 유지하고 사업주도권을 확보할 수 있다.

9.3 디지털 광 케이블TV시스템의 도입 평가

가. 한국통신의 또 다른 고민

SWAN-II 시스템을 외국업체의 기술을 도입하여 국내업체 경쟁개발로 전환하여 우리나라 통신망 및 케이블TV망에 공급함에 따라 한국통신은 다음과 같은 또 다른 문제점과 고민을 안게 되었다.

첫째, SWAN-II 시스템 개발에는 고난도 기술이 소요되어 외국에 기술종속 가능성이 있다. 이 시스템 개발에 소요되는 기술은 비디오, 서버, 비디오 스위치 등 구성요소별 제작기술과 각 요소를 통합하여 서비스를 구현시키는 SI기술이 소요됨으로 실제 국내기술력으로는 실현이 어렵다. 또한 이 시스템은 아직 미국에서도 성능이 검증되지 않은 상태이어서 이 기술을 도입하는 경우, 우리나라 전 국민을 대상으로 한 외국제품의 현장시험을 하는 상황이 될 수 있다. 또한 상용화할 때 원천기술을 확보하지 못하면 시설확장 및 업그레이드 시 외국업체에 기술종속이 우려되고 운용상 문제점이 발생할 경우 대처가 곤란하다.

둘째, SWAN-II 시스템은 케이블TV 뿐만 아니라 VoD, 전화서비스 등을 통합 제공할 수 있는 FSN개념의 시스템이다. 한국통신이 현 시점에서 이 장비로 케이블TV전송망을 공급할 경우 한국전력에 통신사업 참여논리를 제공하는 결과를 초래할 수 있다. 이 장비는 FTTC개념의 시스템으로 구내 인입을 위해 기존 전화선을 사용하기 때문에 한국전력이 공정접속을 요구할 경우 대응이 곤란하다. 더구나 정보통신부는 정책의 중점을 공정경쟁 보장에 두고 있기 때문에 한국통신은 더욱 어려운 입장이 될 수 밖에 없다.

셋째, 한국통신의 광가입자망 기본계획(1991년 9월, 1993년 12월)과도 상치되고 있다. 한국통신은 FLC시스템을 기반으로 한 광가입자 진화전략을 수립하고 그동안 FLC시스템의 개발에 전력을 경주하여 왔다. 이는 어디까지나 공중통신망(PSTN)과 전화서비스를 근간으로 VoD, 케이블TV 등을 수용하고자 노력하고 있다. 그러나 SWAN-II 장치는 케이블TV를 근간으로 VoD, 전화서비스 등을 수용하는 시스템으로 한국통신 전략과는 정면으로 배치되는 방식이다.

이에 따라 한국통신은 1996년 2차 케이블TV전송망 사업지역에 아날로그방식을 공급할 것인가 디지털방식을 공급할 것인가를 선택해야 할 큰 문제에 봉착하고 말았다. SWAN-II

시스템을 도입할 경우 가입자망 추진전략의 일대 수정이 필요하고, 이는 서비스경쟁에 이은 통신망 인프라 경쟁의 시발이 될 수밖에 없다.

넷째, 당시 기존장비의 경우 1단자 당 가격이 450M 18만8천원, 550M 18만8천원, 750M 20만9천원 수준인데 비해, SWAN-II 시스템의 가격은 1단자 당 55만원으로 고가여서 사업성이 취약하다(1996년 5월 현재).

나. SWAN-II 시스템 개발의 문제점 대두

1997년 중반 한국통신이 개발 추진한 디지털 케이블TV시스템은 1차 개발을 완료하고 현장시험에 들어갔다. 이때 한국통신은 이 시스템에 의한 사업성에 대하여 다음과 같이 전망하였다(CATV전송망의 통신기능 검토, 1997. 6, 한국통신).

첫째, 케이블TV 전송기능은 확인되었으나 전화, 인터넷, VoD 등 통신기능을 추가 개발할 필요가 있다. 또한 투자비 측면에서 케이블TV만 감안하더라도 디지털방식이 기존 아날로그 방식의 약 5배이며, 최대수요를 감안한 종합 경제성측면에서도 대규모 적자가 예상된다.

둘째, 디지털 케이블TV 시스템은 아직 개발 중인 시스템으로서 세계적으로 상용화 실적이 없으며 통신기능 개발을 위해서는 향후 2년-3년이 소요될 것으로 전망된다. 그리고 실제 사업적용을 위해서는 경제성 확보는 물론 양호한 통신품질 및 안정적 운용에 대한 신뢰성 검증이 필요하다.

당시 아날로그방식(HFC)의 회선당 단가는 44만9천원인데 비해 SWAN-II 시스템을 개발 공급하는 경우 회선당 단가는 INC주도형은 247만7천원이고 BBT주도형은 232만8천원으로 예측되었다. 이와 같은 회선당 단가는 전송장치 및 선로시설 등을 전체지역을 대상으로 초기에 100% 투자히는 것으로 산정하였으며, 이때 전송장비의 하락폭을 감안하지 않고 현시점에서 제시된 가격을 적용하였다. 한편 공급물량이 30만 가구일 때 40%, 100만 가구일 경우 50%가 하락하는 등 공급물량에 따라 시설초기에도 전송망 장비가격이 대폭 하락할 가능성이 있는 것으로 판단되었다.

한편 한국통신 전략영업본부는 케이블TV전송망 사업참여 및 디지털방식(SWAN-II)의 개발에 대하여 다음과 같은 의견을 제시하였다(CATV전송망 사업참여 검토, 1997. 5, 한국통신 전략영업본부).

첫째, 방송사업자(SO)는 방송전용망으로 아날로그방식(HFC)의 효율성을 높이 평가하고 있다. 그러나 방송·통신의 융합에 따라 모든 기술방식이 디지털화 추세로 발전되고 있고, 케이블TV망의 80%를 차지하고 있는 동축케이블은 초고속망으로 활용이 어렵다.

둘째, 향후 케이블TV전송망은 디지털방식으로 공급함을 원칙으로 하고 초고속망과 연계 투자함으로써 중복투자의 낭비요인을 줄일 수 있다. 다만 기술적 경제적 요건이 충족될 때까지 불가피하게 기존방식을 공급하고, 디지털방식의 장비가격이 하락하여 경제성이 확보되는 시점에 적절하게 공급하도록 추진한다.

다. 사업적용에 대한 최종평가

앞에서 언급된 바와 같이 1997년 중반까지도 한국통신은 그동안 업체경쟁개발로 추진해 온 디지털 광케이블TV 시스템(SWAN-II)의 사업적용 여부를 확정하지 못하고 혼란상태에 있었다. 이때 한국통신 네트워크본부는 이 시스템을 2차 종합유선방송 전송망사업에 적용 여부를 결정하기 하기 위한 최종평가에 들어갔다. 또한 이 과제를 전문적으로 검토하기 위해 검토전담반을 구성 운영하였다(1997. 3. 25-4. 25). 당시 SWAN-II 시스템의 기술성, 경제성 및 현장확인시험 결과를 바탕으로 검토한 결과는 다음과 같다(디지털 광CATV시스템 사업적용 검토결과 보고, 1997. 5. 15, 한국통신 네트워크본부).

첫째, 개발시스템의 기술성 및 현장 확인시험 결과 현재까지 케이블TV 기능만 개발되었다. 전용선 형태(PVC)의 VoD만 가능하고, 인터넷은 미개발 상태로 멀티미디어 서비스 기능은 일부만 개발되었다. 그리고 현재 개발된 옥외용 함체는 전화, 전용회선 등 통신서비스 수용이 불가하다. 따라서 이 서비스를 위한 옥외용 함체를 보완 개발하여야 한다.

둘째, 시스템이 구조적 결함을 가지고 있다. BBT계열 시스템(삼성, 삼우)은 옥외장치에서 가입자까지의 동선거리가 150m로 제한되므로 아파트의 경우 각 동별로 옥외장치가 설치되어야 하므로 단지 내에 광케이블 포설 및 설치장소 확보가 곤란하다. 그리고 운용관리장치 용량이 12만 가입자로 제한되므로 방송구역별 집중유지보수가 불가하다.

셋째, INC계열 시스템(대영, 대우, KNC)은 32개 QAM모뎀을 480가입자가 공유하는 구조이므로 근본적으로 통신용량이 제한되고 있다. 하나의 가입자선로에 1개의 서비스만 수용이 가능하여 케이블TV와 인터넷, 케이블TV와 VoD 등을 동시 사용이 불가하고, 인터넷은 3Mbps속도를 480가입자가 공유하므로 통신속도에 제한을 받고 있다.그리고 상향대역이 겹침으로서 ISDN서비스와 동일 가입자선로 사용이 불가능하고, 주상용 및 벽면부착용 함체가 개발되지 않아 다양한 설치장소에 대응이 곤란하다. 또한 국내장치와 옥외장치의 운용관리시스템이 이원화되어 있고 옥외장치마다 관리용 PC가 필요하여 운용관리 기능이 조잡하다. 이외 RT관리장치 용량이 3만 가입자로 제한되므로 방송구역별 집중유지보수가 불가하다.

넷째, 경제성을 검토한 결과 디지털 CATV시스템은 HFC방식에 비해 5배의 투자비가 소요되고, 시스템 구조상 대부분이 초기에 소요된다. 또한 멀티미디어 서비스 수입을 고려하여도 수익실현이 불가능하다. 따라서 디지털 광케이블TV 시스템은 2차 허가지역의 종합유선방송 전송망 사업에 적용하는 것은 불가능하다. 이 시스템은 멀티미디어 서비스 및 FSN 기능을 개발 완료한 후 초고속 멀티미디어 서비스 통신망 구축용으로 활용하거나 1차 허가지역 종합유선방송 전송망의 업그레이드용으로 활용하는 방안이 타당하다.

10. 케이블TV망을 이용한 통신서비스 경쟁

10.1 통신기능실행의 문제점

가. 케이블TV전송망 구조 및 특성상 문제점

당시 국내 케이블TV 전송망은 광케이블과 동축케이블을 혼용한 일방향의 방송에 적합한 구조로 되어 있었다. 따라서 케이블TV전송망으로 통신기능을 구현하고자 시도할 경우 다음과 같은 문제를 해결해야만 하였다.

첫째, 상향으로의 정보흐름 공간(주파수 대역)이 협소하여 양방향 신호전송이 곤란하다. 또한 동축케이블 구간은 전기나 수도관과 같은 배선구조로서 각종 접속점 및 가입자설비에서 발생된 잡음이 상향으로 누적되어 통신품질이 열악하다.

둘째, 네트워크 구조상 케이블이 절단되는 경우 연결된 모든 가입자 서비스가 불통되는 상황이 발생한다. 이외에도 통신보안이 취약하고 상용전원을 사용하고 있는 관계로 전력공급의 안정성 문제도 있다.

셋째, 케이블TV전송망에 통신기능을 부가하려면 막대한 투자비를 투입해야 한다. 즉 상향채널의 용량을 증대하기 위해서는 네트워크 구조를 변경해야 하고 이를 위해서는 약 10배 이상의 ONU 및 광케이블이 소요된다.

넷째, 전화 및 인터넷 서비스를 위해서는 가입자 및 전화국측에 각각 전화모뎀, 케이블모뎀을 설치해야 한다. 당시 국내 시범사업 시행시 전화 모뎀 130만원, 케이블 모뎀 250만원에 공급되었다.

다섯째, 케이블TV사업자가 독자적 통신망을 건설하려고 시도할 때는 또 다른 투자가 크게 발생할 수밖에 없다. 통신망은 교환망, 전송망, 가입자망 및 전화국사 등으로 구성되며 케이블TV망은 가입자망에 해당된다. 케이블TV망으로 통신기능을 살려내려고 시도하는 경우 재활용이 가능한 시설은 가입자선로 중 15%를 차지하는 광케이블 뿐이며 비용측면에서는 전체의 3% 미만에 불과하다.

한편 이와 같은 케이블TV망이 가진 문제 때문에 영국의 경우 아날로그 CATV에 전화서비스를 제공하기 위해서 동선을 별도로 포설하여 전화가입자를 수용하였다. 미국의 경우 1996년 통신법 개정으로 통신과 방송영역이 해제되었으나 기술성, 경제성 문제 때문에 당시 통신사업에 진출한 케이블TV사업자는 없었다. 최근 거대 케이블TV사업자인 타임워너(Time Warner)사도 1994년 시작한 케이블TV망을 활용한 올랜드 멀티미디어 프로젝트를 사업성이 부족하다는 이유로 중단하였다. 타임워너사를 기대하고 케이블모뎀을 개발하던 HP, IBM 등도 개발계획을 취소하였다. 일본은 디지털 위성방송이 활성화되어 유선방송은

퇴보단계이며, 케이블TV사업자가 본격적으로 전화사업을 하는 경우는 없었다.

나. 통신기능실행의 문제점

이러한 상황에서 한국통신은 케이블TV전송망에 통신서비스를 부가하는 방안에 대하여 공식입장을 내놓았다(CATV 전송망의 통신기능 검토, 1997. 6, 한국통신). 그 주요내용은 다음과 같다.

첫째, 케이블TV전송망에 통신기능을 부가시키기 위해서는 ONU당 가입자 규모를 축소하는 등 네트워크 구조조정이 필요하다. 이 경우 대규모의 투자가 요구될 뿐 아니라 독자적 통신망 구축을 위해서는 교환시설 및 전송시설 구축을 위한 막대한 추가재원이 소요된다.

둘째, 통신기능을 부가하더라도 기술적 특성상 상향잡음 누적으로 전화통화의 품질이 매우 열악하며 데이터통신은 사실상 불가능하다.

셋째, 당시 세계적으로 상용화 실적이 없는 점을 감안할 때 서비스품질에 대한 신뢰성이 확보되어야 하며, 현재 국내 케이블TV전송망을 활용한 통신기능구현은 경제성 측면에서 사실상 불가능하다.

10.2 한국통신의 종합적 판단

가. 통신기능실행의 걸림돌

케이블TV전송망을 이용하여 통신서비스를 제공하기 위해서는 해결해야 할 상당한 과제가 그대로 가로놓여 있어 사업을 진행하는데 걸림돌이 되고 있었다. 그 세부 내용은 다음과 같다.

첫째, 현행법상 케이블TV전송망을 이용하여 통신서비스를 제공하는 것은 불가능하다. 따라서 현행법의 개정이 필요하다.

둘째, 케이블TV 전송망은 네트워크 구조가 나뭇가지 형(Tree & Branch)으로 되어 있어 상향대역 잡음이 과다하다. 그리고 5MHz-30MHz 대역은 공중파 신호의 유입, 가정용 가전제품과 동일한 주파수대역 등으로 다수의 잡음유발요인을 가지고 있다. 또한 잡음이 발생하는 경우 수시 간헐적으로 발생하여 근본적인 해결이 어렵다. 구내통신시설(특히 공동주택)의 접지 및 컨넥터 처리, 종단 등을 완벽하게 시공하는 등 상향대역의 잡음유입을 최소화하는 조치를 해야 한다. 또한 나뭇가지 형 망구조상 케이블이 절단되는 경우 연결된 모든 가입자의 서비스가 중단될 우려가 있다.

셋째, 상향대역이 협소하여 전화, 팩스, 양방향 대칭형 통신서비스를 제공하는 경우 가입자 수용이 제한된다. 따라서 이를 위해서는 상향대역폭을 확대해야 하므로 상향대역 주파수를 추가로 확보해야 한다. 그리고 광 전송장비를 확대 공급하여 셀 규모를 500단자 이하로 축소하며, 동축 전송시설을 최대한 축소해야 한다.

넷째, 각 가정에 설치되는 케이블모뎀 및 정합장치는 상용전원을 사용하므로 정전 시 전화가 불통된다. 따라서 전송망과 가입자 구내의 케이블모뎀 및 정합장치에 안정적인 전원을 공급할 수 있는 조치가 필요하다. 또한 케이블 모뎀, 정합장치 등이 최근 개발되어 장비가격이 고가이다.

한편 한국통신의 케이블TV전송망도 광케이블과 동축케이블의 혼합전송망 구조로 되어 있고, 광전송장치를 확대 공급함으로서 셀 규모는 2,000-2,500단자로 한국전력보다 우수하였다. 그러나 전송대역폭은 당시 종합유선방송 기술기준인 450MHz로서 한국전력보다 협소한 상황이었다. 이를 보면 한국통신의 케이블TV전송망은 기술적으로 한국전력과 동일하나 하향대역이 450MHz로 부가통신을 하기에는 여유채널이 부족하였다. 따라서 한국통신 입장에서는 통신서비스 제공에 상당한 문제점을 내재하고 있는 케이블TV전송망을 활용하는 것보다 당초의 계획대로 초고속통신서비스 수요에 즉응할 수 있는 초고속전용통신망을 조기에 구축하고 공중통신망으로 확대하여 모든 가입자에게 보편적이고 저렴한 서비스를 제공하는 것이 올바른 선택이라고 판단하였다.

나. 통신기능실행을 위한 기술성과 경제성 분석

한국통신은 케이블TV 부가서비스를 위한 시연시스템에 의한 시범을 통해 이에 대한 기술성을 다음과 같이 확인하였다.

① 케이블TV전송망에 인터넷과 전화를 위한 각각의 주장치와 부가장치가 필요하고, 향후 새로운 서비스를 도입할 때마다 해당 서비스별로 주장치 및 부가장치가 추가되어야 한다.

② 케이블TV전송망은 상향대역폭이 25MHz(5-30MHz)로 협소하므로 양방향 통신서비스를 제공할 경우 이용자수가 제한된다. 따라서 셀 규모가 커질수록 부가서비스 이용자의 수용율이 저하된다. 전화이용회선을 전화만 수용하면 최대 1,560가입자까지 이용할 수 있고, 인터넷이용회선의 경우는 인터넷만 수용하면 최대 4,096가입자까지 이용이 가능하다.

③ 케이블TV전송망은 나뭇가지형(Tree & Branch) 구조로 되어 있어 상향 잡음유입이 집중되기 쉽다. 따라서 수용율을 높이는 경우 잡음이 집중되어 통신서비스의 품질이 크게 저하될 것으로 예상된다. 양방향 통신서비스의 적정품질을 확보하기 위해서는 상향잡음 유입의 주요발생지인 공시청 안테나와 결합된 공동주택 구내선로시설의 접지, 커넥터 처리, 케이블 차폐특성의 향상 등이 필요하다.

④ 네트워크 구조상 간선 케이블이 절단되는 경우 하위에 연결된 모든 가입자에게 서비스 제공이 불가능해지고 한 개의 불량개소가 네트워크 전체의 품질저하를 초래할 우려가 있다. 또한 간선증폭기, 분기증폭기 및 가입자장치(케이블모뎀, 전화모뎀)의 전원이 이중화되지 못한 관계로 정전 시 통신서비스 제공이 안 된다.

다음에는 케이블TV의 부가서비스 제공에 따른 경제성을 검토하였다. 기술성 평가에서 나타났듯이 상향잡음의 제한, 셀당 적정 수용율을 확보하기 위해서는 기존의 셀 당 8,000가입자에서 셀당 500가입자 정도로 축소시켜야 하였다. 이렇게 되면 약 10배 정도의 광 전송장치와 광전송로가 추가로 소요된다. 시연시스템의 추가설치비용은 회선 당 인터넷 113만원, 전화 250만원으로 나타났다. 전화의 경우 한국통신의 회선 당 28만원에 비하여 8배나 높고 앞에서 언급한 광전송로 추가비용과 기존 케이블TV 설치비용인 회선 당 21만원을 합치면 더욱 비용이 증가될 것으로 분석되었다. 이에 따라 케이블TV 부가서비스 시범에 대한 종합검토의견을 다음과 같이 정리하였다.

첫째, 시연시스템의 인터넷과 구내전화서비스는 일부 이용자에게 소규모로 제공되었고 그 기능의 구현과 동작상 별 무리가 없는 상태이나 대규모로 수용율을 높일 경우 네트워크 구조상 품질이 저하될 것으로 판단된다.

둘째, 인터넷과 전화의 부가서비스를 위해서 추가로 각각의 주장치와 모뎀을 설치하였다. 전화의 경우 한국통신의 전화시설에 비하여 8배 이상 회선 당 비용이 소요되고 있어 경제성이 없으므로 상용화 가능성은 희박하다.

셋째, 시연한 부가서비스는 기존의 케이블TV전송망 시설에 보다 기술성이 높고 고가인 부가장치를 설치하여 구현하였다. 따라서 케이블TV전송망 부가서비스라기 보다는 케이블TV 전송망을 일부 이용하는 별도서비스로 보아야 한다.

11. 한국전력의 케이블TV전송망 사업

11.1 케이블TV전송망 사업에의 전력투구

1996년 중반 케이블TV전송망 사업을 위해 한국통신과 사업경쟁을 해온 한국전력의 사업추진동향은 다음과 같다(CATV사업현황 및 추진전략, 1996. 7. 10, 한국통신 전략영업본부).

① 한국전력은 1차 사업허가지역 중 한국통신 수주구역에도 회선임대사업용 전송망 공사를 할 것으로 예상된다. 2차 사업허가지역에는 1차 허가지역의 경우와 동일하게 케이블TV전송망 수주를 할 것이나 1차 사업 때처럼 무차별 공세는 자제하고 경제성이 높은 지역에 치중할 것으로 전망된다.

② 1차 사업허가지역의 전송망을 수주하는 과정에서 출혈경쟁을 하는 바람에 한국전력 내부에서도 상당한 비판을 받았던 것으로 알려졌다. 그러나 국제전화, 회선임대사업 등 통신사업 진출에 성공하였으며, 조만간 시내전화사업에도 진입이 가능할 것으로 예상된다. 또한 한국전력은 1차 사업구역 중 미 수주구역(한국통신 수주구역)에도 회선임대 사업용 전송시설공사를 할 것으로 전망된다.

한편 정부에서 2차 케이블TV전송망 사업을 1997년으로 이월함에 따라 한국전력은 1996

년도에 책정한 케이블TV예산(약 4,000억 원)을 집행하기 위해 2차 수주예상지역을 중심으로 광케이블 공사를 시행하고 있었다(CATV사업 추진전략, 1996. 11. 21, 한국통신 기획조정실). 당시 이러한 한국전력의 광케이블 공사의 대외명분은 전국적 원격검침망과 전국적 배전자동화망을 구축하는 사업의 일환이라고 밝혔다. 또한 통상산업부에서 추진 중인 산업정보망의 전담사업자로서 이를 실현하기 위한 사업이라는 명분을 달았다.

한국전력의 광케이블확장 투자규모는 2004년까지 총 2조4천억 원으로 계획되었다. 이상과 같은 대외명분을 내걸고 2차 케이블TV 수주지역 발표시기와 상관없이 전국적으로 광 전송망을 단계적으로 구축하고 이를 2차 수주지역에 활용한다는 복안을 가지고 전력투구하고 있었다. 뿐만 아니라 한국전력은 부가서비스 제공 및 종합유선방송국(SO) 유인전략도 펼치기 시작하였다. 부가서비스를 지속적으로 개발하여 방송사업자(SO)로 하여금 부가서비스 사업을 하도록 하고, 한국전력과 방송사업자 간 이익을 배분하는 방안으로 추진하였다.

이를 위해 방송사업자에게 한국전력 자회사 및 출자회사에 지분참여 우선권을 부여하고, 장기적으로는 M&A 등을 구상하였다. 또한 방송사업자를 이용하여 기업고객가입자를 확보하고 정책기관 로비활동도 대행토록 지원하였다. 한국전력은 케이블TV전송망을 활용한 부가서비스를 제공하기 위한 시범계획도 추진하였다. 1996년에 전화 및 멀티미디어 서비스 상용화를 위한 시험을 실시하고, 1997년-2000년에 상용화한다는 구상이었다(CATV 전화사업 진출본격논의, 1996. 4. 20, 한국통신 공정대책실).

1996년 10월 한국전력은 정보통신사업을 본격적으로 추진하기 위해 자회사로 한전정보통신네트워크(주)를 설립하고, 서울 잠실유도경기장에서 기업비전 2005 선포식을 가졌다. 이 행사는 한전케이블TV 프로그램공급사(PP)인 스포츠TV방송과 협찬으로 시행되었으며, 한전정보통신네트워크(주)의 1996년도 매출액은 약 2,000억 원, 2005년 배출목표는 2조원으로 정하여 발표하였다. 특히 한전정보네트워크(주)는 한국전력의 케이블TV전송망 구축 및 부가서비스의 개발 보급을 담당하였다. 이 사업을 위해 신입사원을 모집하였으며, 모집인원 200명에 1만여 명이 지원하였으며 서울대, 연세대, 고려대 등 대학 출신이 다수 지원하였다고 알려졌다(CATV사업 추진전략, 1996. 11. 21, 한국통신 기획조정실).

11.2 케이블TV망에 의한 통신서비스 시도

가. 시연시스템의 구성 운용

한국전력은 기존자원인 케이블TV전송망을 통해 전화 및 데이터서비스를 제공하겠다는 강력한 의지를 가지고 있었다. 이에 따라 한국전력은 당시 운용중인 케이블TV전송망에 케이블 모뎀 등을 설치하여 전화, VoD, 인터넷 접속 등을 시연하여 케이블TV전송망을 이용한 통신서비스를 제공할 수 있다는 가능성을 부각시키고자 온힘을 쏟았다. 당시 한국전력의 케이블TV전송망은 광케이블과 동축케이블의 혼합전송망으로서 광 전송부분은 성형(Star)으로 750MHz 전송장비를 운용하고 있고, 동축케이블 부분은 나뭇가지형(Tree & Branch)으로 550MHz 및 750MHz 전송장비를 운용하고 있으며 단위 통화영역(Cell)규모는 7천-8천 가입자였다.

한국전력을 케이블TV망을 통해 통신서비스를 제공하기 위한 시연시스템을 구성하여 운용하였다. 이 시스템은 종로와 중구지역 방송사업자(SO)인 중앙케이블비젼의 전송망을 이용하여 분배센터(플라자호텔 뒤)와 시연장소인 적선동 케이블TV협회 건물 간에 구성되었다. 이때 확인된 시연서비스, 시연장비 및 시연시스템의 성능은 다음과 같다.

① 케이블 전화 및 팩스를 위해 캐나다 제품(West End사)의 케이블모뎀 및 통신인터페이스 장비를 사용하였다. 인터넷접속을 위해 모토롤라사 케이블모뎀을 사용하였으며, 이때 전송속도는 하향 30Mps, 상향 768Kbps를 제공하였다. 그리고 VoD 서비스를 위해서는 미국 IPC사의 제품을 사용하여 비디오 1채널을 운용하였다. ② 사용주파수는 상향 5-30MHz 대역, 하향 450-750MHz 대역을 사용하였다. ③ 시연시스템 구성장비 대부분이 외국 제작사로부터 도입 설치한 것으로 기능구현 및 동작에는 문제가 없었다. 그러나 방송구역 전체 전송망을 대상으로 상용화시험을 한 것이 아니므로 이를 가지고 전반적인 전송망 운용상태 및 통신품질을 평가하는 것은 곤란하였다.

나. 시범서비스 시행

한국전력은 아날로그 케이블TV망을 이용한 부가서비스를 시연하였다. 즉 기존 케이블TV망에서 인터넷, 전화 등의 부가서비스를 제공할 수 있는가에 대한 시험 운용이었는데, 이 시범서비스의 실시내용을 종합하면 다음과 같다.

① 부가서비스 시범은 대전직할시 중구, 서구, 유성구(한밭종합유선방송국)의 한국전력 직원을 대상으로 인터넷서비스 32가구, 전화서비스 30가구, 인터넷+전화서비스 5가구 등 67가구에 대하여 실시하였다.

② 인터넷서비스를 위한 부가장치로는 인터넷 주장치, 케이블모뎀, 랜카드를 설치하였다. 이때 인터넷주장치(미국 모토롤라)는 인터넷망과 T1급(1.544Mbps)으로 접속하고, 수용용량은 시스템 당 6만 가입자였다. 그리고 이용대역은 상향 1MHz, 하향 6MHz이고 케이블모뎀(미국 모토롤라)의 전송속도는 상향 1Mbps, 하향 10Mbps였다.

③ 전화서비스를 위한 부가장치로는 전화 주장치와 전화모뎀을 사용하였다. 이때 전화주장치(캐나다 WestEnd사 제품)는 수용용량이 랙당 60가입자이고, 이용대역은 상하향 6MHz였다. 그리고 전화모뎀(캐나다 WestEnd사 제품)은 수용용량이 4회선이고 이용대역은 상하향 16MHz였다. 이들을 자체 구내교환기에 연결하여 사용하였다.

④ 인터넷서비스를 위한 시범에 10억 원이 투입되고, 전화서비스 시범에는 1억5천만 원

이 투입되었다. 회선 당 비용을 보면 인터넷 주장치 13만원, 케이블모뎀 및 LAN카드 100만원, 전화서비스 250만원으로 분석되었다.

11.3 통신사업 진출의 큰 꿈

가. 케이블TV망에 대한 어이없는 주장

1990년대 중반 한국전력은 발전소, 송변전소 및 영업점을 중심으로 한 사내통신망으로 광케이블 2,859Km, 동축케이블 2만6천Km를 보유하였다. 그리고 HFC(Hybrid Fiber Coax) 형태의 케이블TV전송망을 33개 유선방송구역에서 운용하고 있었다. 당시 한국전력은 이 케이블TV전송망을 국가기간통신망으로 이용가능하다는 정책제안을 넘어 이를 주축으로 하여 우리나라 초고속 정보통신망을 구축하는 것이 가장 기술적이고 경제적이라고 주장하고 나섰다.

이런 느닷없는 주장 때문에 한때 한국통신이 10년 이상 장기간에 걸쳐 추진해온 우리나라 국가 초고속통신망 건설사업은 물론 청와대, 정부, 학계, 관련 산업계 등에 큰 혼란을 야기하였다. 당시 한국전력이 주장한 주요내용은 다음과 같다(한국전력 CATV전송망 개요, 1996. 5, 한국전력공사).

① 케이블TV전송망은 국가 초고속정보통신망으로 이용가능하고, 선진국에서는 전화, PCS, 데이터망 등에 활용중이다. ② 우리나라에서는 막대한 투자비가 투입된 케이블TV전송망을 케이블TV 용도 외에는 사용하지 못하고 있는 실정이다. ③ 향후 국가 초고속정보통신망으로 이용될 수 있도록 국가정보통신정책 차원에서 검토 추진이 필요하다.

또한 한국전력의 케이블TV망을 활용하면 초고속 정보통신망 구축에 소요되는 비용을 절감할 수 있고, 초고속 정보통신망 구축기간을 단축할 수 있으며, 정보통신망의 다원화에 기여할 수 있다고 주장하였다. 이어서 1998년 2월 김대중 정부가 들어서는 시점에 한국전력은 케이블TV전송망을 활용할 경우 저렴한 투자로 단기간 내에 한국의 초고속 정보통신망을 구축할 수 있다는 제안을 정부에 적극적으로 주장하고 나섰다. 당시 한국전력 주장은 다음과 같다(초고속 정보통신망의 효율적 구축방안, 1998. 2, 한국전력공사).

첫째, 한국전력은 전기의 수급조절을 효율적으로 수행하고 설비를 안전하게 운전하기 위하여 대량의 실시간 정보유통이 필수적이며, 전력통신망과 전력공급망이 동일한 경로로 구성이 필요하다.

둘째, 전력통신은 자동제어용, 설비사고 처리용, 사내업무용으로 이용하고 있으며,정보통신 인프라로는 도시 간에 시설된 광통신망 18,860Km, 시내구간에 시설된 케이블TV망 2만6천Km, 전력구 및 관로 2,450Km, 전주 및 철탑 560만기를 보유하고 있다.

셋째, 가입자 구축대상의 대부분이 일반수요자(3,300만)로서 이들의 정보유통형태가 햐향 위주이다. 케이블TV망은 초고속 전송능력에 대한 기술적 검증을 거쳐 현재 상용화를 하고 있는 중이다.

당시 한국전력은 케이블TV망을 활용하면 경제적으로 초고속 가입자망을 구축할 수 있고, 단기간에 초고속 정보통신망을 구축할 수 있으며, 케이블TV서비스를 활성화하고, 최첨단 기술확보를 통한 수출도 가능하다는 식으로 주장하였다. 그러나 한국전력이 보유한 광케이블은 주로 한국전력 내부의 발전소와 변전소 간의 특정구간만을 연결하는 한정된 영역과 기능의 통신망이었다. 따라서 국가의 백년대계를 위한 초고속 국가통신망 및 초고속 공중통신망을 건설하는데 지엽적이고 한정적인 광케이블을 주축으로 건설하자는 주장은 어이없는 주장이 아닐 수 없었다.

또한 한국전력이 운용하고 있는 케이블TV망을 가지고 다가오는 21세기 초고속정보통신시대에서 전 국민을 대상으로 초고속정보통신을 제공하고 전 세계를 대상으로 하는 국제초고속통신망으로 확장 발전시키자는 발상이었다. 우리가 알고 있는 바와 같이 케이블TV망 기술은 19세기에 나온 아날로그 기술이었다. 당시 전 세계 선진국은 이미 가입자통신망은 물론 케이블TV망도 디지털방식의 광통신으로 가고 있었다. 한국전력은 전력생산을 주업무로 하는 기업이다 보니 초고속정보통신의 특성 및 세계적 발전방향을 제대로 인지하지 못하고 이미 수십 년 전 흘러간 지식에 의존하여 시대와 동떨어진 어이없는 주장을 하고 나선 것이었다.

나. 대통령후보 공약으로 등장

한국전력은 이러한 주장을 국회를 통해 로비를 전개하고 새정치국민회의도 설득하여 결국 제15대 대통령선거에 출마한 김대중 후보의 대선공약으로 발표되는 일이 벌어지게 되었다. 이는 그동안 한국전력이 주장해온 케이블TV망을 주축으로 한국의 초고속정보통신망을 구축하는 방안 그대로였다(대통령 공약사항 추진검토, 1998. 1, 한국통신 네트워크본부). 당시 발표된 공약의 주요내용은 다음과 같다.

첫째, 초고속 정보통신망의 조기구축을 위해 현재의 케이블TV망과 한전케이블망 및 중계유선방송망을 활용하고 민간기업의 참여를 유도하기 위해 세제 금융상의 지원을 확대하겠다.

둘째, 초고속 정보통신망을 조기에 구축하여 21세기 정보화사회의 기반을 신속히 마련하겠다. 그리고 남북한 간에 전화, 광케이블 등 한반도 초고속 정보통신망을 구축하여 지식 및 정보교류를 확대하겠다.

당시 이러한 공약이 발표되자 한국통신은 첫 번째 공약은 현재 발전된 첨단기술과 시대적 흐름에 맞지 않으니 수정해야 한다는 의견을 후보 측에 제시하였다. 그러나 이에 관한 논의는 대통령 당선 후까지 이어져 결국 한국통신은 김대중 후보가 당선된 후 대통령 비서실과 협의하는 등 상당한 진통을 겪은 후 바로잡게 되었다. 이 부분에 대해서는 정보통신 선진화 30년 시리즈2의 「초고속정보통신망 건설」편에 상세히 기록하였다.

다. 대통령직 인수위원회에서의 시비논쟁

한국전력의 케이블TV망을 국가 초고속정보통신망의 주축으로 건설하는 문제는 김대중 정부 출범 당시 주요과제로 부상하여 대통령직인수위원회에서 다루게 되었다. 이때 대통령직인수위원회 경제2분과위원회에서는 케이블TV망을 연계한 초고속정보통신망 구축과 관련한 현안업무를 청취하고자 하니 정보통신부, 한국통신, 통산산업부, 한국전력의 책임자들에게 참석을 요청하였다.

이 회의는 1998년 2월 10일(화), 인수위원회 5층 경제2분과위원회 소회의실에서 개최되었다. 이 회의의 참석자 및 회의내용에 대해서도 이 책 시리즈2의「초고속정보통신망 건설」편에 상세히 기록되어 있다. 이 자리에서 한국통신 부사장(이정욱)은 케이블TV망을 연계한 초고속정보통신망 구축에 대해 다음과 같이 보고하였다(기조발표문, 1998. 2. 10, 한국통신).

첫째, 통신선진국의 초고속정보통신망을 구축방향을 보고한다. 세계적으로 초고속망의 건설을 선도하고 있는 미국(AT&T), 일본(NTT), 프랑스(FT), 영국(BT) 등에서는 표준화된 두가지 방식으로 추진하고 있다. 우선 방대하게 건설되어 있는 기존동선을 즉시 초고속정보통신용으로 사용하기 위해 디지털 가입자전송장치(ADSL)을 부가하여 실행한다. 다른 하나는 초고속회선이 다량으로 필요한 건물이나 밀집지역에는 직접 광케이블을 건설한다.

둘째, 미국, 일본에서 케이블TV망을 인터넷으로 이용하는 사례를 분석 보고한다. 미국, 일본은 지난 20여년간 방대한 케이블TV망을 건설하여 왔다. 일부 케이블TV사업자들이 이를 재사용한다는 취지에서 인터넷으로의 사용을 시도 중인데 그 실적은 미지수이다. 비록 성공한다 하더라도 케이블TV망을 국가표준형으로 하여 초고속망으로 대체하지는 않을 것이다. 오히려 이들 선진국에서는 초고속망을 위해 위성을 주도적으로 이용함으로서 기존 케이블TV 자체가 위축되고 있는 실정이다.

셋째, 우리나라에서 케이블TV망으로 인터넷을 추진하고 있는 실태를 보고한다. 우리나라는 1995년부터 케이블TV망이 건설되기 시작하여 시설규모가 작아 미국이나 일본과는 매우 다르다. 케이블TV사업은 적자폭이 매년 누적되고 있어 광대역망의 기반시설을 보유하고 있는 한국통신조차도 케이블TV에 대한 추가투자를 보류하고 있다. 그럼에도 불구하고 한국전력이 케이블TV망을 대단위로 계속 건설할 계획이라면 이 투자가 케이블TV용인지, 아니면 통신사업을 하기 위한 것인지를 분명히 해야 한다.

넷째, 양대 공기업에서 케이블TV망 구축에 국가재원을 중복투자하고 있는 문제를 보고한다. 한국통신은 다가오는 정보사회를 대비하여 국제적으로 표준화된 정보통신망 건설이 주 임무이다. 따라서 정부의 초고속정보통신망 구축계획에 따라 32조원 규모의 투자를 계획적으로 시행하고 있다. 이와 관련하여 초고속장비의 개발 및 국산화를 10여년에 걸쳐 추진하여 왔으며, 이 장비를 이용하여 초고속통신망을 건설하고 있는 중이다.

그럼에도 불구하고 한국전력이 케이블TV망을 정보통신사업에 사용할 목적으로 앞으로

33조원의 막대한 자원을 투자한다면 한국의 기간통신사업을 위해 양대 공기업에서 국가재원을 중복투자하는 문제가 제기된다. 따라서 케이블TV망은 투자비가 저렴한 방송위주로 건설하여 그 목적으로만 사용하고 인터넷으로의 이용은 특수한 경우에만 보조적으로 활용하여야 한다.

다섯째, 한국통신이 주도적으로 초고속정보통신망을 건설해야 함을 보고한다. 초고속정보통신망은 21세기를 대비하여 한국통신이 주도적으로 추진하고 기존동선을 초고속화하고 광케이블을 대량으로 건설하고 있다. 또한 시내통신, 시외통신, 국제통신이 가능한 통신망을 건설하고 전화, 영상통신, 인터넷, 데이터통신 등을 제공할 계획이다.

여섯째, 케이블TV망을 시내통신망으로 활용할 수 있는지에 대하여 검증할 것을 보고한다. 한국전력의 주장대로 케이블TV망의 가장 근본적인 문제점인 잡음이 해결되었고, 비용면에서 월등히 유리한 방식이라면 한국전력의 주주사인 하나로통신의 시내통신망에 먼저 케이블TV망을 전면적으로 사용할 것을 요청한다. 충분한 기간동안 다수가입자가 이용해봄으로써 객관적으로 이에 대한 기술성과 경제성을 검증할 필요가 있다.

11.4 한국전력의 주장과 한국통신의 대응

가. 케이블TV망의 기술적 한계

한국전력은 케이블TV망을 국가기간통신망의 주축으로 건설할 것을 계속 주장하고 있었다. 이에 관하여 한국전력이 대통령직인수위원회에서 보고한 내용 중 문제가 되는 사항에 대해 한국통신의 의견을 인수위원회와 정부에 제출하였다(요구자료 제출, 1998. 2. 14, 한국통신). 당시 제출된 한국통신 의견은 다음과 같다.

(1) 한국전력이 케이블TV전송망에 4.1조원을 투자하여 초고속 정보통신망을 구축할 수 있다는데 대한 의견 : 현재 케이블TV전송망은 ONU 당 2,500-6,300단자로 구축된 관계로 케이블TV 방송서비스만 제공 가능한 망이다. 여기에 통신기능을 구현하기 위해서는 ONU 당 500단자 이하로 셀 규모를 축소하는 등 네트워크 구조를 개선해야 하고 인터넷, 전화 등의 서비스를 제공하기 위해서는 방송국에 인터넷 주장치와 전화 주장치가 필요하며 가입자 댁내에는 케이블모뎀과 전화모뎀을 각각 설치해야 한다. 따라서 실제로는 한국전력이 제시한 4.1조원보다 훨씬 많은 투자비가 추가 소요될 것이다.

(2) 현재 케이블TV망으로 2002년까지 초고속정보통신 수요에 따라 서비스제공이 가능하다는데에 대한 의견 : 현재 케이블TV전송망은 기술기준 상 일방향 방송용이므로 서비스가 극히 제한적이다. 케이블TV망의 상향대역은 36MHz로 이 대역 중에서 통신용으로 사용가능한 대역은 24MHz이며 통신속도는 변조방식에 따라 10-40Mbps가 된다. 이 속도는 셀내의 모든 이용자가 공동 사용해야 함으로 셀 당 500가입자가 통신하는 경우 이용자 당 통신

속도는 20-80Kbps정도에 불과하다.

(3) 현 케이블TV망을 2002년까지 지역적으로 확장 가능하다는데 대한 의견 : 한국전력은 33개 방송구역에 400만 단자를 설치하였으며 추가로 24개 방송구역에 전송망사업자로 지정을 받았으나 현재까지 수도권 3개 도시지역을 제외하고는 전송망공급 계약을 체결하지 않고 있는 실정이다. 2차 허가지역은 1차 허가지역보다 방송구역이 광역화되어 지역이 넓고 가구밀도는 낮아 1차 허가지역보다 세대 당 투자비가 증가될 것으로 예성된다. 또한 한국통신이 담당하는 대도시 지역내의 21개 구역에 243만 단자가 설치된 케이블TV방송지역에 한국전력이 추가로 케이블TV망을 건설하여야만 국내 전 지역에 한전방식의 초고속망을 구축할 수 있다.

2차 허가지역 24개 방송구역 전체를 인터넷 및 전화통신이 가능한 케이블TV망을 구축하는 경우 총 투자비는 10조원이 소요될 전망이다. 따라서 1998년-2002년까지 5년에 걸쳐 인터넷과 방송이 동시에 서비스되는 케이블TV전송망을 공급하여야 할 것이며, 한국전력이 주력사업이 아닌 케이블TV전송망 사업에 이러한 비용을 투자하는 것은 사실상 불가능하다. 따라서 인구밀집도가 높은 수도권 일부 도시지역을 제외한 중소도시 이하에 2002년까지 확장 공급하는 것은 사실상 불가능하다.

이상과 같이 한국통신은 21세기를 대비한 케이블TV망 구축방안 보고 및 한국전력 방안의 문제점을 타당성 있게 제시함에 따라 대통령직인수위원회와 정부는 한국통신의 계획과 주장을 수용하였다. 이어서 실무회의를 거쳐 한동안 우리나라 방송통신분야를 혼란스럽게 했던 한국전력의「CATV망을 주축으로 하는 초고속정보통신망의 건설」제안은 일단락 되었다.

나. 이후에도 계속된 통신사업 진출욕심

이때 한국전력은 자체시험을 통해서나 미국의 사례를 통해서나 동축케이블망을 이용한 통신서비스를 제공하는 것이 어렵다는 것은 잘 알고 있었다. 한국전력은 시내전화 시장에 뛰어들 경우 기존 한국통신 통신망과의 인터페이스, 번호 등 산적한 문제들을 선결해야 한다는 점도 잘 알고 있었다. 따라서 보편적 서비스 대상인 일반 가입자를 직접 수용하기보다는 광케이블 및 동축케이블망을 통한 소규모 가입자에게 여유 광케이블 코어를 이용하여 우회회선사업(CAP: Competetive Access Provider)이나 회선임대사업(APT: Alternative Transport Provider)에 주력할 것으로 예상되었다.

당시 미국의 경우 CAP사업은 동 시장의 50% 이상을 점유하고 있었으며, 전화서비스는 영국의 케이블TV사업자의 경우와 같이 동축케이블보다 별도의 동선망을 구축하여 제공하는 방안도 있었다. 이때 한국전력은 통신시장 개방과 시장경쟁이라는 정부정책의 파도를 타고 통신사업에 진출하기 위해 전사적인 노력을 기울이고 있었다. 한국전력은 광케이블 건설비용이 한국통신에 비해 1/6 가격으로 가능하다고 주장하기도 하였다. 이는 지하공동구, 송전탑, 전주 등을 이용하기 때문이라는 것이었다.

그러나 한국통신은 한국전력과 비교가 안될 정도로 더 많은 공동구, 전주 등 기존시설을 보유 운용하고 있으므로 이 주장은 전혀 설득력이 없는 황당한 광고였다. 한편 정부는 1997년도에 제2 시내전화사업자 선정을 서두르고 있었으며, 당시 대통령 비서실 쪽에서는 대기업의 참여를 적극 반대하고 있었다. 이러한 상황에서 한국전력 이외 대안이 없다는 점과, 한전의 경우 투자비를 가장 적게 들이고 동시에 전국적 통신망 구축이 가능하다는 점 등을 들어 제2 시내전화사업자를 선정할 경우 한국전력이 가장 유리할 것이라는 설이 시중에 나돌고 있었다.

다. 한국통신의 대응방향

한국통신 입장에서 최선의 대응전략은 한국전력으로 하여금 사업전망이 없는 2차 케이블TV전송망 사업에 참여를 중지하게 하는 일이었다. 반면 한국통신은 가장 경제적인 케이블TV전송망을 구축하여 케이블TV전용망이면서 동시에 일반통신과 부가통신서비스가 가능한 시스템으로 설치할 필요가 있었다.

또한 한국전력이 시장진입의 주 타겟으로 예상하고 있는 상업지역에 한국통신이 먼저 광케이블 휘더망을 건설하고 가입자 광 전송장치를 공급하여 대형고객을 선점하여야 하였다. 따라서 한국통신은 이와 같은 한국전력의 전화사업 진출시도에 대하여 다음과 같이 대응하였다(CATV 전화사업 진출본격논의, 1996. 4. 20, 한국통신 공정대책실).

① 한국전력의 케이블TV망과는 별도로 전화망 구축 가능성을 검토하고 이를 위한 기술적 검토 및 경제성을 분석하여 대응한다.

② 종합유선방송국들이 전송망 및 초고속망 사업에 진출하는 문제에 대해서는 방송사업자(SO)분야에 역진입하는 전략을 검토한다. 그리고 한국통신의 통신망을 이용하는 방송사업자들과의 전략적 제휴방안을 마련하며, 초고속사업과의 연계전략을 수립한다.

③ 이를 위해 전기통신기본법, 전기통신사업법, 방송법, 정보화촉진기본법 등을 검토하여 대응논리를 개발하고, 그 대응책을 정보통신부 및 공보처에 정책 건의한다.

12. 혼란에 빠진 케이블TV전송망 사업

12.1 한국케이블TV방송협회의 건의

1996년 정보통신부는 초고속망사업자 승인제도(안)를 발표하였다(1996. 3. 21). 이에 따라 우리나라는 기간통신사업자가 추진하는 초고속정보통신망 건설과는 별도로 케이블TV 전송망 사업자가 건설하는 초고속망이 출현하는 혼란스러운 상황이 벌어지고 있었다. 이렇게 되면 초고속통신망 설치에 이중투자 문제가 발생하고 중소기업 육성방안과 상반된다는 주장이 대두되었다.

이 초고속망사업자 승인제도의 시행과 관련하여 당시 한국케이블TV방송협회는 공보처에 다음과 같이 건의하였다(1996. 4. 12).

첫째, 초고속망사업자를 전송망공급자(NO)로 인정하고, 방송국사업자(SO)에게 참여를 허용하는 정책에 대해 다음과 같이 요청한다.

① 기존 방송국사업자(SO) 허가구역에서는 방송국사업자가 전송망사업자로부터 전송망을 임대받아 관리할 권한을 부여해 주고, 부가서비스 사업자로 인정하여 부가서비스를 제공할 수 있게 허용할 것. 또한 여력이 있는 방송국사업자에게는 초고속망사업자의 지위도 부여해 줄 것.

② 방송국사업자 미 허가구역에서 방송국사업자가 구축하는 자가망과 전송망사업자의 전송망이 초고속망으로 연계 활용될 수 있도록 추진할 것.

당시 이 건의에 대하여 공보처는 방송국사업자가 초고속망사업자의 지정을 받아도 경쟁력을 확보할 때까지 전송망사업자로서의 지위를 부여하는 것은 유보하는 입장이었다.

둘째, 초고속망사업자의 대상지역을 공업단지 등 정보통신부장관이 인정하고 위원회의 심의를 거친 지역으로 하고 있다(정보화촉진기본법 제29조). 그리고 미 허가된 종합유선방송구역을 포함한 사업구역은 두 가지 방안으로 확대하게 하였다. 하나는 미 허가지역의 초고속망사업자로 하여금 타 지역 방송국사업자의 서비스를 당해지역에 제공하고, 또 다른 하나는 방송국사업자와 전송망사업자의 겸영이 허용될 경우, 미 허가지역의 초고속망사업자에게 방송국사업자를 허락한다. 이와 같은 정부방안에 대해 다음과 같이 요구한다.

① 현행법 하에서는 방송국사업자는 전송망사업자의 겸영이 금지되어 있고, 겸영은 방송법이 개정되는 하반기에 가야 허용될 것이다. 따라서 현재의 방송국사업자가 초고속망사업자로 신청하는 경우 배제가 예상된다.

② 기존 방송국사업 허가구역 내 초고속망사업자가 중복으로 선정된 지역이 1/3에 달하고 있다(전국 226개 지역 중 63개). 이 경우 방송국사업자와 초고속망사업자의 역할이 모호하다. 또한 기존 방송국사업자의 프랜차이즈를 인정하고 보호해야 한다.

③ 추가되는 방송국사업자의 사업구역과 초고속망 선정대상지역에서 양사업자 간 충돌이 예상된다. 방송국사업자 미 허가지역의 초고속망사업자에게 방송국사업자 허용방안을 삭제해야 한다. 그리고 2차 방송국사업자 허가계획에 대한 공보처와 정보통신부의 합의에 근거하여 초고속망사업자 승인이 병행되어야 한다.

④ 초고속망이 별도로 설계 추진되어야 할 지역과 케이블TV망을 기초로 초고속망으로 연계 활용되어야 할 지역을 구분하여 양 사업이 상호통합되도록 정책방향을 설정해야 한다.

셋째, 초고속망사업자는 동일사업자의 복수지역을 허용하는 것으로 정하고 있다. 이는 현행법상 복수 방송국사업자(MSO)가 불가능하여 불공정 경쟁이 예상되므로 현행 종합유선방송법의 개정을 검토해야 한다.

넷째, 이 승인제도에서 초고속망사업자에게 방송국사업자를 허용하는 승인심사기준과 종합유선방송법상의 방송국사업자 승인기준이 서로 다르다. 그리고 추가로 방송국사업자 및 전송망사업자를 선정할 때 디지털방식을 적용하도록 규정하고 있으나 1년 내에 기자재 수급이 불가하고 기술요건을 갖추기 어려우므로 이를 제고해야 한다.

또한 케이블TV사업자 추가승인은 방송국사업자가 경쟁력을 갖추어서 초고속망사업자로 참여할 수 있도록 허가시기를 정해주기를 희망하였다. 이러한 점을 고려하여 공보처는 통합방송법 제정이후로 연기하는 방향으로 가고 있었다.

12.2 한국통신의 고민과 정부의 대책

한편 방송국사업자(SO)들의 동향을 보면 ㈜수원방송국의 경우 한국통신, 한국전력과 동시에 케이블TV전송망 이용계약을 체결하였으며, 확장구역은 한국전력과 전송망 이용계약을 추진하고 있었다. 그리고 ㈜해운대방송국외 5개 방송국에서는 쌍방 계약서에 의거 한국통신 전송망 이용은 당연시하고 확장구역의 읍단위 지역을 대상으로 조속한 전송망공급을 강력 요청하고 있었다.

이때 한국통신은 확장지역에 대한 전송망 공급자격이 문제로 떠올랐다. 어느 방송구역에 있어서나 한국통신과 한국전력이 전송망사업자로 복수로 사업권을 부여받고 있었다. 그 구역의 전송망 확장사업의 경우 이용약관 및 쌍방 간 체결된 이용계약에 따라 이미 계약된 전송망 사업자에게 시설확장 공급권이 있는 것으로 확인되었다. 그런데 확장구역에 대한 전송망 공급권은 한국통신에 있으나 한국통신은 케이블TV전송망 사업타당성 검토결과 2차 허가구역 참여를 포기하지 않을 수 없었다.

이처럼 케이블TV전송망 건설물량이 빈약하여 사업성이 없음에도 불구하고 정부는 자기의 관리 하에 가능한 많은 기업을 거느리고 싶은 욕심 때문에 동일지역에 거대기업인 한국통신과 한국전력을 복수로 케이블TV전송망 사업자로 지정하였다. 이로 인해 두 회사는 책임만 지고 사업성이 부족한 상황에서 원치 않는 수주경쟁을 해야 하는 모순에 빠지게 되었다.

이런 틈바구니에서 유선방송사업자(SO)들은 오히려 과도한 요구를 하기 시작하였고, 두 회사는 보따리 장사꾼을 면하기 어렵게 되었다. 이러한 정부 정책의 착오로 결국 한국통신은 케이블TV전송망 사업을 도중에 그만 두게 되었고 한국전력도 성공적 마무리를 하지 못하고 끝내게 되었다.

한편 정부는 EBS 위성과외방송을 계기로 가입자 확대방안을 협의하고, 1차 방송국사업자(SO) 지역의 홈패스율을 1997년 목표 80%을 달성 방안 등을 협의하기 위해 공보처차관 주재 케이블TV전송망 대책회의를 조선호텔 1층 나인스게이트에서 조찬으로 개최하였다

(1997. 9. 4). 이 회의에서 1차 케이블TV 광역화지역 및 2차 방송국사업자(SO) 지역의 전송망 조기포설방안, 기타 케이블TV정책 관련사항에 대하여 협의하였다.

이 회의에서 한국통신과 한국전력은 프로그램 분배망 및 가입자 전송망 확장계획을 설명하였다. 이 회의에는 공보처차관, 종합유선방송위원회 유혁인 위원장, 김인철 사무총국장, 종합유선방송협회 조경목 회장, 이남기 사무총장, 한국통신 이정욱 부사장, 한국전력 김영무 부사장, 공보처 신문방송국장, 케이블TV추진기획단장 등이 참석하였다.

13. 케이블TV전송망 사업의 재평가

13.1 케이블TV전송망 사업의 전면중단

가. 1차 허가지역의 케이블TV전송망 확장

1997년 중반 한국통신의 케이블TV전송망 수주지역의 건설실적은 21개 지역에 시설수 2,217,000개를 건설하였으며 세부내역은 <표 6-18>과 같다. 1997년도 케이블TV전송망 건설목표는 우선 1차 허가지역에 증설공사를 시행하는 것이었다. 즉 21개 구역에 25만7천 단자를 증설하여 1997년 말에는 244만 단자로 확장하고 홈 패스율은 78.7%로 향상시키고자 하였다.

<표 6-18> 한국통신의 케이블TV시설(1997. 7. 31)

수주 지역	유료시청자수	총 시청자수	홈 패스율	시설단자 수
21개 지역	273,000가구	860,000가구	71.5%	2,217,000개

이를 위해 1차 확장구역인 수원, 해운대, 청주, 강원, 목포, 전주, 제주 등 7개 지역에는 총 500억 원을 투입하여 1998년 7월까지 전송망시설 공사를 완료하는 것으로 추진하였다. 이때 전송망 확장구역은 수원방송국의 오산, 화성, 해운대방송국의 기장, 제주방송국의 서귀포, 남제주, 강원방송국의 인제, 청주방송국의 영동, 옥천, 보은, 전주방송국의 무주, 진안, 장수, 서남(목포)방송국의 강진, 완도, 해남, 진도, 영암, 장흥 등 18개 군이었다(1차 확장구역 전송망 공급계획, 1997. 9. 2, 한국통신 전략영업본부).

또한 2차 방송국허가구역 24개 중 성남, 안양, 광명, 속초, 원주, 공주, 여수, 김해, 진주, 마산, 익산 등 11개 지역에는 프로그램 분배망 시설공사를 추진하였다. 이들 지역은 방송국사가 확보된 지역으로 1997년 말까지 시설공사완료가 가능하였다. 한편 고양, 부천, 구리, 평택, 당진, 나주, 안동, 울산, 의정부, 충주, 구미, 경주, 김제 등 13개 지역은 1997년말-1998년에 방송국사가 확보될 계획이어서 프로그램 분배망 시설공사도 불가피하게 이에 맞추어 시행하게 되었다.

나. 다시 대두된 사업성 평가

1998년에 들어서면서 정보통신부는 한국통신에 대해 케이블TV전송망 1차 허가지역 중 도권 확장지역의 전송망사업자로 변경 지정하였다. 이에 따라 한국통신은 방송사업자에게 확장지역의 시설공급은 물론 기존지역의 전송망 증설도 시행해야 하는 부담을 안게 되었다. 이렇게 되자 한국통신 네트워크본부는 1993년부터 추진해온 케이블TV전송망 건설사업에 대한 사업성 및 타당성 재검토에 들어갔다.

당시 케이블TV전송망 사업은 적자상태가 계속됨에 따라 사업성, 관련법규 및 방송사업자와의 관계를 검토하여 전송망 공급여부와 사업추진방향을 정해야 할 상황이 되었다. 그동안의 방송구역 확장 추진경위를 보면 1993년 5월 전국 116개 방송구역을 고시한 후 대도시 중심으로 54개 방송사업자가 허가되었다. 한국통신은 54개 구역 중 21개 방송사업자와 계약을 체결하였고, 1997년 2월에는 도권지역 방송구역이 확장 고시되었다.

이때 정보통신부는 확장지역 전송망에 대한 지정변경신청을 기존 전송망사업자(한국통신, 한국전력)에게만 통보 요청하였으며, 각사의 지정신청에 상관없이 확장지역 전체를 한국통신과 한국전력 양사에 지정하였다(1997. 7. 26). 당시 한국통신이 담당할 확장구역은 해운대, 수원, 목포, 전주, 춘천, 청주, 제주 등 7개 지역의 34만2천 세대였다. 그런데 기존방송구역 21개 지역의 면적은 10,304Km^2, 세대밀도 302/Km^{2}인데 비해 확장지역 7개 지역의 면적은 10,666Km^2, 세대밀도 32/Km^{2}로서 사업성이 전혀 없는 것으로 확인되었다.

이번 확장지역은 기존 수주지역에 비해 지역이 넓고 세대수가 적은 농어촌지역으로 세대당 투자비는 대도시 지역의 약 2배 이상 소요될 것으로 판단되었다. 그리고 방송국으로부터 분배센터까지 장거리전송망 구축이 필요하며 품질확보를 위해 고가의 전송망 장비를 설치해야 하였다. 또한 상대적으로 세대 당 투자비는 증가하나 수익은 낮아 수익성을 기대하기 어려웠다. 이에 따라 한국통신은 이 사업을 전면 재검토하지 않을 수 없었다.

13.2 CCTV 사업에 대한 한국통신의 고심

가. 케이블TV전송망 사업의 전면중단 결정

이와 같은 환경에서 한국통신은 케이블TV전송망의 공급을 전면 중단하는 방안, 기존지역내의 증설분만 최소한으로 공급하는 방안, 확장지역 및 기존지역에 증설을 지속하는 방안 등 3개 방안에 대하여 그 장단점을 다음과 같이 검토하였다(CATV 전송망시설 건설방침, 1998. 3, 한국통신 네트워크본부).

제1안은 케이블TV전송망 공급을 전면 중단하는 방안이다. 이 방안의 장점은 기존지역 증설 및 확장지역 전송망 공급을 완전 중단함에 따라 적자사업을 제거하여 경영부담을 감소

시킬 수 있다. 반면 단점으로는 전송망사업자로서 계약사항 미 이행으로 인한 손해배상 요구가 예상되고, 종합유선방송법에 의한 전송망사업자(NO)로서의 역할을 이행하지 못할 수 있다. 이 경우 유선방송협회 및 방송사업자(SO)협의회를 통해 한국통신에 불리한 여론이 조성되고 단체행동이 나타날 우려도 있다. 또한 전송망이 공급되지 않은 케이블TV시청 불가지역 주민으로부터 다수의 민원이 발생할 수 있다.

제2안은 기존지역 증설분만 최소한으로 공급하는 방안이다. 이 방안의 장점은 기존지역의 신축아파트, 신설 대단위 주택단지 등 적자폭이 가장적은 지역에만 공급하여 전송망사업자(NO)로서 최소한의 의무는 이행할 수 있다. 그러나 단점으로는 전송망 시설공급에 소요되는 투자비 및 운용유지비 증가로 사업적자폭이 상승한다. 또한 기존지역에서 발생한 수요에 대해 선별적으로 공급함에 따라 방송사업자(SO)들은 확장지역 및 기존지역 전체수요에 대해서 지속적으로 공급을 요구할 것으로 예상된다.

제3안은 확장지역 및 기존지역에 전송망을 증설하는 방안이다. 이 방안은 확장지역 및 기존지역 수요발생분에 대하여 공급 추진함으로서 전송망사업자의 역할을 수행한다는 장점이 있다. 그리고 확장지역 전송망 공급조건을 전제로 하여 현재 불리한 계약내용을 개선할 수 있다. 여기에서 불리한 계약내용이란 CCTV 설치, 가입자 모집의무, 도서지역 공급 등의 계약조건을 말한다.

반면 단점은 확장지역 및 기존지역 시설공급에 소요되는 투자비 및 운용유지비 증가로 사업적자폭이 크게 상승할 것으로 예상된다. 향후 10년간(1999년-2008년) 케이블TV전송망을 최소로 공급하는 경우 예상지출 1,131억 원, 예상수입 120억 원으로 약 1,000억 원 이상의 큰 적자가 예상된다.

위와 같은 검토결과에 따라 한국통신은 방송사업자들의 요구사항을 수용하기 어렵고 적자사업을 계속할 수 없다는 점에서 제1안으로 추진하기로 정하였다. 다만 계약불이행에 따라 예상되는 문제점은 전사적 대응이 필요하였다.

나. 그동안의 사업실적 분석

1994년부터 한국통신은 정부의 케이블TV 기반시설 확장정책에 발맞추어 케이블TV전송망 사업자로서 그동안 총 3,130억 원의 투자비를 들여 주요도시 21개 방송구역에 3,108천 가구, 243만6천 단자의 전송망을 건설하였다(1997. 12). 이에 따른 사업성을 본석하면 1997년까지 3년간 적자가 2,328억 원에 이르며 2년-3년 후부터 기존시설 대개체로 연간 10억 원 이상이 소요될 전망이었다. 이로 인해 기존지역 및 수요는 낮고 투자비는 높은 1차 허가지역의 확장지역에 대한 전송망 증설공사를 중단하고 있는 실정이었다.

1997년 말 당시 방송사업자(SO) 구역별 케이블TV 전송시설 및 홈 패스율을 보면 서울지역은 <표 6-19>와 같고, 부산, 대구, 인천 등 주요도시지역은 <표 6-20>과 같다. 이런 상태에서 기존지역 및 확장지역의 전송망 증설공사를 계속하기 위해서는 전송망이용료를 9천원 수준으로의 인상이 불가피한 상황이었다. 이 수준으로 전송망이용료의 인상이 불가능할 경우, 한국통신은 1차 확장지역에 대해서는 방송사업자(SO)가 직접 자체적으로 전송망을 시설하도록 통합방송법 개정이 필요하다는 입장이었다.

이때 방송사업자(SO)가 관로사용을 요청하는 경우 한국통신은 보유하고 있는 관로 중 여유분을 대여하고 타 통신사업자에 대한 설비제공 규정에 준한 요금을 징수할 수 있다. 그동안 서울지역에는 10개 방송구역에 총 1,148,932단자를 설치하였으며, 부산, 대구, 인천 등 주요도시지역에는 11개 방송구역에 총 1,287,793단자를 공급하였다.

<표 6-19> 서울지역 케이블TV전송망 공급실적(1997. 12)

방송 구역	세대수 (가구)	시설수 (단자)	홈패스 율(%)	방송 구역	세대수 (가구)	시설수 (단자)	홈패스 율(%)
강남	170,433	148,630	87.2	강동	163,512	104,713	64.0
관악	186,324	98,225	52.7	구로	229,870	134,250	58.4
노원	180,152	157,025	87.2	동대문	148,308	87,637	59.1
마포	138,755	90,764	65.4	송파	210,844	134,211	63.7
양천	150,976	109,127	72.3	은평	157,781	84,350	53.5

<표 6-20> 주요도시 케이블TV전송망 공급실적(1997. 12)

방송 구역	세대수 (가구)	시설수 (단자)	홈패스 율(%)	방송 구역	세대수 (가구)	시설수 (단자)	홈패스 율(%)
해운대	81,438	116,333	142.8	대구동구	96,191	119,851	124.6
대구서구	96,139	114,825	119.4	수원	148,671	114,820	77.2
서인천	77,932	85,618	109.9	대전	144,210	107,173	74.3
청주	176,049	174,587	99.2	춘천	117,883	103,947	88.2
목포	107,806	93,764	87.0	전주	173,860	147,298	84.7
제주	150,769	109,577	72.7				

13.3 IMF 사태의 발생

가. 1998년도 케이블TV전송망 사업상황

1993년 12월 1차 케이블TV전송망 사업구역으로 서울, 부산, 대구 등 6대 도시 53개 지역이 지정된 이래 1997년 7월 다시 2차 케이블TV전송망 사업이 성남, 안양 등 24개 중소도시 지역이 지정되었다. 이때 한국전력이 20개 지역, 기타 사업자가 4개 지역을 담당하기로 결정되어 한국전력은 8,000억 원을 투자해야 하였다. 그러나 2차 사업지역은 1차 사업지역에 비해 면적은 넓고 수익성은 열악한 것으로 확인되어 수익성 문제로 사업이 중단되었다.

한편 한국통신은 1차 사업분의 변두리지역 확장에 900억 원이 소요되는 것으로 예상되었다. 이때 한국전력은 2차 사업지역 중 18개 지역의 케이블TV방송국에 전송망을 설치하는 계약을 전제로 방송사업자들은 621억 원의 방송설비투자를 하였으나 한국전력의 사업포기로 2차 사업추진이 불가능하게 되었다. 1998년 5월말 현재 634만 가구에 전송망이 설치되었으며 유료가입자는 815천 가구로 늘어났다.

케이블TV전송망 확장을 위해 1997년 말까지 한국통신 21개 지역과 한국전력 33개 지역에 6,017억 원을 투자하였으나 1997년 말 2,328억 원의 누적적자를 내고 말았다. 또 다른 문제는 케이블TV수신료 월 1만5천원에 대하여 케이블TV방송국 7,875원(52.5%), 프로그램공급자 4,875원(32.5%), 전송망사업자 2,250원(15%)씩 배분하여 비용이 가장 많이 소요되는 전송망사업자는 적자가 가중되고 있었다.

케이블TV전송로는 향후 21세기 정보화시대의 초고속정보통신망으로 활용될 수 있고 문화창달 및 멀티미디어산업의 기반이라는 점에서 케이블TV사업의 중단은 국가발전에 장애가 아닐 수 없었다. 따라서 한국전력과 한국통신이 케이블TV전송망 사업을 정상적으로 수행할 수 있도록 현재의 요금배분수준(2,250원)을 월 5천원-9천원 수준으로 인상할 필요가 있었다.

그리고 정보통신부와 문화관광부가 협조하여 한국통신과 한국전력이 당초 약속대로 케이블TV전송망을 설치하도록 조치하고, 장기적으로는 규제를 완화하여 케이블TV방송국이 자체 전송망을 설치할 수 있도록 방송법 개정이 요구되었다. 한편 YTN은 초기자본금(150억원)에 비해 시설, 인력(총 560명) 등의 과잉투자문제가 있고, 리스 및 차입금(720억원) 부담으로 부도위험이 있는 등 경영위기 상황이 발생하였다. 1997년 경영상황을 보면 수입 235억 원, 지출 695억 원으로 손실이 460억 원 발생하였으며, 1998년 4월 이후 증자를 추진하였으나 주주들이 증자를 포기하는 일이 발생하였다.

나. IMF사태와 케이블TV사업

1998년 IMF사태가 발생하자 케이블TV수신자 증가율이 둔화되고 채산성이 약화되어 경영부실로 프로그램공급자(PP)들의 연쇄부도가 우려되었다. 그리고 방송사업자(SO)들은 확장지역에 대한 전송망 포설이 지연되는 바람에 가입자를 확보하지 못해 문제가 심각해지고 있었다. 또한 한국전력도 IMF로 인한 환차손 등으로 투자비 확보를 거의 못하고 있었고, 한국전력이 담당한 1차 확장구역에는 1998년 중 전송망 포설계획을 아예 세우지 못하고 있었다.

한국전력은 2차 허가구역 중 20개 지역의 시설공급계약은 완료한 후 안양, 부천, 울산 등 3개지역에 시범방송을 실시하고 있었으나 대부분의 지역은 투자비를 확보할 때까지 시설

공급이 지연되었다. 한편 한국통신의 경우도 1998년도 전송망 공급을 위하여 기존지역 84억 원, 확장지역 343억 원 등 총 소요예산 427억 원을 투입하기로 계획하였으나, IMF사태로 전액 삭감할 수밖에 없었다.

다. 케이블TV 업계의 건의

이처럼 1998년도 케이블TV전송망 확장사업이 어려워지자 당시 전국 KT망 이용 방송국사업자협의회(대표 박기병)는 한국통신 사장에게 다음과 같은 건의문을 제출하였다(1998. 1).

<건의문> 국가적 위기인 IMF사태를 맞아 국가경제의 조기회생을 위한 필사적인 노력이 국민 모두에게 절실히 요구되는 가운데 한국통신 케이블TV전송망을 이용하는 20개 SO의 대표자 일동은 오늘의 시련을 슬기롭게 극복해 나가기 위한 최소한의 대안을 마련하고자 아래와 같이 우리의 입장을 표명하고 건의하는 바입니다. 한국통신은 민간사업자 SO와의 계약을 이행하여야 합니다.

한국통신은 대량정보 전달수단으로서의 종합정보통신망 구축사업인 케이블TV전송망 사업자로서 정보통신부로부터 지정받았고, SO와의 계약을 통하여 전송선로의 시설, 품질의 유지, SO지원, 홍보지원, 중계유선대책 등에 관하여 케이블TV사업의 동반자적 입장에서 약속을 한 바 있습니다.

그러나 그 약속의 상당부분을 지연 또는 이행하지 않고 있어 사업성공을 위해 한국통신만 믿고 많은 자금과 노력을 투입한 우리 SO사업자들은 사실상 불이익의 감수는 물론이거니와 한국통신의 케이블TV전송망 사업에의 투자 중지로 인해 사업 확장을 할 수도 없는 답답함과 섭섭함을 금할 수 없습니다.

또한 한국통신은 정보통신부로부터 일부 우리 SO의 사업영역을 확대하여 전송망을 공급하도록 지정받았고 조속한 전송시설 설치를 수차례 요청받았음에도 불구하고 착수는 물론 계획의 제시도 하지 않고 있습니다.

과연 정부투자기업인 한국통신이 국책사업을 수행하면서 민간사업자와의 약속과 계약을 뚜렷한 대안 제시도 안하고 쌍방 간의 합의도 없이 이행하지 않아도 되는지, 그리고 그로 인한 SO의 경영손실을 어떻게 하려고 하는지 걱정스럽습니다.

더욱이 염려스러운 것은 이 문제가 경제위기 상황 이전에 KT경영목표에서 표출되었다는 데에 있으며, 이제 존망의 위기감을 현실로 느끼는 우리 SO들은 그 해결의 실마리를 찾고자 하며 한국통신의 계약이행에 관한 의지와 계획을 알고자 합니다. 케이블TV망을 이용한 부가서비스가 조속히 이루어 져야 합니다.

한국통신은 우리 SO들과의 계약에서 전송선로를 이용하여 고품질 프로그램 전송, 신속한 유지보수, SO주도의 부가서비스 제공을 하겠다고 약속한 바 있습니다. 지금의 전송망 품질은 최소한의 기술기준에도 적합지 않아 양방향 기능 수행이 되지 않고 있음은 물론 부가

서비스 사업은 아예 외면당하고 있는 실정입니다.

케이블TV 선진 각국의 HFC망을 이용한 부가서비스 운영소식을 접하고 있고 경쟁사업자인 한국전력의 HFC망 이용 부가서비스 계획을 접하는 우리 사업자들의 심정은 착잡하기만 합니다. 케이블TV전송망은 단순한 프로그램 전송만을 위한 것이 아니며 케이블TV전송망을 이용하여 SO가 부가서비스를 제공하도록 하겠다는 한국통신의 당초의 약속은 하루빨리 지켜져야 합니다. 대화를 통한 상호 이해와 협조가 절실히 필요한 때입니다. 오늘의 국가적 경제위기상황은 양사업자 모두에게 심도 있는 대화를 통한 현명한 대응을 요구하고 있습니다.

우리 SO사업자들은 방만하게 여러 부서로 업무가 나뉘어서 책임감 없고 효율이 떨어지는 업무추진을 개선하기 위하여 그동안 한국통신에 상호협조 증진을 위한 대화창구 단일화를 누차 요구한 바 있으나 실현되지 않았습니다. 한국통신 내부조직의 케이블TV관련 업무를 총괄해 나가면서 계약 당사자인 SO와의 대화를 책임지는 단일 대화창구를 정하여 상호이해와 신뢰를 구축하고 협조의 기틀을 마련하며 난관극복의 길을 찾아야 하겠습니다. KT 전송망 이용 SO사업자 일동은 케이블TV 사업의 동반자로서 한국통신의 무궁한 발전을 기원하오며 앞의 건의에 대한 답변을 요청드리는 바입니다.1998년 1월 15일

한국케이블TV 강남방송 대표이사 한상호, 강동CATV방송국 대표이사 황성하, 한국케이블TV 관악방송 대표이사 이동주, 한국케이블TV 구로방송 대표이사 박기병, 한국케이블TV 노원방송 대표이사 정기정, 한국케이블TV 동대문연합방송 대표이사 홍종태, 한국케이블TV 마포방송 대표이사 홍진태, 우리종합유선방송 대표이사 이병소, 한국케이블TV 은평방송 대표이사 황선욱, 한국케이블TV 해운대기장방송 대표이사 이민재,

한국케이블TV 동구방송 대표이사 배조한, 한국케이블TV 서대구방송 대표이사 김정수, 한국케이블TV 수원방송 대표이사 송태옥, 한국케이블TV 서인천방송 대표이사 서영철, 한국케이블TV 강원방송 대표이사 한익수, 한국케이블TV 대전방송 대표이사 양세욱, 한국케이블TV 청주방송 대표이사 어성호, 한국케이블TV 전주방송 대표이사 이선구, 한국케이블TV 서남방송 대표이사 오완교, 한국케이블TV 제주방송 대표이사 공성용

14. 외국 케이블TV사업자의 전화사업 진출

14.1 영국의 케이블TV 전화사업

영국의 케이블TV 전화사업의 현황, 통신망 구성, 사업성 등에 대하여 한국통신 런던사무소가 본사로 보고한 내용은 다음과 같다(영국의 CATV 사업현황, 1996. 7, 한국통신 런던사무소). 1990년대 중반 영국에는 Telewest 등 5개의 CATV사가 있었다.

가. 케이블TV 전화사업자 현황

영국의 CATV산업은 다른 유럽지역에 비해서 그다지 발달하지 않았으며 다소 늦게 도입되었다. 그이유는 영국은 전통적으로 TV방송 및 위성방송 산업이 매우 발달되었기 때문이었다. 영국의 케이블TV 전화사업은 1991년도부터 서비스를 제공하기 시작하였으나 성장속도는 매우 느렸다. 왜냐하면 그 당시 기존 케이블TV 네트워크로서는 음성을 전달하기에는 부적합했기 때문이었다. 1

1991년도 영국 정부는 그동안 유지해오던 BT(British Telecom)와 머큐리(Mercury)의 복점 경쟁체제를 해제하고 시내 및 시외, 국제통신 분야에 경쟁을 도입하는 정책을 발표하므로서 케이블 사업자들이 전화서비스를 제공하기 시작하였다. 1991년도는 새로운 전화망만을 이용하여 전화서비스를 제공하여야 했기 때문에 첫해에는 총 12,000 가입자에게 서비스를 제공하였다.

1993년도부터 정부의 케이블TV 육성정책 즉 케이블TV사에 대한 외국인의 지분 제한을 철폐하면서 북미 및 프랑스, 독일 등 자본력이 우세한 외국사업자들이 대대적으로 투자를 시작하였다. 이후 1996년 영국에서는 10개 그룹 산하에 92개 케이블TV 프렌차이즈에서 전화서비스를 제공하였다. 이들 중 상위 5개사는 TeleWest, Nynex, General Cable, CableMedia, Videotron으로서 이들은 전체 가입자의 80%를 수용하고 있었다. 1996년 당시 영국의 케이블TV전화 가입자 수는 120만 명으로 알려졌으며, 위의 5개사의 주택용 케이블TV 전화가입자수, 비즈니스 케이블TV 전화가입자수, 텔레비전 케이블TV 전화가입자수는 <표 6-21>과 같다.

<표 6-21> 영국의 케이블TV 전화가입자 수(1995. 9. 30)

구분	TeleWest	Nynex	BellCablemedia	GeneralCable	Videotron
주택용	202,158	189,764	80,379	158,944	86,508
비지니스용	8,018	11,705	8,885	23,369	12,448
텔레비전	226,639	164,733	100,502	148,780	103,361

나. 케이블TV 전화의 통신망 및 사업성

대부분의 케이블TV 전화사업자들은 새로운 PDH/SDH 전화망을 프렌차이즈 내의 모든 주택마다 건설하였다. 왜냐하면 각 사업자들의 라이센스 조건에 프렌차이즈 구역의 몇% 이상은 커버하도록 되어 있기 때문이며, 전화서비스에 대비하여 케이블TV 액세스망을 건설할 때 PDH/SDH 네트워크로 건설하였다. 케이블TV전화 사업자들은 대부분이 최신의 디지털 교환기를 설치하여 가입자들에게 많은 부가기능을 제공하고 있다. 그리고 케이블TV 전화사업자들은 시내전화뿐만 아니라 BT, 머큐리, 기타 장거리사업자와 접속협정을 체결하여 시내전화, 시외전화, 국제전화도 제공하고 있다. 또한 영국의 유명한 FT연구결과에 의하면 현재까지 실질적으로 흑자를 내는 케이블TV전화 사업자는 아직 없으나 2000년대 정도에서 수익을 가져올 것으로 예상하고 있다.

14.2 일본의 케이블TV 전화사업

일본의 케이블TV 전화사업에 대한 우정성의 방침, 외자규제내용 등에 대하여 한국통신 도쿄사무소(소장 권태정)가 본사로 보고한 내용은 다음과 같다(일본의 CATV사업자의 전화사업진출, 1996. 4, 한국통신 도쿄사무소).

가. 일본정부의 추진방향

일본은 NTT가 시내망을 가지고 독점적으로 지역전화를 공급하고 있는 상황에서 케이블TV전화를 도입하여 시장경쟁을 시작함으로써 상당한 주목을 받고 있다. 케이블TV전화 도입을 위해 우선 NTT 시내전화망과 접속하여 실험을 실시하여 기술검정과 이용의향 등을 파악하였으며, 실험결과 기술적으로 문제되는 것은 없었다. 다만 범위를 확대해 나갈 경우 NTT와의 접속문제, 케이블TV 사업자간 접속 등 접속 및 요금문제의 극복이 장벽이 될것으로 보인다. 일본 우정성에서는 케이블TV 사업자에게 제1종 통신사업자 면허를 부여하여, 인터넷서비스, 고속데이터 전송서비스 등을 제공할 계획이다(1996년 가을). 그러나 시내, 시외 전화서비스 허가는 치열한 논란이 예상되어 아직 미정상태이며, 케이블TV망을 하나의 네트워크로서 성장시킨다는 계획은 확실하다.

나. 케이블TV 전화사업자의 추진상황

일본 스미모도 상사 계열의 케이블TV 총괄운영회사인 쥬피타텔레콤은 올해 중 케이블TV전화 서비스의 개시를 목표로 5월말까지 우정성에 인가를 신청할 예정으로 있다. 이를 위해 케이블TV전화 서비스용 디지털교환기는 캐나다 노던텔레콤 제품을 도입할 계획이며, 이토츄상사 계열의 케이블TV회사도 금년 가을까지는 케이블TV전화 서비스 인가를 신청할 계획이다. 따라서 일본의 기본통신시장은 새로운 단계로 접어들 전망이며, 현재 쥬피타텔레콤은 NTT와 접속료 교섭을 진행하고 있다. NTT측이 3분당 4엔50전을 요구하고 있어 시내망을 2회 경유할 경우 접속요금이 8엔10전이 되고 전송료도 들어 채산성이 없다.

그래서 교섭이 결렬될 것이 확실하며 결국 우정성에 의해 접속료가 결정될 전망이다. 이와 같은 일본의 기본통신시장의 동향으로 판단할 때, 조만간은 아니지만 우리나라의 케이블TV회사들도 경영개선과 서비스 다각화를 위해 전화서비스 시장에의 진입을 준비할 가능성이 크다. 따라서 한국통신은 일본의 전개상황과 사례를 면밀하게 연구하여 케이블TV회사들의 전화서비스 잠입을 저지할 논리를 개발하고 만약 잠입저지 자체가 불가능하다면 어떤 형태로 진입하게 하는 것이 우리에게 최선인가를 미리 궁리해야 할 것이다.

일본정부는 지금까지 WTO교섭에서 타국의 양보를 전제로 통신회사에 대한 외자규제의 철폐를 제안하고 있다. 교섭이 합의되면 NTT와 KDD 이외의 통신회사에 대한 외자규제는 사라져서 외국회사가 장거리 및 국제전화, 휴대전화, PHS 회사를 산하에 두는 일도 가능하게 된다. 한편 케이블TV는 방송이기 때문에 전화사업을 겸영해도 유선텔레비전방송법의 심사기준에 의해 외자규제가 남는다. 우정성은 방송은 이번 교섭대상이므로 지난주 미일 간 실무급 교섭에서 미국 측의 반대는 없었다고 설명하고 있다.

그러나 케이블TV에 대한 외자규제가 없는 영국에는 미국 자본이 침입하여 케이블TV전화를 보급한 실적이 있는바, 미국의 통신회사는 일본에서도 케이블TV회사를 통한 전화사업에 참여할 기회를 노리고 있다. 따라서 미국의 업계로부터 일본의 이러한 반응에 대한 불만이 장차 표출될 것으로 예상된다.

참고자료

(1) 정보통신 기본계획(1984. 10. 4)

한국통신은 데이터통신 및 영상통신이 중심이 되는 정보통신시대에 대비한 사업계획을 수립하였다(정보통신 기본계획, 1984. 10. 4). 이 계획의 주요내용은 ① 한국통신은 케이블TV 사업에 참여한다, ② 케이블 TV를 통해 전화가입자에게 교육, 오락 등 다양한 프로그램을 전송한다, ③ 이를 위해 일반가정까지 동축케이블 또는 광케이블을 확대 공급한다 등이었다. 이 계획은 계획국 종합망과장(우승술)이 기안하였으며, 통신망계획부장(이정욱), 계획국장(이응효), 부사장(배동조), 사장(이우재)의 결재로 확정되었다.

(2) 유선방송사업을 위한 통신설비 기본계획(1987. 2. 3)

1980년대 후반 한국통신은 유선방송관리법이 시행됨에 따라 유선방송사업을 수행하기 위한 관련 통신설비 기본계획을 수립 시행하였다(유선방송사업을 위한 통신설비 기본계획, 1987. 2. 3, 한국통신). 이 계획의 주요내용은 ① 제1단계: 무선방송의 난시청해소를 위해 재송신 위주의 유선방송을 시행한다, 제2단계: 자주방송을 시행한다, 제3단계: 쌍방향 유선방송을 제공한다, 제4단계: 유선방송의 종합서비스를 제공한다, ② 경제성과 기술발전을 감안하여 통신망을 건설하고 양질의 방송서비스를 제공한다,③ 본 사업의 효율적 추진을 위해 체신부와 한국통신의 주관담당부서를 정하여 시행한다 등으로 결정되었다. 이 기본계획은 계획국 종합망과장(우승술)이 기안하였으며, 통신망계획부장(이정욱), 계획국장(황영선), 부사장(이응효), 사장(이우재)의 결재로 확정되었다.

(3) 종합유선방송국에 국사임대(1994. 4. 29)

1994년 한국통신은 케이블TV전송망 사업권 확보를 위해 경쟁사와 치열한 수주전을 펼치고 있었다. 이때 국사 확보가 곤란한 일부 종합유선방송국은 전화국의 여유상면에 대한 임대를 요청하여 왔다. 한국통신은 전송망사업권의 확보 차원에서 국사임대를 결정하였다(CATV전송망 사업권 확보를 위한 국사임대, 1994. 4. 29, 한국통신 기업통신지원단). 이 계획은 기업통신지원단 담당자(4급통신 한찬복), CATV계획부장(오경래), CATV영업국장(이병동)이 주관하고 단장(우승술), 부사장(김상국), 사장(조백제)의 결재로 결정 시행되었다.

(4) 종합유선방송국의 요금수납 업무대행(1994. 7. 7)

1994년 한국통신은 종합유선방송국 사업자의 케이블TV수신료의 청구, 수납 및 구내전송설비(댁내) 설치업무를 대행하는 계획을 결정 시행하였다(CATV전송망 사업권 확보를 위한 종합유선방송국 업무대행 추진, 1994. 7. 7, 한국통신 기업통신지원단).이 계획은 종합유선방송국 측에서 요금수납대행업무를 한국통신이 대행하여 줄 것을 요청함에 따라 추진되었다. 당시 한국통신이 이를 수용하지 않을 경우 전송망사업권 확보가 거의 불가능한 상황이었다. 이 계획은 기업통신지원단 담당자(이봉환), 부장, CATV사업국장(이병동)이 주관하고 단장(우승술), 부사장(김상국), 사장(조백제)의 결재로 시행되었다.

제7장

정보통신 과금방식의 현대화

1. 통신요금 과금방식의 현대화

1.1 통신요금 과금방식의 전환

가. 기계식 자동교환기의 과금방식

1980년대에 들어서면서 체신부에서는 기계식 자동교환기에 수용된 가입자에 대한 시내요금, 시외요금 및 국제요금을 상세 과금하기 위한 자동도수기록장치(Automatic Billing System)를 설치하기로 하였다. 이 시스템은 정보수집단말장치(Data Collection Terminal)과 중앙정보기록장치(Central Recording Controller)로 구성되며, 이를 본배선반(MDF) 또는 선로배선반(LDF)에서 연결하여 운용하고 있었다. 이 ANI 시스템을 설치할 때 시설비를 검토한 결과 회선 당 27,500원(37달러)이 들어가는 것으로 산정되었다. 우선 대도시 가입자 위주로 이 장치를 도입 설치할 수 있는 방안을 검토하면 다음과 같다.

첫째, 서울시내 전체가입자에 대해 설치하는 경우, EMD방식 64만6천 회선, ST방식 34만2천 회선 등 총 101만8천 회선으로 약 280억 원의 시설비가 소요된다.

둘째, 서울시내 영업용가입자에게만 설치하는 경우, 가입자는 275천 회선(약 27%)이므로 시설비는 약 76억원이 산출된다.

셋째, 서울, 부산, 대구, 인천, 광주, 전주 등 6대 도시의 전 가입자에 공급하는 경우, 해당 가입자는 총 196만5천회선 이므로 시설비는 약 540억 원이 소요된다.

나. 전자식교환기의 과금방식

1990년대 초반까지 우리나라의 전화요금 과금방식은 각 전화국의 교환기에서 발생하는 과금자료(마그네틱 테입)를 전산국에 차량으로 운송하여 전산처리하는 자기테이프 처리방식이었다. 이 과금방식은 다음과 같은 문제점을 가지고 있었다.

① 일단위 과금체제의 구축이 곤란하였다. 당시 요금처리시스템은 일괄처리방식(BACH)으로 온라인 처리가 불가능하고, 일별로 마그네틱 테입(MT)을 송부하고 즉시처리가 불가하였다.

② 이용자 욕구충족에 한계가 있었다. 전화가입의 해지, 이전 등 가입자 변동사항이 발생한 경우 즉시 처리가 어렵고, 통화일시, 상대방 등 과금 세부내역을 요구할 때 이를 확인해줄 수가 없었다.

③ 과금자료(MT)의 생산, 처리에 장시간이 소요되고 인력이 과다하게 요구되었다. 이때 한국통신은 전국적으로 월 2만여 개의 MT를 생산 처리하고 있는 상황이었고, 다수 사업자 출현으로 상호접속 과금정산용 과금테입(MT)이 급증하고 있는 실정이었다. 또한 전화국의 과금테입의 구매, 보관, 과금자료 생산에 인력이 소요되고, 전산국에서의 과금자료 운송, 저장, 검사를 위한 인력도 별도 소요되고 있었다.

④ 교환기 MTU 불량 및 마그네틱 테입의 특성저하 시 전선처리업무 능률이 떨어지고, 과금유실의 우려도 큰 문제로 대두되었다. 즉 과금테입의 독취가 불가능한 경우 전산국에서 재생처리하게 되고, 재생이 불가능할 때에는 과금유실이 발생할 수 밖에 없었다. 이때 독취불가의 경우에는 그 원인을 분석해야하고, MTU 고장을 수리하는데도 필요인력이 소요되었다.

다. 집중과금방식의 도입 시도

1990년대 초 한국통신 기술기획실(실장 이정욱)에서는 각 교환기에서 발생하는 과금자료를 관할 전화국으로 온라인 전송하고 전산국에서는 이를 집중 수집하여 과금처리하는 집중과금 처리방식(CAMA: Centralized Automatic Message Accounting)으로 전환하고자 과금방식의 전환계획을 수립 추진하였다(과금방식 전환계획, 1993, 기술기획실 교환망계획부). 이어서 이러한 새로운 과금방식의 추진을 위한 세부계획을 수립하였다(집중과금처리방식 추진기본계획, 1994. 3, 한국통신 기술기획실).

이에 따르면 1단계(1994년-)에서는 부가장치사용에 의하여 과금자료를 온라인화하고, 2단계(1997년-)에 가서 교환기내에 프로토콜을 적용하여 과금전송을 하는 단계적 전환방안을 채택하였다. 1단계에서는 M10CN, TDX-1A, AXE-10, No.1A 등의 전자교환기를 대상으로 부가장치(BDCT-1)를 이용하여 전용회선을 통해 전산국으로 전송하였다. 한편 5ESS,S-1240, TDX-1B 기종의 전자교환기는 부가장치(BDCT-2, SMART)를 이용하여 패킷망을 통해 전산국으로 전송토록 하였다.

그리고 2단계에서는 TDX-10 기종과 이후 공급되는 교환기를 대상으로 교환기에서 직접 패킷교환망을 통해 전산국에 전송하는 교환기 자체에 의한 CAMA를 추진하였다. 한편 초기에는 이 장치를 운용보전실(실장 김계열, 교환운용국장 박유호)에서 교환기 측 부가장치와 집중과금 수집장치(Host Collector)를 함께 개발하도록 추진체계를 일원화하였다(1995. 3).

1.2 전자교환기의 요금조정

가. 과금주기 변경

우리나라는 1996년 12월 1일자로 시외전화요금 10%, 국제전화요금 15%를 인하하기로 결정하였다. 이를 위해 전국 384개 전화국의 22,617천회선(954개 시스템)에 대한 과금주기 데이터를 변경하였으며, 전자교환기 1기종(M10CN)의 경우 687개 시스템의 RSU EPROM(1,374개)을 교체하였다.

당시 대상시설을 기종별로 보면 외국도입기종으로 M10CN 434만5백 회선, No.1A 356만7천7백 회선, AXE-10 178만4천5백 회선, 5ESS 198만6천6백 회선, S1240 171만4천 회선으로 파악되었다. 국내개발기종으로는 TDX-1A 97만7천1백 회선, TDX-1B 493만6천 회선, TDX-10 331만1백 회선을 운용하고 있었다. 당시 시외전화의 과금 주기는 30Km이내의 인접지역, 100Km까지, 100Km이상으로 구분하여 변경하였으며 세부내역은 <표 7-1>과 같다. 이때 공중전화는 1도수 당 40원으로 과금하였다.

<표 7-1> 시외전화 과금주기 변경(단위 초)

구분	30Km이내 (인접)	100Km까지	100Km이상	비고
평상시	180(180)	39(36)	26(23)	( )내는 인하전 과금주기
할인시	180(180)	56(52)	38(33)	

한편 국제전화의 과금 주기는 일본, 미국 등 그룹1과 유럽, 영국 등 그룹2로 구분하여 변경하였으며 세부내역은 <표 7-2> 및 <표 7-3>과 같다. 표에서 ( )내는 인하전의 과금주기이고, 공중전화 과금주기는 1도수 당 300원으로 결정하였다. 그리고 <표 7-3>에서 서남아 등으로 표기된 지역은 서남아 지역 외에 중동, 중남미, 아프리카 지역이 포함되었다.

<표 7-2> 국제전화 과금주기 변경(그룹1)

구분	일본	중국, 베트남, 미얀마	기타 동남아	미국	북미 대양주
평상시(초)	23(19)	19(17)	21(18)	18(15)	16(13)
할인시(초)	33(27)	33(27)	27(24)	26(21)	22(19)

<표 7-3> 국제전화 과금주기 변경(그룹2)

구분	유럽지역	영국	러시아	방글라데시 외 5국	서남아 등
평상시(초)	14(12)	16(14)	12(11)	12(11)	12(11)
할인시(초)	19(16)	23(20)	17(15)	17(15)	17(15)

이 전자교환기 과금변경 작업은 네트워크본부 시설운용실(실장 김기천)에서 총괄 지휘하고, 실무작업에는 서울통신운용연구단의 기종별 담당자 9명, 지역본부 및 운용국의 교환운용부장 등 2,917명 등 총 2,931명이 동원되었다. 이때 TDX-1B 전자교환기와 TDX-10A 전자교환기는 버전업 작업을 병행하여 시행하다 보니 작업시간이 상당 늘어나게 되었다.

한편 TDX-10A 기종의 경우는 적용 후 문제점이 발생하여 원상 복구하는 일이 벌어지기도 하여 이 변경작업은 1996년 12월 1일 오전 5시 50분에 최종 완료할 수 있었다. 당시 이 변경작업에는 본사의 관련 책임직으로 시설운용실 시내교환운용국장(송준갑), 시외통신운용국장(김문수), 국제통신계획국장(전병섭) 등이 참여하였다.

나. 집중과금방식(CAMA)의 본격 도입

1990년대 중반 한국통신은 통신망의 고도화 및 업무 전산화를 촉진하고, 일일요금 관리체제를 구축하고자 시도하였다. 이를 위해 네트워크본부(본부장 이정욱)는 CAMA 방식을 본격적으로 도입하기 위한 단계별 발전계획을 다음과 같이 수립 추진하였다(중장기 네트워크 발전계획, 1996. 9. 10, 한국통신 네트워크본부).

1단계(1994년-1996년)에서는 교환기별 부가장치를 개발한다. 이를 위해 TDX-1 계열은 SMART(SW Modification and Administration for Remote TDX-1A/1B)에 집중과금처리기능(CAMA)을 실현한다. 그리고 TDX-10 교환기는 과금전송장치를 개발하고, 도입교환기에 대해서는 과금중계장치를 개발한다. 그리고 과금수집장치(HC)를 개발하고, 전송 프로토콜을 제정하며, 교환기 부가장치와 연동할 수 있는 소프트웨어를 보완토록 한다. 2단계(1996년-1997년)에서는 개발장비에 대한 제품시험을 실시하고, 규격을 제정하며 시험운용을 거쳐 상용화를 추진한다. 그리고 3단계(1997년-1998년)에 가서는 시설을 공급하고, 과금처리방식을 LAMA에서 집중과금처리방식(CAMA)으로 전환한다.

한편 한국통신은 집중과금처리방식 사업추진계획을 수립하여 집중과금처리장치를 한국통신과 업체가 공동으로 개발하였다(1995. 9). 이 CAMA장치는 전자교환기의 과금데이터를 전산국에 온라인 전송함으로서 일단위 과금체제를 시행하고 ICIS기반을 구축하였다. 집중과금처리장치의 공급사업은 ICIS계획과 연계하여 지역별 단계별로 추진하였으며, 이를 통해 1999년까지 과금업무의 자동화를 구현하였다. CAMA의 연도별공급계획(1997년-1999년)은 <표 7-4>와 같다.

<표 7-4> 집중과금처리장치(CAMA)의 공급목표

연도별	1997년	1998년	1999년	합 계
목표량(시스템수)	70	594	436	1,100
소요예산(백만원)	31,658	30,112	36,720	98,490

우선 서울과 강원지역에 257시스템을 1998년에 가장 먼저 설치하였다(1998. 11). 이어서 1999년에는 경기 및 인천지역(1999. 4), 대구와 충청지역(1999. 6), 전라 및 제주지역(1999. 8), 부산과 경남지역(1999. 10) 순으로 공급하였다. 이후 교환기술의 발전에 따라 신형교환기는 과금데이터 등 각종 데이터를 부가장치에 의하지 않고 교환기 자체에서 외부집중장치로 직접 전송할 수 있는 파일전송 관리기능을 보유하게 되었다.

이 신기술을 활용하여 경제적이고 선진화 고도화된 새로운 집중과금체계를 구축하기 위해 한국통신 네트워크본부에서는 「신형교환기 CAMA기능 도입 기본계획」을 수립 추진하였다(1997. 9. 18). 이 계획의 주요내용 중 신형교환기 집중과금처리(CAMA) 기능은 교환기 자체에 내장하고, 현장과 OMC 간 고장데이터, 변경 소프트웨어 등 대량의 운용정보를 온라인으로 전송하는 기능을 확보하여 긴급지원을 신속하게 할 수 있도록 하였다.

또한 TMN Q 인터페이스 기능 등 통신망관리(Telecommunication Management Network) 체계를 구축하는 계획이었다. 또한 프로토콜 표준절차에 의한 데이터 송수신으로 신뢰성을 향상시키고 CAMA 전용데이터망의 안정성도 높이는 방향을 담고 있었다. 이후 집중과금처리장치 공급계획은 다소 조정되어 1997년 70개 시스템, 1998년 396개 시스템, 1999년 634개 시스템을 공급 추진하였다(집중과금 처리시스템 구축계획, 1998. 3, 한국통신).

다. 1998년도 사업추진

한국통신은 IMF사태로 인해 1998년도 집중과금처리장치(CAMA) 구축계획을 조정 시행하였다(1998년도 주요업무계획, 1998. 2, 한국통신 네트워크본부). 이 계획의 주요내용은 다음과 같다.

첫째, 전자공환기의 CAMA는 과금처리업무를 자동화하고 일단위 과금처리기반을 구축하는 사업이다. 1997년 말 당시 총 1,109개 시스템 중 70개 시스템(6%)에 대한 CAMA 설치를 완료하였다. 이 집중과금처리장치의 설치는 통합고객시스템(ICIS) 구축일정과 병행 추진토록 한다.

둘째, 사업목표량은 396개 시스템, 소요예산은 196억 원으로 계획되었다. 그러나 실행예산이 31억 원으로 편성되는 바람에 165억 원이 부족하게 되었다. 이로 인해 특히 1998년 착공 1998년 개통분이 예산부족으로 CAMA 170개 시스템(165억 원)의 구축이 지연될 전망이다. 이렇게 되면 일단위 과금체제 구축이 지연되고 ICIS 사업도 지연이 불가피하다. 또한 교환기 과금 관련장비의 구매중단으로 운용관리에도 어려움을 겪게 될 수 밖에 없다.

셋째, 이와 같은 예산 부족 문제를 다소나마 해소하기 위해 1998년 착공 1998년 개통 목표량을 당초 186개 시스템에서 16개 시스템으로 170개 시스템을 축소한다. 이때 통합고객정보시스템(ICIS) 구축지역을 감안하여 서울지역에 우선 투자하고, 축소 조정된 170개 시스템(165억 원)은 채무예산을 확보토록 한다.

1.3 신형 전자교환기의 집중과금처리 실현

가. CAMA시스템의 개발

1997년 하반기부터 신형 전자교환기는 자체에 집중과금처리(CAMA) 기능을 보유한 것으로 구매 추진하였으며, 이를 위해 FTAM, ACSE, ISO/ITU 4-6, X.25 등 국제 표준통신 프로토콜을 사용토록 하였다. 그리고 5ESS-2000 기종은 1997년부터 CAMA 기능 내장형으로 구매하였으며, TDX-100 교환기도 CAMA기능 내장형으로 개발 추진하였다. 또한 도입된 시분할교환기(TD)는 당시 고도화계획과 연계하여 1999년부터 2003년까지 개발하기로 결정하였다.

이 기간에 5ESS, AXE-10, S1240 등 전자교환기는 새로운 버전을 적용할 때 CAMA기능을 포함하기로 하였다. 한편 기존 집중과금 처리시스템에 대하여는 신형교환기의 보유 프로토콜에 맞추어 보완하였다. 이를 위해 1단계(1997년-1998년)에서 기존 부가장치 프로토콜 정합기능을 보완 개발하고, 2단계(1998년-1999년)에 가서는 기존 집중과금수집장치에 대한 정합기능을 보완 개발하였다.

당시 외국으로부터 도입한 전자교환기의 부가장치인 과금추출장치(ED: Extraction Device)와 과금전송장치(TD: Transmission Device)의 공급내용을 보면 <표 7-5>와 같다(집중과금처리시스템 구축계획, 1998. 3, 한국통신).

<표 7-5> 도입 전자교환기의 부가장치 공급내용(1997년도)

구분	5ESS	AXE-10	계	비고
과금추출장치(ED)	36	97	133	ED: 6,000원
과금전송장치(TD)	5	97	102	TD: 7,000원

이때 과금추출장치와 과금전송장치는 삼성전자, LG정보통신, 일진 등으로 구성된 삼성전자연합체가 공급하였다. 한편 5ESS 전자교환기 및 AXE-10 전자교환기는 고도화계획을 추진하는 경우 부가장치 없이 교환기에서 직접 집중과금처리기능을 수행하는 것이 가능하여, 이들 기종에 대해서는 CAMA 부가장치의 공급을 중단토록 하였다.

한편 이 과정에서 기존 과금수집장치의 수용에 따른 문제점이 나타났다. 기존 교환기는 과금데이터, 송수신 프로토콜로서 FTAM, ACSE, IS06-4, X.25 등을 사용하고, 부가장치 상태 및 경보전송 프로토콜은 X.25를 적용하고 있었다. 그러나 신형교환기는 과금 데이터, 송수신 프로토콜은 기존 교환기와 동일하게 사용하고 있었으나, 부가장치 상태 및 경보전송 프로토콜은 적용하지 않고 있었다. 이에 따라 신형교환기의 CAMA기능의 수용방안을 다음과 같이 검토하였다.

(1) 기존의 집중과금수집장치(HC)를 보완 개발하는 방안이 있다. 이 경우 HC기종을 단

일화하고 국내기술에 의한 CAMA를 완성할 수 있다는 장점이 있다.

(2) 신형교환기의 CAMA 기능 HC를 직도입하여 사용할 수 있다. 이 경우 HC 기종이 이원화되고 이에 따른 사전과금시스템과의 연동, 시험 등을 검증할 필요가 있다.

검토결과 한국통신은 신형교환기의 집중과금처리기능은 교환기 자체 내장형으로 구매하도록 결정하였다. 특히 국제표준의 과금 데이터 송수신 프로토콜의 지원이 가능한 기능으로 확보하고, 부가장치 상태 및 경보 전송프로토콜은 적용하지 않는 것으로 하였다. 그리고 신형교환기의 집중과금처리기능을 수용하기 위한 CAMA 시스템은 보완 개발하며, 기존 CAMA망의 안정성을 고려하여 단계별로 수용하는 방향으로 추진하였다.

나. 신형교환기의 CAMA 기능 확보추진

1997년 하반기부터 신형교환기는 교환기 자체에 집중과금처리(CAMA) 기능을 보유한 교환기로 구매하였다. 이때 TMN Q 인터페이스 프로토콜 프로화일 기술기준(1995. 4. 17)을 적용하였으며, CAMA 접속상태 및 경보전송 프로토콜 기술기준은 적용하지 않았다. 그리고 외국산 시내용 시분할교환기의 고도화 계획과 연계하여 추진하였다. 한편 신형교환기의 집중과금처리 기능을 수용하기 위해 CAMA시스템을 보완 개발하였다.

먼저 기존 과금전송장치와 HC의 프로토콜 정합기능을 서울통신운용연구단(단장 조완행)이 중심이 되어 1997년부터 1999년까지 보완 개발하였다. 그러나 1998년 말 한국통신의 조직 개편으로 서울통신운용연구단이 없어지고 네트워크본부 산하에 기술지원센터(센터장 신호기)가 신설되어 여기에서 이 개발업무를 지속하였다.

이때 개발이 용이한 부분부터 단계별로 추진하여 신형교환기에 적기에 수용함으로서 CAMA망의 안정성을 확보하였다. 1단계(1997년-1998년)에서는 기존 과금추출장치(Billing Mediation Device)내 과금전송장치의 프로토콜 정합기능을 보완 개발하였다. 2단계(1998년-1999년)에 가서는 기존 과금수집장치의 프로토콜 정합기능을 보완 개발하였으며, 과금추출장치를 사용하지 않고 신형교환기와 과금수집장치 간을 직접 연동시켰다.

이상과 같은 신형 전자교환기의 CAMA 기능을 확보하기 위한 기본계획은 네트워크본부 기술기획국(국장 김문수)에서 확정하였고 신형교환기 투자계획은 시내교환계획국(국장 홍용표)에서 수립하였다. 그리고 CAMA 시스템 운용계획은 시설운용실 교환운용국(국장 송준갑), CAMA 시스템의 보완개발은 서울통신운용연구단 운용연구2국(국장 박대교)이 맡아서 추진 완성하였다.

1980년대 중반에 들어서면서 한국통신은 농어촌 100개 통화권에 전자교환기를 공급하여 전국통신망의 자동화에 박차를 가하고 있었다. 또한 도단위로 통신망이 광역화됨에 따라 이때 통화권내 전자교환방식의 과금은 가급적 모국에서 수행하도록 추진하였다(통신 116-287, 농어촌지역 치국 및 통신망계획, 1985. 6. 11).

2. 전화요금 및 이용제도

2.1 1980년대 요금체제

가. 전화요금체제의 개편

1980년대 중반 한국통신은 전화요금체제를 개편하고 이용제도를 개선하는 계획을 다음과 같이 수립 시행하였다(제6차 경제사회발전 5개년계획 통신부문계획, 1986. 10, 통신부문계획위원회).

① 요금체제의 개편방향은 시내요금과 시외요금을 점진적으로 접근시키고, 1990년대 말에는 전국 균일요금체제를 실시한다. 이를 위한 중장기 시행계획은 <표 7-6>과 같이 추진한다.

② 전화적체해소에 따른 승낙순위제를 폐지하고, 전화번호 변동사항 안내전산화를 확대한다. 이를 위해 부산, 대구는 1988년, 광주, 인천, 대전은 1990년에 실시한다.

<표 7-6> 중장기 전화요금시행계획

구분	5차계획 (1982 - 1986)	6차계획 (1987 - 1991)	7차계획 (1992 - 1996)	8차계획 (1997 - 2001)
통화권	시·군단위	도단위	도단위	전국단일통화권
요금단계	6	3	2	1
요금제도	야간할인제 인접대역제	시내시분제 공휴일할인제	시외균일요금제	전국균일요금제

나. 종합정보통신망(ISDN)의 요금체제

1980년대 중반 한국통신은 종합정보통신망(ISDN)의 요금체제를 검토하기 시작하였다. 당시 계획국 통신망계획부(부장 이정욱)는 ISDN의 요금체제를 검토하여 다음과 같이 기본방향을 제시하였다.

첫째, 종합정보통신망의 결정적인 확산요인은 동일한 정보량을 현재에 비해 아주 저렴한 통신비용으로 전달한다는 점이다. 다가올 ISDN 시대에 적용할 요금체제는 몇 나라에서 주장하고 있는 방향을 감안하여 정하도록 한다.

둘째, 현재보다 통신요금이 저렴하게 되어야 할 것이며, 우리나라와 같이 국토면적이 작은 나라에서는 통신거리와 관계없이 전국을 동일요금체제로 하는 것이 좋다.

셋째, 서비스별로 다른 요금체제가 아니라 비슷하도록 조정하고 요금구조도 기본요금부문과 통신량에 따라 지불하는 부분으로 만들 필요가 있다.

이때 정부와 한국통신은 제6차 5개년계획이 추진되는 시기에 맞추어 종합정보통신망

(ISDN)을 기술입국을 위한 기술개발로 정하여 다음과 같이 추진하였다(제6차 경제사회발전 5개년계획 통신부문계획, 1986. 10, 통신부문계획위원회).

2.2 1990년대 요금체제

가. 통신요금변경을 위한 전자교환기 조정

우리나라는 1998년 3월 1일자로 정보통신 요금체계가 변경되었다. 이때 조정대상은 011, 017 등 이동전화와 PCS 3사 등 개인휴대전화에 대하여 요금체계를 조정하였다. 이동전화는 20초/28초를 21초로 바꾸고 개인휴대전화의 경우는 20초/28초를 27초로 변경하였다. 당시 공중전화는 1도수 당 요금은 50원이었다.

전자교환기 내의 작업사항을 보면 시내교환기 408개국 990개 시스템, 전자교환기 1기종(M10CN)의 자국 193개국 681개 시스템에 대하여 과금주기 및 프리픽스 데이터를 변경하고, 1기종의 자국에 대하여는 1,362개의 EPROM을 교체하였다. 이를 위해 네트워크본부 교환팀(팀장 정재진), 시내교환1부(부장 한경재), 시내교환2부(부장 유호선)에서 총괄 관리하고, 실무작업은 서울통신운용연구단 기종별 담당자 9명, 지역본부 및 운용국의 교환운용부장 등 2,828명 등 총 2,840명이 투입되어 시행하였다. 이 작업은 동두천전화국의 1기종 교환기(M10CN)를 끝으로 1998년 3월 1일 새벽 2시 45분에 완료되었다.

나. ISDN 요금

1990년대 전체통신망의 ISDN화가 추진되고 국민들에게 이 서비스가 본격적으로 제공되면서 이에 대한 요금제도를 정하게 되었다. 이때 정한 종합정보통신망(ISDN) 요금을 일반전화와 비교하여 보면 가입비의 경우 ISDN 전화가입비는 미 반환이기는 하지만 일반전화의 1/2 이하로 저렴하고, 데이터통신의 경우에는 ISDN 전화가 약 1/9 정도로 저렴하게 책정되었다(ISDN추진 개선계획, 1994. 2, 한국통신 기술기획실). 그 후 1993년-1996년의 종합정보통신망의 요금수입을 보면 4,127백만원으로 확인되었다.

1997년 초 ISDN 요금을 일반전화(PSTN) 요금과 비교하면 ① 가입비는 ISDN은 20만원(미반환), PSTN은 122,000원-242,000원(반환) ② 기본료(월)는 ISDN은 5,000원(2B채널), PSTN은 2,500원, 2,100원, 1,700원 ③ 통신료는 ISDN과 PSTN 동일하다.

이때 일반전화요금과 ISDN요금을 비교하면 <표 7-7>과 같고 ISDN 데이터요금은 <표 7-8>과 같다. 그리고 우리나라가 정한 종합정보통신망 요금과 외국의 종합정보통신망 요금을 비교하여 보면 <표 7-9> 및 <표 7-10>과 같다. 여기에서 일본은 기본료(BRI)를 주택과 업무용으로 구분하여 과금하고 있으며, 표에서 표시된 것은 주택의 경우를 말하고 있으며, 업무용은 3,630¥(26,100원)으로 정하고 있음. 이표에서 표시된 한화는 1997년 1월 23일자 외국환 고시기준으로 환산한 것임.

<표 7-7> ISDN 전화요금 비교(1994. 2)

구분	가입비(원)	기본료(원)	통신료
일반가입전화	서울 242,000 지방 162,000	2,500	
ISDN전화	전국 200,000	5,000	일반가입전화와 동일

주: ISDN 가입비는 미반환 요금이며 가입비(지방)의 경우 6급지를 기준으로 정함.

<표 7-8> ISDN 데이터요금 비교(1994. 2)

구분	가입비(원)	기본료(원)	통신료(원)
HiNET-P	135,000	380,000	분당 5.09+정보량
ISDN전화	-	10,000	분당 18+정보량

주: 당시 ISDN 데이터요금은 한국통신의 요금(안)으로서 미확정 상태임

<표 7-9> 미국, 영국의 ISDN 요금

구분	가입비		기본료		통화료
	BRI	PRI	BRI	PRI	BRI/PRI
미국	273달러	920달러	118달러	495달러	PSTN과 동일
	232,600원	783,900원	100,500원	421,700원	
영국	400£	2,970£	28£	298£	PSTN과 동일
	566,900원	4,209,800원	39,600원	422,400원	

<표 7-10> 일본, 싱가폴, 한국의 ISDN 요금

구분	가입비		기본료		통화료
	BRI	PRI	BRI	PRI	BRI/PRI
일본	72,800¥	102,800¥	2,830¥	31,000¥	PSTN과 동일
	524,800원	741,085원	21,000원	223,200원	
싱가폴	200달러	2,000달러	80달러	600달러	PSTN과 동일
	121,500원	1,211,600원	48,400원	363,400원	
한국	200,000원	750,000원	5,000원	75,000원	PSTN과 동일

다. 이용약관 변경

당시 일반전화의 설비비는 반환하는데 비해 이와 비슷한 액수의 ISDN 가입비는 반환하지 않게 되어 있었다. 이에 대한 이용자들의 불만이 내재된 상황에다가, ISDN 단말기 공급이

보편화되지 않음에 따른 가격고가로 수요자 부담이 가중되어 가입이 둔화되는 현상이 발생하였다. 이 시기에 정보통신부, 감사원 등 정부는 한국통신에게 가입비 인하를 권고하였으며, 한국통신 고객대표자회의에서도 가입비 인하를 건의하고 나섰다.

이에 따라 ISDN 품질안정화 단계로 PRI 서비스 이용요구가 증가하고 있는 점을 감안하여 ISDN 1차군 접속서비스(PRI)에 대한 이용요금을 신설하게 되었다. 그리고 1997년 4월 1일자로 ISDN 서비스 이용약관 제개정업무가 정부승인사항에서 신고사항으로 변경되었다. 1997년에 만든 종합정보통신망(ISDN) 이용요금의 변경은 <표 7-11>과 같다.

<표 7-11> ISDN 이용요금 변경안(단위 원)

구분	기본서비스(BRI/2B+D)		1차군접속서비스(PRI/30B+D)	
	현행	변경	현행	변경
가입비(회선당)	200,000	100,000	-	750,000
기본료	5,000	5,000	-	75,000
장치비	8,000	8,000	-	100,000
구내 설변	2,600	2,600	-	50,000
구외 설변	14,000	14,000	-	100,000

라. 초고속인터넷의 이용요금 및 운용체계

한국통신은 초고속국가통신망의 이용요금은 초고속국가망 사업지원금에서 국가부담으로 요금을 상계 처리하도록 되어 있었다. 예치금 잔액이 없는 경우에는 정부와 재계약 또는 이용자에게 부과토록 하였다. 당시 초고속국가통신망의 인터넷 요금을 한국통신의 인터넷(KORNET)과 비교하면 <표 7-12>와 같다.

<표 7-12> 초고속국가망 인터넷요금과 KORNET요금의 비교

구분		64K	256K	E1	T3
KORNET(100%)		937,000	1,720,000	5,220,000	40,400,000
KORNET국내(약70%)		652,000	1,150,000	3,360,000	26,219,600
초고속국가망 인터넷	계약요금	260,800	460,000	1,344,000	10,080,000
	비율(%)	27.8	26.7	25.7	25.0
이용 요금	가그룹(14%)	131,180	240,800	730,800	5,481,000
	나그룹(20%)	187,400	344,000	1,044,000	7,830,000
	다그룹(26%)	243,620	447,200	1,357,200	10,179,000

여기에서 계약요금에서 이용요금을 뺀 차액은 국가부담으로 하였으며, 이용요금은 그룹

별로 구분하여 부과되는 방식이었다. 가 그룹은 초·중·고등학교로 정하였다. 그리고 나 그룹에는 국가 및 지방자치단체, 법정연구기관, 초·중·고등학교를 제외한 교육기관, 도서관, 박물관, 미술관, 의료기관 등이 해당되었다. 다 그룹은 정부투자기관, 특수법인, 초고속시범사업 참여기관으로 정하였다.

3. 사업주관부서 및 관련행사

가. 컴퓨터광장 창간

정보통신 요금조정, 과금관리 및 업무전산화를 위해 본사 차원에서 전산사업단을 두고, 각 지역별로 전산국을 운영하였다. 한국통신 중앙전산소(소장 이정욱)는 정보통신 운용업무와 관련된 컴퓨터 기술을 발전시키는 매체로서「컴퓨터광장」을 창간하였다(1989. 12. 30). 이때「1990년대 정보화사회의 선구자가 되길」이라는 주제의 창간사를 실었다.

<창간사> 1980년대는 정보화사회의 진입기로서 전산관련분야가 기반을 마련하였으며, 새로운 정보통신관련 서비스 수요가 나타나기 시작했습니다. 이러한 기반위에 1990년대는 정보화사회로의 도약을 위한 시기이며 전산관련 분야가 더욱 성숙하여 사내경영전반의 효율화를 유도하며 전산마인드를 확산시켜 정보통신에 대한 전력을 쌓으면서 전진하여야 할 때라고 생각됩니다.

이러한 시대적 흐름속에서 중앙전산소는 사내의 정보통신 및 전산업무의 중추기관으로서의 역할을 다하며 관련기술의 기반을 구축하기 위한 일환으로 전산 및 정보통신분야 전문지인「컴퓨터광장」을 격월로 발간하여 사내 전산관련 마인드를 확산시키고자 합니다. 이 컴퓨터광장이 전산분야 종사자들의 희로애락의 결과를 담을 수 있는 지면이 되어야 하며, 또한 그 외 사원에게는 전산 및 정보통신분야가 어떻게 전개되며 어떻게 나아갈 것인지에 대해 서로의 공감대가 형성될 수 있도록 그 역할을 다하며 발전하여야 합니다.

컴퓨터는 이제 요금계산의 전용이 아니며 경영효율화를 위한 도구이며 정보화사회의 욕구를 충족시켜줄 정보통신의 중추로서의 역할을 하고 있습니다. 그리고 컴퓨터 상호간의 연결을 도모하면 유효자원을 최대로 활용할 수 있으며 효율적인 정보교환체제를 이루어 컴퓨터를 중심으로 살아있는 전산망을 구축할 수 있습니다. 이러한 정보화사회의 핵심매체인 컴퓨터의 광장을 더욱 넓혀 1990년대 정보화사회의 선구자로서 지식을 축적 발전시키면서 정보화 마인드를 확산시켜야 하겠습니다.

끝으로 컴퓨터광장 발간에 전력을 다해준 관련 직원의 노고에 감사드리며 더욱 알차고 사랑받는 지면이 될 수 있도록 사원 여러분의 격려를 부탁드립니다. 1990년 1월 한국전기통신공사 중앙전산소장 이정욱.

한편 앞으로 컴퓨터광장의 발간을 위한 편집위원회는 위원장 김갑록, 부위원장 전인성, 위원 구욱, 이재원, 김성수, 김호곤, 간사 장세홍으로 구성되었다(컴퓨터광장 창간호, 1990. 1, 한국통신 중앙전산소).

나. 시내통화시분제 준비 및 경기요금전산소 개소

중앙전산소는 1990년 1월 1일 시내통화 시분제에 대비하여 1989년 8월 21일부터 관련 기종인 No.1A, TDX2, DBS, LTBS의 컨버젼 프로그램을 수정 개발 완료하였다. 이때 시스템성능 분석기능을 향상시키고 시스템의 효율적 운용방안을 강구하였다. 한편 중안전산소는 그동안 자체에서 처리하던 경기, 강원지역의 요금계산업무의 증가에 따라 분리하여 경기요금전산소를 1990년 3월 개소예정으로 추진하였다. 이를 위해 부평 부개동 소재 지상 4층 지하 1층의 단독청사를 확보 인수하여 부대시설공사까지 1989년 12월 25일 완료하였다. 그리고 1989년 9월 18일자로 경기지사 인원 30명으로 전담반을 구성하였으며, 이들에 대한 이론교육을 1989년 9월 18일-10월 30일까지 마치고 각 부서에 현장 배치되었다.

다. 1990년대 통신요금 담당부서 간부진

1990년 당시 서울전산국 간부진은 국장 정승욱, 관리부장 강상규, 운용1부장 김성수, 운용2부장 이형원, 기계운용부장 정해덕으로 보직되었다. 그리고 부산전산국장 2급행정(최종규), 경기전산국장 2급행정(조추오), 대구전산국장 2급행정(배재영), 충청전산국장 2급행정(남해현), 강경전산국장 3급(공석), 전남전산국장 2급행정(이병렬)으로 보직되었다(2급이상 직원직위 일람표, 1990. 10. 20, 한국전기통신공사).

1995년 전산사업단의 간부진은 단장(관리급, 공석), 시스템계획국장 서춘석, 종합시스템국장 김한호, 영업시스템국장 최상규, 업무시스템국장 임기순으로 보직되었다. 그리고 9개의 지역전산국을 운영하였다. 이때 서울전산국장 한홍인, 부산전산국장 최문기, 경기전산국장 이공우, 대구전산국장 김상채, 충청전산국장 김용운, 전남전산국장 최병추, 전북전산국장 이종근, 강원전산국장 권혁윤, 제주전산부장 김태권으로 보직되었다(2급이상 직원직위 일람표, 1995. 5. 6, 한국전기통신공사).

그 후 1997년에는 서울전산국장 이영순, 요금전산1부장 이희근, 요금전산2부장 최종기, 전산운용부장 이장춘, 지원부장 이석붕이었다. 부산전산국은 국장 신효식, 전산지원부장 이철도, 요금전산부장 황종근으로 보직되었으며, 경기전산국은 국장 이진형, 전산지원부장 강상구, 요금전산부장 임기원이었다. 그리고 전남전산국장은 2급통신기술(오만규), 대구전산국장은 2급통신기술(유시호), 충청전산국장은 2급행정(조재익), 전북전산국장은 2급통신기술(허태인), 강원전산국장은 2급행정(민복현)으로 보직되었다(이상 2급이상 직원직위 일람표, 1997. 5. 6, 한국전기통신공사).

제8장

국가기관통신망의 고성능화

1. 국가기관을 위한 통신망 구축

1.1 정부종합청사의 통신지원

가. 과천청사 통신지원

1980년 체신부는 과천지역을 당초 안양통화권으로 확정하여 전화를 공급하기 시작하였다(1980. 4. 7). 그 후 총무처는 과천을 서울통화권으로 하여줄 것을 요청하여 왔다(1981. 7. 5). 이에 대하여 체신부 계획국 계획3과(과장 이정욱)에서 검토한 결과 과천전역을 서울통화권화 하는 것은 불가능하여 제2정부청사만 별도 검토하여 서울전화를 제공하기로 방침을 정하였다(1981. 8. 26). 당시 과천정부종합청사에 대한 통신지원 내용은 <표 8-1>과 같다.

<표 8-1> 과천정부종합청사 통신지원

기 관 별	이전시기	전화소요	비 고
중앙공무원교육원	1981. 11	40회선	중앙공무원교육원 서울전화 5회선 공급
공업시험원	1982. 4	40회선	
항만청, 수산청, 공진청, 환경청	1982. 6	220회선	
중앙행정기관	1982. 7이후	미정	

이때 1981년-1982년 이전기관에는 과천전화와 서울전화를 병행 공급하기로 하였다. 그리고 과천시내전화의 필요량을 공급하기 위해 이동식교환기(MDO) 2천회선을 공급하기 위한 공사를 착공하였다.(1981. 10. 6). 그러나 지반이 약하여 재시공하여 다소 늦게 준공하였다(1981. 12). 이때 과천-안양 간 전화가입구역 복국화를 위해 국간중계케이블(0.65-900)을 신설하였으며 동시에 안양 급지를 변경하여 요금을 징수하였다. 또한 반포전화국의 전자교환방식의 전화를 과천에 공급하기 위해 과천-전지본 간 케이블(0.9-400)을 신설하였다

(1981. 12).

그리고 중앙공무원교육원을 위한 인입케이블(0.4-200) 공사도 시행하였다. 이 계획에서는 과천지역의 일반가입전화는 안양통화권으로 구성하고, 정부종합청사에는 부처별로 한정된 수량의 서울직통전화를 월구 수용하는 것으로 정하였다. 또한 서울-과천 간 장거리 자동화(DDD)를 추진하였다. 이런 상황에서 정부는 다시 제2종합청사를 서울권으로 하여 주든지 아니면 요금면제를 요청하는 방안을 요청하여 왔다(1982. 2. 23).

이에 따라 한국전기통신공사에서는 과천정부청사 통신지원방안을 검토 추진하였다. 우선 과천전화국에 전자교환기를 설치하여 서울시내 또는 안양시내와 복국화하는 방안을 검토하였다. 서울시내와 복국화하는 경우 서울시내전화국(40개국) 및 시외전화국(3개국)과 연결해야 하므로 이에 따른 통신망 건설비가 총 75억 원이 필요하였다. 한편 안양시내와 복국화하면 33억 원이 소요되는 것으로 산출되었다. 따라서 서울시내로 연결하는 경우 42억 원이 추가 소요되는 것으로 확인되었다.

다음에는 과천청사 전화수요를 1천 회선으로 가정하여 반포전화국에 수용하는 방안을 고려하여 보았다. 이 방안으로 시행하는 경우 투자비는 약 4억1천6백만 원이 소요되었으며 이를 위해 다음과 같은 세 가지의 구체적인 시행방안을 검토하였다.

<제1안> 과천정부청사에 서울일반전화와 과천일반전화를 설치하고 청사 PABX에 국선을 자동 접속한다. 이를 위해 서울 반포전화국 및 과천전화국의 일반전화를 부처별 소요에 따라 설치한다. 다만 서울전화는 설치기준을 설정하여 제한된 수량만 공급한다. 그리고 청사 PABX 국선용으로 반포전화국 및 과천전화국 국선을 자동 발·착신방식으로 이원 접속한다. 이때 호출요령은 서울시내에서 과천청사를 호출하는 경우 530-xxxx, 과천지역에서 과천청사를 호출할 때는 60-xxxx, 과천청사에서 서울 시내를 호출하려면 9-xxx-xxxx, 과천청사에서 과천지역의 호출은 8-xx-xxxx, 구내가입자 상호간은 xxxx를 다이얼 해야 한다. 그런데 이 방안은 번호체계가 복잡하며, 1개의 구내교환설비에 가입구역이 다른 가입전화의 수용은 관련규정(가입전화 이용규정 74조 3항 1호)에 위배되어 시행이 곤란하다는 문제점이 있었다.

<제2안> 과천일반전화를 설치하고 청사 PABX에 과천전화국 국선을 접속하는 방안이 있다. 이를 위하여 과천전화국 일반전화를 청사 내에 가설하고, 청사 PABX에 과천전화국 국선을 자동 발착신방식으로 접속한다. 이 방안에서는 서울시내에서 과천청사를 호출할 때는 0343-60-xxxx, 과천지역에서 과천청사로 전화할 때는 60-xxxx를 다이얼 한다. 또한 과천청사에서 서울시내로의 통화는 9-02-xxx-xxxx, 과천청사에서 과천지역으로 전화를 거는 경우는 9-xx-xxxx를 돌리면 된다. 이 방안의 경우 과천청사에서 서울 호출은 시내통화 요금부과가 소프트웨어처리로 가능하나, 서울에서 과천청사로의 통화는 시외요금을 부과할 수밖에 없는 문제가 대두되었다.

<제3안> 서울일반전화를 설치하고 과천일반전화도 설치하여 청사 PABX에 국선을 접속하는 방법이다. 이 방안은 제1안과 동일하게 서울 반포전화국 전화를 제한된 소요만 일반전화로 공급하고 PABX는 자동 발착신방식으로 국선을 접속한다. 그리고 과천전화국 일반전화를 청사 내에 가설하며, 청사 PABX에 과천전화국 국선을 교환원석에 접속하여 발착신통화를 수동 중계한다.

이 방안의 경우 서울시내에서 과천청사를 호출할 때는 530-xxxx, 과천지역에서 과천청사로 전화할 때는 대표번호를 돌려서 교환원 응답 후 접속한다. 한편 과천청사에서 서울시내로 전화할 때는 9-xxx-xxxx, 과천청사에서 과천지역을 부를 때는 0을 돌린 후 교환원이 응답하면 시내를 호출한다. 물론 구내가입자 상호간은 xxxx를 돌리면 된다. 그러나 이 방안으로 시행하는 경우 가입전화이용규정(제74조 2항1호)에 저촉될 뿐만 아니라 과천지역 통화시 이용이 불편한 문제가 있다.

이상의 각 안을 검토한 결과 한국전기통신공사 계획국(국장 이응효)에서는 가입전화이용규정에 특례사항을 인정한다면 청사 PABX시설을 보완하여 제1안을 시행하는 것으로 결론을 내렸다(과천정부청사 통신지원방안, 1982. 3, 도시계획부장 이정욱). 이에 따라 체신부에서는 과천청사 통신지원 기본방침을 확정하고, 총무처에서는 각 부처별 수요를 통보하며 PABX회로를 보완하고 그리고 PABX 입중계선을 확보하도록 조치하였다.

나. 과천청사 통신망 구성

한국통신에서는 반포전화국과 과천전화국에 DID용 중계통신망을 확보하고, 반포전화국과 과천전화국 간에 PCM회선을 구성하였다. 그리고 가입전화이용규정도 보완하고 요금부과방안을 검토하였다. 이 모든 조치는 1982년 7월까지 완료하는 것으로 추진하였으며, 과천청사를 서울통화권으로 변경하기로 결정하였다(1982. 6. 15). 이에 따라 한국통신은 과천신설국사에 제2기종 전자교환기(No1A) 2만 회선을 공급하는 계획을 추진하였다.

먼저 1982년 말까지 국사를 건설하여 다음해에 교환시설을 개통하기로 하였다. 그러나 당시 주택공사의 대지분양이 지연되었고, 여기에 같이 수용되도록 계획된 시외망관리센터의 위치가 3층에서 10층으로 변경되는 등 통합건축계획이 변경되었다. 또한 국사위치변경 예정으로 주택공사로부터 공사보류를 요청받았다. 한편 과천지역의 전화수요를 시급히 해결하고자 이동식교환기(MDO)의 최대증설한계인 4천 회선을 공급하였다. 그러나 약 1,800건의 적체가 발생하였다(1982년).

이처럼 늘어나는 수요에 대처하고 정부종합청사의 통신공급을 위해 1983년도 전자교환기공급사업(83-GSS-50k)으로 전자식(No1A) 2만 회선을 공급 개통하였다(1984. 3). 이때 새로운 국번호(62국, 63국)를 부여하였다. 이 사업은 당시 인수시험기간 소요 및 국사 지연으로 당초계획보다 4개월 지연된 1983년 6월에 착공함으로서 개통이 다소 늦어지게 되었다

(ESS사업 종합추진현황, 1982. 7, 중앙건설사무소).

이때 이동식 4천 회선을 철거하였으며, 올림픽 통신전용으로 372회선을 구성하였다(1987년). 그리고 가입자케이블은 34,800회선을 운용하였다(1986년-1987년). 이 지역은 경기도이었으나 정부청사 통신지원을 위하여 1988년부터 한국통신 서울지사 소속의 전화국으로 운용하였다. 이 통신지원센터는 경기도 과천시 중앙동 41-1으로 되어 있었고, 명칭은 1990년까지 과천전신전화국이었으며 다음해부터 과천전화국으로 변경되었다(1991년-1999년).

한편 정부기관의 정보화 촉진을 위해 정부기관 원격영상회의 사업기본계획을 만들었다(1995. 3). 이에 따라 청와대, 정부청사 간 원격영상회의 통신망을 건설하였으며, 청와대, 정부1청사, 정부2청사, 정보통신부에 통신망을 건설하고 단말기를 설치하여 원격영상회의, 이메일 등을 제공하였다.

다. 지역개발에 따른 통신지원

한국통신 기술기획실(실장 이정욱)에서는 부산지역에 첨단통신 기지를 구축하기 위한 계획을 수립 추진하였다(부산 첨단통신기지 구축 기본계획, 1993. 12, 기술기획실). 이 계획의 주관부서 및 결재자는 제8장 말미의 참고자료 편에 기록되어 있다. 이 계획은 정부의 부산지역 개발사업과 기술발전추세 등을 고려하여 녹산국가공단에 통신을 지원하는 내용으로 수립되었다. 또한 부산 정보통신센터를 구축 운용하고 부산 해상신도시 건설에 맞추어 통신을 지원하는데 맞추어져 있었다.

한편 한국통신은 농협중앙회 통신망 구축을 위해 기본계획을 수립 추진하였다. 본 계획에 의하면 1단계(1995년도)로 중앙본부와 지역본부 간 14개소를 시행하고, 2단계(1996년도)에서는 지역본부와 시군지부 간 155개소를 구축하며, 3단계(1997년도)에 가서는 시군지부와 지점, 회원조합 간 4천여 회선을 개통 추진하였다.

1.2 아시안게임 및 올림픽 통신지원

가. 86아시안게임

한국통신은 1984년에 들어서면서 86아시안게임과 88서울올림픽의 통신서비스를 국제수준으로 끌어올리고 이의 완벽한 지원을 목표로 세부적인 계획을 세워 추진하였다. 당시 방침은 86아시안게임을 위한 통신지원시설은 1986년 3월까지 마치고 서울올림픽을 위한 시설은 1987년에 완성하며 특히 TV전송로는 광통신방식으로 제공하는 것이었다.

당초 86아시안게임의 통신지원규모를 보면 대회운영에 7,436회선, 보도용으로 4,405회선, 공중통신용으로 863회선 등 총 12,704회선을 공급토록 계획되었다. 그 후 1986년에 들어서면서 6차 5개년계획의 일환으로 올림픽통신의 완벽한 지원계획이 보강되었다(제6차 경제사회발전 5개년계획 통신부문계획, 1986. 10, 통신부문계획위원회). 그 주요내용은 다음과 같다.

첫째, 1986 대회를 1988년 대회의 예비행사로 삼아 준비에 만전을 기하고, 기존계획에 의한 시설을 최대한 활용하되 신규투자는 대회 후 유휴화시설이 최소화하는 방안으로 추진한다. 양 대회를 위한 통신시설 구축에 총 1,011억 원을 투입한다.

둘째, 이에 따라 86아시안게임을 위한 통신지원규모는 경기장 운용용 17,626회선, 보도용 5,525회선, 공중용 2,754회선 등 총 25,905회선을 시설하며, 통신시설공급 세부내역은 <표 8-2>와 같이 보강되었다.

<표 8-2> 86아시안게임 통신지원규모(단위: 회선)

시설별	경기장운용용	보도용	공중용	계
전화	9,844	2,563	2,116	14,523
전신	94	69	83	246
전용회선	3,406	760	156	4,322
라디오중계	-	814	-	814
TV	-	31	-	31
이동체통신	2,270	800	399	3,469
전화사서함	2,012	488	-	2,500
계	17,626	5,525	2,754	25,905

나. 88서울올림픽을 위한 통신시설

당초 88서울올림픽을 위한 통신시설 목표량은 대회운영에 13,780회선, 보도용으로 10,103회선 그리고 공중통신을 위하여 3,155회선을 설치하는 등 총 27,138회선을 제공하는 계획을 수립하였다. 그 후 1986년에 들어서면서 6차 5개년계획의 일환으로 올림픽통신의 완벽한 지원계획이 보강되었다(제6차 경제사회발전 5개년계획 통신부문계획, 1986. 10, 통신부문계획위원회). 이에 따라 88서울올림픽을 위한 통신지원규모는 경기장 운용용 25,731회선, 보도용 15,371회선, 공중용 3,936회선 등 총 45,038회선을 제공하며, 통신시설 세부공급 내용은 <표 8-3> 및 <8-4>와 같이 보강되었다.

<표 8-3> 88서울올림픽 전화 및 전신지원규모

시설별	경기장운용용	보도용	공중용	계
전화(회선)	14,745	5,591	3.018	23,354
전신(회선)	83	129	213	425

<표 8-4> 전용회선, 이동체통신 등 지원규모(단위: 회선)

시설별	경기장운용용	보도용	공중용	계
전용회선	2,883	2,969	306	6,158
라디오중계	-	4,330	-	4,330
TV	-	81	-	81
이동체통신	3,996	1,295	399	5,690
전화사서함	4,024	976	-	5,000

2. 국가기간통신망 통합추진

2.1 통신망 운용상황 및 통합방침

가. 국가기간통신망 운용상황

1980년대 초 우리나라의 국가기간통신망 중 마이크로웨이브(MW) 기간전송시설은 통신 주무부처인 체신부 외에 내무부, 철도청, 건설부, 한국전력, 대검찰청, 국방부 등 6개 부처에서 독자적 통신망을 운용하고 있었으며 세부내역은 다음과 같다(1982년도 주요사업계획 및 당면과제, 1981. 11, 체신부 계획국).

(1) 자가통신시설

기관별	회선수	중계소	단말국	요원	투자액 (억원)	1981년도 운영비(억원)
내무부	141	14	9	109	25	37
철도청	382	7	9	36	23	22
건설부	19	3	2	17	25	0.22
한국전력	540	12	22	43	207	246
대검찰청	24	2	1	9	45	0.24
계	1,105	38	43	214	757	902

(2) 체신부

기관별	회선수	중계소	단말국	요원	투자액 (억원)	1981년도 운영비(억원)
체신부	15,168	33	63	1,062	857	436

(3) 국방부

기관별	회선수	중계소	단말국	요원	투자액 (억원)	1981년도 운영비(억원)
국방부	2,556	31	51	1,199	356	11.43

여기에서 체신부 외의 기관에서 운영하고 있는 마이크로웨이브(MW) 전송시설은 총 3,661회선이고, 중계소는 69개소, 단말국은 94개소에 이르고 있었다. 그리고 운용요원은 1,413명, 총 투자비는 432억 원으로 확인되었다.

나. 통신망 통합을 위한 기본방침

체신부는 통신의 주무부처로서 국가기간통신망의 통합을 위한 기본방침을 다음과 같이 정하였다(1982년도 주요사업계획 및 당면과제, 1981. 11, 체신부 계획국).

첫째, 통합수용능력을 선행하여 확보하고, 통신선로를 다원화하며, 통신보안을 향상시킨다.

둘째, 통합에 필요한 시설계획을 추진한다. 이를 위해 표준동축케이블의 다원화(1982년-1984년), 광통신망의 건설(1983년-1984년), 동해안에 디지털 MW시설의 건설(1982년), 기간전송로 절체장치의 도입(1981년-1982년), 이동통신 전국통신망의 건설(1982년-1986년) 등의 사업을 시행한다.

셋째, 시설통합은 단계적으로 추진한다. 1982년에는 내무부, 1983년에는 건설부 및 철도청 시설을 통합한다. 그리고 1984년에는 한국전력, 1985년에는 국방부 시설을 통합한다.

다. 분산된 시설의 통합시동

정부 및 체신부는 각 부처별로 분산 운용되는 통신시설을 통합하여 기간통신망의 운용체계를 일원화하는 일을 착수하였다. 먼저 부처별로 운용중인 마이크로웨이브(M/W) 중계소를 재조사하였다. 당시 우리나라 MW 중계소는 건설부 3개소, 검찰청 6개소, 철도청 7개소, 내무부 20개소, 한국전력 10개소, 국방부 44개소(육군 18개소, 공군 18개소, 해군 8개소) 등 총 90개소로 확인되었다. 정부의 통합계획에 따라 한국통신은 시설인수계획을 세워 추진하였으며, 인수중계소 90개소, 인수인원 206명 등 세부내역은 <표 8-5>와 같다.

이때 이들 시설에 대한 통합방침은 우선 시설인수 후 통합하며 동일 고지에 2개 이상이 운용중인 중계소는 통합하는 것으로 정하였다. 다만 전방 접적지역의 군작전용 통신망, 군작전용 도서통신망, 군단독 단말통신망은 통합대상에서 제외하였다. 이에 따라 한국통신은 단계별 통폐합계획을 세워 추진하였으며, 가장 먼저 1983년 검찰청과 내무부 시설의 통합을 시작으로 1985년에 완료하는 것으로 계획이 세워졌다. 이와 같이 시행하여 통합 후에는 총 75개가 존치되게 되었다. 1983년-1985년 동안 건설부 3, 검찰청 5, 철도청 4, 내무부 20,

한국전력 7, 국방부 16 등 총 55개의 통신중계소를 통합하기로 정하였다. 이를 연도별로 보면 1983년에 12개소, 1984년에 29개소, 1985년에 14개소의 중계시설을 연차적으로 통합 추진하였다. 나머지 35개의 중계소는 그대로 존치하여 소관 기관에서 개별 운용하는 것으로 결정하였다. 그 세부내역은 <표 8-6>과 같다.

그리고 통신사업자의 통신망은 평시 소통위주로 종합관리하고, 유사시 전국통신망의 통합운영관리방안을 추진하였다(중장기 네트워크 발전계획, 1996.9, 한국통신 네트워크본부). 당시 공공기관의 통신망 운영상황을 보면 <표 8-7>과 같다.

<표 8-5> 국가기간통신망 통합에 따른 시설인수계획

부처별	인수중계소	인수인원	운용일자	인수자산액
건설부	3	22	82. 8	201백만원
검찰청	6	5	82. 8	62백만원
철도청	7	23	82. 9	867백만원
내무부	20	106	82. 11	889백만원
한국전력	10	6	82. 11	2,756백만원
국방부	44	44	82.12/84.6	평가중

<표 8-6> 국가기간통신망 연도별 통합계획

부처별	1983	1984	1985	존치	비 고
건설부	-	3	-	-	통합 시행 후에는 한국통신 40개 및 통합대상 중 35개를 합해 총 75개가 존치함
검찰청	4	-	1	1	
철도청	-	4	-	3	
내무부	8	11	1	-	
한국전력	-	3	4	3	
국방부	-	8	8	28	
계	12	29	14	35	

<표 8-7> 공공기관 통신망 운영상황(1996년)

기관별	운영통신망	통신망의 특성
국방부	군 독자통신망	전국규모의 MW망 위주의 통신망
내무부	내무행정통신망	전국규모의 유선위주의 통신망
한국전력	자가통신망	전국규모의 광케이블위주의 통신망
철도청, 도로공사	자가통신망	광케이블위주의 주요간선구간 통신망

한국통신은 유사시 통합운영관리체제로 전환하는 방안을 추진하였다. 이를 위해 주요통신망의 이원화를 추진하고, 주요통신망간을 연동하며 우회 구성하였다. 그리고 전국 주요통신망 운영협의회를 구성하고자 시도하였다.

2.2 군 통신망의 통합운용

가. 한국통신으로의 통합망 운용추진

비상시에 대비한 군통신망 통합문제는 1981년 국무회의에서 국방부 및 5개 부처가 운용중인 중복통신시설을 통합하도록 결정함에 따라 시작되었다. 이에 따라 1983년 통합협정이 체결되고, 1992년 1,173억 원의 예산을 투입하여 시설조정 통합이 이루어졌다(1983. 12. 15). 이때 한국통신은 통합에 따른 전용회선료는 일반회선의 50%를 감면하여 년 170억 원으로 시행하였다. 그리고 통합대상시설은 군 유선통신시설과 군 무선통신중계소(44개소)의 마이크로웨이브 통신시설로 정하여 추진하였는데, 이때 통합대상 시설의 세부내역은 생략한다. 이와 같이 군 통신망을 통합함으로서 얻어지는 장점은 다음과 같다.

① 국가기간통신망의 유무선 다원화로 군 통신지원을 효과적으로 지원할 수 있고, 월등하게 향상된 통신망 품질로 운용할 수 있다.

② 마이크로웨이브 중계소 수를 종전에 비해 1/2로 줄일 수 있고, 통합된 마이크로웨이브망은 예비로 운용하며 요금도 면제된다. 또한 한정된 주파수자원을 효율적으로 이용할 수 있다. 여기에서 세부적인 마이크로웨이브 중계소 내역 및 숫자는 생략한다.

이와 같은 정부기관 통신망 통합계획으로 1984년 한국통신은 국방부 통신시설을 인수운용하게 되었다. 당시 한국통신은 국방부로부터 육군, 해군, 공군 등 각 군이 운용중인 마이크로웨이브 중계소 44개소, 마이크로웨이브 시설 총 4,605회선, 송수신기 278대, 다중장치 256대, 건물 141동, 철탑 62기 등을 인수하였다. 이때 전방지역의 21개소는 군이 계속 운용하고, 후방지역 33개소에 한하여 통합하였다. 한국통신은 인수한 유무선시설의 현대화를 위해 8년간(1984년-1992년)에 총 1,360억 원을 투자하였다. 이후 군 통합통신망이 늘어나 1995년에는 한국통신이 총 8,864회선을 운용하였다.

나. 군 독자 마이크로웨이브망의 구축시도

군 통신망이 통합 운용된 지 얼마 지나지 않은 1994년 국방부는 후방지역 군 마이크로웨이브 시설에 한하여 독자통신망을 건설하겠다고 나섰다. 이때 군의 독자망 건설 사유는 전시 또는 비상시 군부대 훈련 및 이동시 능동적 통신운용이 필요하고, 군사작전기지 요새화에 따른 통신망의 보강이 요구되기 때문이라는 것이었다. 또한 한국통신이 민영화되고 노조파업발생시 효과적 대처가 곤란하다는 점도 들었다.

이에 따라 국방부는 한국통신이 통합운용중인 마이크로웨이브 통신망(MW)을 분리하여

군 독자 MW망을 구축 추진하면서 한국통신에게 통합된 중계소를 환원해줄 것을 요청하였다(1994. 8). 그리고 국방부는 국방정보통신발전계획을 제시하고 이에 대한 한국통신의 의견을 요청하였다(1995. 11). 당시 국방부 계획내용은 다음과 같다.

① 군 중계소는 전국적으로 구축하며 이때 신설중계소의 부지 및 시설은 한국통신과 공용으로 한다. 이 계획에서 검토된 기존 중계소 및 신설 중계소에 대한 세부내용은 생략한다.

② 시설은 지하화하고 안테나는 분산 설치하며 방호벽을 구축한다. 이를 위해 소요예산 350억 원을 확보하고 병력은 241명을 투입한다.

이어서 국방부 합동참모본부는 국가기간통신망의 통합망과는 별개로 독자 마이크로웨이브망 건설방안을 제시하였다(1996. 2). 이때 국방부는 유선시설 및 무선시설이 동시에 피해를 입을 경우 통신유지대책이 필요하여 이 통신망을 구축하고자 하며 앞으로 이 통신망을 전후방을 연결하는 군사지휘통제망으로 발전시키겠다는 것이었다. 또한 한국통신은 노사분규문제가 있을 수 있고, 민영화시에는 보안성, 생존성을 보장하기가 어렵다는 점도 거론하였다. 따라서 한국통신의 통합망은 평시에 활용하고 전시에는 부(副)통신망으로 활용한다는 구상이었다. 이 계획에 대해 국방부는 한국통신의 의견을 요청하였다(1996. 3. 5).

다. 한국통신의 의견

1996년 한국통신 네트워크본부(본부장 이정욱)는 국방부의 독자적 마이크로웨이브(MW)통신망 건설방안에 대해 검토하여 대책을 수립하였다(1996. 8. 23). 그리고 국방부 계획에 대해 다음과 같은 문제점을 제시하였다.

① 군 통신망 통합이후 현재까지 한국통신은 막대한 예산을 투입하여 유무선통신망을 이원화하고 현대화하여 국가기간통신망을 구축 운영하고 있다. 이러한 상황에서 군 독자 마이크로웨이브망을 구축한다는 것은 국가적으로 실익이 없다. 그리고 한국통신의 민영화에 따라 노조파업문제가 예상되고 군사통신 요새화 등의 이유로 생존성이 요구된다고 하나 공동부지 및 기계실 공동사용을 원칙으로 한다면 생존성에 큰 문제가 없다.

② 군 MW 독자통신망을 구축하는 경우 기존 통합망의 활용성이 저하된다. 그리고 국방통신 예산부담이 연간 170억 원 증가하여 과중하고, 중복투자로 인해 국가자원낭비가 되며 환경파괴를 초래한다. 또한 유사시 기간통신망과 상호연계지원이 곤란하고, 전시 군 전략이동기지 간 MW망은 한국통신이 지원하기 곤란하다. 뿐만 아니라 운영체계 이원화로 전시 대응이 곤란하고, 유무선 고정통신은 전술 기동작전의 지원에 부적합하다.

③ 한국통신 입장에서는 군 전용수익(통합망 170억원, 일반전용 135억원)이 대폭 감소하여 국가기간통합망 운영에 차질이 예상된다.

따라서 한국통신은 국방부가 군 MW 통신망을 독자적으로 건설하는 것보다 현재와 같이 한국통신의 국가기간통신망을 이용함이 바람직하다는 점을 다음과 같이 주장하였다.

첫째, 한국통신의 국가기간통신망은 이미 유선(광케이블)과 무선(MW)으로 이원화되어 있고, 기간통신망에는 집중운용보전시스템과 자동절체장치가 도입되어 있어 유사시 신속한 대처능력이 있다.

둘째, 전·평시 군통신망의 생존성을 높이고 최우선 지원체제를 유지할 수 있다. 따라서 주요구간의 유무선 통신이원화를 지속적으로 추진하고, 전시 군통신 소요회선을 100% 지원한다. 여기에서는 이와 관련된 주요구간의 유무선통신망 내용 및 충무 4900계획 내용은 생략한다.

셋째, 한국통신의 무궁화위성이 운용개시 됨으로써 중요통신회선이 3원화되어 완벽한 안정성이 확보되어 있다. 지상의 유무선통신망과는 별도로 군 전술용 위성통신망을 구축지원하고, 군 MW 독자통신망은 전방 필수구간으로 제한한다. 또한 주요 군통신망을 수용하는 국가기간통신망의 초고속화를 조기에 추진한다.

라. 국무총리실의 조정

국무총리 행정조정실에서는 이 문제를 결정하기 위해 총리실 행정조정실, 국방부, 정보통신부, 한국통신 등 관계기관 회의를 개최하였다(1996. 10. 15). 이 회의에서 국무총리실에서는 전술용 군 MW 통신망의 필요성은 인정하고 국방부에서 추진하되 세부사항은 한국통신과 긴밀히 협조하는 방안을 제안하였다. 또한 전술용 통신망으로 무궁화위성을 이용하는 방안도 군에서 검토할 필요가 있다는 의견을 제시하였다. 이 회의결과 현 MW 통신망 중 군통신지원용은 국방부가 별도로 구축하여 운영토록하고, 자원 및 자연환경 훼손이 최소화되도록 관계기관 간에 협의 추진하는 것으로 결정되었다.

한국통신은 이와 같은 국무총리실 회의결과에 따라 이를 시행하기 위한 세부방안을 다음과 같이 검토 추진하였다.

① 간선구간은 한국통신의 기존 통합망을 이용하고 지선구간만 군 독자 MW통신망 신설을 허용한다(제1안). 이 방안의 장점은 통합원칙에 부합되고, 자원낭비 및 환경파괴를 최소화할 수 있다. 단점은 군 독자망으로 불충족하고 현행 관련법에 불부합한 점이 있다

② 군 독자통신망의 구축을 허용하고 기존 통합무선망 중 분리 가능시설을 군에 환원한다(제2안). 이 방안의 장점은 현행 통신 관련법에 부합되고, 군 독자망을 충족한다. 단점으로는 통합원칙에 위배되고 자원낭비 및 환경파괴 우려가 있다는 점이다.

검토결과 한국통신은 통합원칙에는 위배되나 현행 관계법령에 부합되며, 전술적 군 독자망의 필요성이 인정됨으로 제2안을 채택하여 추진하기로 정하였다. 이는 한국통신 통합 MW망은 공중용 유선망의 백업망으로 계속 유지되어도 무방하다는 판단에서 였다. 이때 국사와 시설은 별도 설치하는 것으로 결정하였다. 이를 공용 사용하는 경우 신증설, 시설이설 등 시설변경 시 통제요인이 되고, 공동사용시설의 유지보수 비용이 추가로 발생하며, 경비강화로 출입통제 우려도 크기 때문이었다.

2.3 대둔산중계소 인수후의 문제

가. 중계소 및 도로부지사용 현황

한국통신 대둔산중계소는 전남 해남에 위치하고 있는 통신망관리단 광주통신망운용국에서 운용하고 있는 마이크로웨이브(MW) 중계소로서, 근무인원은 운용요원 7명, 청경 6명 등 총 13명이 배치되어 있었다. 1984년 한국통신은 국가기간통신망 통합협정서(1983. 12. 15)에 의해 이 중계소를 국방부로부터 인수하였다(1984. 11. 14).

당시 이 중계소의 통신시설현황을 보면, 분기방향은 무등2, 활성, 목포, 도솔봉, 해남, 해남(한), 새오름, 추자도, 강진, 장흥, 완도, 진도이고, 반사판 구간은 완도, 강진, 장흥으로 설치되었다. 그리고 시설은 무선송수신기 85대(85T/143R), 철탑 2기, 안테나 31면, 100KW 발전기 2대를 운용하고 있었다. 또한 중계소 부지 및 도로부지 현황을 보면 다음과 같다.

① 이 중계소의 청사부지는 지번이 전남 해남군 현산군 황산리 1-1이고, 개인소유토지(7,547m^2, 소유주 김득수)를 임차 사용 중이었다.

② 도로부지는 지번이 전남 해남군 삼산면 구림리 산 8-1이고, 면적 23,775m^2. 길이 6,340m로서 소유주는 대한불교 조계종 대흥사외 1명이었다. 세부적으로는 대흥사 소유 21,375m^{2}이고 개인 김득수 소유 2,400m^{2}로 되어 있었다. 당시 한국통신은 이를 무상사용하고 있었으며, 이 도로의 사용자는 한국통신, 데이콤, KBS, MBC 등 이 공동 사용하고 있었다.

대흥사 경내 전화공급을 위한 선로시설은 <표 8-8>과 같다. 당시 해남 대흥사에는 일반전화는 사무국 5대, 경내 7대, 암자 7대 등 총 19대를 설치하였고, 공중전화는 4대를 해남전화국에서 공급하고 있었다(1996년 8월). 당시 요금수입은 일반전화는 월 642,400원이고, 공중전화는 월 350,650원 수준이었다.

<표 8-8> 대흥사 경내 전화공급 선로시설

구간	길이(m)	구간	길이(m)
대흥사 입구-경내	2,287	대흥사 경내-진불암	1,725
대흥사 경내-일지암	787	대흥사 경내-남암	150
대흥사 경내-관음암	115	대흥사 경내-북암	1,500
대흥사 경내-청신암	98	대흥사 경내-백화암	50

나. 도로부지사용료 보상요구

1996년 중반 대흥사측에서 한국통신 측에 중계소 진입도로부지 무단사용에 대한 보상을 다음과 같이 요구하여 왔다. 이에 대해 한국통신은 다음과 같이 답변하였다.

① 대흥사측은 1988년 6월부터 1996년 5월까지의 도로부지 사용료 10억 원을 보상하고, 1996년 5월 이후 사용료는 별도 협의할 것을 요구하였다. 이에 대해 한국통신은 1996년 이

전 사용료는 면제해줄 것과 1996년 6월 이후 임차계약은 사용가능하다고 통보하였다.

② 대흥사측은 1996년 5월 이전 사용료를 5억으로 변경하고, 이를 서산대사 유물관 건립에 따른 시주형식으로 보상해 주기를 희망하였다 또한 출입 시 마다 입장료를 요구하고, 별도 도로개설도 요구하였다. 이 요구가 받아들여지지 않을 경우 통행을 통제하겠다고 하였다(1996. 6. 26). 이에 한국통신은 우리나라 공익사업자로서 특정종교단체에 기부나 시주는 불가하며, 토지사용료를 법과 규정을 초과하여 과다 요구하는 사항은 수용이 어렵다는 점을 통보하였다.

③ 대흥사 측은 도로부지사용료 및 경비원 급료 등 총 716,4000천원을 문서로 요구하였다(1996. 7. 11). 이에 대하여 한국통신은 답변하지 않았다. 그리고 대흥사 측은 금주 내 보상금을 지불 시 1억 원을 감액할 수 있다고 시사하였다(1996. 7. 16). 이에 대해 한국통신은 공시지가를 적용하여 임대료를 산출하는 방식으로 계약체결을 요구하였다.

④ 대흥사 측은 서산대사 유물관 건립을 위해 해남군청 10억 원 지원 등 총 50억 원이 소요된다고 하면서 사용료를 다시 5억 원으로 변경하여 요구하였다(1996. 7. 23). 이에 대해 한국통신은 관련법의 허용한도 내에서 임차료를 소급적용하는 것으로 하여 약 5천만 원을 제시하였다. 또한 대흥사 측은 7월말까지 해결해 줄 것을 요구하여 왔으며, 상부기관인 본사를 협의대상으로 제시하였다(1996. 7. 26). 이에 대하여 한국통신은 규정상 요구액은 지불이 불가하고, 현실에 맞게 적정금액을 제시할 것을 요망하였다.

⑤ 대흥사 측은 문서로 1996년 8월 5일부터 차량통제하며, 직원 출입은 6시부터 21시까지 허용한다고 통보해 왔다. 이에 대하여 한국통신은 임시조치로 차량 1대를 고정 배치하여 통제가 벗어난 지점(일주문)에서 승하차하여 출퇴근하게 하였다. 그러면서 대흥사 재무스님이 신한국당 도지부 사무처장을 방문하여 성의로 절반이라도 낼 것을 요구하는 등 중재를 요청하였다(1996. 8. 1).

⑥ 한국통신은 이 MW중계소는 국가 중요통신시설로서 통행이 원활하지 못할 경우 통신중단 우려가 있다. 한국통신은 5천만 원을 확보 중이니 사찰 측의 의견을 요구하는 문서를 대흥사로 통보하였다(1996. 8. 3). 이때 5천만 원은 상법상 채권소멸시효 5년 및 토지감정가 100분의 10을 적용하여 제시한 액수이며, 향후 매년 임차계약을 체결한다는 조건을 담았다.

한편 한국통신은 이러한 분쟁을 해결하기 위해 관련 외부기관 및 대흥사, 조계사 등을 방문 협의하였으며, 당시 협의내용을 요약하면 다음과 같다.

① 해남경찰서 정보과장, 해남군청 문화공보실, 삼산지서장, 삼산면장, 전불교청년회장 유상종(대구보건전문대 교수), 대흥사 상가번영회, 한국통신 광주본부 자문변호사 문형철 등과 협의하였다. 협의결과 다수의 의견은 사유지이고 도로구분이 안 되었으므로 상호 협상을 통해 해결해야 한다는 쪽으로 집약되었다. 문형철 자문변호사는 민사소송이나 고소가 가능하나 사찰 측과의 대화는 어려워 중재는 맡을 수 없다는 입장이었다.

② 광주통신망운용국 국장(장재구), 총무부장, 회계과장, 담당별로 역할을 분담하여 수십회 대흥사를 방문하여 설득하고 협의하였으며, 통신망관리단 사업지원국장(김창수)도 방문 협의 하였다. 그러나 대흥사 측은 사찰 측의 요구사항을 계속 주장하고 출입통제를 더욱 강화하는 기세였다. 한편 본사 재무실 자산국장(서종흘)이 조계사를 방문하여 조계사 재무부장과 협의하였으나 조계사측은 사찰별 독립채산제 실시로 간섭이 불가하다는 입장이었고, 양측 합의원칙만을 주장하였다.

이에 따라 한국통신은 향후 조치방향으로 도로부지사용료 및 경비원 1인 인건비를 감안하여 약 2억원을 부담하는 조건으로 타협하는 쪽으로 방향을 잡고 추진하였다.

다. 언론보도 내용

당시 한국통신과 대흥사 간 중계소 도로사용료 마찰이 발생하였다는 기사가 광주매일, 전남일보, 광주일보, 무등일보, 광남일보, 조선일보에 보도되었다.

(1) 대흥사 · 한국통신 마찰(광주매일, 1996. 8. 6)

해남 대흥사와 한국통신이 대둔산중계소 도로사용을 두고 분규를 빚고 있어 조정이 시급항 실정이다. 대흥사는 지난달 11일자로 한국통신에 한국통신 대둔산중계소 운용을 위해 지난 8년 동안 사찰경내를 통과해 중계소에 이르는 도로를 무상 사용해왔다며 이에 대한 보상으로 2억9천4백만 원을 요구했다. 또 다수의 문화재가 산재해 있는 사찰경내를 통신중계소의 출퇴근 및 기기점검, 보수 등을 위한 차량 등이 24시간 수시 출입하는 관계로 경비원을 보강해 관리해 왔다며 경비원 보상으로 4억2천2백40만원을 지급해야 한다고 주장했다. 이와 함께 총 7억1천6백40만원의 보상비는 서산대사 성역화 사업에 투자해 대사의 숭고한 이념을 후세들의 현장학습이 될 수 있도록 하겠다고 밝혔다.

이에 대해 한국통신 광주통신망운용국은 지난달 27일 도로사용료 지급에는 이의가 없으나 청구액 산출근거 검토 및 예산확보에 어려움이 있다며 기다려 줄것을 요구했다. 한국통신 광주운용국은 또 지난 2일 도로사용료로 5천만 원을 지불하겠다며 모든 차량의 통행을 허용해줄 것을 요청했다.

한편 사찰측은 5일 오전 8시 20분께부터 대흥사 입구 매표소에서 중계소 출입과 관련된 차량을 통제해 교대근무를 하러가기 위한 직원들이 3시간 동안 기다려야 하는 불편을 겪었으며 사태에 직면한 한국통신 본부 측은 사찰 측과 협의를 위해 6일 이곳에 올 예정인 것으로 알려졌다. 한국통신 광주통신망운용국 대둔산중계소는 지난 67년 내무부에서 시설해 82년 공군중계소가 개설됐으며 84년부터 국가기간통신 통합으로 한국통신에서 인수에 따른 기술지원을 해오다 88년 정식 인수해 지금까지 운용해오고 있다.

이 중계소는 광주, 제주, 목포, 해남, 완도, 진도, 장흥, 강진 지역의 전화, TV 등 공중통신은 물론 129응급망, 소방망, 도서통신망, 해경망, 공군통신망, 민방공망, 이동통신 등을 운용하고 있는 곳으로 직원들의 출퇴근과 기기점검, 보수를 위한 차량을 통제할 경우 해발 672m에 이르는 5Km의 길을 걸어 다녀야 하는 불편은 물론 국가의 중추신경이라 할 수 있는 통신 중단사태 마저 우려되고 있다.

(2) 대둔사 중계소도로 봉쇄(전남일보, 1996. 8. 6)

해남 대둔사 측이 경내를 통과해 대둔산중계소에 이르는 도로에 대해 한국통신에 사용료 지불을 요구하며 도로를 봉쇄해 말썽을 빚고 있다. 대둔사 측은 지난달 11일 한국통신측이 중계소 운용을 위해 사찰경내를 통과하는 도로를 지난 8년 동안 무상 사용하고 있다며 사용료 2억9천4백만 원과 사찰내 문화재관리를 위해 채용했던 경비원 채용 보상비 4억2천2백40만원을 지급하라고 요구했다.

이에 대해 한국통신 측은 정부의 회계규정에 따라 5천만 원까지는 지급하겠다고 밝히고 중계소가 국가시설임을 감안, 통신시설 운용에 지장이 없도록 도로봉쇄를 자제해 달라고 요청했다. 그러나 대둔사 측은 한국통신이 요구액을 지급하지 않음에 따라 5일 오전 8시 20분부터 대흥사 입구 매표소에서 중계소로 출입하는 모든 차량의 출입을 통제하고 중계소의 출입을 오전 6시부터 오후 9시까지로 제한하는 한편, 중계소에서 시설한 간이우물 등을 오는 10일까지 철거해줄 것을 통보했다.

이에 따라 한국통신 측은 6일중으로 협상단을 대둔사에 파견, 사찰 측과 보상비 문제를 협의할 예정이다. 한편 대둔사 중계소는 광주, 제주, 목포, 해남, 진도, 완도, 장흥, 강진 등 8개 지역의 전화, TV 등 공중통신은 물론 129응급망, 소방망, 도서통신망, 공군통신망, 민방공망, 이동통신망 등을 운용하고 있다.

(3) 해남 대둔사 도로사용료 마찰(광주일보, 1996. 8. 7)

해남 대둔사(大芚寺)와 대둔산정상에 위치한 한국통신 중계소 간에 도로사용료를 둘러싸고 마찰을 빚고 있다. 대둔사 측은 최근 한국통신 중계소가 사찰구역내의 도로를 이용, 중계소까지 왕래했다며 8년 동안의 사용료 7억여 원을 지급해 줄 것을 중계소에 요구했다. 대둔사 측은 지난 80년 국가에서 공군기지로 사용하기 위해 사찰림에 길이 3.4Km, 폭 3.4m의 도로를 개설, 사용해오다 지난 88년 한국통신에 인계되어 중계소로 사용되고 있으나 한국통신이 지난 8년 동안 아무 대가없이 도로를 사용해왔다며 사용료 7억원을 지급한 뒤 정식 임대절차를 밟을 것을 요구했다.

대둔사 측은 한국통신 중계소가 도로사용료 요구액 전액을 지급하지 않을 경우 중계소 진입 차량을 통제하겠다는 방침을 밝히고 있어 도로사용료를 둘러싼 마찰이 상당기간 계속될 것으로 보인다. 한국통신은 이에 대해 도로를 무상으로 사용해온 것은 인정하지만 사찰측이 요구한 7억원은 너무 많아 감당할 수 없다며 국가에서 규정하고 있는 도로사용료 산출방식으로 산정한 5천만 원은 지불할 수 있다고 밝히고 있다. 대둔산 중계소는 한국통신 무선국으로 광주통신망운용국에서 관리하며 전화, TV 등 공중통신은 물론 이동통신망 등을 운용 관리하고 있다.

(4) 사찰 내 도로사용료 마찰(무등일보, 1996. 9. 3)

해남군 삼산면 대둔사 경내의 도로사용료 등을 요구하며 한국통신 대둔산중계소의 차량 통행을 2일까지 사흘째 저지, 양측의 분규가 재연되고 있다. 대둔사 측은 지난달 31일 오후부터 경내 중계소 진입로에 바리케이트를 치고 통신공사 차량의 출입을 저지하는 바람에 중계소직원들이 저지선 앞에서 차를 바꿔 타고 출퇴근하는 등 큰 불편을 겪고 있다. 더욱이 중계소의 석축 보수공사를 하고 있는 화물차도 출입이 금지돼 공사가 중단되고 있다.

사찰측은 한국통신이 도로사용료 지급 등 보상에 성의를 보이지 않을 경우 직원들의 통행까지 저지할 계획인 것으로 알려지고 있다. 사찰측은 7월 11일 이래 한국통신에 지난 8년 동안 무상으로 이용한 경내도로 사용료 2억9천4백만 원과 중계소 도로관리를 위해 추가 고용한 경비원 급료 4억2천2백만 원 등 총 7억1천6백만여 원을 보상하라고 요구해왔다. 이에 대해 한국통신은 정부의 회계규정에 따라 공시지가로 산정한 도로가액의 1백분의 10에 중계소를 공군에서 인수한 때부터 지금까지 기간을 계산한 5천만 원과 직원들의 사찰관람료 등 총 1억여 원을 보상하겠다고 밝혀 합의점을 찾지 못하고 있다.

(5) 중계소 진입로 토지사용료 마찰(광남일보, 1996. 9. 3)

한국통신과 해남 대둔사가 대둔산 중계소의 진입로 토지사용료를 둘러싸고 3개월째 마찰을 빚고 있다. 해남 대둔사 남쪽 산에 위치한 대둔산 중계소까지의 진입도로를 8년 동안 무상 사용해온 한국통신과 토지 소유주인 대둔사 측이 보상규모를 놓고 팽팽히 맞서오다 지난달 31일부터 대둔사 측이 대둔산 중계소로 통하는 진입로의 차량출입을 전면 통제하며 실력행사를 하고 나선 것.

이로 인해 중계소에 근무하는 13명의 한국통신 직원들이 5Km에 달하는 산길을 도보로 출퇴근하고 있으며 통제가 장기화될 경우 부식조달, 긴급고장 시 출동점검 등에도 지장이 따를 것으로 예상돼 한국통신 관계자들을 곤혹스럽게 하고 있다. 토지사용료를 둘러싼 양측의 갈등은 지난 7월 11일 대둔사 측이 한국통신 전남본부에 보상요구 공문을 정식 발송하면서 본격화됐다. 대둔사 측이 요구한 보상금액은 진입도로 무상사용료 2억9천여만 원과 중계소로 인한 8년간의 추가 경비원 급료 4억2천여만 원 등 총 모두 7억1천여만 원.

그러나 한국통신은 대둔사 측이 요구한 도로사용료는 평당 1만원선인 대둔사 주변 상가 임대료를 기준으로 하고 있어 수긍할 수 없고, 보상금액도 공시지가로 산정한 5천만 원 이상은 곤란하며 상향조정을 하더라도 현시가 기준인 7천만 원 정도밖에 보상해줄 수 없다는 입장이다. 대둔사 측은 사찰경비 외에 중계소직원들의 차량출입으로 인한 경비강화를 위해 별도로 감시초소를 설치하는 등 경비인력을 보강해왔다며 법에 따른 정당한 보상을 기필코 받아내겠다는 입장이다.

(6) 해남 대둔사 정상통행료 7억 내라(조선일보/지방판, 1996. 9. 5)

전남 해남 대둔사가 도로이용료를 받기 위해 한국통신 대둔산 중계소로 통하는 도로입구를 봉쇄, 마찰이 계속되고 있다. 대둔사 측은 지난달 31일 대둔사 남쪽고지(해발 6백m)에 위치한 무선통신중계소로 연결되는 6Km길이의 진입도로를 막고 차량과 사람출입을 통제하고 있다. 이에 따라 일반공중통신, TV, 해안·도서통신, 민방공망, 이동통신 관련 전파를 중계하는 무선중계소 직원 13명이 산길 6-7Km를 돌아 오르내리는 불편함을 감수하는 등 중계업무에 지장을 받고 있다.

대둔사 측은 한국통신이 지난 88년부터 8년 동안 사용료를 내지 않고 도로를 사용해 왔다며 한국통신은 8년 동안의 도로사용료 2억9천만 원과 경비원 급료 4억2천만 원 등 총 7억1천만 원을 지불해야한다고 주장했다. 한국통신측은 군부대로부터 무선중계소를 인수해 운영해 왔으나 진입도로는 거의 공로(公路)화 되다시피 했고, 대둔사 측도 최근까지 전혀 문제삼지 않았다며, 그러나 사유지가 명백한 만큼 규정에 준해 사용료를 지불할 방침으로 10여 차례 협의를 벌여왔다고 밝혔다. 광주통신망운용국 박용엽 총무부장은 대둔사 측은 경내 상가점용료를 기준으로 산정하고, 경비원 급료를 전액 요구하는 등 사용료 산정기준이 불합리하다고 지적했다. 한국통신측이 공시지가를 기준으로 산정한 8년간 사용료는 5천만 원 수준이다.

라. 대둔산중계소의 이전검토

1996년말 한국통신은 앞에서 언급된 바와 같은 문제점을 근본적으로 해결하기 위해 대둔산중계소를 신설 이전하는 방안, 인근 중계소를 활용하는 방안, 대둔산중계소에 새로운 진입도로를 개설하는 방안 등을 검토하였다.

첫 번째, 인근지역에 중계소를 신설하는 경우 소요예산을 개산하여 보면, 건물(262평) 7.3억원, 토지(900평) 6.4억원 등 국사신축에 13.7억 원이 필요하다. 그리고 도로 신설에 150억원, 철탑시설 및 기계시설 이전에 16.8억 원이 소요되는 등 총 184.2억 원이 소요되는 것으로 검토되었다.

두 번째, 인근에 있는 도솔봉 중계소를 활용하는 경우 전송로 구성 및 소요예산을 산출하여 보면 ① 도솔봉 중계소는 해발 417m이 위치하고 있고, 국사는 대지 5,514m^2, 건물 474m^2 규모이며, 목포 3전단, 우이도, 거문도, 대둔산 등 4개국소를 연결하는 분기국소이다. ② 주전송로는 기존의 활성산-대둔산-추자도를 활성산-양을산-도솔봉-추자도로 변경하고, 분기구간은 도상 및 실측 후 결정한다. ③ 이전 시 소요예산은 철탑건립 10억원, 반사판 이전 6억원, MW 장비구매 60억원, 전력시설 3억원, 국사신축 10억원, 공사비 20억원 등 총 109억원이 필요하다.

세 번째, 대둔산중계소에 새로운 도로를 개설하는 경우 도로개설 예정지, 진입토지확보, 소요예산 등은 다음과 같다. 그러나 이 지역은 산림보전지구이고 도립공원구역으로 지정되어 있어 실제 도로개설은 불가한 것으로 판단하였다.

① 도로개설 예정지는 현산면 조산리에서 (구)양수장을 거쳐 중계소에 이르는 루트로 개설한다. 이때 조산리에서 (구)양조장 밑 400m 지점까지는 입도가 개설되어 있으므로, (구)양조장에서 대둔산중계소까지 약 3Km의 도로를 개설한다. ② 본 도로개설를 위해 필요한 진입 토지는 임야 총 4,913,470m^{2}로 파악되었으며, 이를 위한 소요예산은 약 10억 원이다. 이때 도로로 편입해야할 임야는 현산면 황산리 산 1-1, 산 1-3, 산 1-4, 산 1-8, 산 34-1, 산 35-1, 현산면 조산리 산 84-2, 산 84-5, 산 84-8, 산 84-17, 산 84-18 등 11개 필지이다.

3. 전자교환기 2000년 연도표기 문제

3.1 전자교환기 기종별 해결방안

가. 예상되는 년도표기문제 조사

1990년대 후반 우리나라에서 운용하고 있는 전자교환기의 연도표기는 두 자리로 제한하여 사용하고 있었다. 예를 들면 1998년은 98로 표기하는 방식이었으므로 2000년은 00으로 표기함으로써 2000년대와 1900년대를 구별하지 못하는 문제가 발생하게 되었다. 한국통신에서는 이러한 전자교환기 문제의 해결을 위해 이에 대한 실태를 조사하였다. 1차 조사는 1997년 5월부터 1997년 12월간에 시행되었다.

당시 한국통신이 운용중인 전자교환기 총 577개 시스템 중 233개가 이러한 문제를 가지고 있고, 이를 해소하기 위해서는 약 3000억원의 비용이 소요되는 것으로 조사되었다. 이어서 1998년 3월부터 1998년 4월에 걸쳐 2차 조사를 실시한 결과 다음과 같은 여러 가지 문제를 발생시킬 수 있을 것으로 확인되었다.

첫째, 전자교환기에 장애가 발생하는 경우 시스템 재시동이 불가하여 정상상태로 복구가 불가능하게 되어 통신이 두절되고 소통체증을 유발하게 된다. 이렇게 되면 국가 중요통신 마비로 국가안보에 치명적 영향을 초래할 수 있으며, 금융전산망의 마비로 국가경제활동에도 혼란을 초래할 수 있다. 또한 긴급구조 등 연락체계의 두절로 사회적 혼란을 초래할 수 있다.

둘째, 통신서비스 면에서 보면 년도표기 오류가 발생하면 요금기록 부정확으로 사회적 혼란도 유발할 수 있다. 그리고 시간예약이 필요한 특수서비스의 지정예약이나, 통신시간 등의 기록 및 야간, 휴일, 심야 등에 대한 할인요금 지정도 불가능하다.

셋째, 통신망운용 측면에서 보면 트래픽측정 스케쥴링을 지정할 수 없어 통계 및 트래픽 관리를 할 수 없다. 또한 경보 및 운용 메시지의 년, 월, 일, 시 등의 기록 오류로 정확한 운용상태를 파악할 수 없다.

이와 같은 문제점을 안고서 2000년이 되는 경우, 운용중인 주요 전자교환기 인 M10CN

기종, 5ESS 기종, AXE-10 기종, TDX-1A 기종 등에서 다음과 같은 문제점이 발생할 것으로 조사되었다.

① M10CN 전자교환기는 프로그램 상 연도표기 영역이 1900년-1999년까지만 가능하여 2000년 입력 시 1900년으로 인식하였다.

② 5ESS 전자교환기의 경우는 연도입력 가능한 기간이 71-99년으로 되어 있고, AXE-10 전자교환기는 연도입력 가능한 기간이 50-99년으로써 두 기종 모두 2000년 이후의 연도입력을 할 경우 연도인식이 불가능하여 오류메시지를 출력하고 입력이 불가능하였다.

③ 국내개발기종인 TDX-1A 전자교환기는 2000년을 2001년으로 인식하여 일자별 요일이 실제와 상이한 문제가 발생하였다.

나. 연도표기문제 대책위원회 구성 운영

2000년에 진입할 때 전자교환기에서 발생되는 문제는 1999년 말까지 반드시 완료되어야 하므로 한국통신은 타 사업에 우선하여 필수사업으로 추진하는 방침을 세웠다. 5ESS 기종과 AXE-10 기종은 통신망 고도화 사업에 반영하여 시행하고, M10CN 기종과 TDX-1A 기종에 대해서는 자체적으로 소프트웨어를 보완하는 쪽으로 가닥을 잡았다. 그러나 이러한 방향으로 추진하다 보니 또 다른 문제가 발생하였다.

(1) 외국산 장비의 경우, 동일 기종이라도 버전이 다른 시스템이 전국적으로 방대하게 산재하고 있는데다가 공급사의 공식답변이 지연되었다.

(2) 외국산 전자교환기에 대하여는 우리들이 가지고 있는 원천기술 부족으로 공급사에 의존이 불가피한 상황이어서 정확한 실태조사가 벽에 부딪치게 되었다. 이 중 5ESS 기종과 AXE-10 기종은 당시 공급사의 기술지원이 중단된 구 버전을 운용중이어서 문제 해결을 위해 업그레이드가 불가피한 상황이었다.

(3) 소요비용 3000억 원 중 1998년에는 72억 원만 확보되어 어려움이 가중되었다.

위와 같은 주요현안을 해결하기 위해 한국통신은 「한국통신 대책위원회」를 구성하였다(1998. 5). 이 위원회는 위원장 이정욱 부사장, 부위원장 김정수 기획조정실장, 위원 12명으로 구성하였다. 위원으로는 기획조정실 사업조정팀장 안영찬, 기술전략팀장 김성만, 마케팅본부 시장정보센터장 이병우, 네트워크본부 통신망관리팀장 엄재건, 교환팀장 정재진, 전송팀장 서광주가 선정되었다. 이외에도 조달본부 자재계획팀장 강찬구, 연구개발본부 연구협력팀장 이영희, 정보시스템본부 전산기획팀장 유원우, 무선사업본부 시설운용팀장 이태규, 위성본부 기획운용팀장 진영기, 정보화사업단 EDI·영상사업팀장 유덕 이 위원으로 참여하였다.

또한 시설별 Y2K 문제시설을 조사 분석하고, 문제 시설에 대한 해결방안을 검토하여 대책을 수립하기 위해 「한국통신 Y2K 전담반」을 운영하였다. 이 전담반은 네트워크본부 통신망관리팀장(엄재건) 외 16명으로 구성하고 3주간(1998. 6. 1-6. 20) 운영하였다. 이후 전담반의 운영을 2주간(1998. 6. 21-7. 4) 연장하였다.(네트워크부문 경영환경의 능동적 대응을 위한 전담반별 중간보고, 1998. 6. 17, 한국통신 네트워크본부).

3.2 2000년 연도표기문제의 해결

가. 기본방침 및 시행지침

한국통신은 전자교환기 2000년 연도표기문제 해결을 위한 검토범위는 교환, 전송, 선로, 전력, 국제, 데이터 등 통신망시설과 단말설비를 대상으로 하였다. 또한 집중운용장비 및 각종 소프트웨어, 모델용 장비, 연수원과 현장 교육용 장비 등도 포함하였다. 이 문제해결을 위한 시행전략은 다음과 같이 정하여 추진하였다.

(1) 공급업체를 통해 문제점을 확인하고 문서화 보증한다. 그리고 주요시설은 현장 연동시험을 거쳐 문제를 검증하여 대책을 강구한다. 또한 연구개발장비는 연구소별로 문제를 조사하고 해결을 책임지게 한다.

(2) 계속 공급시설은 무상지원 또는 실비보상을 기본으로 추진하고, 핵심시설은 업체와 협상을 통해 비용 최소화 대책을 모색하는 등 최소의 비용으로 문제를 해결하도록 유도한다.

이때 한국통신 2000년 문제 대책위원회는 제1차 회의를 개최하여 「2000년 문제 대응을 위한 기본지침」을 심의 수립하였다(1998. 5. 22). 이에 따라 사업부서별 실행계획을 확정하여 본격적으로 문제해결을 시작하였다(1998. 6. 14). 그 후 수차례의 회의를 통해 추진일정을 엄격하게 관리하였으며, 특히 본 대책에 대한 외국공급사의 공식답변을 여러 번 촉구하였다. 이외의 세부추진사항은 다음과 같다.

① 문제해결 소요시간을 역으로 산정한 추진일정을 사업부서에 제시하여 엄격한 일정관리를 하였으며, 자체 기술력이 부족한 분야는 전문기관을 적극 활용토록 한다. ② 소요비용을 최소화하기 위해 공급사와 비용절감을 위한 협상을 추진한다. ③ 시스템 수정은 1998년 7월부터 1999년 4월까지로 정하고, 시험운용기간은 1999년 5월부터 1999년 10월로 정하여 엄격하게 일정을 관리한다.

나. 대상시설 규모 및 시행계획

당시 한국통신이 운용 중인 시설로서 Y2K 문제대상시설은 총 276개 시스템으로 파악되었으며, 시설종류별 내역은 <표 8-9>와 같다. 이때 전자교환기의 2000년 연도표시문제를 해소하고 시스템의 안정적 운용기반을 조성하기 위한 계획을 세워 시행하였다. 특히 음성기능 위주의 외국도입 시분할교환기를 정보통신에 적합하도록 성능을 개선하고 신규기능을 부가하는 조치를 실시하였다.

이러한 방향에서 2000년 표기문제는 1998년과 1999년에 집중적으로 시행하는 것으로 계획을 수립하였으며, 총 115개 시스템을 대상으로 하여 시행하였다. 이를 위한 연도별 시행계획과 소요예산을 <표 8-10>과 같이 수립 추진하였다(1997. 12). 그러나 1998년에 시행해야 할 물량을 총 37개 시스템, 소요예산 735억 원으로 정하였으나 당시 배정예산은 7개 시스템만 추진이 가능하여 시행과정에서 문제에 봉착하였다.

<표 8-9> Y2K 문제대상 시설종류

분야별	통신망	교환기	전송 시설	선로 시설	국제통신 시설	데이터 시설	계
시설종류	8	34	10	10	122	92	276

<표 8-10> Y2K 표기문제 해결 시행계획

연도별	1998년	1999년	계	비 고
목표량(시스템수)	37	78	115	5ESS 38시스템 AXE-10 77시스템
소요예산(백만원)	73,500	139,890	214,390	

다. 전자교환기 및 컴퓨터 공급업체와의 협력

당시 전자교환기 및 컴퓨터를 한국통신에게 공급하는 주요업체로는 루슨트, 에렉슨, HP, 쌍용, Informax, SUN 등이 있었다. 이때 비용소요가 큰 공급업체와는 시행방법, 일정, 비용조건 등에 대해 대책회의를 하였으며, 연구소와는 개발장비의 소프트웨어 보완대책도 수립하였다. 또한 한국통신 뉴욕사무소, 북경사무소, 도쿄사무소를 통하여 제외국의 동향자료를 수집하였다. 당시 공급업체의 Y2K 대응전략의 동향을 보면 대부분의 정보통신업계에서 한국통신의 Y2K전담반 활동을 계기로 이 문제에 대한 분위기가 조성되었다.

당시 업계에서는 2000년 문제를 전자교환기의 버전업 등 마케팅 활동에 적극 활용하면서 한국통신에게 당시 사용버전보다 상위버전으로의 업그레이드를 요구하였다. 그리고 컴퓨터업체는 한국통신이 시행치 않고 있는 소프트웨어 유지보수 계약을 조건화하고, 최근 도입된 장비에 대하여도 업그레이드 비용을 요구하는 입장으로 변화하고 있었다. 한편 선진외국의 경우는 Y2K 해결을 위해 버전을 업그레이드하는 국가와 Y2K 부분만 분리 해결하는 국가로 구분되고 있었다. 그리고 국제 분야는 1998년 하반기부터 본격적인 연동시험을 추진하는 추세로 가고 있었다.

라. 2000년 문제의 해결 시행

한국통신의 그동안 파악한 시설별 문제발생 여부 총 44건을 발송하여 공급업체로부터 답신을 받았으며, 공급업체와 전문부서 합동검토회의를 총 39회 실시하였다. 그리고 연구소 개발시스템에 대한 문제점은 한국통신 통신망연구소와 운용연구단에 요청하여 검토하였다. 또한 총 276개 시설종류에 대해 시설별 현장시험을 하고 현지실사를 시행하였다. 한편 한국통신이 당시 운용하고 있던 No.1A, M10CN, 5ESS 등 전자교환기에 대하여는 2000년 문제 해결을 위해 다음과 같이 조치 시행하였다.

① No.1A 전자교환기 총 356만7천 회선은 현재의 소프트웨어에 연도를 입력하여 추진하였다. 그리고 1999년 12월 31일 00:00시에 2000년 1월 1일을 MMC로 날짜지정을 입력하여 처리하였다.

② M10CN 전자교환기 434만6천 회선에 대하여는 2000년 이후 카렌다를 인식하도록 소프트웨어를 보완하고 TDX-1A 기종 113만8천 회선은 시각계산 소프트웨어를 보완하였다.

③ 5ESS 기종 210만7천 회선, AXE-10 기종 230만7천 회선, 5ESS-2000 기종 5만8천 회선에 대하여는 현재 소프트웨어를 신규 소프트웨어로 대체하고 일부 하드웨어도 교체하여 문제를 해소하였다. 이를 위해 총 2,747억원의 예산이 소요되었다.

④ 국산기종인 TDX-10A 386만8천 회선, TDX-1B 526만9천 회선과 외국기종인 S1240 178만9천 회선 총 1,092만6천 회선은 다행히 2000년도 문제가 발생하지 않았다. 그리고 주요시설에 대한 연동시험을 <표 8-11>과 같이 실시하였다.

<표 8-11> 전자교환기 주요시설의 연동시험시행

대상시설 및 장비	실시기간	주관 및 장소
전자교환시설	1998. 6. 12-6. 17	전자교환운용연구단
NetKeeper	1998. 6. 16-6. 20	과천전화국
SLMOS/ LCR	1998. 6. 17-6. 20	전화국(구로, 행당, 광진, 충주)
TIMS	1998. 6. 16-6. 18	한국통신 연수원
NPMS	1998. 6. 25-6. 26	전자교환운용연구단

그리고 한국통신은 1998년도 사업으로 2000년대 문제에 대비하여 시분할교환기의 고도화를 추진하였다(1998년도 주요업무계획, 1998. 2, 한국통신 네트워크본부). 그 주요내용은 다음과 같다.

첫째, 현재 음성위주 교환기의 성능을 개선하고 지능화 기반을 조성하며, 2000년 표기 문제를 해소하기 위해 한시적으로 사업을 추진한다. 그리고 총 158개 시스템 중 2000년 표기가 불가한 98개 시스템(62%)에 대하여 우선적으로 문제를 해소한다.

둘째, 1998년도 사업목표량은 32개 시스템이고 이를 위한 소요예산은 545억 원이다. 그러나 IMF사태로 인해 실행예산은 30억 원으로 편성되어 무려 515억 원이 부족한 실정이다. 이에 따라 30개 시스템분의 515억 원은 채무예산으로 확보하고, 잔여 66개 시스템은 1999년 사업으로 추진토록 한다.

4. 정부 행정통신망의 건설 및 운용

4.1 행정통신망의 건설 운용

가. 행정통신망 구축의 기본방향

1980년대 초반까지 우리나라의 전기통신서비스는 전신과 전화가 주종을 이루어 오고 있었다. 그러나 사회구조가 농업사업사회에서 산업사화, 정보사회로 변천되고 이용자의 통신서비스 욕구도 다양화됨에 따라 종합정보통신의 필요성이 점증되고 있어 한국통신에서는 「정보통신 기본계획」을 수립 시행하였다(정보통신 기본계획, 1984. 10. 4, 한국통신). 이 계획의 주관부서 및 결재자는 제8장 말미의 참고자료 편에 기록되어 있다.

이 계획에는 국가기관을 최신의 디지털 통신망으로 수용하여 종합정보통신 서비스를 제공하기 위한 행정통신망의 건설계획도 들어 있었다. 이에 대한 세부보고내용은 별도 보관관리되어 왔으나 불행히도 이를 찾지 못하였다. 그 후 1986년 한국전기통신공사 계획국 통신망계획부(부장 이정욱)는 전국 행정기관을 수용하기 위한 행정전용통신망 구축계획을 수립하여 사장(이우재)의 결재로 확정 시행하였다(행정전용통신망 구축계획, 1986. 2. 13). 이 계획의 주요내용은 다음과 같다.

첫째, 전국의 행정기관을 수용하기 위한 행정전용통신망을 단계적으로 건설한다. 제1단계(1987년 7월)는 도단위 기관까지 수용하고, 제2단계(1988년)에서는 시군단위까지 확대 수용한다.

둘째, 전·평시 국가기관의 안정된 통신을 확보하고, 첨단 디지털통신망을 통해 사무자동화, 전산시스템과의 연결사용 등 행정업무의 능률을 제고한다.

이후 1987년부터 우리나라는 전국적인 규모의 자동전화망인 행정통신망을 시내통화방식으로 운영하였다. 이는 공중통신망과는 별개의 통신망으로 국가기관, 지방자치단체, 정부투자기관 등 69개 기관을 수용하여 총 24,500회선을 운용하였다(국가지도통신망의 고도화계획 보고, 1997. 7, 한국통신).

이 통신망은 국가비상시 국가기관, 지방자치단체 및 정부투지기관 등 주요기관 상호간의 안정적인 통신을 제공하며, 이를 위해 평시 운용하고, 전시에는 국가지도통신망으로 전환하게 되어 있었다. 특히 일반공중망으로 발신이 가능하게 운용하고, 행정통신약관에 의해 이용요금은 일반전화요금의 91%수준으로 정하였다. 한편 이 통신망은 비상대비종합업무지침(대통령훈령 43호), 전기통신기본법, 전기통신사업법을 근거법으로 하여 한국통신이 운용하였다. 이에 따라 한국통신은 1990년대 초반에는 행정통신망의 이용활성화를 위한 여러 가지 조치를 하였으며 1990년대 중반에는 행정통신망의 성능을 고도화하였다.

나. 행정통신망의 이용활성화

1993년 한국통신 기술기획실은 전·평시 국가주요통신운용을 일원화하고 생존성을 확보하기 위하여 행정통신망 활성화 추진계획을 수립하였다(행정통신망 활성화 추진계획, 1993. 6, 한국통신). 이 계획의 주요내용은 행정통신망의 공중통신망과 접속운용, 국가지도통신으로 운용, 국가기관 자가통신망과의 연동 등 타 전화망과의 연동 등이었다. 이 계획의 주관부서 및 결재자는 제8장 말미의 참고자료 편에 기록되어 있다.

1996년 초 한국통신은 행정통신망 활성화를 위해 실·본부장회의를 개최하였다(1996. 2. 6). 이 회의에서는 이용대상기관을 국가중요통신 2순위까지로 확대하였으며, PSTN과 일방향 접속을 허용하였다. 그 후 행정통신회선 이용약관에서 청약대상기관을 국가기관, 지방자치단체, 정부투지기관으로 확대 변경하였다. 또한 공공의 목적상 필요하다고 인정하는 경우(외국공관제외)에도 대상에 포함하였으며, 행정통신망의 PSTN에의 접속을 확대하였다(1996. 3. 1).

1997년 한국통신 네트워크본부(본부장 이상복)에서는 공공통신의 경영개선 및 통신망의 고도화 추진방안을 수립하였다(1997. 7. 18). 이때 국가지도통신망 고도화 및 행정통신과 통합방안을 정부(정보통신부)에 보고하였으며, 이 공공통신의 개선계획을 네트워크본부에서는 기획조정실, 공정대책실, 마케팅본부, 전략영업본부로 통보하였다. 그리고 1997년 말에는 국가주요통신망 운영개선회의를 개최하여 공공통신의 양방향성 확보, 통신망 식별번호를 부여하는 방안, PSTN과의 연동 등을 위해 필요한 조치를 하였다(1997. 12. 17). 이어서 정보통신부 차관(박성득)은 한국통신에게 행정통신망 이용활성화 방안을 요구하였다(1998. 2. 9). 이에 따라 한국통신은 정부기관별 자가통신망을 흡수조치하고 행정통신망의 식별번호를 부여하며 양방향성 확보에 대한 확고한 입장을 보고하였다(1998. 2. 16).

4.2 내무부 행정통신의 현대화

가. 행정통신망의 추진

1984년 전두환 대통령은 내무부의 행정통신은 유사시에 대비한 행정기관 전용통신망으로 구축하고, 비상시에도 지속되도록 통신망을 설치할 것을 지시하였다(1984. 2. 13). 이에 따라 광화문, 남서울, 수원, 춘천, 대전, 대구, 부산, 전주, 광주 등 9개소에 모국시설과 인천, 강릉, 원주, 청주, 안동, 마산, 진주, 제주 등 8개소에 자국시설 등 총 시설규모 26,144회선을 설치 운용하였다. 이때 수용기관은 국가기관, 지방자치단체, 정부투자기관 등 92개 기관에 23,202가입자를 운용하였다. 이 통신망은 모국 간 완전망형으로 구성하였으며, 전국을 7 디지트의 시내통화방식으로 이용하였다. 한국통신은 이 통신망의 현대화계획을 다음과 같이 수립 추진하였다(내무부 통신현대화 대책검토, 1997. 12. 16, 한국통신).

(1) 새로운 내무부 통신망을 위해 8개 권역에 시외교환기를 설치하여 통신망을 구축하고

본부에 중앙시스템 관리장치를 설치한다.

(2) 기존 내무부 전화망과 전국 시내통화망(PABX망)을 통합하고 전국 시도, 시군구에서 PSTN으로 DoD접속을 시행한다. 이에 따라 일반전화는 기관장실 등 최소한으로 유지한다(일반전화 38,870대 해지 가능).

(3) 중앙부처의 가입은 전국통신망 개통 시 국무총리실, 감사원, 재정경제원, 외무부, 문화체육부, 해양경찰청 등을 1차로 수용한다. 그리고 1999년도에 통상산업부 등 14개 부처를 2차로 가입 수용토록 한다. 그리고 시도 시외교환기에 요금시스템을 구축하여 중앙요금등산장치로 접속하여 요금 관리한다. 이 요금관리업무는 내무부에서 일괄 처리한다.

한편 내무부는 자체 통신망을 현대화하겠다는 계획을 내 놓았다. 이 경우 전기통신기본법(제21조 목적외 사용의 제한)이 정하고 있는 자가 통신설비의 설치목적에 위배되는 문제점이 발생하였다. 또한 행정통신 설치배경을 위배하게 되고, 행정통신망과 유사한 통신망을 중복 구축함으로서 국가재원을 낭비하는 결과를 초래하였다. 이때 계획한 내무부 통신망과 행정통신망을 비교하여 보면 <표 8-12>와 같다.

<표 8-12> 행정통신망과 내무부 통신망의 비교

구분	서비스 지역	교환망	전송망	PSTN접속	이용방식
행정통신망	전국	모국 9 자국 8	T1	PSTN으로 일방향	전국을 시내통화 방식으로 사용(7숫자 방식)
내무부 통신망	전국	8식의 시외교환망 전국 시도·시군구 PABX와 접속	E1	PSTN으로 양방향	노드별 기관번호 부여 (지역식별번호 사용), PSTN 시외통화와 유사

이러한 상황에서 한국통신은 정부계획에 의해 행정통신망의 고도화를 추진 중에 있으므로 행정통신망에 내무부 자가망을 흡수하여 일원화하는 것이 타당하다고 보아 다음과 같은 방침으로 추진하였다.

첫째, 광역 센트렉스(Centrex)기능을 이용하여 내무부 및 내무부 산하기관을 4숫자방식으로 그룹화하여 수용한다.

둘째, PSTN과 공공통신망 간에 발착신을 완전 허용하여 서비스를 개선한다. 이를 위해 PSTN에서 공공통신망 식별번호를 부여한다.

셋째, 경쟁력 확보를 위한 요금인하로 저렴한 서비스를 제공토록 하고, 행정통신망과 PCS 등 공공통신망을 이용하여 국가기관에 대한 유무선 종합서비스를 제공한다.

나. 행정통신망의 운영

행정통신망은 평시에는 각 기관 행정통신망으로 운용하고, 비상시에는 각 기관 행정통신망과 국가지도통신망으로 전환하여 운용하는 것으로 하였다. 이를 위해 전국 8개 도시 전화국 지하에 전용전자교환기(TDX-1A)를 1987년에 개통 운영하고, 이때 행정통신망은 공중통신망(PSTN)으로 일방향 접속되도록 추진하였다. 그러나 전자교환기는 국내 개발한 초기 제품으로 성능이 미흡하고 첨단 통신서비스 구현이 불가하였다. 한국통신은 이 문제를 해결하기 위해 다음과 같이 추진하였다.

첫째, 당초의 소용량 전자교환기(TDX-1A)를 개량형 전자교환기(TDX-10A형)로 대체하여 대용량으로 전환하고, ISDN, 지능망 등 첨단서비스 기능을 부가한다.

둘째, 1996년 11억원을 투자하여 광화문전화국에 설치하여 서울지역부터 대체하고, 1997년-1998년에 총 77억 원을 투입하여 주요도시지역으로 확장한다.

셋째, 이를 위해 서울지역에는 광화문전화국과 남서울전화국에 설치하고, 주요도시로는 대전, 청주, 대구, 안동, 부산, 마산, 진주, 전주, 광주, 제주, 춘천, 강릉, 원주, 수원, 인천전화국에 설치한다. 이때 통신망은 광화문, 대전, 대구, 부산, 부산, 전주, 광부, 춘천, 수원, 남서울을 연결하는 완전환형(Full Mesh)으로 구축한다. 그리고 청주는 대전, 안동은 대구, 마산과 진주는 부산, 제주는 광주, 강릉과 원주는 춘천, 인천은 수원에 각각 직통루트로 연결한다.

4.3 행정통신망의 개선 및 재활용

가. 행정통신교환기의 개선

1990년대 중반 행정통신용 교환기의 시설노후에 따라 한국통신의 통신망의 고도화계획에 의해 시설대체를 추진하였다. 또한 한국통신은 출자기관 전환으로 국가기관, 공공기관 및 공공의 목적에 필요한 기업 등을 대상으로 새로운 서비스를 제공하고 시장을 확보할 필요성도 대두되었다. 당시 이 사업은 국가지도 이동통신망(CDMA-PCS)과 연계하여 구축하고, 행정통신교환기의 시설노후로 이를 개체하며, 국가기관 및 공공기관 등을 위해 필요하였다. 이 사업과 관련하여 그동안 수립 추진된 계획, 추진방침, 소요예산, 기관별 가입자 현황 등을 보면 다음과 같다(행정통신교환기 개선사업 추진, 1997. 7, 한국통신 네트워크본부).

(1) 1997년 당시 행정전용통신망의 기관별 가입자 상황을 보면 총 22,854회선 중 정부기관 10,595회선, 한국통신 7,060회선 순으로 수용 운용되었는데, 세부이용내역은 <표 8-13>과 같다.

<표 8-13> 행정통신망 가입자 수용상황(1997. 7)

기관별	정부기관	자치단체	투자기관	한국통신	계
수용가입자	10,595	3,391	1,808	7,060	22,854
비율(%)	46.4	14.8	7.9	20.9	100

(2) 공공통신 장기발전계획에 의하여 행정통신교환기를 TDX-10형으로 교체하기로 하였다(1993. 3. 30). 이후 공공통신 교환시설 대개체 계획에 의해 행정통신교환기를 TDX-1B형으로 개체하였다(1995. 9. 15). 이어서 1996년도 시외사업계획에 의하여 행정통신교환기를 TDX-1B형으로 개체하였다(1995. 12).

(3) 행정통신회선 활성화방안을 한국통신 실본부장회의에서 논의하여 이용기관을 확대하고 PSTN과 일방향접속이 가능하게 조치하였다(1996. 2. 6). 그리고 행정통신교환기의 개체기종을 TDX-1B형에서 TDX-10A형으로 변경하였다(1996. 6. 25).

(4) 1997년도 투자사업예산 및 기본운영계획에 행정통신교환기 개체분에 대한 채무예산 138억 원을 편성하였다. 그리고 1997년도 투자사업 세부시행계획에 행정통신교환기 2차 개체분을 선행사업으로 반영하였다. 이에 따라 행정통신교환기(TDX-10형)를 1차로 광화문전화국에 5,000회선을 설치 완료하였다(1997. 5. 14).

(5) 2차로 1997년-1998년에는 남서울, 대전, 대구, 부산, 광주 등 모국 5개국에 TDX-10A형 전자교환기를 설치하고, 자국(RASM)은 인천, 수원, 춘천, 원주, 강릉, 청주, 전주, 안동, 마산, 진주, 제주 등 11개 국소에 추진하였다. 이와 같이 TDX-10A형 교환기로 설치함으로써 시설용량이 24만 회선에서 41만 회선으로 증설되고, ISDN 기능 및 지능망 서비스도 부가되었다.

한편 한국통신은 행정통신망 개선사업을 연기하거나 보류하는 경우 발생할 수 있는 문제점과 향후전망을 다음과 같이 검토하였다(행정통신교환기 개선사업 추진, 1997. 7, 한국통신 네트워크본부).

첫째, 국가정책사업으로 국가지도 이동전화망과 행정통신망을 연계하여 유무선 공공통신망의 식별번호를 부여하여 사용하겠다는 계획이 무산된다.

둘째, 시설운용측면에서는 시설이 개체된 광화문전화국을 제외하고 모든 국소의 가입자 수용율이 92%나 되어 용량이 부족한 실정이다. 1993년 이후 TDX-1A형 교환기종의 신규공급이 중단되고 공급사의 생산도 중단되고 있는 상황에서 공급시설의 내용년수가 초과되고 있다. 또한 부품 중단에 따라 운용 및 유지보수도 어려운 실정이다.

셋째, 통신망의 진화측면에서는 CEPT 전송방식 전환에 따른 E1 트렁크 접속에 별도의 장치가 필요하다. 공통선신호망 구축 등 통신망 발전에 따른 통신망 간 전환이 불가능하여 ISDN 및 인터넷 등 정보통신서비스 제공이 불가능하다. 한편 시설을 고도화하지 않으면 국가기관 및 공공기관의 주요고객에 대한 서비스가 곤란하다.

이때 한국통신은 앞으로 공공통신의 발전방향을 다음과 같이 전망하였다(행정통신교환기 개선사업 추진, 1997. 7, 한국통신 네트워크본부).

① 정부에서 국가지도 이동전화망, 행정통신망 등 공공통신망에 별도의 식별번호를 부여함으로써 국가기관 등 공공통신시장에 대한 서비스를 활성화할 수 있다. ② 행정통신망을

TDX-10A형 전자교환기로 개체할 경우 음성, 비음성 서비스는 물론 ISDN, KORNET, VPN 등 첨단 정보통신서비스 제공이 가능하다. 또한 행정통신망을 고도화하여 국가기관 및 공공기관을 상대로 마케팅 활동을 전개하여 공공분야 시장을 활성화할 수 있다. ③ 공공통신 및 행정통신 분야의 수익을 제외한 적자발생분은 정보화촉진기금에서 정부가 법적 제도적으로 보전하는 방안을 추진토록 한다.

나. 행정통신망의 재활용

당시 행정통신망은 전국 단일계위의 망형(Mesh)으로 구성되어 있으며, 전국 단일 전화번호체계로 운용되고 있었다. 그리고 해외에 있는 정부기관도 독점적으로 수용이 가능하고 국산교환기(TDX)으로만 구성되었다. 이와 같은 장점에도 불구하고 행정통신망은 정부기관만 이용 가능하여 이용율이 저조한 관계로 매년 300억 원 이상 적자가 나고 있는 실정이었다. 이러한 상황에서 한국통신은 통신사업 구조조정의 일환으로 행정통신망 사업을 퇴출하고 행정통신망을 한국통신의 기업전용전화망으로 활용하는 방안을 다음과 같이 검토하였다(1998. 5. 19).

첫째, 행정통신망을 그 설치목적 및 용도를 변경하여 PSTN의 VPN서비스로 흡수하여 활용한다. 이를 위해 전국을 수용할 수 있게 월구방법을 이용하고, 트래픽이 많은 지역과 기업 밀집지역으로 교환기를 재배치한다. 둘째, 보편적 서비스 의무를 배제하고 광화문, 여의도, 영동 등 수익발생구역만으로 한정하며, PBX와 행정통신망을 접속하고 DID/DOD 서비스를 제공한다. 셋째, 한국통신이 해외에서 국제재판매 사업을 수행할 때 국내 핵심통신망으로 활용한다. 이를 위해 행정통신망 국내노드를 해외에 연장하여 국제서비스를 제공한다. 이렇게 하면 국내 별정통신사업자 및 해외 주요통신 사업자를 견제할 수 있다.

5. 국가지도통신망의 운영개선

5.1 국가지도통신망의 운용

가. 운용주체 및 운영방침

우리나라는 국가비상시를 대비하여 국가지도통신망을 운용하였다. 이 통신망은 비상대비종합업무지침(대통령훈령43호), 전기통신기본법, 전기통신사업법을 근거법으로 하여 1960년부터 체신부 및 한국통신이 운용하였다. 이 통신망은 국가지휘통신망으로서 무순단 통신을 유지하고, 이용대상기관은 전시국가지도본부, 각원부처·청, 각시도, 계엄사, 각 군 등 73개 기관으로 정해져 있었으며, 유무선망 1,238회선을 보유하고 있었다. 이 통신망의 구성 및 운영 등에 관한 세부내용은 생략한다.

이런 상황에서 1990년대 후반 한국통신의 출자기관화에 따라 한국전기통신공사법이 폐지되었다. 이에 따라 전기통신사업법에 중요통신 운용주체를 기간통신사업자로 지정하였으며, 다만 전시법령상은 한국전기통신공사가 수행토록 하였다. 이때 국가중요통신 운용업무를 수행하기 위한 조직과 운영방향은 다음과 같다(1996년도 업무보고, 1996. 6. 4, 한국통신 네트워크본부 중앙통신관리단).

① 1970년대 초반 체신부 무선전신전화건설국이 개국되어 국가중요통신을 담당하기 시작하였다(1973. 4. 10). 이를 위해 1977년에는 중앙통신지원국이 신설되었으며 그 후 한국전기통신공사 소속으로 전환되었다(1984. 1. 1). 이 조직은 다시 중앙통신관리단으로 확대되었으며(1990. 8. 1), 1996년에는 한국통신 네트워크본부 소속기관이 되었다(1996. 3. 15).

② 1990년대 중반 비상지령, 상황직통, 팩스교환, 안보자동, 교환기회선 등 유선전화망 848회선을 운용하였고, 차량전화망, SSB무선망, 예비통신망 등 무선망 50회선을 운용하였다. 정부기관 업무용인 전시행정전화망으로 701회선을 운용하였으며 행정전화는 ISDN 304회선을 포함하여 23,912회선을 운용하였다.

그리고 한국통신 중앙통신관리단(단장 이광형)은 국가지도통신망의 운영방침으로 국가중요통신망을 안정적으로 운용하고 주요통신시설을 고도화하며 공공서비스를 개발하는 것으로 정하였다. 또한 민영화에 대비하여 공공통신망 서비스의 수익성을 모색하고 공공망 서비스의 효율적 관리를 위해 전산화를 추진하는 방향으로 수립 추진하였다(1996년도 업무보고, 1996. 6. 4, 한국통신 네트워크본부 중앙통신관리단).

나. 첨단방식의 무선서비스 및 고품질 서비스의 제공

한국통신은 국가지도통신망을 기간통신망 발전과 연계하여 발전시키고, 이를 통해 첨단방식의 무선서비스를 제공하고, 고품질 서비스를 제공하고자 하였다. 이를 위해 국가지도통신망의 시설 대개체를 추진하기로 정하였다(1996년도 업무보고, 1996. 6. 4, 한국통신 네트워크본부 중앙통신관리단).

① 차량전화망을 위해 신방식(PCS)을 도입 추진하였다. 노후된 시설(EMX)을 KT-PCS 동일기능의 신장비로 개선하고, 국가기관 수용을 확대하며 단계적으로 전국 소통권을 확보하였다. 이를 위해 소요예산은 620억 원을 확보하여 교환기 2개 시스템, 기지국 245개 국소, 단말기 2,100대를 공급토록 한다. 이 사업은 1차(1996년-1997년), 2차(1998년) 단계별로 추진하였다.

② 유선망 두절에 대비하여 소형 위성지구국을 설치하였다. 이를 위해 무궁화위성을 이용하여 생존성 확보차원의 국가지도통신을 위한 최후통신망으로써 구축하였다. 또한 전국 지휘본부에 DAMA-SCPC 17대를 설치하였다. 이 시설은 1996년-1998년에 년차별로 추진하며 소요예산 54억 원을 편성하여 추진하였다.

한국통신은 국가지도통신망의 광전송로의 동기화, 국가최고지도기관의 전용교환기 개체, 행정통신망의 개선 등을 추진하여 고품질의 통신으로 개선하였다(1996년도 업무보고, 1996. 6. 4, 한국통신 네트워크본부 중앙통신관리단).

① 국가지도통신망의 광전송로를 동기화하였다. 이는 주요통신망의 생존성을 확보하고 차량전화망, 군전용 등 수요증가에 대비하여 확보하였다. 현재의 90M, 565M 등 비동기 다기종 망을 2.5G급의 링망으로 통합구축하고, 이를 위해 광단국(SMOT-16) 5식과 다중화 73개 시스템을 서울지역 5개 전화국에 설치하였다. 이 사업의 물자는 1996년 6월-9월에 구매하고, 설치공사는 1996년 9월-12월에 시행하였다. 소요예산은 22억원을 배정하여 추진하였다.

② 국가최고지도기관의 전용교환기를 개체하였다. 이는 노후화된 현 사설용 교환기를 악의호를 추적하고, 새로운 서비스(ISDN) 제공이 가능한 국설용 전전자교환기로 개체하였다. 이를 위하여 5억원을 들여서 기존의 NEAX 교환기(500회선)를 TDX-1B (800회선)로 바꿨다. 1996년 2월부터 6월까지 물자를 구매하여 7월부터 11월까지 설치공사를 시행하였다.

③ 행정통신교환망을 개선하고 광역화를 추진하였다. 이에 따라 서비스의 질적향상을 위해 당시의 교환기를 지능망 서비스가 가능한 신 기종으로 개체하였다. 그리고 행정통신서비스 권역을 당시 9개 권역에서, 광화문권(춘천, 강릉, 원주), 남서울권(수원, 인천), 대전권(청주), 대구권(부산, 마산, 남강, 안동), 광주권(전주, 제주) 등 5개 권역으로 광역화하였다. 이를 위해 교환망은 당시 TDX-1A를 TDX-10A로 기종을 개선하고, 5개 권역에 모국 5개, 자국 12개로 구축하였다. 이 시설은 총 110억원을 투입하여 1996년 광화문, 1997년 대전, 대구, 광주, 1998년 남서울에 설치하는 등 1996년- 1998년에 연차적으로 추진하였다.

다. 국가기능유지를 위한 원활한 통신지원 및 수익환경 조성

한국통신은 국가지도통신망이 국가기능유지를 위해 원활한 통신이 되도록 지원하며, 수익환경 조성을 위해 서비스 제공대가를 점진적으로 징수토록 하는 방향을 다음과 같이 제시하였다(1996년도 업무보고, 1996. 6. 4, 한국통신 네트워크본부 중앙통신관리단).

① 1996년 을지연습이 1996년 8월 19일-8월 23일에 실시됨에 따라 통신지원준비에 만전을 기하도록 한다. 이 행사에는 비상기획위원회 등 73개 기관이 참가하고, 통신회선은 비상지령 등 8종 1,223회선을 운용하게 되었다. 한국통신은 통신지원단을 편성운용하고 관계자 240명을 교육한다. ② 중요통신망 운용을 위한 전산환경을 구축하여 효율적으로 지원한다. 국가지도통신망 MAP-INFO 시스템을 개발하여 도입하고, 종합시설현황관리시스템을 구축한다(1996. 5-1996. 12), 그리고 행정통신 고객관리 소프트웨어를 1996년 말까지 자체개발하고 행정통신전화, 차량전화, 비상시 전화번호를 통합 안내한다. 또한 1997년에는 행정통신 114 자동안내 시스템을 도입한다.

한국통신은 국가지도통신 서비스요금을 유료화하고, 국가통신망 유지목적의 전파사용료에 대한 납부 면제를 추진하였다(1996년도 업무보고, 1996. 6. 4, 한국통신 네트워크본부 중앙통신관리단).

① 국가지도통신 서비스요금을 유료화하였다. 당시 이용약관에 의해 100% 감면하고 있었다. 이는 재무적 독립주체인 정부기관과 한국통신간에 회계거래상 정당성이 상실된 상태로서 주식회사로서 추구하는 자본주의 시장경제원칙에 배치되고 있었다. 이에 따라 정보통신 규제완화 대상과제로 제출하였다(1996. 1. 16).

② 국가통신망 유지목적의 전파사용료에 대한 요금납부 면제를 추진하였다. 국가최고지도기관의 통신지원용 무선링크망은 순수 국가기관을 위한 단독무선망이고, 년간 전파사용료가 5억4천만 원이며, 직간접수입은 2억 원이었다. 이는 역무제공의 목적과 경영수지상 합리성이 결여된 상황이었다. 따라서 한국통신은 전파법령 개정을 1996년 2월 10일 제출하였고, 설명자료도 2월 28일에 제출하였으며, 이어서 정보통신부와 구두협의도 가졌다(1996. 3. 22).

이후 4월초에는 한국통신 공정대책실 주관으로 사업대책 심의위원회를 개최하였으며, 한국통신 네트워크본부 주관으로 정보통신부에서 만든 개정(안) 검토회의를 가졌다(1996. 5. 9). 이에 따라 정보통신부와 협의 조정하여 1996년 9월에는 법령을 개정하는 것으로 추진하였다.

5.2 국가지도통신망의 고도화

가. 현안사항 및 고도화방침

비상시 국가중요통신은 전기통신사업법 및 전시법령에 의거 기간사업자의 통신망을 활용하여 확보하는 것으로 규정되어 있었다. 그러나 한국통신은 이 개정안에 대한 현안사항을 보고하였다(국가지도통신망의 고도화계획 보고, 1997. 7, 한국통신). 그 주요내용은 다음과 같다.

첫째, 한국전기통신공사법의 폐지로 그때까지의 공공통신의 공익성을 앞으로는 수익성을 중시하는 쪽으로 갈 수 밖에 없는 관계로 공공성 의무조항에 대한 재정립이 필요하다.

둘째, 중요통신 운용주체를 다변화할 경우 유사시 일사불란한 통신망의 유지가 곤란해진다. 이는 유무선통신을 불문하고 단일 지휘통제가 필요하고, 국가고시기준과 다른 비표준 광통신장비(SONET형)와는 유사시 통신망의 연동이 불가한 상황이 발생할 수 있다.

셋째, 국가지도통신망의 지속적인 고도화 추진이 곤란하다. 시설현대화를 위한 투자비 1,663억 원 및 년간 유지비 180억 원 등의 적자가 누증되고 있는 실정으로 현대전에 대응한 국가지도통신망의 체계적 발전대책이 미흡하다.

이 보고에 대해 정보통신부는 정보통신정책실장(정홍식), 정보화기획실장(안병엽), 정보통신심의관(석호익), 정보통신정책과장(형태근), 정보통신지원국장(서영길) 등이 참석한 관계자회의가 개최되었다(1997. 7. 1). 이에 대한 협의 결과는 다음과 같다(국가지도통신망 정보통신부 협의결과보고, 1997. 7. 1).

① 출자기관화에 따른 관련 법령개정 시 공공통신부분의 운용주체를 한국전기통신공사로 명시한다. 또한 국가지도통신망과 행정통신망의 통합화 발전계획을 검토한다. ② 소요투자비용 및 운용적자비용은 정부에서 지원한다. 그리고 한국통신은 국가지도통신망 등 중요통신을 계획적으로 잘 수행하고 있으므로 타 사업자로 다원화하지 않는다. ③ 초고속국가망은 별도로 존재하지 않고 초고속공중망으로 통합 활용한다.

한편 한국통신은 국가지도통신망 고도화 세부실행계획에 대해서는 정보통신부 및 비상기획위원회와 협의한 후 추진하기로 방침을 정하였다. 이를 위해 제1안은 행정통신망을 TDX-10A기종으로 대체하는 등 현대화하고 부분기능을 통합하는 방안, 제2안은 핵심지역을 ATM교환기 등 초고속방식으로 조기에 대체하는 방안, 제3안은 당시 운용체제를 유지하되, 행정통신망을 TDX 1A, TDX 10A, ATM방식으로 지속하여 현대화하는 방안을 제시하여 협의하였다.

나. 국가지도통신망의 개선

1997년 정부와 한국통신은 국가지도통신망을 개선하기 위한 대책회의를 개최하였다(1997. 9. 2). 이 회의는 정보통신부 정보통신정책실이 주관하였으며, 정보통신부의 정책심의관(석호익), 정보통신정책과장(형태근), 통신기획과장(이규태), 초고속망구축과장(이기주), 비상계획과장(유수O)과 한국통신의 정책협력국장(최안용), 시외통신계획국장(김종현), 비상계획부장(고만재), 통신지원부장(성선유)이 참석하였다. 그 외에도 비상기획위원회의 담당사무관, SKT, 데이콤, 한국전산원에서도 참여하였다. 이 회의에서 논의된 주요사항은 다음과 같다(국가지도통신망의 개선대책회의결과보고, 1997. 9. 11, 한국통신 네트워크본부).

첫째, 한국통신 민영화 이후 국가지도통신망의 운영 및 유지주체에 대하여 3가지 방안을 검토하였다. ① 제1안은 현행대로 한국통신으로 하되 전기통신사업법령 등에 의무화 및 지원근거를 마련한다. ② 제2안은 한국통신 등 전기통신사업자와 위수탁체제(협약 등)로 전환한다. ③ 제3안은 전담기관의 독점화 또는 별도로 선정 운영하는 등 정부조직화한다. 이 회의에서 검토한 결과 제1안으로 추진하는 것으로 의견을 모았다. 그러나 통신사업의 경쟁체제로 한국통신(KT)의 수익구조 악화로 적자보전 등 지원이 불가피하였다. 또한 중요통신 운용 의무화조항을 한국통신 정관에 규정하고, 1998년도 전기통신사업법령 개정 시 운용의무 및 지원근거를 명시하게 하였다.

둘째, 국가지도통신망과 행정통신망의 통합 및 운용체제 개선을 검토하였다. ① 국가지도통신망과 행정통신망의 통합은 안정성, 보안성, 생존성 등에 대한 검증이 선행되어야 한다. ② 비상기획위원회, 국방부 등 안보관련 기관과 협의를 통해 신중히 검토하여 추진한다.

③ 통합 시 문제점은 한국통신이 심층 검토하여 추진한다. 이를 위해 TDX-10A의 국가지도통신기능을 부가하는 등 단계적으로 추진한다. 이때 디지트수 증가, 지역 행정교환기의 장애 시 생존성 미흡 및 행정통신 일반가입자 오다이얼로 인한 국가지도통신에 접속가능성 등도 검토한다.

셋째, 초고속국가통신망과 국가지도통신망의 연계 구축방안을 검토하였다. ① ATM교환기의 음성통신을 도입하여 국가지도통신에 수용한다. 현시점에서는 국가지도통신망과 초고속국가망을 별도로 구축한 후 상호 정보교환이 가능토록 통신망을 연동시킨다. ② 2000년 이후를 대비하여 장기적으로는 ATM교환기나 B-ISDN교환기가 음성 사용이 가능하도록 개발하여 초고속통신망에 적용한 후 통합여부를 추진한다. 이때 기술성, 경제성, 활용성 등을 심층 검토한다.

다. 국가지도통신망의 적자보전방안

국가지도통신망을 개선하기 위한 대책회의에서는 국가지도통신망의 적자보전방안도 검토하였다(1997. 9. 2). 이때 투자비와 운용유지비를 구분하여 보전방안을 검토하였고, 수익자 부담원칙에 따른 적자보전도 고려하였다. 이의 시행방안으로서 정부의 일반회계에 반영하는 방안, 정부보유 한국통신 주식을 매각하는 방안, 정보화 추진기금을 활용하는 방안, 비상기획위원회 등 73개 이용기관이 부담하는 방안, 접속료 또는 보편적서비스를 포함하여 통신사업자가 부담하는 방안 등 5가지 방안을 검토하였다. 이에 대한 회의결과 국가지도통신의 필요경비도 국가재원으로 충당함이 바람직하다고 판단하여 다음과 같이 정하였다.

① 투자비는 정보통신부에서 정책사업으로 일반회계에 반영하고, 운영 및 유지비는 접속료에 포함하여 통신사업자가 분담 보전토록 한다. 장기적으로는 보편적서비스로 전환 또는 사용자 부담원칙에 따라 이용기관이 부담하는 방안을 별도 검토한다.

② 이의 시행을 위해 1997년 9월 중 비상기획위원회 등 관련기관의 의견을 수렴하고, 정보통신부, 비상기획원회, 한국통신 등 관련기관으로 전담반을 구성하여 전·평 시 국가지도통신망의 구성 및 운영체계에 대한 실태조사를 실시한다(1997. 9-1997. 10).

③ 행정통신망, 초고속국가통신망과 연계한 통신망 구성, 한국통신 이외의 타 통신사업자망의 활용 등을 충무계획에 보완하는 등 국가안보통신 종합대책을 수립한다(1997. 11).

라. 대책회의결과

국가지도통신망을 개선하기 위한 대책회의에서는 이상과 같은 4가지 주요사항을 검토하였으며, 회의결론은 한국통신은 주사업자로서 어떠한 경우에도 의무가 부여될 것이며, 이에 대한 기본방침은 정보통신부 정보통신정책실에서 확정하고, 기본방침 확정이후에는 정보통신지원국에서 담당하는 등 구체적인 사항은 정부에서 추진하기로 하였다.

이에 따라 한국통신은 본 건을 사업계획형태로 작성하여 정보통신부로 보고하게 되었다.

행정통신망의 발·착신 가능 검토는 네트워크본부, 국가지도통신의 생존성을 단계별 검토는 네트워크본부, 적자보전방안은 공정대책실, 공공통신의 이용활성화방안 검토는 마케팅본부에서 담당하였다. 한편 앞에서 설명한 행정통신망, 국가지도통신망 등 국가의 행정지원을 위한 공공통신망을 한국통신이 설치 운영함으로서 연간 약 614억 원의 적자가 발생하고 있는 실정이었다.

이러한 문제에 대하여 공공통신의 경우 국가가 수행해야할 정책성 사업이란점에서 한국통신은 앞으로는 정부와 한국통신 간 위·수탁사업으로 추진할 것을 정부에 요망하였다. 또한 공공통신사업의 활성화 및 국가자원의 중복투자 방지를 위하여 내무부가 추진 중인 정보통신현대화계획을 한국통신의 행정통신망으로 통합하도록 건의하였다(시티폰 사업대책, 1997. 12. 22, 무선사업본부).

5.3 국가지도이동전화망의 개선

가. 국가지도 PCS망의 추진

1993년 한국통신은 국가지도이동통신망인 아날로그방식 장비(EMX)의 내용연수 및 시설노후화로 GSM방식으로 대개체하는 내용의 발전계획을 수립하여 정부에 보고하였다(국가지도통신망 발전계획, 1993. 1. 29). 정부는 이 개선계획을 승인하였고(1993. 4. 13), 이에 따라 통신방식은 CDMA방식으로 결정하였다(1993. 9. 23). 1995년 말에는 국가지도이동전화망을 단계적으로 전국서비스로 확대하고 타 통신망과 상호접속할 수 있게 하는 기본계획을 확정하였다(1995. 12. 28). 이때 국가주요기관을 위한 차량무선전화(EMX) 800회선을 운용하였다(1996년도 업무보고, 1996. 6. 4, 한국통신 네트워크본부).

그리고 공중PCS망과 공공PCS망 간 로밍이 되고, 기지국 시설을 공동 사용할 수 있는 공공 이동통신망 개선사업을 <표 8-14>와 같이 추진하였다(1996. 12. 31).

<표 8-14> 국가지도PCS망 구축계획

구분	1단계 (1996-1997년)	2단계 (1998년)	3단계 (1999년)	계
교환기(식)	1(남서울)	1(대전)	-	2
기지국(국소)	145	150	155	450
단말기(대)	300	4,000	-	4,300
소요예산(백만원)	41,050	54,450	46,500	142,000

이 사업의 1단계 추진실적을 보면 LG정보통신과 사업계약을 시행하였으며, 이어서 장비개발, 장비제작, 1단계 시설공사를 시행하였다(1996. 7-1998. 6). 그리고 상용서비스는 1998

년 하반기에 시행하는 것으로 추진하였다(1998. 10. 1).

그러나 시행과정에서 시설목표량을 당초 기지국 450국소, 교환기 2식에서 기지국 145국소, 교환기 1식으로 조정하게 되었다. 이것은 기설치 기지국시설은 주파수별 제작사별 장비가 서로 달라 이를 철거할 경우 활용가치가 적어 현 상태에서 가장 효과적으로 활용할 필요가 있었다. 또한 상용통신망 서비스의 모든 지역에서 공중망과 로밍 시 재원 추가없이 서비스 제공이 가능하였기 때문이었다. 이에 따라 중복투자를 방지하고 시설비를 당초 1,420억 원 중 903억 원을 절약할 수 있게 되었다.

나. 통신망 성능 및 운영방안 검토

한국통신 중앙통신관리단에서는 국가지도 이동통신망의 구축과 관련하여 다음과 같은 몇 가지 사항을 관련부서에 요구하였다.

첫째, 통신망 식별번호를 부여하여 PSTN과 착발신을 허용하고, 보안장비는 특수기관에만 적용하며 보안장비를 장착하지 않은 단말기도 혼용한다. 둘째, 가입자 수용은 정부투자기관과 지방자치단체까지 확대하고, 각 기관에서 간부직 긴급 연락용으로 사용하고 있는 일반이동통신 수요를 흡수한다.

이러한 요구사항에 대해 정보통신부는 PSTN과 착발신을 허용하는 경우 제4 통신사업자의 인가로 간주되고 적자보전이 곤란하여 불가하다는 의견이었다. 그리고 가입자 확대는 일반 PCS사업자의 영역을 침범하는 것으로 되어 불가하다고 판단하였다. 한편 보안장비 비장착 단말기 혼용에 대해서는 당시 정보통신부는 호의적이었으나 안기부는 불가 입장이었다.

또한 한국통신은 국가지도PCS망의 효율적인 운영을 위해 다음과 같은 3개방안에 대하여 긍정적인 면과 부정적인 면을 면밀히 검토하였으며 이를 정부와 협의하였다.

제1안은 국가지도PCS망을 한국통신이 운영하는 방안이었다. 이 방안은 한국통신이 국가지도통신에 대한 운용관리의 전문성을 보유한 점, 충무계획과의 연계성 유지, 보안업무규정 적용에 숙달된 점, 정부계획과 지시사항에 능동적 대처능력 등의 측면에서 긍정적이었다. 반면 출자기관으로 바뀐 후 EVA 개선 등에 걸림돌이 되고 운용경비가 많이 소요된다는 점에서 부정적이었다.

제2안은 교환기는 한국통신, 기지국은 한국통신프리텔(KTF)에 위탁 운용하는 방안이었다. 이 방안의 경우 국가지도통신의 가입자 관리가 용이하고 기지국 시설운용에 따른 분할손을 방지할 수 있었다. 또한 국가지도통신의 목적과 운용비용 절감을 고려한 절충안으로서 주파수 자원을 지속적으로 확보할 수 있다는 긍정적인 측면이 있었다. 반면 동일목적의 시설을 이원화 운용하게 되는 부정적인 측면이 대두되었다.

제3안은 국가지도PCS망을 한국통신의 자회사인 한국통신프리텔(KTF)에 이관 운영하는 방안이었다. 이 방안의 경우 운용효율의 증대로 운용경비가 가장 적게 소요되고, PCS시설의 전문성을 가진 사업자가 운용 관리한다는 장점이 있었다. 그러나 국가지도통신의 이원화 운용으로 긴급대처가 미흡하게 되고 충무계획을 적용할 때 자회사와의 연계로 복잡한 상황이 발생할 수 있다는 단점이 있었다.

이상과 같은 검토결과 PCS 시설계획은 당초 3단계로 확장하여 전국통신망 규모로 구축할 계획이었으나 투자재원의 부족, 경영 효율적 측면을 고려하여 제1단계 사업으로 마무리하고 제2단계 및 제3단계 사업은 보류하는 것으로 하였다. 그리고 국가지도PCS망의 본래의 목적에 근접하면서 경영효율을 기하기 위해 PCS용 교환시설은 한국통신이 담당하여 운용하고, PCS용 기지국시설은 KTF에 위탁 운용하며, 사용주파수는 이미 확보한 주파수 자원을 계속 확보 유지하는 방향으로 결정하였다.

한편 국가지도통신망의 건설 및 운용을 전담하기 위해 중앙통신관리단을 운영하였으며, 1995년 당시 간부진을 보면 국장 1급(공석), 계획부장 조규윤, 운용부장 김은선, 관리부장 성선유, 과천분국장 이인표, 중앙운영국장 이정헌으로 보직되었다(2급이상 직원직위 일람표, 1995. 5. 6, 한국전기통신공사). 그 후 1997년에는 단장 최학권, 계획부장 최홍린, 운용부장 계동필, 사업지원부장 성선유, 과천분국장 김은선, 중앙운영국장 이정헌으로 보직되었다(2급이상 직원직위 일람표, 1997. 5. 6, 한국전기통신공사).

6. 비상시 필수통신망의 유지관리

6.1 필수통신망 유지대책

1996년 한국통신 네트워크본부(본부장 이정욱)는 국가비상시 필수통신망 유지대책을 수립 시행하였다(1996. 8. 23). 이 계획의 주요내용은 다음과 같다.

가. 필수통신망의 유지대책

한국통신은 비상시에 대비하여 국가기능별 통신망의 유지목표를 다음과 같이 설정하여 시행한다.

(1) 국가지도통신망, 군 작전, 치안 및 민방공통신망, 재해구조, 소방, 전력, 수도 및 행정통신망, 일반 공중통신망으로 구분하여 비상시 유지목표를 설정하여 시행한다. 여기에서 비상시 통신망별 세부유지목표에 대한 내용은 설명을 생략한다.

(2) 비상시 군 통신을 위한 국제통신회선, 장거리통신회선의 소요회선을 검토하여 추가 지원한다. 여기에서는 세부적인 지원회선 수는 설명을 생략한다.

(3) 비상시 공중통신회선의 최저 확보기준을 정하여 관리한다. 이를 위해 평시자원, 예상피해, 공중통신 최저 확보기준을 정하여 유지한다. 이에 대한 세부내용은 설명을 생략한다.

(4) 극한상황하의 필수통신 확보능력을 정하여 관리한다. 비축자재 및 재해용 장비(교환시설, 전송시설), 동원장비를 확보관리하고, 기타 투자용 및 예비자재는 한국통신 투자사업을 중지하고 활용토록 한다. 여기에서 비축장비 및 재해용 장비, 동원장비 등에 대한 세부내용에 대해서는 설명을 생략한다. 그 외 한국통신이 보유하고 있는 긴급 및 재해 장비(교환시설, 전송시설, 케이블시설, 전원장치 등)에 대한 장비명, 수량, 용량, 소산장소 등 세부내역도 설명을 생략한다.

나. 민방공 경보전달체계 구축

한국통신은 민방공 경보전달을 위한 통신망의 주경로 46회선, 예비경로 46회선을 확보하였다. 이때 제1 주경로는 TACC(Theater Air Control Center)에서 정부청사, 내무부, 서울시청, 인천시청, 경기도청, 강원도청, KBS, MBC, SBS, CBS로 연결하였다. 그리고 제2 주경로는 TACC에서 부산시청, 경남도청, 대구시청, 경북도청, 광주시청, 전남도청, 대전시청, 충남도청, 전북도청, 재주도청으로 연결하였다.

그리고 예비경로도 주경로와 동일하게 구성하였는데, 이들 통신망의 세부경로 구성내역은 설명을 생략한다. 한편 비상기획위원회, 정부2청사, 한국공항공단, 한국도로공사, 한국전력공사, 해운항만청, 수협중앙회 등도 전용회선으로 연결하였으며 이 세부경로에 대한 소개도 생략한다. 한편 당시 경보전달방법은 다음과 같이 정하였다.

① TACC에서 레이더 감시로 상황이 포착되면 TACC 통제관 승인 후 메시지를 내무부 중앙민방위 경보통제소에 통보한다. ② 중앙민방위 경보통제소 요원이 데이터(싸이렌 및 경보정보) 및 음성을 송출하고, 민방공 중계망에 의해 전국 주요기관(22개 기관 46회선)에 자동경보를 발령한다. ③ 22개 주요기관에 경보분배장치에 의해 소관 산하기관 등에 자동 또는 수동으로 경보를 발령한다.

이때 한국통신 남서울통신망운용국이 TACC에서 3개 주요전화국간 전송로 및 반송단국장치와 TACC내 PCM 반송실을 운용하는 임무를 맡았다.

다. 긴급통신지원 실제훈련

① 무장공비 소탕작전 통신지원

1996년 강릉지역 무장공비 소탕작전을 위한 통신지원을 수행하였다(1996. 9. 18-상당기간). 한국통신은 연인원 1,405명을 지원하여 군작전 지휘본부 내 통신회선을 구성하고, 야간교전지역 및 부대이동에 따른 작전지역에 총 1,018회선을 구성하였다. 여기에서 군작전지휘본부, 작전지역, 통신회선 구성규모 등에 대한 세부내용은 설명을 생략한다.

② 춘천 소양교 긴급복구훈련

1997년 한국통신은 춘천시 사우동에 위치한 소양2교 긴급복구 실제훈련을 실시하였다(1997. 8. 20). 본 상황은 소양2교가 폭파되어 첨가케이블이 절단된 긴급사태 발생하여 주요회선, 공중전화, 일반전화, 군 전용회선 등 총 2,801회선이 절단되었으며, 이를 긴급 복구하는 훈련이었다. 이때 군 헬기를 동원하여 재해복구장비(DM-23N)를 운반하고 긴급복구인원을 이동시켜 주요회선을 복구하였다.

이 훈련은 한국통신 강원본부 원주전화건설국과 춘천전화국에서 실시되었으며, 이 행사에는 강원도 정무부지사, 안기부 강원지부장, 원주국토관리청장, 강원체신청장 등 유관기관장 20명, 1군사령부 2군단장, 11여단장 등 10명이 참관하였다. 그리고 한국통신에서는 부사장(이정욱), 네트워크본부장(이상복), 비상계획실장(홍정헌), 강원본부장(박영학) 등 30명이 참석하였다.

6.2 재해통신망의 확보

가. 홍수피해 및 복구인력

1996년 8월 문산, 전곡, 철원지역에 대홍수가 발생하여 전화국 및 통신시설이 완전 침수되어 통신이 전면 불통된 사태가 발생하였다. 당시 문산전화국, 전곡전화국, 철원전화국 와수분국의 교환시설, 전력시설, 전송시설 등 피해시설을 보면 다음과 같다(긴급통신망 구성계획, 1996. 7, 한국통신 비상계획관실).

(1) 문산전화국은 전화국 전체가 침수되는 바람에 가입전화 11,883회선이 불통되었다. 또한 전원시설이 침수되는 바람에 변압기 등 전원시설 7종의 복구자재를 동원하여 연인원 40명이 4주간에 걸쳐 복구하였다. 그리고 문산, 통일촌의 원격교환장치(RSS)도 침수피해를 당해 155M 광 단국장치 등 23종의 자재를 긴급 조달하여 연인원 300명이 동원되어 20일간 작업을 수행하였다.

(2) 전곡전화국은 진상 분기국사의 1,652가입자, 북삼 분기국사의 179가입자가 침수 불통되었다. 진상 분기국의 복구를 위해 교환시설 가입자 랙 2종, 정류기 2대 등 전원시설 3종의 자재를 동원하여 연인원 45명이 3주간 작업을 실시하였다. 그리고 북삼 분기국을 위해서는 SRSS 교환기 1개 시스템과 정류기 2대 등 전원시설 3종을 긴급 조달하여 14명이 2주동안 복구작업을 실시하였다. 또한 관내의 진상 및 왕림 원격교환장치(RSS)의 전송시설을 복구하기 위해 P-32 단국장치 등 11종을 긴급 동원하여 연인원 70명이 7일 간 작업을 수행하였다.

(3) 철원전화국 및 와수 분국의 경우는 모국가입자 399명이 침수피해를 당한 상황이라서 컨테이너 교환기 등 4종과 100KW 발전기 등 전원시설 3종을 동원하여 연인원 75명이 3주간 복구작업을 계속하였다. 또한 와수 분국의 피해전송시설의 복구를 위해 155M 광 단국장치 등 3종을 긴급 조달하여 90명이 7일간 복구 작업을 지속하였다.

(4) 이외에도 포천전화국 양문 원격 전자교환장치(RSS)의 피해로 반송유니트 5종 등 전

송장비를 동원하여 60명이 5일간 복구 작업에 투입되었다. 또한 연천전화국 고문 원격교환장치(RSS)의 침수피해로 반송유니트 20개를 공급하여 6명이 투입되어 복구작업을 완수하였다.

한편 피해지역인 문산, 전곡, 철원전화국 주요가입자에 대한 긴급통신망을 다음과 같이 구성 운용하였다.

<문산지역> 전 가입자 및 시외전화가 불통상태이고, 인근의 금촌전화국 시외전화도 불통이며, 101분국 통신도 절단된 상황이었다. 이런 상황에서 문산지역의 행정기관, 경찰, 군부대, 주민대피소 등 주요가입자 144회선을 금촌전화국으로 연결하였다. 금촌전화국에 이동용 디지털 MW장치 196회선을 설치하여 이를 고봉산중계소, 검단산중계소를 거쳐 혜화전화국으로 연결하였다. 또한 금촌전화국 시외전화를 위해 이동용 MW장비 2,016회선도 구성하였다. 이때 101분국 전송로는 별도 우회구성하였는데 그 세부내역은 설명을 생략한다. 이와 같은 문산지역 긴급통신 구성에는 38명이 투입되었다.

<전곡전화국 진상분국> 국사침수로 1,652회선이 불통되었다. 이때 전곡전화국의 여유시설을 이용하여 경찰 1회선, 군부대 15회선, 행정 및 금융회선 3회선 등 19회선을 긴급 구성하였다. 이를 위해 진상분국에 반송단국장치(KD1 MUX)를 설치하고, 긴급반 33명이 동원되었다.

<철원전화국 와수분국> 국사침수로 시내전화 6,436회선이 불통되었다. 이 지역에는 경찰 2회선, 행정 및 금융 26회선, AS센터 3회선, 군통신 72회선 등 중요가입자 102회선도 불통되었다. 주요회선의 긴급구성을 위해 철원전화국 교환기의 여유시설을 활용하고 철원과 와수 간 양측에 광 단국장치(155M), 반송단국장치(KD-4)를 설치하고 이를 광케이블로 연결하여 긴급통신망을 구성하였다. 이를 위해 총 복구인력 87명이 동원되었다.

당시 한국통신은 중요통신을 위한 긴급통신망을 구성하고 피해복구를 시행하였으며 피해액 및 복구비는 <표 8-15>와 같다. 이때 긴급통신망 구성 및 피해복구를 위한 총괄지휘는 한국통신 네트워크본부장(이정욱)이 맡고, 긴급통신망 구성 및 운영은 통신망관리단(단장 성인수)이 담당하였다.

<표 8-15> 문산, 전곡, 철원전화국 피해액 및 복구비(단위 백만원)

구분	교환시설	전송시설	전력시설	계
피해액	711	1,790	431	2,932
복구비	1,847	2,440	1,031	5,318

당시 한국통신 네트워크본부장은 피해현장을 방문하면서 시설복구 작업을 총괄 지휘하였다(1996. 8. 1-8. 10). 이때 3개 전화국의 기술직 직원들이 주야를 가리지 않고 시설복구에

땀을 흘렸다. 특히 문산전화국장 남명산, 전곡전화국장 한인국, 철원전화국장 최수융이 현장복구 책임자가 되어 피해시설 복구작업에 직접 뛰었다.

또한 전사적 지원이 어느때 보다 필요하여 강원본부장 박학송, 경기본부 시설국장 나영균, 강원본부 시설운용국장 이영희, 교환부장 위무헌 등 간부들도 현장에 상주하면서 지원 및 지휘하였다. 또한 1996년 8월 6일에는 이석채 정보통신부장관, 김동선 우정국장 일행도 철원, 전곡, 문산전화국의 침수현장을 방문하여 피해복구상황을 파악하고 복구작업에 여념이 없는 직원들을 격려하였다. 이어서 한국통신 사장(이준)도 현장을 방문하였다.

나. 무궁화위성을 이용한 복구방안

재해발생지역의 신속한 복구를 위한 재해대책용 통신과 고립지역을 우선 해소하기 위한 통신지원대책이 필요하였다. 이를 위해 무궁화위성을 이용한 통신지원체제를 확립하고 이동용 소형 위성지구국을 이용한 통신지원계획도 요구되었다. 당시 무궁화위성은 사용주파수대역 2MHz 또는 2Mbps(30채널, 양방향)의 통신용중계기(36MHz) 1기를 재해 등 긴급사태 발생 시 사용할 계획으로 되어 있었다. 이때 재해복구 최소필수회선(30회선)을 확보하였다. 이때 검토된 무궁화위성을 이용한 재해복구통신망 구성방안은 다음과 같다.

첫 번째, 재해지역에 위성 이동중계장치(SNG: Satellite News Gathering)를 출동시켜 광진위성지구국과 재해현장 간에 통신망을 구축한다. 이와 같이 시행하여 최소한의 구축비로 조기에 긴급통신망을 구축할 수 있다. 두 번째, 재해지역에 이동용 TSAT을 출동시켜 성수위성지구국과 재해현장 간을 연결하는 긴급통신망을 구축하다. 세 번째, 재해지역이 성수위성지구국이나 광진위성지구국 시설을 이용할 수 없는 경우, DAMA-SCPC를 이용하여 긴급통신망을 구축한다. 그러나 이 방안은 장비의 표준규격 및 상용실적이 없으며 다른 방안보다 구축비가 상승한다.

한편 재해통신망과 국가지도통신망이 특징을 검토하여 보면, 재해통신망은 평상시는 운휴 또는 기존서비스를 제공하고, 재해발생 시에만 현장에 출동하여 운용하게 된다. 예를 들면 기존 광진위성지구국 및 SNG 시설을 활용하는 경우이다. 반면 국가지도통신망은 평상시 각 지역에 분산되어 있는 시설로서 국가지도통신을 제공하고, 전시 등 비상사태가 발생할 때는 해당지역으로 소산 운용한다. 이 통신망은 기존 위성지구국 시설의 활용은 불가하였다. 이에 따라 재해통신망과 국가지도통신망 구축방향을 다음과 같이 정하였다.

첫째, 재해통신망은 필요 최소한 회선을 경제적으로 우선 확보하기 위하여 기존 SNG와 광진위성지구국에 일부시설을 보강하여 구축한다. 둘째, 국가지도통신망은 소형 위성지구국 장비를 구입하여 해당지역에 설치하고 전시 등 비상사태발생 시에는 이동 가능토록 통신망을 구축한다. 셋째, 향후 재해복구장비가 추가로 필요한 경우에는 국가지도통신망 장비를 활용하여 긴급통신망을 구축한다.

이런 사정을 감안하여 한국통신은 재해통신망의 운용방법, 추진일정, 담당부서 등을 다음과 같이 수립 시행하였다.

① 네트워크본부 통신망관리단에서 운용요원을 확보하여 위성사업본부 운용요원과 분기별 1회 긴급훈련을 실시한다. 이때 중앙제어국 및 원격국은 위성사업본부가 관리하고, 다중장치(MUX) 및 에코캔슬러(Echo Canceller) 등은 네트워크본부 통신망관리단에서 관리한다.

② 긴급장비의 동원상황이 발생할 때는 현장에서 우선 활용토록 조치하고, 필요 최소한의 회선을 복구한다. 그리고 중앙제어국(Hub)쪽은 평시 30회선 또는 60회선을 시내교환기에 연결하여 재해 시 운용할 수 있도록 설치한다. 또한 재해용으로 성수위성지구국 또는 광진위성지구국(중앙제어국)에 서울시내 국번호 및 전화번호를 부여한다.

③ 이를 위한 투자사업 기본계획은 1996년 10월에 수립하고, 물자발주(1997. 1- 1997. 8), 투자공사를 시행하여 1997년 9월에는 공사를 준공 운용할 수 있도록 추진한다.

6.4 비상시 한국통신 자회사의 관리

가. 관리대상 및 관리방안

1996년 당시 비상시에 한국통신의 자회사 관리대상은 12개 회사이고, 인원 4,696명, 자산 4,810억원 규모였으며, 한국이동통신(KMT)은 제외하였다. 충무계획상 한국통신 자회사는 3종 사태 및 2종 사태 시 경영관리 및 설립관련 업무를 일부 중지하게 되어 있고, 1종 사태 시에는 출자회사 관련 업무를 전면 중지하게 되어 있었다. 한국통신은 이 회사들의 전시기여도를 고려하여 관리하기로 하였다. 한국통신 기획조정실(실장 김부중)에서는 정부로부터 지정된 기간통신사업, 비상시 자회사 사업의 유지 필요성, 외국과의 통신채널 확보, PC통신의 중요성 등을 고려하여 자회사별 비상시기여도 및 관리방안을 다음과 같이 정하였다(전시 자회사 관리방안, 1996. 8. 23, 한국통신 기획조정실).

(1) 한국TRS(주), PC통신(주), 해저통신(주) 등 3개 회사는 기능을 유지한다. 한국TRS(주)는 전국주파수 공용통신사업은 기능을 유지하고, 항만 유무선통신사업은 기능을 축소한다. 그리고 PC통신(주)는 PC통신서비스 제공은 기능을 유지하고, 데이터베이스 개발 및 운영은 폐지한다. 해저통신(주)는 해저케이블 건설 및 유지보수업무는 기능을 유지한다.

(2) 전화번호부(주), 케이블TV(주) 등 2개 회사는 기능을 축소한다. 전화번호부(주)의 전화번호부 발행, 광고판매는 폐지하고, 출판, 인쇄업은 기능을 축소한다. 그리고 케이블TV(주)는 종합유선방송국 운영은 기능을 축소하고, 영상사업은 폐지한다.

(3) 통신기술(주), 통신진흥(주), 공중전화(주), 통신카드(주), ICO투자관리(주), 한국통신 미주회사(KTAI), 한국통신 필리핀회사(KTPI) 등 7개 회사는 일부업무를 모회사인 한국통

신으로 이관한 후 폐쇄한다. 통신기술(주)의 ESS 설계 및 감리업무는 모회사로 이관하고, 홍보관 운영사업, 전기통신기술 용역사업, 해외사업 등은 폐지한다.

통신진흥(주)는 집단전화 운용 및 유지보수, 케이블TV 전송로 유지보수, 정보통신단말기 유지보수사업은 모회사로 이관하고, 구내전화 진단업무, 렌탈 및 임대사업, 정보통신 관련 투융자관리사업은 폐지한다. 또한 공중전화(주)의 공중전화 유지보수, 통신카드(주)의 공중전화카드 제조, ICO투자관리(주)의 ICO투자관리 및 ICO 해외사업, KTAI의 북미지역 해외투자 및 통신사업, KTPI의 필리핀 투자 및 통신사업 등은 폐지한다.

(4) 전시 한국통신은 자회사의 설립을 전면 중지하고, 주주총회 및 이사회도 전면 중지한다. 주주총회의 의결사항은 모회사 사장이 단독결정하고, 이사회 의결사항은 자회사 사장이 단독으로 결정한다. 그리고 주주총회 의결사항인 사장 및 감사의 선임 및 해임은 모회사 사장이 결정하고, 기타 임원의 선임 및 해임은 자회사 사장이 결정한다. 또한 상임, 비상임으로 되어 있는 이사의 수는 상임 3인으로 하고, 전시 임무는 모회사 사장이 부여한다. 이사회 의결사항인 사업계획 및 예산편성도 자회사 사장이 결정한다.

나. 보유자원의 활용방안

한국통신 기획조정실(실장 김부중)은 앞에서 설명한바와 같은 전시 자회사 관리방안에 따라 회사별 시설장비 및 기술이력 등 보유자원 활용방안을 다음과 같이 수립 시행하였다(전시 자회사 관리방안, 1996. 8. 23, 한국통신).

(1) 한국TRS(주)의 TRS시설 185채널, 차량 27대, 기술인력 144명은 공중통신 유지를 위해 활용하고 항만유선시설은 한국통신에 이관한다. PC통신(주)의 PC통신시설인 주전산기 30대, 기술인력 119명은 공중통신 유지에 활용한다. 그리고 해저통신(주)의 케이블선박(당시 건조 중), 수중작업정(ROV) 등과 기술인력 10명은 해저케이블 응급복구 등 공중통신 유지지원에 활용하고, 구난, 군사 지원선에 활용한다.

(2) 전화번호부(주)의 인쇄설비 36종, 전자출판시스템 1식, EDS시스템 31종, 차량 16대, 기술인력 86명은 한국통신 인쇄소요 및 군사지원에 활용하고, DB관리는 한국통신으로 이관한다. 그리고 케이블TV(주)의 방송장비(송수신장치, 가입자 관리장치), 차량 10대, 기술인력 52명은 방송의 이원화 운용에 활용한다.

(3) 통신기술(주)는 기술인력 255명을 보유하고 있는 상태에서 전자교환기(ESS) 설계, 정보처리분야를 한국통신에 이관한다. 통신진흥(주)는 측정장비 153종, 차량 139대, 기술인력 562명을 보유하고 있는 상황에서 모든 업무는 한국통신 사업부서로 이관하고, 장비 및 인력은 관할전화국에 이관한다. 그리고 공중전화(주)의 차량 2,243대, 이륜차 1,357대, 기술인력 477명은 해당 관할전화국에 이관한다. 한편 통신카드(주), ICO투지관리(주), 해외현지법인(KTAI, KTPI)은 한국통신으로 복귀한다.

7. 전화시보제 시행 및 주 전산기 개발

7.1 전화시보제 시행방안

가. 전화시보 이용번호

1980년 3월 최규하 대통령은 충남 대덕연구단지에 있는 한국표준연구소를 순시시 전화시보설치를 지시하였다(1980. 3. 18). 이에 따라 동 연구소에서는 체신부로 전화시보를 할 수 있는 시설 지원을 요청하였다. 전화시보서비스를 서울, 부산, 대구, 광주, 대전지역에서 1980년 8월 15일에 개통되기를 요망하고 이를 위해 전국적으로 통일된 특수번호(123)를 희망하였다. 당시 우리나라의 특수번호 이용상황을 보면 <표 8-16> 및 <8-17>과 같다(1980. 3).

<표 8-16> 특수번호 이용상황(11x번호)

특수번호	사용목적	사용처	특수번호	사용목적	사용처
111	고장수리	체신부	112	범죄신고	내무부
113	간첩신고	내무부	114	번호안내	체신부
115	국내전보신청	체신부	116	국제전보신청	체신부
117	국제전화신청	체신부	118	자기번호시험	체신부
119	화재신고	내무부	110	고장신고	체신부

<표 8-17> 특수번호 이용상황(1xx번호)

특수번호	사용목적	세부내용	사용처
12x	소시외국 접수 및 안내	120, 123번호만을 사용중	체신부
13x	간이 DDD용 번호	강원도, 경기도내 사용	체신부
14x	간이 DDD용 번호	충청남북도내 사용	체신부
15x	간이 DDD용 번호	부산, 경상남북도내 사용	체신부
16x	간이 DDD용 번호	전라남북도, 제주도내 사용	체신부
17x	간이 DDD용 번호(보류)	추가소요분	체신부
18x	시민소재 안내용	182만 사용	내무부
19x	간이 DDD용(보류)	추가소요분	체신부
10x	대시/즉시시외전화접수	101-100번호 사용	체신부
0	시외전화용(DDD)	전국적으로 사용	체신부

그러나 당시 표준연구소가 희망하는 특수번호(123)는 서울에서 시외전화 접수번호로 사용 중으로 이 서비스에 배정이 곤란하였다. 따라서 전화시보를 위해 할당 가능한 번호는 182번을 제외한 18x로 확인되었다. 체신부는 이 번호를 사용하기 위한 제반 사항을 검토하였다.

첫째, 특수번호장치를 해야 하므로 이에 필요한 자재를 확보해야 하고 공사에 약 11개월이 소요되는 관계로 적기 개통이 곤란하였다. 또한 특수번호에 대한 과금장치를 개발 실용하려면 정해진 시기에 개통을 보장하기 어려운 문제가 있었다. 당시 특수번호에 대하여는 과금을 하지 않고 있었기 때문이었다.

둘째, 서울의 경우 특수번호군의 회선수가 6,229회선이며, 시보회선이 133회선이므로 통화중 빈도가 많아질 것으로 판단되었다. 더구나 초기에는 호기심으로 통화량이 증가하여 다른 1xx군 특수번호 이용에 소통장애까지 우려되었다.

셋째, 이 특수장치를 위한 총 소요예산은 스위치 3억5천만 원, 선로 및 공사비 1억5천만 원 등 약 5억 원이 소요되는 것으로 파악되었다.

이러한 검토결과 우선 일반전화번호로 개통하고 대도시의 시외전화가 전자화되는 1983년 이후에 특수번호로 변경하기로 작정하였다. 이때 일반전화번호로는 xxx-018x를 부여 사용하고 1983년 이후 18x로 변경하는 계획이었다. 이 방안은 몇 가지 이점을 가지고 있었는데, 우선 추가공사 없이 개통시기에 마칠 수 있으며, 통화량이 적은 국선을 이용할 수 있어 소통이 양호하였다. 그리고 1983년 이후에 특수번호화하여도 시외번호에 1자가 없어지므로 소통상 문제가 없을 뿐만 아니라, 여타 1xx군 특수번호 서비스 소통에도 지장을 주지 않는다는 이점이 있었다.

나. 우리나라 표준시보제도

1972년부터 국제적으로 사용하는 표준시는 원자시와 지구자전 시와의 차가 0.9초 이상일 때 시각을 조정하게 되어 있었다. 당시 표준시보는 먼저 그리니치 천문시(UTI/영국)와 국제원자시(TAI/불란서)를 가지고 국제시보국(BIH)에서 세계협정시(UTC)를 제정하고 있었다. 다음 국제시보국에서는 UTC를 미국 해군관제소(USNO)와 하와이 표준시보국과 일본 표준시보국(JJY)에 보내며, 동시에 세계 각국으로 송출하는 방식이었다.

당시 우리나라의 경우 군 기관에서는 미국과 일본으로부터 표준시를 수신하고, 특수산업체와 특수연구기관에서는 일본으로부터 표준시를 수신하고 있었다. 그리고 각 방송국은 일본과 BIH에서 각국으로 보내는 표준시를 이원적으로 받고 있었다(1979년 공업진흥청). 한편 일반국민은 각 방송국으로부터 표준시를 전달받고 있었다. 이때 한국표준연구소에서 보내온 우리나라 표준시보를 소개하면 아래와 같다(1979년).

(1) 한국표준연구소(대전 대덕 소재)에서는 시보방송국(장단파)을 운용하며, 이때 출력

은 2Kw, 발사전파는 2.5MHz 및 5MHz를 사용하여 시보를 송신한다. 이때 한국표준연구소에서 전파를 발사할 때 단파방송시간차는 서울(135Km) 0.45ms, 부산(210Km) 0.7ms 그리고 제주(350Km)의 경우 1.2ms로 확인되었다

(2) 한국표준연구소에서 전국주요도시의 전화시보기기, 라디오 및 TV방송국의시보장치로 시보를 송출한다. 그러면 전 국민은 전화시보기기와 방송국으로부터 표준시를 전달받는다.

(3) 한국표준연구소에서는 특수산업체, 군기관 및 항공 항해, 특수연구기관, 우주선 추적동체의 위치식별, 항공관제 등을 수행하는 기관으로 표준시를 직접 송출한다.

이때 이동원자시계에 의한 표준시간을 제공하며, 이를 위한 단파수신기 보유기관은 각 방송국, 천문대, 국방부, 체신부, 교통부 등 정부기관, 군기관, 각종 항공기, 선박 등이 있다. 또한 장파수신기 보유기관으로는 전파연구소, 육해공군, 정밀측정기관, 각종 항공기 및 선박 등을 들 수 있다. 당시의 일본과 한국의 표준시간의 공급 상황을 보면 <표 8-18>과 같다.

<표 8-18> 일본과 한국의 표준시 공급상황(1979년)

구분	일본	한국
일반라디오, TV방송	일반방송국의 간헐적 시보	일반방송국의 간헐적 시보 (일본 JJY로부터 수신)
전화시보	이용전화번호(117) 매1초 신호, 매10초 간격 으로 음성안내(전국)	미실시, 일기예보안내(관상대) 73-0061~60　73-0111~0115 74-0091~0095
단파시보방송	단파방송국 설치운영	미실시
장파시보방송	장파방송국 설치운영	미실시
이동원자시계	활발하게 운영	보유하고 있으나 활발치 못함

7.2 전화시보제의 추진과정

가. 체신부의 시행방침

이와 같은 상황에서 대통령 비서실에서는「전화시보설치를 위한 통신지원계획」을 대통령께 보고하였다(경제 27, 1980. 3. 25). 이 계획은 대통령 경제비서실 비서관(오휘영)이 보고하였으며, 수석비서관(이경식), 비서실장을 거쳐 대통령(최규하)이 결재하였다(1980. 3. 29). 이 보고서 주요내용을 요약하면 다음과 같다.

① 대통령은 전화시보는 국민을 위한 봉사이며 선진국에서는 거의 설치되어 있는바 우리나라에서도 금년 내 설치하는 방안을 강구하라고 지시하였다. ② 이를 위한 통신지원계획으로 특수번호 188로 할당하고, 서울, 부산, 대구, 광주, 대전 등 5대도시에 설치한다. 그리고 소요회선은 240회선, 소요예산 5억원(체신부 가입전화 시설비)을 투입하여 1980년 11월 1

일에 개통한다.

이에 따라 전화시보제의 실시는 공업진흥청이 주관하게 되었으며, 공업진흥청은 체신부로 특수번호(3자리 숫자) 지정, 통신요금의 면제, 전화국내에 자동안내장치의 설치 등을 요청하였다. 이와 관련하여 체신부에서는 공업진흥청의 요청사항에 대하여 기본방향을 다음과 같이 검토하였다.

① 통신요금 면제는 불가하고, 특수번호는 3자리 숫자로 지정하며 시보장치의 기술요건을 제시토록 한다. ② 시보장치의 전화국 설치문제는 공공성을 감안하여 응낙한다. 다만 국유재산법에 의한 필요사항은 경리국에서 별도 조치한다. ③ 시보자동안내의 통화시간은 3분간으로 하며, 설치위치결정, 기술검토 및 설치공사 등 일체의 기술적 사항은 보전국에서 전담하되, 기술검토사항은 기술정책관실과 협조 처리한다.

이에 따라 체신부에서는 공업진흥청장에게 전화시보제의 실시에 대해 다음 내용으로 답변하었다(1980. 3. 27). 이 문서의 주관부서 및 결재자는 제8장 말미의 참고자료 편에 기록되어 있다.

첫째, 전화시보용 특수번호는 3자리 숫자로 하여 1980년 말까지 개통 가능하도록 조치하겠으며, 현재 전화시보용 전화가설비 등의 면제는 제도 및 법적으로 면제할 수 있는 근거가 없다. 둘째, 전화시보장치를 관할 전신전화국내에 설치는 곤란하므로 설치장소문제는 재검토하여 주기바라며, 귀청에서 확보 설치하는 전화시보장치는 전기통신설비의 기술기준에 관한 규칙(제126조 및 제128조 3호)의 규정에 적합한 것이어야 한다.

이러한 체신부의 회신에 따라 공업진흥청에서는 이 사업에 대한 협조요청 문서를 다음과 같이 체신부장관 앞으로 보내왔다(계지 1343-5911, 전화시보제 실시운영에 따른 협조요청, 1980. 5. 10).

<주요내용> 전화시보장치의 설치장소확보는 전신전화국내 설치 운영하는 것이 가장 합리적이고 효율적 운영을 기할 수 있다고 사료되오니, 귀부 산하지역 관할 전신전화국내에 동 시보장치를 필히 설치 운영할 수 있도록 선처하여 주시기 바람. 또한 전화시보장치 설치에 따른 기술요건에 대하여는 기술기준에 부합하도록 최종 결정하기 전에 협의하겠음.

나. 전화시보제 시행방안 확정

이후 전화시보제 실시에 따른 관계관 회의를 개최하였다(1980. 5. 28). 이 회의에는 체신부측에서 계획국, 전무국, 보전국, 경리국, 기술정책관실의 관계관이 참여하였으며, 공업진흥청에서는 계량지도과장 외 2명이 참석하였다. 이 회의에서 토의된 내용을 정리하면 다음과 같다.

첫째, 시보안내장치는 전화국 내에 설치하는 것을 허용키로 하고, 그 설치위치는 보전국 실무자와 공업진흥청 실무자가 합동으로 현지조사를 실시하여 확정키로 한다. 그리고 전화국의 국사사용에 따른 국유재산법상 처리는 직접 경리국과 별도 협의키로 하며, 시보안내장치의 기술검토문제는 보전국에서 전담하되 기술정책관실과 협조한다.

둘째, 116시보 안내시간은 체신부측의 1분 자동절단방안에 대하여 공업진흥청에서는 우선 공중전화 통화시분의 자동절단의 예와 통일을 기하도록 하여 3분으로 결정한다. 그리고 116 특수번호 시설활용에 따른 제반 기술적 조치문제는 보전국에서 전담하고 소요시설과 자재는 보유시설을 최대로 활용키로 한다.

셋째, 116 특수번호 시설사용문제는 체신부 보유의 지역별 시설수를 공업진흥청에 통보하면 공업진흥청에서 실제 소요시설수를 산정한다. 또한 전원공급은 직류 48볼트로 단일화하는 방안을 공업진흥청에서 검토한다. 한편 정합장치 회로구성은 2선식으로 통일하기로 하고, 시보장치 등의 유지보수는 공업진흥청에서 전담한다.

이러한 과정을 거쳐 체신부는 전화시보제 실시방침을 확정하였다(전운 1343-22513, 전화시보제 실시, 1980. 6. 9). 이 계획의 주관부서 및 결재자는 제8장 말미의 참고자료 편에 기록되어 있다. 이 계획의 주요내용은 다음과 같다.

첫째, 시보안내업무의 공공성을 감안하여 체신부 전화국내 설치를 허용하며, 각 지역별 전화국의 선정 및 설치위치의 결정과 공사와 관련된 세부계획의 수립은 별도 보전국에서 조치한다. 그리고 시보장치의 전화국내 설치에 따른 국유재산법상의 관련사항은 경리국에서 별도 조치토록 한다. 또한 시보안내장치가 당부 시설에 정합되도록 하는 기술적 문제(기술검토 등)에 대하여는 보전국에서 전담하되 기술정책관실과 협조한다.

둘째, 전화시보용 특수번호는 116번으로 하고, 현 116보유시설을 활용함을 원칙으로 하되 소요회선구성에 필요한 자재와 예산을 최대로 활용한다. 그리고 자동안내 통화시분은 공중전화통화의 자동절단의 예(3분 절단)와 통일을 기하기 위하여 3분으로 한다. 또한 시보용 전화 이용통화료는 일반가입자와 같이 도수가 등산되도록 하며, 시보장치 등의 유지보수는 공업진흥청에서 전담한다.

이에 따라 당초 통신지원계획 중 특수번호를 188번에서 116번으로 바꾸었으며, 개통일도 1980년 11월 1일에서 1981년 1월 1일로 변경하여 시행되었으며, 이 방침을 체신부장관은 공업진흥청장에게 통보하였다(1980. 6. 9). 이후 한국통신과 정부간 전화시보제 운영협정이 조인되었다(1982. 10. 3)

7.3 행정전산망용 주 전산기 개발

가. 추진체제 및 개발전략

1987년 정부는 컴퓨터 기술의 중요성이 증대하고 컴퓨터 수요가 급증함에 따라 국가기간전산망 구축용 주 전산기의 개발계획을 수립 추진하였다(행정전산망용 주전산기 개발계획, 1987. 2, 과학기술부, 상공부, 체신부). 이 개발계획의 기본방향을 보면 1989년부터 주 전산기 Ⅰ(도입기종)을 생산 보급하고 1992년부터 주 전산기 Ⅱ(독자기종)을 개발 보급하며 1995년부터는 주 전산기 Ⅲ(첨단기술)을 개발 보급하는 것으로 정하였다.

그리고 추진체계는 전산망조정위원회를 설치하며 하부조직으로 주 전산기 Ⅰ 개발부문은 컴퓨터연구조합(기업, 전자통신연구소), 주 전산기 Ⅱ 개발부문은 전저통신연구소(전자통신연구소, 기업)가 주관하며, 주 전산기 Ⅲ 개발부문은 각 대학과 연구소가 담당하는 것으로 정하였다. 또한 이 위원회 직속으로 주 전산기 개발사업단을 운영하였다. 그리고 주 전산기의 개발전략을 다음과 같이 수립 추진하였다.

첫째, 참여기업 중심으로 개량모델을 개발 추진하고 수요예보제 및 경쟁입찰을 통한 기업 간 경쟁을 유도하여 주 전산기 Ⅰ의 성능을 개량한다.

둘째, 주 전산기 Ⅱ의 개발은 전자통신연구소 주도하에 참여기업과 공동으로 개발하고 주 전산기 Ⅰ과의 호환기준을 정립하며 대책을 강구한다.

셋째, 주 전산기 Ⅲ의 개발계획은 상공부, 체신부, 과기처에서 공동주관 하에 주 전산기개발사업단에서 작성 지원한다. 그리고 기업과 연구소 간의 경쟁적 발전을 위해 복수 프로젝트로 추진하여 정부에서 최상의 제품을 구매 또는 수출 추진하는 방안을 검토한다. 이때 컴퓨터의 라이프사이클(3년-5년)을 고려하여 개발기간을 단축하며, 이를 위해 1990년 10월까지 개발실행계획을 작성하고, 1990년 12월까지 전산망조정위원회에 상정하여 확정한다.

넷째, 전산망조정위원회 산하에 산·학·연 전문인력으로 주 전산기 개발사업단을 운영한다. 여기에서는 연구개발사업의 종합지원 및 관리, 주 전산기 개발에 대한 정책건의, 전산망사업과 관련한 기술자문 등의 일을 담당한다.

한편 주 전산기의 연구개발은 단계별로 추진한다. 1단계(1987-1991)는 이미 도입한 기종에 대한 국산화 및 개량을 시행하며 이를 위한 소요자금은 120억 원으로 책정하였다. 2단계(1987-1991)에서는 도입기종을 기반으로 독자기종을 개발하는 것으로 정하였으며 총 215억 원의 소요자금을 배정하였다. 그리고 3단계에 가서 독자기종을 기반으로 최첨단 기종을 개발하는 목표를 설정하였다.

이 첨단기종의 개발실행계획은 독자기종 개발사업의 진전상황을 종합적으로 평가하여 1990년 말에 결정하도록 하였다. 이를 위한 총 개발비는 1987년부터 1991년까지 335억 원이 소요되는 것으로 계획되었다. 그래서 정부부문에서 과기처 60억원, 한국전기통신공사 40억 원을 부담하고, 민간부문에서 산업기술향상자금 150억 원, 참여기업 자체자금 85억 원으로 충당하게 하였다.

나. 보급계획 및 개발자문위원회 운영

개발된 주 전산기의 보급을 위한 기본방향은 국내기술개발을 촉진하고 국제적인 기술발전추세를 최대한 수용하며 국가기관 등에서 설치 시 도입 심의를 생략하게 하였다. 이때 정한 보급방안은 다음과 같다.

(1) 주 전산기 Ⅰ은 행정전산망 사업 등 정부기관구매를 유도하고 개발참여기업 간의 경쟁적 발전을 위해 경쟁입찰방식으로 구매한다. 다만 기본계획에 의한 행정망 6개 우선추진사업 소요분은 기 확정된 대로 수의계약방식으로 구매하고 기타 추가 소요분은 경쟁 입찰한다.

(2) 주 전산기 Ⅱ는 국가기간전산망 등 공공부문수요를 확대하여 보급 추진하도록 한다. 1992년부터 1994년에 걸쳐 참여업체 간 경쟁 입찰방식으로 구매하며, 1995년부터는 완전경쟁입찰방식으로 구매토록 추진한다.

(3) 주 전산기 Ⅲ는 민수를 확대하고 수출을 지원한다. 그리고 국내외 제품의 완전경쟁에 의한 구매를 실시하고 완전 경쟁입찰방식으로 구매하게 한다.

(4) 유지보수는 설치 후 1년간 공급업체에서 무료로 서비스하며 그 후에는 이용기관과 공급업체의 계약에 의해 시행한다.

한편 한국전자통신연구소(ETRI)를 중심으로 개발실무자문위원회를 설치 운용하게 되었다(행정전산망용 주 전산기 개발계획, 1987. 2, 국가기간전산망 조정위원회). 이 위원회의 임무는 주 전산기 개발관련 주요정책 조정, 공동개발 참여기업의 연구결과 활용생산, 참여기업의 선정, 국산기술 보호대책의 강구 등으로 정하였으며, 이 위원회의 주관부서는 ETRI가 되었으며 주 전산기1은 1989년에 개발이 완료되었다.

이 위원회는 개발 3차년도인 1989년 이후에는 운영실적이 없다. 1990년 초반 이 위원회의 위원장은 포항공대 박찬모 교수가 맡았으며, 위원으로는 체신부 윤석근 국장, 상공부 한덕수 국장, 과기처 장경철 국장, 한국통신 이정욱 실장, 데이콤 김경배 부사장, 금성사 강인구 부사장, 고려대 김덕진 교수, KAIST 김길창 교수, 한양대 임인칠 교수 등 10명으로 구성되었다(1993. 2).

8. 국가종합물류정보망 구축

8.1 종합물류정보망 구축출발

가. 정부의 정책방향

종합물류정보망이란 육상, 해상, 항공 등을 통한 제반 물류활동을 효율적으로 지원하기 위해 정보통신기술을 이용하여 화물, 서류, 정보 등의 흐름을 전산화 및 자동화하는 국가기간전산망을 말한다. 당시 우리나라는 물류비용이 연간 약 48조원에 달해 국가경쟁력이 약화되는 상황이라 정보화를 통한 물류시설의 최적 활용과 비용절감이 절실하였다.

그리고 동북아 물류허브의 위상을 확보하기 위한 정보망이 요구되고 있었으며, 국내외

물류분야 원스탑(One-Stop) 서비스 체계구축이 필요하였다. 또한 중소영세업체의 물류비 부담을 축소하기 위해 관련정보 제공이 요청되었다. 이러한 상황에서 정부는 1995년 5월 종합물류정보망을 국가기간전산망 사업으로 확정하였으며, 이에 따라 화물유통촉진법을 개정하였다(1995. 12).

1996년 김영삼 대통령은 새해국정운영에 관한 연설 등 수차례에 걸쳐 물류비용 절감에 대한 의지를 표명하였고, 국가경쟁력 강화를 위한 전략회의에서 종합물류정보전산망 구축 사업을 직접 챙기겠다고 선언하였다(1996. 10. 14). 이에 따라 건설교통부에서는 정보화촉진 중점과제로 종합물류정보전산망의 구축을 추진하게 되었으며, 화물유통촉진법에 의거 한국통신을 전산망구축 전담사업자로 지정하였다(1996. 4. 19). 이때 정부는 종합물류정보망 구축 기본방침을 다음과 같이 정하였다(국가종합물류정보망 구축 지원계획, 1997. 3, 정보통신부 정보통신정책실).

첫째, 종합물류정보망 전담사업자인 한국통신(KL-NET)은 물류정보시스템 및 관련 DB를 개발하고 유무선통신망을 이용하여 물류정보서비스를 제공할 수 있도록 종합물류정보망을 구축한다.

둘째, 종합물류정보망의 무선망 부분은 이미 허가된 무선데이터 사업자 중 1개 사업자와 협력체제를 구축하여 우선 무선데이터통신망을 구성한다. 그리고 종합물류정보망은 신규로 허가된 3개 무선데이터사업자의 통신망을 동등하게 접속 이용할 수 있도록 한다.

셋째, 종합물류정보망은 무선데이터통신 이외에 유선전화, 이동전화, PCS, TRS 단말기 등 어떤 통신망과도 접속이 가능토록 시스템을 구축한다.

나. 한국통신의 추진방침

이 사업의 추진초기 한국통신은 물류활동 및 시설의 운영을 위한 제반 물류운용주체들의 물류흐름을 정보화하여 물류 관련 SOC의 효율성을 제고하고 물류비용을 대폭 절감하는데 목적을 두고, 이 종합물류정보망의 제공서비스를 다음과 같이 정하였다.

① 화물/차량 관리서비스, 위험물 차량 관리서비스, 전자통관서비스, 노변자동검색서비스 등 화물운송정보분야(Commercial Vehicle Operation). ② 전자문서교환(EDI), 데이터베이스 서비스 및 이메일, BBS, 미디어변환, 인터넷 등 부가서비스 물류정보분야.

이 사업의 시행기간은 20년간(1995-2015)으로 정하고, 소요예산 4,993.7억 원은 전담사업자가 부담하는 것으로 결정되었다. 제1단계(1996-1997)에서는 종합물류정보망을 구축하고, 제2단계(1998-2,000)는 서비스를 확산하며, 제3단계(2,001-2,015)에 가서는 초고속화 및 첨단화하는 것으로 계획되었다. 이후 1996년 한국통신 초고속통신추진본부(본부장 안승춘)은 이 사업을 물류활동에 수반되는 정보를 효율적으로 처리하기 위해 보다 구체화된 종합물류정보망 사업계획을 수립 추진하였다(초고속정보통신사업 종합추진계획, 1996. 6,

한국통신). 이 계획의 주요내용은 다음과 같다.

첫째, 이 사업은 화물의 수송보관, 하역, 입출항 등 업무를 전산화하고 무역망, 통관망, 금융망 등에 연결하여 물류관련 업무를 일괄하는 서비스로 정한다.

둘째, 이 사업은 전자문서교환(EDI), 물류관련 데이터베이스, 화물운송정보체계(CVO), 초고속통신망을 기반으로 종합물류정보전산망을 구축한다. 그리고 이를 국가 통합산업 정보망, 첨단교통체계(ITS), CALS/EC 등을 실현하는 국가 인프라 VAN으로 구축하여, 동북아를 대표하는 산업정보망으로 발전시킨다.

셋째, 한국통신은 국내 최대의 정보통신자원을 보유한 종합정보통신사업자로서 정보통신을 위한 유무선 복합통신망을 안정적으로 제공하고, EDI중계 소프트웨어, 차세대 DBMS 등 주요 소프트웨어를 제공한다. 그리고 한국물류정보통신은 물류사업을 위한 공동체 개념에 기초한 국내유일의 물류정보통신사업자로서 물류정보화 전문인력을 보유하고 있다. 따라서 수출입화물의 EDI 상용서비스를 실시하고, 물류 EDI 시스템을 구축하고 운용한다.

넷째, 이 사업은 단기, 중기, 장기의 단계별로 추진하고 단계별 목표는 다음과 같이 정하여 추진한다.

① 단기(1996년-1997년) 목표는 종합물류정보전산망을 구축하고, 시험서비스를 실시하며, 전자문서교환 서비스 및 물류 데이터베이스 서비스를 제공한다.

② 중기(1998년-2002년) 목표는 초고속화, 멀티미디어화하고, 상용서비스를 확산하며, 해외망과 연계시킨다. 그리고 산업관련 데이터베이스 및 해외물류 데이터베이스와도 연계토록 하며 또한 화물 및 운송수단의 위치추적과 운송정보체계를 개발 구축한다. 이때 초고속정보통신망과 연계된 첨단 부가서비스 및 멀티미디어 서비스도 제공한다.

③ 장기(2003년 이후) 목표는 CALS/EC를 구현하고 세계화한다. 이를 위해 통합 데이터베이스를 구축 공유하고, 전자거래를 실현한다. 그리고 첨단 교통체계를 구축하고, 해외 물류정보망과 연계 확산한다.

다섯째, 이 사업을 위한 소요예산(1997년-2000년)은 <표 8-19>에서와 같이 총 777억5천만 원이 투입되는 것으로 계획되었다. 이 예산은 정보전산시설, 통신노드, CVO 시설, 연구개발비 등을 포함한 것으로, 2005년까지 한국통신 투자분 2,300억원 중 초고속통신망, 패킷망, 공공데이터베이스, EDI 기술개발 등 기 투자분을 제외한 신규투자 규모이다.

<표 8-19> 종합물류정보망 구축 소요예산(단위 백만원)

구분	1997년	1998년	1999년	2000년	계
투입예산	24,900	22,700	14,450	15,700	77,750

여섯째, 이 사업을 통한 영업수입(1998년-2000년)은 총 705억3천1백만 원으로 예상되었으며, 1998년 말부터 손익분기점에 도달할 것으로 예측되었다. 영업수입은 정보료, 통신료,

전용회선료, 운송정보이용료(CVO)를 합친 것이고, 이때 정보료에는 정보제공료, 정보보관료 및 제수수료가 포함되었다. 연도별 영업수익예상은 <표 8-20>과 같다.

<표 8-20> 종합물류정보망 사업 영업수입예상(단위 백만원)

구분	1997년	1998년	1999년	2000년	계
영업수입	-	13,051	23,205	34,275	70,531

8.2 무선주파수 배정 및 협력업체 선정

가. 무선주파수 배정

1990년대 중반 정부는 한국통신에 무선데이터 실험국 용 주파수를 배정하였다. 이에 따라 한국통신은 60억 원을 투자하여 교환국 시설과 통신망 관리장치를 혜화전화국에 설치하고, 서울 29개, 과천 1개 등 기지국 30개를 서울시내 30개 전화국에 구축하여 서울과 과천에서 무선데이터 소통시험을 실시하였다(1995. 10). 이와 동시에 한국통신은 물류종보망을 위한 무선주파수 소요내역을 <표 8-21>과 같이 검토하였다.

<표 8-21> 종합물류정보망을 위한 소요주파수

연도별	1998년	2000년	2002년
무선데이터 수요(대)	30,000	203,000	931,000
전체 CVO 수요(대)	4,110	45,400	130,656
서울 CVO 수요(대)	822	9,080	19,598
서울 기지국(개소)	30	30	60
소요주파수(채널)	15	15	30

이 사업은 당초 건설교통부가 종합물류망 전담사업자를 지정하면서 시작되었다(물시 93100-72, 1996. 4. 19). 이에 따라 한국통신 무선사업본부(본부장 이상철)는 물류정보망을 위한 무선망 주파수(900Mhz대 12.5Khz 30채널)를 1996년 내에 배정해 줄 것을 정부에 요청하였다(종합물류정보전산망용 주파수배정 정책건의, 1996. 11. 8, 한국통신). 이어서 정부는 종합물류정보망 전담사업자로 한국통신과 한국물류정보통신을 지정하였다(1996. 12).

이때 한국통신은 종합물류정보망 1차 시범서비스를 서울과 과천에서 추진하였다(1996. 12-1997. 7). 이 시범서비스는 총 397개 업체를 대상으로 EDI서비스, 데이터베이스 서비스를 제공하고, 전국차량관제, 서울 과천지역 차량관제 등 CVO 서비스를 실시하였다. 시범서비스를 시행해본 결과, 서울, 과천지역의 CVO 서비스에 대한 높은 호응이 있었으며, 화물운송비의 약 30-40% 절감이 가능한 것으로 파악되었다. 한국통신은 정부의 기본방침에 따라 종합물류정보망의 조기구축을 위하여 신규 무선데이터 사업자에게 이에 대한 구성방안을 설명하고 협의하였다. 한컴텔레콤은 종합물류정보망에 각사의 무선데이터통신망을 동등하게 접속한다는 전제하에 찬성하였다. 에어미디어는 종합물류정보망에 동등한 접속을 보장한다면 찬성하였다.

한편 인테크텔레콤(주)는 한국통신 의견에 접근하고 있었는데, 그 주요내용을 보면 투자지분은 사업개시 전에는 약 5%이내로 하고, 사업개시 후에는 한국통신 및 협력사가 자율적으로 협의 결정하도록 하였다. 그리고 투자방법은 현금 또는 현물출자로 하고, 장비는 한국통신에서 시험 중인 장비로 기종을 변경하는 것으로 하였다. 당시 이 회사는 1996년 7월 회사가 설립과 동시에 정보통신부로부터 무선데이터통신 사업자로 선정되었으며(1996. 6), 이후 기간통신사업자로 허가를 취득하였다(1996. 12). 설립 당시 자본금은 100억 원이었고, 1999년에는 250억 원으로 늘린다는 계획이었으며, 당시 종업원 수는 43명이었다(1997. 3).

이 회사의 주요서비스 목표는 교통카드 충전, 택시 지령, 화물운송 위치정보 서비스, 교통제어 서비스, 이동통신기지국 점검 등으로 정하고 있었다. 이 서비스를 1997년 서울, 수도권, 제주도를 시작으로 1999년에는 전국으로 확산한다는 계획이었다. 이에 대한 연도별 서비스 보급계획은 <표 8-22>와 같이 제시하였다.

<표 8-22> 인텍크텔레콤의 서비스 보급계획

연도별	1997년	1998년	1999년
서비스지역	서울, 수도권, 제주도	5대광역시(부산, 대구, 인천, 대전, 광주)	전국
주요서비스	-교통카드 충전,택시지령 등 -생명보험, 화재보험 -의료보험 -보안서비스, 자판기 무인 관리	-화물, 운송 위치정보 시스템 -교통제어시스템, 기상 측정 -건물안전관리, 검침, 환경오염측정	-가로등 원격제어 -이동통신 기지국 점검

또한 한국통신에서는 종합물류정보망서비스를 위한 잠재차량수요는 <표 8-23>과 같이 예측하였다(무선데이터 협력업체 선정방안, 1997. 6, 한국통신. 초고속추진본부). 이 사업의 주요내용은 실시간 차량위치 추적서비스, 화물차량의 수배송알선서비스, 거점별 화물추적서비스, 교통상황정보 제공서비스, 화물차량 운행관리서비스, 지리정보서비스 등이었다.

<표 8-23> 종합물류정보망 서비스를 위한 차량수요예측(단위 대수)

연도별	1998	2000	2002	2004	2005
잠재차량수요	70,000	226,100	810,470	1,111,055	1,333,266

나. 무선데이터망 사업자 선정

종합물류망사업을 위해 무선데이터망은 이동 중인 차량과 CVO센터 간 차량위치 및 관제정보를 송수신하는 역할을 담당하게 하였다. 이 사업의 효율적인 추진을 위해 한국통신에서는 서비스 추진체계를 정하였다. 먼저 한국통신은 종합물류정보망 서비스 제공, CVO센터 운용, 가입자 관리, 금융결재, 기상정보, 도로정보 등 신규서비스를 개발하는 것으로 하였다. 그리고 무선데이터사업자는 무선망의 구축, 한국통신에 대한 필요 무선ID제공, 시험사업 시 무상지원 등을 담당하게 하였다.

한편 물류서비스센터는 회원확보 및 관리, 화물알선 및 배송, 보험, 정비, 급유지원 등 회원에 대한 각종 지원방안을 마련하는 것으로 하였다. 한국통신 무선사업본부(본부장 서용희)는 종합물류정보망의 무선망 부분의 협력사를 선정하기 위해 무선데이터 3개 사업자를 대상으로 공개제안을 받아 한국통신 요구조건을 충족시키는 가장 유리한 1개 업체를 통신망심의위원회를 거쳐 선정하였다(1997. 6. 25). 이때 종합물류정보망 무선데이터사업자 선정기준을 정하였다(종합물류정보망 무선데이터사업자 선정검토, 1997. 7. 11, 한국통신 무선사업본부). 그 주요내용은 다음과 같다.

첫째, 무선데이터 회선사용비용을 저렴하게 제공 가능한 무선데이터사업자 일 것. 둘째, 필요시기에 전국통신망을 구성하여 안정적인 운용 및 유지보수가 가능한 사업자 일 것 셋째, 요금과금 등 가입자관리는 종합물류망에서 수행하게 하는 사업자 일 것.

그러나 선정과정에서 무선데이터사업자 모두가 공동으로 접속을 요구하는 문제가 발생하였다. 먼저 인텍크텔레콤은 무선망사업자 선정에서 탈락을 우려한 위기감이 고조된 데다가 다른 2개 사업자가 공동 대응시 열세에 몰릴 것을 우려하고 있었다. 그리고 한국통신과의 사업협력이 공정경쟁문제, 내부담합의혹 등으로 사업자 선정 시 오히려 불리할 것으로 예상하였기 때문이었다. 그리고 한세텔레컴, 에어미디어 등 다른 사업자들은 한국통신과 인테크텔레콤의 사업협력으로 공정성이 훼손될 것을 우려하여 3개 사업자 공동접속을 요구하고 있었다.

이에 따라 한국통신은 3개 사업자가 동시참여가 가능하도록 정보통신부에 건의하였다(1997. 7. 1). 그러면서 한국통신과 인테크텔레콤 간의 협력체계 등을 고려하여 인텍크텔레콤을 우선 협상대산자로 선정하고, 부득이한 경우 3개 무선사업자 모두를 공동 접속하는 것으로 추진하였다. 한편 이 사업을 효율적으로 추진하기 위해 한국통신은 무선데이터사업 관련부서인 무선사업본부와 초고속통신추진본부 간 역할을 다음과 같이 조정하였다.

① 무선사업본부는 대외협상 및 출자, 제휴 등의 무선데이터사업화를 위한 제반조치를 추진한다. 그리고 종합물류망의 안정적인 무선망 공급을 위한 제반조치 등을 담당한다.

② 초고속통신추진본부는 건설교통부에 대한 타 사업자망의 사용 및 불가피성을 통보하고, 종합물류망에의 활용을 위한 협상조건을 제시한다.

9. 원격의료서비스의 추진

9.1 원격의료서비스의 도입시도

가. 한국통신의 과감한 출발

1995년 한국통신 기술기획실(실장 이정욱)은 초고속 정보통신망 응용서비스의 하나로서 원격진료서비스 도입을 시도하였다. 우리나라 최초로 시도된 이 새로운 서비스의 조기정착을 위해 초기단계에서는 울진보건의료원과 경북대 병원, 구례보건의료원과 전남대 병원간 등 2개 구간에 1994년 10월부터 1997년 12월까지 시범서비스를 실시하였다(사장업무보고, 1995. 2, 기술기획실).

그 후 1996년부터는 전송품질을 높이기 위하여 384Kbps의 고속전송서비스를 제공하였다(주요업무 발전계획, 1995. 2, 기술기획실). 이처럼 한국통신이 원격의료서비스의 시범사업을 시행한지 20여년이 지난 2018년에 이르러 문재인정부에서는 이 서비스를 재추진하고 있었다. 이때 언론에서는 그 추진상황을 보도하였다(조선일보, 2018. 8. 2). 보도내용은 다음의 나항, 다항 및 라항과 같다.

나. 대통령이 하겠다는 원격의료 정작 여권의원 대부분은 반대

청와대와 여당 지도부가 의사와 환자 간 원격의료 도입을 위한 의료법 개정안을 올해 정기국회 통과를 목표로 추진할 것으로 1일 알려졌다. 하지만 정작 의료법 개정안을 논의해야 할 국회 보건복지위원회 소속 여당 의원들은 전원이 원격의료에 반대하거나 반대에 가까운 유보입장인 것으로 나타났다. 여권 핵심관계자는 본지와의 통화에서 세계적 추세에 맞춰 우리나라도 원격의료를 허용하는 방향으로 법이 개정돼야 한다며, 문재인 대통령도 강력하게 원하는 사항이라고 말했다.

그러나 본지가 이날 국회 보건복지위원회 위원 21명(김현미 국토교통부 장관 제외)에게 원격의료 도입에 대한 찬반의견을 물은 결과, 자유한국당 소속 8명을 뺀 나머지 의원들은 반대(9명), 또는 유보(4명) 입장을 밝혔다. 특히 청와대와 여당 지도부의 구상을 뒷받침해야 할 민주당에선 원격의료 찬성의원이 단 한 명도 없었다. 9명 중 김상희, 기동민 의원 등 7명은 원격의료도입은 규제개혁영역이 아니다며 반대했고, 오세제, 맹성규 의원 등 2명은 좀 더 따져보겠다며 의견을 유보했다.

민주당은 박근혜정부 때인 2015년부터 당론으로 의료법 개정안을 반대해왔다. 범여권으로 분류되는 민주평화당과 정의당 의원 2명도 전부 반대의견을 밝혔다. 여기에 바른미래당 의원 2명도 이해관계가 복잡한 사안이라는 등의 이유로 유보의견을 밝혔다. 현 상태로는 법안통과가 어렵다는 뜻이다. 특히 다수당인 민주당이 끝까지 반대한다면 상임위 통과 자체가 불투명하다. 어떤 핵심관계자는 이날 의료계와 시민단체 등에서 우려하는 사항을 잘 반영해서 합리적 방안을 잘 만들어 낼 것이라고 했다. 그러나 민주당 관계자는 핵심 지지층인 시민단체 반대로 당내 강경파가 세게 반대하고 있기 때문에 법 통과까지 험난한 과정을 거쳐야 할 것이라고 했다.

다. 답보상태에 있는 원격의료

18년째 답보상태에 있는 원격의료는 컴퓨터, 화상통신 등 ICT를 활용해 멀리 떨어진 지역의 환자를 진료하는 방식이다. 현행 의료법 제34조 1항에는 의료진 간 원격의료만 허용하는데, 의사와 환자 간 원격의료가 가능해지려면 법 개정을 해야 한다. 여권 고위 관계자는 1일 의사와 환자 간 원격의료를 허용하는 의료법 개정안을 9월 정기국회에서 통과시키겠다고 밝혔다. 이를 위해선 그간 원격의료를 반대해왔던 민주당의 당론 변경이 선행돼야 한다. 민주당은 2015년 박근혜정부가 원격의료 활성화를 위한 의료법 개정을 추진할 때부터 이를 민영화의 시작이라며 반대 당론을 고수해 왔다.

정치권에선 집권 2년차를 맞은 문재인정부가 경제위기 극복, 일자리 창출을 위해 전 정권 청책도 과감하게 채택하려는 것 같다는 관측이 나왔다. 보건복지위 민주당 간사인 기동민 의원은 군부대와 격오지 등 제한적으로는 몰라도 전면 허용은 불가하다며 의료분야는 규제완화관점으로 접근해선 안 된다고 했다. 같은 당 신동근 의원은 규제혁신과 원격의료는 다른 문제라고, 윤일규 의원은 의료진 간 원격의료는 가능하지만 의사-환자 간은 무리라고 했다.

정의당 윤소하 의원은 의료 영리화로 연결될 것이라고 했고, 민주평화당 김광수 의원은 일부 도서지역 정도에 허용해야 한다고 했다. 바른미래당 채이배 정책위의장은 원격의료는 동네 의원 생존과도 직결돼 있어 사회적 논의가 필요하다고 했다. 이를 두고 정치권 관계자는 시민단체의 지지층을 의식하지 않을 수 없을 것이라고 했다. 당론 변경이 쉽지 않을 것이란 전망도 나왔다. 참여연대 무상의료운동본부 등 시민단체는 공공적 성격이 강한 보건의료로 돈벌이를 해서는 안 된다는 논리로 원격의료를 반대해왔다.

일부 시민단체는 지난 20대 총선 때 원격의료에 찬성하는 후보를 대상으로 낙선 운동을 벌이기도 했다. 대한의사협회도 원격의료가 의료시장을 붕괴시킬 것이라며 반대한다. 그러나 민주당 관계자는 원내 지도부에선 원격의료 문제를 전향적으로 풀어야 한다는 공감대가 이미 형성돼 있다며, 4차 산업혁명시대에 원격의료는 정보통신, 의료기기 등 관련 산업과의 시너지가 크고 일자리 창출 효과도 막대하다고 했다. 현대경제연구원은 원격의료 이용율이 전체 인구의 20%로 확대되면 2조원 규모의 신규시장이 창출될 것으로 보고 있다. 한국경영자총협회도 원격의료가 전면 허용되면 37만개의 일자리 창출 효과가 있다고 밝혔었다.

민주당 최운열 의원은 집권 여당은 명분에 얽매일 이유가 없다며 원격의료는 IT와 의료기술이 세계 정상급인 우리나라가 선점할 수 있는 분야였는데 이미 늦었다고 했다. 자유한국당도 같은 입장이다. 함진규 정책위 의장은 미국, 중국, 일본 모두 앞으로 달려 나가는데 우리만 뒤처지고 있다고 했다. 복지위 소속 김세연 의원은 전 세계가 4차 산업혁명 시대에 걸맞게 사회제도를 바꾸고 있는데 원격의료를 의료 민영화 프레임으로 바라봐선 안 된다고 했다.

여권의 한 인사는 민주당이 야당 때부터 원격의료에 대해 워낙 강경하게 반대해왔기 때문에 지지층을 설득하기가 부담스러운 것은 사실이라고 했다. 민주당은 문재인 대통령이 당대표를 지냈던 2015년 당시 박근혜 대통령이 의료법 개정안 통과를 촉구했을 때 재벌과 대형병원의 배만 불리는 의료 영리화 법안에 동의할 수 없다고 반대한 바 있다. 그러나 민주당 원내 지도부 관계자는 야당일 때와 국정을 책임진 지금은 완전히 다른 상황이라며 당내 강경파와 지지층에 대한 설득을 시작해야 할 때라고 했다.

라. 여권 지지층 눈치 보는 보건복지부

정부와 청와대는 원격의료도입에 대해 아직 소극적인 모습이다. 박능후 보건복지부 장관은 지난 19일 기자간담회에서 거동 불편자, 장애인 등이 초기에는 대면진료를 하고 이후 정기적인 관리를 원격의료를 통해 할 수 있다고 말했다가 닷새 만에 물러섰다. 의사협회 뿐만 아니라 여당과 시민단체의 기류를 의식해서다. 박장관은 당시 원격의료 시행을 한다 안 한다를 떠나 다른 나라에서 기술을 갖췄는데 이러한 진보를 도외시 할 수 없고 의료서비스가 첨단에 와 있는데 도외시하다가는 추락할 수 밖에 없다고 했다.

그러나 박장관은 24일 보건의료 전문지 기자단 간담회에선 (현행법이 허용하는) 의료인간 원격의료를 활성화하겠다고 한 것이 오해를 부른 것 같다고 했다. 실제 복지부는 25일 국회 업무보고 자료에 원격의료와 관련된 내용을 포함시키지 않았다. 복지부는 원격의료에도 여러 제약 조건을 달 수 있고 의료인들과 충분히 대화를 통해 원격의료 모델을 만들겠다는 입장이지만, 의료법 개정없이는 원격의료의 범위를 늘리는 것이 사실상 불가능하다.

문재인 대통령은 지난 대선 당시 의료인과 의료인 사이 진료효율화를 위한 수단으로만 원격의료를 한정하겠다고 공약했었다. 청와대 관계자는 1일 원격의료 도입이 의료 민영화의 방편이 될 수 있다는 입장은 변함이 없다고 했다. 그러나 최근 들어 청와대 내부에서는 신성장동력과 일자리 창출을 위해 원격의료 도입이 필요하다는 의견이 나오고 있다. 정부 관계자는 문 대통령이 규제개혁을 연일 강조하는 상황에서 원격의료에 대해 전향적 접근이 필요하다는 주장이 제기되고 있다며 다만 의료 민영화를 반대하는 지지층들의 반대가 심해 청와대 내부에서도 입장이 갈리는 것으로 안다고 했다.

한편 청와대와 정부는 원격의료 기술의 해외 수출은 적극적으로 추진해왔다. 김현철 청와대 경제보좌관은 지난 6월 브리핑에서 원격의료 기술의 러시아 수출계획을 설명하면서 원격의료기술은 우리나라에선 여러 가지 규제 때문에 시행하기 힘든 부분이었지만 러시아 요청에 의해 본격 추진될 예정이라고 했다. 이 때문에 정치권에선 문재인 정부가 탈원전 정책을 펴면서 원전수출을 독려하는 식의 모순을 원격의료 부문에서도 반복하고 있다는 비판이 나왔었다.

9.2 세계 각국 동향

가. 주변국의 원격의료서비스

한국의 원격의료가 18년째 규제에 갇혀있는 사이 세계 각국은 일찌감치 입법화를 마치고 관련 산업을 키우고 있다. 가장 적극적으로 원격의료 규제를 없앤 나라는 일본이다. 일본 정부는 2015년 원격의료를 전면 시행한 데 이어 지난 4월 의료보험까지 지원해주기 시작했다. 지난달 18일에는 원격조제에 대해서도 건강보험을 적용하기로 했다. 사실상 원격의료와 관련된 모든 규제 장벽을 없앤 것이다. 일본에서는 현재 우체국 택배를 통해 집에서 의사 처방약을 받을 수 있다.

일본이 원격의료 도입에 적극적인 이유는 고령화에 따른 의료비 부담을 줄이기 위해서다. 화상통화나 스마트폰 앱으로 원격진료를 받는 일본 노인들이 늘면서 진료비 부담은 기존의 30% 수준으로 낮아졌다. 최근 들어 당뇨, 고혈압 같은 만성 질환 뿐만 아니라 발기부전, 탈모 등 질병도 원격으로 진료하는 서비스가 등장하고 있다.

의료후진국으로 꼽히던 중국도 원격의료 활용에 적극적이다. 중국에서는 병원을 찾지 않고 스마트폰으로 의사진단을 받는 원격의료 이용자가 1억명이 넘는다. 중국은 2015년 중국 환자와 미국 의료진 간 원격진료를 허용했고 2016년 3월 중국 내 병원과 환자 간 원격의료 서비스를 시작했다. 시장이 커지면서 마이드, 알리바바, 테센트 등 주요 IT기업들도 앞다퉈 원격의료 서비스에 투자하고 있다.

세계 최대 의료시장인 미국은 전체 진료 6건 중 1건이 원격의료로 이루어질 만큼 가장 보편화돼 있다. 원격의료 서비스 기기 출시도 가장 활발하다. 미국 제약업체 에보트는 최근 인체에 삽입하는 심박측정기를 스마트폰 앱과 연결해 심장 상태를 실시간 모니터링 할 수 있는 의료기기를 출시했다. 이 기기는 평소 심박수를 측정하다가 이상이 생기면 담당의사에게 정보를 전송한다.

삼성전자도 지난해 4월부터 미국에서 갤럭시 스마트폰을 이용한 원격의료 서비스를 제공하고 있다. 모두 국내에서는 불법으로 규정하는 의료서비스다. 서정선 한국바이오협회 회장은 그동안 정부는 개인정보를 보호한다는 명분으로 원격의료와 같은 신 의료기술을 규제대상으로만 여겨왔다며, 이번 정부에서 관련 규제개혁에 나서지 못하면 해외 의료수준에 크게 뒤처질 것이라고 말했다.

나. 일본의 원격진료

최근 일본은 스마트폰을 통한 온라인진료가 확산되고 이 온라인진료도 건강보험에 적용되는 등 원격진료가 활성화되고 있다고 다음과 같이 언론에서 크게 보도하고 있다(일본의 원격진료 3년, 2018. 9. 4, 조선일보).

(1) 온라인 진료상황

일본 동내의원 진료실, 의사가 70대 초반 당뇨병 환자에게 묻는다, 요즘 컨디션은 어때요? 매일 걷기운동하고 있나요? 하루에 만보를 걸어려고 애씁니다. 집에서 혈당을 재는데 관리가 잘되고 있네요. 이렇게 말하는 환자는 의사 눈앞에 없다. 의사는 책상에 놓인 컴퓨터 화면을 통해 환지와 스마트폰 영상통화로 대화하고 있다. 의사는 이 환자가 집에서 측정한 혈당수치변화를 그래프로 띄워보면서 진료하고 환자는 집에서 질문 메모지를 놓고 의사에게 묻는다.

일본은 이같은 병의원-환자집 원격진료를 2015년 8월부터 도입했다. 그전에는 섬이나 격오지에만 적용하다가 전국 어디서든 할 수 있도록 의로법 규제를 없앴다. 이름도 온라인(On line)진료라 명했다. 거동이 불편하여 통원 진료가 힘든 환자에게 편의를 제공하고 원격질병 모니터링 등 스마트 의료IT산업을 키우려는 두 가지 목적이었다. 처음에는 일정기간 대면진료를 하고 이 후 환자선택에 따라 영상통화로 온라인 진료를 시작한다. 의사는 진료 후 처방전을 우편으로 보내준다.

(2) 온라인 진료대상

온라인 진료대상은 주로 고혈압, 고지혈증 등 만성질환자다. 인슐린 주사를 맞지 않아도 되는 당뇨병도 대상이다. 온라인 진료가 도입되자 거동 불편환자들의 반응이 좋았다. 도쿄 고토구(江東區)에서 순환기 내과를 운영하는 오노(小野) 내과의사는 병원 다니기 힘든 환자들은 중도에 외래에 오지 않고 관리에서 이탈하는 경우가 많은데, 온라인 진료가 꾸준히 약물치료를 받게 하는데 유용하다고 말했다. 금연치료도 온라인 진료를 병행했을 때 성공률이 1.5배 높게 나왔다.

올해 초 기준으로 1,600여 의료기관에서 온라인 진료를 시행하고 있다. 이는 일이 바빠서 외래에 가기 힘든 직장인이나 자영업자, 아이를 의료기관에 데려가기 어려운 맞벌이 부부들에게로 확산됐다. 병원에 가는 것 자체가 심리적 부담인 정신질환자나 성기능 장애환자도 온라인 진료에 유입되기 시작했다. 도쿄 외곽 지바시에 있는 소아과는 온라인 진료로 소아과가 없는 지바 시골지역 환자들을 보고 있다. 최대로 먼곳은 50Km 떨어져 있다. 희귀질환은 전문의사가 드물고 주로 도쿄, 오사카 등 대도시에 있다. 지방 환자들은 매번 비행기나 기차를 타고 진료를 받으러 가야 했으나 일년 중 몇 번은 온라인 진료로 대신한다.

(3) 온라인 의료시스템 개발

온라인 의료시스템회사들도 속속 등장했다. 야독(YaDoc), 클리닉스, 포켓닥터 등 10곳이 성업 중이다. 이 회사들은 기업들과 손잡고 직원 건강관리를 온라인 시스템으로 제공한다. 이같은 건강관리 IT플랫폼을 개발하여 온라인 진료가 활성화되기 시작한 중국시장으로 진출하고 있다. 후쿠시마현은 고령환자 방문간호를 할때 간호사들이 태블릿PC를 들고 가서 필요한 경우 의사에게 온라인 진료를 받을 수 있게 한다. 온라인 진료가 기존 의료서비스의 빈자리를 메워주는 방식으로 진화하고 있다는 평이다.

(4) 온라인 진료도 건강보험적용

지난 4월부터 온라인 진료에 건강보험이 적용됐다. 진료수가는 2만1천여원이다. 여기에는 온라인 의학 관리료(7천여 원)가 포함됐다. 공식의료행위로 인정한 것이다. 환자는 진료비의 30%인 7천여 원을 낸다. 만성질환 재진 대면진료비는 4만2천여원이며 이중 환자부담은 12,500원이다. 온라인 진료비가 대면의 절반 정도이다. 내과, 소아과 등 일본 전역의 병의원의 18만 진료과(전체의 74%)에 온라인 진료 건강보험 적용대상환자가 있다.

종합병원들도 수술 후 퇴원환자관리를 온라인 진료로 하기도 한다. 일본의 북쪽 끝 홋카이도에 사는 30대 남성은 자기 면역세포가 혈관을 공격해 망가뜨리는 희귀병을 앓고 있다. 그는 이 분야 전문 도쿄류머티즘 내과에서 두 달에 한번 온라인 진료를 받고 약물처방을 받았다. 하지만 다시 비행기로 도쿄를 찾는다.

담당의인 가네꼬 도시유끼(金子俊之)박사는 일본 정부가 건강보험을 적용하면서 온라인 진료대상을 의사가 30분안(도서지역 등은 제외)에 찾아갈 수 있는 거리의 환자로 축소했다며 이제 온라인 진료를 접었다고 말했다. 원래 원격진료가 온라인의 장점인데 온라인으로 동네진료만 해야 건강보험이 적용되는 일이 벌어진 것이다.

이 같은 배경에는 대면 진료를 원칙으로 내세우는 일본의사회의 입김이 작용하고 온라인 진료과잉을 우려한 일본정부가 규제를 강화했다는 평가다. 이에 보험적용 후 온라인 진료가 주춤하고 있다. 도쿄 스미다구(墨田區)의 경우 온라인 진료를 하는 의사가 보험적용 전에는 10명이었는데 지금은 한 명뿐이다. 보험대상이 만성질환에 국한되면서 피부과, 정신과 환자와 의사 사이에서도 불만이 나온다.

소아환자는 질병으로 인한 상태변화가 심해 온라인 진료가 적절치 않다. 그럼에도 일상 바쁜 맞벌이 부부의 편의성에 따라 남용되는 측면도 있어 오진의 우려가 있다는 지적도 있다. 도쿄대 의대 대학원 재택의료과 야마나카 다카시 교수는 기존 의료계에서는 온라인 진료를 아직 실험적인 의료로 보는 시각이 강하다며 정부가 2년 후 재평가 후 개선책을 낼 예정이라고 말했다.

10. 남북통신협력

10.1 남북 간 전화개통

가. 남북통신의 소통기본계획 수립

1972년 적십자회담을 위한 남북직통전화 개설을 위한 회의가 판문점에서 열렸으며 이에 따라 남북직통전화가 개통되었다(1972. 8. 18). 1990년대에 들어서면서 당시 남북 고위급회담의 진전에 따라 남북통신 교류협력이 가시화되고 있어 정부(체신부)에서는 이에 대한 정책수립을 위해 관련 전문가의 조사연구가 필요하여 남북통신 교류협력에 관한 분과위원회를 운영하였다(1992. 10). 이 위원회는 전기통신기본법 제8조 및 동 시행령 제3조, 시행규칙 제7조에 근거하여 구성되었다.

이때 위원장은 진용옥교수(경희대)가 맡았으며, 위원에는 이정욱(한국통신), 성태경(KMTC), 전광선(KTAI), 조정주(금성정보통신), 권오승(서울대), 이진주(KAIST), 이은영(외국어대), 강인수(KISDI), 전홍택(KDI), 강철희(ETRI), 홍승원(경기일보), 송재극(방송개발원), 이철성(체신부)이 참여하였다. 그리고 간사는 체신부 통신업무과장이 담당하였다. 이 위원회의 기능은 통신교류협력 관련 북한법령 및 제도, 북한 통신시설 현대화 지원방안, 남북 전신전화 연결 및 통신망접속방안, 통일시 북한 통신망 개선을 위한 기금조성방안, 남북 경제교류협력회담 통신분야협상 관련 회담자료 검토 등을 수행하는 것으로 정하였다.

한편 한국통신 기술기획실(실장 이정욱)은 남북통신의 소통재개 및 지원체제를 구축하기 위해 기본계획을 마련하였다(남북통신 소통기본계획, 1993. 12, 기술기획실 남북통신전담반). 이 계획의 주요내용은 다음과 같다.

첫째, 남북통신회선 구성 지침을 마련하고, 이산가족 남북교환방문단 통신지원계획을 수립한다. 둘째, 남포 경공업단지, 금강산 관광특구, 평화 시 건설 등에 대한 통신지원계획을 포함한 남북교류 협력사업에 대한 참여계획의 시행한다. 또한 통신통합 및 현대화 방안 등을 검토한다.

나. 남북 간 첫 전화개통

그 후 1997년 7월 한국통신 국제통신망운용국 광화문 국제통신관리센터(ITMC)에서는 감격적인 순간이 연출되었다. 남북분단이후 최초로 북한지역과 한국통신 통신망이 접속되어 남북 간 전화가 개통되었다(1997. 7. 25). 이때 전화개통상황을 당시 국제통신망운용국 운용1부장(오영진)은「거기 평양입니까? 여기는 서울 한국통신입니다」라는 제목으로 한국통신 사지(1997. 9)에 당시의 전화개통상황을 생생하게 기록으로 남겼다.

<보도내용> 1997년까지 남북 간 전화통신이 아주 없었던 것은 아니었다. 1972년에 양측에서 극적으로 이루어낸「7·4 공동성명」을 시작으로 서울-평양 간에 판문점을 경유한 직통전화가 개설되어 당시 운용되고 있었다. 그러나 이는 양측 정부차원에서 특수목적으로만 사용할 수 있는 핫라인(Hot-Line) 성격의 제한적인 전화였다. 그러나 이때 남북 간 전화개통은 경우가 달랐다. 우리 한국통신 기술진이 북한 경수로현장에 직접 파견되어 남북 간 통신망을 개설함으로써 경수로 사업현장에 체류하는 우리 측 인력과 현대건설 등 기업체에서 업무용으로 이용할 전용회선서비스와 가족 간에 통화할 수 있는 전화서비스를 최초로 개시했다는데 역사적 의의가 있었다.

비록 통신지역은 경수로 사업지역(북한 함경남도 금호지구)으로 국한되기는 했으나 세계 190개 국가중 유일한 통신미접속 국가였던 북한과 경수로 사업건설을 계기로 통신망을 개설하게 되었다. 당초 한국통신은 이미 확보하고 있는 육상전송로, 또는 무궁화위성을 통해 직접 통신망을 구성하고자 하였다. 그러나 북한에서 통신협정이 체결되지 않은 국가와는 통신회선을 직접 연결할 수 없다고 주장하였다. 한국도 여기에 해당되어 부득히 제3국가인 일본을 경유하여 통신망을 구성하게 되었다. 당시 통신회선수는 한국전력, 현대건설 등 경수로 참여업체 전용회선 400회선과 현지 체류진을 위한 공중용 자동전화 등 4회선을 구성하였다.

1997년 8월 국제통신망운용국 5층 광화문 ITMC실에서 한국통신 부사장(이정욱)이 참석한 가운데 KBS, MBC 등 기자단과 함께 역사적인 남북 간 통신개통식을 갖고 현지기술진과 제1호 통화를 성공리에 마쳤다(1997. 8. 4. 오후1시). 당시 최초로 서울과 평양 간 통화는 한국통신 광화문 ITMC 한준수 과장과 평양국제통신국 임시본 지도원 사이에 이루어졌다. 이때 한국통신 한과장의 떨리는 목소리로「여보세요 평양입니까? 여기는 서울 한국통신입니다」로 역사적인 직접통화가 개시되었다.

10.2 남북 간 통신망 구성

앞에서 설명한 바와 같이 남북분단이후 최초로 북한지역과 한국통신 통신망이 접속되어 남북 간 전화가 개통되었다(1997. 7. 25). 한국통신은 당시 남북간 통신망 개통함에 있어 추진경위, 통신망 구성상 어려움 등에 대해 다음과 같이 보도하였다(한국통신 사지, 1997. 9).

가. 추진경위

대북경수로 사업을 위해 통신지원이 이루어지기까지 많은 시간과 공식적인 협상이 뒤따랐다. 1995년 3월 한반도에너지개발기구(KEDO)가 설립된 후 1995년 12월에 경수로 공급협정이 체결되었다. 그리고 1996년 7월에 KEDO와 북한 간에 통신의정서가 공식 서명되었으며, 1996년 8월 정부에서는 한국통신을 경수로사업 통신지원을 전담하도록 지정하였다.

이에 따라 1997년 5월 한국통신 사장과 KEDO 사무총장 간에 경수로 통신지원협상이 이루어져 한국통신이 공식적으로 참여하게 되었다.

앞에서 언급한 KEDO와 북한 간 통신의정서를 위한 협상과 전기통신에 관한 양해각서 체결(1997. 7)을 위한 수차례의 실무협상에서 한국통신은 통신전문기관으로서 주도적으로 참여하였다. 이후 일본 KDD와 통신지원 중계업무에 대한 협정을 체결하고(1996. 6), 이로부터 1년여가 지난후 정부의 남북협력사업자 및 협력사업이 최종 승인되었다(1997. 8. 1). 이어서 한국통신 기술진이 현지에 파견되고 북한 체신부, 일본 KDD와의 긴밀한 협력을 통해 북한과의 통신망 개통이 이루어졌다. 그러나 이 통신망이 개통되기까지 그야말로 긴장과 불안, 기대와 실망이 뒤범벅되는 순간의 연속이었으며 이때 통신망 구성조건은 다음과 같았다(1997. 7. 14).

(1) 1997년 7월 24일까지 한국-일본 간 HJK 해저광케이블, RJK 해저케이블과 북한- 일본 간 인도양위성을 이용하여 신포지구 KEDO현장까지 8회선 용량의 전송로를 개설한다. 북한 측(금호국제통제소)에서 KEDO 현장까지는 4W/ EM 방식의 실선(0.4mm케이블)을 제공한다. 여기에서 8회선은 업무용 전용회선 4회선과 일반공중용 4회선으로 1997년 8월 1일까지 개통시킨다.

(2) 현지 사용전원과 에코 캔슬러(Echo Canceler) 공급문제는 북한 측에서 확정하지 못한 상태이므로 우리 측에서 준비한다. 현지 소요되는 물자는 1997년 7월 19일까지 선적하여 울산항에 대북물자 운송선에 선적시킨다.

(3) 회선개통을 위해 현지 파견할 통신기술요원 2명(교환시설1, 전송장비1)을 한국통신 국제통신망운용국에서 선발하여 1997년 7월 25일 출국시킨다. 그리고 전송로 개통시험을 시행할 때 남북실무자 간 통화는 일본 KDD를 경유하여 3자통화로 시행한다. 또한 파견요원들의 북한 입국 시 사전에 통보된 선적항목 이외의 물건은 반입하지 못한다.

나. 통신망구성을 위한 장비확보의 어려움

통상 국제간의 전송로는 4선식으로 통화로(E1급)만 구성되며, 국제관문국 교환기 간에는 R2, C5, C7 신호방식이 채택되는 관계로 동일채널 내의 신호회선은 구성되지 않는다. 이러한 조건하에서 채널급 4W/EM 방식을 어떻게 E1/R2 방식에 인터페이스 시킬 것인가가 가장 큰 과제였다. 또한 북한 금호국제통제소 측에서 KEDO 지역까지의 신호방식은 4W/EM이었다. 이 신호방식은 한국통신에서는 1960년대-1970년대에 사용했던 신호방식이기 때문에 당시 국제간에는 사용되지 않고 있었다. 그리고 이를 지원할 수 있는 장비도 없어진지 이미 오래되었다.

이러한 문제를 해결하기 위해 1997년 7월 13일 장시간 내부대책회의가 열렸으며 그 결과 여러 아이디어가 나왔으나 실현성은 없다고 판단되어 일반공중망의 접속은 불가능한 것으로 결론이 내려졌다. 이어서 2차 대책회의를 거쳐 최종적으로 E1/R2 방식에서 4W/EM 트렁크 변환이 가능한 중계용 PABX를 별도로 제작하여 관문국 ISC와 ITMC 간에 우선 설치하자는 의견이 모아졌다. 황급히 제작회사를 수소문하여 기술사양을 제시하고 구매요구를 하였다.

그러나 제작회사의 답변은 PABX 기능은 가입자와 트렁크 간의 상호교환 작용만 할 뿐 트렁크와 트렁크 간의 전송기능은 지원되지 않기 때문에 이에 대한 개발기간이 상당히 소요된다는 것이었다. 한국통신과 제작회사는 여러 우여곡절을 거친 후 중계용 PABX를 1997년 7월 23일까지 제작 납품토록 하는데 성공하였다. 또한 북한 측 현지사정에 대한 정보가 없으므로 만일에 대비하여 필요장비를 구입하여 선적키로 하였다.

그리고 1997년 7월 18일 전 유관기관의 보유품과 업체의 재고품을 파악하여 다중화장비(P-32T) 2대, 에코캔슬러 1대를 확보하고, 청계천에서 찾아낸 소형 48V-30A 전원공급 장치와 이를 실장할 수 있는 캐비넷 랙 등을 어렵게 동원하였다. 이 장비들은 견고하게 포장하여 울산항으로 보냈다(1997. 7. 19).

다. 국제간 전송로개설 과정

다음으로는 국제간에 전송로를 개설하는 작업을 시작하였다. 한국-일본 간에는 전송로 작업이 순조롭게 진행되었으나 북한-일본 간의 회선구성은 난제가 많아 상당 시일이 소요된다는 통보를 받았다. 한국전력과 현대건설 측에서 사용하는 전용회선의 구성은 광화문전화국과 영동전화국이 맡아서 순조롭게 진행되었다. 한편 북한 현지에 파견되어 전송로를 개통할 한국통신 담당자(유진섭)는 여러 가지 개통 시나리오를 가지고 현지상황에 대처하고 있었다.

한편 PABX시설을 개통해야 하는 한국통신 담당자(이규섭)는 한국전력에 납품되어 북한 현지에 도착하는 PABX의 설치를 위한 준비를 철저히 하였다. 드디어 7월 23일 제작사로부터 어렵게 만든 중계용 PABX가 기술진과 함께 도착하였다. 밤새워 이 장비를 설치하고 7월 24일 기종이 유사한 한국전력 본사 PABX를 연결시켜 자체 시뮬레이션 시험에 돌입하였다. 이때 전용회선 간에는 순조롭게 작동하였으나 일반 공중망 접속에는 실패하였다.

1997년 7월 25일 오후 3시 마침내 일본 KDD로부터 평양 간 전송로가 개설되었다는 통보가 왔다. 최초로 평양 ITMC 간에 직접통화로 시험이 시작되었으며, 주고 받는 기술용어의 표현만 조금 다를 뿐 시험은 일사천리로 진행되었다. 이때 회선개통에 필요한 말 이외에는 서로가 삼갔으며, 시험은 매우 신속하고 협조적으로 진행되었다. 평양에서 신포지역의 금호국제통신소까지는 이미 전송로시험이 완료되었다고 하였다.

또한 남조선 통신전문가가 1997년 7월 27일 신포에 도착하기로 되어 있으니 양쪽 단말 간 시험은 그때 하라고 알려주었다. 평양국제통신국에서 신포지역 금호국제통신소까지는

34Mbps급 광케이블 전송로가 포설되어 있었는데, 이는 북한 측에서 협정에 의거 KEDO 사업통신지원을 위해 최근에 설치한 것이었다. 당시 평양 측 요원들이 사용하는 전문용어를 보면 <표 8-24>와 같다.

<표 8-24>통신에 관한 북한 측의 표현

우리측 표현	북한측 표현	우리측 표현	북한측 표현
한 과장	한 선생	통신기술자	통신전문가
부장	부국장	직원	지도원
디지털 통신방식	숫자통신방식	채널1, 채널2	통로 하나, 통로 둘
EM신호방식	접지신호방식	1KHz Tone	한킬로 톤

1997년 7월 31일 북한 측에 보내진 장비가 현장에 도착하고 문제점이 보완된 우리측 중계용 PABX 장비를 이용하여 밤새워 시험을 하였다. 그리고 8월 1일에는 전용회선, 일반 공중회선 모두가 잘 걸려가고 잘 걸려왔다. 특히 이 통신망이 개통되기까지에는 북한에 파견된 한국통신 네트워크본부 전민주 남북협력부장, 조병희 과장을 비롯하여 국제통신망운용국 유진섭, 이규섭 담당직원들의 많은 노력이 있었다. 또한 북한 체신부 최재원 부국장, 평양국제통신국 임병선 지도원 그리고 일본 KDD ITMC 임직원들의 헌신적인 협조가 있어 가능하였다.

11. 고선명 TV 전송기술 개발

11.1 HDTV 전송기술개발의 시도

가. 1990년 후반 국내외 개발상황

미국은 1996년 12월 FCC에서 HDTV(ATV) 규격을 승인하고, FCC와 미국방송협회(NAB) 간 합의로 1998년 말에는 고선명TV(HDTV) 방송을 개시하기로 하였다. 그리고 2006년까지 모든 방송을 디지털방식으로 조기 전환한다는 예정이었다. 일본은 전체 8개 위성채널 중 1개 채널을 고성능TV 전용채널로 활용하여 1997년부터 아날로그방식인 MUSE 시스템을 이용한 본 방송을 실시할 예정이었다. 이를 위해 일본은 디지털 초고선명 TV인 UDTV(Ultra Definition TV)를 개발하고 있었으며, 2000년부터 디지털 고선명TV 위성방송을 조기 실시할 계획이었다. 유럽의 경우는 DVB(Digital Video Broadcasting)로 디지털방송을 추진하고 있고, 중국 및 대만 등에서도 개발 추진 중이었다.

한편 당시 국내에서도 고선명TV 방송을 위한 준비를 진행하고 있었다. 이를 위해 공보처가 주관하여 KBS가 VTR 및 카메라를 한국과학기술원과 공동개발 중이었고, 수상기 분야는 통상산업부 주관 하에 국책과제로 전자부품연구소와 가전 4사가 역할을 분담 개발하고 있었다. 비디오 디코더부는 LG와 대우가 담당하고, 오디오 및 채널 코더부는 삼성과 현대가 분담 개발하여 1998년 초에는 기본형(Prototype) 수신기를 개발 완료할 계획이었다. 그리고 전송시스템 분야는 정보통신부가 주관하고 한국통신이 연구개발비를 출연하여 한국전자통신연구소(ETRI)에서 개발하고 있었다. 그 동안(1991년-1996년) 추진실적은 HDTV용 인코더인 DTV급 인코딩 모듈을 제작 완료하였고, 위성전송시스템인 IF/RF 서버시스템을 구성 완료하였다. 이를 위해 총 165.2억원의 예산을 투입하였다.

나. 고선명TV 전송기술의 개발경위

본 연구개발사업의 기본계획이 수립 추진된 이래 1990년부터 1996년까지 정부와 한국통신의 추진경위는 다음과 같다(HDTV 전송기술 개발계획 보완, 1997. 5, 한국통신).

(1) 정보통신부는 고선명TV 전송기술 연구개발 기본계획을 수립하였다. 이때 개발목표는 국내방송 전송방식의 결정, 기술기준의 제정, 유선방송 및 위성방송 시스템의 개발로 정하였다. 그리고 개발기간은 1991년-1997년으로 하였다(1990. 11). 이때 고선명TV 전송기술개발 과제는 당초 정보통신부의 국책과제였는데, 이를 한국통신 과제로 변경하여 한국통신으로 이관하였다(1991. 12).

(2) 한국통신 기술기획실은 「고선명 TV 전송기술개발전략」을 수립하였다. 연구목표는 전송시스템 개발 및 표준화, 방송용 인코더 개발, 실험방송(위성, 유선), B-ISDN 영상서비스 핵심기술 확보 등으로 설정하고 개발기간은 1992년-1997년으로 정하였다. 그리고 위성방송과 유선방식으로 과제를 분리 조정하여, 고선명TV 방송용 인코더 개발은 고선명TV 전송기술개발 과제로 시행하고, 영상통신용 코덱 개발은 HAB/B-ISDN 과제로 추진하기로 하였다(1994. 12).

(3) 한국통신 기획조정실에서는 개발목표를 달성하되 개발범위를 축소 조정하였다. 이에 따라 예산은 76억 원에서 45억 원으로 줄이고, 인원도 50명에서 30명으로 축소하여 1996년에 과제를 종료하는 것으로 결정하였다(1995. 12). 이후 정보통신부에서는 HDTV 전송기술개발추진위원회가 결정한 본 연구개발과제의 추진방침을 다음과 같이 통보하여 왔다(1996. 12).

<주요내용> 고선명TV는 한일 간 초고속 위성통신실험 및 2002년 월드컵 시 활용한다. 이를 위해 한국전자통신연구소(ETRI)에서 연구과제를 수행토록 하고, 한국통신은 추진위원회를 운용하며, 연구개발 추진실적을 한국통신이 정보통신부로 정기 보고한다. 또한 ETRI는 환경실험까지 완료하고 상용제품개발은 동 과제와는 별도 추진한다.

다. 한국통신의 개발계획 조정

1995년 한국통신은 관련 사업계획의 미정으로 HDTV 연구과제를 축소하고 연구개발기간도 당초계획(1992년-1998년)을 변경하여 1996년에 종료하는 것으로 결정하였다. 이에 따라 1995년 말 한국통신 연구개발원(원장 이정욱)은 연구개발위원회의 심의를 거쳐 이 과제의 연구범위를 조정하였으며 소요예산도 당초 7,672백만 원에서 4,579백만 원으로 축소하였다(1995. 12). 주요내용은 다음과 같다.

① 고선명TV 전송방식, 시스템 통합규격 등 규격 표준화 연구, 실험방송시설 및 채널 준비 등의 부분(소요예산 460백만 원)은 당초 계획대로 변동없이 추진한다. ② 고선명TV 위성 분배전송시스템 개발부분(소요예산 1,662백만 원)에서는 DTV에서 이미 개발된 사항은 제외하고 MAC 및 부대부분 만 개발한다. ③ 고선명TV 위성실험방송용 수신시험장치 개발부분(소요예산 1,321백만원)은 일부분만 개발한다. ④ 고선명TV방송 코덱개발부분(소요예산 4,229백만 원)의 경우 사용가능성이 없는 ME칩 개발은 제외한다.

다음해 초 정보통신부는 고선명TV 전송기술개발 추진에 대하여 협의하고 한국통신의 향후 이 연구과제의 추진방향을 요구하였다(1996. 1. 16). 이에 따라 한국통신 기획조정실에서는 고선명TV 전송기술개발에 대한 검토의견을 정보통신부로 통보하였다(1996. 2. 24). 이때 주요내용을 보면 ① 한국통신은 이 문제에 대해 연구개발실무위원회를 개최하여 추진방향을 협의할 것임. ② 세부연구계획의 조정 없이 당초 1996년 연구과제는 선정결과대로 추진할 것임. ③ 1997년 이후 본 기술을 계속 개발할 것인지의 여부는 정부의 요구가 있으면 재검토하게 될 것임 등이었다.

한편 한국통신은 정보통신부장관으로 부터 본 기술개발추진에 대한 문서를 접수하였다(고선명TV 전송기술개발 추진, 1995. 5. 10, 정보통신부장관). 그 주요내용은 다음과 같다.

첫째, 한국통신은 1996년도 한국전자통신연구소와의 협약체결이 지연되고 있으니 조속히 체결하시기 바랍니다. 둘째, 1997년도 이후의 동 연구개발 추진방향에 대해서는 고선명TV 전송기술개발 추진위원회를 개최하여 결정할 계획이므로 한국통신이 향후 추진방향을 재검토하여 제출하여 주시기 바랍니다.

이러한 정부 지침에 따라 한국통신은 다시 1997년 이후의 2차 개발추진 여부와 고선명TV 실험방송부분에 대하여 계속 추진할 것임을 정보통신부장관(전파방송관리국장)에게 보고하였다(고선명TV 전송기술개발 검토결과보고, 1995. 5. 22, 한국통신).

11.2 고선명TV 전송기술개발계획의 보완

가. 한국통신의 개발계획 재추진

본 사업에 대하여 한국통신 HDTV전송기술 개발추진위원회에서는 2002년 월드컵대회 중계방송계획, 한중 간 기술협력, 세계적인 기술개발 추세, 정부의 계속추진 의지 등을 종합적으로 고려하여 이 개발과제를 향후 2년간(1997년-1998년) 계속 추진하는 방안을 제시하였다(1996. 12).

이에 따라 한국통신 네트워크본부(본부장 이상복)는 이 개발사업의 기본방침, 세부추진계획, 사업적용, 추진체계, 추진일정 등을 검토하여 시행계획을 수립하였다(HDTV 전송기술 개발계획, 1997. 4. 24, 한국통신). 주요내용은 다음과 같다.

첫째, 1단계(1991년-1996년)의 개발결과물이 실용화될 수 있도록 후속개발을 추진하여, 고선명TV 전송시스템 개발을 완료한다(1997년-1998년). 이를 위해 ETRI에서 전송시험을 추진하고, 연구개발결과물은 한국통신 위성사업본부에서 인수한다. 이를 위해 HDTV 전송기술개발 추진위원회를 구성하여 개발 관리한다.

둘째, 고선명TV용 인코더와 고선명TV 위성전송시스템을 개발한다. 이 장치는 한국전자통신연구소(ETRI)가 개발기관이 되어 1997년-1998년에 연구를 수행하고, 이를 위해 1997년에 54억 원, 1998년에 34억 원 등 총 88억 원을 투입한다. 이 연구과제는 한국통신 위성사업본부에서 관리하고, 연구수행결과는 HDTV전송기술 개발추진위원회에 정기 보고하며, ETRI로부터 연구결과물을 인수 관리한다. 한편 위성사업본부에서는 시험송출지구국 및 부대시설을 구축하고, 최종 개발제품을 활용하여 위성전송시험을 실시한다.

셋째, 한국통신 위성사업본부는 ETRI 최종개발품은 2002년 월드컵 중계방송용으로 활용토록 하고, 상용화는 정부의 고선명TV 방송정책 추진상황을 고려하여 결정한다.

나. 한국통신의 개발계획 보완

앞에서 언급한 바의 한국통신의 개발계획 재추진 검토방향에 따라 1997년 한국통신은 고선명TV 전송기술개발 보완계획을 수립 추진하였다(HDTV전송기술 개발계획 보완, 네트 2521-1539, 1997. 5. 7, 한국통신). 이 계획의 주관부서 및 결재자는 제8장 말미의 참고자료 편에 기록되어 있다. 이 보완계획의 주요내용은 다음과 같다.

첫째, 본 고선명TV 전송기술을 계속 개발해야 하는 사유는 정부부처 간 결정에서 정보통신부는 전송시스템, 통상산업부는 수상기, 공보처는 스튜디오를 분담 추진키로 하여 추진해오고 있는 과제이다. 그리고 한·중 정부 간 기술협력과제로 채택되었고, 2002년 월드컵 중계방송에 활용 예정이다. 한편 HDTV 전송기술개발추진위원회에서 계속 개발하기로 재결정하였다(1996. 12)

둘째, 개발목표는 고선명TV 전송시스템을 개발 완료하고 위성전송시험까지 시행하는 것으로 정하였으며, 이를 위한 연구개발비는 1997년 54억 원, 1998년 34억 원 등 총 88억 원을 투입한다. 이 연구개발과제는 1997년-1998년에 걸쳐 한국전자통신연구소(ETRI)가 수행하며, 과제관리는 한국통신 위성사업본부가 담당한다.

셋째, 개발된 고선명TV 전송시스템의 상용화는 2002년 월드컵 중계방송 등 정부의 고선명TV 방송정책 추진상황을 고려하여 결정한다.

넷째, 이 개발사업은 기본계획 수립(1997. 4), 위성전송시험 세부계획 수립(1997. 12), 시스템 개발완료(1998. 6), 시험환경 구축완료(1998. 9), 시스템 통합 및 자체시험 완료(1998. 10), 현장 설치 및 위성전송시험(1998. 10-1998. 12), 기술기준안 작성(1998. 12) 등의 일정으로 추진한다.

한국통신의「고선명TV 전송기술 개발계획 보완」계획은 정보통신부장관(참조: 전파방송 관리국장)에게 보고되었다. 이 문서의 추가사항으로 본 연구개발과제는 성격상 국책과제로 추진되는 것이 바람직하므로 국책과제로 결정할 것을 건의하였다. 이에 대해 정보통신부장관은 한국전기통신공사 사장(참조: 네트워크본부장)에게 다음과 같이 답신하였다(고선명TV 전송기술개발 후속계획수립 요청, 1997. 5. 13, 정보통신부장관).

① 귀사에서 수립한 고선명 TV 전송기술개발 사업은 한국전자통신연구원과 연구개발협약 체결을 초속히 추진하고 그 결과를 통보하여 주시기 바라며, 아울러 향후 본 기술의 상용화 계획 및 2002년 월드컵 한·일 고선명 TV 중계방송을 위한 세부추진계획을 작성하여 6월 10일까지 우리부로 통보하여 주시기 바랍니다.

② 귀사에서 건의한 동 과제를 국책과제로의 전환추진에 대하여 검토한 결과, 1단계(1990-1991) 기본계획수립 및 기초연구는 국책과제로 수행하고 1992년도 이후 개발단계부터 추진위원회의 결정에 따라 국책과제에서 한국통신(KT) 과제로 정책적으로 이관하여 개발해 왔는바 동 과제를 다시 국책과제로 전환하는 경우 과제수행에 차질을 가져올 것으로 예상되니 계속해서 한국통신 과제로 수행하여 주시기 바랍니다.

11.3 고선명TV 전송기술개발의 추진체계

가. HDTV 전송기술개발 추진위원회

고선명TV 전송기술개발을 체계적으로 추진하기 위하여 고선명TV 전송기술개발 추진위원회, 고선명TV 전송기술개발 실무추진위원회, 고선명TV 전송기술개발 과제관리부서, 고선명TV 전송기술개발 기관 등을 정하여 운영하기로 하였다. 그 구성기관, 임무 등은 다음과 같다(HDTV 전송기술개발계획 보완, 1997. 5, 한국통신).

첫째, HDTV 전송기술개발 추진위원회의 위원장은 한국통신 네트워크본부장을 선정하고, 위원에는 네트워크본부, 연구개발본부, 위성사업본부, 초고속통신추진본부의 고선명TV 개발 관련국장으로 구성하고, 간사는 네트워크본부 담당부장이 맡게 되었다. 이 위원회의 임무는 연구개발 추진에 관한 주요사항을 심의하고, 연구개발에 필요한 예산을 검토 조정하게 하였다. 그리고 위원회는 매분기 개최하는 것으로 하였다.

둘째, 본 개발과제의 실무를 담당하기 위해 HDTV 개발추진실무위원회를 한국통신 연구개발본부에 구성 운영한다. 위원장은 연구개발본부 담당국장이 되고, 위원은 한국통신의 고선명TV 개발관련 실장, 부장, 팀장과 전자통신연구소(ETRI)의 연구수행책임자, 부장, 실장으로 구성한다. 이때 간사는 연구개발본부 담당부장이 맡는다. 이 위원회의 임무는 연구개발의 세부사항에 대한 검토 및 조정, 연구개발 진도관리, 기타 추진위원회 상정안의 사전 검토 등으로 정하였으며, 매분기 개최하는 것으로 하였다.

셋째, 본 개발과제의 관리기관은 한국통신 위성사업본부가 담당하고, 개발기관은 한국전자통신연구소(ETRI)가 되어 직접 연구개발과제를 수행하고, 위성전송시험을 지원한다.

나. 한국통신 내 관련부서 간 역할 및 추진일정

본 연구개발과제를 효율적으로 추진하기 위한 한국통신 내부의 관련부서 간 업무분장을 다음과 같이 정하여 시행하였다(HDTV 전송기술개발계획 보완, 1997. 5, 한국통신).

① 네트워크본부는 기본계획을 수립하고, HDTV 전송기술개발 추진위원회를 운영하며, 중장기 연구개발방향을 설정한다. ② 연구개발본부는 HDTV 전송기술개발 추진실무위원회를 운영하고, 연구개발과제 예산을 조정하며, 연구개발과제를 선정한다. ③ 위성사업본부는 연구개발과제의 제안 및 관리, 위성전송시험계획의 수립 및 시행, 위성전송망 구축 등을 담당한다.

다음 한국통신은 고선명TV 전송기술개발과제의 추진일정을 결정하여 추진하였다(HDTV 전송기술개발계획 보완, 1997. 5, 한국통신). 먼저 1997년에는 기본계획 수립(1997. 4), 위성전송시험 세부계획 수립(1997. 12) 등을 추진하고, 1998년에는 시스템개발 완료(1998. 6), 시험환경구축 완료(1998. 9), 시스템 통합 및 자체시험 완료(1998. 10), 시스템 현장설치 및 위성전송시험(1998. 10-12), 기술기준안 작성(1998. 12) 순으로 추진하여 2002년에는 월드컵 중계에 상용 공급하는 한다는 일정이었다.

11.4 고선명TV 송수신기술의 협동개발 추진

가. 송수신기술의 협동개발방안 협의

한국통신의 고선명TV 전송기술 개발보완계획이 확정되고 본격적으로 개발이 개시되자 한국전자통신연구소(ETRI)는 고선명TV 협동개발방안을 협의하는 회의를 주관하였다(1997. 5. 20). 본 회의에는 정보통신부, 한국통신, SBS, EBS, LG전자, 삼성전자, 현대전자, 아남전자, 전자부품연구소(KETI) 등이 참석하였다. 이 회의에서 ETRI는 DTV 개발형태와 유사한 협동개발의 필요성을 제시하였다. 그리고 전자부품연구소(KETI)에서는 GA 규격으로 수신기에 대한 총괄기능을 수행하고 있고, 가전사(현대전자)는 KETI 주관으로 수신기를 개발함과 아울러 KBS와 공동으로 인코더 및 디코더를 개발하고 있음을 발표하였다.

나. KBS 및 ETRI의 의견

한국전자통신연구소(ETRI)의 고선명TV 송수신기술의 협동개발 추진방안에 대하여

KBS는 의견을 한국통신 및 한국전자통신연구소로 보내왔다(고선명TV 송수신기술 협동개발 관련 KBS의 의견, 1997. 5. 30, 한국방송공사 사장). 본 문서의 주요내용은 다음과 같다.

<KBS 의견> 현재 우리 KBS를 비롯하여 ETRI도 참여하고 있는 차세대방송 컨소시엄(구 한국 HDTV표준방식 연구협력 컨소시엄)은 고선명TV 뿐만 아니라 디지털 지상파 방송 등 차세대방송에 대해 심도있는 규격작업과 개발협의 및 정보교환이 이루어지고 있는 실질적인 민간차원의 협의체입니다. 따라서 ETRI가 제기한 고선명TV 송수신기술 협동개발방안 협의가 국내표준화를 위한 것이라면 상기 컨소시엄이 중심이 되어 논의되는 것이 컨소시엄의 설립취지 및 참여정신에 합당할 것이며, 컨소시엄 외의 다른 어떤 형태의 민간차원 논의가 중복되는 것은 바람직하지 않기 때문에 KBS는 한국전자통신연구소(ETRI)가 주관하는 논의에 참여할 의사가 없음을 밝히는 바입니다.

또한 2002년 월드컵 고선명TV 방송을 실질적으로 수행할 우리 KBS는 컨소시엄을 통해 국내표준화를 전제로 합의 도출된 규격의 HDTV 송수신 기술개발을 이미 진행하고 있으며, 무궁화 위성방송개발 적용에서 드러난 문제들을 거울삼을 때, 방송에 관한 한 당사자인 방송사와 수신기 업체가 중심이 되는 논의와 협동개발이 합당하다는 것을 천명하는 바입니다.

이상의 KBS 통보문에 대해 한국전자통신연구소(ETRI)는 국내잠정규격 안을 근간으로 송수신 정합시험을 표준화 이전에 시험하자는 것이라는 내용의 답신을 한국방송공사 사장에게 통보하였다(고선명TV 협동개발 관련 ETRI 의견, 1997. 6. 12, 한국전자통신연구원장). 본 문서의 주요내용은 다음과 같다

<ETRI 의견> 우리 연구원에서는 G7 국책사업의 하나인 고선명TV 전송기술 개발사업을 1998년도 위성전송시험을 목표로 추진 중에 있으며, 고선명TV 송수신기 개발 주관기관 입장에서 볼 때 현시점은 고선명TV 수신기를 개발하고 있는 관련기관 간에 협력체계 구축이 시급히 요구되고 있는 시기라 사료됩니다.

특히 정부는 동 사업의 결과물을 2002년 월드컵 중계방송에 활용할 계획을 가지고 있는 바 이를 위해서는 고선명TV 송수신기에 의한 위성전송시험, 표준화, 수신기 상용화 및 시험방송 등의 일정이 월드컵 경기 이전에 마무리되어야 한다고 판단되며, 이를 위한 협력체계 구축의 일환으로 협동개발을 추진하고 있습니다.

귀사에서 제기한 우려사항과는 달리 HDTV 표준방식연구 컨소시엄에 의한 규격작업을 중복 논의하자는 것이 아니라, 잠정규격 안을 근간으로 하면서 관련기관 간의 협력체계에 의해 송수신기 간의 기술적 정합시험을 표준화 이전에 실시하자는 것입니다.

이에 의해 향후 발생될 수도 있는 고선명TV 위성방송 서비스상의 문제점을 사전에 검증보완하는 차원인 바, 귀사가 제기하는 우려사항은 결코 발생할 수 없음을 통보하오니 협동개발에 적극 협조하여 주시기 바랍니다.

12. 국책기술개발 사업 및 기타주요사항

12.1 국책기술개발사업

가. 한국통신과 SK텔레콤의 국책 연구개발과제

1998년도 국책기술개발을 위한 총 투자규모는 정보화촉진기금 6,999억 원, 기간통신사업자 출연금 992억 원 등 총 7,991억 원으로 편성되었다. 그러나 IMF관련 정부예산절감방침에 따라 출연은 각 사업별로 기본계획대비 10% 수준으로 절감하여 집행하게 되었다. 이때 기간통신사업자 출연금을 보면 <표 8-25>와 같이 계획되었다(1998년).

<표 8-25> 기간통신사업자의 출연금(단위 억원)

사업자별	한국통신	SK텔레콤	데이콤	계
추정매출액	78,140	25,382	4,550	108,072
정부출연금	1,750	639	100	2,490
① 정보화 촉진기금	1,062	388	61	1,512
② 국책사업출연	688	251	39	978

여기에서 주요사항은 IMT-2000 국책사업 정부출연금이 당초 110억 원에서 75억 원으로 삭감되었으며, 그 외 한국통신 국책과제는 총 101억 원의 연구비를 투입하여 추진되었으며 주요내용은 다음과 같다.

① HAN/B-ISDN 기술개발과제는 1995년부터 1999년까지 시행하고 1998년 연구비는 54억 원을 배정하여 ETRI와 한국통신이 공동으로 개발한다.

② 광대역 이동통신 멀티미디어 무선전송시스템 개발과제는 1998년부터 1999년까지 시행하고 1998년 연구비는 8억 원을 투입하여 한국통신 연구개발본부에서 개발한다. 그리고 무선측위 타이밍추출 시스템 개발과제는 1998년에 1억 원의 연구비를 들여 한국통신 무선통신연구소가 개발한다.

③ 구내통신설비 및 기자재 표준기술 연구과제는 1998년에 38억 원을 투입하여 한국통신 선로연구소가 담당한다.

한편 SK텔레콤의 국책과제는 주로 지상무선통신시스템에 관한 분야에 총 35억7천만 원을 투입하여 중앙연구원에서 개발하게 하였다. 주요내용은 다음과 같다.

① 광대역 이동통신용 중앙제어네트워크 개발과제는 1997년/1998년에 실시하고 1998년 연구비는 13억5천만 원을 배정하였다. 그리고 LMDS 디지털전송기술 개발과제는 1997년/1998년에 실시하고 1998년에는 9억 원의 연구비를 편성하였다. ② 디지털방식을 이용한

음성 페이징 기술개발과제의 연구기간은 1998년-1999년으로 정하여 시행하고 1998년에는 연구비 4억2천만 원을 배정 추진하였다. 또한 40GHz대 밀리미터파 송수신 RF기술 개발과제는 1998년-1999년에 수행하고 1998년 연구비는 9억 원으로 정하였다.

나. 선진각국과의 정보통신기술 수준비교

1990년대 중반 한국통신은 21세기 정보통신기술발전을 위한 전략을 수립하기 위한 지표로 삼고자 우리나라와 선진국과의 정보통신기술을 비교하였다. 이를 위해 삼성경제연구소, 전자통신연구소, 정보통신연구관리단이 자체 평가한 선진국과의 기술격차를 종합 평균하여 산출하였다. 당시 선진국과 비교한 분야별 평균 기술격차는 <표 8-26>과 같이 나타났다.

이때 비교대상은 통신기기 분야는 교환기(4), 전송기기(5), 유선단말기(4), 무선단말기(16)의 29개 품목을 정하였다. 그리고 정보기기 분야는 컴퓨터 본체(6), 컴퓨터 주변기기(4), 소프트웨어(6)의 16개 품목, 부품 분야에는 반도체(2), 일반부품(9)의 11개 품목 등 총 9개 분야 56개 품목으로 정하였다. 이와 같이 비교한 결과 우리나라 전체적인 기술수준은 선진국에 비해 약 3년-4년 정도 낙후된 것으로 확인되었다. 특히 반도체, 컴퓨터 주변기기 분야는 1년-2년, 교환기, 무선통신기기 및 핵심부품 분야는 4년-6년 정도가 뒤떨어진 것으로 파악되었다.

<표 8-26> 우리나라의 정보통신기술 수준(1996년)

부문별	분야별	정보통신 연구관리단	전자통신 연구소	삼성경제 연구소	격차연수 (평균)
통신	교환기	3.0	3.3	5.0	3.4
	전송기기	2.0	1.8	3.4	
	유선단말기	2.5	2.8	3.1	
	무건통신기기	5.3	3.9	4.3	
정보	컴퓨터 본체	4.8	3.2	3.2	2.9
	컴퓨터 주변기기	3.0	1.8	2.0	
	소프트웨어	3.3	2.5	-	
부품	메모리 반도체	1.0	1.0	0.1	3.3
	비메모리 반도체	3.0	3.0	3.3	
	일반부품	6.1	4.1	4.1	
평 균		3.6	2.8	3.3	3.2

12.2 재일민단 한국방송프로그램 공급지원

가. 사업배경

1996년 한국통신은 재일민단에 한국방송 프로그램의 공급을 지원하는 계획을 수립하였다. 그동안 재일민단은 숙원사업으로 70만 재일교민, 귀화한 17만명의 교포 등에게 조국애 고취수단으로 모국의 TV방송을 시청할 기회를 찾고 있었다. 한편 이 방안은 일본인에게 한국문화예술을 소개하여 한국이미지를 높이는 계기가 될 수 있었다. 한편 민단측은 무궁화위성의 확산전파(Spill-Over)로 일본 내 수신이 가능하고 일본 측의 법적제약이 없어 사업협력을 제안하여 왔다.

한국통신은 일본 니쇼이와이 계열의 SNC와 무궁화위성 이용 및 경영참여를 전제로 사업제휴를 추진하여 왔다(1996. 4). 그러나 무궁화위성의 이용거부 및 한국 측 지분제한으로 협상이 결렬되었다. 이에 따라 한국통신은 민단 협력 하에 교민정서에 부합하는 독립적인 서비스를 경쟁위성인 SCC를 통해 제공하는 방안으로 추진하였다. 그리고 재일교민을 주대상으로 하는 사업인 관계로 한국인이 대주주이어야 하고 경영을 주도하는 방향이었다.

이때 민단 측에서는 자사 이익에만 치중하는 국내재벌과의 협력보다는 국영기업과의 협력이 교민에게 보다 바람직한 것으로 판단하였다. 당시 일본통신위성 방송사업은 지상파TV, BS위성방송, CS위성방송, 케이블TV 등이 경쟁하고 있었으며, 세부내역을 보면 <표 8-27>과 같다.

<표 8-27> 일본 방송사업 현황(1996년)

구분	채널수	수신계약 수
지상파TV	NHK 등 7개	NHK기준 3,500만 세대
BS위성방송	NHK, BS1, BS2 등 4개	약 1천만 세대
CS위성방송	JCSAT: BBC 등 5개 SCC: CNN 등 8개	약 50만 세대
케이블TV	약 300개 사업자	약 300만 세대

한편 일본 내 디지털 CS다채널 위성방송의 주주구성, 사용위성, 채널용량 등은 다음과 같다.

① PerfecTV의 주주는 니쇼이와이 등 5개 종합상사로 되어 있고, 1995년 9월 발사된 JCSAT-3 위성을 사용하고 있다. 채널용량은 50채널이고 3년차 영업목표는 100만 세대이며 1996년 9월 서비스를 개시하였다.

② DirecTV의 주주는 미국 Hughes, 일본 CCC 등 3개 업체이고, 1997년 8월 발사예정인 Superbird-C 위성을 사용하게 되어 있다. 채널용량은 100채널이고 3년차 영업목표는 300만 세대로 잡고 있으며 1997년 9월 서비스를 개시할 예정이다.

나. 한국통신의 재일민단방송사업 추진

한국통신은 이 사업을 추진함에 있어 일본계의 경쟁사보다 빠른 서비스 제공으로 시장을 선점할 필요가 있었다. 1996년 9월 JCSAT 위성을 이용한 PerfecTV에 3개의 한국어 채널을 제공 추진하였다. 이들 3개 채널의 주주를 보면 Satellite News Co는 니쇼이와이(90%), 통일일보(10%)로 구성되어 있고, 텔리워크는 일본인 실업가(50%), LG(50%), 도모코는 일본인 실업가(100%)로 구성되었다.

민단 측과 한국통신의 합작사는 SCC위성(Superbird-B)을 통해 일본 전역의 케이블TV국에 한국방송프로그램을 제공하기로 하였다(1996. 8). 이에 따라 한국방송을 대표하는 KBS 방송프로그램의 조기 확보를 추진하였다. 당시 KBS는 1개 업체에만 독점공급하는 원칙을 가지고 있었다. 이 사업의 주요내용은 다음과 같다.

① 민단, 재일상공인연합회 등과 협력하여 한국주도로 채널을 확보하고, 공영프로그램을 확보하여 자주적으로 사업을 전개한다. 그리고 단기간에 가입자를 대량 확보하여 광고수입의 기반도 다진다.

② 한국방송프로그램을 제공하는 일본 현지합작사를 설립한다. 이를 위해 설립자본금은 2억앤(약 14.6억원), 총 투자비는 8억앤으로 정한다. 이는 부채조달로 하고 한국통신 지분만큼 한국통신이 지급보증토록 한다. 이때 지분구조는 민단 측과 협의 조정토록 하며, 투자수익율(IRR)은 16.5%로 예상한다.

③ KBS 등의 프로그램을 공급받아 한국통신 케이블TV에서 편집하고 일어자막을 삽입한 후 무궁화위성으로 송출한다. 이 무궁화위성 전파를 일본 야마구치 지구국에서 수신하여 현지 국내위성으로 일본전역 케이블TV국과 일반가정에 제공한다. 일본 전역 케이블TV국에는 1996년 8월, 일반가정에는 1997년 9월에 공급토록 한다.

④ 방송프로그램은 단계별로 공급한다. 제1단계(1996년 8월부터)는 무궁화위성과 Superbird-B호를 이용하여 케이블TV국에 공급하고, 제2단계(1997년 9월부터)에서는 Superbird-C호를 이용한 DirecTV 분배회사를 통하여 일반시청자에게 직접 공급한다. 장기적으로는 중국 연길시 등 동아시아지역으로 확대한다.

⑤ 본 사업의 추진일정은 KBS 프로그램 확보(1996. 5), 이사회 의결(1996. 5), 현지회사 설립(1996. 6), 기자재 준비(1996. 6), 시험방송(1996. 7) 등을 거쳐 본방송은 1996년 8월에 개시토록 한다.

12.3 한 · 중 통신장관회담

가. 통신장관회담 및 참석자

1995년 한국과 중국 간 정보통신기술협력을 강화하고 국제해저케이블 건설 협력, 한중

간 통신서비스 개선 등을 협의하고자 제4차 한중 통신장관회담이 제주 신라호텔에서 개최되었다(1995. 6. 1). 당시 이 회담의 의제로는 ① ATM 공동기술개발협력 강화, ② 초고속정보통신 기반구축협력, ③ 국제해저케이블 건설협력, ④ 한중간 정보통신산업 협력증진 및 통신서비스 개선, ⑤ 정보통신분야 인력 상호파견 교류 등으로 정하였다(제4차 한중 통신장관회담 진행계획, 1995. 6. 1, 정보통신부 정보통신협력국).

이때 중국 측 대표단은 우전부장(郵電部長) 오기전(吳基傳 Wu Ji Chuan), 우전부 외사사장(外事司長) 조신통(趙新通 Zhao Xintong), 정책법규사장(政策法規司長) 유채(劉彩 Liu Cai), 전신총국 부국장(電信總局 副局長) 학위민(郝爲民 Hao Weimin), 우전부 외사사 부사장(外事司 副司長) 구문초(瞿文初 Qu Wenchu), 주한중국대사관 참사관 왕악군(王岳群 Wang Yue Gun), 그 외 우전부 판공청(瓣公廳) 처장, 외교부 2등서기관, 외사사 부처장으로 구성되었다.

한편 우리 측 대표단은 정보통신부장관 경상현, 정보통신정책실장 정홍식, 정보통신협력국장 이종순, 한국통신 기획조정실장 이정욱, 정보통신부 초고속정보통신구축기획단 부단장 천조운, 대외협력과장 신영수, 연구개발과장 신용섭, 협력담당 모영주으로 구성되었다. 당시 중국대표단은 이 회담에 앞서 서울에서 열린 APEC 통신정보산업장관회의에 참가하였다(1995. 5. 29-5. 30). 이튿날에는 중국대표단 11명, 한국 측 정보통신부의 정보통신협력국장, 대외협력과장, 중국 측 담당사무관 등은 한국통신 제주해저중계국을 방문하였으며 이 행사는 한국통신 기획조정실장이 안내하였다(1995. 5. 31. 17시).

이 행사가 끝난 후 저녁에는 한국통신 사장 주최 만찬을 제주 신라호텔 5층 월라연회장에서 가졌다. 이어서 다음날에는 제4차 한중 통신장관회담이 제주 신하호텔에서 개최되었으며, 회의가 끝난 후 정보통신부장관 주최 만찬이 이어졌다(1995. 6. 1). 본 회담에서 한국 측이 제안하고 설명한 의제별 협의내용은 다음과 같다(나항-바항).

나. ATM교환기 공동기술개발 협력강화

<우리 측의 설명> 제2차 통신장관회담 시 협의가 시작되어 제3차 통신장관회담 시에는 한중간에 ATM교환기 개발의 상호협력 필요성에 관해 인식을 같이 하였고, 빠른 시일 내에 상용화가 가능한 제품을 공동 개발하는 것에 합의하였다. 이후 3차례의 양국 실무진들의 협의를 거쳐 지난 5월 24일 한국의 전자통신연구소와 중국의 전신과학기술연구원 간에 ATM교환기 공동개발에 관한 협약서가 체결되었다.

동 협약서에는 ATM교환기 개발과 양국을 연결하는 ATM시험망 구성 및 현장실험, 연구개발의 진전과 시장수요를 감안한 합작회사 설립까지 포함된 것으로 한중 양국정부는 동 계획이 성공적으로 수행될 수 있도록 최대한의 지원을 해 나가야 할 것이다. 미래 초고속통신망 구축의 핵심이 될 ATM교환기를 한중 양국이 공동 개발하는 것은 국제간 기술 산업협력

의 기념비적인 사례로 남을 것이라 확신한다.

<분석 및 평가> 우리 측의 TDX-10 전자교환기 진출요구에 대한 대체제안이다. 중국측은 자체기술, 산업역량 상 ATM교환기 연구는 초보적 단계로 선진각국의 통신기기 제조업체로부터 기술이전을 바라고 있다. 다만 한국의 ATM관련 기술력에 대한 확신을 하지 못하는 분위기도 존재하고 있는 것으로 보인다.

다. 초고속 정보통신기반구축의 협력(중국측 희망의제)

<우리 측 설명> 선진 각국은 다가오는 21세기의 고도정보사회에 대처하기 위하여 정보화의 기초가 되는 초고속정보통신기반을 경쟁적으로 구축하고 있으며, 이와 관련된 기술개발을 국가전략사업으로 강력히 추진하고 있다. 한국은 곧 다가올 정보사회를 적극적으로 맞이하기 위해 지난해 4월 초고속 정보통신기반구축 기본계획을 수립하고 금년부터 이 계획을 본격적으로 추진하고 있다.

초고속 정보통신기반구축을 위한 추진전략의 큰 축은 공공기관, 대학, 연구소 등 정부주도그룹이 저렴한 요금으로 이용할 수 있는 초고속 국가정보통신망과 산업체 및 일반국민을 위한 초고속 공중정보통신망으로 구분하여 추진할 계획이다. 먼저 초고속 국가정보통신망은 2010년까지 공공재원으로 우선 구축하여 초기 수요를 창출하고 응용서비스와 기술개발을 위한 기반으로 활용할 계획이다. 다음으로 초고속 공중정보통신망은 2015년까지 민간재원으로 통신사업자가 구축 운용하며 정부는 통신망이 효율적으로 구축될 수 있도록 제반여건을 정비할 계획이다.

<분석 및 평가> 선진국의 초고속 정보통신기반의 구축 추진에 자극받아 중국도 동 분야에 대한 관심이 일고 있다. 중국은 국가적 차원의 추진체계나 계획이 수립되지는 않았고 2000년까지 전국적인 공중통신망을 구축하는 것을 단기목표로 하여 현재 경제정보유통망, 세관전산망, 신용카드망 구축을 추진하고 있는 상태이다. 국가적인 차원에서 강력하게 추진되고 있는 한국의 초고속 정보통신기반 구축계획을 참고로 하고 연구개발 분야 등에서 한국으로부터 지원을 받을 수 있기를 희망하고 있다.

라. 국제해저케이블 건설 협력

<우리 측 설명> 지난 4월 25일 한국이 태안에서 포설되기 시작하여 오늘(1995. 6. 1) 청도에 육양된 한중 해저케이블 건설은 양국 간의 통신소통을 원활히 하여 경제교류 촉진 등 협력을 강화하는데 크게 기여할 것으로 기대한다. 뿐만 아니라 아시아·태평양 지역의 국제초고속통신망 구축에도 한중해저케이블이 많이 활용될 수 있도록 양국간 협조가 필요할 것이다.

귀국과 우리나라가 태평양을 횡단하여 북미와 연결되는 해저광케이블 건설을 검토하고 있는 것으로 알고 있다. 이는 동북아의 인접국가로서 양국이 태평양횡단 해저광케이블을 함께 건설한다면 2000년대에 예상되는 광대역 통신수요에 효과적으로 대처할 수 있는 기반을

준비하는 대단히 중요한 의미가 있다고 생각하므로 이에 대한 각별한 관심과 상호협력을 기대한다.

<분석 및 평가> 서방국가들이 중국과 직통케이블을 건설하기를 희망하는 상황에서 중국은 자국에 유리한 방향(통신망 구성, 투자방식 등)으로 결정할 것이다. 괌 케이블과 CKN을 계속 검토 중이니 괌 케이블 건설이 우선시 되는 것 같다. 전신총국은 한국통신(KT)과 협력하겠다는 입장이다.

마. 한·중 간 정보통신산업 협력증진 및 통신서비스 개선

<우리 측 설명> 양국 간의 산업협력은 제1차 통신장관회담 시부터 협의되기 시작하여 계속적으로 진전되어온 사항으로 귀국 산동성의 한·중교환기 합작공장이 성공적으로 운영되고 있어 이미 좋은 성과를 거두고 있는 것으로 알고 있다. 한국 통신산업협회와 귀국 우전공업총공사 산하의 기업들 간에 무선전화기, IC카드전화기, 전원, 안테나 분야의 합작계획도 양국 통신발전에 크게 기여할 수 있는 것으로 한·중 양국정부의 적극적인 지원이 바람직하다고 생각한다.

한국 산업체의 귀국 통신망건설 참여계획에 대한 귀부의 협조와 노력에 대해 감사드린다. 호남성 교환기사업, 산동성 TDX시범사업, 우정금융전산망 사업, 흑룡강성 교환기사업에 대한 한국기업의 참여를 계속적으로 지원하여 주기 바라며 좋은 결실이 있기를 희망한다. 그리고 한국과 중국 간의 경제, 문화, 사회 전반에 걸친 교류를 더욱 촉진시키고 통신서비스를 더욱 활성화시킬 수 있도록 양국 간의 협정요금을 적절히 조정해 나가는 것이 바람직하다고 생각한다.

지금까지 양국은 주로 통신산업 분야에 협력을 모색하여 왔지만 앞으로는 컴퓨터, 소프트웨어, 방송, 멀티미디어 분야 등을 포함하여 정보통신 전반으로 상호협력범위를 확대해 나가는 것이 바람직하다고 생각한다.

<우리측 제안배경> 한국산업계와 정부가 추진해온 도시형 교환기 진출, 호남성 농어촌용 교환기 및 우정금융전산망 진출이 원활히 추진되지 못하고 있다. 그 내용을 보면 LG정보통신은 EDCF 4천만불 공여조건으로 호남성에 교환기를 공급하고 있고, 삼성전자는 자사의 TDX-10 전자교환기의 진망획득을 목적으로 산동성에 3만회선의 시범사업을 진행하고 있다. 그리고 데이콤은 내몽고를 대상으로 우정금융전산망 시범사업을 추진하고 있다.

한편 한·중 간 통신물량이 급증하고 있고 발착신량의 차이가 매우 크다. 1995년의 경우 한국발신은 47,412건이나 한국착신은 21,938건으로 그 차이는 25,474건에 이르고 있다. 이러한 상황에서 협정요금이 높게 책정되어 있어 정산지불금이 1995년 219억원(약 2,700만 불)에 달할 것으로 예상된다.

<분석 및 평가> 중국은 교환기종 증가를 강력히 억제하고 있으며 차관도입에도 차별적

인 태도를 취하고 있다. 중국의 국제통신요금이 고가이고 여타 국가와의 균형상 우리 측의 의견을 단기간에 완전히 수용하기는 곤란할 것이다. 협정요금 인하를 위해서는 중국측과 꾸준한 실무접촉이 필요하다.

바. 정보통신분야 인력 상호파견 교류

<우리 측 설명> 정보사회에서 국가기간산업인 정보통신 분야에 실질적이고 내실있는 협력을 위해서는 보다 깊은 상호이해가 필요하기 때문에 지금까지의 단기교류방식에 더하여 중장기적인 차원에서 정보통신 분야의 인력교류가 필요하다고 판단된다. 따라서 정보통신 분야의 정책, 산업, 연구, 학계의 인력을 상호 중장기 파견 교류하는 프로그램을 양국 간 실무협의를 통해 구체적으로 논의하기를 희망한다.

<분석 및 평가> 중국은 통신기술, 관리, 법령, 제도 등 제 방면에서 외국의 경험과 성과를 흡수하고자 하기 때문에 긍정적이며 종전의 장관회담이나 실무접촉 시에도 인력교류를 표명하였다.

12.4 기타 주요사항

가. 불요 전자파방사 차단 개선

1997년 세종문화회관에서 31절 기념식 행사 중 경호통신에 혼신이 발생하여 정보통신부 전파연구소에서 원인을 추적한 결과 광화문전화국 전송실에 설치 운용중인 동기식 광전송장치(155M, 622M급)에서 발생되었음이 확인되었다. 당시 155M급 광전송장치는 대우, 대한, 성미, 중앙에서 제공하고 있었으며, 622M급은 성미, 중앙에서 공급하였다. 한국통신의 경우 서울, 부산, 경기, 대구, 충남, 충북, 전남, 전북, 강원, 제주 등 10개 지역본부에 공급 운용중인 시설규모는 <표 8-28>과 같다.

<표 8-28> 광 전송장치(155M, 622M) 공급상황(1997. 7)

구분	대우	대한	성미	중앙	계
155M SYS	595	277	434	370	1,676
622M SYS	-	-	511	476	987
계	595	277	945	846	2,663

한편 이 EMI(Electro Magnetic Interference) 문제를 개선하고자 한국통신 네트워크본부에서는 전자파 간섭기준을 철저히 준수하고, 운용시설에 대한 EMI 대책을 강구하며, 신규 공급시설은 규격을 개정하기로 방침을 정하였다. 이때 문제점은 전 지역본부에 공급한 광단국장치(155M. 622M)에서도 전자파가 초과 발생하여 초단파(VHF)와 극초단파(UHF) 통

신에 영향을 줄 것으로 예상되었다. 이때 광화문전화국에서의 전자파 방사측정치는 <표 8-29>와 같다.

<표 8-29> 전자파 방사기준과 측정치(측정거리 10m)

주파수(MHz)	30이상 88초과	88초과 216이하	216초과 960이하	960이상
최대허용 전계강도(μV/m)	90	150	210	300
측정치/광화문전화국	16-190	96-630	245-724	Data없음

이에 따라 한국통신에서는 그동안 공급한 동기식 광단국장치(SMOT-1, SMOT-4)에 EMI 허용기준 유지를 위해 셀프별로 차폐를 보강하였다. 이때 시범보완은 성미전자에서 각 공급사 장치를 일괄 시행하였으며, 1997년 8월에 광화문전화국에서 시범 운용하였다(1997. 8. 4-8. 9). 그리고 한국통신 조달본부에서는 전자파 방사차단을 위한 검사기능을 강화하고, 공급사에서는 전자파 방사차단 초과시설을 보완하였으며, 향후 생산장비는 규격의 개정을 추진하였다. 이는 체신부령 제825호인 전자파장해 검정규칙(1990. 9. 3)을 근거로 조치하였다.

나. 2019년 북한의 태도

2019년 중반에 들어서면서 대한민국에 대한 북한의 속내 및 태도를 언론에서는 다음과 같이 보도하였다(북한 童詩에 미국 땅 불바다로, 2019. 5. 16, 조선일보).

<보도전문> 북한당국이 작년 대륙 간 탄도 로케트(ICBM)와 수소탄 보유를 과시하며 미국과 한국을「승냥이」「삽살개」로 조롱 비난하는 동시집을 발간한 것으로 15일 확인됐다. 비핵화 의지를 내세워 한미와 연쇄 정상회담을 갖는 등 파상적인 평화공세를 펴는 와중에도 내부적으로는 핵무력 보유의 정당성을 선전하고 한 · 미에 대한 적대감을 고취하는데 매진한 것이다.

동아대 강동완 교수가 입수해 이날 공개한 북한 내부도서「축포성」은 약 190페이지 분량으로 어린이 · 청소년용 시 130편을 담았다. 800만 북한 청소년의 사상교육을 책임지는 김일성 · 김정일 사회주의청년동맹 직속의 금성청년출판사에서 작년 펴냈다. 책표지에 해님을 우러러 부르는 노래란 부제와 주체 107(2018)이라는 발간년도가 적혀있다. 이 책은 통일부(북한자료센터)도 확보해 보관중이다. 다만 특수도서로 분류돼 일반엔 공개되지 않는다.

「축포성」에는 ICBM과 핵폭탄의 위력을 과시하며 미국 땅을 날려 버리겠다는 표현이 들어간 시들이 유난히 많다.「내나라 제일 쎄다야」란 시에선 어제는 대륙 간 탄도로케트/저 하늘에 씽 날아오르고 /오늘은 수소탄 꽝 꽈르릉 아무리 제재와 압박을 해도/(미국놈들) 불벼락에 몽땅 타죽고 말걸 이라고 했다.「몰랐지 알았지」란 시는 몰랐지 미국 놈들아/우리나라 위협해도/수소탄 하늘땅을 울릴 줄 정말 알았지/구린내 나는 그 상통(얼굴)/또 들이밀 땐/미국 땅이 통째로 없어질 줄을! 이라고 했다.

「온 세상에 만만세」라는 시에는 우리의 탄도 로케트/제일이야 만세! 만세!/날강도 미제 놈들/미국 땅을 통째로 잠글 거야란 표현이 나온다. 이밖에도 미국땅 지구상에서 송두리째 사라질걸(복수의 강타). 미국 놈들 꼴 좀 봐/그(핵미사일)앞에선 이 행성에/숨을 곳 없어 (아무데도 없구나). 지도우(위)엔 미국 놈 숨쉴 곳 없다/멸망의 무덤까지 한 뽐(뼘)이구나 (한 뽐이구나) 등의 표현이 무수히 등장한다.

북한이 내부적으로 도널드 트럼프 대통령을 원색 비난하는 정황도 이 책을 통해 확인됐다.「트럼프의 개나발」이란 시는 짖어대는 트럼프야/ 미친개에겐 몽둥이 찜질/명약이란다/수소탄 맛 한번/ 먹어 보겠나 라고 했다. 또 다른 시「복수의 강타」에는 늙다리 트럼프야/ 우린 빈말 모른다/ 겁에 질린 개처럼 너는 자꾸 짖어대도---라는 표현이 나온다.

하노이 회담 결열 이후 북한은 대외적으로 트럼프 행정부 고위 관리들을 맹비난하면서도 김정은 국무위원장의 대화상대인 트럼프 대통령 개인에 대한 비난을 자제해 왔다. 전직 통일부 관리는 이 같은 겉모습과 달리 북한 내부적으로는 트럼프 대통령에 대한 조롱 비하가 광범위하게 이뤄지고 있음을 짐작하게 해준다고 했다.

김정은과 작년에만 세 차례 정상회담을 가진 문재인 대통령을 조롱한「미국 산 삽살개」라는 시도 있다. 우리 집의 삽살개/하루 종일 졸졸 나(북)만 따른다지만/이상도 하지/제 죽을 줄 모르고/승냥이(미국)만 따르네. 꽈릉꽈릉 불벼락에/승냥이는 즉살되면/청와대의 삽살개/불고기가 될 걸 뭐라는 내용이다.

강동완 교수는 남북, 미·북 관계가 가장 좋았다는 작년에 이런 책이 나왔다는데 주목해야 한다며 겉으론 상냥한 미소를 짓는 북한이 속으로 무슨 생각을 하는지, 우리가 김정은의 위선에 속고 있는 건 아닌지 곱씹어 봐야 한다고 말했다. 국책연구소 관계자는 도서의 내용은 김정은의 의중과 노동당의 정책방향을 반영한다고 했다. <이용수 김명성 기자>

참고자료

(1) 전화시보제 실시준비계획(1980. 3. 27).

체신부에서는 전화시보용 특수번호, 전화시보장치의 설치장소 등 전화시보제의 실시준비계획을 공업진흥청장에게 통보하였다(전화시보제 실시운영, 1980. 3. 27, 체신부). 이 계획은 체신부 전무국 회선운용과장이 주관하고 전무국장, 차관(정규석), 장관(배상욱)의 결재를 거쳐 발송되었다.

(2) 전화시보제 실시계획(1980. 6. 9)

1980년 중반 체신부에서는 전화시보제 실시에 따른 방침을 확정 시행하였다(전운

1343-22513, 전화시보제 실시, 1980. 6. 9). 이 계획은 체신부 전무국 회선운용과장이 주관하고 전무국장(장기익), 차관(정규석), 장관(윤흥정)의 결재로 확정되었으며, 당시 협조기관은 계획국장(이응효), 시설국장(이희두), 보전국장(강이근), 경리국장, 기술정책관(정도길)으로 되어 있다.

(3) 행정통신망 건설계획(1984. 10. 4)

1980년대에 들어서면서 우리나라는 정보통신의 필요성이 점증되고 있어 한국통신에서는 국가기관에게 종합정보통신 서비스를 제공하기 위한 행정통신망 건설계획을 수립 추진하였다(정보통신 기본계획, 1984. 10. 4, 한국통신). 이 계획은 계획국 종합망과장(우승술), 통신망계획부장(이정욱)이 주관하고 계획국장(이응효), 부사장(배동조), 사장(이우재)의 결재로 확정 시행되었다.

(4) 행정통신망 활성화 추진계획(1993. 6)

1993년 한국통신은 전·평시 국가주요통신운용을 일원화하고 생존성을 확보하기 위하여 행정통신망 활성화 추진계획을 수립하였다(행정통신망 활성화 추진계획, 1993. 6, 한국통신). 이 계획은 기술기획실 종합망계획부장(문양환), 통신망계획국장(안승춘)이 주관하고 기술기획실장(이정욱)의 결재로 확정 시행되었다

(5) 부산첨단통신기지 구축 기본계획(1993. 12)

한국통신에서는 부산지역에 첨단통신기지를 구축하기 위한 계획을 수립 추진하였다(부산첨단통신기지 구축 기본계획, 1993. 12). 이 계획의 주요내용은 정부의 부산지역 개발사업과 기술발전추세 등을 고려하여 녹산국가공단에 대한 통신지원, 부산정보통신센터의 구축, 부산 해상신도시 건설을 위한 소요통신의 공급 등이었다. 이 계획은 기술기획실 교환망계획부장(유학목), 통신망계획국장(안승춘)이 주관하고 실장(이정욱)의 결재로 확정 시행되었다.

(6) 고선명TV 전송기술 개발계획 보완(1997. 5. 7).

1997년 정부는 고선명TV 기술개발을 위해 정보통신부는 전송시스템, 통상산업부는 수상기, 공보처는 스튜디오를 분담 추진키로 정함에 따라 한국통신은 이를 위한 실행계획을 수립 추진하였다(HDTV전송기술 개발계획 보완, 네트 2521-1539, 한국통신). 이 계획의 주요내용은 ① 고선명TV 전송기술은 우선 2002년 월드컵 중계방송에 활용토록하고, 위성전송시험까지 시행한다, ② 이 개발목표에 맞추어 고선명TV 전송기술 개발을 위한 보완계획을 수립 시행한다는 것이었다. 이 계획은 네트워크본부 4급통신(최연석), 무선기술부장(송종일), 기술기획국장(김문수)이 주관하고 본부장(이상복), 부사장(이정욱), 사장(이계철)의 결재로 확정 시행되었다.

제9장
전국 500여개의 전화국으로 확장 및 운영

1. 통신망 선진화를 위한 청사진

1.1 전국에 경제적 전화공급추진

가. 도시지역의 전화공급

우리나라의 정보통신 발전과정을 보면 1960년대 초까지의 일반적 인식은 통신은 개인간의 단순의사 전달기능이고, 소수계층의 전용물로 취급되었다. 그리고 사치품의 하나이고 산업발전의 부산물시 되면서 정부는 적극적인 개발정책이나 투자에 인색하였다. 1961년말 우리나라 전체 시내전화시설은 총 12만3천 회선을 운용하고 있어 100인당 보급률이 0.4대에 불과한 실정이었다.

이후 1962년부터 1981년까지의 20년을 지나오면서 통신이 경제사회발전의 필수적 전제조건으로 인식되기 시작하였다. 1970년 우리나라의 전국 전화시설은 418,100회선에 불과하였으나 1975년에는 867,700회선으로 늘어났으며 1976년에는 1,066,700회선으로 늘어나서 처음으로 1백만 회선을 넘어서게 되었다. 그리고 1981년 말 시내전화는 3,491천 회선으로 늘어나면서 100인당 보급율도 8.4대로 껑충 뛰어올랐다.

그러나 당시 고도경제성장에 따른 급속한 통신시설 수요증가에 부응하지 못하여 전화적체가 쌓여가기 시작하고 통신서비스수준도 미흡한 상태를 벗어나지 못하고 있었다. 이때 마침 정부는 경제사회발전 5개년계획을 세워서 추진하기 시작하였는데, 그 중 통신현대화사업은 중요한 부문을 차지하게 되었다. 이 시기에 전자교환시설의 대량공급을 시작하게 됨에 따라 먼저 지역별 적정한 숫자의 전화국 건설과 적정한 전화공급량에 대한 경제성을 검토할 필요가 있었다.

당시 체신부는 우리나라의 합리적이고 경제적인 전화국의 치국수를 결정하기 위한 최적방안을 찾아내고자 노력하였다. 이를 위해 표본지역을 대전시내로 정하였으며, 총 소요비용에는 국사, 대지, 교환시설, 전원시설, 중계시설, 선로시설, 유지보수를 위한 비용을 적용하였다. 이때 전화국 치국수에 따른 경제성 검토결과는 <표 9-1>과 같다.

<표 9-1> 전화국 치국 수에 따른 경제성

전화국 수	1	2	4	5	6	8
종국용량(천회선)	400	200	100	80	70	50
국간거리(Km)	-	7.5	6.5	5.2	5	4.5
총 비용(억원)	4,120	3,366	2,971	2,950	2,893	2,894

검토결과 이 도시지역은 종국용량 10만회선, 국간거리 5-10Km로 치국하는 방안으로 결정하였다(5차 5개년계획 전화교환망계획, 1981, 체신부 계획국). 제5차 5개년계획 기간(1982년-1986년) 한국통신은 전자교환기를 포함한 전체 전화시설을 연간 100만 회선씩 확장해 나가는 입장에서 이러한 경제적 치국방안이 기준이 되었다. 이는 우선적으로 20개 도시에 적용하였다.

그 대상지역은 서울, 부산, 인천, 수원, 성남, 안양, 춘천, 원주, 청주, 대전, 전주, 광주, 목포, 여수, 대구, 포항, 구미, 마산, 울산, 진주로 정하였다. 1981년 말 20개 도시지역에는 총 105개의 전화국이 운용되고 있었다. 5차 5개년계획 기간에 17개의 대형전화국을 신설하는 계획을 세웠으며, 5개의 전화국은 폐국하기로 결정하였는데, 세부내역은 <표 9-2 >와 같다.

<표 9-2> 도시지역 전화국 신설(5차 5개년계획)

신설국(17)	가락, 신사, 양재, 사당, 시흥, 성수, 수영, 구포, 대연, 반여, 수성, 금오, 동인천, 군포, 세류, 북울산, 동여수
폐국(5)	중앙(구), 영등포, 인천, 부평, 수원

1984년 한국통신 계획국 통신망계획부(부장 이정욱)는 시내전화 장기치국계획(1985년-1986년)을 수립하였다. 이 기간에 전 국토의 균형발전과 지역별, 전화국별로 원활한 전화공급을 위해 전국적으로 총 37개의 전화국을 신설 추진하였다. 그 세부내역은 다음과 같다.

(1) 수도권에는 동수원, 서수원, 동안양, 석수, 부곡, 서의정부, 능곡, 미금, 신장, 팽성, 상계, 제2성남 등 12개 전화국을 신설한다.

(2) 부산에는 다대포, 사직, 명지, 가야, 재송, 금성 등 6개 전화국을 신설하고, 대구에는 성서, 동촌, 봉덕 등 3개 전화국을 신설한다.

(3) 인천에는 북부천, 석남, 남인천, 동인천, 북인천, 소례 등 6개 전화국을 신설하고, 대전에는 동대전, 진잠, 대덕 등 3개 전화국을 신설한다.

(4) 광주에는 동광주, 상무, 본촌, 하남 등 4개 전화국을 신설하고, 전주에는 남전주, 팔복 등 2개 전화국을 신설한다. 그리고 강원에는 남춘천전화국을 신설한다.

이어서 1986년 한국통신 계획국 통신망계획부(부장 이정욱)는 서울, 부산, 대구, 광주, 전주, 대전, 인천 등 15개 도시 등 대도시 중장기 치국계획을 수립하였다(1986. 12. 26). 이 계획에 의해 1980년대 우리나라는 전국 방방곡곡에 전화국을 신설하여 총 전화시설 2,300만 회선을 운용하게 되었다.

나. 중소도시 및 농어촌지역의 경제적 공급추진

농어촌전화의 경우 왜관통화권을 표본지역으로 하여 경제적 치국방안을 검토하였다. 당시 왜관통화권은 종국기수요(1996년)를 2만 회선으로 산정하였으며, SDM 또는 TDM기종을 공급하여 지역 내 면단위 전화를 자동화하였다. 왜관지역현황을 정리하면 왜관을 중심으로 한 선로거리는 평균 13Km이었으며 구간별로는 6.1-21Km로 조사되었으며 세부내역은 <표 9-3>과 같다.

<표 9-3> 왜관통화권 현황(1981년)

구간	거리(Km)	구간	거리(Km)	구간	거리(Km)
왜관-석적	8.1	왜관-지천	10.2	왜관-천평	21.5
-약목	6.5	-동명	21.9	-북삼	10.2
-칠곡	19.5	평균거리	13		

한편 인접통화권인 대구(태평전화국)와의 거리는 25Km, 구미와의 거리는 16.7Km로 확인되었다. 이러한 상황에서 왜관통화권의 경우 왜관을 독립 치국하는 방안, 대구통화권에 통합하는 방안, 구미통화권에 통합하는 방안 등 3개 방안에 대하여 경제성을 비교 검토하였다. 검토결과 왜관 독립치국 방안이 유리한 방안으로 확인되었다.

그리고 중소도시 및 농어촌 지역(132개 지역)에는 1981년 말 당시 총 173개 전화국을 운용하고 있었으며 5차 5개년계획 기간에 14개를 신설하는 계획을 추진하였으며 세부내역은 <표 9-4>와 같다. 그리고 이 지역의 경제적 치국을 위해 통화권 내 집중국에는 TDM을 공급하고 읍면지역에는 원격교환장치(Remote Unit)를 설치하였다.

<표 9-4> 중소도시 및 농어촌지역 전화국 신설(5차 5개년계획)

신설국(14)	서천, 곡성, 광양, 구례, 장흥, 고흥, 발안, 청평, 왜관, 정선, 동해(북평), 단양, 제주고산, 장성

1980년대 중반 한국통신 계획국 통신망계획부(부장 이정욱)는 농어촌전화의 광역자동화를 위하여 「농어촌지역 장기치국 및 통신망계획」을 수립하였다(1985. 11. 28). 이 계획에 의해 우리나라 농어촌 전 지역에 자동전화를 공급하였으며 결국 1987년에는 전국전화자동화를 달성하였다. 이때 디지털방식의 교환기와 전송로를 공급하여 현대화하였다.

1.2 시내전화의 대량공급

가. 시내전화공급 5차5개년계획

한국전기통신공사가 출범하면서 계획국 도시계획부(부장 이정욱)에서는 시내전화를 대량공급하고 통신방식을 전자식으로 전환하였다. 특히 도시지역의 시내전화 확장을 위해 1982년도 시내전화 공급계획, 1983년도 시내전화 공급계획, 1984년도 시내전화 공급계획, 1985년도-1986년도 시내전화 공급계획을 수립 추진하였다(1982. 1-1984. 6).

이때 한국통신은 정부의 5차 경제개발 5개년계획에 맞추어 가입전화시설의대량공급을 추진하였다. 한국통신 계획국 통신망계획부(부장 이정욱)는 통신부문의 5차 5개년계획에 의해 총 608만9천 회선의 가입전화시설을 공급 추진하였으며 연도별 공급계획은 <표 9-5>와 같다(통신망 현대화계획, 1985. 12. 17. 한국통신 계획국 통신망계획부). 이 계획의 주관부서 및 결재자는 제9장 말미의 참고자료 편에 기록되어 있다.

<표 9-5> 5차 5개년계획의 가입전화 공급계획(단위 1,000회선)

연도별	1982년	1983년	1984년	1985년	1986년	계
당년	923	1,041	1,327	1,394	1,404	6,089
누계	4,773	5,641	6,863	8,125	9,529	9,529

여기에서 보는 바와 같이 통신사업 5차 5개년계획을 통하여 양적, 질적으로 급격한 성장을 하였다. 특히 전자교환기, 광통신 등 첨단기술 운용능력을 확보하게 되었고, 전자교환기를 년 100만회선대로 대량 공급함으로써 1987년에는 전화적체를 완전 해소하는 성과를 거두었다. 또한 전자식 특수서비스, 차량전화 등 각종서비스도 공급하였다. 그러나 전화보급수준은 1983년말 100인당 12.3대로 일본, 미국 등 선진국에 비해 크게 뒤떨어져 있었다. 또한 한국통신은 5차 5개년계획이 완료되는 1986년의 전화보급 및 통신의 선진화 목표를 <표 9-6>과 같이 정하여 추진하였다(통신망 현대화계획, 1985. 12. 17. 한국통신 계획국 통신망계획부). 이 계획의 주관부서 및 결재자는 제9장 말미의 참고자료 편에 기록되어 있다.

<표 9-6> 5차 5개년기간 시내전화 발전전망

구분	1981년말	1983년말	1986년말
1가구당 전화보급(대)	0.45	0.55	1
100인당 전화가입자(대)	8.9	12.3	19.3
100인당 전화기(대)	11.8	15.2	25.7
시내전화 자동화율(%)	88	92.3	99
시내교환시설 전자화율(%)	14.1	34.4	64
시내전송로 디지털화율(%)	12	35.8	47

한편 통신장비의 생산기술수준은 선진기술을 도입하는 단계이고, 시공 및 운용기술은 자립단계에 들어서고 있었다. 그리고 첨단기술은 모방위주에서 일부 개발 착수단계에 있어 이의 개발촉진이 요구되고 있었다. 인력구조에 있어서도 기술고도화에 대응하기 위한 중견사원이 부족한 상태이고, 전반적인 기술수준 미달로 구조적 결함을 가지고 있었다. 따라서 정보화사회를 선도할 수 있는 고급기술 인력의 단계적 확보가 요구되었다.

이어서 한국통신은 2000년대 정보통신 선진국이 진입을 위해 다음과 같이 통신시설을 대량 공급하고 디지털화 계획을 수립 추진하였다(통신망 현대화계획, 1985. 12. 17. 한국통신 계획국 통신망계획부). 이 계획의 주관부서 및 결재자는 제9장 말미의 참고자료 편에 기록되어 있다.

첫째, 1987년까지 가입전화 공급율은 100%를 달성하고, 1983년에 530만 회선이던 가입전화시설을 2001년에는 2,200백만 회선으로 확장 추진한다. 그리고 100인당 보급률도 1983년 12대로부터 2001년에는 41대로 획기적으로 향상시킨다.

둘째, 1987년부터 전량 디지털 전송로를 공급하고, 1996년까지 기계식 자동교환기를 철거 완료하며, 1997년부터 반전자식 교환기의 철거를 개시한다.

셋째, 교환시설의 디지털화를 1983년 0.1%에서 2001년에는 78%로 끌어올리고, 전송로의 디지털화는 1983년 30%로부터 1996년에는 100% 달성한다. 이에 따른 시내전화의 연도별 디지털화계획은 <표 9-7>과 같이 수립 시행한다. 이에 따라 농어촌지역은 1986년에 광역화를 완성하고, 1986년부터 국간전송로에 광통신을 공급한다.

<표 9-7> 시내전화 디지털화 계획(단위 %)

구분	1987년	1989년	1991년	1996년	2001년
교환기 시설	15	21	32	59	78
국간중계 시설	55	65	73	100	100

나. 가입전화수요의 완전충족

한국통신과 정부는 6차 5개년계획의 주요사업으로 전화공급의 중장기목표를 <표 9-8>과 같이 수립 추진하였다(제6차 경제사회발전 5개년계획 통신부문계획, 1986. 10, 통신계획위원회).

<표 9-8> 중장기 시내전화 공급목표

구분	1986년	1991년	1996년	2001년
전화시설(1,000회선)	8,810	13,410	17,820	21,670
100인당 보급률(대)	18	26	35	40
전자화율(%)	65.3	87	100	100
자동화율(%)	99.2	100	100	100

이때 시내전화는 2001년에 21,670천 회선으로 늘리고 100인당 보급률은 선진국 수준인 40대로 향상시키며 전자화율은 100% 달성하는 계획을 수립하였다. 제6차 5개년계획 중 통신부문계획의 기조는 가입전화수요의 완전충족에 두었다(제6차 경제사회발전 5개년계획, 1986. 10, 통신부문계획위원회). 그 주요내용은 다음과 같다.

첫째, 가입전화의 수요충족 및 디지털화를 추진한다. 만성적 전화적체를 1987년까지 해소하고, 1987년까지 가입전화시설을 완전 자동화한다. 그리고 전전자교환기를 단계적으로 공급확대하고 아날로그 교환기 공급을 단계적으로 감소한다. 6차 5개년계획 기간에는 가입전화시설을 총 560만 회선을 공급하며 연도별 공급계획은 <표 9-9>와 같다. 6차 5개년계획이 끝나는 1991년에는 가입전화시설의 디지털화율은 1986년 말 8%에서 27%로 향상시키고, 100인당 보급률은 1986년말 18대로부터 26대로 끌어올리도록 계획되었다.

<표 9-9> 가입전화시설 제6차 5개년계획(단위 1,000회선)

구분	1986년말	1987년	1988년	1989년	1990년	1991년
수요	7,883	8,792	9,745	10,620	11,475	12,329
당년공급	-	1,260	1,070	1,070	1,100	1,070
당년철거	-	260	240	310	320	270
시설누계	8,812	9,941	11,039	11,829	12,609	13,409

둘째, 국간전송로 시설을 6차 5개년계획 기간에 총 62만4천 회선을 공급하고, 전전자교환기 공급확대와 데이터통신 수요증가에 따른 디지털화를 추진한다. 이를 위해 광통신시설을 공급확대하고 실선케이블을 디지털방식으로 대체한다. 이 기간의 국간전송로시설 공급계획 및 디지털화 계획은 <표 9-10>과 같다. 그 후 1995년 말 전화보급율은 100인당 41.5대를 달성하였으며, 전화시설수로 보면 세계 9위, 100인당 보급대수로는 싱가폴(19위), 대만(20위)에 이어 세계 21위를 달성하였다.

<표 9-10> 국간전송로시설 제6차 5개년계획(단위 1,000회선)

구분	1986년	1987년	1988년	1989년	1990년	1991년
당년공급	-	114	123	124	125	138
시설누계	1,186	1,276	1,371	1,466	1,560	1,666
디지털화율(%)	47.8	53	59	63	68	71

다. 전화국 대지 및 건물확보

1981년에는 전국적으로 가입전화국사 32개국을 확보하였으며 이를 위하여 3,383백만 원을 투자하였다. 당시 대지는 중도시에서는 평당 23만3천원, 군읍소재지의 경우 평당 14만원에 구입하였다. 그리고 1982년에는 1982년-1984년도 소요건물을 건축하기 위한 대지 7개국분을 1,992백만 원의 예산으로 확보하였다. 이때 대지는 서울 변두리지역은 평당 50만원, 충무로의 경우에는 평당 1억 원에 매입하였다. 또한 중도시 대지의 매입단가는 평당 21만5천원, 군읍소재지는 10만원이었다.

한편 전화국 건물은 1981년에 91개국(금액 53,631백만 원), 1982년에 38개국(금액 22,331백만 원)을 확보하였다. 또한 1982년도 사업으로 통신시설의 신증설을 위해 50개 전화국의 대지 건물을 확보 건설하였으며 여기에 42,770백만 원을 투입하였다. 1982년도 대지 및 건물 등 기초시설 확보방침과 1982년도 사업은 다음과 같이 수립 추진하였다(1982년도 주요사업계획 및 당면과제, 1981. 11, 한국전기통신공사 계획국).

첫째, 대지는 1984년 시설국의 대지를 확보하고 건물은 1983년 시설국의 국사를 확보한다. 그리고 통신구 및 기초관로는 도로계획과 병행 시공토록 한다.

둘째, 대지 매입 8국(1,743백만 원), 건물 44국(45,601백만 원)을 추진하고, 이를 위한 소요예산 47,344백만 원을 확보한다.

셋째, 통신구 21Km(42,098백만 원), 기초시설 50Km(7,400백만 원) 그리고 도로유관공사 31Km(2,983백만 원)를 시행하고, 소요예산 52,481백만 원을 확보 추진한다.

2. 전자교환기 공급시대 개막

2.1 전화시설 공급방침

가. 도시지역 및 농어촌지역 공급

경제사회발전 5차5개년계획 기간에 통신시설의 공급은 도시지역과 농어촌지역으로 구분하여 추진하였다. 먼저 대도시 및 통화량이 많은 주요도시의 경우 1982년까지 공급계획이 확정된 도시에는 공간분할방식(SDM) 교환기, 시외용은 시분할방식(TDM) 교환기를 공급하였으며 그 세부내역은 <표 9-11>과 같다.

또한 체신부 계획국 계획3과(과장 이정욱)에서는 1983년부터 지역별로 전자교환기의 기종을 선정하는 것으로 정하였으며 서울, 부산, 대구지역은 제1기종(M10CN)과 제2기종(No1A)을 혼용 공급하는 방안으로 결정하였다. 그리고 증설국의 경우는 기 설치기종으로 증설하고 신설국은 제2기종(No1A)으로 공급하며, 기타 도시지역은 현 설치기종으로 신설 또는 증설하여 기종을 단일화하였다(전화교환망 계획 5차5개년계획, 1981. 8, 체신부 계획국). 또한 도시지역 전화국의 전자교환기종 공급방침은 다음과 같다.

(1) 전자교환기의 기종별 특성을 보면 제1기종(M10CN)의 처리통화량은 6천어랑이고 시

스템용량은 2만-3만회선이어서 중소용량 교환기이다. 반면 제2기종(No1A)은 처리통화량이 1만어랑이고 시스템용량은 3만-9만회선으로서 대용량 교환기이다.

(2) 지역단위로 기종을 통일하여 공급하면 유지보수 상 편의는 있으나 경제성있는 공급이 곤란하므로 국 단위로 기종을 선정하여 공급한다. 그리고 3년 주기로 공급함을 원칙으로 하며, 부득이한 경우에 한하여 2년 주기로 공급한다.

(3) 교환기 특성, 투자비 및 유지보수 면을 검토한 결과 향후 5년 동안의 국별 수요가 3만회선 이하인 경우에는 1기종(M10CN)을, 3만회선 이상인 경우에는 2기종(No1A)을 공급한다.

<표 9-11> 도시지역 통신시설 공급방침

구분	SDM교환기	TDM교환기
총괄국(4)	서울, 대전, 광주, 대구	
중심국(18)	부산, 마산, 포항, 진주, 구미 수원, 청주, 춘천, 전주, 목포, 원주	충주, 천안, 강릉, 안동, 홍성, 순천, 제주
집중국(130)	인천, 울산, 안양, 성남, 여수	군산 외 124개국
계(152)	20	132

또한 농어촌지역은 통화권 모국을 중심국 7개, 집중국 125개 등 총 132개로 정하였으며 공급기종은 원칙적으로 시내 및 시외 겸용 시분할교환기(TDM)를 설치하는 것으로 정하였다. 그리고 기존의 기계식 자동교환기 설치국과 기계식 지동교환기의 공급이 시급한 국은 철거물량으로 공급토록 하였으며, 읍면단위는 가급적 치국을 억제하였다. 이때 시분할교환기의 공급기준은 모국의 경우 6천-2만 회선 규모의 독립교환기, 분국은 1천-6천 회선 규모의 종속교환기 그리고 자국에는 1천 회선 이하의 원격교환장치를 공급하도록 하였다.

한편 5차5개년계획 기간에 기계식 자동교환기의 철거는 가급적 억제하였으며, 철거재배치를 고려하여 EMD방식보다는 ST방식을 철거하게 하였다. 그 철거기준은 수요해결이 불가능한 국사가 충만된 국, 국사설비의 노후로 개축이 필요한 국, 교환시설의 노후로 대체가 불가피한 국, 장기치국계획상 폐국, 대도시 상업중심지역의 수요밀집 국 등으로 정하였다. 그리고 이들 철거시설은 정비 후 익년에 재활용하고, 철거물량의 70%까지 재활용하는 것으로 추진하였다.

당시 재활용기준은 기계식 자동교환기 설치지역으로 국사여유가 있는 국에 증설하거나 통화권 모국으로 방식변경이 시급한 지역과 통화권내 분국으로 수요밀집지역(자석식 700회선 이상국)에 공급토록 하였다. 이 방침에 따라 5차 5개년계획기간(1982년- 1986년)에 총 295,500회선의 기계식 자동교환기를 철거하여 그 중 209,000회선을 재활용하도록 추진하였다(도시전화 공급계획, 1982. 2, 한국전기통신공사 계획국).

또한 이 기간에 전자교환기의 설치공사는 직수입 턴키공사, 직수입 국내공사, 국내조립 국내공사의 3가지 방식으로 진행되었다. 당시 공사별 건설단가를 비교하여보면 국내조립 국내공사가 직수입 턴키공사에 비하여 약 26% 절감되는 것으로 확인되었다. 이에 따라 직수입은 1984년까지로 제한하고 국산화율을 높이고 자체설계기술을 향상시켜 1984년부터 전량 국내공사로 시공 추진하였다.

나. 1982년도 가입전화시설 공급

체신부 계획3과(과장 이정욱)는 한국전기통신공사 출범 첫해이면서 전자교환기 공급초기인 1982년도 사업으로 가입전화시설 공급계획을 다음과 같이 수립 추진하였다(1982년도 주요사업계획 및 당면과제, 1981. 11, 체신부 계획국).

첫째, 전자교환시설은 2년-3년 주기로 공급하고, 기계식 자동교환기 및 수동식교환기는 원칙적으로 1983년부터 신규공급을 중단한다. 그리고 선로시설의 경제적 공급을 추진한다. 1982년도 시설투자 총예산은 836,463백만원을 확보 추진한다.

둘째, 교환시설은 96만4천 회선을 공급하고 이를 위한 소요예산 379,469백만 원을 배정하여 추진하며, 세부내역은 <표 9-12>와 같다. 이때 재배치 사업은 1만9천 회선을 시행하고, 이를 위한 예산은 1,875백만 원을 확보하고, 국간중계 등 그 외 사업에 27,385백만 원이 배정하여 추진함으로서 교환시설 총 예산규모는 408,729백만 원이다.

<표 9-12> 1982년도 교환시설 공급계획

구분	전자식	기계식	자석식	계
추진목표(1,000회선)	608	316	40	964
개통목표(1,000회선)	554	240	40	834
소요예산(백만원)	314,897	63,937	635	379,469

셋째, 선로시설은 선로 및 관로시설에 348,515백만 원, 수동식 통합예산으로 1,078백만 원, 자연부락 전화가설을 위하여 3,871백만 원 등 총 353,464백만 원을 배정한다. 그리고 단말시설 부문에 22,208백만 원을 배정하며 국간 PCM시설 9,100회선(7,072백만 원), 텐덤 PCM시설 13만2천 회선(44,990백만 원) 등 PCM 시설부문에 52,062백만 원을 투입한다.

다. 전자교환기(ESS) 전담반 운영

한국통신은 전자교환시설의 대량공급에 따라서 계획수립에 필요한 국별 자료조사, 가입구역별 수요조사, 특수설비의 기술검토, 운용상 야기되는 전반적인 문제점 등을 파악 분석하여 차기계획수립에 만전을 기하고자 ESS전담반을 구성 운영하였다. 이 전담반은 1982. 2. 15-1982. 8. 31에 운영하며, 인원구성은 <표 9-13>과 같다. 이 전담반의 효율적인 운영을 위해 본사의 도시계획부, 종합계획부, 기술개발실에서 업무지원을 하였다.

그리고 A반과 B반의 담당업무를 별도로 정하여 시행 하였다. A반에서는 전국 50개 도시의 160개 전화국을 대상으로 국별 수요를 측정 하여 단기시설계획을 작성하였다. B반에서는 1983년-1984년도 전자교환기 공급계획을 위한 기술 중 특히 특수설비 도입을 위한 기술검토를 수행하였다. 즉 소프트웨어 센터 운용방안, 가입전화광역화계획, 기종선정, 전자교환기의 특수서비스, Centrex, 신호방식 통일성 등을 전문적으로 검토하였다.

<표 9-13> ESS전담반 인원구성

A반		B반	
성명	소속	성명	소속
이영희(4급)	영동전화국	권태영(4급)	면목전화국
이태영(6급)	중앙건설사무소	조태호(5급)	중앙건설사무소
		박노신(6급)	원효전화국

그리고 제2기종(No.1A)의 도입에 따라 초기 도입분(1983년 3월 개통)에 대하여 개통일을 지키기 위해 ATTI에서 휴일 및 야간근무를 하도록 조치하였으며, 특히1982년 전반기 개통 예정인 전국 전화국의 No.1A기종에 대하여 1981년 12월부터 라인 트랜스레이션(Line Translation) 집중작업을 하였으며 당시 이 작업팀을 전농전화국에 두었으며 여기에 전문가 21명이 동원되었다. 또한 1982년 1월에는 을지전화국에서 제2기종 운용을 위하여 설치국 담당 직원들에게 시험대(LDT) 조작 훈련도 실시하였다.

한편 전자교환기 사업의 성공을 위하여 관련 외국전문가들을 초청하여 사업독려모임을 마련하였다. 1981년 12월 22일 서울 타워호텔에서 개최된 이 연회에는 BTM, ATTI 등 외국회사에서 50여명과 KTC, GSS 등 국내회사에서 10여명을 초청하였다. 또한 당시 체신부에서는 오명 차관을 비롯하여 각 실국장, 과장, 계장, 시설사무소 소장, 부장, 서울체신청의 전자교환기사업 관련 과장, 계장, 해당전화국장 등 40여명이 참석하였다.

2.2 디지털 전자교환기의 도입

가. 기간통신망 디지털화의 필요성

1980년대 중반에 들어서면서 한국통신 통신망계획부(부장 이정욱)은 미래에 대비하여 우리나라의 통신망의 디지털화를 서둘러 추진하는 계획을 수립 시행하였다(1987년도 시내교환망 기본계획, 1985. 11. 28, 한국전기통신공사). 이 계획의 주관부서 및 결재자는 제9장 말미의 참고자료 편에 기록되어 있다. 이 계획의 주요내용은 다음과 같다.

첫째, 비전화계 통신은 본질적으로 디지털신호이므로 복합통신망은 디지털통신망이어야 한다. ISDN의 제1단계 조치로서 전화망을 데이터, 팩스 등 비전화계 통신에 이용하도록 개방하였다(1983. 3. 21). 우리나라는 팩스(FAX) 이용이 급증하고 있으며 10년 이내에 데이터베이스의 구축으로 데이터(Data), 텔리텍스(Teletex), 비디오텍스(Videotex), 화상통신 등의 이용이 급증할 전망이다. 따라서 교환기의 수명을 20년으로 보면 새로 신설되는 교환기는 디지털통신망 구축에 적합한 디지털교환기 이여야 한다. 또한 ISDN의 제2단계 조치로서 전화망의 IDN화를 추진해야 한다. 비전화계 통신은 본질적으로 송신, 수신이 분리되어 전송되는 4선식 통신이므로 교환기도 4선식 교환이 가능한 디지털교환기이어야 한다.

둘째, 비전화계 통신을 위해서는 전송로의 디지털화가 요구되고, 전송품질도 고도화되어야 한다. 전화망과 복합통신망의 전송품질 요구기준을 보면 <표 9-14>와 같다. 따라서 전송로의 PCM화가 필요하고 장거리통신망의 광통신화가 요구된다. 그리고 국간전송로 및 시외전송로는 경제성과 전송품질 때문에 디지털화가 불가피하다. 한국통신은 국간전송로 디지털화는 1985년 43%, 1996년에는 100% 달성할 계획이다.

<표 9-14> 전화망과 복합통신망의 전송품질

구분	통신방식	데이터 전송속도	비트(Bit) 오율
전화망	Analog	2,400bps 이하	10^{-5} 이상
복합통신망	Digital	56,000bps	10^{-7} 이상

또한 구내교환기가 디지털화 됨으로서 가입자 회선의 디지털화의 필요성이 크게 대두되고 있다. 서울중앙전화국의 경우 PBX가 국선 20%, 통화량 60%나 차지하고 있고, 대형빌딩, 호텔 등의 건설 촉진으로 EPABX가 급증하고 있다. 한편 아날로그 시내교환기는 디지털회선과 연결하기 위해서 PCM 단국장치가 필요하다. 국간중계회선은 가입자회선의 12%나 되고, 타국이 증설될 때마다 PCM 단국을 증설해야 한다.

셋째, 대도시에는 시내 탠덤(Tandem) 교환국의 필요성이 대두되고 있다. 서울의 경우 시내 텐덤 시외겸용이 8개국이고, 이 텐덤교환기는 디지털방식이어야 한다. 그리고 교환기의 대용량화에 따라 시외통신망과도 직통망(Direct Route)을 구성할 필요성이 발생하고 있으며 이를 위해서는 디지털교환기이어야 가능하다.

넷째, 통신망 특성상 이점이 많다. 제어방식 면에서 아날로그교환기는 집중제어방식인데 비해 디지털교환기는 분산제어방식이기 때문에 시스템 다운의 위험이 적다. 그리고 설치면적(3만회선 기준)은 아날로그교환기 270-324m^2, 디지털교환기 132-163m^2로서 면적이 반으로 줄어 국사비가 절감된다. 공사기간(3만 회선 기준)의 경우 아날로그교환기 12-14개월, 디지털교환기 7-8개월로 1/2로 줄어들어 공사비도 절감된다.

또한 신뢰도면에서 아날로그교환기는 동적부품을 사용하여 신뢰도 향상에 한계가 있음에 비해 디지털교환기는 집적도 향상 및 컴팩트화로 신뢰성이 높고 고장이 적다. 또한 유지보수 면에서도 아날로그교환기는 국별 단독으로 유인 운용하고 있으나, 디지털교환기는 유인모국, 무인분국 형태로 집중운용이 가능하여 인건비를 절감할 수 있다.

다섯째, 디지털 전자교환기의 공급으로 국내 반도체산업을 활성화한다. 교환기의 반도체 점유비율을 보면 공간분할방식 전자교환기(SD-ESS)는 8-27%인데 비해, 시분할방식 전자교환기(TD-ESS)는 45-55%로 상당히 높다. 이와 관련하여 업체에서는 생산준비가 완료된 상태이다.

종합적으로 볼 때, 디지털교환기는 6차 5개년계획이 시작하는 1987년부터 공급하면 우리나라 통신망현대화의 시기에도 맞는다. 우리나라는 중심국 이상 시외교환기의 디지털화가 완료되고, 농어촌지역에 시분할 전자교환기(TD-ESS)를 대량공급하며, 모든 전송로의 디지털화를 1987년부터 추진하고 있어 시내교환기의 디지털화해야 할 시기가 되었다. 특히 우리나라 통신망은 장기발전계획상 5차5개년계획 기간에는 공간분할방식 전자교환기(SD-ESS)를 공급하여 전화적체를 해소하고, 6차5개년계획 기간(1987년-1991년)에는 디지털화의 기반을 구축해야 한다.

나. 도시용 전자교환기의 공급방침

1980년대 초 체신부는 통신망의 디지털화와 관련하여 도시지역 전화의 디지털화를 추진하고 이를 위한 경제성, 기술성 등을 종합 검토할 것을 요청하였다(통신 1662- 10042, 1982. 8. 24, 체신부). 이에 대하여 한국통신은 체신부에 다음과 같이 보고하였다(연구 120-8918, 1982. 9. 9, 한국전기통신공사).

(1) 도시지역 전화의 디지털화는 1985년에 가서 결정할 계획이고, 국내개발기종 또는 외국기종의 공급여부도 1985년에 결정한다. 외국기종을 공급하는 경우 기종은 1985년에 결정할 예정이며 그 결정자료를 확보하기 위해 S-1240 및 No.5 전자교환기의 국내실용시험을 실시한다.

(2) 상공부의 기술도입상황을 보면 BTM사의 S-1240기종은 1982년 11월, ATTI사의 No.5기종은 1983년 1월에 승인되었다.

(3) 도시용 디지털 전자교환기(TD-ESS)에 대하여는 시스템성능 및 경제성 확인, 기술자립 확보를 위하여 S-1240기종과 No.5기종에 대한 현장시험을 실시한다(연구120-928, 1984. 4. 24). 이 현장시험을 위해 S-1240기종(2천회선)은 영동전화국, No.5기종(1만회선)은 광화문전화국에 설치하여 1차시험은 1985년 4월부터 12월까지, 2차시험은 1986년 12월까지 시행한다.

그 후 1985년 한국통신은 도시지역 시내교환망을 경제적이고 효율적으로 건설하고 장차 종합 디지털통신망의 구축에 대비하여 디지털화 기본계획을 수립 시행하였다(1987년도 시내교환망 기본계획, 1985. 11. 28, 한국전기통신공사). 이 계획의 주관부서 및 결재자는 제9장 말미의 참고자료 편에 기록하였으며, 그 주요 내용은 다음과 같다.

첫째, 1987년부터 도시지역에 디지털방식의 전자교환기 공급을 위해 S-1240 기종과 No.1A 기종의 현장시험을 실시하고 1차 평가결과로 기종을 채택하여 공급한다.

둘째, 1987년도부터 도시지역에 시분할 전자교환기(TD-ESS)를 공급하기 위해 정부 및 한국통신의 부서별 담당업무를 <표 9-15> 및 <표9-16>과 같이 분담 추진한다.

<표 9-15> 전자교환기 공급방침확정-물품규격

주요업무	세부사항	시행기간	담당부서
① 방침확정	기본방침	1985. 10	계획국
	공급규모 및 대상국	1985. 10-11	
② 현장시험	1차 평가	1985. 10-12	기술국, TDX사업단
③ 채택조건협상	기술이전, 표준화 OFFSET 등	1985. 11-1986. 2	기술국, 재무국 TDX사업단
④ 기종채택	한국통신	1986. 3	기술국
	체신부	1986. 4-5	체신부
⑤ 공급물량확정	기종별, 전화국별	1986. 4	계획국
⑥ 규격 및 공법	약식규격	1985. 11-1986. 6	기술국 시설국
	잠정설계기준, 공법	1985. 11-1986. 6	
	품셈	1985. 11-1986. 6	

<표 9-16> 시설공급 및 물자공급

주요업무	세부사항	시행기간	담당부서
⑦ 시설공급	국별 사양서	1986. 5-1986. 10	시설국
	물량산출	1986. 11	
	물량발주, 계약	1986. 12-1987. 3	재무국
	공사발주 및 계약	1987. 1-1987. 4	시설국
	시공 및 개통	1987. 6-1987. 12	
⑧ 물자공급	원자재 확보	1986. 5-1987. 4	재무국
	생산	1986. 12-1987. 6	
	납품	1987. 5-1987. 9	

셋째, 신기종 도입초기임을 감안하여 1987년도에는 최소 필요물량(10만회선 이하)을 공급하고 초기분은 1987년도 후반기에 개통 추진한다. 이를 위해 약식규격, 잠정 설계기준 및 공법으로 추진한다.

넷째, 1988년도에는 S-1240 전자교환기, No.5 전자교환기의 현장시험 2차 평가와 1987년도 공급성과(실 계약가, 추진일정 등)를 종합 평가하여 공급에 반영한다.

2.3 중용량 시외교환기의 활용

1987년 한국통신 계획국은 당시 17개 중심국에 운용중인 시외교환기(AXE-10)에 시내교환기능을 부가하여 시내 및 시외 겸용교환기로 활용하는 계획을 수립 추진하였다(시내 및 시외 겸용교환망 계획, 1987. 1. 9, 한국전기통신공사). 이 계획의 주관부서 및 결재자는 제9장 말미의 참고자료 편에 기록되어 있다. 이 계획의 주요내용은 다음과 같다.

가. 시내 · 시외 겸용교환망의 검토

시내·시외 겸용교환망의 겸용방법 및 경제성을 검토하기 위해 홍성전화국 및 신제주전화국을 대상으로 시외 중용량교환기(AXE-10)에 시내전화기능을 추가하여 시험운용을 <표 9-17>과 같이 실시하였다.

<표 9-17> 시내-시외 겸용교환망 시험운용실적

구분	시외교환		시내교환	
	시설수(회선)	개통일	시설수(회선)	개통일
홍성전화국	9,000	1984. 10. 16	19,000	1986. 6. 1
신제주전화국	8,000	1984. 9. 20	7,000	1986. 7. 27

시내·시외 겸용방법은 TSS, GSS, CPU 및 입출력장치 등 기본시설은 그대로 활용하고, 가입자교환 서버시스템(SSS), 과금 서버시스템(CHS), 특수서비스 서버시스템(SUS), 시내교환용 소프트웨어 등과 같은 시내교환설비를 추가 시설하였다. 이때 시내·시외 겸용교환망의 운용실적을 분석하면 다음과 같다.

첫째, 시내·시외 겸용교환망 공사를 시행한 후 인수시험결과 문제점이 없으며, 시설개통 전후 운용실적을 조사한 결과도 문제점이 없다.

둘째, 시내·시외 겸용교환망의 운용요원은 홍성전화국은 별도공급 시 14명인데 비해 겸용공급 시에는 8명으로 감소하였다. 신제주전화국의 경우 별도공급 시 10명인데 비해 겸용공급 시에는 6명으로 감소하였다. 그리고 설치상면을 보면 홍성전화국은 별도공급 시 283m^2, 겸용공급 시 209m^{2}이고, 신제주전화국은 별도공급 시 326m^2, 겸용공급 시 300m^{2}으로 줄어 상면이 절약되었다.

셋째, 시내·시외 겸용교환망의 경제성을 분석해 보면 초기투자 시부터 겸용교환기로 공급하는 방안이 시내교환기와 시외교환기를 별도 공급하는 경우에 비해 약 7% 경제적이다. 세부검토내역은 <표 9-18>과 같고 여기에서 단위는 회선당 단가(원)이다. 이때 기존 시외교환기에 겸용하는 경우에도 시내교환기(M10CN, No.1A)를 신설하는 방안보다 경제적이다. 이에 따라 AXE-10 전자교환기에 의한 시내-시회 겸용 통신망을 운용하게 되었다.

<표 9-18> 시내-시외 겸용교환기의 공급방안별 경제성비교

구분	초기투자시부터 겸용공급		기존 시외교환기에 겸용	
	별도공급	겸용공급	별도공급	겸용공급
시내교환	314,600	263,164	① M10CN의 경우 신설 299,232 증설 226,018 ② No..1A의 경우 신설 362,668 증설 153,710	253,842
시외교환	372,470	372,470	372,470	
계	687,070	635,634		

나. 시내 · 시외 겸용 교환망 추진

시내·시외 겸용교환망의 겸용은 투자효율을 증대하고, 국사상면적의 이용율을 높이며, 기존시설의 활용으로 시내전화적체를 조기에 해소하고자 추진한다. 이때 시외 중용량 교환기(AXE-10)는 전국적으로 마산, 포항 등 17개 지역에 총 23만 회선을 설치하여 52,875회선을 운용하고 있었다(1986. 7). 따라서 시내가입자 수용가능 시설은 554,000회선으로 파악되었으며, 지역별 세부내역은 <표 9-19>와 같다.

<표 9-19> 시외 중용량교환기의 시내가입자 이용검토(1986. 7)

지역별	시설수	현수용수	시내이용 가능수	지역별	시설수	현수용수	시내이용 가능수
마산	27,000	6,967	110,000	진주	16,000	3,589	10,000
포항	12,000	4,138	22,000	구미	13,000	2,780	25,000
안동	12,000	2,258	30,000	원주	10,000	1,869	36,000
목포	14,000	3,166	16,000	전주	26,000	7,552	102,000
순천	10,000	3,659	9,000	충주	9,000	2,516	22,000
천안	9,000	3,112	10,000	강릉	10,000	3,140	27,000
수원	25,000	6,957	75,000	춘천	10,000	2,083	39,000
청주	10,000	2,730	21,000	제주	8,000	3,945	(7,000)
홍성	9,000	2,414	(19,000)	계	230,000	52,875	554,000

또한 통신망의 디지털화를 조기에 추진하고 운용요원 통합으로 운용비를 절감하는 필요성도 있어서 다음과 같이 추진한다.

첫째, 홍성전화국 및 신제주전화국을 대상으로 시외 중용량교환기(AXE-10)에 시내기능을 추가하여 시험운용한 결과 운영면에서 타당성이 확인됨에 따라 이를 확대 실시한다. 이때 대상지역은 중용량 시외교환기 설치지역으로 한다.

둘째, 시외 중용량 교환기(AXE-10)는 향후 5년간의 시외전화수요까지 충족토록 하고 잔여시설은 시내전화가입자용으로 활용한다.

셋째, 대상지역의 신규수요에 대하여는 시내-시외 겸용교환기로 공급한다. 그리고 공간분할 전자교환기(SD-ESS) 설치 운용국은 시스템 충만 시까지 활용 후 겸용교환기로 공급한다.

2.4 가입구역 및 시내전화망 상황

가. 1980년대 중반 가입구역상황

한국통신은 5차 5개년계획 기간인 1980년대 중반에는 전화가설 불능지역을 완전 해소하는데 총력을 집중하였다. 당시 전국 전화시설의 가입구역상황을 보면 <표 9-20>과 같다(전기통신주요사업계획, 1984, 한국전기통신공사). 여기에서 준가입구역이란 원거리지역으로 전송기술기준을 초과하는 지역, 도시변두리 및 오지로서 독립가옥이 산재하고 있는 지역, 행정구역조정으로 최근 주거지역으로 편입된 지역 등을 말한다.

<표 9-20> 전국 전화시설의 가입구역상황

구분	행정이동 수	가입구역	준가입구역
도시	1,723	1,388(80%)	335(20%)
농어촌	35,423	13,460(38%)	21,963(62%)
전국	37,146	14,848(40%)	22,298(60%)

이 구역에 대해서는 서울은 1985년까지, 그외 도시는 1986년까지, 그리고 농어촌 지역은 1988년까지 가입구역으로 확장 완료하는 계획을 수립 추진하였다(전기통신 주요사업계획, 1984, 한국전기통신공사). 한편 이러한 원거리지역 가입자에게 자동전화를 공급하기 위해 전송로교환장치(LC)를 공급하였다. 이 장치는 1980년에 40개 시스템(2,066천달러), 1981년에는 110개 시스템(6,313천 달러)을 구매하여 설치하였다.

나. 1990년대 중반 시내전화망 운용 및 서비스 수준

한국통신은 1990년대 중반 시내통신망을 위한 교환시설은 총 22,789천 회선을 운용하였다(1996. 12. 30). 그 규모로는 세계 9위에 등극하였으며, 시내교환기의 디지털화율은 선진국 수준인 66%를 달성하였다(시내전화경쟁대응 네트워크 발전전략, 1997. 6, 한국통신 네트워크본부). 당시 전자교환방식별 시설운용상황은 <표 9-21>과 같다. 이때 전화국간 전송시설은 광케이블 7,210천회선, PCM 610천회선 등 총 7,820천 회선을 운용하였으며, 가입자망은 동케이블 39,332천 회선, 광케이블 451천 회선 등 총 39,783천 회선을 보유하게 되었다.

<표 9-21> 전자교환시설 운용상황(1996. 12)

구분	아날로그방식	디지털방식	계
시설수(1,000회선)	7,793	15,136	22,789
시스템수	213	745	958

한편 시내전화경쟁이 시작된 1997년의 시내전화서비스 수준을 평가하면 다음과 같다(시내전화 경쟁대응 네트워크발전전략, 1997. 6, 한국통신 네트워크본부).

① 1987년 전국 자동전화광역화 이후 전국이 일반전화서비스 제공지역으로 확대되었으며, 100인당 전화보급율은 43.1대 수준으로 올라섰다.

② 기본서비스는 시내전화, 시외통화, 국제통화, 착신자 요금부담(080) 등이 제공되었다. 그리고 지능망 부가서비스로는 신용통화서비스, 전화투표서비스, 전국 대표번호서비스, 개인번호서비스, 가상사설망서비스 등이 제공되고 있었거나 시범 중에 있었다. 또한 착신통화전화, 통화중대기 등 11개 특수서비스를 출시하였다.

③ ISDN은 1994년 상용서비스 이후 1996년 말 73개 통화권 지역에 약 8,405가입자가 이용하고 있었다. 이때 기본서비스로서 BRI(2B+D), PRI(30B+D)를 제공하고, 부가서비스로는 착신전환, 지정시간통보 등 11개 서비스를 제공하였다.

이외에도 공중전화통신망(PSTN)과 700교환기를 활용하여 전화사서함(151), 광고, 사서함(152), 연락방(141), 700교환서비스 등의 전화정보서비스를 상용 공급하였다. 그리고 PSTN에 컴퓨터 또는 패킷단말기를 접속하여 정보통신을 할 수 있는 일반교환회선 서비스도 제공하였다.

2.5 공중전화시설의 대량 공급

가. 1980년대 초반 공중전화기 보급

한국통신은 서민대중의 통신편의를 위해 공중전화기를 자동전화국 전역으로 확대 보급하였다. 특히 도시 변두리지역에 중점적으로 공급하고 활동인구의 증가에 따라 무인공중전화기의 공급을 확대하였다. 또한 신형 DDD 공중전화기를 보급하며 부스도 다양한 모델을 개발하여 설치하였다.

이를 위해 1981년도에는 교환시설 3천 회선, 관리공중전화기 2천대, 무인공중전화기 2,630대 등 총 4,630대를 공급하였다. 이때 공중전화보급율은 1,000인당 16대이었으며, 전국 278개 지역에 공중전화를 공급하였다. 이어서 1982년에는 관리공중전화기 4천대, 무인

공중전화기 6천대 등 총 1만대를 공급함으로서 공급지역은 293개 지역으로 확대되었다. 당시 체신청별로 보면 서울 5천대, 경기 710대, 부산 1,500대, 경북 800대, 충청 650대, 전남 920대, 전북 190대, 강원에 230대를 공급 확장하였다. 그리고 보급률도 1,000인당 18대로 늘어나게 되었다. 이때 공중전화기의 구매단가는 701형 86,800원, 702형 8만원, 신형 DDD 1백만원 그리고 공중전화부스는 54만원이었다.

나. 1990년대 공중전화기 공급

1993년 말 우리나라의 공중전화는 총 285,133대가 보급되어 1000인당 보급률은 6.4대에 이르고 있었다. 1994년에는 관리공중전화기 1만7천대, 카드식 공중전화기 11,900대, 차세대 공중전화기 2천대 등 총 30,900대를 공급하였다. 당시 관리공중전화와 무인공중전화의 시설 현황은 <표 9-22>와 같다.

<표 9-22> 관리공중전화와 무인공중전화(1994. 12)

구분	방식별	시설 수(대)	총 시설수(대)	비 고
관리공중전화	주화용	172,589	172,589	1000인당 보급율 6.6
무인공중전화	주화용	48,930	121,544	
	카드용	72,614		
차세대 공중전화	주화카드겸용	2,000	2,000	

여기에서 차세대 공중전화기란 주화, IC카드 및 신용카드를 겸용 사용할 수 있어야 하고 음성안내기능을 제공하여야 하며, 원격감시를 위한 집중관리시스템도 갖추고 있었다. 이 공중전화기는 1989년부터 1994년까지 13억원을 들여 한국통신 통신시스템개발센터에서 개발하였다. 이 공중전화기는 1994년 말까지 무인용 2천대를 최초로 보급하였으며, 관리용은 1995년 말까지 성능시험, 현장시험을 실시한 후 개발을 완료하였다. 이에 따라 삼화통신공업(주), 한서통신공업(주) 등 13개 업체에 기술 전수하였다(일반현황, 1994. 12, 기술기획실).

이어서 한국통신 기획조정실(실장 이정욱)에서는 카드전용 공중전화기 개발계획을 수립 추진하였다(1995. 6). 이 계획의 주관부서 및 결재자는 제9장 말미의 참고자료 편에 기록되어 있다. 이 계획의 주요내용은 주화 및 카드겸용 공중전화기의 개발기술을 활용하여 투자효율성을 높이고 고장요인을 감소시키기 위해 카드전용 공중전화기를 개발하는 것이었다. 이 사업은 업체위주의 개발로 추진하고 조달 및 사업화 추진절차를 검토하여 업체 간 경쟁을 통해 제품의 성능을 향상시키도록 하였다.

그리고 IC카드에 의한 통화기능, 도용방지 기능, 공중전화 집중관리시스템과의 연동기능 등을 개발하게 하였다. 이를 위한 세부시행계획은 1995년 2/4분기 내에 확정하고, 업체제안접수, 제품시험을 거쳐 1996년 2/4분기에는 구매 발주하는 것으로 일정을 추진하였다.

이후 한국통신 네트워크본부(본부장 이정욱)는 통신시장개방 및 경쟁에 대응하여 첨단의 공중전화시설을 확보하고 서비스를 제공하기 위해 공중전화시스템의 기술발전계획을 수립하였다(업무계획보고, 1996. 5). 이 계획의 주관부서 및 결재자는 제9장 말미의 참고자료 편에 기록되어 있다. 이 계획의 주요내용은 다음과 같다.

① 공중전화서비스의 향상을 위한 기술개발방향을 제시하고, 멀티미디어화 및 복지용서비스를 제공하며, 운용관리시스템의 기능을 향상시킨다.

② 신용카드 겸용, 라인파워 기능 등 IC카드전용 공중전화기의 표준화를 추진하고, 요금수납방법, 운용관리시스템 등 주변시스템의 개선방향을 정립한다.

③ 팩스전송기능, 착신기능, 영상전화기능 등 멀티미디어 공중전화기를 개발하며, 수화음량 증폭전화기, 문자/음성변환 전화기 등 복지용 공중전화기를 개발한다.

④ 과금방식의 다양화, 특수서비스 기능 확대 등 공중전화기를 지능화시킨다.

⑤ 이를 위한 세부시행계획은 1996년 4/4분기 내에 확정한다.

한편 1996년도 공중전화사업은 3,078억 원의 적자를 내고 있는 상황이었으며, 당시 공중전화서비스 원가는 NTS 원가에 포함되지 않고 있었다. 한국통신은 공동복지증진을 위한 보편적 서비스인 공중전화의 적자분을 NTS원가에 포함하여 산정하는 방식을 정부에 요망하였다(시티폰 사업대책, 1997. 12. 22, 무선사업본부). 이에 따라 1996년 사후정산 접속료에 실제 발생 원가를 반영하기 위해 가입자 선로의 감가상각 삭감율 15% 전액 인정, 114 안내원가 삭감율 10% 전액 인정, 공중전화 적자분의 NTS원가 7.55원/분 등을 포함하여 검증 NTS요율 17.99원/분을 31.25원/분으로 조정하기를 요망하였다.

3. 서울시내의 전화국 확장운영

3.1 종합현황

서울특별시에는 1970년대 28개 전화국, 1990년대 48개 전화국, 2000년대에는 49개 지사 및 지점을 운영하였으며, 세부내역은 <표 9-23> 및 <표 9-24>와 같다.

1990년대에는 전화국 명칭을 행정구역 명칭을 적용하여 광장전화국은 광진전화국으로 변경하였으며, 마찬가지로 불광전화국은 은평전화국, 잠실전화국은 송파전화국, 천호전화국은 강동전화국, 미아전화국은 강북전화국, 노량진전화국은 동작전화국, 봉천전화국은 관악전화국, 창동전화국은 도봉전화국, 시흥전화국은 금천전화국으로 변경하였다.

그리고 과천전화국은 1988년부터 한국통신 서울지사 관할로 편입되었다. 또한 몇몇 주요전화국은 1984년 기존전화국 폐국에 따라 그 국명을 승계하여 사용하였다. 이때 서울중앙전화국이 폐국되면서 남대문전화국이 그 명칭을 승계하였고, 영등포전화국 폐국으로 당산전화국이 그 명칭을 승계하였다.

1995년에는 전국의 전신전화국 명칭이 모두 전화국으로 변경되었다. 그러나 이때 용산, 성북, 신촌 등 3개 전화국은 당초부터 전신전화국이 아니라 전화국 명칭을 사용해온 관계로 변경이 없었다. 그 후 2002년 KT는 전화국이라는 명칭 사용을 중지하고 지사 및 지점으로 전면 변경하였다.

<표 9-23> 서울시내전화국 운영상황(1970년대/1990년대)

운영시기	전화국명
1970년대 (1978년)	중앙, 을지, 신촌, 불광, 광장, 잠실, 천호, 면목, 동대문, 영동, 반포, 당산, 영등포, 양서, 화곡, 개봉, 노량진, 남대문, 원효, 광화문, 혜화, 용산, 여의, 봉천, 구로, 성북, 미아, 청량 등 28개 전화국
1990년대 (1998년)	을지, 신촌, 은평(불광), 광진(광장), 송파(잠실), 강동(천호), 중랑(면목), 동대문, 영동, 반포, 영등포(당산), 공항, 화곡, 개봉, 동작(노량진), 원효, 중앙(남대문), 광화문, 혜화, 용산, 여의도, 관악(봉천),구로, 성북, 강북(미아), 청량, 신사. 노원(불암/상계), 도봉(창동), 수서, 금천(시흥), 공릉, 과천, 가양(강서), 홍제, 행당, 월곡, 아현, 가좌, 대방, 전농, 성수, 목동, 서초, 가락, 고덕, 방학, 양재 등 48개 전화국

<표 9-24> 서울시내전화국 운영상황(2000년대)

운영시기	전화국명
2000년대 (2004년)	광진, 원효, 강북, 강동, 서초, 화곡, 구로 등 7개의 지사와 중앙,동대문, 중랑, 을지, 전농, 행당, 성수, 신촌, 홍제, 아현, 광화문, 여의도, 용산, 은평, 가좌, 혜화, 도봉, 노원, 성북, 청량, 공릉, 월곡, 방학, 송파, 고덕, 가락, 영동, 양재, 신사, 반포, 수서, 과천, 개봉, 영등포, 공항, 가양, 목동, 금천, 동작, 관악, 대방, 신내 등 42개의 지점 등 총 49개의 지사 및 지점

3.2 전화국별 통신시설 확장 및 운영상황

(1) 가락전화국

잠실전화국 관할지역의 급증하는 전화수요를 분담하기 위해 가락전화국을 신설하였다(1984년). 이 전화국은 대지 1,000평을 확보하여 본건물 13,848m^2, 부속건물 286m^{2}로 설계되었으며, 종국용량 5만회선 규모로 조기 완공을 서둘러 1984년 11월에 준공하였다. 우선 잠실전화국 관내 5개동과 천호전화국 관내 3개동을 수용하기로 정하였다. 이때부터 전자교환기를 공급한다는 방침으로 추진하였으며, 당시 한국통신에서는 1986년도 전화수요가 3만회선 이상일 경우에는 제2기종(No1A)을 공급한다는 방침을 가지고 있었다.

그때 제2기종 공급업체인 금성반도체주식회사에서는 가락전화국이 대도시 대용량지역이므로 이 전화국에 제2기종을 공급해 줄 것을 건의하였다(1982. 12. 3). 한국통신에서는 이 건의내용을 당시 공급방침을 기준으로 면밀히 검토한 후 이를 받아들여 1984년에 제2기종(No1A) 4만 회선을 신설 개통하였다(1985. 9). 당시 잠실전화국 지역인 가락동, 장지동, 문정동, 세곡동, 율현동, 자곡동, 수서동, 내곡동의 23,200 가입자, 그리고 천호전화국 지역인 마천1동, 마천2동, 거여동, 오금동의 16.900 가입자를 전입하였다. 이 신설된 개통전화의 국번호는 402국, 403국, 404국, 405국을 부여하여 사용하였다. 2년 후에는 다시 2만4천 회선을 증설 개통하여(1986. 10), 그때부터 6만4천 회선을 운용하였다. 이에 따라 가입자케이블 6,400회선을 증설하여(1987년), 그해 말에는 총 151,100회선을 운용하였다.

한편 88올림픽 통신지원을 위해 가락전화국에서 올림픽선수촌 간(3.1Km)에 전용케이블(0.5-1,800/0.5-900)을 신설하였으며, 가락전화국에서 올림픽 기자촌 간(3,1Km) 에 전용케이블(0.5-1,800/0.6-900)을 설치하였다(1987년). 이때 가락전화국과 민정당 연수원 간(0.9Km)에 시내케이블(0.4-100)과 가락전화국에서 상무체육관 간(3.5Km)에 시내케이블(0.65-900)도 시설하였다. 그 후 1990년대 후반 전자교환기(SE) 7,000회선을 공급하여 1998년 7월 개통예정으로 추진하다가 IMF사태로 인한 수요가 격감하는 바람에 도중에 공급을 취소하였다.

1990년 당시 잠실전화국 가락분국장은 2급통신기술(박명환)으로 보직되었다. 그리고 1995년 가락분국장은 고철식이 재직하였으며, 1997년 가락전화국 국장은 2급통신기술(박희식)로 보직되었다. 주소는 서울시 송파구 가락동 77-6이었으며, 당시 명칭은 잠실전화국 가락분국이었다(1995년). 그 후 잠실전화국의 국명이 바뀌면서 송파전화국 관할의 가락전화국으로 운영되었다(1996년-1999년).

(2) 가좌전화국

1980년대 초까지 기계식 자동교환기(EMD방식) 2만5천 회선을 운용하였다(1981. 12). 당시 가입자는 21,700명, 전화적체는 3,270건이었으며, 이 지역의 월평균 전화청약건 수는 약 350건이었다(1981. 9). 이처럼 누적되는 전화적체를 해결하기 위해 1980년도 전자교환기 공급사업(80-3차BTM-190k)으로 전자식(M10CN방식) 2만 회선을 공급 개통하였다(1982. 4). 이 신방식의 전화시설에 대하여는 새로운 국번호(844국, 845국)를 부여하였으며, 이때 모든 적체는 해소되었다. 그리고 불광전화국 관할지역인 응암2동, 응암3동과 신사동 일부를 이 전화국으로 수용 변경하였다.

이어서 1983년도 전자교환기 공급사업(83-KTC-124k)으로 1만6천 회선(304국, 305국)을 증설 개통하였다(1983. 12). 이 공사는 SST에서 담당 시공하였으며, 당시 공사감독은 중앙건설사무소 시설본부 통신기술직(김영수)이 수행하였다. 이에 따라 당시 전화적체 3천

건을 해소하였으며, 시설규모는 6만1천 회선으로 늘어나게 되었다(1984. 1). 그 후 5차 5개년계획 마지막 해에 1만 회선을 증설하고(1986. 6), 다음 해에 다시 4천 회선을 확장하였으며, 도시 시분할교환기(TD) 1만 회선을 공급함에 따라 그해 말에는 총 8만5천 회선으로 늘어나게 되었다(1987년).

이에 따라 발동발전기도 기존의 중용량(500KW)에서 대용량(1,000KW)으로 교체하였으며, 시내케이블은 13만2천 회선을 운용하였다(1987년). 한편 1980년대 후반에는 당시 변두리지역인 화전에 전송로집선장치(L/C)를 설치하여 자동전화를 공급하였다. 한편 TDX-1A 가반형 교환기 1대를 1990년대 중반까지 운용하였다(1996. 5).

1990년 당시 불광전화국 가좌분국장은 2급통신기술(홍택구)로 보직되었다. 1995년 은평전화국 가좌분국장은 한영태가 재직하였으며 그 후 1997년 가좌전화국장은 2급 통신기술(박선)로 보임되었다. 주소는 서울시 서대문구 북가좌동 333-1이었으며, 당시 명칭은 불광전화국 가좌분국이었다(1995년). 이후 불광전화국의 국명이 바뀌면서 은평전화국 관할 가좌전화국이 되었다(1995년-1999년).

(3) 강서전화국/ 가양전화국

강서전화국은 1985년에 신설되었으며, 전자식교환기(No1A) 5만 회선을 1986년 5월에 개통하였으며, 이때 화곡전화국 관할의 염창동, 등촌동 일부, 신정1동 일부, 신정2동, 목1동-3동 일부, 신시가지의 약 19,800가입자를 수용 변경하여 받았다. 당시 이 지역은 1989년까지의 수요가 3만회선 이상(약 9만6천)으로 파악되어 전자교환기 공급방침에 따라 제2기종(No1A)을 공급하였으며 1987년까지 그 시설을 운용하였다. 한편 1986년-1987년에 가입자 케이블 7만5천 회선을 운용하였으며, 1987년에는 국간통신망의 이원화를 위해 강서전화국과 영등포전화국 간(6.2km)에 광케이블(18코어)을 건설하였다.

1990년대 중반에는 교환시설 5만회선 이상(분국 포함)을 운용하는 중형전화국이 되었다(1996. 1. 31). 이 전화국은 대용량 국사(18만회선 규모)로 시공되었으며 지하1층- 지상5층 건물(12,779m^2)로 설계하여, 1985년에 착공하여 1987년에 준공하였다. 초기주소는 서울시 강서구 가양동 1278이었으며, 그 후 강서구 등촌동 30-40으로 바뀌었다(1996년). 치국초기에는 강서전화국으로 불리다가 명칭이 가양전화국이 되었다(1995년-1999년). 1997년 가양전화국장은 2급통신기술(이진룡)으로 보직되었다.

(4) 개봉전화국

1980년 초까지 기계식 자동교환기(EMD방식) 3만 회선을 운용하고 있었다(1981. 12). 이후 정부의 5차 5개년계획 중 전자교환기 도입방침에 따라 1980년도 전자교환기 공급사업(80-3차BTM-190k)에 의하여 전자식(M10CN) 1만6천 회선을 공급 개통하였다(1982. 10). 그러나 신개발지역의 급증하는 전화수요를 해소하기 위해 다시 1982년도 전자교환기 공급사업(82-KTC-180k)으로 2만 회선을 증설하였으며, 이때 새로운 국번호(684/685국)를 부여 사용하였다(1982. 12). 이때부터 전화청약이 즉시승낙 가능하게 되었으며, 이후 총 6만6천 회선을 운용하였다.

그 후 전자식 2만4천 회선을 증설 개통하였으며(1985. 12), 2년 후 다시 전자식 1만6천 회선을 확장하여 새로운 국번호(681국, 688국)를 부여하였다(1987년). 이때부터 자동식 3만 회선, 전자식 9만6천 회선 총 12만6천 회선의 대형전화국으로 발전하였다(1987. 12). 또한 가입자케이블 2만4천 회선을 증설하여 총 176,100회선으로 크게 늘어났으며(1987년), 이때 발동발전기도 대용량(1,000KW)으로 교체하였다. 1990년대 중반에는 교환시설 15만회선 이상(분국포함)을 운용하는 대형전화국이 되었다(1996. 1. 31).

1990년대 후반 전자교환기(SEN) 1만3천 회선을 공급하여 1998년 8월 개통예정으로 추진하다가 IMF사태로 인한 수요가 격감하는 바람에 도중에 공급을 중단하였다. 그 후 1990년대 후반기에는 개봉본국에만 M10CN 9만 회선, S1240 9만9천 회선으로 총 18만9천 회선을 운용하였다(1997. 12). 한편 시설이 늘어나자 국사상면 절대 부족국이 되어 M10CN 전자교환기를 철거하는 계획을 수립하였다(2002년-2004년). 특히 서울지역 6×× 국번호를 사용하고 있는 지역의 3숫자 국번호(6××)를 4숫자 국번호(6×××)로 확장하여 2000년대 초부터 하나로통신에 부여할 계획이었다. 그래서 한국통신은 하나로통신에서 철거대체비용 부담 조건으로 협의하였다. 또한 M10CN 교환기는 4숫자 국번호로 확장이 불가하여 1999년 말까지 철거대체가 필요하였다.

한국전기통신공사 창립 첫해인 1982년 개봉전신전화국장은 이희원(3급기술)로 보직되었다. 그 후 1990년 개봉전화국 간부진은 국장 조동진, 총무부장 공석, 영업부장 이병우, 기계부장 문윤수, 선로부장 김채우로 보직되었다. 1995년 간부진은 국장 양남국, 관리부장 공석, 영업부장 박영광, 교환기술부장 윤교천, 전송기술부장 이병호로 보직되었다. 1997년 간부진은 국장 윤대원, 고객서비스부장 남영철, 교환기술부장 윤교천, 전송기술부장 백남홍이 재직하였다. 이 전화국은 당초 서울시 구로구 개봉동 280-9에 있었으며, 그 후 구로구 개봉3동 280-7로 바뀌었다(1992년). 그리고 국명은 1990년까지 개봉전신전화국으로 불리었으며, 이후 개봉전화국으로 변경되었다(1990년-1999년).

(5) 고덕전화국

이 전화국은 중용량 국사(시분할교환기 15만회선 규모)로 시공되었으며 지하1층-지상5층 건물(4,800m^2)로 설계되어, 1986년에 착공 1987년에 준공하였다. 이때 통신케이블을 위한 인입통신구(25m)도 건설되었다. 주소는 강동구 명일동 46-3이었으며 당시 명칭은 1995년까지 천호전화국 고덕분국이었다. 그 후 천호전화국의 국명이 바뀌면서 강동전화국 고덕분국으로 운영되었다(1996년-1999년). 1989년부터 1995년까지 천호전화국 고덕분국장은 2

급통신기술(신순식)로 보직되었으며, 1997년 분국장은 2급통신기술(나병주)이 재직하였다.

(6) 공릉전화국

1980년도 전자교환기공급사업(80-1차BTM-80k)에 의하여 전자식(M10CN) 1만 회선을 개통하여 신설된 전화국이다(1981년). 이어서 1980년도 전자교환기 2차분(14만회선) 구매계획에 의하여 공릉전화국에 1만 회선을 공급 추진하였다(체시기 1620, 1979. 3. 22). 이 계획의 주관부서 및 결재자는 제9장 말미의 참고자료 편에 기록되어 있다. 이때 자재는 BTM으로부터 직수입하고 BTMC 또는 KTC 책임보증 하에 국내공사회사가 전량시공하게 하였다.

이 기본계획은 다시 1980년도 2차 사업(80-2차BTM-60k)이라는 실행계획으로 다듬어져 공릉국에 1만 회선을 1981년 5월에 착공하여 다음 해 초에 개통하였다(1982. 1). 이 사업은 당초 당해 연도 말에 개통 예정이었으나 관급자재 공급지연으로 다음 해 초로 넘어가게 되었다. 이 시설개통에 맞추어 이미 판매목표인 9천 회선의 가입전화를 판매 완료하였으며 여기에는 면목전화국으로 부터의 수용변경 분(4,300회선)도 포함되었다(1981. 12).

그럼에도 불구하고 다시 8,210건의 전화적체가 누적되자(1982. 12), 1983년도 전자교환기 공급사업(83-KTC-120k)에 의하여 3만 회선을 증설하였으며 이를 위해 새로운 국번호(974국, 975국, 976국)를 사용하였다(1983. 12). 이 공사는 SST에서 시공하였으며, 당시 공사감독은 중앙건설사무소 시설본부 통신기술직(홍경희)이 수행하였다. 이때부터 청약 즉시 승낙하게 되었으며, 시설규모는 총 5만 회선으로 늘어나게 되었다.

2년 후 1만 회선을 증설하였으며(1985. 12), 다시 2년 후에 2만6천 회선을 증설하였다(1987년). 이를 위해 잔여분의 국번호(978국, 979국, 931국, 932국)를 사용하였다. 이후 교환시설 규모는 8만6천 회선으로 늘어나게 되었으며, 이때 충분한 양의 올림픽 통신전용회선(1,192회선)을 확보하였으며, 공릉전화국과 태능컨트리클럽 간(6.0Km)에 시내케이블(0.65-300)도 증설하였다.

또한 도시 시분할교환기(TD)를 공급하여 상계 1단계 개발지역(상계 치국장소)과 상계 2단계 개발지역에 각각 원격전자교환장치(RSU) 1만 회선을 공급하여 자국으로 운용하였다(1987년). 이처럼 대형전화국으로 발전해 나가자 발동발전기도 기존의 중용량(500KW)에서 대용량(1,000KW)으로 교체하였다(1987년). 가입자케이블은 총 111,900회선을 운용하였으며, 공릉전화국과 전농전화국 간(7.7km), 공릉전화국과 상계전화국 간(3.8Km)에 국간통신용으로 각각 광케이블(24코어)을 건설하였다(1986년-1987년).

1990년 면목전화국 공릉분국장은 2급통신기술(유준영)로 보직되었으며, 1995년 노원전화국 공릉분국장으로 김채우가 재직하였다. 주소는 서울시 노원구 공릉동 375이었으며, 당시 명칭은 면목전화국 공릉분국이었다(1995년). 그 후 주소는 공릉1동 375-4, 명칭은 노원전화국 공릉분국으로 변경되었다(1995년-1999년).

(7) 공항전화국

1986년-1987년에 기계식 자동교환기(EMD방식) 5천 회선, 전자식(M10CN방식) 2만6천 회선, 가입자케이블 69,900회선을 운용하였다. 그리고 1980년대 후반에는 당시 변두리 지역인 과해동에 전송로집선장치(L/C)를 설치하여 자동전화를 공급하였다. 1990년대 중반에는 교환시설 5만회선 이상(분국 포함)을 운용하는 중형전화국이 되었다(1996. 1. 31). 그 후 1990년대 후반기에는 공항 본국에만 M10CN 3만 회선, 5ESS 3만1천 회선으로 총 6만1천 회선을 운용하였다(1997. 12). 이어서 전자교환기 4천 회선을 공급하여 1998년 9월 개통예정으로 추진하다가 IMF사태로 인한 수요가 격감하는 바람에 도중에 취소하였다.

한편 시설이 늘어나자 국사 상면이 절대 부족하여 M10CN교환기를 철거하는 계획을 수립하였다(2004년). 특히 서울지역 6×× 국번호를 사용하고 있는 지역의 3숫자 국번호(6××)를 4숫자 국번호(6×××)로 확장하여 2000년대 초부터 하나로통신 가입자에게 사용하도록 할애할 계획이었다. 이때 한국통신은 하나로통신에서 철거 대체비용 부담조건으로 협의하였다. 또한 M10CN 전자교환기는 4숫자 국번호로 확장이 불가하여 1999년 말까지 철거대체가 필요하였다.

이 전화국은 서울시 강서구 공항동 11-10에 있었으며, 명칭은 1990년까지 공항전신전화국이었으며, 이후 공항전화국으로 변경되었다(1990년-1999년). 1990년 공항전화국장은 2급행정(나성찬)으로 보직되었다. 1995년에는 국장 홍기천이 발령되었으며, 1997년 국장은 2급행정(이환모), 자문역 홍기천으로 보직되었다.

(8) 광장전화국/ 광진전화국

1970년 11월 광장전신전화국이 개국되었다. 그 후 1980년대 초반까지 기계식 자동교환기(EMD방식) 4만 회선을 운용하였다(1981. 12). 그리고 1980년도 전자교환기 공급사업(80-1차KTC-40k)으로 전자교환기(M10CN)1만 회선을 신설 개통하였다(1981. 3). 당시 광장전화국은 전자식 1만 회선, 자동식 4만 회선 등 총 5만 회선을 운용하고 있었다(1981년 말). 1980년대 초 구의동, 광장동이 개발되면서 급증하는 전화수요를 해소하기 위하여 인근에 화양전화국을 신설하였다. 이때 광장전화국과 화양전화국의 전화수요 분담계획(1982년 - 1996년)은 <표 9-25>와 같이 수립하였다.

1983년 하반기에 들어서면서 전화적체가 수백 건 쌓이기 시작하자 다시 1만 회선(453국)을 3층에 증설하여 이를 해소하였다(1984. 5). 다음 해에는 송정동, 능동 일부, 군자동 일부 지역의 약 7,400가입자를 성수전화국으로 수용 변경하였다(1985년). 그 후 한동안 시설규모는 총 6만 회선을 운용하였다(1984년-1987년). 한편 이를 위한 시내케이블은 총 103,500회선을 운용하였으며(1986년-1987년), 국간통신의 품질을 고도화하기 위해 광장전화국과 잠실전화국 간(14.7km)에 광케이블(18코어)을 건설하였다(1987년). 1990년대 중반에는 20

만회선 이상(분국 포함) 운용하는 초대형전화국의 하나가 되었다(1996. 1. 31).

<표 9-25> 광장전화국과 화양전화국의 전화수요 분담계획

구분	1981년	1982년	1984년	1986년	1991년	1996년
광장전화국	50,000	51,820	39,590	47,320	59,190	72,970
화양전화국	-	32,460	68,290	81,960	93,350	113,870
계		84,280	107,880	129,280	152,540	186,840

1970년대 중반 당시 체신부 광장전신전화국의 간부진은 국장 강남득, 업무과장 박종호, 기계과장 이정욱, 선로과장 이병호로 보직되었다. 한국전기통신공사로 전환된 후 1990년 광장전화국 간부진은 국장 선형재, 총무부장 손석호, 영업부장 김옥수, 기계부장 이병진, 선로부장 김봉위, 성수분국장 문병철로 발령되었다. 1995년에는 국장 김상옥, 관리부장 정준성, 영업부장 이환명, 교환기술부장 강기문, 전송기술부장 윤치중, 성수분국장 이창우가 재직하였다.

그리고 1997년 광진전화국 간부진은 국장 한태희, 고객서비스부장 이부원, 마케팅부장 이원영, 교환기술부장 조규윤, 전송기술부장 양성모, 성수분국장 신순식, 자문역 김상옥으로 발령되었다. 초기주소는 서울시 성동구 구의동 산56이었으며, 그 후 성동구 자양동 680-63으로 바뀌었다(1993년). 국명은 1990년까지 광장전신전화국이었으며, 이후 광장전화국으로 바뀌었다(1990년).

그 후 행정구역명과 맞추면서 광진전화국으로 변경되었다(1996년-1999년). 한편 한국통신이 kt로 민영화된 후 kt강북본부는 전화국과 연결된 부지(성동구 자양동 680-63)에 상업, 숙박, 업무, 주거, 문화의 복합단지(연면적 267,0413 m^2)를 건설하는 개발사업을 추진하였다. 당시 이 사업은 2017년 8월에 착공하여 2019년에 준공예정으로 추진되었다.

(9) 광화문전화국(구)

1957년 서울중앙전화국 서분국으로 개국되었으며 1961년 광화문전화국으로 독립되었다. 1980년대 초반까지 기계식 자동교환기(EMD방식) 4만8천 회선을 운용하고 있었다(1981. 12). 그 후 전화적체해소를 위해 혜화전화국으로부터 5천 회선을 지원받았다(1982. 6). 그럼에도 1,530건의 전화적체(1982. 12)가 발생하여 아현전화국으로 부터 5천 회선을 지원받아 이 적체를 해소하였다(1983. 3). 또한 인근의 불광전화국에 전자교환기가 대량 개통됨에 따라 그동안 이 전화국 관할이었던 자하문 밖 평창동, 구기동, 신영동의 약 2,400가입자를 불광전화국으로 수용 변경하였다(1983년). 그때까지 세종문화회관 자리에서 운영해 온 광화문전화국은 세종로 동편에 신축한 국제통신센터로 이전되었다.

다음 해 국제센터로 새살림을 꾸민 광화문전화국(신)에 전자식교환기(No1A) 3만 회선을 공급 개통하여 새로운 국번호(732국, 733국, 734국)를 부여하였다(1985. 2). 이 시설개통에 맞추어 세종로 동편 지역 20,240가입자를 광화문전화국(신)으로 수용 변경하였다. 이때 수용변경지역은 삼청동, 팔판동, 화동, 소격동, 사간동, 송현동, 안국동, 중학동, 수송동, 청진동, 견지동, 관훈동, 경운동, 공평동, 인사동, 낙원동, 종로1가, 종로2가, 서린동, 관철동, 삼각동, 남대문로1가, 태평로1가, 세종로1가 등 24개 지역이었다. 이어서 1986년 1월에 광화문전화국(신)에 3만6천 회선을 증설 개통함에 따라 이 전화국으로 세종로 서편지역 17,800가입자를 수용 변경하였다.

이때 수용 변경시킨 지역은 청운동, 궁정동, 신교동. 효자동, 누상동, 누하동, 창성동, 옥인동, 통인동, 사직동, 체부동, 필운동, 내자동, 적선동, 통의동, 부암동, 홍지동, 교남동, 교북동, 행촌동, 송월동, 홍파동, 평동, 당주동, 도렴동, 내수동, 신문로 1/2가, 정동, 충정로 1가, 의주로 1가, 홍제1-4동, 무악동 등 32개 지역이었다. 한편 1984년에는 기계식 자동교환기 1만 회선, 이어서 1986년에는 기계식 자동교환기 3만5천 회선을 철거하여 재활용하였으며, 잔여분 3천 회선을 운용하였다(1987년).

이 전화국의 국사규모는 대지 7,249m^2(2,192평), 건평 10,272m^2(지하1층, 지상3층)이었는데, 현재 이 자리에는 세종문화회관이 들어서 있다. 이 광화문전화국(구)은 세종대로 건너편의 신축한 광화문전화국(현 kt본사)으로 이전하였으며 그 후에도 통신시설은 상당기간 운영되었다. 주소는 서울특별시 종로구 세종로 81-3에 있었으며, 1970년대 중반 광화문전화국의 간부진은 국장 방순문, 업무과장 이우영, 지도과장 임승종, 기계과장 이노범, 선로과장 박성원으로 보직되었다.

(10) 광화문전화국(신)

이 전화국은 광화문전화국(구)이 세종로 동편의 당시 국제통신센터로 이전하여 운영하게 되면서 우리나라를 대표하는 서울 중심부의 전화국으로 발전하였다. 1984년에 처음으로 전자식교환기(No1A) 3만 회선을 신축건물 2층에 공급 개통하였으며, 이 신방식 통신시설에 대하여 새로운 국번호(732국, 733국, 734국)를 부여하였다(1985. 2). 이때 광화문전화국(구)으로부터 광화문 동편 24개 지역을 수용 변경하여 운용 관리하게 되었으며, 그동안 시설부족으로 인근 혜화전화국에 수용되었던 광화문 관할가입자 5천 회선도 환수 조치하였다. 이어서 다음해에 3만6천 회선을 증설 개통하였으며(1986. 1), 그때까지 광화문전화국(구)에서 운용해온 광화문 서편지역 32개 지역을 수용 변경하여 관리하게 되었다.

또한 광화문전화국에서 운용 중이던 약 5천 명의 아현지역 가입자를 아현전화국으로 환원하였으며 이후 전자식 6만6천 회선을 운용하였다(1987년). 한편 가입자케이블 9,600회선을 증설하여 총 144,900회선을 운용하게 되었으며, 이때 광화문전화국과 아현전화국 간(5.5km)에 광케이블(18코어)을 건설하였다(1987년). 또한 광화문 로터리에서 서대문 로터리까지의 공동구(1,120m)를 건설하였다(1986년-1988년). 1990년대 중반에는 교환시설 15만회선 이상(분국 포함)을 운용하는 대형전화국이 되었다(1996. 1. 31).

1990년 광화문전화국 간부진은 국장 김환기, 총무부장 박용식, 영업부장 손인호, 기계부장 장건, 선로부장 김영택으로 보직되었다. 1995년 간부진은 국장 정승욱, 관리부장 양병학, 영업부장 심상규, 교환기술부장 변종국, 전송지술부장 김창환, 홍제분국장 정지연이 재직하였다. 광화문전화국은 1996년 6월 25일 관내 덕수초등학교 주관으로 실시한「제3회 625 체험 어린이 한강 헤엄쳐 건너기」행사에 기념 페넌트를 제작해 배포하는 등 한국통신의 미래 고객인 어린이들을 대상으로 한국통신 상품에 대한 홍보 활동을 적극적으로 펼쳤다. 그 후 1997년에는 국장 이병동, 고객서비스부장 송영복, 마케팅부장 양병학, 교환기술부장 김익, 전송기술부장 정백호, 홍제전화국장 이은삼이 재직하였다.

1998년에는 국장 이병동, 고객서비스부장 김연환, 마케팅부장 송영복, 교환기술부장 김익, 전송기술부장 정백호, 홍제분국장 이은삼, 분당사옥 이전 전담반 부장 최영식으로 보직되었다. 주소는 서울특별시 종로구 세종로 100이었다. 국명은 1990년까지 광화문전신전화국이었으며, 이후 광화문전화국으로 변경되었다(1990년-1999년). 이 건물은 1982년 한국전기통신공사 창립 당시부터 공사의 본사 건물이었으며, 1990년대 후반 본사가 분당으로 이전하였다가 2010년대 최근에 KT 본사가 분당으로부터 돌아와 사용하고 있다.

(11) 구로전화국

1980년대 초까지 기계식 자동교환기(EMD방식)는 3만5천 회선을 운용하고 있었다(1981. 12). 그러다가 1980년도 전자교환기 공급사업(80-1차BTM-80k)에 의해 전자식(M10CN) 2만 회선 공급 개통하였다(1981. 10). 이 신규사업은 1980년 4월에 착공하여 BTM과 계약상 1981년 7월 개통으로 추진하였으나 다소 늦어져 개통되었다. 이 공사과정에서 과금(Billing) 시험을 시행한 결과 2일분이 누락되는 등 문제가 발생하여 이를 바로 잡는데 상당한 노력을 하였다. 그러나 시설개통 2개월 전에 이미 1만9천여 건을 판매함으로서 다시 시설부족에 직면하게 되었다(1981. 8).

그래서 다시 기계식 자동교환기 5천 회선을 증설하여 자동식이 4만 회선으로 늘어나게 되었다(1982. 7). 이러한 상황에서 구로전화국 지역의 급증하는 전화 수요를 분담하기 위하여 인근에 시흥전화국을 신설하였다. 이때 구로전화국과 시흥전화국의 전화수요 분담계획(1982년-1996년)를 보면 <표 9-26>과 같다. 당시 구로전화국은 전자식 2만 회선, 자동식 3만5천 회선 등 총 5만5천 회선을 운용하고 있었다(1981년 말).

그 후 1983년도 전자교환기 공급사업(83-KTC-20k)에 의하여 국내조립 생산한 전자교환기 1만 회선(864국)을 공급하여 개통하였다(1983. 8). 이 공사는 SST에서 담당 시공하였으며, 당시 공사감독은 중앙건설사무소 시설본부 통신기술직(윤병곤)이 수행하였다. 이때부터 청약즉시 승낙하게 되었으며 총 7만 회선을 운용하게 되었다(1983. 12). 한편 인근에 시흥전화국이 신설됨으로서 시흥동, 독산동, 광명시 소화동 지역의 약 11,500가입자를 수용 변경하였다(1983. 5). 그리고 영등포전화국 폐국 방침에 따라 구로동 철길 동측의 약 6천 가입자는 이 전화국으로 수용 변경되었다.

<표 9-26> 구로전화국과 시흥전화국의 전화수요 분담계획

구분	1981년	1982년	1984년	1986년	1991년	1996년
구로전화국	55,000	51,040	98,400	109,970	150,470	180,160
시흥전화국	-	63,130	82,420	91,050	115,940	134,790
계		114,170	180,820	201,020	266,410	314,950

이어서 1985년에 전자식교환기 1만 회선, 1986년에 1만 회선, 1987년에 2만 회선(868국, 869국)을 증설하여 그해 말에는 자동식 4만 회선, 전자식 8만 회선 등 총 12만 회선으로 크게 늘어나게 되었다. 한편 가입자케이블은 198,600회선을 운용하였으며(1986년-1987년), 국간통신망을 위해 구로전화국과 시흥전화국 간(4.4km)에 광케이블(36코어)을 건설하였다(1987년).그리고 이때 구로전화국에서 봉림교까지의 지하철병행 통신구(2,200m)도 건설하였다(1986년-1988년). 1990년대 중반에는 20만회선 이상(분국 포함) 운용하는 초대형전화국의 하나가 되었다(1996. 1. 31).

한국전기통신공사 창립 첫해인 1982년 구로전신전화국장은 양승윤(3급기술)로 보직되었다. 그 후 1990년 구로전화국 간부진은 국장 임성수, 총무부장 전순철, 영업부장 이진룡, 기계부장 신상철, 선로부장 박영의, 시흥분국장 김사묵으로 보직되었다. 1995년 구로전화국 간부진은 국장 배선일, 관리부장 박봉서, 영업부장 이덕희, 교환기술부장 진인식, 전송지술부장 차재영, 정보통신부장 손홍택, 시흥분국장 김영식이 발령되었다. 1997년 간부진은 국장 하규현, 고객서비스부장 김북경, 마케팅부장 박봉서, 교환기술부장 김규삼, 전송기술부장 이경학, 데이터통신부장 손홍택이 재직하였다.

주소는 서울시 관악구 신림동 1660이었으며, 그 후 관악구 신림8동 1660으로 바뀌었다(1992년). 그리고 명칭은 1990년까지 구로전신전화국이었으며, 이후 구로전화국으로 변경되었다(1990년-1999년).

(12) 남대문전화국/ 서울중앙전화국(신)

1974년 9월 중앙전화국 남대문분국으로 개국된 후 그해 11월 남대문전화국으로 신설되었다. 1980년대 초반까지 기계식 자동교환기(EMD방식) 36,350회선을 운용하고 있었다(1981. 12). 이때 체신부는 우리나라에 공급할 전자교환기로서 제2기종(No1A)을 선정하였다(1979. 11. 10). 제2기종의 첫 번째 공급프로젝트로서 1980년도 전자교환기 공급사업

(80-ATTI-40k)이 확정되었으며, 이 계획에 의해 중앙전화국에 3만 회선, 을지전화국에 1만 회선을 공급 추진하였다.

서울중앙전화국(신)의 경우 1981년 2월에 착공하여 그해 개통하였다(1981. 11). 당시 이 교환기는 ATTI사에서 판매 공급된 시내교환기로는 세계에서 가장 큰 용량의 시스템이라는 기록을 남겼다. 이 방식의 전자교환기는 우리나라에서 처음 시공함으로써 제작회사인 AT&TI에 의존할 수밖에 없었다. 따라서 AT&TI의 전문인력(6명)과 미국 BELL연구소 연구원(7명)이 주관하고, 보조인력은 GSS(2명)에서 담당하였다.

한편 이 공사에는 국내외에서 제2기종에 대한 전문기술교육을 이수한 중앙전화국 기술진(13명)이 참여하고 통신시설사무소가 감독 책임을 맡아 수행하였다. 이 시설이 개통됨으로서 1982년 말부터 전화청약 즉시 승낙이 가능하게 되었다. 그런데 이 시스템의 특성상 3만 회선 중 60%는 푸시버튼(PB)을 사용하고, 40%는 NDS를 사용해야 하였다. 만약 NDS 사용자가 40%이상일 때에는 수용율이 저하할 우려가 있어 MFC식 PB전화기를 확보할 필요가 있었다. 그리고 당시 에어콘 시설규모가 30톤에 불과하여 정상 실내온도가 22도를 유지해야 함에도 실제로는 27도-30도까지 올라가 냉방시설 40톤을 추가 시설하여야 했었다.

1981년 말에는 자동식(EMD방식) 36,350회선, 전자식 3만 회선 등 총 66,350회선을 운용하게 되었다. 그 후 1983년도 전자교환기 공급사업(83-ATTI-100k)으로 전자식 3만 회선을 증설 개통하였으며, 이 시설에는 새로운 국번호(755국, 756국, 757국)를 사용하였다(1984. 4). 이때 중앙전화국(구)은 남아있던 자동식 1만 회선을 철거한 후 폐국되었다. 서울중앙전화국(신)은 1984년부터 1987년까지 총 96,200회선을 운용하였으며, 자동식 36,350회선은 1987년까지 운용하였다. 한편 가입자케이블은 6천 회선을 증설하여 총 231,500회선을 운용하였다(1987년). 1990년대 중반에는 교환시설 15만회선 이상(분국 포함)을 운용하는 대형 전화국이 되었다(1996. 1. 31).

체신부 서울체신청 남대문전화국은 당초 서울중앙전화국(구)을 대체할 전화국으로 1973년에 신축 개국되었으며, 이때 국장 이창한, 업무과장 박명계, 기술과장 이정욱으로 보직되었다. 그 후 한국전기통신공사로 전환된 이래 1990년의 서울중앙전화국 간부진은 국장 조세을, 총무부장 김봉진, 영업부장 김한동, 기계부장 이은삼, 선로부장 고철근으로 발령되었다. 1995년에는 국장 김문식, 관리부장 김용진, 영업부장 남영철, 교환기술부장 신영대, 전송기술부장 박흔권이 재직하였다.

1997년 8월 한국통신은 통신시장의 전면적인 경쟁 환경하에서 고객서비스 만족도가 사업의 성패를 좌우하는 소비자주권 시대임을 선언하고 서울중앙전화국에서 고객만족 조사센터(FOCUS: Foundation of Customer Satisfaction) 개소식을 가졌다(1997. 8. 1). 이 개소식에는 부사장(이정욱), 마케팅본부장(우승술), 기획조정실(박태규), 서울중앙전화국장(홍대기), 한국통신기술 사장 등 관련 임직원들이 참석하였다. 이 센터는 고객만족조사시스템을 구축하여 1997년 1월부터 7월까지 서울과 부산지역을 대상으로 시범 운영한 후 전국으로 확대실시하게 되었다.

여기에는 50여명의 조사요원이 일일 평균 4천 건의 전화조사를 통해 전일에 실시한 신규 전화설치, 전화이전, 방문고장수리 등의 서비스를 제공받은 고객에게 사후확인전화(Happy Call)를 하면서 고객만족도를 측정 분석하였다. 1997년 간부진은 국장 홍대기, 고객서비스부장 이호영, 마케팅부장 권영구, 교환기술부장 유화근, 전송기술부장 조정현으로 보직되었다. 1998년에는 국장 박희양, 고객서비스부장 이호영, 마케팅부장 박기환, 교환기술부장 유화근, 전송기술부장 조정현으로 재직하였다.

이 전화국은 서울시 중구 충무로 1가 21-1에 있었다. 국명은 초기 남대문전화국으로 개국하였으며 그 후 서울중앙전화국(구)이 폐국되면서 그 국명을 승계하여 역사가 이어지게 되었다(1984년). 1990년까지 서울중앙전신전화국으로 운영되다가 이후 서울중앙전화국으로 변경되었다(1990-1999년).

(13) 노량진전화국/동작전화국

1967년 10월 노량진전화국이 개국되었다. 1980년대 초 기계식 자동교환기(EMD방식) 3만 회선을 운용하였다(1981. 12). 다음해 인근에 대방전화국이 신설되면서 그쪽으로 일부구역 가입자(약 8,500가입자)을 수용 변경하였으며 이후 즉시 승낙이 가능하였다(1982. 6). 그 후 1983년도 전자교환기 공급사업(83-ATTI-90k)으로 전자식(No1A) 3만 회선을 완제품으로 구매하여 개통하였다(1983. 7).

이 공사는 ATTI에서 시공하였으며, 당시 공사감독은 중앙건설사무소 시설본부 통신기술직(가영현)이 수행하였다(통신투자사업 추진현황, 1983. 3, 한국전기통신공사 중앙건설사무소 시설본부). 이 시설은 새로운 국번호(812국, 813국, 814국)를 사용토록 하였으며, 이에 따라 청약 즉시 승낙하게 되었다. 이때 노후된 기계식 자동교환기 2만 회선(827국, 828국)을 철거하여 이후 4만 회선을 운용하였다(1984년-1985년). 1986년 6월 전자식 1만 회선을 증설 개통함으로서, 전자식 5만 회선, 가입자케이블 89,700회선을 운용하였다(1986년-1987년). 1990년대 중반에는 20만회선 이상(분국 포함) 운용하는 초대형전화국의 하나가 되었다(1996. 1. 31).

1970년대 중반 체신부 노량진전화국의 간부진은 국장 이희두, 업무과장 장갑용, 기계과장 이훈영, 선로과장 김환기로 발령되었다. 한국전기통신공사로 전환 후 1990년 노량진전화국 간부진은 국장 김중곤, 총무부장 남정소, 영업부장 허승회, 기술부장 양성모, 대방분국장 권영달로 보직되었다. 그리고 1995년 간부진은 국장 백안기, 관리부장 김갑상, 영업부장 정능흡, 교환기술부장 오완근, 전송지술부장 유병규, 대방분국장 전찬수가 재직하였다. 그 후 1997년 동작전화국 간부진은 국장 박준갑, 고객서비스부장 구욱, 마케팅부장 한광호, 교환기술부장 오완근, 전송기술부장 한이택, 대방전화국장 김창환, 자문역 백안기로 보직되었다. 이 전화국은 서울시 동작구 대방동 45-14에 있었다. 국명은 1995년까지 노량진전화국이었다가 이후 동작전화국으로 변경되었다(1996년-1999년).

(14) 당산전화국/ 영등포전화국

1972년 당산전화국이 개국되었으며 이때 자동식 7천 회선이 개통되었다. 그 후 1980년대 초까지 기계식 자동교환기(EMD방식) 2만5천 회선을 운용하였다(1981. 12). 그런 가운데 1978년 중반에 들어서면서 우리나라 첫 번째 전자교환기 도입사업에 의해 제1기종(M10CN) 1만 회선을 공급 개통하였다(1979. 12. 16). 이처럼 신방식의 전자교환기를 개통 운용하게 됨으로서 영동전화국과 함께 전자교환기 최초 도입국의 영예를 갖게 되었다. 즉 우리나라 최초의 전자교환기 도입사업(79-BTM-20K)으로 당산국에 1만 회선을 공급하도록 결정하였다. 이 사업은 물자비 및 공사비를 포함하여 1,784백만 원(119백만BF)에 구매 계약되었으며 당시 1BF는 14.99원이었다(1978. 6. 10).

이때 전자교환기 최초의 개통이라는 어려움 때문에 PBX 대표화, 통계용 프로그램, 일부 특수서비스, 자동응답호출장치 등 소통과 직접 관련이 없는 일부 기능은 미완 상태에서 개통하였다. 이어서 1980년도 전자교환기 2차 사업(14만 회선)에 대한 구매계획이 수립되었으며 이 계획에 당산전화국에 1만 회선을 공급하도록 되어 있었다(체시기 1620, 1979. 3. 22). 이 계획의 주관부서 및 결재자는 제9장 말미의 참고자료 편에 기록되어 있다.

이 사업의 자재는 벨지움 BTM사로부터 직수입하고 BTMC 또는 KTC 책임보증 하에 국내공사회사가 전량시공하게 하였다. 이 기본계획은 다시 1980년도 전자교환기 확장사업(80-2차BTM-60k)이라는 실행계획으로 만들어져 추진되었으며, 1만 회선을 다음해 초에 착공하여(1981. 3), 그해 말에 개통예정이었으나 관급자재 공급이 늦어진 관계로 다소 지연 개통하였다(1982. 1).

이에 맞추어 1981년 말에 이미 판매목표인 9천 회선의 가입전화를 판매 완료하였다. 1982년 말에는 자동식 2만5천 회선, 전자식 2만 회선을 운용하였으나, 이때 많은 전화적체(4,150건)가 발생하였다. 이 문제를 해소하기 위해 인근 화곡전화국에 전자교환기 2만 회선이 개통됨에 따라 본 전화국의 원거리 지역인 염창동, 등촌동 등 양화교 월편지역의 약 10,600가입자를 화곡전화국으로 수용 변경하였다(1983. 7).

이 전화국은 종국용량이 20만 회선으로 계획되었으며, 1983년 본 건물 4,436m²를 증축하였다(1983. 12). 이 공사감독자는 중앙건설사무소 송인택으로 지정되었다. 한편 1982년도 사업으로 당산전화국의 인입통신구 207m를 건설 추진하였으나 일부 구간의 도로굴착 승인이 지연되는 바람에 당초 계획보다 늦게 준공되었다(1983. 4). 이 공사는 대주건설에서 시공하였으며, 공사감독은 중앙건설사무소 홍강표가 수행하였다. 1984년에 전자교환시설 2만 회선을 증설하고 국간중계 교환시설 및 PCM시설을 계속 증설해야 할 입장이었다.

당시 청사 여건으로 보아 일체의 증설이 불가능하여 청사증축이 불가피하였다. 그러나 이 전화국의 부지(827.3평)가 협소하여 건물증축조건(건폐율, 용적율, 높이 등)이 건축법에 저촉되어 일체의 증축이 불가능한 상황이었다. 이 문제를 해결하기 위해 인접하고 있는 중앙건설사무소 자재본부 부지를 활용하기로 하였다. 즉 중앙건설사무소 부지 25m를 분할하여 전화국 부지로 편입하여 증축하였다. 이어서 전자식 1만6천 회선(675국- 676국)을 5층에 증설 개통함으로서 이를 해소하였으며 이때부터 총 6만1천 회선을 운용하였다(1984. 9). 한편 영등포전화국(구)이 폐국됨에 따라 구로동 철길 동측외 잔여지역의 약 4천 가입자를 영등포전화국(신)으로 수용 변경하였다(1984년).

다음 해에는 1만 회선을 증설하였으며(1985년), 이후 자동식 2만5천 회선, 전자식 4만6천 회선을 운용하였다(1986. 2). 이어서 1987년에 전자식 1만6천 회선을 증설하였으며(1987년), 이에 대하여 새로운 국번호(671국, 672국)를 사용하였다. 한편 가입자케이블은 5,400회선을 증설하여 총 155,700회선으로 늘어났으며(1987년), 이때 국간통신망의 이원화를 위해 영등포전화국과 강서전화국 간(6.2km)에 광케이블(18코어)을 건설하였다. 그 후 1990년대 중반에는 교환시설 10만회선 이상(분국 포함)을 운용하는 중대형전화국이 되었다(1996. 1. 31).

1990년대 후반 전자교환기(TXN) 1만 회선을 공급하여 1998년 8월 개통예정으로 추진하다가 IMF사태로 인한 수요가 격감하는 바람에 도중에 공급을 중단하였다. 그 후M10CN 6만6천 회선, S1240 7만1천 회선으로 총 13만7천 회선을 운용하였다(1998. 12). 이와 같이 시설이 늘어나자 국사 상면이 절대 부족하여 사용연수가 16년이 경과한 M10CN 2만 회선을 철거하였다(1999. 11). 특히 서울지역 6×× 국번호를 사용하고 있는 지역의 3숫자 국번호(6××)를 4숫자 국번호(6×××)로 확장하여 2000년대 초부터 하나로통신에 부여할 계획이었다. 그래서 한국통신은 하나로통신에서 철거 대체비용 부담조건으로 협의하였다. 또한 M19CN 교환기는 4숫자 국번호로 확장이 불가하여 1999년 말까지 철거 대체가 필요하였다.

1970년대 중반 당시 체신부 당산전화국의 간부진은 국장 권갑호, 업무과장 김민식, 기술과장 강동식, 양서분국장 서대현으로 보직되었다. 한국전기통신공사로 전환 후인 1995년 당시 영등포전화국 간부진은 국장 이재준, 관리부장 공석, 영업부장 김우해, 교환기술부장 이장춘, 전송기술부장 이경학이 발령되었다. 그 후 1997년 간부진은 국장 정승욱, 고객서비스부장 김우해, 마케팅부장 황인걸, 교환기술부장 조경래, 전송기술부장 김재성이 재직하였다.

주소는 당초 서울시 영등포구 영등포동 8가 35이었으며, 다시 영등포구 영등포동 8가 35-1로 바뀌었다(1993년). 초기에는 당산전신전화국으로 불리다가 영등포전신전화국(구)이 폐국되면서 그 국명을 승계하였다(1984년). 그 후 영등포전화국으로 변경되었다(1990년-1999년). 2000년대에 들어서면서 한국통신이 kt로 민영화된 후 kt는 여기에 리마크빌 영등포를 건설하였다. 이 사업은 오피스텔 760실(연면적 52,031.88m^2)을 건설한 것으로 2014년 9월에 착공하여 2016년 10월에 준공하였다.

(15) 대방전화국

1980년대 초 기계식 자동교환기(EMD방식) 2만3천 회선과 이동식교환기 2천 회선을 운용하였다(1981. 12). 그러다가 1980년도 전자교환기 공급사업(80-3차BTM-190k)으로 전자식(M10CN) 2만 회선을 공급 개통하였다(1982. 6). 그러나 그해 말에는 4,640건의 전화적체가 발생하는 등 늘어나는 전화수요를 해결하고자 1983년도 전자교환기 공급사업(83-KTC-120k)에 의하여 다시 2만 회선(844국, 845국)을 공급 개통하였다(1983, 9). 이 공사는 SST에서 시공하였으며, 당시 공사감독은 구자문이 수행하였다. 이때 이동식교환기를 철거하고 그때부터 전화청약 즉시 승낙하게 되었다.

이어서 1984년 말 8천 회선을 증설 개통하여 총 7만1천 회선을 운용하였으며, 1986년 6월 다시 1만 회선을 증설 개통하였다. 그래서 1987년까지 자동식 2만3천 회선, 이동식 2천 회선, 전자식 5만8천 회선 등 총 8만3천 회선을 운용하였으며, 가입자케이블은 1986년- 1987년 동안 총 149,700회선을 운용하였다.

1990년 노량진전화국 대방분국장은 2급통신기술(권영달)로 보직되었다. 그리고 1995년 대방분국장은 전찬수가 재직하였다. 그 후 1997년 동작전화국 관할의 대방전화국장은 2급통신기술(김창환)로 보직되었다. 주소는 서울시 영등포구 신길6동 6778이었으며, 그 후 신길6동 4668로 바뀌었다(1999년). 당시 명칭은 노량진전화국 대방분국이었다가(1995년), 노량진전화국의 국명이 바뀌면서 동작전화국 대방분국으로 운영되었다(1996년-1999년).

(16) 동대문전화국

1942년 경성중앙전화국 동분국으로 개국되었으며 1945년 경성중앙전화국 동대문분국으로 개칭되었다. 그 후 1961년 동대문전화국으로 독립되었다. 1981년 말 기계식 자동교환기(ST방식) 3만7천 회선과 이동식교환기(MDO) 2천 회선을 운용하고 있었다. 그 후 인근 행당전화국에 전자교환기가 개통되자 이 전화국으로부터 1만5천 회선을 지원받았다(1983. 1). 그리고 차기 상면확보를 위해 자동식 7천 회선(255국)과 이동식교환기 2천 회선(259국)을 철거하였다(1983. 6).

1983년도 전자교환기 공급사업(83-GSS-100k)으로 전자식(No1A) 3만 회선을 공급하여 새로운 국번호(232국, 233국, 234국)로 개통하였다(1984. 8). 당시 이 시설은 자동식 7천 회선(255국) 철거한 자리에 설치하였다. 이에 따라 당시 전화적체 2,190건(1983. 10)을 해소하였으며, 그동안 시설부족으로 인근 행당전화국에 월구 수용하고 있던 1만 가입자를 동대문전화국으로 환원하게 되었다. 이때 기계식 자동교환기 1만 회선(254국)을 철거하여 자동식은 2만 회선으로 줄어들게 되어 총 5만 회선을 운용하였다(1984. 12).

이어서 전자식 1만4천 회선을 개통하였으며(1986. 6), 그때까지 행당전화국에 수용되어 있던 동대문 가입자 8천 회선을 환수하였다. 이후 자동식 2만 회선, 전자식 4만8천 회선을 운용하였으며(1986. 12), 다시 전자식 1만2천 회선(237국)을 증설하였다(1987년). 한편 가입자케이블은 126,900회선을 운용하였다(1986년-1987년). 1990년대 중반에는 20만회선 이상(분국 포함) 운용하는 초대형전화국의 하나가 되었다(1996. 1. 31).

체신부 시절인 1970년대 중반 동대문전화국의 간부진은 국장 심현보, 업무과장 유재렬, 지도과장 강계문, 기계과장 성조경, 선로과장 이영수로 보직되었다. 한국전기통신공사로 전환된 후인 1990년 동대문전화국 간부진은 국장 최성훈, 총무부장 이상택, 영업부장 김우해, 기계부장 이장춘, 선로부장 조정현, 행당분국장 한영태로 보직되었다. 그리고 1995년 간부진은 국장 정재권, 관리부장 지부일, 영업부장 엄방언, 기술부장 문윤수, 행당분국장 권영달이 재직하였다. 1997년에는 국장 김창수, 고객서비스부장 홍태영, 마케팅부장 길재오, 시설운용부장 문윤수, 행당전화국장 문병철, 자문역 조영윤으로 보직되었다.

주소는 서울시 중구 흥인동 86이었으며, 국명은 당초부터 동대문전화국으로 운영되었다(-1999년). 2000년대에 들어서면서 한국통신이 kt로 민영화된 후 여기에 리마크빌 동대문을 건설하였다. 이 사업은 오피스텔 535실, 도시형 생활주택 262세대(연면적 55,575.81m²)를 2012년 2월에 착공하여 2016년 7월에 준공하였다.

(17) 면목전화국/ 중랑전화국

1980년대 초까지 기계식 자동교환기(ST방식) 3만6천 회선을 운용하였다(1981. 12). 그러나 전화적체가 무려 10,680건으로 늘어나는 통에(1982. 12), 자동식 증설은 중단하고 1983년도 전자교환기 공급사업(83-BTM-90k)으로 전자식(M10CN방식) 2만 회선을 공급 개통하였다(1983. 12). 이 공사는 SST에서 담당 시공하였으며, 당시 공사감독은 중앙건설사무소 시설본부 통신기술직(홍경희)이 수행하였다. 이 교환시설의 국번호는 492국과 493국을 부여하였으며, 이때부터 전화청약 즉시 승낙하게 되었다(1984년).

당시 이 전자교환기는 287달러(국내조립가격)에 구매하였다. 이 전자교환기의 개통으로 총 시설규모는 5만6천 회선으로 늘어나게 되었고 이때부터 전화청약 즉시 승낙하게 되었다. 그 후 1985년에 1만8천 회선, 1987년 1만 회선(491국)을 증설하였으며 이때 올림픽 통신용으로 12회선을 확보하였다. 그래서 1987년 말 자동식 3만6천회선, 전자식 5만8천회선 총 9만4천 회선의 대형전화국으로 발전하였다. 이에 따라 1987년에는 발동발전기도 대용량(1,000KW)으로 교체하였으며, 시내케이블도 6,300회선을 증설하여 총 144,000회선으로 크게 늘어나게 되었다. 1990년대 중반에는 교환시설 15만회선 이상(분국 포함)을 운용하는 대형전화국이 되었다(1996. 1. 31).

1990년 면목전화국 간부진은 국장 최경회, 총무부장 이철수, 영업부장 노재억, 기계부장

진이식, 선로부장 서대현, 상계분국장 유순종, 공릉분국장 유준영으로 보직되었다. 그 후 1995년에는 국장 차한영, 관리부장 김태식, 영업부장 조용만, 교환기술부장 신영찬, 전송기술부장 전병탁이 재직하였다. 1997년 간부진은 국장 이홍재, 고객서비스부장 안택선, 마케팅부장 이원영, 교환기술부장 이기두, 전송기술부장 옥신광으로 보임되었다.

이 전화국은 서울시 중랑구 면목2동 180에 있었으며, 그 후 중랑구 면목2동 180- 68로 바뀌었다(1992년). 그리고 명칭은 1990년까지 면목전신전화국이었으며 이후 면목전화국으로 바뀌었다가(1990년) 다시 중랑전화국으로 변경되었다(1996년-1999년). 그로부터 30여년이 훨씬 지난 지금까지도 이 전화국 인근도로 4거리 안내판에는 중랑전화국으로 표기하고 있다(2022년 6월 현재).

(18) 목동전화국

1990년대 후반 전자식교환기(SE) 8천 회선을 1998년 5월 개통목표로 추진하다가 IMF사태로 인한 수요 급감으로 공사를 중단하였다(1998. 3). 1990년 화곡전화국 목동분국장은 2급통신기술(김영식)로 보직되었으며, 1995년 목동분국장은 김사묵이 재직하였다. 그 후 1997년 목동전화국장은 2급통신기술(정지연)로 보임되었다. 주소는 서울시 양천구 목1동 918이었으며 당초 화곡전화국 목동분국으로 운영되다가 이어서 화곡전화국 관할의 목동전화국으로 변경되었다(1995년-1999년).

(19) 미아전화국/ 강북전화국

1980년대 초반까지 기계식 자동교환기(ST) 4만 회선을 운용하였으며, 당시 세 자리수의 국번호(980국, 981국, 988국, 989국)를 사용하고 있었다(1981. 12). 그러나 1983년 12월 당시 전화적체가 약 4,800건이 발생하였으며, 이 전화국은 국사가 충만하여 본 건물 2,543m^{2}를 증축하였다(1983. 11). 이 공사는 우림종합건설에서 시공하였으며, 당시 공사감독자는 중앙건설사무소 이희택으로 지정되었다. 이런 상황에서 인근에 월곡전화국이 신설되면서 장위동 방면지역의 약 1만1천 가입자를 월곡전화국으로 수용 변경하였다(1984. 2).

이후 한국통신에서는 미아전화국에 1984년부터 전자교환기를 공급한다는 방침을 세웠으며, 이때 1986년도 전화수요가 3만 회선 이하일 경우에는 제1기종(M10CN)을 공급한다는 방침으로 추진하고 있었다. 그러나 제2기종 공급업체인 금성반도체주식회사에서는 미아전화국이 대도시 대용량지역이므로 이 전화국에는 제2기종을 공급해 줄 것을 주장하였다(1982. 12. 3). 한국통신은 이 건의내용을 당시 공급방침을 기준으로 면밀히 검토한 후 이를 받아들이지 않고 제1기종(M10CN) 6천 회선(982국)을 증축건물 2층에 신설 개통하였다(1985. 2).

그 후 다시 8천 회선을 증설하였으며(1986년), 이어서 8천 회선(984국)을 증설하였다(1987년). 그때부터 자동식 4만 회선, 전자식 2만2천 회선을 운용하였으며, 이에 따른 가입자케이블 96,600회선을 운용하였다(1986년-1987년). 이때 올림픽 통신전용을 위해 12회선을 구성하였다. 1990년대 중반에는 교환시설 10만회선 이상(분국 포함)을 운용하는 중대형 전화국이 되었다(1996. 1. 31). 1990년대 후반에 전자식교환기(SE) 8,000회선을 1998년 5월 개통목표로 추진하다가 IMF사태로 인한 수요가 감소하는 바람에 공사를 중단하였다.

1970년대 중반 당시 체신부 미아전화국의 간부진은 국장 최연수, 업무과장 함만일, 기계과장 김기은, 선로과장 김교식으로 보직되었다. 한국전기통신공사로 전환된 후인 1990년 미아전화국 간부진은 국장 차한영, 총무부장 박원의, 영업부장 김태식, 기계부장 박정하, 선로부장 노상용, 창동분국장 여영구로 발령되었다. 그리고 1995년 간부진은 국장 김문오, 영업부장 조윤환, 교환기술부장 조강래, 전송기술부장 박정하가 재직하였으며, 1997년에는 국장 강신원, 고객서비스부장 공석, 마케팅부장 한창수, 시설운용부장 한광웅으로 발령되었다.

1998년에는 강북전화국으로 변경되어 국장 신장진, 고객서비스부장 정영길, 시설운용부장 정완영이 재직하였으며, 1999년에는 국장 봉호영, 고객서비스부장 정영길, 마케팅부장 이승모, 전송기술부장 정완영, 도봉분국장 최영훈, 방학분국장 이한영으로 변경되었다. 주소는 서울시 도봉구 미아동 127-7이었으며, 행정구역 개편에 따라 강북구 미아9동 127-7로 바뀌었다(1995년). 국명은 1990년까지 미아전신전화국이었으며 이후 미아전화국이 되었다(1990년). 그 후 강북전화국으로 변경되었다가(1999년) 다시 강북지사로 확대되었다(2004년). 2010년대 후반부터는 노원지사 강북지점으로 운용되었으며, 1층에는 kt프라자 강북점이 자리잡고 있었다(2019년).

이때 건물명칭은 kt미아빌딩으로 호칭되고 있었으며, 이 kt미아빌딩에는 5ESS전자교환실, 전송운용실, 전력운용실이 kt동부유선운용센터 소속으로 운용되었다. 또한 kt서비스 강북본부라는 조직도 입주해 있었다. 한편 이 빌딩의 별관 2동에는 과거 정보통신부 관리하의 단체였던 한국복지정보통신협의회가 입주해 있었다.

(20) 반포전화국

1980년대 초까지 기계식 자동교환기(ST방식) 4만 회선과 또 다른 자동식교환기(X-Bar방식) 3천 회선을 운용하였다(1981. 12). 그런 가운데 1980년도 전자교환기 공급사업(80-1차 BTM-80k)으로 전자식(M10CN) 2만 회선을 공급 추진하였다. 이 사업은 BTM과 계약한 1981년 8월 개통목표보다 다소 늦게 10월에 개통되었다. 이때부터 자동식 4만3천 회선, 전자식 2만 회선 등 총 6만3천 회선을 운용하였다(1982. 12).

그러나 전자교환기 개통 2개월 전인 그해 8월 하순에 이미 1만6천여 건의 전화를예약 판매함으로써 다시 시설 부족에 직면하게 되었다. 이때 반포전화국 지역의 급증하는 전화수요를 분담하기 위하여 인근에 서초전화국을 신설하였다(1982년). 이때 반포전화국과 서초전화국의 전화수요 분담계획(1982년-1996년)은 <표 9-27>과 같다.

<표 9-27> 반포전화국과 서초전화국의 전화수요분담계획

구분	1981년	1982년	1984년	1986년	1991년	1996년
반포전화국	63,000	42,120	54,300	67,900	108,890	120,060
서초전화국	-	43,930	58,240	75,400	115,990	136,180
계		86,050	112,540	143,300	224,880	256,240

그로부터 3년 후 다시 전자식 1만 회선을 증설하였으며(1985. 11), 1987년에는 도시 시분할교환기(TD방식) 1만 회선(594국)을 공급하여 3개 기종 총 8만3천 회선을 운용하게 되었다. 이에 따라 가입자케이블 7,200회선을 증설하여 그해 말에는 총 135,600회선으로 늘어나게 되었으며, 이때 발동발전기도 대용량(1,000KW)으로 교체하였다(1987년). 그리고 반포전화국에서 이수교까지의 지하철병행 통신구(700m)를 건설하였다(1986년-1987년). 1990년대 중반에는 20만회선 이상(분국 포함) 운용하는 초대형전화국의 하나가 되었다(1996. 1. 31). 그 후 1990년대 후반에 전자식교환기(TX) 1만2천 회선을 개통하였다(1998. 4. 27).

한국전기통신공사 창립 첫해인 1982년 반포전신전화국장은 이선우(3급행정)가 보직되었다. 그 후 1990년 반포전화국 간부진은 국장 곽응수, 총무부장 길재오, 영업부장 박연석, 기계부장 유승갑, 선로부장 김재성, 서초분국장 하덕식으로 보직되었다. 1995년 간부진은 국장 박병고, 관리부장 이병우, 영업부장 송영복, 교환기술부장 양성모, 전송기술부장 이오성, 서초분국장 여영구가 재직하였다.

그 후 1997년에는 국장 진영현, 고객부장 김석현, 요금부장 전두흠, 교환기술부장 임영준, 서초전화국장 윤치중이 재직하였다. 주소는 당초 서울시 서초구 반포동 산74-2로 되어 있었으며 그 후 서초구 반포2동 114-1로 바뀌었다(1992년). 국명은 1990년까지 반포전신전화국이었으며, 이후 반포전화국으로 변경되었다(1990년-1999년).

(21) 방학전화국

당시 명칭은 창동전화국 방학분국이었으며, 주소는 서울시 도봉구 방학동 707-6으로 되어 있었다(1995년). 그 후 창동전화국의 명칭이 바뀌면서 도봉전화국 방학분국으로 운영되었다(1998년-1999년). 1995년 당시 방학분국장은 박희식이 재직하였다. 그러다가 1997년 도봉전화국 관할의 방학전화국장은 2급통신기술(전찬수)로 보직되었다.

(22) 봉천전화국/ 관악전화국

1980년까지 기계식 자동교환기(ST방식) 3만 회선을 운용하였다. 이때 1980년도 전자교환기 공급사업 1차분(80-1차KTC-40k)으로 전자식(M10CN) 1만 회선을 공급 추진하여 당초 계획대로 개통하였다(1981. 3). 이어서 1980년도 전자교환기 공급사업 2차분(14만회선)이 추진되었는데 여기에는 봉천전화국에 1만 회선을 공급하도록 되어 있었다(체시기 1620,

1979. 3. 22). 이 기본계획의 주관부서 및 결재자는 제9장 말미의 참고자료 편에 기록되어 있다. 여기에서 자재는 BTM으로부터 직수입하고 BTMC 또는 KTC 책임보증 하에 국내공사회사가 전량시공하게 하였다.

이 계획은 다시 1980년도 전자교환기 확장사업(80-2차BTM-60k)이라는 실행계획으로 만들어져 1만 회선을 서둘러 착공 개통하였다(1982. 1). 이에 맞추어 이미 9천 회선의 가입전화를 판매 완료하였으나(1981. 12), 다시 4,850건의 전화적체가 발생하였다(1982. 12). 이어서 1983년도 전자교환기공급사업(83-BTM-90k)으로 2만 회선을 증설 개통하였으며 이를 위해 새로운 국번호(884국과 885국)를 부여하였다(1983. 11). 이 공사는 SST에서 담당 시공하였으며, 당시 공사감독자는 윤병곤으로 지정되었다. 이때부터 전화청약 즉시 승낙하게 되었다.

그 후 다시 전자식 8천 회선(886국)을 4층에 증설 개통하였다(1984. 9). 이때부터 총 7만8천 회선을 운용하게 되었으며, 이어서 1986년에도 1만2천 회선을 개통함으로서 이후 자동식 3만 회선, 전자식 6만 회선, 가입자케이블 121,800회선을 운용하였다(1986년- 1987년). 그리고 발동발전기도 대용량(1,000KW)으로 교체하였다(1987년).이에 따라 1990년대 중반에는 교환시설 15만 회선 이상(분국 포함)을 운용하는 대형전화국이 되었다(1996. 1. 31).

1990년 봉천전화국 간부진은 국장 강동삼, 총무부장 공석, 영업부장 황명도, 기계부장 김승배, 선로부장 차재영으로 보직되었다. 1995년에는 국장 정정희, 관리부장 공석, 영업부장 이효선, 교환기술부장 김주성, 전송기술부장 조정현이 재직하였다. 그 후 1997년 관악전화국 간부진은 국장 최우규, 고객서비스부장 김정수, 교환기술부장 구자문, 전송기술부장 노재무로 보임되었다. 1997년 3월 관악전화국은 서울대학교 입학식장에서 시티폰 판촉이벤트 행사를 가졌다. 이 행사에서는 입학식장을 찾아온 5만여 고객을 대상으로 도우미 2명이 직접 시티폰 무료통화를 시연해 보였으며, 시티폰 및 KT카드 홍보용팜프렛 각 1,200매를 배부하여 우리 상품을 알렸다.

주소는 당초 서울시 관악구 봉천동 882-5이었으며 그 후 관악구 봉천4동 882-5로 바뀌다(1992년). 당시 명칭은 1990까지 봉천전신전화국이었으며 1990년에 봉천전화국으로 되었다. 그 후 관악전화국으로 변경되었다(1996년-1999년). 2000년대에 들어서면서 한국통신이 kt로 민영화된 후 kt는 이 부지 내(봉천동 880-18)에「리마크빌 관악」을 건설하였다. 이 사업은 도시형 생활주택 128세대(연면적 5,557.76m^2)을 건설한 것으로 2014년 9월에 착공하여 2017년 1월에 준공하였다.

(23) 불광전화국/ 은평전화국

1967년 7월 불광전신전화국이 개국되었다. 그 후 1980년대 초 기계식 자동교환기(EMD 방식) 5만5천 회선을 운용하였다(1981. 12). 이어서 자동식 5천 회선을 증설하여 자동식 6만 회선을 운용하게 되었으며 이때 1,370건의 전화적체가 발생하였다(1982년). 이때 1982년도 사업으로 불광전화국의 인입통신구 135m를 건설 추진하였으나 공사기간이 부족하여 당초 계획보다 늦게 준공되었다(1983. 3). 이 공사는 중앙건설에서 시공하였으며, 공사감독은 중앙건설사무소 신재열이 수행하였다.

1982년도 전자교환기 공급사업(82-GSS-100k)으로 전자식(No1A) 3만 회선을 직수입(D.S)하여 개통하였다(1983. 8). 이 공사는 GSS에서 시공하였으며, 당시 공사감독은 중앙건설사무소 시설본부 통신기술직(이영수)이 수행하였다. 이때 새로운 국번호(352 국, 353국, 354국)를 부여하여 사용하였다. 이에 맞추어 1983년 가입자케이블 40,800 회선을 증설하였다(1983. 8). 이 공사는 우일통신에서 시공하였으며, 당시 공사감독자는 중앙건설사무소 조성의로 지정되었다. 그때부터 전화청약 즉시 승낙이 가능하게 되었다.

한편 그동안 광화문전화국 관할지역이었던 자하문 밖 평창동, 구기동, 신영동의 약 2,400 가입자가 이 전화국으로 수용 변경되었다. 이후 상당 기간 자동식 6만 회선, 전자식 3만 회선을 운용하였다(1984년-1986년). 그 후 다시 전자식 2만2천 회선을 증설하여 잔여 국번호(355국, 356국, 357국)를 부여 사용하였다. 이때 자동식 1만 회선(388국)을 철거하였으며 올림픽 통신용으로 12회선을 확보하였다(1987년). 그래서 자동식 5만 회선, 전자식 5만2천 회선으로 늘어나 10만 회선 규모의 대형전화국이 되었다(1987. 12).

이에 따라 발동발전기도 대용량(1,000KW)으로 교체하였으며 시내케이블 8천 회선을 증설하여 152,900회선을 운용하게 되었다(1987년). 한편 1980년대 후반에는 변두리 지역인 오금리, 신원리, 효자리에 전송로집선장치(Line Concentrator)를 설치하여 자동전화를 공급하였다. 한편 삼송리 지역에는 도시형 AXE-10 교환기(가반형) 1대를 1990년대 중반까지 운용하였으며, 그 외에도 TDX-1A 가반형 교환기 1대도 운용하였다(1996. 5). 1990년대 중반에는 20만 회선 이상(분국 포함) 운용하는 초대형전화국의 하나가 되었다(1996. 1. 31).

1970년대 중반 당시 체신부 불광전화국의 간부진은 국장 오동순, 업무과장 함종옥, 기계과장 박세경, 선로과장 김혁동으로 보직되었다. 한국전기통신공사로 전환된 후인 1990년 불광전화국 간부진은 국장 노판구, 총무부장 김한옥, 영업부장 주용식, 기계부장 고승남, 선로부장 장수봉, 가좌분국장 홍택구로 보직되었다. 그 후 1995년에는 은평전화국 국장 남상두, 관리부장 송동준, 영업부장 남정소, 교환기술부장 이은삼, 전송기술부장 박광연, 가좌분국장 한영태가 재직하였다.

1997년 간부진은 국장 김한수, 고객서비스부장 김선영, 마케팅부장 송동준, 교환기술부장 유재완, 전송기술부장 길동웅, 가좌전화국장 박선, 자문역 변종국으로 보임되었다. 이 전화국은 서울시 은평구 대조동 84-1에 있었으며, 국명은 1990년까지 불광전신전화국 이었으며 이후 불광전화국으로 변경되었다(1990년). 그 후 은평전화국으로 변경되었다(1995년-1999년).

(24) 사당전화국

이 전화국은 서울시내 사당지역의 전화공급을 위해 신설되었다(1982년). 1982년도 사업으로 전자교환기(No1A) 3만 회선을 직수입(D.S)하여 개통하였다(1982. 11). 이때 새로운 국번호(582국, 583국, 584국)를 부여하여 사용하게 하였으며, 인근 반포전화국의 일부 구역을 수용하였다.

(25) 상계전화국/ 노원전화국/ 불암전화국

1980년대 중반 한국통신은 서울의 상계, 중계, 하계지역에 대한 시내전화 치국계획을 수립하였다. 당시 상계지역은 신시가지 조성에 따른 통신 지원이 필요하였다. 그러나 기존 국사는 용량이 부족한 실정이어서 서울시 도봉구 상계동에 15만 회선규모의 불암전화국을 1988년에 신설 개통하는 것으로 결정하였다(시내전화 장기치국계획, 1985. 1. 18, 한국통신 계획국). 이후 1987년 국명이 상계전화국으로 변경되었다(시내전화 장기치국계획, 1987. 1, 한국전기통신공사). 이상 2개 계획의 주관부서 및 결재자는 제9장 말미의 참고자료 편에 기록되어 있다.

이 전화국은 중용량 국사(시분할교환기 15만 회선 규모)로 시공되었으며 지하1층-지상3층 건물(4,800m^2)로 설계하여, 1987년에 착공하여 1988년에 준공하였다. 한편 1987년에 가입자케이블 2만4천 회선을 신설하였으며, 상계전화국과 공릉전화국 간(3.8Km)에 국간통신용으로 광케이블(24코어)을 건설하였다. 이때 통신망 구축을 위해 동일로사거리에서 상계역까지 공동구(600m)를 1987년에 건설하였다. 1990년대 중반에는 20만회선 이상(분국포함) 운용하는 초대형전화국의 하나가 되었다(1996. 1. 31). 그리고 1990년대 후반에는 인근의 공릉전화국을 분국으로 운영하였다.

1990년 면목전화국 상계분국장은 2급통신기술(유순종)로 보직되었다. 그리고 1995년 노원전화국 간부진은 국장 정영섭, 영업부장 강일중, 기술부장 송석록, 공릉분국장 김채우로 보임되었다. 그 후 1997년 간부진은 국장 송인도, 고객서비스부장 이창관, 마케팅부장 엄방언, 시설운용부장 신영찬, 공릉전화국장 김융기, 1급 자문역 차한영, 2급 자문역 김채우로 발령되었다. 이 전화국은 서울시 노원구 상계7동 723에 있었다. 그리고 명칭은 초기에는 불암전화국으로 불리다가 상계전화국이 되었으며(1992년), 그 후 노원전화국으로 변경되었다(1995년-1999년).

<한국통신 뉴스> 1997년 노원전화국(국장 송인도)에서는 관내 고액가입자인 20개 기업체 통신책임자 60여명을 초청하여 한국통신 고객간담회를 개최하였다. 이날 간담회에 복지통신 등 국민통신편익과 정보통신발전을 위해 공익적 역할을 수행해온 우리회사를 소개하고 앞으로도 통신망시설과 기술을 바탕으로 우리나라 통신을 이끄는 종합통신사업자로서의 위상을 홍보하였다(1997. 9. 12).

(26) 서울중앙전화국(구)

1923년 경성중앙전화국이 설치되었으며 1935년 10월 기계식 자동교환기(ST방식)가 설치 개통되었다. 그리고 1937년 도수요금제가 실시되었으며 1954년 자석식 교환시설(2000회선)을 자동식으로 대체하였다. 우리나라 최고의 오랜 역사를 가진 전화국이다. 1973년 인근에 남대문전화국이 신설되면서, 시설증설을 중지하고 기계식 자동교환기 3만 회선을 운용하였다(1981. 12). 1981년 11월 남대문전화국에 전자식(No1A) 3만 회선을 개통하면서 그때까지 중앙전화국 22국, 23국의 전체 가입자를 이전한 후 노후한 자동교환기 2만 회선을 철거하였다(1982년).

2년 後 다시 남대문전화국에 전자식 3만 회선이 개통되면서 잔여 가입자를 넘겨주고 나머지 자동식 1만 회선(28국)을 철거한 후 폐국되었다(1984. 4). 이 전화국의 국사규모는 대지 1,734평, 건평 6,965m^2(지상 5층)이었다. 주소는 서울시 중구 충무로1가 52-5(도로명 주소 중구 소공로 63)로 되어 있었다. 이 건물은 현재 신세계백화점 신관으로 사용되고 있다. 체신부 시절인 1970년대 중반 서울중앙전화국의 간부진은 국장 이익상, 업무과장 조종근, 지도과장 공진성, 기계과장 임인한, 선로과장 양복용으로 보직되었다.

(27) 서초전화국

반포전화국 관할 지역의 급증하는 전화 수요를 분담하기 위해 서초전화국을 신설하였다(1982년). 이 전화국은 대지 2,361평 위에 국사는 종국용량 10만회선 규모로 1981년에 완공하였으며, 우선 반포전화국 관내 9개동을 수용하기로 정하였다. 한국통신은 1982년도 전자교환기 공급사업(82-GSS-30k)으로 전자식(No1A) 3만 회선을 공급 개통하였다(1983. 2). 이 사업은 ATTI에서 작업용 공기구 등 공급자 무상공여물자의 제세문제를 제기하는 바람에 당초보다 2개월 정도 계약이 지연되었다. 협의 결과 ATTI가 부담하는 것으로 최종 동의하여 계약이 진행되었으나 결국 개통일도 2개월 늦어졌다.

이와 병행하여 1983년 가입자케이블 4만5천 회선을 증설하였다(1983. 3). 이 공사는 우일통신에서 시공하였으며, 당시 공사감독자는 중앙건설사무소 김원민으로 지정되었다. 그러나 얼마 지나지 않아 전화적체가 690건이나 쌓였다(1983. 10). 이를 해결하기 위하여 1984년도 전자교환기 사업계획(84-GSS-50k)으로 2만 회선을 2층에 증설하여 새로운 국번호(585국, 586국)로 개통하였다(1984. 8). 그 후 6천 회선을 증설 개통하였으며(1986. 6), 그때부터 5만6천 회선을 운용하였다. 한편 가입자케이블은 118,800회선을 운용하였다(1986년-1987년).

1990년 반포전화국 서초분국장은 2급통신기술(하덕식)로 보직되었으며, 1995년 서초분국장은 여영구가 재직하였다. 그 후 1997년에는 반포전화국 관할의 서초전화국장으로 2급통신기술(윤치중)로 발령되었다. 주소는 서울시 서초구 방배3동 1001-1이었으며, 당시 명칭은 1996년까지 반포전화국 서초분국이었다가 이후 서초전화국이 되었다.

(28) 성북전화국

1980년 초반까지 기계식 자동교환기(EMD방식) 3만9천 회선과 이동식교환기 1천 회선을 운용하였다(1982. 12). 그해 인근에 월곡전화국이 신설되어 일부 구역을 수용 변경하였으며(1982. 8) 1982년 말부터 전화청약 즉시 승낙이 가능하게 되었다. 이때 1983년도 사업으로 성북전화국의 인입통신구 34m를 건설 추진하였으나 도로굴착승인이 지연되는 바람에 당초 계획보다 늦게 준공되었다(1983. 7). 이 공사는 창일산업에서 시공하였으며, 공사감독은 중앙건설사무소 임종웅이 수행하였다.

그러나 이 전화국은 국사 증축이 불가능하여 노후한 기계식 자동교환기 1만 회선(92국)을 철거하였다. 다시 기계식 1만 회선(93국)을 철거하여 그 장소에 1984년도 사업으로 전자교환기(No1A) 2만 회선(922국, 923국)을 설치 개통하였다(1985. 2). 이때 그동안 시설부족으로 인근 혜화전화국에 수용되었던 성북전화국 관할지역 가입자 5천 회선을 환수 조치하였으며, 그동안 운용해온 이동식교환기 1천 회선을 철거하여 대야로 보내 재활용하였다(1985년).

그 후 1985년도 사업으로 다시 1만8천 회선을 공급함으로써 1987년까지 자동식 1만9천 회선, 전자식 3만8천 회선의 총 5만7천 회선을 운용하였다. 이를 위한 가입자케이블 109,500회선을 운용하였으며(1986년-1987년), 국간통신망을 위해 성북전화국과 혜화전화국 간 5km에 광케이블(12코어)을 건설하였다(1987년). 또한 성북전화국에서 신설동 로터리까지의 지하철병행 통신구(700m)를 건설하였으며(1986년-1987년), 대광고등학교에서 홍능 사거리까지의 선로집중국 상호간 연결통신구(2,050m)도 건설하였다(1986년-1988년). 1990년대 중반에는 20만회선 이상(분국 포함) 운용하는 초대형전화국의 하나가 되었다(1996. 1. 31).

1970년대 중반 체신부 성북전화국의 간부진은 국장 정도길, 업무과장 정성현, 기계과장 김장진, 선로과장 유정영으로 보직되었다. 한국전기통신공사로 전환 후인 1990년 성북전화국 간부진은 국장 함만일, 총무부장 윤기천, 영업부장 소병인, 기계부장 박흔권, 선로부장 강동식, 월곡분국장 이상은으로 보직되었다. 1995년에는 국장 진영현, 관리부장 성욱제, 영업부장 김옥수, 기술부장 오재길, 월곡분국장 김영택이 재직하였다. 그 후 1997년 간부진은 국장 박우곤, 고객서비스부장 박준길, 마케팅부장 이영항, 시설운용부장 이상기, 월곡전화국장 김근식, 자문역 황명도로 보직되었다. 이 전화국은 서울시 성북구 보문동 5가 232에 있었으며 명칭은 성북전화국이었다(-1999년).

(29) 수서전화국

1995년에 신설된 전화국으로 당시 전자교환기 2만6천 회선을 공급하기 위한 입찰결과 낙찰금액은 4,978백만 원, 낙찰자는 LG로 결정되었다(1995. 7. 21). 이후 교환시설 15만회선 이상(분국 포함)을 운용하는 대형전화국이 되었다(1996. 1. 31). 1995년 수서전화국 간부진은 국장 장말현, 업무부장 김종화, 기술부장 강동식, 양재분국장 하덕식으로 보직되었다. 그 후 1997년 수서전화국 간부진은 국장 김문오, 마케팅부장 소병인, 기술부장 강동식, 양재전화국장 윤화성, 자문역 하덕식으로 보임되었다. 주소는 서울시 강남구 수서동 402-1이었으며(1995년), 그 후 강남구 수서동 734로 바뀌었다(1998년). 당시 명칭은 수서전화국이었다(1994년-1999년).

(30) 시흥전화국/ 금천전화국

구로전화국 지역의 급증하는 전화 수요를 분담하기 위해 시흥전화국을 신설하였다(1982년). 이 전화국은 대지 1,011평을 확보하여 국사는 종국용량 10만회선 규모로 1981년에 완공하였으며, 우선 구로 관내 6개 동을 수용하기로 결정하였다. 1983년도 전자교환기 공급사업(83-BTM-90k)의 일환으로 전자식(M10CN) 2만 회선을 공급 개통하였다(1984. 5). 이 공사는 SST에서 담당 시공하였으며, 당시 공사감독은 중앙건설사무소 시설본부 통신기술직(전병삼)이 수행하였다. 이를 위해 802국과 803국의 국번호를 사용토록 하였으며, 이때 을지전화국 등 36개 전화국 간 중계전송시설 2,566회선을 신증설하였다.

또한 1983년 가입자케이블 31,800회선을 증설하였다(1983. 7). 이 공사는 대흥통신에서 시공하였으며, 당시 공사감독자는 중앙건설사무소 조정현이 지정되었다. 이 시설증설에 맞추어 구로전화국 지역인 시흥동, 독산동 등 약 11,500가입자를 수용하였으며, 이때 주변 지역인 경기도 광명시 소하동을 통합 자동화 하였다. 당시 소하동에는 자석식 800회선을 운용하고 있었으며, 시흥국과의 거리는 2.0Km로 가까운 지역이었다. 그러나 얼마 후 전화적체가 다시 5천여 건으로 늘어나자(1983. 10), 1984년도 사업으로 2만 회선(804국과 805국)을 KTC시공으로 2층에 증설 개통하였다(1984. 8).

이어서 다시 2만 회선을 증설하여(1985. 12), 전자식 6만 회선을 운용하였다(1986년-1987년). 한편 가입자케이블 38,400회선을 증설하여 그때부터 총 129,300회선으로 늘어났으며, 이때 국간통신망을 위해 시흥전화국과 구로전화국 간(4.4km)에 광케이블(36코어)을 건설하였다(1987년). 1990년대 중반에는 교환시설 15만회선 이상(분국 포함)을 운용하는 대형전화국이 되었다(1996. 1. 31). 그 후 전자교환기(TDX) 14,500회선을 증설할 계획으로 추진하였으나 IMF사태로 인한 수요 감소로 공급량을 축소하여 7,600회선을 공급하였다(1998. 11).

1990년 구로전화국 시흥분국장은 2급통신기술(김사묵)로 보직되었으며, 1995년 시흥분국장은 김영식이 재직하였다. 그 후 1997년 금천전화국 간부진은 국장 엄권섭, 고객서비스부장 송채호, 교환기술부장 신상철, 전송기술부장 정세화로 발령되었다. 주소는 당초 서울시 구로구 시흥3동 985-14이었다(1995년). 다음해에 금천구 시흥3동 985-14로 바뀌었고(1996년), 다시 금천구 독산동 1093으로 변경되었다(1998년). 초기에는 구로전화국 시흥분국으로 출발하여(1995년) 이듬해부터 금천전화국으로 승격 변경되었다(1996년-1999년).

(31) 신내전화국

신내전화국은 서울시내 신내 지구의 전화공급을 위해 신설계획을 확정되었다(1993년). 치국규모는 대지 1,721평, 건물 지하1층, 지상4층 2,500평으로 정하였으며, 1994년에 대지매입계약을 시행하였다(1994. 2. 28). 이어서 국사 설계비 225백만 원, 시공비 6,990백만 원을 들여 건물공사를 착공하였다(1995. 8. 28). 이때 국사는 1997년 말 준공을 목표로 추진하였으나 철거주민 보상비 문제로 착공과 동시에 공사가 중단되기도 하였다.

당시 AXE-10 교환기 1만회선(컨테이너형)을 1995년 11월에 개통하여 운용하였고, TDX-1A 교환기 3천회선(컨테이너형)을 1996년 6월, 또 다른 3천회선(컨테이너형)을 1996년 12월에 개통 추진하였다(전화가입구역 개선계획, 1995. 4, 한국통신 시내사업본부). 이때 도시형 AXE-10 전자교환기(가반형) 1대를 1990년대 중반까지 운용하였다(1996. 5). 1996년 말 전전자교환기 2만6천 회선을 운용하였다.

(32) 신사전화국

영동전화국 지역의 급증하는 전화 수요를 분담하기 위해 신사전화국을 신설하였다(1982년). 이 전화국은 대지 1,756평을 확보하여 국사는 종국용량 10만회선 규모로 1981년에 완공하였으며, 우선 영동전화국 관내 6개동을 수용하기로 정하였다. 이에 따라 1982년도 전자교환기 공급사업(82-ATTI-60k)으로 전자식(No1A) 3만 회선을 공급 개통하였으며, 이때 새로운 국번호(542국, 543국, 544국)를 부여하였다(1983. 6).

이 시설공사는 ATTI에서 시공하였으며, 당시 공사감독은 중앙건설사무소 시설본부 통신기술직(가영현)이 수행하였다(통신투자사업 추진현황, 1983. 3, 한국전기통신공사 중앙건설사무소 시설본부). 이 사업은 완제품을 구매하여 추진하였으며, 계약이 지연되는 바람에 당초 계획보다 5개월 지연되어 준공되었다(ESS사업 종합추진현황, 1982. 7, 한국통신 중앙건설사무소). 당시 ATTI측과는 사업단위별로 계약 협상을 진행함에 따라 이 사업도 순연되었다.

그래서 한국통신(KTA)은 일괄 협상을 요구하였으나 계약자 측은 사업건 별로 쟁점해결 전에는 불응하였으며, 특히 ATTI 계약 협상 책임자가 1명뿐(Mr. Hodson)이어서 동시 처리가 사실상 불가한 상황이었다. 이때 주요쟁점 사항으로는 첫째, 할인율을 전 품목에 일괄 적용치 않고 있다는 것, 둘째, GSS 시설분에 대하여 통관업무 지원비로 국당 30-40만불을 견적한 것, 그리고 계약물량 이외 초과분에 대한 통관제세 부담문제 등이었다.

이와 관련하여 가입자 선로시설 4만5천 회선이 증설되었다(1983. 5). 이 시설이 개통되면서 그동안 영동전화국 관할 지역이었던 신사동, 압구정동, 학로 북측 지역의 약 23,600가입자를 영동전화국으로 부터 이 전화국으로 수용 변경하였다. 그러나 얼마 지나지 않은 1983년 말에는 전화적체가 7,200건으로 늘어나게 되자 1983년도 전자교환기 사업계획(83-ATTI-100k)으로 2만 회선을 공급하였다. 이 사업은 GSS에서 시공하여 후속 국번호(545국, 546국)를 부여하여 1984년 5월에 개통하였으며, 1984년 말에는 총 5만 회선을 운용하게 되었다.

당시 전자교환기 2만회선 증설에 따라 그동안의 전화적체를 해소하였으며, 이때 영동전화국 지역인 삼성동 일부 10,100가입자를 전입하였다. 그리고 반포동 일부와 논현동 일부지역의 약 8,700가입자를 반포전화국으로부터 수용하였다. 이로부터 2년간 3만8천 회선을 증설하였으며(1985년-1986년), 그때부터 총 8만8천 회선을 운용하였다. 한편 가입자케이블도 2만4천 회선을 증설하여 그때부터 154,800회선을 운용하였다(1987년). 1996년 1월에는 교환시설 15만회선 이상(분국 포함)을 운용하는 대형전화국이 되었다.

1997년 7월 신사전화국은 서울본부장과 운용국장(한명희) 등 관계자 20여명이 참석한 가운데 신사 OMC 개소식을 가졌다(1997. 7. 29). 이 OMC는 신사전화국 내에 위치하며, 총 24명의 직원이 TDX 교환기에 대한 원격감시와 제어를 시행하는 임무를 수행하였다. 또한 현업운용, 긴급복구지원, 전화국 운용요원에 대한 교육훈련을 담당하고, TDX교환기의 신증설 시 인수시험도 지원하게 하였다.

그 후 1997년 말에는 신사전화국 본국에만 No.1A 10만2천 회선, S1240 6만4천 회선, TDX-10A 6만6천 회선으로 총 23만2천 회선을 운용하였다. 이와 같이 시설이 늘어나자 국사 상면이 절대 부족하여 차기 증설을 위한 상면 확보차 M10CN교환기 5만2천 회선의 철거를 추진하였다(1998. 10). 이에 맞추어 전자교환기(TDX) 2만 회선을 개통하였다(1998. 10). 당초 TBX 4만1천 회선을 공급할 계획으로 추진하였으나 IMF사태에 의한 수요 감소로 공급량을 대폭 축소 개통하였다.

1990년 신사전화국 간부진은 국장 이환, 업무부장 오태진, 기술부장 유병구로 보직되었다. 1995년에는 국장 조영윤, 관리부장 송채호, 영업부장 홍대화, 교환기술부장 이상기, 전송기술부장 정찬식이 재직하였으며, 그 후 1997년 간부진은 국장 정정희, 영업부장 이공석, 교환기술부장 최광진, 전송기술부장 김봉주로 보임되었다.

주소는 서울시 강남구 신사동 603-1이었으며, 개국 초기에는 영동전화국 신사분국으로 운영되다가 신사전화국으로 운영되었다(1990년-1999년). 그 후 한국통신이 kt로 민영화되면서 이 자리(대지 5,811.1m^2)에 신사지사 호텔개발사업을 추진하였으며, 이 사업은 호텔 및 상업시설을 건설하는 것으로 2016년 6월에 착공하여 2019년에 준공 예정으로 추진되었다. 이로서 신사전화국은 34년간 운영되다가 폐국되었다.

(33) 신촌전화국

신촌전화국은 1966년에 6월에 개국되었다. 1981년 말까지 기계식 자동교환기(EMD방식) 4만 회선을 운용하고 있었다. 다음 해에 인근 아현전화국으로부터 8천 회선을 지원받았으나, 당시 2,390건의 전화적체가 쌓이고 있었다(1982년). 1983년 7월 전자교환기 설치를 위한 상면 확보를 위하여 노후 기계식 자동교환기 1만 회선(325국)을 철거하였으며, 이때 아현전화국으로부터 5천 회선을 추가로 지원받아 적체를 해소하였다.

이후 1984년부터 전자교환기의 공급을 추진하였다. 당시 한국통신에서는 1986년도 전화수요가 3만 회선 이상일 경우에는 제2기종(No1A)을 공급한다는 방침을 가지고 있었다. 이때 제2기종 공급업체인 금성반도체주식회사에서 신촌전화국은 대도시 대용량지역이므로 여기에 제2기종을 공급해 줄 것을 주장하였다(1982. 12. 3). 한국통신은 당시 공급방침을 기준으로 면밀히 검토한 후 이 건의내용을 받아들여 당초 계획대로 제2기종(No1A) 1만8천 회선을 공급 개통하였다(1985. 4). 이 교환시설은 기존의 325국을 철거한 4층에 설치하였으며, 국번호는 332국과 333국을 사용토록 하였다.

그 후 상당기간 자동식 3만 회선, 전자식 1만8천 회선을 운용하였다(1986년). 1987년에는 다시 전자식 2만 회선을 증설 개통하였으며, 이 시설에게는 새로운 국번호(334국, 335국)를 부여하였다. 이때 올림픽 통신회선으로 12회선을 확보하였으며 동시에 자동식 1만 회선(322국)을 철거하였다. 따라서 교환시설은 총 5만8천 회선을 운용하였으며 시내케이블도 28,800회선을 증설하여 그해 말에는 총 124,600회선으로 늘어났다. 1990년대 중반에는 교환시설 15만회선 이상(분국 포함)을 운용하는 대형전화국이 되었다(1996. 1. 31).

그 후 1990년대 후반에 전자교환기(TDX) 7천 회선을 증설 개통하였다(1998. 2. 28). 그러나 1997년 말 IMF체제로 인하여 경기가 침체되고 이로 인하여 각종 지역개발계획의 변경 등으로 수요가 급격히 감소하였다. 이로 인하여 이미 개통된 시설이나 공사 중인 시설에 상당한 여유가 발생하는 바람에 이는 차기 사업에 재활용 추진하였다. 1970년대 중반 당시 체신부 신촌전화국의 간부진은 국장 김중곤, 업무과장 이상현, 기계과장 최운찬, 선로과장 노판구로 보직되었다.

한국전기통신공사로 전환된 후인 1990년 신촌전화국 간부진은 국장 김윤식, 총무부장 정용재, 영업부장 김용일, 기계부장 백남홍, 선로부장 전상수, 아현분국장 이영수로 보직되었다. 그리고 1995년에는 국장 황효동, 총무부장 한재훈, 영업부장 이재악, 교환기술부장 이강재, 전송기술부장 한경연, 아현분국장 유승갑이 재직하였다. 그 후 1997년에는 국장 윤호식, 고객서비스부장 박장희, 마케팅부장 이진훈, 교환기술부장 이강재, 전송기술부장 한경연, 아현전화국장 김영식, 자문역 한재훈으로 발령되었다. 주소는 서울시 마포구 동교동 157이었으며, 국명은 당초부터 신촌전화국이었다(-1999년).

(34) 아현전화국

1979년 신촌전화국 아현분국으로 개국되었다. 그 후 1980년대 초반까지 기계식 자동교환기(EMD방식) 2만5천 회선을 운용하였다(1981. 12). 그 후 1980년도 전자교환기 공급사업(80-3차BTM-190k)으로 전자식(M10CN) 2만 회선을 공급 개통하였다(1982. 11). 이에 따라 1982년 말에는 자동식 2만5천 회선, 전자식 2만 회선을 운용하였으며, 2만1천 회선의 여유시설을 가지게 되어 인근 신촌전화국 지역의 가입자 약 8천 회선을 수용 변경하여 지원하였다.

그럼에도 신촌전화국에 당시 2,390건의 적체가 쌓이고 있어 다시 5,000회선을 추가로 수용 변경하여 신촌 지역의 적체를 해소하였다(1983. 7). 동시에 같은 이유로 광화문전화국에도 5천 회선을 수용변경 지원하였다. 이후 전자교환기(M10CN) 2만 회선을 BTM에서 시공하여 1983년 3월말 개통함으로써 시설규모가 6만5천 회선으로 늘어난 대용량 전화국으로 확장되었다(1983. 4). 이때 가좌전화국 등 22개국 간 중계전송시설 3,120회선을 신증설하였다. 그 후 광화문전화국이 3만6천 회선을 개통하면서 광화문전화국에 지원하고 있던 5천 회선을 환수하였다(1985년).

이후 1987년까지 시설확장은 하지 않았으며 신촌전화국에 전송로집선장치(L/C)를 설치하여 자동전화를 공급하였다. 한편 1987년 아현전화국과 광화문전화국 간에 광케이블(5.5km, 18코어)을 건설하였으며, 시내케이블은 총 89,100회선을 운용하였다(1986년-1987년). 그 후 1990년대 후반에 전자교환기(SE) 3천 회선을 증설 개통하였다(1998. 3. 14). 1990년 신촌전화국 아현분국장은 2급통신기술(이영수)로 보직되었으며, 1995년에는 아현분국장으로 유승갑이 재직하였다. 그 후 1997년 아현전화국장은 2급통신기술(김영식)로 보임되었다.

가. 지하통신구 화재사고

2018년 하반기 아현지사(전 아현전화국)의 지하통신구에서 대형화재가 발생하였다. 이에 대해 언론에서는 다음과 같이 크게 보도하였다(2018. 11. 26, 조선일보).

<보도내용 1> 통신선 불 한 번에 국민의 삶이 마비돼 버렸다. 지난 24일 오전 서울 서대문구 KT 아현지사 지하통신구에서 화재가 발생했다. 불은 지하 4m 깊이에 묻혀있는 가로 높이 2m, 길이 150m 통신구 가운데 79m를 태웠다. 이 여파로 서울 중구, 용산구, 마포구, 서대문구에 있는 KT 휴대전화 기지국2,833개가 작동을 멈췄다. 가입자 21만 5000명의 유선 인터넷 서비스도 중단됐다. 소방당국에 따르면 서울 은평구와 경기도 고양시 일부 지역도 통신장애를 겪었다. 갑자기 휴대전화와 인터넷 서비스가 끊기자 서울 중서부 시민 수십만 명은 큰 혼란을 겪었다.

서울 지하철 신촌역과 홍대입구역의 인근 공중전화에는 전화를 걸기 위해 5- 10명씩 줄을 서기도 했다. 삼성페이 등 스마트폰 결재가 중단되자 사람들은 현금을 찾기 위해 편의점과 현금인출기(ATM)에 몰렸다. 카드결재도 중단돼 상인들은 손님을 돌려보내야 했다. 서

울 마포구 망원동에 사는 대학생 박종원(26)씨는 전화와 인터넷이 안되니 아날로그 시대로 돌아간 것 같았다고 했다. 서울 일부 경찰서에서는 112신고 시스템과 유선전화가 불통이 됐다. 서울 서대문구 신촌 세브란스병원에서는 의료진 내부 연락망인 콜폰이 한때 마비돼 병원 안내방송으로 의료진끼리 연락을 취했다.

<보도내용 2> 급소 불탄 한국IT～치안도 의료도 먹통/ KT화재발 통신대란

혼란은 25일까지도 계속됐다. 25일 오후 6시 기준으로 인터넷 회선은 97%, 휴대전화 등 무선통신은 63% 복구됐다고 했다. 하지만 완전히 복구하려면 수일이 걸릴 것이라는 전망이다. 피해 규모도 스마트 폰과 인터넷이 본격 보급되기 전에 발생했던 1994년 서울 종로5가 지하통신구 화재, 2000년 서울 여의도 지하통신구 화재를 앞지를 것으로 보인다. 이번 화재로 서울 중·서부 지역 KT 가입자들의 휴대전화, 인터넷, 인터넷TV가 모두 중단됐다.

요금할인 혜택을 받기 위해 가족이 모두 KT 휴대전화에 가입하는 경우도 많아 가족끼리 연락이 끊긴 경우도 있었다. KT는 초고속인터넷, 유선전화, 인터넷TV에서 국내 1위, 무선통신분야에서 2위 업체다. 특히 주말장사를 준비한 자영업자들도 큰 피해를 봤다. KT 통신망에 연결된 카드단말기를 쓰거나 스마트 폰 배달 앱을 이용해 주문을 받아온 가게들이다. 신촌 등 번화가 가게들도 KT 화재로 카드결재가 불가하니 현금이나 계좌이체를 해달라는 안내문을 붙였다. 지하철 사물함, 주차장 출입문 등 통신선과 연결된 물건들도 작동을 멈췄다.

서울지하철 2호선 홍대입구역과 2호선, 6호선 합정역 물품보관함이 통신장애로 사용이 중단됐다. 이용자가 입력한 비밀번호와 보관함 번호가 통신망을 통해 운영업체 측에 전송, 확인돼야 문이 열리는데 통신이 끊긴 것이다. 서울 서대문구 등 일부 주차장에서는 카드결재가 중단돼 이용자가 차를 빼지 못하는 경우도 있었다. 신촌 현대백화점 앞 버스정류장 등 버스 도착시간을 알리는 전광판도 먹통이 됐다. 공용무선인터넷(와이파이)이 설치된 대형 상가나 공공기관에는 무선인터넷에 접속하려는 와이파이 난민도 많았다.

서울 서대문구 북아현동에 사는 대학원생 김승미(25)씨는 가족들과 TV를 보고 있었는데 갑자기 화면이 새카맣게 변했다며 와이파이를 쓰기위해 학교에서 저녁 늦게까지 시간을 보냈다고 말했다. 서울 마포구의 한 증권사에 근무하는 유성준(28)씨는 밀린 업무를 하러 사무실에 출근했다. 유씨는 평일 낮이었다면 정말 대혼란이 벌어졌을 것이라고 했다. 이번 화재는 국민의 생명, 안전과 직결된 치안·의료서비스에도 일부 장애를 초래했다. 피해가 크지 않았지만 상황이 조금 더 심각했다면 큰 혼란을 빚었을 것이란 우려도 나온다.

경찰청은 KT화재로 서울 서대문, 마포, 용산경찰서와 남대문경찰서 일부 파출소의 112 신고시스템, 일반, 경비전화 통신망이 단절됐다고 밝혔다. 이날 오후 기준으로 용산경찰서는 복구가 완료됐지만 서대문경찰서, 마포경찰서 등은 여전히 일반전화 사용이 안됐고, 일부파출소는 112 신고시스템도 복구되지 않았다. 경찰이 현장에서 피의자 신원과 사건, 수배 정보 등을 조회할 수 있는 스마트 폰인 폴리폰도 화재당일 7시간 먹통이 됐다. 서울 용산구에 있는 국방부도 화재 이후 외부와 연결되는 일반전화가 마비됐다가 25일 오후 복구됐다. 국방부는 KT회선을 쓰는 일반전화는 화재로 불통이 됐다가 25일 오후 복구됐다며 군 내부 통신망 등에는 전혀 이상이 없다고 했다.

<보도내용 3> KT 혜화전화국 습격~이석기 내란선동 다시 주목

24일 서울 서대문구 KT 아현지사 화재로 인한 통신대란을 계기로 2013년 이석기 전 통합진보당 의원의 내란 선동 사건이 재조명되고 있다. 당시 이 전의원의 비밀조직은 남한사회 내부교란을 위해 KT 혜화전화국이나 분당 인터넷데이터센터 등 국가 주요통신시설을 습격 목표로 삼았다. 국가정보원이 입수한 회합 녹취록에 따르면 이 전의원은 2013년 5월 자신이 주도하는 비밀조직에서 북한 남침 시 남한 주요 통신시설을 파괴해 북한을 돕는 방안을 모의했었다. 구체적으로는 서울의 KT 혜화전화국을 공격대상으로 거론했다.

한 간부는 녹취록에서 (철도 등 기간시설은) 통제하는 곳을 파괴하는 게 가장 효과적인데 통신의 경우 가장 큰 곳이 혜화전화국이라며 우리가 검토한 바에 의하면 경비가 엄하진 않다고 했다. 이미 통신시설의 취약성을 잘 알고 있었던 것으로 보인다. 실제 이 전의원 분석대로 KT 혜화지사는 국내 인터넷망이 해외로 연결되는 국제관문국 중의 하나로 2003년 혜화지사와 구로지사가 웜 바이러스 공격으로 마비됐을 때 전국 인터넷이 불통됐었다.

1994년엔 서울지하철 종로5가역 부근 지하통신구 케이블에 불이 붙어 3시간 동안 주변 15만여 가구의 휴대폰이 먹통이 되기도 했다. 이 때문에 통신시설이 테러단체 등에 표적이 됐을 때 속수무책으로 당하는 것 아니냐는 우려가 나온다. 제진주 제주시립대 교수는 정신병자나 간첩, 사회혼란으로 이득을 볼 수 있는 사람들이 통신구에 고의로 불을 낼 가능성이 있다고 말했다.

<보도내용 4> 보상책 꺼낸 KT~ 피해고객들 1개월 요금감면

KT 아현지사는 화재로 입은 자사 고객들에게 보상 차원에서 1개월 요금을 감면해 주기로 결정했다고 25일 밝혔다. 서울 5개구와 경기 고양시 일부에서 이동통신뿐 아니라 초고속 인터넷과 인터넷 TV(IPTV) 등 KT 유무선 가입자들이 감면대상이다. 다만 KT는 이날 전체 피해자 규모나 액수에 대해선 제대로 파악되지 않아 따로 발표하지 못했다. 집계가 끝나는 대로 대상자들에게 개별 고지할 예정이다. 일단 피해를 본 초고속인터넷 가입자는 21만 5000명으로 추산된다.

보통 인터넷 가입자들이 월 2만원 정도를 부담한다는 점을 감안하면 인터넷 가입자에게만 최소 43억원을 보상해야 한다. 여기에다 업계에서 피해지하철역의 KT 이동통신가입자를 약 66만명으로 추정하는 점을 가정하면 적어도 198억원(월 3만원 요금제 가정 시)이 소요된다. 이번 피해지역에 유동인구가 많은 홍대와 신촌, 명동 등이 포함돼 있는 만큼 주말에 이 지역을 찾았다가 휴대전화 통화장애를 겪은 고객들도 많을 것으로 추정된다. KT 관계자는 현재 피해지역 거주자가 아니더라도 이 지역에 장시간 머무른 것으로 확인된다면 감면대상에 포함하는 방안을 검토 중이라고 말했다.

이 밖에도 KT는 자영업자들이 입은 피해에 대한 보상책도 검토하고 있다. 이번에 피해를 본 자영업자들은 약 17만 명으로 추산된다. 다만 통신업계 약관에는 자영업자 매출감소 등 간접 피해보상에 대한 규정은 없다. 한편 황창규 KT 회장은 이날 진심으로 사과의 말씀을 드린다며 관련 기관과 협의해 이번 사고로 피해를 입은 개인 및 소상공인 등에 대해 적극적인 보상방안을 마련하겠다고 말했다.

<보도내용 5, 사설> 서울 도심 주말 통신대란, 테러였으면 어쩔 뻔 했나

24일 서울 서대문구 충정로 KT 아현지사 지하통신구 화재는 첨단 정보화에 따라 모바일화된 우리 사회가 어떤 취약점을 갖고 있는지 잘 보여줬다. 가로·세로 2미터, 길이 150미터짜리 지하 공간에서 발생한 화재로 중구, 용산구, 서대문구, 마포구 일대와 은평구, 경기도 고양시 일부 지역의 도시 기능 상당 부분이 멈춰서 버렸다. 이 지역에서는 KT가 제공하는 휴대전화, 유선전화, 초고속인터넷, IPTV 서비스는 물론 카드결재까지 중단됐다.

지하철 물품보관함과 주차장 출입문 등 통신과 관련된 모든 시설이 작동을 멈추고 심지어 일부 경찰서의 112신고 시스템까지 단절됐다. 평일이었다면 금융서비스가 올 스톱되는 등 더 큰 혼란이 일어날 뻔했다. 1994년 종로5가 지하통신구 화재를 비롯해 여러 차례 똑같은 유형의 사고와 혼란을 겪었다. 그때마다 대책을 세운다고 했으나 별로 달라진 것이 없다. 이번 화재 진압에도 무려 10시간이나 걸렸다. 지하통신구에서 불이 나면 속수무책이다.

땅 밑이라는 특성 때문에 통신구 내부에 불길을 차단하는 방화벽이나 연기를 밖으로 빼내는 배연시설의 필요성이 강조됐지만 국내 대부분의 통신구가 이런 시설을 갖추고 있지 않다. 이번에 불이 난 지하통신구에는 소화기 한 대만 달랑 비치돼 있을 뿐이었다. 주말 당직근무 2명이 제대로 대응하기에는 애초부터 어려웠다. 소방법 규정상 지하구가 500m이상인 곳은 스프링클러 설치가 의무화돼 있으나 500미터 미만은 그런 규정의 적용을 받지 않는다.

하지만 불이 나면 크든 작든 마비되기는 마찬가지다. 화재 무방비 통신구가 전국에 얼마나 있는지 파악조차 못하고 있다. 각종 전화선과 광케이블이 가득찬 통신구는 우리 사회의 신경망이자 생명선이다. 문제가 생기면 심각한 혼란을 초래하기 때문에 국가 안보와도 직결된다. 만약 테러세력이 지하통신구에 연쇄적으로 방화하면 어떻게 감당할 수 있을까. 실제로 2013년 내란 음모 사건으로 체포된 이석기 전 통진당 의원 등은 서울의 KT 혜화지사를 타격 대상으로 삼아 사회 혼란을 노렸다는 국정원 녹취록이 공개됐다. 지하통신구 방호에 경각심을 가져야 할 때다.

나. 화재원인에 대한 보도

위와 같은 아현지사 화재발생기사가 나간지 거의 1개월이 지난 후 언론에서는 다시 화재원인에 관하여 「7개 기관 달려든 KT화재보고서, 결론은 원인 모르겠음」이라는 제목으로 다음과 같이 보도하였다(2018. 12. 22, 조선일보 A10면).

<보도내용> 지난달 서울에서 통신 대란을 일으킨 KT 아현지사 지하통신구 화재에 대해 정부합동조사단이 조사를 벌였지만 원인을 밝히지 못한 것으로 21일 확인됐다. 통신구 화재가 반복될 수 있다는 우려와 함께 조사가 부실하다는 지적이 나온다. 사고현장 보고서는 A4 7장 분량이다. 서울지방경찰청, 서울시소방재난본부, 국립과학수사연구원, 과학기술정보통신부 등 7개 기관에서 33명이 참여했다. 보고서는 종합의견에서 화재발생장소는 통신구내 79m정도가 소실돼 특정할 수 없으며 전기(電氣)화재와는 무관해 보인다고 했다.

결국 불이 어디서 어떻게 시작됐는지 알 수 없다는 취지다. 조사단은 화재가 난 지난달 24일부터 28일까지 총 4차례에 걸쳐 5일간 현장을 조사했다. 광케이블 등 통신선에는 불을 낼 정도의 전기가 흐르지 않는다. 통신구 내 설치된 환풍기나 비상등, 배수펌프 등에서 전기합선으로 불이 시작된 것 아니냐는 추측이 나왔었다. 조사단은 담배꽁초 등에 의해 실화(失火), 통신시설을 노린 방화(放火) 등의 가능성도 조사했지만 물증을 찾지 못했다.

전기적 요인도 화재원인이 아니라고 봤다. 보고서는 (KT)전원관리팀 구모씨의 진술에 의하면 지락과전류계전기가 오전 11시 20분쯤 작동해 정전됐다며 배전기 차단기가 꺼진 시간은 정확한 시간은 기억이 없지만 오후 2-3시쯤으로 전기화재와는 무관해 보인다고 했다. 지락과 전류계전기나 배선기 차단기는 일종의 누전차단기다. 과전류나 지락(전기가 땅으로 흐르는 것)이 생기면 전기를 끊어 기기를 보호한다. 조사단은 화재감지기가 작동(오전 11시 13분)한 후 전기차단기가 작동했기 때문에 전기로 인한 화재는 아니라고 본 것이다.

하지만 일부 전문가는 전기화재가 아니라고 단정 지을 수 없다고 했다. 공하성 우석대 소방방재학과 교수는 화재가 나더라도 곧바로 전류가 차단되는 것은 아니다 라며 기기가 뜨거워지거나 전류가 과하게 흐를 때 이를 차단하는 원리라 전기배선에서 불이 시작된 후 뒤늦게 작동했을 가능성도 있다고 했다. 이창우 숭실사이버대 소방방재학과 교수는 보고서가 육안조사나 관리담당자의 진술에 의존해 부실해 보인다고 했다. 이에 대해 합동조사단 관계자는 증거가 될 만한 것이 다 타버려 현장조사에 한계가 있었다며, 짧은 기간에 화재원인을 파악하는데 한계가 있었다고 했다.

화재를 수사하는 경찰은 전선 등 일부 잔해물을 국립과학수사연구원에 보내 감식을 의뢰해 지난 12일 결과를 통보받았다. 서울 서대문경찰서 관계자는 수사 중인 사안이라 결과는 공개할 수 없다고 했다. 경찰조사에서도 최종적으로 발화원인을 밝혀내지 못할 경우 사고책임을 가릴 수 없게 된다. 1994년 서울 종로5가 통신구 화재의 경우 배수펌프 합선으로 불이 시작된 것으로 결론났다. 당시 경찰은 분전반 관리를 소홀히 한 혐의로 한국통신(현재 KT) 직원 4명을 불구속 입건했다.

하지만 이번 KT 아현지사 통신구 화재의 경우 경찰이 책임을 물어 입건한 사람은 없다. 화재원인을 알지 못할 경우 비슷한 사고가 재발할 수 있다는 지적도 나온다. 지난 24일 일어난 KT 아현지사 통신구 화재로 서울 중구, 용산구, 서대문구, 마포구, 은평구와 경기도 고양시 일부 지역에서 KT인터넷과 휴대전화서비스가 중단되고 신용카드결재, 경찰 112신고 시스템이 장애를 겪었다(박상현 기자).

다. KT리더스포럼 회원의 현장 방문

한편 한국통신 및 KT의 임원출신모임인 KT리더스포럼에서는 아현통신구 화재현장에서 복구에 땀 흘리고 있는 직원들의 노고를 위문하기 위해 회장(이정욱), 부회장(송용팔), 사무총장(채문석) 3명이 현장을 방문하였다. 현장에서 화재복구 책임자(한상섭 본부장)와 노조본부장의 안내와 설명을 청취하고 위문품을 전달하였다(2018. 12. 17). 주소는 서울시 서대문구 충정로 3가 35-1이었으며, 명칭은 1995년까지 신촌전화국 아현분국으로 운영되었으며, 다시 신촌전화국 관할 아현전화국으로 변경되었다(1995년- 1999년).

(35) 양서전화국/ 목동전화국

1980년대 초까지 기계식 자동교환기(EMD방식) 1만 회선을 운용하였으며, 시설확장을 하지 않아 4,770건의 적체가 발생하였다(1982. 12). 한편 인근에 있는 화곡전화국에 전자교환기가 대량 공급되자(1982년-1983년), 이 지역의 장기 전화적체를 해소하기 위해 내발산동 일부 약 1,300가입자를 화곡전화국으로 수용 변경하였다. 그럼에도 불구하고 1983년 말 전화적체는 약 6,600건으로 늘어나자 이의 해소를 위해 이동식교환기(MDO) 2천 회선을 공급하였다(1984. 2).

초기 전자교환기의 공급방안 수립 시 제2기종 전자교환기 2만 회선 공급을 검토하였다(1982. 11). 그러나 전자교환기 공급을 위한 설치 상면이 부족하여 1984년에 기계식 자동교환기 1만 회선을 철거하는 한편, 1층 현업실을 활용하여 전자식교환기(M10CN) 1만 회선(652국)을 설치 개통하였다(1985. 5). 이어서 1만 회선(653국)을 증설 개통하여 총 3만 회선으로 늘어났다(1986. 6). 주소는 서울시 양천구 목1동 918에 있었으며 국명은 양서전화국으로 불리다가 그 후 화곡전화국 목동분국으로 운영되었다(1995년- 1998년). 1970년대 중반 당시 체신부 당산전화국 양서분국으로 운영되었으며, 분국장은 통신기좌(서대현)로 보직되었다.

(36) 양재전화국

영동전화국 지역의 급증하는 전화 수요를 분담하기 위해 양재전화국을 신설하였다(1982년). 이 전화국은 대지 1,125평 위에 본 건물 4,891m^{2}를 신축하여 종국용량 5만회선 규모로 1983년 11월에 완공하였으며, 우선 영동전화국 관내 8개동을 수용하기로 정하였다. 이때 1983년도 사업으로 양재전화국의 인입통신구 118m를 건설 추진하였으나 도로굴착승인이 지연되고 국사신축공사의 형질변경 허가 문제로 당초 계획보다 늦게 준공되었다(1983. 8).

이 공사는 삼창공영에서 시공하였으며, 공사감독은 중앙건설사무소 임종웅이 수행하였다. 이어서 1984년에는 전자식교환기(No1A) 3만6천 회선을 신축건물 2층에 설치하여 다음

해에 개통하였다(1985. 11). 이 시설에 대한 전화번호는 572국, 573국, 574국, 575국을 사용하게 하였다. 이때 영동전화국이 관할하고 있던 양재동과 구역 외 지역의 34,570가입자를 양재전화국으로 전입함으로서 영동전화국 지역의 전화적체를 해소하였다.

또한 잠실전화국 관리지역인 일원동의 300가입자도 흡수하였다. 이어서 2만6천 회선을 증설하여 그때부터 총 5만6천 회선을 운용하였다(1985년-1986년). 한편 이 교환시설을 위한 가입자케이블은 총 115,200회선을 운용하였다(1986년-1987년). 그 후 1990년대 후반에 전자식교환기(SE) 1만1천 회선을 1998년 3월에 개통목표로 추진하였으나 IMF사태로 인한 수요 급감으로 공사를 중단하였다(1998. 3).

1990년 영동전화국 양재분국장은 2급 행정(박성경)으로 보직되었다. 그리고 1995년에는 양재분국장으로 하덕식이 재직하였다. 그 후 1997년 양재전화국장은 2급 통신기술(윤화성)로 보임되었다. 주소는 당초 서울시 강남구 도곡동 907-7이었으며, 그 후 도곡동 907-41로 바뀌었다(1999년). 한동안 수서전화국 양재분국으로 운영하다가 다시 수서전화국 관할의 양재전화국으로 운용되었다(1995년-1999년).

(37) 여의도전화국

1980년대 초까지 자동식교환기(EMD방식) 1만8천 회선을 운용하였다(1981. 12). 다 음해에 2천 회선을 증설하여 총 2만 회선을 운용하였다(1982. 8). 그러나 1983년부터 전화적체가 발생하기 시작하자 1984년도 사업으로 전자교환기(M10CN) 1만 회선(784국)을 3층에 설치 개통하면서 해소되었다(1985. 3). 이어서 8천 회선(785국)을 증설 개통하였다(1986. 6). 그 후 자동식 2만 회선, 전자식 1만8천 회선, 가입자케이블 70,800회선을 운용하였다(1986년-1987년).

1990년대 중반에는 교환시설 5만회선 이상(분국 포함)을 운용하는 중형전화국이 되었다(1996. 1. 31). 그 후 1990년대 후반에 전자교환기(5ESS) 4천 회선을 증설 개통하였다(1998. 3. 14). 그러나 1997년 말 당시 IMF체제로 인하여 경기가 침체되고 이로 인하여 각종 지역개발계획의 변경 등으로 수요가 급격히 감소하였다. 이로 인하여 이미 개통된 시설이나 공사중인 시설에 상당한 여유가 발생하게 되어 이를 차기 사업에 재활용 추진하였다.

1990년 여의도전화국 간부진은 국장 김문오, 업무부장 박상언, 기술부장 변종국으로 보직되었다. 1995년에는 국장 권창순, 업무부장 황태연, 기술부장 김재성이 재직하였다. 주소는 서울시 영등포구 여의도동 1-597이었으며, 그 후 영등포구 여의도동 35-1로 바뀌었다(1992년). 당시 명칭은 1990년까지 여의도전신전화국이었으며, 다음 해부터 여의도전화국으로 변경되었다(1991년-1999년). 특히 한국통신은 21세기 고도 정보화사회의 실현을 위해 필수적인 멀티미디어 서비스 시범사업을 여의도 지역에서 시행하였다. 이때 여의도전화국 지역에서 멀티미디어 정보센터를 운영하였다(1995년-1997년).

(38) 영동전화국

1970년대 후반까지 기계식 자동교환기(ST방식) 4만 회선을 운용하였다(1979. 12). 한편 정부에서는 1970년 중반에 들어서면서 우리나라 첫 번째 전자교환기 도입사업(79-BTM-20K)으로 영동전화국과 당산전화국에 각각 전자교환기 제1기종(M10CN) 1만 회선을 공급 추진하였다. 영동전화국 1만 회선 사업의 경우 물자비 및 공사비를 포함하여 16억2천1백만 원(108백만 BF)에 구매 계약되었으며(1978. 6. 10) 당시 1BF는 14.99원이었다. 이 사업은 계약 이듬해 초에 착공하여(1979. 1. 4) 그해 말에 개통하였다(1979. 12. 16).

이때 우리나라 전자교환기 최초의 개통이라는 어려움 때문에 PBX 대표화, 통계용 프로그램, 일부 특수서비스, 자동응답호출장치 등 소통과 직접 관련이 없는 일부 기능은 미완 상태에서 개통하였다. 이후 1980년도 전자교환기 공급사업(BTM)으로 2만 회선을 공급하였으며 이 사업은 BTM과의 계약일정보다 1개월 늦은 1981년 12월에 개통하였다. 그때부터 총 7만 회선을 운용하게 되었으나 그해 8월 말에 이미 1만8천 여건을 예약 판매한 관계로 다시 시설 부족에 직면하게 되었다.

다시 1982년 9월 전화적체가 발생하자 성수전화국으로부터 6천 회선을 지원받았으나, 여전히 5,640건의 적체가 쌓였다(1982. 12). 1980년대 초 강남 영동지역이 개발되면서 급증하는 전화 수요를 공급하기 위하여 인근에 신사전화국과 양재전화국을 신설하였다. 이때 영동전화국, 신사전화국과 양재전화국의 전화수요 분담계획(1982년-1996년)를 보면 <표 9-28>과 같다.

<표 9-28> 영동전화국, 신사전화국과 양재전화국의 전화수요 분담계획

구분	1981년	1982년	1984년	1986년	1991년	1996년
영동전화국	70,000	49,100	66,800	69,700	89,900	107,900
신사전화국	-	53,500	72,600	81,900	113,900	144,700
양재전화국	-	-	-	8,300	12,300	22,170
계		102,600	139,400	159,900	216,100	274,770

당시 영동전화국은 전자식 3만 회선, 자동식 4만 회선 등 총 7만 회선을 운용하고 있었다(1981년 말). 이처럼 어려운 상황에서 인근에 신사전화국이 신설되자 그동안 영동전화국 관할 지역이었든 신사동, 압구정동, 학로 북측 지역의 약 23,600가입자를 신사전화국으로 수용 변경하였다(1983년). 이때 영동전화국의 인입통신구 560m를 건설하였다(1983. 5). 이 공사는 신정건설에서 시공하였으며, 공사감독자는 중앙건설사무소 박강현이 수행하였다. 그러나 전화적체는 약 21,500건으로 여전히 늘어나고 있었다(1983. 12). 이를 해소하기 위해 1983년도 전자교환기 공급사업(83-KTC-124k)에 의하여 6천회선(554국)을 증설 개통하였

다(1984. 2).

곧이어 양재전화국 3만6천 회선이 개통함으로서 전화적체를 해소하였다(1985. 3). 이때 그동안 시설부족으로 한강 건너 성수전화국에 월구 수용하고 있던 6천 가입자를 영동전화국으로 환원하게 되었다. 1985년에는 88올림픽 통신 지원회선(1,250회선)을 감안하여 다음 해에는 2만 회선을 증설하였으며, 이때 반포동 일부와 논현동 일부 지역의 약 8,700가입자를 신사전화국으로 수용 변경하였다. 이때부터 자동식 4만 회선, 전자식 5만6천 회선, 케이블 17만6천 회선을 운용하였으며, 올림픽 통신을 위하여 1,404회선을 확보하였다(1986년-1987년).

한편 1987년에는 88올림픽 통신 지원을 위해 영동전화국과 잠실전화국 간(6.9km)에 광케이블(36코어), 영동전화국과 프레스센터 간(3,3Km)에 광케이블(24코어)을 건설하였다. 1990년대 중반에는 교환시설 20만회선 이상(분국 포함) 운용하는 초대형전화국의 하나가 되었다(1996. 1. 31). 이때 전자교환시설은 총 258천회선을 운용하고 있었으며, 세부내역은 <표 9-29>와 같다. 이외에도 특수시설로는 패킷서비스를 위한 패킷교환기 1식, 5국번지역의 고장접수시험용 LCR 시스템 1식, 신용통화서비스 용도의 지능망 시스템 1식, 가입자 데이터를 처리하는 TIMS 1식 등을 운용하였다.

<표 9-29> 영동전화국 교환시설 운용상황(1996. 6. 30)

기종별	M10CN	S1240	TDX-10	Tandem
시설수(회선)	66,000	69,000	79,000	44,000
수용율(%)	84.5	89.8	89.7	93.3

당시 영동전화국의 당면과제에 대한 서울본부(본부장 최연주)의 보고내용은 다음과 같다(반전자교환기 철거대체안, 1996. 7. 8, 한국통신 서울본부).

① 영동전화국 관내의 주변 여건을 보면 서울무역센터가 2000년 ASEM 개최지로 결정됨에 따라 삼성역 일대인 강남구 청담동-대치동 학여울 간 3.5Km에 지하 3층 규모의 지하 타운 개발계획이 수립 추진되고 있다.

② 테헤란로 간선도로변에는 10층 이상의 건물만 짓도록 건축규제를 하고 있으며, 국내 최첨단 인텔리젼트 빌딩인 포스코 빌딩 및 삼성중공업, 제일합섬 등 대기업체 사옥이 본 전화국 관내로 이전을 추진하고 있다.

③ 이러한 수용구역 여건변동으로 영동전화국에서는 2000년 ASEM 개최에 따른 통신 지원은 물론 수용구역 내 급격한 전화 수요증가 문제가 대두되고 있어, 영동전화국 건물여건으로는 이러한 문제를 해결하는데 어려움이 예상된다.

④ 영동전화국의 전자교환기(SD방식)를 조기에 철거하여 상면을 확보하여야 하며, 서울

무역센터 주변에 신축할 국사부지를 매입하여 국사를 신축하여 통신수요를 충족해야 한다.

이러한 상황을 감안하여 서울본부(본부장 최연주)는 영동전화국의 공간분할방식 전자교환기의 대체를 1997년도 선행사업으로 시행하기를 요망하였다(1996. 7. 8).당시 영동전화국의 층별 시설 운용상황을 보면 <표 9-30>과 같다.

<표 9-30> 영동전화국 층별 시설운용상황(1996. 6. 30)

지하	1층	2층	3층	4층	5층
난방실 샤워실	전력실 영업창구	시험실 TIMS실 LCR실 CATV실	PCM실 PCM실/전용	TDX-10 S1240 지능망 Tandem Packet	M10CN

한편 이러한 상황과 관련하여 당시 중앙일보와 매일경제신문에서 삼성역 일대와 테헤란로 개발에 관하여 여러 차례 보도하였다. 우선 일간신문에서는「강남 사무실 꽉찼다」및「테헤란로 10층 미만 건물 못 짓는다」라는 제목으로 다음과 같이 보도하였다(1996. 7. 4/ 1996. 7. 8, 중앙일보).

① 서울 강남에서 사무실 구하기가 하늘의 별따기다. 93년까지만 해도 사무실이 남아돌던 테헤란로, 강남대로 일대는 이제 공실률이 5%에 불과해 도로변의 쓸만한 사무실은 이미 동났다. 최근 몇 년간 경기호황에 따라 서비스 관련 업체들이 많이 생겨난 데다 도심 및 여의도권에 있던 대기업, 금융, 소프트웨어 업체들이 강남으로 대거 이전한 데 따른 영향이다. 이 때문에 그동안 바닥권을 맴돌던 임대료가 평당 평균 3백 3십만원 선으로 껑충 뛰어 대표적인 업무타운인 여의도나 마포의 시세를 이미 추월했다.

② 앞으로 서울 강남구 테헤란로의 간선도로변에서는 10층 미만의 건물을 지을 수 없게 된다. 테헤란로 주요 네거리 주변에는 건물을 15층 이상으로 짓도록 적극 유도된다. 이는 강남구가 균형있는 스카이라인을 유지하기 위해 84년에 마련한 테헤란로 도시설계지침을 현실에 맞게 재정비하여 최근 공고를 거쳐 이달부터 시행키로 했기 때문이다. 대상구역은 지하철 강남역에서 삼성로에 이르는 테헤란로 2지구 28만 7천여평, 종합무역센터지구 26만8천여 평 등 총 55만5천여 평에 달한다.

다음 경제신문은「삼성역 일대 지하타운 개발」이라는 제목으로 다음과 같이 보도하고, 또한 2000년 ASEM 개최지로 서울무역센터가 결정되었음을 보도하였다(1996. 6. 26, 매일경제신문).

① 서울 강남의 삼성역 일대가 대규모 지하타운으로 개발된다. 극동건설은 25일 2000년 ASEM(아시아유럽경제연합) 행사에 맞추어 삼성역 일대의 지하공간을 민간자본으로 개발

할 방침이라고 25일 밝혔다. 극동건설은 이와 관련 가칭 ASEM 1번가 개발제안서를 강남구청에 제출했다. 극동건설이 제출한 개발제안서에 따르면 2000년 3월로 예정된 ASEM 행사에 대비해 9천4백6십억 원을 들여 행사장소인 삼성역 일대 지하공간을 개발한다는 것이다.

② 개발구간은 강남구 청담동 로터리에서 대치동 학여울 간의 총 연장 3.5Km로 연면적 11만 7천평, 폭 70m, 지하 3층 규모이다. 극동건설은 이에 필요한 재원은 상가, 전시장 및 주차장을 분양해 그 수익금으로 조달하고 경전철은 서울시에 기부채납할 계획이다. 극동건설은 개발제안서가 받아들여 지면 4-5개 건설회사로 컨소시엄을 구성해 함께 사업의향서를 제출할 예정이다. 극동건설은 97년 6월 공사에 착수, 2000년 3월까지 완료할 예정이다.

③ 아시아 유럽정상회의(ASEM) 민간자문위원회(위원장 이상옥)는 3일 정부종합청사에서 회의를 열고 2000년 ASEM 개최지로 한국무역협회가 신청한 서울 삼성동 무역센터 부지안을 채택했다. 자문위 안은 회의 직후 정부의 ASEM 준비위원회(위원장 이수성 국무총리)에 상정됐다. 준비위는 선정의 객관성을 위해 자문위의 의견을 존중한다는 입장이어서 자문위 안은 정부가 4일 발표할 최종확정안에 그대로 수용될 전망이다.

④ 자문위 오연천 간사(서울대 행정대학원 교수)는 발표를 통해 ASEM이 성공적으로 치러지기 위해선 대규모 국제회의장과 숙박시설 등이 99년 말까지 완비돼야 하고 회의시설건립 후 활용방안 및 충분한 공항시설이 있어야 한다며 이 같은 요건을 가장 잘 충족시키는 입지가 무역센터부지라는데 자문위의 의견이 일치했다고 밝혔다.

한편 1997년 3월 영동전화국은 서울본부 본부장을 비롯한 관계자 120여명이 참석한 가운데「무출동 전화가설 시범운용 발표회」를 가졌다(1997. 3. 11-3. 12). 무출동 전화가설은 종합전산체계인 가입전화관리시스템(TIMS)을 이용하여 고객관리시스템과 가입자선로 집중관리시스템을 연동하여 각종 정보를 상호 자동입력한 후 전화가설 요원을 현장에 출동시키지 않고 전화국 내 작업만으로 개통시켜주는 체제이었다. 이 무출동 전화가설로 예산과 인원 절감은 물론 전화철거나 개통을 고객이 원하는 시간에 즉시 처리하고 통화정지 및 부활을 고객 위주로 조치할 수 있게 되었다.

1998년에 전자식교환기(TXN) 3만 회선을 개통하였다(1998. 6. 30). 그래서 1990년대 후반기에는 영동 본국에만 M10CN 6만6천 회선, S1240 7만2천 회선, TDX-10A 10만9천 회선으로 총 14만7천 회선을 운용하였다(1998. 12). 이처럼 시설이 늘어나자 국사 상면이 절대 부족하여 차기 증설을 위한 상면 확보차 M10CN 전자교환기 2만6천 회선을 철거 추진하였다(1998. 7).

1990년 영동전화국 간부진은 국장 이연승, 총무부장 이수식, 영업부장 김승현, 기계부장 나병주, 선로부장 이오성, 양재분국장 박성경으로 보직되었다. 그리고 1995년에는 국장 김용완, 관리부장 서부원, 영업부장 이진용, 교환기술부장 조원일, 전송기술부장 박석순, 정보통신부장으로 이조정이 재직하였다. 1997년 간부진은 국장 황효동, 관리부장 김인수, 교환기술부장 이강훈, 전송기술부장 박석순, 반포고객지원팀장 양봉기, 서초고객지원팀장 윤치중으로 보임되었다.

이 전화국은 서울시 강남구 삼성동 산64-81에 있었으며, 그 후 강남구 역삼동 675-4로 바뀌었다가(1992년) 다시 역삼동 675-3으로 되었다(1999년). 명칭은 1990년까지 영동전신전화국이었으며 이후 영동전화국으로 변경되었다(1990년-1999년), 한국통신은 민영화 된 후 이 자리에 「신라스테이 역삼」을 건축하여 운영하였다.

(39) 영등포전화국(구)

1960년 서울중앙전화국 영등포 분국으로 설치되었다가 다음해 영등포전화국으로 독립 발족하였다. 1980년대 초반까지 기계식 자동교환기(EMD방식) 1만 회선(62국)을 운용하고 있었다(1981. 12). 당시 상당량의 전화적체(2,080건)가 누적되고 있었다(1982. 12). 그러나 이 전화국을 폐국하는 방침이 확정됨에 따라 1982년 이후에는 증설하지 않았다. 다만 구로동 철길 동측의 약 6천 가입자는 구로전화국으로, 그 외 잔여지역의 약 4천 가입자는 당산전화국으로 수용 변경하였다(1983. 6). 1984년 그동안 운용해온 기계식 자동교환기 1만 회선은 철거한 후 이 전화국은 폐국되었다,

이때 철거한 기계식 자동교환기는 오천, 경산, 칠곡, 흥해, 신탄진에 공급하여 재활용하였다(1985년). 이후 사용건물은 정보통신부로 귀속되어 영등포우체국에서 사용하게 되었다. 이 전화국의 국사규모는 대지 835m^2(253평), 건물 연건평 7,024m^2(지하1, 지상3층)이었다. 이 전화국은 서울시 영등포구 영등포동 4가 425-2에 있었으며 당시 영등포우체국과 같은 건물을 사용하였다. 당시 명칭은 영등포전신전화국이었다. 1970년대 중반 당시 체신부 영등포전신전화국의 간부진은 국장 신인균, 업무과장 조윤장, 기술과장 정성희로 보직되었다.

(40) 용산전화국

1922년 3월 경성우편국 용산분국으로 개국된 후 1960년 서울중앙전화국 용산분국으로 개편되었으며 이때 우리나라 최초로 EMD방식의 자동교환기(2,000회선)가 개통되었다. 다음해 용산전화국으로 독립하였다(1961년). 1982년 말까지 자동식교환기(EMD방식) 3만3천 회선을 운용하였으며, 몇 년 전부터 이미 국사가 충만한 상태였다(1978년). 이런 상황에서 전화적체는 상당량 누적되고 있었다(1,500건, 1982. 2). 당시 용산전화국 관내의 전화수요는 5차 5개년계획이 완료되는 시기인 1986년에는 6만1천 가입자이고, 10년 후인 1996년에는 11만 가입자로 늘어나는 것으로 조사되었다.

이러한 전화수요를 해결하기 위해 용산전화국(사무동 3, 4층)을 증축하여 전자교환기를 공급하기로 계획을 세웠다. 이에 따라 1980년도 전자교환기 공급사업(80-3차BTM-190k)으로 전자식(M10CN) 2만 회선을 공급하기로 결정하였다(1979. 1). 이 사업을 위한 소요 전자교환기는 1979년 8월에 설계 발주하고, 1981년 7월에 착공하여 1982년 9월에 개통하는 계

획을 세워 추진하였다. 이와 같이 추진하던 중 건설부로부터 국사 증축이 불가하다는 통보를 받게 되었다(1979. 11). 이런 난관에 부딪치자 우선 통관된 전자교환기 선적물자(약 50%)는 공릉전화국에 보관토록 하였으며, 잔여물자는 선적을 중단 조치하였다(1981. 3).

이와 같이 어려운 상황에서 한국통신은 다음과 같은 3개 방안을 검토하였다(용산우체국 ESS설치문제검토, 1982. 2. 15, 한국전기통신공사 계획국).

<제1안> 용산우체국사에 제1기종(M10CN) 5만 회선을 설치하고 전화국은 기계식 자동교환기를 철거한 후 폐국한다. 이때 전화국 대지에 우체국을 신축하여 제공한다. 이 경우 2만 회선은 1984년 전반기에, 나머지 3만 회선은 1984년 말에 개통이 가능한 것으로 판단되었다. 이 방안의 이점은 이미 확보한 전자교환기 물자를 가지고 정상적으로 설치할 수 있으며, 관내의 전화공급을 원활하게 해결할 수 있다. 또한 년차적으로 자동식교환기를 철거함으로서 전자교환기로의 대체도 용이한 점이 있다. 그러나 불가피하게 용산우체국사에 전화시설을 설치해야 할 뿐만 아니라 향후 4-5년간 전화국과 우체국을 병존 운영해야 하는 문제점이 있다.

<제2안> 용산우체국사에 제2기종(No1A) 5만 회선을 설치하고 전화국은 기계식 자동교환기를 철거한 후 폐국한다. 제1안의 경우와 같이 전화국 대지에 우체국을 신축하여 제공한다. 이 경우 5만 회선은 1984년 중반에 개통이 가능한 것으로 판단된다. 이 방안의 이점은 제1안의 경우처럼 관내의 전화공급을 원활하게 해결할 수 있을 뿐만 아니라 년차적으로 자동식교환기를 철거함으로서 전자교환기로의 대체가 용이한 점이 있다.

또한 제2기종으로 변경 설치 시 설치면적 면에서 제1기종에 비해 약 1.5배를 설치할 수 있어 유리하며, 특히 텐덤통화량 처리 및 PCM 전송에도 유리한 점이 있다. 그러나 제1안에서와 마찬가지로 용산우체국사에 전화시설을 불가피하게 설치해야 할 뿐만 아니라 이미 확보한 물자(M10CN)를 타국으로 전용하는 경우 불용물자가 발생하고 재설계비가 추가되는 등 손실이 상당(약 8억원) 발생하는 문제점이 있다.

<제3안> 용산전화국 기계식 자동교환기를 철거하고 그 자리에 No1A 전자교환기로 대체 설치한다. 이를 위해 원효전화국으로 2만 회선을 월구 수용하고 용산국 기계식 자동교환시설 1만3천 회선을 철거한 후 그 여백에 전자식 4만 회선을 설치한다. 이 방안의 경우 당시 체신부 요청대로 우체국사에 전화시설을 할 필요가 없으며 우체국사 사용료는 물론 우체국사를 개축해줄 필요도 없다. 반면 제2안과 마찬가지로 이미 확보한 물자(M10CN 2만 회선분)를 타국에 전용하는 경우 불용물자 발생 및 재설계비가 추가되는 등 상당한 손실(약 8억 원)이 발생한다. 또한 원효전화국으로 월구 수용을 위한 선로시설비 약 15억 원이 추가 소요될 뿐만 아니라 용산전화국 가입자(월구수용 1만3천 가입자)에 대한 대폭적인 변호변경이 불가피하다.

이상과 같이 검토한 결과 제2안을 조정하여 M10CN 전자교환기 2만 회선을 당시 건축 중

인 용산우체국(4-6층)에 설치하는 것으로 추진하게 되었다. 이 시설은 1982년 7월에 착공하여 1983년 11월에 개통되었다. 이때 한국전력으로부터 수전이 지연되어 공사중단(1983. 1. 7-2. 2)이 되는 바람에 개통이 다소 늦어졌다. 이 공사는 SST에서 시공하였으며, 당시 공사감독은 중앙건설사무소 시설본부 통신기술직(이종만)이 수행하였다.

이 건물은 지하2층, 지상6층 건물(총 18억5천만원 소요)로서 우체국(1층-3층)과 전화국(4-6층) 통합국사로 추진되었다. 그러나 이 방안은 체신부와 한국전기통신공사 간의 자산문제가 대두되었다. 더구나 이때 서울체신청이 용산우체국으로 입주해야 하는 상황이 발생하는 바람에 공사의 사용계획을 포기하기를 요망하였다. 그러나 결국 전자식 2만 회선을 개통하게 되어 그동안의 전화적체(4,210건)가 해소되고 이때부터 청약 즉시 승낙하게 되었다(1983. 11). 그리고 1984년에는 자동식 3천 회선(795국)을 철거하고 1985년 6월에는 전자식 6천 회선을 증설 개통하였다. 그 후 자동식 2만 회선, 전자식 3만4천 회선을 운용하였다(1986. 12).

그리고 다시 전자식 1만6천 회선을 증설하여 새로운 국번호(793국, 796국)를 사용하게 하였다(1987년). 이때 자동식 1만 회선(793국)을 철거하였으며, 올림픽 통신전용을 위하여 36회선을 확보하였다. 따라서 그해 말에는 총 6만 회선을 운용하였다. 한편 가입자케이블은 100,500회선을 운용하였다(1986년-1987년). 1990년대 중반에는 교환시설 5만회선 이상(분국 포함)을 운용하는 중형전화국이 되었다(1996. 1. 31). 그 후 1990년대 후반에 전자식교환기(SE) 5,000회선을 1998년 5월에 개통 추진하다가 IMF사태로 인한 수요 급감으로 공급을 중단하였다(1998. 3).

체신부 시절인 1970년대 중반 용산전화국의 간부진은 국장 위영환, 업무과장 김호일, 기계과장 엄근섭, 선로과장 김계렬로 발령되었다. 한국전기통신공사 전환 후인 1990년 용산전화국 간부진은 국장 김봉득, 업무부장 이덕희, 기술부장 신영대로 보직되었다. 1995년에는 국장 이석규, 업무부장 유영일, 기술부장 노상용이 재직하였다. 그 후 1997년 간부진은 국장 윤여문, 고객서비스부장 유영일, 마케팅부장 강상규, 시설운용부장 노상용으로 보임되었다.

주소는 서울시 용산구 한강로 2가 44-3이고, 국명은 초기부터 용산전화국이었다(-1999년). 한편 2000년 이후 용산전화국 건물은 KT 용산빌딩으로 바뀌고, 여기에 KT 원효지사, KT 플라자 용산점이 입주하고 있었다(2020. 7). 그러나 당초의 용산전화국 건물이 지금도 KT 자체소유로 운영하고 있는지, 제3자에게 매각된 후 임대 사용하고 있는지에 대해서는 확인되지 않았다.

(41) 원효전화국

1980년대 초 자동식교환기(EMD방식) 2만9천 회선을 운용하고 있었다(1981. 12). 정부의 5차 5개년계획이 추진되면서 1981년도 전자교환기 공급사업(81-ATTI-180k)으로 전자식(No1A) 3만 회선을 공급 개통하였으며, 여기에 새로운 국번호(718국, 719국)를 부여하였다(1982. 3). 당시 이를 위하여 ATT로부터 총 342박스의 물량이 도착하였다. 그러나 공사시행과정에서 공덕동 로터리 횡단 관로를 위한 굴착승인이 되지 않아 케이블 공사가 지연되는 문제가 발생하여 서울시청 및 관할 구청과 협의하는데 상당 시간이 소요되었다.

또한 수용변경 지역인 진주아파트 등 3개소의 관로공사를 위한 굴착승인이 늦어져 공사가 중단되기도 하였다. 당초에는 원효전화국 전자교환기가 개통되면 신촌전화국으로 부터 1차(신수동, 대흥동 등)와 2차(노고산동, 염리동)로 나누어 수용 변경하게 되어 있었다. 1981년 말 정보통신부 차관이 원효전화국을 순시하는 자리에서 가능하면 1차와 2차 공사를 동시에 시행할 것을 지시하는 바람에 상당한 부담을 안고서 설계 변경하여 무사히 시행하였다(ESS 개통추진현황보고, 서울체신청, 1981. 12. 16).

이때 ATTI와 공사계약 상 개통일은 1982년 5월 중순으로 되었으나 개통일을 앞당기기 위해 ATTI에서 휴일 및 야간근무를 실시토록 하였다. 연말까지 2만1천 건의 판매계획을 세워 추진하였으나 계속 전화적체가 발생하였다. 한편 1983년도 사업으로 인입통신구 247m를 건설 추진하였으나 도로굴착승인이 지연되는 바람에 당초 계획보다 늦게 준공되었다(1983. 12). 이 공사는 경일기업에서 시공하였으며, 공사감독은 중앙건설사무소 김규진이 수행하였다.

이후 쌓이는 전화적체를 해소하고자 1983년도 전자교환기 공급사업(83-GSS-100k)으로 2만 회선을 증설 개통하였다(1984. 4). 이때부터 총 7만9천 회선을 운용하였다. 다음 해인 1985년에 1만 회선을 공급하고, 1987년에 다시 전자식 1만 회선을 증설하여 남아있는 국번호(701국, 702국)를 사용하였다. 이때 88올림픽 통신전용으로 24회선을 확보하였으며, 시분할교환기(도시TD) 1만 회선을 공급하여 총 시설규모는 10만9천 회선으로 늘어나게 되었다. 이에 따라 가입자케이블은 114,900회선을 운용하였다(1986년-1987년),

이처럼 대형전화국으로 발전해 나가자 발동발전기도 기존의 중용량(600KW)에서 대용량(1,000KW)으로 교체하였다(1987년). 1990년대 중반에는 교환시설 15만회선 이상(분국포함)을 운용하는 대형전화국이 되었다(1996. 1. 31). 그 후 1990년대 후반에 전자교환기(5E) 4천 회선을 증설 개통하였다(1998. 1. 31).

1990년 원효전화국 간부진은 국장 성백경, 총무부장 공석, 영업부장 정범윤, 기계부장 김영희, 선로부장 박희식으로 보직되었으며, 1995년에는 국장 박준갑, 관리부장 공석, 영업부장 정병준, 교환기술부장 윤화성, 전송기술부장 박수광이 재직하였다. 1997년 간부진은 국장 송철섭, 고객서비스부장 오종설, 마케팅부장 이재악, 교환기술부장 장건, 전송기술부장 정병문으로 보임되었다. 주소는 서울시 용산구 원효로3가 1-2이며, 명칭은 1990년까지 원효전신전화국이었으며 이후 원효전화국으로 변경되었다.

(42) 월곡전화국

1979년에 들어서면서 1980년도 제2차 전자교환기 구매계획(14만회선)이 수립되었으며 이중에는 월곡전화국 3만 회선 공급계획이 포함되어 있었다(체시기 1620, 1979. 3. 22). 이를 위해 자재는 BTM으로부터 직수입하고 BTMC 또는 KTC 책임보증 하에 국내공사회사가 전량시공하게 하였다. 이 계획의 주관부서 및 결재자는 제9장 말미의 참고자료 편에 기록되어 있다. 이 기본계획은 다시 1980년도 전자교환기 공급사업(80-2차KTC-60k)이라는 실행계획으로 만들어져 월곡전화국에 전자교환기(M10CN) 1만 회선(912국)을 공급 개통하였다(1982. 1).

한편 이 시설 준공에 맞추어 성북전화국으로부터의 수용변경 분(7,500회선)을 포함하여 이미 9천 회선의 가입전화를 판매 완료하였다(1981. 12), 이어서 2만 회선을 증설하여 새로운 국번호(913국, 914국)를 부여 운용하였다(1982. 8). 다시 1982년도 전자교환기 공급사업(81-BTM-20k)으로 1만 회선(915국)을 증설 개통하였다(1983. 2). 이 공사는 SST에서 시공하였으며 당시 공사감독자는 최병록으로 지정되었다. 이때 준공시험(인수시험)은 <표 9-31> 및 <표 9-32>와 같이 시행하였다(1983. 2. 1-2. 19).

<표 9-31> 월곡전화국 기능시험내역

시험항목	세부내역	항목수
STSB(Statistic on Subscriber Behavior)	화중율 측정기능	70
STID(Statistics Traffic on Individual Device)	정터, 트렁크, 신호장치에 부하된 트래픽 측정기능	
STIO(Statistic on Incoming Outgoing)	입출중계선 루트별 통화량 측정기능	
STDE(Statistic on Destination)	착신국에 대한 부하분산 측정기능	

<표 9-32> 월곡전화국 품질측정내역

시험항목	세부내역	항목수
Charging	시내호 163구간 확인 시외호는 전자계산소에 의뢰하여 확인	17
Route Test	I/C 호출시험	
LCS	비동기시험	

이에 따른 선로시설은 거의 1년이 걸려 준공하였다(1982. 3. 31-1983. 4. 30). 이때 불광전화국 외 5개국에 대한 국간전송시설 480회선도 준공하였다(1982. 12. 31). 이 시설이 개통됨

에 따라 그동안 미아전화국의 관할인 장위동 방면지역의 약 1만1천 가입자를 이 전화국으로 수용 변경하였다. 이후에도 약 5,900건의 전화적체가 발생하여 다시 1983년도 전자교환기 공급사업(83-KTC-124k)에 의하여 2만 회선을 증설 개통하여 남아있는 국번호(917국, 918국)를 부여하였다(1984. 1). 이 공사는 SST에서 시공하였으며, 당시 공사감독은 중앙건설사무소 시설본부 통신기술직(최병록)이 수행하였다.

이어서 1985년에 1만 회선, 1986년에 1만4천 회선을 확장함으로서 1987년 전체 시설규모는 교환시설 8만4천 회선, 가입자케이블 12만6천 회선을 운용하게 되었다. 이때 월곡전화국에서 미아삼거리까지의 지하철병행 통신구(700m)도 건설하였다(1986-1987).그리고 성북전화국 월곡분국장은 1990년 2급통신기술(이상은), 1995년 김영택이 재직하였다. 그 후 1997년 월곡전화국장은 2급통신기술(김근식)로 보직되었다. 주소는 서울시 성북구 하월곡동 67-48이었다. 당시 명칭은 1995년까지 성북전화국 월곡분국이었으며, 이후 성북전화국 관할 월곡전화국으로 변경되었다(1995년-1999년).

(43) 을지전화국

1969년 을지전화국에 자동전화 5,000회선을 신설하여 개국하였다. 그 후 1979년 11월 전자교환기 제2기종(No1A)을 선정하였다. 이에 따라 체신부는 우리나라 제2기종 전자교환기의 최초 공급을 위한 1980년도 전자교환기 공급사업(80-ATTI-40k)을 추진하였다. 이 사업계획에 의하여 제2기종(No1A)을 중앙전화국과 을지전화국에 공급하는 것으로 결정되었으며, 을지전화국에는 1만 회선(272국)을 설치 개통하였다(1981. 10). 이에 따라 1981년 말 을지전화국은 기계식 자동교환기(ST방식) 5만5천 회선과 전자식 1만 회선을 운용하게 되었다.

이 공사과정에서 벨(BELL) 연구소 기술진이 시험을 13주간 시행하였으며, 출입중계회로의 전기극성이 뒤바뀐 일과 시험대 설치가 다소 지연되는 일이 벌어졌었다. 또한 당시 과금(Billing)시험을 2차에 걸쳐 시행하였으나 결과는 약 40%가 과금 누락으로 나타나는 바람에 이를 해결하는데 많은 고생을 하였다. 한편 시설개통 2개월 전인 그해 8월 말에는 약 3천건의 전화청약을 예약 판매하여 서울시내 타 지역에 비하여 다소 여유를 가질 수 있었다. 그 후 1982년도 전자교환기 공급사업(82-ATTI-50k)으로 다시 2만 회선(273국, 274국)을 증설 개통하였다(1982. 7).

한편 이 사업도 공사용 추가물자의 확보가 지연되는 바람에 한때 공사가 중단되는 위기를 겪기도 하였다(1982. 3). 이 사업의 물자공급이 늦어지게 된 것은 시기적으로 사업주체가 체신부에서 한국전기통신공사로 변경되었기 때문이었다. 즉 물자발주는 체신부에서 하였으나 1982년 1월 한국전기통신공사로 전환됨에 따라 물자인수부터는 한국전기통신공사가 수행해야만 하였다. 이런 상황에서 ATTI는 전자교환설비는 특수물품이므로 면세 통관이 당연하므로 체신부장관의 관수증명 발행을 요구하고 나섰다.

더구나 계약조건과 당사자는 동일하므로 한국 내 체제변경으로 인한 종래 면세분을 과세한다는 것은 부당하다는 주장이었다(1982. 3. 11). 이에 대하여 한국전기통신공사에서는 계약자가 체신부에서 공사(KTA)로 변환된 것으로 이제는 관수용 물자가 아니기 때문에 증명서를 발급할 수 없음을 통보하였다. 참고로 당시 특수물품면세(관세법 31조1항)는「정부와의 사업계약을 수행하기 위하여 외국계약자가 계약조건에 따라 수입하는 업무용품」이라고 정하고 있다. 그리고 당시 추가물자는 계약물자 이외이고 수하자가 ATTI이므로 KTA와는 무관하다는 점과 이것은 자재선적 부정확 또는 불량부품 공급이 원인이므로 전적으로 ATTI 책임임을 주장하였다.

이 시설이 개통됨에 따라 전화청약 즉시 승낙이 가능하게 되었으며, 그때부터 자동식 5만5천 회선, 전자식 3만 회선으로 늘어났다(1982. 12). 다음 해에는 노후한 ST방식의 기계식 자동교환기 5천 회선(260국)을 철거함으로써 자동식은 5만 회선으로 줄어들었다(1983. 5), 또한 1984년에는 차기 공급 상면확보를 위하여 자동식 1만 회선을 철거한 후 전자식 1만2천 회선(275국, 276국)을 6층에 증설 개통하였다(1985. 3). 이때부터 전자식 4만2천 회선을 포함하여 총 8만2천 회선을 운용하였으며 1988년까지 원활한 전화공급이 이루어졌다.

제2기종(No1A방식) 전자교환기 공급은 당시 남대문전화국과 을지전화국이 처음이어서 남대문전화국의 경우와 마찬가지로 시공은 전자교환기 제작회사인 AT&TI에 의존할 수밖에 없었다. AT&TI의 전문인력 5명과 미국 벨연구소(BELL LAB) 연구원 10명이 주관하고, 이들의 보조 인력으로서 금성반도체(GSS) 3명이 담당하였다. 한편 이 공사에는 국내외에서 이 전자교환기에 대한 전문기술교육을 이수한 을지전화국 기술진 11명이 참여하였으며 통신시설사무소가 감독 책임을 맡아 수행하였다.

그런데 설치공사가 끝나고 미국 벨연구소의 시험단계에서 몇 가지 문제가 발견되었다. 첫째는 이 시설이 1981년 10월 말 준공예정으로 진행되고 있음에도 그때까지 시험대 조작요원이 확보되지 못하고 있었다. 다른 하나는 정상 실내온도가 22도를 유지해야 함에도 당시 에어콘 시설규모가 20톤에 불과하여 실제 온도는 29도-32도 까지 올라가 냉방시설 부족문제가 있었다. 그 후 자동식 4만 회선, 전자식 4만8천 회선, 케이블 156,300회선을 운용하였다(1986년-1987년). 1990년대 중반에는 교환시설 10만회선 이상(분국 포함)을 운용하는 중대형전화국이 되었다(1996. 1. 31). 이때 전자교환시설은 다음과 같이 총 14만회선을 운용하고 있었으며 을지전화국의 층별 시설운용상황을 보면 <표 9-34>와 같다.

을지전화국은 1981년 10월에 개통된 전화국으로서 현재 14년 9개월째 운용 중에 있었다. 당시 을지전화국 당면과제에 대한 서울본부(본부장 최연주)의 보고내용은 다음과 같다(반전자교환기 철거대체안, 1996. 7. 8, 한국통신 서울본부).

<보고내용> 을지전화국은 금년 1996년 5월 10일부터 건물 대수선공사가 약 26개월간 시행될 예정에 있어 건물진동에 따른 부식된 배선접속이 루스될 우려가 있어 교환기 안정운용

에 상당한 문제점이 제기될 것으로 예상되어 아날로그 전자교환기의 조속한 철거대체계획이 있어야할 것으로 사료됨. 따라서 을지전화국은 1997년도 선행사업으로 아날로그 전자교환기를 대체추진을 요망함.

<표 9-33> 을지전화국 교환시설 운용상황(1996. 6. 30)

기종별	No.1A(1)	No.1A(2)	S-1240	계
시설수(회선)	42,000	34,000	64,000	140,000
수용율(%)	87.4	87.6	94.0	90.4

<표 9-34> 을지전화국 층별 시설운용상황(1996. 6. 30)

지하	1층	2층	3층	4층	5층	6층
난방실 전력실	영업창구 시험실	PCM실	항만전화 교육장 식당 동우회	No.1A(1) 교환기술부	ISDN ACTAS실	S-1240 No.1A(2)

체신부 시절인 1970년대 중반 을지전화국의 간부진은 국장 진병노, 업무과장 정지수, 지도과장 최두섭, 안내과장 정행선, 선로과장 홍택구로 보직되었다. 한국전기통신공사 창립 첫해인 1982년 당시 을지전화국장은 장성용(3급행정)이 보직되었으며, 그 후 1990년에는 국장 유재렬, 총무부장 유옥무, 영업부장 김학모, 기계부장 한광웅, 선로부장 옥신광으로 발령되었다. 1995년에는 국장 김홍석, 관리부장 김북경, 영업부장 심선영, 교환기술부장 양원배, 전송기술부장 양봉기가 재직하였다. 그 후 1997년 간부진은 국장 서종흘, 고객서비스부장 김태식, 마케팅부장 김창남, 교환기술부장 정상길, 전송기술부장 김성수로 보임되었다.

한편 1997년 7월 을지전화국 관내 (주)웰컴사옥 신축 공사장에서 지락사고가 발생하여 일대 4백여 고객의 통신이 두절되었다(1997. 7. 30). 을지전화국은 이 대형사고지역에 긴급복구반을 투입하여 사고수습에 나섰다. 폭염속에서도 최단시간 내에 통신시설을 복구시킨다는 일념 하에 전사적인 노력을 기울여 구내통신설비 일제 정비와 단말기 순회점검을 실시하였다. 또한 피해지역 일대에 건축공사장 특고압 유입사고에 대한 안내문을 제작 배포하고, 전화긴급복구 접수처를 임시 개설하여 사고지역 고객들의 불편사항을 즉시 접수 처리하였다.

주소는 서울시 중구 을지로 6가 58-5이었으며, 한때 을지로 6가 17-2 거평프레야 13층으로 바뀐 적이 있다(1998년). 국명은 1990년까지 을지전신전화국이었으며 이후 을지전화국으로 변경되어 운영되었다(1990년-1999년). 그 후 2000년대에 들어서면서 한국통신이 kt로 민영화되면서 kt는 여기에 「노보텔 앰배서더 서울동대문호텔」을 건설 추진하였다. 이 사업은 대지 3,319m²에 관광호텔 334실, 가족호텔 194실 등 총 528실을 건설하는 프로젝트로서 2015년 12월에 착공하여 2018년에 준공 예정으로 추진되었다.

(44) 잠실전화국/ 송파전화국

1980년대 초까지 기계식 자동교환기(ST방식) 3만 회선을 운용하였다(1981. 12).이때 1980년도 전자교환기 공급사업(80-3차BTM-190k)의 하나로 잠실전화국에 전자식(M10CN 방식) 2만 회선을 공급 개통하였다(1982. 6). 그러나 전화 수요의 급증으로 다시 1982년도 전자교환기 공급사업(82-KTC-70k)으로 2만 회선(414/ 415국)을 증설하였다(1982. 11). 이때부터 전화청약 즉시 승낙이 가능하게 되었으며, 천호전화국 지역 가입자를 위해 4천 회선을 지원하였다.

이후 총 7만 회선을 운용하였으나 다시 전화적체상태가 되었다(1983. 12). 결국 1984년에 천호전화국 전화가입자를 월구 수용한 4천 회선을 환원하고 인근에 가락전화국을 신설하여 전화적체를 해결할 수 있었다. 당시 잠실전화국 관할지역의 급증하는 전화수요를 분담하기 위해 잠실전화국과 가락전화국의 전화수요 분담계획(1982년-1996년)을 <표 9-35>와 같이 수립하였다. 1981년 말 잠실전화국의 시설수는 전자식 2만 회선, 자동식 3만 회선 등 총 5만 회선을 운용하였다.

<표 9-35> 잠실전화국과 가락전화국의 전화수요 분담계획

구분	1981년	1982년	1984년	1986년	1991년	1996년
잠실전화국	50,000	48,870	56,180	77,150	121,350	153,700
가락전화국	-	-	7,690	11,860	16,740	33,250
계		48,870	63,870	89,010	138,090	186,950

또한 88올림픽 통신지원을 위한 8,400회선을 감안하여 전자식 2만 회선을 1985년 10월에 개통하였으며, 1986년 12월에는 다시 1만 회선을 증설하였다. 이때부터 자동식 3만 회선, 전자식 7만 회선의 총 10만 회선을 운용하였다(1986년-1987년). 이에 따라 발동발전기도 대용량(1,000KW)으로 교체하였으며, 가입자케이블 1,200회선을 증설하여 그해 말에는 총 18만 회선을 운용하였다(1987년). 그리고 1980년대 후반에는 당시 변두리지역인 세곡동에 전송로집선장치(L/C)를 설치하여 자동전화를 공급하였다.

이때 88올림픽 통신지원을 위해 잠실전화국과 영동전화국 간(6.9km)에 광케이블(36코어)을 증설하였으며, 잠실전화국과 광장전화국 사이의 국간통신망(14.7Km)에 광케이블(18코어)을 건설하였다. 그리고 잠실전화국에서 서울운동장 간(3,1Km)에 전용케이블(0.65-600)과 잠실전화국에서 올림픽공원 간(2.7Km)에 전용케이블(0.5-600)도 건설하였다(1987년).

한편 1987년에는 가락전화국의 총 시설이 6만4천 회선으로 늘어나게 되자 그쪽으로 수용 변경시킨 후 자동식 1만 회선(424국)을 철거하였다. 1990년대 중반에는 20만회선 이상(분국 포함) 운용하는 초대형전화국 중 하나가 되었다(1996. 1. 31). 1990년대 후반기에는 송파전화국 본국에만 M10CN 7만 회선, 5ESS 6만6천 회선, TDX-10A 3만1천 회선 등 전자교환시설 총 16만7천 회선을 운용하였다(1998. 12). 이와 같이 시설이 늘어나자 차기 교환기의 증설을 위한 상면 확보를 위해 사용년수가 16년이 경과한 M10CN 2만 회선을 철거 추진하였다(1999. 2).

한국전기통신공사 창립 첫해인 1982년 잠실전신전화국장은 함만일(3급행정)로 보직되었다. 그 후 1990년 잠실전화국 간부진은 국장 남상두, 총무부장 박봉서, 영업부장 문형우, 기계부장 조재찬, 선로부장 이창우, 가락분국장 박명환으로 보직되었다. 1995년에는 국장 경호현, 관리부장 이상열, 영업부장 배완기, 교환기술부장 나병주, 전송기술부장 이완식, 가락분국장 고철식이 재직하였다. 1997년 송파전화국 간부진은 국장 경호현, 고객서비스부장 심상규, 마케팅부장 정준성, 교환기술부장 송석록, 전송기술부장 김영택, 가락전화국장 박희식, 자문역 배완기로 발령되었다.

위치는 당초 서울시 강동구 신천동 29-1에 있었으며, 행정구역 개편에 따라 송파구 신천동 29-1로 바뀌었다(1992년). 그리고 명칭은 1990년까지 잠실전신전화국이었으며, 이어서 잠실전화국으로 변경되었다(1990년), 그 후 송파전화국으로 변경되었다(1996년-1999년). 한국통신이 kt로 민영화된 후 kt는 이 자리(대지 9975.8m^2)에 KT송파빌딩 상업시설을 건설하는 것으로서 2017년 6월에 착공하여 2021년에 준공할 예정으로 추진되었다.

(45) 전농전화국

이 전화국은 전농지역이 서울시내에서 전화수요 과다 발생지역 중 하나로 알려지면서 신설되었다(1982년). 1980년도 전자교환기 공급사업(80-3차BTM-190k)으로 전자식(M10CN) 2만 회선을 추진하여 개통하였다(1982. 8). 이어서 1981년도 전자교환기 공급사업(81-ATTI-180k)으로 전자식(No1A) 2만 회선을 공급 개통하였다(1982. 3). 이 사업은 당초 ATTI와 공사계약 상 1982년 5월 중순에 개통하는 것으로 되어 있었으나 일정을 앞당기기 위해 ATTI 사장 방한 시 장관이 요청하여 ATTI에서 휴일 및 야간근무를 실시하였다.

이와 같이 특별조치를 하게 된 것은 ATTI와의 계약이 지연되는 문제가 발생하였기 때문이었다. 즉 ATTI 설치공사분에 대하여 법인세와 소득세 부과에 이견이 발생하였다. 당시 재무부에서는 세법 적용상 과세되어야 한다고 하였으나 ATTI에서는 홍콩 현지법인이므로 면세를 주장하였다. 이 문제를 해결하기 위하여 기획원, 재무부, 조달청과 ATTI 간에 협의를 1981년 2월부터 7월까지 반복하였으며, 협의 결과 과세하기로 최종 결정됨으로써 세금 상당액을 계약가에 포함하게 되었다.

또한 선로재배선 공사기간을 단축하고 1차와 2차에 걸쳐 시행할 계획이었던 수용변경 1

차와 2차를 동시에 시행하여 2개월 일찍 개통하였다. 1981년 말에 이미 1만8천 건을 판매 완료하여 이 시설개통을 기다리고 있었다. 당시 전화적체를 해소하기 위해 이 전화국은 인근 청량전화국과 상호 지원을 하지 않을 수 없었다. 위의 전농전화국 2만 회선이 개통되자 1982년 3월에는 청량전화국에서 13,304건을 수용 변경하였으며, 다시 전농지역의 전화적체가 발생하자 1982년 4월에는 청량전화국으로 3,953건을 월구 수용하는 조치를 하였다(신규가입자 개통현황, 1982. 5. 3, 계획국).

그러나 당시 청량전화국 지역에 약 3,200건의 전화 가설이 불가한 문제가 발생하여 전농전화국에서 많은 어려움을 겪기도 하였다. 한편 이 전화국은 부득이하게 전자교환기 2개 기종을 공급하면서까지 시설을 확장하였으나 1982년 말에 약 8,600건의 전화적체가 발생하였다. 이런 와중에도 인근 청량전화국의 사정이 악화되자 7천 회선을 지원하다 보니 1983년 말 전화적체는 다시 1만5천 건으로 늘어나 있었다.

한편 1983년도 사업으로 전농전화국의 인입통신구 102m를 건설 추진하였으나 도로굴착승인이 지연되는 바람에 당초 계획보다 늦게 준공되었다(1983. 8). 이 공사는 신풍건설에서 시공하였으며, 공사감독은 중앙건설사무소 이화선이 수행하였다. 1984년 6월 청량전화국이 2만 회선이 개통되자 그 쪽 월구 분 약 7천 가입자를 환원하여 전화적체 일부를 해소하였다. 이어서 1984년 10월에 No1A 전자교환기 1만8천 회선(246국, 247국)을 3층에 증설 개통하여 1984년 말에는 총 5만8천 회선을 운용하였다.

드디어 1985년 2만 회선을 증설 개통함으로써 폭발적으로 늘어난 전화적체를 해소할 수 있었다. 그 후 한동안 전자식(M10CN) 2만 회선, 전자식(No1A) 6만4천 회선, 시내케이블 12만4천 회선을 운용하였다(1986년- 1987년). 한편 높은 품질의 국간통신망을 위해 전농전화국과 공릉전화국 간(7.7km)에 광케이블(24코어)을 포설하였으며, 전농전화국과 성수전화국 간(7.6Km)에도 광케이블(12코어)을 건설하였다(1987년).

1990년대 후반 전자교환기(TX) 1만7천 회선을 개통하였다(1998. 10). 당초 TX 1만9천 회선을 공급할 계획으로 추진하였으나 IMF사태에 의한 수요 감소로 공급량을 축소 조정하였다. 이때부터 1990년대 후반기까지 전농전화국 본국에만 M10CN 2만 회선, No.1A 7만6천 회선, 5ESS 2만7천 회선, TDX-10A 2만6천 회선으로 총 14만9천 회선을 운용하였다(1998. 10). 이와 같이 시설이 늘어나자 5ESS 전자교환시설을 증설할 상면이 부족하여 차기 증설을 위한 상면 확보를 위해 M10CN교환기 2만 회선을 철거 추진하였다(1998. 11). 특히 서울지역 국번호 4숫자를 위해 M10CN 전자교환기의 메모리 부족 및 소프트웨어의 보완이 불가하여 이 기종의 대체가 불가피하였다.

1990년 청량전화국 전농분국장은 2급통신기술(이완식)로 보직되었다. 그 후 1995년 분국장으로 문병철이 재직하였으며, 1997년 전농전화국장은 2급통신기술(전병탁)로 보임되었다. 주소는 서울시 동대문구 전농4동 295-24이었으며, 당시 명칭은 청량전화국 전농분국이었다가 1996년에는 청량전화국 관할의 전농전화국으로 변경되었다(1995년- 1999년).

(46) 창동전화국/ 도봉전화국

1978년 미아전화국 창동분국으로 개국되었다. 1980년대 초까지 기계식 자동교환기(ST 방식) 2만6천 회선을 운용하고 있었다(1981. 12). 이후 1980년도 2차분 전자교환기 구매계획(14만회선)이 확정되었다(체시기 1620, 1979. 3. 22). 이 계획의 주관부서 및 결재자는 제9장 말미의 참고자료 편에 기록되어 있다. 이때 자재는 BTM으로부터 직수입하고 BTMC 또는 KTC 책임보증 하에 국내 공사회사가 전량 시공하도록 하였다.이 계획은 다시 1980년도 전자교환기 공급사업(80-2차BTM-60k)이라는 실행계획으로 만들어졌으며 창동전화국에 전자식(M10CN) 2만 회선을 공급 개통하였다(1982. 6).

이어서 1982년도 전자교환기 공급사업(82-KTC-180k)으로 다시 전자식 2만 회선을 증설하여 1983년 2월에 개통하였으며, 이를 위해 새로운 국번호(904/ 905국)를 부여하였다(1983. 2). 이 공사는 SST에서 시공하였으며, 당시 공사감독은 중앙건설사무소 시설본부 통신기술직(송인기)이 수행하였다. 이때 아현전화국 등 5개국 간 중계전송시설 696회선을 시공하였다.

이후 전화청약 즉시 승낙하게 되었으며 시설은 총 6만6천 회선으로 늘어나게 되었다. 1985년에 다시 1만4천 회선을 증설하였으며 교환시설로서 자동식 2만6천 회선, 전자식 6만4천 회선을 운용하였다(1986년). 2년 후에 다시 전자식 2만 회선(900국)을 증설하여 시설규모가 11만 회선으로 늘어났다(1987년). 한편 가입자케이블을 10,800회선 증설하여 총 148,800으로 증가되었으며, 이때 발동발전기도 대용량(1,000KW)으로 교체하였다(1987년). 1990년대 중반에는 교환시설 20만회선 이상(분국 포함) 운용하는 초대형전화국 중 하나가 되었다(1996. 1. 31).

1990년 미아전화국 창동분국장은 2급통신기술(여영구)로 보직되었다. 그 후 1995년 도봉전화국 간부진은 국장 강동삼, 관리부장 강성수, 영업부장 김형동, 교환기술부장 이한영, 전송기술부장 옥신광, 방학분국장 박희식으로 발령되었다. 1997년 간부진은 국장 정재권, 고객서비스부장 봉호녕, 마케팅부장 지부일, 시설운용부장 이한영, 방학전화국장 전찬수로 보직되었다. 주소는 서울시 도봉구 창1동 651-3이었으며, 초기에는 미아전화국 창동분국으로 운영하였으며(1993년), 그 후 도봉전화국으로 변경되었다(1995년-1999년). 이때 인근의 방학전화국을 분국으로 운영하였다.

<한국통신 뉴스> 도봉전화국은 1996년 6월 23일 도봉구에서 주관하는 2002년 월드컵 유치기념 도봉구민 걷기대회에 참여하여 지역주민과 밀착된 유대관계 강화로 더욱 친밀한 계기를 만들고 한국통신 상품에 대한 특별홍보 활동을 펼쳤다(한국통신 이모저모, 1996. 8, 한국통신).

(47) 천호전화국/ 강동전화국

1981년까지 기계식 자동교환기(ST방식) 3만 회선을 운용하였다(1981. 12). 1981년도 전자교환기 공급사업(81-ATTI-180k)에 의하여 천호전화국에 전자식(No1A) 3만 회선을 공급하게 되었다. 이 사업은 1981년 7월에 착공하여 당초 ATTI와 공사계약 상 개통일인 1982년 6월보다 2개월 앞당겨 개통되었다(1982. 4). 이를 위해 ATTI사장 방한 시 체신부장관이 요청하여 ATTI에서 휴일 및 야간근무를 실시함으로서 설치공사 기간을 단축하고 인수시험 및 국간 중계시험도 조기 시행하였다.

이와 같이 특별조치를 하게 된 것은 ATTI와의 계약이 지연되는 문제가 발생하였기 때문이었다. 즉 ATTI 설치 공사분에 대하여 법인세와 소득세 부과에 이견이 발생하였다. 당시 재무부에서는 세법 적용상 과세되어야 한다고 하였으며 ATTI에서는 홍콩 현지법인이므로 면세를 주장하였다. 이 문제를 해결하기 위하여 기획원, 재무부, 조달청과 ATTI 간 협의를 1981년 2월부터 7월까지 반복하였다. 협의 결과 과세하기로 최종 결정되었으며 세금 상당액을 계약가에 포함하게 되었다. 이 시설개통에 맞추어 그해 4월 말까지 2만7천 건을 판매하여 26,260건을 개통하였다.

한편 거여동 지역은 당시 가입자케이블이 없을 뿐만 아니라 전력유도구간인 관계로 740건은 바로 개통하지 못하고 차폐케이블을 시공하여 그 해 5월 말에 개통 완료하였다(신규가입자 개통현황, 1982. 5. 3, 한국전기통신공사 계획국). 그러나 다시 전화적체가 6,690건으로 늘어나자 1982년 12월 잠실전화국으로부터 4천 회선을 지원받았으나 그다음 해에도 여전히 전화적체가 1만6천여 건이나 누적되었다(1983. 10).

또한 본 건물 888m^{2}를 증축하였다(1983. 10). 이 공사감독자는 중앙건설사무소 정명환으로 지정되었다. 건물이 증축되자 1983년도 전자교환기 공급사업(83-ATTI-100k)으로 3만 회선을 공급하고 GSS에서 시공하여 1984년 2월 개통하였다(통신투자사업 추진현황, 1983. 3, 한국전기통신공사 중앙건설사무소 시설본부). 이때 새로운 국번호(485국, 486국, 487국)를 사용토록 하였다. 이에 따라 그동안의 전화적체를 해소하였으며(1984. 4), 시설부족으로 잠실전화국에 임시 수용되었던 천호전화국 관할지역 가입자 4천 회선을 원위치로 환수하였다.

그리고 원거리 주변 지역인 경기도 광주 서부지역을 통합 자동화하였다. 당시 이 지역은 자석식전화 500회선을 운용하고 있었으며, 천호전화국과는 4.0Km 떨어져 있었다. 이어서 다시 3만 회선(488국, 489국, 480국)을 4층에 증설하여 1985년 1월에 개통하였다. 이때부터 자동식 3만 회선, 전자식 12만 회선 총 15만 회선을 운용하는 초대형전화국으로 확장되었다(1986년). 그러다가 1987년에는 기계식 자동교환기 1만 회선을 철거하였으며 88올림픽 통신용으로 490회선을 확보하였다. 이때 가입자케이블은 236,700회선을 운용하였다(1986년

-1987년). 1990년대 중반에는 교환시설 20만회선 이상(분국 포함) 운용하는 초대형전화국으로 발전하였다(1996. 1. 31).

한국전기통신공사 창립 첫해인 1982년 천호전신전화국장은 조남훈(3급기술)이 보직되었다. 그 후 1990년 천호전화국 간부진은 국장 박영희, 총무부장 김충홍, 영업부장 이재악, 기계부장 최징호, 선로부장 김길룡, 고덕분국장 신순식으로 보직되었다. 1990년대 중반인 1995년에는 국장 이종주, 관리부장 박상언, 영업부장 김인수, 교환기술부장 김봉주, 전송기술부장 이정렬, 고덕분국장 신순식이 재직하였다.

1997년 강동전화국 간부진은 국장 박종수, 고객서비스부장 이상렬, 마케팅부장 조용만, 교환기술부장 박수광, 전송기술부장 이세형, 고덕분국장 나병주로 발령되었다. 이 전화국은 서울시 강동구 길동 415-9에 있었으며, 명칭은 1990년까지 천호전신전화국이었으며, 이어서 천호전화국으로 변경되었다(1991년-1995년). 다시 강동전화국으로 변경되었다(1996년-1999년).

(48) 청량전화국

1969년 2월 청량전신전화국으로 개국되었다. 그 후 1980년대 초까지 자동식교환기(EMD) 3만9천 회선을 운용하고 있었다(1981. 12). 얼마 후 인근에 전농전화국이 신설되어 전자교환기가 개통되자 전농전화국으로 부터 7천 회선을 지원받았다(1982. 3). 1983년 7월에는 기계식 자동교환기 9천 회선(968국)을 철거하여 그때부터 3만 회선을 운용하였다. 이러다 보니 1983년 말 전화적체는 약 9,300건으로 늘어나 있었다. 이 문제를 해결하기 위해 1983년도 전자교환기 사업계획(83-ATTI-100k)으로 전자식(No1A) 2만 회선을 공급 개통하였다(1984. 3).

이 교환시설에는 새로운 국번호(922국, 923국)를 사용하였다. 이 시설은 기계식 자동교환기 9천 회선(968국)를 철거한 자리에 공급하였으며, GSS에서 시공하였다.한편 전자교환기를 설치할 상면을 확보하기 위해 1984년에 다시 자동식 1만 회선(963국)을 철거하였으며, 그 자리에 전자식 2만 회선을 공급 개통하였다(1985. 7). 그 후 상당기간 자동식 2만 회선, 전자식 5만 회선, 가입자케이블 91,200회선을 운용하였다(1986년- 1987년). 1990년대 중반에는 교환시설 20만회선 이상(분국 포함) 운용하는 초대형전화국으로 확장되었다(1996. 1. 31).

1997년 청량전화국은 졸업시즌을 맞아 관내에 있는 경희대, 외국어대, 서울시립대 등에서 시티폰의 표적 대상인 대학생과 신세대층을 대상으로 시티폰 시연회를 가져 고객들로부터 좋은 반응을 얻었다. 2월 22일 서울시립대학교 시연회에 이어 24일에는 경희대학교 교정에서 졸업생과 재학생, 학부모 등 1만여 명이 운집한 장소에서 저렴하고 가벼운 신세대 휴대전화인 한국통신 시티폰을 홍보하였다.

1970년대 중반 체신부 당시의 청량전신전화국 간부진은 국장 신윤식, 업무과장 한종만,

기계과장 박원치, 선로과장 김창섭으로 보직되었다. 한국전기통신공사로 전환 후 1990년 청량전화국 간부진은 국장 김윤선, 총무부장 조원영, 영업부장 백안기, 기계부장 어영, 선로부장 전찬수, 전농분국장 이완식으로 보직되었다. 그 후 1995년에는 국장 허갑, 관리부장 안택선, 영업부장 황명도, 교환기술부장 박선, 전송기술부장 정세화, 전농분국장 문병철이 재직하였다.

1997년 간부진은 국장 이봉수, 고객서비스부장 송기유, 마케팅부장 강일중, 시설운용부장 권영준, 전농전화국장 전병탁으로 보임되었다. 주소는 서울시 동대문구 청량리동 368이었으며, 동대문구 청량리2동 368로 바뀌었다(1995년). 명칭은 1990년까지 청량전신전화국이었으며 이후 청량전화국으로 변경되었다(1990년-1999년).

(49) 행당전화국

1980년도 전자교환기공급사업 1차분(80-1차KTC-40k)으로 전자식(M10CN) 1만 회선을 공급 추진하고 있는 상황에서 1980년도 전자교환기공급사업 2차분(14만회선)으로 다시 1만 회선 증설계획이 결정되었다(1979. 3. 22, 체신부 시설국). 이 구매계획의 주관부서 및 결재자는 제9장 말미의 참고자료 편에 기록되어 있다. 이 사업의 소요 자재는 BTM으로부터 직수입하고 BTMC 또는 KTC 책임보증 하에 국내공사회사가 전량 시공하게 하였다. 이 계획은 다시 2차분(80-2차KTC-60k)이라는 실행계획으로 다듬어졌으며 이 계획에 의해 행당전화국에 1만 회선 공급하게 되었다.

이때 1차분과 2차분을 합한 2만 회선을 공급 개통하였다(1981. 12). 이 교환시설이 개통됨에 따라 신규가입자 6,288회선, 수용변경 12,748회선으로 총 19,036회선의 가입자를 수용하였다. 이어서 1982년도 전자교환기 공급사업(82-KTC-180k)으로 2만 회선(294/ 295국)을 추진하여 개통하였다(1982. 12). 1983년 5월 동대문전화국 지역의 전화적체 해소를 위해 1만5천 회선을 지원하였으며. 다음해에 동대문전화국이 전자교환기를 개통하자 월구분 7천 회선을 환수하였다(1984. 8), 그 후 다시 잔여 8천 회선을 되돌려 수용하였다(1986. 5). 이렇게 되자 본국의 전화적체(630건)는 해소되어 1983년 10월부터 전화청약 즉시 승낙이 가능하게 되었다. 1987년에는 전자식 4만 회선을 운용하였으며, 시내케이블은 63,300회선을 보유하였다.

그 후 1990년대 후반 전자교환기(5E) 2만8천 회선, 전자교환기(TXN) 2만 회선을 공급할 계획으로 추진하였으나 IMF사태로 인하여 수요가 감소하여 공급량을 각각 2만4천 회선, 1만8천 회선으로 축소 조정하여 공급하였다(1998. 10). 1990년대 후반기에는 M10CN 5만 회선, 5ESS 7만2천 회선, LTD 1만8천 회선 등 총 14만 회선을 운용하였다(1998. 10). 이와 같이 시설이 늘어나자 No.5 전자교환기를 증설할 상면이 부족하여 상면 확보를 위해 M10CN 전자교환기 5만 회선을 철거하였다(1998. 11). 당시 서울지역 국번호 4숫자를 위해 M10CN 전자교환기의 메모리 부족 및 소프트웨어의 보완이 불가하여 이 기종의 대체가 불가피하였다.

1990년 동대문전화국 행당분국장은 2급통신기술(한영태)로 보직되었으며, 1995년 행당분국장은 권영달이 재직하였다. 그 후 1997년 동대문전화국 관할의 행당전화국장은 2급통신기술(문병철)로 보직되었다. 주소는 서울시 성동구 행당동 318-26이었으며, 당시 명칭은 동대문전화국 행당분국이었다(1995년-1999년).

(50) 홍제전화국

주소는 서울시 서대문구 홍제동 287-2이었으며, 1990년대 후반 명칭은 광화문전화국 홍제분국이었다(1995년-1999년). 1995년 광화문전화국 홍제분국장은 정지연이 재직하였다. 그 후 1997년-1998년 광화문전화국 관할의 홍제전화국장은 2급통신기술(이은삼)로 보직되었다.

(51) 화곡전화국

1980대 초까지 기계식 자동식교환기(EMD방식) 3만5천 회선을 운용하였다(1981. 12). 1982년 5천 회선을 증설하여 4만 회선을 운용하였다. 한편 1980년도 전자교환기 공급사업(80-3차BTM-190k)의 추진으로 전자식(M10CN) 2만 회선을 공급하여 1982년 12월에 개통하였다. 그러나 그해 말 4,420건의 적체가 쌓이자 1982년도 전자교환기 공급사업(82-KTC-20k)의 일환으로 2만 회선을 증설 개통하였으며 새로운 국번호(694국, 695국)를 사용하였다(1983. 6). 이 공사는 SST에서 시공하였으며, 당시 공사감독은 중앙건설사무소 시설본부 통신기술직(전병삼)이 수행하였다.

이때부터 전화청약 즉시 승낙이 가능하게 되었다. 이에 따라 그동안 당산전화국의 원거리 지역인 염창동, 등촌동 등 양화교 월편지역의 약 10,600가입자를 이 전화국으로 수용 변경하였다. 한편 양서전화국의 장기적체를 해소하기 위하여 양서전화국 관리구역인 내발산동 일부 약 1,300가입자도 화곡전화국으로 수용 변경되었다. 그 후 1984년 11월 다시 2만 회선(696국, 697국)을 4층에 증설하면서 총 10만 회선으로 크게 늘어나게 되었다.

이어서 1985년에도 2만 회선을 증설하였다. 1985년에는 염창동, 등촌동 일부, 신정1동 일부, 신정2동, 목1동-3동 일부, 신시가지의 약 19,800가입자를 강서전화국으로 수용 변경하였다. 다음 해 다시 2만 회선을 증설하게 되어 그때부터 총 14만 회선을 운용하는 초대형 전화국이 되었다(1986년). 한편 가입자케이블 총 273,600회선을 운용하게 되어 선로시설 규모면에서도 초대형전화국의 대열에 올라섰다(1986년-1987년). 그리고 1987년에는 가입자케이블 1만6천 회선을 재배선 시공하였다. 1990년대 중반에는 분국을 포함하여 교환시설 20만회선 이상을 운용하는 초대형전화국의 하나가 되었다(1996. 1. 31).

그 후 1990년대 후반에는 화곡전화국 본국에만 M10CN 10만 회선, S1240 8만 회선 등 총 18만 회선을 운용하였다(1997. 12). 이처럼 시설이 늘어나자 국사 상면이 절대 부족하여

M10CN 전자교환기 철거계획을 수립하였다(2000년-2004년). 특히 서울지역 6×× 국번호를 사용하고 있는 지역의 3숫자 국번호(6××)를 4숫자 국번호(6×××)로 확장하여 2000년대 초부터 하나로통신에 부여할 계획이었다. 그래서 한국통신은 하나로통신에서 철거 대체비용 부담조건으로 협의하였다. 더구나 M10CN 전자교환기는 4숫자 국번호로 확장이 불가하여 1999년 말까지 철거 대체할 필요가 있었다.

1990년 화곡전화국 간부진은 국장 박금수, 총무부장 조철현, 영업부장 이효선, 기계부장 정성희, 선로부장 한기동, 목동분국장 김영식으로 보직되었다. 그 후 1995년에는 국장 엄근섭, 관리부장 엄시영, 영업부장 소병인, 교환기술부장 오상현, 전송기술부장 김태식, 목동분국장 김사묵이 재직하였다. 1997년 간부진은 국장 김남수, 고객서비스부장 이강웅, 마케팅부장 박성구, 교환기술부장 오상현, 전송기술부장 김태식, 목동전화국장 정지원으로 보임되었다. 주소는 서울시 강서구 화곡동 893-1에 있었으며, 그 후 강서구 화곡8동 893-1로 바뀌었다(1995년). 그리고 명칭은 1990년까지 화곡전신전화국이었으며 이후 화곡전화국으로 변경되었다(1990년-1999년).

(52) 화양전화국/ 성수전화국

광장전화국 지역의 급증하는 전화 수요를 분담하기 위해 화양전화국이 신설되었다(1982년). 이 전화국은 대지 1,414평을 확보하여 국사는 종국용량 10만회선 규모로 1981년에 완공하였으며, 우선 광장전화국 관내 6개동을 수용하기로 정하였다. 1982년도 전자교환기 공급사업(82-ATTI-50k)으로 전자식(No1A) 3만 회선(462국, 463국, 464국)을 공급 개통하였다(1982. 8).

당초 ATTI와 공사계약 상 1982년 3월에 개통하게 계획되어 있었으나, 물자 부족으로 한때 공사가 중단되었다(1982, 3). 그 내용을 살펴보면 이 사업용 물자를 타 전화국의 조기개통에 전용하였기 때문에 31종 4,143개 부품이 부족하였으며, 한편 추가물자가 도착하였으나 세금 문제로 통관이 중단되는 일까지 발생하였다. 그런데 이 사업의 물자공급이 늦어지게 된 것은 시기적으로 사업 주체가 체신부에서 한국전기통신공사로 변경되었기 때문이었다.

즉 물자발주는 체신부에서 하였으나 1982년 1월 한국전기통신공사가 창립되고 공사로 전환됨에 따라 물자인수부터는 한국전기통신공사가 수행해야만 하였다. 이런 상황에서 ATTI는 전자교환설비는 특수물품이므로 면세 통관이 당연하므로 체신부장관의 관수증명 발행을 요구하고 나섰다. 더구나 계약조건과 당사자는 동일하므로 한국 내 체제변경으로 인한 종래 면세분의 과세는 부당하다는 주장을 하였다(1982. 3. 11).

이에 대하여 한국전기통신공사에서는 당초 계약자가 공사(KTA)로 변환되어 관수용 물자가 아니기 때문에 증명서를 발급할 수 없음을 통보하였다. 참고로 당시 특수물품면세(관세법 31조1항)는「정부와의 사업계약을 수행하기 위하여 외국계약자가 계약조건에 따라 수입하는 업무용품」이라고 정하고 있다. 그리고 당시 추가물자는 계약물자 이외이고 수하자가 ATTI이므로 KTA와는 무관하다는 점과 이것은 자재선적 부정확 또는 불량부품 공급이 원인이므로 전적으로 ATTI 책임임을 주장하였다.

이와 같이 시급한 물자부족 문제를 해결하기 위해 혜화전화국 분의 장거리교환기 물자(No. 4 ESS), 서초전화국 분의 시내전자교환기 물자(직수입분) 등 통관된 타 사업분 물자를 우선 활용하였다. 그리고 이처럼 늦어진 일정을 앞당기기 위해 ATTI에서 휴일 및 야간근무를 실시토록 하였다. 그러나 당시 통신구 공사가 지연되어 케이블을 포설할 수 없어 소요 케이블을 임시 포설하여 개통할 수밖에 없는 긴급 상황이 발생하였다.

또한 수용 변경지역인 도로코주유소-동부극장, 동부극장-화양시장, 성수역-화양분국 등 3개소의 관로 굴착승인이 늦어져 관할구청과 계속 실랑이를 하는 바람에 전체 공정으로 보아 2개월 지연 착공, 2개월 지연 개통할 수밖에 없었다. 그러나 그중에서도 도로코주유소-동부극장 구간은 긴급조치로 하수박스 내에 케이블을 첨가하여 개통하였다. 이때 인근 지역인 광장전화국의 일부 구역을 수용하였으며 영동전화국 지역 가입자를 위해 6천 회선을 지원하였다(1982. 9).

이어서 2년 후에는 8천 회선(465국)을 2층에 증설 개통하여(1984. 9), 그해 말에는 3만8천 회선을 운용하였다. 그 후 8천 회선을 증설하였으며(1985년), 다시 1만4천 회선을 증설하여(1986년) 이 후 6만 회선을 운용하였다(1986. 12). 이때 광장전화국 관할의 송정동, 능동 일부, 군자동 일부 지역의 약 7,400가입자를 성수전화국 관할로 변경하였다. 다음 해에 다시 1만 회선(468국)을 증설하여 총 7만 회선으로 늘어나게 되었다(1987년). 한편 가입자케이블을 19,200회선을 증설하여 그해 말에는 가입자케이블이 총 115,200회선으로 늘어났다(1987년). 이때 국간 통신망을 위해 성수전화국과 전농전화국 간(7.6km)에 광케이블(12코어)을 건설하였다.

1990년 광장전화국 성수분국장은 2급통신기술(문병철)로 보직되었으며, 1995년에는 성수분국장으로 이창우가 재직하였다. 그 후 1997년 광진전화국 성수분국장은 2급통신기술(신순식)으로 보직되었다. 주소는 서울시 성동구 화양동 152-22이었으며(1982년), 그 후 성동구 성수2가 280-26으로 변경되었다(1997년). 국명은 신설 초기에 화양전화국이었으며, 그 후 광장전화국 성수분국이 되었다(1995년-1996년). 다시 광장전화국의 국명이 바뀌면서 광진전화국 성수분국으로 운영되었다(1997년-1999년).

(53) 혜화전화국

1980년대 초반까지 기계식 자동교환기(EMD방식) 3만3천 회선을 운용하고 있었다(1981. 12). 이 후 1981년도 전자교환기 공급사업(81-ATTI-180k)으로 전자식(No1A) 3만 회선을 공급하여 1982년 5월에 개통하였다. 그러나 이 사업은 추가물자확보가 지연되는 등의 이유로 당초 계획보다 다소 늦게 준공되었으며, 당시 ATT로부터 총 290박스의 공사용 물량이 도착하여 사용하였다. 이 사업의 물자공급이 늦어지게 된 것은 사업 주체가 체신부에서 한국전기통신공사로 변경되었기 때문이었다.

당시 물자발주는 체신부가 하였으나 1982년 1월 한국전기통신공사가 창립 발족하면서 전자교환기 사업이 전환됨에 따라 물자인수부터는 한국전기통신공사가 수행해야만 하였다. 이런 상황에서 ATTI는 전자교환설비는 특수물품이므로 면세 통관이 당연하므로 체신부 장관의 관수증명 발행을 요구하고 나섰다. 더구나 계약조건과 당사자는 동일하므로 한국 내 체제변경으로 인한 종래 면세분을 과세하는 것은 부당하다는 주장을 하였다(1982. 3. 11).

이에 대하여 한국전기통신공사에서는 당초 계약자가 공사(KTA)로 변환되었고, 이제는 관수용 물자가 아니므로 증명서를 발급할 수 없음을 통보하였다. 참고로 당시 특수물품면세(관세법 31조1항)는「정부와의 사업계약을 수행하기 위하여 외국 계약자가 계약조건에 따라 수입하는 업무 용품」이라고 정하고 있었다. 당시 추가물자는 계약물자 이외이고 수하자가 ATTI이므로 KTA와는 무관하다는 점과 이것은 자재 선적의 부정확 또는 불량부품 공급이 원인이므로 전적으로 ATTI 책임임을 주장하였다.

또한 공사를 추진하는 과정에서 여러 가지 어려움을 겪었다. 첫 번째로는 신개발 프로그램 즉 DCT 시험기간이 4주-8주나 소요되는 문제에 부닥치게 되었다. 이때 DCT를 성수전화국으로 이전 설치하는 것은 당시 여건상 불가능하여 별도의 기계장치를 준비해야만 하였으며, 이에 필요한 케이블은 국내 조달이 불가능하여 장기간 소요가 불가피하였다. 또한 SW 및 전원시설도 변경해야 하는 새로운 상황에 직면하였다. 그러나 이 일정을 지키기 위해 ATTI에서 휴일 및 야간근무를 실시하였다. 또한 1981년 11월에 착공한 통신구 공사와 원남동 로터리 횡단 관로의 굴착승인지연으로 케이블공사가 부진하여 임시통신망(국간중계케이블 6조)을 구성하여 개통하는 긴급 상황이 발생하기도 하였다.

이 시설이 개통됨에 따라 전화는 청약 즉시 승낙이 가능하게 되었으며 또한 인근 성북전화국의 전화적체 해소를 위해 5천 회선을 지원하였다. 이어서 1985년 3월에는 전자식 1만 회선을 증설 개통함으로서 1987년 말에는 교환시설 7만3천 회선, 가입자케이블 117,600회선을 운용하게 되었다. 이때 가입자케이블 10,800회선을 재배선 시공하였다. 한편 국간 통신망을 위해 혜화전화국과 성북전화국 간(5.0km)에 광케이블(12코어)을 건설하였다. 1990년대 중반에는 교환시설 10만회선 이상(분국 포함)을 운용하는 중대형전화국이 되었다(1996. 1. 31).

1990년 당시 혜화전화국 간부진은 국장 김성률, 총무부장 정능흡, 영업부장 한재훈, 기계부장 김경옥, 선로부장 조영주로 보직되었다. 그리고 1995년에는 국장 박우곤, 관리부장 윤병학, 영업부장 김용우, 시외전화부장 이형원, 교환기술부장 최광진, 전송기술부장 유순종이었다. 그 후 1997년 간부진은 국장 김윤선, 고객서비스부장 성욱제, 마케팅부장 김수항, 시외전화부장 박옥구, 교환기술부장 고기순, 전송기술부장 김세종, 데이터통신부장 임채갑으로 보임되었다. 이 전화국의 주소는 서울시 종로구 연건동 128-9이고, 명칭은 1990년까지 혜화전신전화국이었으며 이후 혜화전화국으로 변경되었다(1990년-1999년).

(54) 서울무선전신국

1923년 경성무선전신국이 설치된 이래 1976년 12월 서울무선전신국으로 신설되었다. 그 후 1995년 국장은 2급(김재우), 1997년 국장은 2급행정(김종화)으로 발령되었다.

(55) 서울중앙전신국

1939년 경성중앙전신국으로 개국되었다. 1970년대 초반 서울중앙전신국의 간부진은 국장 배인갑, 서무과장 박성흠, 통신과장 배익렬, 수배과장 김문오, 제1기술과장 조원섭, 제2기술과장 남이경으로 보임되었다. 이후 한국전기통신공사 창립 첫해인 1982년 당시 중앙전신국장은 권오영(3급행정)이 보직되었다. 그 후 1990년 서울전신국 간부진은 국장 허갑, 총무부장 엄시영, 업무부장 강일중, 기술부장 이한영으로 보직되었다. 그리고 1995년 서울전신국장은 2급(박원의)으로 보직되었으며, 1997년에는 국장은 2급행정(박원의)이 재직하였다.

<한국통신 뉴스> 1997년 9월 4일 서울전신국(국장 김수항)은 혜화전철역과 대학로 등 번화가에서 한국통신 시외전화와 전보이용안내 팜프렛을 시민과 대학생들에게 배부하는 홍보활동을 펼쳤다. 이날 행사는 사전선택제 시행이 임박한 시점에 의사 결정권이 있는 계층을 대상으로 실시되어 좋은 효과를 거둘 것으로 보이며 또한 전보이용안내 홍보물을 통해 새로운 전보상품인 꽃배달서비스 등 모든 전보상품에 대한 이용방법을 자세히 안내하였다(1997. 12. 7).

(56) 광장무선전화국

1990년 광장무선전화국장은 2급행정(이창우)으로 보직되었다.

4. 인천, 수원 및 경기도지역의 전화국 확장운영

4.1 인천시내 전화국 건설 및 운영

인천시내 1970년대 후반기(1978년)에는 인천전화국 등 4개의 전화국이 운용되다가 1980년대 초반 3개의 전화국이 신설되었다(1981-1983년). 1990년대에는 인천, 부평 등 18개 전화국으로 늘어났으며, 2000년대에는 부천, 중동 등 18개 지사 및 지점을 운영하였다. 그 세부내역은 <표 9-36>과 같다. 그리고 몇몇 전화국은 기존전화국 폐국에 따라 그 국명을 승계하였다. 예를 들면 1984년 인천전화국이 폐국되면서 동인천전화국이 그 명칭을 승계하였으며, 부평전화국 폐국으로 산곡전화국이 명칭을 승계하였다.

<표 9-36> 인천시내 전화국 운영상황

운영시기	전화국명
1970년대(1978년)	인천, 부평, 주안, 부천 등 4개 전화국
1990년대(1998년)	인천(동인천), 부평(산곡), 주안, 부천, 송도, 서인천, 남인천, 북부천, 강화, 중동, 항동, 계산(작전), 서곶, 만수, 동부천, 온수, 연수, 백령 등 18개 전화국
2000년대(2004년)	부천, 인천 2개 지사와 중동, 북부천, 부평, 동부천, 계산, 주안, 만수, 송도, 승의, 연수, 항동, 인천공항, 서인천, 강화, 석남(신석), 백령 16개 지점 등 총 18개의 지사/지점

한편 1995년에는 전국의 모든 전신전화국 명칭이 전화국으로 변경되었으며, 그 후 한국통신이 KT로 민영화된 후에는 그동안 60년 이상을 사용해온 전화국 명칭이 지사 및 지점으로 변경되었다(2002년). 그러나 전화국이라는 명칭은 국민생활 속에 깊이 뿌리를 내린 탓에 20여년이 지난 2022년 현재까지도 버스정류장 표시, KT의 홍보간판 등이 곳곳에 그대로 남아 사용되고 있다.

(1) 가좌전화국

1987년 말 당시 도시형 시분할교환기(TD) 2만6천 회선을 운용하였으며 이에 맞추어 1987년에 중용량 발동발전기(500KW)를 공급하였다. 한편 농어촌형 AXE-10 전자교환기(가반형) 1대를 1990년대 중반까지 운용하였다(1996. 5).

(2) 간석전화국

1981년에 신설된 전화국으로써 1981년도 전자교환기 공급사업(81-ATTI-180k)에 의하여 전자식(No1A) 2만 회선을 그해 7월에 착공하여 다음 해에 개통하였다(1982. 3). 당초 ATTI와 공사계약 상 개통일은 1982년 4월 초로 되어 있었으나 시급한 전화적체의 해소를 위해 일정을 앞당기는 노력을 기울였다. ATTI 사장 방한 시 체신부 장관의 요청으로 ATTI는 휴일 및 야간근무를 하게 되었다.

이처럼 특별조치를 하게 된 것은 ATTI와의 계약이 지연되는 문제가 출발부터 발생하였기 때문이었다. 즉 ATTI 설치공사 분에 대하여 우리 정부와 미국 ATTI 간 법인세와 소득세 부과에 이견이 발생하였다. 당시 재무부에서는 세법 적용상 과세되어야 한다고 하였으며 ATTI는 홍콩 현지법인이라는 점을 내세워 면세를 주장하였다. 이 문제를 해결하기 위하여

기획원, 재무부, 조달청과 ATTI 간에 협의를 1981년 2월부터 7월까지 반복하였으며, 협의 결과 과세하기로 최종 결정되었으며 세금 상당액이 계약가에 포함되었다.

그리고 전자교환기 2만 회선의 증설에 따라 인수공 126기, PVC 관로 16,457m, 케이블 79,596m 공사를 병행 시공하였다. 또한 선로 재배선 공사기간을 단축하고 1차와 2차에 걸쳐 시행할 계획이었던 수용변경을 1차와 2차를 동시에 시행하여 1개월 일찍 개통하였다. 이 시설이 개통되자 신규가입자 8,596건, 주안전화국으로부터 수용변경 9,371건 등 총 17,967건을 개통하였다(신규가입자 개통현황, 1982. 5. 3, 계획국).

한편 전자교환기의 원활한 개통을 위하여 수원체신청장을 위원장으로 하는 개통추진위원회를 운영하였다. 위원에는 체신청 보전과장, 전무과장, 경기보전국장, 주안전신전화국장, 기계과장, 선로과장, 업무과장, 통신시설사무소 시설2과 기계계장, 선로계장, 체신청 업무계장, 기계계장, 선로계장, ATTI J-R Peterson 등으로 구성하였다(이상 간석 ESS 20,000회선공사 종합추진보고, 경기체신청, 1981. 12. 3).

1980년대 초 간석전화국 지역은 공단이 들어서고 신개발지역으로 발전하는 바람에 전화수요가 급증하고 있었다. 이처럼 급증하는 전화수요를 분담하기 위하여 인근에 북인천전화국을 신설하였다(1996년). 이때 1982년부터 1996년까지 간석전화국과 북인천전화국의 전화수요 분담계획은 <표 9-37>과 같이 정하여 추진하였다.

<표 9-37> 간석전화국과 북인천전화국의 전화수요분담

구분	1981년	1982년	1984년	1986년	1991년	1996년
간석전화국	20,000	21,670	25,090	22,000	37,300	47,300
북인천전화국	-	-	-	9,800	20,100	24,800
계		21,670	25,090	31,800	57,400	72,100

1981년말 간석전화국은 전자식 2만 회선을 운용하였다. 이후 1983년도 전자교환기 공급사업(83-GSS-100k)으로 다시 2만 회선(424국, 425국)을 공급하였으며 시공과정에서 인수시험 기간이 추가로 소요되고 국사 지연으로 다소 늦게 개통하였다(1984. 1). 이 공사는 금성반도체(GSS)에서 시공하였으며, 당시 공사감독자는 중앙건설사무소 이덕우로 보임되었다. 이때 가입자 관로 4,751 m, 가입자 선로 33,600회선을 1983년 말 준공목표로 증설하였다.

이후 1985년에 다시 전자교환기 2만6천 회선을 증설함으로써 총 9만2천 회선을 운용하였다(1986년-1987년). 이처럼 대형전화국으로 발전해 나가자 가입자케이블 50,700회선을 증설하여 총 178,200회선으로 늘어나게 되었으며, 간석전화국 인입통신구(354m)를 건설하였다(1987년- 1988년). 발동발전기도 기존의 중용량(500KW)에서 대용량(1,000KW)으로 교체하였다(1987년). 또한 백령, 영종, 대부, 논현 등 4개의 자국을 운용하였다(1986년). 인근지역 전화공급을 위하여 원격교환장치(RSS)를 백령에 2,300회선, 영종에 1,200회선, 대부에 1,000회선, 논현에 3,200회선을 공급하여 1987년까지 운용하였다.

그리고 1980년대 후반에는 논현, 장수, 영흥, 묵도, 신도, 덕적도, 연평도, 용유도, 대청도, 소청도, 자월도, 운목리, 선재도, 대무의도, 장봉도 등 15개 변두리 및 도서 지역에 전송로집선장치(L/C)를 설치하여 자동전화를 공급하였다. 이중 논현지역에는 전송로집선장치(L/C) 1,920회선을 운용하였다(1986년-1987년). 한편 전국 섬마을 전화자동화 완성계획에 따라 관할 지역인 운염도, 팔미도, 작약도, 선미도, 목덕도, 부도 등 6개 도서(당시 1- 5가구)에는 무선가입자장치(SR)를 공급하였으며, 장봉도(당시 270가구)에는 무선PCM을 공급하였다(1987년).

이 전화국은 인천시 동구 간석동 520-1에 있었으며, 당시 명칭은 간석전신전화국이었다(1988년). 1990년 간석전화국 간부진은 국장 백윤석, 총무부장 남영철, 영업부장 하만호, 안내부장 공석, 기계부장 조무수, 선로부장 권순호로 보직되었다.

(3) 강화전화국

1981년에 기계식 자동교환기(ST방식) 5,400회선을 운용하였으며 1982년에 다시 600회선을 증설하여 6천 회선에 대하여 국번호(2)를 사용하였다. 1984년에는 인근의 온수전화국이 자동화되면서 이를 분국으로 운용하였다. 1985년부터 농어촌용 전자교환기(T)를 공급하여 양사, 내가, 교동, 삼산, 서도, 볼음 등 6개 자국을 운용하였다. 이때 화점, 불은 등 2개 지역에는 전송로집선장치(L/C)를 설치하여 자동화하였으며, 1987년 당시 각각 1,200회선 규모의 L/C를 운용하였다.

1987년 말에는 자동식 6천 회선, 전자식 9천 회선으로 늘어나게 되었다. 한편 가입자케이블은 1987년에 1천 회선을 증설하여 34,590회선을 운용하였다. 그 후 1995년 12월에는 행정구역 개편에 따른 통화권 조정으로 인천통화권으로 편입되었다. 따라서 그동안 사용한 시외전화번호(0349)를 중지하고 인천지역 시외번호(032)를 사용하게 되었다. 시설 규모는 1990년대 중반까지 교환시설 5만 회선 미만(분국 포함)으로 운용하였다(1996. 1. 31).

그 후 1990년대 후반에 전자교환기(A) 400회선을 1998년 3월 개통목표로 추진하다가 IMF사태로 인한 수요 급감으로 공사를 중단하였다. 한편 강화전화국은 우체국과 통합국사로 사용하고 있었는데, 한국통신이 당초 건물을 사용하는 대신 대용 국사를 신축하여 체신부로 이관하였다. 이 대용 국사는 지하 1층-지상 2층(1,000m^2) 규모로 체신부에서 설계하고 한국통신이 1986년에 착공하여 1987년에 준공하였다.

주소는 경기도 강화군 강화읍 감곶리 203이었으며 다시 강화읍 감곶리 203-5로 되었다가(1992년) 이후 인천광역시 강화군 강화읍 감곶리 203-5로 변경되었다(1996년). 한편 국명은 1990년까지 강화전신전화국으로 운영되었으며 이후 강화전화국으로 변경되었다(1990년

-1999년). 1990년 강화전화국장은 2급행정(조종근)으로 보직되었으며, 그 후 1995년에는 국장으로 2급(손순대)이 재직하였다. 1997년 국장은 2급행정(신장식)으로 발령되었다.

(4) 계산전화국/ 작전전화국/ 북인천전화국

1980년대 초 간석전화국 지역의 급증하는 전화 수요를 분담하기 위하여 1996년에 북인천전화국을 신설하는 것으로 추진하였다. 이를 위해 대지 1,126평을 확보하고, 1982년에 국사를 신축 추진하였다. 북인천전화국이 신설됨에 따라 간석전화국과의 전화수요 분담계획(1982년-1996년)은 간석전화국 편에서 상세히 설명하였다. 그 후 1980년대 중반에 들어와서 한국통신은 인천시 및 부천시 지역의 시내전화 장기치국계획 및 통신망계획을 수립하였다.

이때 임학리 지역이 주택단지가 조성되는 등 신흥개발지역으로 수요가 급증하고 있어 이에 따른 통신시설공급이 필요하였다. 이 지역은 부평전화국으로부터 원거리 지역이고, 주안전화국은 국사 용량이 충만한 관계로 인천시 북구 작전동에 작전전화국을 1996년에 신설 개통하는 것으로 결정하였다(시내전화 치국계획, 1985. 8. 18, 한국통신 계획국). 이 계획의 주관부서 및 결재자는 제9장 말미의 참고자료 편에 기록되어 있다.

이 전화국은 치국 초기에는 한동안 작전전화국으로 부르기도 하였다. 이후 북인천전화국으로 바뀌고 전화국 규모는 10만 회선으로 하여 신설 추진되었다(시내전화 장기치국계획, 1987. 1, 한국전기통신공사). 이 전화국은 인천시 계양구 작전동 865-26에 있었으며, 당시 부평전화국 계양분국으로 운영되었다(1997년-1999년). 1995년 분국장은 이개도로 보직되었으며, 1997년 분국장은 2급 통신기술(서경식)이 재직하였다.

(5) 남인천전화국

1980년대 후반 한국통신은 수요팽창으로 기존 국사가 충만한 지역에 전화국을 신설추진하였다. 이때 인천시 남부지역의 급증하는 전화 수요공급을 위해 인천시 남구 연수동에 15만 회선 규모의 남인천전화국을 1991년에 신설 개통하는 것으로 결정하였다.(시내전화 장기치국계획, 1987. 1, 한국전기통신공사). 이 계획의 주관부서 및 결재자는 제9장 말미의 참고자료 편에 기록되어 있다. 그 후 1990년대 중반에는 교환시설 20만 회선 이상(분국 포함)을 운용하는 초대형전화국이 되었다(1996. 1. 31). 1990년대 후반에는 전자교환기(TXN) 12,500 회선을 공급 추진하다가 IMF로 인한 수요급감으로 2,000회선만을 개통하였다(1998. 4. 30).

1995년 남인천전화국 간부진은 국장 김양현, 관리부장 전상순, 영업부장 서규태, 안내부장 공석, 교환기술부장 이옥기, 전송기술부장 김유택, 만수분국장 윤병국으로 보직되어 있었다. 이후 1997년에는 국장 안정병, 마케팅부장 박행장, 안내부장 공석, 교환기술부장 공석, 전송기술부장 채승국, 만수분국장 이상선으로 보임되었다. 이 전화국은 인천직할시 남구 간석1동 520-1에 있었다(1992년). 그 후 주소는 인천광역시 남동구 간석1동 520-3으로 변경되었다(1996년). 그리고 명칭은 남인천전화국으로 운영하였다(1992년-1999년).

(6) 논현전화국

1981년부터 간석전화국에 전자교환기(No1A)가 공급됨에 따라 이를 모국으로 하여 논현에 원격 전자교환장치(RSS) 3,200회선, 전송로집선장치(L/C) 15회선을 공급하였다(1986년-1987년). 이 원격교환장치는 컨테이너형으로 설치되어 1990년대 중반까지 운용하였다(1996. 5)

(7) 대광전화국

1985년부터 농어촌형 전자교환기(T)를 공급하여 1,188회선을 운용하였다(1986년-1987년).

(8) 대부전화국

1981년부터 간석전화국에 전자교환기(No1A)가 공급됨에 따라 이를 모국으로 하여 1986년에는 대부에 원격교환장치(RSS)를 1천 회선을 공급하여 1987년까지 운용하였다.

(9) 동인천전화국/ 인천전화국(신)

동인천전화국은 1980년대 초 당시 인천전화국을 폐국하고 이를 대체할 전화국으로 신설되었다(1983년). 이때 인천전화국과 동인천전화국의 전화공급 대체계획(1982년- 1996년)을 <표 9-38>과 같이 수립 추진하였다. 1982년 동인천전화국의 인입통신구 74m를 건설 추진하였으나 도로굴착 승인이 지연되고 절대공기의 부족으로 당초 계획보다 늦게 준공되었다(1983. 6). 이 공사는 아진건설에서 시공하였으며, 공사감독은 중앙건설사무소 박영춘이 수행하였다.

<표 9-38> 인천전화국과 동인천전화국의 전화공급 대체계획

구분	1981년	1982년	1984년	1986년	1991년	1996년
인천전화국	20,000	15,600	-	-	-	-
동인천전화국	-	20,300	38,200	50,900	93,100	118,400
계		35,900	38,200	50.900	93,100	118,400

1983년도 전자교환기 공급사업(83-ATTI-40k)에 의해 전자교환기(No1A) 3만 회선을 완제품을 구매하여 개통하였다(1983. 11). 이때 수전시설 미비로 공사가 중단된 적이 있으며 1983년 초에 재착공하는 어려움도 겪었다(공사중단 1982. 12. 24, 재착공 1983. 1. 15). 이 공사는 금성반도체(GSS)에서 시공하였으며, 당시 공사감독은 중앙건설사무소 시설본부 통신기술직(노봉규)이 수행하였다. 이때 개통된 시설은 새로운 국번호(222국, 223국, 224국)를 사용하였다.

동시에 가입자관로 9,396m, 가입자선로시설 45,600회선 증설공사도 1984년 2월 준공목표로 추진되었다. 이 공사는 대진건설에서 담당하였으며, 공사감독은 관로시설은 중앙건설사무소 김욱관, 케이블 공사는 송병길이 수행하였다. 이때 인천전화국(구) 소속의 약 2만 가입자를 이 전화국으로 수용하였으며 인천전화국(구)은 폐국되었다. 그 후 전자식교환기 3만4천 회선, 가입자케이블 48,300회선을 운용하였다(1986년-1987년). 1990년대 중반에는 교환시설 10만회선 이상(분국 포함)을 운용하는 중대형전화국이 되었다(1996. 1. 31). 1990년대 후반에 전자식교환기(TXN) 3천 회선을 증설 개통하였다(1998. 2. 28).

1990년 인천전화국 간부진은 국장 이춘훈, 총무부장 공석, 영업부장 한상억, 기술부장 장성용, 서인천분국장 최정덕으로 발령되었다. 1995년에는 국장 안정병, 관리부장 공석, 영업부장 공석, 기술부장 이경호, 서인천분국장 우인근이 재직하였다. 그 후 1997년에는 국장 이공우, 마케팅부장 이재호, 시설운용부장 공석, 항동분국장 이영길로 보직되었다.

초기 주소는 인천직할시 남구 숭의동 283-1이었으며 그 후 행정구역개편에 따라 인천광역시 남구 숭의2동 283-1로 바뀌었다(1995년). 치국 초기에는 동인천전화국으로 불리다가 인천전화국(구)이 폐국되면서 그 국명을 승계하였다(1984년). 그 후 1990년까지 인천전신전화국이었으며 다음 해부터 인천전화국으로 변경되었다(1991년-1999년).

(10) 만수전화국

1980년대 중반 한국통신은 인천시 및 부천시 지역의 시내전화 장기치국계획 및 통신망 계획을 수립하였다. 당시 이 지역은 신흥개발지역으로 수요가 급증하고 있으나 간석전화국 국사 용량이 충만한 관계로 만수동에 만수전화국을 1991년에 신설 개통하는 것으로 결정하였다(시내전화 치국계획, 1985. 8. 18, 한국통신 계획국). 이 계획의 주관부서 및 결재자는 제9장 말미의 참고자료 편에 기록되어 있다. 또한 1980년대 후반 한국통신은 수요팽창으로 기존 국사가 충만한 지역에 전화국을 신설 추진하였다.

이 계획에 따라 인천시 남구 만수동에 15만 회선 규모의 동인천전화국을 1991년에 신설 개통하는 것으로 결정하였다(시내전화 장기치국계획, 1987. 1, 한국전기통신공사). 이에 따라 1987년에 대지(4,000m^2)를 매입하여 건설하였다. 이 전화국은 인천시 남동구 만수5동 904-1에 있었으며, 당시 남인천전화국 만수분국으로 운영하였다(1995년-1999년). 1995년 분국장은 윤병국으로 보직되었으며, 1997년 분국장은 2급통신기술(이상선)로 보임되었다.

(11) 백령전화국

1981년부터 간석전화국에 전자교환기(No1A)가 공급됨에 따라 이를 모국으로 하여 1986년 백령도에 원격교환장치(RSS) 2,300회선을 공급하여 1987년까지 운용하였다. 시설 규모는 1990년대 중반까지 교환시설 5만 회선 미만(분국 포함)으로 운용하였다(1996. 1. 31). 주소는 초기 경기도 옹진군 백령면 진촌리 695이었으며(1989년), 다시 백령면 진촌리 695-2으로 되었다(1995년). 1997년 인천시 옹진군 백령면 진촌리 695-2로 바뀌었으며 다시 백령면 진촌리 489-1로 변경되었다.

초기에는 백령사업소로 운영하였으며(1989년-1990년), 1992년 백령전화국으로 승격되었다(1992년-1999년). 1990년 백령사업소장은 3급(공석)으로 보직되었으며, 그 후 1995년 백령전화국장은 3급(공석)으로 보직되었다. 1997년에도 국장은 3급(공석)이었다.

(12) 부평전화국(구)/ 역전분국

이 전화국은 대지 1,864m^2(564평), 건평 2,442m^2(지하 1층, 지상 3층)의 규모로서 1980년대 초반까지 기계식 자동교환기(EMD방식) 9,200회선을 운용하고 있었다(1981. 12). 1982년 인근에 산곡전화국이 신설되어 일부 구역을 수용 변경하였으며 이 중 4,200회선(3국)을 철거하여 5천 회선만 남게 되었다. 다음 해에 산곡전화국에서 전자교환기(No1A) 3만 회선이 개통되었다(1983. 12). 이후 남아 있던 약 5천 가입자를 다시 산곡전화국으로 수용 변경한 후 자동식 5천 회선(5국)을 철거하여 부평전화국(구)은 폐국되었다(1984년). 이 전화국은 한때 역전분국으로 불렸다.

(13) 산곡전화국/ 부평전화국(신)

1980년 부평전신전화국 산곡분국에 자동전화 5,000회선을 개통한 후 1981년 말까지 기계식 자동교환기(EMD방식)를 1만9천 회선 운용하였으며, 1982년에 다시 1만 회선을 증설하여 2만9천 회선으로 늘어나게 되었다. 이후 1983년도 전자교환기 공급사업(83-GSS-50k)에 의해 처음으로 전자식(No1A) 3만 회선을 개통하였으며, 국번호는 523국, 523국, 524국을 사용하게 되었다(1983. 12). 이 공사는 GSS에서 시공하였으며, 당시 공사감독은 중앙건설사무소 이덕우가 수행하였다.

동시에 가입자 관로 9,284m, 가입자 선로 24,000회선 증설공사도 추진되었으며 이 공사는 미광공업에서 시공하였다. 이때 관로시설 감독자는 중앙건설사무소 김욱관, 케이블공사 감독자는 중앙건설사무소 정재영으로 지정되었다. 이후 산곡전화국의 자동식 5천 회선을 철거하였으며, 동시에 부평전화국 관할의 약 5천 가입자를 이 전화국으로 수용 변경시킨 후 부평전화국(구)은 자동식 5천 회선을 철거한 후 폐국되었다(1984년). 이에 따라 산곡전화국의 국명이 부평전화국(신)으로 변경되었다.

그 후 1985년 사업으로 전자교환기(No1A) 1만6천 회선을 공급 개통하였으며 이때 주안전화국 관할의 석남동(가신), 원창동, 가좌동의 약 8,200가입자를 전입하였다. 그때부터 자동식 2만4천 회선, 전자식 5만8천 회선(No1A)을 운용하였다(1986. 12). 그리고 다음해에 전자식 2만2천 회선(528국, 529국, 541국)을 증설하여 교환시설은 총 10만4천 회선으로 늘어났다(1987년). 이 기간에 가입자케이블의 규모도 크게 늘어나서 174,900회선을 운용하였으며, 인입통신구(1,158m)를 건설하였다(1986년-1987년).

이처럼 대형전화국으로 발전해 나가자 발동발전기도 기존의 중용량(500KW)에서 대용량(1,000KW)으로 교체하였다(1987년). 한편 부평전화국을 모국으로 하여 신현에 원격교환장치(RSS) 1,400회선, 계산에 원격교환장치(RSS) 4,100회선을 공급 운용하였다(1986년-1987년). 또한 1980년대 후반에는 당시 변두리 지역인 서곶과 검암에 전송로집선장치(L/C)를 설치하여 자동전화를 공급하였다. 1990년대 중반에는 교환시설 15만회선 이상(분국 포함)을 운용하는 대형전화국이 되었다(1996. 1. 31). 그 후 1990년대 후반 전자교환기(TX) 6천 회선을 공급하여 1998년 8월 개통예정으로 추진하다가 IMF사태로 인하여 수요가 격감하는 바람에 도중에 취소하였다.

1990년 부평전화국 간부진은 국장 설진석, 총무부장 공석, 영업부장 유수상, 기계부장 박동현, 선로부장 손순대로 보직되었다. 1995년에는 국장 윤대원, 관리부장 이상섭, 영업부장 구본철, 교환기술부장 서강식, 전송기술부장 김용수, 계산분국장 이개도가 재직하였다. 그 후 1997년에는 국장 이재원, 마케팅부장 이승렬, 고객지원센터장 정성고, 교환기술부장 이개도, 전송기술부장 박원준, 계산분국장 서경식으로 보직되었다.

이 전화국은 인천직할시 북구 산곡동 410에 있었으며, 다시 인천광역시 북구 산곡동 410으로 되었다(1995년). 그 후 인천광역시 부평구 산곡4동 410으로 바뀌었다(1997년). 초기에 산곡전화국으로 불리다가 1990년까지 부평전신전화국이었으며, 이후 부평전화국으로 변경되었다(1990년-1999년).

(14) 서인천전화국

1980년대 초반까지 기계식 자동교환기(EMD방식) 3만 회선을 운용하였다(1981. 12). 1982년 다시 4천 회선을 준공함으로서 시설 규모는 총 3만4천 회선으로 늘어나게 되었다. 이후 1983년도 전자교환기 공급사업(83-GSS-100k)으로 서인천전화국에 전자식(No1A) 1만 회선(762국)을 공급 추진하게 되었다. 이 시설은 당시 인수시험 기간의 추가소요 및 국사 지연으로 다소 늦게 개통되었다(1983. 12). 이 공사는 금성반도체(GSS)에서 시공하였으며, 당시 공사감독자는 중앙건설사무소 노봉규로 지정되었다. 이때 가입자 관로 5,062m, 가입자 선로 10,800회선을 1983년 말 준공목표로 증설하였다.

그 후 한동안 자동식 3만4천 회선, 전자식 1만6천 회선, 가입자케이블 95,300회선을 운용하였다(1986년-1987년). 1990년대 중반에는 교환시설 10만회선 이상(분국 포함)을 운용하는 중대형전화국이 되었다(1996. 1. 31). 이 전화국은 인천광역시 서구 석남2동 570-15에 있었으며, 1980년대에는 인천전화국 서인천분국으로 운영되었다. 1990년 분국장은 2급통신기술(최정덕)로 보직되었으며, 1995년 분국장은 우인근으로 발령되었다. 1990년 중반 서인천전화국으로 승격되었다(1996년-1999년). 1997년에는 국장 조세을, 마케팅부장 구본철, 시설운용부장 김천성으로 보직되었다.

(15) 서곶전화국

1990년대 후반 전자식교환기(TX) 16,800회선을 개통하였다(1998. 3. 31), 이 전화국은 인천시 서구 연희2지구 23블럭 1롯드에 있었으며, 당시 서인천전화국 서곶분국으로 운영되었다(1998년-1999년).

(16) 소래전화국

1987년 부천전화국에 전자교환기(No1A) 3만 회선이 증설됨에 따라 소래는1986년-1987년에 자국으로 운용되었다. 이 전화국은 부천전화국을 모국으로 하여 1986년에 전송로집선장치(L/C) 10회선을 운용하다가 1987년에 원격교환장치(RSS) 6천 회선을 공급하였고 이때 운용하고 있던 전송로집선장치는 철거되었다. 1980년대 중반 한국통신은 인천시 및 부천시 지역의 시내전화 장기치국계획 및 통신망 계획을 수립하였다.

이 지역은 부천전화국으로부터 원거리 지역이고, 부천전화국 국사 용량이 충만한 관계로 시흥군 소래읍 신천리에 소래전화국을 1996년에 신설하는 것으로 결정하였다(시내전화 치국계획, 1985. 8. 18, 한국통신 계획국). 이후 소래전화국은 5만 회선 규모로 신설 추진되었다(시내전화 장기치국계획, 1987. 1, 한국전기통신공사). 이 계획의 주관부서 및 결재자는 제9장 말미의 참고자료 편에 기록되어 있다.

(17) 송도전화국

1980년대 중반 한국통신은 인천시 및 부천시 지역의 시내전화 장기치국계획 및 통신망 계획을 수립하였다. 이때 이 지역은 남동공단이 조성되고 있고, 주변 지역이 택지로 개발되고 있어 이에 따른 통신시설 공급이 필요하였다. 이에 따라 송도 연수동에 송도전화국을 1991년에 신설 개통하는 것으로 결정하였다(시내전화 치국계획, 1985. 8. 18, 한국통신 계획국). 이 계획의 주관부서 및 결재자는 제9장 말미의 참고자료 편에 기록되어 있다. 이 전화국은 인천광역시 연수구 옥련동 468-13에 있었다(1997년-1999년). 1997년 송도전화국은 국장 안남혁, 마케팅부장 김영권, 시설운용부장 공석, 주안분국장 이득천으로 보직되었다.

(18) 신석전화국/ 석남전화국

1980년대 중반 이 지역은 아파트 조성이 진행되고 있고, 외국인 투자전용 공단이 조성될 예정이어서 수요가 급증하여 이에 따른 통신시설공급이 절실하였다. 이때 한국통신은 인천시 및 부천시 지역의 시내전화 장기치국계획 및 통신망계획을 수립하였으며 이때 신석전화국 신설방안이 검토되었다. 이 지역은 주안전화국으로 부터 원거리 지역이고, 주안전화국 국사 용량이 충만한 관계로 인천시 북구 석남동에 석남전화국을 1987년에 신설 개통하는 것으로 결정하였다(시내전화 치국계획, 1985. 8. 18, 한국통신 계획국).

이후 1987년 국명이 석남전화국으로 명명되었다(시내전화 장기치국계획, 1987. 1, 한국전기통신공사). 이상 2개 계획의 주관부서 및 결재자는 제9장 말미의 참고자료 편에 기록되어 있다. 이 전화국은 인천직할시 서구 석남동 570-15에 있었으며, 개국 후 상당 기간 주안전화국 신석분국으로 운영되었다. 1990년 분국장은 2급통신기술(이기춘)로 보직되었으며, 그 후 1990년대 중반에 신석전화국으로 승격되었다. 1995년에는 국장 강정섭, 업무부장 백승옥, 기술부장 문병주가 재직하였다.

(19) 연수전화국

1990년대 중반에는 교환시설 5만회선 이상(분국 포함)을 운용하는 중형전화국이 되었다(1996. 1. 31). 이 전화국의 주소는 초기 인천광역시 연수구 연수2동 338-49에 있었으며(1996년) 그 후 연수구 연수2동 632-2로 바뀌었다(1997년). 그리고 국명은 연수전화국이었다(1996년-1999년). 1995년 연수전화국장은 2급통신기술(조무수)로 보직되었으며, 1997년 국장은 2급통신기술(손순대)이 제직하였다.

(20) 영종전화국

1981년부터 간석전화국에 전자교환기(No1A)가 공급됨에 따라 이를 모국으로 하여 영종도에 원격교환장치(RSS)를 1,200회선을 공급하였다(1986년). 이 원격교환장치는 컨테이너형으로서 1990년대 중반까지 운용하였다(1996. 5).

(21) 온수전화국

1983년까지 자석식교환기 600회선을 운용해오다가 본 건물 572m^2, 부속건물 99m^{2}를 1983년 10월 준공하였다. 1984년에 대도시에서 철거된 기계식 자동교환기(ST방식) 3천 회선을 공급하여 자동화되었으며, 이때 강화전화국의 분국으로 운용되었다. 1985년부터 농어촌용 전자교환기를 공급하여 흥왕지역을 전자화하여 자국으로 운용하였다. 이때 양도, 창후 등 2개 지역에는 전송로집선장치(L/C)도 설치하여 자동화하였으며, 이중 양도에는 1987년 당시 1천 회선 규모의 L/C를 운용하였다, 1987년 말에는 자동식 3,000회선, 전자식 2,736회선을 운영하였다. 이 전화국은 인천시 강화군 길상면 온수리 423-1에 있었으며, 강화전화국 온수분국으로 운영되었다(1997년-1999년).

(22) 인천전화국(구)

1957년 12월 인천전신전화국이 개국되었다. 1958년 자석식교환시설(2,000회선)을 공전식교환기로 교체하였으며 1961년 공전식전화 1,000회선을 증설하였다. 그 후 1982년까지 기계식 자동교환기(EMD방식) 2만 회선을 2국과 3국으로 운용하고 있었다. 1983년 인천전화국을 폐국하고 이를 대체할 동인천전화국을 신설하였다. 이때 인천전화국과 동인천전화국의 전화공급 대체계획(1982년-1996년)은 동인천전화국 편에 소개되어 있다. 1983년에 동인천전화국이 전자식(No1A) 3만 회선을 개통하자 인천전화국의 약 2만 가입자를 동인천전화국으로 수용 변경하였다. 그리고 자동식 2만 회선을 철거한 후 폐국되었다(1984년). 이 전화국은 대지 4,883m^2(1,477평), 건평 4,845m^2(지하1층, 지상3층)의 규모였다.

(23) 인천마전전화국

1995년에 신설 치국되었다.

(24) 주안전화국

1974년 인천전신전화국 주안분국으로 개국된 후 1976년 주안전신전화국으로 독립 되었다.그 후 1980년대 초반까지 기계식 자동교환기(EMD방식) 3만 회선, 이동식교환기 1,400회선을 포함하여 총 31,400회선을 운용하고 있었다(1981. 12). 1982년 3월 인근 간석전화국에서 전자교환기(No1A) 2만 회선이 개통되자, 주안전화국 가입자 약 9,400건을 간석전화국으로 수용 변경하였으며, 이에 따라 주안전화국에서는 신규로 8,670건을 판매하였다(신규가입자 개통현황, 1982. 5. 3, 한국통신 계획국).

이어서 1983년도 사업으로 전자식교환기(No1A) 1만 회선(862국)을 신설 개통하였다(1983. 11). 이 사업은 물자계약(1983. 1. 7), L/C개설(1983. 3. 1)후 외자재의 현지도착이 늦어져 어려움을 겪었으며, 공사는 금성반도체(GSS)에서 시공하였다. 그리고 가입자 관로 16,356m, 가입자 선로 21,600회선 증설공사도 추진되었으며, 이 공사는 기창통신에서 담당하였다. 당시 관로공사 감독자는 중앙건설사무소 조동선, 케이블공사 감독자는 오인수로 임명되었다.

이때 이동식 1,400회선을 철거하고 논현지역은 간석전화국, 서곶지역은 산곡전화국으로 수용 변경하였다. 따라서 총 4만 회선을 운용하게 되었으나 가입자 수가 39,480명으로 늘어나고 있었다(1983. 12). 그래서 1985년 전자식 1만 회선을 공급하였으며, 이때 부평전화국의 전자식교환기(No1A) 2만2천 회선 개통에 따라 석남동(가신), 원창동, 가좌동의 약 8,200가입자를 부평전화국으로 수용 변경하였다. 이후 자동식 2만회선, 전자식 5만5천회선을 운용하였다(1986. 12).

다음 해인 1987년에 전자식 1만 회선(868국)을 증설하여 시설규모는 총 8만5천회선으로 늘어났다. 또한 가입자케이블은 126,600회선을 확보하였다(1986년-1987년). 한편 주안전화국을 모국으로 하여 송도에 원격교환장치(RSS) 8,400회선을 공급하여 운용하였다. 1990년대 중반 교환시설 10만회선 이상(분국 포함)을 운용하는 중대형전화국이 되었다(1996. 1. 31). 1990년대 후반에는 전자교환기(TX) 4천회선을 개통하였다(1998. 2. 28).

1990년 주안전화국 간부진은 국장 김종성, 총무부장 공석, 영업부장 구본철, 기술부장 황익돈, 신석분국장 이기춘으로 보직되었다. 1995년에는 국장 이상태, 관리부장 김준성, 영업부장 임규호, 기술부장 박노신으로 보직되어 있었다. 주소는 인천직할시 남구 도화동 453-1이었으며, 그 후 남구 도화1동 453-1로 바뀌었다. 명칭은 1990년까지 주안전신전화국이었으며, 이후 주안전화국으로 변경되었다(1991년). 다시 송도전화국 주안분국으로 운영되었다(1997년-1999년). 1997년 주안분국장은 2급통신기술(이득천)로 보직되었다.

(25) 항동전화국

1990년대 후반 전자교환기(TX) 4,500회선을 개통하였다(1998. 1. 31), 이 전화국은 인천시 중구 항동6가 1에 있었으며, 당시 인천전화국 항동분국으로 운영되었다(1997년-1999년). 1997년 분국장은 2급 통신기술(이영길)로 보직되었다.

(26) 인천무선전신국

1972년 인천무선전신국은 원양무선통신 업무를 취급 개시하였다. 한국전기통신공사 창립 첫해인 1982년 인천무선전신국장은 위종만(3급기술)이 보직되었다. 그 후 1995년 인천무선전신국장은 3급(공석)으로 보직되었다.

4.2 수원 시내 전화국 건설 및 운영

수원시내 전화국 운영상황은 1970년대 2개 전화국, 1990년대 8개 전화국(분국 포함), 2000년대에는 8개 지사 및 지점을 운영하였으며, 세부내역은 <표 9-39>와 같다.

<표 9-39> 수원시내 전화국 운영상황

운영시기	전화국명
1970년대(1978년)	수원, 북수원 등 2개 전화국
1990년대(1998년)	수원, 북수원, 동수원, 남수원(세류), 서수원, 신갈, 수지, 영통 등 8개 전화국

그리고 1995년 전국의 전신전화국 명칭이 모두 전화국으로 변경되었고, 그 후 2002년에는 전화국 명칭 사용을 중지하고 지사 및 지점으로 전면 변경되었다. 2000년대(2004년 기준)에는 수원 1개 지사와 동수원, 서수원, 남수원, 북수원, 신갈, 수지, 영통 등 7개 지점 등 총 8개의 지사 및 지점을 운영하였다.

(1) 남수원전화국/ 세류전화국/ 교동분국

세류전화국은 1980년대 초 당시 수원전화국을 폐국하고 이를 대체할 전화국으로 신설되었다(1984년). 이를 위해 대지 2,782평에 건물 5,041m^{2}을 신축하여 1983년 12월에 완공하였다. 이 공사는 동부건설에서 시공하였으며, 당시 공사감독자는 중앙건설사무소 김운택으로 지정되었다. 이때 수원전화국(구)과 세류전화국의 전화공급 대체계획(1982년-1996년)를 보면 <표 9-40>과 같다.

<표 9-40> 수원전화국(구)과 세류전화국의 전화공급 대체계획

구분	1981년	1982년	1984년	1986년	1991년	1996년
수원전화국	10,000	-	-	-	-	-
세류전화국	-	23,450	25,750	32,400	62,800	75,160
계		23,450	25,750	32,400	62,800	75,160

1984년도 사업으로 전자교환기(No1A) 2만4천 회선을 신축 국사 2층에 설치하여 새로운 국번호(32국, 33국)로 개통하였다(1984. 10). 이때 교동분국 전 지역의 21,430가입자를 전입 수용하였다. 그리고 그동안 시설 부족으로 인근 수원전화국에 수용되었던 교동분국 관할 가입자 4천 회선도 환수 조치하였다. 동시에 <표 9-41>과 같이 주변 원거리 지역으로 수동식 전화를 운용하고 있던 병점, 봉담, 매송 등 3개 지역에 원격교환장치(RSS)를 공급하여 남수원전화국으로 통합 자동화하였다.

그 후 1986년에 1만 회선을 공급 개통하여 5만 회선을 운용하고, 1년 후 다시 1만8천 회선(37국, 38국)을 증설하여 시설 규모는 6만8천 회선으로 늘어났으며, 이때 올림픽통신용으로 48회선을 확보하였다(1987년). 이때 가입자케이블 30,500회선을 증설하고 4,500회선을 재배치 시공함으로써 케이블시설 규모가 119,700회선으로 늘어났다(1987년). 그리고 그해 병점에 원격교환장치(RSS) 1,500회선, 오목천에 원격교환장치(RSS) 1,200회선을 설치하여 자국으로 운용하였다.

<표 9-41> 남수원전화국 인근 수동식전화의 자동화

국명	운용시설(회선)	RSS공급(회선)	국간거리(Km)
병점	자석식 600	2,400	8.0
봉담	자석식 500	1,400	9.0
매송	자석식 500	1,200	12.0

한편 1980년대 후반에는 당시 변두리 지역인 원평, 어천, 야목, 동화, 와우, 당하, 기안, 기산, 능리, 안녕, 원리 등 11개 지역에 전송로집선장치(L/C)를 설치하여 자동전화를 공급하였다. 이중 동화와 안녕에는 1천 회선 이상의 전송로집선장치(L/C)를 운용하였다(1987년). 그 후 1990년대 후반에 전자교환기(TX) 15,700회선을 개통하였다(1998. 3. 30). 이 전화국은 경기도 수원시 권선구 권선동 942에 있었으며, 치국 초기에는 세류전화국으로 불리다가 교동분국, 남수원분국으로 운용되었다(1990년). 1990년대 후반에 남수원전화국으로 승격되었다(1997년-1999년).

한편 남수원전화국(국장 강필구)은 8월 중순부터 9월 6일까지 수원문화예술회관에서 열린「엄마 어렸을 적엔---」인형전에서 관람객을 대상으로 사전선택제 홍보를 펼쳤다. 이번 행사기간중 주 관람객인 주부와 어린이들에게 홍보물과 선장품을 배부하고 기업홍보를 하였으며 현장마케팅 활동으로 1천2백40건의 KT카드를 모집하는 성과도 거두었다. 1990년 분국장은 2급통신기술(최규현)로 보직되었으며, 1995년에는 분국장으로 이승호가 재직하였다.

1997년에는 국장 강필구, 마케팅부장 한성섭, 시설운용부장 김성걸로 보임되었다. 그 후 2000년대에 들어와 한국통신이 KT로 완전 민영화되면서 이 전화국은 KT 남수원지사로 변경되었다가 2004년 수원지사 남수원지점으로 지금의 KT 권선동 빌딩이 되었다. 한편 이 빌딩의 별관 5층에는 과거 정보통신부 관리 단체였던 한국복지정보통신협의회 경기지부가 입주해 있다.

(2) 동수원전화국

1980년대 중반 한국통신은 평택, 수원, 안양, 의정부, 원당, 구리, 안산지역을 대상으로 수도권 주변 지역 치국계획을 수립하였다. 이때 수원시 매원동 지역이 대단위 택지개발지역으로 지정되어 전화 수요가 급증하게 됨에 따라 이를 해결하고자 수원시 매원동에 10만 회선 규모의 동수원전화국을 1989년에 신설 개통하는 것으로 결정하였다(시내전화 중장기 치국계획, 1986. 10. 7, 한국통신 계획국). 이 계획의 주관부서 및 결재자는 제9장 말미의 참고자료 편에 기록되어 있다.

그 후 이 전화국은 1990년대 중반 교환시설 20만회선 이상(분국 포함)을 운용하는 초대형 전화국이 되었다(1996. 1. 31). 1990년대 후반에 전자교환기(TX) 4천 회선을 개통하였다(1998. 2. 25), 이 전화국은 경기도 수원시 권선구 매탄2동 111에 있었으며(1992년), 그 후 수원시 팔달구 매탄2동 111로 바뀌었다(1995년). 전화국 명칭은 개국 시부터 동수원전화국이었다(1990년-1999년). 1990년 동수원전화국 간부진은 국장 한홍인, 총무부장 이상익, 영업부장 채수덕, 기술부장 최돈각, 남수원분국장 최규현으로 보직되었다. 그 후 1995년에는 국장 김종수, 관리부장 최원복, 영업부장 심동렬, 기술부장 박원상, 남수원분국장 이승호, 신갈분국장 공석으로 재직하였다. 그리고 1997년에는 국장 이종성, 마케팅부장 한수식, 고객상담센터장 황종철, 시설운영부장 김광치, 신갈전화국장 김명배로 보임되었다.

(3) 북수원전화국/ 서수원전화국

기계식 자동교환기(EMD방식)를 1981년에 4천 회선, 1982년에 5천 회선을 증설하여 총 2만7천 회선을 운용하면서 자동식 확장을 마감하였다. 1982년도 전자교환기 공급사업(82-GSS-100k)으로 전자식 2만 회선(No1A)을 직수입하여 개통하였다(1983. 6). 이 공사는 금성반도체(GSS)가 시공하였으며, 당시 공사감독은 중앙건설사무소 시설본부 통신기술직(이덕우)이 수행하였다. 이 신방식의 교환시설에 대하여 새로운 국번호(42국, 43국)를 부여하여 사용하였으며, 이때부터 4만7천 회선을 운용하였다.

1980년대 중반 한국통신은 평택, 수원, 안양, 의정부, 원당, 구리, 안산지역을 대상으로 수도권 주변지역 치국계획을 수립하였다. 이때 수원시 구운동 지역이 대단위택지지역으로 지정되어 개발됨으로써 전화 수요가 급증하게 되었다. 이를 해결하고자 구운동에 5만 회선 규모의 서수원전화국을 1989년에 신설 개통하는 것으로 결정하였다(시내전화 중장기 치국계획, 1986. 10. 7, 한국통신 계획국). 이 계획의 주관부서 및 결재자는 제9장 말미의 참고자료편에 기록되어 있다.

1995년에는 새로운 국사로 이전하였으며, 1990년대 후반 전자식교환기(TB) 100회선을 공급하였다(1998. 2. 28), 주소는 경기도 수원시 권선구 구운동 467이었으며, 초기에는 북수원전화국으로 불리다가 수원전화국 서수원분국으로 운용하였다(1990년-1999년). 1990년 분국장은 2급통신기술(이인기), 1995년 분국장은 이명배로 보직되었다.

(4) 수원전화국

1982년에 기계식 자동교환기(ST방식) 2천 회선을 증설하여 자동식은 2만5천 회선으로 마감하고 1983년에 처음으로 전자교환기(No1A방식) 2만 회선을 공급 개통하였다(1983. 7). 그 후 1985년에는 다시 전자식 1만6천 회선을 공급하였다. 1986년에 자동식 2만5천 회선, 전자식 4만2천 회선을 운용하였으며 1987년에 전자식 1만4천 회선(47국)을 증설하여 전자식 8만1천 회선으로 증가되었다. 이때 올림픽통신용으로 558회선을 확보하였다.

한편 1987년에는 가입자케이블 46,500회선을 증설하여 총 155,700회선으로 늘어나게 되었으며, 수원전화국과 신갈전화국 간(10.9Km)에 국간 통신용으로 광케이블(12코어)을 건설하였다. 그리고 수원전화국 인입통신구(100m)를 1987년에 건설하였다. 1990년대 중반에는 교환시설 20만회선 이상(분국 포함)을 운용하는 초대형전화국이 되었다(1996. 1. 31).

한국전기통신공사 창립 첫해인 1982년 수원전신전화국장은 김달수(3급행정)로 보직되었다. 그 후 1990년 수원전화국 간부진은 국장 이성희, 총무부장 이종홍, 영업부장 박찬성, 교환부장 공석, 기계부장 최영화, 선로부장 김명배, 서수원분국장 이인기로 보직되었다. 1995년에는 국장 이종성, 관리부장 한상억, 영업부장 김승일, 안내부장 공석, 교환기술부장 조태호, 전송기술부장 심현구, 정보통신부장 오경래, 서수원분국장 김명배가 재직하였다. 주소는 경기도 수원시 장안구 영화동 306-1이었다. 명칭은 1990년까지 수원전신전화국이었으며, 이후 수원전화국으로 변경되었다(1990년-1999년).

(5) 수원전화국(구)

1980년대 초 당시 수원전화국(구)을 폐국하고 이를 대체할 전화국으로 세류전화국을 신설하였다(1984년). 이때 수원전화국(구)과 세류전화국의 전화공급 대체계획(1982년-1996년)은 세류전화국 편에 상세히 열거하였다. 수원전화국(구)은 종국용량이 1만 회선 밖에 되지 않는 상황에서 1980년대 초에 이미 기계식 자동교환기(ST방식) 1만 회선을 운용하고 있었다(1982. 12).

그 후 1984년 한국통신은 남수원전화국(세류전화국)에 전자교환기(No1A) 2만4천 회선을 공급 개통하였다. 이때 수원전화국(구)은 전 가입자(21,430)를 남수원전화국으로 수용 변경하여 넘겨주고 그동안 운용해 온 자동식 1만 회선(2국)을 철거한 후 폐국되었다(1985년). 이 전화국의 규모는 대지 2,145m^2(649평), 건평 3,339m^2(지하 1층, 지상 3층)이었다.

(6) 수지전화국

1990년대 후반 전자교환기(TX) 12,300회선을 공급 추진하다가 IMF사태로 인한 수요 감소로 5,500회선을 개통하였다(1998. 6. 30). 이 전화국은 경기도 용인시 수지읍 풍덕천리 673에 있었으며, 당시 동수원전화국 수지분국으로 운용하였다(1997년-1999년).

(7) 신갈전화국

1981년에 기계식 자동교환기(ST방식) 600회선, 1982년에 400회선을 증설하여 시설은 2,600회선으로 늘어났다. 또한 1980년대 후반에는 당시 변두리 지역인 수지, 동천, 고기, 공세리 등 4개 지역에 전송로집선장치(L/C)를 설치하여 수동식 전화를 자동화하였다. 그 중 수지에는 1987년 당시 1,664회선의 전송로집선장치(L/C)를 운용하였다. 그 후 1986년- 1987년에는 자동식 9,200회선, 가입자케이블 13,700회선을 운용하였다. 한편 1987년에는 신갈전화국과 수원전화국 간(10.9Km)에 국간 통신용으로 광케이블(12코어)을 건설하였다.

1990년대 후반에는 전자교환기 TX 2,500회선과 TB 1,700회선을 개통하였다(1998. 1. 27/ 3. 3). 이 전화국은 경기도 용인시 기흥읍 신갈리 414에 있었으며, 당시 동수원전화국 신갈분국으로 운용하였다(1997년-1999년). 1995년 분국장은 2급으로 발령되었으며, 그 후 1997년에는 동수원전화국 관할의 신갈전화국으로 변경되었으며, 국장은 2급통신기술(김명배)로 보임되었다.

(8) 영통전화국

1990년대 후반에 전자교환기(TX) 17,500회선을 개통하였다(1998. 2. 11). 이 전화국은 수원시 팔달구 영통동 999-2에 있었으며, 당시 동수원전화국 영통분국으로 운영하였다(1999년).

4.3 경기도지역 전화국 건설 및 운영

경기도 내(인천, 수원 제외)에는 1980년대 초반(1981년-1983년)에 총 42개의 전화국이 운용되다가 1990년대 후반에는 총 82개 전화국으로 늘어났다(분국 포함). 그리고 1995년 전국의 전신전화국 명칭이 모두 전화국으로 변경되었다. 그 후 2002년에는 전국 전화국 명칭 사용을 중지하고 지사 및 지점으로 전면 변경되었다.

(1) 가평전화국

1981년까지 기계식 자동교환기(ST방식) 1,200회선을 운용하였으며 1983년에 400회선, 1984년에 400회선을 증설하여 시설규모가 2천 회선이 되었다. 그 후 1985년부터 농어촌형 전자교환기(T)를 공급하여 산유, 북면, 도대를 자국으로 운용하였다. 그리고 동시에 이 3개 지역에 전송로집선장치(L/C)도 설치하여 자동화를 촉진하였다. 또한 인근의 조종, 청평, 설악을 분국으로 운용하였다. 1987년 말에는 자동식 2,000회선, 전자식 1,890회선, 가입자케이블 16,300회선을 운용하였다. 시설규모는 1990년대 중반까지 교환시설 5만 회선 미만(분국 포함)으로 운용하였다(1996. 1. 31). 이후 1990년대 후반에 전자교환기(TB) 400회선을 개통하였다(1998. 2. 26).

1990년 가평전화국장은 2급통신기술(임재석)로 보직되었다. 그 후 1995년 국장은 이장렬로 보직되었으며, 1997년 국장은 2급행정(김종수)으로 임명되었다. 처음주소는 경기도 가평군 가평읍 읍내리 426이었으며, 이후 경기도 가평군 가평읍 읍내리 426-10으로 바뀌었다(1992년). 명칭은 1990년까지 가평전신전화국이었으며, 이후 가평전화국으로 변경되었다(1990년-1999년).

(2) 경기광주전화국

1981년에 기계식 자동교환기(ST방식) 2천 회선을 운용하고 있었으며, 1982년에 800회선, 1983년에 1,400회선, 1984년에 600회선을 증설하여 총 4,800회선을 운용하였다. 그 후 1985년부터 농어촌형 전자교환기를 공급하였으며 이때 퇴촌, 남종, 도촉, 오포, 곤지암, 만선 등 6개 지역에 원격전자교환기(RSS)를 설치 전자화하여 자국으로 운용하였다. 이때 만선, 퇴촌, 수양, 부황 등 4개 지역에는 전송로집선장치(L/C)를 설치하여 자동화하였다.

그리고 1987년에는 자동식 5,600회선을 철거하여 이해 말부터 전자식 15,183회선 을 운용하게 되었다. 한편 가입자케이블은 1986년-1987년에 41,900회선을 운용하였 다. 1990년대 중반에는 교환시설 5만 회선 이상(분국 포함)을 운용하는 중형전화국이 되었다(1996. 1. 31). 그 후 1998년 3월에 전자식교환기(A) 5,400회선을 개통하였다(1998. 3). 이어서 1998년 전자교환기(TB) 5천 회선을 공급 추진하다가 IMF사태로 인한 수요 감소로 1,100회선만을 개통하였다(1998. 4. 29). 동시에 4월 개통예정으로 추진하던 전자교환기(TX) 3천 회선은 공사를 중지하였다(1998. 3).

주소는 경기도 광주군 광주읍 경안리 68이었으며, 이후 광주군 광주읍 경안1리 68-3으로 되었다(1992년). 그리고 국명은 1990년까지 광주전신전화국으로 운영되다가 이후 경기광주전화국으로 변경 운영되었다(1990년-1999년). 1990년 경기광주전화국장은 2급행정(김용우)으로 보직되었으며, 그 후 1995년에는 국장 2급(김종수), 1997년 국장은 2급통신기술(이재성)이 재직하였다.

(3) 경기시흥전화국

1990년대 후반에 전자교환기(TB) 600회선을 1998년 3월 개통목표로 추진하다가 IMF 사태로 인한 수요 급감으로 공사를 중단하였다(1998. 3). 시설 규모는 1990년대 중반까지 교환시설 5만 회선 미만(분국 포함)으로 운용하였다(1996. 1. 31). 주소는 경기도 시흥시 신천동 773-3이었다(1991년). 국명은 처음에는 시흥전화국이었다가 경기시흥전화국으로 변경 운영되었다(1990년-1999년). 1990년 경기시흥전화국장은 2급행정(김기완)으로 보직되었다. 그 후 1995년 국장은 2급(박길용), 1997년 국장은 2급행정(한근수)으로 보직되었다.

(4) 고양전화국

1990년대 중반 교환시설 10만 회선 이상(분국 포함)을 운용하는 중대형전화국이 되었다(1996. 1. 31). 1995년 고양전화국 간부진은 국장 이진형, 업무부장 이경옥, 기술부장 정상길, 능곡분국장 남명산으로 보직되었다. 그 후 1997년에는 국장 정영섭, 마케팅부장 김경옥, 고객센터장 이장빈, 시설운용부장 이진복, 청사관리부장 이경호, 덕양전화국장 박동현, 일산전화국장 홍승길, 능곡전화국장 권영호로 보임되었다. 주소는 경기도 고양시 성사동 399이었다가(1993년), 그 후 고양시 일산구 마두동 1010으로 변경되었다(1997년). 국명은 당초부터 고양전화국이었다(1993년-1999년).

(5) 과천전화국

과천지역은 당초 안양통화권으로 확정되어 전화를 공급하였다(1980. 4. 7). 1981년 7월 5일 총무처에서 과천을 서울통화권으로의 편입을 요청함에 따라 이를 체신부 계획국 계획3과(과장 이정욱)에서 검토하였다. 검토결과 과천 전역을 서울통화권으로 편입하는 것은 불가능하다고 판단하였으며, 제2정부청사 만을 별도 검토하여 지원하기로 방침을 정하였다(1981. 8. 26). 이에 따라 과천 시내전화의 필요량을 공급하기 위해 이동식교환기(MDO) 2천회선을 공급하기 위한 공사를 착공하였다(1981. 10. 6).

그러나 지반이 약해 재시공 과정을 거쳐 다소 늦게 준공하였다(1981. 12). 이때 과천- 안양 간 복국화를 위해 국간 중계케이블(0.65-900)을 신설하였으며, 동시에 안양 급지를 변경하여 요금을 장수하였다. 또한 반포전화국 전자교환방식의 전화를 과천에 공급하기 위해 과천- B1 간 케이블(0.9-400)을 신설하였다(1981. 12). 이때 과천전화국의 인입통신구 89m를 건설하였다(1983. 3). 이 공사는 신정건설에서 시공하였으며, 공사감독자는 중앙건설사무소 박강현이 수행하였다.

1982년 한국전기통신공사가 창립되자 한국통신 계획국 도시계획부(부장 이정욱)는 과천 정부청사 통신지원방안을 적극적으로 검토하였다(과천정부청사 통신지원방안, 1982. 3, 한국통신 계획국). 첫 번째로 과천전화국에 전자교환기를 설치하여 서울시내 또는 안양시내와 복국화하는 방안을 검토하였다. 먼저 서울시내와 복국화하는 경우 서울시내 전화국(40개국)과 시외전화국(3개국)과 연결해야 하므로 이에 따른 통신망 건설비가 총 75억원이 필요하였다.

한편 안양 시내와 복국화하면 33억 원이 소요되는 것으로 산출되었으며, 서울 시내로 연결하는 경우 42억 원이 추가 소요되는 것으로 파악되었다. 다음에는 과천청사 전화수요를 1천 회선으로 가정하여 반포전화국에 수용하는 방안을 고려하여 보았다. 이 방안으로 시행하는 경우 투자비가 약 416백만 원이 소요되었다. 이를 위해 세 가지의 구체적인 방안을 검토 시행하였으며 이때 세부적인 검토내역은 제8장 국가기관통신망의 고성능화 편에 소개되어 있다.

또한 한국통신에서는 반포전화국과 과천전화국에 DID용 중계통신망을 확보하고, 반포전화국과 과천전화국 간에 PCM회선을 구성하였다. 그리고 가입전화 이용규정도 보완하고 요금부과방안을 검토 조치하여 과천청사를 서울통화권으로 변경하기로 결정하였다(1982. 6. 15). 이에 따라 한국통신에서는 과천에 신설하는 전화국사에 전자교환기(No1A) 2만 회선을 공급개통을 추진하였다(1983. 12). 이 공사는 GSS에서 시공하였으며, 당시 공사감독자는 중앙건설사무소 정성구로 지정되었다.

먼저 1982년 말까지 국사를 건설하여 다음 해에 교환시설을 개통하기로 하였다. 그러나 당시 주택공사의 대지 분양이 지연되었고, 여기에 같이 수용하게 계획된 시외망 관리센터의 위치가 3층에서 10층으로 변경되는 등 통합건축계획이 변경되었다. 그리고 국사 위치변경 예정으로 주택공사로부터 공사보류를 요청받았다. 한편 과천지역의 전화수요를 시급히 해결하고자 이동식교환기(MDO)의 증설 최대한계인 4천 회선을 공급하였다.

그러나 약 1,800건의 적체가 발생하였다(1982년). 이 문제를 해결하기 위해 1983년 과천전화국 국사를 7,414m^2 규모로 신축하였다(1983. 6). 이 공사는 대영토건에서 시공하였으며, 당시 공사감독자는 중앙건설사무소 최동일로 지정되었다. 이처럼 늘어나는 수요에 대처하고 정부종합청사의 통신공급을 위해 1983년도 전자교환기 공급사업(83-GSS-50k)으로 전자식(No1A) 2만 회선을 공급 개통하였다(1984. 3). 이때 새로운 국번호(62국, 63국)를 부여하였다. 이 사업은 당시 인수시험 기간 소요 및 국사 지연으로 당초 계획보다 4개월 지연된 1983년 6월에 착공함으로서 개통이 다소 늦어지게 되었다(ESS사업 종합추진현황, 1982. 7, 중앙건설사무소).

이때 이동식 4천 회선을 철거하였으며, 올림픽 통신전용으로 372회선을 구성하였다(1987년). 그리고 가입자케이블은 34,800회선을 운용하였다(1986년-1987년). 한편 도시형 AXE-10 전자교환기(가반형) 1대를 1990년대 중반까지 운용하였다(1996. 5). 시설 규모는 1990년대 중반까지 교환시설 5만 회선 미만(분국 포함)으로 운용하였다(1996. 1. 31). 그 후 1990년대 후반에 전자교환기(TX) 1만 회선을 증설 개통하였다(1998. 2. 28). 그러나 1997년 말 당시 IMF사태로 인하여 경기가 침체되고 각종 지역개발계획이 변경되는 등 수요가 급격히 감소하였다.

이로 인해 이미 개통된 시설이나 공사 중인 시설에 상당한 여유가 발생하는 바람에 이는 차기 사업에 재활용 추진하였다. 이 지역은 행정구역상 경기도이었으나 정부청사 통신지원을 위해 한국통신에서는 1988년부터 서울지사 소속의 전화국으로 운용하였다. 주소는 경기도 과천시 중앙동 41-1으로 되어 있었고, 명칭은 1990년까지 과천전신전화국이었으며 다음

해부터 과천전화국으로 변경되었다(1990년-1999년). 1990년 과천전화국장은 2급행정(차진관)으로 보직되었으며, 그 후 1995년 국장은 2급(이환모), 1997년 국장은 2급행정(이성현)으로 발령되었다.

(6) 광명전화국

이 전화국은 경기도 광명지구의 전화공급을 위해 신설되었으며, 전전자교환기 2만9천 회선을 공급 개통하였다(1996. 12).

(7) 구리전화국

1981년에 기계식 자동교환기 4천 회선과 원격전자교환기(R-ESS) 4천 회선을 개통하여 8천 회선을 운용하였다. 이어서 1982년에 자동식 2,800회선을 증설하여 총 10,800회선으로 늘어났다. 1986년 말에 전자교환기(No1A방식) 4만2천 회선을 운용하였고, 1987년에 다시 2만 회선(67국, 68국)을 증설하여 총 6만2천 회선으로 늘어났으며, 이에 따른 가입자케이블은 85,300회선을 운용하였다. 한편 1986년-1987년 구리전화국의 전자교환기(No1A)를 모국으로 하여 인근 9개 지역에 원격 전자교환장치(RSS)를 설치하여 자국으로 통합 자동화하였다.

당시 지역별 공급량을 보면 덕소 4,300회선, 마석 4,500회선, 화접 2,200회선, 금곡 6,800회선, 진접 2,500회선, 광릉 1.000회선, 운수 1,000회선, 진건 2,000회선, 퇴계원 2,500회선을 공급하였다. 이때 조안리, 송촌 등 2개 지역에는 전송로집선장치(L/C)를 설치하여 자동화하였다. 1990년대 중반에는 교환시설 10만 회선 이상(분국 포함)을 운용하는 중대형전화국이 되었다(1996. 1. 31). 1990년대 후반에는 전자교환기(TX) 8천 회선을 개통하였다(1998. 2. 27). 이어서 전자교환기(TB) 300회선을 1998년 3월 개통목표로 추진하다가 IMF 사태로 인한 수요 급감으로 공사를 중단하였다(1998. 3).

1990년 구리전화국 간부진은 국장 김춘성, 총무부장 공석, 영업부장 김북경, 기술부장 김창환으로 보직되었다. 그 후 1995년 간부진은 국장 권영부, 관리부장 공석, 영업부장 진홍칠, 교환기술부장 임무영, 전송기술부장 김정연으로 재직하고 있었다. 그리고 1997년에는 국장 서해곤, 마케팅부장 전명호, 시설운용부장 서석갑, 퇴계원전화국장 곽노관으로 보임되었다. 주소는 당초 경기도 구리시 수택동 451이었으며, 그 후 수택동 370-6으로 바뀌었다(1997년). 국명은 1990년까지 구리전신전화국이었으며, 이후 구리전화국으로 변경 사용하였다(1990년-1999년).

(8) 군포전화국

1980년대 초까지 자석식교환기 800회선을 운용하고 있었다(1981. 12). 그러다가 1982년도 전자교환기 공급사업(82-ATTI-60k)으로 전자식(No1A) 1만 회선을 완제품으로 구매하여 개통하였다(1983. 6). 이때 새로운 국번호(52국)를 사용하였다. 이 공사는 금성반도체

(GSS)에서 시공하였으며, 당시 공사감독은 중앙건설사무소 시설본부 통신기술직(정성구)이 수행하였다. 이 사업은 당시 계약지연이 발생하여 당초 계획보다 5개월이나 지연 개통된 상황이었다(ESS사업 종합추진현황, 1982. 7, 한국통신 중앙건설사무소).

이는 사업단위별로 계약 협상을 진행하는 바람에 순연되었다. 한국통신(KTA)에서는 일괄 협상을 요구하였으나 ATTI측은 사업건 별로 쟁점 해결 전에는 불응하였으며, 특히 ATTI 계약 협상책임자가 1명(Mr. Hodson)뿐 이어서 동시 처리가 사실상 불가한 상황이었다. 이때 주요쟁점 사항으로는 첫째, 할인율을 전 품목에 일괄 적용치 않고 있다는 것, 둘째, GSS 시설분에 대하여 통관업무 지원비로 국당 30-40만불을 견적한 것, 그리고 계약물량 이외 초과분에 대한 통관 제세 부담문제 등이었다.

한편 1983년 가입자케이블 16,200회선을 증설하였다(1983. 6). 이 공사는 롯데건설에서 시공하였으며, 당시 공사감독자로 중앙건설사무소 김형일이 수행하였다. 이때 의왕과 부곡을 통합 자동화하였으며, 또한 1983년에는 안양전화국 관할 지역인 호계동과 평촌동의 약 3,000가입자를 이 전화국으로 수용하였다. 이어서 8천 회선(53국)을 2층에 증설하였다(1984. 9). 1985년 다시 1만2천 회선을 증설하여 그때부터 5만 회선을 운용하였다(1986년). 1987년에 2만6천 회선(57국, 58국, 59국)을 증설하여 총 7만6편 회선으로 확장되었다.

그리고 1980년대 후반에는 당시 변두리 지역인 부곡, 우성, 청계 등 3개 지역에 전송로집선장치(L/C)를 설치하여 자동전화를 공급하였다. 1986년 부곡에는 2,560회선의 전송로집선장치를 운용하다가 1987년 RSS로 교체하였으며, 이때 부곡은 61국을 사용하게 하였다. 한편 가입자케이블은 32,400회선을 증설하여 총 96,300회선으로 늘어났으며, 군포전화국과 안양전화국 간(4.7Km)에 국간 통신용으로 광케이블(12코어)을 건설하였다(1987년). 1990년대 중반에는 교환시설 15만 회선 이상(분국 포함)을 운용하는 대형전화국이 되었다(1996. 1. 31).

이 전화국은 처음에는 경기도 안양시 호계동 974에 있었으며(1992년), 얼마 후 군포시 산본2동 416-1로 옮겨졌다(1995년). 다시 군포시 산본동 751-5로 되었다가(1995년) 그 후 산본2동 1096-3으로 변경되었다(1996년). 개국 초기에는 안양전화국 군포분국으로 운영되다가 그 후 군포전화국이 되었다(1992년-1999년).

1990년 분국장은 2급통신기술(김규삼)로 보직되었으며, 그 후 1995년에는 국장 이환, 관리부장 김영구, 영업부장 최종기, 기술부장 이원강, 호계분국장 김진구가 재직하였다. 1997년에는 국장 진준화, 마케팅부장 정춘식, 고객상담센터장 남동우, 시설운용부장 김학봉, 호계분국장 손중희, 자문역 이환으로 보임되었다.

(9) 금촌전화국

1981년까지 기계식 자동교환기(ST방식) 3,400회선을 운용하였으며 1982년에 다시 1,200

회선을 증설하여 4,600회선으로 늘어나면서 국간 선로거리가 거의 10Km나 되는 탄현과 광탄을 흡수 자동화하였다. 그 후 1983년에 1,000회선, 1984년에 다시 800회선을 증설하여 시설 규모는 6,400회선이 되었다. 1985년부터 농어촌용 전자교환기를 공급하였으며, 이때 문발, 와동, 탄현의 3개 지역에 원격전자교환기를 공급하여 이들을 자국으로 운용하였다.

동시에 탄현, 광탄, 용미, 영장, 발랑 등 5개 지역에는 전송로집선장치(L/C)도 설치하여 자동전화를 공급하였으며, 이중 탄현에는 1987년 당시 1,400회선 규모의 L/C를 운용하였다, 그때부터 자동식 1만 회선, 전자식 7,900회선으로 늘어나게 되었다(1987. 12). 또한 TDX-1B 전자교환기(가반형) 1대를 1990년대 중반까지 운용하였다(1996. 5), 시설규모는 1990년대 중반까지 교환시설 5만 회선 미만(분국 포함)으로 운용하였다(1996. 1. 31).

그 후 1998년에는 연속하여 전자교환기 TA 300회선(1. 31), TB 700회선(2. 28), TXN 5,800회선을 개통하였다(4. 30). 주소는 당초 경기도 파주군 금촌읍 아동리이었으며, 이후 파주군 금촌읍 금촌리 766으로 되었다가(1991년) 다시 파주시 금촌동 766으로 변경되었다(1997년). 초기에는 금촌사업소로 운영되었으며, 그 후 금촌전화국으로 승격 운영되었다(1990년-1999년). 1990년 금촌전화국장은 2급행정(김재대)으로 보직되었으며, 그 후 1995년에는 국장 2급(주용식), 1997년에는 국장 2급행정(하만호)으로 발령 재직하였다.

(10) 김포전화국

1981년 말 기계식 자동교환기(ST방식) 4천 회선을 운용하다가 1982년에 600회선, 1983년에 800회선을 증설하여 5,400회선을 운용하였다. 한편 1980년대 후반에는 당시 원거리 지역인 원당, 고촌, 계양, 대곳 등 4개 지역에 전송로집선장치(L/C)를 설치하여 자동전화를 공급하였다. 그 후 1985년부터 농어촌용 전자교환기를 공급하였으며, 이때 고촌, 계양, 검단 등 3개 지역에 원격전자교환기(RSS)을 공급하여 전자화하면서 이들을 자국으로 운용하였다. 이에 따라 1987년부터 이 지역에서 그동안 운용해온 L/C를 철거하였다.

또한 1987년에는 향후 교환시설 설치 상면을 확보하기 위해 자동식 5,400회선을 철거함으로서 1987년 말에는 전자식 15,424회선을 운용하였다. 그리고 가입자케이블은 1987년에 600회선을 증설하여 43,500회선을 운용하였다. 1990년대 중반에는 교환시설 5만 회선 이상(분국 포함)을 운용하는 중형전화국이 되었다(1996. 1. 31).

한편 김포전화국은 우체국과 통합국사로 되어 있어 한국통신이 당초 건물을 사용하는 대신 대용 국사를 신축하여 체신부로 이관하게 되었다. 대용 국사는 지하 1층-지상 2층(1,000m^2) 규모로 정하였으며 체신부에서 설계하고 한국통신이 1986년에 착공하여 1987년에 준공하였다. 그 후 행정구역 개편에 따른 통화권 조정에 의해 김포 검단면이 인천통화권으로 편입되었다(1996. 6). 주소는 당초 경기도 김포군 김포읍 사우리 632이었으며, 그 후 김포시 사우동 632로 바뀌었다(1999년). 초기 김포사업소로 출발하였으며 1990년 김포전신전화국으로 승격되었다가 이후 김포전화국으로 변경되었다(1990년-1999년). 1990년 김포전화국장은 2급행정(박장희)으로 보직되었으며 그 후 1995년 국장은 2급(유옥무), 1997년 국장은 2급통신기술(우인근)이 재직하였다.

(11) 남양전화국

1983년 9월 본 건물 572m^2, 부속건물 33m^{2}를 준공하였다. 이 공사는 고합건설에서 시공하였으며, 당시 공사감독자는 중앙건설사무소 정국환으로 지정되었다. 1990년대 후반에 전자교환기(TA) 200회선을 개통하였다(1998. 2. 20). 이어서 전자교환기(TB) 2천 회선을 개통하였다(1998. 3. 12). 이 전화국은 경기도 화성군 남양리 634-1에 있었으며, 초기에는 남양전화국으로 운영되다가(1997년), 이후 발안전화국 남양분국으로 운영하였다(1998년-1999년).

(12) 남양주전화국

남양주전화국은 1981년까지 자석식교환기 600회선을 운용하였다. 그러다 1983년에 들어서면서 광역제 시내통화권의 모국과 자국에는 대도시에서 철거되는 자동식교환기를 재활용하여 공급한다는 농어촌지역의 가입전화 공급방침이 수립되었다. 이에 따라 1983년에 기계식 자동교환기(EMD방식) 3천 회선이 처음 공급되었고 1984년에 다시 1천 회선을 증설하였다. 한편 1980년대 중반에는 당시 원거리 지역인 마도, 비봉 등 2개 지역에 전송로집선장치(L/C)를 설치하여 자동전화를 공급하였다.

1985년부터 농어촌형 전자교환기(T)를 공급함에 따라 서신, 사강, 마산, 마도, 비봉 등 5개 지역에 원격전자교환기(RSS)를 공급 전자화하면서 자국으로 운용하게 되었다. 그래서 1987년 말에는 자동식 4,000회선, 전자식 4,527회선을 운용하였다. 시설 규모는 1990년대 중반까지 교환시설 5만 회선 미만(분국 포함)으로 운용하였다(1996. 1. 31). 이 전화국은 경기도 남양주시 평내동 245-7에 있었으며, 국명은 남양주전화국이었다(1995년-1999년). 1995년 남양주전화국장은 2급(조명식)으로 보직되었으며, 1997년 국장은 2급행정(이정일)이 재직하였다.

(13) 능곡전화국

1980년대 중반 한국통신은 평택, 수원, 안양, 의정부, 원당, 구리, 안산지역을 대상으로 수도권 주변지역 치국계획을 수립하였다. 이 계획의 대상 지역인 원당 능곡지역의 전화 수요가 당시 급증하고 있었으며, 원거리 가입자가 많아 이를 해결하고자 지도읍 토당리에 5만 회선 규모의 능곡전화국을 1989년에 신설 개통하는 것으로 결정하였다(시내전화 중장기 치국계획, 1986. 10. 7, 한국통신 계획국). 이 계획의 주관부서 및 결재자는 제9장 말미의 참고자료편에 기록되어 있다.

1987년에 원격 전자교환장치(RSS) 약 4천 회선을 공급하였으며, 1989년 치국목표로 소용량 국사(TD 5만회선 규모)로 계획하여 1987년에 대지(3,000m²)를 매입하였다. 그리고 지하 1층-지상 5층 건물(2,600m²)로 설계하여, 1987년에 착공하여 1988년에 준공하였다. 이후 전자교환기 26,500회선을 공급하기 위한 입찰결과 낙찰금액은 5,023백만 원, 낙찰자는 대우로 결정되었다(1995. 7. 21). 이 전자교환기는 다음 해에 개통되었다(1996. 4). 이 전화국은 경기도 고양시 덕양구 토당동 870-3에 있었으며, 고양전화국 능곡분국으로 운영되었다(1995년-1999년). 이 전화국의 1995년 분국장은 남명산이 보직되었다. 1997년에는 고양전화국 관할의 능곡전화국으로 운영되었으며, 국장은 2급행정(권영호)으로 보임되었다

(14) 대광전화국

1985년부터 농어촌형 전자교환기(T)를 공급하여 전곡전화국의 분국으로 1986년-1987년에는 1,188회선을 운용하였다.

(15) 덕소전화국

인근에 있는 구리전화국은 전자교환기(No1A방식) 4만2천 회선을 운용하고 있었으며, 다시 2만 회선을 증설하였다(1986년-1987년). 이때 구리전화국의 전자교환기를 모국으로 하여 덕소에 원격교환장치(RSS) 4,300회선을 설치하여 자국으로 통합 자동화하였다. 이 시설은 컨테이너형으로서 1990년대 중반까지 운용하였다(1996. 5). 그 후 1990년대 후반에 전자교환기(TXN) 5천 회선을 개통하였다(1998. 4. 30). 이 전화국은 경기도 남양주시 와부읍 덕소리 195-1에 있었으며, 구리전화국 덕소분국으로 운영되었다(1997년-1999년).

(16) 덕양전화국

이 전화국은 소용량 국사(TD 3만회선 규모)로 계획하여 지하 1층- 지상 2층 건물(1,800m²)로 설계되었으며, 1987년에 착공하여 1988년에 준공하였다. 1997년에는 고양전화국 관할의 덕양전화국으로 운영되었으며, 국장은 2급통신기술(박동현)로 보임되었다. 이 전화국은 경기도 고양시 덕양구 성사동 399에 있었으며, 당시 고양전화국 덕양분국으로 운영되었다(1998년-1999년).

(17) 동두천전화국

1981년 말까지 기계식 자동교환기(ST방식) 5천 회선을 운용하였으며 1982년 자동식 2천 회선을 증설하여 총 7천 회선으로 늘어나게 되었다. 이때 의정부전화국과 복국화하여 새로운 국번호(5국)를 사용하게 되었다. 그 후 1985년도 사업으로 전자교환기(M10CN) 1만2천 회선을 공급하였다. 당시 동두천전화국은 1989년까지의 수요가 3만 회선 이하로 파악되어 제1기종을 공급하였다. 이때 자석식교환기로 운용중인 덕정 등 4개 지역에 원격교환장치(RSU)를 공급하여 자국 방식으로 통합하였다 그 세부내역은 <표 9-42>와 같다.

이후 자동식 7천 회선, 전자식 1만4천 회선, 가입자케이블 40,200회선을 운용하였다(1986년-1987년). 1990년대 중반에는 교환시설 5만회선 이상(분국 포함)을 운용하는 중형 전화국이 되었다(1996. 1. 31). 한편 동두천전화국은 우체국과 통합국사로 되어 있어 한국통신이 당초 건물을 사용하는 대신 대용 국사를 신축하여 체신부로 이관하였다. 대용국사는 지하 1층-지상 2층(1,200m^2) 규모로 정하였으며 체신부에서 설계하고 한국통신이 시공하였다(1986년-1987년). 주소는 경기도 동두천시 생연3동 653-2이었다. 당시 명칭은 동두천전신전화국이었으며(-1990년), 이후 동두천전화국으로 바뀌어 운영되었다(1990년-1999년). 1990년 동두천전화국장은 2급행정(박광필)으로 보직되었다. 그 후 1995년 국장은 2급행정(이연일), 1997년 국장은 2급행정(조명식)으로 보임되었다.

<표 9-42> 동두천지역 수동식전화의 자동화

국명	1982년말 운용시설	동두천국과의 거리	RSS공급규모
덕정	자석식 600회선	7.6Km	4,930회선
은현	자석식 400회선	5.0Km	500회선
신산	자석식 500회선	8.6Km	1,230회선
상수	자석식	12.5Km	1,020회선

(18) 동부천전화국

이 전화국은 경기도 부천시 소사구 소사본2동 70-16에 있었으며, 당시 부천전화국 동부천분국으로 운영하였다(1997년-1999년). 1995년 분국장은 김성대로 보직되었으며, 그 후 1997년 분국장은 2급통신기술(김진구)로 보임되었다.

(19) 동안산전화국

1990년대 후반에 전자교환기(TX) 1만1천 회선을 개통하였다(1998. 3. 31). 이 전화국은 경기도 안산시 본오동 877에 있었으며, 당시 안산전화국 동안산분국으로 운영되었다(1995년-1999년). 1995년 분국장은 최정덕으로 보직되었다. 1997년에는 안산전화국 관할 동안산전화국으로 운영되었으며 국장은 2급통신기술(조용근)로 보직되었다.

(20) 동안양전화국

1980년대 중반 한국통신은 평택, 수원, 안양, 의정부, 원당, 구리, 안산지역을 대상으로 수도권 주변지역 치국계획을 수립하였다. 이 계획의 대상이었던 안양지역은 대단위 택지개발로 전화 수요가 급증하고 있었다. 그러나 기존 전화국은 국사용량이 충만하였고, 개발지역이 기존 전화국으로부터 원거리 지역이라 전송품질도 문제였다. 이를 해결하고자 안양시 관양동에 15만 회선 규모의 동안양전화국을 1989년에 신설 개통하는 것으로 결정하였다. 이 계획의 주관부서 및 결재자는 제9장 말미의 참고자료 편에 기록되어 있다(시내전화 중장기 치국계획, 1986. 10. 7, 한국통신 계획국). .

1987년에 원격교환장치(RSS) 6천 회선을 공급하였으며, 1988년 개국(10만회선 규모) 목표로 1987년에 대지(4,000m^2)를 매입 추진하였다. 한편 TDX-1A 교환기(가반형) 1대를 1990년대 중반까지 운용하였다(1996. 5). 이 전화국은 경기도 안양시 동안구 평촌동 87-10에 있었다(1997년). 초기에는 안양전화국 동안양분국으로 운영되다가(1995년-1998년) 그 후 평촌전화국 동안양분국 으로 바뀌었다(1999년). 1995년 분국장은 양창옥으로 보직되었다. 그 후 1997년에는 안양전화국 관할의 동안양전화국으로 운영되었으며, 국장은 2급통신기술(김희욱)로 보임되었다.

(21) 동일산전화국

1995년 일산전화국 동일산분국장은 박동현으로 보직되었다.

(22) 마석전화국

1983년에 원격자동교환기 4,000회선(R-ESS)을 개통하였다.

(23) 모란전화국

1987년에 성남전화국 관할의 성남동 일부, 하대원동, 태평1동 일부, 수진1, 2동, 중동 일부의 11,224가입자를 성남전화국으로부터 수용변경 받아 성남전화국 모란분국으로 운영되었다(1997년-1999년). 주소는 경기도 성남시 수정구 수진2동 4004이었다. 이 전화국은 원래의 성남전화국이 단대동으로 이전함에 따라 명칭만 모란전화국으로 바뀌게 되었다. 1997년 모란분국장은 2급통신기술(양창옥)로 보직되었다.

(24) 문산전화국

1981년에 기계식 자동교환기(ST방식) 1,800회선을 증설하였으며, 이어서 1982년에 400회선, 1983년에 1,600회선, 1984년에 600회선을 증설하여 6,600회선을 운용하였다. 그 후 1985년부터 농어촌용 전자교환기를 공급하였으며, 이때 마산, 통일촌 등 2개 지역에 원격전자교환기을 공급하여 전자화하면서 이들을 자국으로 운용하였다. 그래서 1987년 말에는 전자식 12,036회선으로 늘어나게 되었으며, 가입자케이블은 48,350회선을 운용하였다. 시설 규모는 1990년대 중반까지 교환시설 5만 회선 미만(분국 포함)으로 운용하였다(1996. 1. 31).

주소는 초기 경기도 파주군 문산읍 문산3리 12이었으며 이후 문산읍 문산3리 10-33으로 바뀌었다(1992년). 그 후 파주시 문산읍 문산3리 10-33이 되었다가(1997년) 다시 파주시 문산읍 선유3리 67-1로 변경되었다(1999년). 명칭은 1990년까지 문산전신전화국이었으며 이후 문산전화국이 되었다(1990년-1999년). 1990년 문산전화국장은 2급행정(정진광)으로 보직되었으며 1995년 국장은 2급행정(조추오), 1997년 국장은 2급 통신기술(남명산)로 보임되었다.

(25) 미금전화국

1980년대 중반 한국통신은 평택, 수원, 안양, 의정부, 원당, 구리, 안산지역을 대상으로 수도권 주변지역 전화시설 확장을 위한 치국계획을 수립하였다. 당시 공급대상지역인 구리 미금지역의 전화 수요가 급증하고 있는 문제를 해소하고, 원거리 가입자가 많아 전송품질을 개선하고자 미금읍 평내리에 3만 회선 규모의 미금전화국을 1989년에 신설 개통하는 것으로 결정하였다(시내전화 중장기 치국계획, 1986. 10. 7, 한국통신 계획국). 이 계획의 주관부서 및 결재자는 제9장 끝부분의 참고자료 편에 기록되어 있다. 주소는 경기도 미금시 평내동 245-7이고, 국명은 미금전화국이었다(1995년).

(26) 반월전화국

기계식 자동교환기(ST방식)를 1981년 2,000회선, 1982년 1,800회선, 1983년 3,800회선을 증설하여 총 1만 회선으로 늘어났다. 이때 본 건물 4,011m^{2}를 1983년 12월에 준공하였다. 1982년에 들어서면서 처음으로 전자교환기(M10CN) 공급계획을 세워서 1984년에 공급하는 것으로 추진하였다. 당시 한국통신에서는 1986년도 전화 수요가 3만 회선 이상일 경우에는 제2기종(No1A)을 공급한다는 방침을 가지고 있었다.

당시 제2기종 공급업체인 금성반도체주식회사에서는 이 기준에 따르면 반월전화국의 수요로 볼 때 제2기종의 공급이 적정하다고 주장하였다(1982. 12. 3). 한국통신에서는 이 건의 내용을 면밀히 검토한 후 이를 받아들여 제2기종(No1A) 1만4천 회선(22국, 23국)을 신축건물 2층에 신설 개통하였다(1985. 3). 이때 반월공단전화국 지역의 수암면, 조자면, 완곡리 일부, 반월면 도금단지의 9,970가입자를 전입 수용하였다. 그 후 1985년에 다시 1만2천 회선을 공급하였다.

또한 1980년대 중반에 들어서면서 하중, 수암, 오이도, 정왕리 등 4개 지역에 전송로집선장치(L/C)를 설치하여 자동화하였으며, 1987년 당시 수암에는 1,300회선, 오이도에는 1,700회선 규모의 L/C를 운용하였다. 반월전화국 교환시설은 1987년까지 이 시설규모로 운용되었으며, 이에 따른 가입자케이블은 1986년-1987년에 81,300회선을 운용하였다. 그 후 발생한 추가수요는 인근 안산전화국을 모국으로 하여 자국방식의 원격교환장치(RSS)를 공급하여 해소하였다. 즉 1986년 안산전화국에 전자교환기 3만 회선(No1A방식)을 운용함에 따라 1986년에 RSS 2,000회선, 1987년에 다시 RSS 1,200회선을 공급하였다.

(27) 반월공단전화국

1984년에 반월전화국에 전자식(No1A) 1만4천 회선이 개통되면서 공단 통신지원을 위하여 원격자동교환기(RSS) 2천 회선을 개통하였으며 이 시설은 1987년까지 운용되었다. 1987년에 인근 안산전화국에 전자교환기(No1A방식) 8천 회선(85국)이 증설됨에 따라 반월공단에 원격교환장치(RSS) 1,900회선을 공급하여 자국으로 운용하였다.

(28) 발안전화국

1980년대 초까지 자석식교환기 700회선을 운용하고 있었다. 1983년 광역제 시내통화권의 모국과 자국에는 대도시에서 철거되는 기계식 자동교환기(EMD방식)를 재활용하여 공급한다는 농어촌지역의 가입전화공급방침이 수립되었다. 이에 따라 당초 1982년에 자동화를 계획하였으나 계획보다 늦어진 1983년 초에 자동식(EMD방식) 1,600회선으로 자동화되었다. 이때 인근 지역인 팔탄을 흡수 자동화하였으며, 발안이 통화권의 모국이 되고 남양과 조암을 분국으로 운용되었다.

1983년 12월 대지 1,135평에 본 건물 2,484m^2, 부속건물 286m^{2}를 준공하였다. 이어서 1983년에 자동식 1,600회선, 1984년에 1,000회선을 증설하여 4,200회선을 운용하였다. 그 후 1985년부터 농어촌형 전자교환기를 공급하게 되었으며, 이때 양감, 갈천, 정남에 원격전자교환기를 공급하여 전자화하면서 자국으로 운용하게 되었다. 또한 1980년대 후반에는 당시 원거리 지역인 갈천에 전송로집선장치(L/C)를 설치하여 자동전화를 공급하였다.

그리고 1987년에는 사강, 서신을 전자화한 후 그때까지 운용해온 자석식교환기(각각 700회선)를 철거하였다. 그래서 1987년 말에는 자동식 4,200회선, 전자식 2,786회선, 가입자케이블 57,110회선을 운용하였다. 한편 1987년에는 전국 섬마을전화 자동화계획에 의해 발안전화국 관리도서인 도리도(당시 50가구)에 무선가입자장치(SR)를 공급하였다. 시설규모는 1990년대 중반까지 교환시설 5만 회선 미만(분국 포함)으로 운용하였다(1996. 1. 31). 이후 1990년대 후반 전자교환기(TB) 4,600회선을 개통하였다(1998. 3. 12).

주소는 경기도 화성군 향남면 평리 71-4이었으며, 국명칭은 1990년까지 발안전신전화국이었으며, 이후 발안전화국으로 변경되었다(1990년-1999년). 1990년 발안전화국장은 2급통신기술(구병룡)로 보직되었으며, 그 후 국장은 1995년 2급행정(민병길), 1997년 2급통신기술(조무수)으로 보임되었다.

(29) 백학전화국

1985년부터 농어촌형 전자교환기를 공급하여 1,192회선을 운용하였다(1986-1987). 이때 원거리 지역인 원당에 전송로집선장치(L/C)를 설치하여 자동전화를 공급하였다. 당시 전곡전화국의 분국으로 운용되었다.

(30) 법원리전화국

1982년에 기계식 자동교환기(ST방식) 800회선, 1984년에 400회선을 증설하여 총 2,200

회선을 운용하였다, 1985년부터 농어촌용 전자교환기를 공급하였으며, 이때 적성 지역에는 원격전자교환기을 공급하여 전자화하면서 자국으로 운용하였다. 동시에 파평, 적성, 장현, 웅담 등 4개 지역에는 전송로집선장치(L/C)도 설치하여 자동전화를 공급하였으며, 이중 적성에는 1987년 당시 1,500회선 규모의 L/C를 운용하였다, 그래서 1987년 말에는 자동식 5,200회선, 전자식 1,748회선으로 늘어나게 되었다. 이 전화국은 경기도 파주시 법원읍 법원리 487-9에 있었으며, 당시 문산전화국 법원리분국으로 운영하였다(1997년-1999년).

(31) 부곡전화국

1980년대 중반 한국통신은 평택, 수원, 안양, 의정부, 원당, 구리, 안산지역을 대상으로 수도권 주변지역 전화공급 확장계획을 수립하였다. 이 확장계획 대상인 의왕지역의 집단수요가 발생하고 철도화물기지가 건설되는 관계로 전화수요가 급증하고 있었다. 이때 개발지역이 기존 전화국으로부터 원거리 지역이라 전송품질 문제도 대두되었다. 이를 해결하고자 의왕읍 삼리에 5만 회선 규모의 부곡전화국을 1989년에 신설 개통하는 것으로 결정하였다(시내전화 중장기 치국계획, 1986. 10. 7, 한국통신 계획국). 이 계획의 주관부서 및 결재자는 제9장 말미의 참고자료 편에 기록되어 있다.

1986년 말까지 군포전화국을 모국으로 전송로집선장치(L/C) 10회선을 운용하다가 1987년에 군포전화국에 전자식(No1A) 2만6천 회선이 증설됨에 따라 군포를 모국으로 원격교환장치(RSS) 5,400회선을 공급하였다. 이때 전송로집선장치는 철거하였으며, 1991년 3만 회선 규모의 전화국을 치국할 목표로 1987년에 대지(2,700m^2)를 매입 추진하였다.

(32) 부천전화국

1980년대 초반 기계식 자동교환기(EMD방식) 2만 회선을 운용하고 있었다(1981. 12). 1982년 1만 회선을 다시 증설하여 3만 회선이 되었다. 한편 1983년도 사업으로 부천전화국의 인입통신구 191m를 건설하였다(1983. 10). 이 공사는 우성건설에서 시공하였으며, 공사감독은 중앙건설사무소 박영준이 수행하였다. 한편 1983년 처음으로 전자교환기(No1A) 1만 회선을 공급하여 국번호 652국으로 개통하였다(1984. 1). 이 사업은 인수시험 기간의 추가소요 및 국사 지연으로 당초 계획보다 1개월 지연 준공되었다. 이 공사는 금성반도체(GSS)가 시공하였다.

이어서 1984년 10월 6천 회선(653국)을 3층에 증설하였으며, 1985년에는 다시 1만 회선(654국)을 개통하였다. 1986년 말에는 자동식 3만 회선, 전자식 6만8천 회선을 운용하였다. 1987년에는 전자식 3만 회선(664국, 665국, 666국)을 증설한 후 자동식 1만 회선(64국)을 철거하였으며, 시설규모는 11만8천 회선으로 늘어나게 되었다. 이때 가입자케이블 69,600회선을 증설하여 총 209,400회선을 운용하게 되었으며, 이처럼 대형전화국으로 확장되자 발동발전기도 기존의 중용량(500KW)에서 대용량(1,000KW)으로 교체하였다.

또한 부천전화국은 소래, 매화, 북부천을 자국으로 운용하였다(1986년-1987년). 이때 소래는 전송로집선장치(L/C) 1,280회선을 운용 중 원격교환장치(RSS) 6천 회선을 대체 공급하여 자국으로 운용하였다(1987년). 또한 1987년에는 북부천전화국에도 원격교환장치(RSS) 6천 회선을 공급하여 자국으로 운용하였으며, 매화에는 전송로집선장치(L/C) 1,536회선을 설치하여 자동전화를 공급하였다. 이때 부천전화국과 북부천전화국 간(6.0Km)에 국간 통신용으로 광케이블(24코어)을 건설하였다.

1990년대 중반에는 교환시설 20만 회선 이상(분국 포함)을 운용하는 초대형전화국이 되었다(1996. 1. 31). 한편 당시 부천전화국이 사용하고 있는 통합국사를 그대로 부천전화국이 사용하는 대신 체신부에게 교환부지를 확보해주기 위해 대지(3,000m^2)를 매입 추진하였다(1987년).

1990년 부천전화국 간부진은 국장 안정병, 총무부장 여홍길, 영업부장 박길용, 기계부장 공석, 선로부장 황정렬, 북부천분국장 정승의로 보직되었다. 그 후 1995년 간부진은 국장 안남혁, 관리부장 안중수, 영업부장 박청정, 교환기술부장 최원재, 전송기술부장 곽선곤, 동부천분국장 김성대로 발령되었다.

1997년에는 국장 조명렬, 마케팅부장 백승옥, 고객지원센터장 윤명수, 시설운용부장 윤병국, 동부천분국장 김진구로 보임되었다. 주소는 경기도 부천시 중구 심곡동 302-54이었으며, 그 후 중구 심곡3동 360으로 되었다가(1992년) 다시 원미구 심곡3동 360으로 바뀌었다(1997년). 국명은1990년까지 부천전신전화국이었으며, 이후 부천전화국으로 변경되었다(1990년-1999년).

(33) 북부천전화국

1980년대 중반 한국통신은 인천시 및 부천시 지역의 전화공급을 원활히 하기 위해 이 지역에 대한 시내전화 장기치국계획 및 통신망계획을 수립하였다. 당시 이 지역은 서울 인접지역으로 수요가 급증하고 있어 이에 따른 통신지원이 필요하였다. 그러나 부천전화국은 국사 용량이 부족한 실정이어서 부천시 오정동에 북부천전화국을 1987년에 신설 개통하는 것으로 결정하였다(시내전화 치국계획, 1985. 8. 18, 한국통신 계획국). 당시 이 계획의 주관부서 및 결재자는 제9장 말미의 참고자료 편에 기록되어 있다.

이 전화국은 중용량 국사(TD 10만회선 규모)로 시공되었으며 지하 1층- 지상 3층 건물(3,800m^2)로 설계하여, 1986년에 착공하여 1987년에 준공하였다. 이에 따라 부천전화국에 1987년 전자교환기(N01A) 3만 회선이 증설하고 북부천전화국에는 원격교환장치(RSS) 6천 회선을 공급하여 자국으로 운용하였다. 이때 북부천전화국과 부천전화국 간(6.0Km)에 국간 통신용으로 광케이블(24코어)을 건설하고, 통신케이블을 위한 인입통신구(382m)도 건설하였다. 1990년대 중반에는 교환시설 10만 회선 이상(분국 포함)을 운용하는 중대형전화국이 되었다(1996. 1. 31).

주소는 초기 경기도 부천시 중구 도당동 117이었다(1993년). 그 후 원미구 도당동 117로 바뀌었다(1997년). 처음에는 부천전화국 북부천분국으로 운영되다가 그 후 북부천전화국으로 승격되었다(1993년-1999년). 1990년 부천전화국 북부천분국장은 2급통신기술(정승의)로 보직되었다. 그 후 북부천전화국으로 승격된 후인 1995년에는 국장 서태종, 관리부장 공석, 영업부장 노시춘, 기술부장 김성걸, 수내분국장 김광흡으로 발령되었다. 1997년에는 국장 김의일, 마케팅부장 여홍길, 시설운용부장 조태호로 보임되었다.

(34) 북일산전화국

이 전화국은 경기도 고양시 일산구 일산동 557에 있었으며, 당시 고양전화국 북일산분국으로 운영되었다(1998년- 1999년).

(35) 분당전화국/ 성남분국

1983년부터 성남전화국에 전자교환기(No1A)가 개통됨에 따라 이를 모국으로 하여 성남분국에 원격교환장치(RSS)를 1986년에 6천 회선, 1987년에 2천 회선을 공급하여 총 8천 회선을 1987년까지 운용하였다. 1980년대 후반 한국통신은 수요팽창으로 기존 국사가 충만한 지역에 전화국을 신설하는 시내전화 장기치국계획을 수립하였다. 이 계획에서 성남시 수진동에 제2 성남전화국을 1987년에 신설 개통하는 것으로 결정하였다(시내전화 장기치국계획, 1987. 1, 한국전기통신공사).

이 전화국은 종국용량을 중용량 규모(TD 15만회선)로 결정하여 지하2층-지상4층 (5,174m^2) 건물로 설계하였으며 1986년에 착공 1987년에 준공하였다. 이에 따라 1987년에는 TD교환기 2만 회선(750국, 751국, 752국)을 증설하였으며, 중용량 발동발전기(500KW)를 공급하였다. 또한 가입자케이블 31,200회선을 증설하여 총 45,600회선을 운용하였다. 이때 통신케이블 설치를 위한 인입통신구(600m)도 건설하였다.

1990년대 중반에는 교환시설 15만 회선 이상(분국 포함)을 운용하는 대형전화국이 되었다(1996. 1. 31). 그 후 1990년대 후반 전자교환기(SE) 400회선과 전자교환기(TXN) 4,500회선을 공급하여 각각 1998년 4월과 11월에 개통예정으로 추진하다가 IMF 사태로 인한 수요가 격감하는 바람에 도중에 취소하였다.

주소는 초기 경기도 성남시 분당구 이매동 200이었다가(1994년), 바로 분당구 이매동 104로 바뀌었다(1995년). 국명은 초기에는 제2 성남전화국, 성남분국으로 불리다가 분당전화국이 되었다(1995년-1999년). 1997년에는 분당구 정자동에 수내전화국을 신설하여 분당전화국의 분국으로 운영하였다. 1997년 분당전화국은 국장 이재홍, 마케팅부장 김준호, 시설운용부장 이덕문, 수내전화국장 이상람으로 보직되었다.

(36) 서의정부전화국

1980대 중반 한국통신은 평택, 수원, 안양, 의정부, 원당, 구리, 안산지역을 대상으로 수도권 주변지역 전화공급확장을 위한 치국계획을 수립하였다. 당시 의정부지역은 신시가지 조성으로 전화 수요가 급증하고 있었으나 기존전화국은 국사용량이 충만하였다. 이를 해결하고자 의정부시 의정부 2동에 8만 회선 규모의 서의정부전화국을 1989년에 신설 개통하는 것으로 결정하였다(시내전화 중장기 치국계획, 1986. 10. 7, 한국통신 계획국). 당시 이 계획의 주관부서 및 결재자는 제9장 말미의 참고자료 편에 기록되어 있다.

이 지역에는 1987년에 원격교환장치(RSS) 8천 회선을 공급하였으며, 전화국 신설을 위해 1987년에 대지(4,000m^2)를 매입 추진하였다. 이 전화국은 중용량 국사(TD 10만회선 규모)로 시공되었으며 지하 1층-지상 3층 건물(5,200m^2)로 설계하여, 1986년에 착공하여 1987년에 준공하였다.

(37) 석수전화국

1980년대 중반 한국통신은 평택, 수원, 안양, 의정부, 원당, 구리, 안산지역을 대상으로 수도권 주변 지역의 전화공급 확장을 위한 치국계획을 수립하였다. 당시 안양지역은 대단위 택지개발로 전화 수요가 급증하고 있었으나 기존전화국은 국사 용량이 충만하였고, 개발지역이 기존전화국으로부터 원거리 지역이라 전송품질에도 문제가 있었다. 이를 해결하고자 안양시 석수동에 5만 회선 규모의 석수전화국을 1989년에 신설 개통하는 것으로 결정하였다(시내전화 중장기 치국계획, 1986. 10. 7, 한국통신 계획국). 당시 이 계획의 주관부서 및 결재자는 제9장 말미의 참고자료 편에 기록되어 있다.

이 지역에는 1987년 원격교환장치(RSS) 1,600회선을 공급 운용 중이었으며, 석수전화국 신설을 이해 1987년에 대지(3,000m^2)를 매입 추진하였다. 그리고 집행단계에서는 1991년 8만 회선 규모의 전화국을 개통목표로 추진하였다. 이 전화국은 경기도 안양시 만안구 석수2동 320-1에 있었으며, 당시 안양전화국 석수분국으로 운영되었다(1990년-1999년). 1990년 분국장은 2급통신기술(오완근)로 보직되었으며, 그 후 1995년 분국장은 김희욱으로 보임되었다.

(38) 설악전화국

1985년부터 농어촌형 전자교환기 1,430회선을 공급하여 가평전화국을 모국으로 한 분국으로 운용되었으며 1987년까지 이 시설을 보유하였다. 한편 1980년대 후반에는 당시 원거리 지역인 방일에 전송로집선장치(L/C)를 설치하여 자동전화를 공급하였다.

(39) 성남전화국

1980년대 초반까지 기계식 자동교환기(EMD방식) 2만 회선을 운용하고 있었다(1981.

12). 1982년이 되면서 전화적체가 약 11,300건으로 늘어나는 상황이 되자 1982년도 전자교환기 공급사업(82-ATTI-60k)에 의해 전자식(No1A) 2만 회선 완제품을 구매하여 개통하였다(1983. 5). 이때 새로운 국번호(42국, 43국)를 부여하였다. 이 공사는 ATTI에서 시공하였으며, 공사감독은 중앙건설사무소 시설본부 통신기술직(김남식)이 수행하였다. 그러나 이 사업은 당시 사업단위별로 계약협상을 진행하는 바람에 당초 계획보다 계약이 늦어져 4개월이나 지연 개통되었다.

그래서 한국통신(KTA)은 일괄 협상을 요구하였으나 ATTI측은 사업건 별로 쟁점해결 전에는 불응하였으며, 특히 ATTI 계약협상 책임자가 1명(Mr. Hodson) 뿐이어서 동시 처리가 사실상 불가한 상황이었다. 이때 주요쟁점 사항으로는 첫째, 할인율을 전 품목에 일괄 적용치 않고 있다는 것, 둘째, GSS 시설분에 대하여 통관업무 지원비로 국당 30-40만불을 견적한 것, 그리고 계약물량 이외 초과분에 대한 통관제세 부담문제 등이었다. 이런 상황이 되자 한국통신의 정기투자사업 추진현황보고 자리에서 사장(이우재)은「년초 국회에서 정책질의 시 성남지역의 가입전화를 연내에 개통하겠다고 답변하였다. 이처럼 개통이 늦어지는 경우 제2기종(No1A)를 제1기종(M10CN)으로 변경하여 설치하는 방안도 검토하였으면 좋겠다」라고 지시하였다(1981. 6).

이 문제에 대해 담당 부서에서 검토한 결과 기종을 변경하여 추진하는 경우 많은 문제가 발생하는 것으로 파악되어 그대로 추진하였다(ESS사업 종합추진현황, 1982. 7, 한국통신 중앙건설사무소). 이때 시설량이 4만 회선으로 늘어나면서 주변 원거리 지역인 남한산성, 고등, 신현, 동원 등 4개 지역에 전송로집선장치(L/C)를 설치하여 자동화하였다. 이 중 남한산성의 경우 당시 자석식 100회선을 운용하고 있었으며, 성남전화국과의 거리는 6.5Km 떨어져 있었다. 다음 해에 다시 6천 회선(44국)을 4층에 증설하여 총 4만6천 회선으로 늘어나게 되었다(1984. 10).

1980년대 중반 한국통신은 중소도시 중 수요가 급증하여 시설확장이 시급한 지역을 대상으로 시내전화 장기치국계획을 수립하였다. 이 계획에서 성남지역은 1개의 전화국을 1987년도에 신설하여 성남전화국과 복국으로 운용토록 하고, 판교동 원거리 지역의 가입자를 위해 원격교환장치(RSS)를 공급 운용하게 결정하였다(시내전화 장기치국계획, 1985. 1. 18, 한국통신 계획국). 당시 이 계획의 주관부서 및 결재자는 제9장 말미의 참고자료 편에 기록되어 있다.

이에 따라 1985년에 1만8천 회선을 증설하였으며, 이때 주변 원거리 지역인 판교지역과 신현리지역에 원격교환장치(RSS)를 공급하여 통합 자동화하였다. 당시 판교는 이동식교환기(MDO) 2,000회선을 운용하고 있었으며, 성남전화국과는 판교 10.6Km, 신현리 17.0Km나 떨어진 원거리 지역이었다. 이때부터 판교와 성남분국(분당전화국) 2개의 자국을 운용하였으며, 이 지역의 전화공급을 위하여 원격교환장치(RSS)를 판교에 2천 회선, 성남분국에 6천 회선을 공급하였다(1986년).

그리고 1987년에는 성남분국에 다시 RSS 2천 회선을 공급하였다. 이후 자동식 2만 회선, 전자식 5만6천 회선을 운용하였다(1986년). 1987년에는 전자식 1만 회선(49국)을 증설하여 시설 규모는 총 8만6천 회선으로 증가되었다. 이때 올림픽통신용으로 415회선을 공급하였으며, 당시 고등동에는 1,536회선의 전송로집선장치(L/C)를 운용하였다(1986년- 1987년). 또한 1987년에는 성남전화국 관할의 성남동 일부, 하대원동, 태평1동 일부, 수진1, 2동, 중동 일부의 11,224가입자를 모란전화국으로 수용변경 하였다. 그리고 가입자케이블 5,200회선을 증설하고 23,000회선을 재배치 시공하여 케이블시설 규모가 120,400회선으로 늘어났다(1987년).

1990년대 중반에는 교환시설 20만회선 이상(분국 포함)을 운용하는 초대형전화국이 되었다(1996. 1. 31). 이후 1990년대 중반기에는 성남 본국에만 No.1A 8만5천 회선, TDX-1B 4만 회선, TDX-10A 1만 회선 등 총 13만5천 회선을 운용하였다(1996. 12). 이처럼 시설이 늘어나자 기존 국사가 노후하고 부대시설 증설로 상면이 부족하여 임차 국사로의 이전이 불가피하였다. 당시 국사 임대비용은 연간 6억 원에 이르고 있었다. 이에 따라 1997년에 TDX-10A 15,700회선을 증설한 후 구국사의 TDX-10A 전자교환기 1만 회선을 철거하였다(1997. 6). 다음 해에는 TDX-10A 3만7천 회선과 5EN 8만5천 회선을 증설하였다(1998. 8). 이어서 구국사의 No.1A 8만5천 회선, TDX-1B 4만 회선 등 12만5천 회선을 철거함으로써 총 137,700회선을 운용하게 되었다(1998. 11).

1995년 성남전화국 간부진은 국장 전병현, 총무부장 유영일, 영업부장 권오성, 기계부장 조두현, 선로부장 심대섭, 신흥분국장 우인근으로 보직되었다. 그 후 1995년 간부진은 국장 김기강, 관리부장 김정수, 영업부장 허봉대, 교환기술부장 노재무, 전송기술부장 김희건, 신흥분국장 이상람으로 발령되었다. 그리고 1997년에는 국장 원무영, 마케팅부장 윤한규, 고객지원센터장 윤택식, 시설운용부장 김영우, 모란분국장 양창옥으로 보임되었다.

주소는 경기도 성남시 신흥동 2482이었고, 그 후 경기도 성남시 수정구 수진2동 4004로 되었다(1992년). 다시 성남시 수정구 단대동 180으로 이전되었다(1997년). 그리고 국명은 1990년까지 성남전신전화국이었으며, 이듬해에 성남전화국이 되었다(1991년-1999년),

(40) 송우전화국

우리나라에 1985년부터 농촌형 전자교환기가 공급되면서 포천 송우지역도 전화자동화가 이루어졌다. 이때 이 전화국은 포천전화국을 모국으로 하여 농어촌형 AXE-10 교환기(가반형) 1대를 1990년대 중반까지 운용하였다(1996. 5). 이후 1990년대 후반에 전자식교환기(TXN) 32,700회선을 개통하였다(1998. 5. 31). 주소는 경기도 포천군 소흘읍 이가팔리 304이었으며, 당시 포천전화국 송우분국으로 운영하였다(1997년-1999년).

(41) 송탄전화국

1980년대 초반까지 자동식교환기(ST방식) 7,800회선을 운용하였다(1981. 12). 1982년 자동식 400회선을 증설하여 8,200회선으로 늘어났으며, 1984년 처음으로 전자교환기(M10CN) 6천 회선을 신설 공급한 후 자동식 8,200회선, 전자식 1만 회선을 운용하였다(1986년). 1987년 다시 전자식 4,000회선(63국)을 증설하였으며, 이때 가입자케이블은 33,900회선을 운용하였다(1986년- 1987년). 또한 1980년대 후반에는 당시 변두리 지역인 진위, 서탄 등 2개 지역에 전송로집선장치(L/C)를 설치하여 자동전화를 공급하였으며, 그 중 진위에는 1,152회선의 L/C를 운용하였다(1987년). 그 후 1990년대 후반에는 전자교환기(TX) 7천 회선을 개통하였다(1998. 2. 20).

초기 주소는 경기도 송탄시 서정동 76-9이었으며, 그 후 평택시 서정동 76-7로 바뀌었다(1996년). 당시 명칭은 1990년까지 송탄전신전화국이었으며, 이후 송탄전화국으로 변경 운영되었다(1990년-1999년). 1990년 송탄전화국장은 2급행정(박상근)으로 보직되었으며, 그 후 국장은 1995년 2급행정(권오석), 1997년 2급행정(신상균)이 재직하였다.

(42) 수내전화국

1990년대 후반 전자교환기(TXN) 13,300회선 공급을 추진하였으나 IMF 사태로 인한 수요 급감으로 1,600회선만을 개통하였다(1998. 5. 8). 주소는 경기도 성남시 분당구 정자동 54-1이었으며, 당시 분당전화국 수내분국으로 운영되었다(1997년-1999년). 1995년 분국장은 김광흡으로 보임되었다. 1997년에는 분당전화국 관할의 수내전화국으로 운영되었으며, 수내전화국장은 2급통신기술(이상람)로 보직되었다.

(43) 수암전화국

인근에 있는 안산전화국이 1986년에 전자교환기 3만 회선(No1A방식)을 운용하였으며 이때 수암은 자국으로 운용되었다. 1986년 수암에 원격교환장치(RSS) 2천 회선과 전송로집선장치 10회선을 공급하였으며 이 시설은 1987년까지 운용되었다.

(44) 수지전화국

이 전화국은 경기도 신개발지인 수지지구의 전화공급을 위해 신설되었으며, 전전자교환기 2만2천 회선을 공급 개통하였다(1996. 4). 한편 TDX-1A 전자교환기(가반형) 1대를 1990년대 중반까지 운용하였다(1996. 5). 1998년 전자교환기(TX) 12,300회선을 공급 추진하다가 IMF 사태로 인하여 수요가 감소하는 바람에 5,500회선만을개통하였다(1998. 6. 30).

(45) 시화전화국

1990년대 후반 전자교환기(TB) 14,900회선을 공급하여 1998년 9월 개통예정으로 추진하다가 IMF 사태로 인한 수요가 격감하여 도중에 공급을 취소하였다. 이 전화국은 경기도 시흥시 정왕동 3나 808에 있었으며(1996년) 그 후 시흥시 정왕동 1366-9로 변경되었다(1999년). 초기에는 안산전화국 시화분국으로 운영되다가(1996년) 시화전화국으로 승격되었다(1997년-1999년). 1997년 국장은 2급행정(이병옥)으로 보임되었다.

(46) 신갈전화국

1981년에 기계식 자동교환기(ST방식) 2,200회선을 운용하였으며 이어서 1982년에 400회선, 1983년에 1,600회선을 증설하여 총 4,200회선으로 늘어났다. 그 후 전자교환기 9천 회선을 공급 추진하였으며, 이를 위한 입찰결과 낙찰금액은 2,135백만원, 낙찰자는 삼성으로 결정되었다(1995. 7. 21).

(47) 신장전화국

1981년에 기계식 자동교환기(ST방식) 600회선을 증설한 후 1982년에 400회선, 1984년에 2천 회선을 증설하여 5천 회선을 운용하였다. 이후 자동식교환기 3천 회선, 농어촌형 전자교환기 9,580회선을 운용하였다(1986. 12). 1987년에는 향후 교환시설 설치상면을 확보하기 위해 자동식 3천 회선을 철거하고 전자식 10,728회선을 증설하여 전자식이 20,308회선으로 늘어났다.

1980년대 중반 한국통신은 광주, 전주, 이리, 신장지역과 강원도지역을 대상으로 시내전화공급을 확장하기 위한 중장기 치국계획을 수립하였다. 이때 경기도 광주군 동부읍 지역의 급증하는 전화수요를 해결하고자 동부읍 신장리에 8만 회선 규모의 신장전화국을 1989년에 신설 개통하는 것으로 결정하였다(시내전화 중장기 치국계획, 1986. 12. 26, 한국통신 계획국). 당시 이 계획의 주관부서 및 결재자는 제9장 말미의 참고자료 편에 기록되어 있다.

이때까지 신장전화국은 우체국과 통합청사를 사용해 왔었다. 이 중장기 치국계획에 따라 그때까지 우체국 청사를 사용해온 신장전화국은 폐국하고 독립건물의 신장전화국을 신설 추진하였다(시내전화 장기치국계획, 1987. 1, 한국전기통신공사). 또한 1987년에는 88올림픽 통신지원을 위해 신장전화국에서 한강조정경기장 간(6.4Km)에 케이블 1조(0.65-600)를 시공하였다.

(48) 신흥전화국

이 전화국은 개국 초기 성남전화국 신흥분국으로 운영되었다. 1990년 당시 분국장은 2급통신기술(우인근)로 보직되었으며, 1995년 분국장은 이상람으로 발령되었다.

(49) 안산전화국

1986년에 전자교환기(No1A방식) 3만 회선을 운용하였으며 이때 인근지역의 반월(구),

수암, 반월공단 등 3개의 자국을 운용하였다. 1986년 반월(구)에는 원격교환장치(RSS) 2천 회선, 수암에는 원격교환장치(RSS) 2천 회선과 전송로집선장치 10회선을 공급하였다. 이어서 1987년에 다시 모국에 8천 회선(85국)을 증설하였으며 이때 반월(구)에 원격교환장치(RSS) 1,200회선, 반월공단에 원격교환장치(RSS) 1,900회선(491국)을 공급하였다. 1990년대 중반에는 교환시설 20만 회선 이상(분국 포함)을 운용하는 초대형전화국이 되었다(1996. 1. 31). 그 후 1990년대 후반 전자교환기(TX) 10,500회선을 공급하여 1998년 7월 개통예정으로 추진하였으나 IMF 사태로 수요가 격감하는 상황이 발생하여 도중에 취소되었다.

1990년 안산전화국 간부진은 국장 양승륜, 총무부장 공석, 영업부장 송남섭, 기술부장 이상기, 공단분국장 이용기로 보직되었다. 이후 1995년 간부진은 국장 정보락, 관리부장 공석, 영업부장 송기춘, 기술부장 구병용, 공단분국장 김인철, 동안산분국장 최정덕으로 보임되었다. 1997년에는 국장 나영철, 마케팅부장 심동렬, 시설운용부장 김인철, 공단전화국장 구병룡, 동안산전화국장 조용근으로 발령되었다. 주소는 경기도 안산시 고진동 165부럭 5-1이었으며, 그 후 안산시 고잔동 521로 바뀌었다(1992년). 명칭은 1990년까지 안산전신전화국이었으며, 이후 안산전화국으로 변경되었다(1990년-1999년).

(50) 안산공단전화국

1980년대 후반 안산공단분국의 국사용량 충만으로 일부 지역을 안산전화국으로 수용구역을 조정하였다(시내전화 장기치국계획, 1987. 1, 한국전기통신공사). 이 전화국은 경기도 안산시 원시동 773-3에 있었으며, 당시 안산전화국 공단분국으로 운영되었다(1990년-1999년). 1990년 분국장은 2급통신기술(이용기)로 보직되었으며, 이후 1995년 분국장은 김인철이 재직하였다. 1997년에는 안산전화국 관할의 공단전화국으로 운영되었으며 이때 국장은 2급 통신기술(구병룡)로 보임되었다.

(51) 안성전화국

1981년에 자동식교환기(ST방식) 400회선을 증설한 후 1983년에 다시 1,800회선을 증설하여 5,400회선을 운용하였다. 이후 노곡, 장죽 지역을 자동화하여 자국으로 운용하였다. 1985년부터 농어촌용 전자교환기가 공급되었으며, 이때 양성, 서운, 삼죽, 서삼, 고삼, 죽산, 일죽, 마전, 당목, 방초, 삼흥, 옥정, 미양 등 13개 지역에 원격전자교환기(R)을 공급하여 전자화하고 이들을 자국으로 운용하였다. 동시에 양성, 노곡, 장죽 등 2개 지역에는 전송로집선장치(L/C)를 설치하여 자동전화를 공급하였다.

그 후 안성전화국 전화시설은 자동식 7,400회선, 전자식 16,461회선으로 늘어나게 되었다(1987. 12). 이에 따른 가입자케이블은 1986년-1987년에 3만6천 회선을 운용하였다. 시설규모는 1990년대 중반까지 교환시설 5만 회선 미만(분국 포함)으로 운용하였다(1996. 1. 31). 그 후 1990년대 후반 당초 전자교환기(TB) 3,300회선을 공급 추진하다가 IMF 사태로 인한 수요 감소로 1,500회선을 개통하였다(1998. 4. 26).

주소는 당초 경기도 안성군 안성읍 봉남동 778이었으며, 그 후 경기도 안성군 안성읍 봉남리 374로 바뀌었다가(1992년), 다시 안성시 봉남동 374로 변경되었다(1999년). 전화국 명칭은 1990년까지 안성전신전화국이었으며 이후 안성전화국으로 변경 운영되었다(1990년-1999년). 1990년 안성전화국장은 2급행정(박종학)으로 보직되었으며, 그 후 1995년 국장은 2급통신기술(손중희)이 재직하였다. 1997년 국장은 2급통신기술(남연준)로 발령되었다.

(52) 안양전화국

1980년대 초반까지 기계식 자동교환기(ST방식) 2만 회선을 운용하였다(1981. 12). 이후 1982년 하반기에 들어서면서 약 11,700건의 전화적체가 발생하자 이를 해소하기 위해 1982년도 전자교환기 공급사업(82-GSS-100k)으로 전자식(No1A) 2만 회선을 직수입(D.S)하여 개통하였다(1983. 7). 이 공사는 금성반도체(GSS)에서 시공하였으며, 당시 공사감독은 중앙건설사무소 시설본부 통신기술직(정성구)이 수행하였다. 이 신방식의 전화교환시설에 대하여 새로운 국번호(42국, 43국)를 부여하여 사용하였으며, 그때부터 안양전화국의 시설규모는 총 4만 회선으로 늘어났다.

또한 이 전화국 관할지역인 호계동과 평촌동의 약 3천 가입자를 군포전화국으로 수용 변경하였다. 이어서 1984년-1985년에 전자식 2만 회선(44국, 45국)을 2층에 증설하였으며, 이후 자동식 2만 회선, 전자식 4만4천 회선을 운용하였다(1986년). 1987년에는 전자식 3만6천 회선(47국, 48국, 49국)을 증설한 후 자동식 1만 회선(2국)을 철거하였으며 올림픽통신용으로 24회선을 공급하였다. 이때 본국에서 멀리 떨어진 지역에는 원격교환장치(RSS)를 설치하여 자동전화를 공급하였다. 이 원격교환장치는 비산 지역에 6,000회선(21국), 석수 지역에 1,600회선(71국)을 공급되었다(1987년).

한편 가입자케이블 21,300회선을 증설하고 5,700회선을 재배치 시공하여 총 121,700회선을 운용하게 되었으며, 안양전화국과 군포전화국 간(4.7Km)에 국간 통신용으로 광케이블(12코어)을 건설하였다(1987년). 그때까지 안양전화국은 우체국과 함께 통합국사를 사용하고 있었다. 이 문제를 해결하기 위해 한국통신은 전화국으로 건물의 부분을 사용하는 대신 우체국사 부분은 개축하여 주기로 하였다. 우체국 개축 규모는 지하 1층- 지상 2층($3,316m^2$)으로 정하였으며 한국통신이 1987년에 착공하여 1988년에 준공하였다. 그 후 1990년대 중반 안양전화국은 교환시설 15만 회선 이상(분국 포함)을 운용하는 대형전화국으로 확장되었다(1996. 1. 31).

1990년 안양전화국 간부진은 국장 박판규, 총무부장 김영구, 영업부장 송병일, 기계부장 윤교천, 선로부장 이재성, 군포분국장 김규삼, 석수분국장 오완근으로 보직되었다. 그 후 1995년에는 국장 정영호, 관리부장 공석, 영업부장 노승안, 교환기술부장 서석갑, 전송기술부장 김천성, 석수분국장 김희욱, 동안양분국장 양창옥으로 보임되었다. 그 후 1997년에는 국장 최경회, 마케팅부장 김영구, 고객지원센터장 김동빈, 교환기술부장 공석, 전송기술부장 박창교, 동안양전화국장 김희욱으로 발령되었다. 주소는 경기도 안양시 안양5동 445이었으며, 그 후 안양시 만안구 안양5동 445로 변경되었다(1997년). 그리고 국명은 1990년까지 안양전신전화국이었으며 이후 안양전화국이 되었다(1990년-1999년).

(53) 안중전화국

1980년대 초까지 기계식 자동교환기(ST방식) 2,600회선을 운용하였으며, 당시 264건의 전화적체가 누적되고 있었다(1981. 12). 이 문제를 해소하기 위해 1982년에 400회선, 1983년에 600회선을 공급하여 총 3,600회선을 운용하였다. 또한 1980년대 후반에는 당시 변두리 지역인 원정, 창내, 기산, 덕목리, 흥원, 내기 등 6개 지역에 전송로집선장치(L/C)를 설치하여 자동전화를 공급하였다. 이때 가입자케이블은 11,400회선을 운용하였으며(1986년-1987년), 안중전화국과 평택전화국 간(18.4Km)에 국간 통신용으로 광케이블(6코어)을 건설하였다(1987년).

그 후 1990년대 후반 당초 전자교환기(TB) 5,700회선을 공급 추진하였으나 IMF 사태로 인한 수요 감소로 4,200회선을 개통하였다(1998. 3. 24). 이 전화국은 평택전화국 안중분국으로 운영되었다(1997년-1999년). 주소는 경기도 평택시 안중면 안중리 산 77-16에 있었다(1997년). 그 후 안중면 안중리 291-13으로 바뀌었다(1999년).

(54) 양평전화국

1981년에 기계식 자동교환기(ST방식) 400회선을 증설한 후 이어서 1982년에 400회선, 1983년에 800회선을 증설하여 2,600회선을 운용하였다. 그리고 용문지역에는 이동식 자동교환기를 운용하였다. 그 후 1985년부터 농어촌형 전자교환기를 공급하였으며 이때 용문, 용두, 지평, 곡수, 양수, 국수, 강상, 강하, 개군, 단월, 서종, 양동, 옥천 등 13개 지역에 원격전자교환기를 설치하여 자국으로 운용하였다. 그래서 1987년 말에는 자동식 2,600회선, 전자식 17,085회선을 운용하였으며, 가입자케이블은 23,300회선을 운용하였다. 시설규모는 1990년대 중반까지 교환시설 5만 회선 미만(분국 포함)으로 운용하였다(1996. 1. 31). 이후 1990년대 후반에 전자교환기(A) 5,700회선을 개통하였다(1998. 2. 27).

주소는 경기도 양평군 양평읍 양근리 192이었다가 양평군 양평읍 양근리 192-17로 바뀌었다(1992년). 명칭은 1990년까지 양평전신전화국이었으며, 이후 양평전화국으로 변경 사용되었다(1990년-1999년). 1990년 양평전화국장은 2급행정(최수강)으로 보직되었으며, 그 후 1995년 국장은 2급행정(정진광)으로 발령되었다. 1997년에는 국장 2급행정(서신식), 자문역(이영태)이 재직하였다.

(55) 여주전화국

1981년에 기계식 자동교환기(ST방식) 400회선을 증설한 후 1982년에 800회선, 1983년에 400회선을 증설하여 3,600회선을 운용하였다. 이후 1985년부터 농어촌용 전자교환기를 공급하였으며, 이때 가납, 흥천, 능서, 대신, 금당, 강천, 북내, 석우, 점동, 뇌곡, 이포, 상품 등 12개 지역에 원격전자교환기를 공급하여 이들을 자국으로 운용하였다. 1987년 말에는 자동식 3,600회선, 전자식 16,540회선으로 늘어나게 되었으며, 가입자케이블은 1987년에 5,400회선을 증설하여 28,400회선을 운용하였다. 시설규모는 1990년대 중반까지 교환시설 5만 회선 미만(분국 포함)으로 운용하였다(1996. 1. 31).

이후 1990년대 후반 전자교환기(A) 2,600회선을 개통하였다(1998. 1. 31). 이어서 전자교환기(TB) 3,300회선을 개통하였다(1998. 3. 21). 주소는 당초 경기도 여주군 여주읍 상리 315이었으며, 이후 여주군 여주읍 상리 315-3으로 바뀌었다(1992년). 명칭은 1990년까지 여주전신전화국이었다가 이후 여주전화국으로 변경 사용하였다(1990년-1999년). 1990년 여주전화국장은 2급행정(박명계)으로 보직되었으며, 그 후 국장은 1995년 2급행정(한근수), 1997년 2급행정(박길용)으로 보임되었다.

(56) 연천전화국

연천전화국은 1982년까지 자석식교환기 700회선을 운용하였으며, 1983년 10월 대지 809평에 본 건물 572m², 부속건물 99m²를 준공하였다. 이 공사는 고합건설에서 시공하였으며 공사감독자는 중앙건설사무소 김호철로 지정되었다. 1983년 기계식 자동교환기(ST방식) 1,800회선을 공급하여 자동화되었으며 이때 대도시에서 철거된 자동식교환시설을 재활용하였다. 1985년부터 농어촌형 전자교환기(T)를 공급하였으며, 이때 원거리 지역인 고문에 전송로집선장치(L/C)를 설치하여 자동전화를 공급하였다.

그 후 자동식 1,800회선, 전자식 832회선을 운용하였다(1986년-1987년). 그때까지 전곡전신전화국 분국으로 운용되다가 1988년 연천전신전화국으로 승격되었다(1988. 1. 1). 이날 연천전신전화국 개국식에는 이재철 경기지사장, 김준호 초대 연천전신전화국장을 비롯한 유관기관장 등 관계자들이 참석하였다. 당시 연천전신전화국은 1개 읍, 3개 면의 3,840회선을 관할하게 되었으며, 건물은 총 사업비 210백만 원을 투입하여 지하 1층, 지상 2층으로 준공되었다(1987. 5). 시설규모는 1990년대 중반까지 교환시설 5만 회선 미만(분국 포함)으로 운용하였다(1996. 1. 31).

1990년대 후반 전자교환기(TB) 200회선을 공급하여 1998년 4월 개통예정으로 추진하던 중 IMF사태로 수요가 격감하게 되어 도중에 취소되었다. 주소는 경기도 연천군 연천읍 현가리 86-8로 되어 있었다. 명칭은 1990년까지 연천전신전화국으로 사용하였으며 다음 해 연천전화국으로 변경 운영되었다(1991년-1999년). 1990년 연천전화국장은 3급(공석)으로 보직되었으며, 그 후 국장은 1995년 3급(공석), 1997년 3급(공석)이었다.

(57) 오산전화국

1981년에 기계식 자동교환기(ST방식) 1,000회선, 1982년에 1,400회선, 1983년에 1,200회선, 1984년에 800회선을 증설하여 7,400회선을 운용하였다. 다음 해인 1985년부터 농어촌형 전자교환기(T)를 공급하게 되었으며, 이때 청계, 세교에 원격전자교환기를 공급 전자화하면서 자국으로 운용하게 되었다. 1987년에는 그동안 운용해온 이동형교환기(MDO) 2천 회선을 철거하였으며, 그해 말에는 자동식 7,400회선, 전자식 10,876회선을 운용하였다. 1995년에는 새로운 국사로 이전하였으며, 1990년대 중반까지 시설 규모는 교환시설 5만 회선 미만(분국 포함)으로 운용하였다(1996. 1. 31).

그 후 1990년대 후반에 전자교환기(TB) 4,100회선을 개통하였다(1998. 4. 3). 이 전화국의 주소는 당초 경기도 화성군 오산읍 오산8리 87이었으며, 경기도 오산시 오산동 870으로 바뀌었다(1992년). 이후 다시 오산시 오산동 870-1로 변경되었다(1996년). 한편 국명은 1990년까지 오산전신전화국이었으며, 이후 오산전화국으로 변경 운영되었다(1990년-1999년). 1990년 오산전화국장은 2급행정(권오석)으로 보직되었다. 이어서 국장은 1995년 2급행정(황종철), 1997년 2급행정(박찬성)으로 발령되었다.

(58) 용문전화국

1984년에 이동식 자동교환기(ST방식) 1천 회선을 처음 설치하였다. 그 후 한동안 운용해온 MDO는 철거하여 타 지역에 재활용하는 계획을 수립 추진하였다(1985년).

(59) 용인전화국

1981년에 기계식 자동교환기(ST방식) 600회선을 증설한 후 1982년에 600회선, 1983년에 1,200회선을 증설하여 1984년 말에는 4,800회선을 운용하였다. 그 후 모현, 능원지역을 자동화하여 자국으로 운용하였다. 1985년부터 농어촌용 전자교환기를 공급하였으며, 이때 포곡, 백암, 송전, 남사, 양지, 원삼 등 6개 지역에 원격전자교환기(RSS)을 공급하여 전자화하면서 이들을 자국으로 운용하였다. 이때 당시 원거리 지역인 모현, 능원 등 2개 지역에는 전송로집선장치(L/C)를 설치하여 자동전화를 공급하였다.

1987년 말에는 자동식 4,800회선, 전자식 16,468회선으로 늘어나게 되었으며, 이에 따른 가입자케이블은 26,900회선을 운용하였다. 1990년대 중반에는 교환시설 5만 회선 이상(분국 포함)을 운용하는 중형전화국이 되었다(1996. 1. 31). 그 후 1990년대 후반 전자교환기(TB) 5,900회선을 공급 추진하던 중 IMF사태가 터지자 수요가 감소하는 바람에 3,800회선을 개통하였다(1998. 4. 17).

주소는 경기도 용인군 용인읍 김량장리이었다가 이후 용인군 용인읍 김량장리 146-1로 바뀌었다(1992년). 그 후 주소는 다시 용인시 김량장동 146-1로 변경되었다(1997년). 그리고 명칭은 1990년까지 용인전신전화국이었으며, 이후 용인전화국으로 변경 사용하였다(1990년-1999년). 1990년 용인전화국장은 2급행정(박종호)으로 보직되었으며, 그 후 1995년 국장은 2급행정(채용오)이 재직하였다. 1997년 국장은 2급행정(정진광)으로 발령되었다.

(60) 원당전화국

구리전화국과 함께 1981년 5월에 원격전자교환기(R-ESS) 4천 회선을 개통하여 1984년까지 운용하였다. 한편 1980년대 후반에는 당시 원거리 지역인 원당, 고양, 일산, 능곡, 벽제 등 5개 지역에 전송로집선장치(L/C)를 설치하여 자동전화를 공급하였다. 이후 1985년부터 전국적으로 농어촌용 전자교환기를 공급하기 시작하였으며, 이때 원당에는 AXE-10 전자교환기를 공급하였다. 한편 능곡, 벽제, 고양, 일산 등 4개 지역에 원격전자교환기(RSS)을 공급하여 전자화하면서 이들을 자국으로 운용하였다.

이에 따라 1987년에는 그동안 운용해온 L/C를 모두 철거하였다. 그래서 1987년 말에는 전자식 34,704회선을 운용하였다. 한편 가입자케이블은 1987년에 16,800회선을 증설하여 57,700회선을 운용하였다. 주소는 경기도 고양군 원당읍 성사리 339이었으며, 명칭은 원당전신전화국이었다(1988년). 1990년 원당전화국 간부진은 국장 박형식, 업무부장 이정일, 기술부장 이천종으로 보직되었다.

(61) 의왕전화국

이 전화국은 경기도 의왕시 삼동 146-101에 있었으며, 당시 군포전화국 의왕분국으로 운영되었다(1997년-1999년).

(62) 의정부전화국

1980년대 중반 한국통신은 중소도시 중 수요가 급증하여 시설확장이 시급한 지역을 대상으로 시내전화 장기치국계획을 수립하였다(시내전화 장기치국계획, 1985. 1. 18, 한국통신 계획국). 이 계획에서 앞으로 의정부 지역은 의정부전화국 단일국을 운용하도록 하고, 개발지역의 신규수요는 원격교환장치(RSS)를 공급하는 것으로 결정하였다. 당시 이 계획의 주관부서 및 결재자는 제9장 말미의 참고자료 편에 기록되어 있다.

1984년도 사업으로 전자식(No.1A) 1만4천 회선(62국, 63국)을 증축건물 2층에 신설 개통하였다(1985. 3). 이때 동두천전화국과 복국화 되었으며, 한동안 자동식 15,400회선, 전자식 2만4천 회선을 운용하였다(1986. 12). 1987년 다시 전자식 1만2천 회선(44국)을 증설하여 총 51,400회선으로 늘어났으며, 당시 가능지역은 871국을 사용하였다. 가입자케이블은 27,000회선을 증설하고 13,000회선을 재배치 시공하여 총 87,500회선으로 늘어났다.

한편 1980년대 중반에는 그동안 자석식전화를 운용해온 7개 지역에 원격교환장치

(RSS)를 공급하여 의정부전화국의 전자교환기에 통합 자동화하였다(1985년-1987년). 또한 원격전자교환장치를 백석에 1,500회선, 광적에 1,600회선, 가능에 8,000회선, 고산에 1,200회선을 설치 운용하였다. 특히 가능과 고산지역은 모국의 1980년대 후반에는 당시 변두리 지역인 광사, 덕도, 비암 등 3개 지역에 전송로집선장치(L/C)를 설치하여 자동전화를 공급하였다. 1990년대 중반에는 교환시설 15만 회선 이상(분국 포함)을 운용하는 대형전화국이 되었다(1996. 1. 31). 한편 1990년대 후반에는 전자교환기(TX) 9,700회선을 개통하였다(1998. 3. 31). 국사용량이 부족하여 이 방식으로 분산 수용하게 되었다.

<표 9-43> 의정부지역 자석식전화의 자동화

국명	운용시설(회선) 1982년말	의정부국과의 국간거리(Km)	RSS공급(회선)
장흥	자석식 400	12.1	1,000
송추	자석식 400	8.2	1,000
남방	자석식 400	3.9	2,000

1990년 의정부전화국 간부진은 국장 조영윤, 업무부장 이호영, 기술부장 최영원, 중앙분국장 이득종으로 보직되었다. 그 후 1995년 간부진은 국장 이규홍, 관리부장 공석, 영업부장 이대호, 기술부장 황호탁, 중앙분국장 채수현으로 발령되었다. 이어서 1997년에는 국장 김주하, 마케팅부장 홍석훈, 고객지원센터장 한인국, 시설운용부장 김광선, 중앙분국장 문병주로 보임되었다.

이때 의정부전화국은 전화국 7층 대회의실에서 직원 가족 2백여명이 참석한 가운데「시외전화 사전등록제에 따른 직원가족 결의대회」를 개최하였다. 이날 행사는 예년과 달리 1997년부터 시행되는 시외전화 사전등록제를 비롯해 CATV, 시티폰 등 각종 상품경쟁이 더욱 치열해지는 상황에서 회사의 발전이 곧 나와 가정의 발전이라는 인식을 같이한 직원 가족들이 뜻을 모아 개최되었다.

이 전화국은 경기도 의정부시 의정부1동 177-9에 있었으며, 그 후 의정부시 의정부2동 587로 바뀌었다(1992년). 그러다가 의정부시 의정부2동 124블럭에 전화국을 신축하여 의정부전화국이 되었다(1994년). 이후 당초 주소인 의정부시 의정부2동 587에 위치한 전화국은 의정부전화국 중앙분국이 되었다(1995년). 국명은 1990년까지 의정부전신전화국이었으며, 이후 의정부전화국으로 변경되었다(1990년-1999년).

(63) 의정부전화국 중앙분국

1980년대 초반까지 기계식 자동교환기(ST방식) 11,800회선을 운용하고 있었다(1981. 12). 1982년 다시 3,600회선을 증설하여 15,400회선으로 늘어나면서 남방을 통합 자동화하였다. 한편 1983년도 사업으로 의정부전화국의 인입통신구 32m를 건설하였다(1983. 7). 이 공사는 진성레미콘에서 시공하였으며, 공사감독은 중앙건설사무소 이화선이 수행하였다. 이 전화국은 경기도 의정부시 의정부1동 177-9에 있던 당초 의정부전신전화국(구)이었으며 의정부전화국(신)이 준공된 후 의정부전화국 중앙분국으로 운영되었다(1995년-1999년). 1990년 분국장은 2급통신기술(이득종)로 보직되었으며, 그 후 분국장은 1995년 채수현, 1997년 2급통신기술(문병주)이 재직하였다.

(64) 이천전화국

1981년에 기계식 자동교환기(ST방식) 600회선을 증설한 후 1982년에 1,000회선, 1983년에 400회선, 1984년에 다시 800회선을 증설하여 1984년 말에는 5천 회선을 운용하였다. 한편 1983년 전화국의 본 건물 1,172m^2, 부속건물 141m^{2}를 증축하였다(1983. 11). 이 공사는 서원건설에서 시공하였으며, 공사감독자는 중앙건설사무소 장명환으로 임명되었다. 1985년부터 농어촌용 전자교환기를 공급하여 해룡, 대원, 마장, 모가, 백사, 부발, 신둔, 호법, 아미 등 9개 자국을 거느리게 되면서 1987년 말에는 자동식 5천 회선, 전자식 17,202회선으로 늘어나게 되었다.

한편 가입자케이블은 1987년에 16,300회선을 증설하여 5만2천 회선으로 늘어나게 되었다. 또한 1980년대 후반에는 당시 변두리 지역인 해룡에 전송로집선장치(L/C)를 설치하여 자동전화를 공급하였으며, 그 후 RSS가 공급되면서 1987년에 이를 철거하였다. 1990년대 중반에는 교환시설 5만 회선 이상(분국 포함)을 운용하는 중형전화국이 되었다(1996. 1. 31). 그 후 1990년대 후반 전자교환기(TB) 1,600회선을 개통하였다(1998. 1. 31). 또한 1998년 상반기 개통목표로 추진하던 전자교환기(TB) 300회선과 전자교환기(TXN) 8,600회선은 IMF 사태로 인해 수요가 급감하는 바람에 공사를 중단하였다(1998. 3).

주소는 당초 경기도 이천군 이천읍 창천리 74이었다가, 이천군 이천읍 창천리 74-1로 바뀌었다(1995년). 이후 다시 이천읍 창전리 144-5로 되었다(1996년). 이후 행정구역개편에 따라 경기도 이천시 창천동 144-5로 변경되었다(1997년). 명칭은 1990년까지 이천전신전화국으로 운영되었으며, 이후 이천전화국으로 변경되었다(1990년-1999년). 1990년 이천전화국장은 2급통신기술(송석기)로 보직되었으며, 그 후 1995년 국장은 2급행정(이영태)이 재직하였다. 1997년 국장은 2급행정(이장렬)으로 보임되었다.

(65) 일산전화국

1981년에 기계식 자동교환기(ST방식) 400회선을 증설한 후 1982년에 다시 800회선을 증설하여 2,600회선을 운용하게 되었으며 2국 국번호를 사용하였다. 1985년부터 농어촌용 전자교환기를 공급하였으며, 이때 송포에 원격전자교환기을 공급하여 전자화하면서 자국으로 운용하였다. 1987년 말에는 전화교환시설이 자동식 2,600회선, 전자식 12,672회선으로 늘어나게 되었다. 1990년대 중반에는 교환시설 10만 회선 이상(분국 포함)을 운용하는 중대형전화국이 되었다(1996. 1. 31).

1995년 일산전화국 간부진은 국장 서해곤, 업무부장 오종수, 기술부장 공석, 동일산분국장 박동현으로 보직되었다. 1997년에는 고양전화국 관할의 일산전화국으로 운영되었으며, 국장은 2급통신기술(홍승길)로 보임되었다. 당초 주소는 경기도 일산시 대화동 2200이었다(1995년-1997년). 이후 고양시 일산구 대화동 2200으로 변경되었다(1998년-1999년), 국명은 일산전화국으로 운영되다가(1995년-1997년), 다시 고양전화국 일산분국으로 운영되었다(1997년-1999년).

(66) 장호원전화국

1981년에 기계식 자동교환기(ST방식) 1,200회선을 공급하여 운용하였으며 1983년에 600회선, 1984년에 400회선을 증설하여 1984년 말에는 2,200회선을 운용하였다. 또한 1985년부터 농어촌용 전자교환기를 설성, 율면, 이황, 주천, 오궁 등 5개 지역에 공급하여 자국으로 운용하였다. 1987년 말에는 자동식 2,200회선, 전자식 6,434회선으로 늘어나게 되었으며, 시설규모는 1990년대 중반까지 교환시설 5만 회선 미만(분국 포함)으로 운용하였다(1996. 1. 31). 주소는 경기도 이천군 장호원읍 장호원리 162-5이었으며, 그 후 이천시 장호원읍 장호원리 162-5로 변경되었다(1997년). 국명은 장호원전화국으로 운영되었다(1993년-1999년). 1995년 장호원전화국장은 3급(공석)으로 보직되었으며, 1997년 국장은 3급(공석)이었다.

(67) 전곡전화국

1981년에 기계식 자동교환기(ST방식) 1,200회선을 공급 추진하여 1982년에 개통 자동화되었다. 이어서 1983년에 2,400회선을 증설하였으며 이때 인근의 연천전화국이 자동화되면서 이를 분국으로 운용하였다. 이후 1984년에 400회선을 증설하여 1984년- 1987년에는 4천회선을 운용하였다. 1985년부터 전곡전화국, 진상, 백학, 연천, 대광에 농어촌형 전자교환기(T)를 공급하여 전곡을 모국으로 이들 4개 지역을 분국으로 운용하였다. 1986년-1987년에는 자동식 4,000회선, 전자식 1,076회선, 가입자케이블 16,200회선을 운용하였다.

시설규모는 1990년대 중반까지 교환시설 5만 회선 미만(분국 포함)으로 운용하였다(1996. 1. 31). 그 후 전자교환기(TB) 3,200회선을 증설할 계획으로 추진하였으나 IMF 사태로 수요가 감소하여 공급량을 1,800회선으로 축소 공급하였다(1998. 8). 당초 주소는 경기도 연천군 전곡면 전곡4리이었고, 이후 경기도 연천군 전곡면 전곡4리 266-19로 바뀌었다(1992년). 국명은 1990년까지 전곡전신전화국이었으며 이후 전곡전화국으로 변경되었다(1990년-1999년). 1990년 전곡전화국장은 2급행정(장갑용)으로 보직되었으며, 이후 국장은 1995년 2급행정(서신식), 1997년 2급통신기술(정용대)로 보임되었다.

(68) 조암전화국

조암전화국의 1982년까지 자석식교환기 700회선을 운용하였다. 1983년 10월 대지 1,068평에 조암전화국 본 건물 572m^2, 부속건물 99m^{2}를 준공하였다. 이 공사는 신한건설에서 시공하였으며, 공사감독은 중앙건설사무소 정국환이 수행하였다. 1983년에 들어서면서 한국통신은 광역제 시내통화권의 모국과 자국에는 대도시에서 철거되는 자동식교환기를 재활용하여 공급한다는 농어촌지역의 가입전화공급방침이 수립하였다. 이에 따라 1983년 자동식(EMD방식) 2,400회선을 공급하여 자동화되었으며 이때 장안을 통합 자동화하였다.

이어서 1984년에 800회선을 증설한 후 1985년부터 농어촌형 전자교환기(T)를 공급하게 되었으며, 이때 장안에도 원격전자교환기를 공급하였다. 그래서 1987년 말에는 자동식 3,200회선, 전자식 2,003회선을 운용하였다. 그 후 1990년대 후반 전자교환기(TA) 200회선을 개통하였다(1998. 2. 27). 이어서 전자교환기(TB) 1,900회선을 개통하였다(1998. 3. 13). 이 전화국은 경기도 화성군 우정면 조암리 336에 있었으며, 당시 발안전화국 조암분국으로 운영하였다(1998년).

(69) 조종전화국

1985년부터 농어촌형 전자교환기(T)을 공급하여 가평전화국을 모국으로 한 분국으로 운용되었으며 1987년 말 전화교환시설 2,470회선을 보유하였다.

(70) 중동전화국

1990년대 중반 교환시설 5만 회선 이상(분국 포함)을 운용하는 중형전화국이 되었다(1996. 1. 31). 1990년대 후반에는 전자교환기(TX) 5천 회선을 개통하였다(1998. 3. 12). 개국당시 주소는 경기도 부천시 원미구 중동 2블럭이었다가, 부천시 원미구 중동 351-1로 되었다(1995년). 그 후 원미구 중동 1169-1로 변경되었다(1997년). 당시 국명은 중동전화국이었다(1995년-1999년). 1995년 중동전화국장은 2급행정(김기완)으로 보직되었으며, 1997년 국장은 2급통신기술(송태경)로 보임되었다.

(71) 진상전화국

1985년부터 농어촌형 전자교환기(T)를 공급하여 1986년-1987년에는 1,672회선을 운용하였다. 주소는 경기도 연천군 군남면 진상리로 되어 있었다.

(72) 청북전화국

1984년 말까지 이동용교환기(MDO) 1,000회선을 운용하였으며. 1985년에는 이를 철거하여 대야로 재배치하였다. 1985년 평택전화국에 전자교환기가 공급되자 이 지역에 원격교환기(RSU)를 설치하여 통합자동화 되었다.

(73) 청평전화국

청평전화국은 1982년까지 자석식교환기 700회선을 운용하였다. 1983년 10월 대지가 701평에 본 건물 572m², 부속건물 99m²를 준공하였다. 1983년에 기계식 자동교환기(ST방식) 1,400회선을 공급하여 자동화되었는데, 이때 대도시에서 철거된 자동식교환시설을 재활용하였다. 이후 1985년부터 농어촌형 전자교환기(T) 1,070회선을 공급하여 가평전화국을 모국으로 한 분국으로 운용되었다. 1987년 말 자동식 1,400회선, 전자식 1,070회선을 보유하였다. 그 후 1990년대 후반에 전자교환기(TB) 1,600회선을 개통하였다(1998. 3. 13). 이 전화국은 경기도 가평군 외서면 청평리 300-2에 있었으며, 가평전화국 청평분국으로 운영되었다(1997년-1999년).

(74) 통진전화국

1981년에 기계식 자동교환기(ST방식) 4천 회선을 공급 개통한 후 1984년에 다시 1,000 회선을 증설하여 1984년 말에는 5천 회선을 운용하였다. 1980년대 후반 당시 원거리 지역인 화성, 군하 등 2개 지역에 전송로집선장치(L/C)를 설치하여 자동전화를 공급하였다. 한편 1985년부터 농어촌용 전자교환기가 공급됨에 따라 하성, 군하에 원격전자교환기(RSS)을 공급하여 그때까지 운용해온 L/C를 철거하였다. 한편 1987년에는 향후 교환시설을 설치할 상면을 확보하기 위해 자동식 5천 회선을 철거하였으며 1987년 말에는 전자식 9,856회선을 운용하였다. 이후 1990년대 후반 전자교환기(TB) 5,600회선을 개통하였다(1998. 2. 28). 이 전화국은 경기도 김포군 통진면 서암리 764에 있었으며, 김포전화국 통진분국으로 운영하였다(1997년-1999년).

(75) 퇴계원전화국

1990년대 후반 전자교환기(TX) 8천 회선을 개통 운용하였다(1998. 3. 3). 이 전화국은 경기도 남양주시 퇴계원면 퇴계원리 70-20에 있었으며, 구리전화국 퇴계원분국으로 운영되었다(1997년-1999년). 이때 퇴계원에는 원격교한기 2,500회선이 공급되었다.

(76) 판교전화국

이 전화국은 초기에 성남전화국 판교분국(대지 2,205평)으로 불리었으며, 1981년까지 자석식교환기 600회선을 운용하였다. 이때 판교 및 인근지역의 전화운용상황은 <표 9-44>와 같다(1982. 12). 이후 1983년에 들어서면서 한국통신은 농어촌지역의 가입전화공급방침으로 광역제 시내통화권의 모국과 자국에는 대도시에서 철거되는 자동식교환기를 재활용 공급하는 것으로 하였다. 이에 따라 이동식교환기(MDO) 2천 회선을 공급하여 자동화하고, 특히 1982년에는 인근의 고등동과 분당동의 수동식전화를 흡수 자동화하였다. 이들 2개 지역은 판교와 4Km이상 떨어졌으며 세부 상황은 <표9-45>와 같다.

<표 9-44> 판교지역 전화운용상황(1982. 12)

구분	판교동	분당동	계
전화시설(회선)	자석식 600	자석식 400	자석식 1,000
가입자수	525	355	880
전화적체(건)	467	251	748

<표 9-45> 판교지역 수동식전화의 통합 자동화(1981. 12)

국명	운용시설	판교와의 국간거리	통화권 모국
고등동	자석식 400회선	4.5Km	성남전화국-판교전화 국 간 거리 10.6Km,
분당동	자석식 400회선	4.9Km	

이후 한국통신은 성남전화국에 1982년도 전자교환기 공급사업으로 전자식(No1A) 2만 회선을 개통하였다(1983. 5). 이때 한국통신은 원격교환장치(RSS)를 우리나라 처음으로 도입하여 판교에 설치하였다. 이 원격교환장치는 성남전화국을 모국으로 하여 연결하였으며 이를 통해 판교지역에 전자교환방식의 전화를 공급하였다. 이때 원격교환장치 1개 시스템의 공급계획, 설치과정 및 운용방안은 다음과 같이 정하여 추진하였다.

① 소요물자는 No.1A 전자교환기 부가시설로 직수입하여 턴키시공하며, 외자는 전액 EXIM 차관금에서 지변하고 내자는 1983년도 전자교환기 성립예산에서 조치한다.

② 원격교환장치(RSS)의 도입검토는 기술개발실이 담당하며, 설치계획은 계획국이 수립한다. 그리고 이 시설을 위한 설계, 발주, 계약, 운송과 설치공사는 중앙건설사무소가 담당하고, 설치공사 후 상용시험은 기술개발실이 주관한다. 원격교환장치에는 전체 시스템 용량을 감안하여 일반가입자, PBX, 공중전화를 <표 9-46>과 같이 수용 운용한다.

<표 9-46> 판교지역 원격교환장치 설치계획

시설규모(회선)	일반군	PBX	공중전화	국번호
2,048	2,016	16	16	40-xxxx-xxxx

③ 사업시행은 원격교환장치 도입검토(1982. 9), 설치계획 수립(1982. 10-1983. 1), 설계, 발주 및 설치공사(1983. 1-1983. 7), 상용시험(1983. 8-1983. 12)으로 추진한다.

④ 기존가입자 및 신규가입자를 MDO에 우선 수용하고, 원격교환장치(RSS)에 대한 가입자의 수용은 MDO 선로시설을 RSS에 멀티 성단하여 단계별로 수용한다. 1차 수용(운용초기)은 100 가입자 정도 수용하고 2차수용은 초기운용결과가 양호할 경우 500 가입자 정도를 1개월 후에 수용토록 한다. 그리고 3차수용은 2차까지 수용하여 운용결과에 따라 통화량을 감안하여 3개월 후에 점차 수용율을 증가시킨다.

⑤ RSS 시설은 설치 및 운용이 용이하도록 전원시설을 포함하여 컨테이너에 실장토록 하고, 원격시험 및 전송로 고장 시를 대비하여 RTS(Remote Test System) 및 독립시험기능(Stand Alone)을 부여한다. 변압기 및 접지공사 등 상용전원은 MDO 2,000회선 설치를 감안하여 서울지사에서 조치한다.

한편 1980년대 중반 한국통신은 중소도시 중 수요가 급증하여 시설확장이 시급한 지역을 대상으로 시내전화 장기치국계획을 수립하였다. 이 계획내용 중 성남지역에는 1개의 전화국을 1987년도에 신설하여 성남전화국과 복국으로 운용토록 하고, 판교동 원거리 지역의 가입자를 위해 원격교환장치(RSS)를 공급 운용토록 결정하였다(시내전화 장기치국계획, 1985. 1. 18, 한국통신 계획국). 이 계획의 주관부서 및 결재자는 제9장 말미의 참고자료 편에 기록되어 있다.

이어서 1985년 성남전화국에 전자교환기(No1A) 1만8천 회선을 공급 개통하고, 이를 모국으로 하여 판교에 원격교환장치(RSS)를 3천 회선을 공급하였다(1986년). 이때 설치된 RSS는 컨테이너형으로서 1990년대 중반까지 운용하였다(1996. 5). 그동안 운용해온 이동식교환기(MDO) 2,000회선은 철거하여 함열로 재배치하였다(1985년). 그 후 원격교환장치 6천 회선을 운용하다가 도시TD교환기 2만 회선(750국, 751국, 752국)을 공급 운용하였다(1986년-1987년).

(77) 팽성전화국

1980년대 중반 한국통신은 평택, 수원, 안양, 의정부, 원당, 구리, 안산지역을 대상으로 전화공급을 대폭 확장하기 위한 수도권 주변지역 치국계획을 수립하였다. 이 대상 중 평택시 팽성 지역은 집단전화수요가 발생하고, 추팔리에 중소기업단지가 조성되고 있었다. 또한 원거리 가입자가 많아 전송품질을 개선하고자 팽성읍 객사리에 3만 회선 규모의 팽성전화국을 1991년에 신설 개통하는 것으로 결정하였다(시내전화 중장기 치국계획, 1986. 10. 7, 한국통신 계획국). 이 계획의 주관부서 및 결재자 제9장 말미의 참고자료 편에 기록되어 있다. 이 전화국은 경기도 평택시 팽성읍 송화리 99-3에 있었으며, 당시 평택전화국 팽성분국으로 운영되었다(1997년-1999년).

(78) 평촌전화국

1990년대 중반 교환시설 5만 회선 이상(분국 포함)을 운용하는 중형전화국이 되었다(1996. 1. 31). 당시 이 전화국은 시외번호 0343, 국번호 8×를 사용하였다. 초기주소는 경기도 안양시 동안구 달안동 6부럭 이었다가(1994년) 그 후 달안동 1110-2로 되었다(1995년). 국명은 평촌전화국으로 운영하였다(1994년-1999년). 1995년 평촌전화국장은 2급통신기술(이영수)으로 보직되었으며, 1997년 국장은 2급행정(유동종)이 재직하였다.

(79) 평택전화국

1981년에 기계식 자동교환기(ST방식) 1,400회선, 1982년에 2천 회선을 증설하여 1만 회선으로 늘어나면서 국간거리 11.5Km의 본정을 통합 자동화하였다. 그 후 평택지역은 1989년까지의 수요가 3만 회선 이하로 파악되어 제1기종 전자교환기(M10CN)를 공급하기로 결정하였으며, 1985년도 사업으로 전자교환기 1만2천 회선을 공급하였다. 그때까지 자석식전화를 운용해온 본정, 공도, 원곡, 팽성 등 4개 지역과 이동식교환기(MDO)를 운용하고 있던 청북지역에 원격교환장치(RSU)를 설치하여 자국 방식으로 통합 자동화하였다(1985년-1987년).

<표 9-47> 평택전화국 주변지역 자석식전화의 자동화

지역명	국간거리(Km)	RSU공급(회선)	지역명	국간거리(Km)	RSU공급(회선)
본정	14.0	1,500	공도	6.7	1,900
원곡	7.0	900	팽성		4,000
청북	24.8	2,100			

1986년에는 자동식 11,200회선, 전자식 17,500회선을 운용하였으며, 1987년에 전자식 4천 회선(54국)을 증설한 후 자동식 1,200회선(3국)을 철거하였다. 이에 따라 전체시설은 31,500회선이 되었으며, 1980년대 후반에는 당시 변두리 지역인 성은지역에 전송로집선장치(L/C)를 설치하여 자동전화를 공급하였다. 한편 1987년에는 가입자케이블 14,500회선을 증설하고 2,500회선을 재배치 시공하여 총 54,500회선을 운용하게 되었으며, 평택전화국과 안중전화국 간(18.4Km)에 국간 통신용으로 광케이블(6코어)도 건설하였다. 그리고 TDX-1B 전자교환기(가반형) 1대를 1990년대 중반까지 운용하였다(1996. 5).

1990년대 중반에는 교환시설 5만 회선 이상(분국 포함)을 운용하는 중형전화국이 되었다(1996. 1. 31). 이후 1990년대 후반기에는 M10CN 2만8천 회선, TDX-1B 2만2천 회선, TDX-10A 26,300회선 등 총 전자교환기 76,300회선을 운용하였다(1998. 12). 그 후 1990년대 후반 전자교환기(TXN) 26,300회선을 개통하였다(1998. 7. 18). 이때 전자교환기(TB) 300회선을 증설하여 1998년 5월 개통예정으로 추진하다가 이 증설분은 IMF사태로 인한 수요가 격감하는 바람에 도중에 취소되었다. 당시 국사를 이원화 운용하고 있었는데, 이에 따른 추가비용의 감소와 청사의 효율적인 사용을 위해 사용년수가 13년이 경과한 M10CN 전자교환기 2만8천 회선을 철거 추진하였다(1999. 7). 신청사로 시설을 이전 후 구청사는 매각 추진하였다.

1990년 평택전화국 간부진은 국장 박준갑, 총무부장 공석, 영업부장 김원태, 기술부장 강경원으로 보직되었다. 그 후 1995년 간부진은 국장 서광주, 업무부장 여홍길, 기술부장 김기문이 재직하였다. 1997년에는 국장 이성근, 마케팅부장 강우석, 시설운용부장 권기호로 보임되었다. 이 전화국은 경기도 평택시 합정동 766-2에 있었으며, 그 후 평택시 비전2동 251-15로 변경되었다(1999년). 국명은 1990년까지 평택전신전화국이었다가 이후 평택전화국으로 변경되었다(1990년-1999년).

(80) 포천전화국

1981년에 기계식 자동교환기(ST방식) 2,400회선을 개통 자동화되었으며, 1983년에 1,200회선을 증설하였다. 그리고 1984년에는 전자교환기 7천 회선을 공급 개통하여 1984년 말에는 총 10,600회선의 사설 규모를 가지게 되었다. 그 후 1985년부터 농어촌용 전자교환기를 공급하였으며, 이때 영북, 일동, 송우, 가산, 내촌, 장암, 양문, 관인, 신북, 창수, 중리, 화현, 이곡 등 13개 지역에 원격교환장치를 공급하여 전자화하면서 이들을 자국으로 운용하였다.

1987년 말에는 자동식 3,600회선, 전자식 19,077회선으로 늘어나게 되었으며, 이에 따른 가입자케이블은 2만7천 회선을 운용하였다. 1990년대 중반에는 교환시설 5만 회선 이상(분국 포함)을 운용하는 중형전화국이 되었다(1996. 1. 31). 이후 1990년대 후반에 전자교환기(A) 1,500회선을 개통하였다(1998. 1. 31).

주소는 경기도 포천군 포천읍 신읍리 178이었다가 포천군 포천읍 신읍리 178-6으로 바뀌었다(1992년). 명칭은 1990년까지 포천전신전화국이었으며, 이후 포천전화국으로 변경 운영되었다(1990년-1999년). 1990년 포천전화국장은 2급행정(채용오)으로 보직되었으며, 이후 1995년 국장은 2급통신기술(이기춘)로 발령되었다. 1997년에는 국장 2급행정(송문석), 자문역 2급행정(김기완)이 재직하였다.

(81) 하남전화국

이 전화국의 시설 규모는 1990년대 중반까지 교환시설 5만 회선 미만(분국 포함)으로 운용하였다(1996. 1. 31). 주소는 경기도 하남시 덕풍3동 401-5이었다(1991년). 국명은 하남전화국으로 운영되었다(1990년-1999년). 1990년 하남전화국장은 2급행정(이장렬)으로 보직되었으며, 그 후 국장은 1995년 2급행정(한인국), 1997년 2급행정(엄시영)으로 보임되었다.

(82) 호계전화국

이 전화국은 경기도 안양시 동안구 호계3동 974에 있었으며, 당시 군포전화국 호계분국으로 운영되었다(1997년-1999년). 당초 안양 호계지역은 안양전화국 관할이었으나 1983년 군포전화국으로 수용 변경되었다. 이후 이 지역은 호계분국에서 운용하였다. 1995년 호계분국장에는 김진구가 재직하였으며 1997년 분국장은 2급통신기술(손중희)로 보임되었다.

(83) 경기무선전신국

1990년 경기무선전신국장은 2급통신기술(이영구)이 재직하였다.

5. 부산, 마산, 울산 및 경남지역의 전화국 확장운영

5.1 부산시내 전화국 건설 및 운영

부산시내에는 1970년대 부산중앙, 아미전화국 등 11개 전화국, 1990년대에는 범일, 해운대전화국 등 32개 전화국(분국 포함), 2000년대에는 동래, 서부산지사 등 34개 지사 및 지점이 운영되었다. 한편 1995년에는 전국의 전신전화국 명칭이 모두 전화국으로 변경되었으며, 그 후 2002년에는 전국 전화국 명칭 사용을 중지하고 지사 및 지점으로 전면 변경되었다.

<표 9-48> 부산시내전화국 운영상황(1978년)

운영시기	전화국명
1970년대 (1978년)	부산중앙, 아미, 북부산, 초량, 중부산, 영도, 동래, 범일, 해운대, 연산, 사상 등 11개 전화국

<표 9-48> 부산시내전화국 운영상황(1998년/ 2004년)

운영시기	전화국명
1990년대 (1998년)	가야, 강서, 괴정, 구포, 금곡, 금사, 금정, 대연, 덕포, 동래, 동삼, 명지, 미남, 반송, 반여, 범일, 부곡, 부산, 사상, 사직, 부산진, 사하, 수영, 아미, 연산, 영도, 장림, 재송, 청룡, 중부산, 초량, 해운대 등 32개 전화국
2000년대 (2004년)	동래, 서부산, 남부산 3개 지사와 금사, 금정, 미남, 중부산, 북부산, 사하, 영도, 구포, 강서, 장림, 덕포, 금곡, 동부산, 부산, 해운대, 기장, 대연, 수영, 가야, 재송 20개 지점 등 총 23개 지사 및 지점

(1) 가야전화국

1980년대 중반 한국통신은 부산 및 대구통화권 시내전화 장기치국계획을 수립하였다. 당시 가야지역에는 부산역 이전에 따른 주변지역 전화수요가 증가하여 이에 대한 통신시설 공급이 필요하였다. 그러나 기존 국사는 용량이 부족한 실정이어서 부산시 부산진구 가야동에 15만 회선 규모의 가야전화국을 1991년에 신설 개통하는 것으로 결정하였다(시내전화 장기치국계획, 1985. 12. 19, 한국통신 계획국). 이 계획의 주관부서 및 결재자는 제9장 말미의 참고자료 편에 기록되어 있다.

1995년 당시 부산진전화국 가야분국장은 2급(이한규)으로 보직되었다. 주소는 부산직할시 부산진구 가야2동 161이었다. 당시 부산진전화국 가야분국이었으며(1995년-1998년), 국명이 가야전화국으로 변경되었다(1999년). 1997년 당시 분국장은 2급통신기술(강한석)로 보직되었다. 그리고 한국통신이 kt로 민영화되면서 kt가야지점이 되었다(2015년). 그 후

kt는 2000년대 초 가야전화국 부지(연면적 5,957m^2)에 지하 3층, 지상 35층 규모의 부산가야동부센트레빌 아파트를 건설 추진하였다. 이 사업은 2017년 6월에 착공하여 2020년 6월에 준공되었다.

(2) 괴정전화국

1980년대 초반까지 기계식 자동교환기(EMD방식) 2만 회선을 운용하였다(1981. 12). 이러다가 1981년도 전자교환기 공급사업(81-KTC-120k)으로 전자식(M10CN) 1만 회선을 공급하여 개통하였다(1982. 1). 그러나 1982년 말부터 전화적체가 쌓이기 시작하자 1983년도 전자교환기 공급사업(83-KTC-124k)으로 다시 전자식 2만 회선을 공급 추진하였다. 1차로 1만 회선(203국)을 개통하여 이를 해소하였다(1984. 2), 이 공사는 SST에서 시공하였으며, 당시 공사감독은 김영수가 수행하였다. 이어서 1만 회선(204국)을 3층에 증설 개통함으로서 그때부터 총 5만 회선을 운용하였다(1984. 11). 그 후 자동식 2만 회선, 전자식 4만 회선을 운용하였으며(1986. 12), 다음 해에 전자식 1만2천 회선(201국)을 증설하여 총 7만2천 회선으로 증가되었다(1987년). 한편 가입자케이블은 118,500회선을 운용하였다(1986년-1987년).

(3) 구포전화국/ 북부산전화국

구포전화국은 1980년대 초 사상전화국 관할지역의 급증하는 전화 수요를 분담하기 위하여 신설되었다(1982년). 이때 신설된 구포전화국은 당시 사상전화국 관내 6개동을 담당하는 것으로 정하였고, 사상전화국과 구포전화국의 전화수요 분담계획(1982년-1996년)은 사상전화국 편에 소개되어 있다. 이를 위해 1982년도 전자교환기 공급사업(82-KTC-180k)으로 1만 회선(M10CN)을 공급 개통하였다(1982. 11). 이때 새로운 국번호(332국)를 부여하였으며 인근 지역인 사상전화국의 일부구역을 수용하였다. 그러나 그해 말 상당한 전화적체(2,114건)가 발생 누적됨에 따라 2년 후 8천회선(333국)을 2층에 증설하여 해소하였으며 다음 해에 다시 1만 회선을 공급하였다(1984년-1985년).

1986년 12월까지 전자식교환기 3만4천 회선을 운용하다가 1987년에 다시 1만 회선(336국)을 증설하여 총 4만4천 회선으로 늘어났다. 그때 가입자케이블은 60,900회선을 운용하였다(1986년-1987년). 1980년대 후반에는 당시 변두리 지역인 금곡지역에 전송로집선장치(L/C)를 설치하여 자동전화를 공급하였다. 그리고 농어촌형 AXE-10 교환기(가반형) 1대 및 TDX-1A 교환기(가반형) 3대를 1990년대 중반까지 운용하였다(1996. 5). 1990년대 중반에는 교환시설 10만 회선 이상(분국 포함)을 운용하는 중대형전화국이 되었다(1996. 1. 31). 그 후 전자교환기(TX) 4천회선을 증설할 계획으로 추진하였으나 IMF사태로 인한 수요 감소로 공급량을 축소하여 3,600회선을 개통하였다(1998. 8).

개국 초에는 사상전화국 구포분국으로 운영되었으며, 1990년 분국장은 2급통신기술(황상표)로 보직되었다. 그 후 1995년 구포전화국 간부진은 국장 김광현, 관리부장 나상조, 영업부장 이승대, 교환기술부장 박진건, 전송기술부장 하대봉으로 보임되었다. 1997년에는 국장 김동수, 마케팅부장 최인상, 시설운용부장 공도윤, 금곡분국장 (공석)이 재직하였다. 주소는 부산광역시 북구 덕천1동 391-7이었으며, 개국초기에는 사상전화국 구포분국으로 출발하여 운영되다가 이후 구포전화국으로 승격되었다(1995년-1999년). 그리고 민영화 이후 kt구포지점이 되었다(2015년).

(4) 금곡전화국

이 전화국은 부산시 북구 금곡동 1216에 있었으며, 당시 구포전화국 금곡분국으로 운용되었다(1997년). 그리고 민영화 이후 kt금곡지사가 되었다(2015년). 1997년 금곡분국장은 3급 통신기술(공석)로 보직되었다.

(5) 금사전화국

1980년대 초반까지 이동식교환기(MDO) 2천 회선을 운용하고 있었다(1981. 12). 그러다가 1982년도 전자교환기 공급사업(82-KTC-180k)으로 전자식(M10CN) 2만 회선을 개통하였다(1982년). 그 후 급속하게 전화적체(3,730건)가 발생하였다(1982. 12), 이를 해소하고자 1983년도 전자교환기 공급사업(83-KTC-140k)으로 전자식 1만 회선을 증설 개통하였으며 이 시설의 국번호는 514국을 부여하였다(1984. 2). 이 공사는 SST에서 시공하였으며, 당시 공사감독은 중앙건설사무소 김영수가 수행하였다. 이때 이동식교환기(MDO)는 철거되었다.

그럼에도 전화수요가 계속 늘어나자 다음해에 다시 1만 회선을 증설하여 이를 해소하였다(1985년). 1980년대 중반에는 전자식 6만 회선을 운용하였다(1986. 12). 5차 5개년계획이 완료된 다음해에 다시 1만6천 회선(529국)을 증설하여 7만6천 회선으로 증가되었으며 이를 위한 가입자케이블은 112,800회선을 운용하였다(1987년). 1990년대 중반에는 교환시설 10만회선 이상(분국 포함)을 운용하는 중대형전화국이 되었다(1996. 1. 31).

1995년 금사전화국 간부진은 국장 이성근, 업무부장 최일랑, 기술부장 김태수로 발령되었다. 그 후 1997년에는 국장 최동윤, 마케팅부장 정종현, 시설운용부장 박정렬, 반송분국장(공석)으로 보직되었다. 이 전화국은 부산광역시 금정구 금사동 144-2에 있었으며 명칭은 금사전화국이었다(1995년-1999년). 그리고 민영화 이후 kt금사지점이 되었다(2015년).

(6) 금정전화국

1980년 중반 한국통신은 부산 및 대구통화권 시내전화 장기치국계획을 수립하였다. 당시 금정지역에 남산지구 택지개발사업으로 전화 수요가 증가하고 있었고, 특히 동래전화국으로부터 원거리 수요밀집지역이 발생하는 바람에 이에 대한 통신시설 공급이 필요하였다. 이를 해결하기 위해 부산시 동래구 남산동에 5만 회선 규모의 금정전화국을 1991년에 신설 개통하는 것으로 결정하였다(시내전화 장기치국계획, 1985. 12. 19, 한국통신 계획국). 이 계획의 주관부서 및 결재자는 제9장 말미의 참고자료 편에 기록되어 있다.

이후 1987년에 전화국 대지(3,000m^2)를 매입하였고, 1990년대 후반에 전자식교환기(TB) 200회선을 증설 개통하였으며(1998. 2. 23), 이어서 전자교환기(TX) 7,300회선을 개통하였다(1998. 2. 28). 그러나 1997년 말 당시 IMF체제로 인하여 경기가 침체되고 각종 지역개발계획의 변경 등으로 수요가 급격히 감소하였다. 이때 이미 개통된 시설이나 공사 중인 시설에 상당한 여유가 발생하는 바람에 이는 차기사업에 재활용 추진하였다.

주소는 부산직할시 금정구 부곡3동 63-1이었고, 당시 동래전화국 금정분국으로 운용되었다(1990년-1998년), 1990년 분국장은 2급통신기술(박해윤)로 보직되었으며, 그 후 분국장에는 1995년 2급(손재복), 1997년에는 2급통신기술(김화상)로 발령되어 재직하였다. 그 후 국명이 금정전화국으로 변경되었으며(1999년), 민영화 이후에는 KT금정분국이 되었다(2015년).

(7) 대연전화국

1980년대 초 범일전화국 관할지역의 급증하는 전화 수요를 분담하기 위하여 인근에 대연전화국을 신설하였다(1982년). 이를 위해 대지 1,072평을 확보하여 전화국사를 신축하였으며, 신설된 대연전화국은 당시 범일전화국 관내 10개동에 전화공급을 하는 것으로 정하였다. 이때 범일전화국과 대연전화국의 전화수요 분담계획(1982년-1996년)은 범일전화국 편에 소개되어 있다. 1982년도 전자교환기 공급사업(82-KTC-70k)으로 전자식(M10CN) 2만회선을 공급 개통하였다(1982. 12). 이때 새로운 국번호(622/623국)를 부여 사용하였으며, 이때 범일전화국의 일부구역을 수용하였다.

얼마 후 1만 회선(624국)을 KTC시공으로 2층에 증설하였으며 이때 대연4동과 용당동의 가입자(5,600)를 범일전화국으로부터 넘겨받았다(1984. 6). 1985년에는 8천 회선을 공급 개통하였고, 다시 전자식 8천 회선(626국)을 증설하여 총 4만6천 회선으로 늘어났으며, 가입자케이블은 65,700회선을 운용하였다(1987년). 1990년대 후반에 전자교환기(TX) 4,500회선을 증설 개통하였다(1998. 2. 28). 그러나 1997년 말 당시 IMF체제로 인하여 경기가 침체되고 각종 지역개발계획의 변경 등으로 수요가 급격히 감소하였다. 이때 이미 개통된 시설이나 공사 중인 시설에 상당한 여유가 발생하는 바람에 이는 차기 사업에 재활용 추진하였다.

주소는 부산직할시 남구 대연3동 54-5이었다. 개국 후 상당 기간 범일전화국 대연분국으로 운용되었다(1988년-1998년), 1990년 분국장은 2급통신기술(배인환)로 보직되었으며, 그 후 1995년에는 대연분국장으로 2급(권영복)이 재직하였다. 그 후 대연전화국으로 승격되었으며(1999년), 한국통신이 KT로 민영화 이후에는 kt대연지점이 되었다(2015년). 2000

년대에 들어서면서 KT는 여기에 「리마크빌 부산대연」을 건설하였다. 이 사업은 오피스텔 286실 및 도시형 생활주택 260세대(연면적 40,922.79m²)을 건설한 것으로 2012년 4월에 착공하여 2017년 1월에 준공하였다.

(8) 대저전화국/ 부산강서전화국

1980년대 초까지 기계식 자동교환기(EMD방식) 5천 회선을 운용하였다(1981. 12). 이어서 2천 회선을 증설하였으며(1982년), 2년 후 다시 1,800회선을 개통하여 총 8,800회선을 운용하였다(1984년). 그 후 자동식 1만 회선, 가입자케이블 22,900회선을 운용하였다(1986년-1987년). 또한 1980년대 후반에는 당시 변두리 지역인 강동, 평강, 조동, 중신, 수봉 등 5개 지역에 전송로집선장치(L/C)를 설치하여 자동전화를 공급하였다. 그 중 강동에는 당시 1,024회선의 L/C를 운용하였다(1987년).

시설규모는 1990년대 중반까지 교환시설 5만 회선 미만(분국 포함)으로 운용하였다(1996. 1. 31). 주소는 부산광역시 강서구 대저2동 2401-2이었으며, 개국 초에는 사상전화국 대저분국으로 운용되었으며, 당시 분국장은 2급통신기술(이수채)로 보직되었다. 그 후 부산강서전화국으로 승격되었다(1995년-1999년). 1995년 강서전화국장은 강호준이 재직하였으며, 1997년 국장은 2급행정(송춘남)으로 보임되었다.

(9) 덕포전화국

이 전화국은 부산직할시 북구 덕포2동 373-8이었으며, 당시 사상전화국 덕포분국으로 운용되었다(1995년). 1995년 덕포분국장은 2급(김정화)으로 보직되었으며, 이어서 1997년 분국장은 2급통신기술(김준곤)로 보직되었다. 그 후 주소가 사상구 덕포2동 373-8로 변경되었으며(1998년), 국명이 덕포전화국으로 변경되었다(1999년). 그리고 민영화 이후에는 kt덕포지점이 되었다(2015년).

(10) 동래전화국

1963년 부산전신전화국 동래분국은 자동전화(H형 1,000회선)를 개통하였으며 1970년 동래전신전화국이 신설되었다. 그 후 1980년대 초반까지 기계식 자동교환기(EMD방식) 2만 회선을 옛날 국사에서 운용하였다(1981. 12). 다음 해 자동식 5천 회선(53국)을 철거하여 1만 5천 회선을 운용하였다(1982년). 이때 정부의 1980년도 2차 전자교환기 구매계획에 의하여 동래전화국에 전자식(M10CN) 1만 회선을 공급 추진하였다. 당시 자재는 BTM으로부터 직수입하고 BTMC 또는 KTC 책임보증 하에 국내공사회사가 전량시공하게 하였다(1980년도 2차 14만 회선 전자교환기 구매, 체시기1620, 1979. 3. 22). 이 계획의 주관부서 및 결재자는 제9장 말미의 참고자료 편에 기록되어 있다.

이 계획은 1980년도 전자교환기 공급사업(80-2차BTM-60k)이라는 실행계획으로 만들어져 추진되면서 동래전화국 신축 국사에 전자식 1만 회선(552국)을 공급하여 개통하였다(1982. 1). 당시 인수시험 때문에 개통일이 당초 계획보다 3주 정도 지연되었으며, 시설 준공 전에 4,500회선의 가입전화를 판매 완료하였다(1981. 12). 1980년대 초 동래전화국 관할지역의 급증하는 전화 수요를 분담하기 위해 인근에 반여전화국을 신설하였다(1982년). 이때 동래전화국과 반여전화국의 전화수요 분담계획(1982년-1996년)를 보면 <표 9-49>와 같다. 1981년 말 동래전화국의 시설 수는 전자식 1만 회선, 자동식 2만 회선을 운용하고 있었다.

<표 9-49> 동래전화국과 반여전화국의 전화 수요분담계획

구분	1981년	1982년	1984년	1986년	1991년	1996년
동래전화국	30,000	30,200	37,500	59,100	94,500	126,000
반여전화국	-	21,900	30,000	40,400	68,000	91,500
계		52,100	67,500	99,500	162,500	217,500

한편 1983년 국사 2,101m^{2}를 증축하였다(1983. 4). 이 공사는 우성건설에서 시공하였으며, 당시 공사감독은 중앙건설사무소 장명환이 수행하였다. 그 후 상당기간 시설증설을 하지 못하고 있다가(1983년-1984년), 늘어나는 전화수요를 위해 8천 회선을 증설하였으며(1985. 3). 2년 후에 다시 1만8천 회선(556국)을 증설하였다(1987년). 이때 자동식 1만 회선(53국)을 철거하였으며, 그때부터 자동식 5천 회선, 전자식 4만8천 회선을 보유하게 되었다(1987. 12). 한편 가입자케이블은 67,200회선을 운용하였다(1986년-1987년). 1990년대 중반에는 교환시설 15만회선 이상(분국 포함)을 운용하는 대형전화국이 되었다(1996. 1. 31).

1990년 동래전화국 간부진은 국장 허정오, 총무부장 이식우, 영업부장 박헌서, 기술부장 강정희, 금정분국장 박해윤, 금사분국장 송근재로 보직되었다. 1995년에는 국장 박재현, 관리부장 전용현, 영업부장 서준렬, 기술부장 정장부, 금정분국장 손재복, 청룡분국장 (공석)이 재직하였다. 그 후 1997년에는 국장 하대봉, 마케팅부장 유상민, 고객지원부장 서준렬, 시설운용부장 김재수, 금정분국장 김화상, 청룡분국장 (공석)으로 보임되었다. 주소는 부산직할시 동래구 명륜동 386이었다가 그 후 부산광역시 동래구 명륜동 386으로 바뀌었다(1995년). 국명은 1990년까지 동래전신전화국이었으며, 다음 해 동래전화국으로 변경되었다(1991년-1999년). 민영화 이후에는 kt동래지점이 되었다(2015년).

(11) 동삼전화국

이 전화국은 1990년대 후반에 전자교환기(TXN) 26,500회선을 개통하였다(1998. 5. 29). 위치는 부산시 영도구 동삼동 436에 있었으며, 영도전화국 동삼분국으로 운용되었다(1997년). 이후 국명이 동삼전화국으로 변경되었다가(1999년), 민영화 이후에는 kt동삼지점이 되었다(2015년). 그 후 이 건물명칭은 kt 동삼빌딩이며 여기에 kt서부산 Biz영업부, kt중부산 운용팀, kt 영도지점, 고객관리실, 전력운용실, 기계설비실이 운용되고 있다(2017년). 그 외 임대사업으로 유진건설 등 수 개 업체가 입주해 있다.

이 건물은 당초 2,821평의 대지 위에 지하 1층, 지상 5층, 연면적 2,780평의 건물로 건설되었다(1995. 3. 13-1997. 12. 27). 이때 건설총괄은 한국통신 건설단 송상헌 국장이 담당하였으며, 그 외에도 영도전화국장 김종권, 부산무선전신국장 최송무 등이 건설에 참여하였다. 1997년 분국장은 3급통신기술(공석)로 보직되었다.

동삼전화국 관할지역인 동삼동에는 해양산업단지로 개발되어 해양수산개발, 해양과학기술개발, 해양교육기관 등 해양수산부 관할의 해양관련 전문기관들이 클러스터를 이루고 있다. 여기에는 국립해양박물관, 한국해양과학기술원(Korea Institude of Ocean Science & Technology), 해양수산개발원(KMI), 국립수산물품질관리원, 한국해양수산연수원, 국립해양조사원, 한국해양대학교, 국립부산해사고등학교 등이 소재하고 있다(2020년 현재). 그리고 국립해양조사원(KNOA)은 대한민국의 영해와 국가관할해역을 결정하기 위해 법률에 의해 23개 영해기준점을 지정하여 유지관리하고 있다.

한편 최근 kt 동삼빌딩 주변에는 2개의 시내버스 정류장이 운용되고 있다(확인 기간 2018년-2021년). 그중 정문 앞 정류장의 안내표지판과 안내방송에는 어찌된 일인지 지금까지 부산전신전화국이라고 시민들에게 알리고 있다. 그리고 건너편 버스정류장에는 동삼동전화국으로 안내판에 표기하고 있다. 전화국이라는 명칭을 사용하지 않은지 20여년이 지났는데도 말이다.

(12) 명호전화국/ 명지전화국

1980년대 중반 한국통신은 부산 및 대구통화권 시내전화 장기치국계획을 수립하였다. 당시 명호 명지지역 등 낙동강 하구 임해공단에 대한 통신시설공급이 필요하였다. 그러나 이 지역은 대저전화국에서 원거리이고 수요밀집 발생지역이어서 부산시 북구 명지동에 3만 회선 규모의 명호전화국을 1988년에 신설 개통하는 것으로 결정하였다(시내전화 중장기 치국계획, 1985. 12. 19, 한국통신 계획국). 이후 한국통신은 1987년 시내전화 장기치국계획을 수립하면서 국명이 명지전화국으로 되었으며, 수요변동으로 치국이 보류되기도 하였다(시내전화 장기치국계획, 1987. 1, 한국전기통신공사). 이상 2개 계획의 주관부서 및 결재자는 제9장 말미에 참고자료 편에 기록되어 있다.

(13) 미남전화국

1990년 후반 전자교환기(5E) 3천 회선을 공급하여 1998년 8월 개통 예정으로 추진하다가 IMF로 인하여 수요가 격감하는 바람에 도중에 취소되었다. 주소는 부산직할시 동래구 온천3동 1581로 되어 있었고, 개국 후 상당 기간 연산전화국 미남분국으로 운용되었다(1990년-1998년). 1990년 분국장은 2급통신기술(손재복)로 보직되었으며, 1995년 분국장은 2급(박해윤), 1997년 2급통신기술(배준희)이 재직하였다. 그 후 국명이 미남전화국으로 변경되었으며(1999년), 민영화 이후에는 kt미남분국이 되었다(2015년).

(14) 반송전화국

이 전화국은 1990년대 후반에 전자교환기(TXN) 3만 회선을 개통하였다(1998. 5. 30). 주소지는 부산시 해운대구 반송2동 895에 있었으며, 당시 금사전화국 반송분국으로 운용하였다(1997년-1999년). 그리고 민영화 이후 kt반송지점이 되었다(2015년). 1997년 반송분국장은 3급통신기술(공석)으로 보임되었으며, 주소는 부산시 해운대구 반송2동 895였다.

(15) 반여전화국

반여전화국은 1980년대 초 동래전화국 관할지역의 급증하는 전화 수요를 분담하기 위하여 신설되었다(1982년). 이때 국사는 대지 1,031평을 확보하여 건축하고, 당시 동래전화국 관내의 11개동에 전화공급을 하는 것으로 정하였으며, 그 세부계획(1982년- 1996년)은 동래전화국 편에 소개되어 있다. 1981년부터 이동식교환기 2천 회선을 운용해오다가 1982년도 전자교환기 공급사업(82-KTC-180K)으로 전자교환기(M10CN) 2만 회선을 개통하였다(1982. 12). 이때 새로운 국번호(512/513)를 부여 사용하였으며, 동래전화국의 일부 구역을 수용하였다. 이어서 1983년도 전자교환기 공급사업(83-KTC -124k)으로 다시 1만 회선을 증설하여 514국으로 개통하였다(1984. 1). 이때 이동식 2천 회선을 철거하였다.

(16) 범일전화국

1970년 범일전신전화국이 신설되었다. 그 후 1980년대 초반까지 기계식 자동교환기(EMD방식) 5만 회선을 운용하고 있었다(1981. 12). 이때 1980년도 전자교환기 공급사업(80-1차KTC-40k)이 추진되면서 부산지역에서는 1차로 범일전화국에 전자식(M10CN) 1만 회선을 공급 개통하였다(1981. 3). 또한 신방식의 전자교환기를 위한 국간중계망 증설공사를 시행하였다(1981. 12-1982. 4). 이때 서울, 대전, 광주, 대구, 전주 등 5대도시 DDD구간에 요금이 기록되지 않는 사고가 발생하였다(1982. 1. 6). 이 사고는 요금 이의신청에 대한 원인조사 중 발견되었는데 조사결과 사고와는 관련 없이 타 업무수행 중 회복된 것으로 확인되었다(1982. 3. 23).

당시 사고의 세부적 원인을 보면 국간중계시설 증설공사로 인한 데이터파일 작업 시 루트번호 테이블 어드레스 98개 중 기사용분 85개를 제외하면 여유분이 13개인데도 27개를 추가 기록함으로서 과금 테이블 어드레스 14개에 루트번호 내용이 기록되어 발생하였다. 이로 인한 요금손실액은 약 110백만 원으로 추정되었다. 당시 전자교환기 설치공사의 처리과정을 살펴보면 다음과 같다.

① 복국지에 전자교환기의 공급목표량이 결정되면 국별 규격서를 작성하며, 여기에는

각 루트별 중계회선수와 출입중계통화량이 기록된다. 이일은 중앙건설사무소에서 KETRI에 의뢰하여 작성하였으며 KETRI는 통화량에 의해 국별 루트별 출입중계회선수를 산출하였다. ② 소요물량은 KTC에 의뢰하여 산출하였으며 이때 KTC는 국별 규격에 따라 설계용 프로그램을 이용하였다. KTC에서 구매계약에 필요한 물자 및 기술자료 내역을 중앙건설사무소에 제출하였다. ③ 전자교환시설의 시공은 KTC가 담당하였으며 이에 따른 국간중계 시설공사의 세부설계 및 자료의 수정도 KTC에서 하였다. 또한 현장에서 데이터 변경작업도 KTC 공사원이 수행하였다.

이러한 배경에서 요금 미기록 사고에 대한 원인을 분석하였다. KTC는 봉천전화국, 광장전화국, 범일전화국의 전자교환기 본체공사의 경험만 있을 뿐 이번 국간 중계시설공사는 처음 시공해본 것이었다. 따라서 운용 중인 시스템의 데이터를 변경해야하므로 많은 주의가 필요하나 소홀히 취급하였으며, 소프트웨어 부문은 전문적인 데이터 파일 재작성이 필요하나 본체공사 경험만 믿고 국간 중계시설공사를 경시한 것으로 확인되었다.

또한 제1기종(M10CN)의 MMC방법이 복잡하고 과기록(over write) 방지기능도 미비하였으며 소프트웨어 프로그램의 완전 해득이 미흡하였다는 문제도 파악되었다. 특히 우리 기술진의 소프트웨어 기량 미숙이 현실로 들어나면서 BTM으로부터 1984년까지 관련기술을 지원받도록 하였다. 한편 중앙건설사무소 상황을 보면 공사감독은 현장 상주가 원칙이나 시행하고 있는 공사건수가 과다한 상황에서 1981년도 정산업무관계로 계속 상주를 못하고 있는 실정이었다. 특히 소프트웨어 부문에 대하여는 기술수준 상 감독한다는 것이 전혀 불가능한 일이었다(범일국 M10CN국간중계공사 하자발생조사, 1982. 6, 한국전기통신공사 계획국).

1980년대 초 범일전화국 관할지역의 급증하는 전화수요를 분담하기 위해 인근에 대연전화국을 신설하였다(1982년). 1981년 말 범일전화국의 시설수는 전자식 1만 회선, 자동식 5만 회선을 운용하고 있었다. 이때 범일전화국과 대연전화국의 전화 수요분담계획(1982년-1996년)은 <표 9-50>과 같이 결정하였다.

<표 9-50> 범일전화국과 대연전화국의 전화 수요분담계획

구분	1981년	1982년	1984년	1986년	1991년	1996년
범일전화국	60,000	54,200	71,700	94,100	158,100	211,100
대연전화국	-	28,600	40,500	53,900	90,400	118,200
계		82,800	112,200	148,000	248,500	329,300

이에 따라 범일전화국에는 1982년도 전자교환기 공급사업(82-KTC-180k)에 의해 다시 전자식 1만 회선(643국)을 증설 개통하였다(1982. 11). 이 공사는 SST에서 시공하였으며, 당시 공사감독은 구자문이 수행하였다. 이때부터 총 7만 회선을 운용하게 되었다(1983. 12).

그 후 다시 전자식 1만 회선을 증설하였으며(1986년), 교환시설 규모는 자동식 5만 회선, 전자식 3만 회선 등 총 8만 회선으로 늘어났으며, 가입자케이블은 총 151,800회선을 운용하였다(1987. 12). 또한 범일전화국에서 범일정차장까지의 지하철병행 통신구(315m)도 건설하였다(1987년).

1990년대 중반에는 교환시설 15만 회선 이상(분국 포함)을 운용하는 대형전화국이 되었다(1996. 1. 31). 한국전기통신공사 창립 첫해인 1982년 범일전신전화국장은 주정회(3급행정)로 보직되었다. 그 후 1990년 범일전화국 간부진은 국장 곽규영, 총무부장 전용현, 영업부장 김은배, 기계부장 정영화, 선로부장 김정화, 대연분국장 배인환으로 보임되었다. 1995년에는 국장 최동윤, 관리부장 이식우, 영업부장 심태권, 교환기술부장 김채상, 전송기술부장 강정희, 대연분국장 권영복이 재직하였다.

이어서 1997년에는 국장 김길웅, 마케팅부장 한점석, 고객지원부장 박달근, 교환기술부장 이상곤, 전송기술부장 윤종률, 대연분국장 김광웅으로 보임되었다. 주소는 부산직할시 동구 범일동 830-29로 되어 있었고, 그 후 동구 범일2동 830-29로 되었다가(1990년) 다시 부산광역시 동구 범일2동 830-29로 바뀌었다(1995년). 당시 명칭은 범일전신전화국이었으며(-1990년) 이듬해부터 범일전화국으로 변경되었다(1991년-1999년). 민영화 이후 kt남부산지사로 되었다(2015년).

(17) 부곡전화국/금정전화국

1980년대 초반까지 기계식 자동교환기(EMD방식) 1만9천 회선을 운용하고 있었다(1981. 12). 다음 해 다시 6천 회선을 증설하여 자동식 2만3천 회선으로 늘어나게 되었다(1982년). 이후 1983년 전자교환기 공급사업(83-KTC-124k)에 의해 전자식(M10CN) 1만6천 회선을 공급 개통하였다. 이때 국번호는 522국과 523국을 사용하였다(1984. 2). 이 공사는 SST에서 시공하였으며, 당시 공사감독은 중앙건설사무소 시설본부 통신기술직(김영수)이 수행하였다.

그 후 한동안 자동식 2만3천 회선, 전자식 2만6천 회선 등 총 4만9천 회선을 운용하였다(1986년-1987년). 이어서 전자식(TD) 1만 회선을 공급하여 6만5천 회선으로 늘어나게 되었으며(1987. 12), 이를 위한 가입자케이블은 121,900회선을 운용하였다(1987년). 이처럼 시설 규모가 늘어남에 따라 발동발전기도 기존의 소용량(250KW)에서 중용량(500KW)으로 교체하였다(1987년).

한편 1986년-1987년 전자교환기(M10CN)을 운용 중인 부곡전화국을 모국으로 하여 노포에 원격교환장치(RSU) 1,800회선을 공급하여 자국으로 운용하였다. 또한 1980년대 후반에는 당시 변두리 지역인 금성, 조병창 등 2개 지역에 전송로집선장치(L/C)를 설치하여 자동전화를 공급하였다. 주소는 부산시 금정구 부곡동 63-1이었다.

(18) 부산전화국

1950년 부산전화국이 신설되었다. 이 전화국은 부산시내 상업 중심지역을 관장하고 있었으며, 1980년대 초반까지 기계식 자동교환기(EMD방식) 1만8천 회선을 운용하고 있었다(1981. 12). 이어서 2천 회선을 증설하여 그때부터 자동식 2만 회선을 운용하였으며, 이때 국사는 충만 상태가 되었다(1982년). 이런 상황이다 보니 1983년부터 전화적체가 발생하기 시작하여 그 후 2년 사이에 상당히 많은 전화적체(3,400건)가 누적되어 가고 있었다(1984. 12). 이를 해소하고자 일부 구역을 인근 아미전화국으로 수용 변경하였다. 또한 국간거리 2.0Km 정도로 인근에 위치한 중부산전화국에서 부산전화국 전화신청자들을 수용하여 이를 해소하였다.

이후 상당 기간 자동식교환기 2만 회선, 가입자케이블 36,700회선을 가지고 운용하였다(1987년). 이러한 문제를 근본적으로 해결하고자 한국통신은 1980년대 중반 부산 및 대구통화권 시내전화 장기치국계획을 수립하였다(시내전화 장기치국계획, 1985. 12. 19, 한국통신 계획국). 이때 부산전화국의 기계식 자동교환기(EMD방식) 2만 회선을 철거한 후 가입자는 아미전화국으로 통합하는 방침을 결정하였다. 한편 기계식 자동교환기의 철거시점, 건물사용계획은 별도 검토하는 것으로 하였다. 그 후 1980년대 후반 한국통신은 부산전화국의 기계식 교환시설을 철거하는 시점에 가입자는 아미전화국으로 통합한 후 폐국하는 방침을 세웠다.

그리고 아미전화국을 부산전화국으로 개명하는 것으로 결정하였다(시내전화 장기치국계획, 1987. 1, 한국전기통신공사). 이상 2개의 시내전화 장기치국계획의 주관부서 및 결재자는 제9장 말미의 참고자료 편에 기록되어 있다. 이처럼 추진되어 부산전화국은 1990년대 중반에는 교환시설 5만 회선 이상(분국 포함)을 운용하는 중형전화국이 되었다(1996. 1. 31). 그 후 1990년대 후반에 전자교환기(TX) 5천 회선을 증설 개통하였다(1998. 1. 31). 그러나 1997년 말 당시 IMF 체제로 인하여 경기가 침체되고 각종 지역개발계획의 변경 등으로 수요가 급격히 감소하였다. 이때 이미 개통된 시설이나 공사 중인 시설에 상당한 여유가 발생하는 바람에 이를 차기 사업에 재활용 추진하였다.

1990년 부산전화국 간부진은 국장 이윤권, 총무부장 공석, 영업부장 전경상, 기술부장 이한규, 초량분국장 유근우로 보직되었다. 1995년에는 국장 주진수, 업무부장 손영길, 기술부장 김재수가 재직하였다. 그 후 1997년에는 국장 박영의, 마케팅부장 김상춘, 고객지원부장 박현근, 시설운용부장 고순산으로 보임되었다.

주소는 처음에는 부산직할시 중구 창선동2가 5이었으며, 얼마 후 중구 중앙동4가 77-5로 바뀌었다(1990년). 그 후 한때 동구 초량1동 1209-5로 변경되었다가(1992년), 다시 중구 중앙동4가 77-5로 되돌아왔다(1993년). 그런 다음 행정구역개편에 따라 부산광역시 중구 중앙동4가 77-5로 되었다(1995년). 그리고 명칭은 1990년까지 부산전신전화국이었으며, 이후 부산전화국으로 변경되었다(1990년-1999년). 2000년대에는 부산전화국의 명칭은 없어지고, 이 자리에 「리마크빌 부산역」을 건축 운영하고 있다.

(19) 부산진전화국

1956년 부산전화국 부산진분국으로 신설되었으며 1981년까지 기계식 자동교환기(EMD방식) 2만9천 회선을 운용하다가 1982년에 1,000회선을 증설하여 자동식은 3만 회선을 운용하였다. 이어서 1981년도 전자교환기 공급사업(81-KTC-120k)으로 전자식(M10CN) 1만 회선을 공급하여 개통하였다(1982. 1). 이 사업은 당초 1981년 말에 개통예정이었으나 건물 관계로 착공이 지연되어 늦어지게 되었다. 그러나 그해 말 5,290건의 적체가 발생하여(1982. 12), 1983년도 전자교환기 공급사업(83-KTC-120k)으로 다시 2만 회선(803국, 804국)을 증설하여 이를 해소하였다(1983. 10).

다음 해 4층에 1만4천 회선(805국, 806국)을 증설하여 그때부터 총 7만4천 회선을 운용하였다(1984, 12). 이때 부전2동, 범전동, 범전4동 일부 가입자(5,750)를 범일전화국으로부터 변경 수용하였다. 그 후 자동식 3만 회선, 전자식 6만4천 회선 등 총 9만4천 회선을 운용하였다(1986년-1987년). 이에 따른 가입자케이블은 7,200회선을 증설하여 총 135,000회선으로 늘어나게 되었으며(1987년), 1990년대 중반에는 교환시설 15만 회선 이상(분국 포함)을 운용하는 대형전화국이 되었다(1996. 1. 31).

주소는 당초 부산직할시 부산진구 부전동 134로 되어 있었고, 그 후 부산진구 부전1동 134로 되었다가(1992년), 행정구역개편에 따라 부산광역시 부산진구 부전1동 134로 바뀌었다(1995년). 당시 명칭은 1990년까지 부산진전신전화국이었으며 이후 부산진전화국으로 변경되었다(1990년-1999년). 1990년 부산진전화국 간부진은 국장 정영호, 총무부장 공석, 영업부장 손영길, 기계부장 백두용, 선로부장 강한석으로 보직되었다.

1995년에는 국장 조정태, 관리부장 홍우석, 영업부장 문봉기, 안내부장 공석, 교환기술부장 김준곤, 전송기술부장 박정렬, 가야분국장 이한규가 재직하였다. 그 후 1997년에는 국장 정기효, 마케팅부장 정진병, 고객지원부장 이한웅, 교환기술부장 김채상, 전송기술부장 조상래, 가야분국장 강한석으로 보임되었다. 그리고 민영화 이후에는 KT부산진지점이 되었다(2015년).

(20) 사상전화국

1961년 부산전화국 북부산분국으로 자동전화(EMD방식) 1,500회선을 개통하였다. 그 후 1976년 사상전화국으로 개국되었다. 1980년대 초반까지 기계식 자동교환기(EMD방식) 2만6천 회선을 운용하였다(1981. 12). 이때 2,490건의 전화적체가 쌓이기 시작하였다(1982. 12). 1980년대 초 사상전화국 관할지역의 급증하는 전화 수요를 분담하기 위해 인근에 구포전화국을 신설하였다(1982년). 이때 사상전화국과 구포전화국의 전화수요 분담계획(1982년-1996년)를 보면 <표 9-51>과 같다.

1981년 말 사상전화국의 시설 수는 자동식 2만6천 회선을 운용하고 있었다. 또한 가입자케이블 28,800회선을 증설하였다(1983. 2). 이 공사는 홍성기업에서 시공하였으며, 당시 공사감독은 중앙건설사무소 김형일이 수행하였다. 한편 1983년 국사 992.5m²를 증축하였다(1983. 4). 이 공사는 신한건설에서 시공하였으며, 당시 공사감독자는 중앙건설사무소 송인택이 지정되었다.

<표 9-51> 사상전화국과 구포전화국의 전화수요 분담계획

구분	1981년	1982년	1984년	1986년	1991년	1996년
사상전화국	26,000	32,700	48,300	66,500	103,200	145,500
구포전화국	-	11,200	19,100	31,000	50,300	66,200
계		43,900	67,400	97,500	153,500	211,500

이러한 상황에서 1983년도 전자교환기 공급사업(83-GSS-90k)에 의해 처음으로 전자식(No1A) 2만 회선을 완제품으로 구매하여 개통하였다(1983. 10). 이 공사는 GSS에서 시공하였으며, 당시 공사감독은 중앙건설사무소 시설본부 통신기술직(이윤우)이 수행하였다. 이때 새로운 국번호(322국, 323국)를 부여하였으며, 그때부터 총 4만6천 회선을 운용하였다. 전자교환기 초기신설 2년 후 전자식 1만4천 회선을 증설하였으며(1985년), 이어서 전자식 1만6천 회선(327국)을 공급하였다(1987년).

이때 올림픽 통신용으로 39회선을 확보하였으며, 시설규모는 자동식 2만6천 회선, 전자식 5만8천 회선 등 총 8만4천 회선으로 늘어났다(1987년. 12). 한편 가입자케이블 12,300회선을 증설하여 총 117,300회선으로 늘어나게 되었으며, 사상전화국과 시외전화국 간(14.6Km)에 통신망 이원화를 위해 광케이블(36코어)을 건설하였다(1987년). 1990년대 중반에는 교환시설 15만 회선 이상(분국 포함)을 운용하는 대형전화국이 되었다(1996. 1. 31).

1990년 사상전화국 간부진은 국장 이상곤, 총무부장 장종배, 영업부장 장무현, 기계부장 이쾌희, 선로부장 정환영, 구포분국장 황상표, 대저분국장 이수채로 보직되었다. 그 후 1995년에는 국장 주영원, 관리부장 손창규, 영업부장 박인규, 교환기술부장 정영화, 전송기술부장 김상조, 덕포분국장 김정화가 재직하였다. 이어서 1997년에는 국장 윤영근, 마케팅부장 이규홍, 교환기술부장 정영화, 전송기술부장 박보건, 덕포분국장 김준곤으로 보임되었다.

주소는 부산직할시 북구 학장동 281-9로 되어 있었고, 그 후 부산광역시 북구 학장동 281-9로 바뀌었다가(1995년) 다시 부산광역시 사상구 학장동 281-9로 되었다(1997년). 명칭은 1990년까지 사상전신전화국이었으며, 이후 사상전화국으로 변경되었다(1990년-1999년). 민영화 이후에는 kt북부산지점이 되었다(2015년). 그러나 부산시내버스 안내표지판과 안내방송에는 여전히 사상전화국으로 시민들에게 알리고 있었다(2017. 11).

(21) 사직전화국

1980년대 중반 한국통신은 부산 및 대구통화권 시내전화 장기치국계획을 수립하였다. 당시 사직동 지역에 부산시 종합경기장이 건설되고 있었으며, 이에 따른 주변지역의 전화수요가 급증하였다. 그러나 기존국사는 용량이 부족한 실정이어서 부산시 동래구 사직동에 15만 회선 규모의 사직전화국을 1988년에 신설 개통하는 것으로 결정하였다(시내전화 장기치국계획, 1985. 12. 19, 한국통신 계획국). 이 장기치국계획의 주관부서 및 결재자는 제9장 말미의 참고자료 편에 기록되어 있다. 이 전화국은 대용량 국사(TD 15만회선 규모)로 계획하여 지하 1층-지상 3층 건물(4,400m^2)로 설계하여, 1987년에 착공하여 1988년에 준공하였다.

(22) 사하전화국

사하전화국은 1990년대 중반에는 교환시설 15만 회선 이상(분국 포함)을 운용하는 대형 전화국이 되었다(1996. 1. 31). 그 후 1990년대 후반에 전자교환기(TX) 3,500회선을 1998년 3월 개통으로 추진하다가 IMF사태로 인한 수요 급감으로 공사를 중단하였다(1998. 3). 주소는 부산광역시 사하구 괴정4동 578-1로 되어 있었고, 그 후 사하구 당리동 336-3으로 되었다가(1998년) 다시 사하구 괴정4동 578-1로 되돌아 왔다(1999년). 개국 초기에는 아미전화국 사하분국으로 운영되었으며, 1990년 분국장은 2급통신기술(권영근)로 보직되었다. 그 후 사하전화국으로 승격되었다(1995년-1999년). 1997년 사하전화국 간부진은 국장 권경택, 마케팅부장 선동수, 교환기술부장 홍병수, 전송기술부장 배인환, 장림분국장 이덕종으로 보임되었다.

(23) 수영전화국

수영전화국은 해운대전화국 관할지역의 급증하는 전화 수요를 분담하기 위해 신설되었다(1983년). 이때 대지 1,049평을 확보하여 국사는 1982년 12월에 준공되었으며, 신설되는 수영전화국은 당시 해운대전화국 관내의 4개동과 연산전화국 관내의 5개동에 전화공급을 담당하는 것으로 정하였다. 이때 해운대전화국과 수영전화국의 전화수요 분담계획(1982년-1996년)은 해운대전화국 편에 소개되어 있다.

이후 1984년도 전자교환기 사업계획(84-GSS-50k)에 의해 전자식(No1A) 2만 회선을 신축국사 2층에 설치하여 새로운 국번호(752국, 753국)로 개통하였다(1984. 6). 이때 인근 지역인 광안1동, 광안2동, 광안3동 일부, 민락동의 가입자(10,800)를 해운대전화국으로부터 받았다. 동시에 광안1동, 광안2동, 광안3동 일부, 수영동의 가입자(15,700)를 연산전화국으로부터 넘겨받아 수용하였다. 다음 해에 다시 2만 회선을 공급하였으며(1985년), 이후 한동안 4만6천 회선을 운용하였다(1987년). 한편 가입자케이블은 86,400회선을 운용하였으며(1986년-1987년), 그 후 전자교환기 2,300회선을 증설 개통하였다(1996. 8).

이 전화국은 부산직할시 남구 수영동 458-8에 있었으며, 얼마 후 수영구 수영동 458-8로 바뀌었다(1998년). 개국 후 상당 기간 연산전화국 수영분국으로 운용되었으며, 당시 분국장은 2급통신기술(유식)이 재직하였다. 1995년 분국장은 2급(박우식)으로 보직되었다. 이후 1997년에는 연산전화국 소속의 수영전화국으로 운영되었으며 국장은 2급통신기술(최정옥)로 보임되었다. 그 후 수영전화국으로 승격되었으며(1999년), 민영화 이후에는 kt수영지점이 되었다(2015년).

(24) 아미전화국

1976년 아미전화국이 개국된 후 1980년대 초반까지 기계식 자동교환기(EMD방식) 2만7천 회선을 운용하고 있었다(1981. 12). 당시 정부의 통신망 현대화계획에 따라 1981년도 전자교환기 공급사업(81-KTC-120k)이 추진되었다. 이 계획에 따라 아미전화국에 전자식(M10CN) 2만 회선을 공급 개통하였다(1982. 7). 또한 1983년 본 건물 2,589m^2, 부속건물 324m^{2}를 증축하였다(1983. 12). 이 공사는 호정개발에서 시공하였으며, 당시 공사감독은 중앙건설사무소 김영학이 수행하였다. 이어서 1984년에는 전자교환기 1만 회선을 증설하였다(1984. 7).

1986년 한국통신은 부산 및 대구통화권 시내전화 장기치국계획을 수립하였다. 당시 부산전화국의 기계식 자동교환기 2만 회선을 아미전화국으로 통합하는 방침을 결정하였다. 이때 통합시기는 별도 검토하는 것으로 하였다(시내전화 장기치국계획, 1985. 12. 19, 한국통신 계획국). 이에 따라 1980년대 후반 한국통신은 부산전화국의 기계식교환시설을 철거하는 시점에 가입자는 아미전화국으로 통합한 후 폐국하는 방침을 세웠다.

또한 아미전화국을 부산전화국으로 개명하는 것으로 결정하였다(시내전화 장기치국계획, 1987. 1, 한국전기통신공사). 이상 2개 시내전화 장기치국계획의 주관부서 및 결재자는 제9장 말미의 참고자료 편에 기록되어 있다. 1987년에는 다시 전자식 1만 회선을 증설하였으며, 이때 부산전화국 관할이었던 부민동, 부용동, 경남도청지역 등 이 구역 가입자(2,320)를 수용하였으며, 이때부터 총 5만7천 회선으로 늘어나게 되었다(1987. 7).

한편 가입자케이블 81,600회선을 운용하였으며, 아미전화국과 시외전화국 간(3.2Km)에 국간통신용으로 광케이블(18코어)을 건설하였다(1987년). 1990년대 중반에는 교환시설 10만회선 이상(분국 포함)을 운용하는 중대형전화국이 되었다(1996. 1. 31). 그 후 1990년대 후반에 전자교환기(TB) 200회선을 증설 개통하였다(1998. 2. 23). 이어서 전자교환기(TX) 1,800회선을 공급하여 1998년 8월 개통예정으로 추진하다가 당시 IMF체제로 인해 경기가 침체되고 각종 지역개발계획의 변경 등으로 수요가 격감하는 바람에 도중에 취소하였다. 이때 이미 개통된 시설이나 공사 중인 시설에 상당한 여유가 발생하는 바람에 이는 차기 사업에 재활용 추진하였다.

1990년 아미전화국 간부진은 국장 강재희, 총무부장 이병렬, 영업부장 강호준, 기계부장 박효탁, 선로부장 정장부, 사하분국장 권영근, 장림분국장 박우식으로 보직되었다. 1995년에는 국장 이종학, 관리부장 김문식, 영업부장 이철도, 교환기술부장 배준희, 전송기술부장 김화상이 재직하였다. 이어서 1997년에는 국장 장세랑, 마케팅부장 김판숙, 교환기술부장 윤정욱, 전송기술부장 성승한으로 보임되었다.

주소는 당초 부산직할시 서구 아미동1가 3으로 되어 있었고, 몇년 후 서구 아미동1가 6으로 되었다(1992년). 다시 서구 아미동1가 1로 바뀌었다가(1993년), 얼마 후 부산광역시 서구 아미동1가 1로 되었다(1995년). 그리고 명칭은 아미전신전화국이었으며(-1990년), 다음 해부터 아미전화국으로 변경되었다(1991년-1999년). 그리고 민영화 이후 kt서부산지사가 되었다(2015년). 그러나 얼마 지나지 않아 이 전화국 건물은 부산대학교 병원에 매각되었다(2017. 11).

(25) 연산전화국

1981년 말까지 기계식 자동교환기(EMD방식) 4만 회선을 운용하다가 1981년도 전자교환기 공급사업(81-KTC-120k)에 의해 연산전화국에 전자식(M10CN) 1만 회선을 공급 개통하였다(1982. 5). 다시 1983년도 전자교환기 공급사업(83-KTC-120k)이 추진되면서 1만 회선(863국)을 증설 개통하였다(1983. 6). 이 공사는 SST에서 시공하였으며, 공사감독은 중앙건설사무소 시설본부 통신기술직(김영수)이 수행하였다.

1984년에는 1만 회선(864국)을 4층에 증설 개통하여 총 7만 회선을 운용하게 되었다(1984. 11). 그리고 인근의 수영전화국이 신설 개국됨에 따라 망미동 지역의 약 6,600가입자를 수용 변경하였다(1984. 5). 그 후 한동안 자동식 4만 회선, 전자식 5만8천 회선, 가입자케이블 148,200회선을 운용하였다(1986년-1987년). 그때 연산전화국 인입통신구(482m)를 건설하였다(1987년). 1990년대 중반에는 교환시설 20만회선 이상(분국 포함)을 운용하는 부산에서는 가장 큰 초대형전화국이 되었다(1996. 1. 31).

한국전기통신공사 창립 첫해인 1982년 연산전신전화국장은 임재오(3급기술)로 보직되었다. 그 후 1990년 연산전화국 간부진은 국장 김충실, 총무부장 최규선, 영업부장 문봉기, 기계부장 이덕종, 선로부장 김화상, 수영분국장 유식, 미남분국장 손재복으로 보직되었다. 그리고 1995년에는 국장 최상남, 관리부장 김기정, 영업부장 최송무, 기술부장 최정옥, 수영분국장 박우식, 미남분국장 박해윤이 재직하였다. 1997년에는 국장 주진수, 마케팅부장 최봉석, 고객지원부장 김문식, 시설운용부장 김지홍, 수영전화국장 최정옥, 미남분국장 배준희로 보임되었다.

이 전화국은 부산직할시 동래구 연산동 840-4에 있었으며, 그 후 동래구 연산2동 840-4로 되었다가(1992년), 다시 부산광역시 연제구 연산2동 840-1로 바뀌었다(1995년). 그리고 국명은 연산전신전화국이었으며(-1990년), 이듬해부터 연산전화국으로 변경되었다(1991년-1999년). 그리고 민영화 이후에는 kt연산지점이 되었다(2015년). 그러나 얼마 지나지 않아 이 전화국 건물은 일반인에게 매각되었다(2017. 11).

(26) 영도전화국

1974년 영도전신전화국이 개국되었으며 1980년대 초반까지 자동식교환기(EMD방식) 2만2천 회선을 운용하였다(1981. 12). 다음 해 자동식 7천 회선을 증설함으로서 2만9천 회선으로 늘어났다(1982년). 그러나 1982년부터 전화적체가 발생하기 시작하였고, 이를 해결하기 위해 1983년도 전자교환기 공급사업(83-KTC-124k)에 반영하여 처음으로 전자교환기(M10CN) 1만 회선(412국)을 공급 개통하여 그동안의 전화적체를 해소하였다(1983. 11). 이 공사는 SST에서 시공하였으며, 당시 공사감독은 중앙건설사무소 시설본부 통신기술직(조성구)이 수행하였다.

한편 1983년도 사업으로 영도전화국의 인입통신구 230m를 건설하였다(1983. 11). 이 공사는 대화건설에서 시공하였으며, 공사감독은 중앙건설사무소 박해용이 수행하였다. 이때 전자식 6천 회선(413국)을 4층에 증설하였다(1984. 10). 그 후 한동안 교환시설은 4만5천 회선을 운용하였으며(1987년), 가입자케이블은 66,600회선을 운용하였다(1986년-1987년). 한편 동삼지역에는 도시형 AXE-10 교환기(가반형) 1대를 1990년대 중반까지 운용하였으며, 동시에 TDX-1A 가반형 교환기 1대도 운용하였다(1996. 5). 1990년대 중반에는 교환시설 5만 회선 이상(분국 포함)을 운용하는 중형전화국이 되었다(1996. 1. 31).

1990년 영도전화국 간부진은 국장 심동, 총무부장 공석, 영업부장 최영달, 기계부장 이상환, 선로부장 김광웅으로 보직되었다. 그 후 1995년에는 국장 조세을, 업무부장 김은배, 기술부장 양해린이 재직하였으며, 1997년에는 국장 조권제, 마케팅부장 박주영, 시설운용부장 양해린, 동삼분국장 3급통신기술(공석)로 보임되었다. 이 전화국은 부산직할시 영도구 남항동1가 49에 있었으며, 그 후 부산광역시 영도구 남항동1가 49로 바뀌었다(1995년). 국명은 1990년까지 영도전신전화국이었으며, 이후 영도전화국으로 변경되었다(1990년-1999년). 그러나 얼마 지나지 않아 이 전화국 건물은 일반인에게 매각되었다고 한다(2017. 11).

특히 영도구 동삼동에 있는 국립해양박물관 앞에는 2018년에 세운 영도를 상징하는 절영마(絕影馬) 조각상이 있는데 여기에는 영도를 소개하는 글이 다음과 같이 새겨져 있다.

<절영마 소개글> 봉래산 기슭의 경사지 일대에는 맹수들의 접근이 어려워 삼국시대부터 관영목장(官營牧場)의 최적입지로 명마를 키워낸 국마장이 있었습니다. 영도의 옛 이름 절영도(絕影島)라는 지명은 영도의 국마장에서 기른 말이 하도 빠르게 달려 그림자가 따라가

지 못해 땅에 비치지 않았다고 붙여진 이름입니다. 삼국사기에 따르면 신라 성덕왕은 김유신의 공을 기려 그의 손자 김윤중에게 절영마를 하사하였고 고려사에는 견훤이 왕건에게 절영마를 선물했다가 이것이 고려에 가면 백제가 망한다는 도참설에 의해 다시 돌려 받았다는 기록이 전해지고 있습니다. 이처럼 절영도의 명마는 나라의 흥망과 국운을 상징할 정도로 유명하였다는 사실을 알 수 있습니다. 하루에 천리를 달리는 절영마의 기운을 받아 신 해양산업의 중심지인 이곳 동삼혁신도시의 무궁한 발전을 기원코자 이 상(像)을 세웁니다. <2018. 12. 27, 영도상징절영마 건립추진위원회>

(27) 장림전화국/ 다대포전화국

1980년대 중반 한국통신은 부산 및 대구통화권 시내전화 장기치국계획을 수립하였다. 당시 다대포 장림지역에는 장림공단 및 중소어업단지가 조성되는 바람에 이 지역에 대한 통신시설공급이 필요하였다. 그러나 기존국사는 용량이 부족한 실정이어서 부산시 사하구 장림동에 7만회선 규모의 다대포전화국을 1988년에 신설 개통하는 것으로 결정하였다(시내전화 장기치국계획, 1985. 12. 19, 한국통신 계획국). 이 시내전화 장기치국계획의 주관부서 및 결재자는 제9장 말미의 참고자료 편에 기록하였다.

이 전화국은 지하 1층-지상 3층 건물(3,000m^2)의 중용량 국사(TD 7만 회선 규모)로 계획되었으며, 1987년에 착공하여 1988년에 준공되었다. 1990년대 후반 당초 전자교환기(SE) 5,000회선을 공급할 계획으로 추진하였으나 IMF사태에 의한 수요 감소로 공급량을 축소하여 2,400회선을 개통하였다(1998. 10).

주소는 부산직할시 사하구 장림2동 185-9로 되어 있었다. 개국 초기에는 아미전화국 장림분국으로 운영되었으며, 1990년 분국장은 2급통신기술(박우식)로 보직되었다. 그 후 사하전화국 장림분국으로 변경되었으며(1995년-1999년), 1995년 장림분국장은 2급(정환영)이 재직하였다. 이어서 1997년 분국장은 2급통신기술(이덕종)로 보직되었으며, 민영화 이후에는 kt장림지점이 되었다(2015년).

(28) 재송전화국

1980년대 중반 한국통신은 부산 및 대구통화권 시내전화 장기치국계획을 수립하였다. 당시 재송동 지역에는 수영 해안개발로 올림픽 요트경기장 등 위락관광단지로 조성되고 있어 전화수요가 증가하였다. 이에 따라 부산시 해운대구 재송동에 10만회선 규모의 재송전화국을 1991년에 신설 개통하는 것으로 결정하였다(시내전화 장기치국계획, 1985. 12. 19, 한국통신 계획국). 1987년 한국통신은 시내전화 장기치국계획을 수립하였으며 이때 수요변동으로 전화국 규모는 10만 회선으로 조정되었다(시내전화 장기치국계획, 1987. 1, 한국전기통신공사).

이상 2개 시내전화 장기치국계획의 주관부서 및 결재자는 제9장 말미의 참고자료 편에 기록하였다. 이에 맞추어 1987년에 대지(4,000m^2)를 매입하였다. 1990년대 후반 전자교환기(TXN) 2천 회선을 공급하여 1998년 2월 개통예정으로 추진하다가 IMF사태로 인한 수요가 격감하는 바람에 도중에 취소하였다. 이 전화국은 부산시 해운대구 재송2동 1043-2에 있었으며, 당시 해운대전화국 재송분국으로 운영되었다(1995년-1998년). 이후 국명이 재송전화국으로 변경되었으며(1999년), 민영화 이후에는 kt재송지점이 되었다(2015년).

(29) 중부산전화국

이 전화국은 부산시내 상업 중심지역에 위치하고 있었으며, 인근에 부산전화국(국간거리 2.0Km)과 초량전화국(국간거리 0.7Km)을 두고 있었다. 1980년대 초반까지 기계식 자동교환기(EMD방식) 1만6천 회선을 운용하였다(1981. 12). 이때 정부의 시내전화 현대화계획에 따라 1981년도 전자교환기 공급사업(81-KTC-120k)에 포함되어전자식(M10CN) 1만 회선을 공급 개통하였다.(1981. 12), 이후 이 전화국의 트렌치 지지철물을 증설하고 인입통신구를 확장하면 초량전화국과의 통합이 가능한 것으로 검토 추진하였다.

이어서 1983년도 사업(83-BTM-90k)에 의해 다시 전자식 1만 회선(463국)을 증설 개통하였다(1983. 7). 이 공사는 SST에서 담당 시공하였으며, 공사감독은 중앙건설사무소 시설본부 통신기술직(김영수)이 수행하였다. 이때 상당한 여유시설(11,000회선)을 보유하게 되어 초량전화국 지역의 전화수요를 수용 지원하였다. 그리고 자동식 6천 회선(45국)을 철거하였으며 이듬해까지 여유시설(8,700회선)을 운용하였다(1984. 12). 그 후 상당기간 자동식 1만 회선, 전자식 2만 회선, 가입자케이블 54,000회선을 운용하였다(1987년).

한편 1980년대 중반 한국통신은 부산 및 대구통화권 시내전화 장기치국계획을 수립하였다. 이때 초량전화국의 기계식 자동교환기(EMD방식) 2만 회선을 철거한 후 가입자는 중부산전화국으로 통합하는 방침을 결정하였다(시내전화 장기치국계획, 1985. 12. 19, 한국통신 계획국). 이 계획의 주관부서 및 결재자는 제9장 말미의 참고자료 편에 기록되어 있다. 이 전화국은 중구 영주동에 있었으며, 민영화 이후 kt중부산지점이 되었다(2015년).

(30) 청룡전화국

1990년대 후반에 전자교환기(TB) 1,200회선을 증설 개통하였다(1998. 2. 28). 그러나 1997년 말 당시 IMF체제로 인해 경기가 침체되고 각종 지역개발계획의 변경 등으로 수요가 급격히 감소하였다. 이런 영향으로 이미 개통된 시설이나 공사 중인 시설에 상당한 여유가 발생하는 바람에 이는 차기 사업에 재활용 추진하였다. 주소는 부산직할시 금정구 청룡동 57-16이었고, 당시 동래전화국 청룡분국으로 운용되고 있었다(1995년-1998년). 1995년 청룡분국장은 3급으로 보직되었으며, 1997년 분국장에는 3급통신기술(공석)이 재직하였다. 그 후 국명이 청룡전화국으로 변경되었다가(1999년), 민영화 이후 KT청룡분국이 되었다(2015년).

(31) 초량전화국

이 전화국은 부산 시내 상업 중심지역에 자리하고 있었으며 인근에 중부산전화국을 두고 있었다(국간거리 0.7Km). 1980년대 초반까지 기계식 자동교환기(EMD방식) 2만 회선을 운용하고 있었으며 이때 이미 국사는 충만 상태에 있었다(1981. 12). 이러한 상황에서 이 지역 전화공급을 위해 한국전기통신공사 부산지사에서는 중부산전화국에 전자식 2만 회선을 증설한 후 초량전화국 자동식 2만 회선을 철거를 추진하였다. 이와 관련하여 당시 중부산전화국에 소재한 부산국제우체국을 초량전화국으로 이전하는 계획을 본사로 건의하였다. 그러나 이 방안의 경우 초량전화국과 중부산전화국 사이의 통신구가 1985년 말에나 완공될 예정이어서 통합은 이후에나 가능하였다.

또한 부산국제우체국을 초량전화국으로 이전하는 문제는 체신부와 사전 협의가 필요하였다. 이에 따라 중부산전화국의 여유시설을 활용하여 초량전화국에 대해 월구 수용방식으로 지원하며, 부산지하철 통신구 완공시기인 1986년 이후 중부산전화국에 초량전화국을 통합하여 동일 가입구역화 하는 방안을 검토하였다. 이 방안은 국사가 충만 상태인 초량전화국에 통신지원이 가능하다는 장점이 있으나 중부산전화국에 장기간 여유시설이 발생하는 문제가 있었으나 결국 본사는 이 방안으로 추진하기로 정하였다.

이런 여건에서 지역내의 늘어나는 전화 수요를 해결하기 위해 기존가입자를 인근 전화국으로 수용변경 후 자동식 1만 회선(42국)을 철거하고 그 자리에 1982년에 전자교환기를 공급할 계획을 세웠다(1981년). 그러나 1982년 인근에 아미전화국이 신설됨에 따라 일부구역을 수용 변경하여 전화청약적체를 해소하였다. 이후 중부산전화국의 트렌치 지지철물을 증설하고 인입통신구를 확장하여 초량전화국을 통합 추진하였다. 그러나 중부산전화국으로부터 지원받는 바람에 전자교환기 공급은 계획대로 추진되지 못하였다. 이때 상당량의 전화적체(2,180건)가 발생하였으며(1984. 12), 상당기간 자동식 2만 회선을 운용할 수밖에 없었다(1981년-1987년).

그러던 중 1980년대 중반 한국통신은 부산 및 대구통화권 시내전화 장기치국계획을 수립하였다(시내전화 장기치국계획, 1985. 12. 19, 한국통신 계획국). 결국 이 계획에서 초량전화국의 기계식 자동교환기(EMD방식) 2만 회선을 철거한 후 가입자는 중부산전화국으로 통합하는 방침을 결정하였다. 당시 기계식교환기의 철거 시점, 건물사용계획, 탠덤 OM센터의 활용 등은 별도 검토하는 것으로 하였다. 이후 1987년에 들어와서 중부산전화국으로 6천 회선을 월구 수용하여 조치한 후, 이중 1만 회선(42국)을 철거함으로서 결국 1만 회선을 운용하게 되었다. 한편 가입자 수용을 위한 가입자케이블 6,000회선을 증설하여 43,200회선이 되었다(1987년).

1980년대 후반 한국통신은 초량전화국의 기계식 교환시설을 철거하는 시점에 가입자는 중부산전화국으로 통합한 후 폐국하는 것으로 결정하였다(시내전화 장기치국계획, 1987. 1, 한국전기통신공사). 이상 2개 시내전화 장기치국의 주관부서 및 결재자는 제9장 말미의 참고자료 편에 기록되어 있다. 주소는 부산직할시 중구 대창동 3가 36-2로 되어 있었고, 개국초기에는 초량전신전화국이었다(1988년). 그 후 부산전화국 초량분국으로 운영되었으며, 1990년 분국장은 2급통신기술(유근우)로 보직되었다. 그리고 민영화 이후 초량전화국 건물은 kt부산전산국이 사용하였다(2015년). 2000년대에 들어와서는 초량전화국 건물은 통신시설이 없는 속빈 건물로만 남아 있다.

(32) 해운대전화국

1967년 부산전신전화국 해운대분국이 신설되었다. 그 후 해운대전신전화국은 1980년대 초반까지 기계식 자동교환기(EMD) 1만5천 회선을 운용하고 있었다(1981. 12). 1982년에 다시 3천 회선을 증설하여 1만8천 회선이 되면서 자동식의 공급은 종료하였다. 이 후 1,170건의 적체가 발생하였으며(1982. 12), 전화적체는 증가하기 시작하였다. 당시 해운대전화국 관할지역의 급증하는 전화 수요를 분담하기 위하여 인근에 수영전화국을 신설하였다(1983년). 이때 해운대전화국과 수영전화국의 전화수요 분담계획(1982년-1996년)를 보면 <표 9-52>와 같다.

<표 9-52> 해운대전화국과 수영전화국의 전화수요분담계획

구분	1981년	1982년	1984년	1986년	1991년	1996년
해운대전화국	15,000	32,200	31,600	56,400	95,500	129,000
수영전화국	-	-	35,400	47,600	78,500	106,100
계		32,200	67,000	104,000	174,000	235,100

1981년말 해운대전화국의 시설 수는 자동식 1만5천 회선을 운용하고 있었다. 이러한 상황에서 신설된 수영전화국에서 전자식 2만 회선이 개통되었다(1984. 6). 이때 해운대전화국 관할구역이었던 광안1동, 광안2동, 광안3동과 민락동 일부를 수영전화국으로 수용 변경하였다. 3년 후 전자식 1만2천 회선(743국), 가입자케이블 12,000회선을 증설하여 그해 말에는 전자식 3만7천회선, 케이블 55,500회선으로 늘어났다(1987년). 그리고 올림픽통신용으로 964회선을 확보하였으며, 송정지역에 원격교환장치(RSU) 1,300회선을 공급하여 자국으로 운용하였다. 한편 도시형 AXE-10 교환기(가반형) 1대를 1990년대 중반까지 운용하였다(1996. 5).

1990년대 중반에는 교환시설 5만 회선 이상(분국 포함)을 운용하는 중형전화국이 되었다(1996. 1. 31). 1997년 1월에는 한국, 일본, 미국 등 세계 20여 개국 800여명의 선수 및 5천여 명의 관람객이 참석한 가운데 제10회 북극곰 수영대회가 해운대해수욕장에서 열렸다

(1997. 1. 26). 해운대전화국은 이 대회에 통신을 지원하고 한국통신 상품을 홍보하였으며, 국제전화 001이 새겨진 홍보용 타올을 참가 선수들에게 나누어 주고, 행사장에는 임시 공중전화 5대와 이동차량 2대를 배치하여 관람객에게 편의를 제공하였다. 그 후 1990년대 후반 전자교환기(5EN) 3만5천 회선을 개통하였다(1998. 7. 31). 이어서 전자교환기(TX) 3천 회선을 증설할 계획으로 추진하였으나 IMF사태로 인한 수요 감소로 공급량을 축소하여 2천 회선을 개통하였다(1998. 8).

한국전기통신공사 창립 첫해인 1982년 해운대전신전화국장은 김상옥(3급기술)로 보직되었다. 그 후 해운대전화국장은 1990년 2급행정(이종학), 1995년 장무현이 재직하였다. 이 전화국은 부산직할시 해운대구 우동 548에 있었고, 그 후 부산광역시 해운대구 우1동 548로 변경되었다(1995년). 당시 명칭은 1990년까지 해운대전신전화국이었으며, 이후 해운대전화국으로 변경되었다(1990년-1999년). 1997년 해운대전화국장은 2급행정(이식우)으로 보임되었으며, 민영화 이후 KT좌동지점이 되었다(2015년).

(33) 부산무선전신국

부산전화국이 신설된 해인 1950년 부산무선전신국은 고정무선업무를 시작하였다. 그 후 1983년에 부산무선송신소 본 건물 586m^{2}를 증축하였다(1983. 12). 이때 공사감독은 중앙건설사무소 김영학이 수행하였다. 이 무선국은 부산시 영도구 동삼동 431에 있었으며, 1900년대 후반까지 운영되었다. 부산무선전신국은 1984년에 구덕체육관에서 개최된 부산지사 노사친선배구대회에 참석하였다. 당시 배구대회에는 부산지사(지사장 조병일) 관내 36개 기관이 출전하여 열전을 벌렸으며, 부산무선전신국은 아미전신전화국과 결승에 맞붙어 명예의 우승을 차지하였다. 주소는 부산광역시 영도구 동삼동 1189였다.

1990년 부산무선전신국장은 2급행정(옥명관)으로 보직되었으며, 1995년에는 국장 오기목, 1997년에는 국장 2급행정(최송무)이 재직하였다. 2000년대에 들어서면서 한국통신이 kt로 민영화된 후 이 부지(14,755m^2)에 부산롯데캐슬블루오션 아파트를 건설하여 일반에 분양하였다. 이 사업은 총 381세대 규모로서 2014년 11월에 착공하여 2017년 8월에 준공하였다.

5.2 마산시내 전화국 건설 및 운영

마산시내 1970년대 후반기(1978년)에는 2개의 전화국이 운용되고 있었으며, 1980년대 초반(1981-1983년)에 2개가 신설됨으로서 1990년대 후반에는 마산, 동마산, 창원, 서창원 등 총 6개의 전화국이 운영되었다(분국 포함).

(1) 내서전화국

1980년대 초반 내서 지역은 자석식전화 500회선을 운용하였으며 동마산전화국과는

9.2Km 떨어진 상당 원거리 지역이었다(1982년). 다음 해 동마산전화국에 전자교환기가 개통되면서 이 지역에 전송로집선장치(LC)를 공급하여 자동전화를 공급하였다(1983년). 그 후 내서에는 1,000회선 이상의 L/C를 운용하였다(1987년). 1990년대 후반에는 전자교환기(TB) 2,100회선을 증설할 계획으로 추진하였으나 IMF사태로 인한 수요 감소로 공급량을 축소하여 800회선을 개통하였다(1998. 8). 이 전화국은 경남 마산시 회원구 내서읍 중리 1043-1에 있었으며, 당시 동마산전화국 내서 분국으로 운용되었다(1998년-1999년).

(2) 동마산전화국

1980년 동마산전신전화국이 개국되었다. 1980년대 초반까지 기계식 자동교환기(ST방식) 2만5천 회선을 운용하였으며 3개의 국번호(5국, 6국, 7국)를 사용하였다(1981. 12), 당시 많은 전화적체(4,440건)가 발생하였다(1982. 12). 그러다가 전자교환기의 공급에 대비하여 두 자리 숫자의 국번호(55국, 56국, 57국)로 변경하였다. 1983년도 전자교환기 공급사업(83-KTC-120k)에 의해 전자교환기(M10CN) 1만 회선(92국)을 공급 개통하여 그동안의 전화적체를 해소하였다(1983. 9). 이 공사는 SST에서 시공하였으며, 당시 공사감독은 중앙건설사무소 시설본부 통신기술직(홍경희)이 수행하였다.

한편 1983년 본 건물 864m², 부속건물 40m²를 증축하였다(1983. 10). 이때 공사감독자는 중앙건설사무소 김오성으로 지정되었다. 이어서 전자식 6,000회선(93국)을 2층에 증설하였다(1984. 8). 이때 원거리 지역인 내서, 신평, 용잠, 금동, 신촌, 화천 등 6개 지역에 전송로집선장치(L/C)를 설치하여 자동전화를 공급하였다. 당시 신촌은 자석식전화 300회선을 운용하고 있었으며 동마산전화국과의 국간 거리는 21.1Km로 상당 원거리 지역이었다(1982년). 그리고 내서, 용잠, 신촌에는 1천 회선 이상의 L/C를 운용하였다(1987년).

이어서 전자식 1만4천 회선을 증설하였으며, 이때 인근 지역인 대산에 원격교환장치(RSU) 2천 회선을 공급하여 자국으로 운용하였다(1985년). 그 후 한동안 자동식 2만5천 회선, 전자식 4만6천 회선, 가입자케이블 12만3천 회선을 운용하였다(1986년-1987년). 이처럼 대형전화국으로 발전해 나가자 발동발전기도 기존의 중용량(500KW)에서 대용량(1,000KW)으로 교체하였다(1987년). 한편 국산전자교환기(TDX-1A) 가반형교환기 1대를 1990년대 중반까지 운용하였다(1996. 5). 1990년대 중반에는 교환시설 10만 회선 이상(분국 포함)을 운용하는 중대형전화국이 되었다(1996. 1. 31). 그 후 1990년대 후반 전자교환기(TX) 800회선을 1998년 4월에 개통 추진하다가 IMF사태로 인한 수요 급감으로 공사를 중단하였다(1998. 3).

1990년 동마산전화국 간부진은 국장 전영태, 총무부장 김석현, 영업부장 백승옥, 교환부장 공석, 기계부장 신옥철, 선로부장 박승헌으로 보직되었다. 1995년에는 국장 이재원, 관리부장 박현근, 영업부장 기우봉, 안내부장 공석, 교환기술부장 공도운, 전송기술부장 장진수가 재직하였다. 그 후 1997년에는 국장 이정원, 마케팅부장 유성수, 고객지원부장 정태고, 교환기술부장 김태문, 전송기술부장 명송남이 보임되었다. 이 전화국은 경남 마산시 회원구 구암동 84-1에 있었으며, 명칭은 1990년까지 동마산전신전화국이었으며, 이듬해부터 동마산전화국으로 변경되었다(1991년-1999년).

(3) 마산전화국

1957년 12월 마산전신전화국으로 개국되었다. 1980년대 초반까지 기계식 자동교환기(ST방식) 2만 회선(2국, 3국)을 운용하고 있었다(1981. 12). 이후 기계식 자동교환기 시대를 마감하고 1981년도 전자교환기 공급사업(81-KTC-120k)에 의해 전자교환기(M10CN방식) 1만 회선(42국)을 공급 개통하였다(1982. 9). 그리고 1983년에는 인근의 진북전화국을 분국으로 운용하였다. 이때 마산, 동마산, 창원, 진북을 복국화하였다. 2년 후 전자교환기 8천 회선(43국)을 2층에 증설하고(1984. 7), 이어서 6천 회선을 공급 개통하였다(1985년).

이때 주변 원거리 지역인 현동, 진전, 여항, 반동, 내포, 구산 등 6개 지역에 전송로집선장치(L/C)를 설치하여 자동전화를 공급하였다. 당시 구산은 자석식전화 300회선을 운용하였고 마산전화국과의 거리는 10.9Km이었고, 반동은 자석식전화 600회선을 운용하였으며 마산전화국과의 거리는 15.3Km나 떨어져 있었다(1982년). 그중 현동에는 1,024회선의 L/C를 운용하였다(1987년). 그 후 한동안 자동식 2만 회선, 전자식 3만2천 회선, 가입자케이블 77,400회선을 운용하였다(1986년-1987년).

1990년대 중반에는 교환시설 10만 회선 이상(분국 포함)을 운용하는 중대형전화국이 되었다(1996. 1. 31). 1990년대 후반에 전자교환기(TX) 1,700회선을 증설 개통하였다(1998. 2. 28). 그러나 1997년 말 당시 IMF체제로 인해 경기가 침체되고 각종 지역개발계획의 변경 등으로 수요가 급격히 감소하였다. 따라서 이미 개통된 시설이나 공사 중인 시설에 상당한 여유가 발생하는 바람에 이는 차기 사업에 재활용 추진하였다.

1990년 마산전화국 간부진은 국장 김광현, 총무부장 공석, 영업부장 송동준, 기계부장 김등룡, 선로부장 김상람으로 보직되었다. 1995년에는 국장 최완석, 관리부장 공석, 영업부장 김천옥, 기술부장 윤영식이 재직하였다. 이후 1997년에는 국장 손부광, 마케팅부장 신동진, 시설운용부장 조명래, 진북분국장 공석이었다. 이 전화국은 경남 마산시 합포구 서성동 66-11에 있었으며, 명칭은 1990년까지 마산전신전화국이었으며, 다음 해부터 마산전화국으로 변경되었다(1991년-1999년).

(4) 서창원전화국

1990년대 후반에 전자교환기(TXN) 3만9천 회선을 개통하였다(1998. 8. 28). 이 전 화국은 경남 창원시 명서동 104-1에 있었으며, 당시 창원전화국 서창원분국으로 운용되었다(1997년-1999년). 1997년 분국장은 3급통신기술(공석)로 보직되었다.

(5) 진북전화국

1981년까지 자석식교환기 300회선을 운용하다가 1982년에 기계식 자동교환기 1,600회선을 신설하여 국간 거리 4.3Km의 진동을 통합 자동화하였다. 이때 새로운 국번호(7국)를 사용하여 마산, 동마산, 창원전화국과 복국화하였다. 당시 이 시설은 대도시에서 철거된 자동식교환기를 재활용하여 개통하였다. 또한 원거리 지역인 진전과 여항에 전송로집선장치(LC)를 설치하여 통합 자동화하였다. 이때 가입자케이블은 1986년-1987년에 4,800회선을 운용하였다.

한편 1985년부터 전국 섬마을 전화자동화 완성계획에 따라 진북전화국 관리도서인 양도(당시 47가구)와 송도(당시 29가구)에 가입자무선장치(SR)를 공급하였다. 한편 1990년대 후반 전자교환기(TB) 400회선을 공급하여 1998년 5월 개통예정으로 추진하다가 IMF사태로 인한 수요가 격감하는 바람에 도중에 취소하였다. 주소는 경남 창원군 진북면 지산리 227-1이었으며, 당시 마산전화국 진북 분국으로 운용되었다(1995년). 그 후 주소는 마산시 합포구 진북면 지산리 227-1로 변경되었으며, 그대로 진북 분국으로 운용되었다(1996년-1999년).

(6) 창원전화국

이 전화국은 창원지역의 전화 수요를 공급하기 위해 처음부터 전자교환기를 공급하여 신설되었다(1981년). 정부에서 추진한 1980년도 전자교환기 공급사업(80-3차BTM -190k)에 의해 전자식(M10CN) 8천 회선(82국)을 공급 개통하였다(1982. 1). 이 사업은 당초 1981년 말에 개통예정이었으나 수전설비 공사의 지연으로 늦어지게 되었다. 한편 전화적체를 시급히 해소하기 위해 7,200회선의 가입전화를 사전에 판매 완료하였다(1981. 12),

여기에는 동마산전화국으로부터의 수용변경 분(3,100회선)도 포함되었다. 그러나 이 지역의 전화적체가 계속 늘어나자 다시 1982년도 전자교환기 공급사업 (82-KTC-180k)으로 전자교환기 1만 회선(83국)을 증설 개통하였다(1982. 12). 다음 해에도 1983년도 전자교환기 공급사업(83-KTC-120k)에 의해 1만 회선(84국)을 개통하였다(1983. 7). 이 공사는 SST에서 시공하였으며, 당시 공사감독은 중앙건설사무소 시설본부 통신기술직(전병삼)이 수행하였다. 그 후 자동식 3천 회선, 전자식 2만8천 회선, 가입자케이블 76,200회선을 운용하였다(1986. 12).

그리고 6차 5개년계획을 시작한 해에 다시 전자식 6천 회선(85국)을 증설하였으며(1987년), 이때 양곡지역에 원격교환장치(RSU) 3천 회선을 공급하여 자국으로 운용하였다. 한편 도시형 AXE-10 교환기(가반형) 1대 및 TDX-1A 교환기(가반형) 1대를 1990년대 중반까지 운용하였다(1996. 5). 1990년대 중반에는 교환시설 15만 회선 이상(분국 포함)을 운용하는 대형전화국이 되었다(1996. 1. 31). 1990년대 후반에 전자교환기(TX) 6천 회선을 증설 개통하였으며(1998. 1. 18), 이어서 여유시설 재활용으로 전자교환기(TB) 400회선을 증설하였다(1998. 2. 27).

1990년 창원전화국 간부진은 국장 진영현, 업무부장 박철우, 기술부장 김천성으로 보직되었다. 그 후 1995년 간부진은 국장 김상원, 관리부장 공석, 영업부장 전남섭, 교환기술부장 공석, 전송기술부장 이병호가 재직하였다. 이어서 1997년에는 국장 김영주, 마케팅부장 황현수, 고객지원부장 김종택, 교환기술부장 이재구, 전송기술부장 이병호, 서창원분국장 공석으로 보임되었다. 이 전화국은 경남 창원시 상남동 72-2에 있었으며, 당시 명칭은 1990년까지 창원전신전화국이었으며, 이 후 창원전화국으로 변경되었다(1991년-1999년).

5.3 울산시내 전화국 건설 및 운영

울산시내 전화국 운영상황은 1970년대 1개 전화국, 1990년대 10개 전화국(분국 포함), 2000년 대에는 8개 지사, 지점을 운영하였으며 세부내역은 <표 9-53>과 같다.

<표 9-53> 울산시내 전화국 운영상황

운영시기	전화국명
1970년대(1978년)	울산 1개 전화국
1990년대(1998년)	울산, 남울산, 북울산, 동울산, 무거, 신정, 양정, 언양, 온산, 태화 등 10개 전화국
2000년대(2004년)	울산 1개 지사와 동울산, 서울산, 남울산, 북울산, 언양, 온산, 양정 등 7개 지점의 총 8개 지사 및 지점

그리고 1995년 전국의 전신전화국 명칭이 모두 전화국으로 변경되었으며, 그 후 2002년에는 전국 전화국 명칭 사용을 중지하고 지사 및 지점으로 전면 변경되었다.

(1) 남울산전화국

정부는 1980년도 2차 전자교환기 구매계획이 수립하였다(1980년도 2차 14만회선 전자교환기구매, 체시기1620, 1979. 3. 22). 이 계획에서 자재는 BTM으로부터 직수입하고 BTMC 또는 KTC 책임보증 하에 국내공사회사가 전량시공하게 하였다. 이 계획의 주관부서 및 결재자는 제9장 말미의 참고자료 편에 기록하였다. 이때 남울산전화국에 전자식(M10CN) 1만회선 공급계획이 포함 추진되었다. 1990년대 중반에는 교환시설 15만 회선 이상(분국 포함)을 운용하는 대형전화국이 되었다(1996. 1. 31). 그 후 1990년대 후반에 전자식교환기(5E) 8,300회선을 개통하였다(1998. 5. 21).

1995년 당시 남울산전화국 간부진은 국장 손규성, 관리부장 공석, 영업부장 하태호, 교환기술부장 강한석, 전송기술부장 공우연이 재직하였다. 이후 1997년에는 국장 최병찬, 마케팅부장 김정규, 교환기술부장 남상건, 전송기술부장 안민상, 무거전화국장 공석으로 보직되었다. 이 전화국은 경남 울산시 남구 야음1동 828 -5에 이었으며 명칭은 남울산전화국이었다(1992년-1999년).

⑵ 동울산전화국

1981년까지 기계식 자동교환기(ST방식) 6,600회선을 운용하였으며 1982년에 1,400회선을 증설하여 그때부터 자동식 8천 회선(5국)을 운용하였다. 당시 상당한 수의 전화적체(1,640건)가 발생하기 시작하였다(1982. 12). 1983년에 본 건물 1,069m^2, 부속건물 31m^2를 증축하였다(1983. 10). 이 공사는 대창건설에서 시공하였으며, 당시 공사감독자는 중앙건설사무소 남부희로 지정되었다.

그리고 전화적체 문제를 해소하기 위해 1984년도 사업으로 전자교환기(M10CN) 8천 회선(92국)을 3층에 신설 개통하였다(1985. 1). 이때 가입자케이블은 49,900회선을 운용하였다(1986년-1987년). 또한 1980년대 후반에는 당시 변두리 지역인 주전, 염포 등 2개 지역에 전송로집선장치(L/C)를 설치하여 자동전화를 공급하였다. 한편 국산전자교환기 가반형(TDX-1A) 2대를 1990년대 중반까지 운용하였다(1996. 5). 1990년대 중반에는 교환시설 5만 회선 이상(분국 포함)을 운용하는 중형전화국이 되었다(1996. 1. 31).

위치는 경남 울산시 동구 전하동 533-10에 있었으며, 그 후 울산시 동구 전하2동 639-1로 바뀌었다(1992년). 명칭은 1990년까지 동울산전신전화국이었으며, 이 후 동울산전화국으로 변경되었다(1990년-1999년). 1990년 동울산전화국장은 2급행정(최병찬)으로 보직되으며, 그 후 1995년 국장은 송춘남이 재직하였으며, 1997년 국장은 2급통신기술(김정화)로 보임되었다.

<한국통신 뉴스> 1997년 9월 10일 동울산전화국(국장 김화상)에서는 울산대병원 화재사고로 소실된 2백회선의 전화시설을 국장의 진두지휘아래 긴급복구를 완료하였다. 이번 복구활동으로 병원과 계열사인 현대중공업이 긴급상황에 지원을 아끼지 않은데 대한 감사의 뜻을 전하는 등 유대가 더욱 다져졌고 특히 사전선택제를 앞두고 지역사회 통신을 책임지는 한국통신임을 재인식시키는 계기가 되었다(1997. 9. 12).

⑶ 무거전화국

이 전화국은 경남 울산시 남구 무거1동 129-3에 있었으며, 당시 남울산전화국 무거분국으로 운용하였다(1997년-1999년). 1997년 분국장은 3급통신기술(공석)으로 보임되었다.

⑷ 북울산전화국

북울산전화국은 1980년대 중반 울산전화국 지역의 급증하는 전화공급을 분담하기 위하여 신설 개국되었다(1984. 9. 16). 이를 위해 대지 1,311평을 확보하고 1982년에 국사를 완공하였다. 이때 울산전화국과 북울산전화국의 전화수요 분담계획(1982년-1996년)은 울산전화국 편에 상세하게 소개하였다. 이날 개국식에서 부산지사장(조병일)은 그동안 누적되어온 전화체증이 이번 개국으로 일시에 뚫리게 되었다고 말하였다. 이 전화국은 울산시내 중구지역의 전화 수요를 공급하기 위해 처음부터 전자교환기(M10CN)를 공급하였다.

이를 위해 1983년도 전자교환기 공급사업(83-KTC-140K)으로 전자교환기 1만6천 회 선(62국, 63국)을 개통하였다(1984. 10). 이때 병영동, 송정동, 약사동, 염포1동, 염포 2동 일부, 진삼동, 효문동, 학성동 등 울산전화국 일부 가입자(16,700)를 수용 변경하여 받았다. 또한 주변 원거리지역인 정자, 호계, 냉천, 당사, 화암 등 5개 지역에 전송로집선장치(L/C)를 설치하여 자동전화를 공급하였다. 당시 정자는 자석식전화 300회선, 북울산전화국과의 거리는 15.0Km, 호계는 자석식전화 600회선, 북울산전화국과는 9.4Km 떨어진 지역이었다.

한편 호계와 냉천에는 상당한 수의 전화수요가 있어 1천 회선 이상의 L/C를 운용하였다(1986년- 1987년). 그 후 상당 기간 전자식 2만 회선을 운용하였으며(1986. 12), 다음 해에 1만 회선(94국)을 증설하여 총 3만 회선으로 늘어났다(1987년). 한편 가입자케이블은 52,900회선을 운용하였다(1986년-1987년). 한편 TDX-1A 가반형 교환기 1대를 1990년대 중반까지 운용하였다(1996. 5). 이 전화국은 울산시 중구 반구동 24-11에 있었으며, 울산전화국 북울산분국으로 운영되었다(1990년-1998년). 1990년 분국장은 2급통신기술(한경연)로 보직되었으며, 1995년 분국장은 2급(윤정욱)이 재직하였다. 이어서 1997년에는 울산전화국 소속의 북울산전화국장에 2급통신기술(공우년)로 보직되었다.

(5) 신정전화국

신정전화국은 울산 신정지역의 전화 수요를 공급하기 위해 처음부터 전자식방식을 공급하여 신설되었다(1982년). 정부는 신정전화국에 1980년도 전자교환기 공급사업(81-2차 KTC-60k)에 포함하여 전자식(M10CN) 1만 회선을 공급 결정하였다. 이 사업을 1981년 4월에 착공한 후 1981년도 전자교환기 공급사업(81-KTC-120k)으로 다시 1만 회선을 착공하였다(1981. 6). 이 2개 사업은 동일한 시스템으로 시스템별로 통화량을 안배하여 수용하여야 할 필요가 있었으며, 수용변경 가입자의 번호부여상 유리하여 전체 20,000회선(72국, 73국)을 동시 개통하였다(1982. 1).

한편 전화적체를 시급히 해결하기 위해 1만8천 회선의 가입전화를 사전 판매하였으며 여기에는 울산전화국으로 부터의 수용변경 분(8,800회선)도 포함되었다(1981. 12). 그럼에도 1982년 말 당시 여전히 전화적체(2,320건)가 누적됨에 따라 1983년도 전자교환기 공급사업(83-BTM-60k)으로 다시 1만 회선(74국)을 추진하여 개통하였다(1983. 12). 이 공사는 SST에서 시공하였으며, 당시 공사감독은 중앙건설사무소 시설본부 통신기술직(윤병곤)이 수행하였다. 이때 울산전화국의 일부 지역을 수용 변경하여 받아들였으며, 변두리 지역인 웅촌을 통합 자동화하였다.

이어서 다음 해에 다시 1만 회선(75국)을 2층에 증설 개통하였다(1984. 8). 한편 신정전화국을 모국으로 하여 2개 지역에 원격교환장치(RSU)를 설치하여 자국 방식으로 통합 자동화하였다(1986년-1987년). 즉 무거에 2,700회선, 횡성에 900회선을 공급하였다. 그 후 한동안 5만 회선을 운용하였으며다음 해에 1만2천 회선(71국)을 증설하였다(1986. 12). 이후 교환시설은 총 6만2천 회선으로 늘어났으며(1987년), 이때 가입자케이블은 112,800회선을 운용하였다(1986년-1987년). 이 전화국은 개국 초 울산전화국 신정분국으로 운영되었으며, 1990년 분국장은 2급통신기술(김삼길)로 보직되었다.

(6) 양정전화국

이 전화국은 울산시 중구 양정동 213-5에 있었으며, 울산전화국 양정분국으로 운용되었다(1995년-1998년). 1995년 분국장은 3급으로 보직되었으며, 1997년 분국장은 3급통신기술(공석)로 보임되었다. 그 후 국명이 양정전화국으로 변경되었다(1999년).

(7) 언양전화국

1981년에 기계식 자동교환기(ST방식) 1,600회선을 운용하다가 1982년에 1,600회선을 증설하여 자동식교환기 3,200회선(6국)을 운용하게 되었다. 그 후 1985년에 처음으로 전자교환기(M10CN) 8천 회선을 신설하였다. 이때 언양전화국을 모국으로 하여 3개 주변 지역에 원격교환장치(RSU)를 설치하여 자국 방식으로 통합하였다. 그때까지 자석식교환기를 운용하고 있던 두동(600회선), 두서(1,200회선), 봉계(200회선)에 원격전자교환기(RSU)를 공급하여 자동화하였다. 언양전화국으로부터 이들 지역까지의 거리는 두동 16.3Km, 두서 11.3Km, 봉계 22.5Km이었다.

한편 1985년에는 자동식교환기 3,200회선은 철거하여 옥구, 진북, 신갈로 보내 재활용하였다. 1987년에는 전자식 2천 회선(63국)을 증설하여 전자식이 1만 회선으로 늘어났다. 한편 가입자케이블은 1986년- 1987년에 13,900회선을 운용하였다. 또한 1980년대 중반에는 당시 변두리 지역인 사촌과 석남사 등 2개 지역에 전송로집선장치(L/C)를 설치하여 자동전화를 공급하였다.

시설규모는 1990년대 중반까지 교환시설 5만 회선 미만(분국 포함)으로 운용하였다(1996. 1. 31). 그 후 전자교환기(TB) 2,200회선을 증설할 계획으로 추진하였으나 수요 감소로 공급량을 축소하여 2천 회선을 개통하였다(1998. 8). 이 전화국은 경남 울산군 언양면 서부리 181이었다가(1993년), 그 후 주소가 울산시 울주군 언양면 서부리 181로 바뀌었다(1996년). 국명은 언양전화국으로 운영하였다(1993년-1999년). 1995년 언양전화국장은 3급직으로 보직되었으며, 1997년 국장은 2급행정(최영달)이 재직하였다.

(8) 온산전화국

1980년대 초까지 기계식 자동교환기(ST방식) 2천 회선을 운용하였으며 이때 약 190건의 전화적체가 발생하였다(1981. 12). 이의 해소를 위해 400회선을 증설하였으며(1982. 2), 다시 400회선을 확장하여 2,800회선(8국)을 운용하게 되었다(1983년). 그 후 자동식 6.600회선, 가입자케이블 12,400회선을 운용하였다(1986년-1987년). 또한 1980년대 후반에는 당시 변두리 지역인 서생, 진하 등 2개 지역에 전송로집선장치(L/C)를 설치하여 자동전화를 공급하였다. 그중 서생에는 1천 회선 이상의 L/C를 운용하였다(1986년-1987년).

시설규모는 1990년대 중반까지 교환시설 5만 회선 미만(분국 포함)으로 운용하였다(1996. 1. 31). 한편 1990년대 후반 전자교환기(TB) 500회선을 공급하여 1998년 10월 개통예정으로 추진하다가 IMF사태로 인한 수요가 격감하는 바람에 도중에 취소하였다. 이 전화국은 경남 울산군 온산면 덕신리 612-6이었다(1995년). 그 후 주소가 울산시 울주군 온산읍 덕산리 612-6으로 바뀌었다(1997년). 그리고 온산전화국의 명칭으로 운영되었다(1995년-1999년). 1995년 온산전화국장은 3급직으로 보직되었으며, 1997년 국장은 3급통신기술(김창동)로 보임되었다.

(9) 울산전화국

1980년대 초까지 기계식 자동교환기(ST방식) 19,300회선을 운용하였다(1981. 12). 이 시기에 기계식방식의 확장은 중단하고 1981년도 전자교환기 공급사업(81-KTC-120k)이 추진됨에 따라 처음으로 전자식(M10CN방식) 1만 회선을 공급 개통하였다(1982. 4). 1980년대 초 울산전화국 지역의 급증하는 전화공급을 분담하기 위하여 인근에 북울산전화국을 신설하였다(1983년). 이때 울산전화국과 북울산전화국의 전화수요 분담계획(1982년-1996년)를 보면 <표 9-54>와 같다.

<표 9-54> 울산전화국과 북울산전화국의 전화수요 분담계획

구분	1981년	1982년	1984년	1986년	1991년	1996년
울산전화국	19,300	27,050	20,300	26,600	40,500	56,200
북울산전화국	-	-	14,900	21,350	37,600	50,800
계		27,050	35,200	47,950	78,100	107,000

당시 울산전화국의 종국용량은 2만 회선이었다. 이후 신정전화국 1만 회선이 개통되자(1983. 12) 일부 지역을 신정전화국으로 수용변경 시킨 후 자동식교환기 4,300회선(3국)을 철거하여 타국으로 재배치하였다. 이때 주변 지역인 범서를 통합 자동화하였다. 당시 범서는 자석식전화 400회선을 운용하고 있었으며 울산전화국과의 국간 거리가 9.6Km나 되는 원거리 지역이었다.

1984년 10월 북울산전화국의 1만6천 회선이 개통되자 일부 지역을 북울산전화국으로 수용 변경시킨 후 다시 자동식 5천 회선(3국)을 철거함으로써 시설규모는 2만 회선으로 줄어들었다. 이때 철거시설은 신갈 등 3국에 재활용하도록 보내졌다. 1985년에 다시 전자식 1만 회선을 증설 개통하였으며, 이때부터 자동식 1만 회선, 전자식 2만 회선을 운용하였다(1986. 12). 그로부터 2년 후에는 전자식 8천 회선(45국)을 증설하여 3만8천 회선으로 증가되었다(1987년). 한편 가입자케이블은 56,700회선을 운용하였다(1986년-1987년).

또한 1980년대 중반에는 당시 변두리 지역인 범서, 두산 등 2개 지역에 전송로집선장치(L/C)를 설치하여 자동전화를 공급하였다. 그중 범서에는 1천 회선 이상의 L/C를 운용하였다(1986년-1987년). 1990년대 중반에는 교환시설 15만 회선 이상(분국 포함)을 운용하는 대형전화국이 되었다(1996. 1. 31). 한편 1990년대 후반 전자교환기(TB) 2천 회선을 공급하여 1998년 5월 개통예정으로 추진하다가 IMF사태로 인한 수요가 격감하는 바람에 도중에 취소하였다. 이후 M10CN 34,700회선, TDX-1B 18,320회선으로 총 53,020회선을 운용하였다(1998. 12). 이때 울산이 광역시로 승격되고 통화량이 과다 발생하여 향후 수요증가에 따른 교환기 설치 상면이 절대 부족하여 사용연수가 12년이 경과한 제1기종 전자교환기(M10CN) 24,700회선을 철거 추진하였다(1999. 6).

한국전기통신공사 창립 첫해인 1982년 울산전신전화국장은 노의종(3급행정)이 보직되었다. 그 후 1990년 울산전화국 간부진은 국장 이영희, 총무부장 권영호, 영업부장 김기정, 안내부장 공석, 기술부장 양해린, 신정분국장 김삼길, 북울산분국장 한경연으로 보직되었다. 1995년에는 국장 최병찬, 관리부장 고봉근, 영업부장 권오익, 안내부장 공석, 기술부장 전태명, 북울산분국장 윤정욱, 양정분국장 공석이 재직하였다.

그리고 1997년에는 국장 정영호, 마케팅부장 임병도, 고객지원부장 여준환, 시설운용부장 오완세, 북울산전화국장 공우년, 양정분국장 공석으로 보임되었다. 이 전화국은 경남 울산시 중구 성남동 219-77에 있었으며, 명칭은 1990년까지 울산전신전화국이었으며, 이후 울산전화국으로 변경되었다(1990년-1999년).

(10) 태화전화국

1982년에 전자교환기 1만 회선(No1A)을 개통하면서 신설된 전화국으로 인근지역인 울산전화국의 일부 구역을 수용하였다.

5.4 경남지역 전화국 건설 및 운영

경상남도(마산, 울산 제외)에는 1980년대 초반(1981-1983년) 총 33개의 전화국, 1990년대 후반에는 진주, 밀양, 합천, 의령 등 총 34개의 전화국을 운영하였다(분국 포함).

(1) 거제전화국

1985년부터 농어촌용 전자교환기(A)를 공급하였으며, 이때 역초, 한내, 성포, 거제우, 동부, 학동, 저구, 둔덕, 하청, 장목, 외포, 칠천도, 가조도, 산달도 등 14개 지역에 원격전자교환기을 공급하여 전자화하면서 이들을 자국으로 운용하였다. 또한 옥포, 장승포, 지세포, 구조라 등 4개 지역에도 원격전자교환기를 공급하여 거제전화국의 분국으로 운용하였다. 반면 당시 거제전화국의 관할 자국인 율포에는 공급하지 못하였다.

한편 1980년대 후반에는 당시 원거리 지역인 율포, 연호, 학동 등 3개 지역에 전송로집선장치(L/C)를 설치하여 자동전화를 공급하였다. 1987년 말에는 자동식 3천 회선, 전자식은 자국을 포함하여 교환시설이 29,104회선으로 늘어나게 되었으며, 가입자케이블은 1986년-1987년에 7만3천 회선을 운용하였다. 시설규모는 1990년대 중반까지 교환시설 5만 회선 미만(분국 포함)으로 운용하였다(1996. 1. 31). 그 후 1990년대 후반에 전자교환기(TXN) 3,500회선을 공급 추진하다가 IMF사태로 인한 수요 감소로 2천 회선을 개통하였다(1998. 3. 30).

이 전화국은 경남 거제군 신현읍 고현리 125에 있었으며, 그 후 거제시 신현읍 고현리 125로 바뀌었다(1995년). 그리고 명칭은 거제전신전화국으로 1990년까지 사용하였으며, 이후 거제전화국으로 변경되었다(1990년-1999년). 1990년 거제전화국장은 2급통신기술(김유택)로 보직되었으며, 1995년 국장은 이태영이 재직하였다. 이어서 1997년 국장은 2급행정(신희영)으로 보임되었다.

(2) 거창전화국

1981년에 기계식 자동교환기(ST방식) 600회선, 1982년에 800회선, 1983년에 1,000회선, 1984년에 400회선을 증설하여 그때부터 총 6,600회선을 운용하였다. 그 후 1985년부터 농어촌용 전자교환기(A)를 공급하였으며, 이때 오계, 신촌, 가조, 가북, 웅양, 주상, 고제, 북상, 위천, 마리, 신원 등 11개 지역에 원격전자교환기를 공급하여 본국의 자국으로 전자화하였다. 그리고 1980년대 후반에는 당시 원거리 지역인 오계, 신촌 등 2개 지역에 전송로집선장치(L/C)를 설치하여 자동전화를 공급하였다.

1987년 말에는 자동식 7천 회선, 전자식 10,857회선을 운용하였다. 한편 가입자케이블은 1986년-1987년에 29,900회선을 보유하였다. 시설 규모는 1990년대 중반까지 교환시설 5만 회선 미만(분국 포함)으로 운용하였다(1996. 1. 31). 그 후 1990년대 후반 전자교환기(TB) 1,400회선을 공급 추진하다가 IMF사태로 인한 수요 감소로 400회선을 개통하였다(1998. 4. 30).

이 전화국은 경남 거창군 거창읍 상동 155에 있었으며, 이후 거창읍 상동 155-101로 되었다가(1992년) 다시 거창읍 상림리 155-101로 바뀌었다(1993년). 그리고 명칭은 1990년까지 거창전신전화국이었으며, 이듬해부터 거창전화국으로 변경되었다(1990년- 1999년). 1990년 거창전화국장은 2급통신기술(김동수)로 보직되었으며, 그 후 1995년 거창전화국장은 신경범이 재직하였으며 1997년 국장은 2급행정(이태영)으로 보임되었다.

(3) 고성전화국

1982년에 기계식 자동교환기(ST방식) 800회선, 1983년에 800회선을 공급하여 그때부터 4,200회선을 운용하였다. 그 후 1985년부터 농어촌용 전자교환기(A)를 공급하였으며, 이때 배둔, 구만, 마암, 대가, 영현, 영오, 개천, 상리, 당동, 병산, 동해, 하좌, 학림, 오방 등 14개 지역에 원격전자교환기를 공급하여 전자화하면서 이들을 자국으로 운용하였다. 1987년 말에는 자동식 4,200회선, 전자식 12,876회선으로 늘어나게 되었으며, 이에 따른 가입자케이블은 1986년-1987년에 2만4천 회선을 운용하였다. 한편 1985년부터 전국 섬마을 전화자동화 완성계획에 따라 학림전화국 관할도서인 자란도(당시 24가구)에 가입자무선장치(SR)를 공급하였다.

시설규모는 1990년대 중반까지 교환시설 5만 회선 미만(분국 포함)으로 운용하였다(1996. 1. 31). 1990년대 후반에 전자교환기(A) 1천 회선을 증설 개통하였다(1998. 1. 31), 이 전화국은 경남 고성군 고성읍 송학동 308에 있었으며, 그 후 고성읍 송학리 308-2로 바뀌었다(1992년). 당시 명칭은 1990년까지 고성전신전화국이었으며, 이후 고성전화국으로 변경되었다(1990년-1999년). 1990년 고성전화국장은 2급통신기술(손도성)로 보직되었으며, 그 후 1995년 국장은 이정웅이 재직하였다. 1997년 국장은 2급행정(손창규)으로 보임되었다.

(4) 고현전화국

1980년대 초까지 기계식 자동교환기(ST방식) 1,400회선을 운용하였으며, 이때 약 480건의 전화적체가 누적되어 있었다(1981. 12). 이의 해소를 위해 1982년 2월 400회선을 증설하였으며, 다시 1,200회선을 확장하여 총 3천 회선을 운용하였다(1983년). 한편 1983년에 본건물 1,009m^2를 증축하였다(1983. 11). 이때 공사감독자는 중앙건설사무소 김영학으로 지정되었다.

(5) 기장전화국

1981년에 기계식 자동교환기(ST방식) 2,800회선을 운용하였으며 1982년에 600회선을 증설하여 국간 선로거리 10.5Km의 철마국을 통합하였다. 이어서 1983년에 600회선을 증설하여 그때부터 4천 회선을 운용하였다. 그 후 1985년부터 농어촌형 전자교환기(A)를 공급하였으며, 이때 양산전화국을 모국으로 기장에는 원격전자교환기를 공급하여 양산전화국의 자국으로 운용하였다. 이때 철마에는 전송로집선장치(L/C)를 공급하여 자동화를 촉진하였다. 그래서 1987년 말에는 자동식 4천 회선, 전자식 4,432회선을 운용하였으며, 1995년 10월에 기장이 부산시내 통화권으로 편입되었다.

시설규모는 1990년대 중반까지 교환시설 5만 회선 미만(분국 포함)으로 운용하였다

(1996. 1. 31). 그 후 1990년대 후반 전자교환기(TB) 2천 회선을 공급하여 1998년 8월 개통예정으로 추진하다가 IMF사태로 인한 수요가 격감하는 바람에 도중에 취소되었다. 주소는 경남 양산군 기장읍 대라리 118-6이었다가(1993년), 그 후 부산광역시 기장군 기장읍 대라리 118-6으로 바뀌었다(1997년). 국명은 기장전화국으로 운영하였으며(1993년-1999년), 민영화 이후에는 KT기장지점으로 변경되었다(2015년). 1995년 기장전화국장은 3급직으로 보직되었으며 1997년 국장은 2급통신기술(권영복)으로 보임되었다.

(6) 김해전화국

1980년대 초반까지 기계식 자동식교환기(ST방식) 6천 회선(2국)을 운용하였다(1981. 12). 그 후 2천 회선을 증설하면서 인근 원거리 지역인 장유 등 3개 지역을 통합 자동화하였으며, 이때 인근의 진영전화국과 복국화되었다(1982. 3). 1984년도 전자교환기 공급사업에 의하여 처음으로 전자교환기(M10CN) 1만2천 회선(32국, 33국)을 개통하여 시설 규모는 2만 회선으로 늘어나게 되었다(1985. 5). 그 후 자동식 8천 회선, 전자식 1만8천 회선을 운용하였으며(1986년), 다시 전자식 6천 회선(34국)을 증설하여 시설은 3만2천 회선으로 늘어났다(1987년). 한편 가입자케이블은 41,200회선을 운용하였다(1986년-1987년).

<표 9-55> 김해 인근지역의 자동화

국명	국간거리 (Km)	운용시설 (자석식)	국명	국간거리 (Km)	운용시설 (자석식)
장유	15.6	600	대동	12.0	600
주촌	4.6	400	녹산	13.2	600
상동	14.5	400	* 녹산과 상동은 통합 미시행		

또한 1980년대 중반에는 주변 원거리 지역인 무계, 녹산, 신문, 생철, 초정, 봉림, 우계, 대감, 미음, 주중, 감노, 나전, 내삼, 매리 등 14개 지역에 전송로집선장치(L/C)를 설치하여 자동전화를 공급하였다. 그중 무계, 녹산, 초정에는 1천 회선 이상의 L/C를 운용하였다(1986년-1987년). 1990년대 중반에는 교환시설 10만 회선 이상(분국 포함)을 운용하는 중대형전화국이 되었다(1996. 1. 31). 1990년대 후반에 여유시설 재활용으로 전자교환기(TX) 30,400회선을 증설 개통하였다(1998. 1. 28). 이어서 TX형 1,300회선을 증설하였으며(1998. 2. 9), TB형 2,200회선을 증설하였다(1998. 2. 27).

1990년 김해전화국 간부진은 국장 최원기, 영업부장 이강웅, 기술부장 김의부로 보직되었다. 그리고 1995년에는 국장 이윤권, 업무부장 하창근, 기술부장 장대호, 진영분국장 공석으로 재직하였다. 그 후 1997년에는 국장 박부권, 마케팅부장 김두하, 시설운용부장 장대호, 진영전화국장 공석으로 보임되었다. 이 전화국은 경남 김해시 부원동 61-3에 있었으며, 당시 명칭은 1990년까지 김해전신전화국이었다. 이후 김해전화국으로 변경되었으며(1990년-1999년), 민영화 이후에는 kt 김해글로벌 데이터센터로 운영되었다(2015년).

(7) 남강전화국/ 남진주전화국

이 전화국은 진주시 남부지역의 전화 수요를 해결하기 위해 전자교환기를 공급하여 신설되었다(1981년). 이를 위해 1981년도 전자교환기 공급사업(81-KTC-120k)으로 전자식(M10CN) 1만 회선을 공급 개통하였다(1982. 9). 그러나 얼마 지나지 않아 상당한 수의 전화적체(1,100건)가 발생하여 누적되기 시작하였다(1982. 12). 이 문제를 해결하기 위해 1980년대 중반 한국통신은 중소도시 중 수요가 급증하여 시설확장이 시급한 지역을 대상으로 시내전화 장기치국계획을 수립하였다.

이 계획에서 진주지역은 진주전화국과 남강전화국을 복국으로 운용하게 하였다. 그리고 진주전화국의 국사가 충만 시에는 남강전화국에서 원격교환장치(RSS)를 공급 운용하게 결정하였다(시내전화 장기치국계획, 1985. 1. 18, 한국통신 계획국). 이와 맞추어 남강전화국 2층에 전자식 1만 회선(53국)을 증설하여 그동안의 전화적체를 해소하였으며(1984. 7), 1985년에는 다시 1만 회선을 증설하였다(1985년). 이때 자석식전화를 운용하고 있던 인근 8개 지역에 원격교환장치(RSU)를 설치하여 자국방식으로 <표 9-56>과 같이 통합 자동화하였다.

<표 9-56> 남강전화국 인근 자석식전화의 자동화

국명	국간거리 (Km)	RSU공급 (회선)	국명	국간거리 (Km)	RSU공급 (회선)
두문	24.8	1,000	진성	18.0	700
지수	35.0	900	반성	30.5	1,200
이반성	30.5	1,000	수곡		700
사봉	28.0	700	정촌		2,700

1980년대 후반에는 늘어나는 전화 수요에 대비하여 기존 전화 국사를 활용하는 방안을 검토하였다. 이 계획에서 남강전화국은 2001년 수요가 118,500인데 비하여 종국용량은 15만 회선으로 확인되었다. 이미 1985년 장기치국계획에서 수립한 바와 같이 진주전화국에 TD 교환기를 공급할 때까지 이 지역의 전화는 남강전화국에서 원격교환장치로 공급하기로 결정하였다(시내전화 장기치국계획, 1987. 1, 한국전기통신공사). 이상 2개의 시내전화 장기치국계획의 주관부서 및 결재자는 제9장 말미의 참고자료 편에 기록되어 있다.

또한 1980년대 중반에는 당시 원거리 지역으로 자석식전화를 운용하던 장사, 나동, 양육, 갈촌, 삼곡, 원내, 하촌, 대사, 군부대 등 9개 지역에 전송로집선장치(L/C)를 설치하여 자동전화를 공급하였다. 이 중 장사와 삼곡에는 1천 회선 이상의 L/C를 운용하였다(1986년-1987년). 그 후 1987년에 1만 회선(국번 55, 56국)을 증설하여 총 4만 회선을 운용하였으며, 가입자케이블은 69,600회선을 운용하였다(1986년-1987년). 1990년대 후반에 여유시설 재활용으로 전자교환기(TX) 4,500회선을 증설 개통하였으며(1998. 2. 20), 이어서 전자교환기(TB) 500회선을 증설하였다(1998. 2. 26).

한때 남진주전화국으로 불리기도 한 이 전화국은 경남 진주시 상대동 306-1에 있었으며 진주전화국 남강 분국으로 운용되었다(1990년-1998년). 1990년 분국장은 2급통신기술(이정헌)로 보직되었으며, 1995년 분국장은 2급(김정생)으로 바뀌었다. 이어서 1997년에는 진주전화국 관할의 남강전화국으로 국명이 바뀌면서 국장은 2급통신기술(최명관)로 보직되었다.

(8) 남지전화국

1981년에 기계식 자동교환기(ST방식) 1,200회선을 추진하여 1982년에 개통하여 고곡을 흡수 자동화하였다. 이때 창녕전화국과 복국화되었으며 새로운 국번호(5)를 사용하게 되었다. 그 후 1982년에 600회선을 증설하였고 이때 영산전화국이 자동화되면서 창녕, 영산, 남지전화국이 상호 복국화되었다. 이어서 1983년에 800회선을 증설하여 그때부터 2,600회선을 운용하였다. 한편 1980년대 후반에는 고곡, 반포 등 2개 지역에 전송로집선장치(L/C)를 공급하여 자동화를 촉진하였다.

(9) 남해전화국

1981년에 기계식 자동교환기(ST방식) 1,000회선을 증설하여 3,400회선을 운용하였다. 이어서 1982년에 200회선, 1983년에 800회선, 1984년에 600회선을 증설하여 그때부터 총 5천 회선을 운용하였다. 그 후 1985년부터 농어촌용 전자교환기(A)를 공급하였으며, 이때 무림, 상주, 설천, 대사, 서면, 당항, 중현 등 7개 지역에 원격전자교환기를 공급하여 전자화하면서 이들을 자국으로 운용하였다. 1987년 말에는 자동식 5천 회선, 전자식 9,602회선으로 늘어나게 되었으며, 이에 따른 가입자케이블은 1986년-1987년에 25,800회선을 운용하였다. 한편 1985년부터 전국 섬마을 전화자동화 완성계획에 따라 남해전화국 관리도서인 조도(당시 44가구)에 가입자 무선장치(SR)를 공급하였다.

시설규모는 1990년대 중반까지 교환시설 5만 회선 미만(분국 포함)으로 운용하였다(1996. 1. 31). 1990년대 후반에 여유시설 재활용으로 전자교환기(TB) 500회선을 증설 개통하였다(1998. 2. 25). 이 전화국은 경남 남해군 남해읍 남변동 460에 있었으며, 그 후 남해읍 남변리 460-6으로 바뀌었다(1993년). 그리고 명칭은 1990년까지 남해전신전화국이었으며, 이후 남해전화국으로 변경되었다(1990년-1999년). 1990년 남해전화국장은 2급통신기술(김규일)으로 보직되었으며, 그 후 1995년 국장은 유식이 재직하였다. 1997년 국장은 2급행정(이강영)으로 보임되었다.

(10) 밀양전화국

1981년에 기계식 자동교환기(ST방식) 6천 회선을 운용하였으며 1982년에 1,400회선을 개통하면서 새로운 국번호(2)를 사용토록 하였다. 이어서 1983년에 1천 회선을 증설하여 그 때부터 자동식교환기 8,400회선을 운용하였다. 그 후 1985년부터 농어촌용 전자교환기(A)를 공급하였으며, 이때 평촌, 임천, 무안, 구기, 금산, 산외, 단장, 송백, 삼랑진, 수산 등 10개 지역에 원격전자교환기를 공급하여 전자화하여 자국으로 운용하였다. 그러나 당시 남명에는 이를 공급하지 못하고 전송로집선장치(L/C)를 공급하여 자동전화를 공급하였다. 1987년 말에는 자동식 9,400회선, 전자식 15,165회선으로 늘어나게 되었으며, 가입자케이블은 1986년-1987년에 43,200회선을 운용하였다.

1990년대 중반에는 교환시설 5만 회선 이상(분국 포함)을 운용하는 중형전화국이 되었다(1996. 1. 31). 1990년대 후반에 전자교환기(A) 500회선을 증설 개통하였으며(1998. 1. 23), 이어서 전자교환기(TB) 2,500회선을 개통하였다(1998. 3. 25). 이 전화국은 경남 밀양군 밀양읍 내이동 1048에 있었으며, 그 후 주소는 밀양읍 내이동 1048-1로 바뀌었다(1992년). 당시 명칭은 1990년까지 밀양전신전화국이었으며, 이후 밀양전화국으로 변경되었다(1990년-1999년). 1990년 밀양전화국장은 2급행정(한인국)으로 보직되었으며, 이후 1995년 밀양전화국장은 김재운이 재직하였으며 1997년 국장은 2급통신기술(김삼길)로 보임되었다.

(11) 사천전화국

1982년에 기계식 자동교환기(ST방식) 600회선, 1982년에 다시 1,200회선을 증설하여 7,800회선을 운용하면서 그해에 인근 자석식전화 운용국인 국간 거리 8.3Km의 용현을 비롯하여 사남과 축동을 통합 자동화하였다. 그 후 1985년에 처음으로 전자교환기(M10CN) 1만 회선을 신설 개통하였다. 이때 자석식전화를 운용하고 있던 곤양 등 4개 지역에 원격 전자교환장치(RSU)를 공급하여 통합 자동화하였으며 그동안 운용해온 자동식 3,400회선(4국)을 철거하여 이를 풍기, 선산, 안강에 재설치하였다.

<표 9-57> 사천전화국 인근 자석식전화의 자동화

지역명	국간거리	지역명	국간거리
곤양	18.5Km	서포	23.6Km
정동	5.5Km	곤명	29.1Km

이후 전자식 14,000회선, 가입자케이블 19,400회선을 운용하였다(1986년-1987년). 시설규모는 1990년대 중반까지 교환시설 5만 회선 미만(분국 포함)으로 운용하였다(1996. 1. 31). 1998년에는 전자교환기(TB) 2,100회선을 증설할 계획으로 추진하였으나 IMF사태로 인한 수요 감소로 공급량을 축소하여 200회선을 공급하였다(1998. 8).

이 전화국은 경남 사천군 사천읍 수석리 280에 있었으며, 그 후 사천읍 수석리 280 -10으로 바뀌었다가(1992년) 행정구역개편에 따라 사천시 사천읍 수석리 280-10으로 바뀌었다(1995년). 명칭은 1990년까지 사천전신전화국이었으며, 이후 사천전화국으로 변경되었다(1990년-1999년). 1990년 사천전화국장은 2급통신기술(서영권)로 보직되었으며, 이후 국장은 1995년 표문정, 1997년 2급행정(손원도)으로 보임되었다.

(12) 산청전화국

1981년에 기계식 자동교환기(ST방식) 200회선, 1982년에 600회선을 증설하여 그때부터 총 1,600회선을 운용하였다. 한편 가입자케이블은 1986년-1987년에 16,900회선을 보유하였다. 시설 규모는 1990년대 중반까지 교환시설 5만 회선 미만(분국 포함)으로 운용하였다(1996. 1. 31). 1990년대 후반에 여유시설 재활용으로 전자교환기(A) 1,000회선을 증설 개통하였다(1998. 1. 25), 이 전화국은 경남 산청군 산청읍 지리 349에 있었으며, 명칭은 1990년까지 산청전신전화국이었으며, 이후 산청전화국으로 변경되었다(1990년-1999년). 1990년 산청전화국장은 2급행정(조용만)으로 보직되었으며, 이후 국장은 1995년 윤삼원, 1997년 2급통신기술(김태수)로 보임되었다.

(13) 삼랑진전화국

1981년에 기계식 자동교환기(ST방식) 1,200회선을 설치하여 운용 중 1982년부터 새로운 국번호(7)를 사용토록 하였다. 1983년에 다시 600회선을 증설하여 1,800회선을 운용하였다. 이후 1985년부터 농어촌용 전자교환기(A)를 공급하는 시기에 삼랑진전화국에도 원격전자교환기를 공급하여 밀양전화국의 자국으로 전자화하였다. 1987년 말에는 자동식 1,800회선, 전자식 886회선을 운용하였다.

(14) 삼천포전화국

1980년대 초반까지 기계식 자동교환기(EMD방식) 6천 회선을 운용하였다(1981. 12). 다음해에 1,200회선을 증설하여 총 7,200회선을 운용하였다(1982년). 1984년에 처음으로 전자교환기(M10CN) 6천 회선을 공급하였다. 한편 1985년부터 전국 섬마을 전화자동화 완성계획에 따라 삼천포전화국 관리도서인 마도(당시 54가구)와 저도(당시 6가구)에 가입자 무선장치(SR)를 공급하였다. 이로부터 한동안 자동식 7,800회선, 전자식 11,200회선을 운용하였다(1986년-1987년). 한편 가입자케이블은 400회선을 증설하여 총 23,925회선으로 늘어났다(1987년).

시설규모는 1990년대 중반까지 교환시설 5만 회선 미만(분국 포함)으로 운용하였다(1996. 1. 31). 이후 1990년대 후반에 전자교환기(TB) 2,100회선을 개통하였다(1998. 3. 31). 이 전화국은 경남 삼천포시 동금동 91-1에 있었으며, 당시 명칭은 1990년까지 삼천포전신전화국이었다가 이후 삼천포전화국으로 변경되었다(1990년-1999년). 1990년 삼천포전화국장은 2급행정(이부원)으로 보직되었다. 그 후 국장은 1995년 손원도,1997년 2급행정(하태호)으로 보임되었다.

(15) 수산전화국

1981년에 기계식 자동교환기(ST방식) 1,200회선을 설치하여 운용 중 1982년부터 새로운 국번호(5)를 사용하였다. 1983년에 다시 1,200회선을 증설하여 2,400회선을 운용하였다. 이후 1985년부터 농어촌용 전자교환기(A)를 공급하는 시기에 수산전화국에도 원격전자교환기를 공급하여 밀양전화국의 자국으로 전자화하였다. 이때 초동에는 전송로집선장치(L/C)를 공급하여 자동화를 촉진하였다. 1987년 말에는 자동식 2,400회선, 전자식 1,255회선을 운용하였다. 1990년대 후반에 여유시설 재활용으로 전자교환기(TA) 500회선을 증설 개통하였다(1998. 1. 30). 이 전화국은 경남 밀양군 화남읍 양동리 636-1에 있었으며 당시 밀양전화국 수산분국으로 운영하였다(1995년-1998년). 그 후 수산전화국으로 국명이 바뀌었다(1999년).

(16) 양산전화국

1981년에 기계식 자동교환기(ST방식) 3,800회선을 운용하였으며 1982년에 1,600회선을 증설하여 국간 선로거리 18.7Km나 떨어진 통도사를 통합 자동화하였다. 이어서 1983년에 2,000회선을 증설하여 총 7,400회선을 운용하였다. 이후 1985년부터 농어촌형 전자교환기(A)를 공급하였으며, 이때 통도사, 상북, 동면, 원동, 서창, 기장, 일광, 하관 등 8개 지역에 원격전자교환기를 공급하여 자국으로 전자화하였다. 이때 하건, 정관 등 2개 지역에는 전송로집선장치(L/C)를 공급하여 자동전화를 운용하다가 1987년에 원격전자교환기(RSS)를 공급하면서 이를 철거하였다.

1987년 말에는 교환시설 규모는 자동식 7.400회선, 전자식은 자국시설을 포함하여 23,951회선을 운용하였으며, 이에 따른 가입자케이블은 1986년-1987년에 55,200회선을 보유하였다. 한편 가반형 국산전자교환기(TDX-1A) 1대를 1990년대 중반까지 운용하였다(1996. 5). 1990년대 중반에는 교환시설 5만 회선 이상(분국 포함)을 운용하는 중형전화국이 되었다(1996. 1. 31). 1990년대 후반에 여유시설 재활용으로 전자교환기(A) 7,000회선을 증설 개통하였다(1998. 2. 28),

한편 양산전화국은 우체국과 통합국사로 되어 있어 한국통신이 당초 건물을 사용하는 대신 대용 국사를 신축하여 체신부로 이관하였다. 대용 국사는 지하 1층-지상 2층(1,000m^2) 규모로 정하였으며 체신부에서 설계하고 한국통신이 1986년에 착공하여 1987년에 준공하였다. 이 전화국은 경남 양산군 양산읍 중부동 408에 있었으며, 그 후 주소는 양산읍 중부동 408-1로 바뀌었다(1992년). 그리고 명칭은 1990년까지 양산전신전화국이었으며, 이후 양산전화국으로 변경되었다(1990년-1999년). 1990년 양산전화국장은 2급행정(박경원)으로 보직되었다. 그 후 양산전화국장은 1995년 이수채,1997년 2급통신기술(표문정)로 보임되었다.

(17) 양주전화국

이 전화국은 1990년대 후반에 전자교환기(TB) 2천 회선을 개통하였다(1998. 3. 20). 주소는 경남 양산시 상북면 석계리 272-25이었으며, 당시 양산전화국 양주분국으로 운용하였다(1997년-1999년).

(18) 영산전화국

1981년까지 자석식교환기 600회선을 운용하였으며 1982년에 원격전자교환기(R-ESS) 3,400회선을 설치하여 계성, 도천, 장마, 부곡 등 4국을 통합 자동화하였다. 이때 부곡이 국간거리가 9Km로 가장 멀리 떨어진 지역이었다. 또한 인근의 창녕전화국을 모국으로 하여 남지전화국과 함께 복국화 되었다. 당시 이 시설은 대도시에서 철거된 기계식 자동교환기를 재활용하여 공급하였다. 1983년 10월 본 건물 630m^2, 부속건물 115m^{2}를 준공하였다.

이 공사는 중앙토건에서 시공하였으며, 당시 공사감독은 중앙건설사무소 정성호가 수행하였다. 1985년부터 농어촌용 전자교환기(T)를 공급하였으며, 이때 반포, 부곡, 구산, 길곡, 장마, 옥천, 남지, 고곡 등 8개 지역에 원격전자교환기를 공급하여 본국의 자국으로 전자화하였다. 반면 옥천에는 전송로집선장치(L/C)도 공급하여 자동화를 촉진하였다.

1987년 말에는 영산에 자동식 4,000회선, 남지에 자동식 2,600회선으로 총 6,600회선을 운용하였으며, 전자식은 3,901회선을 운용하였다. 1990년대 후반에 여유시설 재활용으로 전자교환기(TA) 300회선을 증설 개통하였으며(1998. 2. 19), 이어서 TB형 600회선을 증설하였다(1998. 2. 27). 이 전화국은 경남 창녕군 영산면 성내리 585-1에 있었으며, 명칭은 창녕전화국 영산 분국으로 운영되었다(1995년-1998년). 이후 영산전화국으로 바뀌었다(1999년).

(19) 옥포전화국

1985년 거제전화국에 농어촌형 전자교환기(A)가 공급되면서 이를 모국으로 하여 옥포에는 원격전자교환기(RSS)를 공급하여 1987년 말에는 전자식 4,568회선을 운용하였다. 1990년대 후반 전자교환기(TB) 2,000회선을 공급하여 1998년 4월 개통예정으로 추진하다가 IMF사태로 인한 수요가 격감하는 바람에 도중에 취소하였다. 이 전화국은 소용량 국사(TD 2만회선 규모)로 계획하여 지하 1층-지상 2층 건물(1,200m^2)로 설계하여 1987년에 준공하였다. 주소는 경남 장승포시 옥포1동 534-21이었으며, 당시 장승포전화국 옥포 분국으로 운영되었다(1995년-1998년). 이후 옥포전화국으로 국명이 바뀌었다(1999년).

(20) 의령전화국

1981년에 기계식 자동교환기(ST방식) 400회선, 1982년에 400회선, 1983년에 600회선을 증설하여 그때부터 2,400회선을 운용하였다. 1985년부터 농어촌용 전자교환기(T)를 공급하였으며, 그때까지 자석식교환기를 운용해온 개승, 중촌, 화양, 원당, 백산, 대의, 칠곡, 화정, 중교, 지정, 신반, 전화, 봉수, 궁유, 유곡 등 15개 지역에 원격전자교환기(RSS)를 공급하여 본국의 자국으로 전자화하였다. 또한 이중 개승, 중촌, 화양, 원당, 백산 등 5개 지역에는 전송로집선장치(L/C)도 설치하여 자동화를 촉진하였다.

1987년에는 이들 자석식교환기를 철거하였으며, 그해 말에는 자동식 2,400회선, 전자식 8,885회선을 운용하였다. 이에 따른 가입자케이블은 1986년-1987년에 22,000회선을 보유하였다. 시설규모는 1990년대 중반까지 교환시설 5만 회선 미만(분국 포함)으로 운용하였다(1996. 1. 31). 이 전화국은 경남 의령군 의령읍 중동 419에 있었으며, 그 후 주소는 의령읍 중동 419-4로 바뀌었다(1992년). 그리고 명칭은 1990년까지 의령전신전화국이었으며, 이후 의령전화국으로 변경되었다(1990년-1999년). 1990년 의령전화국장은 2급행정(박수남)으로 보직되었다. 이후 국장으로 1995년 김종택, 1997년 2급행정(신경범)이 보임되었다.

(21) 일광전화국

일광지역이 개발되면서 시급한 전화공급을 위해 원격전자교환기(R-ESS) 6천 회선을 공급 개통하였다(1982. 12). 1983년에는 원격자동교환기(ST방식) 5천 회선을 설치 운용하였다. 1985년부터 농어촌용 전자교환기(A)를 공급하였으며, 이때 양산을 모국으로 하여 일광, 정관 지역에 원격전자교환기(RSS)를 공급하여 자국으로 전자화하였으며, 당시 자국인 하근에는 공급하지 못하였다. 1987년에 전자식 분국 신설을 위해 자동식 5천 회선을 철거하였다. 이에 따라 1987년 말에는 자국을 포함하여 전자식 5,900회선을 운용하였다. 이후 1990년대 후반 전자교환기(TB) 400회선을 공급하여 1998년 7월 개통예정으로 추진하다가 IMF사태로 인한 수요가 격감하는 바람에 도중에 취소하였다. 이 전화국은 경남 양산군 일광면 문중리 53-2에 있었으며, 기장전화국 일광분국으로 운영되었다(1995년-1999년).

(22) 장승포전화국

1981년에 기계식 자동교환기(ST방식) 800회선, 1982년에 600회선, 1983년에 1,200회선을 증설하여 그해 말부터 4,400회선을 운용하였다. 1985년부터 농어촌형 전자교환기(A)를 공급하면서 거제전화국을 모국으로 하여 장승포에 원격전자교환기(RSS)를 설치하였다. 이때 자국인 지세포, 구조라에도 원격전자교환기를 각각 1,132회선, 630회선을 공급하였다. 그래서 장승포전화국의 관리시설은 1987년 말에 자동식 4,400회선, 전자식 4,870회선이 되었다. 시설규모는 1990년대 중반까지 교환시설 5만회선 미만(분국 포함)으로 운용하였다(1996. 1. 31).

1997년 3월 장승포전화국은 장승포초등학교에서 관내의 전화를 이용하는 시민과 가족 등 총 1천 6백여명이 참석한 가운데「전화 이용고객 참여 시민건강 걷기대회」행사를 개최했다(1997. 3. 16). 이 행사는 시외전화 사전등록제에 대비하여 한국통신 고객을 영구고객 화하고, 장승포지역의 직장인 및 지역주민과의 생활체육을 통한 일체감을 조성하고자 추진되었다. 장승포초등학교에서 능포동 해안에 이르는 총 5.5Km의 걷기대회에는 관내 초·중·고등학생과 경찰서, 소방서, 우체국, 대우중공업 옥포조선소 직원과 직원 가족들이 대거 참석하여 성황을 이루었다. 이날 걷기대회 행사에서는 자전거 3대, 선풍기 7대, 배드민턴 라켓, 농구공, 만보기 등 상품을 마련하였다.

주소는 경남 장승포시 장승포동 353-1이었으며(1990년), 그 후 행정구역개편에 따라 거제시 장승포동 353-1로 바뀌었다(1996년). 그리고 명칭은 장승포전신전화국으로 운영을 시작하여 이후 장승포전화국으로 변경되었다(1990년-1999년). 1990년 장승포전화국장은 2급통신기술(김재수)로 보직되었다. 이후 국장은 1995년 김만두, 1997년 2급행정(손영길)으로 보임되었다.

(23) 지족전화국

1982년까지 자석식교환기를 운용하였으며, 1983년 10월 본 건물 630m^2, 부속건물 115m^{2}를 준공하였다. 이 공사는 중앙토건에서 시공하였으며, 당시 공사감독은 중앙건설사무소 김요성이 수행하였다. 1983년에 기계식 자동교환기(ST방식) 2,200회선을 설치하여 자동화되었다. 1985년부터 농어촌용 전자교환기(A)를 공급하였으며, 이때 창선, 미조 2개 지역에 원격전자교환기를 공급하여 전자화하면서 이들을 자국으로 운용하였다. 1987년 말에는 자동식 2,200회선, 전자식 3,284회선을 운용하였다. 그 후 1990년대 후반 전자교환기(TA) 300회선을 1998년 10월에 개통하였다. 주소는 경남 남해군 삼동면 지족리 294-3이었으며 당시 남해전화국 지족분국으로 운용되었다(1995년-1999년). 그 후 주소가 지족리 294-4로 바뀌었다(1998년).

(24) 진영전화국

1982년에 기계식 자동교환기(ST방식) 400회선, 1983년에 2,800회선을 증설하면서 용잠, 가술, 장방을 통합 자동화하여 새로운 국번호(5)를 사용하였다. 이때 총 5천 회선을 운용하면서 김해와 복국화되었다. 그 후 1985년에 처음으로 전자교환기(M10CN) 4천 회선을 신설 개통하여 1987년까지 운용하였다. 한편 가입자케이블은 1986년-1987년에 14,400회선을 운용하였다. 또한 1980년대 후반에는 당시 변두리 지역인 장방, 진례 등 2개 지역에 각각 1천 회선 이상의 전송로집선장치(L/C)를 설치하여 자동전화를 공급하였다.

1990년대 후반에 여유시설 재활용으로 전자교환기(TB) 5,200회선을 증설 개통하였다(1998. 2. 24), 주소는 경남 김해군 진영읍 진영리 275-1이었으며, 명칭은 김해전화국 진영분국으로 운용되었다(1995년-1998년). 1995년 진영분국장은 3급으로 보직되었다. 그 후 김해전화국 관할의 진영전화국으로 변경되었으며, 1997년 국장은 3급통신기술(공석)로 보임되었다.

(25) 진주전화국

1970년 진주전신전화국이 신설되었으며 이 지역의 공전식 1,800회선을 자동전화 3,000회선으로 대체하였다. 1980년대 초반까지 기계식 자동교환기(EMD방식) 1만6천 회선을 운용하고 있었다(1981. 12). 그 후 한국통신의 전자교환기 도입방침에 따라 1983년도 전자교환기 공급사업(83-BTM-90k)으로 진주전화국에 전자식(M10CN) 1만 회선(42국)을 공급 개통하였다(1983. 10). 이 공사는 SST에서 담당 시공하였으며, 당시 공사감독은 중앙건설사무소 시설본부 통신기술직(홍경희)이 수행하였다. 이때 3층에서 운용 중이던 이동식교환기 6천 회선을 재배치하였다.

1985년 전자식 1만 회선을 증설하였으며 이때 자석식교환기로 운용 중인 대곡과 미천 등 2개 지역에 원격전자교환장치(RSU)를 공급하여 통합하였다. 이들 지역은 진주전화국으로부터 대곡 17.3Km, 미천 20.5Km나 떨어진 원거리이었다. 1980년대 중반 한국통신은 중소도시 중 수요가 급증하여 시설확장이 시급한 지역을 대상으로 시내전화 장기치국계획을 수립하였다. 이때 진주지역은 진주전화국과 남강전화국을 복국으로 운용하게 하였다. 그리고 진주전화국의 국사 충만 시에는 남강전화국에서 원격교환장치(RSS)를 공급 운용하게 하였다(시내전화 장기치국계획, 1985. 1. 18, 한국통신 계획국).

1980년대 후반에는 늘어나는 전화 수요에 대비하여 기존 전화국사를 활용하는 방안을 검토 수립하였다. 당시 진주전화국은 2001년 수요가 116,500인데 비해 종국용량은 32,000으로 확인되었다. 이에 따라 시분할교환기(TD)를 공급할 때까지 남강전화국에서 원격교환장치로 공급하기로 하였으며, 시험실 용량이 부족하여 청사를 개수하기로 결정하였다(시내전화 장기치국계획, 1987. 1, 한국전기통신공사). 이상 2개의 시내전화 장기치국의 주관부서 및 결재자는 제9장 말미의 참고자료 편에 기록되어 있다.

이후 한동안 자동식 1만6천 회선과 전자식 1만6천 회선, 가입자케이블 63,200회선을 운용하였다(1986년-1987년). 또한 1980년대 후반에는 주변 원거리 지역인 봉강, 오미, 대암, 관지, 우수 등 5개 지역에 전송로집선장치(L/C)를 설치하여 자동전화를 공급하였다. 이후 1990년대 중반에는 교환시설 10만 회선 이상(분국 포함)을 운용하는 중대형전화국이 되었다(1996. 1. 31). 그리고 1990년대 후반에 전자교환기(TX) 3,800회선을 개통하였다(1998. 3. 30).

1990년 진주전화국 간부진은 국장 강정섭, 총무부장 강경환, 영업부장 양창유, 기술부장 박창일, 남강분국장 이정헌으로 보직되었다. 이후 1995년에는 국장 서영권, 관리부장 심재근, 영업부장 최준배, 기술부장 박병열, 남강분국장 김정생이 재직하였다. 이어서 1997년에는 국장 서영권, 마케팅부장 정안영, 고객지원부장 박철웅, 시설운용부장 윤창규, 남강전화국장 최명관으로 보임되었다. 이 전화국은 경남 진주시 계동 38에 있었다. 국명은 1990년까지 진주전신전화국이었으며 이후 진주전화국으로 변경되었다(1990년-1999년).

(26) 진해전화국

1980년대 초반까지 기계식 자동교환기(ST방식) 12,600회선을 운용하였다(1981. 12). 1982년 다시 2,000회선을 증설하여 그때부터 자동식 14,600회선을 운용하였다. 1984년 국사를 신축하였으며 1985년 전자교환기(M10CN) 14,000회선을 공급하였다. 이때 주변 원거리 지역인 죽곡, 성내, 천가, 수도 등 4개 지역에 전송로집선장치(L/C)를 설치하여 자동전화를 공급하였다. 이후 한동안 기계식 자동교환기 10,000회선, 전자식 16,400회선을 운용하였다(1986. 12).

1987년 다시 전자식 4,000회선을 증설하여 전체시설은 30,400회선이 되었다. 이때 가입자케이블은 3,025회선을 증설하여 총 46,575회선으로 늘어났다. 한편 전국 섬마을 전화자동화 완성계획에 따라 진해전화국 관리도서인 가덕도(당시 1,028가구)와 수도에는 무선 PCM설비, 연도와 실리도에는 가입자 무선장치(SR)를 공급하였다(1987년). 이후 1990년대 중반에는 교환시설 5만 회선 이상(분국 포함)을 운용하는 중형전화국이 되었다(1996. 1. 31). 1990년대 후반에는 여유시설 재활용으로 전자교환기(TX) 9,800회선을 증설 개통하였다(1998. 1. 31).

1990년 진해전화국 간부진은 국장 박종수, 업무부장 신희영, 기술부장 고진규로 보직되었다. 이후 1995년에는 국장 노희창, 업무부장 강호준, 기술부장 공석이 재직하였으며 1997년에는 국장 황용기, 마케팅부장 김진식, 시설운용부장 장화성으로 발령되었다. 이 전화국은 경남 진해시 중앙동 7-2에 있었으며, 이후 진해시 중앙동 4-1로 바뀌었다(1992년). 명칭은 1990년까지 진해전신전화국이었다가 이후 진해전화국으로 변경되었다(1990년-1999년).

(27) 창녕전화국

1981년에 기계식 자동교환기(ST방식) 2,600회선을 운용하였으며 1982년에 1,200회선을 증설하면서 새로운 국번호(2)를 사용토록 하였다. 이때 영산전화국과 남지전화국을 자국으로 하여 3개 지역을 복국화하였다. 이어서 1983년에 1,000회선, 1984년에 400회선을 증설하여 그때부터 총 5,200회선을 운용하였다. 1985년부터 농어촌용 전자교환기(T)를 공급하였으며, 이때 감리, 대합, 이방, 대견, 유어 등 5개 지역에 원격전자교환기를 공급하여 본국의 자국으로 전자화하였다. 이때 고암에 전송로집선장치(L/C)를 공급하여 자동화를 촉진하였다.

1987년 마지막으로 길곡(400회선), 대견(500회선), 유어(500회선)의 자석식교환기를 철거하였다. 그해 말에는 자동식 5,600회선, 전자식 5,070회선을 운용하였으며, 가입자케이블은 1986년-1987년에 44,700회선을 운용하였다. 시설규모는 1990년대 중반까지 교환시설 5만 회선 미만(분국 포함)으로 운용하였다(1996. 1. 31). 이후 1990년대 후반에 전자교환기(TA) 300회선을 개통하였다(1998. 3. 21). 동시에 전자교환기(TB) 600회선을 개통 추진하다가 수요 감소로 400회선을 개통하였다(1998. 3. 30).

이 전화국은 경남 창녕군 창녕읍 술정리 299에 있었으며, 그 후 주소는 창녕읍 술정리

297-3로 바뀌었다(1992년). 명칭은 1990년까지 창녕전신전화국이었으며, 이후 창녕전화국으로 변경되었다(1990년-1999년). 1990년 창녕전화국장은 2급행정(손부광)으로 보직되었으며, 이후 국장은 1995년 김의부, 1997년 2급통신기술(김의부)가 보임되었다.

(28) 충무전화국/ 통영전화국

1980년대 초까지 기계식 자동교환기(EMD방식) 9천 회선을 운용하였다(1981. 12). 다음해에 2천 회선을 증설하여 자동식교환기는 1만1천 회선으로 늘어나게 되었으며 이때 산양과 용남을 통합 자동화하였다(1982년). <표 9-58>에서 자석식교환기는 1981년말 시설수이다. 이후 1984년도 사업으로 전자교환기(M10CN) 6천 회선(42국)을 2층에 신설 개통하였다(1985. 1). 이때 <표 9-59>와 같이 주변 원거리 지역인 용남 등 27개 지역에 전송로집선장치(LC)를 설치하여 자동전화를 공급하였다.

<표 9-58> 충무전화국 원거리 지역의 자동화(1982년)

지역명	자석식	국간거리 (Km)	지역명	자석식	국간거리 (Km)
산양	300	5.2	용남	400	5.8

<표 9-59> 충무전화국 관내의 LC 공급지역

용남, 곤리도, 비진도, 학림도, 죽림, 하소, 안정, 장곡, 산양, 노산, 법송, 두미도, 지도, 양지, 원산, 풍화, 용호, 욕지도, 미남, 노대도, 사량, 읍덕, 추봉, 하도, 추도, 연화도, 연대

이 중에서 용남과 욕지도에는 1,000회선 이상의 L/C를 운용하였다(1986년-1987년). 그리고 1980년대 후반에는 자동식 12,400회선, 전자식 18,000회선을 운용하였다(1986. 12). 이때 인근 지역에는 원격교환장치(RSU)를 공급하였으며, 산양에 600회선, 법송에 600회선을 설치하여 자국방식으로 통합 자동화하였다. 1987년 다시 전자식 6천 회선(44국)을 증설한 후 자동식 2천 회선(3국)을 철거하였으며 전자식 시설은 2만4천 회선으로 늘어났다. 그리고 가입자케이블은 64,875회선을 운용하였다(1986년-1987년).

<표 9-60> 충무전화국 인근 도서지역의 자동화(1987년)

자동화방식	도서명
무선PCM	곤리도, 학림도, 연대도, 욕지도, 추도, 두미도, 연화도, 한산도, 상노대도(9개)
가입자무선장치	어의도, 매물도, 소매물도, 죽도, 오곡도, 국도, 수도, 내초도, 납도, 봉도, 장사도, 가왕도(12개)
실선 공급	저도, 만지도, 오비도(3개)

한편 <표 9-60>에서 보는 바와 같이 전국 섬마을 전화자동화 완성계획에 따라 충무전화국 관리도서인 총 24개 도서의 수동식전화를 무선PCM방식, 가입자 무선장치(SR), 실선 등을 공급하여 자동화하였다. 1990년대 중반에는 교환시설 5만 회선 이상(분국 포함)을 운용하는 중형전화국이 되었다(1996. 1. 31). 1990년대 후반에 여유시설 재활용으로 전자교환기(TB) 5,600회선을 증설 개통하였다(1998. 2. 26),

1997년 3월 통영전화국은 제25회 협회장기 쟁탈 통영시 직장별 탁구대회에 참가하여 좋은 성적을 거두었다(1997. 3. 15-3. 16). 이 대회에는 5개 단체 60명이 참가한 가운데 치러졌는데 통영전화국에서는 자체 건전모임인 탁구동우회원 12명이 출전하여 여자부문 우승과 개인부문 준우승, 단체부문 장려상을 차지했다. 한편 이 대회에 참가하는 선수들에게 한국통신 시외전화, 국제전화 001을 홍보하는 배번을 착용토록 하여 사업홍보에도 많은 노력을 기울였다.

1990년 충무전화국 간부진은 국장 박재현, 업무부장 최해식, 기술부장 이병호로 보직되었다. 그 후 1995년에는 국장 송상헌, 업무부장 장정대, 기술부장 김지홍이 재직하였다. 이어서 1997년에는 통영전화국장 김광현, 마케팅부장 박대원, 시설운용부장 김성태로 보임되었다. 이 전화국은 당초 경남 충무시 도천동 123-3에 있었으며, 그 후 통영시 도천동 123-3으로 바뀌었다(1995년). 명칭은 1990년까지 충무전신전화국이었으며, 이후 충무전화국으로 되었다(1991년-1994년). 그 후 행정구역개편에 따라 통영전화국으로 변경되었다(1995년-1999년).

(29) 칠원전화국

1985년부터 농어촌용 전자교환기(T)를 공급하였으며, 이때 칠북과 칠서 2개 지역에 원격전자교환기를 공급하여 본국의 자국으로 전자화하였다. 1987년 말에는 전자식 4,079회선을 운용하였다. 1990년대 후반에 전자교환기(TB) 1천 회선을 1998년 3월 개통목표로 추진하다가 IMF사태로 인한 수요 급감으로 공사를 중단하였다. 이 전화국은 경남 함안군 칠원면 구성리 848에 있었으며 당시 함안전화국 칠원분국으로 운영되었다(1995년-1999년).

(30) 하동전화국

1981년에 기계식 자동교환기(ST방식) 2천 회선을 운용하였다. 1982년에 600회선, 1983년에 1천 회선을 개통하여 그때부터 3,600회선을 운용하였다. 1985년부터 농어촌용 전자교환기(A)를 공급하였으며, 이때 화개, 신흥, 악양, 고남, 노량, 갈도, 진교, 북천, 옥종, 묵계, 횡천, 고전 등 12개 지역에 원격전자교환기를 공급하여 본국의 자국으로 전자화하였다. 1987년 말에는 자동식 3,600회선, 전자식 13,890회선을 운용하였으며, 이에 따른 가입자케이블은 1986년-1987년에 25,000회선을 운용하였다.

시설규모는 1990년대 중반까지 교환시설 5만 회선 미만(분국 포함)으로 운용하였다(1996. 1. 31). 그 후 전자교환기(A) 1,300회선을 증설할 계획으로 추진하였으나 IMF 사태로 인한 수요 감소로 공급량을 축소하여 300회선을 공급하였다(1998. 8). 이 전화국은 경남 하동군 하동읍 비타리 641에 있었으며, 이후 하동읍 비타리 641-2로 바뀌었다(1992년). 명칭은 1990년까지 하동전신전화국이었으며, 이후 하동전화국으로 변경되었다(1990년-1999년). 1990년 하동전화국장은 2급통신기술(정점영)으로 보직되었으며, 이후 국장은 1995년 배인환, 1997년 2급통신기술(정환영)로 보임되었다.

(31) 함안전화국

1981년에 기계식 자동교환기(ST방식) 1,400회선을 운용하였다. 1983년에 1,600회선, 1984년에 400회선을 증설하여 그때부터 3,400회선을 운용하였다. 이후 1985년부터 농어촌용 전자교환기(T)를 공급하였으며, 그때까지 자석식교환기를 운용해온 여항, 법수(600회선), 군북(600회선), 월촌(300회선), 구혜(600회선), 칠북(400회선) 등 6개 지역에 원격전자교환기를 공급하여 본국의 자국으로 전자화하였다. 1987년에는 이들 자석식교환기를 철거하였으며, 또한 차기 교환시설의 설치를 위한 상면을 확보하기 위해 자동식 3,400회선을 철거하여 그해 말에는 전자식 12,310회선을 운용하게 되었다.

한편 함안전화국은 우체국과 통합국사로 되어 있어 한국통신이 당초 건물을 사용하는 대신 대용 국사를 신축하여 체신부로 이관하였다. 대용 국사는 지하 1층-지상 2층(1,000m^2) 규모로 정하였으며 체신부에서 설계하고 한국통신이 1986년에 착공하여 1987년에 준공하였다. 시설규모는 1990년대 중반까지 교환시설 5만 회선 미만(분국 포함)으로 운용하였다(1996. 1. 31). 1990년대 후반에 여유시설 재활용으로 전자교환기(TB) 3,500회선을 증설 개통하였다(1998. 3. 31), 이 전화국은 경남 함안군 가야읍 말산리 172에 있었으며, 당시 함안사업소로 출발하였다(1989년). 1990년 함안전신전화국으로 승격되었다가, 다시 함안전화국으로 변경되었다(1990년-1999년). 1990년 함안전화국장은 2급행정(이근무)으로 보직되었다. 그 후 국장은 1995년 박수남, 1997년 2급행정(박수남)으로 재보임되었다.

(32) 함양전화국

1981년에 기계식 자동교환기(ST방식) 2천 회선을 운용하였다. 1982년에 200회선, 1983년에 400회선, 1984년에 400회선을 증설하여 그때부터 총 3천 회선을 운용하였다. 그 후 1985년부터 농어촌용 전자교환기(A)를 공급하였으며, 이때 서상, 서하, 백전, 마천, 휴천, 한남, 수동, 죽산, 지곡, 안의, 원촌 등 11개 지역에 원격전자교환기를 공급하여 본국의 자국으로 전자화하였다. 1987년 말에는 자동식 3천회선, 전자식 1만회선으로 늘어났으며, 가입자케이블은 1986년-1987년에 29,700회선을 운용하였다.

시설규모는 1990년대 중반까지 교환시설 5만 회선 미만(분국 포함)으로 운용하였다(1996. 1. 31). 그 후 1990년대 후반 전자교환기(A) 1,300회선을 공급 추진하다가 IMF사태로 인한 수요 감소로 900회선을 개통하였다(1998. 3. 31). 이 전화국은 경남 함양군 함양읍 하동 684에 있었으며, 그 후 함양읍 하동 683-4로 되었다가(1992년), 다시 함양읍 용평리 684-3으로 바뀌었다(1994년). 국명은 1990년까지 함양전신전화국이었으며 이후 함양전화국으로 변경되었다(1990년-1999년). 1990년 함양전화국장은 2급행정(박기원)으로 보직되었다. 그 후 국장은 1995년 신희영, 1997년 2급행정(이정웅)으로 보임되었다.

(33) 합천전화국

1981년에 기계식 자동교환기(ST방식) 2,200회선을 운용하였다. 1982년에 400회선, 1983년에 400회선을 증설하여 자동식은 3,000회선으로 증설을 중지하였다. 한편 1983년에 본 건물 798m^2, 부속건물 79m^{2}를 증축하였다(1983. 10). 이때 공사감독은 중앙건설사무소 정성호가 수행하였다. 이에 따라 1984년 처음으로 전자교환기 9천 회선을 공급하였으며, 1985년부터는 농어촌용 전자교환기(A)를 공급하였다.

이때 용주, 장전, 율곡, 두사, 남암, 대양, 쌍백, 산가, 초계, 가회, 청덕, 앙진, 소례, 쌍책, 묘산, 황산, 해인사, 야로, 상부, 율지, 대병, 김봉, 양지, 계산 등 24개 지역에 원격전자교환기를 공급하여 본국의 자국으로 전자화하였다. 그리고 남암, 두사 등 2개 지역에 전송로집선장치(L/C)도 공급하여 자동화를 촉진하였다. 1987년에는 가입자케이블 2,500회선을 증설하였으며, 그해 말에는 자동식 3,000회선, 전자식 18,822회선, 가입자케이블 37,700회선을 운용하였다.

시설규모는 1990년대 중반까지 교환시설 5만 회선 미만(분국 포함)으로 운용하였다(1996. 1. 31). 1990년대 후반에 전자교환기(A) 700회선을 증설 개통하였다(1998. 1. 31), 이 전화국은 경남 합천군 합천읍 합천동 479에 있었으며, 그 후 합천읍 합천동 479-5로 바뀌었다(1993년). 그리고 명칭은 1990년까지 합천전신전화국이었으며, 이후 합천전화국으로 변경되었다(1990년-1999년). 1990년 합천전화국장은 2급행정(손원도)으로 보직되었다. 그 후 1995년 국장은 황병우가 재직하였으며 1997년 국장은 2급통신기술(이재식)로 보임되었다.

6. 대구 및 경북지역의 전화국 확장운영

6.1 대구시내 전화국 건설 및 운영

대구시내 전화국 운영상황은 1970년대 대구중앙, 동대구 등 7개 전화국, 1990년대에는 범어, 납대구, 태평 등 20개 전화국(분국 포함), 2000년대에는 19개 지사 및 지점을 운영하였다. 이때 대구시내 전화국 운영상황은 <표 9-61>과 같다. 1995년에는 전국의 전신전화국 명칭이 모두 전화국으로 변경되었다.

한편 한국통신이 KT로 민영화된 후인 2002년에는 전국 전화국 명칭 사용을 중지하고 지사 및 지점으로 전면 변경되었다. 2000년대에는 대구, 동대구 2개 지사와 서대구, 남대구, 북대구, 봉덕, 달성, 월배, 성서, 칠곡, 수성, 경산, 하양, 상동, 동촌, 범물, 고산, 안심, 산격 등 17개 지점으로 변경 운영되었다(2004년).

<표 9-61> 대구시내 전화국 운영상황

운영시기	전화국명
1970년대 (1978년)	대구중앙, 태평, 동대구, 서대구, 남대구, 경산, 신암 등 7개 전화국
1990년대 (1998년)	대구, 범어, 남대구, 신암, 태평, 서대구, 경산, 봉덕, 하양, 월배, 동촌, 칠곡, 수성, 성서, 달성, 포정, 고산, 안심, 태전, 범물 등 20개 전화국

(1) 경산전화국

1980년대 초반까지 기계식 자동교환기(EMD방식) 6천 회선을 운용하였다(1981. 12). 이후 2,600회선을 증설하였으며(1982년), 이어서 1,400회선을 확장하였다(1983년). 이때 한자리 숫자 국번호(8국)에서 두자리 숫자 국번호(82국)로 변경되었다. 다음 해에 다시 1천 회선을 증설하여 총 1만1천 회선으로 늘어나게 되었으며(1984년), 이후 1만5천 회선을 운용하다가(1986. 12), 다시 3천 회선을 증설하여 총 1만8천 회선으로 늘어났다(1987년). 한편 가입자케이블 6천 회선을 증설하여 총 30,800회선으로 늘어났으며 이때 2,400회선을 재배치 시공하였다(1987년).

또한 1980년대 초반에 들어서면서 당시 원거리 지역인 남천, 압량, 점촌, 시지 등 4개 지역에 전송로집선장치(L/C)를 설치하여 자동전화를 공급하였다. 그중 압량에는 2,700회선, 남천과 시지에는 1천 회선 규모의 L/C를 운용하였다(1987년). 이 전화국의 시설규모는 1990년대 중반까지 교환시설 5만 회선 미만(분국 포함)으로 운용하였다(1996. 1. 31). 그 후 1990년대 후반 전자교환기(TXN) 1만1천 회선을 공급 추진하다가 IMF사태로 인한 수요 감소로 8,100회선을 개통하였다(1998. 4. 28).

주소는 당초 경북 경산군 경산읍 사정동 19이었으며, 그 후 경산시 사정동 19-1로 바뀌었다(1990년). 명칭은 경산전신전화국으로 운영하였으며(-1990년), 그 후 경산전화국으로 변경되었다(1990년-1999년). 1990년 경산전화국장은 2급행정(이재렬)으로 보직되었으며, 그 후 국장은 1995년 2급통신기술(이석해), 1997년 2급통신기술(김병숙)이 재직하였다.

(2) 고산전화국

고산국의 시설규모는 1990년대 중반까지 교환시설 5만 회선 미만(분국 포함)으로 운용하였다(1996. 1. 31). 그 후 1990년대 후반 전자교환기(TB) 5천 회선을 공급 추진하다가 IMF사태로 인한 수요 급감으로 1,500회선을 개통하였다(1998. 3. 27). 주소는 대구시 수성구 신매동 566이었으며, 처음에는 경산전화국 고산 분국으로 운영하였으며(1996년-1997년) 이후 범어전화국 고산 분국으로 변경 운영하였다(1998년-1999년).

(3) 남대구전화국

1974년 남대구전신전화국이 개국되었으며 1980년 초 기계식 자동교환기(EMD방식) 4만 8천 회선을 운용하였다(1981. 12). 다음 해 2천 회선 증설을 끝으로 자동식교환기 5만 회선을 운용하였다(1982년). 1980년대 초 당시 남대구전화국 관할 지역인 수성구의 급증하는 전화 수요를 분담하기 위해 수성전화국을 신설하였다(1982년). 이때 지역의 10년 후 2개 전화국의 전화수요 분담계획를 수립하였다. 1996년에는 남대구전화국 112,000회선, 수성전화국 110,000회선을 분담하는 것으로 계획하였다. 연도별 가입자 분담계힉은 <표 9-62>와 같다.

<표 9-62> 남대구전화국과 수성전화국의 전화수요 분담계획

구분	1981년	1982년	1984년	1986년	1991년	1996년
남대구전화국	48,000	55,600	44,000	55,900	92,400	112,600
수성전화국	-	13,520	43,680	55,200	90,900	110,200
계		69,520	87,680	111,100	183,300	222,800

이후 5차 5개년계획이 시작되면서 1982년도 전자교환기 공급사업(82-KTC-180k)에 처음으로 전자식(M10CN) 2만 회선을 5층에 설치하였으며, 새로운 국번호(622/623국)를 부여하여 개통하였다(1983. 3). 이 공사는 SST에서 담당 시공하였으며, 당시 공사감독은 중앙건설사무소 시설본부 통신기술직(송인기)이 수행하였다. 이때 수성 등 4개국 간 중계전송시설 1,296회선을 증설하였다. 이어서 다시 1만 회선을 증설함으로서 8만 회선 규모의 전화국으로 확장되었다(1984년). 결국 5차 5개년계획이 완료된 시기에는 자동식 5만 회선, 전자식 4만2천 회선으로 늘어나 있었다(1986. 12).

1987년에는 전자식 1만6천 회선(621국)을 증설한 후 자동식 1만 회선(65국)을 철거하였으며 도시형 시분할교환기(TD) 1만6천 회선을 공급하여 총 시설은 11만4천 회선으로 증가되었다. 이처럼 대형전화국으로 발전해 나가자 발동발전기도 기존의 중용량(500KW)에서 대용량(1,000KW)으로 교체하였다(1987년). 이때 가입자케이블은 144,400회선을 운용하였다(1986년-1987년). 1990년대 중반에는 교환시설 20만 회선 이상(분국 포함)을 운용하는 초대형전화국이 되었다(1996. 1. 31). 이후 1990년대 후반 전자교환기(5E) 2천 회선을 공급하여 1998년 6월 개통예정으로 추진하다가 IMF사태로 인한 수요가 격감하는 바람에 도중에 취소하였다.

주소는 대구직할시 남구 대명9동 913-1이었다. 당시 명칭은 남대구전신전화국이었으며(-1990년), 이후 남대구전화국으로 변경되었다(1990년-1999년). 1990년 간부진은 국장 김정문, 총무부장 장이만, 영업부장 정남진, 기계부장 김정균, 선로부장 김진동, 수성분국장 김용달로 보직되었다. 이후 1995년에는 국장 강석중, 관리부장 김우동, 영업부장 박노흥, 교환기술부장 배정국, 전송기술부장 이재원, 월배분국장 배인기가 재직하였다. 이어서 1997년에는 국장 김용웅, 마케팅부장 변재영, 교환기술부장 우재길, 전성기술부장 배수룡, 월배분국장 김성원으로 보임되었다.

<한국통신 뉴스> 1997년 남대구전화국(국장 김영웅)은 직원들이 자발적으로 모금한 성금과 위문품을 마련하여 영생애육원과 화성양로원에 전달하였으며 소년 소녀 자매결연학생 10명에게도 장학금과 함께 정성이 든 선물을 보냈다(1997. 9. 19).

(4) 대구전화국(구)/ 포정전화국

1956년 5월 대구전신전화국이 개국되었다. 1980년대 초까지 기계식 자동교환기(EMD방식) 26,400회선을 하였다(1980. 12). 1980년도 전자교환기 공급사업(80-1차BTM-80k)에 의해 처음으로 전자식(M10CN) 1만 회선을 253국으로 개통하였다(1981. 3). 이때 그동안 운용해온 기계식 자동교환기 6,400회선을 철거함으로서 자동식은 2만 회선이 남게 되었다(1981. 12). 이어서 1982년도 전자교환기 공급사업(82-BTM-20k)으로 다시 전자식 1만 회선(254국)을 개통하였다(1983. 2). 이 공사는 SST에서 담당 시공하였으며, 당시 공사감독은 중앙건설사무소 시설본부 통신기술직(송인기)이 수행하였다.

이때 월배 외 2국의 국간 전송시설 840회선을 확장하였다. 그 후 인근의 서대구전화국에서 전자식 2만 회선이 개통되면서 내당2동, 비산2동-4동, 대신1동, 서성동 일부, 달성동 일부의 약 8,700가입자를 서대구전화국으로 전출하였다(1985년). 그 후 한동안 자동식 2만 회선, 전자식 2만 회선, 가입자케이블 60,300회선을 운용하였다(1987년). 1990년대 중반에는 교환시설 5만 회선 이상(분국 포함)을 운용하는 중형전화국이 되었다(1996. 1. 31).

이 전화국은 대구광역시 중구 포정동 34에 있었으며, 명칭은 대구전신전화국이었으며(-1990년), 이후 대구전화국으로 변경되었다(1990년-1996년). 1990년 대구전화국 간부진은 국장 이기재, 총무부장 박영광, 영업부장 박위상, 기술부장 최주달, 남대구분국장 이학출로 보직되었다. 그 후 1995년에는 국장 이용주, 업무부장 권호혁, 기술부장 이규근이 재직하였다. 대구전화국(신)이 중구 동인동 2가에 신축되면서 이 전화국은 대구전화국 포정 분국으로 변경되었다(1997년-1999년). 1997년에는 포정분국장에 2급통신기술(송귀익)로 보임되었다.

(5) 대구전화국(신)

1990년대 후반에 전자교환기(SE) 2,500회선을 1998년 4월 개통목표로 추진하다가 IMF 사태로 인한 수요 급감으로 공급을 중단하였다(1998. 3). 이 전화국은 대구시 중구 동인동 2가 74-15에 신축되었으며, 그때부터 국명은 대구전화국이 되었다(1996년- 1999년). 1997년에는 국장 이지원, 마케팅부장 남해룡, 고객지원부장 여상근, 시설운용부장 서숙영, 포정분국장 송귀익으로 보임되었다.

(6) 대구태평전화국

1980년 대구태평전신전화국이 개국되었으며 1980년대 초까지 기계식 자동교환기(EMD 방식) 2만 회선을 운용하였다(1981. 12). 1982년 다시 5천 회선을 증설하여 총 2만5천 회선을 운용하였다. 그 후 1984년도 전자교환기 사업계획(84-GSS-50k)에 의거하여 전자식(No1A) 1만 회선을 3층에 설치하여 새로운 국번호(352국)로 개통하였다(1984. 8). 이때 1983년도 사업으로 가입자 관로 50,173m를 건설 추진하였다.

이어서 4천 회선(3국)을 증설하였으며(1985년), 이후 자동식 2만5천 회선, 전자식 1만4천 회선을 운용하였다(1986. 12). 또한 다음 해에 전자식 6천 회선(753국)을 증설 하여 총 4만5천 회선으로 늘어나게 되었으며(1987년), 이때 올림픽통신용으로 303회 선을 확보하였다. 한편 가입자케이블 19,200회선을 증설하여 총 92,200회선으로 확장되었으며, 태평전화국과 동대구전화국 간(3.6Km)에 통신망 이원화를 위해 광케이블(12코어)을 건설하였다(1987년). 1990년대 중반에는 교환시설 10만 회선 이상(분국 포함)을 운용하는 중대형전화국이 되었다(1996. 1. 31).

주소는 대구시 북구 고성동 3가 103이었으며, 명칭은 대구태평전신전화국이었다가(-1990년), 이후 대구태평전화국으로 변경되었다(1990년-1999년). 1990년 간부진은 국장 김영주, 총무부장 공석, 영업부장 임성빈, 기술부장 박상선으로 보직되었다. 그 후 1995년에는 국장 김화범, 관리부장 공석, 영업부장 최인상, 교환기술부장 공석, 전송기술부장 김정균, 칠곡분국 개국반장 배수룡이 재직하였다. 그리고 1997년에는 국장 이상권, 마케팅부장 백창기, 고객상담센터장 황용근, 고객지원센터장 손두헌, 교환기술부장 이재원, 전송기술부장 유정길, 칠곡분국장 공석으로 보임되었다.

(7) 동대구전화국

1968년 동대구전신전화국이 신설되었다. 그 후 1980년대 초반까지 기계식 자동교환기(EMD방식) 3만 회선을 운용하고 있었다(1981. 12). 그 후 1983년도 전자교환기 공급사업(83-ATTI-90k)에 포함하여 처음으로 전자식(No1A) 2만 회선을 완제품으로 구매하여 개통하였다(1983. 5). 이 공사는 ATTI에서 시공하였으며, 당시 공사감독은 중앙건설사무소 시설본부 통신기술직(이윤우)이 수행하였다. 이때 새로운 국번호(422국, 423국)를 사용하게 하였으며, 이때 인근 범어전화국의 전화적체를 지원하였다. 그때부터 총 5만 회선 규모의 전화국으로 확장 운용하였다(1987년).

그러나 이 사업도 당초 계획보다 시설개통이 지연되었는데 당시 사업단위별로 계약협상을 진행하는 바람에 이 사업도 순연되었다. 따라서 KTA에서는 일괄 협상을 요구하였으나

ATTI측은 사업건별로 쟁점해결 전에는 불응하였으며, 특히 ATTI 계약협상 책임자가 1명 뿐(Mr. Hodson)이어서 동시 처리가 사실상 불가한 상황이었다. 이때 주요 쟁점사항으로는 첫째, 할인율을 전 품목에 일괄 적용치 않고 있다는 것, 둘째, GSS 시설분에 대하여 통관업무 지원비로 국당 30-40만불을 견적한 것, 그리고 계약물량 이외 초과분에 대한 통관제세 부담문제 등이었다. 그리고 가입자케이블은 74,400회선을 운용하였으며(1986년-1987년), 동대구전화국과 태평전화국 간(3.6Km)에 통신망 이원화를 위해 광케이블(12코어)을 건설하였다(1987년).

1990년대 중반 교환시설 15만회선 이상(분국 포함)을 운용하는 대형전화국이 되었다(1996. 1. 31). 이 전화국은 대구직할시 중구 동인동 2가 74에 있었으며, 이후 주소는 중구 동인동 2가 74-15로 바뀌었다(1995년). 초기에는 동대구시외전신전화과로 출발하였으며, 얼마 후 동대구전화국으로 변경되었다(1990년). 1990년 간부진은 국장 서병조, 총무부장 유태환, 영업부장 기우봉, 기계부장 윤병국, 선로부장 배수룡, 범어분국장 박장훈으로 보직되었다. 이후 1995년에는 국장 배기복, 관리부장 한영택, 영업부장 백창기, 기술부장 최문섭, 정보통신부장 백성호, 범어분국장 이상명이 재직하였다.

(8) 동촌전화국

1980년대 중반 한국통신은 부산 및 대구통화권 시내전화 장기치국계획을 수립하였다. 당시 팔공산 위락시설이 종합 개발되고, 토지개발공사에서 택지조성을 하고 있어 이에 대한 통신시설 공급이 필요하였다. 그러나 기존국사는 용량이 부족한 실정이어서 대구시 동구 불로동에 3만 회선 규모의 동촌전화국을 1991년에 신설 개통하는 것으로 결정하였다(시내전화 장기치국계획, 1985. 12. 19, 한국통신 계획국). 이 계획의 주관부서 및 결재자는 제9장 말미의 참고자료 편에 기록되어 있다.

그 후 1990년대 후반 전자교환기(TX) 1,100회선을 증설할 계획으로 추진하였으나 IMF 사태로 인한 수요 감소로 공급량을 축소하여 500회선을 공급하였다(1998. 10). 1990년대 초에 신설하기 위해 1987년에 대지(2,700m^2)를 매입을 추진하였다. 주소는 대구직할시 동구 입석동 928-8이었으며, 당시 신암전화국 동촌분국으로 운영되었다(1995년-1999년). 1995년 분국장은 2급통신기술(김길웅)로 보직되었으며, 1997년 분국장은 2급통신기술(이상명)이 재직하였다.

(9) 범물전화국

이 전화국은 대구직할시 수성구 범물동 1328-1에 있었으며, 봉덕전화국 범물분국으로 운용되었다(1995년-1999년). 1990년대 중반 수성전화국과 범물전화국은 개발지역인 수성구의 전화공급을 담당하였으며 당시 봉덕전화국의 분국으로 운용되었다.

(10) 범어전화국

1980년대 초반까지 기계식 자동교환기(EMD방식) 2만 회선을 운용하였다(1981. 12). 대구시내 신개발지에 대한 전자교환기 공급방침에 따라 1981년도 전자교환기 공급사업(81-KTC-120k)에 의해 전자식(M10CN) 1만 회선을 공급하여 754국으로 개통하였다(1981. 12). 이어서 1983년도 전자교환기 공급사업(83-KTC-124k)에 포함하여 1만 회선을 증설하였다(1984. 3). 이때 가입자 관로 4,870m, 가입자 선로 16,800회선을 1983년 말 준공목표로 증설하였으며 케이블 공사감독은 중앙건설사무소 조성의가 수행하였다. 1985년 2월 다시 1만8천 회선을 확장하여 5차 5개년계획이 마무리된 시기에는 자동식 1만 회선, 전자식 3만8천 회선을 운용하였다(1986. 12).

다음 해에 다시 전자식 8천 회선을 증설하였으며 이때 올림픽 통신용으로 12회선을 확보하였으며(1987년), 가입자케이블은 79,200회선을 운용하였다(1986년-1987년). 그 후 1990년대 후반 전자교환기(5E) 4천 회선을 공급하여 1998년 8월 개통예정으로 추진하다가 IMF 사태로 인한 수요가 격감하는 바람에 도중에 취소하였다. 이 전화국은 대구광역시 수성구 범어2동 177-1에 있었으며, 초기에는 동대구전화국 범어 분국으로 운용되었다(1990년),

1990년 분국장은 2급통신기술(박장훈)로 보직되었으며, 그 후 1995년 분국장은 2급통신기술(이상명)이 재직하였다. 얼마 후 범어전화국으로 승격되었다(1996년-1999년). 1997년 범어전화국장에는 배기복, 마케팅부장 정정태, 시설운용부장 전택환으로 보임되었다. 2000년대에 들어서면서 한국통신은 kt로 민영화되었으며, 이후 이 자리에 지하 3층, 지상 41층, 연면적 5,186.2m^2 규모의 범어서한 포레스트 아파트(301세대)를 건설하였다. 이 사업은 2017년 5월에 착공하여 2020년 7월 준공예정으로 추진하였다.

(11) 봉덕전화국

1980년대 중반 한국통신은 부산 및 대구통화권 시내전화 장기치국계획을 수립하였다. 당시 이천동 지구 재개발사업으로 인한 전화 수요가 발생하여 통신시설 공급이 필요하였다. 그러나 기존 국사는 용량이 부족한 실정이어서 대구시 남구 봉덕동에 10만 회선 규모의 봉덕전화국을 1991년에 신설 개통하는 것으로 결정하였다(시내전화 장기치국계획, 1985. 12. 19, 한국통신 계획국). 이 계획의 주관부서 및 결재자는 제9장 말미의 참고자료 편에 기록되어 있다.

1990년대 중반에는 교환시설 15만 회선 이상(분국 포함)을 운용하는 대형전화국이 되었다(1996. 1). 주소는 대구시 남구 봉덕1동 627-15, 국명은 봉덕전화국으로 운용되었다(1994년-1999년). 1995년 봉덕전화국 간부진은 국장 이지원, 관리부장 김반수, 업무부장 김영칠, 기술부장 김정배, 수성분국장 박장훈이 보직되었다. 1997년에는 국장 하순종, 마케팅부장 이수환, 시설운용부장 임성호, 수성분국장 최문섭이 재직하였다.

(12) 산격전화국

이 전화국에는 도시형 AXE-10교환기(가반형) 1대를 1990년대 중반까지 운용하였다(1996. 5). 그 후 1990년대 후반 전자교환기(5EN) 3만8천 회선을 공급 추진하다가 IMF사태로 인한 수요 급감으로 1만9천 회선을 개통하였다(1998. 7. 30). 주소는 대구시 북구 산격2동 586-4이었으며 당시 신암전화국 산격분국으로 운영하였다(1999년).

(13) 서대구전화국

1980년대 초까지 기계식 자동교환기(EMD방식) 2만 회선을 운용하였다(1981. 12). 다음해에 1만 회선을 증설하여 자동식 3만 회선으로 늘어났다(1982년). 이때 1983년도 사업으로 서대구전화국의 인입통신구 57m를 건설하였다(1983. 8). 이 공사는 영남건설에서 시공하였으며, 공사감독은 중앙건설사무소 강정모가 수행하였다. 그 후 1983년에 전자교환기 공급사업(83-GSS-100k)으로 전자식(No1A) 2만 회선 공급하여 새로운 국번호(522국, 523국)로 개통하였다(1984. 6).

이때 가입자 관로 19,040m, 가입자케이블 23,600회선을 1983년 말 준공 목표로 증설 추진하였다. 이 시설이 증설됨에 따라 자석식전화를 운용 중인 주변 원거리 지역인 하빈, 다사, 세천, 동곡 등 4개 지역에 전송로집선장치(L/C)를 설치하여 자동전화를 공급하였다(1984년). 당시 하빈에는 자석식전화 400회선을 운용하고 있었으며, 서대구전화국과는 17.5Km나 떨어진 지역이었고, 다사지역은 자석식전화 500회선을 운용하고 있었으며 서대구전화국과의 거리는 8.8Km였다.

이어서 전자식 2만 회선을 증설하면서 대구전화국 관할의 내당2동, 비산2동-4동, 대신1동, 서성동 일부, 달성동 일부의 약 8,700가입자를 전입하였다(1985년). 그 후 자동식 3만 회선, 전자식 6만6천 회선을 운용하였으며(1986년-1987년), 가입자케이블은24,200회선을 증설하여 총 140,400회선으로 늘어나게 되었다(1987년). 1990년대 중반에는 교환시설 15만 회선 이상(분국 포함)을 운용하는 대형전화국이 되었다(1996. 1).

이 전화국의 주소는 대구시 서구 평리1동 1065이었으며, 개국 초기에는 대구전화국 서대구분국으로 운영되었다. 1990년 분국장은 2급통신기술(이학출)로 보임되었으며, 그 후 서대구전화국으로 승격되었다(1995년-1999년). 1995년 서대구전화국 간부진은 국장 이기재, 업무부장 정정태, 교환기술부장 김재광, 전송기술부장 공석으로 보직되었다. 1997년에는 국장 김화범, 마케팅부장 이정윤, 교환기술부장 권달룡, 전송기술부장 이남수, 성서분국장 김정배가 재직하였다.

(14) 성서전화국

1980년대 중반 한국통신은 부산 및 대구통화권 시내전화 장기치국계획을 수립하였다. 당시 공단지역에 통신시설 공급이 필요하였으나 기존 국사는 용량이 부족한 실정이어서 대구시 서구 이곡동에 5만 회선 규모의 성서전화국을 1988년에 신설 개통하는 것으로 결정하였다(시내전화 장기치국계획, 1985. 12. 19, 한국통신 계획국). 이 시내전화 장기치국계획의 주관부서 및 결재자는 제9장 말미의 참고자료 편에 기록되어 있다.

이 전화국은 지하 1층-지상 3층 건물(2,600m^2)의 소용량 국사(TD 5만 회선규모)로서 1987년에 착공하여 1988년에 준공하였다. 그 후 전자교환기(No.1A) 16,100회선을 공급 개통하였다(1996. 4). 이어서 1990년대 후반에 전자교환기(TX) 1만4천 회선을 개통하였다(1998. 3. 30). 주소는 대구직할시 달서구 갈산동 123-1이었으며, 서대구전화국 성서분국으로 운용되었다(1996년-1999년). 1997년 분국장은 2급통신기술(김정배)로 보직되었다.

(15) 수성전화국

수성전화국은 1980년대 초 당시 남대구전화국 관내 신개발지역인 수성구의 급증하는 전화 수요를 분담하기 위하여 신설되었다(1982년). 이때 대지 1,113평을 확보하여 종국용량 10만 회선 규모의 국사를 신축하였으며, 남대구전화국 관내의 19개동을 이양받아 전화공급을 담당하는 것으로 정하였다. 이를 위해 남대구전화국과 수성전화국의 전화수요 분담계획(1982년-1996년)은 남대구전화국 편에 소개되어 있다.

이와 동시에 5차 5개년계획의 추진과 함께 그 첫해인 1982년도 전자교환기 공급사업(82-KTC-180k)으로 전자식(M10CN) 2만 회선을 공급 개통하였다(1983. 1). 이 신방식의 교환시설은 새로운 국번호(762/763국)를 부여하여 사용하였다. 이에 맞추어 1983년 가입자케이블 28,800회선을 증설하였다(1983. 2). 이 공사는 홍성기업에서 시공하였으며, 당시 공사감독자는 중앙건설사무소 김형일이 지정되었다.

이때 인근의 남대구전화국 일부 구역을 수용하였으며, 주변 원거리 지역인 가창, 삼산, 오동 등 3개 지역에 전송로집선장치(L/C)를 설치하여 자동전화를 공급하였다. 당시 가창은 자석식 400회선을 운용하고 있었으며, 수성전화국과의 거리는 12.5Km이었다(1982년). 이어서 8천 회선(764국)을 증설하였으며(1985년), 다시 6천 회선(765국)을 공급하여 총 3만4천 회선으로 늘어나게 되었다(1987년). 한편 가입자케이블 14,200회선을 증설하여 총 56,800회선으로 늘어났다(1987년).

1990년대 후반 전자교환기(TX) 1,500회선을 공급하여 1998년 11월 개통예정으로 추진하다가 IMF사태로 인한 수요가 감소하는 바람에 도중에 취소되었다. 당시 수성지역의 급증하는 전화공급은 수성전화국과 범물전화국이 담당하였다. 주소는 대구직할시 수성구 상동 8-1이었으며, 남대구전화국 수성분국으로 운용되었다(1990년). 1990년 분국장은 2급통신기술(김용달)로 보직되었다. 그 후 봉덕전화국 수성분국으로 운영되었으며, 당시 분국장은 1995년 2급통신기술(박장훈), 1997년 2급통신기술(최문섭)로 발령되었다.

(16) 신암전화국

1980년대 초반까지 기계식 자동교환기(EMD방식) 3만 회선을 운용하였다(1981. 12). 이후 1982년도 전자교환기 공급사업(82-KTC-70k)으로 전자식(M10CN) 1만 회선(952국)을 공급 개통하였다(1982. 8). 이 신방식의 교환시설은 새로운 국번호(952국)을 부여하여 사용하였으며, 이때 신암전화국으로부터 13Km나 떨어진 백안에 전송로집선장치(LC)를 공급하여 흡수 자동화하였다. 이어서 시행된 1983년도 전자교환기 공급사업(83-KTC-120k)으로 다시 2만 회선(953국, 954국)을 증설 개통하였다(1983. 9).

이 공사는 SST에서 시공하였으며, 당시 공사감독은 중앙건설사무소 시설본부 통신기술직(최병록)이 수행하였다. 이때 가입자 관로 19,780미터, 가입자 선로 16,200회선을 1983년 말 준공목표로 증설하였으며 이 공사는 동양통신에서 시공하였고 관로시설 공사감독자는 중앙건설사무소 정효용, 가입자케이블 공사감독자는 김형일로 지정되었다. 이 시설이 증설됨에 따라 인근 안심전화국 관내의 전화적체 해소를 위해 지원하였다(1984. 1).

1983년에는 본 건물 867m^2, 부속건물 70m^{2}를 증축하였다(1983. 10). 이때 공사감독은 중앙건설사무소 남부희가 수행하였다. 그 후 상당 기간 자동식 3만 회선, 전자식 4만 회선을 운용하였으며(1986. 12), 1987년에 다시 1만2천 회선(951국, 965국)을 증설하여 총 8만2천 회선으로 늘어나게 되었다. 이때 인근 지역인 동서에 원격교환장치(RSU) 1천 회선을 공급하여 자국 방식으로 통합 자동화하였다. 또한 인입통신구(142m)를 건설하였으며, 가입자케이블은 120,600회선을 운용하였다(1986년-1987년).

또한 1980년대 중반에는 신암전화국으로부터 원거리 지역인 백안, 지묘, 화계사, 도동 등 4개 지역에 전송로집선장치(L/C)를 설치하여 자동전화를 공급하였다. 그중 백안에는 당시 1,400회선 규모의 L/C를 운용하였다(1987년). 1990년대 중반에는 교환시설 20만 회선 이상(분국 포함)을 운용하는 초대형전화국이 되었다(1996. 1. 31). 주소는 당초 대구직할시 동구 신암동 249-7이었으며, 그 후 신암4동 249-7로 바뀌었다(1991년). 그리고 국명은 1990년까지 신암전신전화국이었으며, 이후 신암전화국으로 변경되었다(1990년-1999년).

1990년 간부진은 국장 김윤석, 총무부장 남해룡, 영업부장 김봉수, 기계부장 이상명, 선로부장 김성린, 안심분국장 윤완으로 보직되었다. 이후 1995년에는 국장 이상권, 관리부장 김영배, 영업부장 김용민, 교환기술부장 김기대, 전송기술부장 윤완, 안심분국장 김천웅, 동촌분국장 김길웅이 재직하였다. 그리고 1997년에는 국장 최주달, 마케팅부장 양극식, 교환기술부장 전재광, 전송기술부장 전상유, 안심분국장 이재원, 동촌분국장 이상명으로 보임되었다.

(17) 안심전화국

1980년대 초까지 이동식교환기(MDO) 2천 회선을 운용하였다(1981. 12). 1980년도 전자교환기 공급사업(80-3차BTM-190k)으로 전자식(M10CN) 6천 회선을 공급 개통하였다

(1982. 1). 이때 MDO를 철거하였으며 2년 후 다시 8천 회선(963국)을 2층에 증설하였다(1984. 10). 이때부터 전자교환기 1만4천 회선을 운용하였으며(1984년-1987년). 가입자케이블은 19,200회선을 운용하였다(1986년-1987년). 주소는 대구직할시 동구 동호동 98-1이었으며, 명칭은 신암전화국 안심 분국으로 운용되었다(1990년-1999년). 이때 분국장은 1990년 2급통신기술(윤완), 1995년 2급통신기술(김천웅)이 재직하였다. 그리고 1997년 분국장은 2급통신기술(이재원)로 보직되었다.

(18) 월배전화국

1980년대 초에 이동식교환기(MDO) 2천 회선을 운용하고 있었다(1981. 12). 그러다가 이 지역이 새로운 통신수요의 개발지역으로 떠오르면서 1981년도 전자교환기 공급사업(81-KTC-120k)으로 전자식(M10CN) 1만 회선을 공급 개통하였다(1982. 9). 이때 그동안 운용해온 이동식교환기를 철거하고 인근의 화원을 흡수 자동화하였다. 그리고5년 후 다시 4천 회선(633국)을 증설하여 교환시설이 1만4천 회선으로 늘어나게 되었으며, 가입자케이블은 1,800회선을 증설하여 총 2만1천 회선으로 늘어났다(1987년).

이후 1990년대 후반 전자교환기(TB) 3,500회선을 개통하였다(1998. 3. 30). 이어서 전자교환기(TX) 7,500회선을 1998년 6월 개통목표로 추진하다가 IMF사태로 인한 수요 급감으로 공급을 중단하였다(1998. 3). 주소는 대구직할시 달서구 상인동 321-1이었으며, 당시 남대구전화국 월배 분국으로 운용되었다(1995년-1999년). 1995년 분국장은 2급통신기술(배인기)이 재직하였으며, 1997년 분국장은 2급통신기술(김성원)로 보직되었다.

(19) 칠곡전화국

1980년대 초까지 기계식 자동교환기(EMD방식) 2,400회선을 운용하였다(1981. 12). 이어서 1982년에 1천 회선을 증설하고(1982년), 다시 1천 회선을 증설하여 총 4,400회선을 운용하였다(1984년). 이후 한동안 자동식 6,400회선을 운용하다가(1986. 12), 1987년 다시 1,400회선을 증설하여 총 7,800회선으로 늘어났다. 이때 가입자케이블은 12,600회선을 운용하였다(1986년-1987년).

주소는 대구직할시 북구 태전동 805이었으며(1995년), 이후 북구 태전동 999로 바뀌었다(1996년). 당시 태평전화국 칠곡분국으로 운용되었다(1995년-1999년). 1995년 칠곡분국 개국반장에는 2급통신기술(배수룡)이 보직되었으며, 1997년 분국장은 2급통신기술(공석)로 보임되었다.

<한국통신 뉴스> 1997년 태평전화국 칠곡분국(분국장 유정길)에서는 지역주민과 유대강화로 영구고객을 확보하고자 테니스장을 개방, 이용고객들과 한통테니스회를 결성하고 정기회합을 갖는 등 관계마케팅을 통한 고객확보에 적극 노력하였다(1997. 9. 12).

(20) 태전전화국

이 전화국은 대구시 북구 태전동 803-1에 있었으며, 당시 태평전화국 태전 분국으로 운영하였다(1996년-1999년).

6.2 경북지역 전화국 건설 및 운영

경상북도 내(대구시 제외)에는 1980년대 초반 분국, 원격교환국을포함하여 50개의 전화국, 1990년대 후반에는 56개를 운영하였다(1981-1983년). 그리고 1995년에는 전국의 전신전화국 명칭이 모두 전화국으로 변경되었으며, 그 후 2002년에는 전국 전화국 명칭 사용을 중지하고 지사 및 지점으로 전면 변경되었다.

(1) 가은전화국

1983년에 기계식 자동교환기(ST방식) 800회선을 개통하였다.

(2) 건천전화국

1982년까지 자석식교환기 600회선을 운용하였다. 다음 해 대지 591평에 본 건물 630m^2, 부속건물 115m^{2}를 준공하였다(1983. 10). 이 공사는 학산건설에서 시공하였으며, 당시 공사감독자는 중앙건설사무소 남부희로 지정되었다. 1983년에 들어서면서 광역제 시내통화권의 모국과 자국에는 대도시에서 철거되는 자동식교환기를 재활용하여 공급한다는 농어촌지역의 가입전화공급방침이 수립되었다. 이에 따라 1983년 자동식(EMD방식) 2,200회선을 공급하여 자동화되면서 도구를 흡수하였으며, 이때 경주전화국을 모국으로 하여 자국으로 운용되었다.

이어서 1984년 다시 1,400회선을 증설하여 총 시설이 3,600회선으로 늘어났다. 이때 주변 원거리지역인 아화에 전송로집선장치(L/C)를 설치하여 자동전화를 공급하였으며, 1987년 1,300회선 규모의 L/C를 운용하였다. 1986년-1987년에 자동식 4,400회선, 가입자케이블 6,000회선을 운용하였다. 주소는 경북 경주시 건천읍 건천1리 169-1이었으며, 당시 경주전화국 건천 분국으로 운용되었다(1995년-1999년).

(3) 경주전화국

1980년대 초까지 기계식 자동교환기(EMD방식) 13,600회선을 운용하였다(1981. 12). 다음해에 대구전화국 6,400회선 중 일부를 재배치하여 5,400회선을 증설함으로써 자동식이 1만9천 회선으로 증가되었다(1982. 12). 이어서 시분할교환기(TDM) 1만 회선을 공급하여 총 시설이 2만9천 회선을 늘어나게 되었다(1983년). 이후 1984년도 사업으로 전자교환기(M10CN) 1만4천 회선(42국, 43국)을 증축건물 4층에 신설 개통하였다(1985, 2).

이때부터 자동식 1만9천 회선, 전자식 2만4천 회선을 운용하였다(1986. 12).이어서 전자식 6천 회선(41국)을 증설함으로써 교환시설이 4만9천 회선으로 늘어났다(1987년). 이때 가입자케이블도 1만6천 회선을 증설하여 총 85,900회선을 운용하게 되었으며, 올림픽 통신용으로 46회선을 확보하였다. 이처럼 시설규모가 늘어남에 따라 발동발전기도 기존의 소용량(250KW)에서 중용량(500KW)으로 교체하였다(1987년).

한편 경주전화국 인근 자석식전화를 운용하고 있던 불국사 등 8개 지역에 원격교환장치(RSU)를 설치하여 자국 형태로 통합 자동화하였다(1985년-1987년/표 9-63). 또한 1980년대 중반에는 원거리 지역인 다산, 천군, 현곡, 이조, 대현, 압곡, 천북, 박달, 용장, 광명, 노곡, 모아, 석읍과 원격교환장치 설치지역의 원거리 가입자를 위해 입실, 도화, 불국사, 감포, 양북 등 18개 지역에 전송로집선장치(L/C)를 설치하여 자동전화를 공급하였다.

<표 9-63> 경주전화국 인근의 원거리지역 자동화

국명	자석식(회선)	RSU공급(회선)	자국설치장소	거리(Km)
불국사		1,400		
입실	600	2,000	외동읍 입실리	18.8
도화		1,000		
산내	300	1,000	산내면 외곡리	28.0
양북	400	1,000	양북면 이일리	38.8
감포	600	1,500	감포읍 감포리	46.2
양남	600	1,300	양남면 하서리	36.9
강동	600	1,500	강동면 유금리	18.5

1990년대 중반에는 교환시설 10만 회선 이상(분국 포함)을 운용하는 중대형전화국이 되었다(1996. 1. 31). 1990년대 후반 전자교환기(TX) 6천 회선을 공급 추진하다가 IMF사태로 인한 수요 감소로 4,500회선을 개통하였다(1998. 4. 24). 이어서 1998년 6월에 전자교환기(TX) 10,400회선을 개통하였다.

주소는 경북 경주시 성동동 396-4이었으며, 당시 명칭은 1990년까지 경주전신전화국이었다가 이후 경주전화국으로 변경되었다(1990년-1999년). 1990년 간부진은 국장 이지원, 총무부장 공석, 영업부장 이종윤, 기술부장 유호근으로 보직되었다. 이후 1995년 간부진은 국장 진준화, 업무부장 강삼구, 기술부장 변연수가 재직하였다. 1997년에는 국장 안상국, 마케팅부장 김택수, 시설운용부장 변연수로 보임되었다.

<한국통신 뉴스> 1996년 7월 10일 경주전화국은 지로 모집 특별기간을 설정하여 관계직원과 지역고객들을 모시고 지로 신규가입자에 대한 행운권 추첨행사를 실시했다(한국통

신 이모저모, 1996. 8, 한국통신). 그리고 1997년 8월 경주전화국은 관내 초등학교 가운데 가정형편이 어려워 학교 급식비를 부담할 수 없는 17개 학교 357명의 어린이들에게 870만원의 성금을 전달하였다. 어려운 환경에 있는 어린이들이 꿈과 희망을 잃지 않도록 용기를 심어주고자 전 직원이 성금 모금에 동참하였다. 경주전화국에서는 1989년 1월부터 1996년 말까지 전 직원이 매월 1천원의 성금을 모아 소년소녀가장 15명에게 학비보조 및 학용품 등 위문품으로 1천여만 원을 지원해 오고 있다.

(4) 고령전화국

1981년까지 기계식 자동교환기(EMD방식) 1,200회선을 운용하였다. 1982년에 국사를 증축하여 200회선, 1983년에 1,600회선을 재배치 증설하였으며 동시에 1,400회선을 철거하였다. 이어서 1984년에 600회선을 증설하여 2,200회선을 운용하게 되었다. 당시 이 전화국은 대지 1,000평에 국사용량 2,000회선이었다. 이후 1985년부터 농어촌형 전자교환기(T)가 공급되는 시기에 당시 자국인 직동, 우곡, 연동, 덕곡, 신간 등 5개 지역에는 전송로집선장치(L/C)를 공급하여 자동화하였다.

그래서 1987년 말에는 자동식 2,200회선, 전자식은 2,698회선을 운용하였다. 이때 관할지역인 쌍림, 성산, 다산, 개진 등 4개 지역에는 동일한 농어촌형 전자교환기(T)을 공급하여 1987년 말 쌍림 1,544회선, 성산 1,070회선, 다산 950회선, 개진 589회선을 각각 운용하였다. 그리고 가입자케이블은 1986년-1987년에 1만2천 회선을 보유하였다. 시설규모는 1990년대 중반까지 교환시설 5만 회선 미만(분국 포함)으로 운용하였다(1996. 1. 31).

그 후 1990년대 후반 전자식교환기(TB) 1,200회선을 공급 추진하다가 IMF사태로 인한 수요 감소로 300회선을 개통하였다(1998. 5). 이 전화국의 처음 주소는 경북 고령군 고령읍 쾌빈동 358이었으며, 그 후 고령군 고령읍 쾌빈동 358-9로 바뀌었다(1990년). 1990년까지 고령전신전화국으로 운영하였으며 이후 고령전화국으로 바뀌었다(1990년-1999년). 1990년 고령전화국장은 2급행정(김선영)으로 보직되었으며, 이후 국장은 1995년 2급행정(김정수), 1997년 2급통신기술(배인기)로 발령되었다.

(5) 구미공단전화국

1981년에 기계식 자동교환기(ST방식) 2천 회선을 증설하여 자동식은 1만 회선을 운용하였다. 1986년-1987년에 자동식 1만 회선, 원격전자교환기 1천 회선, 가입자케이블 24,600회선을 운용하였다. 그 후 1990년대 후반 전자교환기(TB) 2,000회선을 1998년 3월 개통목표로 추진하다가 IMF사태로 인한 수요 급감으로 공급을 중단하였다. 이 전화국은 경북 구미시 공단동 200에 있었으며, 당시 구미전화국 공단 분국으로 운용되었다(1990년-1999년). 1990년 분국장은 2급전기기술(박형옥)으로 보직되었으며, 그 후 분국장은 1995년 2급통신기술(김경조), 1997년 2급통신기술(김경길)로 보임되었다.

(6) 구미전화국

1980년대 초까지 기계식 자동교환기(ST방식) 1만 회선을 운용하였다(1981. 12). 이때 구미전화국 지역의 급증하는 전화공급을 분담하기 위해 금오전화국을 신설하였다(1982년). 이때 구미전화국의 종국용량은 1만 회선이었으며, 구미전화국과 금오전화국의 전화수요 분담계획(1982년-1996년)은 <표 9-64>와 같이 정하였다.

<표 9-64> 구미전화국과 금오전화국의 전화수요 분담계획

구분	1981년	1982년	1984년	1986년	1991년	1996년
구미전화국	10,000	6,900	9,200	11,850	19,840	24,000
금오전화국	-	6,980	9,080	11,650	19,350	23,850
계		13,880	18,280	23,500	39,190	47,850

1982년도 전자교환기 공급사업(82-KTC-180K)에 의해 전자식(M10CN) 1만 회선을 공급 개통하였으며, 이때 새로운 국번호(52국)를 부여하여 사용토록 하였다(1982. 12).이어서 전자식 6천 회선을 증설하였으며 이때 <표 9-65>와 같이 자석식전화를 운용 중이던 해평 등 9개 지역에 원격전자교환장치(RSU)를 공급하여 통합 자동화하여 자국방식으로 운영하였다(1985년-1987년). 이외에도 인동에 1,500회선, 옥계에 500회선, 공단에 2천 회선을 공급하였다. 또한 1980년대 중반에는 원거리지역 자석식전화 사용지역인 봉산, 덕촌, 금산 등 3개 지역에 전송로 집선장치(L/C)를 설치하여 자동전화를 공급하였다.

<표 9-65> 구미전화국 인근 자석식전화의 자동화(단위 회선)

국명	자석식시설	RSU공급	자국설치장소	거리(Km)
해평	600	1,600	해평면 원호동	19.8
궁기	600	1,200	도개면 궁기동	31.8
무을	500	800	무을면 송상동	28.0
옥성	300	500	옥성면 주아동	29.0
			옥성면 덕촌동	24.5
장천	600	1,000	장천면 성장동	24.5
			장천면 금산동	24.8
산동	500	600	산동면 적림동	15.3

이후 전자식 2만1천 회선을 운용하였으며(1986. 12), 다시 2천 회선을 증설하여 전자식은 2만3천 회선으로 증가되었으며(1987년), 이때 가입자케이블은 3만3천 회선을 운용하였다. 1990년대 중반 구미전화국은 교환시설 10만회선 이상(분국 포함)을 운용하는 중대형전화

국이 되었다(1996. 1. 31). 그 후 1990년대 후반 전자교환기(TB) 1,300회선을 공급 추진하다가 IMF사태로 인한 수요 감소로 공사를 중단하였다(1998. 3).

주소는 경북 구미시 송정동 48이었으며, 명칭은 1990년까지 구미전신전화국이었으며, 이후 구미전화국으로 변경되었다(1990년-1999년). 1990년 구미전화국 간부진은 국장 강석중, 업무부장 김상기, 기술부장 조원일, 공단분국장 박형옥으로 보직되었다. 그 후 1995년에는 국장 정도영, 업무부장 이정윤, 기술부장 공석, 공단분국장 김경조가 재직하였다. 1997년에는 국장 백남진, 마케팅부장 손진욱, 고객지원센터장 박해현, 시설운용부장 유금현, 공단분국장 김경길, 동구미분국장 조규창으로 보임되었다.

(7) 구룡포전화국

이 전화국은 1981년 당시 대지 999평에 국사용량 2천 회선이었다. 1981년까지 기계식 자동교환기(EMD방식) 1,600회선을 운용하였으며, 1982년에 200회선, 1983년에 다시 200회선을 재배치 증설하면서 도구를 흡수 자동화하였다. 그러다가 인근의 남포항전화국에서 전자교환기(M10CN)를 1985년에 1만 회선, 1987년에 8천 회선이 개통되면서 구룡포전화국에 원격전자교환장치(RSU) 3,600회선을 공급하여 남포항전화국의 자국 형태로 운용하게 되었으며, 그동안 운용해온 간이교환기(ST) 2천 회선을 철거하여 재배치하였다(1986년).

(8) 군위전화국

1981년까지 기계식 자동교환기(ST방식) 1,200회선을 운용하였으며, 1982년에 400회선을 증설하여 1984년까지 1,600회선을 운용하였다. 1985년부터 농어촌형 전자교환기(T)를 공급하였으며, 1987년 그때까지 자석식전화를 운용해온 고로, 부계, 대율, 산성, 소보, 우보, 의흥, 효령, 장군 등 9개 지역에 원격전자교환기(RSS)를 공급하여 자국으로 자동화하였다. 한편 당시 같은 자국인 석산에는 전송로집선장치(L/C)를 공급하여 자동화하였다. 1987년 말에는 자동식 1,600회선, 자국시설을 포함하여 전자식 8,328회선, 가입자케이블 13,000회선을 운용하였다.

시설규모는 1990년대 중반까지 교환시설 5만 회선 미만(분국 포함)으로 운용하였다(1996. 1. 31). 그 후 1990년대 후반 전자교환기(TA) 600회선을 개통하였다(1998. 2. 27). 주소는 경북 군위군 군위읍 서부동 364이었으며, 그후 군위군 군위읍 서부동 364-11로 바뀌었다(1995년). 초기에는 군위사업소로 운영하였으며(1989년-1990년), 그 후 군위전화국으로 승격되었다(1990년-1999년). 1990년 군위전화국장은 2급행정(윤의중)으로 보직되었으며, 그 후 국장은 1995년 2급행정(김병숙), 1997년 2급행정(배재영)으로 발령되었다.

(9) 금오전화국

1980년대 초반까지 자석식전화 600회선을 운용하고 있었으며, 당시 이 전화국의 대지는

518평이었다(1982년). 1980년대 초 구미전화국 지역의 급증하는 전화공급을 분담하기 위하여 금오전화국을 신설하였다(1982년). 이를 위해 대지 1,500평을 확보하여 종국용량 5만회선 규모의 국사를 1981년에 완공하였으며, 구미전화국 관내 9개동을 분담하여 전화공급을 하는 것으로 정하였다. 이때 구미전화국과 금오전화국의 전화수요 분담계획(1982년-1996년)의 내역은 구미전화국 편에 설명하였다.

1983년에 들어서면서 한국통신은 광역제 시내통화권의 모국과 자국에는 대도시에서 철거되는 기계식 자동교환기를 재활용하여 공급한다는 농어촌지역의 가입전화공급방침을 수립하였다. 이에 따라 자동식교환기(ST방식) 1,200회선을 공급하여 자동화하였으며, 한동안 영천전화국을 모국으로 한 자국으로 운용되었다(1983년). 그 후 자동식 1,600회선, 가입자케이블 4,800회선을 운용하였다(1986년-1987년).

(10) 김천전화국

1980년대 초까지 기계식 자동교환기(ST방식) 8천회선을 운용하였다(1981. 12). 1982년 다시 1,600회선을 증설하여 총 9,600회선을 운용하였다(1984년). 그 후 5차 5개년계획 중반에 처음으로 전자교환기(No1A) 1만4천 회선(32국, 33국)을 증축건물 4층에 신설하여 개통하였다(1985. 2). 이어서 1985년도 사업으로 4천 회선을 증설하였다. 한편 자석식전화를 사용하고 있던 인근의 6개 지역에 원격교환장치(RSS)를 공급하여 자국방식으로 통합 자동화하였다(1984년-1985년). 세부내역은 <표 9-66>과 같다.

<표 9-66> 김천전화국 인근의 원거리지역 자동화

국명	자석식(회선)	RSU공급(회선)	자국설치장소	거리(Km)
덕천		1,000		
아천		1,100		
직지사		1,000		
감문	500	1,400	강문면 보광동	16.0
광기		1,000		
아포	600	1,300	아포면 국사동	16.0

이때 김천전화국으로부터 원거리인 14개 지역에는 전송로집선장치(L/C)를 설치하여 자동전화를 공급하였다. 세부내역은 <표 9-67>과 같다. 그 중 지례와 대덕에는 당시 1천 회선 규모의 L/C를 운용하였다(1987년). 5차 5개년계획이 완료된 시기에는 자동식 9천 회선, 전자식 2만2천 회선을 운용하였으며(1986년-1987년), 또한 가입자케이블 1만6천 회선을 증설하여 케이블 시설규모가 62,900회선으로 늘어나게 되었다(1987년). 1990년대 중반에는 교환시설 5만 회선 이상(분국 포함)을 운용하는 중형전화국이 되었다(1996. 1. 31).

<표 9-67> 김천전화국 원거리지역의 LC공급 자동화

국명	자석식	거리(Km)	국명	자석식	거리(Km)
부상			양각		
능남			개령	400	11.0
조마	400	16.2	지례	300	23.0
신평			임천		
용문사	100	19.4	구성	400	17.0
증산	300	34.0	부항	300	33.0
대덕	300	33.0	대방		

주소는 경북 김천시 부곡동 409-2이었고 국명은 1990년까지 김천전신전화국이었으며, 이후 김천전화국으로 변경되었다(1990년-1999년). 1990년 김천전화국 간부진은 국장 이재희, 업무부장 배이훈, 기술부장 하도식으로 보임되었다. 그 후 1995년에는 국장 손상기, 업무부장 황종근, 기술부장 오윤석이 재직하였다. 1997년 국장은 손규성, 마케팅부장 윤봉근, 시설운용부장 이강민으로 보직되었다.

(11) 남포항전화국/ 형산전화국

1979년에 들어서면서 1980년도 2차 전자교환기 구매계획이 수립되었으며, 이 계획에 의해 자재는 BTM으로부터 직수입하고 BTMC 또는 KTC 책임보증 하에 국내공사회사가 전량 시공하였다. 당시 제2 포항전화국에 전자식(M10CN) 1만회선 공급계획이 포함 추진되었다(1980년도 2차 14만회선 전자교환기구매, 체시기1620, 1979. 3. 22). 이 계획의 주관부서 및 결재자는 제9장 말미의 참고자료 편에 기록되어 있다.

이 사업은 다시 1980년도 전자교환기 공급사업(80-2차KTC-60k)이라는 실행계획으로 만들어져 전자식(M10CN) 1만회선(72국)을 1981년 4월에 착공하여 1982년 1월에 개통하였다. 당초 1981년 말에 개통예정이었으나 통신구 건설공사의 지연으로 늦어지게 되었다. 또한 1983년도 전자교환기 공급사업(83-BTM-90k)으로 다시 1만회선(73국)을 개통하여 총 2만 회선으로 늘어났다(1983. 8). 이 공사는 SST에서 담당 시공하였으며, 당시 공사감독은 중앙건설사무소 시설본부 최병욱이 수행하였다. 이때 포항전화국 관할인 죽도1동, 죽도2동의 약 4,200가입자를 전입하였다.

1984년도 사업으로 1만 회선(74국)을 2층에 증설 개통하였으며(1984. 8), 이후 4만 회선을 운용하였다(1986. 12). 이어서 1985년도 사업으로 8천회선(76국)을 증설함으로써 총 4만 8천 회선으로 늘어났으며(1987년), 이때 가입자케이블은 75,500회선을 운용하였다. 한편 자석식교환기를 운용하고 있던 장기, 대보지역과 간이교환기(2천 회선)를 운용하고 있던 구룡포 지역에 원격교환장치(RSU)를 설치하여 자국 형태로 통합 자동화하였다(1985년-1987년). 이때 원거리지역 자동화 세부내역은 <표 9-68>과 같다.

또한 1980년대 중반에는 주변 원거리 지역인 유강, 중단, 공수, 구평, 정천, 개원 등 6개 지역에 전송로집선장치(L/C)를 설치하여 자동전화를 공급하였다. 치국 초기에는 제2 포항전화국, 형산전화국으로 호칭되다가 포항전화국 남포항분국으로 운영되었다(1990년). 1990년 분국장은 2급통신기술(이재원)로 보임되었다.

<표 9-68> 남포항전화국 인근의 원거리지역 자동화(단위 회선)

국명	자석식	RSU공급	자국설치장소	거리(Km)
장기	600	1,700	지행면 읍내리	39.5
대보	200	900	구룡포읍 대보리	36.4
구룡포	2,000 (간이교환기)	3,600	구룡포읍 기존국사	25.5
			구룡포읍 구평리	34.3

(12) 동구미전화국

1990년대 후반 전자교환기(5E) 8,600회선을 공급 추진하다가 IMF사태로 인한 수요 감소로 4,700회선을 개통하였다(1998. 9). 이 전화국은 당초 경북 구미시 시미동 3단지 3블럭에 있었으며(1996년) 그 후 구미시 임수동 92-27로 바뀌었다(1997년). 당시 구미전화국 동구미 분국으로 운용되었다(1996년-1999년). 1997년 분국장은 2급통신기술(조규창)로 보직되었다.

(13) 동명전화국

1982년까지 자석식교환기 600회선을 운용해 오다가 1982년에 기계식 자동교환기(ST방식) 1천 회선으로 자동화하여 왜관전화국과 복국화되었다. 이어서 1984년에 다시 800회선을 증설하여 총 1,800회선으로 늘어났다. 한편 1980년대 중반에는 당시 원거리 지역인 천평, 용수, 기성, 다부, 하관 등 5개 지역에 전송로집선장치(L/C)를 설치하여 자동전화를 공급하였다.

(14) 동안동전화국

1990년대 후반 전자교환기(TXN) 20,100회선을 개통하였다(1998. 4. 27). 경북 안동시 당북동 48-7에 있었으며, 당시 안동전화국 동안동 분국으로 운영하였다(1998년).

(15) 매전전화국

1985년 농어촌형 전자교환기가 공급되면서 매전전화국에 원격전자교환기를 설치하여 청도전화국의 자국으로 운영하였다. 이때 전송로집선장치를 공급하여 자동화하였다.

(16) 문경전화국(구)/ 서문경전화국

1981년까지 간이형교환기 600회선을 운용하다가 1983년에 기계식 자동교환기(ST방식) 1,400회선을 재배치 증설함과 동시에 간이형 600회선은 철거하여 총 1,400회선을 운용하였다. 이후 1985년부터 농어촌형 전자교환기(A)가 공급되면서 문경에는 원격전자교환기를 설치하여 점촌전화국의 자국으로 운용되었으며, 이때 관할 지역인 갈평, 상괴, 농암, 가은에도 원격전자교환기를 공급하여 전자화하였다. 또한 1987년에는 자동식 800회선을 증설하여 그 해 말에는 자동식 2,200회선으로 늘어났으며 전자식은6,553회선을 운용하였다.

시설규모는 1990년대 중반까지 교환시설 5만 회선 미만(분국 포함)으로 운용하였다(1996. 1. 31). 그 후 1990년대 후반 전자교환기(TB) 300회선을 1998년 8월에 개통하였다. 1981년 당시 이 전화국은 대지가 193평이며 국사 용량은 600회선에 불과하였다. 주소는 경북 문경군 문경읍 하리 98이었으며, 당시 점촌전화국 문경분국으로 운영하였다(1995년). 이후 주소는 문경시 문경읍 하리 98로 바뀌고 문경전화국 서문경분국으로 운영되었다(1996년-1999년).

(17) 봉화전화국

1980년대 초까지 기계식 자동교환기(ST방식) 1,200회선을 운용하였으며, 이때 약간의 전화적체(20건)가 발생하였다(1981. 12). 이를 해소하기 위해 400회선을 증설하였으며(1982. 2) 이후 1,600회선을 운용하였다(1984년). 그 후 1985년부터 농어촌형 전자교환기(A)를 공급하였으며, 이때 도촌, 춘양, 서벽, 소천, 분천, 석포, 대현, 법전, 물야, 수식, 봉성, 동양, 상운, 재산, 명호, 임기 등 16개 지역에 원격전자교환기(RSS)를 공급하여 자국으로 전자화하였다. 한편 같은 자국인 북곡에는 전송로집선장치(L/C)를 공급하여 자동화하였다.

1987년 자동식 1,600회선, 자국시설을 포함하여 전자식 9,809회선, 가입자케이블 16,200회선을 운용하였다(1987. 12). 시설규모는 1990년대 중반까지 교환시설 5만 회선 미만(분국 포함)으로 운용하였다(1996. 1. 31). 그 후 1990년대 후반에 전자교환기(A) 500회선을 개통하였다(1998. 1. 24). 주소는 경북 봉화군 봉화읍 포저3리 261-1이며, 국명은 1990년까지 봉화전신전화국으로 운영되다가 봉화전화국으로 변경되었다(1990년-1999년). 1990년 봉화전화국장은 2급행정(배구복)으로 보직되었으며, 그 후 국장은 1995년 2급행정(황조웅), 1997년 2급행정(황우홍)으로 보임되었다.

(18) 삼근전화국

1980년대 중반 자국인 왕피지역에는 전송로집선장치(L/C)를 공급하여 자동화하였다.

(19) 상주전화국

1981년까지 기계식 자동교환기(ST방식) 4,600회선을 운용하였으며, 1982년에 1천 회선,

1983년에 다시 400회선을 증설하여 6천 회선을 운용하였다. 1984년에는 함창전화국 이 자동화되면서 자국으로 운용하게 되었다. 1985년부터 농어촌형 전자교환기(A)를 공급하였으며, 이때 사벌, 중동, 상촌, 낙동, 옥산, 청리, 외서, 모동, 화령, 화북, 중벌, 화동, 모서, 백학, 낙서, 고곡, 외남 등 17개 지역과 함창전화국을 포함하여 그 관내의 이안, 은척, 공검 등 4개 지역에 원격전자교환기(RSS)을 공급하여 자국으로 전자화하였다.

또한 동시에 사벌, 퇴강, 대전, 신오 등 4개 지역에는 전송로집선장치(L/C)를 설치하여 자동화를 촉진하였다. 1987년 말에는 자동식 6천 회선, 전자식은 자국시설을 포함하여 26,069회선을 운용하였다. 그리고 가입자케이블은 1987년에 4,400회선을 증설하여 1986년-1987년에 50,500회선으로 늘어났다. 1990년대 중반에는 교환시설 5만 회선 이상(분국 포함)을 운용하는 중형전화국이 되었다(1996. 1. 31). 그 후 1990년대 후반 전자교환기(TB) 3천 회선을 1998년 3월 개통목표로 추진하다가 IMF사태로 인한 수요 급감으로 공급 중단하였다.

이 전화국은 경북 상주시 냉림동 373-1에 있었다. 1990년까지 상주전신전화국으로 운영하다가 이후 상주전화국으로 변경되었다(1990년-1999년). 1990년 상주전화국 간부진은 국장 박운식, 업무부장 진기식, 기술부장 한병우로 보직되었다. 그 후 1995년에는 국장 진영기, 업무부장 공석, 기술부장 강필대가 재직하였다. 1997년 국장은 권창순, 마케팅부장 윤도렬, 시설운용부장 왕의근으로 보직되었다.

<한국통신 뉴스> 상주전화국(국장 권창순)은 관내 불우아동보호시설인 상주보육원을 방문하고 다과를 마련 어린이들과 훈훈한 정을 나누었다(1997. 9. 19).

(20) 서구미전화국

1990년대 후반 전자교환기(TXN) 9천 회선을 증설할 계획으로 추진하였으나 수요 감소로 공급량을 축소하여 8,500회선을 공급하였다(1998. 8). 이 전화국은 경북 구미시 봉곡동 75B/1L에 있었으며 당시 구미전화국 서구미분국으로 운영되었다(1999년).

(21) 서안동전화국

서안동전화국은 급증하는 안동지역의 전화공급을 위해 신설되었다(1983년). 치국 초기에는 제2 안동전화국으로 불리다가 이후 서안동전화국으로 변경되었다. 1983년도 전자교환기 공급사업(83-BTM-50k)에 의해 전자식(M10CN) 8천 회선을 공급 개통하였다(1984. 1). 이 공사는 SST에서 시공하였으며, 공사감독은 중앙건설사무소 시설본부 통신기술직(이종만)이 수행하였다. 이 신방식의 교환시설은 당시 인수시험 기간이 추가 소요되는 바람에 당초 계획보다 다소 늦게 개통되었으며, 새로운 국번호(52국)를 부여하여 사용하였다.

이때 안동전화국 관할구역인 당북동, 평화동 등의 약 4,600가입자를 이 전화국으로 수용변경하였다. 1985년에는 전자식 1만 회선을 증설하였으며, 이때 자석식전화를 운용하고 있던 인근의 풍산, 풍천, 옹천 등 3개 지역에 원격교환장치(RSU)를 설치하여 자국 방식으로 통합 자동화하였으며, 세부내역은 <표 9-69>와 같다.

<표 9-69> 서안동전화국 인근 자석식전화의 자동화(단위 회선)

국명	자석식 시설	RSU공급	자국설치장소	거리(Km)
풍산	600	2,000	풍산읍 안교동	15.8
			풍산읍 회곡동	13.7
풍천	600	1,300	풍천면 도양동	22.4
			풍천면 기산동	28.4
			풍천면 어담동	25.1
옹천	500	1,000	북후면 옹천동	15.2
			북후면 신정동	7.7
			북후면 오산동	23.3

그 후 전자식 2만8천 회선, 가입자케이블 45,800회선을 운용하였다(1986년- 1987년). 이처럼 시설규모가 늘어남에 따라 발동발전기도 기존의 소용량(250KW)에서 중용량(500KW)으로 교체하였다(1987년). 또한 1980년대 중반에는 서안동전화국으로부터 원거리 지역으로 자석식전화를 운용하고 있던 구수, 회곡, 송사, 어담, 위동, 오산, 기산, 삼계, 천전, 매정, 태자, 사신, 이개, 신전, 일직, 국곡, 고상, 서후, 명진, 남후, 남선, 송천, 고곡 등 23개 지역에 전송로집선장치(L/C)를 설치하여 자동전화를 공급하였다. 당시 일직 등 4개 지역의 자석식전화 운용상황은 <표 9-70>과 같다.

<표 9-70> 서안동전화국 관내 자석식전화 운용상황(1982년)

지역명	자석식 (회선)	국간거리 (Km)	지역명	자석식 (회선)	국간거리 (Km)
일직	300	11.8	서후	300	9.0
남선	200	7.0	남후	300	5.9

1980년대 중반 한국통신은 중소도시 중 수요가 급증하여 시설확장이 시급한 지역을 대상으로 시내전화 장기치국계획을 수립하였다. 이 계획에서 안동지역은 서안동전화국 단일국으로 운용하게 하였다. 그리고 안동전화국은 기계식 자동교환기를 철거할 때까지 존속하고 1985년부터 전화공급은 서안동전화국에서 담당하는 것으로 결정하였다(시내전화 장기치국계획, 1985. 1. 18, 한국통신 계획국).

이어서 1980년대 후반 한국통신은 안동전화국의 기계식 교환시설을 철거하는 시점에 가입자는 서안동전화국으로 통합한 후 안동전화국은 폐국하는 방침을 세웠다(시내전화 장기

치국계획, 1987. 1, 한국전기통신공사). 이상 2개의 장기치국계획을 수립 추진한 주관부서 및 결재자는 제9장 말미의 참고자료 편에 기록되어 있다. 그 후 1990년대 후반 전자교환기(TB) 2,300회선을 공급 추진하다가 IMF사태로 인한 수요감소로 1,100회선을 개통하였다(1998. 3. 26). 이 전화국은 경북 안동시 당북동 48-7에 있었으며, 당시 안동전화국 서안동 분국으로 운용되었다(1990년-1999년). 분국장은 1990년 2급통신기술(김준근), 1995년 2급통신기술(김병갑)로 보직되었다.

(22) 선산전화국

1980년대 초까지 기계식 자동교환기(ST방식) 1,800회선을 운용하였으며, 이때 상당량의 전화적체(310건)가 누적되고 있었다(1981. 12). 이를 해소하기 위해 400회선을 증설하였으며(1982. 2), 다시 400회선을 확장하여 총 2,600회선으로 늘어났다(1983년). 이때 옥성, 무을, 공기, 산동, 해평, 장촌, 봉산에 전송로집선장치(LC)를 공급하여 자동화하였다. 그 후 자동식 5천 회선, 가입자케이블 8,400회선을 운용하였다(1986년). 1988년 1월에는 6,800회선의 가입전화시설을 운용하게 되었고, 4월에는 전자교환기(TDX) 8천 회선을 개통하여 운용하였다.

시설규모는 1990년대 중반까지 교환시설 5만 회선 미만(분국 포함)으로 운용하였다(1996. 1. 31). 그 후 1990년대 후반 전자교환기(TA) 500회선을 개통하였다(1998. 2. 20). 주소는 경북 선산군 선산읍 동부동 338-3이었으며, 그 후 구미시 선산읍 동부동 338-3으로 변경되었다(1997년). 1988년 선산전신전화국으로 개국되었으며, 개국식에는 신현대 대구지사장, 정정태 초대 선산전신전화국장을 비롯한 선산군내 기관단체장 및 관계자들이 참석하였다(1988. 1. 1). 이때 이 전화국은 선산군내 1개읍, 3개면의 전기통신업무를 담당하게 되었다.

1990년까지 선산전신전화국이었다가 조직개편에 따라 선산전화국으로 바뀌었다(1990년). 1990년 선산전화국장은 2급통신기술(김영준)로 보직되었으며, 그 후 국장은 1995년 2급행정(윤의중), 1997년 2급행정(김병권)으로 보임되었다. 그 후 구미전화국 선산 분국으로 변경되었다(1998년-1999년).

(23) 성주전화국

1981년까지 기계식 자동교환기(ST방식) 1,400회선을 운용하였으며, 1983년에 400회선을 증설하여 1984년까지 1,800회선을 운용하였다. 이후 1985년부터 농어촌형 전자교환기(A)를 공급하였으며, 1987년에는 그때까지 자석식교환방식으로 운용해 온 창천, 용사, 대가, 금수, 무학, 수륜, 보월, 백운, 벽진, 봉학, 초전, 소성, 월항, 선남, 도흥, 요암, 마월 등 17개 지역에 원격전자교환기(R)을 공급하여 자국으로 전자화하였다.

1987년에는 자동식 1,800회선을 철거하였으며 당시 자국시설을 포함하여 전자교환기 14,907회선, 가입자케이블 19,700회선을 운용하였다. 시설규모는 1990년대 중반까지 교환시설 5만 회선 미만(분국 포함)으로 운용하였다(1996. 1. 31).

주소는 경북 성주군 성주읍 예산동 357이었으며 성주읍 예산동 357-23으로 바뀌었다(1990년). 명칭은 1990년까지 성주전신전화국이었으며, 이어서 성주전화국으로 변경되었다(1990년-1999년). 1990년 성주전화국장은 2급행정(김경득)으로 보직되었으며, 그 후 국장은 1995년 2급행정(남해룡), 1997년 2급행정(나광무)으로 보임되었다.

(24) 안강전화국

1981년에 기계식 자동교환기(ST방식) 400회선, 1982년에 다시 600회선을 증설하여 2,600회선으로 늘어나면서 단북을 흡수 자동화하였다. 1986년 말 자동식 5천 회선을 운용하다가 1987년 다시 800회선을 증설하여 총 시설은 5,800회선으로 늘어났으며, 이때 가입자케이블은 8,100회선을 운용하였다. 또한 1980년대 후반에는 당시 원거리지역인 노당, 사방, 옥산 등 3개 지역에 전송로집선장치(L/C)를 설치하여 자동전화를 공급하였다. 1990년대 후반에는 전자교환기(TB) 1,100회선을 1998년 5월에 개통하였다. 주소는 경북 경주군 안강읍 양월5리 1246-1이었다가 경주시 안강읍 양월5리 1256-1로 변경되었다(1995년). 당시 경주전화국 안강분국으로 운용되었다(1995년-1999년).

(25) 안계전화국

1982년까지 공전식 전화 1,600회선을 운용하였다. 1983년 10월에 본 건물 630m^2, 부속건물 99m^{2}를 준공하였다. 이 공사는 학산건설에서 시공하였으며, 공사감독자는 중앙건설사무소 남부희로 지정되었다. 1983년에 기계식 자동교환기(ST방식) 2,400회선을 개통하면서 인근의 단북을 통합 자동화하였다. 이때 대도시에서 철거된 자동식교환기를 재활용하여 방식 변경하였으며 의성전화국을 모국으로 하여 자국으로 운용되었다. 주소는 경북 의성군 안계면 용기4리 116-54이며, 당시 의성전화국 안계 분국으로 운영하였다(1995년-1999년).

(26) 안동전화국

1980년대 초까지 기계식 자동교환기(ST방식) 1만 회선을 운용하였다(1981. 12). 그 후 제2 안동전화국으로 시외통신시설을 이설하고 그 자리에 3천 회선을 증설하여 총 1만3천 회선을 운용하였다(1982년). 1983년에는 관할구역 중 당북동, 평화동 등의 약 4,600가입자를 서안동전화국으로 수용 변경하였다. 이후 5차 5개년계획의 하반기에 이르러 처음으로 전자교환기(M10CN) 1만 회선을 공급하였다(1985년). 이때 자석식통신방식을 운용하고 있던 안동전화국 인근의 6개 원거리지역에 <표 9-71>과 같이 원격교환장치(RSU)를 공급하여 통합 자동화하였다.

그때부터 자동식 1만3천 회선, 가입자케이블 24,300회선을 운용하였다(1986년-1987년). 또한 1980년대 후반에는 당시 원거리 지역인 감애, 가류, 와류 등 4개 지역에 전송로집선장치(L/C)를 설치하여 자동전화를 공급하였다. 그 중 길안에는 RSU를 공급하고 L/C를 철거하였다(1987년).

<표 9-71> 안동전화국 관내 자석식전화 자동화

국명	자석식(회선)	RSU공급(회선)	자국설치장소	거리(Km)
월곡	300	600	예안면 정상동	41.3
			예안면 삼계동	50.2
길안	500	1,000	길안면 천지동	24.8
			길안면 구수동	29.6
			길안면 송사동	37.2
예안	300	600	도산면 서부동	18.9
녹전	500	700	녹전면 신평동	26.1
			녹전면 사신동	25.5
			녹전면 원천동	33.8
도산	200	500	도산면 은혜동	26.9
			도산면 태자동	30.7
임동	500	1,000	임동면 중평동	22.9
			임동면 지례동	33.9
			임동면 의동	31.7

1980년대 중반 한국통신은 중소도시 중 수요가 급증하여 시설확장이 시급한 지역을 대상으로 시내전화 장기치국계획을 수립하였다. 이 계획에서 안동지역은 서안동전화국을 단일국으로 운용하게 하였다. 그리고 안동전화국은 기계식 자동교환기를 철거할 때까지 존속하고 1985년부터 전화공급은 서안동전화국에서 담당하는 것으로 결정하였다(시내전화 장기치국계획, 1985. 1. 18, 한국통신 계획국).

이어서 1980년대 후반 한국통신은 안동전화국의 기계식 교환시설을 철거하는 시점에 가입자는 서안동전화국으로 통합한 후 폐국하는 방침을 세웠다(시내전화 장기치국계획, 1987. 1, 한국전기통신공사). 이상 2개의 장기치국계획을 수립 추진한 주관부서 및 결재자는 제9장 말미의 참고자료 편에 기록되어 있다. 그 후 도시형 AXE-10 교환기(가반형) 1대를 1990년대 중반까지 운용하였다(1996. 5). 1990년대 중반에는 교환시설 5만 회선 이상(분국포함)을 운용하는 중형전화국이 되었다(1996. 1. 31).

주소는 당초 경북 안동시 동부동 85-3이었으며, 그 후 안동시 용상동 1093으로 바뀌었다(1998년). 명칭은 1990년까지 안동전신전화국이었으며, 이후 안동전화국으로 변경되었다

(1990년-1999년). 1990년 간부진은 국장 하순봉, 총무부장 공석, 영업부장 허봉대, 기술부장 김선규, 서안동분국장 김준근으로 보직되었다. 그 후 1995년에는 국장 최주달, 업무부장 박희권, 기술부장 김남국, 서안동분국장 김병갑이 재직하였다. 1997년에는 국장 이진앙, 마케팅부장 이승모, 고객상담센터장 권태일, 시설운용부장 공석으로 보임되었다.

<한국통신 뉴스> 1997년 2월 안동전화국은 안동시민회관 제1전시실에서 개최된 안동란 사랑회 창립전을 후원하고 우리상품 홍보활동에 나섰다(1997. 2. 28-3. 2). 안동전화국에서는 이 행사에 맞추어 발간한 2,500여부의 책자를 통해 한국통신 시외전화의 우수성을 홍보하고 아울러 어려운 경제여건 하에서 알뜰가계를 위한 시외전화요금 절약방법의 하나인 야간·공휴일 30% 할인, 심야 50% 할인, 전화요금 자동납부 이용 시 1% 추가 할인 등을 적극 홍보하여 일반인과 참가자들의 호응을 얻었다. 한편 안동전화국(국장 이진앙)은 9월 10일 양로원인 소망의 집을 방문하고 참치선물세트 등 생필품을 전달하고 노인들과 같이 자리를 같이하며 따뜻한 마음을 전했다(1997. 9. 12).

(27) 영덕전화국

1981년까지 기계식 자동교환기(ST방식) 2천 회선을 운용하다가 1982년에 1,400회선을 증설하여 3,400회선으로 늘어나면서 강구를 통합 자동화하였다. 1984년에는 처음으로 전자식교환기 9천 회선을 공급 운용하게 되었다. 그 후 1985년부터 농어촌형 전자교환기(A)를 공급하였으며, 이때 매정, 강구, 영해, 축산, 남정, 병곡, 지품, 창수, 달산 등 9개 지역에 원격전자교환기(RSS)를 공급하여 자국으로 전자화하였다. 동시에 매정, 강구, 기암 등 3개 지역에는 전송로집선장치(L/C)를 설치하여 자동화를 촉진하였다. 이중 강구에는 1987년 당시 1,500회선 규모의 L/C를 운용하였다.

1987년 말에는 자동식 3,400회선, 자국시설을 포함하여 전자식 9,777회선과 이에 따른 가입자케이블 25,600회선을 운용하였다. 시설 규모는 1990년대 중반까지 교환시설 5만회선 미만(분국 포함)으로 운용하였다(1996. 1. 31). 주소는 경북 영덕군 영덕읍 우곡동 324이었으며, 국명은 1990년까지 영덕전신전화국으로 운영되다가 영덕전화국으로 변경되었다(1990년-1999년). 1990년 영덕전화국장은 2급행정(전윤근)으로 보직되었으며, 그 후 국장은 1995년 2급행정(조현문), 1997년 2급행정(조현문)이 재보임되었다.

<한국통신 뉴스> 1997년 영덕전화국은 시외전화 사전등록제에 대비한 마케팅활동의 일환으로 「퇴근시간 5분, 5계약자 전화걸기」운동을 펼쳤다. 직원 개인마다 퇴근시간이 다소 다름에 착안하여 각 사무실 출입구 일정장소에 단기사업용 전화를 1대씩 별도로 설치하여 퇴근 시 본인이 관리하고 있는 100가입자 중 1일 5계약자씩 전화를 걸어 한국통신의 시외전화의 우수성 등 다양한 상품 홍보활동을 벌였다. 그 후 1990년대 후반에 전자교환기(A) 600회선을 개통하였다(1998. 1. 23). 한편 영덕전화국(국장 김영배)은 9월 12일 영해보육원을

찾아 도서상품권, 생필품 등 위문품을 전달하고 위로하였으며, 사내 건전모임인 한마음회에서도 추석을 맞아 2명의 소년소녀가장을 초대, 회원들과 함께 식사를 나누고 선물과 함께 후원금을 전달하였다(1997. 9. 19).

(28) 영양전화국

1980년대 초까지 기계식 자동교환기(ST방식) 1,200회선을 운용하였으며, 당시 상당한 전화적체(132건)가 발생하였다(1981. 12). 이의 해소를 위해 400회선을 증설하였으며(1982. 2), 그 후 1984년까지 1,600회선을 운용하였다. 1985년부터 농어촌형 전자교환기(T)를 공급하였으며, 그때까지 자석식전화를 이용해 온 일월, 입암, 수비, 천기, 당동, 석보, 택전 등 7개 지역에 원격전자교환기(R)을 공급하여 자국으로 전자화하였다. 한편 당시 같은 자국인 화천, 용화, 수하, 송하, 요원 등 5개 지역에는 전송로집선장치(L/C)를 공급하여 자동화하였다(1987년).

1987년에는 자동식 1,600회선, 자국시설을 포함한 전자식 6,720회선과 가입자케이블 1만3천 회선을 운용하였다(1987. 12). 시설규모는 1990년대 중반까지 교환시설 5만 회선 미만(분국 포함)으로 운용하였다(1996. 1. 31). 주소는 경북 영양군 영양읍 서부동 158이었으며 그 후 영양읍 서부동 158-6으로 바뀌었다(1990년). 그리고 명칭은 1990년까지 영양전신전화국이었으며, 이어서 영양전화국으로 변경되었다(1990년-1999년). 1990년 영양전화국장은 2급통신기술(조경래)로 보직되었으며, 그 후 국장은 1995년 2급행정(최창선), 1997년 2급행정(김광하)으로 보임되었다.

<한국통신 뉴스> 1997년 7월 영양전화국은 2회에 걸쳐 대구 자유재활원에 수용되어 있는 정신지체인 240여명을 초청하여 영양군 수비면 수하계곡에 여름캠프를 열었다(1997. 7. 23-8. 2). 영양전화국에서는 이 행사를 위해 캠프장 주변에 환경정리는 물론 대형천막 2동과 냉장고 등을 준비했고, 캠프파이어도 준비하였다. 이 행사에는 당시 이 전화국을 순시 중이던 대구본부장(남교중)도 참석하였다.

(29) 영주전화국

1980년대 초까지 기계식 자동교환기(ST방식) 7,600회선을 운용하였다(1981. 12). 이어서 2,400회선을 증설하여 1만 회선을 운용하였다(1982년). 그러다가 5차 5개년계획 중반에 처음으로 전자교환기(M10CN) 8천 회선을 증축건물 2층에 신설 개통하여 국번호 32국을 부여하여 운용하였다(1985. 1). 이어서 1985년에 다시 6천 회선을 증설하였다. 이후 자동식 1만 회선, 전자식 1만4천 회선을 운용하였으며(1986. 12), 다음 해에 전자식 4천 회선을 증설하여 총 2만8천 회선으로 늘어났으며(1987년), 이때 가입자케이블은 38,400회선을 운용하였다. 한편 자석식전화를 이용하고 있던 순흥 등 3개 지역에 원격교환장치(RSU)를 설치하여 영주전화국으로 통합 자동화하였다(1985년-1987년). 세부내역은 <표 9-72>와 같다.

<표 9-72> 영주전화국 인근 자석식전화의 자동화

국명	자석식(회선)	RSU공급(회선)	자국설치장소	거리(Km)
순흥	300	1,100	순흥면 읍내리	19.8
부석	500	1,100	부석면 소천리	31.1
단산	400	1,100	단산면 옥대리	26.0

또한 1980년대 중반에는 당시 원거리 지역이며 자석식전화 운용국인 휴천, 오운, 성곡, 석포, 적동, 반구, 봉현, 금광, 동촌, 문수, 평은 등 11개 지역에 전송로집선장치(L/C)를 설치하여 자동전화를 공급하였다. 1990년대 중반에는 교환시설 5만 회선 이상(분국 포함)을 운용하는 중형전화국이 되었다(1996. 1. 31). 그 후 1990년대 후반 전자교환기(TB) 2,200회선을 공급 추진하다가 IMF사태로 인한 수요 감소로 2천 회선을 개통하였다(1998. 3. 26).

1997년 영주전화국은 지역 내 사찰, 약수터, 관광지 식당 등을 대상으로 한국통신 시외전화 및 국제전화 001 표시가 부착된 복바가지 2백여 개를 조제 배부하였다. 영주지역은 소백산, 태백산을 오르는 등산로와 부석사, 초암사, 비로사 등의 천년고찰이 산재해 있으며, 청정한 환경으로 약수터가 많고 주변 경관이 빼어난 관계로 연중 관광객들의 발길이 끊이지 않고 있는 곳이다.

주소는 경북 영주시 휴천3동 677이었다. 국명은 1990년까지 영주전신전화국이었으며, 이후 영주전화국으로 변경되었다(1990년-1999년). 1990년 영주전화국 간부진은 국장 안승춘, 업무부장 이대제, 기술부장 함태식으로 보직되었다. 그 후 1995년에는 국장 이종윤, 업무부장 이태훈, 기술부장 이상웅이 재직하였다. 1997년 국장은 김연권, 마케팅부장 김찬걸, 시설운용부장 장세홍으로 보임되었다.

(30) 영천전화국

1980년대 초까지 기계식 자동교환기(ST방식) 3,600회선과 이동식교환기 500회선을 운용하고 있었다(1981. 12). 다음 해에 자동식교환기 1,600회선을 증설하여 5,200회선과 이동식교환기 500회선을 운용하였다(1982년). 한편 인근의 금오전화국이 자동화되면서 이를 분국으로 운용하였다(1983년). 그 후 5차 5개년계획의 중반에 처음으로 전자교환기(M10CN) 1만2천 회선을 공급하였다(1984년). 다음 해에 다시 전자식 4천 회선을 증설한 후 자동식 5,800회선, 전자식 1만6천 회선 등 총 21,800회선을 운용하였다(1986년- 1987년), 이때 가입자케이블은 42,200회선을 운용하였다.

또한 1980년대 중반에는 영천에서 원거리 지역으로 자석식전화를 운용하고 있던 괴연, 삼창, 구전, 신호, 자천, 하송, 북안, 명주, 신령, 부산, 청통, 화산, 효정, 단포, 고경, 석계, 청정, 대창, 운천, 약남, 임고, 사동, 삼매, 자양, 보현, 금호 등 26개 지역에 전송로집선장치

(L/C)를 설치하여 자동전화를 공급하였다. 그 중 신령, 단포, 청통, 임고, 금호에는 1,200회선 규모의 L/C를 운용하였다(1987년). 이 중에서 삼창 등 4개 지역의 자석식전화 운용상황은 <표 9-73>과 같다.

<표 9-73> 영천전화국 관내 자석식전화 운용상황(1982년)

지역명	자석식 (회선)	국간거리 (Km)	지역명	자석식 (회선)	국간거리 (Km)
삼창	250	21.1	북안	200	11.2
명주	300	17.1	자인	200	21.1

1990년대 중반에는 교환시설 5만 회선 이상(분국 포함)을 운용하는 중형전화국이 되었다(1996. 1. 31). 그 후 1990년대 후반 전자교환기(TB) 3,100회선을 공급 추진하다가 IMF사태로 인한 수요 급감으로 400회선만을 개통하였다(1998. 3. 30). 주소는 경북 영천시 완산동 1086-13이었으며, 명칭은 영천전신전화국으로 운영하였으며(-1990년), 그 후 영천전화국으로 변경되었다(1990년-1999년). 1990년 영천전화국장은 2급통신기술(배인기)로 보직되었으며, 이후 국장은 1995년 2급통신기술(김영도), 1997년 2급통신기술(이석해)로 보임되었다.

1997년 2월 영천전화국은 시외버스터미널에서 귀성인파를 대상으로 효도· 문안전화걸기 캠페인을 펼쳤다(1997. 2. 5-2. 10). 터미널 광장에 무료전화 2대, 착신전용전화 1대 등 귀성객들의 실질적인 통신이용 편의를 제공하고, 시외전화, 자동납부, KT카드 등 주요상품을 홍보하였다.

(31) 예천전화국

1981년까지 기계식 자동교환기(ST방식) 2,200회선을 운용하였으며 1983년에 600회선을 증설하여 1984년까지 2,800회선을 운용하였다. 이후 1985년부터 농어촌형 전자교환기(A)를 공급하였으며, 1987년에는 그때까지 자석식전화를 이용해온 월포, 호명, 용궁, 감천, 천향, 풍양, 금당, 개포, 가동, 중평, 하리, 석묘, 도촌, 보문, 수계, 득량, 지보, 만화, 도화 등 19개 지역에 원격전자교환기(RSS)를 설치하여 자동전화를 공급하였다. 이때 같은 자국인 호명, 월포 등 2개 지역에는 전송로집선장치(L/C)를 공급하여 자동화 하였다.

또한 1987년에는 그때까지 운용해 온 자동식 4천 회선을 철거하여 그해 말에는 전자식만 자국시설을 포함하여 21,953회선을 운용하였다. 한편 가입자케이블은 1986년- 1987년에 30,400회선을 보유하였다. 시설규모는 1990년대 중반까지 교환시설 5만 회선 미만(분국 포함)으로 운용하였다(1996. 1. 31). 주소는 당초 경북 예천군 예천읍 남본동 245이었으며, 그 후 예천읍 남본동 245-290로 바뀌었다(1990년). 명칭은 1990년까지 예천전신전화국이었으며, 이어서 예천전화국으로 변경되었다(1990년-1999년). 1990년 예천전화국장은 2급행정(오병두)으로 보직되었으며, 그 후 국장은 1995년 2급행정(신상균), 1997년 2급행정(이정의)으로 보임되었다.

(32) 오천전화국

1982년까지 자석식교환기 600회선을 운용하였다. 1983년에 기계식 자동교환기(EMD방식) 2,200회선으로 자동화되면서 인근 지역인 도구를 흡수 자동화하였다. 이때 포항전화국과 복국화되면서 새로운 국번호(5국)를 사용하게 되었으며 1984년 다시 1,200회선을 증설하였다. 1986년 말에 자동식 4,200회선을 운용하다가 1987년에 600회선을 증설하여 4,800회선으로 늘어났으며, 이때 가입자케이블은 6,600회선을 운용하였다.

또한 1980년대 중반에는 원거리지역이며 자석식전화구역인 공단, 마산 등 2개 지역에 전송로집선장치(L/C)를 설치하여 자동전화를 공급하였다. 그 후 1990년대 후반 전자교환기(TB) 1천 회선을 공급하여 1998년 7월 개통예정으로 추진하다가 IMF사태로 인해 수요가 감소하는 바람에 도중에 취소하였다. 주소는 경북 영일군 오천읍 용덕3리 287-1이었으며, 그 후 포항시 남구 오천읍 용덕3리 287-1로 변경되었다(1997년). 당시 포항전화국 오천 분국으로 운용되었다(1995년-1999년).

(33) 온정전화국

1984년에 자동식교환기(MDO) 1천 회선을 공급하였다. 이후 한동안 운용해 온 MDO는 철거하여 타 지역에 재활용하는 계획을 수립 추진하였다(1985년).

(34) 왜관전화국

1982년에 기계식 자동교환기(EMD방식) 6천 회선을 공급하였으며, 이어서 1983년에 1,400회선, 1984년에 2,600회선을 증설하여 총 시설은 1만 회선으로 늘어나게 되었다. 이후 1985년부터 농어촌형 전자교환기(T)를 공급하였으며, 인근의 동명에 원격전자교환기(RSS)를 공급하여 전자화하여 자국으로 운용하였다. 그러나 당시 자국인 죽전, 아곡, 약목, 지천, 연화, 석적, 북삼, 기성, 천평, 하판, 다부, 용수 등 12개 지역에는 공급하지 못하였다. 이때 약목, 지천, 석적, 북삼, 아곡, 죽전 등 6개 지역에는 전송로집선장치(L/C)를 설치하여 자동전화를 공급하였다.

1987년 말에는 자동식 12,200회선(왜관 1만 회선, 동명 2,200회선), 전자식은 동명을 포함하여 936회선을 운용하였다. 한편 가입자케이블은 1987년에 3,500회선을 증설하여 23,500회선으로 늘어났다. 시설규모는 1990년대 중반까지 교환시설 5만 회선 미만(분국 포함)으로 운용하였다(1996. 1. 31). 그 후 1990년대 후반에 전자교환기(TB) 1,200회선을 개통하였으며(1998. 2. 28), 이어서 전자교환기(TXN) 6,500회선을 개통하였다(1998. 3. 27).

주소는 당초 경북 칠곡군 왜관읍 왜관동 788이었으며 그 후 왜관읍 왜관동 788-28로 바뀌었으며(1990년) 다시 왜관읍 왜관7리 788-28로 바뀌었다(1991년). 1990년까지 명칭은 왜관전신전화국이었으며, 이후 왜관전화국으로 변경되었다(1990년-1999년). 1990년 왜관전화국장은 2급행정(이호훈)으로 보직되었으며, 그 후 국장은 1995년 2급행정(박위상), 1997년 2급행정(유승욱)으로 보임되었다.

(35) 울릉전화국

1981년까지 기계식 자동교환기(ST방식) 1,600회선을 운용하였으며, 1982년에 200회선을 증설하여 1,800회선을 운용하였다. 이후 1985년부터 전국적으로 농어촌형 전자교환기(T)를 공급하기 시작하였으나 1987년까지 울릉전화국에는 공급하지 못하였으며,그 자국인 현부, 서면, 태하, 현포 등 4개 지역에는 전송로집선장치(L/C)를 공급하여 자동화하였다. 1987년 말에는 자동식 4,400회선과 이에 따른 가입자케이블 7,400회선을 운용하였다. 시설규모는 1990년대 중반까지 교환시설 5만회선 미만(분국 포함)으로 운용하였다(1996. 1. 31).

1997년 3월 울릉전화국은 시외전화시장 방어의 일환으로 관내 쓰레기봉투 판매소의 안내표지판을 활용키로 하고 이를 제작하여 군청에서 안내표지판 전달식을 가졌다(1997. 3. 3). 이날 전달식에는 울릉전화국장(최종대)과 울릉군수, 울릉부군수가 참석하여 향후 양 기관 간 사업추진에 대하여 계속적인 협조를 논의하였으며, 한국통신 시외전화 이용에 대한 당부도 있었다.

주소는 경북 울릉군 울릉읍 도동2동 223-10이었다. 1990년까지 울릉전신전화국으로 운영하였으며 이후 울릉전화국으로 변경되었다(1990년-1999년). 1979년 울릉전신전화국장은 통신기정(곽응수)으로 발령되었다. 그 후 1990년 울릉전화국장은 2급행정(이시우)으로 보직되었으며, 이후 국장은 1995년 2급행정(조병준), 1997년 2급통신기술(최종대)로 보임되었다.

(36) 울진전화국

1981년까지 기계식 자동교환기(ST방식) 2천 회선을 운용하다가 1982년에 400회선, 1983년에 400회선을 증설하여 2,800회선을 운용하였다. 그 후 1985년부터 농어촌형 전자교환기(A)를 공급하였으며, 이때 부구, 노음, 주인, 죽변, 하당, 매화, 길곡, 덕신, 삼 근, 옥방 등 10개 지역에 원격전자교환기(RSS)를 공급하여 자국으로 전자화하였다. 이때 부구에는 전송로집선장치(L/C)도 공급하여 자동화를 촉진하였다. 1987년 말에는 자동식 2,800회선, 전자식은 자국시설을 포함하여 9,200회선을 운용하였다. 한편 가입자케이블은 1987년에 4,900회선을 증설하여 24,900회선으로 늘어났다.

시설규모는 1990년대 중반까지 교환시설 5만회선 미만(분국 포함)으로 운용하였다(1996. 1. 31). 그 후 1990년대 후반에 전자교환기(A) 500회선을 개통하였다(1998. 1. 17). 이어서 전자교환기(A) 5천 회선을 증설할 계획으로 추진하였으나 수요 감소로 공급량을 축소하여 4,600회선을 공급하였다(1998. 10). 한편 울진전화국은 우체국과 통합국사로 되어 있어 한국통신이 당초 건물을 사용하는 대신 대용 국사를 신축하여 체신부로 이관하게 되었다. 대용 국사는 지하 1층-지상 2층(1,000m^2) 규모로 정하였으며 체신부에서 설계하고 한국통신이 1986년에 착공하여 1987년에 준공하였다.

주소는 경북 울진군 울진읍 읍내리 513이었으며, 그 후 울진읍 읍내리 513-1로 바뀌었다(1990년). 초기에는 울진사업소로 운영하다가(1989년) 1990년에 울진전신전화국으로 승격되었다. 그 후 전국적인 국명변경에 따라 울진전화국으로 되었다(1990년-1999년). 1990년 울진전화국장은 2급행정(황조웅)으로 보직되었으며, 그 후 국장은 1995년 2급행정(배구복), 1997년 2급행정(황조웅)으로 보임되었다.

(37) 의성전화국

1981년까지 기계식 자동교환기(ST방식) 2,600회선을 운용하였다. 1982년에 600회선을 증설하여 3,200회선을 운용하였다. 1983년에는 안계전화국이 자동화되면서 이를 분국으로 운용하였다. 이후 1985년부터 농어촌형 전자교환기(A)를 공급하였으며 이때 안평, 사곡, 화전, 점곡, 옥립, 금학, 단촌, 춘산, 탑리 등 9개 지역에 원격전자교환기(RSS)을 공급하여 자국으로 전자화하였다. 또한 인근의 안계전화국과 그 관할지역인 안사, 다인, 양서, 단밀, 비안, 교안 등 6개 지역에도 원격전자교환기(RSS)를 공급하여 의성전화국의 자국으로 전자화하였다. 이때 낙정에는 전송로집선장치(L/C)를 설치하여 자동전화를 공급하였다.

1987년 말에는 자동식 7천 회선(의성 4,600회선, 안계 2,400회선), 전자식은 자국시설을 포함하여 16,768회선을 운용하였다. 한편 가입자케이블은 42,100회선을 보유하였다(1986년-1987년). 시설규모는 1990년대 중반까지 교환시설 5만 회선 미만(분국 포함)으로 운용하였다(1996. 1. 31). 처음 주소는 경북 의성군 의성읍 후죽동 458이었으며, 그 후 의성군 의성읍 후죽동 458-32로 바뀌었다(1990년). 명칭은 1990년까지 의성전신전화국이었다가 이어서 의성전화국으로 변경되었다(1990년-1999년). 1990년 의성전화국장은 2급행정(이창식)으로 보직되었으며, 그 후 국장은 1995년 2급통신기술(유시호), 1997년 2급행정(강호준)으로 보임되었다.

(38) 점촌전화국/ 문경전화국(신)

1981년까지 기계식 자동교환기(ST방식) 3,200회선을 운용하였으며 1982년에 1,600회선, 1983년에 400회선, 1984년에 600회선을 증설하여 그때부터 5,800회선을 운용하였다. 그 후 1985년부터 농어촌형 전자교환기(A)를 공급하였으며 이때 막곡, 영순, 율곡, 불암, 산북, 월천, 거산, 동로, 수평 등 9개 지역에 원격전자교환기(RSS)를 공급하여 자국으로 전자화하였다. 이때 불정에는 전송로집선장치(L/C)를 설치하여 자동전화를 공급하였다. 또한 인근의 문경전화국과 그 관할 지역인 갈평, 상괴, 농암, 가은에도 원격전자교환장치를 공급하여 점촌전화국의 자국으로 자동전화를 공급하였다.

1987년 말에는 자동식 8천 회선(점촌 5,800회선, 문경 2,200회선), 전자식은 자국 시설을 포함하여 16,622회선을 운용하였다. 그리고 가입자케이블은 1987년에 2,900회선을 증설하여 38,200회선으로 늘어났다. 한편 점촌전화국은 우체국과 통합국사로 되어 있어 한국통신이 당초 건물을 사용하는 대신 대용 국사를 신축하여 체신부로 이관하게 되었다. 대용 국사는 지하 1층-지상 2층(1,000m^2) 규모로 정하였으며 체신부에서 설계하고 한국통신이 1987년에 착공하여 그해에 준공하였다.

이 전화국은 당초 경북 점촌시 중앙동 275-3에 있었으며 그 후 주소가 경북 문경시 점촌동 275-3으로 바뀌었다(1996년). 명칭은 1990년까지 점촌전신전화국으로 운영하였으며, 점촌전화국으로 바뀌었다(1990년-1994년). 이후 다시 문경전화국으로 변경되었다(1995년-1999년). 1990년 점촌전화국장은 2급통신기술(유정길)로 보직되었으며, 그 후 1995년 문경전화국장은 2급행정(나광무)으로 보임되었으며 1997년 국장은 2급행정(권영택)이 재직하였다.

(39) 죽변전화국

1981년 이후 1984년까지 기계식 자동교환기(MDO) 800회선을 운용하였다. 1985년부터 농어촌형 전자교환기(A)가 울진전화국에 공급됨에 따라 죽변에는 원격전자교환기를 공급하여 울진전화국의 자국으로 전자화되었다. 1987년에는 다시 원격교환기 1,400회선을 증설하였으며 이때 그동안 운용해온 MDO는 철거하여 타 지역에 재활용 추진하였다. 따라서 그해 말에는 원격전자교환기 2,392회선을 운용하였다.

(40) 지품전화국

1980년대 후반에는 당시 원거리 지역인 원전에 전송로집선장치(L/C)를 설치하여 자동전화를 공급하였다.

(41) 진보전화국

1981년까지 기계식 자동교환기(ST방식) 1,200회선을 운용하였으며 1983년에 다시 400회선을 증설하여 1,600회선을 운용하였다. 그 후 1985년부터 농어촌형 전자교환 기(T)가 공급되면서, 이때 원격전자교환기를 공급하여 전자화되어 청송전화국의 자국으로 운용하였다. 1987년 말에는 자동식 1,600회선, 전자식은 984회선을 운용하였다.

(42) 창수전화국

1980년대 후반에는 당시 원거리 지역인 오촌, 신리 등 2개 지역에 전송로집선장치(L/C)를 설치하여 자동전화를 공급하였다.

(43) 청도전화국

1981년까지 기계식 자동교환기(ST방식) 2,800회선을 운용하였다. 1982년에 600회선을 증설하면서 화양을 흡수 자동화하였다. 이후 1984년에 처음으로 전자교환기 9천 회선을 공급하면서 총 시설은 12,400회선으로 늘어나게 되었다. 1985년부터 농어촌형 전자교환기(A)를 공급하였으며, 이때 매전, 유천, 풍각, 동곡, 이서, 각남, 각북 등 7개 지역에 원격전자교환기(RSS)를 공급하여 자국으로 전자화하였다. 당시 동일한 자국인 관하, 지천, 봉하, 신원 등 4개 지역에는 전송로집선장치(L/C)를 설치하여 자동전화를 공급하였다. 한편 운문은 매전전화국을 모국으로 하여 전송로집선장치(L/C)를 공급하여 자동화하였다.

1987년 말에는 자동식 3,400회선, 자국 시설을 포함하여 전자식 11,729회선, 가입자케이블 2만4천 회선을 운용하였다. 시설 규모는 1990년대 중반까지 교환시설 5만 회선 미만(분국 포함)으로 운용하였다(1996. 1. 31). 이 전화국은 경북 청도군 청도읍 고수리 587-1에 있었으며, 명칭은 1990년까지 청도전신전화국이었으며, 이후 청도전화국으로 변경되었다(1990년-1999년). 1990년 청도전화국장은 2급행정(김정수)으로 보직되었으며, 그 후 국장은 1995년 2급행정(황용근), 1997년 2급행정(유태환)으로 보임되었다.

(44) 청송전화국

1981년에까지 기계식 자동교환기(ST) 1,400회선을 운용하면서 1982년에 파천을 통합 자동화하였다. 그리고 1983년에 600회선, 1984년에 400회선을 증설하여 2,400회선을 운용하였다. 이후 1985년부터 농어촌형 전자교환기(T)를 공급하였으며, 1987년에는 그때까지 자석식전화를 운용해온 파천, 부남, 현동, 안덕, 화목, 진보, 신촌, 월정 등 8개 지역에 원격전자교환기(RSS)을 공급 전자화하여 자국으로 운영하였다. 그러나 당시 같은 자국인 부동, 내룡, 하의, 신흥, 중기, 눌인, 지소, 수락 등 8개 지역에는 전송로집선장치(L/C)를 공급하여 자동화하였다.

1987년 말에는 자동식 4,400회선(청송 2,800회선, 진보 1,600회선), 전자식은 자국 시설을 포함하여 6,764회선을 운용하였다. 한편 가입자케이블은 1986년-1987년에 15,900회선을 보유하였다. 시설규모는 1990년대 중반까지 교환시설 5만 회선 미만(분국 포함)으로 운용하였다(1996. 1. 31). 그 후 1998년 1월에 전자교환기(TB) 700회선을 준공하였으며, 이어서 2월에 전자교환기(TA) 100회선을 개통하였다. 주소는 초기 경북 청송군 청송읍 월막동 426이었으며, 그 후 청송군 청송읍 월막동 426-5로 바뀌었다(1990년). 명칭은 1990년까지 청송전신전화국이었다가 이후 청송전화국으로 변경되었다(1990년-1999년). 1990년 청송전화국장은 2급통신기술(이고형)로 보직되었으며, 그 후 국장은 1995년 2급행정(이창식), 1997년 2급통신기술(윤완)로 보임되었다.

<한국통신 뉴스> 청송전화국(국장 윤완)은 교통사고로 부친을 여의고 할머니와 어렵게

살고 있는 소녀가장(이영주)을 돕기 위해 전 직원이 모금한 41만1천5백 원의 격려금을 9월 10일 안덕초등학교 교장실에서 전달하고 이영주 양과 자매결연을 맺고 지속적인 도움을 주기로 했다(1997. 9. 19).

(45) 탑리전화국

1983년에 자동식교환기 1,400회선을 공급하여 그때부터 이 시설을 운용하였다.

(46) 평해전화국

1984년에 기계식 자동교환기(MDO) 1천 회선을 공급하여 그때부터 이 시설을 운용하였다. 그 후 한동안 운용해온 MDO는 철거하여 다른 지역에 재활용하는 계획을 수립 추진하였다(1985년).

(47) 포항전화국(구)/ 서포항전화국

1970년 포항지역의 공전식 700회선을 자동식 2,600회선으로 대체하면서 포항전신전화국이 신설되었다. 그 후 1980년대 초반까지 기계식 자동교환기(EMD방식) 14,600회선(2국, 3국)을 운용하였다(1981. 12). 이때 포항지역에는 포항, 남포항, 흥해, 오천전화국을 복국화하여 운용하였다. 얼마 후 인근 남포항전화국에 전자식 1만 회선이 개통됨에 따라 관할구역 중 죽도1동, 죽도2동의 약 4,200가입자를 남포항전화국으로 넘겨주었다. 그리고 5차 5개년 계획 후반기에 처음으로 전자교환기(M10CN) 1만4천 회선을 공급하였다(1985년).

이에 따라 자동식 14,600회선, 전자식 2만 회선을 운용하였다(1986. 12), 이어서 전자식 2천 회선(44국)을 증설하여 총 36,600회선으로 늘어났으며, 이때 가입자케이블은 54,600회선을 운용하였다(1987년). 한편 자석식전화를 운용 중이던 인근 6개 지역에 원격교환장치(RSU)를 설치하여 <표 9-74>와 같이 자국 방식으로 통합 자동화하였다(1985-1987년).

<표 9-74> 포항전화국 인근 자석식전화의 자동화

국명	자석식(회선)	RSU공급(회선)	자국설치장소	거리(Km)
신광	400	1,300	신광면 도성읍	18.2
청하	600	1,400	청하면 덕성리	23.7
기계	600	1,800	기계면 현내동	36.0
송라	600	900	송라면 광천리	27.3
용기	200	800	기계면 용기동	41.0
죽장	300	1,000	죽장면 입암동	57.8

또한 1980년대 중반에는 원거리 지역으로 자석식전화를 운용하던 우목(자석식 300회선), 상사, 상옥(자석식 200회선) 등 3개 지역에 전송로집선장치(L/C)를 설치하여 자동전화

를 공급하였다. 한편 TDX-1A 교환기(가반형) 1대를 1990년대 중반까지 운용하였다(1996. 5). 그 후 1990년대 후반에 전자교환기(TX) 1천 회선을 개통하였으며(1998. 1. 31), 이어서 전자교환기(TB) 300회선을 개통하였다(1998. 2. 28).

이 전화국은 경북 포항시 신흥동 692-12에 있었으며 명칭은 1990년까지 포항전신전화국이었다가 포항전화국으로 변경되었다(1990년-1995년). 이후 포항전화국(신) 서포항분국으로 변경되었다(1995년-1999년). 한국전기통신공사 창립 첫해인 1982년 당시 포항전신전화국장은 이종윤(3급기술)이 보직되었다. 1990년 포항전화국 간부진은 국장 김남수, 총무부장 김영배, 영업부장 임철묵, 기술부장 고기순, 남포항분국장 이재원으로 보직되었다. 그 후 1995년 서포항분국장은 2급통신기술(김무유)이 재직하였으며 1997년 분국장은 2급통신기술(정재영)로 보임되었다.

(48) 포항전화국(신)

1990년대 중반에는 교환시설 20만 회선 이상(분국 포함)을 운용하는 초대형전화국이 되었다(1996. 1. 31). 1990년대 후반 전자교환기(TX) 3,200회선을 공급 추진하다가 IMF사태로 인한 수요 감소로 1,600회선을 개통하였다(1998. 4. 14). 1995년 간부진은 국장 정창주, 관리부장 공석, 영업부장 손두헌, 기술부장 이용락, 서포항분국장 김무유로 보직되었다. 1997년에는 국장 이민기, 마케팅부장 권오현, 고객지원센터장 조운점, 시설운용부장 김명훈, 서포항분국장 정재영이 재직하였다. 이 전화국은 경북 포항시 대도동 135-19에 있었다(1995년-1999년).

(49) 풍각전화국

1983년에 원격자동교환기 4천 회선을 공급 운용하였다.

(50) 풍기전화국

1981년에 기계식 자동교환기(ST방식) 400회선, 1982년에 600회선을 증설하여 1984년까지 2,200회선을 운용하였다, 1986년-1987년에 가입자케이블은 6,200회선을 운용하였다. 또한 1980년대 중반에는 당시 원거리 지역인 삼가에 전송로집선장치(L/C)를 설치하여 자동전화를 공급하였다.

(51) 하양전화국

1981년까지 기계식 자동교환기(ST방식) 2천 회선을 운용하였으며 당시 이 전화국은 대지 847평에 국사 용량 1만 회선이었다. 1982년에 3,200회선을 증설하면서 간이교환기 2천 회선을 철거하였다. 이때 인근 지역인 화촌과 국간 거리가 10Km이상 떨어진 자인, 압량을 통합 자동화하였다. 그리고 1983년에 다시 1,200회선을 증설하여 그때부터 총 4,400회선을 운용하였다. 이후 1985년부터 농어촌형 전자교환기(A)를 공급하였으며, 이때 자인, 남산, 용성, 와촌 등 4개 지역에 원격전자교환기를 공급하여 자국으로 전자화하였다. 1987년 말에는 자동식교환기 4,400회선, 자국시설을 포함하여 전자식 8,429회선, 가입자케이블 1만9천 회선을 운용하였다. 한편 도시형 AXE-10 교환기(가반형) 1대를 1990년대 중반까지 운용하였다(1996. 5).

시설규모는 1990년대 중반까지 교환시설 5만 회선 미만(분국 포함)으로 운용하였다(1996. 1. 31). 1990년대 후반에는 전자교환기(TX) 6,300회선을 공급 추진하다가 IMF 사태로 인한 수요 감소로 4,500회선을 개통하였다(1998. 9). 주소는 경북 경산군 하양읍 금낙동 131이었으며, 다시 하양읍 금낙동 131-33으로 바뀌었다가(1990년) 그 후 경산시 하양읍 금낙동 131-33으로 변경되었다(1995년). 명칭은 1990년까지 하양전신전화국이었으며 이어서 하양전화국으로 변경되었다(1990년-1999년). 1990년 하양전화국장은 2급행정(노명하)으로 보직되었으며, 그 후 국장은 1995년 2급통신기술(박화석), 1997년 2급행정(김영배)으로 보임되었다.

<한국통신 뉴스> 하양전화국(국장 김병권)은 9월 13일 전 사원이 참여하여 40만원의 성금을 마련 4명의 소년 소녀가장을 찾아가 전달하고 격려하였다(1997. 9. 19).

(52) 함창전화국

1981년까지 자석식교환기 600회선을 운용해오다가 1984년에 기계식 자동교환기(ST방식) 1,200회선을 개통하면서 인근의 이안을 흡수 자동화하였다. 이때 대도시에서 철거된 자동식 교환시설을 재활용하였으며, 상주전화국의 분국으로 운용하였다. 그 후 1985년부터 농어촌형 전자교환기(A)가 공급됨에 따라 함창에 원격전자교환기(RSS)를 설치하여 상주전화국의 자국으로 전자화하였다. 이때 이안, 은척, 군검 지역에도 RSS를 공급하였다. 1987년 말에는 3개 지역을 포함하여 전자식만 5,194회선을 운용하였다. 이 전화국은 경북 상주시 함창읍 오동리 570-14에 있었으며, 당시 상주전화국 함창분국으로 운용되었다(1995년-1999년).

(53) 현풍전화국/ 달성전화국

1981년까지 기계식 자동교환기(ST방식) 2,800회선을 운용하였다. 1982년에 400회선을 증설하여 인근 지역인 구지를 흡수 자동화하였다. 이후 1983년에 1,000회선, 1984년에 400회선을 증설하여 4,600회선으로 늘어나게 되었다. 1987년부터 농어촌형 전자교환기(T)를 공급하였으며, 이때 논공 지역에 원격전자교환기(RSS)를 공급하여 자국으로 전자화하였다. 그러나 당시 같은 자국인 옥포, 반송, 구지, 오설 등 4개 지역에는 전송로집선장치(L/C)를 공급하여 자동화하였다.

1987년 말에는 자동식 8,400회선, 전자식은 자국 시설을 포함하여 2,888회선을 운용하였다. 한편 가입자케이블은 1986년- 1987년에 14,800회선을 보유하였다. 시설규모는 1990년대 중반까지 교환시설 5만 회선 미만(분국 포함)으로 운용하였다(1996. 1. 31). 그 후 전자교환기(TB) 2,600회선을 증설할 계획으로 추진하였으나 IMF사태로 인한 수요 감소로 공급량을 축소하여 700회선을 공급하였다(1998. 8).

주소는 당초 경북 달성군 현풍면 중동 341이었으며, 그 후 대구광역시 달성군 현풍면 중동 341로 되었다(1995년). 명칭은 1990년까지 현풍전신전화국이었으며, 이어서 현풍전화국으로 되었다가(1990년), 그 후 달성전화국으로 변경되었다(1992년-1999년). 1990년 현풍전화국장은 2급행정(최대식)으로 보직되었다. 그 후 1995년 달성전화국장은 2급통신기술(김진동)로 발령되었고 1997년 국장은 2급행정(이광우)이 재직하였다.

(54) 흥해전화국/ 북포항전화국

1981년까지 기계식 자동교환기(EMD방식) 1,200회선을 운용하였으며, 1983년에 400회선, 1984년에 800회선을 증설하여 2,400회선을 운용하였다. 1986년 말에 3,200회선을 운용하다가 1987년에 1,200회선을 증설하여 4,400회선으로 늘어났으며, 이때 가입자케이블은 4,800회선을 운용하였다. 또한 1980년대 중반에는 원거리 지역으로 자석식전화를 운용하던 칠포, 이인 등 2개 지역에 전송로집선장치(L/C)를 설치하여 자동전화를 공급하였다.

한편 농어촌형 AXE-10 교환기(가반형) 1대를 1990년대 중반까지 운용하였다(1996. 5). 이때 전자교환기(SE) 7,500회선과 전자교환기(TB) 800회선을 1998년 3월 개통목표로 추진하는 도중 IMF사태로 인한 수요 급감으로 공사를 중단하였다(1998. 3). 주소는 경북 영일군 흥해읍 마산리 74-3이었으며, 이후 포항시 북구 흥해읍 마산리 74-3으로 변경되었다(1997년). 포항전화국 흥해분국으로 운용되었다(1995년-1999년).

(55) 후포전화국

1982년까지 기계식 자동교환기(ST방식) 1,200회선을 운용하였으며 1983년에 400회선을 증설하여 1,600회선으로 늘어나면서 평해를 흡수하였다. 그 후 1985년부터 농어촌형 전자교환기(A)가 울진전화국에 공급됨에 따라 후포전화국을 포함하여 후포전화국 관내의 평해, 온정, 기성, 상다천 등 4개 지역에도 원격전자교환기를 공급하여 울진전화국의 자국으로 운영하였다. 1987년 말에는 자동식 1,600회선, 4개 지역을 포함하여 원격전자교환기 6,053회선을 운용하였다. 그 후 1990년대 후반에 전자교환기(TB) 600회선을 개통하였다(1998. 2. 28). 주소는 경북 울진군 후포면 삼율리 291-2이었으며, 당시 울진전화국 후포 분국으로 운영하였다(1995년-1999년).

7. 대전 및 충남지역의 전화국 확장운영

7.1 대전시내 전화국 건설 및 운영

대전시내 전화국 운영상황은 1970년대 2개 전화국, 1990년대 10개 전화국, 2000 년대에는 11개 지사 및 지점을 운영하였으며 세부내역은 <표 9-75>와 같다. 그리고 1995년에는 전국의 전신전화국 명칭이 모두 전화국으로 변경되었으며, 그 후 2002년에는 전화국 명칭은 전국적으로 사용을 중지하고 지사 및 지점으로 전면 변경되었다.

<표 9-75> 대전시내 전화국 운영상황

운영시기	전화국명
1970년대(1978년)	대전, 서대전 등 2개 전화국
1990년대(1998년)	대전, 서대전, 용전, 둔산, 북대전, 신탄진, 동대전, 남대전, 유성, 구봉 등 10개 전화국
2000년대(2004년)	대전 1개 지사와 서대전, 둔산, 용전, 동대전, 신탄진, 유성, 남대전, 구봉, 북대전, 계룡 등 10개 지점

(1) 구봉전화국

1990년대 후반 전자교환기(TXN) 3만 회선을 공급할 계획으로 추진하다가 IMF사태로 인한 수요 감소로 도중에 공급량을 축소하여 2만4천 회선을 공급하였다(1998. 10).

(2) 남대전전화국

남대전전화국은 대전직할시 중구 산성동 279-11에 있었으며, 그 후 대전광역시 중구 산성동 279-11로 바뀌었다(1997년). 당시 서대전전화국 남대전 분국으로 운영되었다(1995년-1999년). 1995년 분국장은 2급통신기술(김원오)로 보직되었으며, 1997년 분국장은 2급통신기술(김춘식)이 재직하였다.

(3) 대덕전화국

1980년대 중반 한국통신은 대전지역의 시내전화 장기치국 및 통신망계획을 수립하였다. 이때 대덕연구단지의 확장에 따른 통신시설공급이 필요하여 연구단지 내 대덕전화국을 1991년에 신설 개통하는 것으로 결정하였다. 이때 국사는 전자통신연구소 내에 확보하는 것으로 하였다(시내전화 치국계획, 1985. 7. 12, 한국통신 계획국). 이후 한국통신은 1987년 시내전화 장기치국계획을 수립하였는데, 이때 대덕전화국 용량은 5만 회선 규모로 정하였다(시내전화 장기치국계획, 1987. 1, 한국전기통신공사). 이상 2개의 시내전화 치국계획을 수립 집행한 주관부서 및 결재자는 제9장 말미의 참고자료 편에 기록되어 있다.

(4) 대전전화국

1956년 대전전신전화국이 설치되었으며 1957년에는 자석식 3,000회선을 공전식으로 교체하였다. 그 후 1980년대 초반까지 기계식 자동교환기(EMD방식) 3만 회선을 운용하였다(1981. 12). 1981년도 전자교환기 공급사업(81-ATTI-180k)으로 전자식(No1A) 2만 회선을 공급 개통하였다(1982. 3). 이 사업에서 한국통신은 당초 ATTI와의 공사계약 상 개통일(1982. 4)보다 앞당기기로 하였으며 ATTI에서는 휴일 및 야간근무를 실시하였다. 이때 지하케이블 39,597m, 가공케이블 2,567m, 관로 6,755m를 포설하였으며, 당시 주변 농어촌지역인 낭월과 추동을 통합 자동화하였다. 이때 설치공사 기간을 단축하고 인수시험 및 국간 중계시험을 조기 시행하여 1개월 일찍 개통하였다.

당시의 전화적체를 하루라도 빨리 해소하기 위해 8천 건을 사전 판매하였으며 나머지 1만 회선으로서 수시 승낙할 수 있는 여유를 가질 수 있었다(1981. 12). 또한 이 사업을 효율적으로 추진하기 위해 개통추진위원회를 운영하였다. 이 위원회는 체신청 보전과장을 위원장으로 하고 위원에는 체신청 전무과장, 보전과 기계계장 및 선로계장, 전무과 업무계장, 대전전신전화국장, 기계과장, 서대전전화국장, 기계과장, 충청전신전화보전국장, 선로과장, ATTI 실무책임자 등으로 구성 운영하였다(이상 ESS 3만회선 시설공사 추진현황보고, 충청체신청, 1981. 12. 3).

이후 전자식 1만 회선(254국)을 2층에 1984년 12월에 증설 개통함으로써 자동식 3만 회선, 전자식 3만 회선을 운용하게 되었다(1986. 12). 다음 해에 다시 전자식 1만 회선(255국)을 증설하여 총 7만 회선으로 늘어났다(1987년). 이때 올림픽 통신용으로 300회선을 확보하였다. 또한 대전전화국 관할의 인동, 가로동, 신흥동, 판임동, 천동, 삼정동, 효동, 용운동, 원동 일부, 대동 일부, 추동, 세천리, 대성리, 신하리의 12,171가입자를 동대전전화국으로 수용변경 하였다(1987년). 한편 가입자케이블 18,700회선을 재배치 시공하였으며 총 95,800회선을 운용하였다(1987년). 1990년대 중반에는 교환시설 10만 회선 이상(분국 포함)을 운용하는 중대형전화국이 되었다(1996. 1. 31).

주소는 충남 대전시 중구 대흥2동 452이었으며, 그 후 중구 대흥2동 452-52로 되었다가(1990년), 다시 대전광역시 중구 대흥2동 452-52로 바뀌었다(1995년). 전화국 명칭은 1990년까지 대전전신전화국이었으며 이후 대전전화국으로 변경되었다(1990년-1999년). 1990년 대전전화국 간부진은 국장 조용기, 총무부장 김황겸, 영업부장 전은수, 전신부장 공석, 교환부장 공석, 기계부장 황정익, 선로부장 김달현, 용전분국장 최이호, 동대전분국장 강신욱으로 보직되었다.

그 후 1995년에는 국장 박경철, 관리부장 정○영, 영업부장 윤석홍, 기술부장 이인수, 동대전분국장 박재우가 재직하였다. 1997년에는 국장 송재권, 마케팅부장 여운서, 고객지원센터장 김기덕, 시설운용부장 김덕신, 동대전분국장 박재우로 보임되었다.

<한국통신 뉴스> 대전전화국(국장 송재권)에서는 9월 8일 시내 번화가에서 사전선택제 홍보 캠페인을 실시하였다. 이날 국장, 지부장, 과장들로 구성된 24개조의 특별 홍보반은 백화점, 상가 등을 방문하고 사전선택제 및 한국통신 시외전화의 우수성, 시외·국제전화요금의 대폭인하 및 KT고객을 위한 콜보너스를 소개하는 홍보물과 선장품을 배부하였으며 현

장 상담도 전개하여 한층 높아진 한국통신의 대고객 서비스를 보여주었다(1997. 12. 7).

(5) 동대전전화국

1980년대 중반 한국통신은 대전지역의 시내전화 장기치국 및 통신망 계획을 수립하였다. 이때 대전전화국의 국사 용량이 충만한 관계로 대전시 동구 인동에 동대전전화국을 1987년에 신설 개통하는 것으로 결정하였다. 이때 동대전전화국 부지는 (구)대전건설국 대지를 활용하는 것으로 하였다(시내전화 치국계획, 1985. 7. 12, 한국통신 계획국). 이후 1987년 시내전화 장기치국계획 수립시 이 전화국의 용량은 15만 회선 규모로 정하였다(시내전화 장기치국계획, 1987. 1, 한국전기통신공사). 이상 2개의 시내전화 치국계획을 수립 추진한 주관부서 및 결재자는 제9장 말미의 참고자료 편에 기록되어 있다.

이들 계획에 의해 동대전전화국은 지하 1층-지상 6층 건물(6,114m^2)로 설계하여 1986년에 착공하고 1987년에 준공하였다. 이때 통신케이블을 위한 인입통신구(620m)도 1986년-1987년에 건설하였다. 1987년에 전자교환기(도시형 TD) 2만 회선을 공급 개통하여 281국과 282국으로 운용하였으며 이해 말에는 전자식이 4만2천 회선으로 늘어났다. 이처럼 시설 규모가 늘어남에 따라 발동발전기도 중용량(500KW)으로 공급하였다. 또한 1987년에 가입자케이블도 31,200회선을 증설하여 총 32,200회선으로 늘어났으며, 동대전전화국과 시외전화국 간(3.5Km)에 국간 통신용으로 광케이블(18코어)을 건설하였다.

한편 1980년대 후반에는 당시 변두리 지역인 낭월, 정생, 추동, 신하리 등 4개 지역에 전송로집선장치(L/C)를 설치하여 자동전화를 공급하였다. 그 중 낭월에는 1987년 당시 1,500회선의 L/C를 운용하였다. 그리고 1987년에는 당시 대전전화국 관할의 인동, 가로동, 신흥동, 판임동, 천동, 삼정동, 효동, 용운동, 원동 일부, 대동 일부, 추동, 세천리, 대성리, 신하리의 12,171 가입자를 대전전화국으로부터 수용변경 받아 운용하게 되었다. 그 후 1990년대 후반 전자교환기(TX) 1천 회선을 1998년 4월 개통목표로 추진하다가 IMF사태로 인한 수요급감으로 공급을 중단하였다(1998. 3).

주소는 충남 대전시 동구 인동 6-1이었으며, 그 후 대전광역시 동구 인동 6-1로 변경되었다(1997년). 당시 대전전화국 동대전 분국으로 운영하였다(1990년-1999년). 1990년 분국장은 2급통신기술(강신욱)로 보직되었으며, 이후 1995년/ 1997년 분국장은 2급통신기술(박재우)이 재직하였다.

(6) 둔산전화국

이 전화국은 1990년대 중반 교환시설 5만 회선 이상(분국 포함)을 운용하는 중형전화국이 되었다(1996. 1. 31). 이후 전자교환기(TX) 8천 회선을 공급할 계획으로 추진 중 IMF 사태로 인한 수요감소로 도중에 공급량을 축소하여 2천 회선만을 공급하였다(1998. 9). 이 전화국은 대전광역시 서구 둔산동 1374에 있었으며(1995년), 명칭은 둔산전화국이었다(1995년-1999

년). 1995년 둔산전화국 간부진은 국장 김용대, 업무부장 한만희, 기술부장 함태식, 유성분국장 한병우로 보직되었다. 1997년에는 국장 김공호, 마케팅부장 한만희, 시설운용부장 유재홍, 유성분국장 안인룡이 재직하였다.

(7) 북대전전화국

이 전화국의 시설규모는 1990년대 중반까지 교환시설 5만 회선 미만(분국 포함)으로 운용하였다(1996. 1. 31). 이후 1990년대 후반 전자교환기(TB) 5천 회선을 공급 추진하다가 IMF 사태로 인한 수요 감소로 3,500회선을 개통하였다(1998. 4. 30). 주소는 충남 대전직할시 유성구 장동 82-6이었으며(1993년), 이후 대전광역시 유성구 가정동 138로 바뀌었다(1995년). 국명은 북대전전화국이었다(1993년-1999년). 1995년 북대전전화국장은 2급통신기술(안인룡)로 보직되었으며 1997년 국장은 2급행정(오덕영)이 재직하였다.

그 후 2000년대에 들어와서 한국통신이 민영화되면서 이 전화국은 둔산전화국 소속의 북대전전화국(국장 2급통신기술 강석만)으로 운영되었다. 이후 2004년에는 대전지사 북대전지점(지점장 2급사무 여운서)으로 운영되었으며, 그 후 이 전화국은 KT 가정빌딩으로 명칭이 변경되었다. 한편 이 빌딩에는 한국복지정보통신협의회 대전 충남지부가 입주해 있었다.

(8) 서대전전화국

1980년대 초반까지 기계식 자동교환기(EMD방식) 2만4천 회선을 운용하고 있었다(1981. 12). 1982년에 EMD방식 1천 회선을 증설하여 2만5천 회선으로 늘어난 후 기계식교환기의 증설을 중지하였다. 1983년도 전자교환기 공급사업(83-ATTI-90k)에 의해 처음으로 전자교환기(No1A) 2만 회선을 완제품으로 구매하여 개통하였다(1983. 7). 이 공사는 GSS에서 시공하였으며, 당시 공사감독은 중앙건설사무소 시설본부 통신기술직(이영수)이 수행하였다.

그리고 가입자 관로 7,019m, 가입자 선로 9,600회선을 1983년 7월 준공목표로 증설하였는데, 이 공사는 신광전기에서 시공하였고 관로시설 감독자는 중앙건설사무소 한대웅, 케이블 공사감독자는 우기상으로 지정하여 수행하였다. 이때 새로운 국번호(522국, 523국)를 부여하였으며, 이 사업은 ATTI와 계약이 지연되는 바람에 당초계획보다 5개월 지연되어 준공되었다. 이후 총 4만5천 회선을 운용하였다. 이처럼 시설개통이 지연된 것은 당시 사업단위별로 계약 협상을 진행한 관계로 이 사업도 순연되었다. KTA에서는 일괄 협상을 요구하였으나 ATTI 측은 사업건 별로 쟁점 해결 전에는 불응하였으며, 특히 ATTI 계약 협상책임자 1명(Mr. Hodson)뿐 이어서 동시 처리가 사실상 불가한 상황이었다.

당시 주요쟁점 사항으로는 첫째, 할인율을 전 품목에 일괄 적용치 않고 있다는 것, 둘째, GSS 시설분에 대하여 통관업무 지원비로 국당 30-40만불을 견적한 것, 그리고 계약물량 이외 초과분에 대한 통관제세 부담문제 등 이었다. 1985년 다시 전자식 1만 회선을 증설하여 자동식 2만5천 회선, 전자식 4만2천 회선을 운용하였다(1986. 12). 다음 해에 다시 전자식 1

만 회선(527국)을 증설하여 총 7만7천 회선으로 늘어나게 되었다(1987년). 그때 가입자케이블 58,500회선을 증설하여 총 159,700회선으로 늘어나게 되었다(1987년). 또한 인근 지역인 가수원에 원격교환장치(RSS) 2,500회선을 공급하여 541국으로 부여하여 서대전전화국의 자국으로 통합 자동화하였다(1987년).

이들 원격교환장치 3대는 컨테이너형으로서 1990년대 중반까지 운용하였다(1996. 5). 이와는 별개로 서대전전화국 관내에 TDX-1A 교환기(가반형) 2대도 1990년대 중반까지 운용하였다(1996. 5). 1990년대 중반에는 교환시설 15만 회선 이상(분국 포함)을 운용하는 대형전화국이 되었다(1996. 1. 31). 주소는 충남 대전시 서구 괴정동 67-1이었으며, 그 후 대전직할시 서구 괴정동 67-1로 되었다가(1990년) 다시 대전광역시 서구 괴정동 67-1로 바뀌었다(1995년). 명칭은 1990년까지 서대전전신전화국이었으며, 이후 서대전전화국으로 변경되었다(1991년-1999년).

한국전기통신공사 창립 첫해인 1982년 당시 서대전전신전화국장은 김천복(3급행정)이 보직되었다. 그 후 1990년 서대전전화국 간부진은 국장 연병덕, 총무부장 김동건, 영업부장 김용운, 기계부장 김선빈, 선로부장 김원오, 유성분국장 김규성으로 보직되었다. 1995년에는 국장 송재권, 관리부장 전은수, 영업부장 이명석, 교환기술부장 김춘식, 전송기술부장 윤관희, 남대전분국장 김원오가 재직하였다. 1997년에는 국장 박경철, 마케팅부장 이영복, 고객지원센터장 정지영, 교환기술부장 김규성, 전송기술부장 한병우, 남대전분국장 김춘식으로 보임되었다.

(9) 신탄진전화국

1981년에 기계식 자동교환기(EMD방식) 400회선을 증설한 후 1982년에 다시 1천 회선을 증설하여 구직을 통합 자동화하였다. 이어서 1984년에 400회선을 증설하여 1984년 말에는 전체 시설이 4,600회선으로 늘어났다. 그 후 1986년 말에 자동식 8,400회선을 운용하다가 1987년에 시분할교환기(이동용 TD) 3천 회선을 설치하여 931국으로 사용하였다. 한편 1987년에 가입자케이블 16,800회선을 운용하였으며, 신탄진전화국과 시외전화국 간(16.0Km)에 국간 통신용으로 광케이블(6코어)을 건설하였다. 시설규모는 1990년대 중반까지 교환시설 5만 회선 미만(분국 포함)으로 운용하였다(1996. 1. 31). 1990년대 후반에 전자교환기(TX) 8천 회선을 개통하였다(1998. 1. 31).

주소는 당초 충남 대덕군 신탄진읍 석봉리 181, 그 후 대전직할시 대덕구 석봉동 181-9(1990년), 다시 대전광역시 대덕구 석봉동 181-9로 변경되었다(1995년). 이 전화국의 명칭은 1990년까지 신탄진전신전화국이었으며, 이후 신탄진전화국으로 바뀌었다(1990년-1999년). 1990년 국장은 2급행정(이종욱)으로 보직되었다. 그 후 국장은 1995년 2급통신기술(최이호), 1997년 2급행정(윤석홍)으로 보임되었다.

(10) 용전전화국

1980년대 초반까지 기계식 자동교환기(EMD방식) 1만9천 회선을 운용하고 있었다(1981. 12). 다음 해에 다시 5천 회선을 증설하여 2만4천 회선을 운용하면서 자동식 증설은 중지하였다(1982년). 그러다가 5차 5개년계획 기간에 처음으로 전자식(No1A) 1만 회선을 공급하여 새로운 국번호(622국)로 개통하였다(1984. 12). 그 후 자동식 2만4천 회선, 전자식 3만 회선, 가입자케이블 107,600회선을 운용하였다(1986년-1987년). 또한 인입통신구(650m)도 건설하였다(1987년-1988년). 1980년대 후반에는 당시 변두리 지역인 장동지역에 전송로집선장치(L/C)를 설치하여 자동전화를 공급하였다.

1990년대 중반에는 교환시설 15만 회선 이상(분국 포함)을 운용하는 대형전화국이 되었다(1996. 1. 31). 이후 1990년대 후반 전자교환기(TX) 1만3천 회선을 공급하여 1998년 7월 개통예정으로 추진하다가 IMF사태로 인한 수요가 격감하는 바람에 도중에 취소하였다. 이 전화국은 대전직할시 동구 용전동 167-1에 있었으며, 그 후 대전광역시 동구 용전동 167-1으로 바뀌었다(1995년). 개국초기에는 대전전화국 용전 분국으로 운영되다가 용전전화국으로 승격되었다(1994년-1999년).

1990년 용전 분국장은 2급통신기술(최이호)로 보직되었으며, 그 후 1995년 용전전화국 간부진은 국장 구성완, 관리부장 유재근, 영업부장 남해현, 교환기술부장 김규성, 전송기술부장 공석으로 발령되었다. 1997년에는 국장 김택회, 마케팅부장 윤삼원, 교환기술부장 황만규, 전송기술부장 이광치가 재직하였다.

<방송보도> 1997년 1월 용전전화국은 아침방송 프로그램인 대전 MBC-TV의 굿모닝 코리아의「땀 흘리는 사람들」코너에 출연하여 케이블 유지보수를 위해 열심히 일하고 있는 현장요원의 모습을 담아 시청자들에게 생생하게 보여주었다. 현장에는 김명준 국장과 함께 공휴일은 물론 야간에도 가입자의 불편사항을 해소하기 위해 모든 일을 제쳐놓고 앞장서서 처리하는 모범사원으로 김성남 직원이 소개되었다.

(11) 유성전화국

1979년에 들어서면서 1980년도 2차 전자교환기 구매계획이 수립되었다(1980년도 2차 14만회선 전자교환기구매, 체시기1620, 1979. 3. 22). 이 계획의 주관부서 및 결재자는 제9장 말미의 참고자료 편에 기록되어 있다. 당초 이 계획에는 유성전화국에 전자식(M10CN) 1만 회선 공급하는 것으로 되어 있었으나 추후 이 공급계획이 시행되지 못하고 변경되었다. 이어서 1981년도 전자교환기 공급사업(81-ATTI-180k)에 포함되어 유성전화국에 전자교환기(No1A) 1만 회선(822국)을 1981년 8월에 착공하여 1982년 3월에 개통하였으며, 이 일정을 지키기 위해 ATTI에서 휴일 및 야간근무를 실시토록 하였다.

이때 지하케이블 48,677m, 가공케이블 27,741m, 지하관로 5,912m를 포설하였으며 국간

거리가 7Km인 진잠을 통합 자동화하였다. 이 시설개통에 맞추어 1981년 말 4천 건(서대전 전화국 2,800건의 수용변경분 포함)을 사전 판매하였으며 나머지 5천 건으로서 수시 승낙할 수 있는 여유를 가질 수 있었다. 한편 이 사업을 효율적으로 추진하기 위해 개통추진위원회를 구성하였으며, 체신청 보전과장을 위원장으로 하여 위원에는 체신청 전무과장, 체신청 보전과 기계계장 및 선로계장, 전무과 업무계장, 대전전신전화국장, 기계과장, 서대전전화국장, 기계과장, 충청전신전화보전국장, 선로과장, ATTI 실무책임자 등으로 구성 운영하였다(이상 ESS 30,000회선 시설공사 추진현황보고, 충청체신청, 1981. 12. 3).

이어서 1984년에 6천 회선(823국)을 증설하여 1987년까지 1만6천 회선을 운용하였다. 한편 가입자케이블은 1986년-1987년에 19,200회선을 운용하였으며, 유성전화국 인입통신구(300m)를 1987년에 건설하였다. 또한 1980년대 후반에는 당시 변두리 지역인 진장, 흑석 등 2개 지역에 전송로집선장치(L/C)를 설치하여 자동전화를 공급하였으며 이들 2개 지역에는 1천 회선 이상의 L/C를 운용하였다(1986년-1987년).

이 전화국은 충남 대전직할시 유성구 장대동 143-1에 있었으며(1995년), 이후 대전광역시 유성구 장대동 143-1로 바뀌었다(1997년). 당시 서대전전화국 유성 분국으로 운영되었다(1990년-1999년). 1990년 분국장은 2급통신기술(김규성)로 보직되었으며, 그 후 분국장은 1995년 2급통신기술(한병우), 1997년 2급통신기술(안인룡)이 재직하였다.

(12) 진잠전화국

1980년대 중반 한국통신은 대전지역의 시내전화 장기치국 및 통신망 계획을 수립하였다. 이때 진잠지역에 신시가지가 조성되어 통신지원이 필요하여 대전시 중구 원내동에 진잠전화국을 1991년에 신설 개통하는 것으로 결정하였다(시내전화 치국계획, 1985. 7. 12, 한국통신 계획국). 그 후 한국통신은 1987년 시내전화 장기치국계획을 수립하였는데, 이때 진잠전화국 용량은 15만 회선 규모로 정하였다(시내전화 장기치국계획, 1987. 1, 한국전기통신공사). 이상 2개의 시내전화 치국계획을 수립 추진한 주관부서 및 결재자는 제9장 말미의 참고자료 편에 기록되어 있다. 이에 따라 1987년에 대지(4,000m^2)를 매입하여 전화국을 건설하였으며, 1987년에 원격전자교환장치(RSS) 2,500회선을 공급하였다.

7.2 충남지역 전화국 건설 및 운영

충청남도는 1980년대 초반(1981-1983년) 기간에 총 33개의 전화국, 1990년대 후반에는 총 36개의 전화국(분국 포함)을 운용하였다.

(1) 강경전화국

1981년까지 공전식 교환기 1,800회선을 운용해오다가 1982년에 기계식 자동교환기(ST

방식) 2,400회선으로 자동화되었다. 이때 망성을 통합 자동화하였고 논산전화국과 복국화되었다. 그 후 1985년부터 농어촌형 전자교환기(R) 1,634회선를 공급하였다. 1987년 말까지 자동식 2,400회선, 전자식 1,634회선을 운용하였다. 시설 규모는 1990년대 중반까지 교환시설 5만 회선 미만(분국 포함)으로 운용하였다(1996. 1. 31). 그 후 1990년대 후반 전자교환기(TA) 500회선을 공급하여 1998년 7월 개통예정으로 추진하다가 IMF사태로 인한 수요가 감소하는 바람에 도중에 취소되었다.

주소는 당초 충남 논산군 강경읍 대흥동 46이었으며, 이후 논산군 강경읍 대흥동 46-10으로 바뀌었다가(1990년) 다시 충남 논산시 강경읍 대흥리 46-10으로 변경되었다(1997년). 그리고 국명은 1990년까지 강경전신전화국이었으며 이후 강경전화국으로 변경되었다(1991년-1999년). 1995년 강경전화국장은 3급행정(공석)으로 보직되었다.

(2) 계룡전화국

이 전화국의 시설규모는 1990년대 중반까지 교환시설 5만 회선 미만(분국 포함)으로 운용하였다(1996. 1. 31). 주소는 당초 충남 논산군 두마면 남선리 957-7이었다가(1991년), 충남 논산시 두마면 남선리 957-7로 변경되었다(1997년). 국명은 개국한 이래 계룡전화국으로 운영하였다(1990년-1999년). 1990년 국장은 3급(공석)으로 보직되었으며, 이후 1995년 국장은 3급통신기술(공석)로 발령되었다.

(3) 공주전화국

1981년에 기계식 자동교환기(ST방식) 600회선을 증설한 후 1982년에 1,200회선, 1983년에 800회선을 증설하여 그해 말부터 총 5,800회선을 운용하게 되었다. 그 후 1985년부터 농어촌형 전자교환기(A)를 공급하였으며, 이때 주미, 상왕, 반포, 원봉, 대교, 계룡, 화헌, 의당, 중흥, 광정, 문천, 상용, 탄천, 이인, 우성, 용봉, 내산 등 17개 지역에 원격전자교환기를 공급하여 본국의 자국으로 전자화하였다. 이때 상왕리, 원봉리, 문천리 등 3개 지역에는 전송로집선장치(L/C)도 공급하여 자동화를 촉진하였다.

1987년 말에는 자동식 5,800회선, 전자식은 자국시설을 포함하여 18,948회선을 운용하였다. 그리고 가입자케이블은 1986년-1987년에 39,400회선을 보유하였다. 1990년대 중반에는 교환시설 5만 회선 이상(분국 포함)을 운용하는 중형전화국이 되었다(1996. 1. 31). 그 후 1990년대 후반 전자교환기(A) 400회선을 공급하여 1998년 4월 개통예정으로 추진 중에 IMF사태로 인하여 전화수요가 감소하는 바람에 도중에 이를 취소하였다.

주소는 충남 공주시 산성동 190-1이었으며, 명칭은 1990년까지 공주전신전화국이었다가 이후 공주전화국으로 변경되었다(1990년-1999년). 1990년 공주전화국 간부진은 국장 최완석, 업무부장 유재근, 기술부장 윤관희로 보직되었다. 그 후 1995년에는 국장 김공호, 업무부장 김기덕, 기술부장 유재홍이 재직하였다. 1997년에는 국장 장무웅, 마케팅부장 한화현, 시설운용부장 한기택으로 보임되었다.

(4) 광천전화국

1981년에 기계식 자동교환기(ST방식) 2천 회선을 개통한 후 1982년에 800회선, 1983년에 400회선을 증설하여 그때부터 3,200회선을 운용하였다. 그 후 1985년부터 농어촌형 전자교환기(A)를 공급하였으며, 이때 장곡, 은하, 결성, 천북 등 4개 지역에 원격전자교환기를 공급하여 본국의 자국으로 전자화하였다. 1987년 말에는 자동식 3,200회선, 전자식은 자국시설을 포함하여 6,064회선을 운용하였다. 시설규모는 1990년대 중반까지 교환시설 5만 회선 미만(분국 포함)으로 운용하였다(1996. 1. 31).

그 후 전자교환기(TA) 700회선을 공급할 계획으로 추진하다가 IMF사태로 인한 수요 감소로 도중에 공급량을 축소하여 200회선을 개통하였다(1998. 10). 주소는 충남 홍성군 광천읍 광천리 385-3이었다가(1992년) 그 후 광천읍 신진리 385-3으로 변경되었다(1995년). 국명은 개국 이래 광천전화국이었다(1992년-1999년). 1995년 광천전화국장은 3급행정(공석)으로 보직되었다.

(5) 금산전화국

1981년에 기계식 자동교환기(ST방식) 600회선을 증설한 후 1982년에 1,000회선, 1983년에 400회선을 증설하여 그해 말부터 4,400회선을 운용하게 되었다. 그 후 1985년부터 농어촌형 전자교환기(A)를 공급하였으며, 그때까지 자석식전화를 운용해온 상가, 진산, 추부, 제원, 복수, 음대, 부리, 하금, 군북, 건천 등 10개 지역에 원격전자교환기를 공급하여 본국의 자국으로 자동화하였다. 1987년에는 이들 자석식교환기를 철거하였으며, 그해 말에는 자동식 4,800회선, 전자식은 자국시설을 포함하여 11,784회선을 운용하였다.

또한 가입자케이블은 1986년-1987년에 26,300회선을 운용하였다. 시설 규모는 1990년대 중반까지 교환시설 5만 회선 미만(분국 포함)으로 운용하였다(1996. 1. 31). 그 후 전자교환기(A) 1,200회선을 공급할 계획으로 추진하다가 IMF로 인한 수요 감소로 도중에 공급량을 축소하여 800회선을 개통하였다(1998. 7). 주소는 충남 금산군 금산읍 상리 112이었다. 명칭은 1990년까지 금산전신전화국이었으며(-1990년), 이후 금산전화국으로 변경되었다(1990년-1999년). 1990년 국장은 2급행정(이용무)으로 보직되었으며, 그 후 국장은 1995년 2급통신기술(황만규), 1997년 2급통신기술(곽노원)이 재직하였다.

(6) 남천안전화국

남천안전화국은 천안시내 남부지구의 전화공급을 위해 신설되었으며, 전자교환기(No.1A) 4만1천 회선을 공급하기 위한 입찰결과 낙찰금액은 7,370백만원, 낙찰자는 AT&T로 결정되었다(1995. 7. 21). 이에 따라 1차로 3만6천 회선을 공급 개통하였다(1996. 5). 또한

TDX-1B 교환기(가반형) 2대를 1990년대 중반까지 운용하였다(1996. 5). 이후 1990년대 후반 전자교환기(5E) 1,800회선을 개통하였으며(1998. 2. 28), 이어서 전자교환기(5E) 13,200회선을 개통하였다(1998. 8. 24). 주소는 충남 천안시 쌍용1동 387-4이었으며, 당시 천안전화국 남천안 분국으로 운영하였다(1996년-1999년). 1997년 분국장은 2급통신기술(김용필)로 보직되었다.

(7) 논산전화국

1981년에 기계식 자동교환기(ST방식) 800회선을 증설하여 채운지역(자석식 240회선)을 흡수 자동화하였고, 강경전화국과 복국화하였다. 이어서 1982년에 800회선, 1983년에 다시 800회선을 증설하여 5,200회선을 운용하였다. 이때 인근의 연무대전화국과 연산전화국을 분국으로 운용하게 되었다. 한편 1983년에 본 건물 2,052m^2, 부속건물 66m^{2}를 증축하였다(1983. 11). 이때 공사감독은 중앙건설사무소 구재근이 수행하였다.

1985년부터 농어촌형 전자교환기(A)를 공급하였다. 이때 연산, 성동, 광석, 노성, 상월, 부적, 두마, 벌곡, 도산 등 9개 지역에 원격전자교환기를 공급하여 본국의 자국으로 전자화하였다. 1987년 말에는 자동식은 연산 1,000회선을 포함하여 6,200회선, 전자식은 자국시설을 포함하여 15,313회선을 운용하였다. 한편 가입자케이블은 1987년에 5,500회선을 증설하여 53,900회선으로 늘어나게 되었다. 시설 규모는 1990년대 중반까지 교환시설 5만회선 미만(분국 포함)으로 운용하였다(1996. 1. 31). 이후 1990년대 후반 전자교환기(A) 600회선과 전자교환기(TB) 700회선을 공급하여 각각 1998년 4월과 8월 개통예정으로 추진 중 IMF 사태로 수요가 감소하는 바람에 도중에 취소되었다.

주소는 충남 논산군 논산읍 부창리 190이었으며, 다시 논산읍 부창2동 190-8로 바뀌었다(1992년). 그리고 국명은 논산전신전화국이었으며(1990년), 이후 논산전화국으로 변경되었다(1990년-1999년). 1990년 국장은 2급통신기술(김선규)로 보직되었으며, 그 후 국장은 1995년 2급행정(김종덕), 1997년 2급행정(김종덕)으로 보임되었다.

(8) 당진전화국

1980년대 초반까지 기계식 자동교환기(ST방식) 2천 회선을 운용하였으며, 당시 416건의 전화적체가 쌓여가고 있었다(1981. 12). 이를 해소하기 위해 400회선을 증설하였으며(1982. 2), 다시 600회선을 확장하여 그때부터 총 3천 회선을 운용하게 되었다(1983년). 이후 1985년부터 농어촌용 전자교환기(A)를 공급하였다. 이때 자석식전화를 운용해온 기지시(700회선), 고대(800회선), 석문(700회선), 면천(700회선), 순성(560회선), 송산(500회선), 천의(340회선), 중흥(300회선), 대호지(300회선) 등 9개 지역과 인근의 합덕, 신평(700회선)에 원격전자교환기를 공급하여 자국으로 전자화하였다.

이에 따라 이들 자석식교환기를 철거하였으며, 그때부터 자동식 3천 회선, 전자식은 자국

시설을 포함하여 20,044회선을 운용하게 되었다(1987년). 또한 가입자케이블은 3만9천 회선을 보유하였다(1986년- 1987년). 시설 규모는 1990년대 중반까지 교환시설 5만 회선 미만(분국 포함)으로 운용하였다(1996. 1. 31).한편 당진전화국은 우체국과 통합국사로 되어 있어 한국통신이 당초 건물을 사용하는 대신 대용 국사를 신축하여 체신부로 이관하게 되었다. 대용 국사는 지하 1층-지상 2층(1,000m^2) 규모로 정하였으며 체신부에서 설계하고 한국통신이 1986년에 착공하여 1987년에 준공하였다.

그 후 1990년대 후반 전자교환기(TX) 7,500회선을 1998년 3월 개통목표로 추진하다가 IMF사태로 인한 수요 급감으로 공사를 중단하였다(1998. 3). 이때 연속하여 1998년 5월 개통예정으로 추진하던 전자교환기(A) 1천 회선도 취소되었다. 주소는 충남 당진군 당진읍 읍내리 230이었으며, 이후 당진읍 읍내리 230-4로 바뀌었다(1990년). 당시 당진사업소로 운영되다가(1982년-1987년) 1988년 당진전신전화국으로 승격되었다(1988. 1. 6).

이때 당진전신전화국 개국식에는 서경식 충청지사장, 이종석 초대 당진전신전화국장을 비롯한 유관기관장 및 관계자들이 참석하였다. 이때 이 전화국은 2개읍, 10개면에 26,024회선의 시설을 관할하게 되었다. 이후 당진전화국으로 변경되었다(1990년-1999년). 1990년 국장은 2급통신기술(이민영)으로 보직되었으며, 그 후 국장은 1995년 2급행정(이종석), 1997년 2급행정(이종석)으로 보임되었다.

(9) 대천전화국

1981년에 기계식 자동교환기(ST방식) 1,600회선을 증설한 후, 1982년에 1,200회선, 1983년에 800회선, 1984년에 400회선을 증설하여 그해 말에는 총 6,800회선을 운용하게 되었다. 그 후 1985년부터 농어촌형 전자교환기(A)를 공급하였으며, 이때 욕장, 대창, 외연도, 주포, 오천, 청라, 청소, 주산, 남포, 미산, 성주, 원산도 등 12개 지역에 원격전자교환기를 공급하여 본국의 자국으로 전자화하였다. 1987년에는 그동안 운용해온 해수욕장의 전송로집선장치(L/C)를 RSS로 대체한 후 이를 철거하였으며, 삽시도와 고대도에는 새롭게 전송로집선장치(L/C)를 공급하여 자동화를 촉진하였다.

1987년 말에는 자동식 6,800회선, 전자식은 자국시설을 포함하여 22,224회선을 운용하였으며 가입자케이블은 1986년-1987년에 39,100회선을 보유하고 있었다. 한편 1985년부터 전국 섬마을 전화자동화계획에 따라 당시 관리도서 중 100가구 이상인 삽시도, 고대도 등 2개 도서에는 무선PCM설비를 공급하였다. 그리고 10가구 이상 100가구 미만인 효자도, 호도, 장고도, 녹도, 월도, 소도, 추도, 죽도 등 8개 도서에는 가입자 무선장치(SR장치_를 공급하였다.

대천전화국은 우체국과 통합국사로 되어 있어 한국통신이 당초 건물을 사용하는 대신 대용 국사를 신축하여 체신부로 이관하게 되었다. 대용 국사는 지하 1층-지상 2층(1,200m^2) 규모로 정하였으며 체신부에서 설계하고 한국통신이 1986년에 착공하여 1987년에 준공하였다. 주소는 충남 대천시 대천동 421-3이었으며, 당시 명칭은 대천전신전화국이었다(1988년). 이후 대천전화국으로 변경되었다(1990년). 1990년 국장은 2급행정(김창태)으로 보직되었다.

(10) 둔포전화국

1981년에 기계식 자동교환기(ST방식) 1,200회선을 개통하여 새로운 국번호(7)를 사용토록 하였고 1983년에 다시 600회선을 증설하였다.

(11) 보령전화국

보령전화국의 시설 규모는 1990년대 중반까지 교환시설 5만 회선 미만(분국 포함)으로 운용하였다(1996. 1. 31). 이후 1990년대 후반 전자식교환기(A) 4,200회선을 공급 추진하다가 IMF사태로 인한 수요 감소로 2,500회선을 개통하였다(1998. 7). 주소는 충남 보령시 대천동 421-3이었다(1995년-1999년). 보령전화국 국장에는 1995년 2급행정(허성재), 1997년 2급통신기술(박태서)이 재직하였다.

(12) 부여전화국

1980대 초반까지 기계식 자동교환기(ST방식) 3천 회선을 운용하고 있었으며, 당시 598건의 전화적체가 누적되어 있었다(1981. 12). 이를 해소하기 위해 800회선을 증설하였고(1982. 2), 다시 1,600회선을 확장하였으며, 그때부터 총 5,400회선을 운용하게 되었다(1983년). 그리고 1984년에는 처음으로 전자교환기 1만4천 회선을 공급하여 총 19,400회선으로 늘어나게 되었다.

이후 1985년부터 농어촌용 전자교환기(A)를 공급하였으며, 이때 조촌, 석성, 증산, 은산, 거전, 합송, 구룡, 홍산, 옥산, 회동, 충화, 임천, 입포, 세도, 내산, 외산, 비암 등 17개 지역에 원격전자교환기를 공급하여 자국으로 전자화하였다. 그러나 당시 자국인 자왕, 장임, 장하 등 3개 지역에는 이를 공급하지 못하고 전송로집선장치(L/C)를 공급하여 자동화를 촉진하였다. 이때부터 자동식 5,400회선, 전자식은 자국을 포함하여 20,035회선을 운용하였다(1987. 12). 또한 가입자케이블은 34,400회선을 보유하고 있었다(1986년-1987년).

시설 규모는 1990년대 중반까지 교환시설 5만 회선 미만(분국 포함)으로 운용하였다(1996. 1. 31). 그 후 전자교환기(A) 3,200회선을 공급할 계획으로 추진하다가 IMF사태로 인한 수요 감소로 도중에 공급량을 축소하여 2,400회선을 개통하였다(1998. 9). 주소는 충남 부여군 부여읍 구아리 279이었다. 명칭은 부여전신전화국이었다가(-1990년), 이후 부여전화국으로 바뀌었다(1990년-1999년). 1990년 국장은 2급통신기술(김훈위)로 보직되었다. 그 후 국장은 1995년 2급통신기술(이근익), 1997년 2급통신기술(이근익)로 보임되었다.

(13) 북공주전화국

1995년에 신설 치국되었다.

(14) 삽교전화국

1981년에 기계식 자동교환기(ST방식) 200회선을 개통하여 1984년까지 1,200회선을 운용 하였다. 그 후 1985년부터 농어촌형 전자교환기(A)를 공급하였으며, 이때 덕산, 수덕사, 봉산, 고덕 등 4개 지역에 원격전자교환기를 공급하여 본국의 자국으로 전자화하였다. 1987년 말에는 자동식 1,200회선, 전자식 8,087회선(자국 포함)을 운용하였다. 이 전화국은 충남 예산군 삽교읍 두리 570-71에 있었으며, 당시 예산전화국 삽교 분국으로 운영되었다(1995년-1999년).

(15) 서산전화국

1981년에 기계식 자동교환기(ST방식) 600회선, 1982년에 1,400회선, 1983년에 600회선, 1984년에 다시 400회선을 증설하여 그 해말에는 총 6,400회선을 운용하게 되었다.이후 1985년부터 농어촌형 전자교환기(A)를 공급하였으며, 이때 부남, 강당, 팔봉, 성연, 신성, 산전, 명지, 음암, 여미, 고북, 방갈, 해미 등 12개 지역에 원격전자교환기를 공급하여 본국의 자국으로 전자화하였다. 이에 따라 그때까지 운용해온 자석식교환기는 철거하였다. 이에 따라 1987년 말에는 자동식 8,200회선(서산 7,000회선, 해미 1,200회선) 그리고 전자식은 자국시설을 포함하여21,346회선을 운용하였다. 또한 가입자케이블은 1986년-1987년에 66,400회선을 보유하였다.

한편 1987년에는 전국 섬마을 전화자동화 완성계획에 따라 서산전화국 관리도서인 옹도(당시 1가구)에 가입자 무선장치(SR장치)를 공급하였다. 1990년대 중반에는 교환시설 5만회선 이상(분국 포함)을 운용하는 중형전화국이 되었다(1996. 1. 31). 이후 1990년대 후반 전자식교환기(TB) 6,700회선을 공급 추진하다가 IMF 사태로 인한 수요 감소로 4,700회선을 개통하였다(1998. 3. 21). 또한 그동안 추진해온 전자교환기(A) 1,900회선도 공급량을 축소하여 100회선만을 개통하였다(1998. 7).

이 전화국은 충남 서산군 서산읍 동문리 968에 있었으며, 다시 서산시 동문동 968-39로 변경되었다(1990년). 명칭은 1990년까지 서산전신전화국이었으며, 이후 서산전화국으로 변경되었다(1990년-1999년). 1990년 국장은 2급행정(이종석)으로 보직되었으며, 그 후 1995년 간부진은 국장 엄용식, 업무부장 김황겸, 기술부장 한기택이 재직하였다. 1997년 국장은 최완석, 마케팅부장 김창태, 시설운용부장 김기선으로 보임되었다.

(16) 서천전화국

서천전화국의 대지는 784평으로 1982년까지 공전식교환기 1,800회선을 운용하였다.

1983년에 들어서면서 광역제 시내통화권의 모국과 자국에는 대도시에서 철거되는 기계식 자동교환기(EMD방식)를 재활용하여 공급한다는 가입전화공급방침이 세워졌다. 이에 따라 1983년에 자동식(EMD방식) 5,800회선을 공급하여 자동화되었다. 이때 인근 지역인 서면, 판교, 문산, 종천, 비인, 시초를 통합 자동화하였으며 당시 서면, 판고, 비인은 국간 거리가 10Km 이상이나 되는 원거리 지역이었다. 한편 장항(공전식 1,760회선), 한산(자석식 800회선)을 서천전화국의 자국으로 수용 추진하였다.

이어서 1984년에 3천 회선을 증설하여 시설량은 8,800회선으로 늘어나게 되었다. 이후 1985년부터 농어촌형 전자교환기(A)를 공급하였으며, 이때 옥산, 비인, 서면, 문산, 판교, 한산, 화양 등 7개 지역에 원격전자교환기를 공급하여 본국의 자국으로 전자화하였다. 이때 문산, 판교, 비인, 서면, 옥산 등 5개 지역에는 전송로집선장치(L/C)도 공급하여 자동화를 촉진하였다. 1987년에는 자국인 한산전화국의 자동식(EMD방식) 4,400회선을 철거하였다. 그래서 그해 말에는 자동식 1만 회선, 전자식은 자국시설을 포함하여 4,580회선을 운용하였다.

또한 가입자케이블은 1986년-1987년에 24,900회선을 보유하였다. 시설 규모는 1990년대 중반까지 교환시설 5만 회선 미만(분국 포함)으로 운용하였다(1996. 1. 31). 1997년 2월 서천전화국은 18명의 직원으로 조기축구회를 구성하였으며, 1차로 마산면 지역 조기축구회팀과 친선경기를 가졌다(1997. 2. 27). 이를 통해 직원들의 체력을 증진시키고 지역사회와의 교류도 증진하였다. 한편 서천전화국에서는 환경문제에 대한 주민들의 관심과 의식이 날로 높아지고 있는데 착안하여 춘장대와 종천유원지 등 다수의 고객이 모이는 장소에 월 1회 이상 환경정화운동을 체계적으로 전개하였다.

주소는 충남 서천군 서천읍 사곡리 314이었다가, 그 후 서천읍 사곡리 313으로 바뀌었다(1992년). 명칭은 1990년까지 서천전신전화국이었으며, 이후 서천전화국으로 변경되었다(1990년-1999년). 1990년 국장은 2급행정(이경원)으로 보직되었다. 그 후 국장은 1995년 2급통신기술(김교형), 1997년 2급통신기술(김교형)로 보직되었다.

(17) 성환전화국

1981년에 기계식 자동교환기(ST방식) 600회선을 증설한 후 1982년에 200회선, 1983년에 400회선을 증설하여 그해 말부터 총 2,800회선을 운용하였다. 1986년 말에 자동식 6,400회선을 운용하다가 1987년에 다시 1,200회선을 증설하여 7,600회선으로 늘어났다. 한편 가입자케이블은 1986년-1987년에 8,400회선을 운용하였다. 1980년대 후반에는 늘어나는 전화수요에 대비하여 기존 전화국사를 활용하는 방안을 검토 수립하였다.

이 계획에서 성환전화국은 2001년 수요가 14,300인데 비하여 종국 용량은 2만 회선으로 확인되었다. 이에 따라 기계식 자동교환기를 시분할교환기(TD)로 대체하여 시설 상면을 확보토록 하였다(시내전화 장기치국계획, 1987. 1, 한국전기통신공사).

이후 1990년대 후반에 전자교환기(TB) 3,500회선을 1998년 3월 개통목표로 추진하다가 IMF 사태로 인한 수요 급감으로 공급 중단하였다. 그러나 선행 추진해온 전자교환기(TXN) 8,500회선을 개통하였다(1998. 7. 30). 주소는 충남 천안군 성환읍 성환리 354-1이었으며 (1995년), 다시 충남 천안시 성환읍 매주리 311-2로 변경되었다(1996년). 그리고 처음에는 천안전화국 성환 분국으로 운영되다가(1995년) 이후 성환전화국으로 승격되었다(1997년 -1999년). 1997년 국장은 2급행정(진광춘)으로 보직되었다.

(18) 아산전화국

1983년에 기계식 자동교환기 1천 회선(MDO)을 개통하여 1984년까지 이 시설을 운용하였다. 이때 그동안 운용해온 MDO는 철거하여 타국에 재활용하는 계획을 수립 추진하였다 (1985년). 1990년대 중반에는 교환시설 5만 회선 이상(분국 포함)을 운용하는 중형전화국이 되었다(1996. 1. 31). 1990년대 후반에는 전자교환기(TX) 20,200회선을 개통하였다(1998. 4. 29). 이 전화국은 충남 아산시 권곡동 443-24에 있었으며, 국명은 아산전화국으로 운영하였다(1995년-1999년). 1995년 아산전화국 간부진은 국장 오장환, 업무부장 김종윤, 기술부장 김달현이 보직되었다. 1997년 국장은 김장진, 마케팅부장 이우현, 시설운용부장 김완희가 재직하였다.

(19) 연무대전화국/ 연무전화국

연무대전화국은 1981년까지 공전식교환기 1,800회선을 운용하였다. 1983년 12월 대지 663평에 본 건물 600m^2, 부속건물 67m^{2}를 준공하였다. 이 공사는 중앙토건에서 시공하였으며, 당시 공사감독자는 중앙건설사무소 시설본부 김기창으로 지정되었다. 1983년에 기계식 자동교환기(ST방식) 2,400회선을 개통하여 자동화되었다. 당시 이 시설은 대도시에서 철거된 자동식교환기를 재활용하였으며, 1984년까지 이 시설규모로 운용하였다.

그 후 1985년부터 농어촌형 전자교환기(T)를 공급하였으며, 이때 은진, 가야곡, 양촌 등 3개 지역에 원격전자교환기를 공급하여 본국의 자국으로 전자화하였다. 1987년 말에는 자동식 3,200회선, 전자식은 자국시설을 포함하여 7,826회선을 운용하였다. 시설 규모는 1990년대 중반까지 교환시설 5만 회선 미만(분국 포함)으로 운용하였다(1996. 1. 31). 그 후 1990년대 후반 전자교환기(TB) 400회선을 공급하여 1998년 10월 개통예정으로 추진하다가 IMF 사태로 인한 수요가 감소하는 바람에 도중에 취소하였다.

주소는 충남 논산군 연무읍 안심리 80이었으며, 그 후 논산군 연무읍 안심리 80-3으로 되었다가(1990년) 다시 논산시 연무읍 안심리 80-3으로 변경되었다(1997년). 전화국 명칭은 1990년까지 연무대전신전화국이었다가 연무대전화국으로 바뀌었다(1991년). 그러다가 다시 연무전화국으로 변경되었다(1995년). 1990년 연무대전화국장은 3급(공석)으로 보직되었으며, 1995년 연무전화국장은 3급(공석)으로 보임되었다.

(20) 연산전화국

1981년까지 자석식교환기 600회선을 운용하였다. 다음해 본 건물 572m², 부속건물 99m²를 준공하였다(1983. 10). 이 공사는 서진산업에서 시공하였으며, 공사감독은 중앙건설사무소 시설본부 구재근이 수행하였다. 1983년에 기계식 자동교환기(ST방식) 1천 회선으로 자동화되면서 벌곡을 통합하였다. 당시 이 시설은 대도시에서 철거된 자동식교환기를 재활용하였으며, 1984년까지 이 시설규모로 운용하였다.

(21) 예산전화국

1981년에 기계식 자동교환기(ST방식) 800회선을 개통하여 오가를 통합할 계획이었으나 시행하지 못하고 1982년에 1,600회선을 증설하여 5,400회선으로 늘어나면서 오가를 통합하였다. 1983년 다시 1,000회선을 증설하여 시설규모는 6,400회선으로 늘어났다. 이후 1985년부터 농어촌용 전자식교환기(A)를 공급하였으며, 이때 내술, 신양, 광시, 대흥, 응봉, 신암 등 6개 지역에 원격전자교환기를 공급하여 본국의 자국으로 전자통신방식으로 변경하였다.

1987년 말에는 자동식 6,400회선, 전자식 11.709회선(자국 포함)을 운용하였으며, 이에 따른 가입자케이블은 1986년-1987년에 42,200회선을 보유하였다. 시설규모는 1990년대 중반까지 교환시설 5만 회선 미만(분국 포함)으로 운용하였다(1996. 1. 31). 그 후 1990년대 후반에 전자교환기(TB) 1,800회선을 개통하였다(1998. 2. 27). 이어서 전자교환기(A) 3,700회선을 공급할 계획으로 추진하다가 수요 감소로 도중에 공급량을 축소하여 3,300회선을 개통하였다(1998. 8).

주소는 충남 예산군 예산읍 예산리 722이었으며, 그 후 예산읍 예산리 722-15로 바뀌었다(1990년). 명칭은 1990년까지 예산전신전화국이었으며 이후 예산전화국으로 바뀌었다(1990년-1999년). 1990년 국장은 2급행정(정◌영)이 재직하였으며, 그 후 1995년 국장은 2급행정(진광춘), 1997년 국장은 2급행정(임창규)으로 보직되었다.

(22) 온양전화국

1981년에 기계식 자동교환기(ST방식) 1,800회선을 개통한 후 1982년에 2,400회선, 1983년에 다시 3,400회선을 증설하여 11,400회선으로 늘어나게 되었다. 이때 새로운 국 번호(2)를 사용토록 하였으며 동시에 도고, 모산, 음봉, 오목, 송악, 탕정, 염치, 선장 등 8개지역을 통합 자동화하였다. 이때 가장 국간 거리가 먼 지역은 도고 15.1Km, 선장 14Km나 되었다.

그 후 1985년부터 농어촌형 전자교환기(A)를 공급하였으며, 이때 도고, 선장, 오목, 모산, 아산, 신화, 인주, 음봉, 독지, 송악, 둔포 등 11개 지역에 원격전자교환기를 공급하여 본국의 자국으로 전자화하였다. 1987년 말에는 자동식은 둔포 1,800회선을 포함하여 13,200회선,

전자식은 자국시설을 포함하여 19,591회선을 운용하였다. 그리고 가입자케이블은 45,200회선을 보유하고 있었다(1986년-1987년).

주소는 충남 온양시 권곡동 443-24이었으며, 명칭은 온양전신전화국이었다(1988년). 이후 온양전화국으로 바뀌었다(1990년). 1990년 온양전화국 간부진은 국장 김창수, 업무부장 한복교, 기술부장 박태서로 보직되었다.

(23) 유구전화국

1981년부터 1984년까지 기계식 자동교환기(ST방식) 1,200회선을 운용하였다. 그 후 1985년부터 농어촌형 전자교환기(R)를 공급하였으며, 이때 청흥, 추계, 사곡, 마곡 등 4개 지역에 원격전자교환기를 공급하여 자국으로 전자화하여 자국으로 운용하였다. 1987년 말에는 자동식 1,200회선, 전자식은 자국시설을 포함하여 3,632회선을 운용하였다. 이 전화국은 충남 공주군 유구면 석남2구 189-6에 있었으며, 그 후 공주시 유구읍 석남2구 189-6으로 변경되었다(1997년). 당시 공주전화국 유구분국으로 운영되었다(1995년-1999년).

(24) 임천전화국

1983년에는 처음으로 원격자동교환기 4,000회선이 공급되었다.

(25) 장항전화국

1982년까지 공전식 교환기 1,800회선을 운용하였다. 다음해 본 건물 2,016m^2, 부속건물 233m^2를 준공하였다(1983. 12). 이 공사는 중앙건설사무소 시설본부 김호철이 감독하였다. 1983년에 기계식 자동교환기(EMD방식) 3천 회선을 공급하여 자동화되었다. 이후 1984년에 600회선을 공급하여 전체 시설은 3,600회선으로 늘어났으며 1985년에는 이동형교환기(M) 1천 회선을 공급하였다. 1987년에 농어촌형 전자교환기(T) 5,256회선을 공급하면서 자동식 3,600회선, 이동형 1천 회선을 철거하였다. 그해 말에는 서천전화국을 모국으로 하여 전자식만 5,256회선을 운용하였다.

시설규모는 1990년대 중반까지 교환시설 5만 회선 미만(분국 포함)으로 운용하였다(1996. 1. 31). 주소는 당초 충남 서천군 장항읍 신창동 61이었으며, 그 후 서천군 장항읍 신창동 61-5로 바뀌었다(1992년). 국명은 1990년까지 장항전신전화국이었으며, 이후 장항전화국으로 변경되었다(1990년-1999년). 1990년 국장은 3급(공석)이 재직하였으며, 그 후 1995년 국장은 3급행정(공석)으로 보직되었다.

(26) 전동전화국

1984년에 기계식 자동교환기(MDO) 400회선을 공급하여 자동화하여 운용하다가 1987년에 이를 철거하였다. 1985년 조치원전화국에 전자교환기가 공급됨에 따라 이곳에 원격전자교환장치를 설치하여 조치원전화국의 자국으로 운영하였다.

(27) 전의전화국

1984년에 기계식 자동교환기(MDO) 1천 회선을 공급하여 자동화하여 운용하다가 1987년에 이를 철거하였다. 1985년 조치원전화국에 전자교환기를 개통함에 따라 전의지역에 원격전자교환장치를 공급하여 조치원전화국의 자국으로 운영하였다.

(28) 조치원전화국

1981년에 기계식 자동교환기(EMD방식) 800회선, 1982년에 다시 1,400회선을 증설하여 그해 말에는 총 3,800회선을 운용하게 되었다. 그리고 1983년에 600회선, 1984년에 1,400회선을 공급하여 시설규모는 5,800회선으로 늘어났다. 1985년부터 농어촌형 전자교환기(A)를 공급하였으며, 이때 쌍류, 연기, 종촌, 내판, 금남, 전의, 전동 등 7개 지역에 원격전자교환기를 공급하여 본국의 자국으로 운용하였다. 이때 내판에는 전송로집선장치(L/C)를 공급하여 자동화를 촉진하였다. 1987년 말에는 자동식 5,800회선, 전자식은 자국시설을 포함하여 교환시설 11,922회선을 운용하였으며, 가입자케이블은 1986년-1987년에 1만8천 회선을 보유하였다.

시설규모는 1990년대 중반까지 교환시설 5만 회선 미만(분국 포함)으로 운용하였다(1996. 1. 31). 1995년에 새로운 국사로 이전하였으며, 1990년대 후반에는 전자교환기(TB) 4,300회선을 공급 추진하다가 IMF사태로 인한 수요 감소로 2,500회선을 개통하였다(1998. 4. 3). 이 전화국은 충남 연기군 조치원읍 교동 24-2에 있었다. 명칭은 조치원전신전화국이었으며(-1990년), 이후 조치원전화국으로 변경되었다(1990년-1999년). 1990년 국장은 2급 통신기술(박재우)로 보직되었으며, 그 후 국장은 1995년 2급행정(김동건), 1997년 2급행정(남해현)으로 보임되었다.

(29) 천안전화국

1980년대 초반까지 기계식 자동교환기(EMD방식) 1만2천 회선을 운용하고 있었다(1981. 12). 이후 다시 5천 회선을 증설하여 총 1만7천 회선을 운용하였다(1982년). 이때 1983년도 사업으로 인입통신구 32m를 건설 추진하였으나 도로굴착승인이 지연되는 바람에 당초 계획보다 늦게 준공되었다(1983. 7). 이 공사는 대산건설에서 시공하였으며, 공사감독은 중앙건설사무소 시설본부 강정모가 수행하였다. 1980년대 중반 한국통신은 중소도시 중 수요가 급증하여 시설확장이 시급한 지역을 대상으로 시내전화 장기치국계획을 수립하였다.

이 계획에서 천안지역은 천안전화국 단일국으로 운용하게 하였다. 그리고 개발지역의 신규전화수요에 대하여는 원격교환장치(RSS)를 공급 운용하게 결정하였다(시내전화 장기치국계획, 1985. 1. 18, 한국통신 계획국). 1985년 처음으로 전자식교환기(M10CN) 8천 회선

(62국)을 증축건물 2층에 신설 개통하였다(1985. 2). 이어서 1985년도 사업으로 전자식 1만 2천 회선(63국)을 증설하였다. 이때 자석식전화를 운용 중이든 인근 9개 지역에 원격교환장치(RSU)를 공급하여 <표 9-76>과 같이 천안전화국의 자국으로 통합 자동화하였다.

<표 9-76> 천안 주변지역의 전화자동화(원격교환장치 공급)

국명	자석식 교환기	RSU 공급량	모국간 거리	국명	자석식 교환기	RSU 공급량	모국간 거리
성남	500	1,000	12.2Km	목천	600	1,800	10.9Km
수신	400	800	16.7Km	오곡	340	800	22.6Km
입장	600	1,800	14.4Km	풍세	560	1,000	11.9Km
병천	600	1,000	17.4Km	천동	340	900	23.2Km
소정리	460	1,000	11.5Km				

이 중 목천지역은 당초 농어촌형 전자교환기(TD) 1만 회선 공급을 검토하였으나 결국 원격교환장치(RSU)를 공급하게 되었다. 1980년대 후반에는 늘어나는 전화 수요에 대비하여 기존 전화 국사를 활용하는 방안을 검토 수립하였다. 이 계획에서 천안전화국은 2001년 수요가 188,600인데 비해 종국용량은 7만5천 회선으로 확인되었다. 이에 따라 기계식 자동교환기를 TD교환기로 대체하여 시설상면을 확보토록 하였다(시내전화 장기치국계획, 1987. 1, 한국전기통신공사). 이상 2개의 시내전화 치국계획의 주관부서 및 결재자는 제9장 말미의 참고자료 편에 기록되어 있다.

이후 자동식 1만7천 회선, 전자식 2만6천 회선을 운용하였으며(1986년), 다음 해에 전자식 5천 회선(61국)을 증설하였고 또한 이동식 TD 7천 회선(565국)도 공급하였다(1987년). 이때 자동식 7천 회선(3국)을 철거하여 총 시설은 4만8천 회선이 되었으며, 가입자케이블은 21,700회선을 증설하여 93,600회선으로 늘어났다(1987년). 또한 1980년대 중반에는 당시 병천과 소정리에는 RSU가 충만하여 전송로집선장치(L/C)를 공급하여 자동전화를 공급하였다. 그 외 자석식전화를 운용하고 있든 매성, 성거, 광덕 등 5개 지역에도 전송로집중장치를 설치하여 자동전화를 공급하였으며, 그중 천안과 국간 거리 5.6Km인 성거에는 1천 회선 이상의 L/C를 운용하였다(1986년-1987년).

1990년대 중반에는 교환시설 15만 회선 이상(분국 포함)을 운용하는 대형전화국이 되었다(1996. 1. 31). 그 후 1998년 초에 전자교환기(TX) 7천 회선을 개통하였다(1998. 2. 27). 이에 따라 1990년대 후반기에는 천안 본국에만 M10CN 34,300회선, AXE-10 1만 회선, TDX-1B 5만4천 회선, TDX-10A 33,700회선으로 총 13만2천 회선을 운용하였다(1998. 12). 당시 모국 및 자국의 국사 상면이 절대 부족하고, 다기종 보유국으로 운용 및 유지보수가 곤란할 뿐만 아니라 전송시설 및 정보통신시설을 위한 상면 확보도 불가한 실정이었다. 이러한 문제를 해소하기 위해 사용연수가 13년이 경과한 M10CN 34,300회선을 철거 추진하였다(1999. 3).

이 전화국은 충남 천안시 성황동 2-31에 있었다. 명칭은 천안전신전화국이었으며(-1990년), 이후 천안전화국으로 변경되었다(1990년-1999년). 1990년 천안전화국 간부진은 국장 김문식, 총무부장 공석, 영업부장 진광춘, 기술부장 김춘식으로 보직되었다. 그 후 1995년에는 국장 정낙조, 관리부장 공석, 영업부장 김준호, 교환기술부장 안병욱, 전송기술부장 공석으로 발령되었다. 1997년에는 국장 박희순, 마케팅부장 서영호, 교환기술부장 김윤식, 전송기술부장 성노봉, 남천안분국장 김용필이 재직하였다.

(30) 청양전화국

1981년에 기계식 자동교환기(ST방식) 1,200회선, 1982년에 400회선을 증설하여 대치를 통합 자동화하였다. 그 후 1983년에 다시 600회선을 증설하여 2,200회선으로 늘어났다. 이후 1985년부터 농어촌형 전자교환기(A)를 공급하였으며, 이때까지 자석식전화를 이용해온 시전, 정산(560회선), 운곡(440회선), 화성(400회선), 사양(400회선), 적곡(340회선), 안심(440회선), 청남(440회선), 비봉(440회선) 등 9개 지역에 원격전자교환기를 공급하여 본국의 자국으로 운용하였다. 이에 따라 1987년에는 이들 자석식교환기를 철거하였으며, 그해 말부터 자동식 2,200회선, 전자식은 자국시설을 포함하여 10,406회선을 운용하게 되었다. 또한 가입자케이블은 1986년-1987년에 1만8천 회선을 보유하였다.

시설규모는 1990년대 중반까지 교환시설 5만 회선 미만(분국 포함)으로 운용하였다(1996. 1. 31). 그 후 1990년대 후반에 전자교환기(A) 1천 회선을 개통하였다(1998. 1. 24). 주소는 충남 청양군 청양읍 읍내리 225이었으며, 다시 청양읍 읍내리 225-2로 바뀌었다(1990년). 명칭은 청양전신전화국이었으며(-1990년), 이후 청양전화국으로 변경되었다(1990년-1999년). 1990년 국장은 2급통신기술(이근익)로 보직되었으며, 그 후 국장은 1995년 2급통신기술(박승헌), 1997년 2급행정(송덕헌)이 보임되었다.

(31) 태안전화국

1981년에 기계식 자동교환기(ST방식) 1,800회선을 운용하다가 1982년에 400회선, 1983년에 400회선을 증설하여 총 2,600회선을 운용하게 되었다. 이후 1985년부터 농어촌형 전자교환기(R)를 공급하였으며, 이때 이북, 원북, 소원, 만리포, 근흥, 남신, 창기, 중장, 안면, 고남, 신진도 등 11개 지역에 원격전자교환기를 공급하여 자국으로 전자화하였다. 1987년 말에는 자동식 3천 회선, 전자식은 자국시설을 포함하여 14,577회선을 운용하였다.

시설규모는 1990년대 중반까지 교환시설 5만 회선 미만(분국 포함)으로 운용하였다(1996. 1. 31). 1990년대 후반 전자교환기(TB) 1천 회선을 공급하여 1998년 8월 개통예정으로 추진하다가 IMF사태로 인한 수요가 격감하는 바람에 도중에 취소하였다. 이 전화국은 충남 태안군 태안읍 남문리 504-5에 있었으며, 초기에는 태안전신전화국이었으며(-1990년), 이후 태안전화국으로 변경되었다(1990년-1999년). 1990년 국장은 2급행정(이철수)으로 보직되었으며, 그 후 국장은 1995년 2급행정(송덕헌), 1997년 2급통신기술(권병두)로 보임되었다.

(32) 한산전화국

1982년까지 자석식교환기 800회선을 운용하였다. 다음 해 본 건물 572m^2, 부속건물 99m^{2}를 준공하였다(1983. 10). 이 공사는 서진산업에서 시공하였으며, 공사감독자는 중앙건설사무소 구재근으로 지정되었다. 1983년에 기계식 자동교환기(EMD방식) 3천 회선을 신설하여 자동화하면서 인근의 명신, 화양, 기산지역을 통합 자동화하였다. 이어서 1984년에 다시 1,400회선을 증설하여 그때부터 4,400회선을 운용하였다. 그 후 1987년에 농어촌형 전자교환기(T)의 원격전자교환기 2,632회선을 공급하여 서천전화국의 자국으로 운용하였다. 그때 자동식 4,400회선을 철거하였으며, 그동안 운용하고 있던 화양지역의 전송로집선장치(L/C)도 철거하였다.

(33) 합덕전화국

1981년까지 기계식 자동교환기(ST방식) 1,600회선을 운용하다 1982년에 400회선, 1983년에 다시 400회선을 증설하여 2,400회선으로 늘어나면서 신평(국간거리 10.5Km)을 통합 자동화하였다. 이후 1985년부터 농어촌용 전자교환기(A)를 공급하면서, 합덕과 신평에 원격전자교환기를 공급하여 당진전화국의 자국으로 운용하였다. 1987년 말에는 자동식 2,800회선, 전자식은 신평 시설을 포함하여 5,044회선을 운용하였다. 시설규모는 1990년대 중반까지 교환시설 5만 회선 미만(분국 포함)으로 운용하였다(1996. 1. 31).

이후 1990년대 후반 전자교환기(TBN) 2,500회선을 1998년 5월 개통목표로 추진하다가 IMF사태로 인한 수요 급감으로 공급 중단하였다(1998. 3). 주소는 처음에는 충남 당진군 합덕읍 운산리 274이었으며(1992년) 다시 합덕읍 운산리 274-4로 바뀌었다(1992년). 이후 당진군 합덕읍 운산리 322-60, 다시 합덕읍 운산리 322-58로 변경되었다(1995년). 개국 후 국명은 합덕전화국이었다(1992년-1999년). 1995년 합덕전화국장은 3급통신기술(공석)로 보직되었다.

(34) 해미전화국

1981년에 기계식 자동교환기(ST방식) 800회선을 개통한 후 1983년에 다시 400회선을 공급하여 그때부터 1,200회선을 운용하였다. 1985년 농어촌형 원격전자교환기를 공급 운용하였다. 그 후 1990년대 후반 전자교환기(TB) 2,500회선을 1998년 3월 개통목표로 추진하다가 IMF사태로 공사를 중단하였다(1998. 3). 이 전화국은 충남 서산시 해미면 읍내리 305-8에 있었으며, 당시 서산전화국 해미 분국으로 운영하였다(1997년-1999년).

(35) 홍산전화국

1983년 처음으로 원격자동교환기 5천 회선이 공급되었다.

(36) 홍성전화국

1981년까지 기계식 자동교환기 3,200회선을 운용하다가 1982년에 다시 1천 회선을 증설하여 총 4,200회선을 운용하게 되었다. 이후 1985년부터 농어촌형 전자교환기(A)를 공급하였으며, 이때 홍북, 죽림, 홍동, 서부, 갈산, 구항, 산성 등 7개 지역에 원격전자교환기를 공급하여 본국의 자국으로 운용하였다. 이후 1987년 말에는 전자식 15,941회선(자국 포함)을 운용하였으며, 가입자케이블은 1986년-1987년에 3만9천 회선을 보유하였다. 시설규모는 1990년대 중반까지 교환시설 5만 회선 미만(분국 포함)으로 운용하였다(1996. 1. 31).

이후 1990년대 후반에 전자교환기(A) 3,600회선을 개통하였다(1998. 1. 24). 주소는 충남 홍성군 홍성읍 오관리 115이었으며, 다시 홍성읍 오관리 115-1로 바뀌었다(1990년). 명칭은 1990년까지 홍성전신전화국이었으며, 이후 홍성전화국으로 변경되었다(1990년-1999년). 1990년 국장은 2급통신기술(안병욱)로 보직되었으며, 그 후 국장은 1995년 2급행정(이관호), 1997년 2급통신기술(박승헌)로 보임되었다.

8. 청주 및 충북지역의 전화국 확장운영

8.1 청주 및 충주시내 전화국 건설 및 운영

1990년대 후반까지 청주시내에는 청주, 서청주, 상당 등 총 5개의 전화국, 충주시내에는 충주전화국을 운영하였다.

(1) 강서전화국

1990년대 후반에 전자교환기(5E) 1,500회선을 개통하였다(1998. 3. 30). 이 전화국은 충북 청주시 흥덕구 가경동 1171에 있었으며, 당시 서청주전화국 강서분국으로 운영되었다(1995년-1998년).

(2) 상당전화국

1990년대 중반 한국통신은 신형 중용량 전자교환기(TDX-10A)를 개발하였다. 이때 구형 TDX-10 교환기를 신형 TDX-10A 교환기로 교체하는 전환기술(Retrofit)에 대한 검증시험을 상당전화국(21,600회선)에서 시행하였다(1996. 7. 6). 이러한 검증시험을 거쳐 TDX-10A 전자교환기는 개발이 완료되어 이 전화국에서 최초 개통을 하게 되었으며 기념행사를 거행하였다(1996. 9. 12). 이 개통기념식에는 당시 강봉균 정보통신부장관, 주병덕 충북도지사, 한국통신 이준사장이 참석하였다.

그리고 정보통신부의 정보통신기술심의관, 충청체신청장, 청주우체국장, 한국통신 본사의 실·본부장, 충북본부장, 지역본부의 시설국장, 운용국장, LG정보통신 사장, 삼성전자 사장, 대우통신 사장, 한화정보통신 사장, 중앙일간지 및 TV방송 출입기자단 등 200여명이 참석하였다. 시설규모는 1990년대 중반까지 교환시설 5만 회선 미만(분국 포함)으로 운용하였다(1996. 1. 31). 1990년대 후반에는 전자교환기(TX) 12,500회선을 개통하였다(1998. 3. 25). 이 전화국은 충북 청주시 상당구 율량동 743에 있었으며, 국명은 상당전화국이었다(1995년-1999년). 상당전화국장은 1995년 2급통신기술(김동욱), 1997년 2급행정(고태엄)이 재직하였다.

(3) 서청주전화국

1981년 청주전신전화국 서청주분국에 기계식 자동교환기(ST방식) 7천 회선을 개통하였다(1981. 12). 1982년 다시 3천 회선을 증설하여 자동식 1만 회선을 운용하였으며 이후 기계식 자동교환기의 증설은 중지되었다. 그리고 1983년도 전자교환기 공급사업(83-ATTI-40k)에 의해 처음으로 전자식(No1A) 1만 회선을 완제품을 구매하여 개통하였다(1983. 8). 이 공사는 GSS에서 시공하였으며, 공사감독은 중앙건설사무소 시설본부 통신기술직(박철수)이 수행하였다. 이 시설에 대해 새로운 국번호(62국)를 부여 사용하였으며, 이후 총 2만 회선을 운용하였다(1983. 12).

이때 청주전화국의 장기적체를 해소하기 위해 무심천 동측의 약 2천 가입자를 서청주전화국으로 수용 변경하였다. 1985년 다시 전자식 1만 회선을 증설하였으며, 이때까지 자석식 전화 이용지역인 남이(1,200회선), 부강(1,500회선), 현도(1,200회선), 강내(1,100회선), 오미(1,600회선) 등 5개 지역에 원격교환장치(RSS)를 공급하여 자동전화를 공급하였다. 그리고 서청주전화국의 자국으로 통합되었다. 또한 1980년대 후반에는 당시 변두리 지역인 금계, 태성 등 2개 지역에 전송로집선장치(L/C)를 설치하여 자동전화를 공급하였다.

이후 자동식 1만 회선, 전자식 36,100회선을 운용하였으며(1986. 12), 다음 해에 다시 전자식 6천 회선(65국)을 증설하여 시설규모는 52,100회선으로 늘어났다(1987년). 그때 가입자케이블은 17,800회선을 증설하여 95,300회선으로 늘어났다(1987년). 또한 TDX-1A 전자교환기(가반형) 1대를 1990년대 중반까지 운용하였다(1996. 5). 그 후 1990년대 후반 전자교환기(TB) 700회선을 개통하였다(1998. 9).

이 전화국은 충북 청주시 흥덕구 사직1동 846에 있었으며, 국명은 서청주전화국이었다(1995년-1999년). 1995년 서청주전화국 간부진은 국장 유은목, 업무부장 황주현, 교환기술부장 이민영, 전송기술부장 임찬수로 보직되었다. 1997년에는 국장 천성기, 마케팅부장 전명철, 고객상담센터장 김길용, 시설운용부장 임찬수가 재직하였다.

<한국통신 뉴스> 1996년 서청주전화국은 청주의 관문인 청주역에 한국통신 홍보 문안이 새겨진 고객편의시설을 제공하여 홍보 효과를 극대화하였다. 하루에 이용고객 1천여 명이 넘는 청주역의 이용고객이 무거운 짐을 나를 때 수월하도록 상하행선에 각각 손수레 2대와 손수레 보관장소를 설치하여 고객만족 경영을 실천하였다(한국통신 이모저모, 1996. 8, 한국통신).

(4) 청주전화국

1980년대 초반까지 기계식 자동교환기(ST방식) 2만 회선을 국번호 2국과 3국을 사용 히여 운용하고 있었다(1981. 12). 1983년도 사업으로 인입통신구 32m를 건설하였다(1983. 7). 이 공사는 동원건설에서 시공하였으며, 공사감독은 중앙건설사무소 이규남이 수행하였다. 이때 이 전화국의 장기적체를 해소하기 위해 무심천 동측의 약 2천 가입자를 서청주전화국으로 수용 변경하였다(1983년). 1980년도 전자교환기 공급사업에 의해 처음으로 전자교환기(No1A방식) 2만4천 회선을 증축건물 2층에 설치 개통하였다(1985. 7).

이때 이 시설의 국번호는 52국, 53국, 54국을 부여하였으며 그동안 시설 부족으로 서청주전화국에 수용되었던 청주 관할가입자 1,500회선도 환수 조치하였다. 이어서 전자식 교환시설 6천 회선을 공급하여 그때까지 자석식전화를 이용하고 있던 인근 6개 지역에 원격교환장치(RSS)를 공급하여 청주전화국의 자국으로 통합하였다. 그 세부내용은 <표 9-77>과 같다(1985년).

<표 9-77> 청주 주변지역의 전화자동화(원격교환장치 공급)

국명	자석식 교환기	RSU 공급량	모국간 거리	국명	자석식 교환기	RSU 공급량	모국간 거리
내수		3,000		오창		2,000	
남일		2,500		미원	600	1,500	25.8Km
문의	500	1,400	13.3Km	가덕	440	1,200	15.8Km

또한 1980년대 중반 원거리 지역인 가좌, 북이, 기암, 금관, 낭성 등 5개 지역에는 전송로 집선장치(L/C)를 설치하여 자동전화를 공급하였다. 당시 북이는 자석식 400회선, 낭성은 자석식 300회선을 운용하고 있었으며, 청주전화국과의 거리는 북이 16.8 Km, 낭성 23.5Km 떨어진 원거리 지역이었다.

이후 자동식 2만 회선, 전자식 3만4천 회선을 운용하였으며(1986. 12), 다음 해에 다시 1만 회선(55국)을 증설하여 총 시설은 6만4천 회선으로 늘어났다(1987년). 그리고 가입자케이블은 93,800회선을 운용하였다(1986년-1987년). 한편 자국인 영암에 도시형 AXE-10 교환기(가반형) 1대 및 이와는 별도로 가반형 TDX-1B 교환기 1대도 1990년대 중반까지 운용하였다(1996. 5). 1990년대 중반에는 교환시설 10만 회선 이상(분국 포함)을 운용하는 중대형전화국이 되었다(1996. 1. 31). 1990년대 후반 전자교환기(TB) 400회선을 개통하였다(1998. 3. 30).

주소는 처음에는 충북 청주시 북문로 1가 188이었다가 청주시 상당구 북문로 1가 188로 바뀌었다(1996년), 명칭은 1990년까지 청주전신전화국이었으며, 이후 청주전화국으로 변경되었다(1990년-1999년). 1990년 청주전화국 간부진은 국장 김택회, 총무부장 이우성, 영업부장 김찬기, 기계부장 장도석, 선로부장 장홍주, 서청주분국장 김동욱으로 보직되었다. 이후 1995년에는 국장 이종명, 관리부장 고태엄, 영업부장 정구면, 기술부장 김덕신이 재직하였다. 1997년에는 국장 조영수, 마케팅부장 김재연, 고객상담센터장 정구면, 시설운용부장 송영헌으로 보임되었다.

<한국통신 뉴스> 1996년 청주전화국은 관내 초중고등학교 학생들에게 올바른 전화 예절교육을 위한 1일 교사제를 운영하였다. 점점 퇴색해가는 예절교육을 되살리고 가족과 이웃사랑의 정을 일깨워 효를 실천하는 계기를 마련함과 동시에 건전한 전화문화를 정착시키기 위해 실시하게 된 이 교육은 각급 학교 특별활동시간을 활용하여 1일 1시간가량 실시하였다(한국통신 이모저모, 1996. 8, 한국통신).

(5) 청주 오창전화국

청주전화국에 전자식(No.1A) 6천 회선이 개통된 시기에 이를 모국으로 하여 자국 형태로 원격교환장치(RSS) 2천 회선을 공급 운용하였다(1985년). 1995년에 독립된 전화국으로 신설되었다.

(6) 충주전화국

1955년 충주전신전화국이 신설되었다. 1980년대 초반까지 기계식 자동교환기(EMD방식) 1만 회선을 운용하였다(1981. 12). 이후 4천 회선을 증설하여 1만4천 회선으로 늘어나면서 인근의 자석식전화구역인 살미와 수안보에 전송로집선장치(LC)를 공급하여 통합 자동화하였으며, 그 세부내용은 <표 9-78>과 같다(1982년). 이때 동량과 가금지역은 자동화하지 못하였다.

<표 9-78> 충주전화국 인근지역의 자동화(LC)

지역명	자석식 (1981년말)	국간거리 (Km)	지역명	자석식 (1981년말)	국간거리 (Km)
살미	200	13.0	수안보	400	23.5
동량	200	11.0	가금	300	10.0

그 후 5차 5개년계획 기간인 1984년에 처음으로 전자교환기(M10CN) 1만 회선을 공급하였으며, 이어서 전자교환기 1만 회선을 증설하였다(1985년). 이때 자석식전화를 운용하고

있던 앙성 등 8개 지역에 원격교환장치(RSU)를 설치하여 자동화하였으며, 세부내용은 <표 9-79>와 같다. 그때부터 자동식 1만4천 회선, 전자식 2만 회선을 운용하였으며(1986. 12), 다음 해에 전자식 1만 회선(44국)을 증설하였으며, 이때 자동식 4천 회선(3국)을 철거하여 총 4만 회선을 운용하였다(1987년). 이에 맞추어 가입자케이블은 14,300회선을 증설하여 58,300회선으로 늘어났다.

<표 9-79> 충주전화국 인근지역의 자동화(단위 회선)

국명	RSU공급	국명	RSU공급	국명	RSU공급
앙성	1,000	산척	1,000	엄정	1,000
노은	1,200	동량	1,000	금가	1,100
소태	900	가금	800		

한편 1980년대 후반까지 원거리 가입자를 위해 가금, 가흥, 금가, 노은, 동량, 산척, 명서, 소태, 엄정, 추평, 이류, 탄용, 주덕, 신니, 동락, 살미, 수회, 수안보, 낭성, 모점, 대미, 용탄 등 22개 지역에 전송로집선장치(L/C)를 운용하였다. 그 중 금가, 엄정, 주덕, 수안보, 낭성에는 1,000회선 이상의 L/C를 운용하였다(1986년-1987년). 이외에도 TDX-1A 교환기(가반형) 1대를 1990년대 중반까지 운용하였다(1996. 5).

1990년대 중반에는 교환시설 5만회선 이상(분국 포함)을 운용하는 중형전화국이 되었다(1996. 1. 31). 그 후 전자교환기(TX) 7,700회선을 공급할 계획으로 추진하는 도중 IMF사태로 인한 수요 감소로 도중에 공급량을 축소하여 2천 회선을 개통하였다(1998. 7). 이때 1998년 10월 개통예정으로 추진하든 전자교환기(TB) 200회선도 도중에 취소하였다.

주소는 충북 충주시 성내동 165이었다. 명칭은 1990년까지 충주전신전화국이었으며, 이후 충주전화국으로 변경되었다(1990년-1999년). 1990년 충주전화국 간부진은 국장 박종수, 업무부장 호기성, 기술부장 손재희로 보직되었다. 그 후 1995년에는 국장 이동훈, 업무부장 강신부, 기술부장 우세범이 재직하였다. 1997년에는 국장 정영호, 마케팅부장 조영규, 시설운용부장 이대성, 자문역 김춘성으로 보임되었다.

8.2 충북지역 전화국 건설 및 운영

충북지역(청주 및 충주 제외)에는 1990년대 후반 괴산, 단양, 음성, 제천, 영동 등 총 11개의 전화국을 운영하였다.

(1) 괴산전화국

1981년에 기계식 자동교환기(ST방식) 200회선, 1982년에 다시 400회선을 증설하여 그해 말에는 총 1,600회선을 운용하게 되었다. 그 후 1985년부터 농어촌 형 전자교환기(T)를 공급하였으며, 이때까지 자석식전화를 운용해온 이곡, 덕평, 지경, 소수, 송면, 칠성, 장암, 장연, 감물, 목도, 영천, 연풍, 청천, 신월 등 14개 지역에 원격전자교환기를 공급하여 본국의 자국으로 전자화 하였다. 이때 이곡, 신월 등 2개 지역에는 전송로집선장치(L/C)도 공급하여 자동화를 촉진하였다. 이후 1987년에는 위 지역과 청안, 도안, 방축 지역의 자석식교환기를 철거하였다.

1987년 말에는 자동식 2,600회선, 전자식은 자국시설을 포함하여 11,266회선을 운용하였으며 가입자케이블은 1986년-1987년에 33,100회선을 보유하였다. 시설규모는 1990년대 중반까지 교환시설 5만회선 미만(분국 포함)으로 운용하였다(1996. 1. 31). 그 후 전자교환기(TB) 800회선을 공급할 계획으로 추진하다가 수요 감소로 도중에 공급량을 축소하여 600회선을 개통하였다(1998. 6). 한편 괴산전화국은 우체국과 통합국사로 되어 있어 한국통신이 당초 건물을 사용하는 대신 대용 국사를 신축하여 체신부로 이관하게 되었다. 대용 국사는 지하 1층-지상 2층(1,000m^2) 규모로 정하였으며 체신부에서 설계하고 한국통신이 1986년에 착공하여 1987년에 준공하였다.

이 전화국은 충북 괴산군 괴산읍 서부리 268-1에 있었으며, 초기에는 괴산사업소로 운영하다가 괴산전신전화국으로 승격되었다(1988. 1. 7). 괴산전신전화국 개국식에는 서경식 충청지사장, 김정식 초대 괴산전신전화국장을 비롯한 유관기관장 및 관계자들이 참석하였다. 이때 전화국은 괴산군내 2개읍, 11개면의 전기통신업무를 담당하게 되었으며, 당시 23,700회선의 가입전화를 운용하게 되었다. 이후 국명은 괴산전화국으로 변경되었다(1990년-1999년). 1990년 국장은 2급행정(김기환)으로 보직되었으며, 그 후 국장은 1995년 2급행정(윤한규), 1997년 2급통신기술(이상웅)로 보임되었다.

<한국통신 뉴스> 1997년 9월 괴산전화국(국장 이상웅)은「괴산 한통이 장학회」에서 고교생 2명에게 3/4분기 장학금을 전달하였다(1997. 9. 11). 이 장학회는 가정형편이 어려운 불우 청소년들에게 꿈과 희망을 주고, 지역사회에서 지역주민과 함께 호흡한다는 취지에서 1996년 8월에 발족하였다. 장학기금은 직원들의 자율적인 참여로 각자 희망계좌를 개설하여 매월 급여에서 각출 운영하였다(1997. 9. 19).

(2) 단양전화국

1980년부터 1984년까지 이동식교환기(MDO) 1천 회선을 운용하였다. 이후 1985년부터 농어촌형 전자교환기(A) 4천 회선을 공급하였으며, 이때 매포, 대강, 가산, 영춘, 어상천, 별방, 적성, 의풍, 덕촌, 가곡 등 10개 지역에 원격전자교환기를 공급하여 본국의 자국으로 전자화하였다. 이때 그동안 운용해온 MDO는 철거하여 타 지역에 재활용 추진하였다. 1987년 말에는 자국시설을 포함하여 전자교환기 13,111회선을 운용하였으며, 가입자케이블은 1986년-1987년에 12,800회선을 보유하고 있었다.

시설규모는 1990년대 중반까지 교환시설 5만 회선 미만(분국 포함)으로 운용하였다

(1996. 1. 31). 그 후 1990년대 후반 전자교환기(A) 1,200회선을 공급 추진하다가 IMF사태로 인한 수요 감소로 300회선을 개통하였다(1998. 5). 주소는 충북 단양군 단양읍 별곡리 305이었으며, 국명은 1990년까지 단양전신전화국이었으며, 이후 단양전화국으로 변경되었다(1990년-1999년). 1990년 국장은 2급행정(이명석)으로 보직되었으며, 그 후 국장은 1995년 2급통신기술(이대성), 1997년 2급통신기술(신현철)로 보임되었다.

(3) 무극전화국

1981년 말까지 자석식교환기 800회선을 운용하였다. 다음 해 본 건물 572m^2, 부속건물 99m^{2}를 준공하였다(1983. 10). 이 공사는 한국건설에서 시공하였으며, 공사감독자는 중앙건설사무소 김기창으로 지정되었다. 1983년에 기계식 자동교환기(ST방식) 1천 회선을 개통하여 생극과 맹동을 통합 자동화하였다. 당시 이 시설은 대도시에서 철거된 자동식교환기를 재활용하여 개통하였으며 음성전화국을 모국으로 운용하였다.

1985년부터 농어촌형 전자교환기(T)를 공급하였으며, 이때 삼성, 생극, 대소, 맹동 등 4개 지역에 원격전자교환기를 공급하여 자국으로 운용하였다. 1987년 말에는 자동식 1천 회선, 전자식은 자국시설을 포함하여 6,332회선을 운용하였다. 그 후 1990년대 후반에 전자교환기(TBN) 3,200회선을 개통하였다(1998. 4. 29). 이 전화국은 충북 음성군 금왕읍 무극리 369-1에 있었다(1995년). 그후 주소가 음성군 금왕읍 무극리 368-1로 바뀌었다(1997년). 당시 음성전화국 무극 분국으로 운영되었다(1995년-1999년).

(4) 보은전화국

1981년에 기계식 자동교환기(ST방식 400회선, 1982년에 다시 600회선을 증설하여 그해 말부터 총 3천 회선을 운용하게 되었다. 그 후 1985년부터 농어촌 형 전자교환기(A)를 공급하였으며, 이때 속리산, 삼가, 내북, 이원, 마로, 세중, 외석리, 탄부, 산의, 장갑, 회남, 회인, 원남, 수한 등 14개 지역에 원격전자교환기를 공급하여 본국의 자국으로 전자화 하였다. 이때 속리산에는 전송로집선장치(L/C)도 공급하여 자동화를 촉진하였다.

1987년 말에는 자동식 3천회선, 전자식은 자국시설을 포함하여 교환시설 10,341회선을 운용하였으며, 이에 따른 가입자케이블은 1986년-1987년에 20,800회선을 보유하였다. 시설규모는 1990년대 중반까지 교환시설 5만회선 미만(분국 포함)으로 운용하였다(1996. 1. 31). 이후 1990년대 후반 전자교환기(A) 1천 회선을 공급 추진하다가 IMF사태로 인한 수요 감소로 600회선을 개통하였다(1998. 5).

주소는 충북 보은군 보은읍 교사리 390이었으며, 얼마 후 보은읍 교사리 390-30으로 바뀌었다(1990년). 그리고 국명은 1990년까지 보은전신전화국이었으며, 이후 보은전화국으로 변경되었다(1990년-1999년). 1990년 국장은 2급행정(송필영)으로 보직되었으며, 그 후 국장은 1995년 2급행정(김기환), 1997년 2급행정(함희중), 자문역 김찬기로 보임되었다.

<한국통신 뉴스> 보은전화국(국장 함희중)은 지난 8월 사원가족 사업설명회 이후 사원가족이 마케팅활동과 사전선택제 홍보에 적극 동참하여 활발한 활동을 펼치고 있다. 사원가족들은 8월말까지 읍면소재 아파트 및 상가의 2천4백여 가입자를 방문, 홍보를 펼쳤으며 9월부터는 TM을 통해 사전선택제를 홍보하고 있어 고객으로부터 좋은 평가를 받고 있으며 사원들의 마케팅 활동에도 귀감이 되고 있다(1997. 9. 12).

(5) 삼성전화국

1983년에는 처음으로 원격자동교환기 3천회선이 공급되었다.

(6) 옥천전화국

1981년에 기계식 자동교환기(ST방식) 3,200회선을 운용하였다. 1982년에 다시 400회선을 증설하였으며 이때 이백을 통합 자동화하였다. 1985년부터 농어촌형 전자교환기(TDX-1A)를 공급하였으며, 이때 안내, 안남, 청성, 청산, 동이, 이원, 군서, 군북, 우산 등 9개 지역에 원격전자교환기를 공급 전자화하여 자국으로 운용하였다. 이때 우산에는 전송로집선장치(L/C)도 공급하여 자동화를 촉진하였다. 1987년 말에는 기계식 자동교환기 3,600회선, 전자식은 자국시설을 포함하여 10,182회선을 운용하였다. 한편 가입자케이블은 2만6천회선을 보유하였다(1986년-1987년).

시설규모는 1990년대 중반까지 교환시설 5만 회선 미만(분국 포함)으로 운용하였다(1996. 1. 31). 이후 전자교환기(A) 2,100회선 공급계획을 추진 중 IMF 사태로 인한 수요 감소로 도중에 공급량을 축소하여 1,100회선을 개통하였다(1998. 7). 한편 옥천 전화국은 우체국과 통합국사로 되어 있어 한국통신이 당초 건물을 사용하는 대신 대용 국사를 신축하여 체신부로 이관하게 되었다. 대용 국사는 지하 1층-지상 2층(1,200m^2) 규모로 정하였으며 체신부에서 설계하고 한국통신이 1986년에 착공하여 1987년에 준공하였다.

주소는 충북 옥천군 옥천읍 금구리 139이었으며, 그 후 옥천읍 금구리 139-2로 바 뀌었다(1990년). 국명은 1990년까지 옥천전신전화국으로 사용하다가 이후 옥천전화국으로 변경되었다(1990년-1999년). 1990년 국장은 2급행정(이철수)으로 보직되었다. 그 후 국장은 1995년 2급행정(김문기), 1997년 2급통신기술(조석현)로 보임되었다.

(7) 음성전화국

1981년에 기계식 자동교환기(ST방식) 2,200회선을 개통하여 소이, 보천을 통합 자동화하였으며 국번호(2)를 사용하였다. 이후 1983년에 다시 400회선을 증설하였으며 이때 인근의 무극전화국을 분국으로 운용하였다. 1985년부터 농어촌형 전자교환기(T)를 공급하였으며, 보천, 소이, 삼성 등 3개 지역에 원격전자교환기를 공급하여 자국으로 운용하였다. 이때 삼생에는 전송로집선장치(L/C)도 공급하여 자동화를 촉진하였다. 1987년에는 그때까지 자석식전화를 운용해온 위 지역과 생극, 대소, 맹동 등의 자석식교환기를 철거함으로써 그해 말에는 자동식 2,600회선, 전자식은 자국시설을 포함하여 3,505회선을 운용하였다. 한편 가입자케이블은 1986년-1987년에 21,300회선을 보유하였다.

시설규모는 1990년대 중반까지 교환시설 5만 회선 미만(분국 포함)으로 운용하였다(1996. 1. 31). 그 후 1990년대 후반 전자교환기(TB) 1천 회선을 공급하여 1998년 11월 개통 예정으로 추진하다가 IMF사태로 수요가 격감하는 통에 도중에 취소되었다. 주소는 충북 음성군 음성읍 읍내리 459이었으며, 몇 년이 지난 후 음성읍 읍내리 459-7로 바뀌었다(1995년). 국명은 1990년까지 음성전신전화국이었으며, 이후 음성전화국으로 변경되었다(1990년-1999년). 1990년 국장은 2급통신기술(김덕신)로 보직되었으며 그 후 국장은 1995년 2급통신기술(손재희), 1997년 2급행정(김기환)이 재직하였다.

(8) 제천전화국

1980년대 초반까지 기계식 자동교환기(ST방식) 6,800회선을 운용하였다(1981. 12). 이어서 다음 해에 3,800회선을 증설하여 자동식 10,600회선을 운용하게 되었다(1982년). 그러다가 5차 5개년계획 기간에 처음으로 전자교환기(M10CN) 8천 회선(42국)을 증축건물 3층에 신설 개통하였다(1985. 1). 이어서 전자식 1만 회선을 증설하였으며, 이때 인근 자석식전화를 운용하고 있던 송학 등 8개 지역에 원격교환장치(RSU)를 설치하여 통합 자동화하였다(1985년).

<표 9-80> 제천전화국 인근 자석식전화의 자동화(단위: 회선)

국명	RSU공급	국명	RSU공급	국명	RSU공급
송학	1,100	봉양	800	청풍	300
백운	800	금성	900	수산	1,000
도전	900	한수	300		

이후 자동식 10,600회선, 전자식 1만8천 회선을 운용하였으며(1986. 12), 이듬해에 전자식 6천 회선(44국)을 증설하여 34,600회선으로 늘어났다(1987년). 이때 가입자케이블은 11,900회선을 증설하여 56,250회선으로 늘어났다(1987년). 한편 1980년대 중반까지 원거리 가입자를 위해 봉양, 구학, 구곡, 명도, 백운, 화당, 송학, 입석, 송한, 금성, 양화, 청풍, 수산, 수리, 도전, 월악, 한수 등 17개 지역에 전송로집선장치(L/C)를 운용하였다. 1990년대 중반에는 교환시설 5만 회선 이상(분국 포함)을 운용하는 중형전화국이 되었다(1996. 1. 31).

그 후 전자교환기(TX) 5,300회선을 공급할 계획으로 추진하다가 IMF사태로 인한 수요 감소로 도중에 공급량을 대폭 축소하여 1,800회선을 개통하였다(1998. 8). 1990년대 후반기에는 M10CN 3만 회선, TDX-1B 2만 회선, TDX-10A 24,300회선으로 총 74,300회선을 운용하였다(1998. 12). 당시 제천전화국은 국사를 이원화 운용하고 있었으며, 구국사는 노후화되어 기둥에 균열이 발생하여 구국사의 TDX-1B를 신국사로 이전을 추진하고 있었다. 이와 같은 국사 이원화 운용에 따른 비용감소를 위해 사용연수가 12년이 경과한 M10CN 3만 회선을 철거 추진하였다(1999. 5).

이 전화국은 충북 제천시 의림동 50-1에 있었으며, 그 후 주소는 제천시 의림동 49-1로 바뀌었다(1995년). 명칭은 1990년까지 제천전신전화국이었다가 이후 제천전화국으로 변경되었다(1990년-1999년). 1990년 제천전화국 간부진은 국장 김판식, 업무부장 이상렬, 기술부장 이경근으로 보직되었다. 그 후 1995년에는 국장 이수오, 업무부장 호기성, 기술부장 이동신이 재직하였으며 1997년에는 국장 이규홍, 마케팅부장 권오성, 시설운용부장 이민영으로 보임되었다.

<한국통신 뉴스> 제천전화국(국장 권오성)은 9월 12일 무의탁노인 및 아동복지시설인 제천종합사회복지관을 찾아 위문품을 전달하고 위로하였으며 지역일간지인 충청일보에 32만4천원의 불우이웃성금을 기탁하였다(1997. 9. 19).

(9) 증평전화국

1981년까지 기계식 자동교환기(ST방식) 1,600회선을 운용하다가 1982년에 다시 400회선을 증설하여 그때부터 2,400회선으로 증가되었다. 1985년부터 농어촌형 전자교환기(T)를 공급하였으며, 이때 방축, 도안, 청안 등 3개 지역에 원격전자교환기를 공급하여 본국의 자국으로 운용하였다. 1987년에는 차기 교환시설 설치 상면을 확보하기 위해 자동식 3천 회선을 철거하였다. 그리고 전자식 5,195회선을 증설하여 그해 말에는 자국시설을 포함하여 전자식만 9,610회선을 운용하였다. 시설규모는 1990년대 중반까지 교환시설 5만 회선 미만(분국 포함)으로 운용하였다(1996. 1. 31). 1990년대 후반 전자교환기(TB) 900회선을 1998년 3월 개통목표로 추진하다가 IMF사태로 인한 수요 급감으로 공급을 중단하였다.

한편 증평전화국은 우체국과 통합국사로 되어 있어 한국통신이 당초 건물을 사용하는 대신 대용 국사를 신축하여 체신부로 이관하게 되었다. 대용 국사는 지하 1층-지상 2층의 1,000m^2 규모로 정하였으며 체신부에서 설계하고 한국통신이 1987년에 착공하여 그 해에 준공하였다. 주소는 충북 괴산군 증평읍 교동 12이고, 명칭은 증평전화국이었다(1993년-1999년). 1995년 증평전화국장은 2급통신기술(김장묵)으로 보직되었으며, 1997년 국장은 2급행정(이우성)이 재직하였다.

(10) 진천전화국

1981년까지 기계식 자동교환기(ST방식) 1,400회선을 운용하다가 1982년에 200회선, 1983년에 다시 400회선을 증설하여 자동식 2천 회선과 이동형교환기 50회선을 운용하게 되었다. 1985년부터 농어촌형 전자교환기(T)를 공급하였으며, 그때까지 자석식전화를 운용해온 사석, 덕산, 광혜원, 초평, 문백, 이월, 백곡 등 7개 지역에 원격전자교환기(R)을 공급하여 본국의 자국으로 운용하였다. 1987년에는 이들 자석식교환기를 철거하였으며, 그해 말에는 교환시설은 자동식 2,600회선, 전자식은 자국시설을 포함하여 8,061회선을 운용하게 되었다. 이때 가입자케이블은 1986년-1987년에 14,900회선을 보유하였다.

시설규모는 1990년대 중반까지 교환시설 5만 회선 미만(분국 포함)으로 운용하였다(1996. 1. 31). 1990년대 후반에 전자교환기(TB) 2,400회선을 개통하였다(1998. 3. 28). 주소는 충북 진천군 진천읍 읍내리 270이었으며, 그 후 진천읍 읍내리 270-2로 바뀌었다(1993년). 국명은 1990년까지 진천전신전화국이었다가, 이후 진천전화국으로 변경되었다(1990년-1999년). 1990년 국장은 2급통신기술(김장묵)로 보직되었으며, 그 후 국장은 1995년 2급행정(김찬기), 1997년 2급통신기술(장홍주)으로 보직되었다.

(11) 충북영동전화국

1982년에 기계식 자동교환기(ST방식) 600회선을 증설하여 시설규모가 2,600회선으로 늘어나면서 양강을 통합 자동화하였다. 1983년에 다시 600회선을 증설하여 1984년까지 3,200회선을 운용하였으며 1985년부터 농어촌형 전자교환기(T)를 공급하였다. 그때까지 자석식전화를 운용해온 황간, 추풍령, 심천, 구촌, 매곡, 임산, 상도대, 학산, 용화, 묵정, 남전, 양산, 심원, 가리 등 14개 지역에 원격전자교환기를 공급하여 본국의 자국으로 운용하였다. 이때 남전, 가리, 심원 등 3개 지역에는 전송로집선장치(L/C)도 공급하여 자동화를 촉진하였다.

1987년에는 이들 전자화 자국 중 9개 지역의 자석식교환기를 철거하였다. 그해 말에는 자동식 3,200회선, 전자식은 자국시설을 포함하여 교환시설 12,169회선을 운용하였다. 이때 가입자케이블은 1986년-1987년에 24,200회선을 보유하였다. 시설규모는 1990년대 중반까지 교환시설 5만 회선 미만(분국 포함)으로 운용하였다(1996. 1. 31). 그 후 1990년대 후반에 전자교환기(TBN) 2,400회선을 개통하였다(1998. 3. 30).

주소는 충북 영동군 영동읍 계산리 666이었으며, 몇년 후 영동읍 계산리 666-1로 바뀌었다(1992년). 국명은 당초 충북영동전신전화국이었으며(-1990년), 이후 충북영동전화국으로 변경되었다(1990년-1999년). 1990년 충북영동전화국장은 2급행정(윤석홍)으로 보직되었으며, 그 후 국장은 1995년 2급행정(송병일), 1997년 2급행정(강의규)으로 보임되었다.

9. 광주 및 전남지역의 전화국 확장운영

9.1 광주시내 전화국 건설 및 운영

광주시내 전화국 운영상황은 1970년대 3개 전화국, 1990년대 9개 전화국, 2000년대에는

10개 지사, 지점을 운영하였으며, 세부내역은 <표 9-81>과 같다. 그리고 1995년 에는 전국의 전신전화국 명칭이 모두 전화국으로 변경되었으며, 그 후 2002년에는 전화국 명칭 사용을 중지하고 지사 및 지점으로 전면 변경되었다.

<표 9-81> 광주시내전화국 운영상황

운영시기	전화국명
1970년대(1978년)	광주, 서광주, 북광주 등 3개 전화국
1990년대(1998년)	광주, 서광주, 북광주, 남광주, 송정, 동광주, 상무, 본촌, 하남 등 9개 전화국
2000년대(2004년)	광주 1개 지사와 광산, 북광주, 서광주, 남광주, 동광주, 상무, 하남, 본촌, 비아 등 9개 지점/총 10개 지사 및 지점

(1) 광주전화국

1957년 12월 광주전신전화국이 개국되었으며, 이후 1959년에는 자석식 전화시설(1,800 회선)을 공전식으로 교체하였다. 그 후 1981년 말까지 기계식 자동교환기(EMD방식) 1만5천 회선을 운용하고 있었으며, 다시 5천 회선을 증설하여 그때부터 총 2만 회선을 운용하였다(1982년). 그때까지 한 자리 숫자 국번호(2국, 7국)를 사용하다가 전자교환기 공급에 대비하여 두 자리 숫자 국번호(22국, 27국)로 변경하였다. 이후 광주전화국에 1984년부터 전자교환기를 공급한다는 방침을 세웠으며, 당시 한국통신에서는 1986년도 전화수요가 3만 회선 이하일 경우에는 제1기종(M10CN)을 공급한다는 방침을 가지고 있었다.

이때 제2기종 공급업체인 금성반도체주식회사에서는 이미 광주 시내에는 제2기종(No1A)을 공급한 상태이니 광주전화국에도 제2기종을 공급해 줄 것을 주장하였다(1982. 12. 3). 그러나 한국통신에서는 이 건의 내용을 면밀히 검토한 후 이를 받아들이지 않고 당초의 공급방침대로 제1기종 1만 회선(232국)을 3층에 설치 개통하였다(1985. 6). 이때 가입자케이블은 44,700회선을 운용하였다(1986년-1987년). 1990년대 중반에는 교환시설 15만 회선 이상(분국 포함)을 운용하는 대형전화국이 되었다(1996. 1. 31).

1990년대 후반에 전자교환기(TX) 3천 회선을 1998년 4월 개통목표로 추진하다가 수요 급감으로 공급 중단하였다(1998. 3). 1990년대 후반기에는 M10CN 4만 회선, TDX-1B 38,080회선, TDX-10A 11,368회선으로 총 89,448회선을 운용하였다(1998. 12). 이때 국사 상면이 부족하고 통화량이 과다 발생하여 사용연수가 13년이 경과한 M10CN 10,000회선을 철거 추진하였다(1999. 9). 이러한 결정을 하게 된 것은 광주시로 부터 구청사 철거요구가 있었으며, 국사 이원화 운용에 따른 추가비용을 감소하고 청사의 효율적인 사용을 위한 조치였다.

이 전화국은 광주직할시 동구 장동 31에 있었으며, 그 후 광주광역시 동구 장동 31로 바뀌었다(1995년). 명칭은 1990년까지 광주전신전화국으로 사용하다가 이후 광주전화국으로 변경되었다(1990년-1999년). 1980년 광주전신전화국장은 장석종이 재직하였으며, 한국전기통신공사 창립 첫해인 1982년 국장은 반영상(3급기술)이 보직되었다. 그 후 1990년 광주전화국 간부진은 국장 반영상, 총무부장 공석, 영업부장 최재금, 기술부장 공석으로 발령되었다. 1995년에는 국장 남창현, 관리부장 공석, 영업부장 조동표, 기술부장 이경용, 동광주분국장 정호준이 재직하였다. 그리고 1997년 간부진은 국장 남창현, 영업부장 이남진, 고객서비스부장 김재준, 시설운용부장 정영욱, 동광주분국장 정동주로 보임되었다.

<한국통신 뉴스> 1984년에는 전라남도에서 주관한 400만 대질서 운동 시상식에서 영예의 최우수상을 수상하였다. 당시 400만 대질서 운동은 1986년 및 1988년 올림픽을 대비하여 전라남도에서 범도민적으로 벌인 운동으로 당시 광주전신전화국(국장 성부남)은 이 운동에 적극 참여하였다(한국전기통신, 1984. 11, 한국전기통신공사).

<한국통신 뉴스> 광주전화국(국장 김복석)은 9월 10일 무등육아원을 찾아 위문품을 전달하고 화단가꾸기, 제초작업 등 봉사활동을 실시하며 따뜻한 사랑을 나누었다(1997. 9. 19).

(2) 남광주전화국

1980년대 초반까지 기계식 자동교환기(EMD방식) 1만3천 회선을 운용하였다(1981. 12), 1982년 5,400회선을 증설하여 자동식이 18,400회선으로 늘어나게 되었다. 그때까지 한 자리 숫자 국번호(6국, 8국)를 사용하다가 전자교환기 공급에 대비하여 두 자리 숫자 국번호(66국, 68국)로 변경하였다. 이때 1983년도 사업으로 인입통신구 82m를 건설하였다(1983. 9). 이 공사는 남진건설에서 시공하였으며 공사감독은 중앙건설사무소 조성윤이 수행하였다.

남광주 지역에 대한 전자교환기 초기공급계획(1982. 11)에는 제2기종의 공급을 검토하였으나 결국 제1기종(M10CN) 1만 회선(632국)을 3층에 설치 개통하였다(1985. 6). 그 후 자동식 18,400회선, 전자식(M10CN) 1만 회선을 운용하였으며(1986년-1987년), 가입자케이블은 9,600회선을 증설하여 57,300회선으로 늘어났다(1987년).

이 전화국은 광주직할시 서구 백운2동 514-18에 있었으며(1995년) 이후 광주광역시 서구 백운2동 514-18로 변경되었다(1997년). 개국이후 서광주전신전화국 남광주 분국으로 운용하였다(1990년-1999년). 1990년 분국장은 2급통신기술(정남주)로 보직되었으며, 그 후 분국장은 1995년 2급통신기술(이광수), 1997년 2급통신기술(황덕연)이 재직하였다.

(3) 동광주전화국

1986년 한국통신은 광주, 전주, 이리, 신장지역과 강원도지역을 대상으로 시내전화 중장기 치국계획을 수립하였다. 이때 광주시 북구 지역의 급증하는 전화수요를 해결하고자 광주시 동구 우산동에 10만 회선 규모의 동광주전화국을 1989년에 신설 개통하는 것으로 결정하였다(시내전화 중장기 치국계획, 1986. 12. 26, 한국통신 계획국). 이 계획을 수립 추진한 주관부서 및 결재자는 제9장 말미의 참고자료 편에 기록되어 있다. 이후 5만 회선 규모의 전화국을 1989년에 신축 개통하기 위해 1987년에 대지(3,000m²)를 매입 추진하였다.

그 후 1990년대 후반 전자교환기(TX) 6천 회선을 공급하여 1998년 10월 개통예정으로 추진하다가 IMF사태로 인한 수요가 격감하는 바람에 도중에 취소하였다. 주소는 광주직할시 북구 두암동 573-1이었으며(1995년) 그 후 광주광역시 북구 두암동 573-1로 바뀌었다(1997년). 이 전화국은 광주전화국 동광주 분국으로 운영되었다(1995년- 1999년). 1995년 분국장은 2급통신기술(정호준)로 보직되었으며, 1997년 분국장은 2급통신기술(정동주)이 재직하였다.

(4) 본촌전화국

1986년 한국통신은 광주, 전주, 이리, 신장지역과 강원도지역을 대상으로 시내전화 중장기 치국계획을 수립하였다. 이때 광주시 북구지역의 급증하는 전화 수요를 해결하고자 광주시 북구 본촌동에 5만 회선 규모의 본촌전화국을 1989년에 신설 개통하는 것으로 결정하였다(시내전화 중장기 치국계획, 1986. 12. 26, 한국통신 계획국). 이 계획을 수립 추진한 주관부서 및 결재자는 제9장 말미의 참고자료 편에 기록되어 있다.

그 후 이 지역에는 TDX-1A 교환기(가반형) 1대를 1990년대 중반까지 운용하였다(1996. 5). 1990년대 후반에는 전자교환기(TXN) 7천 회선을 증설할 계획으로 추진하였으나 IMF사태로 인한 수요 감소로 공급량을 축소하여 4천 회선을 공급하였다(1998. 9). 이 전화국은 광주직할시 북구 용두동 294-6에 있었으며(1995년) 그 후 정부의 행정구역개편에 따라 광주광역시 북구 용두동 294-6으로 바뀌었다(1997년). 이 전화국은 북광주전화국의 본촌 분국으로 운용되었다(1995년-1999년).

(5) 북광주전화국

1980년 북광주전신전화국이 개국되었으며 1980년대 초반까지 기계식 자동교환기(EMD방식) 3만 회선을 운용하였다(1981. 12). 이후 5차 5개년계획이 시작되면서 북광주전화국에 1982년도 전자교환기 공급사업(82-GSS-100k)으로 전자교환기(No1A) 2만 회선을 직수입(D.S)하여 개통하였다(1983. 7). 이 공사는 GSS에서 시공하였으며, 당시 공사감독은 중앙건설사무소 시설본부 통신기술직(김남식)이 수행하였다. 이 신방식의 교환시설은 새로운 국번호(522국, 523국)를 부여하여 사용하였다.

또한 가입자관로 14,982m, 가입자 선로시설 1만2천 회선 증설공사도 1983년 7월 준공목표로 추진되었다. 이 공사는 신일통신에서 담당하였으며 관로시설 감독자는 중앙건설사무소 강재민, 케이블 공사감독자는 유봉안으로 임명되었다. 다음 해에 2만4천 회선(524국, 525국, 526국)을 3층에 증설 개통하였다(1985. 2). 1986년 말에는 자동식 3만 회선, 전자식 4만4천 회선을 운용하게 되었다. 이어서 전자식 1만2천 회선(527국)을 증설하여 교환시설이 총 8만6천 회선으로 늘어나게 되었으며, 이때 올림픽 통신용으로 304회선을 확보하였다(1987년). 이때 가입자케이블은 175,500회선을 운용하였다(1986년-1987년).

또한 1980년대 후반에는 당시 변두리 지역인 금곡, 무등산, 청옥동, 신창리, 본촌동 등 5개 지역에 전송로집선장치(L/C)를 설치하여 자동전화를 공급하였다. 한편 본촌동에는 원격교환장치(RSS) 4천 회선을 공급하여 자국으로 운용하게 되었으며, 이때 전송로집선장치(L/C)는 철거되었다(1987년). 1990년대 중반에는 교환시설 10만회선 이상(분국 포함)을 운용하는 중대형전화국 이 되었다(1996. 1. 31). 이 전화국은 광주직할시 북구 신안동 16-1에 있었으며 정부의 행정구역 개편에 따라 주소가 광주광역시 북구 신안동 16-1로 바뀌었다(1995년). 1990년까지 국명은 북광주전신전화국이었으며 이후 북광주전화국으로 변경되었다(1990년-1999년).

1990년 간부진은 국장 조영수, 총무부장 노학봉, 영업부장 이기창, 전신부장 공석, 교환부장 공석, 기계부장 김규화, 선로부장 서중기로 보직되었다. 그 후 1995년에는 국장 박정순, 관리부장 박영석, 영업부장 박원희, 교환기술부장 김홍규, 전송기술부장 백남준, 정보통신부장 문양석이 재직하였다. 그리고 1997년 간부진은 국장 장용수, 영업부장 조영대, 고객서비스부장 이근식, 교환기술부장 문양석, 전송기술부장 김부곤으로 보임되었다.

<한국통신 뉴스> 1996년 7월 5일 북광주전화국은 같은 사옥 내에 근무하는 번호안내국, 전남전산국, 통신망운용국 등 4개국 합동으로 상주 인원 총 800여명의 노사화합잔치를 열어 그동안의 노사갈등을 해소하고 서로간의 신뢰를 회복하여 화합과 단합된 모습을 보여 주었다(한국통신 이모저모, 1996. 8, 한국통신).

(6) 상무전화국

1986년 한국통신은 광주, 전주, 이리, 신장지역과 강원도지역을 대상으로 시내전화 중장기 치국계획을 수립하였다. 이때 광주시 서구지역의 급증하는 전화수요를 해결하고자 광주시 서구 상무동에 15만 회선 규모의 상무전화국을 1989년에 신설 개통하는 것으로 결정하였다(시내전화 중장기 치국계획, 1986. 12. 26, 한국통신 계획국). 이 계획을 수립 추진한 주관부서 및 결재자는 제9장 말미의 참고자료 편에 기록되어 있다. 이를 위해 1987년에 대지(3,000m^2)를 매입 추진하였다. 이 신설전화국에 전자교환기(No.1A) 9,500회선을 공급하기 위한 입찰결과 낙찰금액은 2,344백만 원, 낙찰자는 삼성으로 결정되었다(1995. 7. 21). 다음해에 이 시설을 개통하였다(1996. 4).

이 전화국은 광주직할시 서구 쌍촌동 1198에 있었으며(1995년), 광주광역시 서구 쌍촌동 1198로 바뀌었다(1997년). 다시 상무2동 1198으로 변경되었다(1998년). 이 국은 당초부터 서광주전화국 상무 분국으로 운용하였다(1995년-1999년). 1995년 분국장은 2급통신기술(정동주)로 보임되었으며 1997년 분국장은 2급통신기술(김홍규)이 재직하였다.

(7) 서광주전화국

1972년 서광주전신전화국이 개국되었으며 이때 자동식 전화 2,000회선을 개통하였다. 그 후 1980년대 초반까지 기계식 자동교환기(EMD방식) 2민6천 회선을 운용하고 있었다(1981. 12), 이때 체신부는 1981년도 전자교환기 공급사업(81-ATTI-180k)을 추진하여 서광주국에 전자식(No1A) 2만 회선을 공급 개통하였다(1982. 3). 당초 ATTI와 공사계약 상 개통일은 1982년 4월말로 되었으나 설치공사 기간을 단축하고 인수시험 및 국간 중계시험을 조기 시행하여 1개월 일찍 개통하였다. 이때 ATT 기술진 8명이 도착하여 공사를 지원하였다.

또한 이에 따른 인입통신구 309m, 지하관로 10,409m, 케이블 81,026m 공사를 병행 시공하였다. 그러나 당시 국전 로터리의 굴착승인이 제때에 나지 않아 통신구 공사가 상당 지연되는 사태가 발생하였다. 이렇게 되자 후속 공정인 가입자케이블과 중계케이블 공사가 부진하여 계획된 일정에 시설 개통을 할 수 없는 난관에 봉착하기도 하였다. 당시 전남체신청은 광천동 방면 통신구와 관로가 연결되지 않아서 케이블공사가 연내 준공이 곤란하고 북광주전화국 월구 수용 케이블공사도 연내 준공이 불가능하다고 본부로 보고하였다. 이 문제를 해결하기 위해 동절기에도 통신구 공사를 강행하고 월구수용으로 케이블을 포설하는 등 특단의 조치를 하였다. 이 시설개통에 맞추어 1981년 말 10,500건을 사전 판매하였으며, 이때 북광주전화국의 5천 가입자를 월구 수용 조치하였다.

한편 이 사업을 효율적으로 추진하기 위해 개통추진위원회를 구성하였으며, 체신청장을 위원장으로 하고, 위원에는 체신청 보전과장, 기계계장, 선로계장, 전무과장, 관리과장, 업무과장, 서광주전화국장, 기계과장, 선로과장, 업무과장, 북광주전화국장, 선로과장, 시설사무소 기계계장, ATTI Mr. Martin 등으로 구성 운영하였다(이상 서광주 ESS 20,000회선 시설공사 추진현황보고, 전남체신청, 1981. 12. 3).

2년 후 다시 2만 회선(364국, 365국)을 3층에 증설하여 총 6만6천 회선으로 증가되었다(1985. 4). 이후 자동식 2만 회선, 전자식 5만1천 회선, 가입자케이블 13만7천 회선을 운용하였다(1986년-1987년). 또한 1980년대 중반에는 당시 변두리 지역인 하남, 비아, 임무, 본량, 삼도, 대산 등 5개 지역에 전송로집선장치(L/C)를 설치하여 자동전화를 공급하였다. 특히 하남에는 3천 회선, 비아에는 1천 회선 규모의 L/C를 운용하였다(1986년-1987년). 1990년대 중반에는 교환시설 20만 회선 이상(분국 포함)을 운용하는 광주에서는 가장 큰 초대형전화국이 되었다(1996. 1. 31).

1997년 7월 서광주전화국은 이 지역 최대기업인 아시아자동차의 회생을 위해 아시아자동차 본관 회의실에서 아시아자동차 측 대표에게 성금을 전달하였다(1997. 7. 30). 아시아자동차 살리기 운동은 노사가 자발적으로 참여하여 5백여만 원의 성금을 모금했고, 약 2억5천만 원에 달하는 아시아자동차 측 통신요금납부에 대한 유예를 6개월 연장하였다. 아울러 서광주전화국 사옥에「지역경제를 살립시다. 아시아를 살립시다」라는 문구의 플래카드를 부착하여 지역민에게 대대적으로 홍보하였는데, 이 행사는 MBC에서 취재 방영되었다.

이 전화국은 당초 광주직할시 서구 농성동 108-1에 있었으며 그 후 광주광역시 서구 농성동 108-1로 바뀌었다(1995년). 그리고 명칭은 서광주전신전화국이었으며(-1990년), 이후 서광주전화국으로 변경되었다(1990년-1999년). 1980년 서광주전신전화국장은 서인택이 재직하였다. 그 후 1990년 간부진은 국장 장용수, 총무부장 정재혁, 영업부장 조명식, 기계부장 김부곤, 선로부장 이경용, 남광주분국장 정남주로 보직되었다. 그리고 1995년에는 국장 문영한, 관리부장 이재금, 영업부장 박정민, 기술부장 서중기, 남광주분국장 이광수, 상무분국장 정동주가 재직하였다. 1997년 간부진은 국장 강상구, 영업부장 정동기, 고객서비스부장 박영석, 시설운용부장 백남준, 남광주분국장 황덕연, 상무분국장 김홍규로 보임되었다.

(8) 송정전화국

1981년에 기계식 자동교환기(EMD방식) 1,600회선, 1982년에 계속하여 2,200회선을 증설하여 8천 회선으로 늘어나면서 동곡을 흡수 자동화하였다. 이후 1983년에 2천 회선을 증설하여 1만 회선으로 늘어나면서 그동안 사용해온 한 자리 숫자 국번호(9국)를 두 자리 숫자 국번호(92국)로 변경하였다. 이어서 1984년에 3천 회선을 증설하여 자동식이 1만3천 회선으로 늘어났다. 그 후 1986년-1987년에 자동식 1만3천 회선, 원격교환기(R) 3천 회선, 가입자 케이블 31,100회선을 운용하였다.

또한 1980년대 후반에는 주변 원거리 지역인 대촌, 동곡, 평동 등 3개 지역에 전송로집선장치(L/C)를 설치하여 자동전화를 공급하였다. 그중 대촌에는 1987년 당시 1,800회선 규모의 L/C를 운용하였다. 1990년대 중반에는 교환시설 5만 회선 이상(분국 포함)을 운용하는 중형전화국이 되었다(1996. 1. 31). 이 전화국은 광주직할시 광산구 소촌동 527에 있었으며(1988년) 그 후 광주광역시 광산구 소촌동 527-4로 바뀌었다(1995년). 1990년까지 명칭은 송정전신전화국으로 사용하다가 이후 송정전화국으로 변경되었다(1990년-1999년). 1990년 송정전화국장은 2급행정(최인규)으로 보직되었다. 그 후 국장은 1995년 2급행정(이정한), 1997년 2급행정(황기주)으로 보임되었다.

(9) 하남전화국

1986년 한국통신은 광주, 전주, 이리, 신장지역과 강원도지역을 대상으로 시내전화 중장기 치국계획을 수립하였다. 이때 전라남도 광산군 하남지역의 급증하는 전화수요를 해결하고자 하남면 흑석리에 5만회선 규모의 하남전화국을 1991년에 신설하는 것으로 결정하였다(시내전화 중장기 치국계획, 1986. 12. 26, 한국통신 계획국). 이 계획을 수립 추진한 주관부서 및 결재자는 제9장 말미의 참고자료 편에 기록되어 있다.

그 후 수요변동에 따라 3만 회선 규모의 전화국으로 조정하였으며, 이를 위해 1987년에 대지(2,700m^2)를 매입 추진하였다. 1990년대 후반 전자교환기(TX) 8천 회선을 공급하여 1998년 8월 개통예정으로 추진하다가 IMF사태로 인한 수요가 격감하는 바람에 도중에 취소하였다. 이 전화국은 광주시 광산구 산정동 910에 있었으며, 당시 송정전화국 하남 분국으로 운용되었다(1995년-1998년). 이후 주소가 광주광역시 광산구 산정동 910으로 변경되었다(1998년).

9.2 전남지역 전화국 건설 및 운영

전라남도 내에 1980년대 초반(1981-1983년)에는 총 31개의 전화국, 1990년대 후반에는 나주, 목포, 순천, 여수 등 총 36개의 전화국(분국 포함)을 운용하였다.

(1) 강진전화국

1981년까지 기계식 자동교환기(ST방식) 2,400회선을 운용하였다. 1982년에 400회선, 1983년에 800회선, 1984년에 다시 400회선을 증설하여 총 4천 회선으로 늘어나게 되었다. 그 후 1985년부터 농어촌형 전자교환기(A)를 공급하였으며, 이때 도암, 마량, 병영, 성전, 신전, 옴천, 작천, 칠량, 수동 등 9개 지역에 원격전자교환기를 공급하여 자국으로 전자화하였다. 1987년 말에는 자동식 4천 회선, 전자식은 자국시설을 포함하여 9,594회선을 운용하였으며, 가입자케이블은 1986년-1987년에 19,400회선을 보유하고 있었다.

시설규모는 1990년대 중반까지 교환시설 5만 회선 미만(분국 포함)으로 운용하였다(1996. 1. 31). 그 후 1990년대 후반 전자교환기(A) 600회선을 공급 추진하다가 IMF사태로 인한 수요 감소로 400회선을 개통하였다(1998. 3. 31). 이 전화국은 전남 강진군 강진읍 평동리 12에 있었으며, 그 후 강진읍 남성리 23-5로 바뀌었다(1992년). 국명은 1990년까지 강진전신전화국이었다가 이후 강진전화국으로 변경되었다(1990년-1999년). 1990년 국장은 2급통신기술(박천배)로 보직되었다. 그 후 1995년 국장은 2급행정(오길수), 1997년 국장은 2급행정(박정민)으로 보임되었다.

<한국통신 뉴스> 1997년 강진전화국(국장 박정민)은 9월 10, 11일 양일간 자비원 등 11개소의 불우이웃 수용시설과 미화원, 의무경찰들을 방문하고 위문품을 전달하였다(1997. 9. 19).

(2) 고흥전화국

1981년까지 공전식교환기 1,600회선을 운용하였다. 1982년에 기계식 자동교환기(ST방식) 2천 회선을 공급하여 그해 3월에 개통하여 자동화하였으며 이때 두원을 통합하였다. 이어서 1천 회선을 9월에 개통하고 1983년에 다시 400회선을 증설하여 1984년까지 3,400회선을 운용하였다. 1985년부터 농어촌형 전자교환기(A)를 공급하였다. 이때 녹동, 풍남, 풍양, 포두, 남촌, 옥강, 두원, 차수, 도화, 점암, 회계, 양사, 과역, 연등, 도덕, 당중, 죽정, 예내, 사양, 내도, 남양, 평촌, 금산, 동청, 오천, 금당, 소록, 동강, 상송, 대서, 득량, 시산, 지축 등 33개 지역에 원격전자교환기(RSS)을 공급하여 자국으로 운용하였다. 이때 두원에는 전송로집선장치(L/C)도 공급하여 자동화를 촉진하였다.

1987년 말에는 자동식 3,400회선, 전자식은 자국시설을 포함하여 교환시설 25,198회선을 운용하였으며, 가입자케이블은 1986년-1987년에 43,050회선을 보유하고 있었다. 한편 1987년에는 전국 섬마을 전화자동화 완성계획에 따라 고흥전화국 관리도서인 미덕도(당시 1가구)에 해월 실선으로 시공하였다. 시설규모는 1990년대 중반까지 교환시설 5만 회선 미만(분국 포함)으로 운용하였다(1996. 1. 31). 그 후 전자교환기(A) 2,300회선을 증설할 계획으로 추진하였으나 IMF사태로 인한 수요 감소로 공급량을 축소하여 1,200회선을 공급하였다(1998. 9).

이 전화국은 전남 고흥군 고흥읍 서문리 219에 있었으며 그 후 서문리 219-7로 바뀌었다(1990년). 국명은 1990년까지 고흥전신전화국이었으며 이후 고흥전화국으로 변경되었다(1990년-1999년). 1990년 국장은 2급행정(오길수)으로 보직되었다. 그 후 국장은 1995년 2급행정(김홍래), 1997년 국장은 2급통신기술(최재암)로 보직되었다.

(3) 곡성전화국

곡성전화국은 대지가 677평으로 1982년까지 공전식교환기 1,400회선을 운용하였다. 그러던 중 1983년에 들어서면서 한국통신은 광역제 시내통화권의 모국과 자국에는 대도시에서 철거되는 기계식 자동교환기(EMD방식)를 재활용하여 공급한다는 가입전화공급방침을 세웠다. 이에 따라 1983년에 EMD방식 2천 회선을 공급하여 자동화되었으며 1984년에 다시 400회선을 증설하였다. 1985년부터 농어촌형 전자교환기(A)를 공급하였으며, 이때 압록, 목사동, 석곡, 옥과, 겸면, 삼기, 입면, 오산, 죽곡 등 9개 지역에 원격전자교환기를 공급하여 자국으로 운용하였다.

또한 1980년대 중반에는 당시 변두리 지역인 압록에 전송로집선장치(L/C)를 설치하여 자동전화를 공급하였다. 1987년 말에는 자동식 2,400회선, 전자식은 자국시설을 포함하여 8,158회선을 운용하였으며, 가입자케이블은 1986년-1987년에 14,100회선을 보유하고 있었다. 시설규모는 1990년대 중반까지 교환시설 5만 회선 미만(분국 포함)으로 운용하였다(1996. 1. 31). 그 후 1990년대 후반에 전자교환기(A) 1,100회선을 1998년 3월 개통목표로 추진하다가 IMF사태로 인한 수요 급감으로 공급 중단하였다.

이 전화국은 전남 곡성군 곡성읍 읍내리 710에 있었으며, 그 후 곡성군 곡성읍 읍내리 710-1로 바뀌었다(1990년). 명칭은 1990년까지 곡성전신전화국이었으며 이후 곡성전화국으로 변경되었다(1991년-1999년). 1990년 국장은 2급행정(신상길)으로 발령되었다. 그 후 국장은 1995년 2급행정(임영식), 1997년 2급행정(이정한)이 재직하였다.

(4) 광양전화국

광양전화국 대지는 518평으로 1982년까지 공전식교환기 1,600회선을 운용하였다. 그러다가 1983년에 들어서면서 한국통신은 광역제 시내통화권의 모국과 자국에는 대도시에서 철거되는 기계식 자동교환기(EMD방식)를 재활용하여 공급한다는 가입전화공급방침을 수립하였다. 이에 따라 1983년에 EMD방식 3,600회선을 설치하여 자동화되었으며 이때 봉강과 옥룡을 통합 자동화하였다. 이어서 1984년에 다시 2,400회선을 증설하여 총 6천 회선을 운용하였다.

1980년대 중반에 들어서면서 항월, 황길, 성황, 봉강 등 4개 지역에 전송로집선장치(L/C)를 공급하여 자동전화를 공급하였으며, 이때 성황에는 1,400회선 규모의 L/C를 운용하였다. 그 후 농어촌형 전자교환기(T)가 공급되면서 1987년 성황에 원격전자교환기(RSS)을 공급하여 자국으로 운용하였으며 이때 L/C는 철거되었다. 1987년 말에는 자동식 8,400회선, 전자식은 자국시설을 포함하여 5,752회선을 운용하였으며, 가입자케이블은 1986년-1987년에 28,100회선을 보유하고 있었다.

1995년에는 새로운 국사로 이전하였으며, 시설규모는 1990년대 중반까지 교환시설 5만회선 미만(분국 포함)으로 운용하였다(1996. 1. 31). 그 후 전자교환기(TB) 1,700회선을 증설할 계획으로 추진하였으나 IMF사태로 인한 수요 감소로 공급량을 축소하여 100회선을 공급하였다(1998. 8). 이 전화국은 전남 광양군 광양읍 읍내리 253에 있었다. 국명은 1990년까지 광양전신전화국이었으며 이후 광양전화국으로 변경되었다(1990년-1999년). 1990년 국장은 2급행정(임영식)로 보직되었다. 그 후 국장은 1995년 2급통신기술(박재욱), 1997년 2급행정(박원희)으로 보임되었다.

(5) 구례전화국

구례전화국은 대지가 783평으로 1982년까지 공전식 교환기 1,600회선을 운용하였다. 그러던 중 1983년에 들어서면서 한국통신은 광역제 시내통화권의 모국과 자국에는 대도시에서 철거되는 기계식 자동교환기(EMD방식)를 재활용하여 공급한다는 가입전화공급방침을 수립하였다. 이에 따라 1982년에 EMD방식 3,200회선을 설치하여 자동화되었으며 이때 역전, 용방, 마산을 통합하였다. 이어서 1984년에 다시 3,800회선을 증설하여 총 7천 회선을 운용하였다.

그 후 1987년 농어촌형 전자교환기(T)를 공급하였으며, 이때 산동지역에 원격전자교환기를 공급하여 자국으로 운용하였다. 이에 따라 기존의 자동식 가입자에 대하여 국번호(2)를 부여하여 사용하기 시작하였다. 또한 1980년대 후반에는 당시 원거리 지역인 간전, 광의, 산동, 평산, 외곡, 비촌 등 6개 지역에 전송로집선장치(L/C)를 설치하여 자동전화를 공급하였다. 또한 1987년 산동에는 원격전자교환기(RSS)를 공급함에 따라 L/C는 철거되었다. 1987년 말에는 자동식 7,400회선, 전자식은 자국시설을 포함하여 956회선을 운용하였다.

또한 가입자케이블은 1987년에 3,100회선을 증설하여 13,300회선을 보유하고 있었다.

시설규모는 1990년대 중반까지 교환시설 5만 회선 미만(분국 포함)으로 운용하였다(1996. 1. 31). 1990년대 후반에 전자교환기(TB) 300회선을 1998년 3월 개통목표로 추진하다가 IMF사태로 인한 수요 급감으로 공사를 중단하였다. 이 전화국은 전남 구례군 구례읍 봉남리 116에 있었다. 명칭은 1990년까지 구례전신전화국이었으며 이후 구례전화국으로 변경되었다(1990년-1999년). 1990년 국장은 2급행정(신윤호)으로 보직되었다. 그 후 국장은 1995년 2급통신기술(황덕연), 1997년 2급행정(최재금)으로 보직되었다.

(6) 금성전화국/ 나주전화국

1980년대 초까지 기계식 자동교환기(ST방식) 3,800회선을 운용하였다(1981. 12). 그 후 800회선을 증설한 후(1982년), 다시 2,400회선을 증설하여 7천 회선으로 늘어났다(1983년). 당시 앞으로 전자교환기 공급에 대비하여 이 시설에 대하여 새로운 국번호(2국)를 사용하게 되었다. 한편 1983년에 본 건물 864m^2, 부속건물 233m^{2}를 증축하였다(1983. 11). 이 공사는 광일토건에서 시공하였으며, 당시 공사감독자는 중앙건설사무소 신용하로 지정되었다.

5차 5개년계획 기간 중반에 처음으로 전자교환기(M10CN) 1만6천 회선을 신설하였다(1984년). 그 후 증설없이 자동식 7천 회선, 전자식 1만6천 회선을 운용하였으며 가입자케이블은 55,100회선을 운용하였다(1986년-1987년). 또한 1980년대 중반에는 나주 인근의 자석식전화 운용지역인 광암 등 17개 지역에 전송로집선장치(L/C)를 설치하여 자동전화를 공급하였으며, 그 세부내역은 <표 9-82>과 같다. 그중 노안, 남평, 다시, 봉항, 세지에는 당시 1천 회선 이상의 전송로집선장치를 운용하였다(1987년).

<표 9-82> 나주전화국 인근 자석식전화의 자동화

지역명	자동화방식	시행년도
광암, 왕곡, 노안, 금안, 남평, 다시, 문평, 산포, 공산, 다도, 동강, 반남, 봉황, 세지, 오계, 대전, 방산	전송로집선장치(LC)	1985년-1987년

시설규모는 1990년대 중반까지 교환시설 5만 회선 미만(분국 포함)으로 운용하였다(1996. 1. 31). 그 후 전자교환기(TB) 1천 회선을 증설할 계획으로 추진하였으나 IMF사태로 인한 수요 감소로 공급량을 축소하여 200회선을 공급하였다(1998. 8).

이 전화국은 전남 나주시 송월동 786에 있었으며, 1980년대에는 금성전화국으로 불리기도 하였다(1982년-1987년). 이후 1990년까지 나주전신전화국이었다가 다시 나주전화국으로 변경되었다(1990년-1999년). 1990년 나주전화국 간부진은 국장 조영주, 업무부장 강복동, 기술부장 김광남으로 보직되었다. 그 후 1995년에는 국장 조희덕, 업무부장 김재준, 기술부장 문태승이 재직하였다. 1997년 간부진은 국장 오장환, 영업부장 선명규, 시설운용부장 김재현으로 보임되었다.

(7) 녹동전화국

1981년까지 기계식 자동교환기(ST방식) 1,600회선을 운용하였다. 1982년에 400회선을 증설하여 1984년까지 2,000회선을 운용하였다. 이 전화국은 전남 고흥군 도양읍 봉암리 1970-7에 있었으며, 고흥전화국 녹동 분국으로 운용되었다(1995년-1999년).

(8) 능주전화국

1983년에 원격자동교환기 4천 회선을 공급 개통하였다.

(9) 담양전화국

1981년까지 기계식 자동교환기(ST방식) 2,200회선을 운용하였다. 1983년에 1,000회선을 증설하여 1984년까지 총 3천 회선을 운용하였다. 1985년부터 농어촌형 전자교환기(A)를 공급하였으며, 이때 대치, 무정, 용면, 금성, 남면, 대덕, 창평, 고서, 수 북, 봉산 등 10개 지역에 원격전자교환기를 공급하여 모국의 전자교환기와 연결하여 자국으로 운용하였다. 1987년 말에 교환시설은 자동식 3,200회선, 전자식은 자국시설을 포함하여 9,819회선을 운용하였으며, 가입자케이블은 1986년-1987년에 23,500회선을 보유하고 있었다.

시설규모는 1990년대 중반까지 교환시설 5만 회선 미만(분국 포함)으로 운용하였다(1996. 1. 31). 1990년대 후반에는 전자교환기(A) 1,200회선을 1998년 3월 개통목표로 추진하다가 IMF사태로 인한 수요 급감으로 공사를 중단하였다. 이 전화국은 전남 담양군 담양읍 지침리 31에 있었다. 국명은 1990년까지 담양전신전화국이었으며, 이후 담양전화국으로 변경되었다(1990년-1999년). 1990년 국장은 2급행정(서정기)으로 보직되었다. 그 후 국장은 1995년 2급행정(김정환), 1997년 2급행정(김정한)으로 보임되었다.

(10) 대불전화국

이 전화국은 1990년대 중반까지 도시형 AXE-10 교환기(가반형) 1대를 운용하였다(1996. 5). 그 후 1990년대 후반에는 전자교환기(TXN) 1만6천 회선을 공급 추진 중에IMF사태가 발생하자 이로 인해 전화수요가 감소하는 통에 1만 회선만을 개통하였다(1998. 9). 위치는 전남 영암군 삼호면 용앙리 1657-1에 있었으며, 당시 영암전화국 대불 분국으로 운영하였다(1998년).

(11) 동광양전화국

동광양전화국의 시설 규모는 1990년대 중반까지 교환시설 5만 회선 미만(분국 포함)으로 운용하였다(1996. 1. 31). 1990년대 후반 전자교환기(TX) 5,800회선을 공급하여 1998년 11월 개통예정으로 추진하다가 IMF사태로 인한 수요가 격감하는 바람에 도중에 취소하였다. 주소는 전남 광양시 중동 1361-8에 있었으며, 명칭은 동광양전화국으로 운용되었다(1994년

-1999년). 1995년 동광양전화국장은 2급통신기술(서형규)로 보직되었으며, 1997년 국장은 2급통신기술(김인하)이 재직하였다.

(12) 동목포전화국

1980년대 초까지 기계식 자동교환기(ST방식) 1만 회선을 운용하였다(1981. 12). 그러다가 1980년도 2차 전자교환기 구매계획이 수립되었으며 당시 목포전화국에 전자교환기(M10CN) 1만 회선 공급계획이 포함 추진되었다(1980년도 2차 14만회선 전자교환기구매, 체시기1620, 1979. 3. 22). 이 계획을 수립 추진한 주관부서 및 결재자는 제9장 말미의 참고자료 편에 기록되어 있다. 이때 자재는 BTM으로부터 직수입하고 공사는 BTMC 또는 KTC 책임보증 하에 국내회사가 전량시공하였다. 이 계획은 1982년도 전자교환기 공급사업(82-KTC-180k)이라는 실행계획으로 다듬어져 전자식 1만 회선을 3층에 설치하여 개통하였으며 이때 새로운 국번호(72국)을 부여하였다(1983. 1).

그때부터 시설량은 2만 회선으로 증가하였고 이어서 전자식 6천 회선을 증설하였다(1984. 8). 그때까지 동목포전화국 인근의 주요 도서인 안좌도(400회선), 팔금도, 압해도(300회선), 암태도(400회선), 장산도 등에는 자석식전화를 운용하고 있었다. 이들 지역에 원격교환장치(RSU)를 공급하여 통합 자동화하였다(1985년). 이중 당시 가구 수가 가장 많은 도서는 안좌도(1,785가구)였으며, 가장 적은 곳은 장좌도(15가구)였다(1984년).

그 후 자동식 9천 회선, 전자식 3만5천 회선을 운용하였으며, 가입자케이블은 1987년에 1,400회선을 증설하여 총 9만3천 회선으로 늘어났다(1986년-1987년). 한편 1980년대 초반부터 추진한 전국 섬마을 전화자동화계획에 따라 당시 관리도서 중 90가구 이상인 10개 도서에는 무선PCM설비, 그리고 10가구 이상 90가구 미만인 20개 도서에는 가입자무선장치(SR)를 공급하였으며, 그 세부내역은 <표 9-83>과 같다. 그리고 신추도, 장도, 노랑도, 토도, 대식도 등 5개 도서(당시 1가구)에 해월 실선으로 공사하였으며, 담박도와 대엽도(당시 1 가구)에도 가입자무선장치(SR)를 공급하여 처음으로 자동전화를 공급하였다(1987년).

<표 9-83> 동목포전화국 인근 소규모도서의 자동화

섬마을 규모	도서명	자동화방식
90가구 이상	달리도, 늘도, 고이도, 매화도, 병풍도, 당사도, 금호도, 선도, 반월도, 안좌도	무선PCM 설비
10가구 이상 90가구 미만	고하도, 허사도, 추포도, 외달도, 소악도, 수도, 우곳도, 가람도, 초란도, 장좌도, 마산도, 탄도, 하수치도, 옥도, 장병도, 박지도, 마진도, 부소도, 우목도, 대야도	가입자무선장치 (SR)

또한 1980년대 중반부터 당시 원거리 지역과 도서지역인 전장포, 자라, 여흘, 자동, 일로, 옥암, 용포, 지난, 유교, 읍동, 사옥, 가거도, 홍도, 압해 등 14개 지역에 전송로집선장치(L/C)

를 설치하여 자동전화를 공급하였다. 한편 그때까지 가입자 무선장치를 운용하고 있던 달리도, 늘도, 신도, 고이도, 매화도, 병풍도, 당사도, 금호도, 반월도 등 9개 도서에도 L/C를 공급하여 이를 대체하였다(1987년). 이 전화국은 전남 목포시 용당1동 977-4에 있었으며, 당시 목포전화국의 동목포 분국으로 운용되었다(1990년). 1990년 분국장은 2급통신기술(김홍규)로 보직되었으며, 그 후 1995년 분국장은 2급통신기술(김재현)이 재직하였다.

(13) 동순천전화국

1990년대 후반에 전자교환기(TXN) 3,400회선을 개통하였다(1998. 9). 그 후 1990년대 후반 전자교환기(TXN) 9,500회선을 공급 추진하다가 IMF사태로 인한 수요 감소로 3,400회선을 개통하였다(1998. 6. 27). 이 전화국은 전남 순천시 조례1동 1605에 있었으며 처음에는 순천전화국 동순천 분국으로 운영되다가(1996년) 한동안 순천전화국 운영지원센터로 운영되었다(1997년-1998년). 이후 다시 순천전화국 동순천 분국으로 변경되었다(1999년).

(14) 동여수전화국

동여수전화국은 1980년대 초 여수전화국 지역의 급증하는 전화공급을 분담하기 위해 신설되었다(1983년). 이를 위해 대지 1,088평을 확보하고, 종국 용량 5만 회선의 국사를 1982년에 완공하였으며, 여수전화국 관내 19개동을 분할하여 전화를 공급하게 정하였다. 이때 여수전화국과 동여수전화국의 전화수요 분담계획(1982년-1996년)에 대한 세부내역은 여수전화국 편에 설명되어 있다. 전화국 개국에 따라 1983년도 전자교환기 공급사업(83-KTC-20k)에 의해 국내조립 생산한 전자교환기(M10CN) 1만 회선(62국)을 개통하였다(1983. 9). 이 공사는 SST에서 담당 시공하였으며, 당시 공사감독은 중앙건설사무소 시설본부 통신기술직(최동규)이 수행하였다.

이때 여수전화국 관할의 덕흥동, 공화동 가입자(6,500)를 이 전화국으로 수용 변경하여 넘겨받았다. 이어서 8천 회선(63국)을 증설하였으며 이때 둔덕, 만흥, 문수, 미평, 어시, 연동, 오림, 오천, 충무지역 가입자(9,000)를 여수전화국으로부터 이관받아 수용하였다(1984. 11). 1985년 다시 1만2천 회선(64국)을 공급하였으며, 그때까지 자석식전화를 이용하고 있던 서도, 초도 등 9개 도서를 동여수전화국의 전자교환기로 통합 자동화하였으며 세부내역은 <표 9-84>와 같다. 그 후 전자식 3만 회선을 운용하였으며, 그해에 가입자케이블 2,500회선을 증설하여 총 40,400회선으로 확장되었다(1987년).

<표 9-84> 동여수전화국 인근 자석식전화의 자동화

국명	자석식전화	국명	자석식전화	국명	자석식전화
서도	100	거문도	200	초도	200
여남	400	화태	100	안도	200
연도	200	개도	200	묘도	100

한편 1980년대 중반부터 전국 섬마을 전화자동화계획에 따라 당시 관리도서 중 90가구 이상인 8개 도서에는 무선PCM장치, 그리고 90가구 미만인 17개 도서에는 가입자무선장치(SR)를 공급하여 자동화하였는데 세부내역은 <표 9-85>와 같다. 당시 가구 수가 가장 많은 도서는 개도(511가구)였고, 가장 적은 곳은 금죽도(1가구)와 수항도(1가구)였다(1984년).

<표 9-85> 동여수전화국 인근 소규모 도서의 자동화

섬마을 규모	도서명	자동화방식
90가구 이상	송도, 제도, 적금도, 대여자도, 안도, 개도, 남도, 대횡간도	무선PCM 설비
10가구 이상 90가구 미만	소두도, 나발도, 소횡간도, 금죽도, 둔병도, 사도, 하화도, 소여자도, 자봉도, 상화도, 소경도, 평도, 조발도, 월호도, 부도, 대두도, 수항도	가입자무선장치 (SR)

그 후 장도, 가장도, 치도, 상도 등 4개 도서(당시 2- 5가구)에 SR장치를 공급하여 처음으로 자동전화를 공급하였다(1987년). 또한 1980년대 후반에는 당시 변두리 지역과 도서 지역인 돌산, 안도, 개도, 대경도, 낭도, 죽도, 월암, 거문도, 초도, 화태, 연도, 서도, 손죽도, 백야도, 동도, 만성리, 대여자도, 송도 등 18개 지역에 전송로집선장치(L/C)를 설치하여 자동전화를 공급하였다.

이중 돌산에는 1천 회선 규모의 L/C를 운용하였으며, 대여자도와 송도에는 당시 SR을 운용하고 있다가 이를 L/C로 대체하였다(1986년-1987년). 이후 전자교환기(TB) 400회선을 증설할 계획으로 추진하였으나 수요 감소로 공급량을 축소하여 300회선을 공급하였다(1998. 8). 이 전화국은 치국 초기에 진남전화국으로 불리다가 나중에 동여수전화국으로 국명이 변경되었다. 위치는 전남 여수시 고소동 637에 있었으며, 당시 여수전화국의 동여수분국으로 운용되었다(1990년-1999년). 1990년 분국장은 2급통신기술(황덕연)로 보직되었다. 그 후 분국장은 1995년 2급통신기술(이해성), 1997년 2급통신기술(위무량)로 보임되었다.

(15) 목포전화국

1967년 목포전신전화국으로 개국되었으며 1980년대 초반까지 기계식 자동교환기(ST방식) 1만2천 회선을 운용하였다(1981. 12). 정부의 5차 5개년계획에 따라 1983년부터 전자교환기 공급사업(83-KTC-124k)에 따라 전자식(M10CN) 1만 회선(42국)을 공급 개통하였다(1983. 11). 이 공사는 SST에서 시공하였으며, 공사감독은 중앙건설사무소 시설본부 통신기술직(이종원)이 수행하였다. 그때부터 시설규모가 2만2천 회선으로 증가되었으며. 이때 2층에 있던 시외교환시설을 동목포전화국으로 이설하였다.

그 후 자동식 8,600회선, 전자식 1만4천 회선, 가입자케이블 37,200회선을 운용하였다(1986년-1987년). 1990년대 중반에는 교환시설 10만 회선 이상(분국 포함)을 운용하는 중대형전화국이 되었다(1996. 1. 31). 이후 전자교환기(TB) 1천 회선을 증설할 계획으로 추진하였으나 IMF사태로 인한 수요 감소로 공급량을 축소하여 500회선을 공급하였다(1998. 8).

1997년 7월 목포전화국은 대광해수욕장에서 개최된 KBS 전국노래자랑에 완벽한 통신지원을 하고, 정보통신시연회를 겸한 상품홍보활동을 펼쳤다. 이날 행사는 전국에서 몰려던 피서인파의 홍수 속에서 001 홍보용 대형천막을 설치하고 무료전화 및 이동전화를 설치하여 피서지의 혼잡한 통신이용을 원활하게 하였다. 또한 인터넷과 미래텔 시연회를 겸한 전화카드 및 정보통신 상품판매 활동을 펼쳤으며, 한국통신의 국제전화 및 시외전화 홍보문구가 새겨진 대형 막대풍선을 노래자랑에 참가한 3천여 관객에게 배부하였다.

이 전화국은 전남 목포시 호남동 1-17에 있었다. 국명은 1990년까지 목포전신전화국이었으며 한국통신의 조직개편에 따라 목포전화국으로 바뀌었다(1990년-1999년). 1990년 간부진은 국장 안남혁, 총무부장 조정기, 영업부장 김준성, 기계부장 이건식, 선로부장 이인수, 동목포분국장 김홍규로 보직되었다. 그 후 1995년에는 국장 신중필, 관리부장 임익춘, 영업부장 유점동, 기술부장 김학봉, 도서통신부장 이준, 동목포분국장 김재현이 재직하였다. 1997년 간부진은 국장 옥귀태, 영업부장 노종균, 고객서비스부장 이승헌, 시설운용부장 이현, 도서통신부장 한승재, 운용지원센터장 박해웅으로 보임되었다.

(16) 무안전화국

1981년까지 기계식 자동교환기(ST방식) 1,400회선을 운용하였다. 1982년에 400회선을 증설하여 그때부터 1,800회선을 운용하였으며 1983년에는 본 건물 756m²를 증축하였다(1983. 10). 이때 공사감독자는 중앙건설사무소 송기섭으로 지정되었다. 그 후 1987년 농어촌형 전자교환기(T)를 공급하였으며, 그때까지 자석식전화를 이용해온 망운, 해제, 장동, 청계, 현경, 절동, 몽탄, 청용, 운남 등 9개 지역에 원격전자교환기(RSS)을 공급하여 자국으로 운용하였다. 또한 1987년에는 당시 변두리 지역인 절동에 전송로집선장치(L/C)를 설치하여 자동전화를 공급하였다.

1987년 말에는 자동식 1,800회선, 전자식은 자국시설을 포함하여 교환시설 7,980회선을 운용하였으며, 가입자케이블은 1986년-1987년에 1만9천 회선을 보유하고 있었다. 시설규모는 1990년대 중반까지 교환시설 5만 회선 미만(분국 포함)으로 운용하였다(1996. 1. 31). 이 전화국은 전남 무안군 무안읍 성남리 309에 있었다. 명칭은 1990년까지 무안전신전화국이었으며, 이후 무안전화국으로 변경되었다(1990년-1999년). 1990년 국장은 2급행정(정병태)으로 보직되었다. 그 후 국장은 1995년 2급행정(조정기), 1997년 2급통신기술(서형규)이 재직하였다.

(17) 벌교전화국

1981년까지 공전식전화 1,800회선을 운용하였다. 1982년 7월에 기계식 자동교환기(ST방식) 2,200회선을 설치하여 자동화되었으며 다시 9월에 400회선을 증설하여 1984년까지 총 3천 회선을 운용하였다. 그 후 1985년부터 농어촌지역에 소용량 전자교환기(A)가 공급됨에 따라 벌교전화국과 그 관할 지역인 장암, 호산, 월평, 원당, 장도 등 5개 지역에도 원격전자교환기를 공급하여 보성전화국의 자국으로 운용하였다. 이에 따라 1987년 말에는 자동식 3,600회선, 전자식 2,470회선을 운용하였다.

한편 1987년에는 전국 섬마을 전화자동화 완성계획에 따라 벌교전화국 관리도서인 오동도(당시 3가구)에 가입자무선장치(SR)를 공급하였다. 시설규모는 1990년대 중반까지 교환시설 5만 회선 미만(분국 포함)으로 운용하였다(1996. 1. 31). 주소는 전남 보성군 벌교읍 벌교리 868이었으며, 국명은 벌교전화국이었다(1992년-1999년). 1995년 벌교전화국장은 3급(공석)으로 보직되었다.

(18) 법성포전화국

1981년 기계식 자동교환기(ST방식) 200회선을 증설하여 1천 회선을 운용하였다. 1982년에 400회선을 증설하여 1,400회선으로 늘어나면서 홍농을 통합 자동화하였으며 1983년에 다시 800회선을 증설하여 1984년까지 총 2,200회선을 운용하였다. 이후 1987년에 차기 교환시설 설치 상면을 확보하기 위해 자동식 2,200회선을 철거하였다. 주소는 전남 영광군 법성면 법성리 688-3이었으며 당시 영광전화국 법성포 분국으로 운영되었다(1995년-1998년).

(19) 보성전화국

1981년에 기계식 자동교환기(ST방식) 400회선을 개통하여 그때부터 1,400회선을 운용하였으며 1983년에 400회선을 증설하여 총 1,800회선을 운용하였다. 그 후 1987년 농어촌형 전자교환기(A)를 공급하였으며, 그때까지 자석식전화를 이용해온 북내, 겸백, 문덕, 죽산, 미력, 예당, 하작, 웅치, 율어, 노동, 회천, 율포, 조성원 등 13개 지역에 원격전자교환기를 공급하여 자국으로 운용하였다. 또한 벌교, 장암, 호산, 월평, 원당, 장도 등 5개 지역에도 원격전자교환기를 공급하여 보성전화국의 자국으로 운용하였다.

1987년 말에는 자동식 5,400회선(보성 1,800회선, 벌교 3,600회선), 전자식은 13,297회선(자국시설 포함)을 운용하였다. 이때 가입자케이블은 1986년-1987년에 30,500회선을 보유하고 있었다. 그 후 1990년대 후반 전자교환기(A) 400회선을 개통하였다(1998. 2. 27). 시설규모는 1990년대 중반까지 교환시설 5만 회선 미만(분국 포함)으로 운용하였다(1996. 1. 31). 주소는 당초 전남 보성군 보성읍 보성리 857이었으며 그 후 보성읍 보성리 857-5로 변경되었다(1995년). 국명은 1990년까지 보성전신전화국이었다가 이후 보성전화국으로 변경되었다(1990년-1999년). 1990년 국장은 2급행정(김홍래)으로 보직되었다. 그 후 국장은 1995년 2급통신기술(오만규), 1997년 2급행정(이기창)으로 보임되었다.

<한국통신 뉴스> 1997년 보성전화국(국장 김재현)은 9월 11일 병환과 생활고로 어려운

처지인 이웃을 찾아 위로금을 전달하고 음지에서 고생하고 있는 환경미화원 15명과 군경을 방문, 선물을 전달하였다(1997. 9. 19).

(20) 북순천전화국

북순천전화국은 순천 시내 북부지역의 전화공급을 위해 신설되었다(1983년). 1983년도 전자교환기 공급사업(83-BTM-50k)에 의해 전자식(M10CN) 1만 회선을 공급 개통하였으며, 이를 위한 국번호는 52국을 부여하였다(1984. 1). 이 공사는 삼성반도체(SST)에서 시공하였으며, 공사감독은 중앙건설사무소 이태영이 수행하였다. 이때 서면에 전송로집선장치(LC)를 설치하여 통합 자동화하였다.

1980년대 중반 한국통신은 중소도시 중 수요가 급증하여 시설확장이 시급한 지역을 대상으로 시내전화 장기치국계획을 수립하였다(시내전화 장기치국계획, 1985. 1. 18, 한국통신 계획국). 이 시내전화 장기치국계획을 수립 추진한 주관부서 및 결재자는 제9장 말미의 참고자료 편에 기록되어 있다. 이 계획에서 순천지역은 순천전화국과 북순천전화국을 복국으로 운용하게 하였다. 그리고 순천전화국의 국사가 충만할 때는 북순천전화국에서 원격교환장치(RSS)를 공급 운용하게 결정하였다.

1985년 전자교환기 1만 회선을 증설하였으며 이때 순천전화국 관할의 저전동, 장천동 일부의 약 1,800가입자를 전입하였다. 이때 주변 원거리 지역으로 자석식전화를 이용하고 있던 송광, 낙안, 외서, 괴목, 월등, 쌍암, 주암 등 7개 지역에 원격교환장치(RSU)를 공급하여 북순천전화국에 통합 자동화하였다. 당시 쌍암에는 MDO 1천 회선을 운용하였으며, 그 세부내용은 <표 9-86>과 같다. 이후 전자식 2만6천 회선, 가입자케이블 41,400회선을 운용하였다(1986년-1987년).

<표 9-86> 북순천전화국의 자석식전화 자동화(단위: 회선)

국명	자석식	관내지역 및 국간거리(Km)	RSU공급
송광	300	송광 38.8 외우 48.5 금평 17.1	900
낙안	400	낙안 26.3 신전 32.3	
외서	100	외서 31.8	400
괴목	400	괴목 18.9 대치25.8	1,100
월등	200	월등 23.7	500
쌍암	1,000	쌍암 16.0	1,600
주암	400	주암 33.0 복다 28.1	1,500

1980년대 중반에는 당시 원거리 지역인 별량, 계령, 상사, 쌍지, 마륜, 당천, 신촌, 대저, 신전, 외서, 송광 등 11개 지역에는 전송로집선장치(L/C)를 설치하여 자동전화를 공급하였다.

그 후 1990년대 후반 전자교환기(TB) 500회선을 공급하여 1998년 6월 개통예정으로 추진하다가 IMF 사태로 인한 수요가 감소하는 바람에 도중에 취소하였다. 신설 초기에는 잠시 삼산전화국으로 칭하기도 한 이 전화국의 주소는 전남 순천시 석현동 87이었으며, 이후 순천시 석현동 97로 바뀌었다(1999년). 개국 초기에는 순천전화국의 북순천분국으로 운용되었다(1990년-1999년). 1990년 분국장은 2급통신기술(이정훈)로 보직되었으며, 그 후 1995년 분국장은 2급통신기술(김용필)로 발령되었다.

(21) 북여수전화국

이 전화국은 전남 여수시 문수동 111에 있었으며, 당시 북여수전화국은 동여수전화국과 함께 여수전화국의 분국으로 운용되었다(1995년-1999년).

(22) 순천전화국

1980년대 초까지 기계식 자동교환기(ST방식) 1만1천 회선을 운용하였다(1981. 12), 1982년 다시 3천 회선을 증설하였는데, 당시 순천전화국은 2001년 수요가 48,080인데 비하여 종국 용량은 1만4천 회선이어서 이 지역 전화공급에 문제가 발생하고 있었다. 이러한 문제를 해결하고자 1980년대 중반 한국통신은 중소도시 중 수요가 급증하여 시설확장이 시급한 지역을 대상으로 시내전화 장기치국계획을 수립하였다(시내전화 장기치국계획, 1985. 1. 18, 한국통신 계획국). 이 시내전화 장기치국계획을 수립 추진한 주관부서 및 결재자는 제9장 말미의 참고자료 편에 기록되어 있다.

이 계획에서 순천지역은 순천전화국과 북순천전화국을 복국으로 운용하게 하였다. 이에 따라 순천전화국의 국사가 충만할 때에는 북순천전화국에서 원격교환장치(RSS)를 공급 운용하게 결정하였다. 그 후 인근의 북순천전화국에서 전자교환기(M10CN) 10,000회선이 개통되었다(1985년). 이때 저전동, 장천동 일부의 약 1,800가입자를 북순천전화국으로 수용변경하였다. 이때 자석식전화를 이용하고 있던 괴목 등 7개 지역은 북순천전화국으로 변경하여 원격교환장치(RSU) 또는 선로집선장치(LC)를 공급하여 자동화하였다(세부내역은 북순천전화국 참조).

이어서 전자교환기(이동용TD) 3천 회선을 공급하여 741국으로 사용하였으며, 가입자케이블은 4,100회선을 증설하여 시설규모는 3만1천 회선이 되었다(1987년). 1980년대 중반에는 당시 변두리 지역인 해룡, 노월, 인안 등 3개 지역에 전송로집선장치(L/C)를 설치하여 자동전화를 공급하였다. 그중 해룡에는 당시 1,400회선 규모의 L/C를 운용하였다(1987년). 1990년대 중반에는 교환시설 10만 회선 이상(분국 포함)을 운용하는 중대형전화국이 되었다(1996. 1. 31).

이 전화국은 전남 순천시 장천동 14-2에 있었다. 명칭은 1990년까지 순천전신전화국이었으며 이후 순천전화국으로 변경되었다(1990년-1999년). 1990년 간부진은 국장 천정석,

총무부장 공석, 영업부장 안태윤, 기술부장 최광철, 북순천분국장 이정훈으로 보직되었다. 그 후 1995년에는 국장 권창현, 업무부장 박길양, 기술부장 고병철, 북순천분국장 김용필이 재직하였다. 1997년 간부진은 국장 선찬구, 영업부장 최용근, 고객서비스부장 송윤종, 시설운용부장 최공호, 운용지원센터장 고병철로 보임되었다.

(23) 쌍암전화국

1982년에 이동식교환기(MDO) 1천 회선을 신설하여 1985년까지 이 시설을 운용하였다. 그 후 북순천전화국에 전자교환기(M10CN) 1만 회선이 개통됨에 따라 여기에 원격교환장치(RSU) 1,600회선을 공급하여 북순천전화국으로 통합되었다. 당초에는 쌍암에 전자교환기(TD) 6천 회선 공급을 검토하였으나 원격교환장치로 변경되었다.

(24) 여수전화국

1980대 초까지 기계식 자동교환기(ST방식) 1만3천 회선을 운용하였다(1981. 12). 1982년 이동식(MDO) 2천 회선을 증설하였으며, 이때 여수전화국 지역의 급증하는 전화공급을 분담하기 위하여 동여수전화국을 신설하였다. 당시 여수전화국의 종국용량은 1만3천 회선이었으며, 여수전화국과 동여수전화국의 전화수요 분담계획(1982년-1996년)은 <표 9-87>과 같이 정하였다.

<표 9-87> 여수전화국과 동여수전화국의 전화수요 분담계획

구분	1981년	1982년	1984년	1986년	1991년	1996년
여수전화국	13,000	9,910	11,970	15,200	22,600	27,800
동여수전화국	-	18,220	23,030	28,800	45,400	54,400
계		28,130	35,000	45,000	68,000	82,200

다음 해에는 관할지역 중 덕홍동, 공화동의 약 6,500가입자를 동여수전화국으로 수용 변경하였다(1983년). 이때 다시 이동식 2천 회선을 철거하였으며 그때부터 자동식 1만3천 회선을 운용하였다. 한편 가입자케이블은 27,300회선을 운용하였다(1986년-1987년). 1990년대 중반에는 교환시설 5만 회선 이상(분국 포함)을 운용하는 중형전화국이 되었다(1996. 1. 31). 그 후 1990년대 후반 전자교환기(TB) 400회선을 공급하여 1998년 10월 개통예정으로 추진하다가 IMF사태로 인하여 수요가 감소하는 바람에 도중에 취소하였다.

이 전화국은 전남 여수시 덕충동 1902에 있었으며 그 후 여수시 서교동 534-9으로 바뀌었다(1990년). 명칭은 여수전신전화국이었으며(-1990년) 그 후 조직개편에 따라 여수전화국으로 변경되었다(1990년-1999년). 1990년 간부진은 국장 이진형, 총무부장 공석, 영업부장 최안용, 기술부장 김요동, 동여수분국장 황덕연으로 보직되었다. 그 후 1995년에는 국장 오채형, 업무부장 신희식, 기술부장 공석, 동여수분국장 이해성이 재직하였다. 그리고 1997년 간부진은 국장 한홍인, 영업부장 정재구, 시설운용부장 최낙진, 동여수분국장 위무량으로 발령되었다. 이로부터 20여년이 지난후 KT는 여수전화국을 일반에 매각하기 위한 매각공고를 하였다(2023년).

(25) 여천전화국

1981년까지 기계식 자동교환기(ST방식) 3천 회선을 운용하였다. 1982년에 1천 회선을 증설하고 1983년에 다시 1천 회선을 증설하여 1984년까지 5천 회선을 운용하였다. 이 지역에는 1985년에 처음으로 전자교환기(M10CN) 6천 회선을 공급하였다. 이때 자석식전화를 운용하고 있던 인근 4개 지역에 원격교환장치(RSU)를 공급하여 여천전화국으로 통합 자동화하였다. 이후 1986년 말에 자동식 6,400회선, 전자식 6천 회선을 운용하다가 1987년에 전자식 6천 회선(83국)을 증설하여 총 교환시설은 18,400회선이 되었으며, 가입자케이블은 7,700회선을 증설하여 총 30,200회선으로 늘어났다.

<표 9-88> 여천전화국 주변지역의 전화자동화(단위: 회선)

국명	자석식 교환기	RSU 공급	모국간 거리	국명	자석식 교환기	RSU 공급	모국간 거리
화양	400	900	10.8Km	서촌		1,000	16.0Km
신풍		700	11.7Km	율촌	500	1,000	17.3Km

한편 1980년대에 들어서면서 전국 섬마을 전화자동화계획에 따라 당시 관리도서인 송도, 장도, 삼간도 등 3개 도서(당시 50-70가구)에 가입자무선장치(SR)를 공급하였다. 또한 1980년대 후반에는 당시 변두리 지역과 도서 지역인 상암, 풍유, 원포, 난화, 월례, 당내, 이천, 묘도, 율촌 등 9개 지역에 전송로집선장치(L/C)를 설치하여 자동전화를 공급하였다. 시설 규모는 1990년대 중반까지 교환시설 5만 회선 미만(분국 포함)으로 운용하였다(1996. 1. 31). 그 후 1990년대 후반 전자교환기(TXN) 6천 회선을 공급 추진하다가 IMF사태로 인한 수요 감소로 2,300회선을 개통하였다(1998. 4. 29).

이 전화국은 전남 여수시 서교동 534-9에 있었으며 그 후 여천시 학동 73으로 바뀌었다(1990년). 명칭은 1990년까지 여천전신전화국이었다가 조직개편에 따라 여천전화국으로 변경되었다(1990년-1999년). 1990년 국장은 2급통신기술(박윤석)로 보직되었다. 그 후 국장은 1995년 2급행정(이기창), 1997년 2급통신기술(임한규)로 보임되었다.

(26) 영광전화국

1981년까지 기계식 자동교환기(ST방식) 2천 회선을 운용하였다. 1982년에 400회선을 증설하여 2,400회선으로 늘어나게 되었고 이때 군서를 통합 자동화하였다. 이어서 1983년에

800회선, 1984년에 400회선을 증설하여 총 3,600회선을 운용하였다. 1985년부터는 농어촌형 전자교환기(A)를 공급하였으며, 이때 군남, 대마, 묘량, 삼학, 백수, 불갑, 염산, 낙월, 덕용 등 9개 지역에 원격전자교환기를 공급하여 자국으로 운용하였다. 또한 인근 법성포전화국에 원격전자교환기를 공급하여 자국으로 운용하기 시작하였으며 1987년 법성포전화국에 다시 원격전자교환기를 증설하여 4,876회선으로 늘어나면서 그때까지 운용한 기계식 자동교환기(ST방식) 2.200회선을 철거하였다.

영광전화국은 1987년 말에 자동식 3,600회선, 전자식은 자국시설을 포함하여 13,922회선을 운용하였다. 또한 가입자케이블은 1986년-1987년에 22,700회선을 보유하고 있었다. 시설규모는 1990년대 중반까지 교환시설 5만 회선 미만(분국 포함)으로 운용하였다(1996. 1. 31). 이 전화국은 전남 영광군 영광읍 백학리 251에 있었으며, 그 후 영광읍 백학리 251-1로 바뀌었다(1990년). 명칭은 1990년까지 영광전신전화국이었으며 직제개편에 따라 영광전화국으로 바뀌었다(1990년-1999년). 1990년 국장은 2급행정(박현호)으로 보직되었다. 그 후 국장은 1995년 2급행정(정병태), 1997년 2급통신기술(김광남)로 보임되었다.

(27) 영암전화국

1981년까지 기계식 자동교환기(ST방식) 1,200회선을 운용하였으며 1983년에 600회선을 증설하면서 덕진을 통합 자동화하였다. 이어서 1984년에 다시 400회선을 증설하여 총 2,200회선을 운용하였다. 그 후 1987년 농어촌형 전자교환기(A)를 공급하였으며, 그때까지 자석식전화를 운용해온 독천, 신북, 군서, 시종, 금지, 미암, 삼호, 삼포, 도포, 금정, 서호 등 11개 지역에 원격전자교환기를 공급하여 자국으로 자동화하였다. 한편 TDX-1A 교환기(가반형) 1대를 1990년대 중반까지 운용하였다(1996. 5).

교환시설규모는 자동식 2,200회선, 전자식은 자국시설을 포함하여 12,297회선을 운용하였다(1987. 12). 이때 가입자케이블은 24,900회선을 보유하고 있었다(1986년-1987년). 주소는 전남 영암군 영암읍 서남리 51이었으며, 얼마 후 영암읍 서남리 51-2로 바뀌었다(1990년). 개국 이후 명칭은 1990년까지 영암전신전화국이었으며, 이후 영암전화국으로 바뀌었다(1990년-1999년). 1990년 국장은 2급행정(박병수)으로 보직되었으며, 그 후 국장은 1995년 2급행정(노학봉), 1997년 2급통신기술(정호준)로 보임되었다.

(28) 옥곡전화국

1983년 본 건물 1,944m^2, 부속건물 233m^{2}를 준공하였다(1983. 12). 이 공사는 국토건설에서 시공하였으며 당시 공사감독자는 중앙건설사무소 김운택으로 지정되었다. 1983년에 기계식 자동교환기(EMD방식) 3천 회선을 공급하여 자동화되었으며 그 후 1984년에 다시 1,200회선을 증설하여 총 4,200회선을 운용하였다. 1980년대 중반에 들어서면서 당시 원거리 지역인 죽전, 진월, 금동, 태금, 신기, 죽천, 제철소 등 7개 지역에 전송로집선장치(L/C)를 설치하여 자동전화를 공급하였다.

1985년부터 농어촌형 전자교환기(T)가 공급되면서, 죽전, 태금, 제철소 지역에는 원격전자교환기(RSS)을 공급하여 자국으로 전자화하였다. 이후 1987년 말에는 자동식 6천 회선, 전자식은 자국시설을 포함하여 2,856회선을 운용하였다. 이 전화국은 전남 광양군 옥곡면 장동리 551에 있었으며(1989년) 그 후 광양시 옥곡면 장동리 551로 변경되었다(1998년). 명칭은 옥곡전신전화국으로 사용하다가 옥곡전화국으로 변경되었다(1990년). 1990년 국장은 3급행정(공석)으로 보직되었으며, 그 후 동광양전화국 옥곡 분국으로 운용하였다(1995년-1998년).

(29) 완도전화국

1981년까지 기계식 자동교환기(ST방식) 2,200회선을 운용하였다. 1983년에 400회선, 1984년에 400회선을 증설하여 총 3천 회선을 운용하였으며, 그 후 1987년에 농어촌 형 전자교환기(A)를 공급하였다. 이에 따라 그때까지 자석식전화를 이용해온 정도리, 금일, 노화, 고금, 교성, 농상, 청산, 군외, 월불목, 소안, 신지, 약산, 해동, 보길, 생일, 모도, 충도, 넙도 등 18개 지역에 원격전자교환기(R)을 공급하여 자국화되면서 자동전화로 바뀌었다. 1987년 말에는 자동식 3,400회선, 전자식은 자국시설을 포함하여 교환시설 14,168회선을 운용하였으며, 가입자케이블은 1986년-1987년에 2만9천 회선을 보유하고 있었다.

시설규모는 1990년대 중반까지 교환시설 5만 회선 미만(분국 포함)으로 운용하였다(1996. 1. 31). 그 후 전자교환기(A) 700회선을 증설할 계획으로 추진하였으나 IMF 사태로 인한 수요 감소로 공급량을 축소하여 100회선을 공급하였다(1998. 7). 주소는 전남 완도군 완도읍 군내리 310이었으며(-1989년), 그 후 완도읍 군내리 310-1로 바뀌었다(1990년). 그리고 명칭은 1990년까지 완도전신전화국이었다가 이후 완도전화국으로 바뀌었다(1990년-1999년). 1990년 국장은 2급행정(이두범)으로 보직되었다. 그 후 국장은 1995년 2급통신기술(김재천), 1997년 2급통신기술(김재천)로 보임되었다.

(30) 장성전화국

1981년까지 공전식교환기 1,600회선을 운용하였다. 1982년에 기계식 자동교환기 (EMD방식) 2,600회선을 공급하여 자동화되었으며 이때 남면, 서삼, 동화를 흡수 통합하였다. 그 후 1983년에 2,200회선, 1984년에 3,600회선을 증설하여 총 8,400회선으로 늘어나게 되었다. 1987년 농어촌형 전자교환기(T)를 공급하였다.

이때 자석식전화를 이용해온 삼계, 남면, 삼서, 진원 등 4개 지역에 원격전자교환기(RSS)을 공급하여 자국화되면서 자동전화로 바뀌었다. 또한 1980년대 중반에는 당시 원거리 지역인 사가, 신흥, 남면, 동학, 약수, 대악, 삼계화평, 진월, 신월 등 9개 지역에 전송로집선장치(L/C)를 설치하여 자동전화를 공급하였다.

1987년 말에는 자동식 8,400회선, 전자식은 자국시설을 포함하여 교환시설 5,848회선을 운용하였으며, 가입자케이블은 1986년-1987년에 24,350회선을 보유하고 있었다. 시설규모는 1990년대 중반까지 교환시설 5만 회선 미만(분국 포함)으로 운용하였다(1996. 1. 31). 1990년대 후반 전자교환기(TBN) 2,500회선을 공급 추진하다가 IMF 사태로 인한 수요 감소로 900회선만을 개통하였다(1998. 4. 30).

주소는 전남 장성군 장성읍 영천리 1485이었으며, 그 후 장성읍 영천리 1485-1로 바뀌었다(1990년). 1990년까지 장성전신전화국으로 운영하다가 1990년대에 들어서면서 장성전화국으로 변경되었다(1990년-1999년). 1990년 당시 국장은 2급행정(이희범)으로 보직되었다. 그 후 국장은 1995년 2급통신기술(이인현), 1997년 2급통신기술(이인현)로 보임되었다.

(31) 장흥전화국

장흥전화국의 대지는 1,165평으로 1982년까지 공전식교환기 1,600회선을 운용하였 다. 그러다 1983년에 들어서면서 한국통신은 광역제 시내통화권의 모국과 자국에는 대도시에서 철거되는 기계식 자동교환기(EMD방식)를 재활용하여 공급한다는 농어촌지역의 가입전화 공급방침을 수립하였다. 이에 따라 1983년에 EMD방식 3,200회선을 설치하여 자동화되었으며 이때 부산을 통합 자동화하였다.

그 후 1987년 농어촌형 전자교환기(T)를 공급하였으며, 그때까지 자석식전화를 이용해 온 배산, 임리, 장평, 유치, 접정, 수문 등 6개 지역에 원격전자교환기를 공급하여 자국화하면서 자동전화로 전환하였다. 1987년 말에는 자동식 3,600회선, 전자식은 자국시설을 포함하여 교환시설 6,310회선을 운용하였으며, 가입자케이블은 1986년-1987년에 25,200회선을 보유하고 있었다. 시설규모는 1990년대 중반까지 교환시설 5만 회선 미만(분국 포함)으로 운용하였다(1996. 1. 31). 그 후 전자교환기(TBN) 1,700회선을 증설할 계획으로 추진하였으나 IMF사태로 인한 수요 감소로 공급량을 축소하여 500회선을 공급하였다(1998. 5).

주소는 전남 장흥군 장흥읍 건산리 414이었으며, 그 후 장흥읍 건산리 414-4로 바뀌었다(1995년). 명칭은 1990년까지 장흥전신전화국이었다가 1990년대에 들어서면서 장흥전화국으로 변경되었다(1990년-1999년). 1990년 국장은 2급행정(최병추)으로 보직되었다. 그 후 국장은 1995년 2급행정(김경수), 1997년 2급행정(박찬성)으로 발령되었다.

(32) 죽교전화국

1985년부터 농어촌형 전자교환기(T)를 공급하였으며, 이때 삼산, 신월, 신리, 회진 등 4개 지역에 원격전자교환기를 공급하여 장흥전화국의 자국화되면서 자동전화로 전환되었다. 1987년 말에는 자국시설을 포함하여 4,908회선을 운용하였다. 주소는 전남 장흥군 관산읍 죽교리 484이었으며, 당시 장흥전화국 죽교 분국으로 운용되었다(1995년-1998년).

(33) 진도전화국

1981년까지 기계식 자동교환기(ST방식) 1,400회선을 운용하다가 1983년에 400회선을 증설하여 총 1,800회선을 운용하였다. 그 후 1987년 농어촌형 전자교환기(T)를 공급하였으며 그때까지 자석식전화를 이용해온 석교, 호구, 지산, 하고야, 심동, 의신, 고군, 금계, 군내, 조도, 상조도, 관매도, 대마도, 가사도, 동거차, 관사도 등 9개 지역에 원격전자교환기를 공급하여 자국화하면서 자동전화로 전환하였다. 1987년 말에는 자동식 1,800회선, 전자식은 자국시설을 포함하여 교환시설 9,851회선을 운용하였으며, 가입자케이블은 1986년-1987년에 19,600회선을 보유하고 있었다.

한편 1987년에는 전국 섬마을 전화자동화 완성계획에 따라 진도전화국 관리도서인 송도 및 광도(당시 각각 1가구)에 가입자무선장치(SR)를 공급하였다. 시설규모는 1990년대 중반까지 교환시설 5만 회선 미만(분국 포함)으로 운용하였다(1996. 1. 31). 주소는 전남 진도군 진도읍 교동리 466이었으며, 그 후 진도읍 교동리 466-1로 바뀌었다(1990년). 당시 명칭은 1990년까지 진도전신전화국이었으며 이후 진도전화국으로 변경되었다(1990년-1999년). 1990년 국장은 2급통신기술(박재욱)로 보직되었다. 그 후 국장은 1995년 2급통신기술(박천배), 1997년 2급행정(노경창)으로 발령되었다.

(34) 하당전화국

목포통화권 내의 전화국으로 1990년대 후반 전자교환기(TB) 5,700회선을 공급 추진하다가 IMF사태로 인한 수요 감소로 2,200회선만을 개통하였다(1998. 4. 30).

(35) 함평전화국

함평전화국은 대지 666평에 국사용량 2천 회선으로서 1981까지 기계식 자동교환기(ST방식) 1천 회선을 운용하다가 1982년에 600회선, 1983년에 400회선을 재배치 증설하여 2천 회선으로 늘어나면서 대동을 통합 자동화하였다. 그 후 1985년부터 농어촌형 전자교환기(A)를 공급하였으며, 이때 구적, 주포, 나산, 손불, 학교, 문장, 신광 등 7개 지역에 원격전자교환기를 공급하여 자국화하면서 자동전화로 전환하였다. 이때 그동안 운용해온 자동식교환기 2천 회선(간이형 ST)은 철거하여 타국에 재활용하는 계획을 수립 추진하였다(1985년).

1987년 말에는 자국시설을 포함하여 전자식만 11,850회선을 운용하였으며, 가입자케이블은 1986년-1987년에 20,400회선을 보유하고 있었다. 시설규모는 1990년대 중반까지 교환시설 5만 회선 미만(분국 포함)으로 운용하였다(1996. 1. 31). 주소는 전남 함평군 함평읍 기각리 994이었으며 그 후 함평읍 기각리 944-1로 바뀌었다(1990년). 명칭은 1990년까지 함평전신전화국이었으며 이후 함평전화국으로 변경되었다(1990년-1999년). 1990년 국장은 2급통신기술(한봉석)으로 보직되었으며, 그 후 국장은 1995년 2급행정(황기주), 1997년

2급행정(김경수)으로 보임되었다.

<한국통신 뉴스> 1997년 함평전화국(국장 김경수)은 9월 12일 불우노인과 소년소녀가장을 방문하여 생필품을 선물하고 위로하는 자리를 마련하였다(1997. 9. 19).

(36) 해남전화국

1981년에 기계식 자동교환기(ST방식) 600회선을 증설하여 3천 회선으로 늘어났다. 이어서 1982년에 400회선, 1983년에 800회선을 증설하여 4,200회선으로 늘어나면서 옥천과 삼산을 통합 자동화하였다. 그 후 1985년부터 농어촌형 전자교환기(A)를 공급하였으며, 이때 삼산, 월교, 우수영, 계곡, 산이, 청룡, 황산, 현산, 화내, 화산, 옥천, 북평, 영전, 송지, 통호, 가차, 북일, 어불도, 송호 등 19개 지역에 원격전자교환기(RSS)을 공급하여 자국화하면서 자동전화로 전환하였다.

이때 삼산, 월교, 옥천, 대산, 어불도, 옥동, 중의, 장소, 당포 등 9개 지역에 전송로집선장치(L/C)를 설치하여 자동화를 촉진하였다. 1987년 말에는 자동식 4,200회선, 전자식은 자국시설을 포함하여 20,997회선을 운용하였다. 또한 가입자케이블은 1987년에 1.300회선을 증설하여 36,500회선을 보유하고 있었다. 한편 1985년부터 전국 섬마을 전화자동화계획에 따라 당시 관리도서인 상마도, 중마도, 하마도 등 3개 도서(당시 10-30가구)에 가입자무선장치(SR)를 공급하여 자동전화를 공급하였다.

시설규모는 1990년대 중반까지 교환시설 5만 회선 미만(분국 포함)으로 운용하였다(1996. 1. 31). 그 후 전자교환기(A) 300회선을 증설할 계획으로 추진하였으나 IMF사태로 인한 수요 감소로 공급량을 축소하여 100회선만을 공급하였다(1998. 7). 한편 해남전화국은 우체국과 통합국사로 되어 있어 한국통신이 당초 건물을 사용하는 대신 대용 국사를 신축하여 체신부로 이관하게 되었다. 대용 국사는 지하 1층-지상 3층(1,500m^2) 규모로 정하였으며 체신부에서 설계하고 한국통신이 1986년에 착공하여 1987년에 준공하였다.

주소는 전남 해남군 해남읍 해리 409이었으며, 그 후 해남읍 해리 409-2로 바뀌었다(1990년). 명칭은 1990년까지 해남전신전화국이었다가 1990년대에 들어서면서 해남전화국으로 바뀌어 운영되었다(1990년-1999년). 1990년 국장은 2급행정(성부남)으로 발령되었으며 그 후 국장은 1995년 2급통신기술(김광남), 1997년 2급행정(성부남)으로 보임되었다.

<한국통신 뉴스> 1997년 해남전화국(국장 김재천)은 9월 11일 정신지체 수용시설인 해남희망원과 요양원을 방문, 위로금을 전달하고 세탁, 환경정리 등 봉사활동을 하였다(1997. 9. 19).

(37) 화순전화국

1981년 당시 대지 427평에 국사용량 1천회선의 전화국이었으며, 그때 간이 자동식교환기 1천 회선을 운용하였다. 1983년 본 건물 2,520m^2, 부속건물 233m^{2}를 준공하였다(1983. 10).

이 공사는 국토건설에서 시공하였으며 공사감독자는 중앙건설사무소 권학용으로 지정되었다. 이때 기계식 자동교환기(ST방식) 2천 회선을 공급 개통하였으며, 이에 따라 간이교환기 1천 회선은 철거되었다. 1985년부터 농어촌형 전자교환기(A)를 공급하였으며, 이때 능주, 동복, 이양, 용반, 도곡, 북면, 사평, 석정, 장동, 복림, 이서, 도암, 한천 등 13개 지역에 원격전자교환기를 공급하여 자국화하면서 자동전화로 전환하였다.

그 후 1987년 말에는 자동식 3천 회선, 전자식은 자국시설을 포함하여 12,581회선을 운용하였다. 또한 가입자케이블은 1987년에 4,400회선을 증설하여 24,500회선으로 늘어나게 되었다. 시설규모는 1990년대 중반까지 교환시설 5만회선 미만(분국 포함)으로 운용하였다(1996. 1. 31). 그 후 전자교환기(A) 800회선을 증설할 계획으로 추진하였으나 IMF 사태로 인한 수요 감소로 공급량을 축소하여 200회선만을 공급하였다(1998. 7). 그리고 동시에 추진하던 전자교환기(TB) 300회선은 공급을 취소하였다.

이 전화국은 전남 화순군 화순읍 훈리 48에 있었으며, 명칭은 1990년까지 화순전신전화국이었다가, 이후 화순전화국으로 변경되었다(1990년-1999년). 1990년 국장은 2급통신기술(박용성)로 보직되었다. 그 후 국장은 1995년 2급행정(최인규), 1997년 2급행정(조한유)으로 보임되었다.

<한국통신 뉴스> 1996년 7월 5일 화순전화국은 외국인 근로자(중소기업 산업연수생)를 고용하고 있는 지역 내 성신정밀 등 11개 업체를 방문하여 이들 업체의 외국인을 대상으로 상품설명회를 개최하고 기념품을 전달했다(한국통신 이모저모, 1996. 8, 한국통신).

<한국통신 뉴스> 화순전화국(국장 조한유)은 1997년 9월 9일 소년소녀가장과 독거노인, 노인정 등을 방문하여 위문금 70여만원과 정성을 담은 선물을 전달하고 위로하였다(1997. 9. 12).

(38) 목포무선전신국

1910년 목포무선전신소로 개소된 후 1925년 목포무선전신국으로 승격되었다. 1961년 8월 선박 무선전화 교환업무를 취급 개시하였으며, 1963년 11월에는 흑산도 등 8개 도서와 VHF 무선전신전화 업무를 개시하였다. 1983년에 목포무선수신소 본 건물 1,149m^2, 부속건물 132m^{2}를 신축하였다(1983. 11). 이 공사는 건화건설에서 시공하였으며, 당시 공사감독은 중앙건설사무소 송기섭이 수행하였다. 1990년 국장은 2급행정(박정민)으로 보직되었으며, 그 후 1995년 국장은 3급(공석)으로 보임되었다.

(39) 여수무선전신국

1990년 국장은 2급통신기술(오만규)로 보직되었으며, 그 후 1995년 국장은 3급(공석)으로 보임되었다.

10. 전주 및 전북지역의 전화국 확장운영

10.1 전주시내 전화국 건설 및 운영

전주시내에는 1960년 전주전신전화국이 개국된 이후 1970년대 2개 전화국, 1990년대 7개 전화국, 2000년대에는 4개 지사 및 지점을 운영하였으며 전화국 운영 세부내역은 <표 9-89>와 같다. 그리고 1995년에는 전국의 전신전화국 명칭이 모두 전화국으로 변경되었으며, 그 후 2002년에는 전국적으로「전화국」이라는 명칭 사용을 중지하고 지사 및 지점으로 전면 변경되었다.

<표 9-89> 전주시내전화국 운영상황

운영시기	전화국명
1970년대(1978년)	전주, 북전주 등 2개 전화국
1990년대(1998년)	전주, 북전주, 남전주, 동전주, 팔복, 봉동, 삼례 등 7개 전화국
2000년대(2004년)	전주 1개 지사와 북전주, 남전주, 동전주 3개 지점 등 총 4개 지사 및 지점

(1) 남전주전화국

1986년 한국통신은 광주, 전주, 이리, 신장지역과 강원도지역을 대상으로 시내전화 중장기 치국계획을 수립하였다. 이때 전주시 개발지역의 급증하는 전화수요를 해결하고자 전주시 삼천동에 5만 회선 규모의 남전주전화국을 1989년에 신설 개통하는 것으로 결정하였다(시내전화 중장기 치국계획, 1986. 12. 26, 한국통신 계획국). 이 계획의 주관부서 및 결재자는 제9장 말미의 참고자료 편에 기록되어 있다.

이 전화국을 건설하기 위해 1987년에 대지(3,000m^2)를 매입 추진하였으며, 그 후 1990년대 후반 전자교환기(TX) 5천 회선을 공급하여 1998년 8월 개통예정으로 추진하다가 IMF사태로 인한 수요가 격감하는 바람에 도중에 취소하였다. 이 전화국은 전북 전주시 완산구 효자동1가 638에 있었으며, 1995년에는 전주전화국 남전주 분국으로 운영되었다. 1995년 분국장은 2급통신기술(이정기)로 보직되었으며, 그 후 남전주전화국이 되었다(1997년-1999년). 1997년 국장은 2급통신기술(권종현)이 재직하였다.

(2) 동전주전화국

이 전화국은 전북 전주시 덕진구 인후3동 산31에 있었으며, 당시 남전주전화국과 함께 전주전화국의 분국으로 운영되었다(1995년-1999년). 1995년 분국장은 2급통신기술(이광수)로 보직되었으며, 1997년 분국장은 2급통신기술(이정기)이 재직하였다.

⑶ 봉동전화국

이 전화국은 당초 삼례, 고산, 동상, 문주, 비봉, 화산지역의 전화공급을 위해 신설되었다(1985년). 1990년대 후반 전자교환기(TB) 1,200회선을 공급할 계획으로 추진하다가 IMF사태로 인한 수요 감소로 도중에 공급량을 축소하여 300회선만을 개통하였다(1998. 9). 소재지는 전북 완주군 봉동읍 용암리 80이었으며, 당시 북전주전화국 봉동 분국으로 운영되었다(1996년-1999년).

⑷ 북전주전화국

1980년대 초까지 기계식 자동교환기(EMD방식) 2만3천 회선을 운용하였다(1981. 12). 그 후 다시 3천 회선 증설하여 2만6천 회선(3국, 4국, 5국)을 운용하였다(1982년). 1982년부터 전자교환기 공급사업(82-KTC-180k)으로 전자식(M10CN) 1만 회선을 공급하여 72국으로 개통하였다(1982. 10). 이어서 1983년도 전자교환기 공급사업(83-KTC- 124k)으로 1만6천 회선(74국, 75국)을 추진하였다. 이 시설공사는 SST에서 시공하였으며, 공사감독은 중앙건설사무소 시설본부 통신기술직(문광수)이 수행하였다. 이 전자교환기 시설공사는 인수시험 기간이 추가 소요된 관계로 다소 늦게 개통하게 되었으며 총 시설규모는 5만2천 회선으로 늘어났다(1984. 6).

1985년 1만 회선을 확장하였으며 이어서 2천 회선을 증설함으로써 그해 말부터 자동식 2만6천 회선, 전자식 3만8천 회선을 운용하게 되었다(1987년). 이에 따른 가입자케이블은 5,400회선을 증설하고 11,250회선을 재배선 공사하여 그때부터 111,700회선을 운용하였다(1987년). 한편 자석식전화를 운용하고 있던 5개 지역과 삼례전화국의 개발지역 수요충족을 위해 원격교환장치(RSU)를 공급하여 자국방식으로 통합 자동화하였다(1985년-1987년). 이때 인근지역 자석식전화의 자동화 세부내역은 <표 9-90>과 같다.

<표 9-90> 북전주전화국 인근지역의 자석식전화 자동화(단위: 회선)

국명	자석식전화	RSU공급	자국설치장소	거리(Km)
봉동	800	2,100	봉동	15.3
고산	400	1,200	고산	21.9
비봉	200	640	비봉	24.0
화산	200	800	화산	31.2
운주	200	640	운주	40.2

당시 삼례에는 기계식 자동교환기(ST방식) 2천 회선을 운용하고 있었는데 원격전자교환장치(RSU) 2천 회선을 공급하여 통합하였다. 또한 1980년대 중반에는 주변 원거리의 자석식전화를 운용하던 산북, 원동, 남계리, 호성동, 전미동, 소양, 화심, 용진, 상운, 이서, 가천,

동상 등 12개 지역에 전송로집선장치(L/C)를 설치하여 자동전화를 공급하였다. 그중 소양과 이서에는 1,300회선 규모의 L/C를 운용하였다(1987년). 한편 북전주전화국 관할의 서노송동(팔달로 동편), 중노송동 2가, 인후동 일부, 우아동 일부, 산정리 일부, 금산리의 7,124가입자를 전주전화국으로 수용 변경하여 넘겨주었다(1987년).

1990년대 중반에는 교환시설 10만 회선 이상(분국 포함)을 운용하는 중대형전화국이 되었다(1996. 1. 31). 그 후 전자교환기(TX) 8,500회선을 1998년 5월 개통목표로 추진하다가 IMF사태로 인한 수요 급감으로 공사를 중단하였다(1998. 3). 1990년대 후반기에는 북전주 본국에만 M10CN 4만8천 회선, TDX-1B 34,088회선, TDX-10A 13,900회선으로 총 95,988회선을 운용하였다(1998. 12). 당시 공간분할교환기(SD)를 위한 특수번호 집중교환기 설치, 대용량 처리시스템의 설치, 전송시설 및 신규시설을 위한 상면 확보가 요구되었다. 이러한 문제를 해소하기 위해 사용연수가 15년이 경과한 M10CN 1만8천 회선을 철거 추진하였다(1999. 2).

이 전화국은 전북 전주시 덕진구 덕진동1가 1274-1에 있었으며, 명칭은 1990년까지 북전주전신전화국으로 운영되다가 북전주전화국으로 변경되었다(1990년-1999년). 1990년 간부진은 국장 김중대, 총무부장 이종율, 영업부장 이태신, 교환부장 공석, 기계부장 장쌍환, 선로부장 이정기로 보직되었다. 그 후 1995년에는 국장 은명의, 관리부장 황삼랑, 영업부장 박재근, 교환기술부장 김윤식, 전송기술부장 정진성, 팔복분국장 김성락이 재직하였다. 그리고 1997년에는 국장 이유규, 마케팅부장 황삼랑, 고객지원센터장 이종률, 교환기술부장 박인성, 전송기술부장 정경순, 팔복분국장 오근석으로 보임되었다.

(5) 삼례전화국

1981년까지 기계식 자동교환기(ST방식) 1,200회선을 운용하였다. 이어서 1982년에 400회선, 1983년에 400회선을 공급하여 2천 회선을 운용하면서 전주시내 통화권으로 편입되었다. 이때 삼례에는 새로운 국번호(9국)를 사용하였다. 이후 1985년에 북전주전화국에 전자교환기(M10CN) 1만 회선이 개통됨에 따라 삼례에 원격교환장치(RSU) 1,400회선을 공급하였다. 1987년에는 원격교환장치가 2천 회선으로 늘어나면서 자국 형태로 북전주전화국에 통합되었으며, 이때 가입자케이블은 6천 회선을 운용하였다. 그 후 1990년대 후반 전자교환기(TB) 1천 회선을 공급하여 1998년 4월 개통예정으로 추진하다가 IMF사태로 인한 수요가 격감하는 바람에 도중에 취소하였다. 이 전화국은 전북 완주군 삼례읍 삼례리 900에 있었으며, 당시 북전주전화국 삼례 분국으로 운영되었다(1995년-1997년).

(6) 전주전화국

1960년 7월 전주전신전화국이 개국된 후 1980년대 초까지 기계식 자동교환기(EMD방식) 17,600회선을 운용하였다(1981. 12). 이어서 2,400회선을 증설하여 2만 회선(2국, 6국)을 운용하였다(1982년). 이후 1984년에 처음으로 전자교환기(No1A) 2만 회선(82국, 83국)을 신축건물 2층에 설치 개통하였다(1985, 9). 초기 전자교환기 공급계획 수립 시 이 전화국의 1989년까지 수요가 3만 이상으로 파악되어 제2기종(No1A)으로 공급하였다. 이때 북전주전화국으로 월구 수용하여 운용 중이던 약 7,500가입자를 다시 전주전화국으로 환원하였다. 또한 자석식전화를 운용중이든 상관과 구이지역에 원격교환장치(RSU)를 공급하여 통합 자동화하였다(1985년-1987년).

<표 9-91> 북전주전화국 인근지역의 자동화(단위: 회선)

국명	자석식	RSU공급	자국설치장소	거리(Km)
상관	300		상관	7.3
구이	500	1,500	구이	10.8
			대성	19.5

그 후 6차 5개년계획 초기년도에 전자식 2만8천 회선을 증설 개통하였으며 새로운 국번호(84국, 85국, 86국)를 부여하여 사용하였다(1987년). 이때 자동식 1만 회선(2국)을 철거하여 이후 총 5만8천 회선을 운용하였다. 이때 가입자케이블 19,200회선을 증설하여 그때부터 103,200회선을 운용하였다(1987년). 한편 1980년대 후반에는 당시 원거리 지역인 대덕, 상관 등 2개 지역에 전송로집선장치(L/C)를 설치하여 자동전화를 공급하였다. 그리고 당시 북전주전화국 관할의 서노송동(팔달로 동편), 중노송동 2가, 인후동 일부, 우아동 일부, 산정리 일부, 금산리의 7,124가입자를 수용변경 받아 운용하게 되었다(1987년).

1990년대 중반에는 교환시설 15만 회선 이상(분국 포함)을 운용하는 대형전화국이 되었다(1996. 1. 31). 1996년 7월 1일 전주전화국(국장 신윤만)은 개국 36주년 기념행사와 더불어 전북본부 18개 현업기관 중 1995년 경영평가 최우수국으로 선정된 것을 자축하는 조촐한 잔치를 마련하고 즐거운 시간을 가졌다(한국통신 이모저모, 1996. 8, 한국통신). 1997년 1월 전주전화국은 전주 완주지역에 거주하는 한국통신 동우회 회원 120여명을 초청하여 한국통신 사업설명회를 가졌다(1997. 1. 29).

이는 날로 치열해지는 경쟁 환경에서 살아남기 위해서는 전 사원 및 사원 가족은 물론 퇴직 사우를 활용하여 한국통신 홍보요원화 하고 판매요원화 하는 것이 절실하다는 인식에서 시행된 행사였다. 이날 설명회에서는 한국통신의 주변환경, 시외전화 사전등록제 시행, 114 유료화 추진사항, 공중전화 자급제 시행, 시티폰 서비스. 전주정보통신센터 설립, 한국통신에서 추진하고 있는 공익사업 추진내용과 기업이윤의 사회 환원 내용 등에 대해 자세히 설명하였다.

이 전화국은 전북 전주시 완산구 경원동3가 70-1에 있었다. 명칭은 1990년까지 전주전신전화국이었으며, 이어서 전주전화국으로 변경되었다(1990년-1999년). 1990년 전주전화국 간부진은 국장 최영술, 총무부장 공석, 영업부장 강원식, 기술부장 홍득표, 북전주분국장 정진성으로 보직되었다. 그 후 1995년에는 국장 임판희, 관리부장 윤정남, 영업부장 송종율, 기술부장 이윤렬, 남전주분국장 이정기, 동전주분국장 이광수가 재직하였다. 1997년에는 국장 이은석, 마케팅부장 강원식, 고객지원센터장 최병구, 시설운용부장 최영구, 남전주전화국장 권종현, 동전주분국장 이정기로 보임되었다.

(7) 팔복전화국

1986년 한국통신은 광주, 전주, 이리, 신장지역과 강원도지역을 대상으로 시내전화 중장기 치국계획을 수립하였다. 이때 전주시 개발지역의 급증하는 전화 수요를 해결하고자 전주시 팔복동에 3만 회선 규모의 팔복전화국을 1991년에 신설 개통하는 것으로 결정하였다(시내전화 중장기 치국계획, 1986. 12. 26, 한국통신 계획국). 그 후 한국통신은 1987년 시내전화 장기치국계획을 수립하였으며, 이때 수요변동으로 전화국 규모를 5만 회선으로 조정하고, 개국 시기도 1989년으로 앞당기게 되었다(시내전화 장기치국계획, 1987. 1, 한국전기통신공사). 이상 2개의 시내전화 치국 계획을 수립 추진한 주관부서 및 결재자는 제9장 말미의 참고자료 편에 기록되어 있다.

이를 위해 1987년에 대지(2,700m^2)를 매입 추진하였으며, 그 후 1990년대 후반 전자교환기(TB) 1천 회선을 공급하여 1998년 10월 개통예정으로 추진하다가 IMF사태로 인한 수요가 격감하는 바람에 도중에 취소하였다. 이 전화국은 전북 전주시 덕진구 팔복동 2가 739-1에 있었으며, 당시 북전주전화국 팔복분국으로 운영되었다(1995년-1999년). 1995년 분국장은 2급통신기술(김성락)로 보직되었으며, 1997년 분국장은 2급통신기술(오근석)로 발령되었다.

10.2 전북지역 전화국 건설 및 운영

전라북도 내에는 1980년대 초반(1981-1983년)에 총 18개의 전화국, 1990년대 후반에는 군산, 김제, 남원, 익산 등 총 20개의 전화국을 운용하였다.

(1) 고창전화국

1981년에 기계식 자동교환기(ST방식) 2천 회선을 운용하였다. 1982년에 400회선을 증설하여 2,400회선을 운용하였으며 1985년부터 농어촌형 전자교환기(A)를 공급하였다. 이때 흥덕, 부안, 신림, 성내, 고수, 아산, 성송, 대산, 연동, 무장, 공읍, 해리, 상하, 심원 등 14개 지역에 원격전자교환기(RSS)를 공급하여 자국화하면서 자동전화로 전환하였다. 당시 동일한 환경의 자국인 인촌, 탑정 2개 지역에는 전송로집선장치를 공급하여 자동전화를 공급하였다. 1987년 말에는 자동식 2,600회선, 전자식은 자국시설을 포함하여 17,254회선을 운용하였다. 이때 가입자케이블은 1986년-1987년에 32,900회선을 보유하였다.

한편 1987년에는 전국 섬마을 전화자동화 완성계획에 따라 고창전화국 관리도서인 외죽도(당시 1가구)에 가입자무선장치(SR)를 공급하여 자국인 심원과 연결하였다. 시설규모는 1990년대 중반까지 교환시설 5만 회선 미만(분국 포함)으로 운용하였다(1996. 1. 31). 그 후 1990년대 후반 전자교환기(A) 1,400회선을 공급 추진하다가 IMF사태로 인한 수요 감소로 600회선만을 개통하였다(1998. 5). 이 전화국은 전북 고창군 고창읍 읍내리 681에 있었으며, 그 후 고창읍 읍내리 681-17로 바뀌었다(1990년). 국명은 1990년까지 고창전신전화국이었다가 고창전화국으로 변경되었다(1990년-1999년). 1990년 고창전화국장은 2급행정(송한규)으로 보직되었다. 그 후 국장은 1995년 2급행정(이종율), 1997년 2급행정(신상주)으로 보임되었다.

(2) 군산전화국

1970년에 군산전신전화국이 신설된 이후 1980년대 초까지 기계식 자동교환기(ST방식) 17,400회선을 운용하였다(1981. 12). 이어서 2,600회선을 증설하여 2만 회선(2국, 3국)으로 늘어나면서 인근의 자석식전화를 운용하든 개정을 통합 자동화하였다(1982년). 한편 관할구역 중 금광, 수송동 등의 약 6,500가입자를 서군산전화국으로 수용 변경하였다(1983년). 이때 군산지역은 군산, 서군산, 대야, 옥구전화국이 복국으로 운영되었다. 그 후 서군산전화국이 1만1천 회선을 개통하면서 군산전화국 관할의 약 1,200가입자를 서군산전화국으로 월구 수용하였다(1985년).

이후 자동식 2만 회선, 전자식(M10CN) 4천 회선, 가입자케이블 44,600회선을 운용하였다(1986년-1987년). 1990년대 중반에는 교환시설 10만 회선 이상(분국 포함)을 운용하는 중대형전화국이 되었다(1996. 1. 31). 1997년 3월 군산전화국은 날로 급변하는 통신시장 환경변화에 능동적으로 대처하기 위해 사원 가족을 전문 판촉 및 홍보사원으로 위촉하여 고객을 직접 찾아다니는 현장 중심의 마케팅 활동에 나섰다(1997. 3. 3). 이때 위촉된 3백여 사원가족 중 활동력이 강한 전현직 생활설계사, 사회단체 간부 중 공모를 통해 1차로 10명을 선발하였다. 특히 방문 활동을 주로 하는 직업의 이점을 최대한 활용하여 지역사회에 한국통신의 우호적 여론을 조성하였다.

이 전화국은 전북 군산시 중앙로1가 48에 있었으며, 그 후 군산시 중앙로1가 18-1로 바뀌었다(1990년). 명칭은 1990년까지 군산전신전화국이었으며, 이후 군산전화국으로 변경되었다(1990년-1999년). 한국전기통신공사 창립 첫해인 1982년 군산전신전화국장은 박헌주(3급기술)로 발령되었다. 국명이 변경된 1990년 군산전화국 간부진은 국장 윤하현, 총무부장 이근두, 영업부장 유진봉, 기술부장 심범섭, 무선분국장 공석, 서군산분국장 황광호로 보직되었다. 그 후 1995년에는 국장 최경회, 업무부장 이근두, 기계부장 황광호, 서군산분국장 이정호가 재직하였다. 그리고 1997년에는 국장 김광수, 마케팅부장 유진태, 시설운용부장 김영환, 서군산전화국장 최순환으로 보임되었다.

(3) 김제전화국

1981년까지 기계식 자동교환기(ST방식) 3,800회선을 운용하다가 1982년에 800회선을 증설하면서 인근의 백산과 월촌을 통합 자동화하였다. 1984년에 다시 1,000회선을 공급하여 시설규모는 5,600회선으로 증가되었다. 1985년부터 농어촌형 전자교환기(A)를 공급하였으며, 이때 만경, 부용, 마산, 황산, 용지, 공덕, 원평, 금구, 죽산, 부량, 성덕, 청하, 진봉, 광활, 봉남, 청운 등 16개 지역에 원격전자교환기를 공급하여 자국화하면서 자동전화로 전환하였다. 1987년 말에는 자동식 5,600회선, 전자식은 자국시설을 포함하여 27,118회선을 운용하였다. 이때 가입자케이블은 1987년에 3천 회선을 증설하여 4만8천 회선으로 늘어났다.

시설규모는 1990년대 중반까지 교환시설 5만회선 미만(분국 포함)으로 운용하였다(1996. 1. 31). 1990년대 후반 전자교환기(A) 500회선을 공급하여 1998년 6월 개통예정으로 추진하다가 IMF사태로 인해 수요가 감소하는 바람에 도중에 취소하였다. 이 전화국은 전북 김제군 김제읍 요촌리 183에 있었으며, 그 후 김제시 요촌동 183-1로 바뀌었다(1990년). 명칭은 1990년까지 김제전신전화국이었으며 이후 김제전화국으로 변경되었다(1990년-1999년). 1990년 김제전화국장은 2급행정(이종은)으로 보직되었다. 그 후 국장은 1995년 2급행정(김용규), 1997년 2급행정(정종호)으로 보임되었다.

(4) 남원전화국

1980년대 초까지 기계식 자동교환기(ST방식) 5천 회선을 운용하였다(1981. 12). 이어서 1천 회선을 증설하여 6천 회선으로 늘어났다(1982년). 이때 원거리 지역의 자석식전화를 운용하던 이백, 주생, 주천, 대산 등 4개 지역에 전송로집선장치(L/C)를 설치하여 자동전화를 공급하였으며 세부내역은 <표 9-92>와 같다.

<표 9-92> 남원전화국 주변지역의 자석식전화 자동화(LC공급)

지역명	자석식(회선)	국간거리(Km)	지역명	자석식(회선)	국간거리(Km)
이백	200	7.7	주생	100	6.5
주천	200	7.8	대산	200	5.9

그 후 자동식 6,800회선, 전자식(M10CN) 14,200회선을 운용하다가(1986년), 다음 해에 전자식 4,000회선(33국)을 증설하여 그때부터 교환시설 2만5천 회선, 가입자케이블 43,900회선을 운용하였다(1987년). 또한 자석식전화를 운용하고 있던 인근지역의 송동 등 5개 지

역에 <표 9-93>과 같이 원격교환장치(RSU)를 공급하여 자동화하였다(1986년-1987년). 이와 동시에 요천, 금지, 옹정, 대강, 수홍, 수지, 덕과, 산동, 아영, 산내, 반선 등 11개 지역에도 전송로집선장치(LC)를 확대 공급하여 자동전화를 공급하였다.

<표 9-93> 남원전화국 주변지역의 자석식전화 자동화(단위: 회선)

지역명	RSU공급	지역명	RSU공급	지역명	RSU공급
송동	800	사매	700	보절	830
운봉	1,500	인월	900		

1990년대 중반까지 이 전화국의 시설규모는 교환시설 5만회선 미만(분국 포함)으로 운용하였다(1996. 1. 31). 1990년대 후반에는 전자교환기(TB) 200회선을 개통하였다 (1998. 4). 그때 전자교환기(TX) 3,100회선을 공급할 계획으로 추진하다가 IMF사태로 인한 수요 감소로 도중에 공급량을 축소하여 2,200회선을 개통하였다(1998. 8). 이와 동시에 추진한 전자교환기(TA) 100회선은 공급을 중지하였다. 이 전화국은 전북 남원시 동충동 171-13에 있었다. 명칭은 1990년까지 남원전신전화국이었으며, 이후 남원전화국으로 변경되었다(1990년-1999년). 1990년 남원전화국장은 2급행정(최병태)으로 보직되었다. 그 후 국장은 1995년 2급행정(송한규), 1997년 2급행정(김대겸)으로 보임되었다.

(5) 대야전화국

1981년까지 기계식 자동교환기(ST방식) 1,400회선을 운용하였으며 1982년에 400회선, 1983년에 다시 400회선을 증설하여 그때부터 2,200회선(5국)을 운용하였다. 이때 군산, 서군산, 옥구전화국과 복국화하여 운영하였다. 그리고 1980년대 중반 원거리 지역으로 자석식 전화를 운용하던 성산, 나포, 임피, 서수, 회현, 옥산 등을 통합 자동화하였다. 1987년까지 이동식교환기(M) 1천회선을 포함하여 교환시설 3,200회선, 가입자케이블 4,200회선을 운용하였다.

(6) 동군산전화국

1990년대 후반 전자교환기(TXN) 8,800회선을 공급할 계획으로 추진하다가 수요 감소로 도중에 공급량을 축소하여 8,300회선을 개통하였다(1998. 8). 이 전화국은 전북 군산시 조촌동 842-3에 있었으며 당시 군산전화국 동군산 분국으로 운영되었다(1996- 1999년).

(7) 동이리전화국/ 부송전화국

1990년대 후반에 전자교환기(TX) 9,900회선을 공급 추진하다가 IMF사태로 인한 수요가 감소하는 바람에 6,700회선만을 개통하였다(1998. 5. 30). 이 전화국은 전북 이리시 부송동 1037-5에 있었으며(1995년), 그 후 전북 익산시 부송동 1037-5로 바뀌었다(1996년). 1995년

이리전화국 동이리 분국으로 운영되었으며, 당시 분국장은 2급통신기술(이학동)로 보직되었다. 이후 익산전화국 부송 분국으로 변경되었다(1996년-1999년). 1997년 분국장은 2급통신기술(이학동)이 재직하였다.

(8) 무주전화국

1981년 당시 무주전화국은 대지 234평에 국사 용량 1천 회선이었으며 그때까지 기계식 자동교환기(ST방식) 800회선을 운용하였다. 1982년에 간이 자동식교환기 600회선을 증설하였다. 이때 전북체신청에서는 인근의 설천과 구천동 지역을 무주전화국으로 통합해 주기를 요청하였다. 당시 설천과 구천동 지역은 각각 자석식교환기 200회선을 운용하고 있었는데 이 지역은 관광지이면서 1982년 8월에는 1만 여명이 참가하는 국제잼버리대회가 열리기로 계획되어 있었다. 당시 무주전화국과의 선로거리는 설천 16.4Km, 구천동은 33.3Km로서 상당 원거리 지역이었으나 위와 같은 점을 감안하여 그해에 통합 자동화하였다.

1983년에 다시 600회선을 증설하여 2천 회선을 운용하였다. 1985년부터 무주와 분국인 설천, 무풍, 신안성 등 4개 지역에 농어촌형 전자교환기(T)를 공급하여 전자방식으로 자동전화를 사용하게 하였다. 이때 자국인 적상, 괴목, 구천동, 가당, 부남 등 5개 지역에는 전송로집선장치(L/C)를 공급하여 전자방식으로 전환하였다. 이때 그동안 운용해온 기계식 자동교환기 2천 회선(간이형 ST방식)은 철거하여 타국에 재활용하는 계획을 수립 추진하였다(1985년). 이때부터 교환시설은 전자식만 분국 시설을 포함하여 7,815회선, 이에 따른 가입자케이블은 11,800회선을 운용하였다(1987. 12).

시설규모는 1990년대 중반까지 교환시설 5만 회선 미만(분국 포함)으로 운용하였다(1996. 1. 31). 이후 전자교환기(TB) 1,100회선을 공급할 계획으로 추진하다가 수요 감소로 도중에 공급량을 축소하여 1천 회선을 개통하였다(1998. 9). 동시에 전자교환기(TA) 200회선을 공급하여 같은해 9월 개통예정으로 추진하다가 IMF사태로 인해 수요가 감소하는 바람에 이 부분은 도중에 취소하였다. 이 전화국은 전북 무주군 무주읍 읍내리 839에 있었으며, 명칭은 1990년까지 무주전신전화국으로 운영되다가, 무주전화국으로 바뀌었다(1990년-1999년). 1990년 무주전화국장은 2급행정(권충로)으로 보직되었다. 그 후 국장은 1995년 2급통신기술(원창집), 1997년 2급행정(정굉)이 재직하였다.

(9) 부안전화국

1981년에 기계식 자동교환기(ST방식) 2,400회선을 운용하였으며 1982년에 400회선을 증설하여 2,800회선으로 늘어나면서 인근 지역인 동진, 계화, 행안을 통합 자동화하였다. 그 후 1985년부터 농어촌형 전자교환기(TDX-1A)를 공급하였으며, 이때 계화, 줄포, 변산, 격포, 하서, 해창, 백산, 주산, 곰소, 보안, 상서 등 11개 지역에 원격전자교환기를 공급하여 자국으로 전자화하였다. 한편 같은 자국인 위도 지역에는 전송로집선장치(L/C)를 공급하여 자동화하였다. 1987년 말에는 자동식 4,400회선, 전자식은 자국시설을 포함하여 13,895회선을 운용하였다.

이때 가입자케이블은 1986년-1987년에 31,100회선을 보유하였으며 시설규모는 1990년대 중반까지 교환시설 5만 회선 미만(분국 포함)으로 운용하였다(1996. 1. 31). 그 후 1990년대 후반 전자교환기(A) 1,200회선을 공급 추진하다가 IMF사태로 인해 수요가 감소하여 700회선만을 개통하였다(1998. 5). 이 전화국은 전북 부안군 부안읍 선은리 260에 있었으며, 그 후 부안읍 선은리 260-6으로 바뀌었다(1990년). 국명은 1990년까지 부안전신전화국으로 운영되다가 부안전화국으로 변경되었다(1990년-1999년). 1990년 부안전화국장은 2급행정(이상돈)으로 보직되었다. 그 후 국장은 1995년 2급행정(문순태), 1997년 2급행정(최재익)으로 보임되었다.

(10) 서군산전화국

서군산전화국은 군산시내 서부지역의 전화수요를 공급하기 위해 신설되었다(1983년). 1982년도 사업으로 인입통신구 88m를 건설 추진하였으나 절대공기 부족으로 당초 계획보다 늦게 준공되었다(1983. 5). 이 공사는 성일건설에서 시공하였으며, 공사감독은 중앙건설사무소 이혁이 수행하였다. 1983년도 전자교환기 공급사업(83-BTM-50k)에 의해 전자식(M10CN) 1만2천 회선을 공급 개통하였다(1983. 12). 이때 국번호는 62국과 63국을 사용하였다. 이 공사는 삼성반도체(SST)에서 시공하였으며 공사감독은 중앙건설사무소 시설본부 통신기술직(문광수)이 수행하였다. 이때 군산전화국 관할구역인 금광, 수송동 등의 약 6,500가입자를 이 전화국으로 수용 변경하였다.

그 후 다시 1만1천 회선을 증설하였으며, 군산전화국 관할의 약 1,200가입자를 월구 수용하였다(1985년). 이어서 전자식 2천 회선을 증설하여 그때부터 2만5천 회선으로 늘어났다(1987년). 이때 가입자케이블은 82,300회선을 운용하였으며 서군산전화국과 옥구전화국 간(11.9Km)에 국간 통신용으로 광케이블(6코어)을 건설하였다. 또한 그때까지 자석식 전화를 운용중인 인근 6개 지역에 원격교환장치(RSU)를 설치하여 자국방식으로 통합하여 자동전화로 전환하였다(1985년-1987년). 그 세부내역은 <표 9-94>와 같다. 한편 주변 원거리 지역과 도서의 자석식전화구역인 미성, 오식도, 선유도 등 3개 지역에는 전송로집선장치(L/C)를 설치하여 자동전화를 공급하였다.

그 후 1990년대 후반에 전자교환기(TX) 500회선을 개통하였다(1998. 5). 이어서 전자교환기(TX) 4,300회선을 공급 추진하다가 IMF사태로 인하여 수요가 격감하는 바람에 1천 회선만을 개통하였다(1998. 4. 9). 이 전화국은 전북 군산시 나운동 765에 있었으며, 신설 초기에는 제2군산전화국으로 호칭되다가 군산전화국 서군산 분국으로 운영되었다(1990년-1996년). 이후 군산전화국 관할의 서군산전화국이 되었다(1997년-1999년). 1990년 분국장은 2급통신기술(황광호)로 보임되었다. 그 후 1995년 서군산분국장은 2급통신기술(이정호)이 재직하였으며 1997년 서군산전화국장은 2급통신기술(최순환)로 보직되었다.

<표 9-94> 서군산전화국 인근지역 자석식전화의 자동화

국명	자석식(회선)	RSU공급(회선)	자국설치장소	거리(Km)
성산	400	1,100	성산	9.7
나포	400	890	나포	16.8
임피	700	1,100	임피	16.5
서수	600	1,500	서수	19.5
옥산	400	800	옥산	10.0
회현	600	1,400	회현	14.2

(11) 순창전화국

순창전화국은 대지 351평에 국사 용량 1천 회선으로 건축되었으며 간이 자동식교환기 1천 회선을 운용하였다(1981년). 1982년에 자동식교환기(ST방식) 1,600회선을 증설하여 그동안 운영해 온 간이교환기 1천 회선은 철거하였다. 그 후 1985년부터 농어촌형 전자교환기(T)를 공급하였으며, 1987년에는 그때까지 자석식전화를 이용해온 쌍치, 시산, 적성, 동계, 팔덕, 금과, 인계, 복흥, 구림, 풍산 등 10개 지역에 원격전자교환기를 공급하여 자국화하면서 자동전화로 전환하였다.

1987년 말에는 자동식 2천 회선, 전자식은 자국시설을 포함하여 9,843회선을 운용하였으며 이때 가입자케이블은 1986년-1987년에 17,100회선을 보유하였다. 시설규모는 1990년대 중반까지 교환시설 5만 회선 미만(분국 포함)으로 운용하였다(1996. 1. 31). 그 후 1990년대 후반에 전자교환기(TA) 500회선을 개통하였다(1998. 5). 이 전화국은 전북 순창군 순창읍 남계리 546에 있었다. 명칭은 1990년까지 순창전신전화국으로 사용하다가 이후 순창전화국으로 변경되었다(1990년-1999년). 1990년 순창전화국장은 2급행정(문순태)으로 보직되었으며 그 후 국장은 1995년 2급행정(이태신), 1997년 2급행정(송종률)으로 보임되었다.

(12) 신태인전화국

1981년까지 기계식 자동교환기(ST방식) 1,400회선을 운용하다가 1982년에 400회선을 증설하여 1,800회선으로 늘어나면서 원거리 지역인 화호를 흡수 자동화하였다. 이때 정주전화국과 복국화되면서 새로운 국번호(4국)를 부여하여 사용하였다. 1987년까지 교환시설 1,800회선, 가입자케이블 5,800회선을 운용하였다. 그 후 1990년대 후반 전자교환기(TA) 400회선을 개통하였다(1998. 1). 이 전화국은 전북 정읍군 신태인읍 신태인리 157-14에 있었으며, 당시 정주전화국 신태인 분국으로 운영되었다(1995년- 1998년). 그 후 주소가 신태인읍 신태인리 520-9로 변경되었다(1998년).

(13) 옥구전화국

1981년 자석식교환기 700회선을 운용하였으며 그때 적체가 700여건이 발생하였다. 그러나 전화국의 국사가 충만하여 시설 증설이 어렵고 인근의 군산전화국도 시설이 충만하여 통합이 불가하였다. 이렇게 되자 당시 전북체신청에서는 이대로는 전화청약 적체가 장기화할 상황이니 1982년에 전화자동화를 요청하였다. 이 문제를 해결하고자1982년에 1만 회선 용량의 국사(2,172m^2)를 신축하고, 1983년에 본 건물 546m^2, 부속건물 99m^{2}를 준공하였다(1983. 10). 이 공사는 중앙건설사무소 신용하가 감독하였다.

1983년 기계식 자동교환기(ST방식) 1,800회선을 설치 개통하여 자동화되었으며, 이때 군산, 서군산, 옥구전화국과 복국화하면서 새로운 국번호(7국)를 사용하였다. 1986년-1987년에 자동식 2,600회선, 가입자케이블 3,900회선을 운용하였다. 또한 1987년에는 옥구전화국과 서군산전화국 간(11.9Km)에 국간통신용으로 광케이블(6코어)을 건설하였다.

(14) 이리전화국/ 익산전화국

1980년대 초까지 기계식 자동교환기(EMD방식) 1만5천 회선을 운용하였다(1981. 12). 이어서 5천 회선을 증설하여 자동식전화 2만 회선(2국, 3국)으로 늘어나게 되었다(1982년). 1982년도 사업으로 인입통신구 20m를 건설 추진하였는데, 이때 이리시의 상수도 이설공사가 지연되는 바람에 당초 계획보다 늦게 준공하였다(1983. 3). 이 공사는 대륙토건에서 시공하였으며, 공사감독은 중앙건설사무소 이혁이 수행하였다. 이후1983년도 전자교환기 공급사업(83-BTM-50k)에 의해 처음으로 전자교환기(M10CN) 1만 회선을 공급 개통하였으며, 이를 위한 국번호는 52국을 사용토록 하였다(1984. 1).

이 공사는 SST에서 시공하였으며, 당시 공사감독은 중앙건설사무소 시설본부 통신기술직(임채룡)이 수행하였다. 이때부터 함열전화국과 복국으로 운영하였다. 이어서 1만6천 회선을 증설하였으며(1985년), 1987년에 다시 1만 회선(51국)을 확장하여 그해 말에는 교환시설이 5만6천 회선으로 늘어나게 되었다(1987년). 이때 가입자케이블 5,400회선을 증설하여 총 96,500회선을 운용하게 되었으며, 이리전화국과 함열전화국 간(17.3Km)에 국간 통신용으로 광케이블(6코어)을 건설하였다.

한편 자석식전화를 운용 중인 인근의 3개 지역에 원격교환장치(RSU)를 공급하여 <표 9-95>와 같이 자국 형태로 통합하면서 자동전화로 전환하였다(1985년-1987년). 또한 1980년대 초반부터 이리전화국 주변의 자석식전화를 사용하고 있는 지역인 신석, 성남, 산정, 황등, 용산, 삼기, 팔봉, 대장, 안천 등 9개 지역에 전송로집선장치(L/C)를 설치하여 자동전화를 공급하였다. 당시 대장지역에는 자석식 400회선, 팔봉지역은 자석식 300회선을 운용하였다(1982년). 그중 황등에는 2천 회선 규모의 L/C를 운용하였다(1987년).

<표 9-95> 이리전화국 인근지역 자석식전화의 자동화

국명	자석식(회선)	RSU공급(회선)	자국설치 장소	거리(Km)
금마	700	1,600	금마	11.6
여산	500	1,500	여산	21.4
황금	300	1,200	황금	18.6

1980년대 후반에는 늘어나는 전화수요에 대비하여 기존 전화 국사를 활용하는 방안을 검토 수립하였다. 이 계획에서 이리전화국은 2001년 수요가 10만 회선인데 비해 종국 용량은 12만 회선으로 확인되었다. 이에 따라 시험실을 확장하는 등 청사를 개조하기로 결정하였다(시내전화 장기치국계획, 1987. 1, 한국전기통신공사). 그 후 전자교환기 5천 회선을 공급하기 위한 입찰결과 낙찰금액은 1,472백만 원, 낙찰자는 한화(주)로 결정되었다(1995. 7. 21). 다음 해에 이 시설을 개통하였다(1996. 2). 1990년대 중반에는 교환시설 10만 회선 이상(분국 포함)을 운용하는 중대형전화국이 되었다(1996. 1. 31). 그 후 1990년대 후반 전자교환기(TX) 3,500회선을 공급하여 1998년 5월 개통예정으로 추진하다가 IMF사태로 인하여 수요가 격감하는 바람에 도중에 취소하였다.

이 전화국은 전북 이리시 남중동1가 165-1에 있었으며, 그 후 주소가 전북 익산시 남중동1가 165-1로 변경되었다(1996년). 명칭은 당초 1990년까지 이리전신전화국이었다가 다시 이리전화국으로 바뀌었다(1990년-1995년). 그 후 행정지명 개편에 따라 익산전화국으로 변경되었다(1996년-1999년). 한국전기통신공사 창립 첫해인 1982년 이리전신전화국장은 전계형(3급기술)이 보직되었다. 그 후 1990년 이리전화국 간부진은 국장 강채식, 총무부장 공석, 영업부장 최병구, 기계부장 김정식, 선로부장 오근석으로 발령되었다. 1995년에는 국장 최영술, 업무부장 유진태, 기계부장 이창관, 동이리분국장 이학동이 재직하였다. 그리고 1997년에는 익산전화국장 인월환, 마케팅부장 김현수, 시설운용부장 이정호, 부송분국장 이학동으로 보임되었다.

(15) 임실전화국

1981년까지 기계식 자동교환기(ST방식) 800회선을 운용하다가 1982년에 400회선을 증설하여 1984년까지 1,200회선을 운용하였다. 1985년부터 농어촌형 전자교환기(T)를 공급하였으며, 1987년에는 그때까지 자석식전화를 이용해온 성수, 오수, 삼계, 지사, 관촌, 신평, 운암, 갈담, 덕치, 방수, 청웅 등 11개 지역에 원격전자교환기(RSS)를 공급하여 자국화하면서 자동전화로 전환하였다. 한편 같은 자국인 이인, 북창, 하운암 등 3개 지역에는 1986년에 이미 전송로집선장치(L/C)를 공급하여 자동화 하였다.

1987년에는 그동안 운용해온 자동식 1,200회선을 철거하여 전자식만 자국시설을 포함하여 13,170회선을 운용하였으며, 가입자케이블은 1986년-1987년에 19,100회선을 보유하였다. 시설규모는 1990년대 중반까지 교환시설 5만 회선 미만(분국 포함)으로 운용하였다(1996. 1. 31). 그 후 전자교환기(TB) 1,000회선을 공급할 계획으로 추진하다가 수요 감소로 도중에 공급량을 축소하여 900회선을 개통하였다(1998. 7). 이 전화국은 전북 임실군 임실읍 이도리 617에 있었으며, 명칭은 1990년까지 임실전신전화국으로 운영하다가 임실전화국으로 변경되었다(1990년-1999년). 1990년 임실전화국장은 2급행정(김대겸)으로 보직되었다. 그 후 국장은 1995년 2급행정(최병태),1997년 2급행정(최홍기)으로 보임되었다.

(16) 장계전화국

1983년 본 건물 2,520m^2, 부속건물 233m^{2}를 준공하였으며 이 공사의 공사감독은 중앙건설사무소 신용하가 수행하였다(1983. 12). 1983년에 기계식 자동교환기(ST방식) 1,400회선을 개통하였다.

(17) 장수전화국

1981년까지 기계식 자동교환기(ST방식) 600회선을 운용하였다. 1982년에 400회선, 1984년에 400회선을 증설하여 전체 시설이 1,400회선으로 늘어났다. 그 후 1987년에 농어촌형 전자교환기(T)를 공급하였으며, 이때 산서 지역에 원격전자교환기(RSS)를 공급하여 자국화하면서 자동전화로 전환하였다. 한편 같은 자국인 장안, 계북, 천천, 연평 등 4개 지역에는 전송로집선장치(L/C)를 공급하여 자동전화를 공급하였다. 또한 대성, 번암, 동화 등 3개 지역은 장수우체국을 모국으로 하여 전송로집선장치(L/C)를 공급하여 자동화하였다.

1987년 말에는 자동식 6,200회선(장수전화국 3,200회선, 장수우체국 3,000회선), 전자식은 자국시설을 포함하여 1,728회선을 운용하였다. 한편 가입자케이블은 1986년- 1987년에 11,600회선을 보유하였다. 시설규모는 1990년대 중반까지 교환시설 5만 회선 미만(분국 포함)으로 운용하였다(1996. 1. 31). 그 후 1990년대 후반 전자교환기(TB) 600회선을 개통하였다(1998. 1). 이 전화국은 전북 장수군 계내면 송천리 217에 있었으며, 그 후 장수군 장계면 송천리 217-1로 바뀌었다(1990년). 국명은 1990년까지 장수전신전화국으로 사용하였으며, 이어서 장수전화국으로 변경되었다(1990년-1999년). 1990년 장수전화국장은 2급행정(김용규)으로 보직되었다. 그 후 국장은 1995년 2급행정(최병구), 1997년 2급통신기술(장쌍환)이 재직하였다.

(18) 정주전화국/ 정읍전화국

1980년대 초까지 기계식 자동교환기(ST방식) 6,200회선을 운용하였다(1981. 12). 이어서 1982년 1,800회선을 증설하였으며, 1983년 다시 1천 회선을 확장하여 9천 회선(2국)으로 늘어나게 되었다. 이때 신태인전화국과 복국화 되었으며, 원거리지역으로 자석식전화를 이용하고 있던 한교(400회선), 덕천(400회선)에 전송로집선장치(L/C)를 설치하여 자동전화를 공급하였다. 정주전화국으로부터 국간거리는 한교 5.6Km, 덕천 6.1Km이었다. 이후 1985년 정주전화국에 전자식 6천 회선이 개통됨에 따라 그때까지 자석식전화를 운용하든 인근의 신태인 등 6개 지역에 원격교환장치(RSU)를 설치하여 자국화하면서 자동전화로 전환하였으며 세부내역은 <표 9-96>와 같다.

<표 9-96> 정주전화국 주변 자석식전화의 자동화(단위: 회선)

지역명	RSU공급	지역명	RSU공급	지역명	RSU공급
신태인	1,000	입암	1,100	고부	1,020
이평	1,100	태인	1,000	칠보	1,200

1980년대 중반에는 자동식 9천 회선, 전자식(M10CN) 20,900회선, 가입자케이블 5만2천회선을 운용하였다(1986년-1987년). 한편 그때까지 원거리 지역으로 자석식전화를 이용하던 내장산, 내장동, 소성, 영원, 정우, 본동, 옹동, 산내, 평내, 산의, 유정리 등 11개 지역에도 전송로집선장치(LC)를 공급하여 자동전화를 공급하였다. 그중 정우에는 1천회선 규모의 L/C를 운용하였다(1987년). 1990년대 중반에는 교환시설 5만회선 이상(분국 포함)을 운용하는 중형전화국이 되었다(1996. 1. 31). 그 후 전자교환기(TB) 1,900회선을 공급할 계획으로 추진 중 IMF사태로 인한 수요감소로 도중에 공급량을 축소하여 1,100회선을 개통하였다(1998. 11).

이 전화국은 전북 정주시 연지동 33-31에 있었으며, 그 후 주소가 정읍시 연지동 33-31로 바뀌었다(1995년). 1990년까지 정주전신전화국으로 운영되다가 조직개편에 따라 정주전화국으로 바뀌었다(1990년). 그 후 정읍전화국으로 변경되었다(1995년-1999년). 정주전화국으로 변경된 1990년 간부진은 국장 황명렬, 업무부장 배용규, 기술부장 박용규로 보직되었다. 그 후 1995년 정읍전화국 간부진은 국장 임갑택, 업무부장 하만호, 기술부장 유현이 재직하였다. 그리고 1997년에는 국장 박학룡, 마케팅부장 유점동, 시설운용부장 김상일로 발령되었다.

<한국통신 뉴스> 1996년 7월 19일 정읍전화국은 시내 아파트 단지에 거주하는 주부 통장 15명(10개 단지, 4,800세대 거주)을 초청하여 간담회를 개최하였다. 이날 간담회에서 정읍전화국은 일선에서 지역주민의 여론 수렴과 동사무소 행정업무의 가교역할을 하고 있는 주부 통장들에게 한국통신을 소개하고 일상생활과 관련된 전화정보 상품안내는 물론 시외 및 국제전화경쟁에 따른 아파트단지 주부 통장들의 적극적인 협조를 부탁했다(한국통신 이모저모, 1996. 8, 한국통신).

(19) 진안전화국

1981년까지 기계식 자동교환기(ST방식) 1천 회선을 운용하였다. 본사에서는 1982년에 증설하지 않기로 하였으나 당시 전북체신청의 요청으로 400회선을 증설하여 1,400회선으로 늘어나면서 이 시설규모로 1984년까지 운용하였다. 1985년부터 농어촌형 전자교환기(T)를 공급하였으며, 1987년에는 그때까지 자석식전화를 이용해온 용담, 마령, 안천, 백운, 정천, 주천, 무릉, 동향, 부귀, 의궁, 상전 등 11개 지역에 원격전자교환기(RSS)를 공급하여 자국화하면서 자동전화로 전환되었다.

이때 같은 자국인 오천, 월계, 신정 등 3개 지역에는 전송로집선장치(L/C)를 설치하여 자동전화를 공급하였다. 1987년 말에는 자동식 1,800회선, 전자식은 자국시설을 포함하여 9,896회선을 운용하였다. 이때 가입자케이블은 1986년-1987년에 17,700회선을 보유하였다. 시설규모는 1990년대 중반까지 교환시설 5만회선 미만(분국 포함)으로 운용하였다(1996. 1. 31). 그 후 1990년대 후반 전자교환기(TA) 300회선을 개통하였다(1998. 8).

진안전화국은 우체국과 통합국사로 되어 있어 한국통신이 당초 건물을 사용하는 대신 대용 국사를 신축하여 체신부로 이관하게 되었다. 대용 국사는 지하 1층-지상 2층(1,000m^2) 규모로 정하였으며 체신부에서 설계하고 한국통신이 1987년에 착공하여 그해에 준공하였다. 이 전화국은 전북 진안군 진안읍 군상리 947에 있었으며, 그 후 진안읍 군상리 947-1로 바뀌었다(1992년). 명칭은 1990년까지 진안전신전화국이었으며 이어서 진안전화국으로 변경되었다(1990년-1999년). 1990년 진안전화국장은 2급행정(유태현)으로 보직되었다. 그 후 국장은 1995년 2급행정(이화원), 1997년 2급행정(이태신)으로 발령되었다.

(20) 함열전화국

1981년까지 기계식 자동교환기(EMD방식) 1,400회선을 운용하였으며 1982년에 600회선을 증설하면서 인근 지역인 함라, 낭산, 용안을 통합 자동화하였다. 그 후 1983년에 2,000회선, 1984년에 1,400회선을 증설하여 총 5,400회선으로 늘어나게 되었다. 그 후 1986년-1987년에는 자동식 8천 회선, 가입자케이블 13,800회선을 운용하였다. 한편 1987년에는 함열전화국과 이리전화국 간(17.3Km)에 국간 통신용으로 광케이블(6코어)을 건설하였다. 1980년대 후반에는 늘어나는 전화 수요에 대비하여 기존 전화국사를 활용하는 방안을 검토 수립하였다. 이 계획에서 함열전화국은 2001년 수요가 13,700인데 비해 종국 용량은 2만 회선으로 확인되었다.

이에 따라 1987년에 사무동 1,260m^2를 증축하기로 결정하였다(시내전화 장기치국계획, 1987. 1, 한국전기통신공사). 또한 1980년대 중반에는 원거리 지역으로 자석식전화를 운용하던 용동, 망성, 동촌, 함라(900회선), 웅포(800회선) 등 5개 지역에 전송로집선장치(L/C)를 설치하여 자동전화를 공급하였다. 나중에 함라와 웅포에는 원격전자교환기(RSU)를 공급하고 L/C를 철거하였다(1987년). 한편 이 전화국은 종국 용량이 자동식 8천 회선 규모로 협소하여 그 후 별동(지하 1층-지상 3층 1,260m^2)을 증축하였다(1987년). 시설규모는 1990

년대 중반까지 교환시설 5만회선 미만(분국 포함)으로 운용하였다(1996. 1. 31).

이 전화국은 전북 익산군 함열읍 564-2에 있었으며, 그 후 주소는 익산군 함열읍 와리 563-11로 되었다가(1992년) 다시 익산시 함열읍 와리 563-11로 변경되었다(1996년). 초기에는 함열사업소로 운영되다가(1987년) 이듬해 함열전신전화국으로 승격되었다(1988. 1. 6). 함열전신전화국의 승격 개국식에는 안종열 전북지사장, 신영중 초대 함열전신전화국장을 비롯한 관내 기관장 및 관계자들이 참석하였다. 이 전화국은 그동안 함열우체국에서 해왔던 전기통신업무를 담당하게 되었으며, 익산군내 1개읍, 5개면의 6,400회선의 가입전화를 관장하여 운용하였으며 2년 후 함열전화국으로 변경되었다(1990년-1999년). 1990년 함열전화국장은 2급행정(홍만표)으로 보직되었다. 그 후 국장은 1995년 2급통신기술(봉호녕), 1997년 2급행정(이화원)이 재직하였다.

11. 춘천, 원주 및 강원지역의 전화국 확장운영

강원도 내에 1980년대 초반(1981-1983년)에는 총 31개의 전화국, 1990년대 후반에는 강릉, 속초, 원주, 춘천, 평창 등 총 39개의 전화국을 운용하였다.

(1) 간성전화국

1981년까지 자석식교환기 700회선을 운용해오다 1982년에 기계식 자동교환기(ST방식) 1,200회선을 설치함으로써 자동전화 시대를 열었다. 이때 새로운 국번호(4국)를 사용하여 속초와 복국화 하였으며, 속초전화국의 분국으로 운용되었다. 이 자동식교환기는 대도시에서 철거된 것을 재활용하였다. 1983년에 기계식 자동교환기(ST방식) 800회선을 공급하여 1984년까지 이 시설을 운용하였다. 1986년-1987년에 자동식 2,200회선, 가입자케이블 2,900회선을 운용하였다. 1987년에는 간성전화국과 속초전화국 간(24.7Km)에 국간 통신용으로 광케이블(12코어)을 건설하였다. 1980년대 후반에는 당시 변두리 지역인 흘리, 장신 등 4개 지역에 전송로집선장치(L/C)를 설치하여 자동전화를 공급하였다.

그리고 간성전화국의 교환방식을 전자교환기로 대체할 때 속초전화국 관할 지역인 대진, 거진, 죽정, 가진리를 간성전화국으로 수용 변경하기로 결정하였다(시내전화 장기치국계획, 1987. 1, 한국전기통신공사). 이 계획을 수립 추진한 주관부서 및 결재자는 제9장 말미의 참고자료 편에 기록되어 있다. 또한 늘어나는 전화 수요에 대비하여 기존 전화국사를 활용하는 방안도 검토 수립하였다. 이 계획에서 간성전화국은 2001년 수요가 2,500인데 비해 종국용량은 1만 회선으로 확인되었다. 이에 따라 기계식교환기를 전자교환기로 대체하여 시설 상면을 확보토록 하였다(시내전화 장기치국계획, 1987. 1, 한국전기통신공사).

(2) 강릉전화국

1970년 강릉전신전화국이 신설되었으며 1980년까지 기계식 자동교환기(EMD방식) 1만 4천 회선(2국, 3국)을 운용하였다. 이후 1982년에 5천 회선, 1983년에 1천 회선을 증설하여 총 2만 회선을 운용하였으며 이때 1983년도 사업으로 인입통신구 129m를 건설하였다(1983. 8). 이 공사는 신우건설에서 시공하였으며, 공사감독은 중앙건설사무소 조성윤이 수행하였다. 또한 1983년 본 건물 1,296m^2, 부속건물 70m^{2}를 증축하였고 이때 공사감독자는 중앙건설사무소 신건진으로 지정되었다(1983. 10).

이후 5차 5개년계획의 추진으로 전자교환기(M10CN) 1만4천 회선(42국, 43국)을 3층에 신설 개통하였다(1985. 1). 이때 주문진전화국(5국)과 복국화하여 운영하였다. 이때 자동식 2만 회선, 전자식 18,800회선을 운용하였다(1986. 12). 1980년대 후반에는 늘어나는 전화수요에 대비하여 기존 전화국사를 활용하는 방안을 검토 수립하였다. 이 계획에서 강릉전화국은 2001년 수요가 87,600인데 비해 종국용량은 8만5천 으로 확인되었다. 이때 주변 지역을 포함하여 기계실 상면 확보에는 문제가 없는 것으로 결론을 내렸다(시내전화 장기치국계획, 1987. 1, 한국전기통신공사).

당시 전자식 6천 회선을 증설하여 총 44,800회선으로 늘어나게 되었다(1987년). 이때 가입자케이블은 75,900회선을 운용하였다(1986년-1987년). 한편 그때까지 자석식전화를 운용 중인 사천에 원격전자교환장치(RSU) 1,100회선을 공급하여 자국화하면서 자동전화로 전환하였다(1985년). 이때 그 외의 자석식전화 운용국인 학산, 상시, 모전, 안인, 정동, 임곡, 구산, 보광, 왕산, 대기, 고단, 노동 등 12개 지역에 전송로집선장치(L/C)를 설치하여 자동전화를 공급하였다. 이때 강릉전화국 주변 자석식전화 지역의 자동화는 <표 9-97>과 같이 시행되었다.

<표 9-97> 강릉전화국 주변 자석식전화의 자동화(주요국)

대상지역	당시 시설 (1982년)	국간거리(Km)	자동화방식	시행년도
사천	자석식 300	8.8	원격교환장치(RSU)	1985년
구산	자석식 340	6.5	전송로집선장치(LC)	1984-1987년
왕산	자석식 100	12.9		
정동	자석식 240	16.6		

한편 1987년에는 주문진전화국에 원격교환장치(RSU) 6,200회선을 공급하여 자국으로 운용하였다. 1990년대 중반에는 교환시설 10만회선 이상(분국 포함)을 운용하는 중대형전화국이 되었다(1996. 1. 31). 1990년대 후반에는 전자교환기(TB) 300회선을 공급하여 1998년 4월 개통예정으로 추진하다가 IMF사태로 인한 수요가 감소하는 바람에 도중에 취소하

였다. 한편 강릉전화국은 1997년 10월부터 시행될 제3 국제통신사업자 진입에 따른 안정적인 국제전화시장 확보를 위해 강릉지역 20여개 업체의 여행사와 협조하여 해외여행객들을 대상으로 전화국 6층 대회의실에서 설명회를 개최하였다(1997. 1. 18).

이 전화국은 강원도 강릉시 용강동 60-1에 있었으며, 그 후 강릉시 포남동 1294로 이전하였다(1997년). 명칭은 1990년까지 강릉전신전화국이었으며, 이어서 강릉전화국으로 변경되었다(1990년-1999년). 한편 용강동에서 운용되었던 원래의 강릉전화국은 서강릉 분국으로 변경 운영하게 되었다(1997년-1999년). 1990년 강릉전화국 간부진은 국장 이홍재, 총무부장 공석, 영업부장 이만용, 기계부장 김정식, 선로부장 이행원, 무선분국장 공석, 주문진분국장 공석으로 보직되었다. 1995년 간부진은 국장 황준혁, 업무부장 김영달, 기술부장 김정식으로 발령되어 있었다. 그리고 1997년에는 국장 유중철, 마케팅부장 김영달, 시설운용부장 이창수, 서강릉분국장 이현수가 재직하였다.

(3) 강원고성전화국

1981년에 기계식 자동교환기(ST방식) 200회선, 1982년에 600회선을 증설하여 2,400회선을 운용하였다. 시설규모는 1990년대 중반까지 교환시설 5만 회선 미만(분국 포함)으로 운용하였다(1996. 1. 31). 그 후 1990년대 후반에 전자교환기(TB) 1,600회선을 개통하였다(1997. 12. 24). 이 전화국은 강원도 고성군 간성읍 신안2리 255에 있었으며, 국명은 강원고성전화국이었다(1994년-1999년) 1995년 강원고성전화국장은 2급행정(심무웅)으로 보직되어 있었으며, 1997년 국장은 2급행정(최수륭)으로 발령되었다.

(4) 강원장성전화국

1980년대 초까지 기계식 자동교환기(ST방식) 1,800회선을 운용하였다(1981. 12). 그 후 5차 5개년계획 기간에 2,200회선을 증설하여 4천 회선을 운용하였다(1986년).

(5) 거진전화국

거진전화국은 1981년 당시 대지 315평에 국사 용량은 3천 회선이었다. 1981년 말에 기계식 자동교환기(ST방식 간이형) 1천 회선을 운용하다가 1982년에 200회선, 1983년에 다시 200회선을 증설하여 1984년까지 1,400회선을 운용하였다. 1985년 인근 속초전화국에 전자교환기가 개통되면서 속초국으로 수용 자동화되었다. 이때 그동안 운용해온 간이교환기는 철거하여 간성과 설악에 재배치하였다.

(6) 근덕전화국

1984년에 기계식 자동교환기(ST방식 MDO) 1천 회선을 설치하였다. 1985년 그동안 운용해온 MDO 1천 회선은 철거하여 타국에 재활용하는 계획을 수립 추진하였다.

(7) 남원주전화국

1990년대 후반 전자교환기(TB) 4,100회선을 공급할 계획으로 추진하다가 수요 감소로 도중에 공급량을 축소하여 4천 회선을 개통하였다(1998. 10). 이 전화국은 강원도 원주시 단구동 702에 있었으며, 명칭은 남원주전화국이었다(1995년). 그 후 원주전화국 남원주 분국으로 변경 운영되었다(1995-1999년). 1995년 분국장은 2급통신기술(위무헌)으로 보직되었으며, 1997년 분국장은 2급통신기술(황만근)으로 발령되었다.

(8) 남춘천전화국

1986년 한국통신은 광주, 전주, 이리, 신장지역과 강원도지역을 대상으로 시내전화 중장기 치국계획을 수립하였다. 이때 춘천시 남부지역의 급증하는 전화 수요를 해결하고자 춘천시 석사동에 3만 회선 규모의 남춘천전화국을 1991년에 신설 개통하는 것으로 결정하였다(시내전화 중장기 치국계획, 1986. 12. 26, 한국통신 계획국). 그 후 한국통신은 1987년 시내전화 장기치국계획을 수립하였으며, 이때 남춘천전화국 용량은 3만회선 규모로 정하였다(시내전화 장기치국계획, 1987. 1, 한국전기통신공사).

이상 2개의 시내전화 치국계획을 수립 추진한 주관부서 및 결재자는 제9장 말미의 참고자료 편에 기록되어 있다. 1990년대 후반 전자식교환기(TB) 2,600회선을 1998년 4월 개통 목표로 추진하다가 IMF사태로 인한 수요 급감으로 공급을 중단하였다(1998. 3). 주소는 강원도 춘천시 석사동 114-2에 있었으며, 당시 춘천전화국 남춘천 분국으로 운영되었다(1995년-1999년).

(9) 대화전화국

1982년까지 자석식교환기 700회선을 운용해오다 1983년에 기계식 자동교환기(ST방식) 800회선을 공급하여 자동화되었다. 이때 대도시에서 철거된 자동식 교환시설을 재활용하였으며 평창전화국의 분국으로 운용되었다. 1985년부터 농어촌형 전자교환기(A)를 공급하였으며, 이때 평창, 도돈, 미탄, 횡계, 유천, 봉평, 면온, 방림, 계촌, 안미, 진부, 마평, 용평, 속사 등 14개 지역에 원격전자교환기를 공급하여 자국화하면서 전자식으로 전환하였다. 1987년 말에는 자동식 800회선, 전자식은 자국시설을 포함하여 12,272회선을 운용하였다. 그 후 1990년대 후반에 전자교환기(TB) 3,900회선을 개통하였다(1998. 3. 6). 이 전화국은 강원도 평창군 대화면 대화리 1169-1에 있었다(1997년-1999년).

(10) 도계전화국

1981년에 기계식 자동교환기(ST방식) 1,400회선을 운용하였으며 1982년에 다시 400회선을 증설하여 이때부터 1,800회선을 운용하였다. 그 후 1985년에 태백전화국에 전자교환기(M10CN) 1만 회선이 개통되자 원격교환장치(RSU) 2천 회선을 설치하여 태백전화국의 자국으로 운용되었다. 1987년 태백전화국에 다시 8천 회선이 증설되면서 원격교환장치(RSU) 1,200회선을 공급하였다. 이에 따라 1987년에 가입자케이블 4,300회선을 증설하여 선로시설 1만 회선을 운용하였다.

1980년 후반 늘어나는 전화 수요에 대비하여 기존 전화국사를 활용하는 방안을 검토 수립하였다. 이 계획에서 도계전화국은 2001년 수요가 1만 회선인데 비해 종국 용량은 1만 회선으로 확인되었다. 이에 따라 기계식 자동교환기를 전자교환기로 대체하여 시설 상면을 확보토록 하였다(시내전화 장기치국계획, 1987. 1, 한국전기통신공사). 주소는 강원도 삼척군 도계읍 도계리 358이었으며, 당시 태백전화국 도계 분국으로 운영되었다(1995년-1999년).

(11) 동강릉전화국

동강릉전화국은 강릉시내 동부지구의 전화공급을 위해 신설되었으며, 전자교환기 2만 회선을 공급 추진하였다. 이를 위한 입찰결과 낙찰금액은 4,256백만 원, 낙찰자는 대우로 결정되었다(1995. 7. 21). 이 시설은 다음 해에 개통되었다(1996. 6). 한편 TDX-1B 교환기(가반형) 1대를 1990년대 중반까지 운용하였다(1996. 5).

(12) 동송전화국

1981년 말에 기계식 자동교환기(ST방식) 1,200회선을 운용하였으며 1982년에 400회선, 1984년에 다시 400회선을 증설하여 2천 회선으로 늘어났다. 1986년 말에는 2,400회 선을 운용하였다. 이 지역에도 1985년부터 농어촌형 전자교환기(T)를 공급하였으며 이때 자국인 관전 지역에는 전송로집선장치(L/C)를 공급하여 자동화하였다. 1987년 말에는 자동식 2,400회선, 전자식 2,112회선을 운용하였으며 그 후 1990년대 후반에 전자교환기(TBN) 1천 회선을 개통하였다(1998. 4. 28). 주소는 강원도 철원군 동송읍 이평4리 668-3이었으며, 철원전화국 동송 분국으로 운영되었다(1995년-1999년).

(13) 묵호전화국/ 동해전화국

1980년대 초까지 기계식 자동교환기(ST방식) 3,200회선을 운용하였다(1981. 12). 다음 해에 2,400회선을 증설하여 5,600회선으로 늘어났으며 이어서 전자교환기(M10CN) 1만 회선(32국)을 3층에 신설 개통하였다(1985. 3). 이때 주변 원거리 지역인 옥계를 통합하여 자동전화로 전환하였다(1984년). 당시 옥계는 자석식 700회선을 운용하고 있었으며, 묵호전화국과의 거리는 7.7Km이었다. 그리고 1986년-1987년에는 자동식 6,800회선, 전자식(M10CN) 17,300회선 등 교환시설 24,100회선과 가입자케이블 44,900회선을 운용하였다.

또한 1980년대 후반에는 당시 원거리 지역인 망상, 비천, 삼계 등 3개 지역에 전송로집선장치(L/C)를 설치하여 자동전화를 공급하였다. 시설규모는 1990년대 중반까지 교환시설 5만 회선 미만(분국 포함)으로 운용하였다(1996. 1. 31). 1990년대 후반에 전자교환기(TB)

2,500회선을 개통하였다(1998. 3. 27). 이 전화국은 강원도 동해시 부곡동 87에 있었으며, 명칭은 1990년까지 동해전신전화국이었으며 그 후 동해전화국으로 바뀌었다(1990년-1999년). 1990년 동해전화국 간부진은 국장 이영길, 업무부장 공석, 기술부장 권욱형으로 보직되었다. 1995년에는 국장 박철균, 업무부장 오충렬, 기술부장 김한곤이 재직하였다. 그리고 1997년에는 국장 이영길, 마케팅부장 조병준, 시설운용부장 이병혁으로 보임되었다.

(14) 북평전화국

1980년대 초까지 이동식교환기(MDO) 2천 회선을 설치하여 운용하였다(1981. 12). 그 후 1985년에 묵호전화국에 전자교환기 1만 회선을 개통하게 됨으로서 이때 MDO는 철거하여 화광으로 재배치한 후 북평전화국은 일시 폐국되었다(1985년). 그 후 1990년대 후반 전자교환기(TB) 3,500회선을 신축건물에 공급 추진하다가 IMF사태로 인한 수요 감소로 2,500회선을 개통하였다(1998. 3. 27). 주소는 강원도 동해시 나안동 156-7이었으며, 당시 동해전화국 북평 분국으로 운영되었다(1995년-1998년).

(15) 사음전화국

1981년 말에 기계식 자동교환기(ST방식) 1,400회선을 운용하였으며 1982년에 600회선, 1984년에 다시 400회선을 증설하여 2,400회선으로 늘어나게 되었다. 1985년부터 농어촌형 전자교환기(TDX-1)가 공급되면서, 정선전화국을 모국으로 하여 사음, 고한, 증산, 남면, 신평 등 5개 지역에 원격전자교환기를 공급하여 전자식으로 전환하였다. 그리고 1987년에는 차기 교환기 설치 상면을 확보하기 위해 그동안 운용해온 자동식 2,800회선을 철거함으로써 그해 말에는 자국시설을 포함하여 전자식만 10,095회선을 운용하였다. 주소는 강원도 정선군 사북읍 사북7리 317-6이었으며, 정선전화국 사음 분국으로 운영되었다(1995년-1999년).

(16) 삼척전화국

1981년 말에 기계식 자동교환기(ST방식) 3,200회선을 운용하였으며 1982년에 600회선, 1983년에 다시 400회선을 증설하여 4,200회선으로 확장되었다. 한편 1983년에 본 건물 1,571m^2, 부속건물 66m^{2}를 증축하였다(1983. 11). 이때 공사감독은 중앙건설사무소 홍순일이 수행하였다. 이 지역에도 1985년부터 농어촌형 전자교환기(A)를 공급하였으며, 이때 근덕, 노곡, 하마읍, 임원, 미로, 호산, 축천, 오저, 풍곡, 장호 등 10개 지역에 원격전자교환기를 공급하여 자국화하면서 전자식으로 전환되었다.

1987년 말에는 자동식 4,200회선, 전자식은 자국시설을 포함하여 10,636회선을 운용하였다. 이때 가입자케이블은 1986년-1987년에 1만8천 회선을 보유하였다. 시설규모는 1990년대 중반까지 교환시설 5만 회선 미만(분국 포함)으로 운용하였다(1996. 1. 31). 그 후 1990년대 후반 전자교환기(TB) 500회선을 공급하여 1998년 4월 개통예정으로 추진하다가 IMF

사태로 인해 수요가 감소하는 바람에 도중에 취소하였다.

이 전화국은 강원도 삼척시 남양동 55-7에 있었으며, 명칭은 1990년까지 삼척전신전화국이었다가 삼척전화국으로 변경되었다(1990년-1999년). 1990년 삼척전화국장은 2급통신기술(김병선)로 보직되었으며, 그 후 국장은 1995년 2급행정(이만용), 1997년 2급행정(이만용)으로 발령되었다.

(17) 상동전화국

1981년 말에 기계식 자동교환기(ST방식 간이형) 800회선을 운용하였으며 1982년에 200회선, 1983년에 다시 200회선을 증설하여 1,200회선으로 늘어났다. 1986년 그동안 운용해온 자동식 교환기를 철거하여 다른 지역에 재활용 추진하였다. 당시 이 전화국은 대지 234평에 국사 용량은 2천 회선이었다.

(18) 서강릉전화국

서강릉전화국은 강원도 강릉시 용강동 60-1에 있었던 원래의 강릉전화국이었으며 그 후 직제개편에 따라 강릉전화국 서강릉 분국으로 운영하게 되었다(1996년). 1997년 분국장은 2급행정(이현수)으로 보직되었다.

(19) 설악전화국

1980년대 초까지 기계식 자동교환기(ST방식) 800회선을 운용하였다(1981. 12). 이어서 400회선을 증설하여 1,200회선으로 늘어나면서 새로운 국번호(5)를 사용하였다(1982년). 그 후 인근 속초전화국에 전자교환기(M10CN) 6천 회선이 개통되면서 설악에 원격교환장치(RSU) 1,300회선을 설치하여 속초전화국의 자국형태로 통합되었다(1987년). 이때 가입자케이블은 2,600회선을 운용하였으며, 그동안 운용해온 자동식 1,200회선(5국)을 철거하였다.1980년 후반 늘어나는 전화 수요에 대비하여 기존 전화국사를 활용하는 방안을 검토 수립하였다. 이때 설악전화국은 2001년 수요가 2천인데 비해 종국용량은 1만 회선으로 확인됨에 따라 기계식교환기를 전자교환기로 대체하여 시설 상면을 확보하였다(시내전화 장기치국계획, 1987. 1, 한국전기통신공사).

(20) 속초전화국

1980년대 초까지 기계식 자동식교환기(ST방식) 5,200회선을 운용하였다(1981. 12). 다음해에 2,200회선을 증설하여 7,400회선으로 늘어나게 되었다(1982년). 이때 인근의 간성전화국을 분국으로 운용하게 되었으며, 속초전화국(2국), 설악전화국(7국), 간성전화국(4국)을 복국화하였다. 이후 전자교환기(M10CN) 1만 회선을 신설 개통하였다(1985. 3). 이때 인근 지역에서 간이형 자동전화를 운용해온 거진(2,300회선)과 자석식전화를 운용해온 대진(850회선)에 원격교환장치(RSU)를 공급하여 자국화하면서 전자방식의 자동전화로 전환하였다(1986년-1987년).

당시 기계식 자동교환기(ST방식) 1,200회선을 운용중인 설악전화국에도 원격전자교환기(RSU) 1,300회선을 공급하여 자국화하면서 전자식으로 전환하였다. 이후 전자식 18,600회선을 운용하였으며(1986. 12), 1987년 6천 회선을 증설하여 24,600회선으로 늘어났다. 이때 올림픽 통신용으로 46회선을 확보하였으며 설악전화국을 수용하였다. 한편 가입자케이블은 32,300회선을 운용하였으며(1986년-1987년), 또한 속초전화국과 간성전화국 간(24.7Km)에 국간 통신용으로 광케이블(12코어)을 건설하였다(1987년).

또한 1980년대 중반에는 속초로부터 원거리 지역으로 당시 자석식전화를 운용하든 천진, 교암, 용촌, 송죽, 죽왕, 죽정 등 6개 지역에 전송로집선장치(L/C)를 설치하여 자동전화를 공급하였다. 그중 천진과 죽왕에는 1천 회선 규모의 L/C를 운용하였다(1987년). 한편 1980년대 후반에는 간성전화국의 기계식교환기를 전자교환기로 대체할 때 대진, 거진, 죽정, 가진리를 간성전화국으로 수용 변경하기로 결정하였다(시내전화 장기치국계획, 1987. 1, 한국전기통신공사).

또한 늘어나는 전화수요에 대비하여 기존 전화국사를 활용하는 방안을 검토 수립하였다. 이 계획에서 속초전화국은 2001년 수요가 38,400인데 비하여 종국 용량은 4만7천 회선으로 확인되었다. 이에 따라 기계식교환기를 전자교환기로 대체하여 시설 상면을 확보토록 하였다(시내전화 장기치국계획, 1987. 1, 한국전기통신공사). 이 전화국의 시설규모는 1990년대 중반까지 교환시설 5만 회선 미만(분국 포함)으로 운용하였다(1996. 1. 31). 그 후 1990년대 후반에 전자교환기(TXN) 4,500회선을 개통하였다(1998. 2. 28). 이어서 전자교환기(TB) 700회선을 공급하여 1998년 5월 개통예정으로 추진하다가 IMF사태로 인해 수요가 격감하는 바람에 도중에 취소하였다.

한편 속초전화국은 우체국과 통합국사로 되어 있어 한국통신이 당초 건물을 사용하는 대신 대용 국사를 신축하여 체신부로 이관하게 되었다. 그래서 1987년에 대지(1,650m^2)를 매입하여 지하 1층-지상 3층(1,500m^2) 규모의 대용 국사를 체신부에서 설계하고 한국통신이 시공하여 준공하였다(1988년). 이 전화국은 강원도 속초시 청학동 483에 있었으며, 그 후 속초시 청학동 483-10으로 바뀌었다(1992년). 명칭은 1990년까지 속초전신전화국이었으며, 속초전화국으로 변경되었다(1990년-1999년). 1990년 속초전화국장은 2급행정(김익종)으로 보직되었으며, 1995년 간부진은 국장 윤기원, 업무부장 오성운, 기술부장 엄계형으로 발령되었다. 이후 1997년에는 국장 조재석, 마케팅부장 한계동, 시설운용부장 김만호가 재직하였다.

(21) 신동전화국

1981년 말에 이동식 자동교환기(ST방식) 1천 회선을 운용하였으며 1983년에 400회선을 증설하여 1984년까지 1,400회선을 운용하였다. 1985년부터 농어촌형 전자교환기(T)를 공급하였으며, 이때 녹전, 상동 2개 지역에 원격전자교환기(RSS)를 공급하여 자국화하면서 전자식으로 전환하였다. 이때 같은 자국인 덕천, 내덕 2개 지역에는 전송로집선장치(L/C)를 공급하여 자동화하였다. 1987년 말에는 자동식 1,400회선, 전자식은 자국시설을 포함하여 4,620회선을 운용하였다. 그 후 1990년대 후반 전자교환기(TA) 700회선을 공급하여 1998년 10월 개통예정으로 추진하다가 IMF사태로 인한 수요가 격감하는 바람에 도중에 취소하였다. 주소는 강원도 정선군 신동읍 예미4리로 되어 있었으며, 당시 영월전화국 신동 분국으로 운영되었다(1995년-1998년).

(22) 양구전화국

1981년 말에 기계식 자동교환기(ST방식) 1천 회선을 운용하였다. 1983년에 400회선을 증설하여 1984년까지 1,400회선을 운용하였으며 1986년 말에는 4천 회선으로 늘어났다. 1980년대 중반 자국인 남면, 임당, 해안, 군량 등 4개 지역에는 전송로집선장치(L/C)를 공급하여 자동전화를 공급하였다. 그 후 1987년에는 농어촌형 전자교환기(T)를 공급하였으며, 이때 임당, 방산 2개 지역에 원격전자교환기(RSS)를 공급하여 자국화하면서 전자통신방식으로 전환하였다. 이에 따라 임당에서 운용해온 L/C는 철거하였으며, 1987년에는 방산에서 운용해온 이동형 교환기 1천 회선도 철거하였다.

1980년 후반 늘어나는 전화 수요에 대비하여 기존 전화국사를 활용하는 방안을 검토하였다. 이때 양구전화국은 2001년 수요가 8천 회선인데 비해 종국용량은 1만5천 으로 확인됨으로서 1987년에 전화 국사를 신축하기로 결정하였다(시내전화 장기치국계획, 1987. 1, 한국전기통신공사). 1987년 말에는 자동식 4천 회선, 전자식은 자국시설을 포함하여 1,976회선을 운용하였다. 이때 가입자케이블은 1986년-1987년에 9,300회선을 보유하였다. 이 전화국의 시설규모는 1990년대 중반까지 교환시설 5만 회선 미만(분국 포함)으로 운용하였다(1996. 1. 31). 그 후 1990년대 후반 전자교환기(TB) 400회선을 개통하였다(1998. 2. 28).

또한 그동안 사용해온 우체국과의 통합국사를 분리하여 전화국을 신축하기 위해 1987년에 대지(2,400m^2)를 매입하였다. 그리고 소용량 국사(TD 1.5만 회선 규모)로 계획하여 지하 1층-지상 2층 건물(2,000m^2)로 설계하여 1987년에 준공하였다. 이 전화국은 강원도 양구군 양구읍 중리 3-1에 있었으며, 그 후 양구읍 중리 8-1로 바뀌었다(1990년). 명칭은 1990년까지 양구전신전화국이었으며 이후 양구전화국으로 변경되었다(1990년-1999년). 1990년 양구전화국장은 2급행정(민대식)으로 보직되었다. 그 후 국장은 1995년 2급행정(엄택현), 1997년 2급행정(심무웅)이 재직하였다.

(23) 양양전화국

1981년에 기계식 자동교환기 200회선(ST방식)을 증설하여 1,400회선을 운용하였으며, 1982년에 400회선, 1984년에 400회선을 증설하여 2,200회선으로 증가되었다. 그러다가 1986년 말에는 자동식이 5천 회선으로 늘어났다. 1980년대 중반에는 현리, 오색, 황이, 인구,

남애, 현북, 어성전 등 7개 지역에는 전송로집선장치(L/C)를 공급하여 자동전화를 공급하였다. 그 후 1987년에 농어촌형 전자교환기(T)를 공급하였으며, 이때 인구, 남해, 강현 등 3개 지역에 원격전자교환기(RSS)를 공급하여 자국화하면서 전자식으로 전환하였다. 또한 1987년에는 그동안 강현에서 운용해온 이동형 교환기(M) 1천 회선을 철거하였다.

그래서 1987년 말에는 자동식 5천 회선, 전자식은 자국시설을 포함하여 3,108회선을 운용하였다. 한편 가입자케이블은 1986년-1987년에 11,400회선을 보유하였다. 시설규모는 1990년대 중반까지 교환시설 5만 회선 미만(분국 포함)으로 운용하였다(1996. 1. 31). 이 전화국은 강원도 양양군 양양읍 성내리 1-2에 있었으며, 명칭은 1990년까지 양양전신전화국이었다가 이후 양양전화국으로 변경되었다(1990년-1999년). 1990년 당시 양양전화국장은 2급행정(배영배)으로 보직되었다. 그 후 국장은 1995년 2급통신기술(김병선), 1997년 2급통신기술(김병선)로 보임되었다.

(24) 영월전화국

1981년에 기계식 자동교환기(ST방식) 600회선을 증설하여 2,400회선을 운용하다가 1982년에 600회선, 1984년에 400회선을 증설하여 3,400회선으로 늘어나게 되었다. 1986년 말에는 전체 시설이 3,800회선이 되었다. 1985년부터는 농어촌형 전자교환기(T)를 공급하였으며, 그때까지 자석식전화를 운용해온 마차, 연당, 쌍룡, 신천, 주천, 수주, 옥동, 관운, 운학 등 9개 지역에 원격전자교환기(RSS)를 공급하여 자국화하면서 전자식 자동전화로 전환하였다(1987년). 이때 같은 자국인 삼옥, 연하, 용석, 운하, 판운 등 5개 지역에는 전송로집선장치(L/C)를 공급하여 자동화하였다. 그리고 신동전화국을 분국으로 운용하였다.

1987년에는 말에는 자동식 3,800회선, 전자식은 자국시설을 포함하여 9,576회선을 운용하였다. 당시 가입자케이블은 1986년-1987년에 17,800회선을 보유하였다. 시설규모는 1990년대 중반까지 교환시설 5만 회선 미만(분국 포함)으로 운용하였다(1996. 1. 31). 그 후 1990년대 후반 전자교환기(TB) 700회선을 공급하여 1998년 10월 개통예정으로 추진하다가 IMF사태로 인한 수요가 격감하는 바람에 도중에 취소하였다.

이 전화국은 강원도 영월군 영월읍 영흥리 950에 있었으며, 그 후 영월읍 영흥1리 95-50로 되었다가(1992년) 다시 영월읍 영흥2리 950-5로 바뀌었다(1995년). 국명은 1990년까지 영월전신전화국이었으며 조직개편에 따라 영월전화국으로 변경되었다(1990년-1999년). 1990년 영월전화국장은 2급행정(권혁주)으로 보직되었다. 그 후 국장은 1995년 2급행정(이현철), 1997년 2급행정(이택복)이 재직하였다.

(25) 와수전화국

1983년에 처음으로 기계식 자동교환기(ST방식) 2천 회선을 공급하였다. 이 지역에도 1985년부터 농어촌형 전자교환기(T)를 공급하였으며, 이때 지경, 근남 등 2개 지역에 원격전자교환기를 공급하여 자국화하면서 전자식 자동전화로 전환하였다. 그러나 같은 자국인 자등 지역에는 전송로집선장치(L/C)를 공급하여 자동화하였다. 1987년 말에는 자동식 2천 회선, 전자식은 자국시설을 포함하여 1,856회선을 운용하였다. 주소는 강원도 철원군 서면 와수6리 571-5이었으며, 철원전화국 와수분국으로 운영되었다(1995년-1998년).

(26) 원주전화국(구)

1968년 원주전신전화국이 신설된 후 원주전화국(구)은 1980년대 초까지 기계식 자동교환기(ST방식) 1만2천 회선을 운용하였다(1981. 12). 1982년 11월 원주시외전화국에 전자식 2만 회선이 개통되자 이 전화국의 일부구역을 원주시외전화국으로 수용 변경하였으며 자동식 1만2천 회선을 철거한 후 폐국되었다(1983년). 이 전화국은 대지 2,196m^2(664평), 건평 5,181m^2(지하1층, 지상4층)의 규모이었다.

(27) 원주시외전화국/ 원주전화국(신)

이 전화국은 원주전화국(구)이 폐국되면서 원주시외전화국이 그 국명을 이어받아 원주전화국(신)이 되었다(1982년). 1982년도 전자교환기 공급사업(82-KTC-70k)으로 전자식(M10CN) 2만 회선을 개통하였으며, 이때 새로운 국번호(42/43국)을 부여하여 사용하였다(1982. 11). 이때 주변 자석식전화를 이용하고 있던 흥업과 가현에 전송로집선장치(L/C)를 공급하여 자동전화를 공급하였다. 당시 자석식 전화시설은 흥업 340회선, 가현 300회선을 운용하였으며, 원주전화국과의 국간거리는 흥업 7.2Km, 가현 5.1Km이었다.

다시 1983년도 전자교환기 공급사업(82-BTM-60k)으로 전자교환기 1만 회선(44국)을 개통하였다(1984. 12). 그 후 한동안 전자식 3만8천 회선을 운용하였으며(1986. 12), 다시 8,000회선(46국)을 증설하여 그때부터 4만6천 회선을 운용하였다(1987년). 이때 가입자케이블은 7만6천 회선을 운용하였다(1986년-1987년). 또한 1980년대 중반에는 자석식전화를 이용하던 고산 등 20개 지역에 LC를 설치하여 자동화하였으며 그 중 문막에는 1천 회선 규모의 L/C를 운용하였다(1987년). 이때 자석식전화의 자동화지역은 <표 9-98>과 같다.

<표 9-98> 원주전화국 인근 자석식전화의 자동화

대상지역	자동화방식	시행년도
고산, 궁촌, 귀래, 금대, 능유, 단강, 대안 문막, 동막, 부론, 소초, 신림, 의관, 작동, 지정, 학곡, 호저, 황둔, 흥업, 신평	전송로 집선 장치(LC)	1984-1987년

1980년대 후반에는 늘어나는 전화 수요에 대비하여 기존 전화국사를 활용하는 방안을 검토하였다. 이때 원주전화국은 2001년 수요가 8만9천인데 비해 종국 용량은 8만9천으로 확인되어 스롯트를 증설하는 것으로 하였다(시내전화 장기치국계획, 1987. 1, 한국전기통신공사). 1990년대 중반에는 교환시설 10만 회선 이상(분국 포함)을 운용하는 중대형전화

국이 되었다(1996. 1. 31). 그 후 1990년대 후반에 전자식교환기(TX) 6,200회선을 개통하였다(1998. 2. 26).

이 전화국은 강원도 원주시 학성2동 213에 있었으며, 다시 원주시 학성2동 213-11로 바뀌었다(1990년). 그 후 원주시 학성1동 902-2로 변경되었다(1993년). 국명은 1990년까지 원주전신전화국으로 운영되었으며 이후 원주전화국으로 변경되었다(1990년- 1999년). 1990년 원주전화국 간부진은 국장 경호현, 총무부장 공석, 영업부장 이택복, 기술부장 김동현으로 보직되었다. 1995년에는 국장 이영길, 업무부장 김수경, 교환기술부장 권욱형, 전송기술부장 정완영, 남원주분국장 위무헌이 재직하였다.

그리고 1997년에는 국장 고수영, 마케팅부장 최창선, 고객지원센터장 김진학, 교환기술부장 김남국, 전송기술부장 조홍, 남원주분국장 황만근으로 보임되었다. 그 후 한국통신이 민영화되면서 이 전화국은 2004년에는 원주지사(지사장 이장빈)으로 변경되었다가 이 후 KT원주빌딩으로 명칭이 변경되었다. 한편 이 빌딩에는 과거 정보통신부 관리 하에 있었던 한국복지정보통신협의회 강원 원주지회가 입주해 있었다.

<한국통신 뉴스> 원주전화국(국장 고수영)은 1997년 9월 8일 지역여론선도 그룹인「전문직 여성클럽 한국연맹」원주지역 회원들을 원주지역정보센터에 초청, 통신시설 견학 및 사업홍보를 실시하였다. 이날 설명회와 비디오 상영으로 기업홍보를 실시하고 고객의 궁금증을 풀어주는 자리도 마련하였다(1997. 12. 7).

(28) 인제전화국

1981년 국사용량 1천 회선의 전화국으로써 1982년에 간이자동식교환기(ST방식) 400회선을 재배치 증설하여 1천 회선을 운용하였다. 1983년 대지 408평 위에 본 건물 2,520m^2, 부속건물 233m^2를 준공하였다(1983. 12). 이 공사의 당시 공사감독자는 중앙건설사무소 신건진으로 지정되었다. 1984년에 기계식 자동교환기(EMD방식) 5천 회선을 공급하여 운용하였다. 1980년대 중반에는 자국인 원통, 서화, 월하, 용대, 기린, 귀둔, 하남, 상남, 신남, 원대, 가리산, 갑둔 등 12개 지역에는 전송로집선장치(L/C)를 공급하여 자동화하였다.

그 후 1987년에 농어촌형 전자교환기(T)를 공급하였으며, 이때 기린, 신남, 원통 등 3개 지역에는 원격전자교환기(RSS)를 공급하여 자국화하면서 전자식 자동전화로 전환하였으며, 운용중인 L/C는 철거되었다. 이에 따라 1987년에는 그동안 운용해온 자동식 5천 회선과 이동식 1천 회선을 철거하였다. 그래서 1987년 말에는 전자식은 자국시설을 포함하여 전자식만 8,704회선을 운용하였다. 이에 따른 가입자케이블은 1986년- 1987년에 7,420회선을 보유하였다.

시설규모는 1990년대 중반까지 교환시설 5만 회선 미만(분국 포함)으로 운용하였다(1996. 1. 31). 그 후 1990년대 후반 전자교환기(TB) 1,200회선을 개통하였다(1998. 6). 이 전화국은 강원도 인제군 인제읍 상동2리 385에 있었으며, 그 후 인제읍 상동2리 385-5로 바뀌었다(1992년). 명칭은 1990년까지 인제전신전화국이었으며 이어서 인제전화국으로 변경되었다(1990년-1999년). 1990년 인제전화국장은 2급행정(엄택현)으로 보직되었다. 그 후 국장은 1995년 2급행정(민대식), 1997년 2급행정(민대식)이 재직하였다.

(29) 정선전화국

정선전화국은 1982년까지 공전식 교환기 1,600회선을 운용하였으며, 1983년 대지 527평 위에 본 건물 2,536m^2, 부속건물 233m^{2}를 준공하였다(1983. 11). 이 공사는 한성공업사가 시공하였으며 공사감독자는 중앙건설사무소 홍군일으로 지정되었다. 드디어 1983년에 기계식 자동교환기(ST방식) 1,800회선으로 자동화되었다. 이는 대도시에서 철거된 자동식 교환시설을 재활용하였으며 1984년까지 운용하였다. 1985년부터 농어촌형 전자교환기(A)를 공급하였으며, 이때 광하, 여량, 나전, 구절, 임계, 봉정, 골지, 화암, 용탄, 사음, 고한, 증산, 남면, 신평 등 14개 지역에 원격전자교환기를 공급하여 자국화하면서 전자식 자동전화로 전환하였다.

1987년 말에는 자동식 1,800회선, 전자식은 자국시설을 포함하여 17,780회선을 운용하였다. 한편 가입자케이블은 1987년에 8,600회선을 증설하여 30,400회선으로 늘어났다. 시설규모는 1990년대 중반까지 교환시설 5만 회선 미만(분국 포함)으로 운용하였다(1996. 1. 31). 이 전화국은 강원도 정선군 정선읍 봉양3리 263에 있었으며, 국명은 1990년까지 정선전신전화국으로 운영되다가 정선전화국으로 변경되었다(1990년-1999년). 1990년 정선전화국장은 2급행정(이현철)으로 보직되었다. 그 후 국장은 1995년 2급행정(이택복), 1997년 2급통신기술(권욱형)이 재직하였다.

(30) 주문진전화국

1981까지 기계식 자동교환기(EMD방식) 2천 회선을 운용하였으며 1982년에 1천 회선, 1983년에 1,600회선을 증설하여 4,600회선을 운용하였다. 이때 강릉과 복국화되었으며 새로운 국번호(5국)를 사용하게 되었다. 그 후 자동식 6,200회선, 가입자케이블 12,100회선을 운용하였다(1986년-1987년). 1980년대 후반에는 늘어나는 전화수요에 대비하여 기존 전화국사를 활용하는 방안을 검토하였다. 이 계획에서 주문진전화국은 2001년 수요가 12.400인데 비하여 종국용량은 1만 회선으로 확인되었다. 이에 따라 기계식 자동교환기를 전자교환기로 대체하여 시설 상면을 확보토록 하였다(시내전화 장기치국계획, 1987. 1, 한국전기통신공사).

1987년에 강릉전화국에 전자교환기(M10CN) 6천회선이 증설되자 이를 모국으로 원격전자교환장치(RSU) 6,200회선을 공급하여 자국화 되면서 전자식 자동전화로 전환하였다. 1987년에 전자교환기(M10CN) 1천회선(661국)을 개통하였다. 한편 당초 운용중인 자동식 교환기는 1천회선만 남겨서 운용하였다. 또한 1980년대 중반에는 원거리 지역인 행정, 삼산 등 2개 지역에 전송로집선장치(L/C)를 설치하여 자동전화를 공급하였다. 이 전화국은 강원도 명주군 주문진읍 주문진리 311에 있었으며(1995년), 그 후 강릉시 주문진읍 주문진리 311로 변경되었다(1997년). 당시 강릉전화국 주문진분국으로 운영되었다(1990년-1999년). 1990년 분국장은 3급(공석)으로 보직되었다.

(31) 철암전화국

1980년대 중반까지 기계식 자동교환기(ST방식) 3천 회선을 운용하였으며, 1986년에는 태백전화국을 모국으로 하여 원격교환장치(RSU) 2,600회선을 공급하여 전자식 자동전화로 전환하였다.

(32) 철원전화국

철원전화국은 1981년 당시 대지 400평에 국사 용량이 2천 회선이었다. 1981년에 간이자동교환기(ST방식) 400회선을 증설하여 1982년에는 1,200회선을 운용하였다. 이어서 1983년에 200회선, 1984년에 200회선을 증설하여 1,600회선으로 늘어났다. 이후 1985년부터 농어촌형 전자교환기(T)를 공급하였으며, 동송과 와수를 분국으로 운용하였다. 이때 같은 자국인 내대, 동막 2개 지역에는 전송로집선장치(L/C)를 공급하여 자동전화를 제공하였다. 1987년에는 그동안 운용해온 간이자동교환기 1,600회선을 철거하여 전자식으로 대체하였다.

1987년 말에는 전자식 2,732회선과 이에 따른 가입자케이블 15,300회선을 운용하였다. 시설규모는 1990년대 중반까지 교환시설 5만 회선 미만(분국 포함)으로 운용하였다(1996. 1. 31). 한편 철원전화국은 우체국과 통합국사로 되어 있어 한국통신이 당초 건물을 사용하는 대신 대용 국사를 신축하여 체신부로 이관하게 되었다. 대용 국사는 지하 1층-지상 2층(1,062m^2) 규모로 정하였으며 체신부에서 설계하고 한국통신이 1986년에 착공하여 1987년에 준공하였다.

이 전화국은 강원도 철원군 철원읍 실리 4-644에 있었으며, 그 후 철원군 갈말읍 신철원 4리 644로 이전되었다(1990년). 초기에는 철원사업소로 운영되다가(1989년) 철원전신전화국으로 승격되었다(1990년). 이어서 철원전화국으로 변경되었다(1990년- 1999년). 1990년 철원전화국장은 2급통신기술(정세화)으로 보직되었다. 그 후 국장은 1995년 2급행정(최수융), 1997년 2급행정(김수경)이 재직하였다.

(33) 춘천전화국

춘천전신전화국은 1966년에 개국되었으며 1980년데 초까지 기계식 자동교환기(EMD) 1만8천 회선을 운용하였다(1981. 12). 다음 해에 다시 4천 회선을 증설한 후 자동식교환기의 확장을 중지하였다(1982년). 새로운 통신시대를 위해 추진된 1982년도 전자교환기 공급사업(82-GSS-100k)에 의해 전자식(No1A) 1만 회선을 직수입(D.S)하여 개통하였다(1983. 6). 이 공사는 GSS에서 시공하였으며 당시 공사감독은 중앙건설사무소 시설본부 통신기술직(노봉규)이 수행하였다. 이 신방식의 교환시설은 새로운 국번호(52국)를 부여하여 사용하였다.

시설량이 32,000회선으로 늘어나면서 인근 지역인 금산과 동면을 흡수 자동화하였다. 자동화 전 금산 자석식 240회선, 동면 자석식 120회선을 운용하였으며, 춘천전화국과의 거리는 금산 3.5Km, 동면 6.5Km였다. 이후 자동식 2만2천 회선, 전자식 2만2천 회선을 운용하였다(1986. 12). 다음 해 전자식 1만8천 회선(51국, 54국)을 증설한 후 자동식 1만 회선(2국)을 철거하였으며 그때부터 교환시설 5만2천 회선을 운용하였다(1987년). 이때 가입자케이블도 1만8천 회선을 증설하여 총 91,700회선으로 늘어났으며, 발동발전기도 기존의 소용량(250KW)에서 중용량(500KW)으로 교체하였다(1987년).

또한 1980년대 중반에는 원거리 자석식전화구역인 방곡, 발산, 신매, 사북, 원평, 봉명 등 22개 지역에 전송로집선장치(L/C)를 설치하여 자동전화를 공급하였으며 세부내역은 <표 9-99>와 같다. 그중 수지에는 당시 1,664회선의 L/C를 운용하였다(1987년). 1990년대 중반에는 교환시설 10만회선 이상(분국 포함)을 운용하는 중대형전화국이 되었다(1996. 1. 31). 그 후 1990년대 후반 전자교환기(TB) 2,700회선을 개통하였다(1998. 6).

<표 9-99> 춘천전화국 인근 자석식전화의 자동화

대상지역	자동화방식	시행년도
방곡, 가정, 발산, 서천, 안보, 현암, 금산, 신매3, 신매1, 용산, 사북, 원평, 고탄, 지내, 북산, 동명, 감정, 봉명, 군자, 신동, 팔미, 칠전	전송로집선 장치(LC)	1985-1987년

한편 춘천전화국은 우체국과 통합국사로 되어 있어 한국통신이 당초 건물을 사용하는 대신 대용 국사를 신축하여 체신부로 이관하게 되었다. 대용 국사는 지하 1층-지상 4층(3,316m^2) 규모로 정하였으며 체신부에서 설계하고 한국통신이 시공하여 준공하였다(1987년). 이 전화국은 강원도 춘천시 소양로3가 175에 있었으며, 그 후 주소가 춘천시 소양로3가 175-5로 바뀌었다(1992년). 국명은 1990년까지 춘천전신전화국으로 운영되었으며, 이어서 춘천전화국으로 변경되었다(1990년-1999년).

1990년 춘천전화국 간부진은 국장 김명진, 총무부장 신동수, 영업부장 노태범, 기계부장 이강훈, 선로부장 이현수로 보직되었다. 1995년 간부진은 국장 황교익, 관리부장 민복현, 영업부장 윤진국, 교환기술부장 오인회, 전송기술장 이현수로 발령되었다. 1997년에는 국장 김관섭, 마케팅부장 김동수, 교환기술부장 김오회, 전송기술부장 이종호가 재직하였다.

<한국통신 뉴스> 춘천전화국은 1996년 6월 22일과 23일 양일간에 걸쳐 강릉초등학교 체육관에서 개최된 단오제 경축 제13회 강원도내 직장탁구대회에 참가하여 단체전과 개인전에서 우승을 차지했다(한국통신 이모저모, 1996. 8, 한국통신).

(34) 태백전화국(구)

1980년대 초까지 기계식 자동교환기(ST방식) 2,600회선을 운용하였다(1981. 12). 다음해에 400회선을 증설하여 3천 회선을 운용하였다(1982년). 그 후 태백전화국(신)에 전자교환기가 공급 개통됨으로써 이 전화국은 폐국되었다(1985년). 이 전화국은 대지 1,240m^2(375평), 건평 1,960m^2(지하 1층, 지상 3층)으로 건축되었다.

(35) 태백전화국(신)

5차 5개년계획의 종반에 이르러 전자교환기(M10CN) 1만 회선(32국)을 신축건물 2층에 신설 개통하였다(1985. 7). 이때 인근 지역으로 자석식전화를 운용중인 하장과 연하지역을 통합하여 자동전화로 전환하였으며, 그동안 운용해온 철암의 기계식 자동전화 3천 회선을 철거하여 재활용하였으며 세부내역은 <표 9-100>과 같다(1986년).

<표 9-100> 태백전화국 인근의 자석식전화의 자동화(단위: 회선)

국명	운용시설	RSU공급	자국설치장소	거리(Km)
하장	자석식 220	400	하장면 광동리	24.6
연하	자석식 220	400	태백시 연하동	8.0
철암	ST방식 3,000	2,600		

이때 자동식 교환기를 운용 중인 철암과 도계에 원격교환장치(RSU)를 공급하여 자국화 하면서 전자식 자동전화로 전환하였다. 또한 이동식 교환기(MDO)를 운용중인 화광에도 원격전자교환기(RSU)를 공급하여 자국화 하였다(1987년). 그리고 연하, 하장, 역둔, 신기지역의 원거리 가입자에게는 전송로집선장치(L/C)를 설치하여 원격전자교환장치(RSU)와 연결시키는 방법으로 자동전화를 공급하였다. 그 중 철암에는 원격전자교환기가 설치되에 따라 기존의 L/C를 철거하였다(1987년).

이때부터 전자식 14,500회선을 운용하였으며(1986. 12), 다시 8천 회선을 증설하여 총 교환시설이 22,500회선으로 늘어났다(1987년). 그리고 가입자케이블 11,000회선을 증설하여 29,300회선을 운용하게 되었다. 1980년 후반 늘어나는 전화 수요에 대비하여 기존 전화국사를 활용하는 방안을 검토 수립하였다. 이 계획에서 설악전화국은 2001년 수요가 23,300인데 비해 종국용량은 3만 회선으로 확인되었다. 이에 따라 기계식 자동교환기를 전자교환기로 대체하여 시설 상면을 확보토록 하였다(시내전화 장기치국계획, 1987. 1, 한국전기통신공사).

이 전화국의 시설규모는 1990년대 중반까지 교환시설 5만회선 미만(분국 포함)으로 운용하였다(1996. 1. 31). 이 전화국은 강원도 태백시 황지동 95-19에 있었다. 명칭은 1990년까지 태백전신전화국이었으며, 이어서 태백전화국이 되었다(1990년-1999년). 1990년 태백전화국장은 2급행정(이운주)으로 보직되었다. 그 후 1995년 국장은 2급행정(유기환)으로 발령되었으며 1997년 국장은 2급행정(유기환)이 재직하였다.

(36) 평창전화국

1981년 당시 대지 322평에 국사용량 2천 회선의 전화국이었다. 1982년에 간이 자동식교환기(ST방식) 600회선을 재배치 증설하여 1,200회선을 운용하였다. 1983년에는 인근의 대화전화국이 자동화되면서 대화전화국 분국으로 운용하였다. 1981년 말 기계식 자동교환기 600회선을 운용하다가 1982년에 400회선, 1983년에 200회선, 1984년에 800회선을 증설하여 2천 회선으로 늘어났다. 그 후 1985년부터 대화전화국에 농어촌 형 전자교환기(A)가 공급되면서 평창에는 원격전자교환기를 공급하여 자국화 되면서 전자식 자동전화로 전환하였다. 이때 그동안 운용해온 자동식 교환기 2천회선(간이형 ST)은 철거하여 타국에 재활용하는 계획을 수립 추진하였다.

그 후 전자식만 2,248회선과 이에 따른 가입자케이블 1만8천 회선을 운용하였다(1987. 12). 시설규모는 1990년대 중반까지 교환시설 5만 회선 미만(분국 포함)으로 운용하였다(1996. 1. 31). 한편 평창전화국은 우체국과 통합국사로 되어 있어 한국통신이 당초 건물을 사용하는 대신 대용 국사를 신축하여 체신부로 이관하게 되었다. 대용 국사는 지하 1층-지상 2층(1,000m^2) 규모로 정하였으며 체신부에서 설계하고 한국통신이 1987년에 착공하여 그 해에 준공하였다.

이 전화국은 강원도 평창군 평창읍 중2리 339에 있었으며, 명칭은 1990년까지 평창전신전화국으로 운영되었으며, 이후 평창전화국으로 변경되었다(1990년-1999년). 1990년 평창전화국장은 2급행정(황규준)으로 보직되었다. 그 후 국장은 1995년 2급행정(김익종), 1997년 2급통신기술(최돈각)이 재직하였다.

(37) 홍천전화국

1981년에 기계식 자동교환기(ST방식) 600회선, 1982년에 400회선을 증설하여 3천 회선으로 늘어나면서 북방을 흡수 자동화하였다. 이어서 1983년에 400회선을 증설하여 총 3,400회선을 운용하였다. 이후 1985년부터 농어촌 형 전자교환기(T)를 공급하였으며, 1987년에는 그때까지 자석식전화를 운용해온 양덕원, 시동, 서석, 창촌, 성산, 자은, 내촌, 동면, 노천, 반곡, 모곡 등 11개 지역에 원격전자교환기(RSS)를 공급하여 자국화하면서 전자식 자동전화를 공급하게 되었다. 이때 자국인 원소, 오만, 반곡, 모국, 군업, 방내 등 6개 지역에는 전송로집선장치(L/C)를 공급하여 자동화하였으며, 당시 수몰지역에는 전화공급을 억제하였다.

그리고 1987년 말에는 자동식 4천회선, 전자식은 자국시설을 포함하여 13,152회선을 운용하였다. 한편 가입자케이블은 1986년-1987년에 2만1천 회선을 보유하였다. 시설규모는 1990년대 중반까지 교환시설 5만회선 미만(분국 포함)으로 운용하였다(1996. 1. 31). 그 후 1990년대 후반 전자교환기(TB) 1,500회선을 공급 추진하다가 IMF사태로 인한 수요 감소로

1,300회선을 개통하였다(1998. 5). 한편 홍천전화국은 우체국과 통합국사로 되어 있어 한국통신이 당초 건물을 사용하는 대신 대용 국사를 신축하여 체신부로 이관하게 되었다. 대용국사는 지하 1층-지상 2층(1,200m^2) 규모로 정하였으며 체신부에서 설계하고 한국통신이 1987년에 착공하여 그해에 준공하였다.

이 전화국은 강원도 홍천군 홍천읍 신장대리 55에 있었으며, 그 후 주소는 홍천읍 신장대리 56-1로 바뀌었다(1992년). 국명은 1990년까지 홍천전신전화국이었다가 이후 홍천전화국으로 변경되었다(1990년-1999년). 1990년 홍천전화국장은 2급행정(최재경)으로 보직되었다. 그 후 1995년 국장은 2급 통신기술(황만근)이 재직하였으며 1997년 국장은 2급 행정(엄택현)으로 발령되었다.

(38) 화광전화국

1981년에 기계식 자동교환기(ST방식) 1,800회선을 운용하였으며 1982년에 800회선, 1983년에 400회선을 증설하여 1984년까지 3천 회선을 운용하였다. 1986년 말에 자동식 3천 회선, 이동식(MDO) 2천 회선을 운용하다가 1987년에 태백전화국에 전자교환기(M10CN) 8천 회선이 개통되면서 원격교환장치(RSU) 2,300회선을 공급하여 일부 태백전화국의 자국으로 운용하게 되었다. 이때 이동식 교환기(MDO) 2천 회선은 철거되었다. 한편 가입자케이블은 1987년에 2,500회선을 증설하여 8,800회선을 운용하였다.

1980년 후반 늘어나는 전화 수요에 대비하여 전국적으로 기존 전화국사를 활용하는 방안을 검토하였다. 이때 화광전화국의 2001년 수요는 13,300인데 비해 종국용량은 1만 회선으로 확인되었다. 따라서 기계식교환기를 전자교환기로 대체하여 시설상면을 확보토록 하였다(시내전화 장기치국계획, 1987. 1, 한국전기통신공사). 주소는 강원도 태백시 화광동 150-47이었으며, 당시 태백전화국 화광 분국으로 운영하였다(1995년-1999년).

(39) 화천전화국

1981년 말 기계식 자동교환기(ST방식) 1천 회선을 운용하였으며 1982년에 600회선을 증설하여 1984년까지 1,600회선을 운용하였다. 1980년대 중반에는 자국인 간동, 하남, 상서, 파포, 봉오, 다목, 사내, 명월, 광덕, 풍산 등 10개 지역에는 전송로집선장치(L/C)를 공급하여 자동전화를 공급하였다. 그 후 1987년 농어촌형 전자교환기(T)를 공급하였으며, 이때 사내 지역에는 원격전자교환기(RSS)를 공급하여 자국화하면서 전자식 자동전화로 전환하였으며, 운용 중인 L/C는 철거되었다. 이에 따라 기존의 자동식 가입자에 대하여 국번호(2)를 부여하여 사용하기 시작하였다. 1987년 말에는 자동식 5천 회선, 전자식은 자국시설을 포함하여 1,968회선을 운용하였다. 한편 가입자케이블은 1986년-1987년에 8,800회선을 보유하였다.

시설규모는 1990년대 중반까지 교환시설 5만회선 미만(분국 포함)으로 운용하였다(1996. 1. 31). 그 후 전자교환기(TB) 700회선을 공급할 계획으로 추진하다가 수요 감소로 도중에 공급량을 축소하여 600회선을 개통하였다(1998. 5). 이 전화국은 당초 건물규모가 소용량(자동식 5천회선)으로 건설되었으며, 1987년에는 기계실을 확보하기 위해 지상 3층($216m^2$)을 증축하였다. 주소는 강원도 화천군 화천읍 하리 14-3이었다. 국명은 1990년까지 화천전신전화국으로 운영하다가 화천전화국으로 변경되었다(1990년-1999년). 1990년 화천전화국장은 2급행정(심무웅)으로 보직되었다. 그 후 국장은 1995년 2급행정(이운주), 1997년 2급행정(김용우)이 재직하였다.

(40) 황지전화국

1981년에 기계식 자동교환기(ST방식) 400회선, 1982년에 800회선을 증설하여 3,400회선을 운용하였다.

(41) 횡계전화국

1983년에 처음으로 기계식 자동교환기(MDO) 1천 회선을 공급하였다. 그 후 1985년 그동안 운용해온 자동식 2천 회선은 철거하여 타국에 재활용하는 계획을 수립 추진하였다.

(42) 횡성전화국

1981년 말 기계식 자동교환기(ST방식) 1,200회선을 운용하였으며 1982년에 500회선, 1984년에 400회선을 증설하여 1984년까지 2,100회선을 운용하였다. 1986년 말에는 자동식이 2,800회선으로 늘어났다. 이 지역에도 1985년부터 농어촌형 전자교환기(T)를 공급하였으며, 1987년에는 그때까지 자석식전화를 운용해온 정금, 우천, 강림, 안흥, 둔내, 청일, 매일, 공근, 서원 등 9개 지역에 원격전자교환기(RSS)를 공급하여 자국화하면서 전자식 자동전화로 전환하였다. 이때 같은 자국인 유현, 구방 2개 지역에는 전송로집선장치(L/C)를 공급하여 자동화하였다.

1987년 말에는 자동식 2,800회선, 전자식은 자국시설을 포함하여 8,908회선을 운용하였다. 한편 가입자케이블은 1986년-1987년에 14,100회선을 보유하였다. 시설 규모는 1990년대 중반까지 교환시설 5만 회선 미만(분국 포함)으로 운용하였다(1996. 1. 31). 1997년 8월 횡성전화국은 총 84억 원을 들여 횡성군 횡성읍 읍하리 540번지 읍하택지 내에 대지 1,310평에 연건평 1,780평으로 지상 4층, 지하 1층의 청사를 신축하여 준공식을 가졌다(1997. 8. 26). 이 준공식에는 한국통신 강원본부장(박영학), 횡성군수(조태진), 국회의원(이응선), 횡성전화국장(이현철), 횡성전화국 전 직원 등이 참석하였다.

이후 1990년대 후반에 전자교환기(TBN) 14,100회선을 개통하였다(1998. 6. 30). 이 전화국은 강원도 횡성군 횡성읍 읍하리 134에 있었으며, 그 후 주소는 횡성읍 읍하리 134-19로 바뀌었다(1995년). 국명은 1990년까지 횡성전신전화국이었다가, 횡성전화국으로 변경되었다(1990년-1999년). 1990년 당시 횡성전화국장은 2급행정(김수경)으로 보직되었다. 그 후 국장은 1995년 2급행정(전임선), 1997년 2급행정(이현철)으로 발령되었다.

(43) 강릉무선국

1946년 4월 선박과의 무선통신을 재개한 후 1955년 12월 외국전보 취급을 개시하였다. 1990년 강릉전화국 무선분국이 되었으며, 당시 분국장은 3급(공석)으로 보직되었다.

12. 제주지역의 전화국 확장운영

제주도 내에는 1980년대 초반(1981-1983년)에는 총 13개의 전화국, 1990년대 후반에는 서귀포, 성산포, 제주, 중문 등 총 17개의 전화국을 운용하였다.

(1) 고산전화국

1982년까지 자석식전화 500회선을 운용하였다. 1983년 본 건물 2,592m^2, 부속건물 233m^{2}를 준공하였다(1983. 11). 이 공사는 풍상건설이 시공하였으며, 공사감독자는 중앙건설사무소 최득수로 지정되었다. 1983년에 처음으로 기계식 자동교환기(ST방식) 2,400회선을 개통하여 무릉, 저청, 신창 3국을 통합 자동화하였으며, 이 시설은 1984년까지 운용되었다. 이어서 1985년부터 농어촌형 전자교환기(A)를 공급하였으며, 이때 모슬포, 한림, 애월에 원격전자교환기를 공급하여 자국화하면서 전자식 자동전화로 전환하였다. 이때 고산전화국 관할 자국인 신창, 저청, 무릉에는 공급하지 못하였다.

당시 고산 2,400회선, 모슬포 2,800회선, 한림 2천 회선, 애월 2천 회선 등 자동식 9,200회선, 전자식은 자국시설을 포함하여 10,993회선을 운용하였다(1987년). 한편 가입자케이블은 3만1천 회선을 운용하였다(1986년-1987년). 또한 1980년대 후반에는 당시 원거리 지역인 신장, 무릉, 지청 등 3개 지역에 전송로집선장치(L/C)를 설치하여 자동전화를 공급하였다. 1980년대 후반 늘어나는 전화 수요에 대비하여 기존 전화국사를 활용하는 방안을 검토하였다. 이때 고산전화국은 2001년 수요가 4만6천 회선인데 비해 종국용량은 3만2천 회선으로 확인되었다. 이 수요는 주변지역을 포함한 것이었다(시내전화 장기치국계획, 1987. 1, 한국전기통신공사).

그 후 TDX-1A 전자교환기(가반형) 1대를 1990년대 중반까지 운용하였다(1996. 5). 시설규모는 1990년대 중반까지 교환시설 5만 회선 미만(분국 포함)으로 운용하였다(1996. 1. 31). 1997년 8월 고산전화국은 대한민국 최남단 마라도에 공중전화 2대를 설치하고 지역주민, 관광객 등 50여명이 참석한 가운데 개통식을 가졌다(1997. 8. 2). 이때 설치된 공중전화는 제주의 명물인 돌하르방 모양으로 제작되어 관광객들의 기념사진 모델이 되었다. 국토의 막내 마라도는 제주도 본토에서 남쪽으로 약 11Km 떨어진 0.3 평방킬로미터의 작은 섬이지만 마라도를 찾는 관광객의 수는 꾸준히 늘어 1997년에는 약 16만 명이 이곳을 찾을 것으로 예상되었다.

1990년대 후반에는 전자교환기(A) 500회선을 1998년 3월 개통목표로 추진하다가 IMF 사태로 인한 수요 급감으로 공사를 중단하였다(1998. 3). 이 전화국은 제주도 북제주군 한경면 고산리 2767에 있었으며, 국명은 1990년까지 고산전신전화국이었다가 이후 고산전화국으로 변경되었다(1990년-1999년). 1990년 고산전화국장은 3급(공석)으로 보직되었다.

(2) 남원전화국

1981년에 기계식 자동교환기(ST방식) 2,200회선을 증설하여 그때부터 1984년까지 2,200회선을 운용하였다. 이후 1985년부터 농어촌형 전자교환기(T)가 서귀포전화국에 공급되었으며, 이때 남원전화국에 원격전자교환기를 공급하여 자국화하면서 전자식 자동전화로 전환되었다. 그래서 1987년 말에는 자동식 2,200회선, 전자식 1,224회선, 가입자케이블 6천 회선을 운용하였다. 그 후 1990년대 후반 전자교환기(TA) 100회선을 공급하여 1998년 8월 개통예정으로 추진하다가 IMF사태로 수요가 감소하는 통에 도중에 취소되었다. 이 전화국은 제주도 남제주군 남원읍 남원리 1345-1에 있었으며, 당시 서귀포전화국 남원분국으로 운영되었다(1995년-1999년).

(3) 모슬포전화국

1981년에 기계식 자동교환기(ST방식) 600회선을 증설하여 2,200회선을 운용하였다. 1982년에 다시 600회선을 증설하고 전체 시설(2,800회선)에 대하여 국번호(4)를 사용토록 하였다. 이후 1985년부터 농어촌형 전자교환기(T)가 고산전화국에 공급되었으며, 이때 모슬포에 원격전자교환기를 공급하여 자국화하면서 전자식 자동전화로 전환되었다. 1987년 말에는 자동식 2,800회선, 전자식 2,839회선, 가입자케이블 8,400회선을 운용하였다. 그 후 1990년대 후반에 전자교환기(TA) 600회선을 개통하였다(1998. 2. 26). 이 전화국은 제주도 남제주군 대정읍 상모리 3941-7에 있었으며, 당시 고산전화국 모슬포 분국으로 운영되었다(1995년-1999년).

(4) 서귀포전화국

1980년대 초반까지 기계식 자동교환기(ST방식) 1,600회선을 운용하였다(1981. 12). 1982년 600회선을 증설하였으며 그 후 자동식을 계속 증설하여 총 7,200회선을 운용하였다(1984년). 5차 5개년계획의 종반기에 들어서면서 농어촌형 전자교환기(A)를 공급하였으며, 이때 신시가 지역과 중문, 남원, 효돈에 원격전자교환기를 공급하여 자국화하면서 전자식 자동전화로 전환하였다(1985년). 당시 자동식 전화는 서귀포 7,200회선, 남원 2,200회선, 효돈 1,400회선 등 10,800회선을 운용하고 있었으며 전자식은 자국시설을 포함하여 16,465회선을 보유하였다(1987. 12). 그리고 가입자케이블은 36,600회선을 운용하였다(1986년-1987년).

시설규모는 1990년대 중반까지 교환시설 5만 회선 미만(분국 포함)으로 운용하였다(1996. 1. 31). 한편 서귀포전화국은 우체국과 통합국사로 되어 있어 한국통신이 당초 건물을 사용하는 대신 대용 국사를 신축하여 체신부로 이관하게 되었다. 그래서 1987년에 대지(1,650m²)를 매입하여 지하 1층-지상 3층(1,500m²) 규모의 대용 국사를 체신부에서 설계하고 한국통신이 시공하여 준공하였다(1988년). 이 전화국은 제주도 서귀포시 서귀동 292-5에 있었다.

1980년대 후반 늘어나는 전화 수요에 대비하여 기존 전화국사를 활용하는 방안을 검토하였다. 이때 서귀포전화국은 2001년 수요가 6만 회선인데 비해 종국용량은 6만6천 회선으로 확인되었다. 이때 수요는 주변지역을 포함한 것으로서 국사문제는 없는 것으로 판단하였다(시내전화 장기치국계획, 1987. 1, 한국전기통신공사). 명칭은 1990년까지 서귀포전신전화국이었으며, 이후 서귀포전화국으로 변경되었다(1990년-1999년). 1990년 서귀포전화국장은 2급 통신기술(문창두)로 보직되었다. 그 후 국장은 1995년 2급 행정(이동효), 1997년 2급 행정(양태종)으로 발령되었다.

(5) 성산포전화국

1981년 말 기계식 자동교환기(ST방식) 1,200회선을 운용하였다. 1983년에 800회선, 1984년에 1천 회선을 증설하여 3천 회선을 운용하였으며 1985년부터 이 지역에도 농어촌형 전자교환기(A)를 공급하였다. 이때 조천, 와산, 함덕, 김녕, 세화, 송당, 우도, 표선 등 8개 지역에 원격전자교환기를 공급하여 자국화하면서 전자식 자동전화로 전환 되었으며, 신산과 성읍에는 공급하지 못하였다. 1987년 말에는 자동식 4,400회선(성산포 3,000회선, 표선 1,400회선), 전자식은 자국을 포함하여 11,752회선을 운용하였다. 한편 가입자케이블은 1987년에 600회선을 증설하여 27,400회선을 운용하였다.

또한 1980년대 후반에는 당시 변두리 지역인 성읍, 신산 등 2개 지역에 전송로집선장치(L/C)를 설치하여 자동전화를 공급하였다. 그중 성읍에는 1987년에 RSS를 공급함에 따라 L/C를 철거하였다. 1980년대 후반에는 늘어나는 전화 수요에 대비하여 기존 전화국사를 활용하는 방안을 검토하였다. 이때 성산포전화국은 2001년 수요가 4만4천인데 비하여 종국용량은 2만2천으로 확인되었다. 이 수요는 주변 지역을 포함한 것으로서 국사 신증축이 필요하였다(시내전화 장기치국계획, 1987. 1, 한국전기통신공사).

그 후 시설규모는 1990년대 중반까지 교환시설 5만회선 미만(분국 포함)으로 운용하였다(1996. 1. 31). 1990년대 후반 전자교환기(A) 700회선을 공급하여 1998년 4월 개통예정으로 추진하다가 IMF사태로 수요가 감소하는 통에 도중에 취소되었다.이 전화국은 제주도 제주시 남제주군 성산읍 고성리 1106-7에 있었으며, 그리고 명칭은 1990년까지 성산포전신전화국이었으며, 이후 성산포전화국으로 변경되었다(1990년- 1999년). 1990년 성산포전화국장은 3급(공석)로 보직되었다.

(6) 세화전화국

1983년에 원격자동교환기 4천 회선을 공급 개통하였다. 이 전화국은 제주도 북제주군 구좌읍 평대리 150-1에 있었으며, 당시 성산포전화국 세화 분국으로 운영되었다(1995년-1998년).

(7) 신서귀포전화국

1990년대 후반 전자교환기(TB) 900회선을 1998년 3월 개통목표로 추진하다가 IMF 사태로 인한 수요 급감으로 공급을 중단하였다(1998. 3). 이 전화국은 제주도 서귀포시 법환동 733에 있었으며, 당시 서귀포전화국 신서귀포 분국으로 운영되었다(1995년- 1999년).

(8) 신제주전화국

1980년대 초반까지 기계식 자동교환기(ST방식) 6,600회선을 운용하였다(1981. 12). 이어서 1,400회선을 증설하여 총 8천 회선을 운용하였다(1982년). 이때 이 전화국의 관할구역은 연동 외 14개동이었으며, 여기에는 11,554가구와 인구는 47,587명이 거주하였다. 제주전화국과의 국간 거리는 4.6Km로서 근거리에 치국되었으며 1983년에는 본 건물 720m^{2}를 증축하였다(1983. 10). 이 공사는 신흥기업에서 시공하였으며, 당시 공사감독은 중앙건설사무소 최득수가 수행하였다.

그 후 1984년 전자교환기 공급사업으로 제2기종(No1A) 8천 회선(82국)을 3층에 설치 개통하였다(1985. 4). 이때 신제주전화국은 1987년까지의 수요가 1만6천 회선, 1989년까지의 수요도 3만회선 이하로 파악되었으나, 도서지역 유지보수의 용이성 등을 감안하여 제주지역에 단일기종을 공급한다는 방침에 따라 전자교환기 제2기종을 공급하게 되었다. 이어서 다시 1만4천 회선을 증설하였으며 이때 자석식전화를 운용하던 추자도, 하추자 조천, 함덕 등 4개 지역에 원격전자교환기(RSS)를 공급하여 자국화하면서 전자식 자동전화로 전환하였다. 신제주전화국 인근 원거리지역 자동화 세부내역은 <표 9-101>과 같다.

<표 9-101> 신제주전화국 인근지역 자동화(단위: 회선)

국명	당시운용시설 (회선)	국간거리 (Km)	국명	당시운용시설 (회선)	국간거리 (Km)
추자	자석식 400	무선	하추자	자석식 300	무선
조천	자석식 600	16.5	함덕	자석식 600	20.4

1980년대 후반에는 신제주전화국 관할 지역인 오라동, 용담동 일부 지역을 제주전화국으로 수용 변경하기로 결정하였다(시내전화 장기치국계획, 1987. 1, 한국전기통신공사). 한편 늘어나는 전화 수요에 대비하여 기존 전화국사를 활용하는 방안을 강구하였다. 당시 신

제주전화국은 2001년 수요가 50,900인데 비해 종국용량은 108,000으로서 국사는 문제가 없는 것으로 하였다(시내전화 장기치국계획, 1987. 1, 한국전기통신공사). 이후 자동식 8천회선, 전자식은 자국시설을 포함하여 8,363회선을 운용하였다(1987. 12).

당시 가입자케이블은 32,200회선을 운용하였다(1986년-1987년). 시설규모는 1990년대 중반까지 교환시설 5만회선 미만(분국 포함)으로 운용하였다(1996. 1. 31). 한편 1997년 2월 신제주전화국은 한라산 어리목광장 일대에서 거행된「한라산 눈꽃축제」행사에 통신지원을 완벽하게 수행하였다(1997. 2. 25-2. 27). 이 행사는 내국인 및 외국인 관광객 등 17만여 명이 찾아와 대성황을 이루었으며, 신제주전화국에서는 이동전화차량 2대, 공중전화 16대, 일반전화 24회선 등을 설치하여 관광객들이 편리하게 통신을 이용할 수 있게 하였다.

그 후 1990년대 후반 전자교환기(A) 100회선, 전자교환기(TB) 200회선을 각각 1998년 3월 개통목표로 추진하다가 수요 급감으로 공급 중단하였다(1998. 3). 또한 1998년 10월 개통예정으로 추진하든 전자교환기(TXN) 1만 회선도 IMF사태로 수요가 격감하는 통에 도중에 취소되었다. 주소는 제주도 제주시 연동(蓮洞) 321-23이었다. 1990년 당시 제주전화국 신제주 분국으로 운영되었으며, 분국장은 2급 통신기술(김태권)로 보직되었다. 그 후 신제주전화국으로 승격되었다(1995년-1999년). 1995년 신제주전화국장은 2급 행정(노경창)으로 발령되었으며, 1997년 국장은 2급 행정(이동효)으로 보직되었다.

(9) 애월전화국

1982년까지 자석식교환기 500회선을 운용하였다. 1983년 본 건물 572m^2, 부속건물 99m^{2}를 준공하였다(1983. 11). 이 공사감독자는 중앙건설사무소 최득수로 지정되었다. 1983년에 기계식 자동교환기(ST방식) 2천회선으로 자동화되었으며 1984년까지 이 시설을 운용하였다. 이후 1985년부터 농어촌 형 전자교환기(A)가 고산전화국에 공급되었으며, 이때 애월, 남읍, 하귀 등 3개 지역에 원격전자교환기를 공급하여 자국화하면서 전자식 자동전화로 전환되었다.

1987년 말에는 자동식 2천 회선, 전자식 3,512회선, 가입자케이블 8,200회선을 운용하였다. 또한 1980년대 후반에는 당시 변두리 지역인 납읍에 전송로집선장치(L/C)를 설치하여 자동전화를 공급하였다. 그 후 1990년대 후반 전자교환기(TA) 500회선을 1998년 3월 개통목표로 추진하다가 IMF사태로 인한 수요 급감으로 공급 중단하였다. 이 전화국은 제주도 북제주군 애월읍 애월리 425에 있었으며, 당시 고산전화국 애월 분국으로 운영되었다(1995년-1999년).

(10) 우도전화국

이 전화국은 제주도 북제주군 우도면 서광리 1447-1에 있었으며, 당시 성산포전화국 우도분국으로 운영되었다. 1980년대 후반 성산포전화국에 농어촌형 전자교환기가 개통되면서 우도에는 원격전자교환기를 공급하여 전자식 자동전화로 전환되었다.

(11) 제주전화국

1958년 9월 제주전신전화국이 개국되었다. 1980년대 초 이 전화국의 관할구역은 제주시내 건입동 외 21개동이었으며, 신제주전화국과는 4.6Km 떨어진 위치에 있었다. 1980년대 초까지 기계식 자동교환기(ST방식) 1만7천 회선을 운용하였으며 이때 자동식교환기의 확장은 마감하였다(1981. 12). 5차 5개년계획 중 1983년도 전자교환기 사업계획(83-ATTI-30k)에 의해 전자식(No1A) 1만회선을 개통하였다(1983. 11). 이 사업은 물자계약(1983. 1. 7), L/C 개설(1983. 3. 1)후 외자재의 현지 도착이 늦어지는 바람에 당초 계획보다 2개월 지연 개통되었다.

이 공사는 ATTI에서 시공하였으며, 공사감독은 중앙건설사무소 시설본부 통신기술직(박철수)이 수행하였다. 이 교환시설은 새로운 국번호(52국)를 사용하게 되었으며, 이때 원거리 지역인 조천과 함덕에 원격교환장치(RSU)를 설치하여 자동화함으로써 제주도에도 전자교환기 시대가 열리게 되었다. 2년 후에는 다시 1만 회선을 증설하였다(1985년). 1980년대 후반에는 신제주전화국 관할 지역인 오라동, 용담동 일부 지역을 제주전화국으로 수용변경하기로 결정하였다(시내전화 장기치국계획, 1987. 1, 한국전기통신공사).

한편 늘어나는 전화 수요에 대비하여 기존 전화국사를 활용하는 방안을 검토하였다. 이때 제주전화국은 2001년 수요가 70,100인데 비해 종국용량은 102,000으로 확인되었다. 그래서 국사 문제는 없는 것으로 판단하였다(시내전화 장기치국계획, 1987. 1, 한국전기통신공사). 이후 자동식 1만7천 회선, 전자식 2만 회선, 가입자케이블 6만2천 회선을 운용하였다(1986년-1987년). 또한 1980년대 후반에는 당시 변두리 지역인 봉개에 전송로집선장치(L/C)를 설치하여 자동전화를 공급하였다.

그 후 전자교환기 7,300회선을 공급하기 위한 입찰결과 낙찰금액은 20억6천5백만 원, 낙찰자는 한화(주)로 결정되었다(1995. 7. 21). 그러나 6,500회선을 공급 개통하였다(1996. 3). 1990년대 중반에는 교환시설 5만 회선 이상(분국 포함)을 운용하는 중형전화국이 되었다(1996. 1. 31). 그 후 전자교환기(TX) 6,500회선을 공급할 계획으로 추진하다가 IMF사태로 인한 수요 감소로 도중에 공급량을 축소하여 3,700회선만을 개통하였다(1998. 7).

이 전화국은 제주도 제주시 이도(二徒) 1동 1643에 있었으며, 그 후 이도1동 1643-1로 바뀌었다(1995년). 국명은 1990년까지 제주전신전화국으로 운영되었으며, 이후 제주전화국으로 변경되었다(1990년-1999년). 당시 제주전신전화국은 타 지역의 전화국과는 기능상 큰 차이가 있었다. 초기 제주전신전화국은 서귀포전신전화국을 관리하였다(1988년). 그러다가 이듬해부터는 서귀포전신전화국, 고산전신전화국, 성산포전신전화국 등 3개국을 관리하게 되었다(1989년)

그 후 국명이 제주전화국으로 변경되면서 제주전화국은 타 지역의 사업본부와 같은 기능을 가지고 운영하게 되었으며, 그 산하부서로서 서귀포전화국, 고산전화국, 성산포전화국을 관리하였다(1990년). 다음 해에 제주전화국은 제주사업본부로 변경되었으며 그대로 3개 전화국을 관리하였다(1992-1994년). 그러다가 1990년대 후반기에 제주본부와 제주전화국이 분리되면서 다시 제주전화국으로 복원되었다(1995년-1999년).

1990년 제주전화국 간부진은 국장 양남국, 총무부장 정상욱, 계획부장 서철희, 영업부장 양태종, 교환부장 이건범, 전송부장 양형부, 관리부장 공석, 신제주분국장 김태권으로 보직되었다. 그 후 국장은 1995년 2급행정(양태종), 1997년 2급통신기술(오영웅)으로 발령되었다.

(12) 조천전화국

1980년대 중반까지 자석식전화 600회선을 운용하였다. 이때 성산전화국에 농어촌 전자교환기가 개통됨에 따라 이 지역에 원격전자교환기를 공급하여 성산전화국의 자국이 되면서 자동전화로 전환되었다. 이 전화국은 제주도 북제주군 조천읍 조천리 2229-12에 있었으며(1995년), 그 후 주소는 조천읍 조천리 2387-1으로 바뀌었다가(1996년) 다시 조천리 3203으로 변경되었다(1997년). 당시 성산포전화국 조천 분국으로 운영되었다(1995년-1999년).

(13) 중문전화국

1980년대 초까지 기계식 자동교환기(ST방식) 1,600회선을 운용하였다(1981. 12). 다음 해에 400회선을 증설하여 2천회선(5국)을 운용하였다(1982년-1984년). 그 후 5차 5개년계획의 후반 농어촌형 전자교환기(T)가 서귀포전화국에 공급되었다(1985년). 이때 중문에 원격전자교환기를 공급하여 자국화 되면서 전자식 자동전화로 전환되었다. 그때까지 운용해온 자동식 2천회선(5국)은 철거하여 애월전화국으로 보내 재활용하였으며, 이때부터 전자식 2,896회선을 운용하였다(1987년). 이 전화국은 제주도 서귀포시 중문동 2087-2에 있었으며 당시 서귀포전화국 중문 분국으로 운영되었다(1995년).

(14) 추자전화국

1983년까지 자석식전화 400회선을 운용하고 있었다. 1984년 신제주전화국에 전자교환기(No.1A) 1만4천 회선이 증설 개통될 때. 이 지역에 원격전자교환기(RSS)를 공급하여 신제주전화국의 자국화하면서 전자식 자동전화로 전환되었다. 이 전화국은 제주도 북제주군 추자면 대서리 172-2에 있었으며, 당시 신제주전화국 추자 분국으로 운영되었다(1995년-1999년).

(15) 표선전화국

1982년까지 자석식교환기 600회선을 운용하였다. 1983년 본 건물 546m^2, 부속건물 99m^{2}를 준공하였으며 이때 공사감독자는 중앙건설사무소 최득수로 지정되었다(1983. 10). 1983년 기계식 자동교환기(ST방식) 1,400회선을 설치하여 자동화하였다. 이후 1985년부터 농어촌형 전자교환기(A)가 성산포전화국에 공급되었으며, 이때 표선에 원격전자교환기를 공급하여 자국화하면서 전자식 자동전화로 전환되었으나 당시 성읍에는 공급하지 못하였다.

1987년 말에는 자동식 1,400회선, 전자식 1,378회선, 가입자케이블 4,200회선을 운용하였다. 그 후 1990년대 후반 전자교환기(TA) 100회선을 공급하여 1998년 10월 개통예정으로 추진하다가 IMF사태로 수요가 줄어드는 바람에 도중에 취소되었다. 이 전화국은 제주도 남제주군 표선면 표선리 827-1에 있었으며, 당시 성산포전화국 표선 분국으로 운영되었다(1995년-1999년).

(16) 한림전화국

1981년에 기계식 자동교환기 200회선(ST방식), 1982년에 다시 400회선을 증설하고 전체시설(2천 회선)에 대하여 국번호(6)를 사용토록 하였다. 그 후 1985년부터 농어촌형 전자교환기(T)가 고산전화국에 공급되었으며, 이때 한림에 원격전자교환기를 공급하여 자국화하면서 전자식 자동전화로 전환되었다. 1987년 말에는 자동식 2천 회선, 전자식 2,363회선, 가입자케이블 5,400회선을 운용하였다. 그 후 1990년대 후반 전자교환기(TB) 100회선을 공급하여 1998년 11월 개통예정으로 추진하다가 IMF사태로 수요가 줄어드는 통에 도중에 취소되었다. 이 전화국은 제주도 북제주군 한림읍 한림리 942에 있었으며, 그 후 주소는 한림읍 한림리 1386-8로 바뀌었다(1997년). 당시 고산전화국 한림 분국으로 운영되었다(1995년-1999년)

(17) 효돈전화국

1981까지 기계식 자동교환기(ST방식) 1,400회선(7국)을 운용하였다. 그 후 5차 5개년계획의 종반기에 들어서면서 농어촌형 전자교환기(T)가 서귀포전화국에 공급되었으며, 이때 효돈전화국에 원격전자교환기를 공급하여 자국화하면서 전자식 자동전화로 전환되었다(1985년). 당시 기계식 자동교환기는 철거하여 성환전화국으로 공급하여 재활용하였다(1985년). 이후 자동식 1,400회선, 전자식 977회선, 가입자케이블 3,600회선을 운용하였다(1987. 12). 이 전화국은 제주도 서귀포시 신효동 881-1에 있었으며, 당시 서귀포전화국 효돈분국으로 운영되었다(1995년-1998년).

13. 전국적으로 전신전화건설국 및 전화건설국 운영

1946년 정부는 체신국을 체신부로 승격하면서 전신전화건설국(경성, 대전, 군산, 부산, 대구, 광주)을 설치하였다. 그 후 체신부를 거쳐 한국통신은 전국 도(道) 단위별로 13개의 전신전화건설국을 운영하였다. 이 기관은 관할도내 전화국의 교환시설, 전송시설, 통신용 동력시설, 관로시설, 동도 등 전신전화시설의 건설공사의 집행과 유지보수업무를 담당하였다. 또한 관내 전화국의 물자보급업무도 담당하였다. 이 기관의 명칭는 1960년대-1980년대는 전신전화건설국이었으나 1990년대에 들어서면서 전화건설국으로 변경되었다.

(1) 서울전신전화건설국/ 서울전화건설국

1961년 서울중앙전화국 선로과를 개편하여 서울전신전화건설국을 설치하였다. 1970년대 중반 체신부 소속의 서울전신전화건설국의 간부진은 국장 권태승, 서무과장 조세환, 기계과장 김종만, 선로1과장 이완식, 선로2과장 김형초로 보직되었다. 한국전기통신공사로 전환된 1990년 서울전화건설국 간부진은 국장 김상옥, 총무부장 민병길, 기계부장 조기랑, 전송부장 박선, 선로부장 박광연, 토목부장 배재송으로 발령되었다.

그 후 1995년 서울전화건설국의 간부직은 국장 하규헌, 총무부장 홍만표, 기계부장 이강훈, 전송부장 길동웅, 선로부장 하도식, 통신구부장 고승남, 토목부장 김성수로 보임되었다. 1997년에는 국장 김기태, 교환시설부장 김주성, 전송시설부장 이길문, 선로시설부장 신강호, 통신구부장 김경식, 토목부장 배재송, 지원부장 김옥수, 자문역 고승남이 재직하였다. 이 건설국은 서울특별시 성동구 성수동 2가 1동 333-1에 있었다.

(2) 남서울전신전화건설국/ 남서울전화건설국

1979년 남서울전신전화건설국이 신설되었다. 그 후 1990년 남서울전화건설국 간부진은 국장 이해룡, 총무부장 안택선, 기계부장 정찬식, 전송부장 정지연, 선로부장 이정렬, 토목부장 윤완섭으로 보직되었다. 그리고 1995년 간부직은 국장 신성용, 총무부장 이형규, 기계부장 고기순, 전송부장 김규삼, 선로부장 조영주, 토목부장 배재송으로 보임되었다. 1997년에는 국장 배선일, 교환기술부장 박현일, 전송기술부장 이병진, 선로시설부장 박종선, 토목부장 방인수, 지원부장 양병준이 재직하였다. 주소는 서울특별시 성동구 성수동 2가 1동 333-1이었다.

(3) 부산전신전화건설국/ 부산전화건설국

1990년 부산건설국 간부진은 국장 정영섭, 총무부장 한점석, 기계부장 배준희, 선로부장 김태수로 보직되었다. 그 후 1995년에는 국장 박희순, 총무부장 전경조, 기계부장 박효탁, 선로부장 김광웅이 재직하였다. 이어서 1997년에는 부산전화건설국장 김진화, 교환시설부장 박효탁, 선로시설부장 강정희, 회계부장 이선우로 보직되었다.

1997년 1월 부산전화건설국 여직원 모임인 건영회(회장 이영옥)에서는 공중전화카드-꽂꽂이 전시회 및 일일찻집 행사를 가졌다(1997. 1. 30). 건영회는 이 행사를 통해 모급한 성금 50만원과 라면과 과일 등 50만원 상당의 성품, 250여벌의 옷가지를 가지고 경남 삼랑진에 있는 장애자 수용시설인 오순절 평화의 마을을 방문 위로하였다. 이날 회원들은 수용된 장애인들을 목욕시키고 옷도 갈아 입혀주고 오락회를 열어 즐거운 시간을 함께 나누었다. 건영회의 이러한 봉사활동은 당시 14년째를 맞이하였다. 부산건설국은 부산광역시 부산진구 가야3동 256-3에 있었다.

(4) 경남전신전화건설국/ 경남전화건설국

1967년 경남전신전화건설국이 개국되었다. 1990년 경남건설국 간부진은 국장 김석조, 총무부장 황병우, 기계부장 김준곤, 선로부장 김진화로 보직되었다. 그 후 1995년에는 국장 신호기, 총무부장 이병렬, 기계부장 박찬헌, 선로부장 조윤래가 재직하였다. 이어서 1997년에는 경남전화건설국장 주영원, 교환시설부장 박봉호, 선로시설부장 정장부, 회계부장 김기정으로 보직되었다. 주소는 경남 김해시 구산동 749이었다.

<한국통신 뉴스> 경남전화건설국(국장 주영원)은 병환으로 어려운 처지인 주정렬 사우 돕기운동을 노사공동으로 전개하고 전 사원이 자발적으로 모금한 2백14만5천원을 전달, 훈훈한 동료애를 나누었으며 여직원회에서는 2명의 독거노인과 1명의 소녀가장에게 성금과 과일을 전달하는 이웃사랑을 실천하였다(1997. 9. 19).

(5) 경기전신전화건설국/ 경기전화건설국

1961년 경기전신전화건설국이 신설되었다. 1990년 경기전화견설국 간부진은 국장 백남진, 총무부장 손봉종, 기계부장 박재만, 선로부장 이태규, 토목부장 조맹덕으로 보직되었다. 그 후 1995년 경기전화건설국 간부진은 국장 이홍수, 총무부장 박찬성, 기계부장 이재성, 선로부장 이인기, 토목부장 우종춘으로 발령되었다. 그 후 1997년에는 국장 서태종, 지원부장 이호일, 교환시설부장 김동각, 선로시설부장 김성대, 토목부장 우종춘이 재직하였다. 이 건설국은 경기도 수원시 장안구 정자동 24-1에 있었다.

(6) 북경기전신전화건설국/ 북경기전화건설국

1995년 북경기전화건설국 간부진은 국장 김석조, 총무부장 이재식, 기계부장 정광영, 선로부장 송태경으로 보직되었다. 그 후 1997년에는 국장 전남수, 지원부장 이제식, 교환시설부장 정광수, 선로시설부장 곽선곤, 토목부장 김정윤으로 보임되었다. 이 건설국의 주소는 경기도 고양시 대화동 2200이었다(1995년). 이후 인천광역시 서구 연희동 연희2지구 23블럭 1롯트이었다가(1996년), 다시 경기도 고양시 일산구 마두동 1010으로 변경되었다(1997년).

(7) 전남전신전화건설국/ 광주전화건설국

1950년 1월 광주전신전화건설국으로 개국되었다. 1979년 체신부 전남전신전화건설국 간부진은 국장 이정욱(통신기정), 관리과장 정진욱(행정사무관), 기계과장 이병동(통신기좌), 선로과장 기세춘(통신기좌)으로 보직되었다. 이후 1980년 5월 17일 자정을 기하여 전국비상계엄령이 선포되었다. 이때 광주에서는 광주시민들이 당시 전두환 정권에 항거하여 518사건이 일어났다(1980. 5. 18).

1980년 5월 18일 당일 전남전신전화건설국장(이정욱)은 일요일임에도 불구하고 광주-곡성 간 시외케이블 건설공사 진행사항을 확인하기 위해 선로과장(기세춘)과 함께 현장을 순시하였다. 현장 확인을 마치고 건설국장 승용차(짚차, 전남 관 2770)를 이용하여 광주 시내 금남로에 들어섰을 때 계엄군과 시민군 간에는 격렬한 충돌이 벌어지고 있었다.

이러한 비상사태가 심화되자 5월 20일 전남전신전화건설국장(이정욱)은 당시 광주체신청장(신서우)으로부터 전화로 현장지휘에 대한 전권을 수임하였다. 당시 청장 관사가 전남도청 인근에 있었던 관계로 청장의 피난이 불가피한 상황이었고 더구나 중앙정부와의 정상적인 통신수단이 두절되었기 때문이었다. 이에 따라 전남전신전화건설국은 즉시 비상근무 조치를 다음과 같이 시행하였다.

첫째, 당직 책임자를 업무과장, 기계과장, 선로과장 등 과장급으로 상향 조정하고 24시간 교대 근무하게 하는 등 건설국의 운영을 비상체제로 전환하였다.

둘째, 당시 건설국에는 공사용 차량이 15대 정도 운용하고 있었으며 공사출동에 대비하여 항상 휘발유를 가득 채워놓고 있었다. 이 차량들이 시위군중에게 무단 탈취되어 손실이 발생하지 않도록 건물 경비를 최대한 강화하였다.

셋째, 직원들이 시위 초기부터 난무하는 악성 유어비어에 휩쓸리지 않도록 하고 시위현장에서 불의의 사고를 당하지 않도록 관리하였다.

이러한 비상근무 조치 덕분에 차량 손실은 전혀 발생하지 않았으나 이 기간에 신원불명의 시위자 3명이 총기를 소지한 채로 청사에 들이닥쳐 건물 옥상에 올라가겠다고 하는 것을 거의 4시간의 만류와 설득 끝에 돌려보내는 일이 벌어졌다. 건설국 건물이 20-30미터의 거리에 광주에서 송정리로 나가는 대로에 인접해 있었으며 그 대도로에는 당시 계엄군과 시민군이 대치하고 있었다. 만약 이들이 건물 옥상에 올라가서 총격을 가할 경우 매우 위험한 사태가 발생하여 이들의 생명이 위태로울 수 있다는 판단에 따라 이 요구를 들어줄 수 없었다.

자칭 대학생이라고 밝힌 이들은 며칠간 제대로 밥을 먹지 못하였다고 하여 건설국 책임자들이 나서서 당직실에서 저녁 식사를 직접 만들어서 제공하였다. 당시 이들은 시위가 발생한 지 3-4일이 지난 그때까지 부모와 한 번도 연락하지 않았다고 말하고 있었다. 건설국 책임자들은 그들의 부모에게 생존 여부라도 알리는 전화를 하도록 적극 권유하였으나 안타깝게도 이는 받아들여 지지 않았다.

5.18 당시 정부 및 군 책임자들을 보면 대통령권한대행 최규하, 국방부장관 주영복, 전남도지사 장형태, 육군참모총장 이희성, 육군참모차장 황영시, 보안사령관 전두환, 특전사령관 정호용, 전남북 계엄사령관 겸 전투교육사령관 윤흥정/ 소준열 장군으로 되어 있었다. 이때 전남북 계엄사령관은 중간에 소준열 장군으로 변경되었으며, 전임 윤흥정 중장은 바로

체신부장관으로 입각하였다(1980. 5-1980. 9). 한편 당시 주한 미국대사는 글라이스턴이었다. 그로부터 10년 후 노태우 정부 당시 야권이 주축이 되어 치유와 화합이라는 정치적 합의에 의해「518 민주화운동 관련자보상 등에 관한 법률」이 제정되었다(1990. 8. 6). 그 후 김영삼 정부 때는「518 민주화운동 등에 관한 특별법」이 제정되었다(1995. 12. 21). 그로부터 7년 후 김대중 대통령은「518 민주유공자 예우에 관한 법률」을 제정하였다(2002. 1. 26).

한편 1970년대 후반기에는 광주시내에 있는 주요기관장(서기관급)들의 모임인 삼수회(三水會)가 운영되고 있었다. 이 회는 회원 간의 친목을 도모하고 지역사회발전에 기여함을 목적으로 하였다. 당시 회원으로는 광주전신전화국장(장석종), 광주역장(김영인), 서광주전신전화국장(서인택), 광주우체국장(강봉옥), 광주세무서장(양종민), 조흥은행 광주지점장(문장래), 서광주세무서장(정용방), 광주지방원호지청장(배상웅), 남광주세무서장(이경훈), 조달청 전남지청장(박종채), 광주소방서장(강기원), 전남전신전화건설국장(이정욱), 광주전파감시국장(유광용), 노동청 광주사무소장(박형남), 광주은행 상무이사(민진식)으로 구성되었다(삼수회 회칙, 1980. 8. 20).

이후 한국전기통신공사로 전환된 후 1983년 광주건설국 본 건물 456m²를 신축하였다(1983. 10). 이때 공사감독자는 중앙건설사무소 권학용으로 지정되었다. 1990년대의 광주건설국 간부진은 국장 최순만, 총무부장 김정환, 기계부장 명준호, 선로부장 최재암으로 보직되었다. 이후 1995년 광주전화건설국 간부진은 국장 선찬구, 총무부장 정진성, 기계부장 김남식, 선로부장 임한규로 보임되었다. 1997년에는 국장 서중남, 교환시설부장 고승석, 선로시설부장 유현, 설계자재부장 정상환, 지원부장 장경주가 재직하였다. 이 건설국은 광주광역시 서구 화정동 765-1에 위치하였다.

<한국통신 뉴스> 1997년 9월 광주전화건설국은 추석을 맞이하여 전 직원이 한마음으로 참사랑 실천을 위한 모금운동을 벌여 장애자 수용시설과 양로원 등을 방문하였다(1997. 9. 4). 건설국장(서중남)을 비롯한 자원봉사직원들은 무의탁 양로원인 동일동산과 장애자 수용시설인 사랑의 집을 찾아 사랑의 성금을 기탁하고 다과회를 마련하였다. 1997년 2월 광주전화건설국은 자매결연 백화점인 광주화니백화점과 공동으로「고향에 소식 전하기」이벤트 행사를 개최하였다(1997. 2. 1-2. 7). 1997년 하반기에 실시되는 시외전화 사전등록제에 대비하여 백화점 측의 설날 큰잔치 행사에 맞추어 백화점 정문에 무료전화를 설치하여 설날준비 차 백화점에 나온 고객들에게 자연스럽게 고향에 소식을 전하게 하였다.

<518사건 일지> 그로부터 39년의 세월이 흐른 2019년 국회 대국민공청회를 개최하고 5월 18일 당일부터 5월 27일까지 계엄군이 시민군을 진압할 때까지의 상황을 발표하였다(518 진상규명 대국민공청회 자료, 2019. 2. 8). 참고로 이때 발표된 내용을 그대로 옮겨 신는다.

① 5월 18일 이날은 휴일이고 석가탄신일이었다. 전남대에는 전북 금마에 주둔하는 7공수여단 제33대대가 파견돼 있었다. 전라도 출신이 그 40%를 구성하고 있었다. 아침부터 공

수대원 20명이 전남대 정문 앞에 일렬로 서서 휴교령을 집행하고 있었다. 오전 9시 30분경 대학생으로 보이는 250여명의 시위대가 나타나 공수대원들을 향해 돌맹이를 던져 8명의 공수대원들이 피를 흘리는 상황이 벌어졌다. 그 후 이들은 빠른 속도로 금남로 번화가로 도망을 갔다. 이때부터 대학생 600여명은 거침없이 수십 개의 파출소를 파괴하고 소각하였다.

경찰로부터 데모진압용 페퍼 포그 차량을 빼앗아 불태우고 경찰을 인질로 잡고 민간버스를 무차별로 빼앗아 불을 질렀다. 공공건물에도 불을 질렀다. 한편 광주시내에는 경상도 군인들이 전라도 사람들의 씨를 말리러 왔다. 경상도 군만 골라서 왔다. 경상도 군인들이 전라도에 와서 여자고 남자고 닥치는 대로 밟아 죽이고 있다. 계엄군이 출동해서 장갑차로 사람을 깔아 죽였다. 여학생들이 발가벗긴 채로 피를 흘리며 트럭에 실려 갔다. 여자 젖가슴을 도려냈다, 벌써 수십 명이 죽었다는 등 지역감정을 자극하는 유언비어가 난무하기 시작하고 광주시내는 그야말로 무법천지로 변해갔다.

당시 계엄사령부는 광주지역 향토사단인 31사단장 정웅에게 공수부대의 지휘를 맡겼다. 이날 오전 전남대 정문에서 전대생 100명 특전사에 맞아 죽고 여대생 유방 도려냈다, 임산부 배 갈랐다 라는 현수막이 등장하였다(이 부분은 스마트 SMS에 실린 당시 공수부대원의 현장 증언).

② 5월 19일 서울에서 연고대생 수백 명이 버스 편으로 내려와서 광주시민을 돕고 있으니 힘내시라는 가두방송 들림. 선동꾼 여자의 목소리는 북한 중앙방송 여자 앵커의 목소리처럼 섬찟 했음. 대학생이란 자들은 두건, 가슴에 찔레꽃, 빨간 티 입고 복장해서 일반시민과 구분됨(이상 스마트 SMS에 실린 당시 공수부대원의 현장 증언).

③ 5월 20일 광주에 투입된 공수부대가 모두 10개 대대였다. 5개 대대는 도청 사수를 위해, 5개 대대는 광주 신역을 방어하기 위해 뭉쳐 있었다. 이들 대대는 수만 명의 시위대에 포위되어 몰상 위기에 처해 있었다. 이때 MBC방송국, 광주세무서 등이 방화되었으며, 광주전신전화국도 방화 직전에 당시 그 전화국의 한 간부가 용감히 성난 군중 앞에 나서서 통신망의 중요성을 역설하여 화를 면하는 상황이 벌어졌다.

④ 5월 21일 시민군들이 아시아자동차 공장으로 가서 장갑차 4대, 군용트럭 374대를 탈취해 전남 17개 시군에 소재한 44개 무기고로 직행하여 4시간 만에 5,403정의 총기를 탈취하고 8톤의 TNT를 노획하여 도청지하실에 2,100발의 폭탄을 조립하였다. 그리고 광주교도소를 6차례 공격하다가 430명 이상이 사살됐다. 이후 계엄군은 광주시를 탈출하여 시 외곽으로 나가 있었다.

⑤ 5월 22일-24일 5월 22일에는 최규하 대통령권한대행이 518에 대한 특별담화를 발표하였다. 광주의 유지들이 도청에 들어가서 무기반납을 주장하는 등 시국수습방안을 놓고 갑론을박하였다.

⑥ 5월 25일-26일 주로 10대-20대들이 모여들어 200명 정도의 군중을 형성하였다. 서로

말싸움을 하다가 강경파가 온건파를 몰아내고 수습대책위원회를 구성했다. 이 위원회에는 광주 남동성당의 김성룡 신부도 적극적으로 참여하였다. 이때 강경파 몇 명이 결사항전을 선언했기 때문에 계엄군이 재진입에 나서게 되었다. 이때 결사항전을 지휘한 시민군 간부들은「우리의 죽음으로 저들의 야만성을 알리고자 한다. 광주를 지키기 위해 싸운다」고 주장하였다. 한편 5월 25일 최규하 대통령은 전남북 계엄사령부를 방문하여 전남도지사 장형태 등과 사태를 협의하였다(이상 TV방송 제5공화국 편).

⑦ 5월 27일 새벽 1시부터 4시 사이에 특공 4개조가 도청, 전일빌딩, YMCA, 광주공원을 점령함으로써 사건이 진압되고 상황이 종료되었다. 특히 이 기간에 광주 시내의 파출소를 포함한 모든 치안기관이 기능을 상실하고 전남도경국장이 헬리콥터로 긴급 대피했다는 소문이 확산되면서 완전 치안 부재 상태가 되었다. 또한 이 기간 광주지역 통신망은 광주시내 통화만 가능하고 모든 시외전화와 국제통신이 단절된 상황이 되었다.

(8) 대구전신전화건설국/ 대구전화건설국

이 건설국은 대구시내 및 경상북도 지역의 통신시설의 건설을 담당하였으며, 위치는 대구시 남구 대명9동 930-1에 있었다. 당초 대구전신전화건설국으로 운용하였으며, 그 후 명칭이 대구건설국(1990년), 대구전화건설국으로 변경되었다(1995년). 1990년 대구건설국 간부진은 국장 조재석, 총무부장 조용환, 기계부장 김정배, 선로부장 유시호로 보직되었다. 그 후 1995년 대구전화건설국 간부진은 국장 김영주, 총무부장 김종득, 기계부장 서숙영, 선로부장 유정길로 발령되었다.

1997년에는 국장 강석중, 교환시설부장 김정균, 선로시설부장 장진수, 설계자재부장 이근복, 지원부장 권호혁이 재직하였다. 2000년대에 들어서면서 한국통신이 kt로 민영화된 후 kt는 이 자리에 대구대명뉴스테이 개발사업을 추진하였다. 이 사업은 지하 1층, 지상 7층(연면적 24,856.1m^2)의 기업형 임대주택 409세대를 건설하는 것으로서 2017년 1월에 착공하여 2018년 8월에 준공하였다. 주소는 대구광역시 남구 대명9동 930-1이었다.

(9) 대전전신전화건설국/ 대전전화건설국

1990년 대전건설국 간부진은 국장 구성완, 총무부장 오덕영, 기계부장 윤영근, 선로부장 장세관으로 보직되었다. 그 후 1995년 대전전화건설국 간부진은 국장 임덕수, 총무부장 조재익, 기계부장 공석, 선로부장 이광치로 발령되었다. 그리고 1997년 국장은 김용대, 교환시설부장 안병욱, 선로시설부장 윤관희, 설계자재부장 김원오, 지원부장 유재근이 재직하였다. 대전건설국은 대전광역시 대덕구 석봉동 56-4에 있었다.

(10) 이리전신전화건설국/ 이리전화건설국/ 전북전화건설국

1990년 이리전화건설국 간부진은 국장 김한수, 총무부장 황삼랑, 기계부장 이학동, 선로부장 이윤렬으로 보직되었다. 1995년에는 국장 박영근, 총무부장 권충노, 기계부장 오근석, 선로부장 최영구가 재직하였다. 1996년에는 전북전화건설국으로 명칭이 변경되었으며, 1997년 간부진은 국장 임갑택, 교환시설부장 서주원, 선로시설부장 임기택, 설계자재부장 이윤렬, 지원부장 이근두로 보임되었다. 주소는 전북 이리시 남중동 1가 169-1이었다가 전북 익산시 부송동 1가 1037-5로 변경되었다(1995년).

(11) 원주전신전화건설국/ 원주전화건설국

1990년 원주건설국 간부진은 국장 김태설, 총무부장 최정현, 기계부장 임관수, 선로부장 이철남으로 보직되었다. 1995년 원주전화건설국 간부진은 국장 이재운, 총무부장 탁주현, 기계부장 이종호, 선로부장 김장기로 발령되었다. 그리고 1997년에는 국장 김사진, 지원부장 탁주현, 교환시설부장 김정식, 선로시설부장 김장기, 설계자재부장 이철남이 재직하였다. 원주건설국은 강원도 원주시 관설동 1426에 있었다. 한국통신이 민영화된 후 원주건설국 자리에는 주거시설인 반도유보라마크브릿지가 들어섰다. 원주전화건설국(국장 김사진)은 9월 12일 고아들의 보금자리인 상애원을 찾아 70여명의 원생들에게 정성이 담긴 선물을 전달하고 따뜻한 사랑을 나누었다(한국통신 뉴스, 1997. 9. 19).

(12) 충주전신전화건설국/ 충주전화건설국

1983년 충주건설국 본 건물 574m^2, 부속건물 475m^{2}를 증축하였다(1983. 10). 이 공사는 중일개발에서 시공하였으며, 당시 공사감독자는 중앙건설사무소 김기창으로 지정되었다. 1990년 충주건설국 간부진은 국장 이상구, 총무부장 이대희, 기계부장 우세범, 선로부장 이대성으로 보직되었다. 그 후 1995년 충주전화건설국 간부진은 국장 한명희, 총무부장 강의근, 기계부장 김동수, 선로부장 신현철로 보임되었다. 1997년 간부진은 국장 최만영, 교환시설부장 이동신, 선로시설부장 우세범, 설계자재부장 조대제, 지원부장 조성구로 발령되었다.

1997년 9월 충주전화건설국은 충북 괴산-청천 간 광케이블 직영공사 현장에서 광케이블 포설을 위한 사전작업인 선로관통작업을 노사합동으로 실시하였다(1997. 9. 2). 이때 건설국장과 노조지부장이 현장요원들과 함께 작업에 참여하였으며, 이러한 현장작업을 통하여 열악한 작업환경에서 일하는 현장요원들의 고충을 체험하였다. 한편 충주전화건설국(국장 조길상)에서는 최근 위암판정을 받고 투병중인 이학재 사우돕기운동을 전개하여 모금한 4백50만원의 성금을 9월 6일 병원을 방문하여 전달하고 전 사원들의 쾌유를 바라는 마음을 전했다(한국통신 뉴스, 1997. 9. 12). 충주건설국 주소는 충북 충주시 연수동 711-5이었다. 한국통신이 민영화된 후 충주건설국 자리에는 주거시설인 충주계룡리수빌이 들어섰다.

참고자료

(1) 체신부 간부진(통신시설계획 수립 및 추진, 1974년)

1970년대 중반 당시 체신부 본부의 시내전화시설 및 통신망 확장을 위한 건설계획을 수립하고 총괄 관리하는 당시 체신부 본부의 간부진은 장관 장승태, 차관, 최병권, 기획관리실장 손승록, 기획예산담당관 허균, 기획담당 이민강, 장기담당 최윤식으로 보직되었다. 그리고 공무국장 오황근, 기계시설과장 이양수, 자동1담당 장주일, 자동2담당 김조암, 수동담당 송광사, 선로시설과장 고홍제, 시내담당 김덕식, 관로담당 최인언, 보전국장 임재황, 보전1과장 이용훈, 댁내담당 김옥수, 기계담당 노을환, 시내선로담당 전용우, 보전3과장 주영익, 전력유도담당 박해준, 소통관리담당 최동휘로 보직되었다.

(2) 체신청 간부진(통신시설계획 수립 및 추진, 1974년)

서울체신청 간부진은 청장 배동조, 공무과장 문순기, 기계담당 권태영, 선로담당 정규찬, 소통담당 이상복으로 발령되었다. 그 외 지방체신청 관련 간부진을 보면 부산체신청장 황현익, 공무과장 김봉상, 대전체신청장 이우연, 전무과장 한정석, 광주체신청장 황도연, 전무과장 박정철, 수원체신청장 강성준, 전무과장 송찬복, 대구체신청장 신서우, 전무과장 이종섭, 전주체신청장 오세관, 전무과장 이학래, 원주체신청장 이범상, 전무과장 박찬경으로 보임되어 있었다.

(3) 서울체신청 간부진(통신시설 건설 및 운용, 1974년)

전화번호부, 1974, 체신부 서울체신청

(4) 1980년도 전자교환기 2차분(14만회선) 구매계획(1979. 3. 22)

1980년도 전자교환기 2차분사업으로 공릉전화국 등에 제1기종(M!)CN) 14만 회선 구매계약을 시행하였다. 이때 자재는 벨지움의 BTM사으로부터 직수입하고 BTMC 또는 KTC 책임보증 하에 국내공사회사가 전량시공하게 하였다(체시기 1620, 1979. 3. 22). 이 계획은 체신부 시설국 기계시설과장, 시설국장(임재황), 차관(이경식), 장관(이재설)의 결재를 거쳐 결정되었다.

(5) 체신부 시설국 간부진(통신시설계획 수립 및 추진, 1979년)

1970년대 후반 우리나라 통신망확장 및 시설계획을 수립하고 집행주관부서인 체신부 시설국의 주요간부(사무관급)는 다음과 같다(1979. 4). 곽병현(郭秉炫), 권창현(權昌鉉), 김교식(金敎植), 김덕호(金德鎬), 김원표(金源杓), 김정의(金正毅), 박달식(朴達植), 박해준(朴海俊), 송철섭(宋喆燮), 유경근(柳景根), 윤재희(尹在熙), 이노범(李魯範), 이명구(李明九), 이영희(李永熙), 이정욱(李廷旭), 이종주(李鐘柱), 전계형(全桂亨), 정기성

(丁琪聲), 정정희(鄭貞熙), 최경회(崔慶會), 최동휘(崔東輝), 최인언(崔仁彦), 황효동(黃孝東), 황선문(黃善文) 이상 가나다 순.

(6) 한국전기통신공사 간부진(통신시설계획 수립 및 추진, 1982년)

1982년 한국전기통신공사로 전환된 직후 시내전화 확장사업의 주관부서에는 사장 이우재, 부사장 배동조, 계획국장 이희두, 도시계획부장 이정욱, 농어촌계획부장 김덕식, 시내영업부장 채수영, 보전계획부장 이영환으로 보임되었다.

(7) 서울 상계지역의 시내전화 치국계획(1985. 1. 18)

1980년대 중반 경제개발 5개년계획의 추진에 따라 우리나라 중소도시는 급속하게 개발되고 있었다. 그중 통신시설확장이 시급한 지역을 대상으로 전화국 신설 확장계획을 수립하였다(시내전화 장기치국계획, 1985. 1. 18, 한국전기통신공사). 이 계획 중에는 서울의 상계, 중계, 하계지역에 대한 시내전화 공급을 위해 서울시 도봉구 상계동에 15만 회선규모의 불암전화국(상계전화국)을 신설하는 것으로 결정하였다. 이 계획은 한국통신 계획국 시내망과장 조완행, 통신망계획부장 이정욱이 주관하고 계획국장 이응효, 부사장 배동조, 사장 이우재의 결재로 확정 시행되었다.

(8) 대전지역의 시내전화 치국계획(1985. 7. 12)

1980년대 중반 한국통신은 대전지역의 시내전화 장기치국 및 통신망 계획을 수립하였다. 이 시내전화 치국계획은 한국통신 계획국 시내망과장 조완행, 통신망계획부장 이정욱이 주관하고 계획국장 이응효, 부사장 배동조, 사장 이우재의 결재로 확정 시행되었다.

(9) 인천 및 부천지역의 시내전화 치국계획(1985. 8. 18)

1980년대 중반 인천시 및 부천시 지역의 급속한 개발에 발맞추어 전화공급을 원활히 하기 위해 이 지역에 대한 시내전화 장기치국 및 통신망 계획을 수립하였다. 이 계획은 한국통신 계획국 시내망과장 조완행, 통신망계획부장 이정욱이 주관하고 계획국장 이응효, 부사장 배동조, 사장 이우재의 결재로 확정 시행되었다.

(10) 우리나라 통신망의 디지털화 기본계획(1985. 11. 28)

1980년대 중반에 들어서면서 한국통신은 2000년대에 대비하여 우리나라의 통신망의 디지털화를 서둘러 추진하는 계획을 수립 시행하였다(1987년도 시내교환망 기본계획, 1985. 11. 28, 한국전기통신공사). 이 계획의 주요내용은 다음과 같다.

① 향후 교환시설과 전송로의 디지털화를 조속히 시행토록 한다. 그리고 대도시에는 시내 탠덤(Tandem) 교환국을 도입한다. ② 디지털통신망으로의 전환은 특성상 이점이 많을 뿐만 아니라 디지털 전자교환기의 공급은 국내 반도체산업을 활성화할 수 있다. ③ 5차5개년계획 기간에는 공간분할방식 전자교환기(SD-ESS)를 공급하여 전화적체를 해

소하고, 6차5개년계획 기간(1987년-1991년)에는 디지털방식으로 구축토록 한다. ④ 종합적으로 볼 때 디지털교환기는 6차 5개년계획이 시작하는 1987년부터 공급하면 우리나라 통신망선진화의 시기에도 맞는다.

이 계획은 한국통신 계획국 시내망과장(조완행), 통신망계획부장(이정욱)이 주관하고 계획국장(이응효), 부사장(배동조), 사장(이우재)의 결재로 확정 시행되었다. 이 문서에는 감사(임두순), 기획실장, 영업국장, 기술국장, 시설국장, 운용국장, 국제국장, 재무국장, 관리국장 등이 협조 서명하였다.

(11) 부산 및 대구지역의 시내전화 치국계획(1985. 12. 19)

1980년대 중반 한국통신은 부산 및 대구통화권 시내전화 장기치국계획을 수립하였다. 이 계획은 한국통신 계획국 시내망과장 조완행, 통신망계획부장 이정욱이 주관하고 계획국장 이응효, 부사장 배동조, 사장 이우재의 결재로 확정 시행되었다.

(12) 우리나라 통신망의 선진화 추진(1985. 12. 17)

한국통신은 5차 5개년계획 기간에 우리나라 기간통신망을 선진국 수준으로 발전시키는 계획을 수립 추진하였다(통신망 현대화계획, 1985. 12. 17. 한국통신 계획국 통신망계획부). 이 계획의 주요내용은 ① 5개년 동안 총 608만9천 회선의 가입전화시설을 공급한다, ② 5차 5개년계획이 완료되는 1986년에는 전화보급 및 통신시설현대화 목표를 선진국 수준으로 끌어올린다, ③ 2000년대 정보통신 선진국 진입을 위한 전반적인 통신시설계획을 수립 추진한다 등이었다.

이 계획의 주관부서는 계획국 통신망계획부(부장 이정욱)이고 우승술, 장건, 서용희, 한상빈, 손일동, 김승호, 신용균, 최창규, 최황락, 남일성, 김준채, 윤영식, 이상훈, 여홍구, 김경희 등이 참여하였다. 이 계획은 계획국장(이응효), 부사장(배동조), 사장(이우재)이 결재하여 확정 시행되었다.

(13) 수도권 주변지역의 시내전화 치국계획(1986. 10. 7)

1980년대 중반 정부의 경제개발계획에 힘입어 전화수요가 급증하고 있는 평택, 수원, 안양, 의정부, 원당, 구리, 안산지역 등 수도권 주변지역 치국계획을 수립하였다. 이 계획은 한국통신 계획국 시내망과장 장건, 통신망계획부장 이정욱이 주관하고 계획국장 황영선, 부사장 이응효, 사장 이우재의 결재로 확정 시행되었다.

(14) 호남 및 강원지역의 시내전화 치국계획(1986. 12. 26)

1980년대 중반 한국통신은 광주, 전주, 이리, 신장지역과 강원도지역을 대상으로 시내전화공급을 확장하기 위한 중장기 치국계획을 수립하였다. 이 중장기 치국계획은 한국통신 계획국 시내망과장 장건, 통신망계획부장 이정욱이 주관하고 계획국장 황영선, 부사장 이응효, 사장 이우재의 결재로 확정 시행되었다.

(15) 국사충만지역의 시내전화 치국계획(1987. 1)

1980년대 후반 한국통신은 수요팽창으로 기존 전화국사가 충만한 지역에 전화국을 신설하는 시내전화 장기치국계획을 수립하였다. 이 계획은 한국통신 계획국 시내망과장 조완행, 통신망계획부장 이정욱이 주관하고 계획국장 이응효, 부사장 배동조, 사장 이우재의 결재로 확정 시행되었다.

(16) 시내 및 시외 겸용교환망 계획(1987. 1. 9)

1987년 한국통신은 당시 17개 중심국에 운용중인 중용량 시외교환기(AXE-10)에 시내교환기능을 부가하여 시내 및 시외 겸용교환기로 활용하는 계획을 수립 추진하였다(시내 및 시외 겸용교환망 계획, 1987. 1. 9, 한국전기통신공사). 이 계획은 한국통신 계획국 시내망과장(장건), 통신망계획부장(이정욱)이 주관하고 계획국장(황영선), 부사장(이응효), 사장(이우재)의 결재로 확정 시행되었다.

(17) 카드전용 공중전화기 개발계획(1995. 6)

1995년 주화 및 카드겸용 공중전화기의 개발공급에 이어 카드전용 공중전화기 개발계획을 수립 추진하였다(1995. 6). 이 계획은 한국통신 기획조정실 단말기술부장(성백수), 기술조정2국장(김문수)이 주관하고 기획조정실장(이정욱), 부사장(신동호), 사장(조백제)의 결재로 확정 시행되었다.

(18) 공중전화시스템의 기술발전계획(1996. 5)

한국통신은 통신시장개방 및 경쟁에 대응하여 첨단의 공중전화시설을 확보하고 서비스를 제공하기 위하여 공중전화시스템의 기술발전계획을 수립하였다(업무계획보고, 1996. 5, 네트워크본부 기술기획국). 이 계획은 네트워크본부 기술기준부장(성백수), 기술기획국장(김문수)이 주관하고 본부장(이정욱)의 결재로 확정 시행되었다.

(19) 통신시설 건설 및 운용부문의 주요간부 재직현황(한국전기통신공사)

① 제2기 고급관리자 특별과정 명단, 1982. 8. 5, 한국전기통신공사 연수원 ② 2급이상 직원직위 일람표, 1990. 10. 20, 한국전기통신공사 ③ 2급이상 직원직위 일람표, 1995. 5. 6, 한국전기통신공사 ④ 2급이상 직원직위 일람표, 1997. 5. 6, 한국전기통신공사 ⑤ 2급이상 직원직위 일람표, 1998. 4. 25, 한국전기통신공사 ⑥ 2급이상 직원직위 일람표, 1998. 10. 15, 한국통신 ⑦ 2급이상 임직원직위 일람표, 1999. 2. 2, 한국통신 ⑧ 2급이상 임직원직위 일람표, 2001. 4. 1, 한국통신 ⑨ 직위 일람표, 2004. 1. 1, KT ⑩ 통신투자사업 추진현황, 1983. 3, 한국통신 중앙건설사무소 시설본부

인명부

ㄱ

김

ㅅ

이

ㅈ

ㅊ,ㅋ,ㅌ,ㅍ

ㅎ

외국인